本书由贵州师范大学博士点建设经费及
贵州师范大学国家级一流本科专业建设点经费资助出版

贵州古代儒文化与民族认同研究

陈 奇／著

团结出版社

图书在版编目（CIP）数据

贵州古代儒文化与民族认同研究 / 陈奇著. -- 北京：团结出版社，2022.11
ISBN 978-7-5126-9892-5

Ⅰ．①贵… Ⅱ．①陈… Ⅲ．①儒家－文化研究－贵州－古代 Ⅳ．①B222.05

中国版本图书馆CIP数据核字(2022)第220434号

出　　版：团结出版社
（北京市东城区东皇城根南街84号　邮编：100006）
电　　话：（010）65228880　65244790
网　　址：http://www.tjpress.com
E-mail：65244790@163.com
经　　销：全国新华书店
印　　刷：四川科德彩色数码科技有限公司
装　　订：四川科德彩色数码科技有限公司

开　　本：787mm×1092mm　1/16
印　　张：41.5
字　　数：859千字
版　　次：2022年11月　第1版
印　　次：2022年12月　第1次印刷

书　　号：978-7-5126-9892-5
定　　价：158.00元

（版权所属，盗版必究）

陈奇，贵州赫章人。历史学硕士、教授，贵州师范大学历史与政治学院中国近现代史专业硕士点领衔导师、贵州省省级重点学科中国近现代史首席学科带头人，贵州省文史研究馆馆员、马来西亚国际儒学大会学术顾问。长期从事中国近代史、中国思想史教学与科研。分别主持、参与国家社科基金课题"贵州古代儒文化与民族认同研究""陆王心学对中国社会历史的影响"；主持省级基金课题"刘师培研究""吴雁南文集编纂""吴雁南研究"。独著、主编《刘师培思想研究》《刘师培年谱长编》《经学与中国社会》《中国经学史纲要》《贵州古代儒文化与民族认同》《中国近代史学习提纲》《〈俄事警闻〉〈警钟日报〉篇目汇录》《吴雁南评传》《吴雁南文集》《吴雁南纪念文集》《陈姓皂角树之汉系家谱》等11种16册；副主编《清代经学史通论》《心学与中国社会》，参编10余种；撰写《近代化：中国近代史的主流与红线》《琦善弛禁问题复议》《辛酉政变与中国近代化的开端》《李端棻：政治资源与运作智慧：兼论官僚阶层的动向与戊戌变法的失败》《理想与现实：贵州辛亥革命沉思录》《刘师培的今古文观》《王阳明心学与人的主体精神的昂扬》《忠君死节：南明时期贵州的明王朝认同》《儒家礼治思想与社会角色意识》《"我与天地万物一体"：孙应鳌的"天人合一"思想》《儒家文化的价值观与现代意义》等论文120多篇，其中近40篇为权威期刊、重要期刊、核心期刊以及吉隆坡、雅加达，中国大陆、香港、澳门、台湾等地国际学术研讨会论文。论文集为《陈奇文集》。著述总字数700万。

国家社会科学基金项目（11xzs017）

贵州古代儒文化与民族认同研究

项目主持人： 陈　奇，贵州师范大学
课题组成员： 陈　瑜，杭州师范大学
　　　　　　　朱松华，贵州民族大学
　　　　　　　文　丹，贵阳职业技术学院
　　　　　　　王代莉，贵州省委党校
　　　　　　　余怀彦，贵州师范大学
　　　　　　　钟家鼎，贵州大学
　　　　　　　余志英，贵州师范大学
　　　　　　　杨盛琴，黔南州委党校

内容提要

　　包括理论儒学、制度儒学、文化儒学及物化儒学在内的儒文化，是中国古代社会的先进文化，它为古代民族认同提供了理论体系及意识形态、儒学教化内容及路径、制度保障、物化基础。古代贵州，伴随着大一统王朝治理范围的不断扩大以及汉族为主体的移民的不断进入，从两汉到魏晋南北朝隋唐宋元，至于明、清代前期，儒文化传入、缓慢发展、飞跃发展、兴盛；不仅在汉民族中广泛流播，而且在少数民族中也较为广泛地流播，最终成为社会文化主流，推动着各民族共同文化心理的初步形成，推动着民族认同初步实现、大一统王朝认同基本实现。儒文化是贵州古代民族认同的主体文化元素。

儒文化：贵州古代民族认同的主体文化元素（代序）

2011年，我申请的国家社科基金项目《贵州古代儒文化与民族认同研究》立项。项目历时4年，于2015年结题，鉴定等级良好；于2018年获贵州省第十二次哲学社会科学研究报告类优秀成果二等奖。

关于中国古代民族认同以及儒文化在这种认同过程中的巨大凝聚力作用问题，国内外已有大量研究成果。不足之处，其一，已有的儒学研究，论述了儒学学理及其社会影响，而有关儒学社会影响的研究中，有的提出了制度儒学的概念，有的论述了儒家的重农思想，有的论述了儒学教育及其传播，但总的看来，尚缺少一个缜密、严谨的儒文化理论体系的构建。其二，已有研究成果虽然就儒学对社会政治、经济、思想文化、风俗的影响做了不少介绍和探讨，但尚无将儒文化与民族认同问题特别是具体历史时代、具体地域的儒文化与民族认同问题结合起来进行综合考察的、专题的研究成果，相关的论述散见于有关儒学与中华民族形成、儒家民族观、儒家爱国主义、儒学思想体系、儒学史的著述中；并无将贵州古代儒文化与民族认同问题结合起来进行系统、深入的梳理、探究的专门成果，相关的研究仅零星散见于有关贵州通史、断代史及贵州民族、经济、文化、学术、教育的诸多著述中。其三，相对于在汉民族中的流播，有关儒文化在古代少数民族中的流播问题研究显得较为薄弱，贵州的情况更甚。研究古代民族认同问题，就要着力研究儒文化在少数民族中的流播及其影响。

项目获得立项，研究工作深感压力。我虽有儒学研究之长，却极少研究贵州地方史，更未涉猎民族学。至于儒文化在少数民族中的传播情况，也是心中无数。开题会上，专家们不无担忧地说，儒文化在少数民族中传播的资料极少，课题怎么做啊？难做也得试一试。我借来金炳镐《民族理论与民族政策概论》、白明政《适应·认同·发展：多维视野中的民族与民族研究》、王惠岩《政治学原理》、费孝通《中华民族多元一体格局》、吴晓萍等《中华民族认同与认同中华民族》、郑晓云《文化认同与文化变迁》、张海洋《中国的多元文化与中国人的认同》、王明珂《华夏边缘：历史记忆与族群认同》、王希恩《民族过程与国家》、翁独健《中国民族关系史纲要》，恶补民族学知识；借来周春元等《贵州古代史》、何仁仲《贵州通史》、侯绍庄等《贵州古代民族关系史》、杨昌儒等《贵州民族关系的构建》，恶补贵州史、民族史知识。上述文献在撰写课题申请书时虽有检阅，但目的是了解学术动态，并未深究。及至研究工作开始，才进一步翻阅。活到老，学到老，搞研究，即意味着有未知的领域。几个月的研习，不仅民族学、贵州史的知识大有长进，而且掌握了一些资料搜集的线索。

资料搜集大致从两个方面进行。其一，《二十五史》《明实录》《清实录》、全50种的《中国地方志集成·贵州府县志辑》、［万历］《贵州通志》《明实录贵州资料辑录》《清实录贵州资料辑录》等基本文献检索。这些文献的检索量最大，检索率最高。国家、地方官府层面的儒文化传播举措及其效果，儒文化在少数民族上层的传播，相关资料主要来自这些文献；儒文化在下层群体中的传播及其对于下层群体认同进程影响的资料，也可以从这些文献中检索到一些。其二，民间特别是少数民族民间故事传说、戏剧小曲、歌谣谚语，婚丧习俗、节日祀典，族谱家训、乡规民约，祠堂庙宇、碑坊石刻，地方文人作品，少数民族历史文献。下层群体特别是少数民族下层群体中儒文化的传播及民族认同的资料搜集，主要来自这些途径。这些途径的资料或见于族谱家训、乡规民约、历史文献、文人作品等文字，或见于祠堂庙宇、碑坊石刻上的文字、图像，或见于社会调查汇编文字，大量的则需要通过社会调查获取。古代贵州民族认同现象，大致先在民族上层中出现，其后渐次向下层群体扩散；认同的实现或者说基本实现，关键在民族群体的大多数即下层群体的认同。儒文化在各民族特别是少数民族又特别是下层群体中的传播资料的搜集，成为课题研究的关键；这类资料的搜集，主要来自上述途径。

贵州少数民族中，彝族文字已十分成熟并留下了丰富的历史文献。仅《中国少数民族古籍总目提要·贵州彝族卷》（毕节地区）一书收录的文献即达近3000部。彝族历史文献记载及节庆祀典、戏剧歌谣、婚葬习俗显示，彝族先民对儒文化的吸纳、借鉴不仅具有系统性，而且具有理论深度，如重文化、重知识的观念，忠君孝父、修德施仁、诚信和睦、重农勤耕等纲常伦理思想，太极无极、五行八卦、清浊二气等天地万物本原及其形成的学说。正是由于儒文化的传播，以及彝、汉文化的交流融合，彝、汉先民从数千年前的蜀汉时代起，就保持着友好的交往，诚如《西南彝志》及《水西地理城池考》所云："彝汉交错同住，如天仙样和蔼发展"；"彝也不攻汉，汉也不克彝"。彝族以外，侗族、布依族、仡佬族也有不成熟的文字。布依族或以汉字记布依语音，或以汉字为基础创造新汉字，或直接借用汉字汉词。侗族或以汉字记侗语语音，或直接应用汉字。仡佬族亦借用汉字记仡佬语音。土家族由于邻近湘、川，与汉民交往早而密切，因而通用汉文。这些民族用自己独特的文字或汉文，留下了宝贵的历史文献；这些文献中同样有着丰富的儒文化与民族认同资料。

少数民族民间故事传说、戏剧小曲、歌谣谚语、婚丧习俗、节日祀典、乡规民约中蕴含着丰富的儒文化。仅以崇文重教、科举入仕观念为例，土家族傩戏《吕望下书》："家有金银用斗量，养子须当送学堂。黄金有价书无价，书比黄金更高强。"布依族《赞歌》："你的父母扶你进学堂……备绒巾去考，背大被去读，不得哪个升为官家"。仡佬族《接亲歌》："今年送个新娘子，明年送个状元来。"侗族葬仪，下葬时在墓穴中点燃树枝、纸钱，捉来一只活公鸡，砍头丢入墓穴，让其在火中跳来跳去："此鸡此鸡，不是非凡鸡……跳到龙头出官人，跳到龙尾出状元。"彝族《苏巨黎咪》："有知识是第一，富有属第二。"黔湘交界一带苗族村寨建新房上大梁诵语："脚踏金梯五不忙，五子登科状元郎。"

家谱是反映儒文化流播及民族认同的又一宝库。古往今来，民间修谱风气盛行，每个地方人数较多的家族几乎都有家谱。修谱过程中，家族成员广泛参与；修成，家户一册。谱书中宣扬的无一例外都是崇文重教、忠君孝父、勤耕节俭、和睦乡里一类儒家思想。家谱切切实实地反映着从上层到下层整个家族群体中儒文化的流传及影响。修谱流行于汉族。明清时期，贵州少数民族中也出现了修谱的现象，如布依族《黄氏宗谱》《王氏宗谱》《韦氏宗谱》《于氏族谱》，侗族《吴氏族谱》《杨氏家训》，土家族《田氏宗谱》《杨氏家谱》《张氏族谱》《戴氏族谱》，仡佬族《宋氏族谱》《邹氏家训》，彝族《安氏家传》。汉族谱书中偶尔也会记载一些儒文化在少数民族中传播以及民族认同的资料。《黔滇川吴良弼家族及联支谱志》载，乌撒府土司陇彦设陇氏学馆，高薪礼聘贡生吴国泰为塾师，授读子弟。《陈氏族谱》载，威宁州妈姑天桥构飞彝族土目之子就读汉儒陈註私塾，学业超群。为表谢意，土目特将一块荒坡地赠予陈註为坟山。我检索过上海图书馆、贵州图书馆收藏的40多部家谱，加上自己搜集的20多部，合计70来部，从中找到了很多珍贵的资料。而贵州民间家谱浩如烟海，岂止六七十部，可惜没有时间和精力更多地检索。

民间文人作品中有着丰富的相关资料。市县乡镇乃至村落，都有一批热心的民间文人，他们或搜集、整理地方文史资料，梳理成文；或吟诗作文，行诸笔端。这些文字多未公开刊行，仅是一些小印刷厂印行的简陋册子甚至文稿。然而正是在这些文字中，却存在着儒文化在民间乡里传播的宝贵资料。2017年5月，我赴道真参加尹珍研讨会，从地方贤达的文稿中获知，他们发现了一本南宋嘉泰年间的《濮祖经》，书中记载了尹珍（字道真）与仡佬族先祖僚王的对话。尹珍路遇僚王冉启，十询僚王："什么叫'和合'？什么叫'规'？什么叫'训'？什么叫'礼'？什么叫'俗'？什么叫'传'？什么叫'化'？什么叫'僚裔'？什么叫'后继'？你意何为？"随即一一阐释："无强无德则无和合，无德无威则无规，无德无规则无训，无德无训则无礼，无德无礼则无俗，无德无俗则无传，无德无传则无化，子孙无德不如无，无无则无后继。"以德治天下则天下太平；行教化而人皆有德，则民族兴旺。重德行，重教化，这正是儒家思想的核心。僚王甚喜，"捧手尊真，助真僚地，设宫多处，务本为教。真巡为首，训化教尊，代己之为"，为尹珍设立学堂，以德为本，进行教化。我写汉代贵州儒文化的传播与民族认同一章时，深感文献记载资料的贫乏，除了尹珍、舍人、盛览寥寥数人外，再也找不到其他儒者；而有关尹珍、舍人、盛览的记载亦仅寥寥数句。《濮祖经》的记载正好补充了这一空白。毋论《濮王传》是否成书于唐代，也毋论所载是否确有其事，有关尹珍与濮王的对话及濮王聘用尹珍的传说，正是古代仡佬族先民接受、认同儒文化的鲜活反映。如果有足够的财力、人力及时间，深入调查、搜集民间文人作品，相信一定会有丰硕的收获。

资料搜集的成果使我倍感惊喜，只要认真、扎实地检索、搜集，少数民族中儒文化传播的资料有的是，只可惜没有足够的财力、人力及时间。

儒文化由儒学发展而来。儒学形成于春秋末期诸夏大国之一的鲁国，西汉中叶独尊为经，成为官学。在漫长的中国古代，儒学、儒家思想成为社会的主流学术、主流意识形态，儒文化成为社会的先进文化、主流文化。儒文化主要在汉民族中传播、发展并主要通过汉民族向其他民族扩散。从这个意义上讲，儒文化属于汉文化，儒文化是汉文化的核心文化。民族认同的过程，是各民族文化相互认同特别是少数民族认同儒文化、汉文化的过程，儒文化是古代民族认同得以实现的主体文化元素。在课题研究过程中，我不时与少数民族学者讨论，讨论的中心议题，在于儒文化是否是古代社会的先进文化，文化是否有先进与落后之分。有的学者认为，文化没有先进与落后之分；每个民族都有自己的文化，每种文化都有它存在的合理性。我认为，文化的先进性与落后性或者说先进性与后进性是客观存在的；合理的不一定就是先进的。以辛亥革命及其以前的近代中国为例，挨打了，落后了，原因就在于中国的文化落后了，落后于西方的先进文化。落后的农耕文化、封建专制文化在西方的工业文化、民主文化面前一败再败，一败涂地。中国要复兴，要振兴，唯一的出路就是学习西方的工业文化、民主文化。舍此，别无他途。这是近代无数仁人志士苦苦奋斗、长期探索后得出的结论。不管西方文化存在多少缺陷，甚至充满了血与火，但它在近代社会总体上就是先进的、不可抗拒的。向西方学习，是中国近代整整一个时代的大方向，是整整一个时代最响亮的口号。再以文字的发明与使用为例，有学者说，彝族文字不仅可以与汉族文字媲美，而且还早于汉族文字。我认为，不必去争论起源的早晚，甚至可以承认彝族文字的起源比汉族文字还要早。问题的关键在于文字的使用。彝族文字始终是一种贵族文字、经院文字，只有毕摩即祭师才能通晓，也只有毕摩才有权掌握并只能传授给他的继承人，这就极大地限制了文字推动社会进步的功能。汉族文字则不同，它总是努力通过形式多样的官学、私学向社会包括社会下层传播，使之成为大众的、世俗的文字，从而大大加速了生产技术、科学思想的总结、推广进程，充分发挥了文字推动社会进步的功能。儒文化产生于古代社会，适应着古代社会。它为古代社会提供了社会正常乃至良性运行的规则，规定了社会林林总总的个体、群体的角色定位——君君臣臣父父子子，仁义礼智信。不管这种规则、定位存在多少不合理，但在小农经济为基础的农业社会，规则就只能是这样，无法超越。儒家不仅制定了规则，而且为规则提供了完整、缜密的理论体系、教化体系、操作体系。儒文化是那个时代最先进的文化。正因为如此，它才能盛行于古代社会几千年，才能为各民族特别是少数民族认同。儒文化的盛行固然有国家权利介入的因素，但那不是根本的原因，根本的原因在于它自身的先进性，在于它不断吸纳、更新的能力。一种文化的盛行如果仅仅依靠权利，那么它可以盛行一时而不可能盛行一世，可以盛行一朝一代而不可能盛行数千年，更不可能在今天依然还在深刻地影响着社会生活的方方面面。

得益于电子信息化时代的便利，图书资料基本上都可以在网络上获得。登录《贵州数字图书馆》，有关贵州的图书资料，包括一些不常见到的图书，基本上都可以查到，如反映罗殿国、自杞国与南宋马匹贸易的《岭外代答》《桂海虞衡志》，反映南明抗清斗争的《西南纪事》《安龙逸史》《安龙纪事》等。贵阳中医学院副教授付可尘，更为我提供了独立的《二十五史》《中国地方志集成·贵州府县志辑》《清实录》等文献电子文本。我则找到了独立的《明实录》，使这几部检索量大、频率高的文献的检索变得极为方便。过去搞科研，要去图书馆借书；很多书本地没有，要天南海北到处借阅，有的跑遍全国也找不到。有了文献数据库，绝大多数图书坐在家中就可以查到，省事省时省心，大大提高了资料搜集效率。

课题研究的 4 年中，我一刻也不敢松懈。早晨 6 点半起床，锻炼、早餐，8 点打开电脑；12 点午餐，稍事休息，1 点半拿起鼠标；4 点睡午觉，6 点起来，晚餐；8 点敲键盘，12 点熄灯。通常是打开两部电脑，台式供检索，手提供录入。日复一日，年复一年，没有周末，没有假日。开会、出差不便查资料，则修改、校对。4 年中换了两台电脑，用坏了四五个鼠标。

历经 4 年，2015 年，项目完成，最终成果专著《贵州古代儒文化与民族认同研究》，80 万字，鉴定等级良好。著作尝试架构大文化意义上的儒文化理论体系，以为中国古代高度成熟的、以皇权为象征的中央集权政治制度及其体系，很大程度上是儒家大一统思想的结晶，属于制度儒学的范畴；高度繁荣的农耕文明，很大程度上是儒家重农思想的结晶，可以归入物化儒学的范畴；而儒学的学理，可以归入理论儒学的范畴；儒学的教育及其传播问题，可以归入狭义文化儒学的范畴。包括理论儒学、制度儒学、文化儒学及物化儒学在内的儒文化，是中国古代社会的先进文化，它为古代民族认同提供了理论体系及意识形态、儒学教化内容及路径、制度保障、物化基础。古代贵州，伴随着大一统王朝治理范围的不断扩大及汉族为主体的移民的不断迁入，从两汉到魏晋南北朝，再到隋唐宋元，至于明、清代前期，儒文化传入、缓慢发展、飞跃发展、兴盛；不仅在汉民族中广泛流播，而且在少数民族中也较为广泛地流播，最终成为社会文化主流，推动着各民族共同文化心理的初步形成，推动着民族认同初步实现、大一统王朝认同基本实现。儒文化是贵州古代民族认同的主体文化元素。贵州古代儒文化与民族认同的研究揭示，民族文化中一体多元与多元一体这对矛盾的主要方面在于多元一体，在尊重并吸纳、传承少数民族优秀文化的同时，必须大力弘扬先进文化、主流文化；民族文化的交流、融合是历史的大趋势，在尊重并吸纳、传承少数民族优秀文化的同时，应鼓励（不是强迫）民族文化的交流、融合，不应过分突出彼此的差异，甚至人为地扩大、制造差异。

由国家社科规划办组织的同行专家鉴定意见认为,该课题"对儒文化本身做了重新的解构和探索","理论上有所建树"。成果"在系统深入地阐述儒文化在贵州传播发展的基础上,论述了贵州四个族系的少数民族在王朝治理、汉族影响下的以儒文化为核心的民族认同和国家认同,并注意到了少数民族在推进民族认同中的独特作用,形成了目前学术界较为系统的研究成果,为探讨中华民族的民族认同和统一多民族国家的发展规律,提供了新的视角和认知基础"。成果"是目前最为系统的揭示儒文化与民族认同关系的成果";"在理论创新和重开学术思路上都是一本上好著作";"不仅具有重大的学术理论价值,而且具有突出的现实借鉴意义";"在正式出版发行之后,其中的不少观点将会受到关注,有的观点将会引起争鸣"。

第一章 绪 论 ……………………………………………………………………（001）

第一节 研究现状述评 ………………………………………………………（002）
一、儒文化研究现状述评 …………………………………………………（002）
二、民族认同研究现状述评 ………………………………………………（010）
三、贵州古代儒文化与民族认同研究现状述评 ………………………（012）
四、已有研究成果的不足及本书研究要旨、研究意义 ………………（017）

第二节 儒文化概念界定及大文化意义上的儒文化体系架构 …………（020）
一、理论儒学 ………………………………………………………………（021）
二、文化儒学 ………………………………………………………………（031）
三、制度儒学 ………………………………………………………………（034）
四、物化儒学 ………………………………………………………………（036）

第三节 民族认同基本概念及研究范围的界定 ……………………………（038）
一、认同 ……………………………………………………………………（038）
二、民族认同 ………………………………………………………………（039）
三、大一统王朝认同 ………………………………………………………（043）

第四节 儒文化是贵州古代民族认同的主体文化元素 ……………………（044）
一、儒文化是中国古代社会的先进文化 …………………………………（044）
二、儒文化是贵州古代民族认同的主体文化元素 ………………………（049）

第二章 汉代夜郎儒文化的传入与民族初始认同 ………………………（054）

第一节 "郡国并存"与夜郎的汉王朝认同 ………………………………（055）
一、唐蒙通夜郎与大一统 …………………………………………………（055）
二、郡县制在夜郎的推行：夜郎君长的汉王朝认同 ……………………（058）

第二节 物化儒学与夜郎封建生产关系的产生 ……………………………（062）
一、汉族移民 ………………………………………………………………（063）

二、"治南夷道"……………………………………………………………（066）
　　三、"募豪民田南夷"：中原耕作技术的传入及封建生产关系的产生 …（068）
　第三节　文化儒学、理论儒学的传入夜郎与初始传播………………………（086）
　　一、儒学的独尊及其初入夜郎…………………………………………（086）
　　二、"汉三贤"的儒学及其"餍饫于"土著民族妇孺"之口"……………（089）
　第四节　汉代夜郎儒文化与民族认同特点……………………………………（097）
　　一、制度儒学率先传入…………………………………………………（097）
　　二、物化儒学继而传入…………………………………………………（099）
　　三、理论儒学、文化儒学随之传入……………………………………（101）
　　四、和平、友好的经济、政治交往、交流、对话、沟通始终是主流 …（102）
　　五、仁义爱民：大一统政治的根本因素………………………………（103）
　　六、认同的肤浅性、不对称性及不稳定性……………………………（104）

第三章　蜀汉至宋元贵州儒文化流播与民族认同的缓慢发展 …………（105）
　第一节　蜀汉两晋南北朝贵州儒文化与民族认同……………………………（107）
　　一、蜀汉时期贵州的小一统格局及其大一统蕴意……………………（107）
　　二、蜀汉的"以人为本"，"和""抚"夷越………………………………（112）
　　三、蜀汉时期贵州"纲纪粗定，夷、汉粗安"认同局面的形成 ………（116）
　　四、两晋南北朝贵州地域儒文化与民族认同大略……………………（127）
　　五、蜀汉两晋南北朝贵州物化儒学的缓慢发展与封建领主制的兴起…（129）
　第二节　隋唐五代贵州儒文化与民族认同……………………………………（132）
　　一、制度儒学的发展与土著君长的唐王朝认同………………………（132）
　　二、儒学的继续传播……………………………………………………（142）
　　三、杨再思的尊唐安民与民族认同……………………………………（149）
　第三节　两宋贵州儒文化与民族认同…………………………………………（154）
　　一、制度儒学影响的进一步减弱………………………………………（154）
　　二、物化儒学的新成就…………………………………………………（158）
　　三、文化儒学流播大有起色……………………………………………（166）
　　四、土著民族的宋王朝认同……………………………………………（170）
　第四节　元代贵州儒文化与民族认同…………………………………………（180）
　　一、土司制：制度儒学的发展与大一统认同…………………………（180）
　　二、重本、屯田、广置站赤与物化儒学的发展………………………（188）
　　三、"儒者之道……从之则人伦咸得，国家咸治"……………………（194）
　第五节　蜀汉至宋元贵州儒文化与民族认同特点……………………………（201）

一、制度儒学：从郡国并存到土司制度 ······ (202)
　　二、物化儒学：缓慢发展，有所进步 ······ (204)
　　三、文化儒学：传播甚微，影响很小 ······ (207)
　　四、坚持统一，仁民安民，推进民族认同 ······ (210)
　　五、汉族融入土著民族 ······ (214)

第四章　明代贵州儒文化与民族认同的飞跃 ······ (217)
第一节　制度儒学与各民族的明王朝认同 ······ (219)
　　一、"天下一统，华夷一家" ······ (219)
　　二、贵州建省 ······ (221)
　　三、改土归流，土流并治 ······ (241)
　　四、忠君死节：南明时期贵州明王朝认同 ······ (245)
第二节　物化儒学的飞跃 ······ (253)
　　一、祭祀稷神，"农为国本" ······ (253)
　　二、先进生产技术的普遍使用及推广 ······ (256)
　　三、户口、田亩、赋税的大幅增长 ······ (261)
　　四、地主制取代领主制：生产关系的深刻变革 ······ (266)
第三节　儒学的兴盛与民族认同 ······ (273)
　　一、尊孔崇儒、开科举、兴学校与儒学的社会流播 ······ (273)
　　二、理论儒学的发展 ······ (297)
　　三、祭祀、旌表文化与儒学的社会渗透 ······ (306)
　　四、民族文化的交流融合与民族认同 ······ (321)
　　五、"民与苗相习，夷与夏同风"："务学力耕"风尚的兴起 ······ (329)
第四节　明代贵州儒文化与民族认同特点 ······ (332)
　　一、制度认同跨越式提升 ······ (332)
　　二、"华夷一家"，优遇土司，促进民族和解 ······ (334)
　　三、铁犁牛耕及地主制生产关系普遍发展 ······ (336)
　　四、理论儒学较之前代飞跃提升 ······ (337)
　　五、儒学流播及民族认同较之前代飞跃发展 ······ (338)
　　六、汉族继续融入土著民族 ······ (340)
　　七、飞跃之中有局限，认同之中有冲突 ······ (341)

第五章　清代前期贵州古代儒文化与民族认同的高峰 ······ (343)
第一节　府州县流官治理格局的形成与制度认同的升华 ······ (345)

一、"崇儒重道"，"统一万邦" ……………………………………………………（345）
二、改土归流，开辟苗疆 …………………………………………………………（348）
三、清代前期今贵州行政区划的基本形成 ………………………………………（355）
四、制度认同的升华与血火硝烟的交织 …………………………………………（359）

第二节 重本务农、兼济工商与民族认同的进步 …………………………………（365）
一、"养民之本，莫要于务农" ……………………………………………………（365）
二、"客户"大量进入少数民族地区 ………………………………………………（370）
三、农业经济的发展与民族认同的进步 …………………………………………（372）
四、商品经济的大发展与民族认同的进步 ………………………………………（378）
五、地主制生产关系取得绝对优势与大一统政治认同的巩固 …………………（398）

第三节 清代前期贵州古代儒文化与民族认同的高峰 ……………………………（401）
一、府州厅县及少数民族儒学教育格局的基本形成 ……………………………（401）
二、科举的兴隆与儒学在各民族中的广泛传播 …………………………………（412）
三、理论儒学的本土化、群体化、创新化转型 …………………………………（429）
四、祠庙祭祀文化的发展与儒学的社会渗透 ……………………………………（444）
五、"耕凿诵读"，"民苗相安" ……………………………………………………（461）

第四节 清代前期贵州儒文化与民族认同特点 ……………………………………（481）
一、大一统制度认同达于高峰 ……………………………………………………（481）
二、社会经济大发展，民族交往扩大深化 ………………………………………（483）
三、府州厅县及少数民族儒学教育格局基本形成 ………………………………（486）
四、科举兴隆，儒学在各民族中广泛传播 ………………………………………（486）
五、理论儒学实现本土化、群体化、创新化转型 ………………………………（487）
六、祠庙祭祀文化继续发展，儒学进一步向乡里及少数民族地区延伸 ………（488）
七、汉"夷"错处交融，"务学力田"，"交好往来"，"相习相安" ………………（488）

第六章 儒文化在贵州古代少数民族中的流播与民族认同 …………………………（491）

第一节 贵州古代仲家儒文化与民族认同 …………………………………………（494）
一、仲家源流及其大一统认同 ……………………………………………………（494）
二、汉民大量进入与民族交融认同 ………………………………………………（500）
三、"仲家……一体入学肄业，考试仕进" ………………………………………（501）
四、儒文化在贵州古代仲家的流播与民族认同 …………………………………（506）

第二节 贵州古代侗人、苗人儒文化与民族认同 …………………………………（516）
一、侗人、苗人社会演进及其大一统认同 ………………………………………（516）
二、汉民进入与民族交融认同 ……………………………………………………（523）

三、"苗民子弟一体入学肄业，考试仕进" ··(529)
　　四、儒文化在贵州古代侗人、苗人中的流播与民族认同 ····························(536)
第三节　贵州古代土人、仡佬儒文化与民族认同 ··(548)
　　一、土人、仡佬源流及其大一统认同 ···(548)
　　二、学校与科举 ··(555)
　　三、儒文化在贵州古代土人、仡佬中的流播与民族认同 ····························(559)
第四节　贵州古代"夷人"儒文化与民族认同 ··(565)
　　一、"夷人"源流及其大一统认同 ··(565)
　　二、学校与科举 ··(575)
　　三、儒文化在贵州古代"夷人"中的流播与民族认同 ································(580)
第五节　贵州古代少数民族儒文化流播与民族认同特点 ··································(591)
　　一、流官治理格局最终形成，大一统制度认同达于高峰 ····························(591)
　　二、"创道德之涂，垂仁义之统"：构建大一统之合法性基础 ·····················(592)
　　三、汉民大量进入，"夷"汉交错杂处，交往交流，认同感增强 ················(593)
　　四、汉民融入少数民族，带动儒文化流播及民族认同 ································(595)
　　五、铁犁牛耕及地主制生产关系最终占据主导地位 ····································(597)
　　六、学校教育及科举大发展，推动儒学在少数民族中的传播 ····················(600)
　　七、儒文化较为广泛地流播，民族认同达于古代高峰 ································(602)

结　语 ··(612)
附录　主要参考文献 ··(622)

第一章 绪 论

《贵州古代儒文化与民族认同研究》课题所谓"古代",上起秦汉,下迄清代前期即 1840 年以前。鸦片战争以后,中国进入近代社会,社会主流意识形态逐渐转化为进化论、民权说,传统儒学逐渐淡出,故儒文化与民族认同的研究下限以 1840 年以前为界。所谓"贵州",以今天的行政区划为范围。历史上,凡属于今天贵州区划范围内的地区,均属"儒文化与民族认同研究"的探讨范围。明永乐十一年(1413 年),贵州正式建省;清雍正五年(1727 年),原属四川的遵义府划属贵州,贵州基本形成今天的区域面貌。为行文方便并避免分歧,在统称贵州全境时均称"贵州",而不论其当时是否已形成独立的省级区域建制。至于"儒文化",指大文化意义上的儒文化,包括理论儒学、文化儒学、制度儒学、物化儒学;"民族认同"的研究范围,则限于贵州少数民族与汉族之间的认同、贵州各民族对于大一统王朝的认同。

古代贵州地处边远,民族众多。据 2010 年全国第六次人口普查数据显示,贵州少数民族有 54 个;其中仡佬、汉、苗、布依、侗、土家、彝、水、白、回、壮、畲、蒙古、瑶、毛南、仫佬、满、羌等 18 个为世居民族,亦即古代贵州的民族,仅次于云南,而汉族以外的 17 个为少数民族;全国人口 100 万以上的少数民族 18 个,其中有 9 个主要居住在贵州。元代以前,汉族人口远低于其他民族,是"少数民族";明代,汉族人口始逐渐增加,仍是"少数民族";清代前期,汉族人口超过其他民族,其他民族才成为真正意义上的少数民族。为概念使用的科学性,明代及其以前,汉族以外的民族称"土著"或"土著民族";清代,汉族以外的民族始称少数民族。

形成于春秋末期的儒学,西汉中叶之初独尊为经学;其后长达两千年,儒学、儒家思想、儒家文化始终是中国古代社会的主流学术、主流意识形态、主流文化,全面而深刻地影响并渗透于社会文化、政治、经济之中,结成为儒学的理论形态、狭义文化形态、制度形态及物化形态,即理论儒学、文化儒学、制度儒学、物化儒学。

两汉时期,犍为郡鄨县(今贵州黔西、大方)人舍人成《尔雅》注 3 卷;[①] 牂柯郡

[①] 参见陆德明:《叙录》,《经典释文》第 1 卷,北京:中华书局 1983 年版第 17 页。

人尹珍赴京师学习经典，还乡传授。[1] 儒学开始传入贵州。魏晋唐宋，儒学继续流播；明代，儒学成为学术文化主流；清代，达于极盛。以大一统、忠、孝、仁、礼等儒学学理为核心，包括理论儒学、文化儒学、制度儒学、物化儒学在内的儒文化深刻地浸润于汉民族之中，并借助国家行政的力量及汉民族的影响，扩散至少数民族之中。中国古代社会，儒文化是当时的优秀文化、先进文化。儒文化在包括汉族、各少数民族在内的贵州古代各民族中的发端、张大，促进了各民族社会政治、经济、文化的发展进步以及各民族共同文化心理的初步形成；儒文化渐次为贵州古代各民族接受、认可，成为贵州古代各民族特别是少数民族与汉民族相互认同得以初步实现、贵州古代各民族大一统王朝认同得以基本实现的主体文化元素。

第一节 研究现状述评

一、儒文化研究现状述评

（一）民国以前儒学研究概述

儒学形成于春秋末期，西汉中叶独尊为经。在漫长的中国古代，儒学是社会的主流学术，儒家思想是社会的主流意识形态，儒学研究著述浩如烟海，深刻地影响了当时的社会。晚清及民国时期，伴随着中国社会的近代化转型，儒学逐渐退出主流地位；五四新文化运动提出口号——"打倒孔家店"，在清算传统儒学的封建愚昧思想的同时，不适当地步入了全盘否定儒学的民族文化虚无主义误区，儒学研究开始衰微。不过，民国时期，儒学研究仍有相当的成果，据《民国时期总书目》收录统计，有著作430余部，如周予同：《经学概论》，上海：商务印书馆1931年版；蒙文通：《经学抉原》，上海：商务印书馆1933年版；马宗霍：《中国经学史》，上海：商务印书馆1936年版；范文澜1941年在中共中央党校的演讲《中国经学史的演变》；[2]〔日〕本田成之著，孙俍工译：《中国经学史》，上海：中华书局1935年版；〔日〕龙川熊之助著，陈

---

[1] 参见《后汉书·西南夷传》，《二十五史》第2册，上海：上海古籍出版社、上海书店1986年版第290页。

[2] 范文澜：《中国经学史的演变》，《范文澜历史论文选集》，北京：中国社会科学出版社1979年版。

清泉译：《中国经学史概说》，长沙：商务印书馆1941年版。古、近代的儒学研究，基本上限于章句诠释、经义阐述，很少从儒学与社会的互动角度深入。

（二）1949年以后儒文化研究述评

20世纪70年代末开始，随着实事求是、解放思想路线的确立，儒学研究渐次复苏，在20世纪90年代以后形成热潮，出版了大量著作。这些著作中，相当部分或全面论述儒学史、儒学思想体系，或论述儒学对社会政治、经济、思想文化、风俗的影响。

1. 著作举要

其一，全面论述儒学以及儒学史的著作。如汤一介等主编：《中国儒学文化大观》，北京：北京大学出版社2001年版；庞朴主编：《中国儒学》，上海：东方出版中心1997年版；中国孔子基金会编：《中国儒学百科全书》，北京：中国大百科全书出版社1997年版；傅永聚等主编：《二十世纪儒学研究大系》，北京：中华书局2003年版；姜林祥主编：《中国儒学史》，广州：广东教育出版社1998年版；李书有主编：《儒学源流》，北京：中国青年出版社2000年版；吴雁南主编：《中国经学史》，福州：福建人民出版社2001年版；朱维铮：《中国经学史十讲》，上海：复旦大学出版社2002年版；徐道勋等：《中国经学史》，上海：上海人民出版社2006年版；周桂钿：《中国儒学讲稿》，北京：中华书局2008年版；陈奇等：《中国经学史纲要》，北京：中国言实出版社2011年版；［德］马克斯·韦伯著，洪天富译：《儒教与道教》，南京：江苏人民出版社1993年版；［澳］李瑞智著，范道丰译：《儒学的复兴》，北京：商务印书馆，1999年版。

其二，探讨儒学价值意义的著作。如牟钟鉴：《儒学价值的新探索》，济南：齐鲁书社2001年版；姜林祥：《儒学价值传统与现代化》，济南：齐鲁书社2002年版。

其三，探讨儒学与社会的著作。如陈劲松：《儒学社会通论》，北京：中国人民大学出版社2007年版；彭立荣：《儒文化社会学》，北京：人民出版社2003年版；李书有：《儒学与社会人民》，南京：江苏教育出版社1995年版；田广清：《和谐论：儒家文明与当代社会》，北京：中国华侨出版社1998年版；张涛：《经学与汉代社会》，石家庄：河北人民出版社2001年版；朱贻庭：《儒家文化与和谐社会》，上海：学林出版社2005年版；陆自荣：《儒学和谐合理性：兼与工具合理性、交往合理性比较》，北京：中国社会科学出版社2007年版；吴雁南主编：《心学与中国社会》，北京：中央民族学院出版社1994年版。

其四，探讨儒学与政治的著作。如林存广：《儒教中国的形成：早期儒学与中国政治文化的演进》，济南：齐鲁书社2003年版；干春松：《制度化儒学及其解体》，北京：中国人民大学出版社2003年版；干春松：《制度儒学》，上海：上海人民出版社2006年版；汤志钧：《近代经学与政治》，北京：中华书局1999年版。

其五，探讨儒学与文化教育的著作。如许凌云主编：《儒学与中国史学》，济南：山东大学出版社1992年版；陈明：《儒学的历史文化功能——士族：特殊形态的知识分子研究》，上海：学林出版社1997年版；聂振斌：《儒学与艺术教育》，南京：南京出版社2006年版；中国孔子基金会等编：《中国儒教教育思想》，青岛：青岛出版社2000年版；陈宝良：《明代儒学生员与地方社会》，北京：中国社会科学出版社2005年版。

其六，探讨儒与经济的著作。如马涛：《儒教传统与现代市场经济》，上海：复旦大学出版社2000年版；叶坦：《叶坦文集：儒学与经济》，南宁：广西人民出版社2005年版；张鸿翼：《儒家经济伦理及其时代命运》，北京：北京大学出版社2010年版；宋长琨：《儒商文化概论》，北京：高等教育出版社2010年版；周新国主编：《儒学与儒商新论》，北京：社会科学文献出版社2010年版。

其七，探讨儒学与生态的著作。如张云飞：《天人合一：儒学与生态环境》，成都：四川人民出版社1995年版。

其八，探讨儒学与世界的著作。如徐远和：《儒学与东方文化》，北京：人民出版社1994年版；姜林祥编著：《儒学在国外的传播与影响》，济南：齐鲁书社2004年版；贾顺先：《儒学与世界》，成都：四川大学出版社2006年版。

其九，探讨儒家民族观、儒学与少数民族文化的著作。如刘小枫：《儒教与民族国家》，北京：华夏出版社2007年版；李宗桂：《儒教文化与中华民族的凝聚力》，广州：广东人民出版社1998年版；肖万源主编：《儒学与中国少数民族思想文化》，北京：当代中国出版社1996年版；胡发贵：《儒教文化与爱国传统》，上海：上海科学出版社1998年版；王瑞平：《明清时期云南的人口迁移与儒学在云南的传播》，郑州：大象出版社2011年版；林安梧：《儒学与云南政治社会》，上海：学林出版社1998年版；木芹 等：《儒学与云南政治经济的发展及文化转型》，昆明：云南人民出版社1999年版；龚右德：《儒学与云南少数民族文化》，昆明：云南人民出版社1993年版；李克：《儒家民族观的形成与发展》，西南民族大学博士论文，2008年。

其十，海外新儒家及新儒家研究著作。熊十力著，黄克剑等编：《熊十力集》，北京：群言出版社1993年版；梁漱溟著，黄克剑等编：《梁漱溟集》，北京：群言出版社1993年版；张君劢著，黄克剑等编：《张君劢集》，北京：群言出版社1993年版；方东美著，黄克剑等编：《方东美集》，北京：群言出版社1993年版；牟宗三著，黄克剑等编：《牟宗三集》，北京：群言出版社1993年版；唐君毅著，黄克剑等编：《唐君毅集》，北京：群言出版社1993年版；杜维明著，郭齐勇等编：《杜维明文集》，武汉：武汉出版社2002年版；余英时著，辛华等编：《内在超越之路：余英时新儒学论著辑要》，北京：中国广播电视出版社1992年版；卢连章：《中国新儒学史》，郑州：中州古籍出版社1993年版。

2. 成果述评

（1）儒学史、儒学思想体系、儒学社会影响的研究

20世纪80年代以来，儒学研究硕果累累。这些成果针对儒学产生、演变、流播的历史，包括哲学思想、伦理思想、政治思想、经济思想、文学教育历史艺术思想、社会思想、天人合一思想等在内的儒学思想体系，就儒学对社会政治、经济、思想文化、风俗的影响，均做了全面、系统而深入的介绍和探讨，兹不赘述。已有的研究成果，为本书大文化意义上的儒文化理论架构、为贵州古代儒文化与民族认同研究提供了宝贵的借鉴和丰富的参考资料。

已有的儒学研究，论述了儒学学理及其社会影响；有关儒学社会影响的研究中，有的提出了制度儒学的概念，有的论述了儒家的重农思想，有的论述了儒学教育及其传播。总的看来，儒学体系的构建尚不够缜密、严谨。

（2）海外新儒家的儒学研究

发端于五四时期的现代新儒家，历经梁漱溟、唐君毅、杜维明代表的三个阶段，对儒学的"返本开新"、儒学的至善人格追求、儒学的生命哲学、儒学的天人之道、儒学的宗教性及其普适价值进行了极具意义的、卓有成效的思考。现代新儒家认为，西方启蒙时代以来的"人类中心主义"在为世界创造价值的同时，也带来了地球家园的危机，而儒家的"天人合一"、人道与天道融合，超越自己、超越家族、超越国家、超越"人类中心主义"，才是人性、生命的真正的、全部的含义，是广泛意义上的最高的宗教境界。"当关注中心移向天人合一的时候，便超越了世俗的人本主义这一启蒙精神的带有明显的人类中心说特色的形式。这一整合……可能很适合作为一种新的全球伦理学说达到起点。"[1] 现代新儒家在中国港澳台、海外形成颇具声势的派别，为儒学的复兴、为儒学的现代化转型及走向世界做出了重要的贡献。

（3）儒学与少数民族文化

儒学与少数民族文化的交流交融问题，是儒学研究的薄弱环节，20世纪90年代始有所触及，专题研究成果很少；仅有的成果中，论文稍多，著作则屈指可数，如《儒学与中国少数民族思想文化》《儒学与云南少数民族文化》《儒学与云南政治社会》《儒学与云南政治经济的发展及文化转型》《明清时期云南的人口迁移与儒学在云南的传播》等。《儒学与云南政治社会》《儒学与云南政治经济的发展及文化转型》《明清时期云南的人口迁移与儒学在云南的传播》等著作虽未明言少数民族，但由于云南是少数民族众多的省份，所以，探究儒学与云南社会政治经济文化的关系，实际上就是探究儒学对云南这个少数民族地区的影响；云南少数民族与儒学的研究也因此走在了民族地区儒学研究的前列。

儒学与少数民族文化问题，包括少数民族对儒学的汲收和儒学对少数民族文化的

---

[1] 以上见杜维明：《文明的冲突与对话》，长沙：湖南大学出版社2001年版第181、182、183页。

汲收两个方面。它是一种"'双向性'关系，即二者既是互相影响、相互补充的，又是共同发展、彼此融合的"。①

①少数民族对儒学的吸收

"由于朝廷的支持，儒学作为主要的官方意识形态，在历史上曾一步一步深入各个民族的上层和民间，成为广受崇奉的正统文化。历朝统治者都自视是文明标志的'礼'的承载者，负有教化万民之责，并要'归化'远方蛮夷。统治者通过官学、科举、朝觐、旌表等制度，把官方意识形态推广到各地各民族。儒学在汉朝以后独尊，历代以来进一步系统化、世俗化、平民化，成为官民之间、汉族和少数民族之间强大的整合力量，成为各民族文化共享的思想基础和礼仪范式，以其强大的影响力和辐射力，在长期的文化交流过程中完全内化，被诸多少数民族文化吸收，发生融合变异，或者作为少数民族的知识，或者被付诸实践，最终成为习俗。"②

中国历史上，特别是魏晋南北朝、辽宋夏金元及清代三个时期，很多少数民族进入中原建立了政权。少数民族统治集团中的有识之士，为着政权的稳定和长久，都会对以儒学为核心的汉族文化表现出浓厚的兴趣，"无不大力提倡儒学，尊孔读经"，"以汉族传统的儒学为治世工具"。③

以上是就儒学对于进入中原建立政权的少数民族统治集团的影响而言。就儒学对于一般少数民族的影响而言，"众多少数民族先民尊孔崇儒读经，受到儒学的政治思想、伦理道德、哲学思想、教育思想、文艺思想等不同程度之影响……而其'三纲''五常'思想则大都为中国少数民族先民所接受和应用"④。儒学的核心是伦理道德，儒家伦理道德的核心是忠孝。"儒学对少数民族伦理道德的形成和发展，产生过极大的影响。""儒家伦理道德深入到少数民族的民间，普遍地反映在各民族的神话传说、民间故事、民歌、格言、谚语、文化典籍、礼仪、禁忌、宗教、族谱、碑文、乡规民约，甚至日常生活之中。"⑤

②儒学在少数民族地区广泛传播的原因

首先，中央王朝出于维护其在全国的统治地位的需要，无不大力灌输和推广儒学。儒学"作为封建社会的意识形态，尤其是其政治伦理思想，可以很好地为中央集权的封建君主及其整个封建地主阶级服务。例如，它关于君君、臣臣、父父、子子、夫夫、妇妇、弟弟、兄兄的伦理规范，就恰好反映了封建统治阶级，尤其是中央皇权的要求"。历代中央王朝，无不大力灌输和推广儒学。官府实行开明的文化政策，对少数民

---

①肖万源：《前言》第2页，《儒学与中国少数民族思想文化》，北京：当代中国出版社1996年版。
②库晓慧：《论儒家文化在中国少数民族文化中的变异》，《贵州文史丛刊》2010年第2期。
③吴雁南：《中国经学史》，福州：福建人民出版社2001年版第210页。
④肖万源：《前言》第2页，《儒学与中国少数民族思想文化》，北京：当代中国出版社1996年版。
⑤杨国才：《儒学与少数民族伦理道德》，肖万源主编：《儒学与中国少数民族思想文化》，北京：当代中国出版社1996年版第118、119页。

族地区的办学经费、入学名额以及科举中式者均予以优惠。汉族与少数民族的杂居，进一步促进儒学深入少数民族民间社会。儒学是汉民族的文化主体。文人而外，普通人也熟知孔孟之道。与少数民族人民杂居，"民间交往，沟通思想，言传身教循循善诱，使儒家思想潜移默化，家喻户晓。就是没有文化知识的少数民族人民群众也耳濡目染，不学而能，自行风化，熟悉孔孟儒学之精要，特别是纲常伦理等方面的内容"。以致目不识丁者，也懂得忠孝二字。①

其次，少数民族出于巩固政权的需要，纷纷学习、吸收儒学。"少数民族尚处在比汉族落后的历史阶段，一旦建立了政权，且要巩固、扩大，只凭武力不行，还需要文治，需要理论武器，需要汉族和其他兄弟民族的支持，这就得学习先进的汉文化，而儒学则被他们视为汉文化的代表"，儒家的纲常伦理被"用来作为其处理人与人之间关系的准则，维护其统治地位的思想的、理论的根据"；儒学"作为封建社会的意识形态和中华民族古代传统文化的主干"，包含着"促进人类社会文明、民主、进步、团结、爱国及维护社会安定的"精华部分。儒学"作为当时的一种先进的意识形态，适合他们由落后的社会制度进为先进的封建制度之政治需要"。② 儒学"对于当时大多数尚处于原始社会以及奴隶社会或少数刚刚进入封建社会的少数民族地区来说，无疑也是促进其社会进步的措施，因而在客观上是有利于少数民族进步和发展的"。西南各少数民族地区，"政治家、思想家将儒学与本民族的文化糅合到一起，变成其统治思想，乃至变成乡规民约的形式"。③ 少数民族知识分子在率先接受儒学以后，往往开馆授徒，著书立说，推崇、传播儒学。④

再次，"先进民族的文化向后进民族传播是历史发展的规律"。任何民族"都是在同周边民族的相互影响和作用中发展的。这种作用虽然从来都是相互的，但总有一方占主导地位，即总是先进民族的文化影响后进民族。这可以说是一条历史的规律"。唐代周边许多国家和民族派遣大批留学生到唐朝学习文化，近代的西学东渐，也都是这一规律的表现。历史上"中华民族大家庭中各个民族之间的交流和发展也是如此。汉民族，由于种种原因，发展较早，因而长期来在多数情况下居于主导地位。这样，汉族的先进生产力、先进社会制度和先进文化，特别是居于统治地位的儒学思想，也就

---

① 参见韦玖灵：《儒学在壮族地区传播与壮、汉民族融合的历史考察》，肖万源主编：《儒学与中国少数民族思想文化》，北京：当代中国出版社1996年版第64-65页。

② 以上见肖万源：《中国少数民族在儒学发展中的积极作用》，《儒学与中国少数民族思想文化》，北京：当代中国出版社1996年版第297、298页。

③ 王永祥：《浅析儒学在少数民族地区传播的原因》，肖万源主编：《儒学与中国少数民族思想文化》，北京：当代中国出版社1996年版第77页。

④ 韦玖灵：《儒学在壮族地区传播与壮、汉民族融合的历史考察》，肖万源主编：《儒学与中国少数民族思想文化》，北京：当代中国出版社1996年版第51、55-60页。

很自然地向后进的少数民族地区传播"。①

最后,"各个民族都有追求文明、发展和进步以及要求安定、团结和有秩序的内在驱动力"。"在世界的民族之林中,任何的民族也不会自甘落后,而总是力图在竞争中自主、自立和自强,因而在同周边民族的交往中总在力求吸收其他先进民族的文化,加强和发展自己,以使自己摆脱落后状态,成为强大、文明的民族。"民族国家的历史,就是在这一规律的推动下,不断向前延伸和发展的。因此,这其实也就是在世界范围内或一个多民族国家内发生民族大融合的最根本和最深层的原因。"儒学之所以在中国历史上不断向少数民族地区传播,其最重要的原因就在于此。"②

③儒学对少数民族文化的汲收

儒学与少数民族文化问题,包括少数民族对儒学的汲收和儒学对少数民族文化的汲收两个方面,是一种"'双向性'关系,即二者既是互相影响、相互补充的,又是共同发展、彼此融合的"。③"儒学向少数民族传播的过程,也是各族人民创造、发展儒学的过程……一方面,儒学被少数民族所吸收,改造着少数民族的文化;另一方面,被少数民族所吸收的儒学也在被少数民族的文化所改造。""今天形成的中华民族的传统文化,乃至作为其主干的儒学……是包括汉民族和五十多个少数民族在内的整个中华民族,在几千年的共同劳动、生活及其文化冲突、融合的过程中共同创造的。各民族不论大小,都以不同的方式参与了创造。"④

首先,"儒学吸收、改造了少数民族古代文化中的某些观点或思想,丰富了自己的思想内容"。⑤

其次,"少数民族对儒学的流传不绝、演变发展、影响不断扩大,乃至自汉至清处于官学地位,都起了一定的作用"。⑥

儒学与少数民族文化的交流交融研究薄弱,相形之下,少数民族文化对儒学影响的研究成果更少。

④儒学对少数民族的双重影响

儒学在少数民族中的传播、发展,成为影响少数民族社会的重要因素之一,推动了少数民族社会的"发展进步,有利于民族之间的相互了解,促进了民族融合"。⑦ 以

---

①以上见王永祥:《浅析儒学在少数民族地区传播的原因》,肖万源主编:《儒学与中国少数民族思想文化》,北京:当代中国出版社1996年版第73页。
②以上见王永祥:《浅析儒学在少数民族地区传播的原因》,肖万源主编:《儒学与中国少数民族思想文化》,北京:当代中国出版社1996年版第73、74页。
③肖万源:《前言》第2页,《儒学与中国少数民族思想文化》,北京:当代中国出版社1996年版。
④王永祥:《浅析儒学在少数民族地区传播的原因》,肖万源主编:《儒学与中国少数民族思想文化》,北京:当代中国出版社1996年版第76、77页。
⑤肖万源:《前言》第2页,《儒学与中国少数民族思想文化》,北京:当代中国出版社1996年版。
⑥肖万源:《前言》第2页,《儒学与中国少数民族思想文化》,北京:当代中国出版社1996年版。
⑦吴雁南等:《中国经学史》,福州:福建人民出版社2001年版第416页。

云南为例,云南少数民族文化"深受儒家思想的影响",①各少数民族"或多或少不同程度地吸收了汉族文化,甚至可以说汉族文化起了导向作用"。儒学的发展,"对云南政治产生了重要的影响",使云南经济"获得了重大发展"。明代云南的改土归流,在儒学影响最大的临安(今云南建水)、丽江等地区,"未经多少曲折"就"基本实现了"。②

(4) 儒学与民族认同研究

其一,儒学与中华民族凝聚力。

"在一个多民族并存的国度里,总要有一种学术作为各民族团结统一、共同奋斗的思想基础。在中国历史上,儒学既是中国封建社会统治阶级的统治思想,又是团结各民族在中国社会这个大家庭中而不四分五裂的纽带。"③"促进华夏民族的团结和凝聚,推动国家的统一和发展的内在原因是儒家文化。"古代中国,儒家文化为国家的凝聚"做出了最为显著的贡献"。④

其二,儒学与中华认同。

儒学"在中华传统文化中居于主导地位,在一定意义上对社会文化心态起着决定性的影响,对中华民族精神的形成自然具有重要意义"。它对于汉民族进而各民族"形成具有共同文化特征的生活方式和文化心理……都起了不可估量的作用。随着经学的普及和发展,原来存在较大差别的各地的生活方式和风俗逐渐趋于统一,显现出'天下为一,万里同风'的大趋势"。⑤这对于各民族的中华认同、国家认同,对于增强中华民族凝聚力,都起了不可估量的乃至决定性的影响和作用。儒家"天下一家""四海之内皆兄弟""民胞物与"之类凡人皆为同类的思想,"在理论上几乎超越了所有地域与血亲组织的局限,而呈现出绝对的、以人为对象的认同原则……也就在超越的层面上为古代世界的社会认同,既提供了充分的理论说明,也开辟了宽广而明媚的远景"。⑥

其三,儒学与国家认同。

儒学大一统思想是维护国家统一的精神支柱。⑦"在古代中国,天子作为一种政治象征,既是一个王朝的政治权力的代表,也是国家与社会利益的人格体现。""忠君"与"报国"是"必然联系"的。"虽然'忠君'也有强化专制统治的负面影响,但同时它也突出了国家利益。因此,儒家的'忠君'思想,从其所导向的对国家利益的追求,

---

① 龚右德:《儒学与云南少数民族文化》,昆明:云南人民出版社1993年版第12页。
② 木芹 等:《弁言》第8、7页,《儒学与云南政治经济的发展及文化转型》,昆明:云南大学出版社1999年版。
③ 肖万源:《儒学与中国少数民族思想文化》,北京:当代中国出版社1996年版第65页。
④ 胡发贵:《序》第1、2页,《儒家文化与爱国传统》,上海:上海社会科学院出版社1998年版。
⑤ 吴雁南等:《中国经学史》,福州:福建人民出版社2001年版第25、171页。
⑥ 胡发贵:《儒家文化与爱国传统》,上海:上海社会科学院出版社1998年版第244页。
⑦ 参见汤一介等:《中国儒学文化大观》,北京:北京大学出版社2001年版第387-416页。

实也就为古代社会的认同指出了切实的途径。"①

儒学研究的成果虽然极为丰富，但尚无以儒学与民族认同为题的专题研究著作成果，相关的论述散见于有关儒学与中华民族形成、儒家民族观、儒家爱国主义、儒学思想体系、儒学史的著述中，如上文所提及的《儒教与民族国家》《儒家文化与中华民族的凝聚力》《儒家文化与爱国传统》《儒学与中国少数民族思想文化》《中国儒学文化大观》《中国儒学》《中国儒学百科全书》《中国经学史》等。

二、民族认同研究现状述评

"20世纪70年代以来，人类学、社会学、文化学研究中，对族群理论、身份认同以及相关的社会记忆等方面，都有大量而深入的研究。"②

主要著作如下：

其一，国外学者著作。如［美］塞缪尔·亨廷顿著，程克雄译：《谁是美国人？美国国民特性面临的挑战》，北京：新华出版社2010年版；［美］约瑟夫·拉彼德、［德］弗里德里希·克拉托赫维尔主编，金烨译：《文化和认同：国际关系回归理论》，杭州：浙江人民出版社2003年版；［美］里亚·格林菲尔德著，王春华等译：《民族主义：走向现代的五条道路》，上海：上海三联书店2010年版；［美］斯蒂文·郝瑞著，巴莫阿依等译：《田野中的族群关系与民族认同：中国西南彝族社区考察研究》，南宁：广西人民出版社2000年版；［德］扬－维尔纳·米勒著，马俊等译：《另一个国度：德国知识分子、两德统一及民族认同》，北京：新星出版社2008年版；［德］施耐德著，关山等译：《真理与历史：傅斯年、陈寅恪的史学思想与民族认同》，北京：社会科学文献出版社2008年版；［英］休·希顿－沃森著，吴洪英等译：《民族与国家——对民族起源与民族主义政治的探讨》，北京：中央民族大学出版社2009年版；［英］爱德华·莫迪默等著，刘泓 等译：《人民·民族·国家——族性与民族主义的含义》，北京：中央民族大学出版社2010年版；［加］卜正民等编：《民族的构建：亚洲精英及其民族身份认同》，长春：吉林出版集团有限责任公司2008年版；［日］吉野耕作著，刘克申译：《文化民族主义的社会学：现代日本自我认同意识的走向》，北京：商务印书馆2004年版。

其二，国内学者著作。又可细分为关于国外民族认同或单一民族议同研究著作、文化认同研究著作、民族认同研究著作、中华认同及国家认同研究著作、区域民族认同或单一民族认同研究著作。

---

① 胡发贵：《序》第3、4页，《儒家文化与爱国传统》，上海：上海社会科学院出版社1998年版。
② 王明珂：《华夏边缘：历史记忆与族群认同》，北京：社会科学文献出版社2006年版第231页。

关于国外民族认同研究著作。如范勇鹏《欧洲认同的形成：功利选择与制度建构》，中国社会科学院研究生院博士论文，2008年；马珂：《后民族主义的认同建构及其启示：争论中的哈贝马斯国际政治理念》，上海：上海人民出版社2010年版；洪霞：《欧洲的灵魂：欧洲认同与民族国家的重新整合》，北京：中国大百科全书出版社2010年版。

关于文化认同研究著作。如郑晓云：《文化认同论》，北京：中国社会科学出版社1992年版；李宝臣：《文化冲撞中的制度惯性》，北京：中国城市出版社2002年版；万明钢主编：《多元文化视野：价值观与民族认同研究》，北京：民族出版社2006年版。

关于民族认同研究著作。纳日碧力戈：《现代背景下的族群建构》，昆明：云南教育出版社2000年版；邓楠：《全球化语境下的民族文化身份认同》，浙江大学博士论文，2004年；白明政主编：《适应·认同·发展：多维视野中的民族与民族研究》，贵阳：贵州民族出版社2011年版；陈建樾等主编：《族际政治在多民族国家的理论与实践》，北京：社会科学文献出版社2010年版。

关于中华认同及国家认同研究著作。如费孝通主编：《中华民族多元一体格局》（修订本），北京：中央民族大学出版社1999年版；马戎等主编：《中华民族凝聚力形成与发展》，北京：北京大学出版社1999年版；郑晓云：《全球化与民族文化：郑晓云学术研究文集》，北京：中国书籍出版社2004年版；张海洋：《中国的多元文化与中国人的认同》，北京：民族出版社2006年版；徐杰舜：《从多元走向一体：中华民族论》，桂林：广西师范大学出版社2008年版；吴晓萍等主编：《中华民族认同与认同中华民族》，哈尔滨：黑龙江人民出版社2009年版；郭艳：《全球化语境下的国家认同》，中共中央党校博士论文，2005年；刘国强：《媒介身份重构：全球传播与国家认同建构研究》，成都：四川大学出版社2009年版；黄岩：《国家认同：民族发展政治的目标建构》，北京：民族出版社2011年版；刘凤云等编：《清代政治与国家认同》，北京：社会科学文献出版社2012年版。

关于区域民族认同或单一民族认同研究著作。如黄少华：《网络空间的族群认同：以中穆BBS虚拟社区的族群认同实践为例》，兰州大学博士论文，2009年；菅志翔：《族群归属的自我认同与社会定义：关于保安族的一项专题研究》，北京：民族出版社2006年版；胡云生：《传承与认同：河南回族历史变迁研究》，银川：宁夏人民出版社2007年版；朝戈金主编：《中国西部的文化多样性与族群认同：沿丝绸之路的少数民族口头传统现状报告》，北京：社会科学文献出版社2008年版；张丽剑：《散杂居背景下的族群认同：湖南桑植白族研究》，北京：民族出版社2009年版；莫蓉：《互动中的磨合与认同：广西民族团结模式研究》，哈尔滨：黑龙江人民出版社2004年版；祁进玉：《群体身份与多元认同：基于三个土族社区的人类学对比研究》，北京：社会科学文献出版社2008年版；史惠颖：《中国西南民族地区少数民族认同心理与行为适应研究》，重庆：西南大学博士论文，2007年；巫达：《社会变迁与文化认同——凉山彝族的个案研究》，上海：学林出版社 2008 年版；王茂美：《村落社区视野下的少数民族政治认同研究：以云南少数民族为例》，复旦大学博士论文，2010 年；宏英：《历史记忆与民族认同研究：以云南蒙古人的历史记忆为中心》，内蒙古大学博士论文，2009 年。

此外，诸多关于民族学、政治学的著作中，也有大量涉及民族认同、中华认同、国家认同的内容。如金炳镐：《民族理论与民族政策概论》，北京：中央民族大学出版社 2006 年版；景跃进等主编：《政治学原理》，北京：中国人民大学出版社 2006 年版；梁丽萍：《政治社会学》，北京：中央编译出版社 2009 年版；王惠岩：《王惠岩文集·政治学理论：政治学原理》，北京：中国大百科全书出版社、党建读物出版社 2007 年版；翁独健主编：《中国民族关系史纲要》，北京：中国社会科学出版社 1990 年版。

国内外民族认同研究的累累成果，就民族认同、中华认同、国家认同及中国认同等问题均做了全面、系统而深入的介绍和探讨，为本书的贵州古代民族认同研究提供了宝贵的借鉴和丰富的参考资料，兹不赘述。

不足之处在于，有关中国古代的民族认同、中华认同、国家认同及中国认同的成果中，缺少有关儒家文化在古代中国民族认同、中华认同、国家认同及中国认同中所起作用的专题的、系统的、深入的研究成果。

三、贵州古代儒文化与民族认同研究现状述评

（一）研究著作成果举要

1. 贵州古代儒文化研究成果举要

王守仁、郑珍、莫友芝、孙应鳌、陈法等贵州儒学史上有影响力的学人著述整理、点校出版；黎庶昌：《遵义沙滩黎氏家谱》，清光绪十五年江宁本；吴道安：《郑子尹先生年谱》，民国印本；李独清：《孙文恭公年谱》，《贵州师范大学学报》，1990 年印本；余怀彦主编：《王阳明与贵州文化》，贵阳：贵州人民出版社 1996 年版；吴雁南：《阳明学与近世中国》，贵阳：贵州教育出版社 1996 年版；蒋希文等主编：《王阳明学国际学术讨论会论文集》，贵阳：贵州教育出版社 1997 年版；王学之思编委会：《王学之思》，贵阳：贵州民族出版社 1999 年版；王学之路编委会：《王学之路》，贵阳：贵州民族出版社 2000 年版；王晓昕等主编：《王学之魂》，贵阳：贵州民族出版社 2005 年版；庞思纯：《明清贵州七百进士》，贵阳：贵州人民出版社 2005 年版；庞思纯：《明清贵州六千举人》，贵阳：贵州人民出版社 2006 年版；王路平：《明代黔中王门大师孙应鳌思想研究》，北京：群言出版社 2007 年版；余怀彦：《王阳明五百年》，贵阳：贵州教育出版社 2009 年版；敖以深：《黔东北地域阳明文化研究》，北京：知识产权出版社 2009 年版；王晓昕等主编：《王学之光》，成都：西南交通大学出版社 2010 年版；

张新民：2007 年度国家社科基金立项课题《明清时期贵州阳明学地域学派研究》（2015年结题）；王芳恒：2007 年度国家社科基金立项课题《儒学在贵州民族地区的传播与发展研究》；王晓昕：2010 年度国家社科基金立项课题《明代黔中王门及其思想研究》（2015 年结题）。

2. 涉及贵州古代民族认同问题研究成果举要

沈红：《石门坎文化百年兴衰：中国西南一个山村的现代性经历》，沈阳：万卷出版公司 2005 年版；邵献书：《穿青人问题研究》，中央民族大学博士论文，2006 年；温春来：《从"异域"到"旧疆"：宋至清贵州西北部地区的制度、开发与认同》，北京：三联书店 2008 年版；张慧真：《教育与族群认同：贵州石门坎苗族的个案研究（1900—1949）》，北京：民族出版社 2009 年版；孙秋云：《核心与边缘：18 世纪汉苗文明的传播与碰撞》，北京：人民出版社 2007 年版；周春元等：《贵州古代史》，贵阳：贵州人民出版社 1982 年版；贵州通史编委会：《贵州通史》，北京：当代中国出版社 2005 年版；侯绍庄等：《贵州古代民族关系史》，贵阳：贵州民族出版社 1991 年版；杨昌儒等：《贵州民族关系的构建》，贵阳：贵州人民出版社 2009 年版；贵州六百年编委会：《贵州六百年经济史》，贵阳：贵州人民出版社 1998 年版。

3. 涉及贵州古代儒家文化与少数民族文化研究成果举要

唐建荣：《儒学在贵州民族地区古代社会的传播与影响》，《贵州民族研究》2002 年第 22 卷第 1 期；韦启光：《儒学与贵州少数民族文化的融合》，《贵州民族研究》2004 年第 24 卷第 2 期；黄富源：《明代贵州的儒学教育与地方性经学的形成》，《阳明学刊》第 3 辑，成都：巴蜀书社 2008 年版；库晓慧：《论儒家文化在少数民族文化中的变异》，《贵州文史丛刊》2010 年第 2 期；王芳恒：《布依族〈黄氏宗谱〉与儒家伦理》，《贵州民族学院学报》（哲学社会科学版）2007 年第 6 期；周国茂：《王阳明与儒家文化在黔中布依族地区的传播》，王晓昕主编《王学之光》，成都：西南交通大学出版社 2010 年版；刘明华等主编：《贵州省少数民族传统理论道德研究》，贵阳：贵州教育出版社 1991 年版；吴雁南等主编：《贵州文化系列丛书》，贵阳：贵州人民出版社 20 世纪 90 年代至 21 世纪初出版；石争等：《民族文化研究丛书》，贵阳：贵州人民出版社 20 世纪 90 年代出版；黄万机：《沙滩文化志》，北京：中国文史出版社 2006 年版；索晓霞等：《贵州：永远的财富是文化》，贵阳：贵州人民出版社 2009 年版；王芳恒：《共性传承与个性张扬：中华民族精神与贵州民族文化传统关系研究》，北京：民族出版社 2009 年版；张新民等：《贵州传统学术思想世界重访》，贵阳：贵州人民出版社 2010 年版；王鸿儒：《夜郎文化史》，贵阳：贵州人民出版社 2010 年版；孔令中主编：《贵州教育史》，贵阳：贵州教育出版社 2005 年版；王芳恒：2007 年度国家社科基金立项课题《儒学在贵州民族地区的传播与发展研究》。

(二) 观点综述

1. 贵州古代儒文化研究

关于贵州古代儒学及其社会影响问题，迄今虽然尚无系统的、通论性质的研究成果，但个案研究成果却不少，特别是关于"黔中王学"及其代表学者王守仁、孙应鳌、李渭，"沙滩文化"及其代表学者郑珍、莫友芝、黎庶昌等。在这些成果中，学者提出了"黔中王学"概念，就王守仁"龙场悟道"，孙应鳌、李渭等人的儒学，以及"黔中王学"的内容、影响、地位进行了探讨，认为"黔中王学"已成为明代王学的一个地域性学派，对明代贵州文化教育起了巨大的推动作用；[1] 提出了"沙滩文化"概念，就郑珍、莫友芝、黎庶昌代表的沙滩文化的特点、地位、影响进行了探讨，认为"郑、莫、黎三家都是儒家正统思想的躬行实践者，坚持以人为本，以修己为务，以中庸为归，穷理居敬；力行敬恕之道"。儒家正统思想"是'沙滩文化'的灵魂"。[2] 沙滩文化是清代贵州文化的奇葩，说明落后地区学人走出山门融入主流文化圈的重要性和必要性。[3]

关于贵州儒学的演变，一些关于贵州史、文化史的论著做了大致的勾勒，代表作为唐建荣《儒学在贵州民族地区古代社会的传播与影响》、张新民等《贵州传统学术思想世界重访》。[4] 贵州儒学兴起于西汉。舍人、盛览、尹珍等"学习儒学，接受中原先进文化"，成为著名儒家学者；他们"重视教育，传播儒学，或注书，或讲学"，"对儒学在贵州的传播与发展，做出了显著的成绩"。明代"是贵州受儒学传播影响最大的时期"。王阳明贬谪龙场驿（今贵州修文县），提出了著名的"知行合一"学说，培养了孙应鳌、李渭等理学人才，"对贵州各民族文化产生了深刻的影响"。"中原儒学文化在贵州逐渐成为主体文化。"清代全省"府、卫、州、县甚至到乡都设立学校"，"同样把儒学作为统治阶级的思想加以强化"。[5]

2. 贵州古代民族认同研究

贵州古代民族认同问题，迄今尚无专门的研究成果，更谈不上系统的研究成果，仅在有关贵州通史、断代史以及贵州民族、经济、文化、学术的诸多著述中有所涉及，重点在于贵州与大一统中央王朝的关系，代表作为周春元等《贵州古代史》、贵州通史编委会《贵州通史》、侯绍庄等《贵州古代民族关系史》、杨昌儒等《贵州民族关系的

---

[1] 参见余怀彦：《王阳明与贵州文化》，贵阳：贵州教育出版社1996年版第213页；何仁仲：《贵州通史》第2卷，北京：当代中国出版社2002年版第389页。
[2] 黄万机：《沙滩文化志》，北京：中国文史出版社2006年版第333页。
[3] 参见张兵：《由贵州遵义沙滩文化现象引发的几点思考》，《沙滩文化论集》第2册，北京：中国社会科学出版社2008年版。
[4] 唐建荣：《儒学在贵州民族地区古代社会的传播与影响》，《贵州民族研究》2002年第22卷第1期；张新民等：《贵州传统学术思想世界重访》，贵阳：贵州人民出版社2010年版。
[5] 唐建荣：《儒学在贵州民族地区古代社会的传播与影响》，《贵州民族研究》2002年第22卷第1期。

构建》。"长期以来,特别是贵州建立行政区以后的600年中,已经形成了贵州民族的认同意识。"春秋战国至南北朝时期,贵州与中央王朝的关系"以'郡国'并置之制进行运作";唐宋"变为经制州、羁縻州和少数民族地方政权并存";元代"实行土司制度";明代"土流并置";清代,伴随大规模的改土归流,制度意义上的亦即贵州对于大一统中央王朝的认同基本完成。① 明代建省,成为"贵州版图上中央和地方关系发生重大变化的一个根本转折点,开启了贵州真正融入近现代'民族国家'的先河"。② 国家认同得以实现的原因,得益于政治、经济、文化诸方面的因素。清"道光年间,地主所有制在贵州各地已相当普遍",③ 奠定了认同的经济基础。中央王朝凭借国家力量的开发、经营,以儒学为主体的大传统文化的扩散传播,"加快了地方社会融入庞大国家的过程"。④

3. 贵州古代儒文化与民族认同研究

(1) 儒学在古代贵州少数民族中的流播

"中原主体文化——儒学同样对贵州各民族文化产生了重要影响。"两汉时期,舍人、盛览、尹珍等"学习儒学,接受中原先进文化",成为著名儒家学者。他们"重视教育,传播儒学,或注书,或讲学,为贵州多民族地区的文化教育做出了贡献","对儒学在贵州的传播与发展,做出了显著的成绩"。"三国时期,诸葛亮南征孟获,途经贵州,与贵州少数民族发生联系。"诸葛亮"对少数民族先民进行儒家礼教与法制教育,使之树立封建王朝的中央权威意识和'唯天子受命于天、士受命于君'观念,进而安于自己被'天子'(龙)统治和压迫"。隋唐宋元时期,"随着经济的发展,加上朝贡使节的频繁往来以及流放官吏的影响,贵州民族地区文化注入了先进因素,推动着边疆民族文化的发展"。"封建统治者为统治边疆民族地区的需要,也注意在贵州这样的边远民族地区进行封建理学文化的传播工作。"明代,王阳明贬谪龙场驿(今贵州修文县),提出了著名的"知行合一"学说,培养了孙应鳌、李渭等理学人才,"对贵州各民族文化教育起到了积极的促进作用","对贵州各民族文化产生了深刻的影响"。明代"是贵州受儒学传播影响最大的时期","中原儒学文化在贵州逐渐成为主体文化"。清代,贵州"全省的府、卫、州、县甚至到乡都设立学校,广设书院,促进贵州各民族文化的发展,培养了一大批优秀人才"。⑤

明清两代,贵州科举考试得到了前所未有的发展,涌现出700进士、6000举人。

---

① 黄才贵:《独特的社会经纬》,贵阳:贵州民族出版社2000年版第76、84、85页。
② 杨昌儒等:《贵州民族关系的构建》,贵阳:贵州人民出版社2010年版第49页。
③ 贵州六百年编委会:《贵州六百年经济史》,贵阳:贵州人民出版社1998年版第135页。
④ 张新民等:《贵州传统学术思想世界重访》,贵阳:贵州人民出版社2010年版第2页。
⑤ 唐建荣:《儒学在贵州民族地区古代社会的传播与影响》,《贵州民族研究》2002年第22卷第1期。

这在当时全国各行省中也处于中偏上水平。① 这表明，贵州儒学教育得到了前所未有的发展。

关于儒学在古代贵州少数民族中的流播，相关论文不少，专著则罕见。王芳恒《共性传承与个性张扬：中华民族精神与贵州民族文化传统关系研究》（北京：民族出版社2009年版）一书对此有较多涉猎。王芳恒2007年国家社科基金立项课题《儒学在贵州民族地区的传播与发展研究》，当是有分量的成果，惜未能得见。

（2）儒学在少数民族中流播的原因

韦启光以为，儒文化在贵州各民族特别是少数民族中流播的原因，在于儒家文化总体上比当时的少数民族文化更先进；在于贵州少数民族文化抗变性和排外性较弱，容易接受和吸收外来文化以丰富、发展自己的民族文化；在于历代统治阶级的推行。② 王芳恒以为，儒文化在贵州各民族特别是少数民族中流播的原因有三：其一，儒家"民族平等的主张为各民族接受儒学奠定了思想基础"；其二，"大一统思想为各民族和睦相处奠定了理论基础"；其三，"宗法血缘观念强化了各民族接受儒学的社会伦理依据"。③

（3）少数民族文化对儒学的影响

贵州少数民族原始、纯朴的品性成为王阳明创立"良知"学说的重要思想源泉。④ 王阳明心学产生"最直接触发的原因，毋宁说是当地夷人的人性的善美，是他们那不假高论却与'天理'如此切合的行为方式。那就是最直接的'良知'，是'知、行合一'，也是一目了然的'心即理'。换言之，王阳明正是受了夜郎后裔民族所存继下来的夜郎文化精神的启示。这个一向亟讲道德的民族，有着他们历经数千年的文明史，有着自己的价值标准，因而涵养出扶危济困、同情弱小、排难解纷、热情好客等民族的性格"。⑤

（4）儒学与少数民族文化融合，促进了汉族与少数民族的文化认同的形成

"儒学与贵州少数民族文化交融过程中，彼此相互吸收、内化对方先进、优良的文化，使彼此的文化特长和优良传统不断得到充实，进一步发展。这对于继承、丰富、发展历史悠久、博大精深的中华文化，产生了积极、深远的影响。"⑥ "从西汉至清代，儒学不断地在多民族的贵州地区传播和发展，对贵州各民族文化产生了深远的影响。"

---

① 参见陈福桐：《七百进士，六千举人》，《文史天地》1996年第6期；庞思纯：《明清贵州七百进士》，贵阳：贵州人民出版社2005年版；庞思纯：《明清贵州六千举人》，贵阳：贵州人民出版社2006年版。
② 参见韦启光：《儒学对贵州少数民族文化的影响》，《儒学与中国少数民族思想文化》，北京：当代中国出版社1996年版第48、49页。
③ 王芳恒：《共性传承与个性张扬：中华民族精神与贵州民族文化传统关系研究》，北京：民族出版社2009年版第86、87、90页。
④ 参见唐建荣：《儒学在贵州民族地区古代社会的传播与影响》，《贵州民族研究》2002年第22卷第1期。
⑤ 王鸿儒：《夜郎文化史》，贵阳：贵州人民出版社2010年版第522-523页。
⑥ 韦启光：《儒学与贵州少数民族文化的融合》，《贵州民族研究》2004年第24卷第2期。

儒生们"学习儒学，传播儒学，同时也在发展儒学，促进本民族文化的进步，丰富中华文化宝库"。贵州少数民族原始、纯朴的品性成为王阳明创立"良知"学说的重要思想源泉，各民族文化"相容互补，你中有我，我中有你，一起流入中华文化历史长河，推动中国历史的前进"。[1]"儒学与贵州少数民族文化融合，极大地促进了汉族与贵州少数民族形成文化认同。"[2]

贵州古代民族认同得以实现的原因，就贵州古代而言，在诸多因素之中，有一种深层次的、一以贯之的因素，那就是儒文化在贵州的传入与张大。这里所说的儒文化，指广义的儒文化，包括儒学的理论形态、制度形态、物化形态、文化（狭义的）形态。中央王朝势力在贵州的增长，地主制经济在贵州的普遍发展，儒学教育在贵州的推行，都可以用理论儒学、制度儒学、物化儒学、文化儒学在贵州的全方位渗透并深刻影响来解释。关于贵州古代儒文化在贵州古代包括汉民族和少数民族在内的各民族相互认同进而实现大一统王朝认同中更为深层次的、一以贯之的主体文化作用与地位问题，迄今尚无专门的研究成果，更谈不上系统的研究成果，仅在上文列举的有关贵州通史、断代史及贵州民族、经济、文化、学术、教育的诸多著述中零星涉及；论及的内容主要为儒学在少数民族中的流播以及儒家文化与少数民族文化的交流。

四、已有研究成果的不足及本书研究要旨、研究意义

（一）已有研究成果的不足及本书研究要旨

1. 儒文化研究成果的不足

20世纪80年代以来，儒学研究硕果累累。这些成果，为本书大文化意义上的儒文化理论架构、贵州古代儒文化与民族认同研究提供了宝贵的借鉴和丰富的参考资料。已有研究的不足之处主要有三：

第一，已有的儒学研究，论述了儒学学理及其社会影响；有关儒学社会影响的研究中，有的提出了制度儒学的概念，有的论述了儒家的重农思想，有的论述了儒学教育及其传播。总的看来，儒学体系的构建尚不够缜密、严谨。中国古代高度成熟的、以皇权为象征的中央集权政治制度及其体系，很大程度上是儒家大一统思想的结晶，属于制度儒学的范畴；高度繁荣的农耕文明，很大程度上是儒家重农思想的结晶，可以归入物化儒学的范畴；而儒学的学理，可以归入理论儒学的范畴；儒学的教育及其传播问题，可以归入狭义文化儒学的范畴。高度成熟的中央集权政治制度及其体系，

---

[1] 唐建荣：《儒学在贵州民族地区古代社会的传播与影响》，《贵州民族研究》2002年第22卷第1期。
[2] 韦启光：《儒学与贵州少数民族文化的融合》，《贵州民族研究》2004年第24卷第2期。

反过来为儒学的流播与渗透提供了制度保障；高度繁荣的农耕文明，反过来为儒学的流播与渗透奠定了更为坚实的物质基础。理论儒学、制度儒学、物化儒学及文化儒学在各民族中的流播，对于促进少数民族与汉民族的交流、认同，意义甚大。为了充分说明贵州古代儒文化在包括汉族和各少数民族在内的各民族中的流播及其在民族认同中的主体文化元素地位，本书尝试构建一个包括理论儒学、文化儒学、制度儒学、物化儒学在内的、大文化意义上的儒文化框架体系。

第二，已有研究成果虽然就儒学对社会政治、经济、思想文化、风俗的影响做了不少介绍和探讨，但尚无将儒文化与民族认同问题结合起来进行综合考察的、专题的研究成果，相关的论述散见于有关儒学与中华民族形成、儒家民族观、儒家爱国主义、儒学思想体系、儒学史的著述中。文化认同是民族认同实现的首要因素。中国古代社会，儒学是统治学术，传统文化的核心就是儒文化。从这个意义上说，研究文化认同在民族认同中的作用，就要着力研究儒文化在民族认同中的作用。

第三，相对于在汉民族中的流播，有关儒学在少数民族中流播的问题研究显得较为薄弱，20世纪80年代后始有所触及，起点晚；论文稍多，著作则屈指可数。在民族认同问题上，一般说来，汉族处于主动的、主导的地位。"普天之下，莫非王土；率土之滨，莫非王臣。"华夏民族的这种观念，意味着其对于少数民族的认同。历史上的大一统王朝，绝大多数也是汉族建立的。在民族认同问题上，矛盾更多地表现为少数民族对汉族的认同，少数民族对汉文化、儒文化的认同。研究民族认同问题，就要着力研究儒学在少数民族中的流播及其影响。

2. 民族认同研究成果的不足

民族认同研究的丰硕成果，为本书的研究提供了宝贵的借鉴和丰富的参考资料。不足之处在于，有关中国古代民族认同的研究成果中，缺少有关儒家文化在古代中国民族认同中所起作用的专题的、系统的、深入的研究成果。诚如上文所言，文化认同是实现民族认同的首要因素，作为传统文化主体和核心的儒家文化，在古代中国民族认同中发挥着主体文化元素作用。研究古代中国的民族认同问题，就要着力研究儒文化在其中的意义。

3. 贵州古代儒文化与民族认同研究的不足

相较于全国性的研究，贵州儒文化、贵州民族认同、贵州古代儒文化与民族认同的研究都显得较为薄弱，至今尚无系统、深入梳理、探究贵州儒学演变史、儒学与贵州社会互动的专门成果；尚无系统、深入梳理、探究贵州古代民族认同的研究成果；更没有将贵州古代儒文化与民族认同结合起来进行系统、深入的梳理、探究的专门成果，相关的研究仅零星散见于有关贵州通史、断代史及贵州民族、经济、文化、学术、教育的诸多著述中。有关贵州古代民族关系问题的研究成果自然都在探讨各民族之间交流、共处乃至交融的问题，但一般都没有从民族认同的角度进行专门的、系统的、深入的阐述，也没有就文化特别是儒文化在古代贵州民族认同中的作用问题做出专门的、系统的、深入的阐述；一些有关贵州古代文化、学术、儒学的研究成果虽然就儒文化的传播在贵州古代民族认同中的意义做出了极为简略的、结论性的论述，但未将其上升到主体文化元素的应有理论高度，更未做出深入、系统的阐述。

有鉴于此，"贵州古代儒文化与民族认同"课题拟在既有研究成果的基础上，构建一个包括儒学的理论形态、制度形态、物化形态、文化（狭义的）形态即理论儒学、制度儒学、物化儒学、文化儒学在内的大文化意义上的儒文化理论体系，将儒文化在古代贵州的流播与贵州古代的民族认同问题结合起来进行探究，阐明：儒文化是中国封建社会的先进文化；儒文化在包括汉民族和少数民族在内的贵州古代各民族中的发端、张大，促进了包括汉民族和少数民族在内的贵州古代各民族政治、经济的发展进步及各民族共同文化心理的形成；儒文化逐步为包括汉民族和少数民族在内的贵州古代各民族接受、认可，成为贵州古代包括汉民族和少数民族在内的各民族相互认同、贵州古代各民族大一统王朝认同的主体文化元素。

（二）研究要旨、意义、方法、重点难点

1. 研究要旨

就儒文化与民族认同问题做综合的考察，阐明：儒文化在包括汉族、各少数民族在内的贵州古代各民族中较为广泛地流播，促进了各民族共同文化心理的初步形成，初步实现了贵州古代少数民族与汉民族之间的相互认同，基本实现了贵州古代各民族对于大一统王朝的认同；儒文化是古代贵州民族认同得以初步实现的主体文化元素。

2. 研究意义

其一，构建大文化意义上的儒文化理论体系，有助于推进、深化儒学及其社会功能的研究，推进、深化儒文化与民族认同的研究。其二，探讨儒文化在贵州古代民族认同中的主体文化作用与地位，有助于正确处理主流文化与民族文化的关系，坚持主流文化，"多元一体"；在坚持主流文化的同时，尊重、保护、弘扬少数民族优秀、特色文化，相容互补，"一体多元"。培育认同情感纽带，培育民族认同文化基础。其三，有助于提升坚持先进文化，主动接受、融入主流文化的自觉性。其四，有助于借鉴历史，进一步增进贵州民族认同，促进贵州社会的和谐、发展、进步。

3. 研究方法

以历史唯物主义为指导，解放思想，实事求是，史论结合，论由史出。运用文献解析、社会调查、比较分析等多种研究手段，综合历史学、民族学、社会学、文化学、政治学、经济学、民俗学、心理学多学科知识，专题研究与综合研究相结合，在个案研究的基础上，写成通体研究专著。

广泛收集、梳理、解读有关贵州古代民族、文化、风俗、历史、社会、政治、经济的文献资料，有关贵州古代文人学士特别是经学学者的事迹、著述，深入民间特别是少数民族地区进行社会调查，收集鲜为人知的文献、实物资料。尤其注意历代地方

志中收录的少数民族人物志、文学作品、歌谣、民俗,地方历代文人文集,地方戏曲,整理印行的少数民族文学作品、歌谣,家族特别是少数民族家族的家谱、族谱,少数民族包括无文字少数民族的民间传说资料、宗祠一类文化遗迹,发掘儒文化在少数民族中的流播资料,发掘儒文化与少数民族文化相互交流的资料。

4. 研究重点

儒文化展现出的理论的、制度的、物化的、文化的多种形态;儒学在贵州的传播演变史;儒文化在包括汉民族和少数民族在内的贵州古代各民族中的发端、张大及其对民族认同的影响。

5. 研究难点

儒文化展现出的理论的、制度的、物化的、文化的多种形态;儒文化在贵州少数民族中的发端、张大及其对民族认同的影响;儒家"夷"夏之辨民族观。

第二节　儒文化概念界定及大文化意义上的儒文化体系架构

学术界的儒学研究,体系的构建尚不够缜密、严谨。儒学形成于春秋末期,西汉中叶之初独尊为经学。其后,在长达两千年的中国古代社会,儒学、儒家思想、儒家文化始终是时代的主流学术、主流意识形态、主流文化,全面而深刻地影响并渗透于社会文化、政治、经济之中。已有的儒学研究,论述了儒学学理及其社会影响;有关儒学社会影响的研究中,有的提出了制度儒学的概念,有的论述了儒家的重农思想,有的论述了儒学教育及其传播。总的看来,儒学体系的构建尚不够缜密、严谨。中国古代高度繁荣的农耕文明,很大程度上是儒家重农思想的结晶,可以归入物化儒学的范畴;高度成熟的、以皇权为象征的中央集权政治制度及其体系,很大程度上是儒家大一统思想的结晶,属于制度儒学的范畴;而儒学的学理,可以归入理论儒学的范畴;儒学的教育及其传播问题,可以归入狭义文化儒学的范畴。高度成熟的中央集权政治制度及其体系,反过来为儒学的流播与渗透提供了制度保障;高度繁荣的农耕文明,反过来为儒学的流播与渗透奠定了更为坚实的物质基础。理论儒学、制度儒学、物化儒学及文化儒学在少数民族之中及少数民族地区的流播,对于促进少数民族与汉民族的交流、认同,意义甚大。构建大文化意义上的儒文化理论体系,有助于推进、深化儒学及其社会功能的研究,推进、深化儒文化与民族认同的研究。课题《贵州古代儒文化与民族认同研究》所谓儒文化,就是这样一个大文化意义上的儒文化,指的是中国封建时代在儒学影响下结成的精神文明与物质文明的总和,包括儒学的理论形态、狭义文化形态、制度形态以及物化形态，即理论儒学、文化儒学、制度儒学、物化儒学。

一、理论儒学

理论儒学指儒学的理论体系。本书所谓理论儒学，主要包括大一统理论，礼治思想，仁爱思想，教化、修身思想，至善人格、以天下为己任的价值观与价值取向，太平大同蓝图，"夷"夏之辨，"和而不同"。理论儒学的核心为纲常伦理。理论儒学为古代民族认同提供了完整、系统的理论体系和意识形态。

（一）大一统理论与国家安定

《诗经》："普天之下，莫非王土；率土之滨，莫非王臣。"①《周礼》："辨九服之邦国：方千里曰王畿，其外方五百里曰侯服，又其外方五百里曰甸服，又其外方五百里曰男服，又其外方五百里曰采服，又其外方五百里曰卫服，又其外方五百里曰蛮服，又其外方五百里曰夷服，又其外方五百里曰镇服，又其外方五百里曰藩服。"② 以京畿为中心，每距离500里为一服，即九等邦国，亦即九等地区。京畿为华夏文明所在；侯服、甸服、男服、采服、卫服等五服为不同程度地接受了华夏文明的地区；"蛮"服、"夷"服、镇服、藩服等四服为尚未接受华夏文明的地区，即"四夷"。"服，服事天子也。《诗》云：'侯服于周'。"③ 无论华夏抑或"夷狄"，均为大一统王朝的地域、大一统王朝的臣民。大一统理念，是儒家基本思想之一。孔子著鲁国编年体史书《春秋》，首列鲁国编年，旋即注明周王朝编年，强调要以周王朝纪年为统一纪年，表明对全国统一政权周王朝的尊重。秦王朝虽然奉行法家思想并焚书坑儒，但对儒家大一统理念奉行不误，其所建立的，恰恰就是中国历史上第一个统一多民族的中央集权国家。西汉初年，由于长期战乱，经济凋敝，故奉行黄老之术，与民休息。至中叶之初，随着国力的增强，西汉王朝加快了大一统政权的建立步伐。政治上的大一统需要学术上的理论支撑。以董仲舒、胡毋子都、公孙弘为代表的一批儒学大师，或对策，或上奏，发挥演绎儒学特别是《春秋》公羊学的微言大义，阐述大一统思想。"《春秋》大一统者，天地之常经，古今之通谊也"，强调《春秋》大一统思想是古往今来天地间最基本、最重要的大义。"今师异道，人异论，百家殊方，指意不同，是以上亡以持一统，法制数变，下不知所守。"要实现政治上的大一统，首先必须有思想、学术上的大一

---

①《诗经·北山》，《十三经注疏》上册，北京：中华书局1980年版第463页。
②《周礼·职方氏》，《十三经注疏》上册，北京：中华书局1980年版第863页。
③郑玄：《周礼注》，《十三经注疏》上册，北京：中华书局1980年版第863页。

统。他们建议,凡"不在六艺之科、孔子之术者,皆绝其道,勿使并进"。如此,则"统纪可一而法度可明,民知所从矣"。① 武帝采纳他们的建议,下令罢黜百家,独尊儒术。儒学自此取得官学地位、独尊地位、权威地位。"经"成为儒家书籍的专称;"经学"成为儒学的专用名词,亦成为统治学术;儒家思想成为统治思想、主流意识形态;儒家文化成为统治文化、主流文化。学术上的大一统为政治上的大一统奠定了思想、学术、文化基础。"所谓政治上的大一统,就是建立、维护以君权为象征的封建专制主义中央集权制度,地方服从中央,全国整齐划一,统一于中央的政令。而在王侯割据的局面下,国家分裂而无法统一,诸侯分权而无法实现中央集权。"② 中央亦即朝廷则集权于君主,君权至上。封建专制主义时代,君权是大一统的象征,建立唯一、至上的君主制度,是政治大一统的实现路径。

数千年的中国古代社会,儒家大一统理念牢不可破、浸透人心;制造分裂、发动战乱者,千夫所指,万世唾骂。作为大一统政治象征的君权,至高无上,神圣不可侵犯;犯上作乱、篡权弑君者,十恶之首,罪不容诛。

与此同时,儒家论证,大一统、至上君权必须有其合法性依据。这种依据,就是君主须有道,否则,就会"伤败"灭亡,为新的、有道的王朝取而代之。"《春秋》之中,视前世已行之事,以观天人相与之际,甚可畏也。国家将有失道之败,而天乃先出灾害以谴告之;不知自省,又出怪异以警惧之;尚不知变,而伤败乃至。"所谓道,就是行仁政,爱民。"道者,所繇适于治之路也,仁义礼乐皆其具也。故圣王已没,而子孙长久安宁数百岁"。③ 只有为民、仁民、爱民,才能得民心,才能得到天下万民之拥戴,君权始可长久。

(二)礼治思想与有序社会的建立

礼是儒家两大社会治理学说之一。"夫礼……失之者死,得之者生……故圣人以礼示之,故天下国家可得而正也。"④ 所谓礼,在儒家那里,指人与人之间相处的规范。君臣之间,父子之间,夫妻之间,兄弟之间,朋友之间,推而广之,所有的人,彼此之间,都有相处的规范。其中,臣忠于君、子孝于父是最重要、最基本的准则。在儒家看来,社会的动乱,在于礼崩乐坏,"君不君,臣不臣,父不父,子不子",⑤ 人不守自己的等级名分,颠倒混淆,角色错位,言行越轨,"臣弑其君者有之,子弑其父者有之"。要整顿社会秩序,就必须制定细致严密的礼法条文,重新界定人们的亲疏贵贱、

---

①《汉书·董仲舒传》,《二十五史》第1册,上海:上海古籍出版社、上海书店1986年版第237页。
②陈奇:《儒学与中国社会》,哈尔滨:哈尔滨工程大学出版社2008年版第30页。
③以上见《汉书·董仲舒传》,《二十五史》第1册,上海:上海古籍出版社、上海书店1986年版第234页。
④《礼记·礼运》,《十三经注疏》下册,北京:中华书局1980年版第1414-1415页。
⑤《论语·颜渊》,《十三经注疏》下册,北京:中华书局1980年版第2504页。

等级名分、角色地位，界定人们的权利义务规范，让人们明白自己的名分、谨守自己的名分，"非礼勿视，非礼勿听，非礼勿言，非礼勿动"，[1] 言不逾矩，行不越轨；让人们在日常礼节仪文的践履实践中，潜移默化，形成循礼守制、不逾名分的风习，将礼内化为自觉的意识、自觉的行动，在意识深处认同和接受礼的规范。如此，"君君、臣臣、父父、子子"[2] 的社会局面即可恢复，天下即可大治，百姓即可安居乐业。[3] 礼是"经国家、定社稷、序民人、利后嗣"[4] 的国策，是"国之命"，[5] "国之纪"。[6] 重礼，"所以为国本也"。[7]

毋庸讳言，在君权至上的古代专制社会，儒家礼治的宗旨和核心，是确立君权神圣、君权至上的理念，是确立并规范森严的等级制度，以确保封建社会秩序的稳定和有序。等级制度的核心，是君为臣纲、父为子纲、夫为妻纲，尤重君为臣纲。专制时代的等级制度，等差悬隔，权利与义务极不相称，在上者权利大而义务小，在下者权利小而义务大，缺乏近现代的民主法制与民主精神，而且偏重于维护在上者的权利与地位，强调在下者对于在上者的尊敬与服从。但是，礼在规定了在上者的种种权利乃至特权的同时，也规定了在上者的修身、行仁政、"保民"义务。[8] "克己复礼为仁"，[9] 在上者通过修身，克制个人的过分欲求，始可推行仁爱于天下，始可达于以礼治天下。在上者必须行仁，"父慈、子孝、兄良、弟悌、夫义、妇听、长惠、幼顺、君仁、臣忠"。[10] 臣要忠，君则要仁；子要孝，父则要慈；妻要听，夫则要义；弟要恭，兄则要良；幼要顺，长则要惠。君仁臣忠，父慈子孝，夫义妻听，兄良弟恭，长惠幼顺，朋友守信。君主必须履行"敬天保民"的义务，使治下百姓安居乐业，无衣食之忧。如此，社会始可稳定、有序。

（三）仁爱、仁政、仁治思想与利益调适、社会和平

儒家认为，社会的治理乃至和谐实质上是人际关系的调适；人际关系的调适在于制定合理的伦理规范。最重要的人伦关系有五，曰君臣、曰父子、曰夫妇、曰兄弟、曰朋友。人伦关系的基础是家庭伦理，包括父子伦理、夫妻伦理、兄弟伦理。家庭伦理又以夫妻伦理为基础。有夫妻，然后有父子、兄弟。家庭伦理的原则是父慈子孝、

---

[1]《论语·颜渊》，《十三经注疏》下册，北京：中华书局1980年版第2502页。
[2]《论语·颜渊》，《十三经注疏》下册，北京：中华书局1980年版第2504页。
[3] 以上参见陈奇：《儒学与中国社会》，哈尔滨：哈尔滨工程大学出版社2008年版第257-258页。
[4]《左传·隐公十一年》，《十三经注疏》下册，北京：中华书局1980年版第1736页。
[5]《荀子·强国》，《荀子集解》下册，北京：中华书局1980年版第291页。
[6]《晋语》，《国语》第10卷，济南：山东画报出版社2014年版第236页。
[7]《礼记·冠义》，《十三经注疏》下册，北京：中华书局1980年版第1679页。
[8] 参见陈奇：《儒学与中国社会》，哈尔滨：哈尔滨工程大学出版社2008年版第263页。
[9]《论语·颜渊》，《十三经注疏》下册，北京：中华书局1980年版第2502页。
[10]《礼记·礼运》，《十三经注疏》下册，北京：中华书局1980年版第1422页。

夫爱妻敬、兄友弟恭。由家庭伦理扩充到社会伦理，即君臣伦理、朋友伦理。社会伦理的原则是君仁臣忠、朋友守信。家庭伦理主要由血缘决定，社会伦理主要由社会关系决定。伦理原则的核心是仁，以仁爱之心待亲人、待朋友、待一切人。即以仁爱之心待最亲近的人，再推广到朋友，推广到一切人。① 伦理规范属于礼，以伦理规范调适人际关系属于礼治；作为伦理规范核心的仁，是一种更深层次、更高层次的伦理。礼对于人际关系的调适作用带有一定程度的强制性，仁对人际关系的调适作用则在于道德舆论和道德自觉。

仁是孔子思想的核心，也是儒家学说的核心。什么是仁？孔子解释说，仁者"爱人"②，仁就是爱人，就是彼此间相亲相爱。这是人之所以为人的基本道理。仁爱的具体准则是忠与恕。"夫子之道，忠恕而已矣。"③ 所谓恕，就是"己所不欲，勿施于人"。④ 自己不愿意的，也不应强加给别人。所谓忠，就是"己欲立而立人，己欲达而达人"。⑤ 自己要能自立，也要让人能自立；自己要事事通达，也要让别人事事通达。实行忠恕伦则的基础，是将心比心，推己及人，以自己的欲立、欲达揣度别人的欲立、欲达，以自己的不欲揣度别人的不欲，设身处地地为别人着想。恕是爱人思想的消极发动。"己所不欲，勿施于人"，不损害别人的利益，不做损害别人利益的事情，尊重别人，体谅别人，宽容别人。忠是爱人思想的积极发动。不仅不损害别人的利益，而且关心别人、帮助别人，"己欲立而立人，己欲达而达人"。忠意味着尽自己的努力去行仁、做人，而不攀比别人；恕意味着推己及人，接受他人的不足，原谅他人的错误。忠可以化解心中的不平，恕可以宽谅他人的过失。推行忠恕之道，就能化去怨恨的毒根，就有化解冲突的机会。⑥

仁爱思想反映到朝廷行政层面，便是仁政；施行仁政，也就是行仁治。为君者、为官者应当爱民如子、视人如己，养民、保民。其一，"制民之产"，⑦ 使民"有恒产"，⑧ 有地可耕，"不饥不寒"，⑨ 生计无忧。其二，"薄其税敛"，⑩ 减轻田税，使民在纳税后不至于衣食无着；减少徭役，并且不在农忙时节征用民力，"使民以时"。⑪ 其三，减省刑法。像秦王朝那样严刑苛法，只会短暂暴亡。

仁爱、仁政、仁治，是儒家调适利益冲突、缓解社会矛盾、建立和平社会的利器。

---

① 参见陈奇：《儒学与中国社会》，哈尔滨：哈尔滨工程大学出版社2008年版第291页。
② 《论语·颜渊》，《十三经注疏》下册，北京：中华书局1980年版第2504页。
③ 《论语·里仁》，《十三经注疏》下册，北京：中华书局1980年版第2471页。
④ 《论语·子路》，《十三经注疏》下册，北京：中华书局1980年版第2508页。
⑤ 《论语·雍也》，《十三经注疏》下册，北京：中华书局1980年版第2479页。
⑥ 参见陈奇 等：《中国经学史纲要》，北京：中国言实出版社2011年版第4-5页。
⑦ 《孟子·梁惠王上》，《十三经注疏》下册，北京：中华书局1980年版第2671页。
⑧ 《孟子·滕文公上》，《十三经注疏》下册，北京：中华书局1980年版第2702页。
⑨ 《孟子·梁惠王上》，《十三经注疏》下册，北京：中华书局1980年版第2671页。
⑩ 《孟子·尽心上》，《十三经注疏》下册，北京：中华书局1980年版第2768页。
⑪ 《论语·学而》，《十三经注疏》下册，北京：中华书局1980年版第2457页。

封建时代，社会有严格的等级差异。"礼以区等"，礼反映的是人与人之间的等差关系以及依据这种等差关系确立的交往规范。君臣、父子、夫妻，是封建时代人与人之间最重要、最基本的等差关系；君为臣纲、父为子纲、夫为妻纲，是封建时代人与人之间最重要、最基本的交往规范。有等差，就有矛盾，就有利益冲突。处于不同等差、存在利益冲突的人们，固然要依靠礼来约束个人的情欲，约束个人的行为，以维系社会的正常运转乃至良性运行。但是，社会的治理仅仅依靠礼治是远远不够的，还必须发挥道德的作用。"道之以德，齐之以礼，有耻且格。"[1] 在强调礼治的同时，充分发挥道德的教化作用，人就会有羞耻之心，自觉地循行正途。仁义礼智信五常，就是儒家所倡导的五种基本的道德伦理，而五常之首、五常之核心、五常之根本是仁，是仁爱。人人都发扬仁爱之心，设身处地，以己度人，关爱他人，体谅他人，就能把利益冲突、社会矛盾调适、缓解到最低程度，就能最大限度地实现社会和平。君为臣纲、父为子纲、夫为妻纲，固然规定了为臣者必须忠于君、为子者必须孝于父、为妻者必须听于夫，但同时规定了为君者对于臣下必须仁爱、为父者对于子辈必须仁慈、为夫者对于妻子必须仁义。"父慈、子孝、兄良、弟悌、夫义、妇听、长惠、幼顺、君仁、臣忠"，[2] 在儒家那里，君臣、父子、夫妻、兄弟、长幼，推而广之，一切人之间，彼此相处、交往之规范的核心是仁，精髓是仁，是彼此相扶，和衷共济；以为只有如此，始可天下太平。

"己欲立而立人，己欲达而达人"，彼此间相亲相爱，这是长远的目标、终极的目标。春秋末期，西周王室衰微，天下大乱，诸侯争霸，战争频仍，社会动荡，人民痛苦不堪。在这种情况下，儒家认为，人与人之间还无法做到平等地爱，即爱一切人，只能有差等地爱，从"亲亲""尊尊"开始，也就是效忠君主、孝敬父母，再逐步扩展仁爱之道。到了大同之世，人人以"天下为公"，而不以天下为私，故能以仁爱之心待别人，待一切人，而"不独亲其亲，不独子其子"。[3]

仁与礼，是儒家的两大社会治理思想。"为政以德"，[4] "以力假仁者霸，霸必有大国；以德行仁者王，王不待大……以力服人者，非心服也，力不赡也；以德服人者，中心悦而诚服也"。[5] 仁治亦即德治，亦即儒家的王道治理思想。"以《诗》《书》而化训国俗，以仁义而固结人心。"[6] 礼治思想从社会层面提供了建立有秩社会的理念，仁爱思想则从社会个体层面提供了调适利益冲突、缓解社会矛盾、建立和平社会的理念，

---

[1]《论语·为政》，《十三经注疏》下册，北京：中华书局1980年版第2461页。
[2]《礼记·礼运》，《十三经注疏》下册，北京：中华书局1980年版第1422页。
[3]《礼记·礼运》，《十三经注疏》下册，北京：中华书局1980年版第1414页。
[4]《论语·为政》，《十三经注疏》下册，北京：中华书局1980年版第2461页。
[5]《孟子·公孙丑上》，《十三经注疏》下册，北京：中华书局1980年版第2689页。
[6] 黎崱：《越鉴通考总论》，转引自《儒学与中国少数民族思想文化》，北京：当代中国出版社1996年版第276页。

在维护等级制度的同时，力图达成民族、国家共同利益的认同。

仁与礼，是儒家礼义文化的核心内容，是儒家所推崇的华夏文明的核心内容，是儒家施行教化的核心内容，为各民族共同文化心理的形成、各民族的中华认同提供了基本的伦理内容。

（四）教化思想与个体伦理素质提升

"是故南面而治天下，莫不以教化为大务。立太学以教于国，设庠序以化于邑，渐民以仁，摩民以谊，节民以礼，故其刑罚甚轻而禁不犯者，教化行而习俗美也。"① 儒家主张以仁、礼治天下，而施行仁治、礼治的皇帝、官员，仁治、礼治的受众亦即普通民众，必须懂仁爱、习礼仪，这就必须施行教化，培育人们的仁爱、礼仪观念，懂得人与人之间的关爱、宽容，懂得谨守上下尊卑亲疏长幼名分，懂得是非善恶并从善去恶、扬善惩恶。施行教化的方式、途径很多，家庭教育、社会教育、学校教育、圣贤垂范均是。其中，学校教育尤为重要。教育教人以纲常伦理，让人懂仁义、循礼义；教育教人以知识技能，使人们通过正当的手段和途径谋生；教育通过教化，以温柔、和平的方式及手段解决、化解社会矛盾，保持社会的正常乃至良性运行，降低社会运行、发展的成本，促进社会文明、进步。"耕读为本，诗书传家"，是古代中国官绅士民普遍的信条，是古代中国家庭通行的祖训。所谓读，所谓诗书，就是读圣贤之书，就是教化；"知书达礼"，通过读书而后知礼义。克己就是克制个人的过分欲求。"克己复礼为仁。一日克己复礼，天下归仁焉。"② 克制个人的过分欲求，始可推行仁爱于天下，始可达于以礼治天下。克制个人的过分欲求就是修身。儒家的理想人生是修身齐家治国平天下，而齐家治国平天下的基础和起点是修身："古人欲明明德于天下者，先治其国；欲治其国者，先齐其家；欲齐其家者，先修其身"。修身适用于一切人，天子也不例外："自天子以至于庶人，壹是皆以修身为本。"③

教化、修身思想提供了提升个体伦理素质，养成社会成员懂仁、知礼的理念和路径。

（五）至善人格、以天下为己任的价值观与价值取向

儒家"不宝金玉，而忠信以为宝；不祈土地，立义以为土地"。④ 他们强调忠君爱国、事亲孝父，强调仁义礼智信。一言以蔽之，儒家讲求伦理，侧重德行，追求人格的至善。最重要的伦理是仁，最大的德行就是行仁。仁者爱人，行仁者首先考虑的是

---

①《汉书·董仲舒传》，《二十五史》第1册，上海：上海古籍出版社、上海书店1986年版第235页。
②《论语·颜渊》，《十三经注疏》下册，北京：中华书局1980年版第2502页。
③《礼记·大学》，《十三经注疏》下册，北京：中华书局1980年版第1673页。
④《礼记·儒行》，《十三经注疏》下册，北京：中华书局1980年版第1669页。

他人，是为他人着想，而不是为自己着想。"先天下之忧而忧，后天下之乐而乐"。① 仁见于君主，就是忠君；古代社会，君主是国家的象征、代表，忠君就是爱国；"精忠报国"，流传千古的岳母刺字，就是仁见于君主的至上境界。仁见于家庭，就是孝亲；由孝亲进而友朋，进而万民百姓。志士仁人之仁不是行小仁，而是行大仁，行天下国家之大仁。谋天下国家之安宁，谋天下万民之福祉，就是最大的仁德、最大的仁行。人生的价值是什么？生命的意义何在？"古人欲明明德于天下者，先治其国；欲治其国者，先齐其家；欲齐其家者，先修其身……身修而后家齐，家齐而后国治，国治而后天下平。"② 在儒家看来，努力修身，铸就至善人格，"以天下为己任"，③ 治国平天下，就是生命的价值、人生的意义。以天下为己任，这是一种崇高的精神境界、一种道德的至善境界。"为天地立心，为生民立命，为往圣继绝学，为万世开太平"，④ 北宋理学家张载对"以天下为己任"所作的解读，更将儒家"以天下为己任"的价值观、价值取向推向了极致，展现了儒家的强烈使命感和宏大气魄。

儒家注重德行，但不否定正常的"饮食男女"欲求。为了生存，为了人类自身的延续，"饮食男女"是必需的、正当的，"饮食男女"不能不讲求。然而，儒家爱财，取之有道，不取不义之财。"富与贵，是人之所欲也；不以其道得之，不处也。贫与贱，是人之所恶也；不以其道得之，不去也。"⑤ 当道义与个人富贵乃至生命发生冲突时，儒家"见利不亏其义……见死不更其守"，⑥ 宁为玉碎，不为瓦全，严守气节。"志士仁人，无求生以害仁，有杀身以成仁。"⑦ "生，亦我所欲也，义，亦我所欲也；二者不可得兼，舍生而取义者也。"⑧ 杀身成仁，舍生取义，"富贵不能淫，贫贱不能移，威武不能屈"。⑨

人之所以为人，人之所以别于禽兽，就在于人不仅有物质的追求，更有精神的追求；不仅有物质的生命，更有精神的生命；不仅有物质的家园，更有精神的家园。物质的生命是有限的，精神的生命是长久的、无限的。修齐治平，以天下为己任，国泰民安，乃至世界大同，个人的有限生命便可融入天下万民永恒的生命之中。"由此，个人的生命得以延续，个人的生命得以完善，生命不再是短暂的，生命不再是有限的，生命不仅有了物质的家园，而且有了精神的家园，不仅有了物质的归宿，而且有了精

---

① 李勇先、王蓉贵校点：《岳阳楼记》，《范仲淹全集》上册，成都：四川大学出版社 2002 年版第 195 页。
② 《礼记·大学》，《十三经注疏》下册，北京：中华书局 1980 年版第 1673 页。
③ 朱熹：《自国初至熙宁人物》，《朱子语类》第 8 册，北京：中华书局 1986 年版第 3088 页。
④ 《横渠学案上》，《宋元学案》第 1 册，北京：中华书局 1986 年版第 664 页。
⑤ 《论语·里仁》，《十三经注疏》下册，北京：中华书局 1980 年版第 2471 页。
⑥ 《礼记·儒行》，《十三经注疏》下册，北京：中华书局 1980 年版第 1669 页。
⑦ 《论语·卫灵公》，《十三经注疏》下册，北京：中华书局 1980 年版第 2517 页。
⑧ 《孟子·告子上》，《十三经注疏》下册，北京：中华书局 1980 年版第 2752 页。
⑨ 《孟子·滕文公下》，《十三经注疏》下册，北京：中华书局 1980 年版第 2752 页。

神的归宿。"①

　　至善人格、以天下为己任的价值观与价值取向，是儒学的深层次内涵、儒学的精髓。儒学是中国传统文化的核心内容。"文化本是由成套的行为系统和观念系统所构成的，人们的行为系统受制于他们的观念系统。而观念系统的核心即是价值系统。从中国文化的组成部分来看，儒家思想是中国政治文化和伦理文化的核心内容。人们总是自觉或不自觉地从这一套既定的价值系统来看待外在的世界，来规范、支配自己的行为。"儒学的广泛传播及其社会渗透，使儒学不仅在统治层面生了根，而且在社会层面产生了广泛而持久的影响。"这种影响的意义在于儒学成为得到绝大多数人认可的价值系统，成为约束和规范人们言行的伦理教条……从这方面可以说，儒学的价值系统已成为生活在传统中国社会的人们行为的最高准则、绝对命令，是隐藏在人们行动背后的道德动机。它已成为人们的思维模式和行为模式。"② 至善人格、以天下为己任的价值观、价值取向，忠孝、仁义礼智信的伦理观念，逐渐成为各民族的共同文化心理并指引各民族的生活方式。

（六）太平大同蓝图与激励标的

　　"大道之行也，天下为公，选贤与能，讲信修睦。故人不独亲其亲，不独子其子，使老有所终，壮有所用，幼有所长，矜寡孤独废疾者，皆有所养。男有分，女有归。货，恶其弃于地也，不必藏于己；力，恶其不出于身也，不必为己。是故谋闭而不兴，盗窃乱贼而不作，故外户而不闭，是谓大同。"③ 大同社会的标准，其一是"天下为公"。君主有天下，以天下为天下人之天下，而不以天下为一己之天下；一心为天下人谋利益，而不是为一己谋利益。"选贤与能"，公卿大臣的任用应以德才为标准，只有那些一心为公而又有才能的人，才会被委以公职。"讲信修睦"，信守承诺，与邻和睦。其二是社会的一般成员都没有私心，只有为他人、为社会谋利益的公心。"力恶其不出于身也，不必为己"，人人都能尽自己所能贡献于社会，不会因为于己无利而不出力，也不会因为于己有利始出力。"货恶其弃于地也，不必藏于己"，人人都不会有将社会的财富据为一己私有的思想。其三是社会安定、和谐。国与国之间，"讲信修睦"，不欺诈，不争斗，诚信相待，和睦相处；人与人之间相亲相爱，"不独亲其亲，不独子其子"。人人各得其所，衣食有着。青壮年有事可作，幼儿有人抚养，鳏寡孤独残疾者能得到供养，老人能得到赡养送终。没有阴谋，没有内乱，没有盗匪，没有窃贼，出门用不着关门上锁。思想品质高尚，人人只有公心而无私心，是大同社会最重要的特征，是大同社会能够实现的最重要的基础。君王没有私心，才能纯以贤、能为标准选拔任

---

①陈奇：《儒学与中国社会》，哈尔滨：哈尔滨工程大学出版社2008年版第291页。
②汤一介等：《中国儒学文化大观》，北京：北京大学出版社2001年版第393页。
③《礼记·礼运》，《十三经注疏》下册，北京：中华书局1980年版第1414页。

用公卿。公卿没有私心，才不会出现为取得高位而私相串谋、作乱争斗。没有私心，君王公卿才能"天下为公"，一心一意为天下人谋利益；才能"讲信修睦"，信守承诺，与邻和睦，而不会为一己之私、一国之私而恃强凌弱，征讨攻伐。上至君王公卿，下至平民百姓，人人没有私心，才会与所有人相亲相爱，而不仅仅爱自己之父母、自己之子女；才会关心、帮助一切人，特别是老弱病残、鳏寡孤独之人，而不仅仅关心、帮助一己之亲、一己之子。没有私心，才会不问回报而奉献自己的全部才能，才不会产生占有社会财富甚至贪得无厌的欲念。人人无私心，人人出以公心，社会才会安宁和谐。①

儒家以为，大同理想社会的实现必须有一个过程，必须经历衰乱世、升平世，才能最终进至太平世亦即大同理想社会。"衰乱"之世，臣弑君、君杀臣，子弑父、父杀子，内乱不止，仁义荡然，相亲相爱、扶危济困的风尚衰微乃至灭绝。社会治理的方略，是"内其国而外诸夏，先详内而后治外"，先治理好鲁国，再治理诸夏。内外有别，先内后外。在鲁国推行王道，"理人伦，序人类"，建立礼法秩序，树立良好的道德风尚，再推广至诸夏各国。待王道由鲁国推行到诸夏各国，社会便进入了升平世；王道普及诸夏以外的"夷狄"，"天下远近大小若一"，不再有大国与小国的区别、中心与四域的区别，整齐划一，文明进步，人人"崇仁义"，②相亲相爱，不再有尔虞我诈，精神境界至为高尚，社会便进入了太平世亦即大同理想社会。

（七）"和而不同"与各民族文化的一体多元

儒家主张"用夏变夷"，"进夷狄为中国"，最终进至大同理想社会。然而，儒家也注意到多民族长期并存的历史现象，关注如何协调民族关系并使之同一的问题。孔子谓："君子和而不同，小人同而不和"。③承认多民族的存在而求同一，是君子的做法；否认多民族的存在而只求同一，是小人的做法。既承认多民族的存在及彼此间的差异，又追求同一，在不同中求得同一，考验着儒家的心力和智慧。《礼记》谓："中国、戎夷五方之民皆有性也，不可推移……言语不通，嗜欲不同"。因而应"达其志，通其欲"；"修其教不易其俗，齐其政不易其宜"。④华夏和"四夷"语言不通、习性不同、好恶不同，不应当强求一致；要施行道德教化，但不改变其风俗习惯；要统一政令，但不改变其适宜的政治制度。古代历史上，中央王朝长期在少数民族地区施行郡国并存、土流并治政策，在其承认中央王朝的前提下，保留少数民族原有的政治经济制度，或封其首领为王，或赐其首领以爵号，世代承袭；不征或少征赋役，在经济、文教方

---

①参见陈奇：《儒学与中国社会》，哈尔滨：哈尔滨工程大学出版社2008年版第267-269页。
②以上见何休：《春秋公羊解诂·隐公元年》，《十三经注疏》下册，北京：中华书局1980年版第2200页。
③《论语·子路》，《十三经注疏》下册，北京：中华书局1980年版第2508页。
④《礼记·王制》，《十三经注疏》上册，北京：中华书局1980年版第1338页。

面给予各种优惠、扶助。"修其教不易其俗,齐其政不易其宜",是儒家"和而不同",协调处理民族关系,从而达于同一的心力和智慧之论。所谓"和",就是大一统,就是国家统一。只有国家统一,才有可能避免分裂战乱,民族才有可能发展进步,民庶才有可能安居乐业。所谓"不同",就是在保证大一统的前提下,在少数民族地区不强求政治制度的整齐划一,实行郡国并存、土流并治一类灵活、松散的制度;就是在施行礼乐教化、倡导纲常伦理的同时,不强求改变其语言文字、风俗习惯及宗教信仰。

中华民族的历史,是各民族共同创造的历史;中华民族的文明,是各民族共同创造的文明。中华民族的古代文明,是由北方游牧文明、黄河流域农耕文明、长江流域稻作文明共同构成的;最早居住在黄河中下游的并非黄帝部落,而是苗族的先民蚩尤部落;彝族文字的产生时期与华夏文字不相上下,水族亦有与儒家《易经》类似的《易经》。只是在其后的文明发展进程中,华夏民族走到了前面,社会形态、生产力水平、以儒学为核心的礼乐文化,都处于当时前列,并进一步演化为汉民族以及以儒家文化为核心的汉文化。然而,汉民族的文明总体上处于较高的水平,但少数民族的文明亦有其独特、优秀之处。"和而不同",包含了对于少数民族文明的尊重、保护乃至汲收。"保持多民族国家内各个民族之间的团结,基本的前提是要人们互相承认并尊重各个民族的差异和多样化现实,只有在这个前提下,人们才能够在保持自己民族文化和生活方式的基础上认同和归属于统一国家"。①

(八) 理论儒学的核心是三纲五常

理论儒学的核心是三纲五常,它涵盖了古代大一统、礼、仁、"夷"夏观、"和而不同",引申出大同理想、修身和价值观。其一,它体现了儒家道德与秩序亦即以仁、礼治天下的治世理念。三纲五常也就是忠孝仁义,忠孝仁义的核心是仁、仁爱、爱人。爱父母为孝,爱君主为忠,信守是非准则并践行之谓义;在家国一体的体制下,忠君也就是爱国。天下为公,人人相亲相爱,是儒家的最高理想。但现实社会还做不到人人相亲相爱,仍有等差,必须承认等差、尊重等差。承认等差、尊重等差就是知礼、守礼,"礼以区等"。三纲是最基本的等差、最基本的礼。承认等差,扮演好各自的等差角色,社会就不会混乱,就有了秩序。待到世界大同之时,就可以做到天下一家,爱无差等。仁与礼,就是道德与秩序;以仁、礼治天下,也就是道德与秩序的治世理念。其二,忠孝仁义是伦理学说,道德、秩序是治世学说。三纲五常既体现了儒家的伦理观,也体现了儒家的社会观。其三,它包含了儒家的大一统、"夷"夏观、"和而不同"。三纲五常的核心是君为臣纲,是至上君权,自然不允许自行其是甚至割据分裂;"四夷"之国都应该是天朝上国之国,"四夷"之君都应该是天朝上国之臣民,都应该称臣纳贡;"和而不同"则是协调"夷"、夏关系的原则。其四,信守、践行纲常

---

① 黄岩:《国家认同:民族发展政治的目标建构》,北京:民族出版社2011年版第90页。

之道，必须教化、修身、克己。其五，三纲五常集中地体现了中国人的伦理观和价值观。忠君爱国，孝顺父母，仁爱亲和，重义轻利，至上人格，以天下为己任，数千年来浸透中国人灵魂深处的这些伦理观、价值观，无一不根源于儒家的三纲五常。

纲常伦理的核心是忠、孝。忠、孝是儒家思想最核心的理念，是儒家思想中最为社会各阶层认同、最通俗普及的理念。忠、孝之中，孝又是第一位的。"天地之性，人为贵；人之行，莫大于孝。"① 事亲以孝，将事亲之孝移于君，则为忠。"君子之事亲孝，故忠可移于君。"② 能以孝事亲，则能以忠事君。"孝慈，则忠"。③ 忠意味着对君主权力的认同与顺从，意味着对大一统王朝的认同与顺从、对国家的认同与顺从。

西汉中叶之初，朝廷"罢黜百家，独尊儒术"，儒学独尊为经学，儒家典籍独尊为经或经典，儒家文本经典化；在太学置五经博士，经典的传授、诠释权归于博士，师从博士研习经典的弟子能够取得正式出身，选举为官。这意味着儒学成为官学，儒家思想成为官方认可的信仰系统、官方行政的意识形态依据。儒学确立了其正确性和权威性。儒学的研习、诠释、传授成为官方行为，传授、诠释经典的权威能够取得博士的显赫身份，研习经典的弟子能够入仕为官。经典的地位及其研习、诠释、传授有了刚性的制度设计和制度保证，从而成为最吸引人、最兴旺的文化学术事业。两千年中，经学研究著作浩如烟海。无数儒生、经学家孜孜以求，探究儒学的精髓，随着时代的变化，不断修正、补充、丰富着儒学。今文经学、古文经学、理学、清代汉学，就是这种探索最重要的成果。在中国古代社会，经学历两千年而不衰，成为一个极其庞大而完整的理论体系。

理论儒学奠定了儒文化的基础，为古代民族、大一统认同提供了完整、系统的理论体系和意识形态。

二、文化儒学

文化儒学指围绕儒学的教育、传播、普及而形成的狭义文化形态，主要包括儒学的教育、儒学的传播、儒学楷模的树立及表彰，浸染着儒家思想的学术研究及文学艺术创作等。

（一）儒学教育

西汉中叶之初，儒学教育便成为中国古代教育的主要内容，而这种教育又是与科

---

① 《孝经·圣治章》，《十三经注疏》下册，北京：中华书局1980年版第2553页。
② 《孝经·广扬名章》，《十三经注疏》下册，北京：中华书局1980年版第2558页。
③ 《论语·为政》，《十三经注疏》下册，北京：中华书局1980年版第2463页。

举考试制度、教育制度紧密联系在一起的。

西汉中叶之初，儒学独尊为官学，成为封建国家意识形态。朝廷在太学设立五经博士，掌管儒经的诠释与传授，师从博士研习儒经的弟子（博士弟子员）可以举荐为官。武帝至西汉末年的100多年间，博士先后达到1000多人；博士弟子员初为50人，成帝时增至3000人，王莽时期更达万余人。这开创了以儒生作为官员选拔主要标准的先河。隋唐建立科举制度，通过考试选拔官员成为基本的选官制度，而科举考试的主要内容是儒学。"中国的考试，目的在于考查学生是否完全具备经典知识以及由此产生的、适合于一个有教养的人的思考方式。"[①] 儒学的研习自此成为入仕的基本途径。儒学与身份、利益、权力、地位直接联系，儒学的研习成为读书人的自然选择。受科举选官考试制度的导向影响，整个教育体系都把儒经的研习作为最重要、最基本的内容。官学如此，私塾、书院亦如此，乃至学童的启蒙教育亦如此。整个教育体系成为科举考试的备考体系、官员的后备体系。从这个意义上讲，儒学教育与科举制度、教育体系成了一家。儒学凭借国家的制度保障，通过科举、教育体系，成为显学，繁荣兴盛。这为儒学的流播，为儒家理念、价值观的社会渗透提供了优越的条件。

（二）浸染着儒家思想的学术研究及文学艺术创作

在古代儒学独尊为国家意识形态的背景下，一切学术研究及文学艺术创作无不浸透着儒家基本理念、儒家价值导向、儒家思想，如哲学、伦理学、历史学、语言文字学等，如文学、诗赋、戏曲、美术、音乐等。作为五经之首的《易经》，本身就是讲哲理的著作；而宋代兴起的理学，则是儒学演变到宋代以后的哲理化儒学流派，这个派别流行于宋元明清，支配了整个中国封建社会的后期。一部规模宏大的二十四史，其核心理念一为君权至上，二为仁君仁政；作为封建史学主流体裁的、以人物传记为核心的纪传体，也是作为个体的英雄史观在史学外在形式上的反映。文学作品、戏曲的主题，不外乎忠君爱国、孝亲友朋、明君廉吏、国泰民安。浸染着儒家思想的学术及文学艺术作品，扩大了儒学的传播和影响力度。特别是那些广泛活跃在社会大众层面的戏曲演唱、茶馆说书，在文化极不发达的古代社会，对于儒学的普及，对于儒家理念向社会层面尤其是社会底层的熏染，尤具意义。

（三）儒学楷模的树立及表彰

树立、表彰儒学楷模，是扩大儒学影响，施行儒学教化的重要路径。儒学楷模有两类，一类是在儒学研究、创新、传播方面成就卓著的儒家，一类是在践行儒家思想方面表现卓著的官绅士民。孔子是儒学的创始人，是万世师表，是儒学的第一楷模。汉代儒学独尊之后，历代封建王朝不断授予孔子种种崇高尊贵的封号。汉代奉之为

---

① [德] 马克斯·韦伯著，洪天富译：《儒教与道教》，南京：江苏人民出版社1993年版第143页。

"素王",东汉至唐代奉之为"先圣""先师""文宣王",宋代谥之为"至圣文宣王",元代谥之为"大成至圣文宣王",明代谥之为"至圣先师",清代集既往之大成,成为"大成至圣文宣先师";孔子的后人被封为"衍圣公",世代承袭。从京师到地方,普遍建有祭祀孔子的庙宇——孔庙。祭孔是国家和地方的重要庆典活动。每年孔子诞辰,上至君王,下至民间,都要到孔庙举行隆重的祭孔大典;读书人,从接受启蒙教育的孩童,到府州县学的生员,更要到孔庙行礼,叩拜先师。历代杰出的儒学家,则入孔庙配祀,享受体面的祭祀待遇,如曾参、孟子、董仲舒、韩愈、朱熹、王阳明。曲阜孔庙的配祀者,唐代为20余人,民国时达到150多人。曲阜孔庙配祀者,是全国性的儒学大家;地方性的儒家贤达,则配祀地方孔庙。那些践行儒家思想的楷模,如功勋、科第、德政卓著者,如忠臣、节士、孝子、烈女等,或建庙宇,或立牌坊,或赐匾额,或竖石碑,予以表彰。祭孔活动强化了儒学的神圣性、独尊性,树立了社会行为的榜样和典范,将儒家理念有效地渗透到了具体的社会生活中。同样地,建孔庙,立牌坊,树立、表彰儒学楷模,这种直观、简洁的儒学载体,在文化极不发达的古代社会,对于儒学的普及,对于儒家理念向社会层面尤其是社会底层的熏染,尤具意义。

(四)儒学的传播

儒学教育是儒学传播的主要路径,浸透着儒家思想的学术研究及文学艺术创作、儒家楷模的树立及表彰也是儒学传播的重要路径。此外,以儒学为主的教育制度、科举制度造就的儒生阶层对于儒学的倡导、践履和垂范,也成为儒学传播的重要路径。

儒生阶层是一个人数可观的群体。其构成,少数为取得功名而未能入仕的士子,绝大多数为未能取得生员功名者。未取得功名的儒生中,不少人在儒学方面也有一定的功底;纵然是稍通文墨者,在文化极不发达的古代社会,也是难能可贵的、受人尊敬的文化人才。封建教育、科举考试培养的人才,简单说来是儒生。然而,最终能够进入官场的儒生只是极少数,绝大部分的儒生只能生活在民间、乡间。生员、举人、进士三级功名,进士毫无悬念得以进入官场;而人数众多的生员、举人中,只有极少数能够通过特殊的选拔途径入仕,且一般只能任教职。绝大部分生活在民间、乡间的儒生,尽管不能进入官场,但有着令人羡慕的身份和地位。即使仅具有最低级功名的生员,地方官员也要对他们予以优待。他们可以领取廪膳,见到县官时不必下跪。他们参与地方学务、公产、征税、赈济、纠纷调解等公共事务,出席重要的庆典活动。他们兴办学务,充当私塾先生、书院山长,承担了民间教育的重担。封建时代,蒙童教育、相当部分的中高级教育,都是由民间教育即私塾、书院完成的。通过这种活动,他们将儒学传播到民间,将儒家的纲常伦理普及于民庶,尽到了教化作用。身居民间的儒生群体,更以自身的道德楷模、行为表率,将儒家的理念浸透到了社会下层。儒生群体充当了官与民之间的中间人,在儒学传播、道德教化和地方治理中发挥着特殊的作用。

科举考试除了选拔官员，还具有造就榜样人物的功能。清嘉庆帝上谕即称当"以士为民倡"，以为如此则"内而砥砺躬行，外而化导乡俗，自见薰德善良，风气日臻醇厚"。① 地域的广阔，统治成本的高昂，"强大的皇权或中央集权国家的直接行政统治，从未真正深入到中国县以下的社会中；广大农村及农民的直接统治机构和统治者，是作为皇权延伸物的家族和士绅"。② 家族、士绅的主力，就是儒生群体。

"文化是民族的血脉，是人民的精神家园。""文化越来越成为民族凝聚力……的重要源泉"。③ 中国封建时代，以儒家文化为核心的传统文化，就是中华民族的血脉，中华民族的精神家园，中华民族凝聚、认同的重要源泉。

文化儒学为儒家价值观的传播、社会的王道治理、人的精神道德教化、社会习俗的改良及渗透、养成提供了有效的内容与路径，使儒学得以广泛流播与渗透，促进了各民族文化心理的形成。

三、制度儒学

制度儒学属于制度文化一类。制度文化系人类为自身生存和社会发展需要而创制出来的规范组织体系，包括经济制度、政治制度、法律制度以及人与人之间的各种关系准则等；政治制度主要指国家行政管理体制和人才培养选拔制度等。

对于制度儒学，学术界极少提及、研究，仅有个别学者近年来提出了这个概念并做了阐述，认为，"'制度儒学'是一个总结性的概念，关注的主要是儒家思想和中国制度之间的关系"。制度儒家"包含'儒家的制度化'和'制度的儒家化'两个层面"。它包括儒家文本的经典化、"儒学创始人孔子的圣人化和祭孔仪式的国家化"、"选举制度的儒家化和儒家传播的制度化"、"政治法律制度的儒家化"等四个方面的内容。④ 四个方面中，前三个方面属于"儒家的制度化"，后一个方面属于"制度的儒家化"。儒家的法律化是儒家制度化的关键。"儒家思想在法律上起了决定性的作用，产生了深远的影响"。⑤ 儒家的制度设计是建立在礼治基础上的。"对于礼仪的继承和创新几乎就是儒家的中心工作，上至朝廷的礼仪、宗庙的祭祀、国家的组织与法律，下至社会礼俗乃至乡规民俗，都灌注着儒家的精神与思维原则。"⑥

---

① 《仁宗睿皇帝实录》第301卷，《清实录》第31册，北京：中华书局1986年版第1120页。
② 李路路等：《当代中国现代化进程中的社会结构及其变革》，杭州：浙江人民出版社1992年版第181页。
③ 《中共中央关于深化文化体制改革推动社会主义文化大发展大繁荣若干重大问题的决定》，新华网，2011年10月26日。
④ 以上见干春松：《制度化儒家及其解体》，北京：中国人民大学出版社2003年版第9、2、59、63页。
⑤ 瞿同祖：《瞿同祖法学论著集》，北京：中国政法大学出版社1998年版第325页。
⑥ 干春松：《制度儒学》，上海：上海人民出版社2006年版第64页。

本书所说的制度儒学，特指封建时代处于独尊地位的儒家思想影响下形成的封建专制主义中央集权政治制度。它主要包括在全国范围内行使统治权力的大一统制度、至上君权制度、中央集权制度、地方郡县制度、仁政制度、监察谏议制度等。郡县集权于朝廷，朝廷集权于君主，君主权力至上；君主施行仁政，勤于国事，听取臣下的劝谏，国泰民安。本书所研究的制度儒学，又特别着力于封建王朝在今贵州实行的大一统政治制度，如郡国并存、土流并治、改土归流等。至于儒学的国家意识形态化，则归入理论儒学；孔子的圣人化、祭孔仪式的国家化、选官考试制度的儒家化和儒学传播的制度化等，则归入文化儒学。

制度儒学的核心内容是以至上君权为标志的封建大一统中央集权政治制度。"普天之下，莫非王土；率土之滨，莫非王臣。"① 因而天下的疆土都应该置于中央王朝的郡县区划之内，天下的民庶都应该是君主的臣民；疆土和民庶都应当置于朝廷委派的郡守地方官员的治理之下；地方必须服从、贯彻朝廷的政令，不得自行其是甚至分裂割据。中央则集权于君主，君主权力至上。在家国一体制下，君主是国家的代表，忠君也就是爱国，维护君主的地位和至上权威，也就是维护国家的统一和完整。

势大的民族，中央王朝，往往通过武力威慑、武力征服的手段，迫使其他民族、其他政权臣服于自己，将其疆土、民庶纳入自己的统辖范围，建立起大一统的中央王朝。但是，这并不意味着，凡是大一统王朝、大一统政权都是合法的，都是不可冒犯的。大一统王朝、大一统政权的存在，必须有它的合法性基础。"尽管统治可以建立在强制性暴力的基础上，但是这种统治的成本显然太大了，有时会大到统治者无法承受的地步。因此卢梭说：'即使是最强者也决不会强得足以永远做主人，除非他把自己的强力转化为权利，把服从转化为义务。'这也就是传统所说的'马背上打天下，但不能马背上治天下'的道理。这一转化的实质就是如何让民众不再将服从视为一种被迫的强制行为，而是一种发自内心的遵从，亦即觉得自己应该如此去做。意识形态的政治功能就在于此。"②

中国封建社会，大一统王朝合法性的语言符号是君权神授、君权至上。不过，这只是表层的内容。大一统王朝要想真正实现它的统治，要想长期维系它的政权，它还必须取得实质性的合法依据。这种实质性的合法依据，就是施行仁政，取得民庶的信任与服从。"天命有德"，"敬天保民"，就是这种合法依据的最初表述。天神授权人间君主的依据是君主有德，天只把统治人间的权力授予有德之人；君主德行的标志是保民，保民就是德。君主不能保民、养民、爱民、仁民，甚至暴民、虐民，天就会让他下台，就会授权于他人，让他人取而代之。千百年来，儒家学者们、进步的思想家们，围绕这个命题做了无数的阐述，留下了丰富的思想资料。儒家的德政和王道政治思想

---

① 《诗经·小雅》，《十三经注疏》上册，北京：中华书局1980年版第463页。
② 景跃进等：《政治学原理》，北京：中国人民大学出版社2006年版第23页。

就是儒家为现实政治秩序的合法性所提供的最精致的合法性依据。

制度儒学即大一统中央集权政治制度在贵州的开端、演进至最终确立，是贵州古代民族认同最重要的内容和标志，为贵州古代的民族认同提供了制度保证。

四、物化儒学

物化儒学指封建时代在儒家重农思想影响下结成的物质文明成果。它首先是高度繁荣的农耕经济和封建生产关系，其次为繁荣的手工业生产和商品流通贸易。

儒家首重农耕。他们将国家称为社稷。社、稷是中华民族祭祀的社神和稷神。社神是土地神，稷神是谷神。土地、稷谷给予了人类生存必需，人们因而崇拜它们、信仰它们，进而把它们视为神灵，隆重地祭祀它们。从周王朝开始，稷神成为周人认同的始祖，进而成为中华民族农耕文明的象征；稷神祭祀成为中华民族崇拜农耕文明以及渴求风调雨顺、五谷丰登、仓廪富实、国家太平的心理寄托，成为物化儒学的精神基质。而"中国"一词"即源于中华民族祭祀社稷神的五色土祭坛黄土居中之意"。[①] 儒家的养民、保民、爱民思想中，首先强调的是"制民之产"，[②] 使民"有恒产"。[③] 其所谓"恒产"，就是指土地，以为土地是保证民庶生活来源的基本物质资料。他们强调"使民如承大祭"，[④] "使民以时"，[⑤] 不在农忙时节征用民力；强调"薄其税敛"，[⑥] 减轻田税，减少徭役。凡此种种，都是着眼于农耕经济的。

儒家重农抑商，不等于废止工商。"士农工商"，古代四种基础行业、四大行业，工商赫然在目，仅位于农之后。古代所抑之商，为非生活必需品及奢侈品的生产与经营。在社会生产力不发达的古代社会，有限的人力、物力及自然资源只能首先用于人类生存所必需的衣食住行特别是衣食的生产与经营。在此前提下，与衣食住行特别是衣食的生产、经营相关的手工业及商业，儒家不仅不抑制，而且大力提倡，热心推广。

民族要认同，经济生活必须认同；经济要认同，必须有"同"可认，要让各民族意识到有共同的经济利益。民族之间的分歧与对抗，根源于资源分配与物质利益的冲突。资源共享，利益趋近，始可减少民族矛盾，消除民族分歧。历史上的大一统中央王朝，在完成民族地区的统一之后，一般都能在民族地区推广中原地区的先进生产技术，推动民族地区经济发展。民族地区经济一般都较为落后，尚处于封建领主制经济、

---

① 刘昆：《曹书杰解读稷神、稷祀文化》，《贵州师范大学报》2011年6月27日。
② 《孟子·梁惠王上》，《十三经注疏》下册，北京：中华书局1980年版第2671页。
③ 《孟子·滕文公上》，《十三经注疏》下册，北京：中华书局1980年版第2702页。
④ 《论语·颜渊》，《十三经注疏》下册，北京：中华书局1980年版第2502页。
⑤ 《论语·学而》，《十三经注疏》下册，北京：中华书局1980年版第2457页。
⑥ 《孟子·尽心上》，《十三经注疏》下册，北京：中华书局1980年版第2768页。

奴隶制经济甚至原始经济阶段。中央王朝的长期开发，民族地区逐步向奴隶制经济、封建领主经济、封建地主经济过渡，缩小了民族地区与内地经济的差距。共同的经济利益或利益前景增进了民族之间的互信与感情，奠定了民族认同的经济基础。"利益途径是获得政治认同的关键性因素。其原因在于：人们对利益的关注是基于生存的本能。如果没有利益的保障，政治认同便丧失了基本的纽带；而同时如果没有利益的驱动，政治认同亦失去基本的动力……利益途径是获得政治认同的关键性因素。"①"经济关系是一切社会关系的基础，表现在民族关系上也是如此……在消除国内民族差异方面，最有力的是经济因素……最不容易断裂的也是经济联系"。②

农耕文明具有极大的稳定性，建立在农耕文明基础之上的封建地主经济，在中国古代社会各种经济形态中始终处于领先的地位。建立在农耕文明基础上的物化儒学，成为儒文化的重要构成部分，进而成为中国古代民族认同的主体文化元素之一。

即使是社会经济形态不同的民族之间，典型的如处于封建地主制经济的农业民族与处于奴隶制经济的游牧民族，彼此在经济上都必须互相依存、相互促进。游牧民族需要农业民族的"粮食、纺织品、金属工具和茶及酒等饮料"，农业民族需要游牧民族的"畜力，军队需要马匹"。大量牲畜的输入，大大改善了农业民族的"劳动条件，提高了生产力，便利了商业运输，亦有利于骑兵的建设"；农业民族的"农产品和手工业产品的大量进入游牧区，丰富了游牧民族吃饭、穿衣的需要，并促进了游牧区生产力的发展"。经济的贸易、交流，始终是民族关系的主流。彼此间的战争"虽然史不绝书，但它们毕竟不是年年月月都发生的事。而农业区与游牧区的贸易却是年年月月都在进行着的。即使在双方不睦的情况下，这种交流也未中断"。经济上的互相依存和相互促进，"这个根本的共同点，就是大一统思想赖以形成的经济基础"，③也是民族认同赖以形成、得以实现的经济基础。

古代历史上无数的民族冲突、民族战争，胜利的一方占有了更多的资源与利益；但是，新的资源与利益的分配，必须限制在当时社会关系所能容忍的限度之内，越过了这个界限，必然会引起失败者或者说弱势者的不满、反抗乃至新一轮冲突。要避免冲突，利益矛盾的各方必须将彼此的利益差异限制在当时社会关系所能容忍的限度之内。这就是认同，一种现实的认同。"民族越是发展，民族间共同性因素越多，民族间越接近。"④ 从理论上讲，只有到世界大同之时，物质极为丰富，人人利益平等，才有可能实现完全的利益认同。

儒文化是中国古代农耕文明的结晶，反过来，它的传播和发展又必须以封建地主

---

① 梁丽萍：《政治社会学》，北京：中央编译出版社2009年版第159页。
② 黄岩：《国家认同：民族发展政治的目标建构》，北京：民族出版社2011年版第219页。
③ 以上见费孝通：《中华民族多元一体格局》（修订本），北京：中央民族学院出版社1999年版第13、264、265页。
④ 金炳镐：《民族理论与民族政策概论》，北京：中央民族大学出版社2006年版第135页。

经济的发生、发展为基础。实现中央集权的重要标志之一，是登记户口田地，确定租税并加以实行，而编户纳税的前提是地主经济的发展。"儒学思想伴随着封建地主阶级的产生而产生，伴随着地主经济的发展而发展。"如云南，"地主经济萌芽于大理后期，确立于元代，于是儒学在云南广为兴起"。① 地主经济的发展反过来促进了儒学的传播。

儒文化是中国封建社会的先进文化，它奠定了中国古代民族认同的主体文化基础，为贵州古代民族认同提供了完整、系统的理论体系、物化基础、教化路径、制度保障，促进了民族的发展进步及民族认同。

第三节 民族认同基本概念及研究范围的界定

一、认同

认同是人与人之间基于交往过程中发生了感情与经验的一致性而产生的内心的默契与归属感。② 就认同的发生、形成过程而言，它是一个心理活动过程，属于心理学名词。

认同一词最早是由西方学者提出并探讨其内涵的。奥地利心理学家西格蒙德·弗洛伊德以为，认同"是一个心理过程，是个人模仿另一个人或团体的价值、规范与面貌，将之内化并形成自己的行为模式的过程"。美国心理学家爱利克·埃里克森进而指出，这意味着个人"接受此团体的价值与规范以影响自己的行为与态度"。③ 中文"认同"一词由英文"identity"一词意译而来，释义为身份、同一、认同。认同最初是社会个体的意识活动。社会个体对于自我特征亦即身份的认识，来自对自我生活的外部环境的了解、归纳、提炼并获得本质性的认识。"我是男人"，是对周围男性体貌特征、生理特征、性格特征的认识、提炼，以及与女性进行对比之后得出的结论，其中也许还包含着"要承担更大的家庭责任"这类意识，它是个体对男性群体同一性的认同。"我是贵州人"，是对贵州自然风貌、人文风情了解、归纳、提炼之后得出的结论，其中也许包含着"山多""耐劳"一类意识，是个体对贵州地域以及地域群体同一性的

---

① 木芹 等：《儒学与云南政治经济的发展及文化转型》，昆明：云南大学出版社1999年版第81、60页。
② 参见《辞海·社会学分册》，上海：上海辞书出版社1999年版第466页。
③ 转引自梁丽萍：《政治社会学》，北京：中央编译出版社2009年版第154、155页。

认同。

认同具有社会性、层次性（多样性）、相对性、动态性。

其一，社会性。认同是人类的行为，人是社会的人，认同只有在群体中才能发生。在社会学中，认同"泛指个人与他人有共同的想法。人们在交往过程中，为他人的感情和经验所同化，或者自己的感情和经验足以同化他人，彼此间产生内心的默契。分为有意的和无意的两种"[①]。这种默契也就是一种归属感。

其二，层次性（多样性）。从认同主体角度讲，有个人对他人的认同，个人对群体的认同；群体对群体的认同，群体对民族、国家的认同。个人对他人的认同仅是认同的开始，是基础层次的认同。从认同客体角度讲，有对血缘、体貌、性格、地域等表象的低层次认同；经济生产方式、政治制度的较高层次的认同；文化、意识形态、价值取向等高层次的认同。还有互为主、客体的彼此认同。事实上，真正的认同往往是主、客体双方的互动、双方的彼此认同。单方的认可要转化为认同，也只有在得到对方的认可之后才能实现。认同的层次性反映了认同的多样性。

其三，相对性。绝对的不认同或者绝对的认同都是不存在的。一方面，作为人类，就有人类的共性，就有"同"有"认"，绝对的认同缺失是没有的。另一方面，社会群体内各个个体之间、各个群体之间，会因为种种的差异、原因导致政治、经济利益的不同格局与矛盾。一定社会中，适合当时社会所能容纳的差异是正常的、合理的，社会成员也能理解、接受。"物之不齐，物之情也"[②]；"和实生物，同则不继"[③]。事物多样性的存在，恰恰是事物发展繁荣的客观规律，自然界如此，人类社会同样如此。因此，"君子和而不同，小人同而不和"[④]。对一定差异的理解与接受，这也是一种认同；绝对的认同是不存在的。

其四，动态性。认同是一个动态的过程。认同是一个由少到多、不断增加和积累的过程。随着社会交往的增多并日益密切，共同的成分不断增加，认同的深度不断加强；从理论上讲，终有世界大同之日。

二、民族认同

（一）民族认同概念

认同是人与人之间基于交往过程中彼此发生了感情与经验的一致性而产生的内心

[①]《辞海·社会学分册》，上海：上海辞书出版社1999年版第466页。
[②]《孟子注疏》，《十三经注疏》下册，北京：中华书局1980年版第2706页。
[③]《国语》下册，上海：上海古籍出版社1978年版第515页。
[④]《论语注疏》，《十三经注疏》下册，北京：中华书局1980年版第2508页。

的默契、归属感。① 民族认同是"社会成员对自己民族归属的自觉认知",是"民族成员在交往关系中,基于在身体特征、语言特征和风俗习惯等方面所具有的一致性而形成的一种亲近感。民族成员长期受民族文化的熏陶,对民族文化产生了依恋,从而使民族成员能够感觉到自己和其他成员处于同一群体当中"。② 民族"通过为人们提供共同的认同或身份,使其产生同样的民族意识,使其认为自己和他人属于同一群体"。③ 民族认同"意味着——不管我们的分歧和挫折有多深——我们彼此关照并要继续生活在一起。这样一种承诺导致了相互的信任和善意,培养了一种宽容的精神,并确保不是每一个分歧都像颠覆和脱离那样可怕"。④

就单一民族而言,民族认同是个体由于接受某一民族的感情与经验、价值与规范并以之影响自己的态度与行为,从而认可自己归属于某一民族的一种内心默契、归属感。

就多民族的认同而言,民族认同指各少数民族之间、汉民族与各少数民族之间通过长期的交往,彼此认可对方的感情与经验、价值与规范并以之影响本民族的态度与行为,从而和谐相处甚至彼此融合的一种内心默契、归属感。多民族之间的认同存在多种层次,从有所共通之认,到较多共通之认,再到基本认同,是一个逐步的、渐进的过程。中华民族是中国各民族在长期的历史过程中形成的民族大家庭结合体,是迄今为止中国各民族认同的最高层次。

(二)民族认同的实现因素

文化是实现民族认同的基础因素、主要因素。"民族存在的根基在于人类文化的不同。不同的群体在不同的物质环境中创造了不同的文化内容,而不同群体的人们也正是从这些文化的不同中感悟自我,认识自己的民族归属的。文化是民族存在的基础,也是民族认同存在的根基。"⑤ 至于文化的具体内容,则侧重点有所不同。美国学者亨廷顿强调宗教与信念。他以美国民族的认同为例,认为界定美国人身份的主要因素不是人种和民族属性,而是"17—18世纪创建美国社会的那些定居者的文化",亦即盎格鲁-新教文化以及在这一文化基础之上创建的自由、平等等信念。"至少到20世纪后期为止,正是盎格鲁-新教文化及其创建的政治自由和经济机会,才把移民吸引到了

---

① 参见《辞海·社会学分册》,上海:上海辞书出版社1999年版第466页。
② 刘国强:《媒介身份重构:全球传播与国家认同建构研究》,成都:四川大学出版社2009年版第58页。
③ 景跃进等:《政治学原理》,北京:中国人民大学出版社2006年版第232页。
④ [英]爱德华·莫迪默等著,刘泓 等译:《人民·民族·国家——族性与民族主义的含义》,北京:中央民族大学出版社2009年版第94页。
⑤ 王希恩:《说民族认同》,《学习时报》第164期。

美国。"① 日本学者吉野耕作以日本社会广泛的民族认同为例,指出20世纪八九十年代由知识分子率先提出的"日本人论"及其向社会层的广泛传播发生了重要的作用。② 英国学者莫迪默则强调道德和情感文化:"民族认同是对某一特定共同体的道德和情感认同,建立在忠诚于章程原则并参与其集体的自我理解的基础上。它创造了共同的归属感,提供了集体认同的基础,培养了共同的忠诚,给予团体成员以生活在一起的自信。"③

与文化基础论有所不同,陈志明提出了"族群认同与文化认同并不等同"④的观点。巫达则以凉山彝族的民族认同做了个案印证,认为当今凉山彝族的社会和文化都在发生变迁,"但是,即使在文化上接受了汉文化甚至西方文化",彝族的族群认同"还是得到继续延续的"。"文化认同与族群认同不是重叠的,并不是说文化上转用了其他文化,就一定会在族群认同上也会转向其他族群。"⑤ 不过,两种观点也并不矛盾。文化基础论强调的是民族认同过程中已经认同的部分;不重合论强调的是民族认同过程中尚未认同的部分。事实上,民族认同过程中都存在已经认同和尚未认同的部分,中华民族的民族认同尤其如此。这也就是所谓的多元一体和一体多元。

在民族认同的形成过程中,民族渊源认同是重要因素之一。中华民族成员都称自己为炎黄子孙,以为自己起源于炎帝部落和黄帝部落,同属于炎帝和黄帝的后裔。尽管在漫长的历史长河中,各民族彼此交流、融合,真正纯正血统的民族事实上已极少存有,但远古的关于祖先的历史记忆总是深深地铭刻在人们脑际。"人类社会最基本的人群单位便是母亲与她的亲生子女。在中文情境中,我们以'同胞手足'代表部分家庭成员,也以此代表民族成员……在人类社会结群扩大时,他们自然以模仿同胞手足之情,以及'共同'起源,来强调族群或民族情感与凝聚……这便是族群认同'根基性'的由来。""个人或人群都经常借着改变原有的祖源记忆,来加入、接纳或脱离一个族群"。⑥ "认同的归结点常常指向血统渊源。民族的要素中不一定存在血缘关系,尤其是现代民族,但人们却自觉或不自觉地将民族与血缘联系起来……民族认同的这种血缘溯源倾向源于早期民族的血缘性:氏族、部落及其他早期民族都是建立在血缘基

---

① [美] 塞缪尔·亨廷顿著,程克雄译:《谁是美国人? 美国国民特性面临的挑战》,北京:新华出版社2010年版第32页。
② 参见 [日] 吉野耕作著,刘克申译:《文化民族主义的社会学:现代日本自我认同意识的走向》,北京:商务印书馆2004年版。
③ [英] 爱德华·莫迪默等著,刘泓 等译:《人民·民族·国家——族性与民族主义的含义》,北京:中央民族大学出版社2009年版第94页。
④ Tan, Chee-Beng: "Indigenous People, the State, and Ethnogenesis: A Study of the Communal Associations of the 'Dayak' Communities in Sarawak, Malaysia", Journal of Sousheast Asian Studies, 28 (2), 1977, pp. 263—284. 转引自巫达:《社会变迁与文化认同——凉山彝族的个案研究》,上海:学林出版社2008年版第39页。
⑤ 巫达:《社会变迁与文化认同——凉山彝族的个案研究》,上海:学林出版社2008年版第8页。
⑥ 王明珂:《华夏边缘:历史记忆与族群认同》,北京:社会科学文献出版社2006年版第4、251页。

础上的。现代民族的血缘溯源指向是对血缘民族时代的一种歪曲性记忆。但也正是有这一特点，民族认同也比其他认同有了更强固的聚合性。"①

景跃进等主编的《政治学原理》一书提出，文化而外，在建立民族认同的过程中，国家也发挥着重大的作用。"国家通过宣传机器和教育机构不断地向人们灌输、传播关于人们共同的历史、文化、习惯等信息，使人们感到共同的光荣、耻辱，建立起共同的历史记忆"。②范勇鹏《欧洲认同的形成：功利选择与制度建构》一书以为，"理性选择和制度建构在欧洲认同形成过程中起着决定性作用"，③其所谓"制度建构"，当首指国家政治制度。

与强调文化基础的见解不同，有的学者更倾向于诸种因素的共同作用。"事实上，民族这种共同身份的塑造既可以建立在共同的种族特征上，也可以建立在共同的宗教和文化上，还可以建立在共同的历史记忆、共同语言、共同的心理想象基础之上，因此有些学者将民族视为'想象的共同体'。这诸多因素往往是综合起来发生作用，很少有单独因为某一因素而建立成功的民族认同的例子。"④当然，二者也并无根本分歧，前者关注的是实现民族认同的基础因素即文化因素问题，并不否定诸多次要因素的作用；后者关注的是实现民族认同的诸多因素问题，并不否定诸多因素之中的主次问题。

本书以为，文化是实现民族认同的基础因素、主要因素。不过，文化的内涵应当是全方位的而非单一的，既有历史的文化传存，也有现实的文化诱导；既有精神的文化，亦有物质的文化。它应当是一个大文化意义上的文化概念。斯大林民族学理论中的民族概念实际上就提到了民族认同实现过程中的这个大文化因素问题。"民族是人们在历史上形成的一个有共同语言、共同地域、共同经济生活以及表现在共同文化上的共同心理素质的稳定的共同体。"⑤经济生活自然属物质文化的范畴，语言、狭义文化、心理属精神文化的范畴。中国共产党对斯大林的民族定义做了修正和补充："民族是在一定的历史发展阶段形成的稳定的人们共同体。一般说来，民族在历史渊源、生产方式、语言、文化、风俗习惯以及心理认同等方面具有共同的特征。在有的民族的形成和发展的过程中，宗教起着重要的作用。"⑥这个表述既吸收了斯大林关于民族定义的合理成分和国内外最新的研究成果，又充分考虑了中国乃至世界上各民族形成和发展的实际，以为影响民族认同形成（一致性默契的感情、经验的内容）的因素，最基本、最重要的是"历史渊源、生产方式、语言、文化、风俗习惯以及心理认同"；有的民族

---

① 王希恩：《说民族认同》，《学习时报》第164期；人民网，www.people.com.cn，2004年1月15日。
② 景跃进等：《政治学原理》，北京：中国人民大学出版社2006年版第232页。
③ 范勇鹏：《欧洲认同的形成：功利选择与制度建构》，中国社会科学院研究生院博士论文，2008年。
④ 景跃进等：《政治学原理》，北京：中国人民大学出版社2006年版第232页。
⑤ 斯大林：《马克思主义和民族问题》，《斯大林论民族问题》，北京：民族出版社1990年版第28-29页。
⑥ 《中共中央、国务院关于进一步加强民族工作，加快少数民族和民族地区经济社会发展的决定》，吴仕民：《中国民族理论新编》，北京：中央民族大学出版社2008年版第25页。

还有宗教。历史渊源、语言、狭义文化、风俗习惯、心理、宗教属精神文化的范畴，生产方式包含谋取物质资料的方式，包含了物质文化的内容，同样是一个大文化意义上的文化概念。

三、大一统王朝认同

民族形成并发展到一定阶段，也就需要体现这个民族总体的、最高利益的国家，国家于是产生。中国古代，国家表现为具有连续性的一个个王朝：夏、商、周、春秋战国、秦、汉、三国、晋、南北朝、隋、唐、五代十国、辽宋西夏金、元、明、清。数千年的历史长河中，中国大多数时间是统一的，存在的是一个在全国范围内行使统治权的王朝，亦即通常所说的大一统王朝。分裂的时间只是少数，如春秋战国时期、三国时期、南北朝时期、五代十国时期。纵然在分裂时期，统一依然是主流、趋势。春秋战国长达500多年的历史中，作为大一统王朝象征的东周王朝始终存在；春秋五霸也好，战国七雄也好，他们在争霸的过程中，还是不得不打着"尊王攘夷"、尊奉周天子的旗号，"挟天子以令诸侯"。三国时期，大一统不存在了，但魏、蜀、吴是各自统治区域的"小一统"，都在为重建大一统而奋战；蜀汉政权更是以汉室正统自居，六出祁山，九伐中原，为恢复大一统局面而无一日闲歇。大一统理念是以儒家文化为核心的中国传统文化的重要内容。特别是西汉中叶"罢黜百家，独尊儒术"，创立了儒家大一统理论体系之后，大一统观念更是深入人心，牢不可破。历代君王，无不视江山完整、政权统一为命脉，不敢越雷池半步。千百年来，大一统观念家喻户晓，深入民间。

在儒家文化中，在古代，大一统王朝认同是民族认同的牢不可破的内容和原则，动乱反叛、分裂自立是十恶不赦的大罪。但这并不意味着大一统中央王朝不能反对，不能推翻，不能更替。《周易》谓："天地革而四时成，汤武革命，顺乎天而应乎人"。[①] 如果出现了夏桀、商纣王那样的暴君，民庶就有权推翻他。《孟子》谓："贼仁者谓之贼，贼义者谓之残，残贼之人谓之一夫。闻诛一夫纣矣，未闻弑君也。"[②] 不应将周武王讨伐商纣王说成是大逆不道的"弑君"之举。大一统王朝的存在必须有其合法性依据，这个合法性依据就是君主能够施行仁政，保民安民；为民制产，使民以时，使民"无饥"。[③] "创道德之涂，垂仁义之统"；"存抚天下，辑安中国"；"振贫穷，补不足，

[①]《周易·革卦》，《十三经注疏》上册，北京：中华书局1980年版第60页。
[②]《孟子·梁惠王下》，《十三经注疏》下册，北京：中华书局1980年版第2680页。
[③]《孟子·梁惠王上》，《十三经注疏》下册，北京：中华书局1980年版第2671页。

恤鳏寡，存孤独，出德号，省刑罚"。① 只有得到百姓的拥护，政权才能稳固，失去了民心，就会垮台。"桀、纣之失天下也，失其民也；失其民者，失其心也。"② 为政者失去了人心，就是独夫民贼，百姓就有权诛杀之，推翻之。商汤流放夏桀，武王讨伐商纣，均非大逆不道的"弑君"之为，而是诛灭独夫民贼之义举。

古代中国，忠君是大一统王朝认同的标识和实现途径。建立在高度集权与宗法制度基础之上的古代社会，"普天之下，莫非王土，率土之滨，莫非王臣"，③ 君主不仅是家天下的主人，而且是国家的代表与象征，君主与国家、君主与大一统王朝密不可分，家国一体，君国一体，忠于君主，亦即认同大一统王朝，认同国家；认同大一统王朝，认同国家，就要忠于君主。当然，儒家在强调三纲五常、臣忠于君的同时，又反复地指出君主、国家、大一统王朝所必备的仁义本色，强调其存在的合法性。

本书涉及的古代贵州民族认同研究，范围界定为古代贵州各民族特别是少数民族与汉民族之间的认同，贵州各民族的大一统王朝认同。认同是一个心理活动过程，民族认同主要是一个共同文化心理形成的过程。文化是实现民族认同的基础因素、主要因素。包括理论儒学、文化儒学、制度儒学、物化儒学在内的大文化意义上的儒文化，是贵州古代少数民族与汉民族之间相互认同得以初步实现、贵州古代各民族对于大一统王朝的认同得以基本实现的主体文化元素。

第四节 儒文化是贵州古代民族认同的主体文化元素

一、儒文化是中国古代社会的先进文化

儒文化是中国封建社会的先进文化，它为贵州古代各民族的彼此认同和各民族的中华认同、国家认同及大一统王朝认同提供了完整、系统的理论体系、物化基础、教化路径、制度保障，促进了民族的发展进步及民族认同。

---

①以上见《司马相如传》，《史记》第117卷，《二十五史》第1册，上海：上海古籍出版社、上海书店1986年版第334、333页。
②《孟子·离娄下》，《十三经注疏》下册，北京：中华书局1980年版第2721页。
③《诗经·小雅》，《十三经注疏》上册，北京：中华书局1980年版第463页。

国泰民安，是古往今来每一个民族、每一个民族成员都渴求达到的愿望。如何达于国泰民安？在中国古代，儒家对此给出了最好的答案。儒家的治世理念，儒家社会学说的核心，一曰礼，二曰仁，也就是有序、和谐。社会由人组成，治世即治人。人如何共处而少有分歧？一要知礼，二要行仁。知礼，就是要承认等差，遵守等级伦理规范。封建社会，君为臣纲、父为子纲、夫为妻纲是最主要的等级伦理，进而朋友之伦、社会种种人群彼此相处之伦，构成整个社会的等级伦理规范。这种等级伦理规范，既有封建社会上下尊卑贵贱等级差异，也包含着由人的自然属性、社会分工、能力大小、贡献大小等带来的差异，归根到底是社会发展一定阶段的制约与产物。从社会学角度讲，可以称之为社会角色意识。行仁，就是要讲仁爱，讲爱心。臣要忠于君，但君对臣要仁；子要孝于父，但父对子要慈；妻要顺于夫，但夫对妻要和。等差不能没有，等差过大会导致矛盾尖锐，故要讲仁，讲五常，讲仁义礼智信。三纲是等差，五常是调和剂。无三纲不行，无五常亦不可。有礼、守礼，社会就有序，不致动乱；讲仁、行仁，人群分歧就不会过大，就能和谐共处。封建时代，社会进步程度尚有限，讲仁、行仁，尚不能无条件地爱、平等地爱，只能是爱有等差。首先从爱父母、爱亲人做起，再爱君长、爱朋友，不断扩大范围，到世界大同之日，即可以平等地爱一切人。

讲礼、行仁、有序、和谐对于社会治理的意义，古往今来，自觉或不自觉，任何一个民族都是懂的。儒家的高人之处，在于他们早在公元前5世纪，在距今2500年以前，就不仅懂得了这个道理，而且创立了一整套系统的理论、学说；不仅创立了学说，而且创立了一套完整的教化体系，通过教育，将仁、礼、有序、和谐的理念浸透到管理阶层、知识分子中，进而通过社会上、中层成员的教化、践行，将其浸透到社会下层，造成一种人人知礼义、讲仁爱的氛围。儒家文化成为当时的先进文化，为各民族所接纳，成为各民族达成共同认识理念的主要文化元素，为民族认同奠定了共同的文化元素。历史上，凡进入中原的、由少数民族建立的封建政权的统治者，又特别是建立了全国统一政权的统治者，都接受儒学，都将儒学作为统治学术，将儒家思想确立为国家意识形态。北魏如此，金朝如此，元、清更是如此。

文本文化的世俗化，是汉民族、汉文化及儒文化的突出特色与优势。以古代贵州为例，贵州古代诸多民族的传统文化中，都有很多共通的内容，如国家统一兴盛、社会稳定安宁的企望，君臣、父子、夫妇、弟兄、朋友家庭社会伦理准则，仁义礼智信道德规范，勤劳节俭美德。汉族有着悠久而丰富的文本文化，同时又注重设学校、兴科举，面向世俗，文而化之，因而学理深邃、系统而完整，对社会政治、经济、文化进步的推动作用显著。"夷人"（今彝族）的文本文化也较为悠久而丰富，学理也较为深刻而系统。不过，"夷人"（今彝族）的文本文化是一种祭祀文化、贵族文化，而非世俗文化。"凡文字书契、经典与书籍，祭经和医书，各支史书等，全归呗耄管。平民和百姓，不得乱收藏。这样一来后，百姓没有书，无法识文字。"① 呗耄即"夷人"祭师毕摩，是掌握、传授知识的人，其职业"只限于父传子和舅传甥"；即使"少数毕摩招徒，人数亦是有限的，而且主要是传授原始宗教经典、宗教活动以及巫术咒语。彝文和有关科学知识的典籍，人民群众并不认识"。② 这种局限性，大大降低了"夷人"（今彝族）的文本文化的社会影响，大大降低了其对于社会发展的推动作用。这也是"夷人"（今彝族）与汉族同样拥有悠久而丰富的书面文化而两者社会发展差异甚大的原因。儒文化之所以成为中国古代社会的主流文化，之所以成为推动古代民族认同的主体文化元素，重要原因之一正在于此。

儒文化是中国封建社会的统治文化、主流文化。儒文化的核心是理论儒学，理论儒学的核心是三纲五常。三纲的核心是君为臣纲，五常的核心是君主爱恤下民。臣民要忠于君主，君主要爱恤臣民，综合起来，就是忠君爱民。忠君爱民，最早可以追溯到西周的敬天保民、以德辅天思想。三纲五常、忠君爱民是数千年农业社会的政治根本和准则，道德规范的根本和准则，王道政治的规范和理想，儒家孜孜以求的理想政治。

"儒学在意识形态领域中揭示了古代社会政治、人伦道德的发展规律。其忠孝、仁爱、信义、宽恕、修己安人、为政以德、和谐、重人、敬业、廉洁等信条，不仅是人伦的纲纪、道德的准则，也是修齐治平的重要手段。"③ 儒学是当时历史条件下社会发展规律的最合理总结，是当时历史条件下社会治理的最好思想方案。儒学是中国封建社会的先进学理。

儒家的三纲五常是农业经济时代伦理学说的核心。三纲五常、忠君爱民是农业经济时代最适合、最优秀的政治思想学说；农业经济时代只能产生纲常思想。

农业经济是小农经济、自给自足经济。小农经济产生的只能是皇权主义，农民只能是皇权主义者。小农经济，自然经济，自给自足，很少与他人、社会发生联系。自给自足，基本上不依赖他人，不仰赖他人；不依赖他人，也就意味着别人也不依赖他们。不依赖他人，意味着不仰仗他人，不受别人的制约、约束；别人不仰赖他们，也就意味着他们缺乏制约别人的力量。彼此都不制约，也就意味着彼此都缺乏制约对手的力量。不仰赖他人，意味着他们不受别人的主宰，自己主宰自己，自己决定自己，自己就是自己命运的主宰、自己命运的最高主宰。同样地，别人也在主宰他们自己的命运。个人权力至上，这就是皇权主义。别人掌握了权力，别人就是皇权主义者，就是皇帝；改朝换代，自己掌握了权力，同样地，自己也是个人至上的皇权主义者，皇帝。几千年的、自给自足的小农经济，就是这样延续着专制主义、皇权主义。儒家的

---

① 王子尧等：《夜郎史传》第1卷，成都：四川人民出版社1998年版第68-69页。
② 张建华：《彝族文化大观》，昆明：云南民族出版社1999年版第477页。
③ 王芳恒：《共性传承与个性张扬：中华民族精神与贵州民族文化传统关系研究》，北京：民族出版社2009年版第103页。

三纲五常就是这种小农经济的产物,小农经济造就了纲常思想,纲常思想适应农业经济社会。

小农经济又是平均主义的温床。小农反对大地主土地制度,渴望小土地所有制,渴望均平,人人平等。小农的平均主义,成为农业经济时代抗衡、制约专制君权的武器。但是这种抗衡、制约不是取消专制皇权,而是削弱皇权,实行一种温和的妥协,实行当时社会关系所能容纳的皇权——保证农民的基本生存权利基础之上的在上者政治、经济特权。小农经济不可能消灭专制皇权,在一次次的以要求均平为宗旨的农民革命之后,继起的农民政权依然只能是专制皇权,即使是在近代之初的太平天国运动也是如此。

一方面,奉天承运,诏令天下,生杀予夺,一言九鼎;广宇大厦,金碧辉煌,锦衣玉食,日值千金,三宫六院,嫔妃成群。臣民忠于君主,君主至高、至尊、至享、至乐。另一方面,君主必须爱恤臣民,养民、教民、保民;如果君主弃民甚至暴民,则民有改朝换代的权利:"汤、武革命,顺乎天而应乎人"。[①]

什么是民主?民主是分权,分权就是权力制约。权力制约靠什么?根本上不是靠道德自觉,不是靠政治制度,而是靠经济力量,靠事关生命个体衣食住行根本利益的经济关系、经济力量。资本主义为什么产生三权分立民主制度?就因为人们彼此具有了制约别人生死的经济手段、经济力量。纺织工人不供应布,电力工人就会冻死;电力工人不供应电力,纺织工厂就要停工饿死;纺织工停工,织布工就无米下锅;织布工停工,印染工就得歇业。反之也是一样。社会分工把人们分割在一个个细微的岗位上,把人们组织在一个彼此紧密联系、无法不依赖别人的境地。每个人都仰赖别人、受制于人,别人具有制约自己的经济力量;反之,别人也仰赖自己、受制于自己,自己也就具备了制约别人的经济力量。人人都可以制约对手,但人人又都离不开对手。如果彼此对抗,彼此不妥协,那么,社会大生产的链条就会断裂,社会就会破裂。生产链断了,社会破裂了,个人也就无法生存下去。要生存下去,就只有彼此妥协,坐下来协商,彼此做出让步,达成一个大家共生共荣(而非个人独裁至上)的协议。协商的机制就是议会制、代表制,践行多数票原则。这就是民主,这就是近代民主。这种民主的基础是社会分工,社会分工的基础是商品生产。近代大机器为基础的大商品生产所造成的社会分工,造成了人们足以彼此制约的经济力量。于是,近代意义的民主思想、民主制度产生了。而封建时代的商品生产,原始社会末期的商品交换,虽然也造成了一定的社会分工,造成了人们彼此制约的一定的经济力量,但还不是足够的力量,不是足以冲破专制皇权的力量。只有近代大机器生产基础之上的大商品生产、大分工,才造就了这种足够的力量。商品生产越发达,社会分工愈发达,这种经济力量就愈大,民主的程度就愈大,专制主义的市场就愈小。

---

① 《周易·革卦》,《十三经注疏》上册,北京:中华书局1980年版第60页。

君纲、父纲、夫纲，亦即三纲等级制度固然远逊于近代的平等制度，但较之此前的奴隶制度、原始制度，却是划时代的进步。在以石器为标志的原始社会，生产力极为低下，人类生活在极其悲惨的境况之中。在食物极端匮乏的情况之下，脱离了氏族集体的单个人，很可能被其他氏族猎取作为食物；冲突中捉获的俘虏被杀死充作食物；在饥饿无奈的时候，甚至同一氏族的人也会被充作食物，先是小孩、妇女，最后竟至成人。恩格斯在《家庭、私有制和国家的起源》一书中写道，在蒙昧时代中级阶段，"由于食物来源经常没有保证，在这个阶段上大概发生了食人之风，这种风气，后来保持颇久"。① 他提供了一个例证：柏林人的祖先韦累塔比人或维尔茨人，因为吃肉而吃起人来，在19世纪还吃他们的父母。② 到了奴隶社会，生产有了剩余，战俘不再被杀，而被留下来充作奴隶，为奴隶主创造财富。尽管奴隶不被视为人，而是会说话的工具，但是毕竟不再被杀死，而可以活下来，至少大多数是如此。封建社会，君纲、父纲、夫纲，人被分为三六九等，但不再是奴隶，不再仅仅是会说话的工具，而是真正意义上的"人"；在同为"人"这一点上，人与人之间在生命权方面是平等的。封建社会中人的地位较之奴隶社会，是一个巨大的进步。至于进一步的、如政治上的民主权利，如上文所言，只有到近代大机器、大商品生产时代，才有可能争取。

所以，农业经济时代只能产生专制皇权意识形态，不可能产生近代民主。这就是儒家的纲常思想尽管在今天看来是多么的不合理，但在数千年的中世纪社会却是最适合、最优秀的政治思想学说的原因。以儒学学理为核心，包括理论儒学、文化儒学、制度儒学、物化儒学在内的儒文化，是中国封建社会的先进文化。

"我国各少数民族的文化都有许多优秀的东西可供其他民族学习、借鉴……从历史上看，没有对众多少数民族优秀文化的吸收和消化，就不会有高度发展的古代汉族文化。"然而，"从文化的宏观立场及其发展的总体趋势来考察，我们又不得不承认以下一个事实，即汉族文化始终是给中国境内各少数民族文化发展以强有力影响的一种文化，儒学则是其中的一个最重要的方面"。魏晋以降，"凡有志于逐鹿中原的各少数民族，几乎都毫无例外地要仿效汉族文化"。③

《中共中央关于深化文化体制改革推动社会主义文化大发展大繁荣若干重大问题的决定》指出："文化是民族的血脉，是人民的精神家园。""文化越来越成为民族凝聚力……的重要源泉"。④ 中国封建时代，以儒文化为核心的传统文化，就是中华民族的血

---

①恩格斯：《家庭、私有制和国家的起源》，《马克思恩格斯选集》第4卷，北京：人民出版社1972年版第18页。
②参见恩格斯：《自然辩证法》，《马克思恩格斯选集》第3卷，北京：人民出版社1972年版第513页。
③王芳恒：《共性传承与个性张扬：中华民族精神与贵州民族文化传统关系研究》，北京：民族出版社2009年版第94页。
④《中共中央关于深化文化体制改革推动社会主义文化大发展大繁荣若干重大问题的决定》，新华网，2011年10月26日。

脉，中华民族的精神家园，中华民族凝聚、认同的重要源泉。在古代中国，也正是儒文化这一主要文化元素，才将各民族吸引到了中华民族的大家庭，吸引到了中华各民族的家园——中国。

二、儒文化是贵州古代民族认同的主体文化元素

古代贵州地处边远，民族众多。据2010年全国第六次人口普查数据显示，贵州少数民族有54个。少数民族中，仡佬、汉、彝、白、羌、布依、侗、水、壮、毛南、土家、苗、瑶、畲、仫佬、蒙古、回、满等18个为世居民族，亦即古代贵州的民族。贵州世居民族主要由古代五大族系演化而来。仡佬族源自贵州土著濮人族系，汉族源自中原华夏族系，苗族、瑶族、畲族源自东面南蛮族系，布依族、侗族、水族、壮族、毛南族、仫佬族源自南面百越族系，彝族、土家族、白族、羌族源自西面氐羌族系。此外，回族、蒙古族、满族为元代以后进入。元代以前，贵州的汉族人口远低于其他民族，是"少数民族"；清代前期，汉族人口才逐渐超过其他民族，其他民族也才成为真正意义上的少数民族。

贵州儒学兴起于两汉，流播于魏晋唐宋元，明代成为文化主流，清代达于极盛。以儒学学理为核心，包括理论儒学、文化儒学、制度儒学、物化儒学在内的儒文化深刻地浸润于古代贵州汉民族之中，并借助国家行政的力量及汉民族的影响，扩散至少数民族之中。中国封建时代，儒文化是当时的优秀文化、先进文化。儒文化在贵州古代各民族中的发端、张大，促进了各民族社会政治、经济的发展进步以及各民族共同文化心理的逐步形成。儒文化渐次为贵州古代各民族接受、认可，成为贵州古代各民族与汉民族相互认同进而实现大一统王朝认同的主体的文化元素。

（一）理论儒学为贵州古代民族认同提供了完整、系统的理论体系和意识形态

两汉时期，犍为郡鳖县（今贵州黔西、大方）人舍人成《尔雅》注3卷；[①] 牂牁郡人尹珍赴京师学习经典，还乡传授。[②] 儒学开始传入贵州。其后一千数百年中，贵州儒学长期衰微不振，无任何理论儒学的新建树。明代建省，督抚司监大员全力倡导，悉心谋划，兴学校，开科举，成百进士、千八举人、六万生员，[③] 理论儒学复兴，较之前代飞跃提升。其一，出现黔中王学这种地域性的儒学群体及儒学流派，有一定影响的

[①] 参见陆德明：《叙录》，《经典释文》第1卷，北京：中华书局1983年版第17页。
[②] 参见《后汉书·西南夷传》，《二十五史》第2册，上海：上海古籍出版社、上海书店1986年版第290页。
[③] 详见本书第四章第三节第一目。

儒学家不再局限于个别人，而成为群。其二，产生了近40种儒学著作，[①]数量远超前代；产生了一批高水平的儒学著作，学术成就不限于陈述，而有创新。儒学成为学术主流。不过，黔中王学还带有明显的输入性特征；群体人数还较少，彼此间的关系也较为松散。清代前期，贵州理论儒学著作猛增至近160种，[②]不仅数量多，而且创新性成果更多，有的成果还在国内有一定地位及影响；无论是安平陈法家族儒学群体还是沙滩郑、莫、黎家族儒学群体，其成员都是本土成长起来的学者，其学术成就主要形成于贵州本土；群体人数众多、联系密切。贵州理论儒学完成了本土化、群体化、创新化转型，达于古代极盛。

古往今来，国家富强，社会稳定，人民安居乐业，是每一个民族都渴求达到的愿望。然而，资源的有限，生存的艰辛，特别是民族上层集团的特权私欲，使民族之间分歧不断，争战不休。"不同文明的相互认同，才是避免冲突的最好办法；如此，始可从一个无序的世界蒸馏出一个'有序的世界'"。[③]如何减少甚至消除分歧，建立和平安宁社会，实现民族认同？在中国古代，儒家对此给出了最好的答案。儒家的大一统理论从国家层面提供了避免分裂战乱、建立稳定社会的理念，提供了民族认同的指向；礼治思想从社会层面提供了建立有秩社会的理念；仁爱思想从社会个体层面提供了调适利益冲突、缓解社会矛盾、建立和谐社会的理念，在维护等级制度的同时，力图达成民族、国家共同利益的认同；教化、修身思想旨在提升个体伦理素质，从又一个体层面提供了调适利益冲突、缓解社会矛盾、建立和谐社会、达成民族认同的理念和路径；太平大同蓝图提供了民族、国家认同的激励标的；至善人格、以天下为己任的胸怀、境界为民族、国家认同提供了内在的自觉；"夷"夏之辨既包含对少数民族歧视排斥的内容，又包含着维护、推广先进文化和促进少数民族社会进步的合理内涵，二者相较，后者是主要的；"和而不同"提供了各民族特别是汉民族与少数民族和谐相处、汲取彼此文化精华、一体多元、共同发展的理论依据。儒学的广泛传播及其社会渗透，使至善人格、以天下为己任的价值取向，以及忠孝、仁义礼智信的伦理观念逐渐成为各民族的共同文化心理并指引各民族的生活方式，为中国古代民族认同奠定了主体文化基础。

（二）文化儒学直接促进了贵州古代各民族共同文化心理的形成

东汉尹珍在今黔北正安境内创办私学"务本堂"，开启了贵州古代学校教育的先河。南宋播州产生8名进士，是古代贵州最早的科举士子。不过，宋元以前，贵州学

[①] 参见[民国]《贵州通志·艺文志》，贵阳：贵州人民出版社1989年版第1-58、455-458页；《王阳明全集总目录》，《王阳明全集》第1册，杭州：浙江古籍出版社2010年版。

[②] 参见[民国]《贵州通志·艺文志》，贵阳：贵州人民出版社1989年版第4-104、458-467页。

[③] 参见[美]塞缪尔·亨廷顿：《文明的冲突》，转引自[英]爱德华·莫迪默等著，刘泓 等译：《人民·民族·国家——族性与民族主义的含义》，北京：中央民族大学出版社2009年版第2页。

校教育及科举甚为落后，学校设置及科举中式人数屈指可数。明代建省，学校教育、科举取士较之前代呈现出前所未有的飞跃发展气象，计有官学、书院、社学 109 所（座），举人、进士 1475 名；清代前期进而大幅增长，计有官学、书院、义学社学 288 所（座）；举人、进士 2160 名。[①] 官学、书院、义学社学之下，是为数更多的私塾。以儒学为主要内容的学校教育及科举考试，使儒学得以通过文本的形式较为完整、系统地流播；不仅广泛地流播于汉族之中，而且流播于少数民族特别是其上层土司、土官之中。

明代以前，贵州儒学祭祀、旌表文化鲜有记载。唐代思州治所婺川（今务川）有祀南齐云之忠烈祠，[②] 是最早见于记载的祠宇。明代建省，儒学祭祀、旌表文化较之前代大为盛行。那些在儒学研究、创新、传播方面成就卓著的儒家，那些践行儒家思想的楷模，如功勋、政绩、科第、德行卓著者，如忠臣、节士、孝子、烈女等，或建庙宇，或立牌坊，予以表彰。全省府州县，按制一般均建有文庙（孔庙）、名宦祠、先贤祠（或乡贤祠）、关王庙、社稷坛；此外，有若干具有地域特色的祠庙，如阳明祠、孙文恭公祠、李先生祠，如夏国公祠、忠烈庙、飞山庙、武侯祠等。立碑刻石者多为科举名士、孝子、节妇等。祭祀孔子的文庙，乃天下第一庙。今贵州地域，明代文庙数量多达 37 处。全省 350 余座旌表牌坊中，倡扬文教、旌表科举士子者最多，占到一半以上。清代前期，儒学祠庙祭祀文化继续发展。其一，祠庙分布地域更广，各府、州、厅、县基本都有祠庙。其二，祠庙数量更多，祭祀内容更加丰富，如尊孔崇儒、倡扬文教的祠庙在明代文庙、启圣祠、阳明祠基础上，增加武庙、文昌阁、文昌宫、奎光阁、魁星阁、梓潼阁等；表彰忠烈、节孝的祠庙在明代忠烈庙、忠勋祠、表贤祠之外增加忠义孝悌祠、昭忠祠、节孝祠等。其三，祠庙祭祀进一步向乡里及少数民族地区延伸。如少数民族聚居的天柱县，有文昌阁 9 座，均分布于里甲。[③]

庙宇、牌坊形象直观，意味简洁。牌坊或竖于闹市，或立于大道，与世共存，与民相伴，朝夕相处，俯仰皆见。相对于学校教育、典籍阅读，在文化极不发达的古代社会，这种儒文化载体对于儒学的普及，对于儒家理念向社会层面尤其是社会底层的熏染、渗透，尤具意义。儒学旌表、祭祀文化的风行，强化了儒学的神圣性、独尊性，提高了孔子及儒学在社会群体特别是普通群体心目中的地位，增强了社会群体特别是普通群体研习儒学、践行儒学的荣耀感；将尊孔崇儒的基本理念普及于社会，渗透于民间，在全社会营造了尊孔崇儒、尊孔崇文的氛围、习尚，推动了各民族共同文化心理的形成，促进了民族之间的认同。

文化儒学为理论儒学在贵州古代各民族中的传播、普及、传承及深化，为社会的

[①] 详见本书第四章第三节第一目，第五章第三节第一目、第二目。
[②]［乾隆］《贵州通志·名宦总部》，《中国地方志集成·贵州编》第 4 册，成都：巴蜀书社 2006 年版第 364 页。
[③] 详见本书第四章第三节第三目，第五章第三节第四目。

王道治理、人的精神道德教化和社会习俗的改良、渗透、养成，提供了有效的内容与路径，直接促进了贵州古代各民族文化心理的形成。

（三）制度儒学即大一统集权政治制度在贵州的开端、演进至最终确立，为贵州古代民族认同的初步实现提供了制度保障

秦王朝设立黔中郡、巴郡、蜀郡，今贵州部分区域被纳入中央王朝治理之下；修五尺道，沟通今川南、黔西北、滇东北结合部。中央王朝势力开始深入今贵州，贵州民族开始与中原民族有所交往接触。西汉中叶，唐蒙出使夜郎，西汉王朝在夜郎设立郡、县，实行郡国并存的治理模式，贵州被正式纳入大一统中央王朝版图及治理范围。唐宋时期，中央王朝在贵州实行经制州、羁縻州和封国并存的治理模式。元代，实行土司制。明代，建省，部分改土归流，土流并置。至清代前期，伴随进一步的改土归流，贵州较为完整意义上的大一统政治局面形成。

古代贵州两千多年的历史长河中，贵州与中央王朝分分合合，但绝大多数时间为合，统一始终是主流；贵州各民族特别是少数民族与汉民族之间，贵州各民族与中原民族之间，虽然时有冲突甚至对抗，但绝大多数时间都在和平相处，相互交往、了解、融合。至清代前期，形成了较为完整意义上的大一统，实现了贵州各民族对于大一统王朝的较为完整意义上的认同。政治上的大一统，为贵州社会的相对稳定，经济、文化的发展进步，各民族的交往、交流，共同文化心理的逐步形成，以及民族认同的初步实现提供了制度保障；经济、文化的发展进步，各民族共同文化心理的逐步形成，民族认同的初步实现，反过来促进了贵州各民族对于大一统王朝的认同。

（四）物化儒学为贵州古代民族认同提供了趋同物化基础

西汉时期，中原地区封建地主经济已较为成熟，而夜郎及其周边地区尚处于奴隶制时代，部分地域甚至尚处于原始时代。汉代数十万三蜀移民进入该地垦殖，将铁犁传入了土著民族之中，将地主制生产关系直接输入了夜郎地域。魏晋南北朝时期，地方土著大姓受三蜀移民先进生产方式的影响，由奴隶制生产方式转向了部曲制即领主制生产方式。唐代"夷人"文献中出现了使用牛耕的记载。两宋特别是南宋，受近邻四川、荆湖区域发达经济带动，今黔北、黔东北地域封建领主制经济开始盛行，地主制经济有所发展。元代，实行军屯，整治驿路，物化儒学较之前代有所发展；全面实行土司制，今贵州地域总体进入领主制时代。明代建省，百万移民进入屯垦，将江南、中原的先进生产技术引入贵州；土著民族进一步改变刀耕火种传统，使用水利灌溉、精耕细作特别是铁犁牛耕技术。地主制生产关系盛行于府州县及汉民之中；伴随着改土归流，少量土司居民编入了官府民籍，地主制生产关系进入土著民族之中。清代前期，就全省范围而言，铁犁牛耕及地主制生产关系最终取得了主导地位。正是中央王朝的长期开发，贵州地区民族经济才逐步向奴隶制经济、封建制领主经济、封建制地主经济过渡，缩小了与内地的差距。共同的经济利益或利益前景增进了民族之间的互信与感情，奠定了民族认同的经济基础。

物化儒学即儒家农耕文明理念的传播及农耕技术、手工业生产技术、商业流通在贵州古代少数民族地区的推广，推动着古代贵州民族经济由原始经济、奴隶制经济向封建制领主经济、地主经济发展，推动了民族地区的经济发展与社会进步，缩小了各民族之间经济、社会发展程度的差距，促进了贵州古代各民族共同生活方式的形成，为贵州古代民族认同奠定了趋同物化基础。

儒文化是中国封建社会的先进文化，为贵州古代民族认同提供了完整、系统的理论体系、物化基础、教化路径、制度保障，奠定了贵州古代民族认同的主体文化基础，促进了民族的发展进步及民族认同。

第二章 汉代夜郎儒文化的传入与民族初始认同

贵州自古就是一个多民族聚居的地区，秦汉时期，存在濮人、南蛮、氐羌、百越、华夏五大族系。濮人为今贵州的原住居民。秦汉，特别是两汉，华夏族系及其后的汉民族随着中央王朝势力自北而南进入南方，进入西南，进入今贵州；受到挤压的氐羌、南蛮、百越等周边族系，自西而东、自东而西、自南而北，纷纷向山高谷深、交通险阻、地广人稀、中央王朝势力薄弱的今贵州迁徙，进入今贵州；作为原住居民的濮人，则因此衰落下去。进入贵州的诸多族系之间，外来族系与原住居民濮人之间，互错交叉，逐渐形成各族系小聚居、多族系大杂居的分布状况。

作为原住居民的濮人，曾经建立过雄长西南的国家夜郎。《后汉书》："楚顷襄王时，遣将军庄豪从沅水伐夜郎。"[①] 据此推测，至迟在战国晚期，夜郎即已存在，其社会已大致进入奴隶制时代。其地域，东至今惠水涟江，南至今黔桂边境之南盘江，西至今滇黔边境之黄泥河、块泽河，北至今黔西、大方，即今黔西北、黔中安顺市、黔南中南部、黔西南、贵州西缘六盘水一带，亦即今贵州西部。夜郎之外，濮人还建立了且兰、鳖、句町、漏卧、进桑等数以十计的君长国。[②] 诸君长国中，夜郎最大，势盛时，且兰、鳖、句町、漏卧、进桑等均受其控制，势力东达于今贵州惠水一带，西达于今滇东，北达于今川南，南达于今桂北。

"西南夷君长以什数，夜郎最大。"[③] 西汉时期，在西南，即今贵州，夜郎君长地域最广、影响最大。西汉王朝开发今贵州，主要地也在夜郎，故本章论述汉代贵州儒文化与民族认同问题，即以夜郎代称今贵州；论述内容以夜郎为主，同时兼及周边属于今贵州的地域。境内各民族称谓，汉族又泛称中原民族；包括原住居民濮人在内的其

---

①《后汉书·南蛮西南夷传》，《二十五史》第 2 册，上海：上海古籍出版社、上海书店 1986 年版第 290 页。同书同页又作庄蹻："滇王者，庄蹻之后也。"一般作庄蹻。

②且兰似为今安顺市西秀区一带，鳖为今黔西、大方，句町为今云南广南、富宁至广西凌云、白色一带，漏卧位于今滇东南，进桑为今中越边境之屏边、河口一带。（参见侯绍庄等：《贵州古代民族关系史》，贵阳：贵州民族出版社 1991 年版第 52-55 页）且兰，或为今福泉；鳖，或为今贵州遵义。（参见周春元等：《贵州古代史》，贵阳：贵州人民出版社 1982 年版第 31 页）

③《史记·西南夷传》，《二十五史》第 1 册，上海：上海古籍出版社、上海书店 1986 年版第 329 页。

他民族，或统称为土著民族，或统称为夜郎民族，或统称为"南夷""夷"。

汉代，制度儒学、物化儒学、理论儒学及文化儒学相继传入夜郎并多少流播至土著民族之中，民族初始认同之门开启。

第一节 "郡国并存"与夜郎的汉王朝认同

一、唐蒙通夜郎与大一统

《诗经》曰："普天之下，莫非王土；率土之滨，莫非王臣。"[①] 儒家的大一统理念，成为西汉王朝开发夜郎的理论依据。

大一统是儒家基本思想之一。孔子著鲁国编年体史书《春秋》，首列鲁国编年，旋即注明周王朝编年，强调要以周王朝纪年为统一纪年，表明对全国统一政权周王朝的尊重。秦王朝虽然奉行法家思想并焚书坑儒，但对儒家大一统理念奉行不误，其所建立的，恰恰就是中国历史上第一个统一多民族的中央集权国家。西汉初年，由于长期战乱，经济凋敝，故奉行黄老之术，与民休息。至中叶，随着国力的增强，西汉王朝加快了大一统政权的建立步伐。卫绾、董仲舒等人或对策，或上奏，阐明儒家的大一统思想；朝廷宣布"罢黜百家，独尊儒术"，尊儒家典籍为经、儒学为经学，将学术上的大一统定为国策，为政治上的大一统奠定了思想、学术、文化基础。大一统成为儒家基本理论之一，成为汉王朝及其后历代封建王朝的基本国策之一。西汉中叶的通"西南夷"，就是儒家大一统理念在国家制度层面的践履。

武帝时，汉王朝通西域，通南越，通"西南夷"。唐蒙出使夜郎，在今贵州设立郡县，开山凿道，征发巴郡、蜀郡巨大人力物力，引起了巴、蜀的不满；加上夜郎君长不时反叛，朝廷一些大臣对开发"西南夷"的决策发生动摇，主张放弃，诚如司马相如《难蜀父老》文所引述："今罢三郡之士，通夜郎之涂，三年于兹，而功不竟，士卒劳倦，万民不赡，今又接以西夷，百姓力屈，恐不能卒业……仁者不以德来，强者不以力并，意者其殆不可乎！今割齐民以附夷狄，弊所恃以事无用，鄙人固陋，不识所谓。"为凿通夜郎道路，巴、蜀士卒疲困至极，历时三载，尚未完工。"蜀长老多言通西南夷不为用，唯大臣亦以为然"。正是在这样的背景下，司马相如奉命出使，安抚

[①]《诗经·小雅》，《十三经注疏》上册，北京：中华书局1980年版第463页。

巴、蜀；撰写《谕巴蜀檄》《难蜀父老》，阐述朝廷的开发"西南夷"决策。其一，他首先阐明，大一统是朝廷的基本国策，建立大一统国家是君王的职责，也是君主有作为的表现。"《诗》不云乎：'普天之下，莫非王土；率土之滨，莫非王臣。'是以六合之内，八方之外，浸浔衍溢，怀生之物有不浸润于泽者，贤君耻之。"天下的土地都应该属于君王，四海的民庶都应该是君王的臣民。天地之内，八方之外，都应该使君恩得以浸润漫衍，一个生命不能沐浴君恩，那就是贤君的耻辱。"盖世必有非常之人，然后有非常之事；有非常之事，然后有非常之功"。武帝就是非常之人，当建大一统非常之功。其二，所以建大一统，并非为君主一人之安乐，而是为了践行儒家的仁民理念，"拯民于沈溺"，将民庶从水深火热中拯救出来。昔日洪水泛滥，百姓流离。大禹"乃堙鸿水，决流疏河"，阻塞洪水，疏通河道，使天下民庶得以安宁。今大汉治下的民庶，"咸获嘉祉，靡有阙遗"，幸福吉祥，无有遗缺。而"西南夷"之地，与我殊俗，遥远隔绝，"舟舆不通，人迹罕至，政教未加……"，车船不通，人迹罕至，政治教化未达……边地民庶"闻中国有至仁焉，德洋而恩普"，以为汉朝皇帝是最仁爱的君主，德行厚重，恩泽普施。他们"举踵思慕，若枯旱之望雨"，心向汉朝，思慕不已，如久旱之盼雨。"鳌夫为之垂涕，况乎上圣，又恶能已"，凶暴者尚且为之动容，更何况当今皇上贤明，岂可无动于衷。故北征匈奴，南平百越，西南通夜郎，设立郡县，将边地置于朝廷治理之下，"博恩广施，远抚长驾，使疏逖不闭，阻深暗昧得耀乎光明，以偃甲兵于此，而息诛伐于彼"。广施恩德，安抚民庶，疏远者不再隔绝，偏僻不开化者得到光明，消除战争，消除杀伐。"创道德之涂，垂仁义之统"，施行教化，让边地民庶知伦理，习仁义。"遐迩一体，中外提福"，让边地民庶最终同中原一样，远近一体，内外康福。其三，开发夜郎虽然会增加巴、蜀民庶负担，但是，为夜郎未来着想，为汉王朝长远着想，付出这种代价是必要的，应该的。"百姓虽劳，又恶可以已哉"，不可因此而停止开发。巴、蜀最初也是荒蛮之地，经秦、汉以来的开发，今日已实现了完全的郡县制治理，经济发达，文化兴盛，与中原地区已无过大差异。巴、蜀民庶已以汉人自居，中原人民亦已认可巴、蜀民庶为汉人。如果当初也因顾忌代价而中止开发，"则是蜀不变服而巴不化俗也"，又何来今日巴、蜀变服化俗之进步，何来巴、蜀之巨大人力物力以支撑夜郎的开发？开发夜郎，实在是"存抚天下，辑安中国"的治国平天下之举，是"创道德之涂，垂仁义之统"的仁德之举，是"反衰世之陵迟，继周氏之绝业"的"非常之功"。①

为缓和巴、蜀之不满，司马相如对唐蒙进行了一番责难，声称唐蒙"发军兴制，惊惧子弟，忧患长老，郡又擅为转粟运输"，动用战时法令，斩杀未能如期完成筑路工

---

① 以上见《史记·司马相如传》，《二十五史》第1册，上海：上海古籍出版社、上海书店1986年版第334、333页。司马相如（约前179—前127年），蜀郡成都（今四川成都）人，字长卿，西汉著名文学家，所作《子虚赋》《上林赋》深得武帝赞赏，先后被封为郎、中郎将、陵园令。（参见《史记·司马相如传》，《二十五史》第1册，上海：上海古籍出版社、上海书店1986年版第330页）

程的地方官员和逃亡士卒，致使巴、蜀子弟惊惧，长老忧虑，地方郡守又擅自为之转运粮食，这些均非皇上本意。随即笔锋一转，表示，唐蒙"发巴蜀士民各五百人"，只是为了供奉礼品，护送使者，并非为发动战争；边郡将士"触白刃，冒流矢，义不反顾，计不旋踵……急国家之难，而乐尽人臣之道"，舍生忘死，报效人君，虽"肝脑涂中原，膏液润野草而不辞"。而被征发者"自贼杀或亡逃"，或自相残杀，或畏难逃逸，这也不是为臣者的节操，"其被刑戮，不亦宜乎"。①

建立大一统国家，施行仁政，是司马相如一贯的主张，是其思想的核心与精髓。出使巴、蜀之前，他因作《子虚赋》《上林赋》而得武帝欣赏，进入官场。就在《上林赋》中，他在描绘了上林苑的宏大规模以及天子率众狩猎的盛大场面之后，以君主自责的口吻写道，"嗟乎，此泰奢侈"，倘后世子孙如此效法，必会"靡丽"，淫靡极乐，"于是乃解酒罢猎"。他阐述了君主仁民爱民的为政之道，以为君主不应当为一己之享乐，将山林屯围猎射。"地可以垦辟，悉为农郊，以赡萌隶；颓墙填堑，使山泽之民得至焉"。围墙应当推倒，壕沟应当填平，让民庶来此谋生；土地应当开垦为农田，以供养百姓。"发仓廪以振贫穷，补不足，恤鳏寡，存孤独。出德号，省刑罚，改制度，易服色，更正朔，与天下为始。"开仓放粮，赈济贫穷，抚恤鳏寡，慰问孤老。施恩德，省刑罚，施行革新，以天下为重。"览观《春秋》之林，射《狸首》，兼《驺虞》……修容乎《礼》园，翱翔乎《书》圃，述《易》道"，观《春秋》，习《礼》《乐》，读《书》诵《诗》，辨析《易》理。"恣群臣，奏得失，四海之内，靡不受获"。让臣下检讨朝政之得失，使天下百姓人人受益。如此，则"天下大说，向风而听，随流而化，喟然兴道而迁义，刑错而不用"。百姓人皆喜悦，自然诚心接受教化，顺应礼俗；圣道勃兴，民向仁义，刑罚弃而不用。"若夫终日暴露驰骋，劳神苦形，罢车马之用，抏士卒之精，费府库之财，而无德厚之恩，务在独乐，不顾众庶，忘国家之政，而贪雉兔之获，则仁者不由也。"②终日奢靡，游猎寻欢，车马不用于正途，士卒不使于正道，耗费国库钱财而不施恩于民庶，一己淫乐而不顾百姓，废弃国政而贪围猎之欢，非仁君之所为。

司马相如的议论虽有过分谀美汉王朝的成分，但确实阐明了统一"西南夷"、施行仁义礼智教化对于推动夜郎、推动"西南夷"社会进步的重要性与必要性。正是他的阐述与坚持，排除了朝野的质疑、反对意见，坚定了朝廷开发"西南夷"的决心，从而为夜郎、为"西南夷"的发展进步创造了条件，为夜郎民族、西南民族与中原民族的交往、融合创造了条件。迫于北方匈奴的军事压力，汉廷的夜郎开发一度收缩，不过，一旦威胁解除，便立即恢复了夜郎的开发力度。

---

①以上见《史记•司马相如传》，《二十五史》第 1 册，上海：上海古籍出版社、上海书店 1986 年版第 333 页。

②以上见《史记•司马相如传》，《二十五史》第 1 册，上海：上海古籍出版社、上海书店 1986 年版第 333 页。

司马相如出生于巴郡，成长于蜀郡，是巴蜀著名的文人学士，在巴蜀享有很高的威望和号召力。他支持武帝统一夜郎的政策，不辱使命，化解了危机，保证了开发夜郎事业的顺利进行。

二、郡县制在夜郎的推行：夜郎君长的汉王朝认同

包括今贵州在内的西南的大规模开发是西汉中叶之初开始的，而最初的开发则在战国时期就开始了。其时，楚国在今湘黔边境地区置黔中郡，辖地主要在今湖南西部，今黔东北及黔东南之东部属其境。其后，楚国又派将军庄蹻率兵溯沅水而上，攻略黔中以西，"至且兰"，"灭夜郎"，直"至滇池"。"欲归报，会秦击夺楚巴、黔中郡，道塞不通，因还，以其众王滇"。①所云"秦击夺楚巴、黔中郡"，指秦国将军司马错攻取楚国黔中郡；吞并巴、蜀，蜀郡守张若继而夺取蜀国江南属地，势力深入今贵州西北一带。②巴国形成于春秋时期，以江州（今重庆）为中心，范围约当今四川东北部、重庆市、湖北西南部、贵州东北部及湖南西北部。主体民族为廪君蛮，其次为濮、賨、苴、龚、奴獽、"夷"蜒等。巴国濮人就分布在今贵州东北部及其相邻地区。战国时期，巴国为楚国所灭，置巫郡；继为秦国吞并，设立巴郡。蜀国形成于春秋时期，以成都为中心，其南境伸入今贵州西北，居民为滇、濮、僚、賨、僰等。蜀国濮人就分布在今贵州西北及其相邻地区。战国时期，蜀国亦为秦国吞并，设立蜀郡。黔中、巴、蜀各郡的设立，意味着贵州开始与内地发生联系。作为大一统政治重要标志之一的地方郡县制的普遍推行虽说是秦王朝建立以后的事，但在战国时期已局部实行，地处边远的今贵州也同样多少开始了解郡县制。不过，这个时期，今贵州与内地发生联系的仅有边地少数地区，腹地、南部等大部地区尚属空白。

秦灭楚、韩等六国，统一中国，仍设黔中郡、巴郡、蜀郡。修五尺道，沟通今川南、黔西北、滇东北结合部。五尺道起于今四川南部的宜宾，止于云南东北的曲靖，

---

① 《史记·西南夷传》："楚威王时，使将军庄蹻将兵循江上，略巴、蜀、黔中以西。庄蹻者，故楚庄王苗裔也。蹻至滇池，地方三百里，旁平地，肥饶数千里，以兵威定属楚。欲归报，会秦击夺楚巴、黔中郡，道塞不通，因还，以其众王滇，变服，从其俗，以长之。"（《史记·西南夷传》，《二十五史》第1册，上海：上海古籍出版社、上海书店1986年版第329-330页）威王，公元前339年—公元前329年在位。《后汉书·西南夷传》则作"楚顷襄王时"，而楚顷襄王在位时间为公元前298年—公元前263年；庄蹻又作庄豪："楚顷襄王时，遣将军庄豪从沅水伐夜郎，军至且兰，椓船于岸而步战。既灭夜郎，因留王滇池。""滇王者，庄蹻之后也。"（参见《后汉书·西南夷传》，《二十五史》第2册，上海：上海古籍出版社、上海书店1986年版第290页）庄蹻略巴、蜀、黔中以西时间，以楚威王时较妥。

② 公元前316年，秦惠文王遣将军司马错攻灭巴、蜀，蜀郡守张若继而夺取蜀国江南地，秦国势力深入今贵州西北；黔中郡初为楚国所置，秦国继之，包括今湖南西部、贵州东缘（今黔东南及黔东北东部从江、榕江以上至印江、松桃）。

中经今贵州西北的赫章、威宁一带。在五尺道沿线土著君长国地域，秦王朝"颇置吏"，① 设立汉阳县（今赫章、威宁），遣官治理。秦王朝是中国历史上第一个统一多民族的中央集权政权，将旨在保证中央集权的郡县制正式推行全国，推行到其所能控制的今贵州地域。不过，秦王朝仅10多年就败亡了，其对贵州的经营总的说来影响不大；五尺道由于工程艰险，加之急于求成，所以极为简陋。

西汉初年，历经长期战乱，经济凋敝，国力虚弱，无力顾及边远地区；郡县均废，今贵州境内的夜郎（今普安、盘县、兴仁）、且兰（似为今安顺市西秀区一带）、鳖（今黔西、大方）、毋敛（今独山、荔波）等原有的君长之国，各自恢复自立，脱离中央王朝。对于今贵州，仅在边地少数地区维持原秦朝现状。高祖五年（前202年），改黔中郡为武陵郡，辖13县，其中多数县在今湖南，涉及今贵州的有3县：镡成，中心在今广西，西部延及今贵州从江、黎平、锦屏；舞阳，中心在今湖南，西部延及今贵州东部之岑巩、镇远；辰阳，中心在今湖南凤凰附近，西部延及今贵州碧江、印江。②约当今黔东南之东部、铜仁市东南部。巴郡、蜀郡亦如旧，今铜仁市东北部、毕节市西部仍在朝廷控制之下。

经过近百年的恢复、发展，武帝时，西汉王朝开始着手边疆统一大业。武帝建元元年（前140年）、六年（前135年），朝廷对南方两次用兵，收服、控制东瓯（今浙江南部、福建东北）、闽越（今福建大部），随即遣鄱阳（今江西鄱阳）令唐蒙出使南越，欲趁势控制南越国，未果。唐蒙出使南越时，在番禺（今广州）吃到蜀产枸酱，了解到是从南越西北的牂牁江③运来的。牂牁江"广数里"，从番禺城近旁流过。唐蒙回到长安，又从蜀郡商人处获悉，枸酱是由蜀商私售夜郎，再由夜郎转卖给越人的；夜郎国位于牂牁江上游，牂牁江"广百余步，足以行船"，沿水道可"出番禺城下"；进而获悉夜郎有精兵"十余万"，南越国利用财物引诱和支配夜郎，"然亦不能臣使"，使之俯首听命。唐蒙遂上书武帝，奏请收服夜郎，以为"以汉之强，巴、蜀之饶，通

---

① 《史记·西南夷传》，《二十五史》第1册，上海：上海古籍出版社、上海书店1986年版第330页。据近人向达《蛮书校注》考订，五尺道"始于今川南之宜宾，经高县、筠连，入云南境过盐津、大关、彝良、昭通，又入贵州境过威宁，再入云南境走宣威到达曲靖"。（转引自侯绍庄等：《贵州古代民族关系史》，贵阳：贵州民族出版社1991年版第58页）周春元等则谓，秦所开五尺道，系由今遵义南行。五尺道开通后，在原战国大夜郎境设置鳖（今遵义）、镡成（今黎平）、毋敛（今独山）、且兰（今福泉）、夜郎（今石阡西部）、汉阳（今赫章、威宁）6县；鳖属巴郡，镡成、毋敛、且兰、夜郎、汉阳属象郡。（参见周春元等：《贵州古代史》，贵阳：贵州人民出版社1982年版第37、33页）侯绍庄等则不同意秦设五县从而几乎尽有乌江南北各地的观点，以为仅有今川黔交接的北面一线基本纳入秦统治范围，"其他地区尚处于独立发展的状态"，否认秦置鳖、镡成、毋敛、且兰、夜郎、汉阳6县之说。（参见侯绍庄：《贵州古代民族关系史》，贵阳：贵州民族出版社1991年版第61页）

② 参见周春元等：《贵州古代史》，贵阳：贵州人民出版社1982年版第34页及附图。

③ 牂牁江，今北盘江。起源于今云南宣威，流经滇东、黔西南，至黔桂边境与南盘江合流，为红水河，往东南相继汇入黔江、浔江、西江、珠江。周春元等则以为牂牁江为北盘江、南盘江合流后沿黔桂边境东流然后南折汇入红水河前的一段。（参见周春元等：《贵州古代史》，贵阳：贵州人民出版社1982年版第34页附地图）

夜郎道，为置吏，易甚"。集合夜郎之兵，"浮船牂舸江，出其不意，此制越一奇也"。武帝乃封唐蒙为中郎将，出使夜郎。约武帝建元六年（前135年）至武帝元光五年（前130年）间，唐蒙"将千人，食重万余人"，入夜郎，"见夜郎侯多同……厚赐，谕以威德，约为置吏，使其子为令"。唐蒙所率，既有上千人的兵卒，又有万余人的辎重运输队；所携带物资，既有军需给养，又有大量用于赏赐的缯帛丝绸；既显示大汉王朝的强大、威严，又晓以朝廷一统、圣明之德；既要求在夜郎境内设县，又考虑夜郎现状与利益，委任多同之子为县令。唐蒙"谕以威德"，夜郎臣服，被纳入汉朝统一的行政建制。"夜郎旁小邑皆贪汉缯帛，以为汉道险，终不能有也，乃且听蒙约"，①一方面贪图得到汉朝的厚重赏赐，一方面以为汉朝与边地道路险阻，不可能长期立足，乃暂且同意设县，归服汉朝。武帝元光五年（前130年），汉朝以夜郎（今普安、盘县、兴仁）、且兰（似为今安顺市西秀区一带）、鳖（今黔西、大方）以及原蜀、巴部分地区置犍为郡，地域大约包括今贵州西部、四川乐山以南、云南东境、广西西北角；以鳖县（今黔西、大方）为郡邑；以唐蒙为都尉，驻汉阳（今赫章、威宁）。夜郎正式成为西汉大一统王朝的一部分。后以犍为郡大部置牂舸郡，犍为郡西移，下设12县，今贵州境内仅余3县：鳖县（今黔西、大方）、汉阳、郁邬（今威宁南境）。大致相当于今黔西北。

唐蒙为出使夜郎，开山凿道，征发巴郡、蜀郡巨大人力物力，地方不堪重负，怨声载道；动用战时法令，斩杀未能如期完成筑路工程的地方官员和逃亡士卒，引发巴、蜀官民极度惊恐；加上夜郎君长不时反叛，朝廷一些大臣对开发"西南夷"的决策发生动摇，主张放弃。司马相如奉旨前往晓谕、安抚，指出"西南夷"之地"舟舆不通，人迹罕至，政教未加……"，社会失序，民众怨愤。开发西南，是顺应民心，"拯民于沈溺"的仁德之举，是"存抚天下，辑安中国"，②实现国家统一安定的必要举措，为此而付出一定的代价，也是应该的。巴蜀之地当年如果因为有困难就不开发，"则是蜀不变服而巴不化俗也"，③巴蜀就不会有今日变服化俗之进步。司马相如出生于巴郡，成长于蜀郡，是巴蜀著名的文人学士，在巴蜀享有很高的威望和号召力。他支持武帝统一夜郎的政策，不辱使命，化解了危机，保证了通夜郎事业的顺利进行；他阐明了统一"西南夷"、施行仁义教化对于推动"西南夷"社会进步的重要性与必要性，奠定了西汉王朝开发夜郎以至"西南夷"的理论基础。其后，夜郎的开发虽然几经曲折，但始终没有放弃，最终取得了辉煌的成就。

武帝元鼎五年（前112年）至元鼎六年（前111年），南越反，汉军10万平定了叛乱，置南海等9郡，使南越国归属于汉王朝管辖之下，统一了南越。

---

① 以上见《史记·西南夷传》，《二十五史》第1册，上海：上海古籍出版社、上海书店1986年版第330页。同书有"唐蒙为郎中将"，"《华阳国志》作中郎将"。当从《华阳国志》说。
② 《史记·司马相如传》，《二十五史》第1册，上海：上海古籍出版社、上海书店1986年版第333页。
③ 《史记·司马相如传》，《二十五史》第1册，上海：上海古籍出版社、上海书店1986年版第334页。

汉军进击南越时，朝廷下令征召夜郎、且兰等君长兵卒，随同出征。"且兰君恐远行，旁国虏其老弱，乃与其众反，杀使者及犍为郡太守"。① 进击南越汉军遂在回师途中平定且兰。

夜郎诸君长最初臣服汉朝，一方面在于贪图汉朝的重赏，一方面以为汉朝与边地道路险阻，不可能长期立足，乃作权宜之计。见朝廷大力筑路，乃"数反"，汉廷"发兵兴击，耗费无功"。平定南越、且兰后，武帝元鼎六年（前111年），唐蒙再次奉诏出使夜郎，阐明朝廷的统一决心，晓以大义。夜郎君长"始倚南越"；现"南越已灭"，且兰亦亡，审时度势，"夜郎遂入朝"，② 表示真诚归顺。汉廷封其为夜郎王，赐王印。汉廷乃以夜郎、且兰为中心，划出犍为郡地域，设置牂柯郡，下辖17县：夜郎、且兰、鳖、平夷、谈稿、谈指、毋敛、宛温、同并、句町、母单、漏卧、漏江、西随、都梦、进桑、镡封。③ 大致领有今贵州西北、西南、中部地区，以及今云南东南、广西北缘。吴霸为太守，且兰为郡治；唐蒙为都尉，夜郎为都尉治。属今贵州的为且兰（似为今安顺一带）、夜郎（今普安、盘县、兴仁）、鳖（今黔西、大方）、平夷（今水城、六枝）、谈藳（今贵州晴隆、普安部分）、谈指（今罗甸）、毋敛（今独山、荔波）、宛温（今兴义）等8县；属今云南的为同并、句町、母单、漏卧、漏江、西随、都梦、进桑等8县；属今广西的为镡封一县。④ 汉王朝对于夜郎地区的控制与治理得以加强。较之唐蒙第一次出使夜郎，汉廷对"西南夷"的政策有所调整：在坚持设置郡县的同时，不再将土著君长直接任命为郡县官员，而是保留其领地，授予封爵；朝廷只直接控制郡县政治、军事据点，而将地方及土著居民交与夜郎王等君长统率、管理；"郡国并存"，⑤ 既维系了汉王朝对夜郎地区的统治，又进一步照顾到土著君长的现状与利益。

---

①《史记·西南夷传》，《二十五史》第1册，上海：上海古籍出版社、上海书店1986年版第330页。
②以上见《史记·西南夷传》，《二十五史》第1册，上海：上海古籍出版社、上海书店1986年版第330页。
③参见《汉书·地理志》，《二十五史》第1册，上海：上海古籍出版社、上海书店1986年版第154页。
④参见周春元等：《贵州古代史》，贵阳：贵州人民出版社1982年版第36页。牂柯郡属县，周春元等《贵州古代史》、侯绍庄等《贵州古代民族关系史》、何仁仲《贵州通史》均认为有17个，各县位置则见解有所不同。夜郎，何仁仲定为今普安、盘县、兴仁；周春元等定为今安顺、平坝。且兰，侯绍庄等以为似今安顺市西秀区一带；周春元等定为今福泉一带。鳖，侯绍庄等定为今黔西、大方一带；周春元等定为今遵义一带。平夷，《贵州通史简编》定为今水城、六枝；何仁仲定为今晴隆、六枝；侯绍庄等定为今普安、六枝；周春元等定为今毕节、大方。毋敛，周春元等定为今独山、荔波；何仁仲定为今独山、平塘、荔波。宛温，何仁仲定为今兴义；周春元等定为今兴义、兴仁；侯绍庄等定为今滇东南文山州砚山。谈稿，周春元等定为今普安、晴隆。谈指，周春元等定为今罗甸。此8县属于今贵州。属今云南的8县，分别为同䢵，今云南马龙至陆良之间或陆良、宜良一带；句町，今云南广南、富宁至广西凌云、白色一带；母单；漏卧，今滇东南；漏江；都梦；进桑，今中越边境之屏边、河口一带。属今广西的1县：镡封，今广西西北部。（以上参见何仁仲：《贵州通史》第1卷，北京：当代中国出版社2002年版第147-149、153页；《贵州通史》编辑部：《贵州通史简编》，北京：当代中国出版社2005年版第24页；侯绍庄等：《贵州古代民族关系史》，贵阳：贵州民族出版社1991年版第66、52、53、63、98、55、53-54、66页；周春元等：《贵州古代史》，贵阳：贵州人民出版社1982年版第36、31页）
⑤侯绍庄等：《贵州古代民族关系史》，贵阳：贵州民族出版社1991年版第40页。

汉王朝对夜郎大一统的实现，既凭借军事威慑手段，又凭借对地方与中原发展差异的认识与利益照顾，并非一味地军事压制。

汉王朝对于夜郎地区的控制与治理虽然得以加强，但是，夜郎王等君长还拥有基本上独立的权力与实力，也不甘心受制于朝廷，只要时机适宜，就会脱离汉王朝，独霸一方；彼此间也会为争夺土地、财富而攻伐厮杀，影响区域稳定。

昭帝始元元年（前86年），"牂牁、谈指、同并等二十邑，凡三万余人皆反"。汉军"击牂牁，大破之"。平乱战争中，句町侯亡波出兵助汉，被晋封为王，势力增长，引起了夜郎王的嫉妒不满。成帝河平元年至四年（前28—前25年），"夜郎王兴与句町王禹、漏卧侯俞更举兵相攻"。朝廷派遣使节前往调解，劝导停战言和。夜郎王兴等不从命，"刻木象汉吏，立道旁射之"。新任牂牁太守陈立"谕告夜郎王兴，兴不从命"。陈立"数责，因断头"，历数兴之罪状，断然将兴诛杀。饱受夜郎王连年攻战掳掠之苦的数十小邑君长，纷纷称颂陈立之举为"诛亡状，为民除害"之义行，"愿出晓士众"。句町王禹、漏卧侯俞"震恐，入粟千斛，牛羊劳吏士"。①汉军旋即平定兴之岳父翁指、兴之子邪务等残余势力的顽抗。历经数百年的夜郎君长国政权最终灭亡；这种状况，一直延续到东汉一朝，长达两百多年。

其间，西汉末年，王莽代汉，"贬句町王为侯"，②进而杀句町王，引发大规模的反抗。王莽三次出兵，最多时调动了20万军队，前后延续了六七年。直到东汉初年，朝廷让步，恢复封号，事态才得以平息。战乱虽然主要发生在滇境，但也波及夜郎地区。战乱规模大、时间长，使濮人再次受到重大打击。

制度儒学的传入，郡县制的实行，各民族大一统汉王朝的初始认同，为物化儒学、理论儒学、文化儒学传入夜郎准备了制度条件。

第二节　物化儒学与夜郎封建生产关系的产生

民族认同表现为一种心理认同。不同民族之间心理认同的发生，根源于共同利益特别是经济利益的认同。彼此间能够为对方带来经济利益，由此逐步形成共同的经济利益，共同的经济利益将彼此的心理拉近甚至同一。

巴郡、武陵郡、犍为郡特别是牂牁郡的设立，今贵州北部、东部、中部、西北、

---

①以上见《汉书·西南夷传》，《二十五史》第1册，上海：上海古籍出版社、上海书店1986年版第356页。
②《汉书·西南夷传》，《二十五史》第1册，上海：上海古籍出版社、上海书店1986年版第357页。

西南分别置于相应郡县行政区划。承载着儒家大一统理念的郡县制在今贵州区域的推行，为儒家农耕文明理念在贵州的传播提供了制度条件，而官员、汉军以及三蜀垦殖移民的进入，则为农耕文明在贵州的传播提供了人力、人才、技术和物力条件。儒家农耕文明理念在贵州的传播以及农耕文明的推广，推动了贵州农业、手工业和商业的发展，给各族民庶带来了实实在在的物质利益，展示了农耕文明的优越性，促进了土著民族与汉民族彼此间的心理认同。

一、汉族移民

春秋时期，华夏民族即已进入今贵州。其时，五霸之一的楚国，将宋、蔡战俘流放到今贵州。战国时期，楚国在今湘黔边境地区置黔中郡，楚人进入今贵州东部榕江、从江及都匀、瓮安以东地区。其后，楚国又派将军庄蹻率兵溯沅水而上，攻略黔中以西，至且兰，灭夜郎，直至滇池。楚人进入贵州腹地。秦国将军司马错攻取楚国黔中郡，吞并巴、蜀，蜀郡守张若继而夺取蜀国江南属地，秦人进入今贵州西北部边缘一带。

秦统一中国，仍设黔中郡，今贵州东南部仍属其境；仍设巴郡，今贵州东北部仍属其境；仍设蜀郡，今贵州西北部边缘仍属其境。修五尺道，沟通今川南、黔西北、滇东北结合部，在五尺道沿线土著君长国地域，设县置吏。伴随郡县的设立、五尺道的修筑，秦王朝官吏兵卒、筑路兵民进入今贵州东北、东南、西北部。

总的看来，先秦进入今贵州的华夏民族人数很少；秦王朝仅存在10多年，进入今贵州的华夏人数也极为有限，对今贵州的影响也极为有限。

两汉数百年间，汉民族开始较大规模地进入今贵州，开始对今贵州社会发展产生了较大影响。这个时期进入今贵州的汉民族，大致有四种类型。

其一，汉军将士。约武帝建元六年（前135年）至武帝元光五年（前130年）间，中郎将唐蒙奉旨出使夜郎，兵卒、辎重运输人员合计1万多人。夜郎臣服，置犍为郡。武帝元鼎五年（前112年）至元鼎六年（前111年），汉军10万进击南越。其间，且兰君长反，汉军遂在回师途中进入犍为郡，平定且兰。昭帝始元元年（前86年），牂柯、谈指、同立等20邑、凡3万余人反。汉军击牂柯，大破之。成帝河平元年至四年（前28—前25年），夜郎与句町、漏卧举兵相攻，汉军平定叛乱，灭夜郎。西汉末年，王莽代汉，对句町用兵，调动了数十万军队。战争虽然主要发生在滇境，但也波及夜郎地区；黔西北是入滇军队的必经之路。两汉数百年间，朝廷多次大规模出兵或途经今贵州，数十万将士进入贵州，或短暂留驻，或长期戍守，成为汉代进入今贵州的一个人数众多的汉民群体。

其二，筑路兵卒。唐蒙出使之初，调动巴、蜀兵卒，开凿今四川乐山至宜宾的通道。出任犍为郡都尉之后，再次征发巴、蜀兵卒开凿今宜宾经川南入黔西北到北盘江的通道。"汉通西南夷道,作者数万人"。① 这些来自巴、蜀的筑路兵卒,进入了今贵州西北、西南地区。

其三,移民。贵州远离中原,交通状况又极为恶劣,这给官府、军队的物资特别是粮食供给造成了极大困难。为摆脱困境,朝廷"乃募豪民田南夷",② 招募内地富家大姓,移民今贵州,就地垦殖。移民主要来自三蜀。③ 富家大姓而外,又迁徙罪犯及不法富豪。这类移民成为汉代进入今贵州的最大汉民群体,广泛分布于今黔中、黔南、黔西南及黔西北地域。

其四,郡县官吏。西汉初年,今黔北、黔西北边缘、黔东北、黔东南边缘大致处于巴郡、蜀郡、武陵郡统属之下。西汉中叶之初,唐蒙出使夜郎,夜郎臣服,朝廷以夜郎、且兰、鳖以及原蜀、巴部分地区置犍为郡,恢复了对今贵州西部的治理。武帝元鼎六年(前111年),唐蒙再次出使夜郎,夜郎入朝,朝廷分犍为郡地,以夜郎、且兰为中心,设置牂柯郡,领17县,今黔西北以外的贵州西部属其境(黔西北大致仍属犍为郡)。西汉末年,夜郎灭亡,郡县流官治理范围进一步扩大。郡县官吏一般不会长期留驻,但也不会旋进旋退,少数也会因各种原因长期留下。郡县官吏成为汉代进入今贵州的一个重要汉民群体。

进入今贵州的兵卒、垦殖移民,基本来自三蜀;郡县官吏也多从巴蜀选派。三蜀开发较早。战国时期,楚、秦即相继进入三蜀,同时迁移一批中原豪富前往,开发三蜀经济,解决军队、官府给养开支,以巩固新开发地区。这批中原豪富世代相袭,遂成为龙、傅、尹、董等数十大姓。他们在从事经济开发的同时,也把中原先进的农耕技术,把儒学、中原文化以及重视文教的传统带入了边地。受此影响,三蜀社会政治、经济、文化大为进步,与中原地区的差距日益缩小。西汉中叶后,蜀人严尊、张宽之经学,司马相如、扬雄之辞赋,"皆著声名于上京";魏晋著名学者谯周、秦宓、常璩亦蜀人。蜀人称"禹兴西羌",表示蜀地亦为华夏之域,蜀人亦为华夏之民,蜀人"自认为也被他人认为是毫无疑问的华夏或汉人"。④ 汉代进入今贵州的兵卒,已经是汉化程度很高的群体;汉代进入贵州垦殖的移民,同样是汉化程度很高、几乎等同于汉人的群体;官吏更不用说。

进入今贵州的军队将士、垦殖移民、郡县官吏,世代繁衍,成为一个人数众多的汉族群体。以牂柯郡为例,西汉,"牂柯郡……户二万四千二百一十九,口十五万三千三百六十"。⑤ 至东汉,"牂柯郡……户三万一千五百二十三,口二十六万七千五百二十

---

① 《史记·平准书》,《二十五史》第1册,上海:上海古籍出版社、上海书店1986年版第178页。
② 《史记·平准书》,《二十五史》第1册,上海:上海古籍出版社、上海书店1986年版第178页。
③ 指蜀郡、广汉郡及犍为郡,即今川西、川南一带。广汉郡为西汉初年分蜀郡所置;犍为郡为武帝时所置,包括蜀郡、巴郡部分地域。故称"三蜀"。
④ 王明珂:《华夏边缘:历史记忆与族群认同》,台北:允晨文化实业股份有限公司1997年版第245页。
⑤ 《汉书·地理志》,《二十五史》第1册,上海:上海古籍出版社、上海书店1986年版第154页。

三"。土著居民由君长管辖，不纳税，不入编户；纳税、编户者大致上为外来移民。这说明，武帝开发"西南夷"以后的百余年间，进入牂柯郡的汉族移民已达到15.3万余人的可观数量；东汉年间达到近27万人。又据《后汉书·地理志》载，东汉时期，与今黔北、黔西北边缘、黔东北、黔东南边缘相关的郡，巴郡，"户三十一万六百九十一，口百八万六千四十九"；蜀郡，"户三十万四百五十二，口百三十五万四百七十六"；犍为郡，"户十三万七千七百一十三，口四十一万一千三百七十八"；武陵郡，"户四万六千六百七十二，口二十五万九百一十三"。①牂柯郡，加上相关郡管辖的今贵州地域户口，汉代今贵州的汉族人口已达到一个可观的数量。

汉代进入今贵州的汉族移民不仅数量可观，而且分布广泛。据文献记载及汉墓考古资料显示，今黔中安顺、平坝、清镇一带，黔西六枝、盘县一带，黔西南晴隆、普安、兴仁、兴义一带，黔南平塘、独山、荔波一带，黔西北威宁、赫章、毕节、黔西一带，均有汉族移民足迹。②属于巴郡、蜀郡、犍为郡、武陵郡的今黔北、黔西北边缘、黔东北、黔东南边缘地域更毋庸论。尹氏后裔、著名经学家尹珍为毋敛人，即今黔南南端独山、荔波一带人。

汉民族是中华民族的主体；中国古代，以汉民族为主体，创造了当时较为先进的、以农耕文明为代表的物质文明，创立了当时较为先进的、以儒学为核心的传统文化，并主要地在汉民族中传播。从这个意义上讲，农耕文明为代表的物质文明、以儒学为核心的传统文化，是随着汉民族的扩散而扩散的。"人口是文化最活跃的载体……移民的来源往往决定了一个地区的区域文化的形态，或者极大地改变着土著文化。"③汉族移民勤奋耕作，将中原、三蜀农耕文明传播到边地，将中原、三蜀先进的农具及生产技术传播到边地；他们践行儒学，在潜移默化之中将忠孝礼义观念推广到边地各民族之中；他们研习儒学，兴办学校，在边地传播儒学。汉民族是儒文化的主要载体及传播者。汉族移民对于儒文化在古代贵州的流播，对于推动贵州古代社会的发展进步，对于推动古代贵州各民族之间的交流乃至融合起到了至为重要的作用。

汉代，今贵州的汉族移民人数虽不少，但相对于其他民族而言，仍然是极少数。由于通婚、逃亡种种原因，少量移民融入其他民族之中，即所谓"夷化"。春秋时期被楚国流放到今贵州的宋国、蔡国战俘，由于长期生活在土著民族地区，"遂流为夷"，史书中将其称为宋家蛮、蔡家苗或蔡家蛮。"宋家、蔡家，盖中国之裔也"。宋家分布在今黔中地区，蔡家散布在黔中及其以西地区。蔡家长期生活在彝族地区，习俗接近彝族。两相比较，蔡家的"夷化"程度比宋家更甚。"宋家、蔡家……二氏风俗略同，

---

① 以上见《后汉书·郡国志》，《二十五史》第1册，上海：上海古籍出版社、上海书店1986年版第75、74页。
② 参见杨昌儒等：《贵州民族关系的构建》，贵阳：贵州人民出版社2010年版第45页。
③ 葛剑雄：《中国的地域文化》，《贵州文史丛刊》2012年第2期。

而宋家稍雅,通汉语,或识文字,勤于耕织"。①东汉末年,朝廷控制力量衰落;魏晋南北朝时期,中国处于大分裂状态,无力顾及西南,汉族移民在政治上、人数上均处于弱势,纷纷"夷化";大姓则与土著首领结合,形成新的统治阶层——南中大姓、牂牁大姓,甚至独霸南中。汉人"夷化","夷"、汉融合,儒文化、土著民族文化彼此渗透。

直至明代,今贵州的人口依然处于"夷"多汉少的状况,迁入贵州的汉人,或多或少都有"夷化"的现象。明清时期,贵州汉族人口逐渐变为多数,但汉人"夷化"的现象在土著民族聚居地区依然存在。

汉人的"夷化"是古代贵州各民族文化融合以及民族认同的一种现象。这种认同主要表现为对土著民族文化、土著民族的认同,同时保留着儒文化的某些成分。如"夷化"了的宋家,虽"久居边徼,而衣冠俗尚少同华人,男女有别,授受不亲,其于亲长亦如孝友"。②在其后的历史进程中,这部分"夷化"了的汉民族,在古代贵州民族认同中发挥着某些特殊的作用。一方面,他们融入土著民族之中,得到了土著民族的认同;另一方面,他们保留着汉民族的某些传统,保留着儒文化的某些成分,在明代以后中央王朝开发力度加大、汉族人口逐渐成为多数的时候,相对而言,有可能率先或者较易认同汉民族。

二、"治南夷道"

夜郎崇山峻岭,开发夜郎、设置郡县、派遣官吏、调动军队、输送粮秣、保障供给、凿石通道成为当务之急。

秦统一中国,修五尺道,沟通今川南、黔西北、滇东北结合部。五尺道起于今川东南之宜宾,经高县、珙县、筠连,经滇东北之盐津、大关、彝良、昭通,入黔西北之赫章、威宁,止于滇东北之曲靖;在五尺道沿线土著君长国地域,设置郡县,遣官治理;在今贵州境内所置为汉阳县(今赫章)。五尺道仅插过今黔西北之边缘地,未及深入贵州腹地;由于工程艰险,加之急于求成,所以极为简陋,所谓宽五尺,不过相当于今1.15米,仅能容单人通过,难以适应大规模的军队调动及粮秣运输。

唐蒙出使夜郎,自今川东南之乐山、宜宾,南下高县、筠连,经滇东北之威信、镇雄,入黔西北之赫章、威宁,南下至六枝、普安,大致沿秦五尺道进入黔西北,再继续南下北盘江。沿途连峰际天,山高水深,人迹罕至,交通险阻。五尺道简陋狭窄,

---

①田汝成:《蛮夷》,《炎徼纪闻》第4卷第16页,北京:文物出版社1982年版。
②[弘治]《贵州图经新志·贵州宣慰司上》,《中国地方志集成·贵州编》第1册,成都:巴蜀书社2006年版第10页。

有待整修；新道羊肠毛路，亟待开辟。唐蒙出使夜郎，有一万多人的官员、兵卒和运输队，开路成为当务之急。出使之先，唐蒙令蜀郡僰道（今宜宾）县令开山凿路，"通僰、青衣道"，即今四川乐山至宜宾。僰道令"费功无成，百姓愁怨"。唐蒙"将南入，以道不通"，执僰道令杀之，自率士卒，"斩石通阁道"。①

出任犍为都尉后，唐蒙继续调动巨大的人力、财力，开山凿石，"治南夷道"，②"自僰道指牂牁江"，即从今川西南宜宾入黔西北，至黔西南之北盘江。数万巴、蜀士卒应征筑道。恶劣的自然环境、落后的筑路技术以及艰苦的生活状况，使得工程困难重重。士卒"罢饿离湿死者甚众"；③"费以巨万计"。④ 士卒饥寒困顿，多有亡故，财力耗费巨大。朝廷为筑路、开发夜郎付出了巨大的代价。

"南夷道"在秦五尺道基础上将小道拓宽，将其往南延伸至北盘江。《水经注》载："山道广丈余。"又谓，"南夷道"在达于北盘江之后，进而向西延伸至建宁，即今云南曲靖，总长"二千余里"。⑤

"南夷道"开通以后，沿线设置了官方邮亭。武帝元光六年（129年），"南夷始置邮亭"。⑥ "自僰道、南广，有八亭，道通平夷。"⑦ 僰道，今四川宜宾；南广，今四川高县、珙县，云南威信、镇雄；平夷，今贵州水城、六枝。所置8亭，夜郎境内为汉阳。汉阳为今黔西北赫章、威宁。1958年，赫章可乐出土铁炉一只，内壁铸有"武阳传舍比二"铭文。⑧ 传舍即邮亭。

唐蒙"治南夷道"，将秦五尺道由今黔西北的赫章、威宁一带延伸至黔西南之六枝及六盘水市之盘县一带；将先前仅能通过单人的五尺道加以拓宽。唐蒙的"南夷道"工程尽管困难重重、不尽人意，但毕竟今四川西南宜宾、高县、筠连，云南东北威信、镇雄，贵州西部赫章、威宁、六枝、盘县一线的大道状况或多或少得以改善，与先前修筑的四川乐山至宜宾大道贯通，在交通沿线设置了官方邮亭。"南夷道"的开辟是两汉时代今贵州陆路交通建设的壮举。"南夷道"开辟了夜郎至巴蜀进而关中、京师长安的交通，增进了夜郎与巴蜀、中原地区的往来与交流；多少方便了官吏往来、军队调动和货物流通。这于物化儒学、制度儒学、文化儒学及理论儒学亦即儒文化的传入夜

---

① 常璩 撰，任乃强校注：《华阳国志校补图注》，上海：上海古籍出版社1987年版第172页。僰道，今四川宜宾。
② 《汉书·武帝纪》，《二十五史》第1册，上海：上海古籍出版社、上海书店1986年版第19页。又《史记·司马相如传》："发巴蜀广汉卒作者数万人治道"。（《史记·司马相如传》，《二十五史》第1册，上海：上海古籍出版社、上海书店1986年版第333页）
③ 《史记·西南夷传》，《二十五史》第1册，上海：上海古籍出版社、上海书店1986年版第330页。
④ 《史记·司马相如传》，《二十五史》第1册，上海：上海古籍出版社、上海书店1986年版第333页。
⑤ 郦道元著，史念林等注释：《江水》，《水经注》第33卷，北京：华夏出版社2006年版第634页。
⑥ 《史记·汉兴以来将相名臣年表》，《二十五史》第1册，上海：上海古籍出版社、上海书店1986年版第150页。
⑦ 常璩 撰，任乃强校注：《华阳国志校补图注》，上海：上海古籍出版社1987年版第278页。
⑧ 武阳传舍比二铁炉，藏贵州省博物馆。

郎并发扬光大，意义重大。西汉牂牁郡盛览问学于蜀中辞赋大家司马相如，成为"牂牁名士"；东汉牂牁郡毋敛（今荔波、独山）人尹珍跋涉数千里，赴京师洛阳求学。他们在学成后都回到故乡，传播学术。如果没有"南夷道"的开辟，很难想象他们能够远赴他乡问学，从而致"南域始有学"。① 三国蜀汉诸葛亮南征，还师走的就是"南夷道"，由滇池经曲靖入贵州赫章，再转四川宜宾，返回成都。

三、"募豪民田南夷"：中原耕作技术的传入及封建生产关系的产生

（一）"募豪民田南夷"

汉代开发今贵州，数次大规模用兵，设置郡县治理。而贵州远离中原，社会经济、文化极端落后，且崇山峻岭，交通状况极为恶劣，虽有"南夷道"，仍远不足以承担大规模的输运需求，这给官府、军队的物资特别是粮食供给造成了极大困难。"千里负担馈粮，率十馀钟致一石"。② 千里运粮，至于终点，六七十石剩不到1石，消耗惊人；10来人运输粮饷，始可勉强供给1人。唐蒙首次出使夜郎，"将千人，食重万余人"。③ 兵卒仅千人，辎重运输人员却达万余人。夜郎地虽先后设有犍为郡、牂牁郡，但除郡县据点外，广大地区系由地方君长自行治理，不入编户，不收粮税。所需粮饷由巴蜀就近拨付，"悉巴蜀租赋不足以更之"，巴蜀不堪重负。为摆脱困境，朝廷"乃募豪民田南夷，入粟县官，而内受钱於都内"。④ 招募内地富家大姓，连同其依附农民，移民今贵州，就地垦殖，粮食交付当地县衙，所值银钱由朝廷从内府拨付；移民还可享受免除租赋的优惠。"豪民"而外，又"募、徙死罪及奸豪"，⑤ 即招募、迁徙罪犯及不法豪富，赴"南夷"垦殖。

三蜀移民广泛分布于今黔中安顺、平坝、清镇一带，黔西六枝、盘县一带，黔西南晴隆、普安、兴仁、兴义一带，黔南平塘、独山、荔波一带；⑥ 加上巴郡、蜀郡、犍为郡、武陵郡等相关郡管辖的今黔西北边缘、黔北、黔东北、黔东南边缘地域汉族户口，以及朝廷派赴夜郎各郡县的官员、军队将士，汉代今贵州的汉族人口已达到一个可观的数量。分布于各地的汉族移民，辛勤劳作，在提供官府粮食等生活物资供给的

---

① 常璩 撰，任乃强校注：《华阳国志校补图注》，上海：上海古籍出版社1987年版第260页。
② 《史记·平准书》，《二十五史》第1册，上海：上海古籍出版社、上海书店1986年版第178页。汉制，1钟合6石4斗。
③ 《史记·西南夷传》，《二十五史》第1册，上海：上海古籍出版社、上海书店1986年版第330页。
④ 《史记·平准书》，《二十五史》第1册，上海：上海古籍出版社、上海书店1986年版第178页。
⑤ 常璩 撰，任乃强校注：《华阳国志校补图注》，上海：上海古籍出版社1987年版第267页。
⑥ 参见杨昌儒等：《贵州民族关系的构建》，贵阳：贵州人民出版社2010年版第45页。

同时，将巴蜀乃至中原先进的铁制工具、耕作技术带入了夜郎，将中原封建生产关系带入了夜郎，促进了夜郎社会经济的发展。《史记》载，蜀郡临邛卓氏，"即铁山鼓铸，运筹策，倾滇蜀之民，富至僮千人"，富比人君；同县程郑，"亦冶铸……富埒卓氏"，所制铁器"贾椎髻之民"，[①] 销往夜郎及滇。关于中原先进的铁制工具、耕作技术传入夜郎的问题，文献资料甚少，较多的证据来自考古资料。今贵州广阔的地域，如黔西南兴仁、兴义、普安，黔中平坝、清镇、安顺，黔北仁怀、赤水、务川，六盘水市盘县，黔西北赫章、威宁、毕节、黔西，均有汉代墓葬、遗址、文物发现；黔东北铜仁，黔东南锦屏、岑巩、施秉、台江亦有零星发现。代表性遗址、墓葬为黔西南之普安铜鼓山遗址、兴义万屯汉墓群、兴仁交乐汉墓群，黔中之安顺宁谷汉墓群、清镇及平坝汉墓群，黔北之仁怀合马东汉墓群，黔西北之赫章可乐古墓群、威宁中水古墓群。规模最大、出土文物最为丰富的是赫章可乐古墓群。

（二）黔西南汉墓考古

1. 兴仁交乐汉墓群

位于原兴仁县雨樟区交乐乡（今兴仁县两樟镇交乐、龙树脚、云南寨、长庆等村），1975年发现，有汉墓90多座；1975、1987年两次发掘、清理墓葬18座。[②] 其中，1975年清理5座，出土铁器数件，有生产生活用具剪、夹、锥、钉及兵器刀等类型；[③] 1987年清理13座，出土铁、铜、陶、金、银、玉、石、琥珀、漆等质地文物600余件，包括铁器17件，有生活用品三脚架及兵器刀、剑、匕首、镞等类型。[④]

交乐汉墓群出土随葬品，有象征农田水利灌溉技术的陶质水田池塘模型2件。M7号墓所出模型，"圆形浅盘，内底为池塘、水田模型，正中用象征堤坝的泥条将盘内分隔成两部分，一边代表池塘，里面养殖有草鱼、鲤鱼、田螺及莲蓬、荷叶、菱角；另一边代表水田，里边刻画着一株株的禾苗，内有田埂将整块稻田分隔成形状各异、面积大小不等的六小块，田埂上均开有缺口，以利田水互相贯通，水塘与池塘间用一涵洞互相沟通"。M6号墓所出模型，"亦用堤坝分隔成二部，池塘面积略大，养有鱼（三尾），堤坝上装有闸门控制水位，闸外为一条较宽的水渠，水渠两侧各有规整的长方形

[①]《史记·货殖列传》，《二十五史》第1册，上海：上海古籍出版社、上海书店1986年版第356页。
[②] 参见贵州省地方志编纂委员会：《贵州省志·文物志》，贵阳：贵州人民出版社2003年版第59页；贵州省考古研究所：《贵州兴仁交乐汉墓发掘报告》，《贵州田野考古四十年：1953—1993》，贵阳：贵州民族出版社1993年版第235页。
[③] 参见贵州省考古研究所：《贵州兴仁交乐汉墓发掘报告》，《贵州田野考古四十年：1953—1993》，贵阳：贵州民族出版社1993年版第235页；贵州省博物馆考古组：《贵州兴义、兴仁汉墓》，《贵州田野考古四十年：1953—1993》，贵阳：贵州民族出版社1993年版第278页。
[④] 参见贵州省考古研究所：《贵州兴仁交乐汉墓发掘报告》，《贵州田野考古四十年：1953—1993》，贵阳：贵州民族出版社1993年版第235、240、247页。

水田两丘，田内无农作物，渠中则塑有青蛙、田螺等物"。①

交乐汉墓有的墓葬规模大，随葬品丰富精致，反映出主人的富有。M14号墓占地100余平方米，封土高15米。墓室由主室、前室、后室、侧室4部分计10室构成。出土随葬品50余件，其中有铜车马、铜摇钱树、铜俑等珍贵、精致物件，还出土有"巴郡守丞"铜印1枚。②交乐汉墓计出土铜车马2件。M16号墓出土铜车马，"马均为分段沙模空心浇铸，子母口衔接……分为头、耳、颈、身、尾、腿等11各部位合成"。车马总高116厘米，长85厘米，宽108厘米，③"比巴郡守丞墓出土的车马还要高大，为国内汉墓出土之罕见"。④墓葬普遍出土钱币，有五铢、半两、货泉等数百枚。M10号墓出土铜印章1枚，印文"巨王千万……朱文篆写，上下循读"。印章"长方形，有边框……扁薄长方形钮，钮上带一圆穿，钮下部向四面延伸至背四角，呈四坡状"。⑤M6号墓出土陶质摇钱座1件，M7、14、18号墓各出土铜质摇钱树1件。陶质摇钱树座"形如山，中空，座上方正中有一圆形插口，供铜质摇钱树主干插入。座底椭圆形。座身下半部为高浮雕的鹿、猴、鹤、羚、玄武，排成一圈，围于座下……座身上方塑一俯卧的羊牺"。摇钱树主干柱形，高96厘米，直径2.5厘米，上或饰圆钱纹及波纹，或饰钱纹及云烟纹，或饰螺纹；叶片上有人物、动物、钱币形象。⑥"巨王千万"印文与摇钱树，既是墓主家财万贯的象征，也是其发财致富愿望的表达。

交乐汉墓M16号墓出土陶制抚琴俑，"跪坐，作抚琴状……头著平巾帻，蚕眼杏眉，高鼻大嘴，唇上留着短胡须，脸带笑容，嘴角上翘。身穿右衽宽袖服，内着圆领衫。上身微倾并略向右斜，似作聆听沉思状。双膝并跪，身前置一古琴，琴身一端斜伸向左前方着地，另一端搁架于右腿上，左臂前伸，右臂内曲，以掌沿及中指、无名指、小指触弦面，拇、食二指捏作圆形拨弦弄琴，给人一种正在弹琴、琴韵幽雅的感受"。⑦琴声悠悠，反映出墓主富裕、悠闲的生活享受。

交乐汉墓出土陶制品田园模型1件，水田池塘模型2件，屋1件，灶1件，井1件，鸡2件，狗1件。水田池塘模型包括两部分，一部分为池塘，"里面养殖有草鱼、

---

① 贵州省考古研究所：《贵州兴仁交乐汉墓发掘报告》，《贵州田野考古四十年：1953—1993》，贵阳：贵州民族出版社1993年版第245页。
② 参见贵州省考古研究所：《贵州兴仁交乐汉墓发掘报告》，《贵州田野考古四十年：1953—1993》，贵阳：贵州民族出版社1993年版第238页。
③ 贵州省考古研究所：《贵州兴仁交乐汉墓发掘报告》，《贵州田野考古四十年：1953—1993》，贵阳：贵州民族出版社1993年版第247页。
④ 贵州省地方志编纂委员会：《贵州省志·文物志》，贵阳：贵州人民出版社2003年版第60页。
⑤ 贵州省考古研究所：《贵州兴仁交乐汉墓发掘报告》，《贵州田野考古四十年：1953—1993》，贵阳：贵州民族出版社1993年版第260页。
⑥ 贵州省考古研究所：《贵州兴仁交乐汉墓发掘报告》，《贵州田野考古四十年：1953—1993》，贵阳：贵州民族出版社1993年版第246、250、251页。
⑦ 参见贵州省考古研究所：《贵州兴仁交乐汉墓发掘报告》，《贵州田野考古四十年：1953—1993》，贵阳：贵州民族出版社1993年版第245页。

鲤鱼、田螺及莲蓬、荷叶、菱角";另一部分为水田,"里边刻画着一株株的禾苗,内有田埂将整块稻田分隔成形状各异、面积大小不等的六小块,田埂上均开有缺口,以利田水互相贯通",水塘与池塘间"用一涵洞互相沟通"。陶鸡"1雌1雄,雄鸡为立姿昂首翘尾,两腿分立……雌鸡……卧姿,昂首挺胸,尾上立,两翼各用雏鸡一只,背上负另一只"。陶狗"立姿,头颈前伸,张嘴作吠状,尾向上盘称一圈紧贴臀上"。① 田园、小屋、水井、灶台、鸡鸣、狗吠,一幅鲜活的自给自足的农耕经济生活情景。这表明,封建生产关系开始出现在古夜郎大地。

西汉王朝在夜郎"实行移民屯田政策,'募豪民田南夷',大量的汉族官吏、豪民、商贾、士兵、农户进入这一地区,形成'夷汉并存'的局面,为当地社会经济的发展起了积极的作用"。②《隋书·梁睿传》谓:"汉代牂柯之郡,其地沃饶,多是汉人,既饶宝物,又多名马。"③ 足证"汉文化此时此地已影响日深。交乐汉墓中出土的汉式印章、镜、币、器等物,与中原地区无异,这正是两地文化融合,汉民族精神、物质文化已植根当地的一个例证"。④

2. 兴义万屯东汉墓群

位于兴义市东北万屯镇,与位于兴仁县西南两樟镇的交乐汉墓群仅距约30公里。先后4次发掘,清理墓葬15座。⑤ 其中,1975年至1976年初首次发掘、清理墓葬7座,出土一批铁、铜、陶、银、玉、琥珀、骨、漆等质地器物及钱币。铁器数件,有剪、夹、锥、钉、刀等类型。此外,还出土陶质水田池塘模型、铜车马、铜摇钱树、带铭文铜提梁壶、带铭文铜镜等一批珍贵文物。⑥

万屯汉墓群出土陶质水田池塘模型,"椭圆盆型,宽边,浅腹,平底";径44.5×46.2厘米,高8.4厘米;"盆内分两部分,一半为水塘,一半为稻田。水塘内有鱼两尾,荷叶一片,莲蓬一枝,菱角一个,荷花一朵,布局简单。稻田分成四大块,块块有通水缺口,这是一种灌溉上的设想,田中有成排成行的稻菽纹。水塘与稻田之间,筑堰一道,中段有通水涵洞一个,象征着塘中水可以灌溉稻田。涵洞上立一小鸟,展翅翘尾……这种水利模型与陕西汉中出土的汉代陂池模型,虽型异而内容相同。可以

---

① 贵州省考古研究所:《贵州兴仁交乐汉墓发掘报告》,《贵州田野考古四十年:1953—1993》,贵阳:贵州民族出版社1993年版第245页。
② 贵州省考古研究所:《贵州兴仁交乐汉墓发掘报告》,《贵州田野考古四十年:1953—1993》,贵阳:贵州民族出版社1993年版第264页。
③《隋书·梁睿传》,《二十五史》第5册,上海:上海古籍出版社、上海书店1986年版第135页。
④ 贵州省考古研究所:《贵州兴仁交乐汉墓发掘报告》,《贵州田野考古四十年:1953—1993》,贵阳:贵州民族出版社1993年版第264页。
⑤ 参见贵州省地方志编纂委员会:《贵州省志·文物志》,贵阳:贵州人民出版社2003年版第58页。
⑥ 参见贵州省博物馆考古组:《贵州兴义、兴仁汉墓》,《贵州田野考古四十年:1953—1993》,贵阳:贵州民族出版社1993年版第268、271、278页。

认为这是当时中原地区的先进耕作技术、农田水利措施传入贵州的例证"。①

万屯汉墓群有的墓葬规模大，随葬品丰富、精致而珍贵。如 M8 号墓，为大型砖室墓，包括墓室与甬道两部分，总长 5.66 米，宽 2.47—1.9 米。出土铁、铜、陶、漆等质地文物 35 件，包括刀、钉等铁器 2 件，铜器 23 件，陶器 8 件，及漆器、五铢钱币，是万屯汉墓群 1975 年首次发掘 7 座墓葬中随葬品最多的，陶质水田池塘模型、铜车马、铜摇钱树、铜提梁壶等精致、珍贵文物即出土于这座墓葬。②铜车马包括驾马、轮轴、车厢篷盖 3 部分，总长 112 厘米。马高 88 厘米，"昂首翘尾，左前肢提起，张嘴露齿作嘶鸣状"；"分头、耳、颈、身躯、尾、肢 11 段"铸造，"除两耳外，其余 9 段皆沙模空心铸造，装配接头为子母口，由 17 个销栓圈定"；"造型优美，工艺精湛"。③铜摇钱树类同于清镇墓葬所出同类物品，树干、枝、叶上铸满了钱币、动物、飞凤的形象。④

3. 普安铜鼓山遗址

位于黔西南普安县青山镇范家寨村。时当战国至西汉。"遗址的主人，就是……濮人。"⑤1978 年发现，1980、2002 年先后两次大规模发掘，出土铁、铜、陶、石、玉等质地文物 1500 多件，类型有生产工具、兵器、装饰品、铜范铸模等，大概是一个以铸造铜质兵器为主的作坊遗址。出土铁器有生产工具锄，兵器刀、矛、剑、镞、铤等。⑥

（三）黔中汉墓考古

1. 清镇、平坝汉墓群

20 世纪五六十年代，在清镇、平坝特别是两县毗邻地域的清镇县（今清镇市）琊陇坝及苗坟坡、平坝县金家大坪及平庄等处，发现了一批汉代墓葬。

其一，1954 年，平坝羊昌布依族苗族乡羊昌河畔出土一批铁、铜、陶、漆等质地

---

① 贵州省博物馆考古组：《贵州兴义、兴仁汉墓》，《贵州田野考古四十年：1953—1993》，贵阳：贵州民族出版社 1993 年版第 271 页。
② 以上见贵州省博物馆考古组：《贵州兴义、兴仁汉墓》，《贵州田野考古四十年：1953—1993》，贵阳：贵州民族出版社 1993 年版第 268-269、271 页；贵州省地方志编纂委员会：《贵州省志·文物志》，贵阳：贵州人民出版社 2003 年版第 59 页。
③ 贵州省博物馆考古组：《贵州兴义、兴仁汉墓》，《贵州田野考古四十年：1953—1993》，贵阳：贵州民族出版社 1993 年版第 271、269 页；贵州省地方志编纂委员会：《贵州省志·文物志》，贵阳：贵州人民出版社 2003 年版第 59 页。
④ 参见贵州省博物馆：《贵州清镇平坝汉墓发掘报告》，《贵州田野考古四十年：1953—1993》，贵阳：贵州民族出版社 1993 年版第 203 页。
⑤ 刘恩元等：《普安铜鼓山遗址发掘报告》，《贵州田野考古四十年：1953—1993》，贵阳：贵州民族出版社 1993 年版第 85 页。
⑥ 参见刘恩元等：《普安铜鼓山遗址发掘报告》，《贵州田野考古四十年：1953—1993》，贵阳：贵州民族出版社 1993 年版第 67-82 页。

文物。其中，铁器尚可辨认者为三脚架。"初步估计……为汉代晚期"器物。①

其二，1956年、1957年春、1957年底至1958年初，在平坝县夏云镇金银乡金家大坪、平庄乡及老鸡场、清镇琊陇坝及苗坟坡等地3次发掘，清理墓葬28座，时当西汉末至东汉初。出土铁、铜、陶、漆、石等质地随葬品300余件，包括生产工具、生活用具、兵器、饰物等类型。其中，铁器22件，包括生产工具3件：犁1件，锄1件，斧1件；生活用具6件，均为釜；兵器13件：剑3件，刀10件，刀身长23.5厘米。②

其三，1958—1959年，在清镇、平坝交界处的尹关、琊陇坝、芦荻哨、下山口、余家龙潭、新新桥、冷坝、牧马场和土门寨等地发现古墓约300座；发掘清理140座，其中汉墓36座，约占26%。汉墓出土铁、铜、陶、银、水晶、玛瑙、琥珀、漆等质地随葬品。其中，铁器25件：锄1件，铲1件，刀及剑15件，釜5件，三脚架3件。③

其四，1966年，在平坝县天龙镇清理墓葬6座，时当汉代。出土铁、铜、陶等质地随葬品60余件。铁器有刀、釜。④

此外，2011年，清镇化龙镇城南村出土铁镈，长约20厘米，宽10厘米，系锄草农具。⑤

清镇、平坝汉墓历次发掘计清理墓葬70来座，出土铁、铜、陶、金、银、木、石、玛瑙、琥珀、琉璃、漆等质地生产用具、生活用具、兵器、饰物等类型文物至少七八百件。文物中，铁器数十件，包括犁、锄、镈、铲、斧、剪等生产工具，釜、三脚架等生活用具，刀、剑等兵器。尤为值得注意的是，清镇M10号墓出土的铁犁，"形制比锄为大，口略呈尖角形，有两肩，肩有槽。全长19.5厘米"。⑥

清镇、平坝汉墓有的墓葬规模大，随葬品丰富，反映出墓主之富有。清镇M1号墓由甬道及前、中、后三室4部分组成，全长10.7米，宽1.9米。⑦M15号墓出土的铜马，"足至背高18.5厘米。昂首竖耳，短尾上翘，张口作嘶鸣状，嘴内含有铁嚼环，形态矫健"。M1、M11号墓出土的摇钱树，树干、枝、叶上铸满了钱币、动物、飞凤

---

①熊水富：《羊昌河灌溉工程中发现了一批古文物》，《贵州田野考古四十年：1953—1993》，贵阳：贵州民族出版社1993年版第188页。

②贵州省博物馆：《贵州清镇平坝汉墓发掘报告》，《贵州田野考古四十年：1953—1993》，贵阳：贵州民族出版社1993年版第192、197、204-205页。

③参见贵州省博物馆：《贵州清镇平坝汉至宋墓发掘简报》，《贵州田野考古四十年：1953—1993》，贵阳：贵州民族出版社1993年版第208、209、210页。

④参见贵州省地方志编纂委员会：《贵州省志·文物志》，贵阳：贵州人民出版社2003年版第56页；贵州省博物馆：《贵州清镇平坝汉墓发掘报告》，《贵州田野考古四十年：1953—1993》，贵阳：贵州民族出版社1993年版第213-215页。

⑤《化龙镇"铁镈"再现：盖新房挖出汉代铁锄头》，《寿光日报》，中国寿光网，2011年1月10日。

⑥贵州省博物馆：《贵州清镇平坝汉墓发掘报告》，《贵州田野考古四十年：1953—1993》，贵阳：贵州民族出版社1993年版第205页。

⑦参见贵州省地方志编纂委员会：《贵州省志·文物志》，贵阳：贵州人民出版社2003年版第55页。

的形象。① M65、M97 号墓出土铜印章 3 枚，其中 2 枚印文明白地刻为"樊千万""赵千万"。②

2. 安顺宁谷汉墓群

位于安顺市宁谷镇。1971—1998 年 4 次发掘，清理墓葬 22 座，时当西汉晚期至东汉末。出土铁、铜、陶、金、银、石、玛瑙、琥珀、漆等质地文物 120 余件，钱币近 600 枚。出土文物中，铁器有釜、三脚架、钉、刀、剑等。③ 当地群众称宁谷墓葬"为'瑶堡'或'瑶人堡'，说是古代'瑶人'的住宅"。④ 墓葬出土铁器，说明铁器传入了当地土著民族中。墓葬又出土寄寓求富愿望的铜摇钱树 2 件，铁质树干，铜钱形树叶。⑤

（四）黔北汉墓考古

1. 仁怀合马东汉墓

位于仁怀县合马区（今合马镇）。于 1991 年发现并发掘墓葬 1 座，时当东汉中晚期。砖室墓，长 6.5 米，宽 2.5 米。出土铁、铜、陶等质地文物 18 件，铜钱 11 枚。文物中，铁器 7 件，包括剑 2 件、刀 5 件。出土随葬品与贵州其他地区及四川东汉墓所出相似，"这反映出在东汉时期，中原文化已深入影响到贵州的大部分地区"。⑥

墓葬出土随葬品陶质抚琴俑、听琴俑各 1 件。抚琴俑"高 27.5 厘米，宽 25.5 厘米，头上着帻，身穿宽袖长袍，盘腿而坐，琴平置于膝上，双手抚琴，面带微笑，一副怡然自得的样子"。听琴俑"高 24 厘米，宽 17 厘米。发髻高束，身穿宽袖长袍，为一成年女性。身体朝前微倾，头向右斜作侧耳状，神态祥和，面带微笑，仿佛已被那悠扬的琴声打动了"。⑦ 帻、宽袖长袍是汉代中原地区流行的包头巾及服装，从抚琴俑、听琴俑的服饰看，墓主及抚琴者、听琴者应是汉人。

墓葬出土随葬品陶质屋 1 件、鸡 2 件、狗 1 件、猪 1 件。陶屋"平顶，下撑有四根

---

① 参见贵州省博物馆：《贵州清镇平坝汉墓发掘报告》，《贵州田野考古四十年：1953—1993》，贵阳：贵州民族出版社 1993 年版第 203 页。
② 参见贵州省博物馆：《贵州清镇平坝汉至宋墓发掘简报》，《贵州田野考古四十年：1953—1993》，贵阳：贵州民族出版社 1993 年版第 209 页；贵州省地方志编纂委员会：《贵州省志·文物志》，贵阳：贵州人民出版社 2003 年版第 55 页。
③ 参见贵州省地方志编纂委员会：《贵州省志·文物志》，贵阳：贵州人民出版社 2003 年版第 56 页。
④ 刘恩元：《安顺宁谷古汉墓》，《贵州田野考古四十年：1953—1993》，贵阳：贵州民族出版社 1993 年版第 220 页。
⑤ 李衍垣：《贵州安顺宁谷发现东汉墓》，《贵州田野考古四十年：1953—1993》，贵阳：贵州民族出版社 1993 年版第 218 页；刘恩元：《安顺宁谷古汉墓》，《贵州田野考古四十年：1953—1993》，贵阳：贵州民族出版社 1993 年版第 224 页。
⑥ 参见顾新民等：《仁怀合马东汉砖室墓清理简报》，《贵州田野考古四十年：1953—1993》，贵阳：贵州民族出版社 1993 年版第 312-314 页。
⑦ 顾新民等：《仁怀合马东汉砖室墓清理简报》，《贵州田野考古四十年：1953—1993》，贵阳：贵州民族出版社 1993 年版第 313 页。

粗大的圆柱"；雏鸡"羽翼未丰，尖啄雏冠，形态逼真"；母子鸡，"母鸡昂首卧于地上，背上伏一小鸡，造型生动、别致"；狗"体型硕健，神态凶猛"；猪"体态肥硕，四肢短壮"。① 展现出一幅中世纪自给自足的农耕经济生活气象。

2. 务川大坪汉墓

位于务川仡佬族苗族自治县大坪镇。发现于1981年，1984—1987年3次清理墓葬7座。墓葬时代为西汉初期至东汉晚期。出土铜、陶质地文物数十件，五铢、剪轮五铢、货泉、半两等钱币约21公斤。87WDM6号墓出土铜印章1枚，印文"夏带""大利"。②

（五）黔西北汉墓考古

赫章、威宁、黔西、毕节均有汉墓发现，代表性的为赫章可乐古墓群、威宁中水古墓群。

1. 黔西甘棠汉墓群

第一，林泉汉墓群。位于黔西县西林泉镇野坝、罗布垮等地。1972年，发掘清理墓葬10余座，其中东汉中晚期墓7座。出土铁、铜、陶、贝等质地文物77件，五铢、大泉五十、剪轮等钱币36枚。铁器为长刀1把。③ 陶器中有抚筝俑、舞蹈俑。抚筝俑"作跪坐状，身穿右衽长袍，筝横置于双膝之上，低首，阴线刻出衣纹及弦"。舞蹈俑"作蹲跪状，右腿跪，左腿前曲，左手置于膝头，右手高举，似舞蹈形状"。④

第二，甘棠汉墓群。位于黔西甘棠乡。1973年，发掘墓葬10座，时当东汉。出土铁、铜、陶、银、琥珀等质地文物42件，五铢、大泉五十、剪轮等钱币36枚。铁器有刀7件，钉及马饰。⑤

2. 毕节双树湾汉墓群

位于毕节县（今毕节市七星关区）城关镇双树湾村，有墓葬近百座。1987年，清理墓葬1座，时当东汉。出土的陶质文物有：陶狗1只，"高20厘米，两耳下耷，双眼微凸，注视前方，张口，长身短足，臀部肥胖"；鸡舍模型1件，"内分四格。隔墙中央蹲一母鸡，头仰视左方。右方格上站一公鸡，伸颈俯视，十分雄健"；马两匹，"四

---

① 参见顾新民等：《仁怀合马东汉砖室墓清理简报》，《贵州田野考古四十年：1953—1993》，贵阳：贵州民族出版社1993年版第313页。

② 参见贵州省地方志编纂委员会：《贵州省志·文物志》，贵阳：贵州人民出版社2003年版第54页；宋先世等：《贵州务川新出两汉铜器》，《贵州田野考古四十年：1953—1993》，贵阳：贵州民族出版社1993年版第309页。

③ 参见贵州省博物馆：《贵州黔西县汉墓发掘报告》，《贵州田野考古四十年：1953—1993》，贵阳：贵州民族出版社1993年版第228-230页。

④ 贵州省博物馆：《贵州黔西县汉墓发掘报告》，《贵州田野考古四十年：1953—1993》，贵阳：贵州民族出版社1993年版第230页。

⑤ 参见唐文元：《黔西甘棠汉墓群》，《贵州田野考古四十年：1953—1993》，贵阳：贵州民族出版社1993年版第233页。

肢直立,头微仰,直视前方,耸耳,闭嘴,尾短"。栩栩如生,惟妙惟肖,一幅自给自足的农业经济情景。①

3. 威宁中水古墓群

发现于20世纪60年代,1978年、1979年两次发掘,计发掘墓葬58座。墓葬分Ⅰ、Ⅱ两型,Ⅰ型墓10座,Ⅱ型墓48座。②墓葬年代为战国至东汉,西汉居多,少量为东汉,其余为战国。Ⅰ型墓"以汉族风格为主",年代"约在西汉早中期"。Ⅱ型墓为"夜郎旁小邑",年代当战国至汉代。③两次发掘出土的文物400多件,质地有铁、铜、陶、玉石等,类型有兵器、生活用品、饰品。铜器最多,陶器次之,铁器最少,为52件。52件铁器中,基本为刀、矛、剑等兵器件。④这些铁器既出土于Ⅰ型"汉族风格为主"墓,也出土于Ⅱ型"夜郎旁小邑"墓。如1979年发掘出土的14件铁器中,3件出自Ⅰ型"汉族风格为主"墓,为刀、剑;11件出自Ⅱ型"夜郎旁小邑"墓,为刀、矛、铁钩。⑤无论出自何型墓葬,几乎都出于西汉中叶及其以后之墓葬,基本不见于西汉早期及更早时代之墓葬。⑥

Ⅰ型墓随葬品"较为丰富",Ⅱ型墓随葬品"一般都很贫乏"。如1978年发掘Ⅰ型"汉族风格为主"M19号墓,出土随葬品20件。其中,铁器1件,为环柄铁刀;铜器14件:铜釜2件、铜洗2件、铜碗2件、铜钉1件、铜镞1件、铜镯1件、铜铃1件、铜带钩2件、铜扣饰1件,以及铜钱;陶器4件:陶罐1件、陶碗3件;玉器1件,为玉珠。⑦19号墓出土1件鲵鱼形铜带钩,"琵琶形两侧斜出四翼,颇似贵州水产娃娃鱼"。⑧鲵鱼背部一侧有阴刻隶书"日利八千万"5字。⑨此外还出土西汉五铢钱、王莽

---

①参见贵州省地方志编纂委员会:《贵州省志·文物志》,贵阳:贵州人民出版社2003年版第58页。
②参见贵州省博物馆考古组等:《威宁中水汉墓》,《贵州田野考古四十年:1953—1993》,贵阳:贵州民族出版社1993年版第165-166页;贵州省博物馆考古组:《威宁中水汉墓第二次发掘》,《贵州田野考古四十年:1953—1993》,贵阳:贵州民族出版社1993年版第182-183页。
③贵州省博物馆考古组等:《威宁中水汉墓》,《贵州田野考古四十年:1953—1993》,贵阳:贵州民族出版社1993年版第162、146、160、162页。
④参见贵州省博物馆考古组等:《威宁中水汉墓》,《贵州田野考古四十年:1953—1993》,贵阳:贵州民族出版社1993年版第144、157-159页;贵州省博物馆考古组:《威宁中水汉墓第二次发掘》,《贵州田野考古四十年:1953—1993》,贵阳:贵州民族出版社1993年版第169、179-180页。
⑤参见贵州省博物馆考古组:《威宁中水汉墓第二次发掘》,《贵州田野考古四十年:1953—1993》,贵阳:贵州民族出版社1993年版第182-183页。
⑥参见贵州省博物馆考古组等:《威宁中水汉墓》,《贵州田野考古四十年:1953—1993》,贵阳:贵州民族出版社1993年版第162页。
⑦贵州省博物馆考古组等:《威宁中水汉墓》,《贵州田野考古四十年:1953—1993》,贵阳:贵州民族出版社1993年版第146页。
⑧参见贵州省博物馆考古组等:《威宁中水汉墓》,《贵州田野考古四十年:1953—1993》,贵阳:贵州民族出版社1993年版第146、156页。
⑨参见唐文元等:《夜郎文化寻踪》,成都:四川人民出版社2001年版第66页。

时代的"大泉五十"。①

4. 赫章可乐古墓群

赫章古属秦、汉汉阳县，为汉阳县治及汉阳都尉所在地。秦开五尺道，唐蒙出使夜郎、治"南夷道"，由今川南进入贵州，第一站即为汉阳。可乐位于赫章西北，系一彝族苗族乡。可乐河自西向东横贯可乐坝子，坝子两边为50米左右小土山，土山外群山延绵。学术界通过对可乐考古资料的研究，以为"可乐应是汉代汉阳县的治所"。②

可乐古墓群分布于可乐河两岸。北岸大致为"中原式的汉墓"，称"汉式墓"，命名为甲类墓，墓主"应系汉族"；南岸大致为"土著墓葬"，称"南夷墓"，命名为乙类墓，墓主当属"战国秦汉时期的濮族系统"。③古墓群发现于1958年，其后进行过多次发掘，计清理墓葬370余座，出土文物2000余件，"占贵州已发掘战国秦汉时期500余座墓葬的三分之二，出土文物为贵州历史时期文物总数的二分之一"。④文物质地有铁、铜、陶、石、玉、玛瑙等，类型有生产工具、生活用品、兵器、装饰品等。多次发掘中，大规模的发掘有两次，分别为20世纪70年代末和2000年。2000年的发掘以其丰富、精美的文物与独具特色的"套头葬"习俗被评为2001年度全国十大考古新发现。

20世纪70年代末和2000年的两次大规模发掘，计清理墓葬318座。其中，甲类汉式墓42座，乙类南夷墓276座。甲类汉式墓均为汉代墓葬，乙类南夷墓为战国、秦、汉墓葬。第一次大规模发掘乙类168座南夷墓中，141座为汉代墓葬；第二次大规模发掘乙类108座南夷墓中，有文物出土的为55座，其中18座为战国晚期、秦、西汉墓葬。⑤甲类汉式墓随葬品多有兵器且数量不少，说明墓主可能"为奉调迁入的兵士"。⑥有的则少有或没有兵器，如第二次大规模发掘墓葬中M284号墓随葬品21件，其中有铁器6件，均属锸、铚、斧、削等生产工具；陶器15件，为罐、釜、壶、豆、碗、盂、纺轮等生活用具；此外有少量铜钱，⑦说明墓主可能为"应募迁来的'豪民'类"。⑧这是西汉"募豪民田南夷"的证明。两次大规模发掘计出土文物近2000件，铜钱约6000枚。文物中，铁器近300件，包括铧、锄、钁、铲、锸、铚、锤、斧、斤、

---

①参见贵州省博物馆考古组等：《威宁中水汉墓》，《贵州田野考古四十年：1953—1993》，贵阳：贵州民族出版社1993年版第157页。
②贵州省博物馆考古组等：《赫章可乐发掘报告》，《贵州田野考古四十年：1953—1993》，贵阳：贵州民族出版社1993年版第119页。
③贵州省博物馆考古组等：《赫章可乐发掘报告》，《贵州田野考古四十年：1953—1993》，贵阳：贵州民族出版社1993年版第88、120、123页。
④李嘉琪：《赫章可乐2000年发掘报告》，北京：文物出版社2008年版第204页。
⑤参见贵州省博物馆考古研究所等：《赫章可乐发掘报告》，《贵州田野考古四十年：1953—1993》，贵阳：贵州民族出版社1993年版第124-134页；李嘉琪：《赫章可乐2000年发掘报告》，北京：文物出版社2008年版第374-387页。
⑥李嘉琪：《赫章可乐2000年发掘报告》，北京：文物出版社2008年版第33页。
⑦参见李嘉琪：《赫章可乐2000年发掘报告》，北京：文物出版社2008年版第374页。
⑧李嘉琪：《赫章可乐2000年发掘报告》，北京：文物出版社2008年版第33页。

短刀、刮刀、小刀、削刀、锥、凿、钎、钻、剪、夹、钉、锯片、铁片等农业、手工业生产工具，釜、三脚架、钟、灯、带钩、衔、镫等生活用具，铜柄铁剑、剑、长刀、矛、削、镞等兵器。出土铁器中，甲类汉式墓140余件，多数为农业、手工业生产工具，种类丰富，有铲、锸、铚、锤、斧、斤、短刀、削、凿、钎、钻、剪、锥、夹、钉头等，此外为釜、三脚架、钟、灯、带钩、衔、镫等生活用具，长刀、矛、剑、削、镞等兵器。两次大规模发掘，汉式墓42座，南夷墓276座，二者比例为1∶6.57；汉式墓出土铁器约140件，南夷墓出土铁器约150余件，二者比例为1.4∶1.5，接近1∶1。甲类汉式墓出土铁器远多于乙类南夷墓。汉族移民将中原的先进铁器特别是生产工具带入了夜郎地域。乙类南夷墓出土铁器150余件，种类包括铧、锄、钁、锸、刮刀、小刀、削刀、钎、钉、铁片等生产工具，釜、三脚架、带钩等生活用具，铜柄铁剑、剑、刀等兵器。第一次大规模发掘，南夷墓不仅出土了120来件铁器，而且其中有100余件即绝大多数出土于汉代墓葬，包括了生产工具铧、锄、钁、锸、削、钎，生活用具釜、三脚架、带钩，兵器铜柄铁剑、剑、刀等各种类型。第二次大规模发掘，南夷墓出土的33件铁器中，有20件即大多数出自战国晚期至汉代墓葬，包括钁、锸、小刀、刮刀、削刀、铁片、铜柄铁剑、戈、刀等类型，较之该类墓葬出土铁器所有类型仅缺钎、钉、剑。① 通过对出土铁器"进行金相实验研究，发现有脱碳铸铁、麻口铁、铸铁脱碳钢和砂钢等制品，具有较高的制作水平，与中原地区的钢铁技术同属以生铁冶炼和生铁制钢技术为主的钢铁技术体系，表明中原地区的钢铁技术在该地区得到较多体现和应用"。汉式与南夷两类墓尽管"在铁器的随葬数量、种类和形制上有一定差异，但在铁器加工和制作技术基本相同，说明制钢技术或者铁制品在不同族属之间是相同的"。② 这表明，随着西汉王朝逐步开发夜郎，汉族移民将铁器推广到夜郎民族之中，铁器输入夜郎的速度大大加快，夜郎民族进一步接受并使用铁器，进一步接受汉文化的影响。虽然夜郎民族至迟在战国时期即已开始使用铁器，由濮人演化而来的仡佬族也素有"打铁仡佬"之称，但是，随着较多汉族移民的到来，夜郎民族接受并使用铁器的速度显著加快了。

铁器输入之外，中原的农田水利灌溉技术也传入夜郎地域。赫章第一次大规模发掘甲类M15号墓，还出土了象征中原的农田水利灌溉技术的陶制水田水塘模型，"长方形，一半为水塘，一半为水田。水塘中有螺蛳3个。田分4块，各有螺蛳1个"。③ 水塘蓄水，与水田洞涵相通。

---

① 参见贵州省博物馆考古研究所等：《赫章可乐发掘报告》，《贵州田野考古四十年：1953—1993》，贵阳：贵州民族出版社1993年版第124-134页；李嘉琪：《赫章可乐2000年发掘报告》，北京：文物出版社2008年版第374-387页。
② 李嘉琪：《赫章可乐2000年发掘报告》，北京：文物出版社2008年版第206、204-205页。
③ 贵州省博物馆考古研究所等：《赫章可乐发掘报告》，《贵州田野考古四十年：1953—1993》，贵阳：贵州民族出版社1993年版第102页。

较之南夷墓，汉式墓规格高，随葬品数量多且珍贵精致。第二次大规模发掘，南夷墓108座，墓室一般长2米多，宽1米以下，无封土，无墓道，15座有棺木，其余是否有棺木，"尚不可确定"。108座墓中，52座即48％无随葬品；56座即52％有随葬品，数量较少，最少的仅有1件。汉式墓3座，规格都较大，墓室大致长3米多，宽2米；均有棺木；都有随葬品，数量大致在10—20件。① 第一次大规模发掘，南夷墓168座，墓室一般仅长2米，宽1米。最大者M165号墓，长3.7米，宽2.7米；最小者M57号墓，长1.1米，宽0.45米。无封土，无墓道，绝大多数无棺木。② 168座墓中，64座即38％左右的无随葬品；有随葬品的一般也仅1—4件，至多10余件。③ 汉式墓规模则较大，墓室一般长3—6米，宽3米；最大者M8号墓，长近17.7米，宽4.5米左右；最小者M51号墓，长2.8米，宽2.2米。都有棺木，有封土，有的有墓道。都有随葬品，一般在20件以上，最多的达130余件。M8号墓有前后两室，前室长5米余，宽4米多；后室长8米余，宽近5米。随葬品达多130余件。其一，铁器17件：刀6件，剑4件，矛2件，削4件，锥1件。其二，铜器77件。其中，生活用品48件：釜7件，钵4件，篼3件，洗4件，壶1件，烹炉1件，盒1件，碗2件，豆2件，盘3件，勺1件，瓶1件，灯3件，甑2件，盉1件，鉴1件，镜2件，熨斗2件，鐎斗4件，带钩1件，唾壶1件，泡钉1件；马具12件：盖弓帽4件，辔5件，軨1件，镦1件，衔镳1件；武器7件：矛2件，弩机4件，蒺藜1件；饰品6件：漆器铜饰2件，耳环1件，铃1件，环2件；其他不明物品4件，以及五铢钱590枚。其三，陶器7件：罐3件，钵1件，珠1件，井1件，瓦1件。其四，漆器、金银器、石器等33件：漆耳杯1件，漆盘3件，金钏1件，银环3件，黛砚4件，石镇2件，锅庄石2件，水晶珠1件，水晶2件，玛瑙珠1件，琥珀珠饰11件，绿松石珠1件，铢铅1件。④ 上述葬品包括铁、铜、陶、漆、金、银、石、水晶、玛瑙、琥珀等各种材料，生产生活用品、兵器、装饰品、钱币等各种类型，仅大型铜器就有20多件，大型兵器就有10多件。

汉式墓出土钱币、摇钱树显示了墓主的富有。第一次大规模发掘的39座汉式墓中，有33座出土铜钱，计5981枚；M10号墓多达2258枚。这些铜钱多成堆成串，有

---

① 李嘉琪：《赫章可乐2000年发掘报告》，北京：文物出版社2008年版第58、60、374页。

② 参见《赫章可乐发掘报告》，《贵州田野考古四十年：1953—1993》，贵阳：贵州民族出版社1993年版第112页。正文所述最大墓墓号及尺寸均有误，据《赫章可乐发掘报告·可乐乙类墓登记表》改正，参见《贵州田野考古四十年：1953—1993》，贵阳：贵州民族出版社1993年版第133页。

③ 贵州省博物馆考古研究所等：《赫章可乐发掘报告》，《贵州田野考古四十年：1953—1993》，贵阳：贵州民族出版社1993年版第113页。南夷墓无随葬品墓数量，原报告为62座，据《赫章可乐2000年发掘报告》所附《赫章可乐发掘报告》改正为64座，参见李嘉琪：《赫章可乐2000年发掘报告》，北京：文物出版社2008年版第445页。

④ 以上参见贵州省博物馆考古研究所等：《赫章可乐发掘报告》，《贵州田野考古四十年：1953—1993》，贵阳：贵州民族出版社1993年版第92-93、96、124页。

的用棕绳编串,有的用麻织品包裹。① M15 号墓出土铜摇钱树,"大小 40 余残片,有鸟翼形,枝条形,钱叶片等。钱叶片上有'千万'字样,钱间有车马人物。人物姿态各异,有前行后送,回首顾盼,持械相斗,吹奏舞蹈,等等。服饰发髻隐约可见。马套车,扬蹄飞奔。构图极为生动"。②

(六)封建生产关系的产生与"夷"汉文化交流融合

1. 铁器及中原耕作技术的传入

黔西南、黔中、黔北、黔西北等地域汉墓出土随葬品,几乎都有铁器,尤以黔西北赫章可乐为丰富,近 300 件。出土铁器品种丰富,农业、手工业生产工具类有铧(又称犁)、锄、镘、镈、铲、锸、铚、锤、斧、斤、短刀、刮刀、小刀、削刀、锥、凿、钎、钻、剪、夹、钉、锯片等,生活用具有釜、三脚架、钟、灯、带钩、衔、镫等,兵器有铜柄铁剑、剑、长刀、矛、匕首、削、铤、镞等。作为中世纪生产力最具代表性的铁铧(又称铁犁),尽管仅在清镇 M10 号墓、赫章可乐 M153 号墓各出土一件,但毕竟意味着作为中世纪生产力标志的铁制工具已传入夜郎民族地区。赫章可乐出土铁器,经实验检测,证明"具有较高的制作水平,与中原地区的钢铁技术同属以生铁冶炼和生铁制钢技术为主的钢铁技术体系,表明中原地区的钢铁技术在该地区得到较多体现和应用"。③虽然夜郎民族的使用铁器并非始自西汉,至迟在战国时期,即已有使用铁器的记载,由濮人演化而来的仡佬族也素有"打铁仡佬"之称,但是,随着西汉中叶逐步开发夜郎,随着较多汉族移民的到来,铁器输入夜郎的速度显著加快了,夜郎民族接受并使用铁器的速度显著加快了。可乐墓葬中,汉式墓出土铁器的比例远高于南夷墓,约 6∶1;南夷墓出土铁器中,80％出自汉代墓葬;较之汉式墓,南夷墓出土铁器的比例虽低,但绝对数字也不小,达 150 来件,包括了铧、锄、镘、锸、削、钎等生产工具,釜、三脚架、带钩等生活用具,铜柄铁剑、剑、刀等兵器,涵盖各种类型。考古资料中言及的汉代汉族移民在铁器输入夜郎地域的重要作用,为夜郎民族接受并使用铁器的速度显著加快提供了佐证。

中原耕作技术的传入,以水利灌溉方面最为典型。兴仁交乐汉墓、兴义万屯汉墓、赫章可乐汉墓均有陶制水田池塘模型出土。圆形陶盘内,一边为水田,禾苗株株,青翠欲滴;一边为池塘,荷花盛开,鱼儿游弋;水田、池塘之间,涵洞沟通,以便灌溉。这是中原水利灌溉技术传入夜郎地域的形象反映。

农业而外,考古资料也为汉代夜郎手工业、商业的发展提供了佐证。各地出土铜

---

① 参见贵州省博物馆考古研究所等:《赫章可乐发掘报告》,《贵州田野考古四十年:1953—1993》,贵阳:贵州民族出版社 1993 年版第 108 页。
② 贵州省博物馆考古研究所等:《赫章可乐发掘报告》,《贵州田野考古四十年:1953—1993》,贵阳:贵州民族出版社 1993 年版第 108 页。
③ 李嘉琪:《赫章可乐 2000 年发掘报告》,北京:文物出版社 2008 年版第 206 页。

器，均有造型优美、工艺精湛的精品，如马车、摇钱树、釜、鼓、洗、壶等；普遍出土半两、五铢、剪轮五铢、货泉、大泉五十等钱币；赫章可乐第一次大规模发掘汉式墓中，出土铜钱多成堆成串，有的用棕绳编串，有的用麻织品包裹，M10号墓随葬钱币多达2250余枚。[①] 兴仁交乐汉墓出土铜印印文"巨王千万"，清镇汉墓出土铜印印文"赵千万""樊千万"，务川大坪汉墓出土铜印印文"大利"，威宁中水汉墓出土铜带钩铭文"日利八千万"，反映的应是商人获利甚丰并成为富翁的现象。而兴仁交乐、兴义万屯、清镇、安顺宁谷、赫章可乐等地汉墓出土的近10件铜质摇钱树，干、枝、叶缠满了钱币图案，既表达了墓主求富的愿望，也是墓主富裕的象征。一大批汉族农民、豪强、士兵及官吏进入夜郎，不仅促进了夜郎地区农业的发展，也促进了夜郎地区手工业、商业的发展。

2. 封建生产关系的产生

铁器输入今贵州具有划时代的意义。按照历史唯物主义的一般原理，石器和木器造就的只能是原始生产力及原始社会形态，青铜器造就的只能是奴隶制生产力及奴隶社会形态；而铁器的出现，注定要将人类社会推进至农业经济时代及封建社会形态。生产力的革命性飞跃，使得一家一户为基础的农耕经济得以成立，编户齐民、交粮纳税得以施行，国家对民庶的直接治理得以实现。汉代夜郎大地数万编户、数十万汉族移民的出现，就是这种新式生产力、新式经济形态、新式社会形态步入、扎根夜郎地域的标志。它必然对尚处于原始时代、奴隶制时代的夜郎民族产生巨大的影响力、吸引力，对夜郎民族及社会的发展进步产生巨大的影响力及推动力，并为中原儒文化的传入及流播奠定初始基础。在奴隶制甚至土司制下，官府只能或多或少影响土著民族上层，无法施政于民。唯有编户齐民，官府才有可能直接治民，儒学教育、学校兴办、人才选拔，进而纲常思想的渗透，才有可能次第施行并向下层民庶延伸。

其一，封建生产关系的直接输入夜郎。进入夜郎的汉族移民，在将铁器及中原耕作技术带入夜郎的同时，也将中原地区的封建生产关系移入了夜郎。牂牁郡，西汉有户24200余，东汉有户31500余。与今黔北、黔西北边缘、黔东北、黔东南边缘相关的郡，巴郡有户31600余，蜀郡有户300400余，犍为郡有户137700余，武陵郡有户46600余，[②] 其中必定有少量户口属于今贵州。这些编户向官府交粮纳税，受封建国家直接管辖，纳入了封建生产关系的范畴。兴仁交乐汉墓出土农家风格的陶质水田池塘

[①] 参见贵州省博物馆考古研究所等：《赫章可乐发掘报告》，《贵州田野考古四十年：1953—1993》，贵阳：贵州民族出版社1993年版第108页。

[②] 以上参见《汉书·地理志》，《二十五史》第1册，上海：上海古籍出版社、上海书店1986年版第154页；《后汉书·郡国志》，《二十五史》第1册，上海：上海古籍出版社、上海书店1986年版第75、74页。

模型、屋、井、灶、鸡、狗；① 遵义仁怀合马汉墓出土陶质屋、鸡、狗、猪；② 毕节双树湾汉墓出土陶质狗、鸡舍、马。③ 雏鸡"羽翼未丰，尖啄雏冠，形态逼真"；母鸡"昂首卧于地上，背上伏一小鸡，造型生动、别致"；狗"体型硕健，神态凶猛"；猪"体态肥硕，四肢短壮"。④ 马"四肢直立，头微仰，直视前方，耸耳，闭嘴，尾短"。⑤ 栩栩如生，惟妙惟肖，自给自足的农业经济情景跃然纸上。

其二，汉族豪民的富有、悠闲——封建地主经济优越性的显示及其垂范效应。进入夜郎的汉族移民，使用先进的铁质工具和耕作技术经营生产生活，原为豪富的更富，原为平民的也有人成了富户；较之夜郎土著民族，他们显得更为富有、尊贵、儒雅、悠闲。各地发掘、清理的汉代墓葬，汉人墓葬的规格普遍比"夷人"墓葬高，随葬品的数量也更多。赫章可乐发掘的南夷墓无封土，无墓道；绝大多数无棺木；墓室一般仅长2米，宽1米；最大者亦不过长3.7米，宽2.7米；40%左右的无随葬品；有随葬品的一般也仅1—4件，至多10余件。汉式墓则规模较大，都有棺木，有封土；有的有墓道；墓室一般长3—6米、宽3米，最大者长近17.7米，宽4.5米左右；都有随葬品，一般在20件以上，最多的如赫章可乐M8号汉式墓达130余件，该墓有前后两室，总长14米多，宽近5米。随葬品多达130余件件，包括铁器15件，铜器77件，陶器7件，漆器、金银器、石器等33件。随葬品中仅大型铜器就有20多件，大型兵器就有10多件。⑥ 兴仁交乐汉墓M14号墓占地100余平方米，封土高15米。墓室由主室、前室、后室、侧室4部分计10室构成。出土随葬品50余件，其中有铜车马、铜摇钱树、铜俑等珍贵、精致物件。⑦ 兴义万屯M8号汉墓包括墓室与甬道两部分，总长5.66米，宽1.9—2.47米。出土铜车马、铜摇钱树、陶质水田池塘模型等精致、珍贵随葬品35件。⑧ 兴义万屯汉墓、兴仁交乐汉墓、清镇汉墓出土的4件铜车马，尽显墓主的奢华。万屯M8号墓出土铜车马，马高88厘米，"分头、耳、颈、身躯、尾、肢11段"铸造，"除两耳外，其余9段皆沙模空心铸造，装配接头为子母口，由17个销拴圈定"；"昂

---

① 参见贵州省考古研究所：《贵州兴仁交乐汉墓发掘报告》，《贵州田野考古四十年：1953—1993》，贵阳：贵州民族出版社1993年版第245页。
② 参见顾新民等：《仁怀合马东汉砖室墓清理简报》，《贵州田野考古四十年：1953—1993》，贵阳：贵州民族出版社1993年版第313页。
③ 参见贵州省地方志编纂委员会：《贵州省志·文物志》，贵阳：贵州人民出版社2003年版第58页。
④ 顾新民：《仁怀合马东汉砖室墓清理简报》，《贵州田野考古四十年：1953—1993》，贵阳：贵州民族出版社1993年版第313页。
⑤ 贵州省地方志编纂委员会：《贵州省志·文物志》，贵阳：贵州人民出版社2003年版第58页。
⑥ 以上参见贵州省博物馆考古研究所等：《赫章可乐发掘报告》，《贵州田野考古四十年：1953—1993》，贵阳：贵州民族出版社1993年版第112、113、92-93、96、124、96页。
⑦ 参见贵州省考古研究所：《贵州兴仁交乐汉墓发掘报告》，《贵州田野考古四十年：1953—1993》，贵阳：贵州民族出版社1993年版第238页。
⑧ 以上参见贵州省地方志编纂委员会：《贵州省志·文物志》，贵阳：贵州人民出版社2003年版第59页；贵州省博物馆考古组：《贵州兴义、兴仁汉墓》，《贵州田野考古四十年：1953—1993》，贵阳：贵州民族出版社1993年版，第268-269、271页。

首翘尾，左前肢提起，张嘴露齿作嘶鸣状"；"造型优美，工艺精湛"。①交乐 M16 号墓出土铜车马，马同样"分段沙模空心浇铸，子母口衔接……分为头、耳、颈、身、尾、腿等 11 个部位合成"；车马总高 116 厘米，长 85 厘米，宽 108 厘米，"比巴郡守丞墓出土的车马还要高大，为国内汉墓出土之罕见"。②普遍出土的钱币，上有"赵千万""樊千万""巨王千万""大利""日利八千万"等铭文；黔中、黔西南、黔西北出土近 10 件铜质摇钱树，这些都是墓主富有的直接印证。

富有之余，琴声悠扬，舞女翩翩，豪民们尽情地享受着悠闲的娱乐生活。黔西南兴仁交乐汉墓 M16 号墓出土的陶质抚琴俑，"双膝并跪，身前置一古琴，琴身一端斜伸向左前方着地，另一端搁架于右腿上，左臂前伸，右臂内曲，以掌沿及中指、无名指、小指触弦面，拇、食二指捏作圆形拨弦弄琴，给人一种正在弹琴、琴韵幽雅的感受"。③黔北仁怀合马汉墓葬出土的陶质抚琴俑，"盘腿而坐，琴平置于膝上，双手抚琴，面带微笑，一副怡然自得的样子"。听琴俑"发髻高束，身穿宽袖长袍……身体朝前微倾，头向右斜作侧耳状，神态祥和，面带微笑，仿佛已被那悠扬的琴声打动了"。④黔西北黔西林泉汉墓出土的陶质抚筝俑，"作跪坐状，身穿右衽长袍，筝横置于双膝之上，低首，阴线刻出衣纹及弦"。舞蹈俑"作蹲跪状，右腿跪，左腿前曲，左手置于膝头，右手高举，似舞蹈形状"。⑤

两汉时期，夜郎大致处于奴隶制阶段，有的甚至尚处于原始时期。豪民的富有、悠闲，显示了新式生产方式的优越性，必然会对夜郎民族特别是某些上层首领产生垂范效应，产生吸引力和影响力。他们在新奇、羡慕之余，进而模仿、接纳。汉代土著墓葬中或多或少出土的铁器以及带有中原特色的随葬品，就是这种吸引、影响作用的产物。伴随着历史的进程，夜郎社会逐步发生变化，原处于原始制的，向奴隶制进化；原处于奴隶制的，慢慢地向封建领主制进化。"随着生产方式的逐步改变，夜郎等地的地方民族上层，政治上也逐步改变了抗拒和疏远的态度，转而倾心于向王朝真诚归附。"东汉初年，公孙述割据巴蜀，牂牁土著首领谢暹内附光武帝，即是明证；清镇汉

---

①以上见贵州省博物馆考古组：《贵州兴义、兴仁汉墓》，《贵州田野考古四十年：1953—1993》，贵阳：贵州民族出版社 1993 年版第 271、269 页；贵州省地方志编纂委员会：《贵州省志·文物志》，贵阳：贵州人民出版社 2003 年版第 59 页。

②以上参见贵州省考古研究所：《贵州兴仁交乐汉墓发掘报告》，《贵州田野考古四十年：1953—1993》，贵阳：贵州民族出版社 1993 年版第 247 页；贵州省地方志编纂委员会编：《贵州省志·文物志》，贵阳：贵州人民出版社 2003 年版第 60 页。

③参见贵州省考古研究所：《贵州兴仁交乐汉墓发掘报告》，《贵州田野考古四十年：1953—1993》，贵阳：贵州民族出版社 1993 年版第 245 页。

④顾新民等：《仁怀合马东汉砖室墓清理简报》，《贵州田野考古四十年：1953—1993》，贵阳：贵州民族出版社 1993 年版第 313 页。

⑤贵州省博物馆：《贵州黔西县汉墓发掘报告》，《贵州田野考古四十年：1953—1993》，贵阳：贵州民族出版社 1993 年版第 230 页。

墓出土两汉之际铜印章印文"谢买",即是牂牁谢氏内附的物证。①

实现大一统,亦即实现封建王朝对地方的中央集权,其前提是编户齐民,亦即对户口、田地进行登记,确定租税额度;编户直接向国家交粮纳税,国家直接管理编户。编户齐民、交粮纳税的前提是封建地主经济的发展,农民获得相对独立的人身权,拥有属于自己的土地,自行耕种,交租纳粮。地主经济发展的前提是社会生产力的提高,其标志就是铁器的制造及使用。社会生产力的提高,一家一户为单位的小农耕作方式得以成立,从而突破奴隶制下非人的集体劳作方式。两汉时期铁器较多、较快地输入夜郎并为夜郎民族所接受,预示着新的起点已经发端。夜郎地域的封建化进程尽管缓慢而漫长,直到清代大规模的改土归流之后才大致成型,但这个过程毕竟已经发端,而且是自两汉发端的。西汉开发夜郎,"募豪民田南夷",输入中原铁器及耕作技术,其经济、社会意义正在于此。

3. 夜郎文化与汉文化的交流融合

较之南夷墓,汉式墓规格高,随葬品数量多,显示出中原物质文明的发达及中原民族的富有。这无疑会对夜郎土著民族发生重大的示范作用及吸引力。

夜郎民族在保留本土文化的同时,吸收了汉民族的文化。汉民族在将中原发达的物质文明带入夜郎区域的同时,吸收了夜郎民族的文化。

其一,夜郎民族丧葬对汉民族习俗的吸收。赫章可乐所发掘的南夷墓中,有近30座存在一种特殊的葬俗"套头葬",墓主头部通常套一件铜釜或铜鼓、铁釜。M274号墓就是一座典型的套头墓葬。"两件辫索纹耳大铜釜相向侧立,分别套于死者头部及足部,另用铜洗盖脸,用铜洗盖臂或立于臂旁。"②墓葬、土葬是汉民族的葬俗,是儒家敬祖孝宗、重视丧葬观念的反映;夜郎民族则盛行火葬或天葬。随着与汉民族的接触交往,有的接受了汉民族的习俗,改而使用棺木,进行土葬;但在使用棺木土葬具时,又保留了本民族的"套头葬"习俗;而套头葬所用铜釜又"为汉文化墓葬中常见的环耳铜釜"而非鼓形铜釜、立耳铜釜。③"套头葬"反映了夜郎民族丧葬对汉民族习俗的吸收。

其二,汉民族对夜郎建筑文化的吸收融合。黔西南兴仁交乐汉墓、黔中清镇平坝汉墓、黔北仁怀合马汉墓、黔西北赫章可乐汉式墓普遍出土随葬品陶质干栏式房屋模型。陶屋模型分上、下两层,上层为居室,下层或"系碓房";或以"四根圆形立柱,柱顶叉形,两柱间横向架设一枋,承托上层房舍"。④干栏式住房,是西南地区为适应潮湿气候而修建的特色建筑。以陶屋模型随葬,是中原汉族的习俗;制成干栏式模型,

---

① 以上见侯绍庄等:《夜郎研究述评》,贵阳:贵州民族出版社2003年版第181页。
② 李嘉琪:《赫章可乐2000年发掘报告》,北京:文物出版社2008年版第284页。
③ 宋世坤:《试论夜郎与汉文化的关系》,《可乐考古与夜郎文化》,贵阳:贵州民族出版社2003年版第45页。
④ 贵州省博物馆考古研究所等:《赫章可乐发掘报告》,《贵州田野考古四十年:1953—1993》,贵阳:贵州民族出版社1993年版第102、103页。

则是对夜郎民族的干栏式建筑文化的吸收。

其三，汉民族对夜郎生活习俗的吸收融合。黔西南兴仁交乐汉墓、黔中清镇、平坝汉墓、安顺宁谷汉墓、黔西北赫章可乐汉墓普遍出土的铁三脚架，"圆形支圈，下接三只扁足，足外撇，支圈上向内伸出三根托条"。[①]中原民族釜置于灶上；夜郎民族煮食，釜置于火塘。进入夜郎的移民，为适应火塘式炊事，乃制作了铁三脚架，三脚架置于火塘，再将釜置于三脚架上。

物质生产与生活的彼此交流、吸收及融合，必然会进而向更深层次的文化、意识领域渗透。墓葬出土随葬品中，不乏带有汉文字铭文的物件及钱币，不乏刻有汉文字的印章，还出现了浸透着儒家理念的"敬""公"等文字。[②]伴随物质文化的传入，儒文化也或多或少开始传入并影响夜郎民族。

西汉时期，中原地区的封建地主经济已较为成熟，而夜郎及其周边地区尚处于原始社会、奴隶社会。朝廷实施开发夜郎方略，一批汉族农民、豪强、士兵及官吏进入夜郎，加快了中原先进生产工具铁器及耕作技术进入夜郎的速度，封建生产关系也同时植入夜郎，推动了夜郎社会的发展，尚处于原始社会的，开始向奴隶制社会转化；已处于奴隶制社会的，启动了向领主制社会转化的进程。

儒家农耕文明理念在夜郎地区的传播以及农耕文明的推广，推动了夜郎地区农业、手工业和商业的发展，推动了民族地区的社会进步，缩小了各民族之间经济、社会发展程度的差距；给各族民庶带来了实实在在的物质利益，展示了农耕文明的优越性。共同的经济利益或者说利益前景增进了民族之间的互信与感情，促进了土著民族与汉民族彼此间的心理沟通，促进了各民族共同生活方式的形成。物化儒学即农耕儒学，亦即农耕技术、手工业生产技术、商业流通在汉代夜郎地区的推广传播，为汉代夜郎民族与汉民族之间的认同奠定了初始的趋同物质基础。

西汉王朝开发夜郎，汉族移民将中原地区先进的铁生产工具及耕作技术带入夜郎民族之中，中原地区耕作技术输入夜郎的速度大为加快，夜郎民族进一步接受并使用铁器，进一步接受汉文化的影响。不过，从各地考古出土的文物看，金属物器中，铁器数量仍少于铜器；铁器中的农具数量不多，最具代表性的铧仅出土2件，亦无使用牛耕的物证。这说明，汉代开发夜郎后，中原地区先进的耕作技术输入夜郎的速度虽然较之此前大大加快，但总的说来，仍处于初始阶段，对于今贵州地区社会经济的发展尚未起到根本性的推动作用。直到明代，伴随大批屯垦军民的进入及贵州建省，今贵州地区的经济、社会面貌才发生了根本变化。

---

① 贵州省考古研究所：《贵州兴仁交乐汉墓发掘报告》，《贵州田野考古四十年：1953—1993》，贵阳：贵州民族出版社1993年版第247页。
② 参见贵州省博物馆考古组：《贵州兴义、兴仁汉墓》，《贵州田野考古四十年：1953—1993》，贵阳：贵州民族出版社1993年版第273页；李嘉琪：《赫章可乐2000年发掘报告》，北京：文物出版社2008年版第290页。

第三节　文化儒学、理论儒学的传入夜郎与初始传播

一、儒学的独尊及其初入夜郎

西汉中叶之初,朝廷"罢黜百家,独尊儒术",儒家典籍被专称为经,儒学被专称为经学。此后,儒学成为主流学术,儒家文化成为主流文化,儒家思想成为主流意识形态;儒学成为官方行政的理论依据,儒生成为官员选拔任用的主要对象。朝廷在京师设太学,置五经博士掌管儒经的诠释与传授。师从博士研习儒经的弟子(博士弟子员)最初为50人,成帝时增至3000人,王莽时更达万余人。地方设郡学、县校,再下设庠、序,学校设经师,传授儒学。官学而外,私学发达。儒学盛极一时,名家辈出,朝野内外,诵经成风;儒家思想特别是其三纲五常伦理观念渗透到社会生活的各个领域,渗透到社会下层。"汉人的物质生活、精神生活以及社会风俗等都浸润着经学的馨馥。"随着儒学的普及和发展,"原来存在较大差别的各地的生活方式和风俗逐渐趋于统一,显现出'天下为一,万里同风'的大趋势"。[①]

儒学的经典最初有6部,即《易》《诗》《书》《礼》《春秋》《乐》,称六经。秦焚书,《乐》亡佚,六经演变为五经,故西汉武帝时太学所立博士只有五经博士。东汉,五经之外增加《孝经》《论语》,称为七经。唐代,取消东汉七经中的《孝经》《论语》,将五经中的《礼》析为《仪礼》《周礼》《礼记》,《春秋》析为《左传》《公羊传》《谷梁传》,五经演变为九经。唐代后期,九经基础上,恢复东汉七经中的《孝经》《论语》,增加《尔雅》,九经演变为十二经。宋代,十二经之外加上《孟子》,演变为十三经。被称为儒家经典的,就是这13部著作。[②]

西汉中叶至东汉的350余年间,儒学内部先后出现过今文经学、古文经学两个主要流派。今文经学盛行于西汉,古文经学盛行于东汉。今文经学释经侧重于发挥经典的微言大义,学风较为活泼铺陈;着重于《春秋》特别是《春秋公羊传》的研究;西汉董仲舒的《春秋繁露》、东汉何休的《春秋公羊解诂》,是其研究的范本。古文经学

[①]吴雁南等:《中国经学史》,福州:福建人民出版社2001年版第166、171页。
[②]参见陈奇 等:《中国经学史纲要》,北京:中国言实出版社2011年版第12-13页。

治经强调文字名物训诂，学风较为朴实简练；东汉许慎的《说文解字》、郑玄的三《礼》注，是其研究的范本。东汉牂牁人尹珍赴洛阳问学，从许慎所学即为古文经学，从应奉所学即为今文经学。无论是今文经学还是古文经学，都是诠释儒经的学派，都为研究、发展、弘扬及扩大儒学的影响做出了巨大的贡献。

两汉数百年间，一批官吏、军人、豪强及农民进入夜郎。这些官吏、军人、豪强及农民，少数来自中原，多数来自巴蜀。巴蜀开发较早，至汉代，巴蜀之民的汉化程度已经很高，他们自称为华夏之民或汉人，别人也视他们为华夏之民或汉人。进入夜郎的汉人，广泛分布于各地；移民中的豪富，有龙、傅、尹、董等数十大姓。龙姓大致分布于今黔中安顺、清镇、平坝一带，董姓大致分布于今黔西南兴义、兴仁一带，傅姓大致分布于今黔西南晴隆及六盘水市六枝一带，尹姓大致分布于今黔南独山、平塘、荔波及黔西南普安、六盘水市盘县一带。① 移民普遍受到儒家思想的熏染，进入夜郎以后，在为官行政、戍边防守、耕田劳作的同时，也把中原儒学、中原文化以及重视文教的传统带入了夜郎，带入了夜郎当地民族之中。其中不乏有一定文化素养乃至儒学素养之士，如盛览、舍人、尹珍等。《西京杂记》《续宏简录》记，西汉中叶，牂牁盛览从司马相如习辞赋，学成归里，兴学授教，传播儒学；② 《经典释文》载，西汉武帝时，犍为舍人作《尔雅注》，开《尔雅》注释之先河；③《华阳国志》谓，牂牁尹珍远赴京师洛阳从许慎"受五经……还以教授"。④ 尹珍即为来自巴蜀的尹氏大姓后裔。

由于年代久远，移民在夜郎传播中原儒学、中原文化的情形，古代文献中仅有只言片语记载；文献而外，汉墓考古资料中也有零星反映。考古资料为汉代汉文字及儒学的传入夜郎特别是传入土著民族之中提供了确凿的物证。

（一）汉文字的进一步传入

汉文字是儒学的载体。儒学在夜郎特别是在夜郎民族中的传播，必须以汉语的传播为前提，尤其是汉文字及书面汉语。儒家13部经典中的《尔雅》，就是古代的一部辞典；东汉古文经学代表作之一的《说文解字》，就是一部字典；《尔雅》所以被列为经典，《说文解字》所以成为儒学的代表作，就在于它们成书于汉代，是汉代及其后学习、研究儒学的极为重要的汉语言文字工具书。夜郎及今黔北汉墓考古资料中，一些文物上即有汉文字。黔西南兴义万屯汉墓出土铜镜有较长铭文："上方作竟（镜）真大

---

① 参见杨昌儒等：《贵州民族关系的构建》，贵阳：贵州人民出版社2010年版第45页。
② 参见刘歆 撰，葛洪 辑：《西京杂记》，《四库全书》第1035册，上海：上海古籍出版社1989年版第9页；[道光]《遵义府志·盛览传》，《中国地方志集成·贵州编》第33册，成都：巴蜀书社2006年版第121页。
③ 参见陆德明：《经典释文》，北京：中华书局1983年版第17页。
④ 常璩 撰，任乃强校注：《华阳国志校补图注》，上海：上海古籍出版社1987年版第260页。

巧,上有仙人不知老。渴饮玉泉饥食枣,浮游天下敖四海。此竟古市惠信保兮。"[1] 兴仁交乐汉墓 M10 号墓出土铜印 1 枚,上有印文"巨王千万";M14 号墓出土铜印 1 枚,上有印文"巴郡守丞"。[2] 黔中清镇汉墓 M13、M15、M17 号墓出土漆耳杯、漆盘,杯、盘上有铭文,说明耳杯、漆盘产自广汉郡、蜀郡元始年间;[3] M65、M97 号墓出土铜印章 3 枚,上有印文"樊千万""赵千万""谢买"等。[4] 黔北务川大坪汉墓 87WDM6 号墓出土铜印一枚,上有印文"夏带""大利"。[5] 黔西北威宁中水汉墓出土铜带钩上有铭文"日利八千万";[6] 出土铜印上有阴刻篆文"张光私印"。[7] 赫章可乐汉墓出土陶屋模型,顶部有隶书"前"字。[8] 这表明,汉文字已伴随着汉族移民进一步传入夜郎。虽然,自秦王朝在夜郎置县,作为汉文字前身的小篆就随同官吏、军人传入夜郎,但规模、影响都很小。汉代,随着汉文字的基本定型及移民群体的较大规模进入夜郎,汉文字传入的规模及影响大为增加。

(二) 儒家公、敬思想的影响

汉字铭文中,出现了反映儒家公、敬思想的内容。兴义万屯汉墓 M8 号墓出土铜提梁壶 1 件,底部镌刻铭文"公"字。[9] 赫章可乐南夷墓 M274 号墓随葬品有印章 1 枚,"印面方形,印文篆书'敬事'二字"。[10] "公"与"敬",是儒家"忠"观念的两个重要内容。在儒家看来,君主不仅是一家、一姓的代表,而且是国家的象征、万民的代表;忠君不仅是忠于君主一人,而且是忠于天下万民;为官行政不是为一人一姓,而是为天下万民,也就是为公而非为私,不为他人一己之私,亦不为自身一己之私。敬是忠、公思想的进一步发展,它强调为官行政勤勉而不懈怠,修身处世谨慎而不放肆。这表

---

[1] 贵州省博物馆考古组:《贵州兴义、兴仁汉墓》,《贵州田野考古四十年:1953—1993》,贵阳:贵州民族出版社 1993 年版第 275 页。
[2] 贵州省考古研究所:《贵州兴仁交乐汉墓发掘报告》,《贵州田野考古四十年:1953—1993》,贵阳:贵州民族出版社 1993 年版第 260、238 页。
[3] 参见贵州省博物馆:《贵州清镇平坝汉墓发掘报告》,《贵州田野考古四十年:1953—1993》,贵阳:贵州民族出版社 1993 年版第 205-206 页。
[4] 参见《贵州清镇平坝汉至宋墓发掘简报》,《贵州田野考古四十年:1953—1993》,贵阳:贵州民族出版社 1993 年版第 209 页。
[5] 参见宋先世等:《贵州务川新出两汉铜器》,《贵州田野考古四十年:1953—1993》,贵阳:贵州民族出版社 1993 年版第 309 页。
[6] 参见唐文元等:《夜郎文化寻踪》,成都:四川人民出版社 2001 年版第 66 页。
[7] 参见贵州省博物馆考古组等:《威宁中水汉墓》,《贵州田野考古四十年:1953—1993》,贵阳:贵州民族出版社 1993 年版第 157 页。
[8] 参见贵州省博物馆考古研究所等:《赫章可乐发掘报告》,《贵州田野考古四十年:1953—1993》,贵阳:贵州民族出版社 1993 年版第 103 页。
[9] 参见贵州省博物馆考古组:《贵州兴义、兴仁汉墓》,《贵州田野考古四十年:1953—1993》,贵阳:贵州民族出版社 1993 年版第 273 页。
[10] 李嘉琪:《赫章可乐 2000 年发掘报告》,北京:文物出版社 2008 年版第 290 页。

明，儒家思想已伴随着汉族移民传入夜郎。尤为值得注意的是，有"敬事"二字的印章出自可乐汉墓中的M274号南夷墓。墓主头部、足部分别套着大铜釜，手臂盖着或立着铜洗，属于典型的当地土著民族套头葬；随葬品达100余件，墓主应属土著民族首领。"敬事"印章或为墓主自有，或为汉族朋友赠送。无论何种情形，作为随葬品入墓，表明印章系墓主心爱之物，表明墓主对于汉族文化物品印章以及"敬事"印文的欣赏、接受、认可。两汉时期，夜郎土著民族首领或被任命为行政官员，或被聘为郡县属吏，或经认可后自行管束部民，无论何种身份，都必然与汉族官吏交往，都会或多或少受到汉文化、儒文化的影响、熏陶，受到儒家忠敬思想的影响、熏陶。"敬事"印章的出土，就是这种影响的实物证据，意义尤不寻常。类似文物尽管罕见，尽管仅此一件，但它毕竟表明，儒文化已多少传入夜郎民族之中并为夜郎民族所接受、认可；夜郎民族与外来汉民族之间已经开启了相互交往、了解、接纳、吸收、认同的进程。出土"敬事"印章的墓主在保留本民族套头葬习俗的同时，接纳了汉民族的土葬习俗，接纳了儒家敬宗孝祖的观念，就是这种接纳、吸收、认同的又一内容。诚如王明珂《华夏边缘：历史记忆与族群认同》所云，两汉王朝在西南地区"进行的策略非常成功……这些民族政策有效地使当地上层阶级'中国化'"；"以至于在东汉时越、滇、夜郎的大部分地区都已相当中国化了"，[1] 亦即接受了儒文化、汉文化的影响。其说虽有夸大之嫌，但也反映了夜郎民族开始接受儒文化、汉文化的事实。

二、"汉三贤"的儒学及其"蛮饫于"土著民族妇孺"之口"

尹珍、舍人、盛览，后世称为贵州"汉三贤"。他们的儒学及其传播儒学的成就，开启了今贵州儒学的先河，成为汉代儒学传入今贵州地域的标志。

（一）舍人：南中学术"先师"、儒学"鼻祖"

舍人，西汉犍为郡鳖县（今黔西、大方）人。《经典释文》："犍为文学注三卷（一云犍为郡文学卒史臣舍人，汉武帝时待诏，阙中卷）"。[2] 官犍为郡文学卒史，简称犍为文学。或谓舍人为官职名，系战国、汉代宫中或豪门贵族身边亲近之属官。莫友芝《犍为文学传》考辨谓，《经典释文》所记"犍为郡文学，卒史臣舍人"，舍人前有一"臣"字，"于郡吏衔下加臣某，必其上此注时自题，则舍人其姓名也"。[3] 其所注《尔

---

[1] 王明珂：《华夏边缘：历史记忆与族群认同》，北京：社会科学文献出版社2006年版第202页。
[2] 陆德明：《叙录》，《经典释文》第1卷，北京：中华书局1983年版第17页。
[3] 莫友芝：《犍为文学传》，《莫友芝诗文集》下册，北京：人民文学出版社2009年版第696页。

雅》3卷，是《尔雅》一书目前所知历史上最早的注本。唐陆德明《经典释文》列《尔雅》注本6种，第一种即"犍为文学注三卷"，其次才是"刘歆注三卷，樊光注三卷，李巡注三卷，孙炎注三卷，郭璞注三卷"。① 其书南朝萧梁时即已亡佚，宋人邢昺《尔雅疏》、唐人陆德明《经典释文》、清人朱彝尊《经义考》保留了一些佚文。

《尔雅》系古代训诂资料的汇编、中国最早解释词义的专著。"用通语解释方言，用今语解释古语，用常语解释僻词"。② 其作者及成书年代，有西周周公说、东周说、春秋战国孔子及其弟子说、汉儒说数种。一般以为，其作者及成书非一人一时之力，大致战国时期初具规模，汉代始增补写定。今本《尔雅》19篇。前3篇《释诂》《释言》《释训》，收一般词语，将古书中之同义词分别归并成条，每条以一通用词为训。如："初、哉、首、基、肇、祖、元、胎、俶、落、权舆，始也"。③ 其余各篇为各种名物之训释，如《释亲》，释亲属名词；《释宫》《释器》《释乐》，释宫室器物；《释天》《释地》《释丘》《释山》《释水》《释草》《释木》，释天文地理、山川草木；《释虫》《释鱼》《释鸟》《释兽》《释畜》，释鸟鱼虫兽。《尔雅》整理、保存了古代对词义的解释，成为研究古汉语和古文献的重要辞书，自然也就成为阐释儒家经典、研究儒家学说的重要工具书，在汉代就为学者重视。郑玄《驳五经异义》谓："《尔雅》者，孔子门人所作，以释六艺之旨"。④ 六艺即六经，亦即儒家经典。王充《论衡》亦谓："《尔雅》之书，五经之训"。⑤ 唐代后期，《尔雅》被列为儒家经典之一，与《易》《诗》《书》《仪礼》《周礼》《礼记》《左传》《公羊传》《谷梁传》《孝经》《论语》一起，称十二经。"《尔雅》者，所以训释五经，辩章同异，实九流之通路，百氏之指南，多识鸟兽草木之名，博览而不惑者也。"⑥ 宋代，十二经之外增加《孟子》，十二经演变为十三经，《尔雅》成为十三经之一。"说经之家多资以证古义，故从其所重，列之经部"。⑦ 要研究儒家思想，就必须读懂儒家典籍；要读懂儒家典籍，就必须理解典籍中字词章句的含义，《尔雅》的训诂意义即在于此。

《尔雅》是解读儒学典籍的辞书。但对一般人来说，《尔雅》文字仍显艰涩。舍人的《尔雅》注，正是为此而作。这就为阅读《尔雅》，进而解读儒学典籍提供了便利。《尔雅》内容丰富，博及纲常伦理、语言文字、音乐律吕、天文地理、动物植物、宫室建筑等诸多学科领域，为之作注，显示了舍人学识之渊博、深邃。莫友芝《犍为文学传》盛赞舍人，称其《尔雅》注"专精之至"，首开《尔雅》注说一代绝学，不愧为

---

① 陆德明：《叙录》，《经典释文》第1卷，北京：中华书局1983年版第17-18页。
② 顾廷龙等：《国学经典导读·尔雅》，北京：中国国际广播出版社2011年版第17页。
③ 郭璞 注：《释诂》，《尔雅》上卷，北京：中华书局1985年版第1页。
④ 郑玄：《经部·五经总义类·驳五经异义》，《四库全书》第182册，上海：上海古籍出版社1989年版第297页。
⑤ 王充：《是应》，《论衡》第17卷，上海：上海人民出版社1974年版第271页。
⑥ 陆德明：《叙录》，《经典释文》第1卷，北京：中华书局1983年版第17页。
⑦ 永瑢 等：《经部·小学类·尔雅注疏》，《四库全书总目》上册，北京：中华书局1965年版第339页。

《尔雅》一经之"大师"。文谓,《尔雅》一书,郭璞"称为九流津涉、六艺钤键。今经历代注疏,童习白茫,尚难竟业,其在豹鼠未辨以前,盖传授蔑如矣"。舍人生当"挟书方除,遽能当名辨物,前启潭奥,非天授为此经大师,能如是乎"。朱彝尊《经义考》"于《尔雅》舍人注称为汉儒释经之始,今观唐宋诸家所引上下卷遗文,其章句如菟奚、颗冻、中鸠为一物……其异文如'謂'作'彙','騉'作'雞','猗'作'狗','鵽鵫'作'兼兼','洮'作'濯',皆先秦最古之本。其训释如'螟'一名'蚍','兗'训'鸟高飞','騉蹄'训'涆蹄','茅者昧之明','跳者躍之闲',多合先儒相传古义,所存虽吉光片羽,前辈多据以证注家之误,盖其专精之至也"。西汉武帝"通西南夷,初置犍为,继置群柯、汶山诸郡,其时榛榛狉狉,风教睢盱"。舍人"生古所未臣之地",却"注古所未训之经……通贯百家,学究天人";与蜀中名士司马相如、张叔等上下驰骋,"辟一代绝诣,淑文翁之雅化,导道真之北学",首注《尔雅》,创一代绝学;善文翁之教化,启尹珍之儒学;若论南中学术之"先师"、儒学之"鼻祖",自非舍人莫属。①

(二) 盛览:"授其乡人,文教始开"

盛览,字长通,西汉武帝时牂牁郡人,从司马相如习辞赋。《西京杂记》载:"司马相如友人盛览,字长通,牂牁名士。尝问以作赋,相如曰:'合綦组以成文,列锦绣以为质,一经一纬,一宫一商,此赋之迹也。赋家之心,苞括宇宙,总览人物,斯乃得之于内,不可得而传。'览乃作《合组歌》《列锦赋》而退,终身不复敢言作赋之心矣。"②《续宏简录》亦记:"司马相如入西南夷,土人盛览从学,归以授其乡人,文教始开"。③ 司马相如虽以文学名于世,但于儒学也有造诣。他奉旨出使巴蜀,安抚军民;出使"西南夷",安抚"夷人"。出使期间,他就深刻论述过儒家大一统、忠君仁民思想。在儒学独尊、盛行宇内的大背景下,盛览从司马相如学,所学虽为辞赋,但也必然涉及儒学;还乡授徒,教授辞赋文学之际,也必然传授儒学;而教授汉文字、汉文学,则为南中各族特别是土著民族子弟学习、研究、接受、传播儒学准备了必要的前提条件。《续宏简录》称盛览为"土人",果真如此,则是汉文字、汉文学乃至儒学传入夜郎民族的有力证据。

(三) 尹珍:"还乡里教授,于是南域始有学"

《华阳国志》载,东汉时,牂牁郡毋敛县(今独山、荔波)人尹珍,字道真,"以

---

① 以上参见莫友芝:《犍为文学传》,《莫友芝诗文集》下册,北京:人民文学出版社2009年版第698-699页。

② 刘歆 撰,葛洪 辑:《西京杂记》第2卷,《四库全书》第1035册,上海:上海古籍出版社1989年版第9页。

③ 邵远平:《续宏简录》,转引自[道光]《遵义府志·人物志·盛览传》,《中国地方志集成·贵州编》第33册,成都:巴蜀书社2006年版第121页。

生遐裔，未渐庠序，乃远从汝南许叔重受五经。又师事应世叔学图纬，通三材。还以教授。于是南域始有学焉。珍以经术选用，历尚书丞、郎，荆州刺史。平夷傅宝，夜郎尹贡，亦有名德，历尚书郎、长安令、巴郡太守、彭城相，号南州人士"。①《后汉书》亦载："桓帝时，郡人尹珍自以生于荒裔，不知礼义，乃从汝南许慎、应奉受经书、图纬，学成，还乡里教授，于是南域始有学焉。珍官至荆州刺史。"②

汉武帝开发"西南夷"，迁移一批巴、蜀农民到夜郎，从事田耕，其中有龙、傅、尹、董等数十大姓，尹珍即为尹氏大姓后裔。重视文教的传统及丰厚的财力，使他有条件接受儒学教育。然而，开发的迟滞，使牂牁郡无法为他提供高级的儒学教育。不甘平庸的尹珍，遂不远万里，历尽艰辛，从荒蛮僻远的夜郎故地，前往中都洛阳，师从许慎习五经；晚年又赴武陵郡（辖今湘西北、黔东地区）从太守应奉习图纬。

尹珍师从的许慎、应奉，都是东汉有名的学者。许慎（约明帝永平元年至约桓帝建和元年，约58—约147年），字叔重，汝南召陵（今河南郾城县）人。曾任太尉南阁祭酒等职。贾逵弟子，著名古文经学家、文字学家。他博通经籍，著《五经异义》10卷，专主古文经学，有"五经无双许叔重"之誉。著《说文解字》15卷，收字9300余。所收字皆先秦古文、秦朝小篆，不收汉代隶体文，意在抬高古文经学地位；逐一解释每字之形、音、义。《说文解字》是古文经学家解经注重文字训诂的典范，意在反对今文经学的专事发挥而不重训诂。东汉中叶，古文经学逐渐兴盛，许慎与贾逵、马融同为大师。东汉后期，郑玄集古文经学之大成，古文经学完全压倒了今文经学，统治了学术界。古文经学被称为郑学、许郑之学，许慎与郑玄被尊为东汉古文经学的两大举旗人。应奉，生卒年不详，约当东汉顺帝（126—144年）末年前后。字世叔，汝南（今河南汝南县）人。他是东汉名臣，历官武陵郡太守、司隶校尉。武陵郡含有今贵州黔东、黔东南与湖南相邻的地域。出任武陵太守时，正值武陵地区少数民族起事。他"到官，慰纳"，改变此前一味武力征"剿"做法，结合当地实际，转而采取安抚政策，起事者"皆悉降散"，动乱很快平息；继而"兴学校，举侧陋"，大兴学校，清除陋政。在当地"有恩威，为蛮夷所服"，深得民心。③他又是知名学者，于经学、史学、文学均有研究，著有《感骚》30篇、《汉事》17卷、《汉书后序》。学术大师、名师的教诲，奠定了尹珍的学术底蕴。

---

①常璩 撰，任乃强校注：《华阳国志校补图注》，上海：上海古籍出版社1987年版第260页。《华阳国志》以尹珍为东汉明帝（永平元年至十八年，58—75年）、章帝（建初元年至章和二年，76—88年）"之世"牂牁郡毋敛县人（参见常璩 撰，任乃强校注：《华阳国志校补图注》，上海：上海古籍出版社1987年版第260页）；《后汉书》则以尹珍为东汉桓帝（建和元年至永康元年，147—167年）时人，晚约百年，籍贯仅言牂牁郡而未及毋敛（参见《后汉书·西南夷传》，《二十五史》第2册，上海：上海古籍出版社、上海书店1986年版第290页）。尹珍既师事许慎，而许慎约当58—147年，即约明帝永平元年至约桓帝建和元年。由此推算，当以常璩《华阳国志》说为宜。

②《后汉书·西南夷传》，《二十五史》第2册，上海：上海古籍出版社1987年版第290页。

③《后汉书·应奉传》，《二十五史》第2册，上海：上海古籍出版社1987年版第185页。

尹珍从应奉所习之学为"图纬",[①] 由此推知应奉是一位今文经学家。今文经学兴起、盛行于西汉。这个学派侧重于发挥经典的微言大义，长于引申发挥，往往援经议政。西汉末年、东汉时期，这个学派的说经进而朝着图纬方向发展。西汉末年，今文经学走向衰落；东汉时期进一步衰落，最终为古文经学取代。应奉是今文经学家，而许慎是古文经学家。尹珍问学，不拘泥于门户，不局限于学派，兼收并蓄，兼采今、古，基础雄厚，视野广阔。他的儒学造诣为朝廷赏识，遂"以经术选用",[②] 历任尚书丞、郎，直至荆州刺史，成为朝廷派到地方监察郡守的官员。郡守秩俸 2000 石，刺史秩俸仅 600 石，品位虽不高，权位却很重。由于史籍缺载，今人对尹珍的学术成就知之甚少，但从他"以经术选用"并官至刺史的经历可以推知，他在儒学研究方面应有相当成就。后世贵州历代学者，至为推崇尹珍。清代贵州大儒郑珍更称他为"以经术发闻"中原之南域学者，叹息自尹珍后，南域再"无有以经术发闻"中原者。[③]

尹珍为学、为官之后最为可贵的，是不留恋京都大邑、江南水乡的繁华舒适，毅然返回夜郎故里办学。据今人考证，其兴学教授的地址在今正安县，境内有其所办学堂"务本堂"及讲学时居住的遗址。"务本"之名，源自孔子语。孔子曰："君子务本，本立而道生，孝、悌也者，其为仁之本与!"[④] 习儒学，行教化，明孝、悌，知礼义，乃为人之本。"务本堂"之设立及取名，其旨趣正在于此。相较于盛览，史籍有关尹珍的记载更为详实、确定，而尹珍的学术造诣、兴学成效也更为突出，故《华阳国志》《后汉书》均言，自尹珍兴学教授，"南域始有学焉"，谓尹珍开启了贵州古代文教的历史。此后，牂牁教化渐开，人才渐出。平夷（今水城、六枝）人傅宝，夜郎（今普安、盘县、兴仁）人尹贡，"亦有名德……号南州人士"。傅宝历官尚书郎、巴郡太守，尹贡历官长安令、彭城相。[⑤] 昔日蜀郡太守文翁兴学，"立即产生严均平、司马相如等著名学人"；今尹珍讲学，"亦立即产生了傅宝、尹贡等牂牁人士"。尹珍"于东汉初叶将学术传入牂牁"，相距文翁兴学约两百年，"同具推进社会文化之功"。[⑥]

[①] 图指图谶，纬指纬书。谶指伪托神灵制作的政治性预言或隐语，作为预决吉凶的符验或征兆，往往有图，故又称图谶。纬是假托神意解经的书，相对于经而言，故称纬书。秦朝"亡秦者胡"，陈胜大泽乡起义所造鱼帛书"大楚兴，陈胜王"，都是关于图谶的早期记录。《春秋纬·演孔图》将孔子说成是孔子母与黑帝梦交所生，成人，"长十尺，大九围，坐如蹲龙，立如牵牛"（《春秋纬·演孔图》，《太平御览》第 377 卷，《四部丛刊》本），神化孔子。今文经学家利用谶纬解说经典，迎合当政，因而得到当政者的认可、重视。然而，经学研究的迷信化，成为今文经学走向衰落的重要原因之一。西汉末年，今文经学走向衰落；东汉时期进一步衰落，以致有古文经学的兴起、兴盛并完全取代今文经学的局面出现。纬书有狭义与广义之分。狭义的纬书指《诗》《书》《易》《礼》《春秋》《孝经》之纬；广义则包括其他术数之书。纬书虽然荒诞，其中也不乏有价值的成分，如古代的天文历数知识、神话传说、地理知识、文字学资料、礼制资料等。（参见陈奇等：《中国经学史纲要》，北京：中国言实出版社 2011 年版第 38-39 页）

[②] 常璩 撰，任乃强校注：《华阳国志校补图注》，上海：上海古籍出版社 1987 年版第 260 页。

[③]《郑珍传》，《清史稿》第 43 册第 482 卷，北京：中华书局 1977 年版第 13288 页。

[④]《论语·学而》，《十三经注疏》下册，北京：中华书局 1980 年版第 2457 页。

[⑤] 常璩 撰，任乃强校注：《华阳国志校补图注》，上海：上海古籍出版社 1987 年版第 260 页。

[⑥] 常璩 撰，任乃强校注：《华阳国志校补图注》，上海：上海古籍出版社 1987 年版第 262 页注 7、6。

后世官绅士民，无不感怀尹珍的开拓教化之功，纷纷立碑建祠，纪念这位贵州儒学的先行者，激励后人效法先贤，光大贵州文教。

"绥阳县有……尹公讲堂碑"，①为唐僖宗广明元年（880年）播州司户崔礽所立，地址在今绥阳县旺草场，上刻"汉尹珍讲堂"5字。碑于明万历年间出土。②正安在唐代属珍州，元末明初更名真州，清初更名正安州。珍州、真州、正安州之名，均源自对尹珍的感怀。"道真教授南域，许、应之学，久餍饫于文人学士"及土著民族妇孺"之口"，"故因其斯爱、斯传者，以名其郡，命名之中，怀贤寓焉"。③"昔言子传学于吴，文翁教化于蜀，先生可以媲美。先生谓珍，是以后之人以珍州名其乡；复讳其名，用其字名真安州，以生先字道真也；不斥其字，更其号名正安州，以先生号道正也。先生之学久乃益光，曰务本，曰乐道，小学经艺，允为百世之师矣"。④

明代，省城贵山、正习、正本三书院均有尹珍祠。清末莫庭芝《尹先生祠堂记》谓："吾黔省城，向建书院三，皆崇祀先生。自王文成公主讲以后，贵山遂兼祀阳明……正习、正本两书院先生祠宇仅存，而祀典废缺"。⑤

清代，尹珍祭祀之风大兴。嘉庆二十年（1817年），贵州巡抚饬令各府州县书院设尹珍牌位供奉："本部院读《后汉书·西南夷列传》云：'桓帝时，郡人尹珍自以生于荒裔，不知礼义，乃从汝南许慎、应奉受经书、图纬，学成，还乡里教授，于是南域始有学焉。珍官至荆州刺史。'下注云：'尹珍，字道真，毋敛县人也。'复查《贵州通志·乡贤》，首列尹名，是黔中之后学，允当矜式。但不知各属书院，有无奉祀木主，合亟饬查。为此，牌仰该府，转饬所属州县，立即查明该处书院内，如向未设尹公木主，即由地方官捐廉恭设，奉祀其木主，上应书'汉儒尹公道真先生神位'，俾肄业诸生，岁时礼拜，以发其尚友之心。"此后，贵州全省各府县学书院相继设尹公祠，供奉尊崇。作为尹珍讲学地的正安州，即于凤鸣书院设尹珍牌位供奉。"自此边隅弦诵，昕夕观瞻"。⑥省城贵阳在扶风山阳明祠内增设尹珍祠，以尹珍配祀王阳明。

道光二十一年（1841年），遵义府学教授莫与俦首设"汉三贤祠"，将尹珍及舍人、盛览等3位汉代，同时也是贵州历史上最早的文化先贤合并祭祀。"西南远徼，文翁为

---

① [道光]《遵义府志·尹珍传》，《中国地方志集成·贵州编》第33册，成都：巴蜀书社2006年版第121页。
② 参见[乾隆]《绥阳志·尹珍讲堂铭》，《中国地方志集成·贵州编》第36册，成都：巴蜀书社2006年版第228页。
③ [嘉庆]《正安州志·尹珍考》，《中国地方志集成·贵州编》第40册，成都：巴蜀书社2006年版第77页。
④ [咸丰]《正安新志·新成乡贤尹子务本堂记》，《中国地方志集成·贵州编》第40册，成都：巴蜀书社2006年版第199页。
⑤ 莫庭芝：《尹先生祠堂记》，转引自王瑞勺：《尹珍的身世籍贯和遗迹考说》，《教育文化论坛》2010年第4期。
⑥ 以上见[嘉庆]《正安州志·书院》，《中国地方志集成·贵州编》第40册，成都：巴蜀书社2006年版第41页。

之倡，相如为之师，经术文章灿焉与邹鲁同风"，舍人、盛览即于此时起于犍为、牂牁。"时《尔雅》一经，尚未名学"，舍人"为创作注，且在众经注之前，实遵义正祀乐祖"。盛览"为司马相如友，称牂牁名士"。东汉以后，"儒者始不专一家讲说，至许、郑集汉学大成"，而尹珍即于此时起于毋敛，从许慎问学，"以经义教南中"。贵州"萌芽文教，断以文学为祖，而以盛公、尹公左右之"，"汉三贤祠"之设，"今日生其后者……必有高望而奋起者也。是莫公祠先生之意也，夫亦三先生所望于后贤也"。①

尤须值得注意的是，汉三贤的儒学已传播到当地土著民族之中，受到了土著民族的尊崇与认可。嘉庆《正安州志》载：尹珍"教授南域"，许慎、应奉之学，不仅"久餍饫于文人学士"之口，而且"久餍饫于"土著民族妇孺"之口"；"汝颍之学，早流传于蛮云瘴雨中"。②正安"土人能道先生生年月日时；去城一百二十里，土人犹岁时奉祀"。③唐僖宗广明元年（880年），播州土司司户崔礽在今绥阳县旺草场立"汉尹珍讲堂"碑，④表达对尹珍的感怀之情。上述记载有的虽有夸张之处，但它反映出一个事实，即两汉时期，儒学不仅传入了今贵州地域，而且传入了当地土著民族之中；不管其影响尚处于多么微弱的状况，但影响毕竟已经发生，民族之间的文化认同之门已经开启。

舍人、盛览、尹珍"汉三贤"的出现及其儒学研究、儒学传授成就，是中原儒学传入今贵州的标志，是两汉贵州儒学水平的标识；儒学不仅传入了贵州，而且取得了足以"发闻"中原的成就；其儒学研究及儒学教育对贵州古代儒文化的流播及民族认同产生着深远的影响。其一，理论研究以注经的形式，阐发儒学、发展儒学。舍人的《尔雅》注，与汉代其他众多的《诗》《书》《易》《礼》《春秋》《孝经》《论语》等儒学典籍注本一起，成为历史上最早的儒籍注释文本。后世学者在此基础上继续进行注解、诠释，如宋代的"注疏""正义"，清代的"笺"等；不仅诠释字句，而且阐述经义。例如，大力阐释儒家纲常伦理礼治思想，为社会的有序治理提供理论支撑；大力发掘儒家"民本"思想，劝谏人君注意民心向背，行仁义，施仁政，为政权的长治久安提供理论支撑。其二，注释儒经，普及、传播儒学。宋代"语录"大兴，儒家仿照佛家的登坛讲经，力图以口语式的、较为通俗的文字解说儒籍。这无疑有利于儒学的普及、传播特别是向下层社会的渗透。其三，兴学授徒。古代儒家有一个优良传统，无论学术成就、学术名气多大，总忘不了兴学授徒；无论官位多高，不少人总也热心收徒授

---

① 以上见郑珍：《汉三贤祠记》，《巢经巢全集·文钞》第3卷第5-6页，《巢经巢全集》，贵阳：贵州省政府民国29年（1940年）印本。
② [嘉庆]《正安州志·尹珍考》，《中国地方志集成·贵州编》第40册，成都：巴蜀书社2006年版第77页。
③ [民国]《贵州通志·人物志》，贵阳：贵州人民出版社2001年版第6页。
④ 参见[乾隆]《绥阳志·尹珍讲堂铭》，《中国地方志集成·贵州编》第36册，成都：巴蜀书社2006年版第228页。

教，培养人才，传承学术；而教育是传播儒学、扩大儒学影响最有力的制度设计、最基本的途径、最有效的方式。

两汉时期，儒学不仅传入了今贵州地域，而且取得了足以"发闻"中原的骄人成就；不仅在汉民族中流播，而且扩散到了"獠妇苗童"之中。不过，总的说来，这一时期，儒学在今贵州地域的影响仅仅处于起始阶段，不过如莽莽林海中的几棵小草，茫茫大海中的几叶孤舟，极为弱小，不成气候；也无法与邻近的蜀、益州两郡相比。

两汉时期，与今贵州相邻的蜀、益州两郡，均有官员兴学教化、传播儒学的记载。西汉景帝末年，蜀郡太守文翁"仁爱好教化……选郡县小吏开敏有材者张叔等十余人，亲自饬厉，遣诣京师，受业博士"。又在成都建官学，"招下县子弟以为学官弟子，为除更徭"。① 东汉章帝元和年间（元和一年至三年，84—86年），益州郡太守王追"政化尤异……始兴起学校"，② 传播儒学，施行礼乐教化，风俗民习渐次变化。

相较于蜀郡、益州郡，遍查古籍，却难以找到有关牂牁郡官员兴学教化、传播儒学的记载。蜀郡开发远早于夜郎。战国时期，公元前285年，秦国在灭蜀之后，就开始在蜀地设郡管辖，大量移民，开垦荒地，兴修水利。公元前135年至公元前130年间唐蒙出使夜郎的时候，蜀郡已出现司马相如、扬雄（前53—18年）这样的大文学家，严遵、张宽这样的经学家，又有文翁一类仁爱好教化、热心兴学的官员，以至"蜀地学于京师者比齐鲁焉"；③ "汉征八士，蜀有四焉"，④ 多有为官京师、位至卿相者。蜀郡儒学流播远胜夜郎，自在情理之中。益州郡（前109年设）之设立虽在犍为郡（前130年设）、牂牁郡（前111年设）之后，然而战国楚威王时期（前339—前329年在位），楚国将军庄蹻率兵至滇池，后称王该地，并易俗入当地，将深受中原文化影响的楚文化带入，这较之唐蒙出使夜郎也早了约两百年，又有王追一类儒学根底深厚且热心兴学的官员，其儒学流播远胜夜郎，亦同样在情理之中。这说明，夜郎儒学流播的落后，除了开发较晚的原因外，历任官员缺乏文翁、王追之类学有根底而又热心的倡导者，也是重要的原因。

---

① 《汉书·循吏传》，《二十五史》第1册，上海：上海古籍出版社、上海书店1986年版第336页。

② 《后汉书·西南夷传》，《二十五史》第2册，上海：上海古籍出版社、上海书店1986年版第291页。《华阳国志》作王阜："王阜，字世公，成都人也……迁益州太守……民怀之如父母。"（常璩 撰，任乃强校注：《先贤士女总赞论》，《华阳国志校补图注》第10卷上，上海：上海古籍出版社1987年版第535页）

③ 《汉书·循吏传》，《二十五史》第1册，上海：上海古籍出版社、上海书店1986年版第336页。

④ 常璩 撰，任乃强校注：《华阳国志校补图注》，上海：上海古籍出版社1987年版第146页。

第四节 汉代夜郎儒文化与民族认同特点

从西汉中叶之初唐蒙通夜郎至东汉灭亡，两汉对夜郎的开发长达350来年，贵州古代儒文化与民族认同进入初始阶段。这一时期，贵州儒文化及民族认同的成就固然无法与明清比拟，却胜过唐宋，更毋论魏晋蒙元。数百年间，除少数时期外，朝廷都有效地管辖着夜郎，"郡国并存"，郡国并治，制度儒学传入，各民族上层之间实现了对于汉王朝制度层面的初始认同。朝廷"募豪民田南夷"，发展农业、手工业及商业，中原先进生产工具铁器及耕作技术进入夜郎的速度大大加快，土著民族接受并使用铁器的速度显著加快，封建生产关系植入夜郎；物化儒学传入，为汉代贵州民族认同提供了初始的趋同物质基础。郡县制的推行，"田南夷"的实施，为中原理论儒学、文化儒学传入夜郎提供了制度的、物质的条件；随着汉族官吏、军人、农民的进入，理论儒学、文化儒学传入夜郎，尹珍、舍人、盛览"汉三贤""以经术发闻"中原；[①] 儒学扩散到土著民族妇孺"之口"，民族之间的文化趋同之门开启。夜郎的历史揭开了新的一页、辉煌的一页，这种辉煌，乃至于其后的魏晋南北朝甚至唐、宋、元都相形见绌。"至今在夜郎故地上，考古学界出土的文物除战国以前及史前部分，最多也最能代表夜郎及后夜郎文化者"，均出自汉、蜀两朝。[②] 两汉时期，今贵州产生过尹珍、舍人那样名闻中原的儒士，而其后千余年，却再"无有以经术发闻"中原者。[③]

制度儒学、物化儒学、理论儒学、文化儒学相继传入；和平、友好的经济、政治交往、交流、对话、沟通始终是主流；践行儒家仁义爱民政策，成为大一统政治得以实现的根本因素；认同具有肤浅性、不对称性及不稳定性。制度儒学首先传入，各民族统治阶层之间制度层面的初始认同，是贵州两汉儒文化与民族认同的主要内容和最大的特点。

一、制度儒学率先传入

两汉时期，首先传入贵州的儒文化是制度儒学。西汉王朝坚持儒家大一统理念，

[①]《郑珍传》，《清史稿》第43册第482卷，北京：中华书局1977年版第13288页。
[②] 王鸿儒：《夜郎文化史》，贵阳：贵州人民出版社2010年版第464页。
[③]《郑珍传》，《清史稿》第43册第482卷，北京：中华书局1977年版第13288页。

坚持对夜郎的交通开发，实现了夜郎历史上首次大规模的、较为完整意义上的开发。制度儒学的传入，带来了初步的制度认同成果。夜郎君长同意汉王朝在夜郎设立郡县，由朝廷委官治理，将夜郎纳入汉王朝疆域及其行政管理之下。开发过程中尽管也有反复与曲折，有军事威慑乃至征服，但毕竟打破了夜郎的封闭、闭塞局面，使夜郎与巴蜀、中原先进社会经济文化的沟通、交流成为可能，使夜郎社会的发展进步成为可能，从而为夜郎民族与汉民族的沟通、交流、融合、认同创造了条件。

西汉夜郎制度儒学在坚持推行大一统郡县制度的同时，因时制宜，因地制宜，吸收夜郎民族制度文化，创设"郡国并存"①的政治制度，一定程度上得到了夜郎民族上层的认同，一定程度上实现了夜郎地区汉民族与土著民族的认同——各民族统治阶层之间制度层面的初始认同。

两汉时期在夜郎推行的郡国并存制度经历了两个阶段的演变过程。

第一阶段，公元前130年至公元前25年的一百来年间，即西汉中后期，郡国并存，郡国并治。鉴于夜郎为新开发地区，社会尚处于奴隶制时期，经济落后，社会不稳，土著君长控制力强，朝廷控制力弱、影响小的状况，在汲取秦王朝实行直接的郡县制治理很快崩溃这种教训的基础上，实行郡国并存、郡国并治政策。朝廷设立郡县，委派官吏，但只直接控制行政及军事要地；不对土著居民编户，不征收赋税，仅要求土著君长定期朝贡，进奉礼品（土特产），必要时出兵助战；照顾夜郎上层利益，或委其为官，或封其为王、侯，世代承袭，其原有领地、居民仍归其管辖、统领，其内部事务仍归其治理。这既维系了汉王朝对夜郎地区的统一，又照顾到土著君长的现状与利益；既有军事威慑手段，又有对地方与中原发展差异的认识与利益照顾，而非一味地军事压制。正因为如此，相对于秦王朝，汉王朝与夜郎的关系较为稳定。

第二阶段，公元前25年至公元3世纪初的两百多年间，即西汉末年至东汉，仅在夜郎少数区域保留土著君长。东汉成帝河平四年（前25年），牂牁太守陈立诛杀夜郎王兴，夜郎灭亡；稍早，且兰君长已被取缔。经过一百来年的治理，特别是夜郎地区影响最大的夜郎王国和且兰君长的消亡，土著君长实力及影响大为削弱，而朝廷的控制力及影响大为增长。汉王朝趁势在夜郎主要地区实施直接的郡县治理，仅在少数区域保留土著君长。中原政治、经济、文化的影响大为增长。这一局面，直至东汉末年，延续了两百年之久。这对今贵州地区的影响应该是深刻的，古籍记载的贵州儒学的传入与流播发生在东汉，就是明证。只可惜在东汉以后，三国两晋南北朝除西晋短期统一外，长期战乱分裂，贵州少数民族上层恢复自立，贵州与中原地区的联系大为削弱，儒文化的影响亦随之大为削弱，进而严重影响了民族认同进程。

郡国并存的制度儒学，是儒家"夷"夏之辨理念在制度文化领域的结晶。"夷"夏之辨旨在辨明"夷"、夏的区异。一般说来，汉民族地区社会经济、政治、文化的发展

---

① 侯绍庄等：《贵州古代民族关系史》，贵阳：贵州民族出版社1991年版第40页。

程度较之少数民族地区为高,二者存在差异甚至较大差异,因而在管理、治理方面也应该采取有区别、有差异的方略。西汉时期,中原地区已拥有较为发达的封建制社会经济,夜郎地区尚处于奴隶制经济社会甚至原始制经济社会,社会经济、政治制度差异巨大,照搬内地政治治理制度,必然事与愿违。秦王朝在夜郎地区的统治很快崩溃,原因是多方面的,但不顾实际情况,骤然推行内地郡县制度,也是一个重要的原因。在中原地区看来,夜郎的社会经济政治显然甚为落后且不合理,"舟舆不通,人迹罕至,政教未加,流风犹微"。然而,就夜郎社会而言,奴隶制乃至原始制制度却是与当时的社会生产力水平相适应的,它是夜郎社会经济基础的产物。汉代夜郎郡国并存的制度,是儒家大一统制度儒学对夜郎社会政治制度的汲取,是儒家大一统政治制度与夜郎社会政治制度的结合,是汉民族社会上层与夜郎民族社会上层在当时历史条件下达成的一种共识。郡国并存制度固然是汉王朝任用夜郎民族上层施行羁縻政策,维系对边地统治的一种手段,但是,归根结底,郡国并存制度是当时社会历史条件下的产物,是适应当时社会历史条件的正确选择,对于推动当时夜郎社会历史的发展进步起了积极作用。

随着历史的演变,今贵州汉代郡国并存的制度也在不断发生变化,唐宋时期为经制州、羁縻州和少数民族地方政权并存,元代为土司制,明代土流并置。至清前期,伴随着大规模的改土归流及苗疆开发,土流并存的局面基本终结,较为完整意义上的大一统政治制度认同形成。

二、物化儒学继而传入

两汉时期,中原地区的封建地主经济已较为成熟,而夜郎及其周边地区尚处于原始制、奴隶制经济形态。朝廷开发夜郎,在推行郡县制、实现大一统的同时,"募豪民田南夷",实施经济开发。一批汉族农民、豪强、士兵及官吏进入夜郎,大大加快了中原先进生产工具铁器及耕作技术进入夜郎的速度。夜郎地区的土著民族墓葬,属于西汉初叶以前的,极少有铁器出土;此后始逐渐增多,并包括了生产工具、生活用具、兵器等各种类型,生产工具如铧、锄、镬、锸、削、钎等,生活用具如釜、三脚架、带钩等,兵器如铜柄铁剑、剑、刀等。这表明,正是西汉中叶之初开始的开发夜郎方略,才有了夜郎农耕经济的加速进步;夜郎民族接受并使用铁器的速度才显著加快。

在中原先进的生产工具及耕作技术进入的同时,移民也将中原封建生产关系植入了夜郎。使用先进生产工具及耕作技术从事经营的移民,显得更为富裕,其中不乏"赵千万""樊千万""巨王千万"的豪富。移民豪富的富有、悠闲,展示了新式生产方式的优越性,必然会对夜郎民族特别是某些上层首领产生吸引力和影响力。他们在新奇、羡慕之余,开始模仿、接纳。汉代土著墓葬中或多或少出土的铁器以及带有中原特色的随葬品，就是这种吸引、影响作用的产物。伴随着历史的进程，夜郎社会逐步发生着变化，原处于原始制的，向奴隶制进化；原处于奴隶制的，慢慢地向封建领主制进化。夜郎地域的封建化进程尽管缓慢而漫长，直到清代大规模的改土归流及苗疆开发之后才大致成型，但这个过程毕竟已经发端，而且是自两汉发端的。

以铁器的制造及使用为标志的社会生产力，是封建地主经济形成的基础；封建地主经济的形成，是编户齐民、征粮课税的首要；编户齐民、征粮课税，是实现封建大一统中央集权的前提。承载着儒家农耕文明理念的物化儒学的传播，为夜郎地区大一统郡县制的推行准备了物质条件。

制度认同的动因是利益认同，利益认同是制度认同的开端。汉王朝开通夜郎、认同夜郎的初衷，是为了得到夜郎的10余万"精兵"，"浮船"夜郎境内的牂牁江，"出番禺城下"，出其不意以"制越"，对抗日益强大并与汉王朝分庭抗礼的南越；夜郎诸多君长则为"贪汉缯帛"、得到物质赏赐而认同汉王朝。① 汉王朝对夜郎的认同，属于地域利益的认同、军事利益的认同；夜郎君长对汉王朝的认同，属于物质利益的认同。汉王朝、夜郎最初的这种利益认同似乎不太光明磊落。不过，从大处讲，利益诉求并没有什么不妥。民族认同的原始动因就在于利益认同。汉王朝希望得到夜郎的资源，以恢复对南越的大一统，继而实现对于夜郎的大一统。统一之后，采取了"治南夷道""募豪民田南夷"一类切切实实的措施，推动夜郎社会、经济、文化的发展进步。夜郎仰慕汉王朝丰盛的物质资料并渴求得到。正是因物化儒学的初入夜郎，正是因最初的利益诉求与共识，夜郎民族与中原汉民族才实现了最初的认同，哪怕这种认同是肤浅的、不对称的、不稳定的，显得勉强的。

一般说来，在中国封建社会，取得了偏远民族地区统治权力的中央王朝，都会在边地采取推动社会经济发展的举措，诸如推广先进耕作技术、兴修水利、开采矿产、发展手工业、促进商业贸易等。发展边地经济，朝廷获益，边地获益更大。边地往往因此而走出了长期封闭落后的局面，获得了宝贵的发展机遇，西汉中叶开通夜郎以后也是如此。

物化儒学为汉代贵州民族认同提供了趋同物质基础。儒家农耕文明理念在夜郎地区的传播以及农耕文明的推广，推动了夜郎地区农业、手工业和商业的发展，推动了民族地区的社会进步，缩小了各民族之间经济、社会发展程度的差距；给各族民庶带来了实实在在的物质利益，展示了农耕文明的优越性。共同的经济利益或者说利益前景增进了民族之间的互信与感情，促进了土著民族与汉民族彼此间的心理沟通，促进了各民族共同生活方式的形成。物化儒学即农耕儒学亦即农耕技术、手工业生产技术、商业流通在汉代夜郎地区的推广传播，为汉代夜郎民族与汉民族之间的认同奠定了初始的趋同物质基础。

---

①《史记·西南夷传》，《二十五史》第1册，上海：上海古籍出版社、上海书店第336页。

夜郎民族在保留本土文化的同时，吸收了汉民族的文化；汉民族在将中原发达的物质文明带入夜郎区域的同时，吸收了夜郎民族的文化。夜郎民族丧葬对汉民族习俗的吸收、汉民族对夜郎建筑文化的吸收融合、生活习俗的相互吸收融合，即是证明。物质生产与生活的彼此交流、吸收及融合，必然会向更深层次的文化、意识领域渗透。夜郎墓葬出土随葬品中，不乏带有汉文字铭文的物件及钱币，不乏刻有汉文字的印章，还出现了浸透着儒家理念的"敬""公"等文字。[①] 伴随着制度儒学及物化儒学的传入，理论儒学及文化儒学也或多或少开始传入并影响土著民族。

汉代在夜郎地区的经济开发，着眼于解决军队、官府的供给，这与儒家施行仁政、造福万民的宗旨尚有很大距离。出于这样的宗旨，官府并不十分用心、用力在地方、土著民族中推广新式生产工具及耕作技术。两汉时期，虽然中原地区的耕作技术输入夜郎的速度较之此前大为加快，夜郎民族接受并使用铁器的速度较之此前显著加快，但这种加速依然是极为有限的，仅仅是相对而言。从各地考古出土的文物看，金属物器中，铁器数量仍少于铜器；铁器中的农具数量不多，最具代表性的铧仅出土2件，亦无使用牛耕的物证。这说明，汉代开发夜郎后，中原地区先进的耕作技术输入夜郎的速度虽然较之此前大为加速，但总的说来仍处于初始阶段，对于今贵州地区社会经济的发展尚未能起到根本性的推动作用。直到明代，伴随大批屯垦军民的进入及贵州建省，今贵州地区的经济、社会面貌才发生了根本变化。

三、理论儒学、文化儒学随之传入

郡县制的推行，"田南夷"的实施，为中原理论儒学、文化儒学传入夜郎提供了制度的、物质的条件。随着汉族官吏、军人、农民的进入，理论儒学、文化儒学传入夜郎。西汉武帝时，犍为舍人为儒家经典之一的《尔雅》作注，成为历史上第一个为《尔雅》作注的学者。其研究成果，后世儒学著作如东晋郭璞《尔雅注》、唐陆德明《经典释文》屡有引用。盛览从司马相如学，归里兴教，成"牂牁名士"。东汉，牂柯尹珍从许慎、应奉受五经、图纬，"以经术选用"，官至荆州刺史；"还以教授"，传播儒学。[②] 舍人、盛览、尹珍"汉三贤"的出现及其儒学研究、儒学传授成就，不仅标志着中原儒学传入了夜郎，而且标志着汉代夜郎儒学取得了足以"发闻"中原的骄人成就。

汉代中原儒学不仅传入夜郎，在汉民族中流播，而且扩散到夜郎民族之中。邵远

[①] 参见贵州省博物馆考古组：《贵州兴义、兴仁汉墓》，《贵州田野考古四十年：1953—1993》，贵阳：贵州民族出版社1993年版第273页。李嘉琪：《赫章可乐2000年发掘报告》，北京：文物出版社2008年版第290页。

[②] 常璩 撰，任乃强校注：《华阳国志校补图注》，上海：上海古籍出版社1987年版第260页。

平《续宏简录》称盛览为"土人",谓其从司马相如学成后归里授徒,"南夷"之"文教始开"。[①] 嘉庆《正安州志》谓尹珍"教授南域",许慎、应奉之学,不仅"久餍饫于文人学士"之口,而且"久餍饫于"土著民族妇孺"之口","流传于蛮云瘴雨中"。[②] 正安"土人能道先生生年月日时;去城一百二十里,土人犹岁时奉祀"。[③] 唐僖宗广明元年(880年),播州土司司户崔玢犹在今绥阳县旺草场立"汉尹珍讲堂"碑。[④] 赫章可乐汉代土著民族首领墓葬出土有汉文"敬事"二字的印章,[⑤] 表明夜郎民族已经受到儒家忠敬思想的影响、熏陶;夜郎民族在保留本民族丧葬习俗的同时,接纳了汉民族的土葬习俗,接纳了儒家敬祖孝宗的观念。这为汉代儒文化传入并影响土著民族提供了直接的实物证据,意义尤不寻常。两汉时期,尽管儒学在今贵州地域特别是在夜郎民族中的影响极为弱小,尽管"敬事"印章一类的直接物证极为罕见,但它毕竟表明,影响已经发生,民族之间的文化心理共鸣、共通之门已经开启,儒文化已经多少传入土著民族之中并为土著民族有所接受、认可,夜郎民族与外来汉民族之间已经开启了相互交往、了解、接纳、吸收、认同的进程。王明珂《华夏边缘:历史记忆与族群认同》谓,两汉王朝在西南地区"进行的策略非常成功……这些民族政策有效地使当地上层阶级'中国化'";"以至于在东汉时越、滇、夜郎的大部分地区都已相当中国化了"。[⑥] 说法虽有些夸张,但儒文化已经多少传入并为土著民族有所接受、认可,民族之间已经开启了相互交往、了解、接纳、吸收、认同的进程,却是不争的事实。

两汉时期,儒学不仅传入了今贵州地域,而且取得了足以"发闻"中原的骄人成就;不仅在汉民族中流播,而且扩散到了少数民族百姓之中。不过,总的说来,这一时期,儒学在今贵州地域的影响仅仅处于起始阶段,不过如莽莽林海中的几棵小草、茫茫大海中的几叶孤舟,极为弱小,不成气候;也无法与邻近的蜀、益州两郡相比。

四、和平、友好的经济、政治交往、交流、对话、沟通始终是主流

汉王朝与夜郎三百来年间,和平、友好的经济、政治交往、交流、对话、沟通始

---

① 邵远平:《续宏简录》,转引自[道光]《遵义府志·人物志·盛览传》,《中国地方志集成·贵州编》第33册,成都:巴蜀书社2006年版第121页。
②[嘉庆]《正安州志·尹珍考》,《中国地方志集成·贵州编》第40册,成都:巴蜀书社2006年版第77页。
③[民国]《贵州通志·人物志》,贵阳:贵州人民出版社2001年版第6页。
④参见[乾隆]《绥阳志·尹珍讲堂铭》,《中国地方志集成·贵州编》第36册,成都:巴蜀书社2006年版第228页。
⑤参见李嘉琪:《赫章可乐2000年发掘报告》,北京:文物出版社2008年版第290页。
⑥王明珂:《华夏边缘:历史记忆与族群认同》,北京:社会科学文献出版社2006年版第202页。

终是主流，军事征服居其次，从而使朝廷在夜郎的治理得到土著君长的认同。唐蒙初通夜郎，谕以威德，赐以厚礼；委其上层为官，或封其为王；不征税，不派赋，仅象征性进贡；出现矛盾，进行安抚、晓谕，处分过错官员。即使迫不得已用兵，也尽可能做到有理有节。从而使朝廷在夜郎的治理得到土著君长的认同。西汉王朝对夜郎两次较大规模的用兵，起因皆在于土著君长不顾大局，甚而举兵反叛。第一次是武帝元鼎五年（前112年）至元鼎六年（前111年）间，且兰拒绝随同出征南越，进而杀朝廷使者及犍为郡太守，举兵反叛，汉军遂灭且兰。第二次是成帝河平元年至四年（前28—前25年）间，夜郎与句町、漏卧举兵相攻，夜郎王拒不接受牂牁太守调解，朝廷始诛杀夜郎王兴，灭夜郎。正因为如此，朝廷的举措得到了诸多饱受夜郎王连年攻战掳掠之苦的小邑君长的认可，纷纷称颂朝廷之举为"诛亡状，为民除害"之义行。[①] 反之，穷兵黩武，师出无名，必然激起激烈的反抗和连年的战乱。王莽代汉，为显示威权，武力贬抑甚至诛杀土著君长，遂引发大规模的反抗。王莽三次出兵，调动数十万军队，前后延续了六七年，亦难以镇压下去。直到东汉初年，朝廷让步，恢复封号，事态才得以平息。

五、仁义爱民：大一统政治的根本因素

生存资源和空间的争夺，民族上层或公或私的考量，文化、习俗的差异，都使得民族之间的矛盾、纷争乃至战争成为一种必然。要化解这种纠结，必须有高度的智慧和襟怀。汉代贵州民族认同的历史经验证明，贵州民族与中原民族和平相处，汉王朝大一统政治得以在贵州实现，贵州民族与中原民族和平相处，其根本因素在于践行儒家的仁义爱民政策。儒家的仁义爱民理念，是化解民族纷争的智慧和襟怀，即使在不得不使用武力的时候，也依然如此。唐蒙通夜郎，固然有上万军士作后盾，汉武帝与夜郎王也各有图谋，前者意图取得夜郎精兵及牂牁江水道进取南越，后者意图得到汉朝的赏赐并以为汉军不会久居夜郎，但是，由于武帝坚持了和平的开发方针，最终使夜郎王同意在其区域设置郡县，实现了汉王朝对夜郎的统一。武帝元鼎年间的平定且兰，在于且兰拒绝朝廷出兵谕旨并杀死使者；成帝年间的出兵夜郎，在于夜郎王拒绝朝廷调解，与句町、漏卧相互攻伐，兵连祸结。朝廷出兵平定，乃诛杀无道、救民于水火的仁义之举，因而得到了夜郎诸多君长、民庶的拥护，取得了成功。反之，王莽代汉，为了显示新朝的威势，杀句町王，出动了数十万军队征讨，终因丧失仁爱道义，无法取胜，直到东汉初年，妥协让步，恢复封号，局面才得以平定。

[①] 参见《汉书·西南夷传》，《二十五史》第1册，上海：上海古籍出版社、上海书店1986年版第356页。

六、认同的肤浅性、不对称性及不稳定性

认同的肤浅性。这个时期的民族认同，主要反映在制度儒学层面，较少深入物化儒学层面、文化儒学层面，理论儒学层面更是微乎其微；纵然是制度儒学层面的认同，亦尚属初始层面（如郡国并存）；主要反映在各民族上层层面，下层民众层面微乎其微。

认同的不对称性。一般来说，汉民族以及汉王朝在民族认同过程中处于主动的、积极的地位。"普天之下，莫非王土；率土之滨，莫非王臣。"[①] 其对于少数民族的认同，一开始就不存在心理上的障碍。在他们看来，普天之下的民庶，都应该是大一统王朝的臣民，已经归顺了的，固然如此，尚未归顺的，同样如此；其生存的地域，都应该是大一统王朝的疆域；少数民族臣民，都应该同中原民庶一样，享受太平安乐的生活；大一统王朝有责任、有义务将中原的王道政治、礼乐教化等先进文化推广到民族地区以及少数民族之中，使其知礼义，懂教化，去纷争，国泰民安。但是，这种认同往往带有以天朝上国自命、以开化文明的优等民族自称、居高临下的态势，通常伴有盛气凌人的成分。这使得处于文明相对落后的弱势地位的少数民族常常产生疑虑、不安和猜忌，加上民族上层统治集团自身的特殊利益的可能受到损害，因此，少数民族特别是其上层对于汉民族的认同往往迟滞、不情愿并反复不定。

认同的不稳定性。彼此交往的上层性、肤浅性、不对称性，统治集团利益的狭隘性，导致利益冲突不断，因而彼此时合时离，认同呈现出不稳定性。修路问题上的多次冲突，郡县制推行过程中的反复，既因朝廷好大喜功、操之过急，亦因夜郎上层意欲自立为王。

贵州古代各民族特别是土著民族与汉民族之间，伴随着儒文化的传入，在上层性的、肤浅的、不稳定的状态之中，开始了交往、交流、了解、些许认同的进程。

两汉时期，贵州古代儒文化与民族认同经历了一个小高潮。其后，历经魏晋南北朝隋唐宋元1100来年的延续及缓慢发展，至明代，贵州古代儒文化的传播与民族认同迎来了真正的高潮。

[①]《诗经·小雅》，《十三经注疏》上册，北京：中华书局1980年版第463页。

第三章　蜀汉至宋元贵州儒文化流播与民族认同的缓慢发展

　　历经蜀汉两晋南北朝，至唐宋时期，今贵州汉族以外的濮人、南蛮、氐羌、百越四大族系逐渐演化为多个单一民族，作为原住居民的濮人，隋唐时期称仡僚、葛僚，南宋以后称仡佬或革佬，主要聚居于今黔北。进入今贵州的南蛮族系演化为苗、瑶等单一民族。其中，苗族主要聚居于今黔东南，其次为黔南、黔西南，其余地区亦有分布。进入今贵州的氐羌族系演化为"夷"（今彝族）、土（今土家）等单一民族。"夷"又有"乌蛮"之称，主要聚居于今黔西北，次为贵州西缘六盘水市、黔西南、黔中；土又有廪君蛮、板楯蛮之称，主要聚居于今黔东北。进入今贵州的百越族系演变为五姓番（今布依族）、峒蛮（今侗族）等单一民族。五姓番又有七姓番、东谢蛮、南谢蛮、西赵蛮等称谓，主要聚居于今黔西南、黔南、黔中；峒蛮又有乌浒、仡伶等称谓，主要聚居于今黔东南。今贵州18个世居民族，回、蒙古、满等3个以外的15个，至唐宋时期基本形成。元代，蒙古族、色目人进入今贵州，色目人演变为回族。除满族清代始进入今贵州外，18个世居民族中的17个，均在这一时期基本形成。

　　蜀汉两晋南北朝隋唐辽宋夏金元时期，今贵州儒文化的流播以及民族认同进程较之两汉时期大为减缓。三国两晋南北朝时期，中国处于多个政权并立的分裂对峙状况，中原政权无暇顾及今贵州等偏远少数民族地区；其间虽有西晋的短期统一，但内乱惨烈，同样无暇顾及今贵州等偏远少数民族地区。唐代虽属大一统盛世，但经营重点在西北，加之南诏崛起，与中央王朝时和时战，包括今贵州在内的西南地区与唐王朝的联系同样大为削弱。两宋，北方边患严重，无暇顾及西南。元朝，统一盛况空前，在儒文化的流播及促进民族认同方面本可大有作为，可惜囿于游牧民族的重文轻武习俗，与儒文化渊源过浅，体悟不深，又仅存在近90年，因而未能取得与其大一统局面相称的、如同汉代那样的成就。较之两汉时期，今贵州地区与中原地区、贵州少数民族与中原汉民族的联系、交往大为减弱，儒文化在今贵州地区的流播及民族认同进程大为减缓。这表明，大一统政治格局的实现，中华民族的和睦共处，对于儒文化在今贵州等偏远少数民族地区的流播及民族认同有着多么重要的意义。

　　联系交往虽然大为削弱，但今贵州地区与中原地区的交流依然存在，民族之间的交流依然存在。儒文化的流播及民族认同进程依然在延续并缓慢地发展着。三国时期，蜀汉领有今贵州大部。蜀汉君臣不仅顺应民心，矢志统一，而且坚持儒家仁治理念，"以人为本"，"仁覆积德"，① 实行"和""抚"夷越②的民族政策，以儒家仁爱之道治理包括今贵州在内的南中地区，不仅实现了对南中的小一统，而且为自己的政权营造了合法性基础，赢得了各民族的无限尊崇、感怀、认同，出现了"纲纪粗定，夷、汉粗安"的局面。③ 蜀汉政权治下的、包括今贵州在内的南中，成为三国两晋南北朝乃至隋唐宋元时期儒文化流播推进民族认同的辉煌一页，成为这一时期今贵州儒文化流播推进民族认同的特例、奇葩。唐代实行经制州、羁縻州及封国并置并治的制度，经制州深入乌江以南，并在乌江以南建立了数十个羁縻州。出现了贵州历史上有史可稽的第一所官学；履职或流放官员、文人践行儒学，"夷獠渐渍其化"。④ 李氏君臣"专以仁义诚信为治"，⑤ 对于"四夷"，"爱之如一"。⑥ 土著民族竞相认同唐王朝，纳土附籍。宋代承袭唐制，实行经制州、羁縻州及封国并置并治制度。不过，严重而持续的北方边患，极大地制约了两宋王朝对于包括今贵州在内的西南边地的掌控，制度儒学的影响较唐代进一步减弱。然而，受宋室南渡与经济、政治、文化重心南移的带动，较之唐代，物化儒学更有成效，领主制经济开始盛行，地主制经济有所发展；文化儒学大有起色，思州有銮塘书院、竹溪书院，播州杨氏"留意艺文……建学养上（士）"，⑦ 8人进士。朝廷行仁政、"修文德"以感化土著民族。数百年间，土著民族朝贡频频，归附纷纷，认同宋王朝。元代在今贵州地域全面实行土司制，大兴屯田，广置驿站，建儒学，开科举，推进了贵州各民族的大一统中央王朝认同，增进了各民族之间的接触、交往、交流与认同。

---

①《三国志·蜀书·先主传》，《二十五史》第 2 册，上海：上海古籍出版社、上海书店 1986 年版第 106 页。
②参见《三国志·蜀书·诸葛亮传》，《二十五史》第 2 册，上海：上海古籍出版社、上海书店 1986 年版第 110 页。
③《三国志·蜀书·诸葛亮传》注引《汉晋春秋》，《二十五史》第 2 册，上海：上海古籍出版社、上海书店 1986 年版第 111 页。
④[道光]《遵义府志·宦绩》，《中国地方志集成·贵州编》第 33 册，成都：巴蜀书社 2006 年版第 6 页。
⑤吴兢 撰，杨宝玉编著：《贞观政要》，上海：上海古籍出版社 1978 年版第 163 页。
⑥司马光：《资治通鉴》第 13 册，北京：中华书局 1956 年版第 647 页。
⑦[道光]《遵义府志·选举》，《中国地方志集成·贵州编》第 33 册，成都：巴蜀书社 2006 年版第 91 页。

第一节 蜀汉两晋南北朝贵州儒文化与民族认同

一、蜀汉时期贵州的小一统格局及其大一统蕴意

东汉以后，中国进入了三国时期。三国之中，魏国最大，全国 13 州，其占有北方 9 州，人口 440 多万，都洛阳；吴国次之，占有东南 3 州，人口 230 多万，都建业（今南京）；蜀汉最小，在吴国夺取其荆州地之后，仅占有 1 州，即以西南为主体的益州，人口 90 多万，都成都。益州为三国时期 13 州中最大之州，约当今四川、云南、贵州大部、陕西汉中、广西北缘。三国时期，今贵州大部地域属于蜀汉统辖区域，由蜀汉派遣郡守治理。具体说，今贵州西北、西南、中部等大部地域属牂牁郡，西北之赫章、威宁属朱提郡，西南边缘之兴义属兴古郡，黔北属江阳郡，黔东北部分地域属涪陵郡。以上诸郡均属益州，其所属今贵州大部地域，处于蜀汉统辖之下。至于今贵州东部与湖南接壤的松桃、石阡以下至黎平、榕江等地域，则属吴国荆州之武陵郡。由于今贵州大部地域属于蜀汉，且蜀汉治理今贵州的时期是三国两晋南北朝时代今贵州儒文化与民族认同最好的时段，因而本节的研究着笔于蜀汉治理下的贵州地域。

（一）蜀汉的小一统局面及其大一统愿景

三国时期，蜀、魏、吴三国鼎立，大一统不复存在，但蜀、魏、吴是各自统治区域的"小一统"，都在为着重建大一统而争战；蜀汉政权更是以汉室正统自居，数出祁山，屡伐中原，为恢复大一统局面而无一日闲歇。

蜀汉开国皇帝刘备乃"汉景帝子中山靖王胜之后"，[1] 在"汉室倾颓，奸臣窃命"之际，起兵之初，即"欲信大义於天下"，重振汉王朝大一统。[2] 东汉献帝延康元年（220 年），曹丕称帝，曹魏代汉。次年，刘备即在成都以"孝景皇帝、中山靖王胜之

---

[1]《三国志·蜀书·先主传》，《二十五史》第 2 册，上海：上海古籍出版社、上海书店 1986 年版第 106 页。

[2]《三国志·蜀书·诸葛亮传》，《二十五史》第 2 册，上海：上海古籍出版社、上海书店 1986 年版第 110 页。

胄"的身份,"即皇帝位,以纂二祖,绍嗣昭穆",①承继汉王朝大统。

丞相诸葛亮出山辅佐刘备之际,在著名的"隆中对"中,即为刘备谋划了重振汉朝大一统之计。其一,占有荆州、益州,作为立足之地。"自董卓以来,豪杰并起,跨州连郡者不可胜数。"势大者为曹操、孙权。"操已拥百万之众,挟天子而令诸侯,此诚不可与争锋。孙权据有江东,已历三世,国险而民附,贤能为之用,此可以为援而不可图也。"荆州"北据汉、沔,利尽南海,东连吴会,西通巴、蜀,此用武之国,而其主不能守"。益州"险塞,沃野千里,天府之土,高祖因之以成帝业。刘璋暗弱,张鲁在北,民殷国富而不知存恤,智能之士思得明君"。此二州,皆可占有,以为基地。其二,实行妥当的内外政策。对外,"西和诸戎,南抚夷越……结好孙权";对内"修政理",著信义"于四海"。其三,出兵伐魏,复兴汉室。"命一上将将荆州之军以向宛、洛,将军身帅益州之众出于秦川,百姓孰敢不箪食壶浆以迎将军者乎?诚如是,则霸业可成,汉室可兴矣。"后主建兴五年(227年),诸葛亮上疏请求北伐,复兴汉室:"今南方已定,兵甲已足,当奖率三军,北定中原,庶竭驽钝,攘除奸凶,兴复汉室,还于旧都。"②之后,诸葛亮数出祁山,其后继姜维屡伐中原,为统一大业竭尽心力。由于国力对比悬殊等多种原因,诸葛亮终未如愿,但其忠心耿耿,为维护大一统而鞠躬尽瘁、死而后已的精神,却为后人世代传颂。

东汉末年,王室衰微,群雄烽起,目的都是成就自己的功业,刘备也不例外。他声称自己是西汉景帝之后,按辈分算,是当今皇帝即汉献帝之叔父,故人称刘皇叔。西汉景帝公元前156年至公元前141年在位,东汉献帝于190年至220年在位,前后300多年,刘邦的皇室血缘已微乎其微,早已成为一介平民,靠"贩履织席为业"③。他举着皇室后裔、帝胄、皇叔的招牌,打着光复汉室、承继汉统的旗号,把自己的王朝号为"汉",同样是为着成就自己的功业。他所以打这块招牌,举这面旗帜,是因为这块招牌、这面旗帜具有合法性,具有号召力,能够为他成就功业赢取人心。这块招牌、这面旗帜的深层蕴意,就是儒家的正统意识、大一统观念。在那个时代,汉王朝就是正统,汉王朝就是大一统,汉王朝的刘姓皇帝就是正统、大一统的代表,就是正统、大一统的象征。封建时代的三国史研究学者,就有不少是蜀汉正统论者。历经东汉末年战乱分裂苦痛的人民渴望统一,渴望安宁。刘备君臣打的是兴复汉室、重振汉室的旗号,高扬的是统一的旗帜、大一统的旗帜。东汉王朝无可挽回地衰落了,灭亡了。220年,当魏文帝曹丕正式以魏代汉时,刘备立即在成都即皇帝位,国号"汉",

---

① 《三国志·蜀书·先主传》,《二十五史》第2册,上海:上海古籍出版社、上海书店1986年版第108页。

② 以上见《三国志·蜀书·诸葛亮传》,《二十五史》第2册,上海:上海古籍出版社、上海书店1986年版第110、111页。

③ 《三国志·蜀书·先主传》,《二十五史》第2册,上海:上海古籍出版社、上海书店1986年版第106页。

声称"绍嗣昭穆"，承继汉王朝大统。事实上，刘备建立的并不是东汉王朝，而是他自己的王朝；即使他的统一理想实现了，他建立的也同样不是东汉王朝，而是另一个刘姓王朝；唯一不变的是儒家的大一统思想，他借用的是儒家的大一统理念。当然，大一统必须有它的合法性基础，这就是仁民、爱民，施行仁政。刘备要复兴、要重振的，决不是东汉末年的那种腐朽的大一统，而是文景之治、光武中兴那样的大一统。刘备能够成就一方基业，除了因高举大一统旗帜外，还在于施行了仁义之政，施行"和""抚"夷越的民族政策。

（二）诸葛亮南征与今贵州纳入小一统格局

后主建兴三年（225年），诸葛亮率军南征，平定南中大姓的叛乱，为北伐中原、统一全国作准备。包括牂牁郡大姓在内的南中大姓的叛乱及诸葛亮的南征，是蜀汉时期今贵州地方势力与蜀汉最大的一次冲突。

所谓南中，指今贵州大部、云南、四川南缘、广西北缘这一少数民族聚居的广袤地带。具体说，今贵州大部，为黔西北、黔西南、黔南及黔中；川南为四川大渡河以南地，即凉山彝族自治州（今四川西昌市），以及今宜宾南部。汉代在这一地区置牂牁、益州、永昌、越巂4郡，蜀汉在此基础上将其调整为牂牁、朱提、兴古、建宁、云南、永昌、越巂7郡。其一，牂牁郡，领夜郎（今贵州普安、盘县、兴仁）、且兰（似为今贵州安顺一带）、鳖（今贵州黔西、大方）、平夷（今贵州水城、六枝）、谈稿（今贵州普安、晴隆）、谈指（今贵州罗甸）、毋敛（今贵州独山、荔波）等7县，治且兰。其二，兴古郡，今云南东南、贵州西南极边缘及广西北缘，治宛温（今贵州兴义）。其三，建宁郡，今云南东部，治味县（今云南曲靖）。其四，云南郡，今云南西部，大理为中心，治弄栋（今云南姚安）。建宁郡，平定南中后由益州郡更名而来；云南郡，分建宁、永昌郡而设。其五，永昌郡，今云南保山为中心的滇西南及境外缅甸一部分，治不丰（今云南保山东面）。其六，越巂郡，今四川大渡河以南地，即凉山彝族自治州（今四川西昌），治邛都（今西昌市城区）。其七，朱提郡，主体为今云南东北，次为贵州西北边缘、四川宜宾南部，领朱提、汉阳、南广、南昌、堂琅5县，属于今贵州的为汉阳县（今贵州赫章、威宁）；治朱提（今云南昭通）。蜀汉加封朱提太守为庲降都督，统率7郡，先后驻节朱提郡之南昌（今云南镇雄）、牂牁郡之平夷（今贵州水城、六枝）、建宁郡之味县（今云南曲靖）。[①]

所谓南中大姓，指汉代移民至"西南夷"地区的三蜀大姓在东汉末年、三国时期

[①] 以上参见何仁仲：《贵州通史》第1卷，北京：当代中国出版社2002年版第153页；周春元等：《贵州古代史》，贵阳：贵州人民出版社1982年版第36、75、74页附图、74页；《贵州通史》编辑部：《贵州通史简编》，北京：当代中国出版社2005年版第24页；侯绍庄等：《贵州古代民族关系史》，贵阳：贵州民族出版社1991年版第52、53、63、98、99页。

与"西南夷"地区"夷帅"①结合而成的地方实力派。东汉末年，天下大乱，群雄并起，汉王朝名存实亡。失去了中央政权支持的三蜀大姓，势力大跌，为了维系自身权势，遂转而寻求与地方土著民族"夷帅"的结合，形成南中大姓。南中大姓中，既有与三蜀大姓结合并大量汲收汉文化、相当程度上融入了汉族的土著民族"夷帅"，如牂牁郡的谢氏，建宁郡、朱提郡的孟氏，建宁郡的爨氏；也有与地方土著民族"夷帅"结合甚而基本上融入土著民族的三蜀大姓，如牂牁郡的龙氏、尹氏、董氏、傅氏，建宁郡的雍氏，永昌郡的吕氏。两者之中，三蜀大姓的"夷化"是主要趋势；②南中大姓中，"夷化"了的三蜀大姓是主体。总而言之，南中大姓是伴随着东汉政权的衰亡而形成的汉民族上层与地方土著民族上层的结合体。中原战乱，大姓乘机崛起，力图控制南中。大姓中的龙、尹、董、傅、谢等，均在牂牁境内。

蜀汉章武二年（222年），刘备病逝。次年，即后主建兴元年（223年），越嶲（今四川西昌）、益州（今云南）、牂牁（今黔西北、黔西南、黔南及黔中）③等南中诸郡相继叛乱，"高定恣睢於越嶲，雍闿跋扈於建宁，朱褒反叛於牂牁"。④高定系越嶲"夷帅"，后主建兴元年（223年）"杀郡将军高瑱，举郡称王以叛"，⑤率先反蜀。雍闿系由巴蜀大姓演化而来的南中益州大姓。刘备新逝，"雍闿等杀蜀所署太守正昂"，⑥投靠吴国，被"吴遥署……为永昌太守"，但遭到永昌官民的抗拒，大姓、功曹吕凯及府丞王伉等"帅厉吏民，闭境拒闿"。⑦朱褒系朱提郡人，其时代领牂牁太守，后主建兴元年（223年）夏，"拥郡叛"，⑧起兵响应雍闿、高定。一时间，南中4郡中，除朱提外，硝烟四起，严重威胁着蜀汉后方。

后主建兴三年（225年）春，诸葛亮发兵南中。征南大军从成都出发，沿岷江而下，至僰道（今四川宜宾），兵分三路，西路由诸葛亮讨越嶲（今四川西昌市），中路由李恢击益州（今云南），东路由马忠平牂牁（今贵州黔西北、黔西南、黔中、黔南）。西路，越嶲高定主力集结于卑水（今四川美姑）、旄牛（今四川汉源）、定筰（今四川

---

①"夷帅"，南中少数民族首领。汉晋以后，史书称这些首领为"夷帅"、耆帅、叟帅、渠帅。
②侯绍庄认为主要为汉化的少数民族首领，见侯绍庄：《牂牁谢氏考》，《贵州民族研究》1982年第1期。
③越嶲，凉山彝族自治州，今四川西昌；治邛都，今西昌市城区。益州，今云南；治滇池，今云南晋宁县境。牂牁，今黔西北、黔西南、黔南及黔中；治且兰，似为今安顺一带。
④《三国志·蜀书·李恢传》，《二十五史》第2册，上海：上海古籍出版社、上海书店1986年版第127页。此处建宁当为益州，建宁系平叛后分益州为云南、建宁2郡后始有。
⑤常璩撰，任乃强校注：《华阳国志校补图注》，上海：上海古籍出版社1987年版第240页。高定，《华阳国志》作高定元。
⑥《三国志·吴书·步骘传》，《二十五史》第2册，上海：上海古籍出版社、上海书店1986年版第149页。
⑦《三国志·蜀书·吕凯传》，《二十五史》第2册，上海：上海古籍出版社、上海书店1986年版第127页。
⑧《三国志·蜀书·后主传》，《二十五史》第2册，上海：上海古籍出版社、上海书店1986年版第108页。

盐源）等地。诸葛亮进至卑水，高定告急，益州雍闿领军北上往援。诸葛亮行反间计，造成叛军内乱，高定部属杀雍闿；雍闿余部由"夷帅"孟获率领退益州。蜀军斩高定，占邛都（今四川西昌），越嶲平定。诸葛亮"五月渡泸，深入不毛"，①追击孟获，在滇东北味县（今云南曲靖）一带与之交战，累擒累纵，终使其心悦诚服，归降。中路，李恢进益州，至滇东北味县一带，"诸县大相纠合，围恢军……时恢众少敌倍"。其时，越嶲战事正酣。李恢系益州人，乃向叛军诈称："官军粮尽，欲归退还，吾中间久斥乡里，乃今得旋，不能复北，欲还与汝等同计谋，故以诚相告。"叛军"信之，故围守怠缓。於是恢出击，大破之，追奔逐北，南至槃江，东接牂柯"，②即进入了今贵州西南地域。东路，马忠进展顺利，击败朱褒，平定牂柯，旋即转兵西向滇池。诸葛亮、李恢两路在收服孟获后，亦合力向西。三路大军协力，平定益州其余地域，至滇池。年底，由滇池经味县、汉阳、僰道，返回成都。

南中定，诸葛亮调整郡县设置，"改益州郡为建宁郡，分建宁、永昌郡为云南郡，又分建宁、牂柯为兴古郡"。③南中4郡更为7郡，仍设庲降都督。马忠继邓方、李恢、张翼之后为第4任都督，驻节地移至建宁郡味县。此后，味县（今云南曲靖）成为南中政治中心。

南中之乱，是蜀汉时期今贵州与蜀汉政权最大的一次冲突。南中的平定，对于今贵州的统一，对于蜀汉政权的稳定，特别是对于蜀汉君臣统一中原的大业，意义尤大。其一，为北伐提供了稳定的国内环境。南中的平定及蜀汉政权实行的"和""抚"民族政策，赢得了南中各民族的拥护和认同，直至蜀汉终朝，包括今贵州大部在内的南中地区大的动乱再未发生。后主建兴五年（227年），即平定南中后的第二年，诸葛亮上疏请求北伐："今南方已定，兵甲已足，当奖率三军，北定中原，庶竭驽钝，攘除奸凶，兴复汉室，还于旧都。"④他将南方的稳定视为北伐时机成熟的最重要因素之一。其二，为北伐提供了大量资源。包括今贵州大部在内的南中的稳定，为南中人口的增加及经济的发展创造了条件，从而为北伐提供了丰富的、源源不断的人力、物力资源。"赋出叟、濮，耕牛、战马、金银、犀革充继军资，于时费用不乏。"⑤数十年中，南中

---

① 《三国志·蜀书·诸葛亮传》，《二十五史》第2册，上海：上海古籍出版社、上海书店1986年版第111页。泸水，一般以为今金沙江。

② 以上见《三国志·蜀书·李恢传》，《二十五史》第2册，上海：上海古籍出版社、上海书店1986年版第127页。

③ 《三国志·蜀书·后主传》，《二十五史》第2册，上海：上海古籍出版社、上海书店1986年版第109页。

④ 《三国志·蜀书·诸葛亮传》，《二十五史》第2册，上海：上海古籍出版社、上海书店1986年版第110页。

⑤ 《三国志·蜀志·李恢传》，《二十五史》第2册，上海：上海古籍出版社、上海书店1986年版第127页。

诸部"军资所出，国以富饶"。[①] 又"移南中劲卒、青羌万余家于蜀，为五部，所当无前，号为飞军"，[②] 补充兵员。剽悍骁勇的南中兵卒，活跃于北伐战场。

三国时期，大一统不存在了，蜀、魏、吴是各自统治区域的"小一统"。南中平定，蜀汉小一统局面得以巩固，作为南中地域一部分的今贵州，进一步纳入了蜀汉小一统的格局。作为小一统的蜀、魏、吴，都在为重建大一统而争战；蜀汉政权更是以汉室正统自居，梦寐以求"北定中原……兴复汉室"。南中稳定，为蜀汉实现其夙愿准备了条件。作为南中地域一部分的今贵州，为蜀汉北伐提供大量人力、物力支援，纳入了蜀汉大一统愿景。纳入了蜀汉小一统格局及大一统愿景的今贵州，得以在天下战乱分裂的环境中维系着统一，维系着与具有华夏文明传统的蜀汉王朝的联系，维系着"夷"、汉民族间的友好相处并彼此了解、交往乃至融合。

二、蜀汉的"以人为本"，"和""抚"夷越

三国时期，蜀汉最小，但内部治理却是最好的，究其原因，在于蜀汉君臣不仅顺应民心，矢志统一，而且坚持儒家仁治理念，"以人为本"，"仁覆积德"，[③] "西和诸戎，南抚夷越"[④]，赢取了民心，为自己的政权营造了合法性基础。

大一统必须有其合法性基础，就是仁民、爱民，施行仁政。民心问题，说到底就是一个人心向背的问题，就是《后汉书·皇甫规传》注引《孔子家语》所谓"君者舟也，人者水也，水可载舟，亦可覆舟"[⑤] 的道理。蜀汉君臣梦寐以求"北定中原……兴复汉室"，[⑥] 他们要复兴、要重振的，决不是东汉末年那种腐朽的大一统，而是文景之治、光武中兴那样的大一统，是能够得到民众拥戴的大一统。正由于施行了仁义之政，施行了"和""抚"民族政策，蜀汉君臣才得以为自己的政权营造了合法性基础，成就了一方基业，并为北伐大业做了初步的准备。

[①]《三国志·蜀志·诸葛亮传》，《二十五史》第 2 册，上海：上海古籍出版社、上海书店 1986 年版第 111 页。

[②] 常璩 撰，任乃强校注：《华阳国志校补图注》，上海：上海古籍出版社 1987 年版第 241 页。

[③] 参见《三国志·蜀书·先主传》，《二十五史》第 2 册，上海：上海古籍出版社、上海书店 1986 年版第 106、108 页。

[④]《三国志·蜀书·诸葛亮传》，《二十五史》第 2 册，上海：上海古籍出版社、上海书店 1986 年版第 110 页。

[⑤]《后汉书·皇甫规传》注引《孔子家语》，《二十五史》第 2 册，上海：上海古籍出版社、上海书店 1986 年版第 229 页。

[⑥]《三国志·蜀书·诸葛亮传》，《二十五史》第 2 册，上海：上海古籍出版社、上海书店 1986 年版第 111 页。

刘备作为蜀汉开国皇帝,"仁覆积德,爱人好士","弘毅宽厚,知人待士"。① 他至重仁德,以为仁德的根本在于重民爱民,声言"济大事必以人为本",纵令"颠沛险难……势逼事危",亦不能失以人为本之道。当阳之战,民庶追随者"十余万,辎重数千两(辆),日行十余里",追兵迫近犹不弃,"情感三军……甘与同败"。② 临终遗诏敕后主:"勿以恶小而为之,勿以善小而不为。惟贤惟德,能服於人。"③ "是以四方归心焉";"其终济大业,不亦宜乎"。④ 后主刘禅秉承父皇遗训,"爱德下士",⑤ 在位41年,大赦13次,平均三年多一点即有一次。

在辅佐后主的10余年间,诸葛亮不仅是总领行政的丞相,还是蜀汉政权的实际主政者。刘备辞世时,后主年幼,乃将后主托付给诸葛亮,告诫后主"与丞相从事,事之如父"。⑥ 辅政期间,"事无巨细,皆决于亮"。⑦ 诸葛亮的施政理念及举措,对于蜀汉政权更具有代表性。在《为后帝伐魏诏》中,他深刻总结历史的经验及教训,阐明行仁政、施德政的至为重要性:"天地之间,福仁而祸淫;善积者昌,恶积者丧,古今常数也。是以汤、武修德而王,桀、纣极暴而亡"。⑧ 修德就是积善,积善就是行仁,最重要的仁就是"抚百姓",使百姓衣食有着。"克食于民,而人有饥乏之变,则生乱逆。唯劝农业,无夺其时,唯薄赋敛,无尽民财。如此,富国安家"。⑨ 百姓安定,不生动乱,从而社会有序,国家稳定。在诸葛亮看来,抚百姓固然要让百姓衣食有着,然而整肃官场也很重要。"示仪轨,约官职,从权制,开诚心,布公道;尽忠益时者虽雠必赏,犯法怠慢者虽亲必罚……善无微而不赏,恶无纤而不贬"。⑩ 厉行礼法,约束官员,办事公道,赏罚分明,让百姓感到社会的公平与正义。诸葛亮更是率先垂范,躬履践行。他殚力国事,夙夜操劳;他清正廉洁,平生"不别治生,以长尺寸",为官数十年,内无"余帛",外无"赢财"。⑪ 诸葛亮的蜀汉治理之策得到了各族民庶的高度认同,"百姓之心欣戴之"。后主在位三四十年间,诸葛亮、姜维对魏国频繁用兵,百姓

---

①《三国志·蜀书·先主传》,《二十五史》第2册,上海:上海古籍出版社、上海书店1986年版第108页。

②《三国志·蜀书·先主传》及注引《汉晋春秋》,《二十五史》第2册,上海:上海古籍出版社、上海书店1986年版第106页。

③刘备:《遗诏》,《诸葛亮集》,北京:中华书局2012年版第111页。

④以上见《三国志·蜀书·先主传》及注引《汉晋春秋》,《二十五史》第2册,上海:上海古籍出版社、上海书店1986年版第108、106页。

⑤诸葛亮:《与杜微书》,《诸葛亮集》,北京:中华书局2012年版第18页。

⑥《三国志·蜀书·诸葛亮传》,《二十五史》第2册,上海:上海古籍出版社、上海书店1986年版第111页。

⑦张栻:《汉丞相诸葛武侯传》第8页,《〈四部丛刊〉续编》第14册,上海:上海书店1984年版。

⑧诸葛亮:《为后帝伐魏诏》,《诸葛亮集》,北京:中华书局2012年版第3页。

⑨诸葛亮:《便宜十六策》,《诸葛亮集》,北京:中华书局2012年版第63页。

⑩《三国志·蜀书·诸葛亮传》及注引袁子,《二十五史》第2册,上海:上海古籍出版社、上海书店1986年版第113页。

⑪诸葛亮:《自表后主》,《诸葛亮集》,北京:中华书局2012年版第14页。

不堪重负，但依旧表现出极大的理解及容忍，"行法严而国人悦服，用民尽其力而下不怨"。① 平定南中以后，民族地区基本稳定，包括今贵州大部在内的南中再未发生大的动乱。这说明，官场的风清气正，对于争取民庶的认同、理解甚至容忍，显得何等重要。

包括今贵州大部在内的南中是土著民族聚居地，是蜀汉政权的重要地域。诸葛亮的抚民重点之一，就是南中。早在出山之初的隆中对，诸葛亮就为刘备制定了"西和诸戎，南抚夷越"②，亦即"和""抚"戎夷的民族政策。和抚政策的核心，同样是争取民心，争取土著民族真正从内心认同蜀汉政权。南征中，参军马谡提出："夫用兵之道，攻心为上，攻城为下，心战为上，兵战为下……服其心而已。"③ 意见为诸葛亮所采纳。"和""抚"戎夷，"服其心"，就是与土著民族和平相处，以和平手段解决纠纷，绝不轻易诉诸武力，更不能穷兵黩武；纵令不得不诉诸武力，亦不滥杀无辜。中国古代有所谓仁义之师，其含义，一为师出有名，二为不滥用武力。章武二年（222年），刘备病逝，加之吴国插手，南中越巂、益州、牂柯大姓相继叛乱，攻城略地，杀害守令，严重威胁蜀汉的安宁与统一。益州雍闿杀太守，投靠吴国，诸葛亮未立即用兵，"以都护李严书晓喻闿。闿答曰：'……远人惶惑，不知所归。'其傲慢如此。"领牂柯太守朱褒"恣睢"，诸葛亮遣常房"往查其情，皆不用兵"。常房"闻褒将有异志，收其主簿案问，杀之。褒怒，攻杀房，诬以谋反。诸葛亮诛房诸子，徙其四弟于越巂，欲以安之。褒犹不悛改，遂以郡叛应雍闿"。④ 对南中用兵，实出仁至义尽，实出无奈，实为正义之师。即令如此，南征进程中，仍坚持"服其心"，以仁义服人。史籍记载及民间流传的七擒孟获故事，即是典范。"夏五月，亮渡泸，进征益州。生房孟获，置军中，问曰：'我军如何？'获对曰：'恨不相知，公易胜耳。'亮以方务在北，而南中好叛乱，宜穷其诈。乃赦获，使还合军，更战。凡七房、七赦。获等心服，夷、汉亦思反善。亮复问获，获对曰：'公，天威也！边民长不为恶矣。'"孟获是"夷人"首领，"为夷、汉并所服"，⑤ 后随诸葛亮赴成都，入朝为官。他对诸葛亮心悦诚服，通过他，进而通过广大"夷"兵，诸葛亮的仁德、蜀汉的仁政流传到更多"夷人"首领之中，流传到更多下层"夷人"之中，流传到滇、黔、川更为广泛的"夷人"地区，产生了广泛的影响，促进了汉、"夷"民族之间的交流、融合，促进了包括今贵州大部在内的

---

① 《三国志·蜀书·诸葛亮传》注引袁子，《二十五史》第2册，上海：上海古籍出版社、上海书店1986年版第113页。

② 《三国志·蜀书·诸葛亮传》，《二十五史》第2册，上海：上海古籍出版社、上海书店1986年版第110页。

③ 《三国志·蜀书·马谡传》，《二十五史》第2册，上海：上海古籍出版社、上海书店1986年版第119页。

④ 以上见常璩撰，任乃强校注：《华阳国志校补图注》，上海：上海古籍出版社1987年版第240、241、243页注7。

⑤ 常璩撰，任乃强校注：《华阳国志校补图注》，上海：上海古籍出版社1987年版第241页。

南中各土著民族对于蜀汉小一统政权的认同。后世黔、滇、川地区诸葛亮及蜀汉的故事广为流传，其原因正在于此。

诸葛亮"和""抚"戎夷、"服其心"的民族政策体现在战争时期，更体现在战后的和平时期，体现在和平时期的民族地区治理之中。"服其心"，就要按儒家的理念，施行仁政，亲民爱民，安民定民。平定南中以后，诸葛亮在南中地区设置郡、县，派遣守、令及少量军队，保证朝廷对南中的控制。但郡县守令及军队仅直接管辖郡、县所在地少量区域，其余广大区域，则"皆即其渠率而用之"，即仍由当地土著民族首领自行治理，在这些地区一不派官，二不驻军。"或以谏亮，亮曰：'若留外人，则当留兵，兵留则无所食，一不易也；加夷新伤破，父兄死丧，留外人而无兵者，必成祸患，二不易也；又吏累有废杀之罪，自嫌衅重，若留外人，终不相信，三不易也；今吾欲使不留兵，不运粮，而纲纪粗定，夷、汉粗安，故耳'"。① 不派官，不驻军，即可避免土著民族与汉民族之间的猜忌、不和乃至争战杀戮，从而达到"纲纪粗定，夷、汉粗安"的目的。其考量的核心，在于对各族民庶的关爱、关切，在于对民族地区社会安定、和平的关爱、关切。平定南中后，南中各郡官员，继续奉行诸葛亮的和抚政策，深得南中各族民庶爱戴、认同。历任牂牁太守、庲降都督马忠，"抚育恤理，甚有威惠……蛮夷畏而爱之。及卒，莫不自致丧庭，流涕尽哀，为之立庙祀"。② 先后领永昌、建宁太守霍弋，"抚和异俗，为之立法，施教轻重允当"，"郡界宁静"。③ 张嶷为越巂太守15年，"邦域安穆"，"蛮夷皆服"，离任，"夷民恋慕，扶毂泣涕，过旄牛邑，邑君襁负来迎，及追寻至蜀郡界，其偕督相率随嶷朝贡者百馀人"。④

诸葛亮在包括今贵州大部在内的南中地区实行的"和""抚"夷越政策，对"夷人"首领孟获的七擒七纵以"服其心"进而引入朝廷为官的故事，不派官、不驻军、"即其渠率而用之"的做法，便是儒家的民本、爱民思想的体现。诸葛亮以其开明、宽缓的民族政策及实践，以其令人感佩的人格魅力，向包括今贵州大部在内的南中各民族展示、传播了中原儒家的忠义仁礼大道。

东汉时期，牂牁郡毋敛县人尹珍在今黔北兴学授徒，开拓了贵州儒学传播的历史。蜀汉时期在今贵州是否兴学授徒、传播儒学，史籍未见记载。唯一的记载见于《华阳国志》，平定南中后，诸葛亮以图画形式向"夷人"宣传儒家礼法君臣之道。"夷人""犯法，辄依之藏匿"；受到法律制裁，"或为报仇"，故"轻为祸变"。"诸葛亮乃为夷

---

① 《三国志·蜀书·诸葛亮传》注引《汉晋春秋》，《二十五史》第2册，上海：上海古籍出版社、上海书店1986年版第111页。
② 《三国志·蜀书·马忠传》，《二十五史》第2册，上海：上海古籍出版社、上海书店1986年版第127页。
③ 常璩 撰，任乃强校注：《华阳国志校补图注》，上海：上海古籍出版社1987年版第247页；《三国志·蜀书·马忠传》，《二十五史》第2册，上海：上海古籍出版社、上海书店1986年版第122页。
④ 《三国志·蜀书·张嶷传》，《二十五史》第2册，上海：上海古籍出版社、上海书店1986年版第127、128页。

作图谱，先画天地、日月、君长、城府，次画神龙；龙生夷，及牛、马、羊；后画部主吏，乘马幡盖，巡行安恤；又画（夷）牵牛负酒，赍金宝诣之之象，以赐夷"。① 君臣之道犹如天地、日月，须谨守遵行；君是龙的化身，至尊至上，臣民百姓须忠心服从；官吏代表君主巡行安抚，地方应当恭谨奉献。谨守君臣礼义之道，社会就有序安定。"君以施下为仁，臣以事上为义……上下好礼，则民易使，上下和顺，则君臣之道具矣。""君臣上下，以礼为本，父子上下，以恩为亲，夫妇上下，以和为安。"② 在土著民族不通汉语、汉文字的情况下，诸葛亮巧妙地运用形象直观的图画形式，对土著民族进行儒家礼制教化，收到了很好的效果。"夷甚重之"，精心保存诸葛亮所赠图画、瑞锦、铁券，"每刺史、校尉至，齎以呈诣"；"许致生口值"，③ 赔偿被掳掠为奴的汉人的价值，亦即接受朝廷关于不得掳掠汉人为奴的禁令。

三、蜀汉时期贵州"纲纪粗定，夷、汉粗安"认同局面的形成

诸葛亮及蜀汉政权在包括今贵州大部在内的南中实行的"仁覆积德"、④ "和""抚"夷越政策，⑤ 赢得了南中各族民庶的拥护和认可，南中基本稳定下来，纳入了蜀汉小一统政治体制之中；"夷"、汉民族之间大致能够和平相处，相互交往、吸纳，出现了"纲纪粗定，夷、汉粗安"⑥ 的认同局面。

（一）郡国并治制度的承袭与发展

南中平定以后，今贵州进一步纳入蜀汉小一统政治体制之中，在今贵州实行郡国并治制度，设置郡、县，派遣守、令及少量军队，在保证朝廷对地方控制的同时，郡县守令及军队仅直接管辖郡、县所在地少量区域，其余广大区域则"皆即其渠率而用之"，⑦ 仍由当地土著民族首领自行治理，一不派官，二不驻军。朝廷在承袭两汉体制的同时，又有所变更发展。其一，郡、县驻军更少，以解决由外地运送军粮的矛盾。

---

① 常璩 撰，任乃强校注：《华阳国志校补图注》，上海：上海古籍出版社1987年版第247-248页。
② 以上见诸葛亮：《便宜十六策·君臣第二》，《诸葛亮集》，北京：中华书局2012年版第60-61页。
③ 常璩 撰，任乃强校注：《华阳国志校补图注》，上海：上海古籍出版社1987年版第247-248页。
④《三国志·蜀书·先主传》，《三国志》第32卷，《二十五史》第2册，上海：上海古籍出版社、上海书店1986年版第108页。
⑤《三国志·蜀书·诸葛亮传》，《二十五史》第2册，上海：上海古籍出版社、上海书店1986年版第110页。
⑥《三国志·蜀书·诸葛亮传》注引《汉晋春秋》，《二十五史》第2册，上海：上海古籍出版社、上海书店1986年版第111页。
⑦《三国志·蜀书·诸葛亮传》注引《汉晋春秋》，《二十五史》第2册，上海：上海古籍出版社、上海书店1986年版第111页。

两汉在今贵州郡县驻军相对较多，为解决军粮供给问题，采取了"募豪民田南夷，入粟县官，而内受钱於都内"①的办法。蜀汉较之两汉，国小民弱，又面临北伐中原的巨大压力，故未能行类似"募豪民田南夷"的做法。其二，任用少数民族首领为治，但不封王封侯，唯一的例外是封慕俹（即慕俹白扎果，号慕俄格，今大方）"夷人"首领妥阿哲（济火）为罗甸王。其三，任用土著民族大姓"夷帅"为朝廷官员，如爨习、孟获、孟琰等。"习官至领军；琰，辅汉将军；获，御史中丞。"②土著民族大姓"夷帅"进入朝廷为官，提升了土著民族的地位；参与中枢决策，增进了土著民族首领对蜀汉大政方略的了解与理解，增进了其对于儒家文化的了解与吸纳，开拓了其视野；进而通过大姓"夷帅"，扩大儒文化在土著民族中的影响。任用土著民族大姓"夷帅"为朝廷官员，是两汉郡国并治制度所没有的内容，是诸葛亮及蜀汉对两汉郡国并治制度的创新和发展，是蜀汉制度儒学较之两汉最突出的特点。蜀汉政权在包括今贵州大部在内的南中实行的郡国并治制度，使朝廷在南中民族地区的驻军大为减少，使土著民族的地位大为提高，有利于"夷"、汉民族之间矛盾的减少及缓和，有利于扩大蜀汉政权的民庶基础，有利于增进"夷"、汉民族之间的理解、互信及认同。当然，汉族移民的大量减少，固然有缓和矛盾的有利作用，但同时也使得民族地区与中原经济文化的交流大为减缓，使得"夷"、汉民族之间的交流大为减少，加之蜀汉政权存在时间短、国力弱小诸多因素，蜀汉时期，今贵州地域的开发规模及成效均远逊于两汉。

（二）慕俹"夷人"君长妥阿哲"与孔明结盟"

慕俹，又称慕俹白扎果、慕俄格，今贵州大方；慕俹"夷人"君长妥阿哲，又名济火、济济火。慕俹"夷人"的祖先系商周时期分布于今西北甘、陕等地的氐羌族系。氐羌族系中的一支辗转南徙，相继演变为武棘系，武、乍、糯、恒、布、默六部。约当战国晚期，默部中的一支进入今贵州西北之大方，成为慕俹"夷人"，后演变为水西部。诸葛亮南征，妥阿哲借道输粮，被封为罗甸王。《黔书》记，济火（妥阿哲）"尚信义，善抚其众，诸蛮戴之。闻诸葛武侯南征，籍粮通道以迎，遂佐武侯平西南，擒孟获，封罗甸国王，世长其土"。③彝文《妥阿哲纪功碑》更具体记载了妥阿哲与诸葛亮在楚敖山（今毕节市七星关区境内）结盟事。诸葛亮南征，妥阿哲愿协助皇帝去征讨……兴高采烈地毅然决策，在楚敖山上与孔明结盟，并宣誓，若与皇帝背道而驰，存有叛逆之心者，当无善果。征南大军"如旭日从东方升起，分为三路……各自进军"。妥阿哲为诸葛亮"征运兵粮，络绎不绝"。南中平定，"帝师胜利归来，将彝族君长的功勋记入汉文史册"，妥阿哲的"邦畿可称兴盛的时代，犹如太阳的光芒闪耀一

---

①《史记·平准书》，《二十五史》第1册，上海：上海古籍出版社、上海书店1986年版第178页。
②常璩 撰，任乃强校注：《华阳国志校补图注》，上海：上海古籍出版社1987年版第241页。
③［康熙］《黔书·济火》，《中国地方志集成·贵州编》第3册，成都：巴蜀书社2006年版第510页。

方，呈现安居乐业景象。帝旨传来，长者（妥阿哲）身穿锦袍，俨然是一带威严的君主"。后主建兴四年（226年），蜀汉封妥阿哲为罗甸国王"以表酬谢，治理慕胯的疆土"。①

《妥阿哲纪功碑》"相传为蜀汉时济火所立，碑上有建兴年号"；②或以为当"不会晚于妥阿哲之孙莫翁建九层衙于大方城东五指山下之时"；③余宏模考证，"济火的历史传说，是在明清之际才传之于世，见于文献"，《妥阿哲纪功碑》当系清初所立。④

如同妥阿哲"与孔明结盟"传说一样，在今贵州各地，流传着许多关于诸葛亮的传说。对于诸葛亮是否到过今贵州地域，过去学术界以为不过是一种传说，是贵州各族民庶出于对诸葛亮的崇敬、感怀而附会、编造出来的。理由是，蜀汉南征，兵分三路，诸葛亮自率一路出越嶲，越嶲为今四川省西昌市，即原凉山彝族自治州；收服孟获之战，则发生在滇东。

出兵南中及征战期间，诸葛亮的确未到今贵州，但在回师途中，却到过汉阳（今贵州赫章、威宁）。《三国志·蜀书·费诗传》载，建兴三年（225年），部永昌从事费诗"随诸葛亮南行，归至汉阳县，降人李鸿来诣亮，亮见鸿，时蒋琬与诗在坐"。交谈中，李鸿言及孟达事。孟达原为蜀将，在关羽荆州战败时，孟达见死不救，招致刘备怨恨，遂叛逃魏国。归降魏国的原蜀将王冲谓孟达，昔日孟达叛往魏国时，诸葛亮"切齿，欲诛达妻子，赖先主不听耳"，但孟达"尽不信……委仰明公"，依旧敬佩诸葛亮。"亮谓琬、诗曰：'还都当有书与子度（孟达）相闻。诗进曰：'孟达小子，昔事振威不忠，后又背叛先主，反覆之人，何足与书邪！'亮默然不答。亮欲诱达以为外援"。⑤回成都后，诸葛亮果然致书孟达，明确提及昔日在汉阳会见李鸿之事："往年南征，岁末乃还，适与李鸿会於汉阳，承知信息，慨然永叹，以承足下平素之志，岂徒空托名荣，贵为乖离乎……依依东望，故遣有书。"⑥孟达得诸葛亮书，"数相交通，辞欲叛魏。魏遣司马宣王征之，即斩灭达"。⑦由此推之，诸葛亮回师路线，当由益州味县（今云南曲靖）至汉阳（今贵州赫章、威宁），继经棘道（今四川宜宾），于建兴三年（225年）"十二月……还成都"。⑧汉阳即今贵州赫章、威宁。由以上记载，足证诸

---

①《妥阿哲纪功碑》，《彝文金石图录》第1辑，成都：四川民族出版社1989年版第7页。
②京滇公路周览会贵州分会宣传部：《贵州名胜古迹概说》（1卷本），贵阳文通书局民国26年（1937年）印本。
③罗正仁等译：《彝文金石图录》第1辑，成都：四川民族出版社1989年版第1页。
④参见余宏模：《济火碑与济火碑史实探证》，《贵州文物》1983年第2期。
⑤《三国志·蜀书·费诗传》，《二十五史》第2册，上海：上海古籍出版社、上海书店1986年版第123页。
⑥《与孟达书》，《诸葛亮集》，北京：中华书局2012年版第23页。
⑦《三国志·蜀书·费诗传》，《二十五史》第2册，上海：上海古籍出版社、上海书店1986年版第123页。
⑧《三国志·蜀书·后主传》，《二十五史》第2册，上海：上海古籍出版社、上海书店1986年版第109页。

葛亮南征到过今贵州。《妥阿哲纪功碑》所记妥阿哲与诸葛亮结盟的楚敖山，在今毕节市七星关区。七星关位于七星河畔，河西为今毕节市赫章县，河东为今毕节市七星关区，七星关即位于河东七星关区境内。诸葛亮既已到达汉阳即今赫章一带，近在咫尺的妥阿哲前来拜见，而诸葛亮亦欲借助妥阿哲之忠诚以进一步稳定牂牁局势，二者遂于七星关结盟，便是顺理成章之举。由此看来，《妥阿哲纪功碑》所记妥阿哲与诸葛亮会盟事是真实可信的，只不过所记事次序有所混淆。大致顺序应当是妥阿哲闻知蜀汉大军南征特别是攻击孟获及马忠率部进军牂牁消息时，即与蜀汉方面联络并让道输粮；战事结束，诸葛亮班师回朝途经汉阳，妥阿哲即在楚敖山与诸葛亮结盟；回到成都，诸葛亮奏明后主，次年，封妥阿哲为罗甸王，而非妥阿哲先与诸葛亮结盟，然后让道输粮。

妥阿哲与蜀汉结盟，固然是为了抵御孟获的东扩。"我心中所顾虑的，就是孟撒（孟获）"；"为了祖先勿阿纳（武益纳）后裔的基业巩固……愿协助皇帝去征讨"。但也包含了对诸葛亮的仰慕及尊崇，包含了对蜀汉仁义之师及蜀汉王朝小一统的认同与服从，包含了对汉民族的认同。"大军出征，如旭日从东方升起"；"若与皇帝背道而驰，存有叛逆之心者，当无善果"。而"协助皇帝去征讨"，平定了叛乱，恢复了和平统一，对于少数民族地区的安定、进步同样意义重大。"阿哲（妥阿哲）的邦畿可称兴盛的时代，犹如太阳的光芒闪耀一方，呈现安居乐业景象"。① 此后直至清初，在长达一千多年的历史进程中，妥阿哲的后继者们，世代维护"夷"、汉民族之间的友好团结，世代保持着与中央王朝的友好关系，世代维护中华民族的大一统，堪称贵州古代维护民族认同的典范。

（三）古代贵州的诸葛亮传说：儒文化与民族认同的生动写照

诸葛亮在包括今贵州大部在内的南中实行的和抚民族政策，赢得了今贵州各民族的景仰、尊崇及感怀，在今贵州各地留下了许多传说、遗迹、以其名字命名的地名和物名、祭祀祠堂。

1. 黔西北

如上所述，妥阿哲与诸葛亮会盟于楚敖山，即今毕节市七星关区之七星关。传说诸葛亮南征到达河畔，只见江水滔滔，崖悬壁峭，于是点上七星灯，祭拜上天，祈求庇佑。七星关、七星河因此而得名。山上"有诸葛武侯祀七星处。七星营，诸葛武侯祃牙于此，基址尚存。武侯祭星坛，亦在七星关上"。② 关口道上有三个马蹄印，相传

---

①《妥阿哲纪功碑》，《彝文金石图录》第1辑，成都：四川民族出版社1989年版第7页。
②谢圣纶辑，古永继等点校：《滇黔志略》，贵阳：贵州人民出版社2008年版第329页。关于七星关的来历，又一说为，七星关位于六冲河畔，河谷两岸巍巍七峰，宛如北斗，故名七星关。祃牙，古时行军行祭旗礼。

是诸葛亮的坐骑踩出来的。① 明代于七星关置千户所，建七星关城，城内有诸葛亮祀七星处牌坊、武侯祠。"武侯庙，在城西九十里七星关旁，明御史毛在建"，清康熙、乾隆年间两次修扩，"立坊表，前建戏楼一座，大门三间，中建大殿，上下二层，上奉三义神像，下奉武侯神像，额曰'功盖华夷'，左右俱建厢房"。② 明代置毕节卫，卫城内亦建有武侯祠，遗址今尚存七星关区城关镇大横街。③ 城北 100 里处有武侯碑，"昔诸葛武侯南征过此立，岁久剥蚀，不可读"④。城北有关索镇，相传"武侯南征还，留索镇此"。⑤ 当地"夷人"锦缎质地优良，称之为武侯锦。"旗鼓侵疆止取残，教裁卧具病儿安；锦名今尚传诸葛，上策攻心此一端。"⑥

大方建有武侯祠。"武侯擒孟获，济火从之，以从征功，表王罗甸，则今安氏远祖也。安氏立武侯庙于大方"。⑦ 今残址尚存。

威宁"有关索插枪岩，在……瓦甸站北"。⑧

赫章县野马川镇"地名始于蜀汉年间诸葛亮率兵南征"。其部下马忠进军牂牁，"来到野马川，只见芦苇丛生，野马驰骋期间"，故而称之为野马川。⑨

2. 黔西南布依族苗族自治州

黔西南是南征大军频繁活动的区域之一。李恢自味县（今云南曲靖）南下后，进入滇东南、黔西南及广西西部，在今黔西南布依族苗族自治州各民族中留下了许多传说。

盘江有诸葛营，相传为"武侯驻兵处"。⑩

晴隆城南有饮马池，相传"汉将军关索统兵至此，渴甚，泉忽涌出成池"。⑪

贞丰北 30 里有孔明城，相传为"武侯创营处"。城西 10 里有诸葛山，相传为"武侯屯营故址"。⑫ 又有宰相（今贵州贞丰县者相镇）、孔明村、孔明坟。传说南征时，宰

---

① 参见李金顺：《贵州风景名胜故事》，贵阳：贵州人民出版社 2007 年版第 139-140 页。
② [乾隆]《毕节县志·疆舆》，《中国地方志集成·贵州编》第 48 册，成都：巴蜀书社 2006 年版第 214 页。
③ 参见吴学良：《黔滇川吴良弼家族及联支谱志》，毕节 2009 印本第 704 页。
④ 谢圣纶辑，古永继等点校：《滇黔志略》，贵阳：贵州人民出版社 2008 年版第 330 页。
⑤ 谢圣纶辑，古永继等点校：《滇黔志略》，贵阳：贵州人民出版社 2008 年版第 330 页。它说以关索镇为晴隆县政府所在地，参见中国地名网，http://www.tcmap.com.cn/guizhou/guanlingbuyizumiaozuzizhixian guansuozhen.html。
⑥ 杨文莹：《黔阳杂咏》，《幸草亭诗钞》上卷，钱塘杨氏勖采堂民国 8 年（1919 年）印本。
⑦ [康熙]《黔书·人物名宦》，《中国地方志集成·贵州编》第 3 册，成都：巴蜀书社 2006 年版第 508 页。
⑧ 谢圣纶辑，古永继等点校：《滇黔志略》，贵阳：贵州人民出版社 2008 年版第 330 页。
⑨ 《乌撒名川——野马川》，马驭方搜狐博客，2010 年 3 月 11 日，http//wmmayufang.blog.sohu.com/145801163.htm。
⑩ 谢圣纶辑，古永继等点校：《滇黔志略》，贵阳：贵州人民出版社 2008 年版第 330 页。
⑪ 谢圣纶辑，古永继等点校：《滇黔志略》，贵阳：贵州人民出版社 2008 年版第 330 页。
⑫ 谢圣纶辑，古永继等点校：《滇黔志略》，贵阳：贵州人民出版社 2008 年版第 330 页。

相（即丞相）诸葛亮率军到达北盘江边，相中了一块风水宝地。晚年，他预见到蜀汉社稷不会长久，自己身后也许会被司马懿父子毁墓暴尸，弥留之际，特地叮嘱在各地建72座真假坟墓，迷惑掘墓人，北盘江畔的孔明坟，就是72座中的一座。北盘江各族民庶怀念诸葛亮，将其屯兵的地方称宰相，后改为者相（今贵州贞丰县者相镇）；练兵的地方称孔明村（今贵州贞丰县鲁容乡境内）；坟墓称孔明坟，清明时节，总不忘焚香燃烛，奠祭一番。者相镇境内有马刨井，相传关索率领大军征战到此，人困马乏，干渴难耐的战马以蹄刨土，意外地刨出一股甘冽甜美的山泉。蜀汉大军人马喝足了水，打了胜仗，饮水思源，便将此井命名为"马刨井"。①

3. 黔中安顺市

安顺武侯祠，有二，一"在城内东门坡"，一"在城内七里街"。② 观星台，在安庄卫（今贵州安顺西秀区），"其形如台，传闻诸葛于此观星"。诸葛营，"在卫治西十里旁……传汉诸葛亮尝驻兵于此"。③

安顺西10里有诸葛营，相传为"武侯驻兵处"。④

西秀区幺铺镇歪寨布依族村，传说诸葛亮第七次与孟获交战时，孟获请来乌戈国藤甲兵助阵，大败蜀军。后来，诸葛亮设计烧死藤甲兵，擒获孟获。歪寨村韦姓布依族就是乌戈国残余藤甲兵后裔，自古以来传承着先辈的藤甲舞。⑤

西秀区双堡镇八番寨有"孔明坟"，为一座有星象图壁画的砖室墓。⑥

平坝有驻兵营盘，在平坝卫治（今贵州平坝）"东六里，世传诸葛南征曾此驻兵"。⑦

关岭县名来源于诸葛亮七擒孟获的故事。关羽之子关兴为蜀军将领，当地少数民族称之为关帅，"古者帅与率通……后遂讹率为索"，⑧ 遂有关索、关索岭之称，简称关岭。岭上有关索庙。唐太宗贞观四年（630年），置剡州，领7县，其中一县为武侯县，"在今永宁东关岭城南诸葛营侧"。⑨ 此武侯县即今关岭。县城东15里有晒甲山，又名

---

① 参见《百度·百科名片·乌蒙山国家地质公园》。
② 《民国续修安顺府志·名胜古迹志》，《中国地方志集成·贵州编》第42册，成都：巴蜀书社2006年版第472页。
③ ［嘉靖］《贵州通志·古迹》，《中国地方志集成·贵州编》第1册，成都：巴蜀书社2006年版412页。
④ 谢圣纶辑，古永继等点校：《滇黔志略》，贵阳：贵州人民出版社2008年版第330页。
⑤ 参见《藤甲兵在安顺"复活"》，乐趣网·傲视天地，http://www.lequ.com/astd。
⑥ 参见贵州省地方志编纂委员会：《贵州省志·文物志》，贵阳：贵州人民出版社2003年版第61页。
⑦ ［嘉靖］《贵州通志·古迹》，《中国地方志集成·贵州编》第1册，成都：巴蜀书社2006年版412页。
⑧ ［康熙］《黔书》上卷，《中国地方志集成·贵州编》第3册，成都：巴蜀书社2006年版第492-493页。
⑨ ［咸丰］《安顺府志·地理志》，《中国地方志集成·贵州编》第41册，成都：巴蜀书社2006年版第37页。

红崖山、红岩山,"俗传武侯南征晒甲于此"①。蜀军与孟获交战,败退于此,安营后卸甲晒于坡上。又传此"为诸葛驻兵息鼓之所。彝人每年一祭"。② 半山有诸葛公碑,又名红岩碑、红崖天书,文字怪异莫辨,数百年来学者竞相破译,至今莫衷一是。明嘉靖年间,黔籍文人邵元善作《红崖诗》,将天书与诸葛亮南征画图谱教化"夷人"相联系,以为天书内容即此:"红崖削立一千丈,刻画盘旋非一状。参差时作钟鼎形,腾掷或成走飞象。诸葛曾为此驻兵,至今铜鼓有遗声。即看壁上纷奇诡,图谱浑领尚且盟。"其后从明至清数百年,即以红崖天书为诸葛公碑。③ 关岭县政府所在地名关索镇,相传为关索驻兵处,遂以其名命名驻兵处之山岭,称关索岭;命名驻兵处之地为关索镇。④ 又有诸葛营,"一在红崖山上,一在盘江,世传诸葛武侯南征屯兵于此"。⑤ 关岭也有马刨井,又名马创井、马跑井。传说关索"统兵至此,渴甚,马蹄地出泉,故名"。又有哑泉,"饮之能令人哑",关索令"立石以戒行者"。⑥

镇宁有关索庙,在安庄卫治"南四十里。昔年关索领兵征南到此。有神应,后人遂立祠庙于山巅之上祀之"。⑦ 又有诸葛营,"在卫治四十五里狼洞屯侧,相传诸葛武侯南征屯兵于此"。⑧

4. 黔中贵阳市

贵阳有关诸葛亮的遗迹有武侯祠、藏甲岩、观风台、铜鼓山,今均已不存。

武侯祠"在贵阳府城外东南隅铜鼓山下,祀汉丞相武乡忠武侯琅诸葛公亮。万历初建……明末为兵所毁,后迁于涵碧潭。康熙二十八年巡抚田雯增修。庙中旧塑有武侯像,雯更于像旁塑济火立像以侍之……雍正七年复迁于铜鼓山旧址,额曰'丞相祠堂。'"⑨

藏甲岩"在治城内西南隅永祥寺址,俗名鬼王洞。汉王志武勇过人,而貌陋,军

---

① [道光]《永宁州志·地理志》,《中国地方志集成·贵州编》第40册,成都:巴蜀书社2006年版第447-448页。

② [弘治]《贵州图经新志·永宁州》,《中国地方志集成·贵州编》第1册,成都:巴蜀书社2006年版第102页。

③ 参见《百度·百科名片·红崖天书》。

④ 参见中国地名网,http://www.tcmap.com.cn/guizhou/guanlingbuyizumiaozuzizhixian.guansuozhen.html。谢圣纶《滇黔志略》则认为,"关索镇,在毕节县北,武侯南征还,留索镇此"。(谢圣纶辑,古永继等点校:《滇黔志略》,贵阳:贵州人民出版社2008年版第330页)

⑤ [弘治]《贵州图经新志·永宁州》,《中国地方志集成·贵州编》第1册,成都:巴蜀书社2006年版第103页。

⑥ 谢圣纶辑,古永继等点校:《滇黔志略》,贵阳:贵州人民出版社2008年版第330页。

⑦ [嘉靖]《贵州通志·祠祀》,《中国地方志集成·贵州编》第1册,成都:巴蜀书社2006年版第387页。

⑧ [嘉靖]《贵州通志·古迹》,《中国地方志集成·贵州编》第1册,成都:巴蜀书社2006年版第412页。

⑨《略二·祠祀略》,[道光]《贵阳府志》上册,贵阳:贵州人民出版社2005年版第836页。

中呼为鬼头,官至校尉。从诸葛武侯征南,擒雍闿过此,藏盔甲以镇服百蛮"。①

铜鼓山,"在贵阳城东二里,山半旧为来仙峒,今有寺称仙人峒。高百余仞,每阴雨,山腰空洞中有声若铜鼓,俗传诸葛武侯藏铜鼓于此"。②

观风台,"在贵阳城南里许……一名观象台"。③ 传说诸葛亮曾观星于此,故名。

5. 黔南布依族苗族自治州

龙里有孔明寨司、诸葛寨。④ 惠水明代以后建过武侯祠。罗甸有武侯祠。⑤

福泉有诸葛屯,在平越府(治今福泉)城;⑥ 又有诸葛营,在府城"南三十里"。⑦

6. 黔东南苗族侗族自治州

包括苗疆腹地雷山在内的黔东南各地都有诸葛亮的传说。这一地区的苗、侗民族自古有斗牛习俗。民间千古流传的《斗牛古词》谓:"孔明天相号召娱乐,苗、侗祖宗凑银买牛。吹笙斗牛,乐而忘返"。⑧ 将斗牛习俗的起源附会到诸葛孔明的身上。

黔东南侗族村寨,几乎村村寨寨都有鼓楼。鼓楼历史悠久、造型美观、结构独特、用途多样,是侗族地区特有的一种公共建筑物,是侗寨的标志。关于鼓楼的来源,众说纷纭。民间传说之一,诸葛亮南征,曾扎营侗乡,为方便指挥,在营寨中修筑高亭,内置铜鼓,以鼓声传令,遂流传成为鼓楼。⑨

榕江城西南30多公里处有孔明山,传说是诸葛亮南征的驻兵之地,也是擒获孟获的地方。山中有古营盘遗址、古花街、孔明碑、孟获碑等遗址,还出土了铜鼓、战刀、头盔等文物。当地苗族称自己是孟获的后裔。卧龙岗有苗王庙,苗王名莫薅,即汉语孟获。孟获带领数万人的队伍,冲到蜀国地界,导致"诸葛征蛮"。苗民传说,诸葛亮收服孟获是"八擒八纵",而非"七擒七纵";孟获是为诸葛亮的诚意所折服,而非武力压服。相传孟获第七次被擒后,仍然不服,谓孔明:"以往被你捉,都是在外面,我不熟悉地形,你如果能在我老家的山上捉住我,我才真的服了"。孔明第七次释放孟获。孟获派人向孔明下战书:"我先放开口子让你进山"。孔明被孟获诱进浓雾茫茫的

---

① [弘治]《贵州图经新志·贵州宣慰司中》,《中国地方志集成·贵州编》第1册,成都:巴蜀书社2006年版第36页。
② [民国]《贵州通志·名胜古迹概说》,《中国地方志集成·贵州编》第10册,成都:巴蜀书社2006年版第588页。
③ [民国]《贵州通志·贵州古迹名胜概说》,《中国地方志集成·贵州编》第11册,成都:巴蜀书社2006年版第590页。
④ 《故事·遗迹篇》,《诸葛亮集》,北京:中华书局2012年版第253页。
⑤ 《略二·祠祀略》,[道光]《贵阳府志》上册,贵阳:贵州人民出版社2005年版第833页。
⑥ [民国]《贵州通志·古迹志》,《中国地方志集成·贵州编》第11册,成都:巴蜀书社2006年版第205页。
⑦ [乾隆]《贵州通志·古迹志》,《中国地方志集成·贵州编》第4册,成都:巴蜀书社2006年版第128页。
⑧ 彭亮:《牛王争霸:贵州斗牛文化的"传"与"承"》,《贵阳晚报》2013年12月16日。
⑨ 参见《溪水侗乡:黔东南肇兴侗寨》,黔途网,http://www.chiyou.name/page/mzfq/xsdx.htm;陈问菩:《肇兴古寨:大歌绕梁鼓楼间》,《贵阳晚报》2012年4月16日。

密林，率部左冲右突，始终找不到路，全部被孟获活捉。孟获谓："丞相七次放我，我也放丞相一回"。孔明选出十余个聪明的兵士，学会苗语，然后化装进山，侦察地形，利用八卦山布下八卦阵，谓孟获："你若能冲得出，我也罢兵下山"。孟获冲不出，第八次被擒并释放。孟获叹曰："公，天威也，南人不复反矣。"为报孔明不杀之恩，也为了感谢对待苗胞如亲兄弟的蜀国丞相，表示自己归顺的诚心，孟获便将大本营务振改名为"孔明山"，将自己的出生地直接叫"孔明"（今贵州榕江孔明乡），将山上的饮水塘称为"孔明塘"，将饮水塘附近的喷泉改名为"孔明泉"，意即饮水思源。在本族发源地嘎良（古州，今贵州榕江）筑诸葛城（遗址中心在今榕江街心花园处）。孔明死后，又建诸葛台、诸葛亭、武侯庙、祭星坛、观星坛等，以示纪念。①

诸葛城又名诸葛营。《古州厅志》载，古州"旧为诸葛营，枕山面水，土田平衍绕泽"。②"诸葛城在城内，相传诸葛武侯征蛮故垒。"城中有诸葛台，"在古州厅署左，台上建亭，有碑，刊诗文"；③碑联："七擒千古事，六出一生心。"苗民"有事，必仰天呼诸葛……咸曰：'高曾相传，诸葛南征，屯兵于此，迄今云昏雨暗，电走风号，横塞其间。吾苗民不敢擅入，入则心目迷眩，必稽首再叩始生。'……苗民有疑难事不能决之于官者，质之武侯台之前，无不倾心两服，并信武侯之神留于后世，而式凭于斯台"。李玉振《和诸葛台原韵》云："大名自昔钦诸葛，擒落厅中一古台。策重攻心人早服，楼高放眼我初来。"④

诸葛祠，"在卧龙冈"，旁有济火庙。⑤诸葛洞，"在城东南隅三江口，层崖峭壁，燃炬乃达。内最高一层传有孔明所遗鼓、旗"。孔明塘，在"城南七十里……相传系孔明驻兵所"。⑥

榕江古称古州，侗族妇女善织锦，相传系诸葛亮所教："牂牁郡自汉时留，侗锦矜夸产古州，苗女刺成经岁力，遗教传是武乡侯。"⑦并将其称为诸葛洞锦："古州苗女所织绒锦亦以武侯名之，曰诸葛洞锦。"⑧清康熙贵州开泰（今锦屏）举人张应诏有诗：

---

① 参见《诸葛亮八擒孟获》，榕江县人民政府网，http：//www. rongjiang. gov. cn，2004年2月12日。
② [光绪]《古州厅志·艺文志》，《中国地方志集成·贵州编》第19册，成都：巴蜀书社2006年版第487页。
③ [光绪]《古州厅志·地理志》，《中国地方志集成·贵州编》第19册，成都：巴蜀书社2006年版第305页。
④ [光绪]《古州厅志·艺文志》，《中国地方志集成·贵州编》第19册，成都：巴蜀书社2006年版第494、510页。
⑤ [光绪]《古州厅志·建置志》，《中国地方志集成·贵州编》第19册，成都：巴蜀书社2006年版第313页。
⑥ [光绪]《古州厅志·地理志》，《中国地方志集成·贵州编》第19册，成都：巴蜀书社2006年版第305-306页。
⑦ [光绪]《黎平府志·地理志》，《中国地方志集成·贵州编》第17册，成都：巴蜀书社2006年版第175页。
⑧ [光绪]《黎平府志·地理志》，《中国地方志集成·贵州编》第17册，成都：巴蜀书社2006年版第158页。

"丞相南征日，能回黍谷春。干戈随地用，服色逐人新。苎幅参文绣，花枝织朵云。蛮乡椎髻女，亦有巧手人。"①

锦屏县有诸葛寨、诸葛洞、武侯观星台、马刨泉。诸葛寨在"亮寨司，相传武侯南征驻师处……黎守张恺《志夷杂咏》云：'古垒荒基在，相传武侯屯。祇今苗寨里，犹说汉将军。'"诸葛洞，"亮寨西十里罗丹右，相传武侯屯兵处"。武侯观星台，在"新化所，相传武侯观星处"。马刨泉，位于"隆里所，相传蜀汉关索随武侯南征，兵渴马蹶，泉涌掬，饮之清洌甘美"。②

黎平有诸葛武侯庙、马台石、马跑井。诸葛武侯庙，"在府治内东南"。③ 马台石，在"城西五里，相传武侯南征时于此石上马，至今痕迹昭然"。马跑井，"城东三里，相传武侯征蛮，卒渴甚，马跑此，有清泉出地"。④

镇远有诸侯洞，"在镇远望城坡，两山陡立，中夹一溪，武侯征蛮凿开运粮者……谚云：'若要此洞开，除非诸葛来。'旁有半莲洞，崖半有武侯石刻像。""香炉峰畔，刻有'沅流光'三字，相传汉武侯所题"。⑤

施秉下潕阳河有诸葛洞、诸葛滩、诸葛峡。相传诸葛亮南征进入潕水，两岸悬崖峭壁，峡谷幽深，船行其间，宛入洞中；水流湍急，惊涛拍岸；江中突现巨石，挡住去路。诸葛亮下令凿石疏浚，打通航道。人们便将其命名为诸葛峡、诸葛滩、诸葛洞，岸边建武侯祠。⑥ 明末，潕水航路复又阻塞，贵州巡抚郭子章主持再次打开诸葛洞，疏通河道。传说郭子章决定再次打开诸葛洞时，遭到苗民阻拦，声称祖辈曾留下话："若要此洞开，除非诸葛来。"郭子章遂拜武侯祠，谓苗民："下官郭子章，号青螺，是诸葛亮的嫡亲外甥。不瞒大家，我自到偏桥后，孔明舅爷一再托梦给我，要我赶紧把这洞打通，他好乘船来看大家。"苗民一听这郭大人是孔明的亲外甥，还托梦让他来开洞，不再阻拦，很快就打通了航路。⑦ 郭子章有诗《偏桥新河成放舟东下》："桥畔拿舟一叶轻，扬帆穿树入蓬瀛。悬崖直下瞿塘路，瀑布遥飞雁宕声。白鸟青猿争出没，山花岸柳递逢迎。自从诸葛征南后，千载谁人向此行。"训导朱芳《诸葛洞怀古》："山苍苍兮水泱泱，怪石嵯峨皆悚惶。藉公之灵济艰险，千秋丞相有祠堂。下游青浪滩前路，

---

①［乾隆］《开泰县志·艺文志》，《中国地方志集成·贵州编》第19册，成都：巴蜀书社2006年版第106页。

②［光绪］《黎平府志·地理志》，《中国地方志集成·贵州编》第17册，成都：巴蜀书社2006年版第158页。

③［嘉靖］《贵州通志·祠祀》，《中国地方志集成·贵州编》第1册，成都：巴蜀书社2006年版第386页。

④［光绪］《黎平府志·地理志》，《中国地方志集成·贵州编》第17册，成都：巴蜀书社2006年版第159页。

⑤《故事·遗迹篇》，《诸葛亮集》，北京：中华书局2012年版第250页。

⑥参见李金顺：《贵州风景名胜故事》，贵阳：贵州人民出版社2007年版第249-251页。

⑦《诸葛洞》，《百度·百科名片》，baike.baidu.com，2010年6月24日。

鸦阵神兵不知数。安澜有庆迓神庥,当与伏波同景慕。"① 郭子章治诸葛洞传说说明,1000多年后,贵州苗族民众还如此敬重、怀念诸葛亮,足见诸葛亮实行的爱民、抚民政策影响之大,足见儒家仁爱思想对于推动民族认同的作用之大。

7. 黔北

绥阳、仁怀历史上曾有过武侯祠。绥阳武侯祠,又称"卧龙庙"。② 仁怀武侯祠,"在怀阳洞石壁"。③

8. 黔东北

诸葛洞。历史上,黔东曾属黔中郡。"黔中郡南,石崖屹立,旁有石洞数丈,相传诸葛亮征九溪蛮尝过此,留宿洞中,县(悬)粟一握以秣马,后遂化为石。石床石粟,至今犹存。"④ 武侯祠,在铜仁"府城内"。⑤ 武侯锦,又名诸葛锦,"用木棉线染成五色织之,质粗有文采"。相传为诸葛亮所教:"俗传武侯征铜仁蛮不下,时蛮儿女患痘,多有殇者,求之武侯,教织此锦为卧具,立活,故至今名曰武侯锦。"⑥

石阡城内有万寿宫,始建于明万历年间,系道教庙堂,兼江西会馆。宫内有戏台,戏楼木雕有由《三国演义》等戏文故事组成的木雕长卷,诸葛亮手摇羽扇,栩栩如生。⑦ 类似于石阡的万寿宫,遍于全省各地。

今贵州各地有关诸葛亮的传说、遗迹、以其命名的地名及物名、祭祀祠堂之多,"在古代名人之中,尚无出其右者"。⑧ 明代以后,在今贵州修建的武侯祠有16处,分布在黔西北的大方、黔西、毕节,黔西南的兴义、贞丰,黔南的惠水,黔中的贵阳、安顺,黔东南的镇远、黄平、施秉、榕江,黔北的绥阳、仁怀,黔东北的铜仁、石阡。有关诸葛亮南征的传说、以诸葛亮南征有关的人物、故事命名的城、关、县、镇、村、营、山、岭、岩、台、河、池、井、泉、碑、坟、鼓楼、织锦等,遍布全省。这些传说及名、物不仅分布于诸葛亮亲自到过的黔西北,而且分布于诸葛亮未到过的其他地区;不仅分布于蜀汉南征军到过的地区,而且分布于蜀汉南征军未到过的黔北、黔东北等地区;不仅分布于汉族居住的地区,而且分布于各少数民族居住的地区。黔西北彝族的先民"夷人"君长妥阿哲(济火)让道输粮,"协助皇帝去征讨";与诸葛亮结

---

①[民国]《施秉县志·艺文志》,《中国地方志集成·贵州编》第19册,成都:巴蜀书社2006年版第579、582页。

②[道光]《遵义府志·坛庙》,《中国地方志集成·贵州编》第32册,成都:巴蜀书社2006年版第187页。

③[民国]《续遵义府志·坛庙》,《中国地方志集成·贵州编》第34册,成都:巴蜀书社2006年版第97页。

④《故事·遗迹篇》,《诸葛亮集》,北京:中华书局2012年版第250页。

⑤[乾隆]《贵州通志·坛庙》,《中国地方志集成·贵州编》第4册,成都:巴蜀书社2006年版第166页。

⑥[康熙]《黔书·武侯锦》,《中国地方志集成·贵州编》第3册,成都:巴蜀书社2006年版第534页。

⑦石阡万寿宫实地考察资料。

⑧王鸿儒:《夜郎文化史》,贵阳:贵州人民出版社2010年版第463页。

盟，接受蜀汉罗甸国王封号；其后世代与中央王朝友好。黔东南苗王自称莫孱，即孟获，深为诸葛亮的诚意所折服，深切感佩诸葛丞相之对待苗胞如亲兄弟，归顺蜀汉，在本族发源地筑诸葛城，城内建武侯庙、祭星坛、观星坛、诸葛台、诸葛亭，改大本营为孔明山、出生地为孔明、饮水塘为孔明塘、喷泉为孔明泉。黔东南侗族宣称鼓楼来源于诸葛亮南征之以鼓传令，侗锦为诸葛亮所教。黔西南、黔中安顺的布依族、苗族、彝族先民怀念诸葛亮，将诸葛亮屯过兵的地方称宰相（今者相镇），练兵的地方称孔明村，山岭称关索岭、关岭、武侯县。黔东北土家族先民板楯蛮也宣称其织锦为诸葛亮所教，称武侯锦、诸葛锦。

今贵州各地有关诸葛亮的传说、遗迹、以其命名的地名及物名，绝大多数均非诸葛亮亲自到过的地方或做过的事情，而是人们的附会流传。各民族的人们，对于诸葛丞相添加了无数的想象和发挥，世代相传，经久不衰；他们对诸葛丞相无限尊崇，无比感怀，这正是蜀汉时期包括今贵州在内的南中各族民庶认同诸葛丞相、认同蜀汉小一统的生动写照，正是蜀汉时期南中各民族特别是少数民族与汉民族相互认同的生动写照。诸葛亮秉持儒家大一统及仁爱体民之道，施行"和""抚"民族政策，兴仁义之师，行仁义之治，制止了南中分裂战乱的危险局面，恢复了南中的统一与安定，促进了南中各族民庶的和平共处、交流了解、彼此吸收乃至认同融合。儒文化是蜀汉时期促进今贵州民族认同的主体文化元素。诸葛亮的仁爱"和""抚"民族政策证明，由于各种原因，民族之间自然难以避免矛盾及冲突，纵令不得不使用武力，只要是兴仁义之师，行仁义之治，只要不是穷兵黩武，滥杀无辜，依然是能够得到各民族的容忍、理解乃至认同的。诸葛亮的仁爱"和""抚"民族政策，成为古代治国特别是处理民族问题的典范，为历代所推崇、仿效。

诸葛亮宏扬儒文化，处理民族问题，促进国家统一、民族认同，继汉武帝之后，在贵州历史上留下了辉煌的一页。只可惜，由于诸葛亮致力于北伐统一，加之早逝，其未能集力治理南中；蜀汉地域狭小，国力有限，仅存在了三四十年，对南中的治理过于短暂，以至于包括今贵州在内的南中民族未能取得如同两汉时期那样辉煌的发展与进步，从而影响到民族认同的发展与进步。

四、两晋南北朝贵州地域儒文化与民族认同大略

263年，魏灭蜀；265年，司马炎代魏立晋，是为西晋；280年，西晋灭吴，结束了三国鼎立的分裂局面，统一了全国。西晋分益州南中地另设宁州，领8郡。8郡中，牂牁、越巂、永昌、建宁、云南、兴古、朱提等7郡为蜀汉所设，益州郡（东晋更为晋宁郡）系分建宁郡以西7县所置。将各郡划小，牂牁分为牂牁、夜郎、平夷3郡。大致上，夜郎郡位于原牂牁郡南部，即今黔西南、六盘水市南部；平夷郡位于原牂牁

郡北部，即今黔西北、六盘水市北部；新牂牁郡位于原牂牁郡中部。① 牂牁、夜郎、平夷3郡，即今贵州中、西部。今黔北仍属益州之江阳郡，但益州已不再包括南中地；黔东北部分地域仍属涪陵郡，但涪陵郡不再属益州，改属梁州；梁州系分益州而设。今贵州东部与湖南接壤的松桃、石阡以下至黎平、榕江等地域仍属荆州之武陵郡。

西晋的统一仅维系了短暂的30来年。317年，西晋灭亡，晋室南渡，是为东晋。北方以及西南先后出现过16个少数民族政权，中国再次陷入分裂战乱。西南之益州、宁州，在较长时间内相继处于成汉②、前秦控制之下。

420年，东晋灭亡。其后的170年间，宋、齐、梁、陈4个政权相继取代东晋，偏安江南，是为南朝；北方相继存在北魏、东魏、西魏、北齐、北周等政权，是为北朝。这个时期，南中行政区划设置大致上沿袭两晋，包括牂牁、夜郎、平夷3郡在内的宁州名义上属于南朝，但基本上遥领而已，未能实际掌控。

两晋南北朝时期，中国长期大分裂，统治集团内部争斗异常酷烈残刻，政权更迭频繁，战乱不已，社会动荡；统治集团腐朽残忍，荒淫奢靡，下层民庶处境凄凉，朝不虑夕，玄学、佛学大行其道，消极出世之风弥漫社会，儒学衰微，儒家大一统之道、仁义礼法之道备受冲击。南中地区，今贵州地区，朝廷所派刺史守令多为搜刮之徒，一改蜀汉"和""抚"夷越政策，加剧了社会的动荡及地方的不满。牂牁太守孟才"骄暴无恩"，被郡民"逐出之"。③ 宁州刺史、"南夷"校尉王逊"严猛太过，多所诛锄"。④ 李毅为"南夷"校尉，"每夷供南夷府，入牛金旄马，动以万计……其供郡、县亦然"。⑤ 大姓"夷帅"纷起自立，成汉、前秦政权更在很长一段时间内割据南中。晋王朝、南朝所派刺史守令多仅遥领而已，并不能实地行政。这个时期，无论是大一统的西晋还是小一统的东晋南北朝，都力图维系对西南地区的统一，然而，政权更替的频繁、战争的频仍，统治集团的腐朽暴虐，使其统治的合法性大打折扣，使地方对中央的认同程度大打折扣。较之两汉，南中地区，今贵州地区社会政治、经济、文化的进步大为减缓，儒文化的传播及民族认同大受影响；较之蜀汉治理时期也大为逊色。

两晋南北朝大分裂、大动荡时期，牂牁地区状况稍好，控制牂牁地区的主要土著大姓谢氏，⑥ 心系中土，艰难地维系着脆弱的一统局面。早在西汉晚期，谢氏先祖谢暹

---

① 参见侯绍庄等：《贵州古代民族关系史》，贵阳：贵州民族出版社1991年版第100-102页。
② 成汉，西晋末年賨人李雄攻占益州后所建。（参见常璩 撰，任乃强校注：《华阳国志校补图注》，上海：上海古籍出版社1987年版第484页）賨人，巴人之一支，与今土家族有一定关系。
③ 常璩 撰，任乃强校注：《华阳国志校补图注》，上海：上海古籍出版社1987年版第260页。
④ 常璩 撰，任乃强校注：《华阳国志校补图注》，上海：上海古籍出版社1987年版第257页。
⑤ 常璩 撰，任乃强校注：《华阳国志校补图注》，上海：上海古籍出版社1987年版第247页。
⑥ 侯绍庄考证，魏晋九品中正制，谈及士大夫必称其郡望。《华阳国志》谓："三蜀大姓龙、傅、尹、董氏及郡功曹谢暹"，提及龙、傅、尹、董氏时，明称其郡望为三蜀；提及谢暹时，则不言其郡望，仅述其为"郡功曹"。则谢氏非汉族大姓，而系地方豪强。（参见侯绍庄：《牂牁大姓谢氏考》，《贵州文史丛刊》1982年第2期）

已为牂牁郡衙门差吏;公孙述割据巴蜀时,谢暹联合本郡大姓龙、傅、尹、董氏"保郡"奉汉;东汉初年,"乃远使使由番禺江出,奉贡汉朝。世祖嘉之,号为义郎"。①谢氏势力在牂牁渐次发展。东晋成帝咸和八年(333年),成汉李寿攻破宁州,南中大部为成汉所有,"惟牂牁谢恕不为寿所用,寿破之。寿去,遂复保境为晋。官至抚夷中郎将、宁州刺史、冠军将军"。②咸康六年(340年),成汉李寿又"遣其镇东大将军李奕征牂牁,太守谢恕保城距守者积日,不拔。会奕粮尽,引还"。③其后,建宁爨氏兴起,"世有宁州……自为刺史,不朝贡中国"。谢氏一方面依附于爨氏,为宁州属吏;另一方面,又奉南朝各朝为正统。梁朝末年,宁州"诸郡多为爨氏所据,惟牂牁、平夷、南阳三郡为梁守"。梁、陈之际,爨氏降于北周,"而牂牁谢氏为陈守"。④唐宋时期,谢氏牂牁一如既往,归附中央王朝。

隋朝末年,天下大乱,"土宇分崩,谢氏保境自固"。⑤唐朝一统,谢氏后裔谢龙羽即于高祖武德三年(620年)"遣使朝贡",唐廷以其地置牂州,"授龙羽牂州刺史,封夜郎郡公"。⑥

五、蜀汉两晋南北朝贵州物化儒学的缓慢发展与封建领主制的兴起

魏晋南北朝时期的动乱分裂局面,大一统制度儒学的衰微,中原王朝对边远地区的无力经营,以及原本基础的落后,较之两汉,今贵州物化儒学的成就大为逊色,社会经济的发展速度远不如中原地区及相邻的巴、蜀。不过,贵州毕竟已经不是先秦时代的贵州,经历了两汉数百年的开发,与外界联系的大门业已打开。在动乱分裂的环境之中,贵州依然与周边政权如蜀汉、吴、西晋、成汉、南朝等保持着或隶属、或遥尊的关系,保持着政治的、经济的、文化的交往、交流,因而得以在艰难的环境之中依然缓慢地发展着,依然有所进步。

(一) 社会经济的缓慢发展

魏晋时期,像两汉"募豪民田南夷"那样大规模移民今贵州的举措没有了,但小

---

① 常璩 撰,任乃强校注:《华阳国志校补图注》,上海:上海古籍出版社1987年版第260页。
② 常璩 撰,任乃强校注:《华阳国志校补图注》,上海:上海古籍出版社1987年版第257页。
③《晋书·李寿载纪》,《二十五史》第2册,上海:上海古籍出版社、上海书店1986年版第357页。
④[咸丰]《安顺府志·地理志》,《中国地方志集成·贵州编》第41册,成都:巴蜀书社2006年版第36页。
⑤[民国]《贵州通志·前事志》第1册,贵阳:贵州人民出版社1985年版第228页。
⑥《旧唐书·牂牁蛮传》,《二十五史》第5册,上海:上海古籍出版社、上海书店1986年版第634页。

规模的、零散的移民现象则始终存在。蜀汉、吴、成汉等政权设官置吏,多次用兵,自然少不了人员往来,民间的流动更毋庸论。魏晋特别是晋室南渡,中原大批人口南迁,形成中国历史上首次移民南方浪潮,其中当有少量进入相对安定的今贵州地域。《贵州毕节谢氏族谱》载,其祖先乃西晋中原世家,南渡而至今江苏;传至谢寿,于明初随军南征,留驻云南镇雄;谢寿之曾孙谢之荐迁今贵州毕节,子孙分布于毕节、大方、赫章、纳雍、威宁等地。① 这部家谱所载贵州毕节谢氏虽然不是西晋末年由中原移入今贵州的,但也间接提供了一些信息,即某些移民迁至南方后,又可能于东晋南朝时期辗转进入今贵州,只是由于年代的久远及文字记载的匮乏,已很难找到直接的证据。人员的流动,中原、巴蜀移民的进入,为今贵州地域社会经济、文化的发展提供了一定的人力资源及智力资源。

魏晋时期,铁器的生产、使用较汉代有所进步。《华阳国志》载,西晋时,建宁太守杜俊"夺大姓铁官令毛诜、中郎李欢部曲",② 透露出其时南中已有"铁官令"职位之设。铁官令为一郡主管铁业开矿冶铸、流通销售的官员,其实质是铁业官营、铁业垄断。"铁官令"职位之设,显示南中铁业已成为官府的重要税源,显示南中铁器的生产、流通及使用已达到一定规模。二十世纪六七十年代,贵州清镇、平坝的尹关、琊陇坝、芦荻哨、马场等地发掘、清理魏晋南北朝墓葬30多座,出土一批铁器,其中主要为生活用具,而用于炊事的三脚架、四脚架有11件。③ 日常生活中铁器的增多,表明铁器的生产、流通及使用已较过去为普遍。

(二) 奴隶制向领主制的进化

两汉时期,汉族移民在将铁器及中原耕作技术带入的同时,也将中原地区的封建生产关系移入今贵州地域。新式生产方式的优越性,对土著民族特别是其上层产生了巨大的影响力和吸引力。魏晋时期,今贵州地域土著民族中开始出现封建领主制生产方式,其标志,就是依附于领主的部曲的出现。常璩撰、任乃强校注《华阳国志校补图注》载,诸葛亮平定包括今贵州大部在内的南中以后,努力减轻南中负担,大力发展经济,同时推行儒家礼制教化,从而推动了土著民族社会及思想观念的进步,土著民族逐渐向定居农业转化,向领主制经济转化。"诸夷慕武侯之德,渐去山林,徙居平地,建城邑,务农桑"。④《华阳国志校补图注》载,"夷人""许致生口值",意即"旧

---

① 参见谢德明:《总序》,《贵州毕节谢氏族谱》2006年印本第3页。
② 常璩 撰,任乃强校注:《华阳国志校补图注》,上海:上海古籍出版社1987年版第253页。
③ 以上参见贵州省博物馆:《贵州清镇平坝汉至宋墓发掘简报》,《贵州田野考古四十年:1953—1993》,贵阳:贵州民族出版社1993年版第208、211页;贵州省博物馆考古组:《贵州平坝马场东晋南朝墓发掘简报》,《贵州田野考古四十年:1953—1993》,贵阳:贵州民族出版社1993年版第336、341页。
④ 杨慎:《滇载记》,北京:中华书局1985年版第1页。

有夷民掳晋民为奴者,虽已死,亦偿其值,生者以使用月日赔偿所值"。① 换句话说,也就是接受了蜀汉朝廷关于不得掳掠汉人为奴的禁令。这是土著民族由奴隶制向领主制演进的前奏。同书又载,南中平定后,诸葛亮"移南中劲卒、青羌万余家于蜀,为五部,所当无前,号为飞军"。这些劲卒、青羌,就是大姓的部曲或奴隶。南中反叛,"诸大姓首领多有同反者,失败诛死后其部曲、奴户降者,诸葛亮抽编其精壮为'五部夷军',并徙其家于蜀,以安之"。精壮抽编后所余"羸弱",则"分……配大姓焦、雍、娄、爨、孟、量、毛、李为部曲,置五部都尉,号五子"。也就是"配给平乱中守正立功之大姓为奴,仍籍丁壮为大姓部曲,而官设五部都尉以教练之。有事则征以赴战"。这类编练的部曲,又称为家兵。为了削弱土著大姓中的奴隶制势力,诸葛亮鼓励"夷"、汉豪富"出金帛",收买土著大姓拥有的"夷人"为家部曲,得多者奕世袭官。于是"夷人"贪货物,以渐服属于汉,成夷汉部曲"。② 上述《华阳国志》资料透露出土著大姓既拥有领主制下的部曲,也拥有奴隶制下的奴隶,处于奴隶制向领主制进化时期两种制度混杂的状态;这些反叛的大姓及"守正立功之大姓",既有"夷化"而来的原三蜀大姓,如建宁郡的雍氏吕氏,也有或多或少接受了儒文化的土著大姓,如建宁郡、朱提郡的孟氏爨氏;无论何类大姓,都拥有领主制下的部曲。魏晋时期,领主制下的部曲已普遍存在于大姓之中。《华阳国志》载:"南中诸姓,得世有部曲"。三国魏元帝咸熙元年(264 年),"吴交趾郡吏吕兴杀太守孙谞,内附魏。魏拜兴安南将军。时南中监军霍弋,表遣建宁爨谷为交趾太守,率牙门将建宁董元、毛炅、孟干、孟通、爨熊、李松、王素等,领部曲以援之"。朱提郡,"大姓朱、鲁、雷、兴、仇、递、高、李,亦有部曲"。建宁郡有"霍家部曲"。西晋时,建宁太守杜俊夺大姓毛诜、李欢"部曲"。③

历经两汉数百年社会政治、经济、文化发展的积累,以及东汉末年以后战乱、分裂环境中艰难而缓慢的发展,包括今贵州大部在内的南中地区土著民族社会出现了封建领主制生产关系,开始了由奴隶制社会向封建领主制社会转变的进程。这是历史上物化儒学、制度儒学及文化儒学传入贵州并促进贵州社会发展进步的重大成果,是古代贵州发展史上的重大事件,为古代贵州的民族认同奠定了初步的、物化的趋同元素。

汉代进入夜郎的移民,部分属于自耕农,部分属于依附于大姓的农户。在两汉国家统一、中央王朝势盛的大环境下,依附于大姓的农户,其依附性尚有一定限度,尚不至于沦为大姓的家丁部曲;总的看来,自耕农与封建国家,依附农民与大姓,尚属于封建地主制关系。东汉末年以后,情形就不同了。长期的战乱、分裂局面,造成了地方大姓势力的恶性膨胀;大批流离失所的农民,纷纷投入大姓门下。大姓对于依附

---

① 常璩 撰,任乃强校注:《华阳国志校补图注》,上海:上海古籍出版社 1987 年版第 248 页、253 页注 19。

② 以上见常璩 撰,任乃强校注:《华阳国志校补图注》,北京:中华书局 1985 年版第 241 页、246 页注 19。

③ 常璩 撰,任乃强校注:《华阳国志校补图注》,北京:中华书局 1985 年版第 309、308、278、272、253 页。

农民的控制大为加深，依附农民的地位日益低落，沦为部曲。大姓隐瞒户口，使部曲脱离官府户籍管控。《后汉书》载，东汉牂牁郡有户 34500 余。① 而《晋书》所载牂牁郡却仅有"户一千二百"，② 仅为东汉约二十九分之一，远少于汉代。即使考虑西晋分牂牁为牂牁、夜郎、平蛮 3 郡的情形，牂牁户口也仍然远少于汉代。大批人口到什么地方去了呢？到大姓那里去了，被大姓隐瞒了。部曲平时为大姓种地交租，看家护院，战时出征打仗，实质上成了大姓的农奴、私家武装。从社会发展的角度说，这是一种历史的倒退。不过，从当时土著民族人口、地域均占优势并开始了由奴隶制社会向封建领主制社会转变的角度看，仍属于发展、进步之列，而非倒退。

今黔北地域与巴蜀接壤，得巴蜀风气之先，社会发展接近中原。习水三岔河蜀汉岩墓 2 号墓洞口右侧有一则土地买卖的摩崖题记："章武三年七月十日，姚立从曾意买大父曾孝梁右一门，七十万。毕知者：廖诚、杜六。葬姚胡及母"。③ 章武为蜀汉皇帝刘备年号，三年为 223 年。土地可以自由买卖，说明属于与内地相同的封建地主制生产关系。

第二节　隋唐五代贵州儒文化与民族认同

蜀汉至唐宋时期，今贵州汉族以外的各民族大致形成。作为原住居民的濮人，隋唐时期称仡僚、葛僚，南宋以后称仡佬或革佬。进入今贵州的南蛮族系演化为苗、瑶等单一民族。进入今贵州的氐羌族系演化为"夷"（今彝族）、土（今土家）等单一民族。"夷"又有乌蛮之称；土又有廪君蛮、板楯蛮之称。进入今贵州的百越族系演变为五姓番（今布依族）、峒蛮（今侗族）等单一民族。五姓番又有七姓番、东谢蛮、南谢蛮、西赵蛮等称谓；峒蛮又有乌浒、仡伶等称谓。

一、制度儒学的发展与土著君长的唐王朝认同

（一）经制州、羁縻州及封国并置并治

隋朝建立，结束了三国两晋南北朝 370 年动乱分裂的局面，重建大一统。其地方

---

① 参见《后汉书·郡国志》，《二十五史》第 1 册，上海：上海古籍出版社、上海书店 1986 年版第 75 页。
② 《晋书·地理志》，《二十五史》第 2 册，上海：上海古籍出版社、上海书店 1986 年版第 15 页。
③ 黄泗亭：《贵州习水县发现的蜀汉岩墓和摩崖题记及岩画》，《贵州田野考古四十年：1953－1993》，贵阳：贵州民族出版社 1993 年版第 317 页。

行政机构，改东汉末年以来州、郡、县三级制为郡、县二级制。今贵州地域，大致有今黔北即遵义市、黔东北即铜仁市、黔中、黔东南之东南缘纳入了隋朝郡县统辖之下。具体说，今黔中地域属牂牁郡；今黔东北即铜仁市之碧江区、江口、石阡等地属沅陵郡之辰溪县，德江、思南及沿河部分地域属黔安郡之涪川、彭水二县，沿河及德江部分地域属巴东郡之务川、扶阳二县；今遵义市东部大致属明阳郡之义泉、绥阳、信安、都上、宁夷5县，赤水、习水及仁怀部分地域属沪川郡之合江县；今黔东南之从江及黎平东南部等少量地域属始安郡之义熙县。总的说来，今贵州地域，属于郡县管辖之下的，主要为乌江以北，次为黔中。①

隋朝延续时间过短，作为不大，乌江以南地，即今黔西北、黔西南、黔东南大部，基本上为化外之区。

唐取代隋，建立了盛况空前的大一统王朝，在继承汉魏以来郡国并治模式基础之上，在今贵州实行经制州、羁縻州及封国并置并治的制度，将贵州纳入了朝廷治理之下。

唐朝地方行政机构，改隋朝的郡为州，行州、县二级制；② 州之上设道，道兼有行政区划、监察区划及军事区域的性质。州区分为经制州和羁縻州两类。经制州又称正州，置于社会经济发达地区，由朝廷派官治理，直接控制；编户齐民，人口纳入国家版籍，征收赋税、徭役。羁縻州多置于经制州周边土著民族地区，靠近经济发达地区，但又较为落后。地方长官由当地土著民族首领担任，但须由朝廷任命，称都督或刺史，世代承袭；不编户，不齐民，人口不纳入国家版籍，不纳税，不服徭役；通过土官间接治理。羁縻州与朝廷关系较为宽松，但接受任命的土官必须遵守朝廷礼制，定期朝贡，守边卫土，服从调遣，出兵从征。正州、羁縻州之外，在社会经济更为落后的土著民族地区，沿袭汉魏传统，实行封国制，封赐归附的少数民族君长为王，其地为国，同样世代承袭，不编户，不齐民，彼此关系更为松散。唐朝在今贵州实行经制州、羁縻州及封国并置并治的制度。

其一，经制州：主要置于今乌江以北，亦即黔北、黔东北；其次为乌江以南之黔中、黔南、黔西南、黔东南。具体说，今沿河部分、务川部分属黔州之彭水县，今道真西部属南州之三溪县，今习水、桐梓、正安属溱州之扶欢、夜郎、丽皋及乐源等县，今遵义县、红花岗区、汇川区、绥阳中南部、桐梓东南属播州之遵义、芙蓉、带水3县，今绥阳、湄潭、凤冈、余庆属夷州之绥阳、都上、义泉、洋川、宁夷5县，今思南、德江部分、凤冈部分属费州之涪川、扶阳、多田、城乐4县，今德江、印江、沿河部分属思州之务川、思王、思邛3县，今岑巩部分、玉屏、镇远属奖州之峨山、渭

---

① 参见《贵州通史》编辑部：《贵州通史简编》，北京：当代中国出版社2005年版第27页。
② 州一级名称，有时称州，有时称郡，最后稳定为州，故史书于地方一级行政机构，或称州，或称郡，或州、郡并称，如播州又称播川郡、播州播川郡。

溪、梓薑 3 县，今松桃、万山、碧江区属锦州之常丰、渭阳、洛浦 3 县，今清水江两岸地带属叙州之郎溪县。以上计 10 州，大致分布于今乌江以北，即黔北、黔东北，亦即今遵义市、铜仁市。10 州之外，牂州、蛮州、庄州、炬州、琰州、盘州、充州、应州等 8 州大致分布于乌江以南，后改羁縻州。牂州，今余庆、瓮安、黄平、福泉、麻江、凯里一带；蛮州，今开阳；庄州，今贵州境内地有贵定东南、龙里东、惠水北及东南、罗甸；炬州，今贵阳；琰州，今普定、六枝、关岭、晴隆、紫云、镇宁、鸭池河以西一带；盘州，今普安、盘县、兴义；充州，今思南、石阡、施秉、镇远、岑巩、印江一带；应州，今台江、雷山、三都、榕江一带。① 武德四年（621 年），朝廷在彭水（今重庆彭水）设黔州都督府，"督务、施、业、辰、智、牂、充、应、庄"诸州；贞观十一年（637 年），迁至庄州，更名庄州都督府，"督思、辰、施、牢、费、夷、巫、应、播、充、庄、牂、琰、池、矩"诸州。②

其二，羁縻州："唐兴，初未暇于四夷，自太宗平突厥，西北诸蕃及蛮夷稍稍内属，即其部落列置州县……皆得世袭。虽贡赋版籍，多不上户部……其后或臣或叛，经制不一。"今贵州境内羁縻州主要分布于今黔中、黔南、黔西南、黔西北、黔东南，隶属江南道。"蛮隶江南者，为州五十一。"③ 这 51 个羁縻州，除分布于今贵州境内者，尚包括分布于今黔桂边境者。据谭其骧主编《中国历史地图集》、樊开印《中国历史疆域古今对照图说》、何仁仲总编《贵州通史》，这些州的确切区域多数已难以考证，可知者有 22 州：晃州，今玉屏南；牂州，今余庆、瓮安、黄平、福泉、凯里、麻江一带；蛮州，今开阳；羲州，今黔西；宝州，今大方；晖州，今织金境内；功州，今修文、息烽间；清州，今清镇境内；庄州，今贵州境内地有贵定东南、龙里东、惠水北及东南、罗甸；令（当作今）州，今长顺县广顺镇；普宁州，今安顺双铺；姜州，今凯里；候州，今贵定、福泉间；犍州，今麻江；邢州，今都匀；峨州，今荔波北；劳州，今荔波南；南平州，今平塘；勋州，今紫云、长顺、罗甸间；明州，今望谟；琰州，今关岭；训州，今安龙。以上 22 州中，牂州、蛮州、庄州等 3 州初为经制州，后改羁縻州；22 州外，炬州、琰州、盘州、充州、应州等 5 州初为经制州，后改羁縻州。④

其三，封国：主要分布在东爨乌蛮地域，即今黔西北部分地域、黔中部分地域、黔西南部分地域。牂柯国，乌蛮阿者部所建，位于"昆明东九百里"。宪宗元和八年

---

① 参见谭其骧：《中国历史地图集》第 5 册，北京：中国地图出版社 1982 年版第 59-60 页；樊开印：《中国历史疆域古今对照图说》，[台北] 徐氏基金会 1979 年版第 65、67 页附图；何仁仲：《贵州通史》第 1 卷，北京：当代中国出版社 2002 年版第 290-293、297-299 页。
② 《旧唐书·地理志》，《二十五史》第 5 册，上海：上海古籍出版社、上海书店 1986 年版第 201 页。
③ 《新唐书·地理志》，《二十五史》第 6 册，上海：上海古籍出版社、上海书店 1986 年版第 124 页。
④ 参见谭其骧：《中国历史地图集》第 5 册，北京：中国地图出版社 1982 年版第 59-60 页；樊开印：《中国历史疆域古今对照图说》，[台北] 徐氏基金会 1979 年版第 65、67 页附图；何仁仲：《贵州通史》第 1 卷，北京：当代中国出版社 2002 年版第 297-299 页。

(813年),"上表请尽归牂柯故地";文宗开成元年(836年),"鬼主阿佩内属"。位于今大方为中心的毕节市。罗殿国,乌蛮播勒部(普里部)所建。武宗会昌年间(841—846年),其君长受封"为罗殿王,世袭爵"。① 位于今安顺市。于矢部,位于今贵州普安、盘县、兴义一带,原为东爨乌蛮七部落居地。代宗大历二年(767年),东爨乌蛮阿宋"逐诸蛮据其地,号于矢部,世为酋长"。② 德宗建中元年(780年),"东僰乌蛮使来朝"。《贵州通志·前事志》(点校本):"按《南蛮传》,当时贵州西境于矢部为东爨乌蛮。僰疑爨字之误"。③

唐朝数百年间,伴随局势的变动,朝廷在今贵州地域的行政机构设置也不时变化,经制州变羁縻州,羁縻州变封国,封国变化外之地;州县时设时撤。变动频繁,导致经制州、羁縻州、封国地域时有变动、重叠,属地有彼此矛盾之处。例如,置于今普安、盘县、兴义一带的盘州,初为经制州;继改羁縻州;再改封国,称于矢部;南诏叛唐时期,于矢部更一度依附于南诏。

在今贵州地域设置州县,将贵州纳入唐王朝大一统中央集权政治格局之中,是儒家制度儒学在今贵州传播的重要标志之一。相对于两汉、蜀汉在贵州推行的郡、国并治政治制度,制度儒学在贵州的流播又有了新的发展;唐王朝在贵州实行经制州、羁縻州与封国并存的制度,朝廷的势力达于贵州大多数地域。其一,经制州。汉魏虽然也在今贵州设置郡县,但那是与内地正州不同的边州,郡县能够直接管辖、治理的地方,实际上仅限于若干"点",即郡、县治所所在地,治所以外的广大地区均处于少数民族方国及其君长、"夷帅"的控制、治理之下。唐代在今乌江以北即黔北、黔东北亦即今遵义市、铜仁市设立的经制州,属于与内地州大致相同的州,对地方的直接管辖已不再局限于"点",而是扩大到了"点"以外的大多数地域;同样要编户齐民,征粮纳税。由朝廷直接治理的经制州不仅置于贵州历来较为发达的乌江以北即黔北、黔东北地域,而且深入乌江以南的黔中大部、黔南大部、黔西南大部、黔西北部分、黔东南部分。计设立经制州18个。其中,黔州、思州、锦州、叙州、奖州、费州、夷州、播州、溱州、南州等10个州大致置于乌江以北,牂州、充州、应州、庄州、蛮州、炬州、琰州、盘州等8个州大致置于乌江以南。牂州,高祖武德三年(620年),牂柯蛮首领谢龙羽"遣使朝贡"④,朝廷以其地置,谢龙羽为刺史,领有今余庆、瓮安、黄平、福泉、麻江、凯里一带。充州,高祖武德三年(620年),"以牂柯蛮别部置",⑤ 领有今思南、石阡、施秉、镇远、岑巩、印江一带。应州,太宗贞观三年(629年),东谢

---

① 《新唐书·南蛮传》,《二十五史》第6册,上海:上海古籍出版社、上海书店1986年版第682页。
② 《元史·地理志》,《二十五史》第6册,上海:上海古籍出版社、上海书店1986年版第174页。
③ [民国]《贵州通志·前事志》第1册,贵阳:贵州人民出版社1985年版第267页。
④ 《旧唐书·牂柯蛮传》,《二十五史》第5册,上海:上海古籍出版社、上海书店1986年版第634页。
⑤ 《新唐书·地理志》,《二十五史》第6册,上海:上海古籍出版社、上海书店1986年版第126页。

蛮首领谢元深"入朝",① 以其地置,谢元深为刺史,领有今台江、雷山、三都、榕江一带。庄州,太宗贞观三年(629年),南谢蛮首领谢强与东谢蛮首领谢元深"俱来朝见",② 以其地置南寿州,四年(630年)改庄州,谢强为刺史,今贵州境内领有贵定东南、龙里东、惠水北及东南、罗甸。炬州,高祖武德四年(621年)置,位于今贵阳境内,大姓谢法成曾为刺史。蛮州位于今开阳,琰州位于今普定、六枝、关岭、晴隆、紫云、镇宁、鸭池河西一带,盘州位于今普安、盘县、兴义一带。上述8州的设置过程表明,今贵州乌江以南地域的土著民族首领于唐初纷纷归附,被纳入唐王朝大一统经制州的直接治理之下。其二,羁縻州。官员虽然由当地土著民族首领担任并世袭,但它已纳入了唐王朝的统一官制,体制与正州划一,官员必须由朝廷加封,必须遵守朝廷礼制,定期朝贡,守边卫土,服从调遣,出兵从征,其所受到的约束力较之方国君长、"夷帅"进了一步。其三,封国。唐代仍然保留方国君长的地域,较之汉魏大为缩小。

经制州、羁縻州及封国并置并治制度的实施,朝廷直接治理地域的扩大,对地方土著官员约束力的增强,方国君长统辖地域的缩小,加强了朝廷对今贵州的管辖、治理,为贵州社会政治、经济的稳定及发展,为儒学在贵州的继续传播与缓慢发展创造了条件。

(二)土著君长的唐王朝认同

唐朝初期,李氏君臣励精图治,恤民安邦。"隋主为君,不恤民事,君臣失道,民叛国亡"。③ 他们汲取隋朝灭亡的教训,意识到民心向背对于政权的重要意义。"君,舟也;人,水也。水能载舟,亦能覆舟。"④ 赢取民心,关键在于体恤民情,存民安民。"为君之道,必先存百姓。若损百姓以奉其身,犹割股以啖腹,腹饱而身毙"。⑤ 恤民存民,是儒家仁义之道;恤民存民,就是行仁义之道。"古来帝王,以仁义为治者,国祚延长;任法御人者,虽救弊于一时,败亡亦促……今欲专以仁义诚信为治,望革近代之浇薄也"。⑥ "林深则鸟栖,水广则鱼游,仁义积则物自归之"。⑦ 李氏君臣以仁义治天下,恤民存民,政治较为清明,遂有贞观之治、开元盛世,国家统一,疆域广大,国力雄厚,社会稳定。对于"四夷",太宗李世民一秉爱民之道,展示了博大的胸怀:"自古皆贵中华,贱夷狄,朕爱之如一,故其种落皆依朕如父母"。⑧ 边地少数民族,无

---

① 《旧唐书·牂牁蛮传》,《二十五史》第5册,上海:上海古籍出版社、上海书店1986年版第634页。
② 《旧唐书·牂牁蛮传》,《二十五史》第5册,上海:上海古籍出版社、上海书店1986年版第634页。
③ 王钦若等:《帝王部·勤政》,《册府元龟》第1册,北京:中华书局1960年版第648页。
④ 吴兢撰,杨宝玉编著:《贞观政要》,上海:上海古籍出版社1978年版第34页。
⑤ 吴兢撰,杨宝玉编著:《贞观政要》,上海:上海古籍出版社1978年版第21页。
⑥ 吴兢撰,杨宝玉编著:《贞观政要》,上海:上海古籍出版社1978年版第163页。
⑦ 吴兢撰,杨宝玉编著:《贞观政要》,上海:上海古籍出版社1978年版第164页。
⑧ 司马光:《资治通鉴》第13册,北京:中华书局1956年版第647页。

不仰慕诚服；今贵州土著民族君长，竞相认同唐王朝，纳土附籍。朝廷在贵州实行经制州、羁縻州与封国并存的制度，势力达于贵州大多数地域。其中，由朝廷直接治理的经制州达到 18 个。这些经制州不仅置于贵州历来较为发达的乌江以北即黔北、黔东北，而且深入乌江以南的黔中大部、黔南大部、黔西南大部、黔西北部分、黔东南部分。置于乌江以南的经制州、羁縻州，基本上都是以土著民族君长所纳地土设立的。

今贵州地域，其时影响最大的，为牂牁土著大姓谢氏。牂牁谢氏，魏晋及其后雄长一方，成为影响牂牁政局的主要大姓，在两晋南北朝大分裂、大动荡时期，心系中土，或尊奉，或遥奉，艰难地维系着脆弱的一统局面。进入隋唐，谢氏演变为牂牁蛮、东谢蛮、西谢蛮、南谢蛮多部，一如既往，尊奉中央王朝，尽力维系牂牁的安宁局面。隋朝末年，天下大乱，分崩离析，"谢氏保境自固"。① 唐朝一统，牂牁蛮首领谢龙羽即于高祖武德三年（620 年）"遣使朝贡，授……牂州刺史，封夜郎郡公"。太宗贞观四年十二月（630 年与 631 年之交），谢氏继续"遣使朝贡"。玄宗开元十年（722 年），"大酋长谢元齐死，诏立其嫡孙嘉艺袭其官封"。② 其后，谢氏势力消减，赵氏崛起，"乃以赵氏为酋长"。③ 二十五年（737 年），"大酋长赵君道来朝，且献方物"。代宗大历中（约 770—775 年）、德宗贞元初（约 785—789 年），"数遣使朝贡"。七年（791 年），"授其酋长赵主俗官，以其岁初朝贡不绝，褒之也"。自七年（791 年）至十八年（802 年），"凡五遣使来"。宪宗元和四年（809 年），"遣使来朝……降玺书赐其王焉"；七年（812 年）、九年（814 年）、十一年（816 年），"凡三遣使来"；穆宗长庆中（821—824 年），"亦朝贡不绝"。敬宗宝历元年（825 年），"遣使谢良震来朝"；文宗太和五年（831 年）至武宗会昌二年（842 年），"凡七遣使来"。④ 自唐初谢龙羽始，至会昌年间的 200 余年中，牂牁有确切年份记载的朝贡达 20 多次。赵氏后裔赵国珍，"天宝中战有功"。其时，南诏阁罗凤叛，"宰相杨国忠兼剑南节度使，以国珍有方略，授黔中都督，屡败南诏，护五溪十余年，天下方乱，其部独宁"。升为朝官，"终工部尚书"。⑤

牂牁及其周边诸部，竞相请求入朝进贡或增加朝贡次数。德宗建中三年（782 年），大酋长、检校蛮州（今开阳）长史、继袭蛮州刺史、资阳郡公宋鼎"一度朝贡"，德宗以其地小，"自后更不许随例入朝"。宋鼎诉于黔中观察使王础，"称州接牂牁，同被声教，独此排摈，窃自惭耻"，请求"特赐优谕"，遣使"随牂牁等朝贺……兼同牂牁刺史授官"。牂牁则以其"户口殷盛，人力强大，邻侧诸蕃，悉皆敬惮"，请求"每年一

---

① [民国]《贵州通志·前事志》第 1 册，贵阳：贵州人民出版社 1985 年版第 228 页。
②《旧唐书·牂牁蛮传》，《二十五史》第 5 册，上海：上海古籍出版社、上海书店 1986 年版第 634 页。
③《新唐书·南蛮传》，《二十五史》第 6 册，上海：上海古籍出版社、上海书店 1986 年版第 682 页。
④ 以上见《旧唐书·牂牁蛮传》，《二十五史》第 5 册，上海：上海古籍出版社、上海书店 1986 年版第 635 页。
⑤《新唐书·南蛮传》，《二十五史》第 6 册，上海：上海古籍出版社、上海书店 1986 年版第 682 页。

度朝贡"。① 贞元十三年（797年），黔中观察使王础上奏："牂、蛮二州，户繁力强，为邻蕃所惮，请许三年一朝。"德宗"从之"。②

东谢蛮，"其地在黔州之西数百里"，其首领谢元深"世为酋长……部落皆尊畏之"。贞观三年（620年），"元深入朝，冠乌熊皮冠，若今之髦头，以金银络额，身披毛帔，韦皮行縢而著履"，装束怪异。中书侍郎颜师古上奏："昔周武王时，天下太平，远国归款，周史乃书其事为《王会篇》。今万国来朝，至于此辈章服，实可图写，今请撰为《王会图》。"太宗"从之。以其地为应州，仍拜元深为刺史，领黔州都督府"。③ 中晚唐文学家柳宗元，赋诗追记谢元深朝贡事："东蛮有谢氏，冠带理海中。自言我异世，虽圣莫能通。"盛赞谢氏对唐王朝的景仰及归顺："王卒如飞翰，鹏骞骇群龙。轰然白天坠，乃信神武功……无思不服从，唐业如山崇。百辟拜稽首，咸愿图形容。如周王会书，永永传无穷。"④

南谢蛮，"与西谢邻"。首领谢强，贞观三年（620年）"共元深俱来朝见，为南寿州刺史。后改为庄州"。⑤

今贵州贵阳，其时亦属谢氏领地，高祖武德四年（621年）归附，以其地置炬州。⑥ 高宗龙朔三年（663年），"炬州刺史谢法成招慰比楼等七千户内附"。总章三年（670年），"置禄州、汤望州"，⑦ 皆为羁縻州。比楼，"夷人"（今彝族）君长；禄州，今贵州毕节；汤望州，今六枝、织金、水城一带。

充州蛮，在牂州"北百五十里……胜兵二万"。武德三年（620年）"亦来朝贡，以地为充州"。⑧

西赵蛮，"在东谢之南，其界东至夷子，西至昆明，南至西洱河……其风俗物产与东谢同"。首领赵氏，"世为酋长，有户万余"。贞观三年（629年），"遣使入朝"；二十一年（647年），"以其地置明州，以首领赵磨为刺史"。⑨ 赵磨，《新唐书》作磨酋。⑩

西赵蛮东部之"夷"子，"渠帅姓季氏，与西赵皆南蛮别种，胜兵各万人。自古未尝通中国，黔州豪帅田康讽之，故贞观中皆遣使入朝"。⑪

---

①《旧唐书·牂牁蛮传》，《二十五史》第5册，上海：上海古籍出版社、上海书店1986年版第634页。
②《新唐书·南蛮传》，《二十五史》第6册，上海：上海古籍出版社、上海书店1986年版第682页。
③《旧唐书·牂牁蛮传》，《二十五史》第5册，上海：上海古籍出版社、上海书店1986年版第634页。
④柳宗元：《唐铙歌鼓吹曲十二篇》，《全唐诗》第4册，郑州：中州古籍出版社2008年版第1778页。
⑤《旧唐书·牂牁蛮传》，《二十五史》第5册，上海：上海古籍出版社、上海书店1986年版第634页。
⑥参见《新唐书·地理志》，《二十五史》第6册，上海：上海古籍出版社、上海书店1986年版第126页。
⑦《新唐书·南蛮传》，《二十五史》第6册，上海：上海古籍出版社、上海书店1986年版第682页。
⑧《新唐书·南蛮传》，《二十五史》第6册，上海：上海古籍出版社、上海书店1986年版第682页。
⑨《旧唐书·牂牁蛮传》，《二十五史》第5册，上海：上海古籍出版社、上海书店1986年版第634页。
⑩参见《新唐书·南蛮传》，《二十五史》第6册，上海：上海古籍出版社、上海书店1986年版第682页。
⑪《新唐书·南蛮传》，《二十五史》第6册，上海：上海古籍出版社、上海书店1986年版第682页。

牂牁国。宪宗元和八年（813年），"上表请尽归牂牁故地"；文宗开成元年（836年），"鬼主阿佩内属"。罗殿国，武宗会昌年间（841—846年）受封，"世袭爵"。① 于矢部，德宗建中元年（780年）"来朝"。②

上述各部纳土归附，基本上在唐朝前期特别是高祖及太宗年间。这正是唐朝前期制度儒学在今贵州兴盛的写照。

（三）南诏的崛起与贵州民族认同的削弱

唐朝初期，朝廷励精求治、体恤百姓，政治较为清明，国力雄厚，社会稳定。今贵州土著民族，竞相认同唐王朝，纳土附籍。中期以后，吐蕃、南诏崛起、强大及东扩，唐王朝由盛转衰，无力应对，从而导致今贵州在相当长的时期内处于南诏控制或影响之下，与唐王朝的联系大为削弱甚至中断，严重影响了贵州民族认同的进程。

吐蕃兴起于唐初。太宗贞观（627—649年）初年，松赞干布统一西藏，建立吐蕃，王号赞普；唐朝采取和亲政策，以文成公主出嫁赞普，双方友好相处。松赞干布死后，吐蕃向外扩张，灭吐谷浑，占今甘南、川西北、青海；高宗咸亨元年（670年）大非川③之役，大败唐军，夺西域四镇，占西域大部；代宗广德元年（763年），趁安史之乱，一度攻入长安。这种状况，一直持续到武宗会昌年间（元年至六年，841—846年）吐蕃转衰，将近200年。与吐蕃的长期对峙，制约了唐王朝在西南的治理力度。势盛的吐蕃迫使南诏与其结盟，进而影响到今贵州的民族认同进程。

南诏由氐羌族系演化而来。商周时期，氐羌族系主要分布于今西北甘、陕等地。至战国，该族系之昆明部南下进入今滇东、川南。汉魏时期，昆明部被称为"夷"、叟。魏晋以后，昆明部中的爨氏得势，将昆明部统治区域划分为东、西两部，以今云南曲靖为界，曲靖以西、滇池为中心的地域称西爨，曲靖以东的地域称东爨；统称爨、爨蛮，细称西爨白蛮、东爨乌蛮；不过，西爨白蛮地域亦有少量乌蛮，东爨乌蛮地域亦有少量白蛮。隋朝开国，爨氏表面归附，实则独立，文帝开皇年间（597—598年）遂对爨氏大规模用兵。爨氏自此败落，南诏兴起。南诏为蒙姓，系"乌蛮别种"，属乌蛮族系。"夷语王为'诏'。其先渠帅有六，自号'六诏'，曰蒙嶲诏、越析诏、浪穹诏、邆睒诏、施浪诏、蒙舍诏……蒙舍诏在诸部南，故称南诏。"④ 大致分布于今云南西北以洱海为中心的地域。玄宗开元末年，南诏首领皮逻阁统一六诏，"入朝，天子……册为云南王"。势大的南诏开始向东扩张，占领西爨、东爨，与唐朝发生冲突。玄宗天宝末年，唐朝两次对南诏用兵，"大败引还"。其时，吐蕃势盛，逼迫南诏；正在扩张的南诏亦欲借助吐蕃。天宝十一年（752年），南诏"遂北臣吐蕃，吐蕃以为弟。

---

①《新唐书·南蛮传》，《二十五史》第6册，上海：上海古籍出版社、上海书店1986年版第682页。
②[民国]《贵州通志·前事志》第1册，贵阳：贵州人民出版社1985年版第267页。
③今青海共和县境内，或谓今青海湖以西的布哈河。
④《新唐书·南蛮传》，《二十五史》第6册，上海：上海古籍出版社、上海书店1986年版第676页。

夷谓弟'钟',故称'赞普钟',给金印,号'东帝'",① 进入今贵州西部;宣宗大中十三年（859年）、懿宗咸通十四年（873年）,两度进入黔北,攻陷播州（今遵义）。唐王朝招募太原人杨端前往,播州才得以收复。直至昭宗天复二年（902年）,南诏政权易主,南诏对唐朝的威胁才告结束,前后长达一个半世纪。

100多年间,南诏与唐大小战争数十次,唐王朝疲于应付,损失惨重。玄宗天宝末年两次用兵,"凡举二十万众"②,"大败引还","死者十八"。③ 面对南诏的进逼,唐王朝被迫不断收缩在今贵州地域的治理力度。开元年间（712—741年）,"降牂、琰、庄为羁縻";天宝三年（744年）,"又降充、应、矩为羁縻";④ 天宝十年（751年）,降盘州为羁縻州;蛮州,至迟在天宝元年（742年）以前即已降为羁縻州。至此,唐初大致置于乌江以南的牂州、充州、应州、庄州、蛮州、炬州、琰州、盘州等8个经制州,全部调整成了羁縻州,直接治理的地域大致收缩到乌江以北;对于羁縻州、封国,来者欢迎,去者不留,实际上采取了放任的态度。置于今普安、盘县、兴义（汉牂牁郡夜郎地）一带的盘州,初为经制州;继改羁縻州;再改封国,称于矢部;南诏叛唐时期,于矢部更依附于南诏。当懿宗咸通十四年（873年）播州再度陷落的时候,朝廷已无兵可派,在乌江以北的治理也成了问题。依靠所招募的太原人杨端,播州才得以收复;其后,杨氏世代承袭治理播州。唐王朝在播州的治权,后退到类似于羁縻州的境地。

《新唐书》论曰:"唐之治不能过两汉"。⑤ 就贵州情况而言,岂止"不能过"而已,而是不及。较之两汉,唐代设置的经制州不再是有别于内地正州的边州,已是与内地正州大致一致的正州;经制州不仅置于较为发达的乌江以北,而且推进到乌江以南。这是唐代制度儒学较之两汉有所发展的部分。但是,两汉的郡国并治制度自汉武帝始至东汉末年的350年间,除少数时期外,均始终推行于今贵州地域;而唐代的300年中,经制州、羁縻州、封国并治制度却在多数时期未能在今贵州全境推行,甚至在乌江以北的治权也后退到了类似于羁縻州的境地。治权的长期收缩及后退,削弱了贵州与外部的交往联系,对中原制度儒学、物化儒学、文化儒学及理论儒学的接纳转弱,从而导致社会进步迟缓,严重制约了贵州儒文化及民族认同的发展;唐代贵州儒文化及民族认同较之汉魏虽有所进步,却未能取得如同两汉时期那样的成就,未能取得与中国历史上大唐盛世相匹配的成就。

唐王朝在今贵州势力的衰落,固然在于吐蕃、南诏上层的扩张欲望,但根本还在

---

① 以上见《新唐书·南蛮传》,《二十五史》第6册,上海:上海古籍出版社、上海书店1986年版第676页。
② 《旧唐书·杨国忠传》,《二十五史》第6册,上海:上海古籍出版社、上海书店1986年版第391页。
③ 《新唐书·南蛮传》,《二十五史》第6册,上海:上海古籍出版社、上海书店1986年版第676页。
④ 《新唐书·地理志》,《二十五史》第6册,上海:上海古籍出版社、上海书店1986年版第126页。
⑤ 《新唐书·南蛮传》,《二十五史》第6册,上海:上海古籍出版社、上海书店1986年版第679页。

于唐王朝自身。唐朝初期，面临的周边民族问题远较中后期复杂严峻，李氏君臣励精求治，仁义修德，政事清明，体恤百姓，经济繁荣，国力雄厚，故能从容应对，"北禽颉利，西灭高昌、焉耆，东破高丽、百济，威制夷狄"。① 今贵州地域，土著首领纷纷纳土归附。中期以后，锐气渐失，仁德不修，荒于政事，骄侈淫逸，奸臣当道，藩镇割据，社会动荡，国势衰退。仁德不修、骄侈淫逸可能激化民族矛盾，社会动荡、国势衰退导致无法应对矛盾，唐与南诏的矛盾关系即是因此。玄宗天宝年间，"南诏尝与妻子谒都督，过云南，太守张虔陀私之，多所求丐，阁罗凤不应。虔陀数诟靳之，阴表其罪。由是忿怨，反"。面对唐军的进击，阁罗凤"遣使者谢罪，愿还所虏"。剑南节度使鲜于仲通，"卞忿少方略……囚使者"，坚持用兵，结果"大败引还"。阁罗凤进而"北臣吐蕃"。② 其后，双方时战时和。宣宗大中十三年（859年），宣宗死，南诏遣使"告哀"。是时，南诏王"丰祐亦死"，朝廷却不"吊恤"。忿忿不平的南诏遂"称皇帝，建元建极，自号大礼国"。懿宗以其年号"建极"与玄宗李隆基名讳相近，"绝朝贡"。南诏乃发兵，"陷播州"。③ 中唐以后，边地少数民族君长的纷纷离异，与李氏君臣的不修仁德关系极大。诚如新、旧唐书所论："父子不相信，而远治阁罗凤之罪，士死十万，当时冤之。懿宗任相不明，藩镇屡畔，南诏内侮，屯戍思乱，庞勋乘之，倡戈横行"。④ "西南……虽言语不通，嗜欲不同，亦能候律瞻风，远修职贡。但患己之不德，不患人之不来。何以验之？贞观、开元之盛，来朝者多也！""恶我则叛，好我则通。不可不德，使其瞻风。"⑤

---

① 《新唐书·南蛮传》，《二十五史》第 6 册，上海：上海古籍出版社、上海书店 1986 年版第 684 页。
② 《新唐书·南蛮传》，《二十五史》第 6 册，上海：上海古籍出版社、上海书店 1986 年版第 676 页。
③ 《新唐书·南蛮传》，《二十五史》第 6 册，上海：上海古籍出版社、上海书店 1986 年版第 677 页。
④ 《新唐书·南蛮传》，《二十五史》第 6 册，上海：上海古籍出版社、上海书店 1986 年版第 679 页。
⑤ 《旧唐书·牂牁蛮传》，《二十五史》第 5 册，上海：上海古籍出版社、上海书店 1986 年版第 636 页。

二、儒学的继续传播

（一）唐代儒学的振兴、统一及其在今贵州的继续传播

汉代儒学独尊，儒家思想风靡天下，渗透到社会生活的各个方面。魏晋南北朝数百年间，除去西晋短期统一，社会长期大动荡、大分裂，统治集团争斗酷烈，政权更迭频繁；当政者腐朽残忍，荒淫奢靡。儒学先后分裂为王学与郑学、南学与北学；[①] 儒家大一统之道、仁义礼法之道黯然失色，儒学影响减弱。

隋唐时期，大一统局面再现，魏晋以来儒学内部派别纷杂、争执分歧的状况损害了儒学自身的地位、功用，难以适应大一统政治的需要，振兴、统一儒学成为政治上以及伦理道德方面维系大一统政治局面的迫切要求。高祖初定天下，"颇好儒臣"；诏令天下"兴化崇儒"，立周公、孔子庙，"四时致祭"。太宗以"经籍去圣久远，文字多讹谬，诏前中书侍郎颜师古考订五经"，作为统一的儒家经典，"颁于天下，命学者习焉"；再以"儒学多门，章句繁杂，诏国子祭酒孔颖达与诸儒撰定五经义疏，凡一百七十卷，名曰《五经正义》"，作为统一的儒家经典诠释注解本，颁行天下，以为官员行政及科举考试的标准。《五经正义》将众说纷纭的儒家经义统一起来，对汉代以来的儒学作了总结。儒学出现一统和繁荣的局面，地位及影响得以重振、提升。[②]

科举制度的兴起和完善进一步提升了儒学的地位，推动了儒学的流播。科举制度创立于隋朝，于唐代逐步完善。它通过朝廷定期组织的考试，授予考生出身，亦即出任官员的资格。唐代科举每年一次，设进士、明经、秀才、孝廉、俊士、明法、明书、明算等科，其中主要为进士、明经两科。明经科即着重考试儒家经典；其他科重点虽不在儒学，但也有儒学方面的考试内容。唐代及其以后，科举制度成为选官的主要途径。儒学的研习与入仕为官的主要途径相联系，不仅进一步提升了儒学的地位，而且推动着儒学进一步在读书人及官员中传播。与汉魏察举制及魏晋九品中正制不同，科举制度下的官员选任有刚性的而非柔性的标准。它不受血缘家世的限制，不为主管官

[①] 王学与郑学存在于魏晋。其时，政治上的大一统局面崩溃，儒学内部郑学一统的局面也告终结。王学尊贾逵、马融的古文经学，以贾逵、马融之说攻郑学；郑学杂糅今、古，反击王学。王学依附司马氏集团，曹魏集团则有意据郑学驳王学，学术之争因卷入了政治斗争而更加复杂化。南学与北学存在于南北朝。南学盛行于南朝，重融会贯通，重文辞，学风较为虚浮；北学盛行于北朝，承东汉学风，斥老庄之空虚，学风较为朴实。（参见陈奇：《中国经学史纲要》，北京：中国言实出版社 2011 年版第 52-53 页）

[②] 参见陈奇：《中国经学史纲要》，北京：中国言实出版社 2011 年版第 53-54 页。《五经正义》的刊行有利于儒学的统一和繁荣，有利于政治上的大一统，但也有束缚士人思想、阻碍学术发展的不利影响。自《五经正义》颁行，士子学习儒经应试皆守定论，不敢另立新说，儒学开始丧失生气。（参见陈奇：《中国经学史纲要》，北京：中国言实出版社 2011 年版第 54 页）

员个人情绪左右，以制度化的、公开的、定期的、客观而严密的程序及规章进行，以科场试卷定取舍。这种制度吸引了包括寒门子弟在内的更多的社会参与者，扩大了儒学的研习、传播、影响范围，并向社会下层延伸。

与儒学密切关联的科举选官制度带动了学校教育的进一步发展。科举制度是主要的选官途径，吸引了更为广泛的社会阶层参与。无论是科举考试组织者的官方，还是考试参与者社会阶层，都迫切需要加强儒学的研习，而广设学校无疑是最重要的手段。开国肇始，高祖武德七年（624年），李渊即诏令"诸州、县及乡，并令置学。有明经以上者，有司试册加阶"。①［道光］《遵义府志》亦载："唐武德中，州、县及乡皆置学。"② 唐代，中央设国子学、太学、四门学等类学校，统归国子监管理；地方设州学、县学。今贵州地域，唐代不仅在历来较为发达的乌江以北即今黔北、黔东北设有10个经制州，而且在土著民族聚居的乌江以南即今黔中乃至黔南、黔西南、黔西北、黔东南地域也一度设有8个经制州，按朝廷诏令，自当设立学校。［嘉庆］《正安州志》载："唐时建学于唐都坝，今遗址尚存。"③ 唐都坝位于今遵义市道真县旧城，其时属珍州。这里正是汉代今贵州儒学先驱尹珍"教授南域"的地方。④ 尹珍授教的学校，大概是私学。唐代设于此地的则是官学。这是贵州历史上明确见于载籍的第一所官学，也是唐代贵州明确见于载籍的唯一一所官学。得益于文化的传承，唐代在贵州明确见于载籍的唯一一所官学也建于当年尹珍授教的地域。据［道光］《遵义府志》载，唐代"绥阳县有……尹公讲堂碑"，⑤ 为唐僖宗广明元年（880年）播州司户崔礽所立，上刻"汉尹珍讲堂"5字。⑥ 绥阳与道真同属于今黔北。"汉尹珍讲堂"碑之立，正是尹珍儒学在今黔北传承的见证。儒文化通过官府及学校，继续传播。

唐代是中国古代社会的鼎盛时期，较之两汉，儒文化的发展同样盛况空前。不过，这是就总体而言，具体到今贵州，情况则大不一样，有关各州县兴学的记载极少，仅有上述"建学于唐都坝"1条；有关儒学传播的记载也几乎不见，更未产生如同两汉尹珍、舍人、盛览那样的"发闻中原"的儒学学者、文化名人。中、后期以后开发力度的减弱、收缩，导致唐代今贵州儒文化的传播不仅"不能过两汉"，⑦ 而且不及两汉，

---

① 《学校七》，《文献通考》上册，北京：中华书局1985年版第431页。
② ［道光］《遵义府志·学校》，《中国地方志集成·贵州编》第32册，成都：巴蜀书社2006年版第434页。
③ ［嘉庆］《正安州志·学校》，《中国地方志集成·贵州编》第40册，成都：巴蜀书社2006年版第39页。
④ 据今人考证，尹珍兴学教授的地址在今正安县。道真原属正安。民国30年（1941年），为纪念尹珍，特从正安县划出一部分另建新县，命名道真县。
⑤ ［道光］《遵义府志·尹珍传》，《中国地方志集成·贵州编》第33册，成都：巴蜀书社2006年版第121页。
⑥ 参见［乾隆］《绥阳志·尹珍讲堂铭》，《中国地方志集成·贵州编》第36册，成都：巴蜀书社2006年版第228页。
⑦ 《新唐书·南蛮传》，《二十五史》第6册，上海：上海古籍出版社、上海书店1986年版第679页。

进而削弱了民族认同的进程。

(二) 官员、文人与儒学的传播

唐代，地方官府兴办学校，施行科举教育，成为今贵州地域儒学的传播途径之一。不过，这方面的有关文献记载极少，考虑到贵州的落后状况，估计这方面的功效不大。其时，贵州地域儒学传播的主要途径，是官员治理、行政过程中的儒学践行及其产生的垂范效应。唐代与今贵州地域有关的官员，其一是朝廷派往经制州的流官，其二是与贵州地域治理有关的节度使、招慰使等一类流官，其三是贬抑到贵州的流官，其四是任用为流官的贵州土著人物。上述四类人物之外，流放到贵州的文人的倡导推行及践行垂范也成为这一时期贵州儒学传播的主要途径之一。

唐初在今贵州地域建有 18 个经制州、50 多个县。唐制，州设刺史 1 人，佐官 8 人；县设令 1 人，佐官 3 人。如此，每年在任官员，当在三四百人。他们是唐代今贵州地域及与贵州地域有关的官员队伍的主要成分。科举制成为唐代选官的主要途径以后，无论是明经科出身还是进士科出身，官员均有较高的儒学素养。唐代重视地方州县官员的选拔任命，以为"治天下者，以民为本。欲令百姓安乐，惟在刺史、县令"。自古郡守、县令"皆妙选贤德"；如是，则皇上"可端拱岩廊之上"，百姓"不虑不安"。唐初草创，"刺史多是武夫勋人，或京官不称职，方使外出，边远之处，用人更轻"，故"百姓未安"。有鉴于此，太宗下旨："刺史朕当自简"；县令则"诏京五品以上，各举一人"。①朝廷重视州县官员选任以后，这些官员的儒学素养、道德人品更是获选的标准。他们为官一方，兴学校，广儒学；身体力行，践行儒学，于潜移默化之中，推广儒学。

唐代，僻远荒蛮的今贵州，成为贬抑官员、流放罪人的去处。这些遭贬抑、流放的人员，史籍称之为流寓；唐代贵州流寓，仅见于《旧唐书》《新唐书》《资治通鉴》等册籍的就达三四十人之多。他们一般也有着较好的儒学修养，贬抑之后，忧国忧民之心不改，诲民教民之念不移，在边地言传身教，践行儒学，成为边地儒学传播的重要力量。

1. 南承嗣

南承嗣，范阳人，"婺川别驾……多善政。时巡夜郎、牂牁，溥沛恩惠"②。婺川，又作务川，时属思州，为州治；别驾，刺史佐官。南承嗣为别驾，巡行夜郎、牂牁，多善政，体恤百姓，广施恩惠，深得百姓爱戴；离任时，百姓依依不舍，乃建忠烈祠，祀其父南齐云。南齐云，安史之乱时随河南节度副使张巡守睢阳，城破，不屈而死。

---

① 以上见《刺史上》，《唐会要》下册，上海：上海古籍出版社 2006 年版第 1416、1417 页。
② [乾隆]《贵州通志·名宦总部》，《中国地方志集成·贵州编》第 4 册，成都：巴蜀书社 2006 年版第 364 页。

自婺川建忠烈祠,后世忠烈庙遍及今贵州各地。贵阳府,"城中旧有忠烈庙,祀唐忠臣南齐云,洪武初都指挥程遒建"。① 黎平府有南将军庙,"祀唐南齐云"。②《旧唐书·忠义》谓:"《论》曰:'无求生以害仁,有杀身以成仁。'孟轲曰:'生亦我所欲,义亦我所欲,舍生而取义可也。'古之德行君子,动必由礼,守之以仁"。③ 张巡、南承嗣等"烈士徇义,见危致命。国有忠臣,亡而复存"。④ 唐代及其后,今贵州地域各族民庶,由感怀南承嗣而感怀其父,儒家的仁民惠民、忠贞死节观念深入人心。

2. 牛腾

牛腾,"字思远,朝散大夫,郏城令……未弱冠,明经擢第……清俭自守,德业过人"。约当武则天光宅元年(684年),其舅父、侍中中书令、河东侯裴炎获罪武则天,牛腾受牵连,"谪为牂牁建安丞"。牂牁即唐代牂州,领建安、宾化、新兴3县;建安在今余庆、瓮安间,为州治。牛腾兼通儒、释、道三家之学。"至牂牁。素秉诚信,笃敬佛道……以是夷獠渐渍其化。居三年而庄州僚反,转入牂牁,郡人皆杀长吏以应之。建安大豪起兵相应,乃劫腾坐于树下,将加戮焉。忽有夷人持刀斩守者头,乃詈言曰:'县丞至惠,汝何忍害若人?'因置腾于笼中,令力者负而走。"⑤

3. 段文昌

段文昌,"疏爽任义节,不为龌龊小行"。穆宗长庆元年(821年),"授剑南西川节度使、同平章事……大抵治宽静,间以威断,不常任也,群蛮震服"。⑥ 长庆二年(822年),"黔中蛮叛,观察使崔元略以闻,文昌使人开晓,蛮引还"。⑦

4. 冉安昌

冉安昌,"招慰使。以务川当牂牁要路,请置郡以抚之。其后思、夷等州土地之辟、夷民之附,自斯举始"。⑧

韦伦,秦州刺史,为臣"苦谏",居家"以孝慈称"。御吐蕃、党项,"兵寡无援,频致败衄",始贬为巴州长史,继贬为"思州务川县尉"。⑨ 自肃宗乾元三年(760年)

---

① [乾隆]《贵州通志·艺文志》,《中国地方志集成·贵州编》第4册,成都:巴蜀书社2006年版第63页。
② [光绪]《黎平府志·地理志》,《中国地方志集成·贵州编》第17册,成都:巴蜀书社2006年版第128页。
③《旧唐书·忠义上》,《二十五史》第5册,上海:上海古籍出版社、上海书店1986年版第585页。
④《旧唐书·忠义下》,《二十五史》第5册,上海:上海古籍出版社、上海书店1986年版第592页。
⑤ 以上见[道光]《遵义府志·宦绩》,《中国地方志集成·贵州编》第33册,成都:巴蜀书社2006年版第6页。
⑥《新唐书·段文昌传》,《二十五史》第6册,上海:上海古籍出版社、上海书店1986年版380页。
⑦ [乾隆]《贵州通志·秩官志》,《中国地方志集成·贵州编》第4册,成都:巴蜀书社2006年版第364页。
⑧ [乾隆]《贵州通志·秩官志》,《中国地方志集成·贵州编》第4册,成都:巴蜀书社2006年版第364页。
⑨《旧唐书·韦伦传》,《二十五史》第5册,上海:上海古籍出版社、上海书店1986年版第456页。

至代宗广德元年（763年），前后3年。思州，在今贵州地域有务川、德江、印江、沿河部分；治务川，今沿河北部。

第五琦，同中书门下平章事，蒙冤"纳金"受贿，"遂长流夷州"，① 自肃宗乾元二年（759年）至宝应元年（762年），前后亦3年。夷州，在今贵州地域有绥阳、湄潭、凤冈、余庆；治绥阳，今凤冈西北。

5. 李白

李白，唐代诗人，字太白，"十岁通诗书"。安史之乱时，为永王李璘僚佐。肃宗即位，李璘起兵反。"璘败"，诏令李白"长流夜郎"。唐代，夜郎为今贵州桐梓。自肃宗至德二年（757年）至乾元二年（759年）"会赦，还"，② 前后历经3年。对于李白是否抵达夜郎，研究者或肯定，或否定。无论李白是否到过夜郎，一代诗圣仍留下了不少与夜郎相关的诗篇，如《流夜郎赠辛判官》《江夏赠韦南陵冰》《江上赠窦长史》《自汉阳病酒归寄阳明府》《经乱离后天恩流夜郎，忆旧游，书怀赠江夏韦太守良宰》《流夜郎永华寺寄寻阳群官》《流夜郎半道承恩放还，兼欣克复之美，书怀示息秀才》《流夜郎至西塞驿，寄裴隐》《窜夜郎，于乌江留别宗十六璟》《南流夜郎寄内》《流夜郎题葵叶》《流夜郎闻酺不预》《忆秋浦桃花》《闻王昌龄左迁龙标，遥有此寄》等，③ 大略统计，即有40余篇、50余首。④ 诗句记述了贬抑夜郎、赦免返回的情形，"夜郎万里道"的艰辛、南国的荒蛮，被贬的痛苦、愤懑。"函谷忽惊胡马来，秦宫桃李向明（一作胡）开。我愁远谪夜郎去，何日金鸡放赦回。"⑤ "汉求季布鲁朱家，楚逐伍胥去章华。万里南迁夜郎国，三年归及长风沙。"⑥ "遭逢二明主，前后两迁逐。去国愁夜郎，投身窜荒谷。"⑦ "辞官不受赏，翻谪夜郎天。夜郎万里道，西上令人老……五色云间鹊，飞鸣天上来。传闻赦书至，却放夜郎回。"⑧ "愿结九江流，添成万行泪……天命有所悬，安得苦愁思。"⑨

自唐代起，李白的名字、事迹、诗文便被录入贵州历代史志、诗文集，如［乾隆］《贵州通志》、［道光］《遵义府志》、［咸丰］《正安新志》。黔北地区广泛流传着李白的故事，有很多与李白相关的"遗迹"。桐梓有太白坟、太白故宅、太白书院、太白寺、太白望月台、太白泉、太白闻莺处、太白碑亭、百碑台（李白诗碑）；绥阳有太白镇、

---

① 《新唐书·第五琦传》，《二十五史》第6册，上海：上海古籍出版社、上海书店1986年版第503页。
② 《新唐书·李白传》，《二十五史》第5册，上海：上海古籍出版社、上海书店1986年版第615页。
③ 以上参见彭定求等：《全唐诗》第2册，郑州：中州古籍出版社2008年版第809—872页。
④ 参见胡大宇等：《谁说李白没有到过夜郎》，北京：中国文史出版社2009年版第3—15页。
⑤ 李白：《流夜郎赠辛判官》，《全唐诗》第2册，郑州：中州古籍出版社2008年版第809页。
⑥ 李白：《江上赠窦长史》，《全唐诗》第2册，郑州：中州古籍出版社2008年版第810页。
⑦ 李白：《流夜郎半道承恩放还，兼欣克复之美，书怀示息秀才》，《全唐诗》第2册，郑州：中州古籍出版社2008年版第811页。
⑧ 李白：《经乱离后天恩流夜郎，忆旧游，书怀赠江夏韦太守良宰》，《全唐诗》第2册，郑州：中州古籍出版社2008年版第810页。
⑨ 李白：《流夜郎永华寺寄寻阳群官》，《全唐诗》第2册，郑州：中州古籍出版社2008年版第822页。

太白山；遵义有太白马上闻莺处、谪仙楼、桃园洞石刻（刻有李白《白田马上闻莺》《赠徐安宜》等诗）、怀白亭；正安有怀白亭。① 谪仙楼又称怀白亭，"在府城东北桃源山……传李太白流夜郎曾至此"。② 这正是以李白为象征的包括儒家文化在内的中原文化在古代贵州传播的生动写照，正是古代贵州各民族对于李白为象征的包括儒家文化在内的中原文化的景仰与认同；这种认同促进了贵州各民族与中原汉民族共同文化心理的形成。

6. 王昌龄

王昌龄，唐代大诗人。出身贫寒之家，刻苦奋学，开元十五年（723 年）"中进士，补秘书郎"；二十二年（734 年）"中宏词科第一，迁汜水县"；二十八年（740 年）任江宁丞。以赤诚忠毅、犯颜直谏著称。天宝七年（748 年），因触犯李林甫而遭贬，"谪龙标尉，即今县属隆里所，在唐隶叙州潭阳郡"。③ 虽愤懑不平，但赤诚之心不改，不因个人荣辱得失而颓丧消沉。"武陵溪口驻扁舟，溪水随君向北流。行至荆门上三峡，莫将孤月对猿愁。""辰阳太守念王孙，远谪沅溪何可论。黄鹤青云当一举，明珠吐着报君恩。"④ "洛阳亲友如相问，一片冰心在玉壶。"⑤ "莫道弦歌愁远谪，青山明月不曾空。"⑥ 任龙标尉 6 年间，"为政以宽"，"爱民如子"，清正廉明，政绩显著；还创办龙标书院，传播儒学，传播中原文化，教化人心，移风易俗。"龙标书院，在隆里所。雍正三年鸿胪寺少卿张应诏重建。"⑦ 王昌龄后"以世乱还乡里，为刺史闾丘晓所杀"。⑧ 虽未逝于谪所，龙标人却深切感怀，为他修建了坟墓，四时奠祭。"王龙标墓，在隆里所"；⑨ 又于明天启年间"建祠于隆里所城西一里。后毁于兵"。⑩ 隆里又有纪念他的"状元阁、状元桥，皆因昌龄得名"。⑪ 关于王昌龄遭贬谪的龙标县，或定为今贵州镜屏隆里，或定为今湖南黔阳，且学界多持湖南说。毋论贵州说抑或湖南说，王昌龄事迹

---

① 参见胡大宇等：《谁说李白没到过夜郎》，北京：中国文史出版社 2009 年版第 167-168 页。
② [民国]《续遵义府志·坛庙》，《中国地方志集成·贵州编》第 34 册，成都：巴蜀书社 2006 年版第 280-284 页。
③ 以上见 [乾隆]《开泰县志·名宦》，《中国地方志集成·贵州编》第 19 册，成都：巴蜀书社 2006 年版第 66 页。龙标，一说为今湖南黔阳。
④ 王昌龄：《留别司马太守》，《全唐诗》第 2 册，郑州：中州古籍出版社 2008 年版第 670 页。
⑤ 王昌龄：《芙蓉楼送辛渐二首》，《全唐诗》第 2 册，郑州：中州古籍出版社 2008 年版第 670 页。
⑥ 王昌龄：《龙标野宴》，《全唐诗》第 2 册，郑州：中州古籍出版社 2008 年版第 669 页。
⑦ [乾隆]《开泰县志·书院》，《中国地方志集成·贵州编》第 19 册，成都：巴蜀书社 2006 年版第 48 页。
⑧《新唐书·文艺传》，《二十五史》第 6 册，上海：上海古籍出版社、上海书店 1986 年版第 617 页。
⑨ [乾隆]《开泰县志·丘墓》，《中国地方志集成·贵州编》第 19 册，成都：巴蜀书社 2006 年版第 23 页。
⑩ [乾隆]《开泰县志·名宦》，《中国地方志集成·贵州编》第 19 册，成都：巴蜀书社 2006 年版第 66 页。
⑪ [光绪]《黎平府志·宦迹志》，《黎平府志》卷 6 下，《中国地方志集成·贵州编》第 18 册，成都：巴蜀书社 2006 年版第 27 页。

流传于贵州，正是儒家赤诚忠毅、宽以待民理念流播的证明；贵州各民族敬重、怀念王昌龄，正是贵州各民族认同儒文化、认同中原文化的证明。

7. 柳宗元、刘禹锡

柳宗元，字子厚，出身官宦之家。"为文章卓伟精致，一时辈行推仰"。德宗贞元年间（785—804年），"第进士、博学宏辞科，授校书郎，调蓝田尉。贞元十九年，为监察御史里行。善王叔文"。顺宗即位（805年），王叔文"得政"，引柳宗元入"内禁，近与计事，擢礼部员外郎，欲大进用"。仅一年，宪宗即位（806年），"叔文败"，柳宗元"贬邵州刺史，不半道，贬永州司马"；元和十年（815年），"徙柳州刺史"。同年，"刘禹锡得播州"。① 刘禹锡，字梦得，出身世代儒学之家。德宗贞元年间（785—804年），"擢进士第，登博学宏辞科，工文章……入为监察御史"。顺宗即位（805年），王叔文"引禹锡及柳宗元与议禁中，所言必从。擢屯田员外郎"。宪宗即位（806年），"叔文等败，禹锡贬连州刺史，未至，斥朗州司马……久之，召还。宰相欲任南省郎，而禹锡作《玄都观看花君子》诗，语讥忿，当路者不喜，出为播州刺史"。② 刘禹锡80余岁老母尚在，而播州较柳州荒蛮僻远。柳宗元与刘禹锡友善，曰："播非人所居，而禹锡亲在堂，吾不忍其穷，无辞以白其大人，如不往，便为母子永决。"遂上奏"欲以柳州授禹锡而自往播"。御史中丞裴度等亦为之求情。刘禹锡"因改连州"，③ 柳宗元仍去柳州。刘禹锡最终未到播州，柳宗元也未到播州，但他们的感人事迹却深深地感动着播州，流传在播州。播州为今遵义，所属绥阳有柳公祠、儒溪书院。柳公祠，在绥阳"城西十里，祀唐柳宗元。明万历间知县詹淑建，知县冯士奇重建"，今已不存。④ 儒溪书院"在大溪源，祀唐柳子厚"，⑤ "遗址堂庑尽废，仅存角亭一楹"。⑥ 明冯士奇论曰："今播州有儒溪书院，相传为公遗迹，事属无稽，而易播人语，友谊笃挚，高风千古，有关名教，则事之有无不必辨，而祠之存留宜矣。"⑦ 儒家重视伦理道德，以为人伦有五：父子之伦、夫妇之伦、兄弟之伦、朋友之伦、君臣之伦。父子之伦、夫妇之伦、兄弟之伦属家庭伦理，朋友之伦属社会伦理，君臣之伦属国家伦理。五伦是五种人际关系，处理五种伦理关系的原则是父慈子孝、夫义妇听、兄良弟悌、君仁臣忠及朋友曰信；信指诚信，患难与共是其重要内容之一。处理五种伦理关系的核心准则是

---

① 以上见《新唐书·柳宗元传》，《二十五史》第6册，上海：上海古籍出版社、上海书店1986年版第542-543、543、544页。

② 《新唐书·刘禹锡传》，《二十五史》第6册，上海：上海古籍出版社、上海书店1986年版第542页。

③ 《新唐书·柳宗元传》，《二十五史》第6册，上海：上海古籍出版社、上海书店1986年版第544页。

④ [道光]《遵义府志·坛庙》，《中国地方志集成·贵州编》第32册，成都：巴蜀书社2006年版第187页。

⑤ [乾隆]《绥阳志·胜迹》，《中国地方志集成·贵州编》第36册，成都：巴蜀书社2006年版第205页。

⑥ [乾隆]《绥阳志·儒溪书院存疑碑记》，《中国地方志集成·贵州编》第36册，成都：巴蜀书社2006年版第218页。

⑦ [乾隆]《绥阳志·重修儒溪书院碑记》，《中国地方志集成·贵州编》第36册，成都：巴蜀书社2006年版第218页。

仁，以仁爱之心处理父子关系、夫妇关系、兄弟关系；由家庭推及社会，以仁爱之心处理朋友关系；由社会推及国家，以仁爱之心处理君臣关系；最终推及一切人，以仁爱之心待一切人，万民一体，天下大同。柳宗元敬老笃友、大仁大义的德行，成为古代贵州传播儒学、教化民庶的楷模和历史资料。

李白、王昌龄、刘禹锡、柳宗元都是流寓文人。其中，李白是遭流放的大诗人；王昌龄、刘禹锡、柳宗元既是大诗人，又是遭贬抑的流官。流寓，尤其是流寓文人，又特别是李白、王昌龄、刘禹锡、柳宗元一类大诗人，扩大了夜郎与中原的文化交流。较之口耳传播，文字载体特别是浪漫凝练的诗句传媒，更具快捷性、广泛性、长效性。"去国愁夜郎，投身窜荒谷"；"夜郎万里道，西上令人老"；"三载夜郎还，于兹炼金骨"。夜郎风貌，夜郎文化，伴随着诗人的夜郎诗句，伴随着诗人的崇高声望、魅力人格，更多地为世人所知，为中原所知；中原士大夫的文采、儒雅，也为夜郎人目睹、敬仰。流寓文人搭起了夜郎与中原的交流桥梁，将夜郎与中原联系起来，将夜郎民族与中原汉民族联系起来，将夜郎文化与包括儒家文化在内的中原文化联系起来。

8. 牂牁蛮君长赵君道后裔赵国珍

南承嗣、牛腾、段文昌、冉安昌等，或为地方官员，或为一方节度使，或为招慰使，均为流官。他们奉行儒家仁义之道，宽疏清静，广施恩惠，体恤百姓，故深得土著民族信服、拥戴，纷纷纳土归附。流官而外，一些土著出身的官员，受儒学影响，亦坚持统一，坚持安民，政绩卓著。赵国珍，牂牁蛮君长赵君道后裔。玄宗天宝末年，南诏阁罗凤两次大败唐军，进入今贵州，占有贵州大部。"宰相杨国忠领剑南节度使，以国珍有方略，授黔中都督，征南诏"，"屡有战功"。安史之乱，战火绵延，天下大乱。赵国珍"护五溪十余年……而此郡独宁"。①

三、杨再思的尊唐安民与民族认同

唐朝末年，藩镇割据，争战频仍，唐王朝形同小王朝，无力控制全国。907年，朱温代唐，建立后梁，唐朝终结。其后50余年间，中原地区相继出现后梁、后唐、后晋、后汉、后周5个王朝；其余地区出现前蜀、吴、南唐、楚、闽、吴越、南汉、后蜀、荆南（南平）、北汉10个小王朝，史称五代十国。中国又一次陷入大分裂、大战乱之中。这一时期，今贵州与后梁特别是后唐有一定联系，与后晋、后汉、后周仅虚属而已；其余诸小国，与前蜀、后蜀、楚关系较为密切。分裂战乱之中，辖有包括今

---

①《新唐书·赵国珍传》，《二十五史》第6册，上海：上海古籍出版社、上海书店1986年版第544页。

贵州东部部分地域在内的叙州①刺史杨再思，坚持尊奉唐王朝，保境安民，增进了侗、苗、土、汉各民族之间的认同。

杨再思，唐懿宗咸通十年至五代后周世宗显德四年（869—957年）人，先祖"系出汉太尉伯起公震，世居关西"②。祖父杨临牒，唐文宗开成元年（836年）进士，授太子太傅；四年（839年），由淮南扬州丞迁叙州长史，子随行并协助镇守。杨再思出生于叙州，唐末为叙州刺史。唐末五代，藩镇割据，国家分裂，争战频仍，民不聊生。杨再思既不割据，亦不称王，统领叙州南部侗、苗、土、汉各族民庶，"奉唐正朔"，③使用唐哀帝天佑年号，改叙州为诚州，自封"诚州牧"，以示诚心固守，保境安民，逐渐兴盛，形成以飞山（今湖南靖州县城西10里处）为中心的民族集团——飞山蛮。势盛时，治理区域达于今湘西南、黔东南及桂西北广大地区，包括今贵州锦屏、黎平、从江、榕江、天柱、玉屏一带。"民赖以安。"④他设立10峒，"以其族姓散掌州峒"，⑤建立封建领主制度，着力推进民族团结融合；推广中原汉族先进生产技术，发展稻作为主的农业生产；引进牛耕技术，兴修水利，改变刀耕火种的原始耕作制度；教以纺织；开通贸易；兴建学舍。五代战乱，而诚州社会安定，人民得以安居乐业。赵匡胤统一天下，杨再思后人率众归顺宋王朝。太祖开宝八年（975年），追封杨再思为英惠侯。⑥仁宗至和元年（1054年），诏封杨再思为威远广惠王，赞其"率子姓以辅朝廷，鸠家众而鼓忠勇……素以忠心，固结民心……造福于民"。⑦从宋代到清代，杨再思两

---

①叙州，唐代宗大历五年（770年）由巫州更名而来，领潭阳、龙标、朗溪三县，治潭阳（参见《新唐书·地理志》，《二十五史》第6册，上海：上海古籍出版社、上海书店1986年版第120页），约当今湖南怀化、芷江、黔阳、洪江、会同、靖州、通道及贵州天柱、锦屏、黎平、从江、榕江、玉屏等县地域。贵州天柱、锦屏、黎平、从江、榕江、玉屏等县，其时属潭阳县；龙标，或以为今湖南洪江，或以为贵州锦屏隆里。

②"杨氏，系出汉太尉伯起公震，世居关西。其迁居黔楚，则自再思公始。家谱载：再思公以唐懿宗咸通十年，己丑岁生，至昭宗朝值世乱。马殷据长沙，虎视滇黔。公先由淮南丞迁辰州长史，结营靖州飞山，扼要拒之，屡战屡捷。与李克用同受昭宗绢诏征兵，道长梗阻，众奉为诚州刺史，称令公焉。历五代，天下多遭涂炭，独公奉唐正朔，保障滇黔，民赖以安。卒于后周世宗显德四年丁巳，寿87，葬今黎平府长岭冈，亥山巳向。民思其德，为之立庙，曰'飞山宫'，祀之。溯伯起公至再思公，24世。宋开宝八年乙亥，继嗣入贡，追封'英惠侯'。生子十二，受土分镇镇、黔，派衍日繁，各就家焉。"（杨芳：《宫傅杨果勇侯自编年谱》，《杨芳集》第1辑，2008年印本第4-5页）

③胡长新：《宋追封英惠侯唐末诚州刺史杨公墓表》，[光绪]《黎平府志·地理志·古迹》，《中国地方志集成·贵州编》第17册，成都：巴蜀书社2006年版第161页。

④胡长新：《宋追封英惠侯唐末诚州刺史杨公墓表》，[光绪]《黎平府志·古迹》，《中国地方志集成·贵州编》第17册，成都：巴蜀书社2006年版第161页。

⑤《宋史·蛮夷传》，《二十五史》第7册，上海：上海古籍出版社、上海书店1986年版第1608页。峒，古代对西南某些少数民族聚居区域的泛称，如侗族的十峒、壮族的黄峒、苗族的苗峒等。十峒后来逐渐演变为今侗族。宋代以后羁縻州、县下辖的行政单位亦称峒，其建制小于县。

⑥参见胡长新：《宋追封英惠侯唐末诚州刺史杨公墓表》，[光绪]《黎平府志·古迹》，《中国地方志集成·贵州编》第17册，成都：巴蜀书社2006年版第161页。

⑦转引自杨国武：《再思本纪》，中华杨氏网，2011年6月25日。

次封王，一次封公，六次封侯。①

杨再思以其坚持统一、反对分裂战乱，坚持保民安民、反对暴掠苛政的德行赢得了湘、黔、桂三省邻境地区广大侗、苗、土、汉民庶的敬重、尊奉及怀念。《杨再思氏族通志》谓，杨再思及其后裔遍布今侗族、苗族、土家族聚居之黔东、湘西、川东、桂北，至今人口逾500万。他们与侗、苗、土家、布依等民族婚姻相通，生活相习，语言相合，鱼水相依，"汉夷一家"，融为一体；被黔东、湘西、川东、桂北很多侗、苗民族尊为始祖，②其所定"再正通光昌胜秀"7字排行为很多侗、苗等杨姓民族轮转使用。③笔者做过一个调查统计，贵州师范大学在职、退休的4000余名职工中，明确以"再正通光昌胜秀"7字辈序取名的贵州籍杨姓职工有20人。其中，侗族3人，苗族8人，白族1人，汉族8人。统计资料虽出自现代，但也是历史的延续及映照。两宋至清代，官方或民间为祭奠杨再思而修建的大大小小的"飞山庙""飞山宫"遍及湘、黔、桂三省邻境地区，或尊杨再思为祖先，或奉杨再思为神灵，每逢农历六月初六、十月二十六其生辰、忌辰，前往祭奠，经久不衰。北宋神宗元丰六年（1083年），"赐建'杨再思庙'于靖州（由诚州更名而来）城西北飞山主峰，故名'飞山庙'，四季致祭"。明英宗正统十年（1445年），"知州苏忞重建新庙，庙宇宏敞，三进两院多间，改名'飞山宫'"。至清，嘉庆帝"题'宣威顺助'匾正式列入府、州、县、厅署祭典"；两宋至清，祭祀杨再思的活动，"由朝廷明令，百姓信仰，杨氏子孙传承，追宗报本。飞山庙（宫）遍布湘、黔、川、鄂、桂边境"，④估计有上万处之多。在今贵州地域，从贵阳府到有侗、苗等民族分布的府、州、厅、县，都建有飞山庙或飞山宫。⑤

贵阳飞山庙，"在府城西，祀英惠侯杨再思……再思当五代时抚有飞山，臣服于中朝，宋代诚、徽二州之杨氏皆其苗裔"。⑥位于今贵阳中医学院第二附属医院处，已不存；尚有飞山街街名。

黎平杨英惠侯祠，"即飞山祠，在城东北……侯讳再思，唐末据诚州守飞山寨，有功于民。没后精爽不昧，黎、靖各城乡皆立祠祀之"。⑦榕江飞山庙，"在城西街，乾隆四十二年建"。⑧锦屏飞山庙，位于三江镇飞山路清水江畔，始建于清乾隆三十四年

---

①参见杨国武：《再思本纪》，中华杨氏网，2011年6月25日。
②参见吴寿通：《序》，《杨再思氏族通志》，2002年印本。
③参见吴寿通：《统一字派》，《杨再思氏族通志》，2002年印本。
④杨国武：《再思本纪》，中华杨氏网，2011年6月25日。
⑤参见廖耀南：《杨氏源流——杨再思的史实及族别初探》，中华杨氏网，2009年11月2日。
⑥《祠祀略》，[道光]《贵阳府志》上册，贵阳：贵州人民出版社2005年版第844页。
⑦[光绪]《黎平府志·坛庙》，《中国地方志集成·贵州编》第17册，成都：巴蜀书社2006年版第125页。
⑧[光绪]《黎平府志·坛庙》，《中国地方志集成·贵州编》第17册，成都：巴蜀书社2006年版第145页。

(1769年)，嘉庆十八年（1813年）、光绪七年（1881年）两度重修。① 今尚存。

铜仁飞山庙，"一在东山下，一在北郊演武场"②。今铜仁市内中山路锦江河畔尚存飞山庙。

镇远飞山庙，"在东关，祀惠英侯杨再思，以有功于民，故庙祀之，即土通判杨氏之祖"③。今尚存，位于㵲阳镇㵲阳河畔。施秉飞山庙有二，一曰飞仙庙，"在东门外，即唐时诚州刺史杨再思"；一曰飞山庙，"在右司岩头寨，前临清溪，后倚箓竹"。④ 天柱飞山庙，"在县治西门外"。⑤ 岑巩飞山庙位于思旸镇校场坝龙江河畔，始建年代不详，清乾隆五十一年（1786年）重修。⑥ 现存正殿。

不仅府、州、厅、县有飞山庙，一些侗族聚居区的村寨也有飞山庙。如天柱，县城而外，由义里、兴文里一甲、二甲、七甲、新兴里七甲、新增里八甲、坊厢里七甲等里甲亦有飞山庙。⑦ 黎平杨再思墓，"在城东南二十里长岭冈"，⑧ 即今黎平县中潮镇佳所村境内。直至今日，佳所村大寨、上平坝、下平坝、占寨，以及小佳所、皮困等杨姓侗族，每年清明都要到长岭冈杨再思墓前祭奠，称杨再思是黎平杨姓始祖。⑨

南宋大诗人陆游为靖州杨再思庙题写对联，盛赞杨再思的忠诚仁义："澄清烽火烟，赤胆忠心昭日月；开辟王化路，宣仁布义壮山河。"⑩ 清人郑珍力扬杨再思的忠贞保境："侯之功德赫㷸，在乎保境为国，盖非保境则民之涂炭者无所归，而保境以为国，则固其忠贞自矢者也。"⑪ 杨再思的"忠贞""忠心"，在于"为国"；为国在于"保境"；保境在于保民，使民免遭"涂炭"。爱民保民，是儒家的王道之治、仁义之道。忠孝仁民，是儒家思想的精髓、杨再思德行的精髓。杨再思所以备受尊崇、纪念，历经千年而不衰，固然与历代王朝的倡扬大有关系，但根本原因还是在于他的作为反映

---

① 参见吴正光：《凤凰勾良苗寨的建筑文化》，苗疆风情网，2011年8月1日。
② [道光]《铜仁府志·坛庙》，《中国地方志集成·贵州编》第45册，成都：巴蜀书社2006年版第331页。
③ [乾隆]《镇远府志·坛庙》，《中国地方志集成·贵州编》第16册，成都：巴蜀书社2006年版第158页。
④ [乾隆]《镇远府志·坛庙》，《中国地方志集成·贵州编》第16册，成都：巴蜀书社2006年版第160页。
⑤ [乾隆]《镇远府志·坛庙》，《中国地方志集成·贵州编》第16册，成都：巴蜀书社2006年版第161页。
⑥ 参见吴正光：《凤凰勾良苗寨的建筑文化》，苗疆风情网，2011年8月1日。
⑦ 参见[乾隆]《镇远府志·坛庙》，《中国地方志集成·贵州编》第16册，成都：巴蜀书社2006年版第163、164、166、167页。
⑧ [光绪]《黎平府志·古迹》，《中国地方志集成·贵州编》第17册，成都：巴蜀书社2006年版第160页。
⑨ 参见廖耀南：《杨氏源流——杨再思的史实及族别初探》，中华杨氏网，2009年11月2日。
⑩ 陆游为靖州杨再思庙题写对联，转引自《城步战将》，《邵阳城市报》，2013年6月25日。
⑪ 转引自胡长新：《宋追封英惠侯唐末诚州刺史杨公墓表》，[光绪]《黎平府志·古迹》，《中国地方志集成·贵州编》第17册，成都：巴蜀书社2006年版第161页。

了各族民庶的愿望，在于他坚持统一、反对分裂战乱，坚持保民安民、反对暴掠苛政的德行契合了各族民庶的根本利益。纯粹上层社会的意志，可以得势于一时，不可能得势于久远。杨再思以及飞山庙、飞山宫的祭祀活动，是唐末五代宋元明清以来黔东南、黔东地区杨姓各族民众彼此整合与认同的文化象征，是古代贵州儒学流播进而促进侗、苗、瑶、土、仲家、汉各民族彼此整合与认同的文化符号。

关于杨再思生平事迹及其受封情形，新、旧《唐书》及新、旧《五代史》均无载，难以考证。关于其族属，争议颇多。杨芳《宫傅杨果勇侯自编年谱》谓其"出汉太尉伯起公震，世居关西"，① 定为汉族；邓敏文《打造飞山圣境，造福靖州百姓——飞山开发的主题定位与经营模式》谓，杨再思的祖先可能是汉人，而他本人由于久居"夷"地，受其感染，并与当地"夷人"通婚，"变成了少数民族"。廖耀南《杨氏源流——杨再思的史实及族别初探》以为，杨承磊、杨再思与潘全盛同时分据叙州，《资治通鉴》称潘全盛为"叙州蛮酋"，则杨承磊、杨再思也应是"叙州蛮酋"。杨芳确定杨再思为关西杨震第24代裔孙，是沿袭我国各姓氏修族谱的故套，不足为凭。据此，"初步把杨再思定为侗族"。② 毋论歧见如何，杨再思事迹在湘、黔、桂三省邻境地区广大侗、苗、瑶、土、仲家、汉民众中广泛流传并得到认同，却是不争的事实。杨再思事迹得以演变成流传千古的传说，得以偶化为神、物化为庙，正是一种共同社会心态的反映。杨再思及其后人维护统一、反对分裂战乱的高度自觉，仁民爱民保民养民、反对暴民虐民的嘉德懿行，从根本上契合了各族人民渴求安居乐业的心理诉求和利益。历代王朝，上至朝廷，下至各级官员，纷纷对其进行褒扬、表彰；文人骚客，或笔之于史志碑刻，或颂之于诗文辞赋。杨再思事迹遂得以在相当长的历史时期、在一定地域的各民族中广泛流播、认同，成为唐末五代以来包括今黔东、黔东南在内的湘黔边境侗、苗、瑶、土、仲家、汉各民族认同的一个儒文化象征。

---

① 杨芳：《宫傅杨果勇侯自编年谱》，《杨芳集》第1辑，2008年印本第4页。
② 廖耀南：《杨氏源流——杨再思的史实及族别初探》，中华杨氏网，2009年11月2日。

第三节　两宋贵州儒文化与民族认同

一、制度儒学影响的进一步减弱

960年，北宋建立，结束了唐末五代以来的分裂局面。宋王朝坚持大一统，坚持对今贵州土著民族地域的统一及治理。"先王之制，要服者来贡，荒服者来享"。[①] 边地土著民族，不论其与中原距离远抑或近，不论其接受中原文明的程度深抑或浅，都是朝廷的臣民，都属于朝廷的地土，都要接受朝廷的统一治理。

宋代地方行政机构，实行路、府、县三级制度。路由唐代道演变而来。路之下为府、州、军、监。大致上，政治中心称府、州，军事要地称军，矿区称监。州同样有经制州与羁縻州之分。一般说来，府、州属平级，但有的府又领经制州或羁縻州，经制州又领羁縻州。府之下为县。军之下为砦，同样为军事要地。砦本与县平级，但在有的地方，砦又低于县。县之下为关、城、堡，但在有的地方，关、城、堡又与县平级而略低于县。

在今贵州，两宋行政机构设置仍承袭唐代，实行经制州、羁縻州及封国并置制度。但经制州萎缩，仅局限于今乌江以北即今黔北、黔东北地域，而且数量极少，掌控地域很小，存在时间短暂；羁縻州膨胀，不仅分布于今乌江以南的广大地域，而且分布于乌江以北的多数地域；封国范围扩大。两宋"北有大敌，不暇远略"。[②] 先是辽、西夏，接着是金、蒙古，不断南下；初亡于金，继亡于蒙古。持续而严重的北方边患，极大地制约了其对西南边地的掌控。宋代对今贵州的管理较之唐代更为松弛，制度儒学的影响较之唐代进一步减弱。

（一）经制州萎缩

思州。始置于唐初，为经制州。唐末五代分裂战乱，土著大姓田氏崛起，占有思州。北宋开国，继续长期为田氏掌控。直至北宋末年，田祐恭内附入朝，遂以其地置思州，"领务川、邛水、安夷三县"，治务川。务川，治今贵州务川；邛水，治今贵州

[①]《土司传·水西安氏传》，《贵阳府志》下册，贵阳：贵州人民出版社1985年版第1584页。
[②] 郭松年撰，王叔武校注：《大理行纪校注》，昆明：云南出版社1986年版第20页。

三穗；安夷，治今贵州镇远。仅数年，即废改，"废州为城……务川县以务川城为名；邛水、安夷二县皆作堡，并隶黔州"。① 南宋初年复置思州，但变更为羁縻州。田氏世袭治理。作为经制州的思州，仅短暂地存在于北宋末年。

播州。始置于唐初。唐末以后，为杨端及其后裔世袭掌控。北宋一朝，状况大致如旧。直至北宋末年，始重置播州。其时，杨端9世嫡孙杨惟聪主政，因年幼，奉叔祖父杨光荣摄政。杨光荣欲篡权，谋害杨惟聪，败露，遂于徽宗大观二年（1108年）"以地内属"，朝廷以其地置播州，②"领播川、琅川、带水三县"。播川、琅川、带水，今桐梓中南部、绥阳。③ 同年，杨惟聪叔父、杨光荣侄子杨文贵亦争相"献其地"，朝廷以其地"建遵义军及遵义县"。④ 遵义军领1县，即遵义县（今遵义市红花岗区、汇川区、遵义县）。不久，杨光荣死，杨惟聪"亲政……事闻，诏夺献官"。⑤ 徽宗宣和三年（1121年），废播州，降播川县为播川城；废遵义军，降遵义军为遵义砦（今遵义市红花岗区、汇川区）。属地大为缩小，行政级别降低。徽宗宣和六年（1124年），改播川城为播川县（今桐梓）。钦宗靖康元年（1126年），北宋灭亡。作为经制州的播州，仅短暂地存在于北宋末期的10余年间，仅播川县、遵义砦继续为朝廷直接掌控，直至南宋末年重归播州而为杨氏世袭治理。

以上经制州、砦均属夔州路。

宋代，经制州不仅局限于今乌江以北即今黔北、黔东北地域，而且数量极少，掌控地域很小，存在时间短暂。

（二）羁縻州膨胀

思州。作为羁縻州的思州，始置于北宋末年抑或南宋初年。北宋末年，朝廷以土著大姓田祐恭所献地置思州，为经制州，旋即废改。南宋初年，重置思州，仍领务川、安夷、邛水3县，为羁縻州。《宋史·地理志》谓，绍庆府，领"羁縻州四十九"，其中就包括思州。⑥《大明一统志》亦谓，思州，"宋为羁縻州"。⑦ 地当今贵州遵义市之务川、沿河，石阡以外之铜仁市，黔东南之岑巩、镇远、三穗；重庆市之酉阳、秀山。⑧

播州。作为羁縻州的播州，始置于南宋末年。是时，"复设播州"；改播川县（今

---

① 以上见《宋史·地理志》，《二十五史》第7册，上海：上海古籍出版社、上海书店1986年版第312页。古今地名对照参见谭其骧：《中国历史地图集》第6册，北京：中国地图出版社1982年第69-70页。
② 《宋史·蛮夷传》，《二十五史》第8册，上海：上海古籍出版社、上海书店1986年版第1613页。
③ 参见谭其骧：《中国历史地图集》第6册，北京：中国地图出版社1982年版第29-30页。
④ 以上见《宋史·地理志》，《二十五史》第7册，上海：上海古籍出版社、上海书店1986年版第312页。
⑤ [道光]《遵义府志·土官》，《中国地方志集成·贵州编》第33册，成都：巴蜀书社2006年版第64页。
⑥ 《宋史·地理志》，《二十五史》第7册，上海：上海古籍出版社、上海书店1986年版第312页。
⑦ 李贤 等：《大明一统志》下册，西安：三秦出版社1990年版第1351页。
⑧ 参见谭其骧：《中国历史地图集》第6册，北京：中国地图出版社1982年版第69-70页。

桐梓）为鼎山县、遵义县为播川县，移遵义砦至今遵义市红花岗区、汇川区；"以珍州来属"。①珍州领乐源（今正安、道真）、绥阳（今绥阳、凤冈）2县。②如此，播州领珍州1州，播川、鼎山2县，遵义砦1砦。播州长官，《宋史·地理志》称"安抚使"，③则播州当为地方一级行政机构"路"。播州杨氏自第12世嫡孙杨粲起，史籍称其播州安抚使；杨粲以后，13世嫡孙杨价、14世嫡孙杨文、15世嫡孙杨邦宪世袭安抚使。不过，杨价时，始"复白锦堡为播州"，④数年后，始"复设播州"。故杨氏获封安抚使，最早应在杨价时。杨氏世袭播州安抚使，表明播州属羁縻州。

珍州，始置于唐初，为经制州。"唐末没于夷"。北宋徽宗大观二年（1108年），即北宋末年，"大骆解上下族帅献其地，复建为珍州"。徽宗宣和三年（1121年），"以绥阳县来隶"。领乐源（今正安、道真）、绥阳（今绥阳、凤冈）2县，治乐源。"本羁縻"。度宗咸淳（1265—1274年）末年，"以珍州来属"播州。⑤

思州、播州、珍州，是宋代较大的羁縻州，均分布于今乌江以北。分布于今乌江以南黔中、黔西北、黔西南、黔南及黔东南的，均为较小的羁縻州；今黔东北亦有个别的羁縻小州。这些羁縻小州，基本上属夔州路之绍庆府。绍庆府由唐黔州黔中郡演变而来，治彭水，领彭水（今重庆市彭水县）、黔江（今重庆市黔江区）2县；另领"羁縻州四十九……南渡后，羁縻州五十六"。⑥这些羁縻州多数在今贵州，其中可考者有27州。位于今黔中即贵阳、安顺的有蛮州（今开阳）、功州（今修文、息烽间）、炬州（今贵阳境内）、清州（今平坝马场）、普宁州（今安顺东部），位于今黔西北即毕节市的有义州（今黔西）、晖州（今织金）、宝州（今大方境内）、郝州（今大方西南部），位于今黔西南的有训州（今安龙）、和武州（今紫云），位于今黔南的有乡州（今罗甸县边阳镇）、勋州（今罗甸蓬亭）、劳州（今荔波南）、抚水州（今荔波东南）、峨州（今荔波东北）、南平州（今平塘）、南宁州（今惠水）、庄州（今龙里、长顺之间）、今州（今长顺县广顺镇）、邦州（今都匀西北）、候州（今福泉）、牂州（今瓮安、余庆间），位于今黔东南的有犍州（今麻江）、蒋州（今凯里市）、亮州（今锦屏南），位于今黔东北有晃州（今玉屏南）。⑦

两宋，传统由朝廷直接治理的今乌江以北多数地域变成了羁縻州，至于南宋末年，

---

①以上见《宋史·地理志》，《二十五史》第7册，上海：上海古籍出版社、上海书店1986年版第312页。
②参见《宋史·地理志》，《二十五史》第7册，上海：上海古籍出版社、上海书店1986年版第312页。
③《宋史·地理志》，《二十五史》第7册，上海：上海古籍出版社、上海书店1986年版第312页。
④宋濂：《杨氏家传》，《宋学士全集》第10卷，北京：中华书局1985年版第350页。
⑤以上见《宋史·地理志》，《二十五史》第7册，上海：上海古籍出版社、上海书店1986年版第312页。古今地名对照参见谭其骧：《中国历史地图集》第6册，北京：中国地图出版社1982年版第69-70页。
⑥《宋史·地理志五》，《二十五史》第7册，上海：上海古籍出版社、上海书店1986年版第312页。
⑦以上参见谭其骧：《中国历史地图集》第6册第29-30、69-70页，第5册第59-60页，北京：中国地图出版社1982年版。

竟至几乎都变成了羁縻区域；而在今乌江以南，羁縻地域减少了，封国地域扩大了。两宋对今贵州的管理较之唐代更为松弛，制度儒学的影响较之唐代进一步减弱。

（三）封国范围扩大

宋代，伴随经制州、羁縻州地域的缩小，封国地域较之唐代扩大。封国分布于今乌江以南的黔西北、黔中、黔南、黔西南地域，与羁縻州交错杂处。主要有罗氏鬼国（罗施鬼国）、罗殿国暨顺化九部落等。封国之外，又有一些自行为治的番国，如自杞国、毗那、乌撒等。

其一，罗氏鬼国。五代十国后期，今大方为中心之黔西北乌蛮君长主色东扩，占炬州（今贵阳市大部），驻扎石人山，号石人部落。"石人山，在唐、宋炬州之西北三十里，即石人部落王子若藏之所居也。旋据炬州。"主色退回黔西北后，其子若藏继为石人部落王子。北宋太祖乾德五年（967年），若藏与顺化诸部落王子入朝贡献方物，授为"归德司戈"。① 北宋太祖开宝七年（974年）②，石人部落王子普贵父子"乞内附"，太祖予之敕曰："尔若挈土来庭，爵、土、人民，世守如旧。"③ 普贵遂"纳土归顺，赐王爵以镇一方"。④ 其封国，史籍称罗氏鬼国。旋即为水东宋氏逐出炬州，退回故地。南宋末年，罗氏鬼国追随宋廷抗击蒙古，直到宋亡。

太祖给予普贵敕书有"惟尔贵州，远在要荒"⑤ 字句，成为历史上"贵州"一名最早见于文献的记录；当时的贵州，为今贵阳。

其二，罗殿国暨顺化九部落。罗殿国，乌蛮所建。受封于唐代，位于普里（今贵州安顺市西秀区、平坝、普定部分），称播勒部、普里播勒部。五代末，改罗殿王为顺化王，"宋初仍之"。土著习俗，"称王为王子，又别自分王子弟亦称王子"。⑥ 顺化与武龙州、东山、罗波源、训州、鸡平、战洞、罗母殊、石人等合称九部落，大致位于今黔中安顺、贵阳一带。顺化为九部落之首。北宋一朝，顺化九部落多次朝贡、受封。南宋，《桂海虞衡志》《岭外代答》《宋会要辑稿》等典籍仍称顺化为罗殿国。罗殿国买入大理马，转赴广西马市售于宋廷，为缓解宋廷马荒做出了贡献。

其三，南宁州归化王暨西南八姓番。五代时，楚王马殷大将、歙县人龙德寿奉命"征南宁州，戍之。久之，遂授南宁州刺史……世袭职"；其后逐步融入当地土著民族之中，成为西南大番主；其部将亦成为大小番主。"宋初，惟龙氏、方氏、张氏、石

---

① 《土司传上·水西安氏》，《贵阳府志》下册，贵阳：贵州人民出版社1985年版第1584、1583页。
② 普贵内附时间，[咸丰]《贵阳府志》为太祖乾德七年。[民国]《贵州通志》辨，太祖乾德无七年，疑为开宝七年（974年）。参见[民国]《贵州通志·前事志》第1册，贵阳：贵州人民出版社1985年版第310页。
③ 《土司传上·水西安氏》，《贵阳府志》下册，贵阳：贵州人民出版社1985年版第1584页。
④ 李贤 等：《大明一统志》下册，西安：三秦出版社1990年版第1350页。
⑤ 《土司传上·水西安氏》，《贵阳府志》下册，贵阳：贵州人民出版社1985年版第1584页。
⑥ 《土司传上·水西安氏》，《贵阳府志》下册，贵阳：贵州人民出版社1985年版第1583页。

氏、罗氏为著，号五姓番。其后，程氏、韦氏又盛，比附五姓，号西南七番。其后递有分更，张氏且绝。至宋元之际，别以大龙、小龙、卧龙、程番、洪番、方番、石番、卢番为八番云。"①五姓番、七姓番、八姓番，又作五姓蕃、七姓蕃、八姓蕃。五姓番、七姓番、八姓番位于今黔南，基本上为布依族。黔南"蕃部族数十，独五姓最著，程氏、韦氏皆比附五姓，故号'西南七蕃'云"。八姓番中，又以"龙氏……为最大，其贡奉尤频数"。②北宋太宗至道元年（995年），南宁州（今惠水）"夷"王龙汉瑶"遣其使龙光进率西南诸蛮来贡方物"，诏授龙汉瑶"宁远大将军，封归化王"。各番追随龙番，频繁朝贡，接受封赐，认同宋王朝。

封国之外自行为治的番国，如自杞国、毗那、乌撒等，以自杞国最大。自杞国，乌蛮所建，其地域大致包括今黔西南全境、六盘水之盘县、黔南罗甸之一部。③在唐代为于矢部。南宋，"自杞取马于大理"④，转赴广西马市，售于宋廷，缓解了宋廷马荒。

二、物化儒学的新成就

（一）社会经济的发展及封建领主制经济的盛行

唐宋，特别是宋，伴随宋室南渡，中原人口大批南迁，中原生产技术南传，南方开发力度加大，全国经济重心逐渐转移到长江流域及其以南；僻处西南的四川一跃成为全国两大经济中心之一。宋代，分布于今黔北、黔东北、黔中、黔西北、黔西南、黔南即今贵州大部的经制州、羁縻州基本上属夔州路。夔州路治今重庆奉节，而重庆原属四川。此外，与黔东相邻的荆湖北路也是较为发达的区域。宋代对今贵州的治理、开发力度虽然不及唐代，但受邻近四川及荆湖的带动，今贵州社会经济发展程度仍较唐代为大，物化儒学的流播较之唐代更有成效。

宋代今贵州社会经济的发展，以今乌江以北即黔北、黔东北较为明显，两地之中，又以黔北最具代表性；乌江以南则变化不大。关于黔北社会经济的发展，文献资料很少，墓葬考古资料却较为丰富。今贵州古墓的发现、发掘，汉墓数量很大，主要集中在黔西北、黔中、黔西南，黔北、黔东北则很少；魏晋南北朝隋唐墓，全省均不多；宋代墓葬发现、发掘数量激增，主要集中于黔北、黔中，其余地域则很少。依据《贵州田野考古四十年：1953—1993》《贵州省志·文物志》《遵义地区文物志》等史志所

---

① 以上见《土司传上·八番》，《贵阳府志》下册，贵阳：贵州人民出版社1985年版第1589页。
② 《宋史·蛮夷传》，《二十五史》第8册，上海：上海古籍出版社、上海书店1986年版第1613页。
③ 参见侯绍庄等：《贵州古代民族关系史》，贵阳：贵州民族出版社1991年版第191页。
④ 范成大撰，严沛校注：《志兽》，《桂海虞衡志校注》，南宁：广西人民出版社1986年版第56页；何仁仲：《贵州通史》第1卷，北京：当代中国出版社2003年版第418页。

载资料统计，黔中宋墓分布于清镇、平坝等地，约190座。这些墓葬"可能是少数民族墓葬"，① 规格小，随葬品少。黔北墓葬则"数量多，形制大，分布广，成片地分布于全区各县、市"。② 今遵义市两城区有杨粲墓、③ 狮子山宋墓、④ 桃溪寺宋墓；⑤ 遵义县有高坪杨文墓、⑥ 鸭溪田通庵墓、⑦ 刀靶水宋墓；⑧ 仁怀县有两岔宋墓群；⑨ 赤水市有水王塘宋墓、⑩ 官渡宋墓群；⑪ 桐梓县有夜郎坝宋墓群、⑫ 周市宋墓；⑬ 务川县金银洞宋墓、⑭ 湄潭县有金桥宋墓、⑮ 凤冈县有立竹溪宋墓、⑯ 道真县有文宝坝宋墓、⑰ 上坝冉桂森墓。⑱ 这些墓葬的修造规模及精美程度远超黔中宋墓，多系双室、条石砌、仿木结构并伴有丰富多彩的雕刻装饰，其中最具代表性的是播州杨氏第13代、主政第12世杨粲墓。

杨粲墓位于今遵义市红花岗区皇坟嘴，为杨粲夫妇"石砌仿木结构双室合葬墓"。室内面积约50平方米，"全部用白砂岩条石砌成"。男、女两室南、北"并列，中间有过道相通……每室可分墓门、前室、后室、两室间过道四个部分"。墓室"通长8.42米，前室通宽8.04米，后室通宽7.53米"。墓门4道，每室前、后室各一道。前室"门洞净宽2.69米、高2.98米。门洞两侧为立颊，上有武士浮雕。门外两端有翼墙

---

① 贵州省博物馆：《贵州清镇宋墓清理简报》，《贵州田野考古四十年：1953—1993》，贵阳：贵州民族出版社1993年版第352页。
② 《概述》第3页，《遵义地区文物志》，1984年印本。
③ 参见《遵义杨粲墓发掘报告》编写组：《〈遵义杨粲墓发掘报告〉摘要》，《贵州田野考古四十年：1953—1993》，贵阳：贵州民族出版社1993年版第356-361页。
④ 参见宋先世：《遵义狮子山宋墓》，《贵州田野考古四十年：1953—1993》，贵阳：贵州民族出版社1993年版第367-370页。
⑤ 参见张定福等：《遵义桃溪寺宋墓》，《贵州田野考古四十年：1953—1993》，贵阳：贵州民族出版社1993年版第371页。
⑥ 参见贵州省博物馆：《遵义高坪"播州土司"杨文等四座墓葬发掘记》，《贵州田野考古四十年：1953—1993》，贵阳：贵州民族出版社1993年版第362-365页。
⑦ 参见贵州省地方志编纂委员会：《贵州省志·文物志》，贵阳：贵州人民出版社2003年版第69页。
⑧ 参见《刀靶水宋墓》，《遵义地区文物志》，1984年印本第71页。
⑨ 参见《两岔宋墓群》，《遵义地区文物志》，1984年印本第51-52页。
⑩ 参见周必素：《赤水市水王塘宋墓清理简报》，《贵州田野考古四十年：1953—1993》，贵阳：贵州民族出版社1993年版第375页。
⑪ 参见《古墓葬及历史人物墓·官渡宋墓群》，《遵义地区文物志》，1984年印本第68-69页。
⑫ 参见陈默溪：《贵州桐梓宋墓的清理》，《贵州田野考古四十年：1953—1993》，贵阳：贵州民族出版社1993年版第353页；贵州省博物馆考古队：《贵州桐梓宋明墓发掘简报》，《贵州田野考古四十年：1953—1993》第377-382页。
⑬ 参见贵州省博物馆考古队：《贵州桐梓宋明墓发掘简报》，《贵州田野考古四十年：1953—1993》，贵阳：贵州民族出版社1993年版第377-382页。
⑭ 参见《金银洞宋墓》，《遵义地区文物志》，1984年印本第66-67页。
⑮ 参见陈默溪：《贵州遵义专区的两座宋墓简介》，《贵州田野考古四十年：1953—1993》，贵阳：贵州民族出版社1993年版第354-355页。
⑯ 参见《立竹溪宋墓》，《遵义地区文物志》，1984年印本第70页。
⑰ 参见《文宝坝古墓》，《遵义地区文物志》，1984年印本第71页。
⑱ 参见《冉桂森墓》，《遵义地区文物志》，1984年印本第73-74页。

……每门各有两扇仿木构门扉,软门式样……后室亦有石雕仿木构的双扇软门一座",可以开合关锁。前室"平面呈方形,东西长 2.68 米,南北宽 3.28 米……南北两壁用长条石砌成,九或十层不等"。后室"呈长方形,东西长 5.45 米,南北宽 2.76 米"。后室后壁、南壁、北壁各有 1 座"仿木构形式的龛,墓室多处雕有人像、动物和花草等纹饰",计壁龛 6 座。棺床"位于后室中间……棺床四角垫有圆雕龙头,两侧中部有交股的龙身及龙尾"。① 由于曾被盗,出土随葬品不多,仅有铁、铜、陶等质地器物 36 件,其中铁器 26 件。最为珍贵的是两个铜鼓,一重 12.25 公斤,一重 17.75 公斤。"造型凝重,纹饰精美。"②

杨粲墓不仅建造规模宏大,而且"墓内外分布着内容丰富、技艺精湛的石刻装饰",装饰图案"可分人物、动物、花草、器物、图案五类",③ 数量达 190 幅之多。④ 全墓共有石雕人像 28 幅,"4 幅在墓门外,24 幅分布在各壁"。南、女两室墓门外 4 幅雕像均为武士像,"高均为 1.43 米。皆戴盔披甲、身着战袍,手中分别持有弓箭和战斧"。两室过道,"两侧是石壁,东壁有浮雕'进贡人'像"。后室墓壁雕刻墓主及一应属僚、侍从像。墓主"皆位于后龛正中,坐龙椅。男墓主坐高 97 厘米,戴长脚幞头,着圆领宽长袍。女墓主坐高 96 厘米,头已不存,身着对衽宽领长帔"。武士"位于两后室门楣下,高均 1.54 米。弓、斧手各 2 人"。文官,"男后室南北壁各 1 人,高 1.27 米"。女官,"女后室南北壁各 1 人,高 1.29 米"。侍从"位于墓主两侧,共 4 人。男侍高 1.01 米,女侍高 96 厘米"。"启门"人物,男室龛后壁为"童子启门",女室为"童女启门"。"负重人",男女室共 4 幅。"进贡人" 2 幅,"头顶一圆盘,双手上托,盘内置象牙、宝珠、金锭之类,迸发出光芒数道"。全墓共有花草、动物、器物、图案 162 幅。墓门雕障水板、双腰串、腰华版、壸门、忍冬纹;⑤ 后室雕朱雀、玄武、龙凤、莲花瓣、卷云纹、忍冬纹、石榴花、连弧纹、团花、牡丹、秋葵、菊花、芙蓉、药花、宝瓶,又有"野鹿含枝"浮雕 4 幅及雕有"狮子戏球"图案的屏风。⑥ 墓壁花草动物装饰"构思巧妙,雕镂精工,生活气息浓郁。其中,'狮子戏球''凤穿葡萄''野鹿衔芝''侍女启门',是体现宋代艺术特点的杰作"。⑦

杨粲墓之豪华,不仅在贵州汉唐以来出土古墓中居于首位,而且"在西南地区已

---

① 以上见《遵义杨粲墓发掘报告》编写组:《〈遵义杨粲墓发掘报告〉摘要》,《贵州田野考古四十年:1953—1993》,贵阳:贵州民族出版社 1993 年版第 357、358 页。
②《杨粲墓》,《遵义地区文物志》,1984 年印本第 52 页。
③《杨粲墓》,《遵义地区文物志》,1984 年印本第 54 页。
④ 参见《杨粲墓》,《遵义地区文物志》,1984 年印本第 56 页。
⑤ 以上见《遵义杨粲墓发掘报告》编写组:《〈遵义杨粲墓发掘报告〉摘要》,《贵州田野考古四十年:1953—1993》,贵阳:贵州民族出版社 1993 年版第 358、357 页。
⑥ 以上见《遵义杨粲墓发掘报告》编写组:《〈遵义杨粲墓发掘报告〉摘要》,《贵州田野考古四十年:1953—1993》,贵阳:贵州民族出版社 1993 年版第 358、359 页。
⑦ 贵州省地方志编纂委员会:《贵州省志·文物志》,贵阳:贵州人民出版社 2003 年版第 63 页。

发掘的同类宋墓中居于首位";① 不仅豪华，而且雕刻装饰图案内容丰富、技艺精湛，"被誉为西南地区古代石刻艺术宝库"。② 杨粲墓之外，遵义县杨文墓、鸭溪理智村田通庵墓、桐梓夜郎坝宋墓群、赤水市水王塘宋墓、遵义市两城区狮子山宋墓等，亦有相当规模及精致的石刻装饰。这为宋代黔北社会经济的发展提供了间接佐证，如果没有相当的经济实力，不可能建造如此规模、精致且为数不少的墓葬。此外，杨粲墓墓门为"石雕仿木构的双扇软门";③ 后室门额背面、横梁正面"俱雕刻相同的仿木构建筑——龙头形雀替、阑额、柱头坊、散斗、抹角八棱柱和柱础等"④；两室六座壁龛"悉仿木构建筑"，"门窗户壁、梁柱斗拱、翘角栏杆"一应俱全。⑤ 上述仿效宋代木结构建筑属典型的中原建筑风格，表明中原建筑技术传入今黔北，并为中原生产技术传入黔北进一步提供了间接佐证。

伴随着社会经济的发展，宋代，今贵州地域封建领主制经济开始盛行，地主制经济有所发展。今乌江以北的播州、思州，在两宋 300 年间，除极短时期的经制州治理外，均分别为杨氏、田氏世袭掌控，并在南宋成为羁縻州。杨氏、田氏成为宋代今贵州最大的封建领主。乌江以南的黔中、黔西北、黔西南、黔南，分布着一批羁縻州，亦属于领主制经济地域。位于今湘黔边境地域的锦州、溪州、叙州、富州等四州，领有今黔东边地部分地域。其中，锦州（治卢阳，今湖南境内）领有地域最大，计有今黔东北松桃、碧江区、万山区。这一地域属土著民族聚居区域，土著居民谓之"峒丁""山猺"，统称"溪峒诸蛮"。邻近居民谓之"省民""熟户"，居于较为发达之内地（今黔东边地除外）。内地熟户地域属地主制经济，边地峒丁、山猺地域则尚属领主制经济。"峒丁等皆计口给田"，从领主处领取土地；"一夫岁输租三斗"。所领土地可以耕作，但不得买卖，"擅鬻者有禁，私易者有罚"。平时耕作，倘"边陲有警"，则须无偿服役，"众庶云集，争负弩矢前驱"。南宋宁宗年间，峒丁制破坏，朝廷乃"募民为弓弩手，给地以耕，俾为世业"。⑥ 这些"民"，大约为失地之自耕农或佃农。应募者受田之后，在耕作之外，须接受军事训练，"练习武事……训练以时，耕战合度"；一旦有事，同样无偿服役。"平居则事耕作，缓急以备战守"。⑦ 北宋太宗太平兴国八年（983年），锦州刺史田汉希及溪州、叙州、富州等相继内附，"言愿比内郡输租税"。太宗

---

①《杨粲墓》，《遵义地区文物志》，1984 年印本第 52 页。
②《概述》第 3 页，《遵义地区文物志》，1984 年印本。
③《遵义杨粲墓发掘报告》编写组：《〈遵义杨粲墓发掘报告〉摘要》，《贵州田野考古四十年：1953—1993》，贵阳：贵州民族出版社 1993 年版第 357 页。
④《杨粲墓》，《遵义地区文物志》，1984 年印本第 56 页。
⑤贵州省地方志编纂委员会：《贵州省志·文物志》，贵阳：贵州人民出版社 2003 年版第 63 页。
⑥以上见《宋史·蛮夷传》，《二十五史》第 8 册，上海：上海古籍出版社、上海书店 1986 年版第 1608 页。
⑦《宋史·蛮夷传》，《二十五史》第 8 册，上海：上海古籍出版社、上海书店 1986 年版第 1607 页。

"诏长吏察其谣俗情伪,并按视山川地形图画来上,卒不许"。①朝廷经过考察,未准四州比附内地经制州输纳租税之请,说明四州的社会经济发展水平与地主制经济尚有差距;而四州请求"比内郡输租税",则说明其地封建领主制经济已有相当发展,有的也许已接近地主制经济的水平抑或正处于向地主制经济过渡阶段。南宋孝宗隆兴年间(1163—1164年),邻近溪峒诸蛮的熟户"往往交通徭人,擅自易田,豪猾大姓或诈匿其产徭人,以避科差。内亏国赋,外滋边患"。孝宗乃诏"表正经界,禁民毋质田徭人。诈匿其产徭人者论如法,仍没入其田"。②尽管朝廷一再严令峒丁不得"擅鬻",熟户"毋质田徭人",但买卖土地的现象还是时有发生,土著民族地域地主制经济取代领主制经济的趋势已经在少量地区出现。领主制经济的盛行及地主制经济的有所发展,为今贵州制度儒学及文化儒学的发展提供了进一步的物化基础。

宋代领主制的盛行,从编户统计数字中亦可看出。今贵州地域,东汉时期,仅牂牁郡就有"户三万一千五百二十三,口二十六万七千五百二十三"。③唐代大为减少,仅播州、思州有一些。至于宋代,《宋史·地理志》则完全没有相关统计资料。

(二) 马市贸易

宋代今贵州的商业贸易中,马市贸易地位、影响最为突出。

两宋数百年间,作为游牧民族的辽、金、蒙古相继南下,马匹成为宋朝极为重要的军需物资。宋代特别是南宋丧失北方马市以后,包括四川、广西在内的南方马市成为朝廷马匹的重要供给地,贵州则是南方马市的重要参与者。贵州西北盛产良马。"水西、乌蒙近于西,故多良马,上者可数百金,中亦半之"。水西之马,"体卑而力劲,质小而德全,登山蹫(逾)岭,逐电欻云"。乌蒙之马,"体貌不逮水西而神骏过之……以平涂试之,尽然弗屑,反不善走,而志在千里,隐然有不受羁勒之意"。④水西在宋代为罗氏鬼国;乌蒙为今云南昭通,紧邻今黔西北;以大乌蒙区域而言,亦包括今黔西北。黔西北而外,黔北、黔东北亦产马。贵州马通常在四川马市出售,具体说,黔西北马匹通常在潼川府路泸州(治今四川泸州)、叙州(治今四川宜宾)交易,黔北、黔东北马匹通常在夔州路夔州(治今重庆奉节)、南平军(治今重庆市綦江)交易。宋廷于成都府路置都大提举茶马司,专司四川、陕西马政、茶政。四川各地所设马市,泸州、叙州临近今黔西北,夔州、南平军临近今黔北。北宋神宗元丰年间(1078—1085年),罗氏鬼国君长乞弟"既效顺,愿岁进马以见向化之心,官以银、缯

---

① 《宋史·蛮夷传》,《二十五史》第 8 册,上海:上海古籍出版社、上海书店 1986 年版第 1605 页。
② 《宋史·蛮夷传》,《二十五史》第 8 册,上海:上海古籍出版社、上海书店 1986 年版第 1607 页。
③ 以上见《后汉书·郡国志》,《二十五史》第 1 册,上海:上海古籍出版社、上海书店 1986 年版第 75 页。
④ [康熙]《黔书·水西马乌蒙马》,《中国地方志集成·贵州编》第 2 册,成都:巴蜀书社 2006 年版第 525 页。

赏之，所得亡虑数倍"；其子阿永时，"所中之数，岁增不已"；徽宗政和（1111—1117年）末年，"始立定额"。初时，"蛮以马来州……蛮官及放马者九十三人"。其后交易规模越来越大，"诸蛮从而至者凡二千人"。土著民族通过马市交易，换回了丰厚的银钱、丝绸、食盐。出售而外，又有贡纳。南宋高宗绍兴三年（1133年），"西南番武翼大夫、归州防御使、泸南夷界都大巡检使阿永，献马120匹，泸州以闻，诏押赴行在"。① 今黔北、黔东北之马匹，大多在夔州、南平军交易。徽宗大观（1107—1110年）初年，"诏播州夷巡检杨荣，许岁市马五十匹于南平军，其给赐视戎州之数"。② 交易而外，又多有贡纳。南宋宁宗开禧二年（1206年），播州杨氏13世、主政12世主杨粲"贡战马三百、黄白金巨万"，以助北伐。宁宗嘉定十二年（1219年），"复输马三百于蜀帅"。③ 10余年间，仅杨粲输马即达600余匹，证明黔北马匹产量甚为可观。

四川马市而外，今贵州境内罗殿国、自杞国等则驻足广西马市。南宋高宗绍兴三年（1133年），朝廷于广南西路邕州（今广西南宁）"置提举买马司"，④ 于宾州（今广西宾阳）、宜州（今广西宜州）等处设马市，"依邕州例专管买发战马"。⑤ 六年（1136年），以广南西路"帅臣兼领"提举买马司长官。⑥

不过，广南西路马市交易之马多来自今贵州，并非产自广南西路。"广西买发纲马，多是西南诸蕃、罗殿、自杞诸国蛮将马前来邕州横山寨，两平等量，议定价值。从蛮人所愿，或用彩帛，或用盐银等物，依彼处市价博易。"⑦ 而罗殿国、自杞国等所售之马，仅少量为贵州所产之马，多数实为大理马。"大理马，为西南蕃之最"，⑧ 较之贵州水西马、乌蒙马更为精良。不过，宋廷顾忌于唐代南诏之教训，对大理心存戒备，不与之直接互市，地处大理、广西中间地带的今贵州西部，遂成为朝廷与大理进行马匹交易的中转站。自杞、罗殿等买入大理马，再赴广西马市售于宋廷。"马产于大理国。大理国去宜州十五程尔，中有险阻，不得而通，故自杞、罗殿，皆贩马于大理，而转卖于我者也。"⑨ "蛮马，出西南诸蕃，多自毗那、自杞等国来。自杞取马于大理。"⑩

今贵州与宋王朝之间的马市交易，对于今贵州宋代民族认同产生了重要的影响。

---

① 以上见毕沅：《宋纪·高宗绍兴三年》，《续资治通鉴》第112卷，上海：上海古籍出版社1987年版第610、609页。
② 《宋史·兵志》，《二十五史》第7册，上海：上海古籍出版社、上海书店1986年版第627页。杨荣，疑为杨光荣。
③ 宋濂：《杨氏家传》，《宋学士全集》卷10，北京：中华书局1985年版第349页。
④ 周去非：《经略司买马》，《岭外代答》第5卷，北京：中华书局1985年版第51-52页。
⑤ 徐松：《兵二二·买马上》，《宋会要辑稿》第8册，北京：中华书局1957年版第7154页。
⑥ 周去非：《经略司买马》，《岭外代答》第5卷，北京：中华书局1985年版第52页。
⑦ 徐松：《兵二二·买马上》，《宋会要辑稿》第8册，北京：中华书局1957年版第7158页。
⑧ 范成大撰，严沛 校注：《志兽》，《桂海虞衡志校注》，南宁：广西人民出版社1986年版第56页。
⑨ 周去非：《宜州买马》，《岭外代答》第5卷，北京：中华书局1985年版第52页。
⑩ 范成大撰，严沛 校注：《志兽》，《桂海虞衡志校注》，南宁：广西人民出版社1986年版第56页。

第一，马市交易是宋代物化儒学及制度儒学在今贵州的延伸。作为宋代今贵州土著民族与宋王朝之间主要的、最重要的、大规模的经济活动，马市交易保持并密切了今贵州土著民族特别是其上层与中原民族及周边民族的联系、交往和了解，保持并密切了今贵州土著民族特别是其上层与宋王朝的联系、交往和了解，为宋代今贵州各土著民族与中原民族及周边民族的认同、各土著民族的宋王朝认同，奠定了物化基础。从这个意义上说，马市交易是宋代物化儒学的延伸。马市交易属于经济活动，但它是在宋代特殊历史条件下的特殊的经济活动。它直接服务于宋王朝抵御金、蒙古的军事斗争，直接服务于维护宋王朝大一统的政治需要，直接服务于使民众免遭战乱流离的民生大计。从这个意义上说，马市交易是宋代制度儒学在今贵州的延伸，是宋代今贵州各土著民族宋王朝认同的延伸。

第二，马市交易是宋代今贵州土著民族与宋王朝之间主要的、最重要的、大规模的经济活动，为今贵州宋代民族认同奠定了物化基础。其一，交易规模大。从泸州（治今四川泸州）、叙州（治今四川宜宾）、夔州（治今重庆奉节）、南平军（治今重庆綦江）等处四川马市到邕州（今广西南宁）、宾州（今广西宾阳）、宜州（今广西宜州）等处广西马市，都活跃着贵州土著民族的身影，或出售自产马，或转手大理马。朝廷拨付购马银两、锦帛、食盐数额巨大，马匹成交数量可观。广西马市，"朝廷岁拨本路上供钱、经制钱、盐钞钱及廉州石康盐、成都府锦付经略司，为市马之费"。南宋高宗绍兴三年（1133年），始置广南西路提举买马司，即诏令"买马司每年取拨广西路上供钱七万余贯，提刑司封桩钱一十万贯，韶州年额铸发内藏库钱一十万贯"，总计近30万贯。又诏令"广西钦州盐仓就支拨盐一百万斤应副博（博）易"。① 广西马市初定"岁额一千五百匹"；后"添买三十一纲"，每纲50匹，为1550匹；"此外又择其权奇以入内，不下十纲"。② 总数达3550多匹。绍兴七年（1137年），广南西路帅臣胡舜陟"领市罗甸马事。□□有方，夷人归之。终岁获马四千二百匹。上谕诏而褒赏其功焉"。③ 上述交易虽不尽系今贵州土著民族所为，但贵州土著民族所占份额一定可观。其二，涉及地域广。从今黔西北到黔中，从黔南到黔北，涵盖今贵州大部地域；从南部到北部，从西北部到东北部，延伸至今广西、四川、云南、重庆等周边省区。其三，参与土著民族多。上述今贵州土著民族，即今日彝、苗、布依、仡佬，可能还有土家等民族的先民，都加入了马匹交易活动，涵盖了今贵州宋代的主要土著民族。其四，交易延续时间长。从北宋抗金战争起，直至南宋一朝。其五，带动了其他商品的交易。"蛮马之来，他货亦至"，"皆以筏载白椹、茶、麻、酒、米、鹿、豹皮、杂毡、兰之

---

① 以上见《兵二二·买马上》，《宋会要辑稿》第8册，北京：中华书局1957年版第7152页。
② 周去非：《经略司买马》，《岭外代答》第5卷，北京：中华书局1985年版第52页。
③ [嘉靖]《贵州通志·建置沿革》，《中国地方志集成·贵州编》第1册，成都：巴蜀书社2006年版第413页。

属，博易于市，留三日乃去"。① 邕州（今南宁）马市，"蛮之所赍，麝香、胡羊、长鸣鸡、披毡、云南刀及诸药物"。本地商贾则售卖"锦缯、豹皮、文书及诸奇巧之物"。②马市交易成为宋代今贵州土著民族与宋王朝之间主要的、最重要的、大规模的经济活动。通过马市交易，保持并密切了今贵州罗氏鬼国、罗殿、西南七姓番及播州杨氏、思州田氏与中原民族及周边民族的联系、交往和了解，保持并密切了今贵州土著民族特别是其上层与宋王朝的联系、交往及了解，为今贵州宋代民族认同奠定了物化基础。南宋末年，蒙古占领川滇、进攻贵州之际，无论是乌江以北的播州、思州，还是乌江以南的罗氏鬼国、罗殿国，今贵州土著民族，都与宋廷结为一体，抗战至最后，有力地佐证了宋代今贵州土著民族对宋王朝的高度认同。

第三，给予市马土著民族以优遇，增进了民族认同的感情、信任指数。高宗绍兴四年（1133年），广南东西路宣谕明橐谓："买马之术，其说有七：不惜多与马价，一也；厚其缯、彩、盐货之本，二也；待以恩礼，三也；要约分明，四也；禁止官吏亏损侵欺，五也；信赏必罚，以督官吏，六也……七说若行，西南诸国所产可以毕至"。官府给予所售马以优厚价格："每马四尺一寸，算银三十六两，每高一寸，加一十两。"③ 正价之外，有额外赏赐。"马之值虽约二十千，然揆以银、彩之值，则每匹可九十余千。自夷酋以下，所给马值及散犒之物，岁用银帛四千余匹两，盐六十（"十"疑为"千"之误）余斤。""凡马之死于汉地者，亦以其值赏之。"四川马市，每岁冬至后，罗氏鬼国"以马来，州遣官视之。自江门寨浮筏而下，蛮官及放马者九十三人，悉劳饔之，帅臣亲与为礼"。④ 广西马市，土著民族驱马赴市，将入境，"买马司先遣招马官赍锦缯赐之……西提举出境招之，同巡检率甲士往境上护之"。既入境，"自洒城州行六日至横山寨，邕守与经干盛备以往，与之互市"。土著"见得朝廷礼厚，钦奉其赐，愈加忻慕"。⑤ 对于土著民族的尊重及优遇，增进了彼此认同的感情、信任指数，赢得了土著民族的敬仰。

第四，促进了宋代贵州社会特别是乌江以南地域社会的发展。今贵州地域，历史上黔北、黔东北即乌江以北邻近开发较早的巴蜀荆楚，故相对发达。乌江以南则相对落后，虽然东汉末年及魏晋时期开始出现封建部曲领主制，但多数地域尚处于奴隶制乃至原始制时代；隋唐时期，变化不大。宋代对今贵州地域的治理与开发虽不及汉唐，然而特殊历史条件下的马市贸易活动，其规模之大、时期之长、涵盖地域之广阔、参

---

① 毕沅：《宋纪·高宗绍兴三年》，《续资治通鉴》第112卷，上海：上海古籍出版社1987年版第610页。
② 周去非：《邕州横山寨博易场》，《岭外代答》第5卷，北京：中华书局1985年版第54页。
③ 以上见徐松：《兵二二·买马上》，《宋会要辑稿》第8册，北京：中华书局1957年版第7155、7157页。
④ 以上见《宋纪·高宗绍兴三年》，《续资治通鉴》第112卷，上海：上海古籍出版社1987年版第610、609-610页。
⑤ 徐松：《兵二二·买马上》，《宋会要辑稿》第8册，北京：中华书局1957年版第7153页。

与土著民族之众多，不仅为魏晋隋唐所无，亦为两汉所不及。马市贸易还带动了其他的商品交易，土著民族之麝香、药物，四川之锦缎，广西之咸盐，熙熙攘攘，热闹非凡。马市交易打破了土著民族地区的封闭落后状态，促进了各民族、各地区之间的联系、交往、交流及了解；增加了土著民族的财富积累，刺激了商品生产的发展，推进了社会经济结构的改变，促进了宋代贵州社会特别是乌江以南地域社会的发展，使汉魏时期发端的封建领主制经济进一步扩张、壮大，为元代今贵州社会整体进入领主制土司社会准备了必要的物质条件。两宋王朝在今贵州地域的政治治理及经济开发尽管不及唐代，更逊于汉代，然而各土著民族与大中原的联系及对大一统王朝的认同却盛况空前，马市贸易的发达、物化儒学的较唐代有成效，是其重要促进因素。

三、文化儒学流播大有起色

宋代，传统儒学发生重大转折，汉唐章句训诂为主的儒学研究，为哲理化的儒学探究所取代。儒学史上，这个新的学派被称为理学；理学家的基本论题，是理、欲、心、性、命、气。理学有两个主要流派：程朱理学、陆王心学。程朱理学以为理在先、气在后，偏于下学功夫，强调"即物穷理"；陆王心学强调"心即理"，心外无理、心外无事、心外无物，偏于上达功夫，以为心具万理，求理只需在心上下功夫。无论是程朱理学还是陆王心学，都强调去私欲、存天理，强调个人修身的极端重要性。从这个意义上说，理学是一种伦理学说。儒学演变为理学，更加强调儒学的修身功能，更加重视儒学的道德教化功能。这为儒学的进一步传播增添了内在的动力。

隋唐以来的科举制度也相应发生了重要的转变，由进士科、诸科（明经科、九经、五经、三礼、三传、三史等）并重甚至偏重进士科转而侧重经义取士。北宋中叶，合并进士科、诸科，统称进士科，内设经义进士、诗赋进士，"其后遵行，未之有改"。诗赋进士，"于《易》《诗》《书》《周礼》《礼记》《春秋左传》内听习一经。初试本经义二道，《语》《孟》义各一道；次试赋及律诗各一首；次论一首；末试子、史、时务策二道"。经义进士，"须习两经。以《诗》《礼记》《周礼》《左氏春秋》为大经，《书》《易》《公羊》《谷梁》《仪礼》为中经。《左氏春秋》得兼《公羊》《谷梁》《书》，《周礼》得兼《仪礼》或《易》，《礼记》《诗》并兼《书》；愿习二大经者听，不得偏占两中经。初试本经义三道，《论语》义一道；次试本经义三道，《孟子》义一道；次论策；如诗赋科"。[①] 经义进士考试经义、论策，诗赋进士在考试诗赋的同时，亦须考试经义、论策，且将经义置于首场。科举考试内容的转变，引导社会更加重视儒学的研习，推

---

① 以上见《宋史·选举志》，《二十五史》第 7 册，上海：上海古籍出版社、上海书店 1986 年版第 467、469 页。

动着儒学的进一步传播。

宋代教育，官学之外，书院大兴。书院属于民间学校，虽然官方也或多或少插手，但始终保持着民间教育的性质。书院的教育内容及教学方式虽然较为自由，但也难以超然于科举制度之外，儒学依然是它的主要研习科目。书院教育的兴旺，拓展了儒学的传播空间，特别是下层社会空间。

宋代，今贵州儒学文化儒学流播较之唐代大有起色。清乾隆《贵州通志》载，思南府沿河司有銮塘书院、竹溪书院，南宋高宗绍兴年间（1127—1162年）建。銮塘书院，"今废，碑尚存"；竹溪书院，"尚留遗址断碑，余无考"。① 清代思南府在宋代为思州，领有今贵州务川、德江、印江、沿河部分，四川酉阳、秀山；治务川，即今务川县。这是贵州历史上最早见于文献的书院。据《明清时期贵州土家族地区私塾发展述略》一文，南宋哲宗淳祐十二年（1252年），在今印江县甲山寨出现官方记载的印江历史上最早的私塾，这也是贵州历史上最早见于官方记载的私塾。② 道光《遵义府志》载，唐末以后世袭治理播州的杨氏，颇重文教："杨氏时，守有遵义，文教盖蔑如也。南渡后，选始择师贤礼；轼盖留意变俗，荒蛮子弟，乃多读书；至粲，乃始建学；再传至文，乃始建孔子庙。则遵义学校之设，盖与杨简之拓临安、与权之建钱塘同时并著矣。天荒文化，不以此兴！"③ 杨选，播州10世主，生当两宋之交，"性嗜读书"，聘名师教授《五经》《诸子》；"闻四方士有贤者，厚币罗致之，岁以十百计"。益州士子房禹卿"来市马，为夷人所劫，转鬻者至再，选购出之，迁于客馆，给食与衣者数载。属岁大比，选厚馈，遣徒卫送还益，竟登进士第"。④ 杨轼，11世主，"留意艺文，蜀士来依者愈众，结庐割田，使安食之。由是蛮荒子弟，多读书攻文，土俗为之大变"。⑤ 杨粲，12世主，宁宗嘉泰（1201—1204）初年"袭播州安抚使"。自幼习读《诗》《书》，"授《大学》，即掩卷叹曰：'此非一部行程历乎？必涉历之至乃可尔！'"秉性"孝友，安俭素，治政宽简，民便之。复大修先庙，建学养士"。作《家训》十条——"尽臣节，隆孝道，守箕裘，保疆土，从俭约，辨贤佞，务平恕，公好恶，去奢华，谨刑罚"，首列忠孝。⑥ 杨价，13世主，理宗绍定年间（1228—1233）袭播州安抚使职。"好学，善属文。先是设科取士未及播，价诵于朝，而岁贡士三人云。"⑦ 杨文，14世

---

① [乾隆]《贵州通志·书院》，《中国地方志集成·贵州编》第4册，成都：巴蜀书社2006年版第158页。
② 参见黔心体道：《明清时期贵州土家族地区私塾发展述略》，http://blog.sina.com.cn/woyuchengxian，2010年3月10日。
③ [道光]《遵义府志·学校》，《中国地方志集成·贵州编》第32册，成都：巴蜀书社2006年版第434页。
④ 宋濂：《杨氏家传》，《宋学士全集》，北京：中华书局1985年版第348页。
⑤ 宋濂：《杨氏家传》，《宋学士全集》，北京：中华书局1985年版第349页。
⑥ 以上见宋濂：《杨氏家传》，《宋学士全集》，北京：中华书局1985年版第349页。
⑦ 宋濂：《杨氏家传》，《宋学士全集》，北京：中华书局1985年版第350页。

主。"父卒，诏起文视事……留心文治。"理宗淳祐四年（1244年），"建孔子庙以励国民，民从其化"。① 杨邦宪，15世主，"好书史"。②

南宋，今贵州地域产生了历史上首批进士。理宗端平年间（1234—1236年），播州第13世主杨价奏请朝廷获准播州"岁贡士三人"；理宗嘉熙二年（1238年）戊戌科，冉从周首中进士。其后，醇祐年间（1241—1252年）有杨震、李敏子，宝祐元年（1253年）有白震，景定年间（1260—1264年）有犹道明、赵炎卯，度宗咸醇十年（1274年）有杨邦彦、杨邦杰。至南宋终朝30多年间，计中进士8人。此外，有荐辟2人：播州冉琎、冉璞。③ 这些进士、荐辟除冉从周、犹道明、冉琎、冉璞外，事迹多不可考。

冉从周出身中原儒学世家。据冉氏族谱载，其先祖系周文王第十子冉季载；传至秦朝冉雍，为避"焚书坑儒"，隐居京兆三原。唐代，其后裔冉彩鸾累官岐州刺史、渝州刺史、荣禄大夫。五代时，为避战乱，冉彩鸾第十一代孙冉乾迁居播州。南宋末年，冉乾第十代孙冉琎、冉璞兄弟，文武全才。④ 冉从周即冉璞之子。他承继家学，于理宗嘉熙二年（1238年）中进士，成为贵州有史可考的第一位进士。"举进士时，呼为'破荒冉家'。历官为珍州守，有善状"。⑤ 珍州，今贵州正安、道真。

冉琎（1199—1258年）、冉璞（1201—1260年）兄弟"就学于播州学堂……聪颖勤奋，敏于事而寡于言。稍长，遍游蜀川名胜，关隘重镇。目睹南宋王朝弊政和官场腐败，便隐居山林，躬耕自资，闲余，互相砥砺，深研行营列阵之法"。⑥ 二人皆"有文武才，隐居蛮中，前后阃帅辟召，坚不肯起"。元军进入四川，四川安抚制置使余玠广招天下贤才。兄弟俩前往投奔，建议将合州（今重庆市合川区）城迁往城东10里之钓鱼山顶，凭借险要地势修筑新城："蜀口形胜之地莫若钓鱼山，请徙诸此，若任得其人，积粟以守之，贤于十万师远矣。"理宗下诏，以冉琎为承事郎，署合州知州；冉璞为承务郎，署合州通判。⑦ 理宗淳祐三年（1243年）至端宗祥兴二年（1279年）长达36年中，冉氏兄弟指挥合州军民，凭险据守，击退了蒙古军队200余次进攻，先后击毙了元军统帅汪德臣和元宪宗（蒙哥），名震古今。"一门并产双南金，文武才名耀古今。""旧俗相沿重读书，家家种树绕茅庐……不知画地为军阵，可有当年琎璞无？"冉姓宗祠都有一副楹联："圣门五贤士，蜀郡两郎官。"所云"五贤士"，指孔门72贤人

---

① 宋濂：《杨氏家传》，《宋学士全集》，北京：中华书局1985年版第351页。
② 宋濂：《杨氏家传》，《宋学士全集》，北京：中华书局1985年版第351页。
③ 参见［道光］《遵义府志·选举》，《中国地方志集成·贵州编》第33册，成都：巴蜀书社2006年版第91-92页。
④ 参见《渝黔冉氏族谱》，转见《贵州南宋名贤冉琎、冉璞传略》，《贵阳文史》2011年第6期。
⑤［道光］《遵义府志·列传》，《中国地方志集成·贵州编》第33册，成都：巴蜀书社2006年版第122页。
⑥ 吕金华：《贵州南宋名贤冉琎、冉璞传略》，《贵阳文史》2011年第6期。
⑦ 参见《宋史·余玠传》，《二十五史》第8册，上海：上海古籍出版社、上海书店1986年版第1412页。

中的冉雍、冉孺、冉耕、冉季、冉求；"两郎官"即指冉琎、冉璞兄弟。① 五贤士追随孔子，成为儒学大贤；冉琎、冉璞兄弟自幼熟读《诗》《书》，于儒家忠君报国之教，尤铭于心。

犹道明，字行之。原姓尤，后改犹。理宗景定年间（1260—1264年）进士。五世祖尤崇义，太原人，于唐僖宗乾符元年（874年）随杨端收复播州，有功留驻。四世祖尤朝觐，"以播、瓮万户，从征黄巢，转战数省，阵亡。特予世袭，立祠祀焉"。犹道明少时，随父亲尤堂"朝京师，请入国学，肄业后登进士，官授秘书。御书'克壮其犹'四字赐之"，自此改姓犹。"旋迁集贤殿正字……《瓮安县志》谓，文采为首选。邑乡贤祠亦久列祀典。"② 今贵州桐梓县元田坝天井塆尚有其墓。

南宋，今贵州产生了历史上首批进士，这是贵州古代儒学传播史上的一件大事。科举制度自隋朝创始，历唐、五代、北宋及南宋前期，600余年间，今贵州始终无人中进士。播州邻近巴蜀，历来是贵州文化发达之区；宋室南渡百余年间，播州历代杨氏首领，重视文教，修建孔庙，设立学校，招纳贤士，教授生徒，荒蛮子弟乃多读书。理宗端平二年（1235年），杨价"诵于朝"，获准"岁贡士三人"。其后至南宋末年，30多年间，播州出了8名进士。8名进士的后面，是人数较多的贡士。《宋史·选举志》载，"仁宗之朝十有三举，进士四千五百七十人"，每科进士名额在400左右；而贡士数量，"淳化三年，诸道贡士凡万七千余人"；"嘉祐二年……待试京师者恒六七千人"。③ 取录比例，当在1∶15左右，甚至高达1∶40。贡士的后面，是人数更多的读书人。这表明，南宋后期，播州文化教育已小有规模，出现了一批读书人，其中少数学有所成。这是贵州历史上儒学进一步传播的大事及标志。两汉时期，今贵州地域有尹珍、盛览、傅宝、尹贡获荐辟，尹珍并"以经术发闻中原"。魏晋隋唐700余年，今贵州地域人才教育培养默默无闻。相较而言，宋代8名进士的产生，不能不说是汉代以后今贵州地域人才教育培养的一个起眼的成就。

宋代播州、思州建学授教，使古代贵州儒文化在土著民族中的传播进入实质性阶段。嘉庆《正安州志》谓，汉代尹珍"教授南域"，儒学"流传于蛮云瘴雨中"，④ 这是一种较为宏观、模糊的描述。蜀汉诸葛亮以图画形式对南中"夷帅"宣传儒家礼法君臣之道，是一种由汉臣进行的、较为原始的儒学传播方式。唐代在今黔北设立官学，

---

① 吕金华：《贵州南宋名贤冉琎、冉璞传略》，《贵阳文史》2011年第6期。
② [民国]《桐梓县志·人物志》，《中国地方志集成·贵州编》第37册，成都：巴蜀书社2006年版第431-432页。犹道明中进士时间，道光《遵义府志》定在南宋理宗景定年间（1260—1264年），民国《桐梓县志》定在宁宗嘉定年间（1208—1224年）。（参见[民国]《桐梓县志·选举志》，《中国地方志集成·贵州编》第37册，成都：巴蜀书社2006年版第405页）
③《宋史·选举志》，《二十五史》第7册，上海：上海古籍出版社、上海书店1986年版第468、467、468页。
④ [嘉庆]《正安州志·尹珍考》，《中国地方志集成·贵州编》第40册，成都：巴蜀书社2006年版第77页。

同样是由流官进行的学校教育。宋代播州重视文教，留意艺文，修庙设学，奏请贡士，均属杨氏所为，而且已属狭义的文化教育传播行为。无论杨氏属于"夷化"了的汉人抑或原本就属"夷人"，其在播州兴学授教、推广儒学的作为，都是古代贵州土著民族接受并大力传播儒学的作为，是史籍首次明确记载的、古代贵州土著民族接受并大力传播儒学的事迹。它表明，古代贵州儒文化在土著民族中的认同、传播进入实质性阶段。

宋代今贵州地域儒学的传播，基本上局限于播州、思州，即今乌江以北，亦即黔北、黔东北。两地与历史上较为发达的川、湖邻近；播州更属夔州路，与今重庆属同一行政区域。宋代四川教育发达，学校、书院众多，"庠塾聚学者众……声教攸暨，文学之士，彬彬辈出焉"①。就兴学授教且产生了首批进士而言，就播州杨氏接受并大力传播儒学而言，宋代今贵州地域儒学的传播是两汉以后的一次大发展。但是，就总体而言，今乌江以南地域儒学的影响却寂然无闻，而这一地域恰恰在汉代是最活跃的，在蜀汉时期也小有成就。较之两汉，宋代显然退后了。不仅宋代，此前之隋唐，此后之元代，也是这种状况。

四、土著民族的宋王朝认同

两宋数百年间，今贵州几乎全境，自黔北播州杨氏、黔东北思州田氏，至黔西北罗氏鬼国，黔中罗殿国暨顺化九部落和水东宋氏以及黔南南宁州归化王暨西南八姓番，各土著民族，向往中原，向往统一，朝贡频频，归附纷纷，认同宋王朝。

（一）罗氏鬼国

五代后期，今大方为中心之黔西北乌蛮君长主色东扩，占有炬州（今贵阳大部），号石人部落。主色退回黔西北后，其子若藏继为石人部落王子。北宋太祖开宝（968—976年）末年，若藏之子普贵"纳土归顺，赐王爵以镇一方"，② 罗氏鬼国自此见于史籍。旋即为水东宋氏"所逐，乃北徙"，③ 退回故地。神宗元丰年间（1078—1085年），罗氏鬼国君长乞弟"既效顺，愿岁进马以见向化之心，官以银、缯赏之"。宋室南渡，军马来源大减。高宗绍兴三年（1133年），乞弟之子阿永"献马120匹，泸州以闻，诏

---

①《宋史·地理志》，《二十五史》第7册，上海：上海古籍出版社、上海书店1986年版第313页。
②李贤等：《大明一统志》下册，西安：三秦出版社1990年版第1350页。
③《传十五·土司传上》，[道光]《贵阳府志》下册，贵阳：贵州人民出版社1985年版第1584页。

押赴行在"。① 二十四年（1154年），罗氏鬼国向朝廷"贡名马"，② 又在四川马市出售马匹，缓解了南宋军马之荒。蒙古攻入四川、云南，威胁贵州。理宗宝祐四年（1256年），"罗氏鬼国遣报思、播，言大元兵屯大理国，取道西南，将大人边。诏以银万两，使思、播结约罗鬼为援"。③ 度宗咸淳二年（1266年），罗氏鬼国接受朝廷所"给……化州印"，④ 与宋廷一起，坚持抵抗到最后。

（二）罗殿国暨顺化九部落

罗殿国受封于唐代，五代末改顺化王，宋初沿袭。顺化与武龙州、东山、罗波源、训州、鸡平、战洞、罗母殊、石人等合称九部落。北宋一朝，顺化九部落多次朝贡、受封。太祖乾德五年（967年），顺化等九部落随南宁州知州、番落使龙彦瑫进贡，"诏……以顺化王武才为怀化将军，武才弟若启为归德司阶，武龙州部落王子若溢、东山部落王子若差、罗波源部落王子若台、训州部落王子若从、鸡平部落王子若冷、战洞部落王子若磨、罗母殊部落王子若母、石人部落王子若藏并为归德司戈"。开宝二年（969年），"武才等一百四十人又来贡，以武才为归德将军"。四年（971年），南宁州刺史、番落使龙彦瑫卒，顺化王、归德将军武才等"状请以彦瑫子汉瑭为嗣，诏授汉瑭南宁州刺史兼蕃落使"。八年（971年），"三十九部顺化王子若发等三百七十七人来贡马百六十匹、丹砂千两"。太宗淳化三年（992年），"顺化王雨滞……各贡马、朱砂"。⑤ 南宋，《桂海虞衡志》《岭外代答》《宋会要辑稿》等典籍仍称顺化为罗殿国。其时，军马来源艰难，"自杞、罗殿，皆贩马于大理，而转卖于我"。⑥

（三）南宁州归化王暨西南八姓番

西南五姓番、七姓番、八姓番中，以"龙氏……为最大"。⑦ 北宋开国之初，龙氏即率先归附，其后频繁朝贡，与朝廷关系密切，龙汉晓被封为归化王。

太祖乾德五年（967年），"知西南夷南宁州蕃落使龙彦瑫等……来贡，诏授彦瑫归德将军、南宁州刺史、蕃落使"。开宝四年（971年），龙彦瑫卒，顺化部落王、归德将军武才等"状请以彦瑫子汉瑭为嗣，诏授汉瑭南宁州刺史兼蕃落使"。太宗太平兴国五年（980年），"夷王龙琼琚遣其子罗若从并诸州蛮744人以方物、名马来贡"。雍熙二年（985年），"夷王龙汉瑶自称权南宁州事兼蕃落使，遣牂牁诸州酋长赵文桥率种族百

---

① 毕沅：《宋纪·高宗绍兴三年》，《续资治通鉴》第112卷，上海：上海古籍出版社1987年版第610、609页。
② 《宋史·高宗本纪》，《二十五史》第7册，上海：上海古籍出版社、上海书店1986年版第80页。
③ 《宋史·理宗本纪》，《二十五史》第7册，上海：上海古籍出版社、上海书店1986年版第110页。
④ 《宋史·度宗本纪》，《二十五史》第7册，上海：上海古籍出版社、上海书店1986年版第115页。
⑤ 以上见《宋史·蛮夷》，《二十五史》第8册，上海：上海古籍出版社、上海书店1986年版第1611页。
⑥ 周去非：《宜州买马》，《岭外代答》第5卷，北京：中华书局1985年版第52页。
⑦ 《宋史·蛮夷》，《二十五史》第8册，上海：上海古籍出版社、上海书店1986年版第1613页。

余人来献方物、名马,并上蜀孟氏所给符印。授璿归德将军、南宁州刺史,以文桥等并为怀化司戈"。端拱二年(989年),"汉璿又贻书五溪都统向通汉,约以入贡"。淳化元年(990年),"汉璿遣其弟汉兴来朝"。三年(992年),"夷王龙汉兴及都统龙汉琉、刺史龙光显、龙光盈……各贡马、朱砂"。至道元年(995年),"夷"王龙汉琉"遣其使龙光进率西南诸蛮来贡方物……诏授汉琉宁远大将军,封归化王;又以归德将军罗以植为安远大将军,保顺将军龙光盈、龙光显并为安化大将军,光进等二十四人并授将军、郎将、司阶、司戈"。真宗咸平元年(998年),归化王龙汉琉"遣使者龙光腆又率牂牁诸蛮千余人来贡,诏授光腆等百三十人官"。五年(1002年),"汉琉又遣牙校率部蛮千六百人,马四百六十匹并药物布帛等来贡,赐冠带于崇德殿,厚赍遣还"。景德元年(1004年),"龙光进等来朝,上矜其道远,人马多毙",诏令宜州就近赏赐。龙光进等"恳请诣阙,从之",诏令广南西路,"西南诸国进奉使亲至朝廷者……发兵援之,勿抑其意"。[1]仁宗天圣四年(1026年)龙光凝、景祐三年(1036年)龙光辨、康定元年(1040年)龙光琇、庆历五年(1045年)龙以特、皇祐二年(1050年)龙光澈等,"继以方物来贡献"。庆历五年(1045年),"与以特俱至者七百十九人。是年,以安远将军、知蕃落使龙光辨为宁远军大将军,宁远将军知静蛮军节度使龙光凝、承宣武宁大将军龙异岂并为安远大将军,承宣奉化大将军龙异鲁为武宁大将军"。至和年间(1054—1055年),"龙以烈、龙异静、首领张汉陛、王子罗以崇等皆入贡,命其首领而下九十三人为大将军至郎将"。嘉祐年间(1056—1064年),"以烈复至"。[2]英宗治平四年(1067年),"知静蛮军、蕃落使、守天圣大王龙异阁等入见,诏以异阁为武宁将军,其属二百四十一人各授将军及郎将"。神宗熙宁六年(1073年),"龙蕃……入觐,贡丹砂、毡、马,赐袍带、钱帛有差。其后比岁继来。龙蕃众至四百人"。[3]熙宁年间(1068—1077年),龙氏"来见,赐以袍带等物"。[4]元丰二年(1079年)、五年(1082年)、七年(1084年),"龙番入贡"。[5]哲宗元祐五年(1090年)、八年(1093年)、绍圣四年(1097年),"龙蕃皆贡方物"。[6]

西南各番追随龙番,屡屡朝贡。神宗熙宁元年(1068年),"方异王兄……以方物来献",授静蛮军并节度使。三年(1070年),"张汉兴……以方物来献",授捍蛮军并节度使。六年(1073年),"龙蕃、罗蕃、方蕃、石蕃八百九十人入觐,贡丹砂、毡、马,赐袍带、钱帛有差。其后比岁继来。龙蕃众至四百人,往返万里。神宗悯其勤,诏五姓蕃五岁听一贡,人有定数,无辄增加。及别立首领,以息公私之扰,命宋敏求

---

[1] 以上见《宋史·蛮夷》,《二十五史》第8册,上海:上海古籍出版社、上海书店1986年版第1611页。
[2] 以上见《宋史·蛮夷》,《二十五史》第8册,上海:上海古籍出版社、上海书店1986年版第1612页。
[3] 以上见《宋史·蛮夷》,《二十五史》第8册,上海:上海古籍出版社、上海书店1986年版第1613页。
[4]《宋史·蛮夷》,《二十五史》第8册,上海:上海古籍出版社、上海书店1986年版第1612页。
[5]《传十五·土司传上》,[道光]《贵阳府志》下册,贵阳:贵州人民出版社1985年版第1591页。
[6]《宋史·蛮夷》,《二十五史》第8册,上海:上海古籍出版社、上海书店1986年版第1613页。

编次《诸国贡奉录》,客省、四方馆撰仪,皆著为式"。元丰五年(1082年),"张蕃乞添贡奉人至三百,诏故事以七十人为额,不许"。七年(1084年),"西南程蕃乞贡方物,愿依五姓蕃例注籍。从之"。哲宗元祐二年(1087年),"石蕃石以定等赍表,自称'西平州武圣军'。礼部言元丰著令以五年一贡为限,今年限未及。诏特令入贡"。① 四年(1089年),"西南程蕃入贡"。元符元年(1098年),"西南蕃张氏、罗氏、程氏入贡",韦蕃"入贡"。② 南宋高宗绍兴二十四年(1154年),"西南小张蕃贡方物"。③ 理宗宝祐四年(1256年),西南各番"合力为国御难,诏各补承信郎"。④

(四) 水东宋氏

水东宋氏出自中原。"其先镇州人"。⑤ "宋以国为氏。周武王灭商而封薇子启于宋。国亡,子孙散徙它邑,因以为氏。历汉唐,多有显人。至宋而真定之族为盛"。⑥ 镇州,又名真定,今河北正定。宋氏进入今贵州后,逐步融入土著民族之中并成为大姓首领。唐朝德宗建中年间(780—783年),"有宋鼎者……为蛮州刺史,入朝"。后唐明宗天成二年(927年),"又有朝化者为清州刺史,亦入朝"。⑦ 蛮州,今开阳;清州,今清镇境内。太祖开宝八年(975年),即北宋初年,宋鼎后裔、宁远军节度使宋景阳奉诏平广右诸蛮乱。"悉定广右,进兵都云、贵州等处。西南以平,诏建总管府于大万谷乐等处,授景阳宁远军节度使、都总管以镇之。景阳抚绥劳来,甚得远人之心,而柳州、庆远之民多归附,其苏、赵、周、兰、高、察、南容七姓者,举族附焉。卒,赠太尉,谥忠成,朝廷录其功,俾子孙世爵兹土"。⑧ 大万谷乐,蛮州;大万谷乐都总管,蛮州都总管。"夷语讹蛮为大万、州为谷落,因呼为大万谷落总管府"。宋氏世袭治理蛮州。宋景阳之后,其孙宋裕"复以威惠为夷民所服,朝廷授宁远军经略安抚使"。又数传至宋永高,"兵力渐强,乃自改其巴江县为平蛮军,徙治小谷龙,改其界首部为遏蛮军。平蛮后讹为白马,遏蛮后讹为葛马"。南宋宁宗嘉泰元年(1201年),宋永高"克麦新蛮,自号麦新为新添军,使其子胜居之"。嘉定二年(1201年),"永高移居贵州,贵州即矩州也,朝廷因命永高为贵州经略安抚使"。宋永高卒,嗣子宋胜"衰弱,退居蛮州","夷人"罗氏"始有贵州"。宋胜"旋受朝命为右武大夫、西上阁门使、沿不溪洞

---

① 以上见《宋史·蛮夷》,《二十五史》第 8 册,上海:上海古籍出版社、上海书店 1986 年版第 1613 页。
② 以上见《宋史·哲宗本纪》,《二十五史》第 7 册,上海:上海古籍出版社、上海书店 1986 年版第 51、53 页。
③《宋史·高宗本纪》,《二十五史》第 7 册,上海:上海古籍出版社、上海书店 1986 年版第 80 页。
④《宋史·理宗本纪》,《二十五史》第 7 册,上海:上海古籍出版社、上海书店 1986 年版第 110 页。
⑤《传十五·土司传上》,[道光]《贵阳府志》下册,贵阳:贵州人民出版社 1985 年版第 1587 页。
⑥《艺文志·宋氏世谱序》,[万历]《贵州通志》第 23 卷,北京:书目文献出版社 1991 年版第 582 页。
⑦ 以上见《传十五·土司传上》,[道光]《贵阳府志》下册,贵阳:贵州人民出版社 1985 年版第 1587 页。
⑧ [嘉靖]《贵州通志·建置沿革》,《中国地方志集成·贵州编》第 1 册,成都:巴蜀书社 2006 年版第 413 页。

经略使,大著德威"。宋胜卒,孙宋提"嗣官巴蛮都总管"。宋提卒,子宋朝美"官新添遏蛮军安抚使,化导夷俗,卒致醇美,西南称之"。① 元、明两代,宋氏继续领有水东,直至明末改土归流。

(五) 思州田氏

思州始置于唐初,为经制州,唐末五代废;北宋末年复置,旋废;南宋初年再次设置。再次设置并由田氏世代领有之思州较唐及北宋为大,约当原思州、奖州、锦州3州地域,当今贵州遵义市之务川、沿河,除石阡外之铜仁市,黔东南之岑巩、镇远、三穗;重庆市之酉阳、秀山。故论及思州、珍州、奖州、锦州田氏,常以思州田氏代之。

田氏源自中原。春秋中期,"陈国之乱,陈厉公之子陈完奔齐为大夫,改姓为田,是为田氏之祖。传十世至田和,夺取姜姓齐康公之国,列为诸侯,称齐太公,传至孙田因齐,称齐威王。再传至玄孙田建时,被秦始皇所灭。建之弟田假及族人分迁各地,有的流入清江与蛮人混合,成为巴东鄂西大姓"。其后进而扩散到今黔东北,② 与土著民族融合,成为今土家族先民之一。③ 隋唐及其后,田氏兴起,广泛分布于今贵州东北、湖南西北、重庆南端地域。唐代所置经制州思州、奖州、珍州、锦州4州中,思州、奖州、珍州治所均在今贵州境内;4州所领今黔北之务川、正安、道真,黔东北之沿河部分、德江、印江、松桃、碧江区、万山、玉屏,黔东南之岑巩部分、镇远、三穗等,均属田氏领地。"唐季之乱,蛮酋分据其地,自署为刺史"。④ 北宋开国伊始,田氏即率先归附。

珍州田氏。珍州,始置于唐初,领有今贵州正安、道真。唐末战乱,地方土著割据一方,自命为刺史。太祖乾德三年(965年),即北宋肇始,"珍州刺史田景迁内附"。太祖开宝元年(968年),"珍州刺史田景迁言,本州连岁灾沴",乞更州名,"从之"。旋改西高州。八年(976年),"景迁卒,其子衙内都指挥使彦伊来请命,即以为刺史"。太宗至道元年(995年),西高州刺史田彦伊"来贡"。三年(997年),西高州"刺史田彦伊遣子贡方物及输兵器"。真宗咸平五年(1002年),"田彦伊子承宝等百二十二人来朝,赐巾服、器币,以承宝为山河使、九溪十峒抚谕都监"。六年(1003年),西高州助朝廷平益州军乱,"义军务头角田承进等擒生蛮六百六十余人,夺所略汉口四百余人"。景德元年(1004年),西高州"五姓义军指挥使田文䫫来贡"。三年(1006年),西高州"新附蛮酋八十九人来贡……诸名豪百余人入贡"。四年(1007年),以西高州

---

① 以上见《传十五·土司传上》,[道光]《贵阳府志》下册,贵阳:贵州人民出版社1985年版第1587、1588页。
② 参见何光岳:《宋思州田祐恭族属考索》,《贵州民族研究》1990年第3期。
③ 参见田敏:《论思州田氏与元明思州宣慰司》,《民族研究》2001年第5期。
④ 《宋史·蛮夷》,《二十五史》第8册,上海:上海古籍出版社、上海书店1986年版第1605页。

"刺史田彦伊子承宝为宁武郎将，高州主军都指挥使田思钦为安化郎将"。① 徽宗大观二年（1108年），即北宋末年，"大骆解上下族帅献其地，复建为珍州"。宣和三年（1121年），"承州废，以绥阳县来隶"。领乐源（今正安、道真）、绥阳（今绥阳、凤冈）2县，治乐源。"本羁縻。" 度宗咸淳（1265—1274）末年，"以珍州来属"播州。②

奖州田氏。奖州，始设于唐代，治峨山，今岑巩东北；今贵州岑巩部分、玉屏、镇远属其境。北宋太祖开宝九年（977年），"奖州刺史田处达以丹砂、石英来贡"。③

锦州田氏。锦州，始设于唐代，治卢阳，今湖南境内；今贵州松桃、碧江区、万山属其境。太宗太平兴国八年（983年），锦州刺史田汉希及溪州、叙州、富州等相继内附，"言愿比内郡输租税"。淳化三年（992年），锦州刺史田保全"遣使来贡"。④

思州田氏。隋开皇二年（582年），"田宗显为黔中太守，其四世孙克昌卜筑思州，唐授为义军兵马使，思州遂为田氏世土。以故思南土司，田氏为最"。⑤ 唐代思州治务川（今贵州沿河北部），领有今贵州德江、印江、沿河部分。唐末废。徽宗大观元年（1107年），"蕃部长田佑恭愿为王民，始建思州"。⑥ 重和元年（1118年），思州建成，领务川、邛水、安夷3县；宣和四年（1122年），废思州及务川、邛水、安夷3县，以务川县为务川城，"邛水、安夷二县皆作堡"，城、堡"并隶黔州"。南宋高宗绍兴元年（1131年），"复为思州。县三：务川，安夷，邛水"。⑦

田佑恭，思州土著首领，"威名重望，仁恩厚泽"。北宗哲宗元符二年（1099年），"以善干蛊授练使"。⑧ 徽宗大观元年（1107年），"愿为王民，始建思州"。⑨ 政和二年（1112年），应官府召，"躬领家僮，自备糗粮"，平定黄阳洞冉万花乱，"朝廷褒其智勇，特授成忠郎，充思州边西巡检"。五年（1115年），"统义兵策应泸南解梅岭堡之围，以功转忠训郎。继而讨晏州贼，以功转武翼郎"。七年（1117年），"安定播州……以功转武翼大夫加荣州刺史"。八年（1118年），"救石泉军，至白沙寨，退戎兵，以功迁武节大夫。凯还，被召赴阙，迁武德大夫"。重和元年（1118年），"建筑思州有劳，

---

① 以上见《宋史·蛮夷》，《二十五史》第8册，上海：上海古籍出版社、上海书店1986年版第1605页。
② 以上见《宋史·地理志》，《二十五史》第7册，上海：上海古籍出版社、上海书店1986年版第312页。古今地名对照参见谭其骧：《中国历史地图集》第6册，北京：中国地图出版社1982年版第69-70页。
③《宋史·蛮夷》，《二十五史》第8册，上海：上海古籍出版社、上海书店1986年版第1605页。
④ 以上见《宋史·蛮夷》，《二十五史》第8册，上海：上海古籍出版社、上海书店1986年版第1605页。
⑤ [道光]《思南府续志·土司》，《中国地方志集成·贵州编》第46册，成都：巴蜀书社2006年版第166页。
⑥ [嘉靖]《思南府志·地理志》，《中国地方志集成·贵州编》第43册，成都：巴蜀书社2006年版第488页。
⑦《宋史·地理志》，《二十五史》第7册，上海：上海古籍出版社、上海书店1986年版第312页。
⑧ 以上见[道光]《思南府续志·传志》，《中国地方志集成·贵州编》第46册，成都：巴蜀书社2006年版第317页。
⑨ [嘉靖]《思南府志·地理志》，《中国地方志集成·贵州编》第43册，成都：巴蜀书社2006年版第488页。

迁武功大夫"。宣和元年（1119年），"授泸州兵马钤辖，再承诏朝参，加忠州团练使，赐金带器币等物，宠赉优隆。朝辞，加贵州防御使，差充成都府路兵马都监，同管两路巡检，利州驻扎，以母老乞免，再充思州边西巡检"。南宋高宗建炎二年（1128年），"兼知务川县事……储以万缗献助朝廷。以为有忧国之心，升右武大夫"。同年，"王辟寇归州，图入蜀……公统兵收王辟，复收郡邑，蜀赖以安"。绍兴元年（1131年），"迁中允大夫"。继而平桑仲、郭希叛，"迁侍中大夫，以功转五官"。二年（1132年），"以保蜀劳勋，加华州观察使"。三年（1133年），出兵抗金，"迁通侍大夫，知思州军事"。十一年（1141年），"以累大功加边郡承宣使，又迁奉宁军承宣使"。二十四年（1154年），病逝，"赠正任保康军承宣使，赠七子恩泽，乃命子汝瑞袭守，后以两郊大礼恩赠开府仪同三司、少师思国公"。①

田佑恭仰慕中原文化，礼聘汉儒，习《诗》、《书》、礼仪。"夏子明，为太学名诸生，老不售.自少时识思州田秸恭"。北宋徽宗政和年间（1111—1117年），田佑恭"被召赴京师，谓子明曰：'我边臣，今北阙见天子，惧礼文率略坐不恭。公屈相吾行如何？'子明度田氏意，不可解免，谓曰：'吾老不任行，有子大均习《诗》《礼》，明识时务，年方二十余，俾从公，宜任辅公入觐事。'田氏大喜，以子明之子大均行。至国门，有旨朝大庆殿，拜伏进退不类远人，太上皇昇之，问其政，佑恭对曰：'臣生边远，不知礼节，臣之客夏大均，书生也，实教臣朝觐之礼。'上大悦，厚锡田氏"②。居家惟孝，国事惟忠。未入仕时，靖州告急，"乃父当行，阻疾弗克。进公曰：'谚有之，养子所以防老也，吾敢辞难乎？'代父而往，死无悔矣"。既入仕，"策勋立业，无愧始终……溪彝震聋，克靖四封。何以致之，曰惟一忠"。临终前，告诫子孙效法先祖，勤勉供职："当疾，召子孙立于前诫曰：'吾自入仕，仅五十年，历事三朝，治郡九域，建功立业，始终如一。今爵高禄厚，无愧无怍，尔等子孙当效祖考，勤修乃职，谨守边方，安集居民，匪懈匪怠，勿违！'"③

南宋一朝，思州田氏追随朝廷抗金、抗蒙，忠诚有加。高宗绍兴三年（1133年），田佑恭奉命出兵抗金，迁通侍大夫、知思州军民事。理宗宝祐六年（1258年），田应己应诏"往播州共筑关隘"，防御蒙古军。④

思州田氏自田佑恭始，世代承袭领有思州，直至明成祖永乐十一年（1413年）改土归流，废思州、思南宣慰使司为止，长达300来年。

---

①以上见［道光］《思南府续志·传志》，《中国地方志集成·贵州编》第46册，成都：巴蜀书社2006年版第317页。

②王象之：《舆地纪胜》中册，扬州：江苏广陵古籍刻印社1991年版第1220页。"明识时务"，"识"疑为衍字；"问其政"，"政"疑为"故"；"厚锡田氏"，"锡"通"赐"。

③以上见［道光］《思南府续志·传志》，《中国地方志集成·贵州编》第46册，成都：巴蜀书社2006年版第317、318页。

④《宋史·理宗本纪》，《二十五史》第7册，上海：上海古籍出版社、上海书店1986年版第110页。

（六）播州杨氏

杨氏入播始祖杨端，本系中原人士，为报效唐朝、收复播州而来今贵州。"唐祚移于后梁，端感愤发疾而卒。"其后虽据播自保并逐渐融入当地土著之中，但忠孝家风不改。其第12世嫡孙杨粲定《家训》十条，首即"尽臣节，隆孝道，守箕裘，保疆土"。①《家训》之作，既是对家族后世的道德伦理要求，也是对杨氏家族两百多年来立世信条的总结。两宋300年间，播州杨氏始终践行儒家纲常，忠心报国，认同宋王朝。

北宋立朝伊始，播州杨氏5世、主政4世主杨实"闻宋太祖受命，即欲遣使入贡，会小火杨及新添族二部作乱"，遂作罢。其子杨昭主政时期，二弟杨先、杨蚁"各拥强兵"，杨先"据白锦东遵义军，号下州"；杨蚁"据白锦南近邑，号扬州……举兵攻先"。杨昭"不能制"。②内部分裂，未能入贡。神宗熙宁六年（1073年），7世、主政6世主杨贵迁遣子杨光震入贡，朝廷"以光震为三班奉职"。③10世、主政9世主杨惟聪时，其叔祖父杨光荣欲谋篡位，事泄，遂于徽宗大观二年（1108年）"以地内属"，朝廷以其地置播州。④同年，杨惟聪叔父杨文贵亦争相"献其地"，朝廷以地"建遵义军及遵义县"。⑤不久，杨光荣死，杨惟聪"亲政……事闻，诏夺献官；进惟聪修武郎、左班殿直，赐金带锦袍慰谕之"。11世、主政10世主杨选"始立，值徽、钦二帝播迁，高宗南渡。选慷慨负翼戴志，务农练兵，以待征调"。12世、主政11世主杨轼，受封"成忠郎，累至武节郎"。宁宗开禧二年（1206年），13世、主政12世主杨粲率师赴蜀，增援平吴曦叛。"会曦诛，不果。贡战马三百、黄白金巨万……且请因曦诛大举北伐，以雪先耻。上优诏答焉"。嘉定十二年（1219年），"复输马三百于蜀帅，蜀帅以闻，上益嘉之"。杨粲"官终武翼大夫，累赠右武大夫、吉州刺史、左卫大将军、忠州防御使，赐庙忠烈，封威毅侯"。端平年间（1234—1236年），蒙古军"犯蜀，围青野原"，14世、主政13世主杨价谓："此主忧臣辱时也，其可后乎？"乃请赴蜀效力。四川制置使赵彦呐"以闻，诏许之"。杨价"驰马渡剑，帅家世自赡之兵五千戍蜀口。围解，价功居多，诏授雄威军都统制"。蜀警又急，诏杨价"以雄威军戍夔峡"。杨价"分署所部屯泸、渝间，遣奇兵击东，遂以捷多迁武功大夫、阁门宣赞舍人"。理宗嘉熙年间（1237—1240年），"制置使彭大雅镇渝，檄价赴援，价督万兵征江南，通蜀声势，北兵不敢犯。孟珙宣抚荆湘，余玠制置西蜀，皆倚价为重，上屡下诏褒美之。价指天誓曰：'所不尽忠节以报上者，有如皦日！'"卒，"赠开府仪同三司，威武宁武忠正军节度使，赐庙忠显，封威灵英烈侯"。15世、主政14世主杨文"视事，进武功大

---

① 以上见宋濂：《杨氏家传》，《宋学士全集》，北京：中华书局1985年版第346、349页。
② 以上见宋濂：《杨氏家传》，《宋学士全集》，北京：中华书局1985年版第346-347、347页。
③ 《宋史·神宗本纪》，《二十五史》第7册，上海：上海古籍出版社、上海书店1986年版第46页。
④ 《宋史·蛮夷》，《二十五史》第8册，上海：上海古籍出版社、上海书店1986年版第1613页。
⑤ 《宋史·地理志》，《二十五史》第7册，上海：上海古籍出版社、上海书店1986年版第312页。

夫、阁门宣赞舍人"。致书余玠，献御敌三策："'比年北师如蹈无人之境者，由不能御敌于门户故也，曷移镇利阆间，经理三关，为久驻谋，此上计也。今纵未能大举，择诸路要险建城壕，以为根底，此中计也。下则保江自守，纵敌去来耳。况西蕃部落，已为北所诱，势必挠（绕）雪外以图云南，由云南以并吞蛮部，阚邕、广，窥沅、靖，则后门干腹，深可忧也！'玠伟其论，竟徇中计，后果如文言"。理宗淳祐八年（1248年），"西帅俞兴西征，发兵五千人与俱，大战者三，皆捷，迁左卫大将军"。十年（1250年），"余玠北伐汉中，文命将赵寅会兵渝上，三次战又捷"。宝祐二年（1254年），"北兵围汉嘉，文使总管田万率兵五千，间道赴之，夜济嘉江，屯万山、必胜二堡，万以劲弩射之，敌不能支，遂却，加右武大夫"。宝祐三年（1255年），"北兵由乌蒙渡马湖入宣化，宣抚使李曾伯来征师，文遣弟大声统兵行，大小九战，又捷，转左武大夫"。五年（1257年），"北兵循云南将入播，文驰奏。诏节度使吕文德偕文入闽，谕群酋内属，大酋勃先领众降"。六年（1258年），"拜亲卫大夫。以解渔城围、剪乌江寇功，加忠州团练使"。景定年间（1260—1264年），"刘雄飞、夏贵守蜀，复江安州。饷礼义山，战悬壶平，而播兵为多，进中亮大夫、和州防御使、播州沿边安抚使，爵播川伯，食邑七百户。诏雄威军加御前二字，以宠异之。岁赐盐帛给边用，著为令"。咸淳元年（1265年）卒，"赠金州观察使"。① 两宋300年间，直至南宋末年生死存亡之际，播州杨氏始终践行儒家纲常，忠心不贰，"尽臣节……保疆土"。② 播州杨氏是宋代今贵州土著大姓认同宋王朝的楷模，是宋代民族认同的楷模。

北宋仁宗皇祐四年（1052年），枢密院副使狄青平定广西大姓侬智高，所部留守。其中，岑仲淑驻泗城（今广西凌云县），部将黄慧、王初、王旦等进而北上，越过红水河，向今黔西南、黔南地域扩张，"形成了'上江黄，下江王'的局面"。这些来自发达地区的移民，逐步融入了土著民族之中并成为首领。"分亭设甲，用军事力量统治黔西南布依族仡佬族地区，以后发展为亭目制度，对布依族社会产生了深刻的影响。"③

宋代，制度儒学在今贵州的影响较之唐代进一步削弱，然而境内土著民族却一如既往，向往中原，向往统一，归附纷纷，朝贡频频，认同宋王朝。同北方剧烈的民族冲突不同，与周边不时的民族纷乱有异，贵州地域始终较为安定，始终未发生过大规模的战乱。原因有四。其一，汉唐至宋，儒文化的流播、积累、沉淀已达千年，民族交往、交流延绵不绝，民族认同已有一定的基础。其二，物化儒学较之唐代有成效。经济重心南移，四川经济飞跃，毗邻四川的今乌江以北地域即黔北、黔东北社会经济发展程度较唐代为大。边患频仍、战马匮乏特殊历史背景下大规模的、长时期的、广阔地域的、众多土著民族参与的特殊的马市经济贸易，促进了贵州社会经济特别是乌江以南社会经济的发展。伴随着社会经济的发展，封建领主制经济开始盛行，地主制

---

① 以上见宋濂：《杨氏家传》，《宋学士全集》，北京：中华书局1985年版第348、349、350、351页。
② 宋濂：《杨氏家传》，《宋学士全集》，北京：中华书局1985年版第346、349页。
③ 侯绍庄等：《贵州古代民族关系史》，贵阳：贵州民族出版社1991年版第150页。

经济有所发展，缩小了贵州与周边及中原地区的差距；保持并密切了今贵州土著民族特别是其上层与中原民族及周边民族的联系、交往及了解，保持并密切了今贵州土著民族特别是其上层与宋王朝的联系、交往及了解，为宋代今贵州各土著民族与中原民族及周边民族的认同、各土著民族的宋王朝认同，奠定了物化基础。其三，文化儒学流播较之唐代大有起色。政治、文化重心南移，四川成为文化发达之区。受此影响，今贵州特别是黔北、黔东北儒学教育、儒学流播较之唐代大有起色。思州有銮塘书院、竹溪书院；播州杨氏"留意艺文……建学养上（士）"，① 8人进士；制《家训》10条，首列忠孝。② 古代贵州儒文化在土著民族中的传播进入实质性阶段，为民族认同特别是大一统中央王朝的认同准备了一定的共同文化基础。南宋末年，蒙古占领川滇、进攻今贵州之际，乌江以南的罗氏鬼国、罗殿国特别是乌江以北的播州、思州，与宋廷结为一体，抗战至最后，就是有力佐证。其四，仁治政策。太祖开宝七年（974年），即北宋初年，乌蛮石人部落君长普贵及其子内附。在给普贵父子的敕令中，太祖明确昭示："先王之制，要服者来贡，荒服者来享"。边地土著民族，都是朝廷的臣民，都要接受朝廷的统一治理。倘若"不贡"，则"有征伐之兵，攻讨之典"。"惟尔贵州，远在要荒"，尚未归化。"有司因请进兵尔土，惩问不贡"。不过，"穷兵黩武，予所不忍"；"远人不服，则修文德以来之"。修文德，也就是修仁德，行仁政，爱民为民。这是促使边地民族归顺的首要及根本："以义正邦，华夏蛮貊，罔不率服"；使用武力，是迫不得已的选择。普贵父子既"欲向化，乃布兹文告之。尔若挈土来庭，爵、土、人民，世守如旧"。③ 普贵父子归附，朝廷遂封其领地为国，史称罗氏鬼国（又称罗施鬼国，今大方为中心的黔西北），封普贵为罗氏鬼国君长，在其领地实行封国治理。坚持大一统，修仁德以感化土著民族，成为宋王朝治理土著民族的最重要的指导思想。囿于北方边患，宋太祖给乌蛮普贵父子的敕令中所谓"不贡"则有"征伐""惩问"一类用语，很大程度上系虚声而已。然而，纵观两宋300年间，宋王朝对今贵州土著民族极少用兵。南渡以后，北方马匹来源隔断，抗金、抗蒙战争又需要大量马匹。贵州土著民族地区盛产良马，土著民族又是四川、广西马市的活跃者。马市交易中，朝廷不仅避免了强征贱买的现象，还给予售马者种种优惠："不惜多与马价，一也；厚其缯、彩、盐货之本，二也；待以恩礼，三也；要约分明，四也；禁止官吏亏损侵欺，五也；信赏必罚，以督官吏，六也"。④ 这与后来元朝在今贵州实行的"括马"政策形成鲜明的对照。这表明，宋王朝的"修文德"、行仁政并非完全系无奈之辞、作秀之语。

---

① [道光]《遵义府志·选举》，《中国地方志集成·贵州编》第33册，成都：巴蜀书社2006年版第91页。
② 参见宋濂：《杨氏家传》，《宋学士全集》，北京：中华书局1985年版第349页。
③《传十五·土司传上》，[道光]《贵阳府志》下册，贵阳：贵州人民出版社1985年版第1584页。普贵内附时间，此处为太祖乾德七年。[民国]《贵州通志》辨，太祖乾德无七年，疑为开宝七年（974年）。（参见[民国]《贵州通志·前事志》第1册，贵阳：贵州人民出版社1985年版第310页）
④《兵二二·买马上》，《宋会要辑稿》第8册，北京：中华书局1957年版第7155页。

第四节　元代贵州儒文化与民族认同

一、土司制：制度儒学的发展与大一统认同

元朝是由蒙古民族建立的，是中国历史上第一个由少数民族建立的、全国范围内的大一统王朝，把中国古代的多民族认同及各民族的大一统中央王朝认同推进到了新的高度。作为一个社会发展程度远低于中原汉民族的少数民族，为夺取及维系政权的需要，蒙古贵族在保留本民族文化的同时，接受了汉文化，接受了古代中国的主流文化——儒文化，特别是儒家大一统及仁民理念。早在1260年忽必烈即大汗位时，即仿行"汉法"，"建元中统"。建元诏书谓："建元表岁，示人君万世之传；纪时书王，见天下一家之义。法《春秋》之正始，体大《易》之乾元。炳焕皇猷，权舆治道"。1271年，忽必烈定国号为元。建号诏书谓："建国号曰大元"者，"盖取《易经》'乾元'之义"。元者，大也，"四震天声，大恢土宇"。① 在奉行儒家大一统制度儒学的同时，也意识并接受了儒家的仁政思想："虽在征伐之间，每存仁爱之念，博施济众，实可为天下主。"② "应天者惟以至诚，拯民者莫如实惠……宜布惟新之令，溥施在宥之仁。"③ "建国号曰大元"者，"取《易经》'乾元'之义"，其义"尤切体仁之要"。④

1279年，元军攻灭南宋，结束了唐末五代辽宋夏金300余年的分裂局面，重建大一统。对于今贵州地域，稍早，蒙古军相继占自杞、乌撒、罗殿国、思州、播州；1279年，元军占西南八番、罗氏鬼国，完成了对今贵州地域的统一。

元代地方行政机构，改宋代路、府、县三级制，实行行省、路、府、州、县五级制。行省为地方最高行政机构，设丞相一员，凡一省"钱粮、兵甲、屯种、漕运、军国重事，无不领之"。⑤ 行省下设路、府、州、县四级。"路领州、县（路的'亲领县'），州领县；府或隶于路，或直隶于省，下领州、县，或只领县；州隶于路、府，

---

①以上见《元史·世祖本纪》，《二十五史》第9册，上海：上海古籍出版社、上海书店1986年版第22页。
②《元史·世祖本纪》，《二十五史》第9册，上海：上海古籍出版社、上海书店1986年版第13页。
③《元史·世祖本纪》，《二十五史》第9册，上海：上海古籍出版社、上海书店1986年版第18页。
④《元史·世祖本纪》，《二十五史》第9册，上海：上海古籍出版社、上海书店1986年版第22页。
⑤《元史·百官志》，《二十五史》第9册，上海：上海古籍出版社、上海书店1986年版第269页。

有些直隶于省，有些无属县"。路、府、州、县"按人口多寡、地土广狭分为上、中、下三等"。① 路、府、州、县之间的层级隶属关系较为复杂，并不划一。

在今贵州一类边远民族地区，元廷实行土司制度，即在行省之下，设立管番民总管府、宣慰司等特殊行政建制，任用土著民族首领为土官，世袭治理。土司建制在行政区划、官员设置等方面区分为总管府及宣慰司两个系统。总管府系统置于邻近内地或较为发达之土著民族地区，隶于行省，其下为土府、土州、土县；宣慰司系统置于较为落后之土著民族地区，作为省（行省）的派出机构，分道领属若干路府州县。宣慰使不兼帅职，不与军政；边远地区则置宣慰司都元帅府，使皆兼帅，次之为宣抚司、安抚司、招讨司、长官司等。②

今贵州元代分属云南、湖广、四川3行省。属云南行省者为亦奚不薛宣慰司、乌撒乌蒙宣慰司之乌撒路、曲靖等路宣慰司之普安路、云南行省之普定路。属湖广行省者为八番顺元宣慰司都元帅府、思州军民安抚司、播州军民安抚司、新添葛蛮安抚司；亦奚不薛宣慰司一度属湖广行省。一度属四川行省者为思州、播州及乌撒路。

（一）属云南行省之地域

计有亦奚不薛宣慰司、乌撒路、普安路及普定路。

1. 亦奚不薛宣慰司

世祖至元二十年（1283年），"立亦奚不薛宣慰司，益兵戍守；开云南驿路；分亦奚不薛地为三，设官抚治之"。属云南行省。③ 二十九年（1292年），"命亦奚不薛与思、播州同隶湖广省"，④ 受八番顺元等处宣慰司都元帅府节制。成宗元贞元年（1295年），"以亦奚不薛复隶云南行省"，⑤ 至元末。辖7个蛮夷长官司，地当今黔西北之大方、纳雍、织金、水城、黔西一部、金沙一部。⑥

2. 乌撒路

忽必烈汗至元十三年（1276年）置，属云南行省乌撒乌蒙宣慰司。今黔西北之威宁、赫章。⑦

3. 普安路

蒙哥汗七年（1257年），于矢部附元，"命为于矢万户"；忽必烈汗至元十三年（1276年），"改普安路总管府"；次年，"更立招讨司"；至元十六年（1279年），"改为

---

① 白寿彝：《中国通史》第13册，上海：上海人民出版社2004年版第258页。
② 参见白寿彝：《中国通史》第13册，上海：上海人民出版社2004年版第258页。
③ 《元史·世祖本纪》，《二十五史》第9册，上海：上海古籍出版社、上海书店1986年版第37页。
④ 《元史·世祖本纪》，《二十五史》第9册，上海：上海古籍出版社、上海书店1986年版第50页。
⑤ 《元史·成宗本纪》，《二十五史》第9册，上海：上海古籍出版社、上海书店1986年版第54页。
⑥ 参见杨昌儒等：《贵州民族关系的构建》，贵阳：贵州人民出版社2010年版第110页。
⑦ 参见《元史·地理志》，《二十五史》第9册，上海：上海古籍出版社、上海书店1986年版第174页；谭其骧：《中国历史地图集》第7册，北京：中国地图出版社1982年版第23-24页。

宣抚司"；二十二年（1285年），"罢司为路"。属云南行省曲靖等路宣慰司。今黔西南之普安、兴义、兴仁、安龙，六盘水市之盘县。①

4. 普定路

忽必烈汗至元十五年（1278年），罗殿国附元，"改普定府"；元成宗大德七年（1303年），"改普定为路，隶曲靖宣慰司"，属云南行省。今安顺市及黔西南州之晴隆一部。②

（二）属湖广行省之地域

1. 八番顺元等处宣慰司都元帅府

世祖至元十六年（1279年），"置八番罗甸等处军民宣慰司及都元帅府"。十九年（1282年），置顺元路宣慰司。二十九年（1292年），以"地狭官冗……合宣慰司、都元帅府为一……置八番顺元等处宣慰司都元帅府"。③八番顺元等处宣慰司都元帅治顺元城，今贵阳。辖顺元等路军民安抚司、八番9安抚司、管番民总管府，节制思州军民安抚司、播州军民安抚司，亦奚不薛宣慰司亦一度受其节制。

其一，顺元等路军民安抚司。世祖至元十九年（1282年），置顺元路宣慰司。二十九年（1292年），"置八番顺元等处宣慰司都元帅府"，④遂降顺元路宣慰司为顺元等路军民安抚司。辖22蛮夷长官司。⑤今贵阳市、黔南东部之龙里、黔西北之黔西一部分。

其二，八番9安抚司及3蛮夷长官司。世祖至元十六年（1279年）置。9安抚司：罗番遏蛮军安抚司、程番武盛军安抚司、金石番太平军安抚司、卧龙番南宁州安抚司、小龙番静蛮军安抚司、大龙番应天府安抚司、洪番永盛军安抚司、方番河中府安抚司、卢番静海军安抚司。3蛮夷长官司：木瓜仡佬蛮夷军民长官司、韦番蛮夷长官司、卢番蛮夷长官司。⑥分布于今黔南西部之惠水、平塘西部、长顺东部、罗甸北部。⑦

其三，管番民总管府。辖金竹府、都匀军民府、乖西军民府等3府，包括11州、39蛮夷长官司，分布于今贵阳市郊及黔南境内。⑧

---

①以上见《元史·地理志》，《二十五史》第9册，上海：上海古籍出版社、上海书店1986年版第174页；谭其骧：《中国历史地图集》第7册，北京：中国地图出版社1982年版第23-24页。
②以上见《元史·地理志》，《二十五史》第9册，上海：上海古籍出版社、上海书店1986年版第174、175页；谭其骧：《中国历史地图集》第7册，北京：中国地图出版社1982年版第23-24页。
③以上见[嘉靖]《贵州通志·建置沿革》，《中国地方志集成·贵州编》第1册，成都：巴蜀书社2006年版第226页。
④[嘉靖]《贵州通志·建置沿革》，《中国地方志集成·贵州编》第1册，成都：巴蜀书社2006年版第226页。
⑤参见《元史·地理志》，《二十五史》第9册，上海：上海古籍出版社、上海书店1986年版第182页。
⑥参见《元史·地理志》，《二十五史》第9册，上海：上海古籍出版社、上海书店1986年版第182页。
⑦参见杨昌儒等：《贵州民族关系的构建》，贵阳：贵州人民出版社2010年版第109页。
⑧参见《元史·地理志》，《二十五史》第9册，上海：上海古籍出版社、上海书店1986年版第182页；何仁仲：《贵州通史》第1卷，北京：当代中国出版社2003年版第458页。

2. 思州军民安抚司

忽必烈汗至元十四年（1277 年）置，辖镇远 1 府、14 州、1 县、52 长官司。① 分布于今黔东北之铜仁市，黔北之务川、凤冈，黔东南北境之施秉、镇远、岑巩，黔东南州东境之三穗、锦屏、黎平、从江、榕江。②

3. 播州军民安抚司

忽必烈汗至元十四年（1277 年）置，辖黄平 1 府及 32 长官司，属湖广行省沿边溪洞宣慰司。③ 今务川、凤冈之外的遵义市，黔东南西境之黄平、凯里、雷山，黔南北境之瓮安、福泉。④

4. 新添葛蛮安抚司

至元二十八年（1291 年）置，辖 8 州、1 县、122 蛮夷长官司，属湖广行省沿边溪洞宣慰司。⑤ 自西而东，分布于今黔中、黔南、黔东南一狭长地带，中心在今黔南贵定。⑥

（三）一度属四川行省之地域

思州、播州及乌撒一度属四川行省（治成都）；今毕节、金沙一部属四川行省之永宁路。

元代地方行省制度以及在今贵州实行的土司制度，在唐宋经制州、羁縻州、封国并存并治的基础上，进一步加强了中央对今贵州地方的治理，推进了国家的统一及政令的畅通，发展了古代贵州的制度儒学。

元代行省制度将儒家大一统理念的制度转换向前推进了一步。行省的全称为"某某等处（路）行中书省"，它强调了地方对中央的服从，强调了国家的统一及政令的畅通。此外，作为地方一级行政建制的行省，还实现了对地方诸多事权的统一。宋代地方一级行政建制为路，内设经略安抚司"掌一路兵民之事"；转运司"掌经度一路财赋"；提点刑狱司"掌查所部之狱讼……及举刺官吏之事"；提举常平司"掌常平、义仓、免役、市易、坊场、河渡、水利之法，视岁之丰歉而为之敛散，以惠农民"。此外还有提举坑冶司、提举学事司等。⑦ 然而，各个机构之间却互不统属，各自对朝廷负

---

① 参见《元史·地理志》，《二十五史》第 9 册，上海：上海古籍出版社、上海书店 1986 年版第 182 页。
② 参见谭其骧：《中国历史地图集》第 7 册，北京：中国地图出版社 1982 年版第 23-24 页。
③ 参见《元史·地理志》，《二十五史》第 9 册，上海：上海古籍出版社、上海书店 1986 年版第 182-183 页。
④ 参见谭其骧：《中国历史地图集》第 7 册，北京：中国地图出版社 1982 年版第 23-24 页。
⑤ 参见《元史·地理志》，《二十五史》第 9 册，上海：上海古籍出版社、上海书店 1986 年版第 183 页。
⑥ 参见何仁仲：《贵州通史》第 1 卷，北京：当代中国出版社 2003 年版第 463 页。
⑦ 以上见《宋史·职官志》，《二十五史》第 7 册，上海：上海古籍出版社、上海书店 1986 年版第 509、510 页。

责。如经略安抚司"若事难专决",则提出处理意见直接"具奏"皇上。[1] 这是宋代分权制理念在地方行政建制中的反映。这种分权制虽有利于防止地方权力过大而集权于君主,却容易造成行政效率低下及朝廷政令的梗阻。元代各地行省设丞相一员,凡一省"钱粮、兵甲、屯种、漕运、军国重事,无不领之",[2] 克服了宋代地方事权分散的弊端。

元代今贵州虽分属云南、湖广、四川3行省,但隶属湖广的地域最广,包括八番顺元宣慰司都元帅府、播州军民安抚司、思州军民安抚司、新添葛蛮安抚司,而亦奚不薛宣慰司亦一度属湖广行省。不仅如此,隶属湖广行省的地域,除新添葛蛮安抚司外,其余均属于八番顺元宣慰司都元帅府,或直接隶属,如顺元路军民安抚司、八番9安抚司、管番民总管府;或受其节制,如播州军民安抚司、思州军民安抚司;或一度受其节制,如亦奚不薛宣慰司。其地域囊括今黔中贵阳市、黔南、黔北、黔东北、黔东南北境及东境、黔西北大部,除今黔中安顺市、黔西南、黔西北一部、黔东南大部以外的今贵州大部地域均属于以顺元城(今贵阳)为治所的八番顺元宣慰司都元帅府,形成了今贵州地域及行政中心的雏形。这与两汉唐宋的情形不同。两汉的牂牁郡(治且兰。且兰,似为今贵州安顺一带)虽也领有今贵州大部,但不及元代八番顺元宣慰司都元帅府领有及节制的地域广,且偏于今安顺以西,未达今乌江以北地域。唐代今贵州地域虽属黔中道(治彭水,今重庆彭水),但行政中心不在今贵州境内。宋代今贵州地域大部虽属夔州路(治夔州,今重庆奉节),但行政中心同样不在今贵州境内。元代今贵州地域及行政中心雏形的出现,是儒家大一统理念的制度转换在古代贵州的发展,推进了贵州行政区域的统一趋势,推进了贵州各民族的大一统中央王朝认同,推进了贵州各民族之间的接触、交往、交流与认同,推进了贵州各民族与中原民族的接触、交往、交流与认同。

元代今贵州地域土司制的普遍推行,贵州社会总体进入领主制社会阶段,结束了两汉以来封国与郡县并存的局面。两汉的郡国并存制度,郡、县治所以外的广大地域均是封国的地域;唐宋经制州、羁縻州、封国并存制度下,经制州、羁縻州范围虽有扩大,但今乌江以南地域即黔中、黔南、黔西南、黔西北依旧分布着为数众多的封国及番落。这些封国及番落多处于奴隶制甚至原始制时代,自行为治,各自为治,彼此争斗不休,严重影响了区域的统一及稳定;对中央王朝附、离不定,严重影响了全国的统一及稳定。土司制下,行政官员虽由土著民族首领世袭担任,但必须由朝廷任命,职位、职数、职责均有定制。宣慰使司系统,"每司宣慰使三员,从二品;同知一员,从三品;副使一员,正四品;经历一员,从六品;都事一员,从七品;照磨兼架阁管勾一员,正九品"。宣慰使只管民政,不与军政;兼元帅者始得兼军事。次于宣慰使司

---

[1]《宋史·职官志》,《二十五史》第7册,上海:上海古籍出版社、上海书店1986年版第509页。
[2]《元史·百官志》,《二十五史》第9册,上海:上海古籍出版社、上海书店1986年版第269页。

者为宣抚使司、安抚使司、招讨使司、长官司等。宣抚使、安抚使、招讨使，正三品；蛮夷长官司长官，"秩如下州"，从五品。① 总管府系统，"上路秩正三品。达鲁花赤一员，总管一员，并正三品……同知、治中、判官各一员。下路秩从三品"。散府"秩正四品。达鲁花赤、知府或府尹一员"。诸州，"上州，达鲁花赤、州尹秩从四品，同知秩正六品，判官秩正七品。中州，达鲁花赤、知州并正五品，同知从六品，判官从七品。下州，达鲁花赤、知州并从五品，同知正七品，判官正八品"。诸县，"上县，秩从六品，达鲁花赤一员，尹一员，丞一员，簿一员，尉一员，典史二员。中县，秩正七品，不置丞，余悉如上县之制。下县，秩从七品，置官如中县"。②

元代土司制类似于唐宋羁縻州制，但又较羁縻州制进了一步。

其一，土司官员任用实行"蒙、夷参法"。唐宋羁縻州官员，纯用土著民族首领。元代土司制则在各级政权中均派遣专由蒙古人、色目人担任的宣慰使、都元帅、达鲁花赤（蒙古语音译，意为执掌者），坐镇监察，居于土官之上，以保证汉人、南人官员对朝廷的忠诚，土司政权亦不例外。总管府系统的路、府、州、县均有达鲁花赤；宣慰使司系统，从宣慰使司、宣抚使司、安抚使司、招讨使司，直至最下层的蛮夷长官司，大多有达鲁花赤（或由蒙古人直接任宣慰使、宣慰使兼都元帅）。八番顺元等处宣慰司都元帅府，"以八番罗甸宣慰使斡罗思等并为八番顺元等处宣慰使都元帅"。③ 完泽，"至正间任八番顺元路宣慰使都元帅"；速哥，"至元十九年任顺元等路军民宣慰司使"。④ 亦奚不薛宣慰司，"立三路达鲁花赤，留军镇守，命药剌海总之，以也速带儿为都元帅宣慰使"。⑤ 蛮夷长官司在设置长官、副长官的同时设置达鲁花赤："达鲁花赤、长官、副长官，参用其土人为之"。⑥ 今贵州境内，仅播州、思州未设达鲁花赤或蒙古人长官，而两地终元一朝，亦忠顺有加。

其二，承袭制度较之唐宋规范。唐宋时期，羁縻州官员的承袭一般无具体规定。元代则不同，土司官员的承袭必须由朝廷依据封建宗法制度予以甄别、认定，并授予诰敕、印章、虎符一类信物。罗殿国归附后改普定府，"印信具存"。⑦ 乖西军民府，"以土官阿马知府事，佩金符"。⑧ 播州军民安抚司，"以播州等处管军万户杨汉英为绍

---

① 以上见《元史·百官志》，《二十五史》第 9 册，上海：上海古籍出版社、上海书店 1986 年版第 270、271 页。
② 以上见《元史·百官志》，《二十五史》第 9 册，上海：上海古籍出版社、上海书店 1986 年版第 271 页。
③《元史·世祖本纪》，《二十五史》第 9 册，上海：上海古籍出版社、上海书店 1986 年版第 50 页。
④ [嘉靖]《贵州通志·宦迹》，《中国地方志集成·贵州编》第 1 册，成都：巴蜀书社 2006 年版第 328 页。
⑤《元史·世祖本纪》，《二十五史》第 9 册，上海：上海古籍出版社、上海书店 1986 年版第 37 页。
⑥《元史·百官志》，《二十五史》第 9 册，上海：上海古籍出版社、上海书店 1986 年版第 271 页。
⑦《元史·地理志》，《二十五史》第 9 册，上海：上海古籍出版社、上海书店 1986 年版第 175 页。
⑧《元史·地理志》，《二十五史》第 9 册，上海：上海古籍出版社、上海书店 1986 年版第 182 页。

庆珍州南平等处沿边宣慰使，行播州军民宣抚使、播州等处管军万户，仍虎符"。①"罗氏鬼国主阿榨、西南蕃主韦昌盛并内附，诏阿榨、韦昌盛各为其地安抚使，佩虎符"。②

其三，土司不仅要定期朝贡，且须如同内地路、府一样纳赋。罗殿国归附后改普定府（后改普定路），"隶云南省三十余年，赋役如期"。③至元三十年（1293年），八番顺元宣慰使都元帅斡罗思"请……常赋外，岁输钞三千锭，不允"。④赋的数量虽较内地为少，但必须缴纳。"朝贡，象征着土司对中央王朝的臣服，纳赋意味着土司地区归属中央王朝的版图"，意义重大。⑤纳赋之外，必要时还须遵旨出兵。如世祖至元十九年（1282年），"诏佥亦奚不薛及播、思、叙三州军征缅国"。⑥

其四，绝不允许叛离，否则出兵平定。唐宋羁縻州一般较为松散，来附欢迎，去则不究。元代则不然，土司如不听命甚而叛离，则以强力平定，绝不姑息。罗氏鬼国，蒙古语谓亦奚不薛。至元十六年（1279年），元军占罗氏鬼国；次年，罗氏鬼国与罗甸国举兵反，元廷即出兵"征亦奚不薛"，历时3年，"尽平其地"；至元十九年（1282年），"立三路达鲁花赤，留军镇守"。⑦

元代土司制的普遍推行，封国及番落不再存在，贵州社会总体进入领主制社会阶段，纳入统一的行省体制之中，推进了贵州的行政体制统一，减少了地方分裂与动乱；加强了朝廷政令的推行及地方社会政治、经济、文化的全面发展；弱化了昔日经制州、羁縻州、封国等不同政权体制、不同经济文化发展水平、不同传统习俗之间的壁垒、差异，增进了民族之间的交往、了解；增进了贵州与朝廷的联系，加强了中央集权。土司制的普遍推行，意味着土著民族上层对于中央王朝的认同较之过去进了一大步；他们更多地接受了中原文化的影响，接受了儒家大一统、忠君思想的影响；下层民庶通过其首领的言行甚而或多或少的、有意无意的教化，也更多地感受到中原文化、儒家文化的内容，从而促进了各民族认同心理的形成。

全面实行土司制，整体进入领主制社会，是古代贵州制度儒学及社会发展进程的一大进步。两汉时期，随着汉族移民的进入，今黔中安顺以西曾经出现过零星的地主制经济并设立郡县，绝大多数地域处于奴隶制及原始制社会阶段。东汉末年、蜀汉魏晋南北朝，分裂战乱、"夷"多汉少及大多数地域社会经济落后的环境，使得零星存在的地主制经济消亡；与此同时，伴随社会经济的缓慢发展，领主制经济及领主制社会开始出现。唐宋时期，受巴蜀、荆楚邻近发达地区的影响，今黔北、黔东北产生地主

---

① 《元史·地理志》，《二十五史》第9册，上海：上海古籍出版社、上海书店1986年版第182页。
② 《元史·世祖本纪》，《二十五史》第9册，上海：上海古籍出版社、上海书店1986年版第31页。
③ 《元史·地理志》，《二十五史》第9册，上海：上海古籍出版社、上海书店1986年版第175页。
④ 《元史·世祖本纪》，《二十五史》第9册，上海：上海古籍出版社、上海书店1986年版第52页。
⑤ 杨昌儒等：《贵州民族关系的构建》，贵阳：贵州人民出版社2010年版第106页。
⑥ 《元史·世祖本纪》，《二十五史》第9册，上海：上海古籍出版社、上海书店1986年版第35页。
⑦ 《元史·世祖本纪》，《二十五史》第9册，上海：上海古籍出版社、上海书店1986年版第35页。

制经济并设立经制州；但是，依然存在的"夷"多汉少现实及大多数地域社会经济落后的环境，加之中央王朝开发力度的削弱乃至无力，使地主制经济及经制州又几度后退、式微；两宋时期，除北宋短暂存在过的播州、思州外，今贵州地域实际上完全沦陷为羁縻州及封国；不过，社会经济毕竟或多或少缓慢地发展着，领主制经济及领主制社会发展、盛行起来。元代今贵州社会整体进入领主制社会，一方面表明地主制经济的甚为弱小，另一方面又表明领主制经济及领主制社会历经蜀汉魏晋南北朝时期的发生，唐宋时期的发展、盛行，历经千年的时空，终于成为贵州社会的主流。贵州社会的变迁，充满着前进与后退的博弈。总体上看，进步大于后退，进步是主流。元代贵州社会全面实行土司制及整体进入领主制社会，是古代贵州制度儒学及社会演变的一大进步。

行省制度及土司制度将元代今贵州行政建制及官制纳入大一统中央集权政治制度的架构之中，"这一方面有利于中央王朝保持并扩大其影响，便于它整合这些地区的政治、经济、文化资源；另一方面，有利于在稳定地方社会秩序的条件下，增强地方对中央的向心力"[1]。它推进了贵州各民族的大一统中央王朝认同，推进了贵州各民族之间的接触、交往、交流与认同，推进了贵州各民族与中原民族的接触、交往、交流与认同。

元代将今贵州整体纳入行省建制，全面推行土司制度，将古代贵州制度儒学推进了一步。不过，元代社会民族矛盾的尖锐性，又一定程度抵消了地方对中央的认同感，抵消了民族之间的认同感。其一，元朝的建立，更多的是依靠军事的强势压力，"以神武定四方"；"武功迭兴，文治多缺"。[2] 统治者虽也意识到"为天下主"的合法性基础在于"存仁爱之念，博施济众"，[3] 但毕竟与儒学渊源过浅，体悟不深。其二，根深蒂固的"夷"夏之辨观念，造成了中原民族的对抗情绪；而蒙古贵族实行的蒙古、色目、汉人、南人四等划分的政策，进一步加剧了中原民族的对抗情绪。元代今贵州地域各级政权中，宣慰司、安抚司、蛮夷长官司，路、府、州、县，大多有专由蒙古人、色目人担任的宣慰使、都元帅、达鲁花赤坐镇监察，居于土官之上。按朝廷禁令，汉人、南人"不得执持兵器"，也不能私自养马，"凡有马者拘入官"。[4] 这种"括马"政策对于生活在高原、山地、以马为重要交通工具的贵州特别是其西部的土著民族来说，无疑是难以接受的。其三，朝廷重用"敛臣"，大肆搜刮摊派，"害民特甚，民不聊生"，[5] 南方尤甚，今贵州地域亦然。成宗大德年间（1297—1307 年），元军两万余人远征八百

---

[1] 杨昌儒等：《贵州民族关系的构建》，贵阳：贵州人民出版社 2010 年版第 109 页。
[2] 以上见《元史·世祖纪》，《二十五史》第 9 册，上海：上海古籍出版社、上海书店 1986 年版第 13 页。
[3] 《元史·世祖本纪》，《二十五史》第 9 册，上海：上海古籍出版社、上海书店 1986 年版第 13 页。
[4] 《元史·惠宗本纪》，《二十五史》第 9 册，上海：上海古籍出版社、上海书店 1986 年版第 109 页。
[5] 《元史·赵孟頫传》，《二十五史》第 9 册，上海：上海古籍出版社、上海书店 1986 年版第 467 页。

媳妇国（今缅甸东境南掸邦境内，边界与今云南省景洪市亦即原西双版纳州交错），今贵州境内新添葛蛮军民安抚司、顺元等路军民安抚司、亦奚不薛宣慰司均须为过境大军无偿提供丁夫马匹，输运粮草。"驱民转粟饷军，溪谷之间，不容舟车，必负担以达。一夫致粟八斗，率数人佐之，凡数十日乃至。由是民死者亦数十万人，中外骚然。"① 沿途各民族不堪重负。凡此种种，造成了元朝统治下民族矛盾的尖锐性，一定程度抵消了地方对中央的认同感及民族认同感。今贵州也不例外。罗氏鬼国于至元十六年（1279年）归附，次年即与罗殿国举兵反。元廷调集云南、四川兵力，历时3年，始于至元十九年（1282年）"尽平其地"；至元二十年（1283年），"立亦奚不薛宣慰司"。② 成宗大德五年（1301年），元军为远征八百媳妇国而大肆征用丁夫马匹，激起各土著民族的武力反抗。"官军征发汝等，将尽剪发黥面为兵，身死行阵，妻子为虏"。③ 顺元等路军民安抚司所属葛蛮雍真等处长官司土官宋隆济、亦奚不薛女土官奢节（蛇节）率先发难，乌撒及今滇东北乌蒙、东川、芒部等旋起响应，战火延及今黔中、黔南、黔西北、黔西南，进而延及滇东北、桂北。元廷调动湖广、云南、四川、陕西4行省兵力，历时3年，至大德七年（1303年），始将战火灭熄。大规模动荡之外，小规模动荡更是绵延不断。仅90年，元王朝便在大规模的农民战争烈火中告终。

二、重本、屯田、广置站赤与物化儒学的发展

重本、屯田、广设驿站，元代今贵州物化儒学较之前代有所发展，从而为土司制的全面推行奠定了物化基础。

（一）"农桑，王政之本"

窝阔台汗征服金朝、占领黄河流域以后，开始改变"汉人无补于国……悉空其人以为牧地"的做法，顺应中原农耕社会，募民耕稼，同时实行屯田；"括户口"，以户编籍，"定天下赋税"。④ 伴随对华南的征服，逐渐接受了儒家的"重本"理念，意识到"农桑，王政之本也……国以民为本，民以衣食为本，衣食以农桑为本"。⑤ "祭先农于籍田"；⑥ 设"劝农官""司农司"；颁《农桑辑要》之书于民，"俾民崇本抑末"。⑦

---

① 《元史·董士选传》，《二十五史》第9册，上海：上海古籍出版社、上海书店1986年版第427页。
② 《元史·世祖本纪》，《二十五史》第9册，上海：上海古籍出版社、上海书店1986年版第37页。
③ 《元史·成宗本纪》，《二十五史》第9册，上海：上海古籍出版社、上海书店1986年版第59页。
④ 《元史·耶律楚材传》，《二十五史》第9册，上海：上海古籍出版社、上海书店1986年版第403页。
⑤ 《元史·食货志》，《二十五史》第9册，上海：上海古籍出版社、上海书店1986年版第275页。
⑥ 《元史·世祖本纪》，《二十五史》第9册，上海：上海古籍出版社、上海书店1986年版第31页。
⑦ 《元史·食货志》，《二十五史》第9册，上海：上海古籍出版社、上海书店1986年版第275页。

（二）使民"各从其俗，无失常业"

在今贵州地域，世祖至元十六年（1279年），"诏谕王相府及四川行中书省四道宣慰司抚治播州、务川西南诸蛮夷"，使民"各从其俗，无失常业"；① 二十九年（1292年），诏谕思州宣抚司，"其民因阅户惊逃者，各使安业"；② 遇有饥疫，赈济抚恤。维持常业之外，元廷还在今贵州地域实行屯田，军屯为主，民屯次之。

（三）"置屯田为守边之计"

元代"寓兵于农……内而各卫，外而行省，皆立屯田，以资军饷"；在诸如西南一类边疆地区，亦"置屯田为守边之计"，"制兵屯旅以控扼之"。③ 元代今贵州分属云南行省、湖广行省及四川行省，各地均有屯田。

云南行省地处边陲，既有军屯，亦有民屯，计"军民屯田一十二处"④。隶属乌撒乌蒙宣慰司的乌撒路（今黔西北之威宁、赫章），于世祖至元二十七年（1290年）"立……军屯，以爨僰军一百一十四户屯田"；⑤ 隶属曲靖等处宣慰司的普安路（约当今黔西南州）、普定路（约当今安顺市），军屯、民屯兼有。仁宗延祐七年（1320年），"立普定府屯田，分乌撒乌蒙路屯田卒二千赴之"。⑥ 亦奚不薛（以今大方为中心的毕节市东部）在归附后又数次反叛，规模不小；元廷驻戍官兵在3000以上，最多时达8000左右。⑦ 这些驻戍官兵有可能屯田。

隶属湖广行省的八番罗甸宣慰司（约当今黔南西部），自世祖至元十六年（1279年）八番归附并设立宣慰司之时起，即"以兵三千戍之"；⑧ 十七年（1280年），"以征也可不薛军千五百复还塔海，戍八番、罗甸"。⑨ 也可不薛，即亦奚不薛。二十六年（1289年），"命万户刘得禄以军五千人，镇守八番"。⑩ 由上述记载看，八番罗甸戍守官兵人数不少，当在3000乃至8000之多。又据《元史·文宗本纪》载，文宗至顺二年（1331年），"八番军从征云南者俱屯贵州，枢密院臣请遣使发粟给之"。⑪ 贵州即顺元路治所顺元城，今贵阳。八番军既可屯田顺元，亦可屯田八番；八番罗甸宣慰司及

---

① 《元史·世祖本纪》，《二十五史》第9册，上海：上海古籍出版社、上海书店1986年版第32页。
② 《元史·世祖本纪》，《二十五史》第9册，上海：上海古籍出版社、上海书店1986年版第50页。
③ 《元史·兵志》，《二十五史》第9册，上海：上海古籍出版社、上海书店1986年版第299页。
④ 《元史·兵志》，《二十五史》第9册，上海：上海古籍出版社、上海书店1986年版第301页。
⑤ 《元史·兵志》，《二十五史》第9册，上海：上海古籍出版社、上海书店1986年版第302页。
⑥ 《元史·英宗本纪》，《二十五史》第9册，上海：上海古籍出版社、上海书店1986年版第80页。仁宗延祐七年正月，仁宗死，英宗继位。故事在英宗朝，纪年仍为仁宗延祐七年。
⑦ 参见王兆良：《元湖广行省西部地区镇戍诸军考》，《黑龙江民族丛刊》1991年第1期。
⑧ 《元史·地理志》，《二十五史》第9册，上海：上海古籍出版社、上海书店1986年版第182页。
⑨ 《元史·世祖本纪》，《二十五史》第9册，上海：上海古籍出版社、上海书店1986年版第33页。
⑩ 柯劭忞等：《兵志二·镇戍》，《新元史》第99卷，长春：吉林人民出版社2007年版1997页。
⑪ 《元史·文宗本纪》，《二十五史》第9册，上海：上海古籍出版社、上海书店1986年版第102页。

顺元路宣慰司可能有军屯。

　　播州、思州长期隶属湖广行省。播州杨氏、思州田氏分别在忽必烈汗至元十四年（1277年）、十二年（1275年）归附元朝后，直至元末，忠顺不贰。元朝在这一地区建立了较为典型的土司制度，统治较为成功。这一地区镇守多由土兵即土司军队担任，仅在派遣出征一类特殊情况下才辅以官军，因而播州、思州无军屯。播州、思州毗邻四川并一度隶属四川。四川长期战乱，土地荒芜，屯田盛行，尤以民屯为旺，全省有"军民屯田二十九处"。如夔州路万户府军屯，"世祖至元二十一年，从四川行省议，除沿边重地，分军镇守，余军一万人，命官于成都诸处择膏腴地，立屯开耕，为户三百五十一人，为田五十六顷七十亩，凡创立十四屯"；总管府民屯，"世祖至元十一年置，累佥本路编民至五千二十七户，续于新附军内佥老弱五十六户增入"。① 受其影响，毗邻且一度隶属四川行省的播州、思州亦可能有民屯。

　　较之唐宋，在倡导、发展农桑方面，元王朝在今贵州地域的作为不大，究其原因，大约与蒙古民族毕竟是游牧民族，农耕意识不强相关；同时也与贵州多山区，不是发展农耕的最佳地域有关。相反，屯田因与军事密切相连，朝廷较为重视，成效较好，影响较大。其一，屯田不仅在自然条件较好、历史上也较为发达的黔中、黔北实施，而且在自然条件较差、历史上较为落后的黔西北实施，对于这些地域的社会经济特别是农业经济的发展起了一定的作用。其二，经济的发展及驿路的发达带来了地区之间、民族之间交往、联系、认同的增进，推动着今贵州地域土司制亦即领主制经济和社会的完善、巩固及发展。其三，为明代大规模的屯田做了某些铺垫。其四，为明代部分地区的改土归流、土流并治制度儒学的产生创造了一定的条件。世祖至元十六年（1279年），八番归附。"是年，宣慰使塔海以西南八番、罗氏等国已归附者，具以来上，洞寨凡千六百二十有六，户凡十万一千一百六十有八。西南五番千一百八十六寨，户八万九千四百"。② 历经宋代数百年的发展，西南八番社会有了很大的进步，元初设9安抚司，虽为土司制，却已编户齐民。再经元代近90年的发展，成为明代贵州建省后较早改土归流、建立流官体制的地区。明弘治年间，以其部分土司地设都匀府；成化年间，以其部分土司地置程番府；隆庆年间移程番府入省城，次年改贵阳府。而在建省之初与黔东思州、镇远、铜仁、乌罗、思南、石阡、黎平、新化8府同时设立流官的安顺、镇宁、永宁等3州，均在元代普定路（约当今安顺市）境内。这与以上地区于元代均有屯田并为驿站枢纽不无关系。其五，以屯军为主体的外来移民往往定居下来，增进了各民族之间特别是普通民众之间的交往、交流、认同。元代，伴随着文武官员仕宦任职、平民和商旅自发流移特别是军士镇戍屯田，相当数量的蒙古人、色目人及汉人进入今贵州地域。据统计，元代今贵州地域知州以上"官员有73人"。这些

---

① 《元史·兵志》，《二十五史》第9册，上海：上海古籍出版社、上海书店1986年版第301页。
② 《元史·地理志》，《二十五史》第9册，上海：上海古籍出版社、上海书店1986年版第182页。

官员主要为蒙古人、色目人及归附汉人,此外为少量土司官员。镇戍屯田军士同样主要是蒙古人、色目人及归附汉人,此外有少量爨僰军,即由云南彝族、白族人等组成的乡兵。"外地进入者多带有幕僚、随从、家属,往往定居当地,子孙繁衍"。官员、军人之外,"随着西南地区和内地交流的频繁,还有一些汉人、色目人商贾和平民从外地进入,数量多寡不一。贵州不少地方,至今仍有元代迁来的蒙古族、回族与白族人口的后裔"。① 威宁"回族中的保姓、铁姓、余姓、金姓等的家谱和口碑都说他们原是蒙古贵族",元明时期先后融入回族。"这些传说或典故在太师马、松林马、都民军马等的家谱中也有明确记载。"威宁河西马氏谱载,其先祖于元初"率300余骑随咸阳王抚滇,世袭永平、寻甸土官,至明宪宗改流时再迁河西,后迁陆良,之后又留守乌撒"。② 移民的进入,使今贵州地域的多民族大家庭又增加了蒙古族及由色目人演变而来的回族。以屯军为主体的外来移民中,有相当数量的汉人。移民进入今贵州地域,或多或少带来了中原及周边地区的先进生产技术及文化,这有助于推动当地社会的发展。移民特别是普通移民定居当地,增进了与当地土著民族之间的交往、交流、认同,增进了贵州各民族与周边及中原民族的交往、交流、认同,增进了贵州与元王朝的联系及大一统王朝认同。

(四)站赤之设,远胜前代

元代疆域广大,控制严密。为保证"通达边情,布宣号令",下情、边情上达,圣旨、朝令下传,有效维系大一统,朝廷广建站赤。所谓站赤,系蒙古语驿传音译。"凡站,陆则以马以牛,或以驴,或以车;而水则以舟。其给驿传玺书,谓之铺马圣旨;遇军务之急,则又以金字圆符为信,银字者次之。内则掌之天府,外则国人之为长官者主之;其官有驿令,有提领,又置脱脱禾孙于关会之地,以司辨诘。皆总之于通政院及中书兵部。"管理严格,设施完备。站赤之设,"四方往来之使,止则有馆舍,顿则有供帐,饥渴则有饮食",从而"梯航毕达,海宇会同"。③ 站赤之设,实质上是交通线路的开凿修建。相对于汉唐,较为发达的交通及密集的站赤,使信息传递相对迅捷,职官进退相对自如,军队调动相对便利,物资运输相对畅通。元代站赤之设,远胜前代。以京师大都(今北京)为中心,全国站赤达1500余处之多;④ 其中,领有今贵州地域的湖广、云南、四川三行省分别有173、78、132处,合计400余处。⑤

今贵州境内,主要有3条站赤驿路:自东而西、横贯今贵州全境之湖广通往云南驿路,川黔驿路,经今黔西北之滇蜀驿路。

---

① 以上参见古永继:《元明清时贵州地区的外来移民》,《贵州民族研究》2003年第1期。
② 马关勤:《贵州回族源流考略》,2013年11月26日,威宁彝族回族自治县人民政府网。
③ 以上见《元史·兵志》,《二十五史》第9册,上海:上海古籍出版社、上海书店1986年版第302页。
④ 参见《析津志·驿站》,《永乐大典》第19426卷,北京:中华书局1960年版第2-10页。
⑤ 参见《元史·兵志》,《二十五史》第9册,上海:上海古籍出版社、上海书店1986年版第303页。

其一，自东而西、横贯今贵州全境之湖广通往云南驿路。东起于湖北江陵（今湖北荆州市荆州区），经公安（今湖北公安）、常德（今湖南常德）、桃源（今湖南桃源）、辰州（今湖南沅陵）、晃州（今湖南新晃），进入贵州。贵州境内有平溪（今玉屏平溪）、镇远、偏桥（今施秉）、黄平、麻峡（今麻江）、新添（今贵定）、葛龙（今龙里）、贵州（今贵阳）、罗殿（今安顺）、普安（今盘县）。西行离黔入滇，经曲靖，达于中庆（今云南昆明）。①

其二，川黔驿路。起于古渝（今重庆），南行经伯节（今重庆巴县）、白庆（今重庆綦江）、安稳（川黔边界）、松坎（今贵州桐梓境）、夜郎（今贵州桐梓境）、桐梓（今贵州桐梓境）、播州（今遵义境）、永安（今遵义境），达于湘川（今遵义境）。在此分为正南、东南两路。正南驿路经乌江（今乌江渡口）、养龙坑（今息烽境）、底寨（今息烽境）、渭河（今修文境）、扎佐（今修文境），达于顺元（今贵阳），并在此与湖广通往云南驿路交汇。②东南驿路自湘川（今遵义境）分路后，经葛浪洞（疑为今余庆葛浪洞）、重安江（疑为今黄平重安江）而至麻峡（今麻江），在此与湖广通往云南驿路交汇。《经世大典·站赤》引湖广行省备播州宣慰司言，有"摘发湘川驿马前赴琅洞、重万、麻峡等站"语。③

其三，经今黔西北之滇蜀驿路。明代驿路设置多在元代基础上扩展，明人刘文征撰《滇志·旅途志第二·乌撒入蜀旧路》所记，可作元代经今黔西北之滇蜀驿路参考。驿路起自云南曲靖北境之交水（今云南沾益），北行进入今贵州境，西北行经乌撒（今威宁）、黑张（今赫章）、毕节、赤水河，离黔入川，达永宁（今叙永）、纳溪（今泸州市纳溪区）。④

上述3条省际驿路而外，尚有经今黔西南之滇桂驿路。驿路起自云南行省中庆（今昆明），东行经宜良、师宗、罗平，进入贵州，经黄草坝（今兴义）、安笼（今安龙），离黔入桂，经泗城（今广西凌云）、隆安，达于南宁。⑤

依托省际站赤驿路，又有若干支线驿路。其一，滇蜀驿路乌撒（今威宁、赫章）站通乌蒙（今云南昭通）、芒部（今云南镇雄）之驿路。《析津志·天下站名》记，湖广驿路由今贵州西部之普安（今盘县）西行进入云南行省后，达于中庆（今昆明），途

---

①以上参见《析津志·驿站》，《永乐大典》第19426卷，北京：中华书局1960年版第7-8页；《经世大典·站赤》，《永乐大典》第19418卷，北京：中华书局1960年版第14页。

②以上参见《经世大典·站赤》，《永乐大典》第19423卷第11页；何仁仲：《贵州通史》第1卷，北京：当代中国出版社2003年版第472-473页。

③《经世大典·站赤》，《永乐大典》第19419卷，北京：中华书局1960年版第16页。

④参见刘文征撰，古永继校点：《旅途志第二·乌撒入蜀旧路》，《滇志》第4卷，昆明：云南教育出版社1991年版第165-166页。

⑤参见刘文征撰，古永继校点：《旅途志第二·粤西路考》，《滇志》第4卷，昆明：云南教育出版社1991年版第173页。

中所经站赤，有"乌蒙、兀撒"。① 兀撒即乌撒，由此可见乌撒、乌蒙之间有站赤连通。《经世大典·站赤四》记，世祖至元三十年（1293年），中书平章政事不忽木等奏，云南赴大都路径，旧道皆"烟瘴远险，惟乌撒、芒部有一径，道近可千余里，既无瘴毒，又皆坦途……请改设站赤。臣等议谓便益之事，宜从其请。奉旨：若曰，斯言至矣，其从之"。② 其二，亦奚不薛宣慰司（今大方一带）通乌撒之站赤驿路。《元史·世祖本纪》记，世祖至元二十年（1283年），"立亦奚不薛宣慰司，益兵戍守，开云南驿路"。③

元代今贵州地域站赤驿路之设，远胜两汉唐宋。西汉国力强盛，有效统一今贵州并大规模开发；开"南夷道"并于沿线置驿站，涉及今贵州地域的为汉阳（今赫章、威宁）、平夷（今水城、六枝），是贵州最早的驿路设置记载。蜀汉采取少留兵、少派官政策；唐代直接治理的地域多数时期限于今乌江以北；两宋直接治理的地域不仅局限于乌江以北，且存在时间短暂。两汉以后至汉唐，今贵州地域再未见设置驿站的记载。元代国力强盛，疆域广大，对今贵州实现了有效的统一治理，因而站赤驿路之设，亦前所未有，计有自东而西、横贯今贵州全境之湖广通往云南驿路、川黔驿路、经今黔西北之滇蜀驿路、经今黔西南之滇桂驿路4条省际线路，乌撒通乌蒙、乌撒通芒部、亦奚不薛通云南等支线驿路，以顺元城为中心，今贵州地域内贯通黔北、黔东北、黔中、黔西北、黔西南，有据可查的即有40余站，此外尚有少量水站。地域外，驿路贯通周边的云南、四川、广西、湖广，贯通长江流域进而中原、京师大都。相对于两汉唐宋，元代较为发达的交通及较为密集的站赤，使得信息传递相对迅捷，职官进退相对自如，军队调动相对便利，物资运输相对畅通，从而推进了今贵州地域各地区、各民族之间的联系，推进了贵州同周边省份及中原地域的联系。就贵州地域而言，土司制的全面推行及相对较为发达的驿路，有助于进一步弱化昔日经制州、羁縻州、封国等不同政权体制、不同经济文化发展水平、不同传统习俗的壁垒、差异，有助于增进政令统一，推进社会政治、经济、文化全面发展，推进各民族上层之间的联系、交往、认同并进而带动各民族中下层的联系、交往、认同。就贵州地域以外而言，土司制的全面推行及相对较为发达的驿路，有助于进一步弱化贵州地域的封闭、守旧局面，增进与周边省份及中原地域的联系，推进贵州社会进步及民族认同；增进与朝廷的联系，推进贵州各民族的大一统中央王朝认同。此外，元代以顺元城（今贵阳）为治所的八番顺元宣慰司都元帅府，囊括了今贵州大部地域，形成了今贵州地域及行政中心的雏形；而以顺元城为中心的、四通八达的站赤驿路的开设，则进一步加强了以顺元城为中心的今贵州大部地域的联系，推动着今贵州地域及行政中心雏形的形成，为明代贵

---

①参见《析津志·驿站》，《永乐大典》第19426卷，北京：中华书局1960年版第8页。
②《经世大典·站赤》，《永乐大典》第19419卷，北京：中华书局1960年版第7页。
③《元史·世祖本纪》，《二十五史》第9册，上海：上海古籍出版社、上海书店1986年版第37页。

州建省做了一定的铺垫。

三、"儒者之道……从之则人伦咸得，国家咸治"

13世纪，蒙古社会发展程度远低于中原地区。在建立元朝、一统中国的进程中，受中原文化影响及治理中原农耕社会的需要，蒙古贵族在保留本民族文化的同时，接受了汉文化。"考之前代，北方之有中夏者，必行汉法，乃可长久。"① 特别是接受了古代中国的主流文化——儒文化，以儒学治国。儒学的核心，在于制定了纲常伦理规范，并通过教化使人们自觉循行规范，如此，社会就能安宁，国家就能稳定："儒者之道，君仁臣忠，父慈子孝，从之则人伦咸得，国家咸治，违之则乱尔。"② 早在窝阔台汗（1229—1241年在位）时期，中书令耶律楚材就提出了"必用儒臣"始可治国的主张："制器者必用良工，守成者必用儒臣"；③ 奏请开科举，"用儒术选士"，④ 推行儒学，任用儒臣。窝阔台汗五年（1233年），以孔子第51世孙孔元措"袭封衍圣公"；⑤ 八年（1236年），修复孔庙；九年（1237年），诏命举行科举考试，设论、经义、辞赋三科，"其中选者，复其赋役，令与各处长官同署公事"；⑥ 十年（1238年），考选儒士4030人，任用为官；⑦ 同年，在燕京（今北京）设书院，传授程朱理学。世祖忽必烈（1260—1294年在位）"信用儒术……立经陈纪"。尚未即大汗位，即"延籓府旧臣及四方文学之士，问以治道"。⑧ 在他的身边聚集了一批汉族儒士，刘秉忠、郝经、许衡等后来均成为元代经学名家、政治家、朝廷重臣。即大汗位后，即以"翰林侍读学士郝经为国信使"；⑨ 以"许衡为国子祭酒"；⑩ 诏"立诸路提举学校官"，以王万庆、敬铉等30位"博学老儒"充任；⑪ 宣示绍继尧舜禹汤夏商秦汉隋唐王朝传统，以中国历代正统王朝继承者自居。⑫ 大德十一年（1307年），成宗去世，武宗继位，将孔子谥号"至

---

① 《元史·许衡传》，《二十五史》第9册，上海：上海古籍出版社、上海书店1986年版第432页。
② 孙承泽：《元朝典故编年考》，《四库全书》第645册，上海：上海古籍出版社1989年版第828页。
③ 《元史·耶律楚材传》，《二十五史》第9册，上海：上海古籍出版社、上海书店1986年版第403页。
④ 《元史·选举志》，《二十五史》第9册，上海：上海古籍出版社、上海书店1986年版第233页。
⑤ 《元史·耶律楚材传》，《二十五史》第9册，上海：上海古籍出版社、上海书店1986年版第403页。
⑥ 《元史·选举志》，《二十五史》第9册，上海：上海古籍出版社、上海书店1986年版第233页。
⑦ 参见《元史·耶律楚材传》，《二十五史》第9册，上海：上海古籍出版社、上海书店1986年版第403页。总7635页。
⑧ 《元史·世祖本纪》，《二十五史》第9册，上海：上海古籍出版社、上海书店1986年版第13页。
⑨ 《元史·世祖本纪》，《二十五史》第9册，上海：上海古籍出版社、上海书店1986年版第13页。
⑩ 《元史·世祖本纪》，《二十五史》第9册，上海：上海古籍出版社、上海书店1986年版第15页。
⑪ 《元史·世祖本纪》，《二十五史》第9册，上海：上海古籍出版社、上海书店1986年版第15页。
⑫ 参见《元史·世祖本纪》，《二十五史》第9册，上海：上海古籍出版社、上海书店1986年版第22页。

圣文宣王"加封为"大成至圣文宣王"。①

作为宋代儒学主流的理学，在元代得到继承、大力倡导及广泛流播，从而盛行并成为官学。仁宗皇庆二年（1313年），规定科举考试以程朱理学家传注为主。四书用朱熹《四书章句集注》；《诗经》以朱熹《诗集传》为主，《尚书》以朱熹门人蔡沈《尚书集传》为主，《周易》以程颐《易传》及朱熹《周易本义》为主，"已（以）上三经，兼用古注疏"；《春秋》用《左传》《公羊传》《谷梁传》三传及程颐门人胡安国《春秋传》；"《礼记》用古注疏"。② 延祐二年（1315年），"诏以周敦颐、程颢、程颐、张载、邵雍、司马光、朱熹、张栻、吕祖谦、许衡并从祀孔子庙庭"。③ 这10人，均为宋、元理学代表人物。儒家经典及程朱注疏成为京师到地方各级各类学校、书院必读的、主要的书籍。理学的官学地位，在其后的500多年中，始终为明、清两个王朝所继承。理学成为中国封建社会后期的统治学说。

元代继承唐宋以来的科举选官制度。早在窝阔台汗时期，中书令耶律楚材就奏请开科举。窝阔台汗十年（1238年），蒙古贵族举行了第一次科举考试，考选儒士，任用为官。④ 然而，由于守旧势力的反对，直到70余年后才重开科举。仁宗皇庆二年（1313年），诏令"天下郡县兴其贤者能者充赋有司，次年二月会试京师……于后科场每三岁一次开试举人"。以为"崇学校为育材之地，议科举为取士之方，规模宏远矣"。规定考试内容"以经术为先，词章次之"。经术考试，"第一场明经、经疑二问，《大学》《论语》《孟子》《中庸》内出题，并用朱氏《章句集注》……经义一道，各治一经。《诗》以朱氏为主，《尚书》以蔡氏为主，《周易》以程氏、朱氏为主。已（以）上三经，兼用古注疏。《春秋》许用《三传》及胡氏《传》，《礼记》用古注疏"。取中，"第一名赐进士及第，从六品；第二名以下及第二甲皆正七品；第三甲以下皆正八品"。⑤

以儒学为主要考试内容的科举选官制度，带动了儒学的研习与流播，进而带动了学校教育的发展，并使儒学成为学校教育的主要内容。

元王朝接受"汉法"，意识到设立学校，以儒学行教化、造就人才的重要性。成宗大德十一年（1307年）诏谓："学校风化之原，人材所在，仰教官提调官勉励作养，业精行成以备擢用"。⑥ 仁宗延祐四年（1316年）诏曰："学校，为治之本，风化之源，

---

① 《元史·武宗本纪》，《二十五史》第9册，上海：上海古籍出版社、上海书店1986年版第85页。
② 《元史·选举志》，《二十五史》第9册，上海：上海古籍出版社、上海书店1986年版第233页。
③ 《仁宗朝·进十儒从祀》，《元朝典故编年考》第6卷，《四库全书》第645册，上海：上海古籍出版社1989年版第804页。
④ 参见《元史·耶律楚材传》，《二十五史》第9册，上海：上海古籍出版社、上海书店1986年版第403页。
⑤ 《元史·选举志》，《二十五史》第9册，上海：上海古籍出版社、上海书店1986年版第233页。
⑥ 《圣政一·学校》，《沈刻元典章》上册，北京：中国书店2010年版第47页。

仰各道肃政廉访司官、管民提调正官常加勉励，务要作成人才，以备擢用。"① 延祐七年（1320年）诏曰："农桑、学校，为政之本。盖务农所以厚民，劝学所以兴化。累圣相继，具有典章"。② 早在忽必烈汗中统二年（1261年），即诏"立诸路提举学校官"，以王万庆、敬铉等30位"博学老儒"充任；③ 至元八年（1271年），"命设国子学，增置司业、博士、助教各一员，选随朝百官近侍蒙古、汉人子孙及俊秀者充生徒"。④ 武宗至大二年（1309年）诏谓："学校之设，所以明人伦，养贤士，为政之要，莫先于此。宜令路、府、州、县正官躬亲勉励"，设立学校。⑤ 行省设儒学提举司，置提举、副提举各一员；⑥ "路设教授、学正、学录各一员，散府、上中州设教授一员，下州设学正一员，县设教谕一员，书院设山长一员"。⑦ 入学生员，"凡读书必先《孝经》《小学》《论语》《孟子》《大学》《中庸》，次及《诗》《书》《礼记》《周礼》《春秋》《易》"。⑧

元代今贵州学校教育较前发展，其主要标志，是在传统的乌江以北之外的乌江以南即黔中、黔西南也设立了学校，计有顺元城文明书院、普定路儒学、普安路儒学。

第一，文明书院。以顺元城（今贵阳）为治所的八番顺元宣慰司都元帅府，领有包括今黔东在内的贵州大部地域，属湖广行省。与之相邻的荆湖地域，历来是较为发达之区。元朝初年，湖广行省在顺元城设文明书院，仁宗皇庆年间（1312—1313年）改建。[嘉靖]《贵州通志》载："文明书院，在治城内忠烈桥西，即元顺元路儒学故址。"⑨ 又载，书院位于"治城内东，元初建于今都司北……皇庆间改建于今都察院左"。⑩ 明朝嘉靖年间贵州提学副使蒋信《重修文明书院记》谓，按察司左侧，"有旧文明书院荒址"。弘治年间，提学副使毛科建儒学，"得古额石于土壤，篆迹云云，故公因之"。⑪ 先后以何成禄、廖志贤为"儒学教授"。⑫ 何成禄，仁宗皇庆年间（1312—1313年）"为顺元路儒学教授，富于文学而有容止，训迪士人极诚恳，郡中人材因之渐

---

① 《圣政一·学校》，《沈刻元典章》上册，北京：中国书店2010年版第47页。
② 《圣政一·学校》，《沈刻元典章》上册，北京：中国书店2010年版第47页。
③ 《元史·世祖本纪》，《二十五史》第9册，上海：上海古籍出版社、上海书店1986年版第15页。
④ 《元史·世祖本纪》，《二十五史》第9册，上海：上海古籍出版社、上海书店1986年版第21-22页。
⑤ 《圣政一·学校》，《沈刻元典章》上册，北京：中国书店2010年版第47页。
⑥ 陈邦瞻：《科举学校之制》，《元史纪事本末》第8卷，北京：中华书局1979年版第56页。
⑦ 《元史·选举志》，《二十五史》第9册，上海：上海古籍出版社、上海书店1986年版第235页。
⑧ 《元史·选举志》，《二十五史》第9册，上海：上海古籍出版社、上海书店1986年版第235页。
⑨ [嘉靖]《贵州通志·学校》，《中国地方志集成·贵州编》第1册，成都：巴蜀书社2006年版第339页。
⑩ [嘉靖]《贵州通志·学校》，《中国地方志集成·贵州编》第1册，成都：巴蜀书社2006年版第337页。
⑪ [嘉靖]《贵州通志·学校》，《中国地方志集成·贵州编》第1册，成都：巴蜀书社2006年版第340页。
⑫ 参见[嘉靖]《贵州通志·官迹》，《中国地方志集成·贵州编》第1册，成都：巴蜀书社2006年版第328页。

盛；又尝迁建学舍，而以故址创书院"。廖志贤，惠宗至正年间（1341—1368年）"为顺元路儒学教授，启迪多方，远迩向风，一时称其善教"。①

八番顺元等处宣慰司都元帅府属下管番民总管府所辖金竹府（治今长顺县广顺镇），至迟在世祖至元末年（1294年）也设立了儒学，任命了教授。1982年，贵阳市花溪区燕楼乡金山洞发现元代摩崖石刻："大元忠显校尉……蛮夷长官司、金竹府事房明远于至元乙酉来此开拓边疆……酉民衷服……"，落款为"元贞二年金竹府吏赵坚书，教授冉□记"。②成宗元贞二年为1296年，世祖至元末年为1294年。

第二，普定路、普安路儒学。普定路约当今黔中安顺市，普安路约当今黔西南州、六盘水市一部，两路时属云南行省。云南元代设置行省，历史上首次形成地方一级行政建制，为文化、经济、政治的全面发展创造了条件。行省平章政事赛典赤，是元初著名的政治家，倡导儒学不遗余力。他"创建孔子庙，明伦堂，购经史，置学田"。其子忽辛"相继为行省右丞，复请下云南诸路，遍立孔子庙，选经学之士为之教官，而文风始兴"。③世祖至元十九年（1282年），朝廷"命云南诸路皆建学"。④受益于此，时属于云南行省的普定路、普安路亦设儒学，成为今贵州安顺市及黔西南州最早的学校。乾隆年间《贵州通志》谓，普定路军民总管府判官赵将仕"立学安边，政平讼理，夷人畏服怀德，立碑祀之"。⑤普定路、普安路为"夷"、仲、苗聚居之地，儒学的设立，教化的推行，"政平讼理"的治道，赢得了各民族的"畏服怀德"，促进了社会的安宁。

第三，播州。播州邻近巴蜀，得巴蜀文化之先，自汉代始，始终是今贵州地域儒学流播领先之区。元代播州军民安抚司虽长期受八番顺元等处宣慰司都元帅府节制，隶属湖广行省，但也一度隶属四川行省，其与四川的传统联系亦难以割断。播州安抚使杨氏，先祖出自中原，自唐末五代起至宋元，世代承袭，治理播州。南宋时期，播州第10—15世主杨选、杨轼、杨粲、杨价、杨文、杨邦宪，均留意艺文、建学养士，造就了贵州历史上的首批8名进士。忽必烈汗至元十二年（1275年），杨邦宪归附元朝，为播州安抚使。至元二十年（1283年），杨邦宪卒，子杨汉英继为安抚使、播州第16世主。他继承杨氏家风，"急教化，大治泮宫"，整顿学校，故"南北士来归者众，皆量材用之"。他本人亦有较为深厚的汉学修养，"为诗文，尚体要，著……《桃溪内外集》六十四卷"。尤为难得的是"喜读濂、洛书"，专究理学，颇有建树，"著《明哲

---

①以上见《录一·汉元文武功绩录第一》，[道光]《贵阳府志》上册，贵阳：贵州人民出版社1985年版第1092页。

②转引自何先龙：《千年水东》，北京：中国文史出版社2013年版第60-61页。

③陈邦瞻：《科举学校之制》，《元史纪事本末》第8卷，北京：中华书局1979年版第62页。

④《元史·选举志》，《二十五史》第9册，上海：上海古籍出版社、上海书店1986年版235页。

⑤[乾隆]《贵州通志·秩官》，《中国地方志集成·贵州编》第4册，成都：巴蜀书社2006年版第383页。

要览》九十卷"。娶思州土司田氏之女为妻,受其感染,"田氏亦善读书,人以为难能"。① 元朝今贵州地域唯一的进士(恩赐进士)杨朝禄,就出自播州。②

学校教育培养了一批熟知儒学的士人。士子中,主要是蒙古、色目贵族子弟,其次是汉官子弟,及少量庶民子弟。土司子弟当有少量入读。播州杨汉英"大治泮宫",其所兴办学校是否属于官学,不得而知,但杨氏子弟接受儒学教育则是可以肯定的,否则不会产生杨汉英一类汉学修养较为深厚的人物。学校教育成为儒学传播的主要途径。元代学校教育不同于汉唐,汉唐受教育的对象首先是汉族子弟,少数民族子弟极少,元代受教育的对象则首先是少数民族即蒙古、色目子弟,其次才是汉族子弟,以及少量土司子弟,这对于推进儒学在少数民族中的传播以及民族认同具有特别的意义。接受了儒学教育的蒙古、色目子弟更能获得任用、重用,在为官行政过程中对于推行儒学、推行教化更具典范意义。

学校教育之外,官员成为传播儒学的重要群体,这一群体包括蒙古官员、色目官员、汉族官员及土司官员。别儿怯不花,"少入国子学,为诸生";父阿忽台,"八番宣抚司长"。别儿怯不花继父袭"八番宣抚司达鲁花赤。既至,宣布国家恩信,峒民感悦,有累岁不服者皆喜曰:'吾故贤帅子孙也,其敢违命?'率其十四部来受约束。别儿怯不花以其事入奏,天子嘉而留之"。③ 完泽,文宗至顺元年(1330年)"为八番顺元宣慰使都元帅……奉宣德意,怀柔远人,境内乂安"。④"仁勇兼著,莅政未数月,号令肃然,旌旗改色。于是纪纲立,法度行,百废兴。"⑤ 乞住,文宗至顺(1330—1331年)初年"为八番顺元宣慰使。有惠政"。⑥ 那怀,惠宗至正五年(1345年)任镇守八番顺元等处万户府事,重修关羽庙,以"明侯不二其主也",⑦ 宣扬、倡导儒家忠义之道。仁宗延祐二年(1315年),达鲁花赤相兀孙妻脱脱真,"早寡,不忍独生,以死从夫",朝廷"旌其节……黔之旌扬节妇始此"。⑧ 普定路总管府通判赵将仕,"立学安边,

---

① 宋濂:《杨氏家传》,《宋学士全集》,北京:中华书局1985年版第352页。
② 参见[道光]《遵义府志·选举》,《中国地方志集成·贵州编》第33册,成都:巴蜀书社2006年版第92页。
③《录一·汉元文武功绩录第一》,[道光]《贵阳府志》上册,贵阳:贵州人民出版社1985年版第1091-1092页。
④《录一·汉元文武功绩录第一》,[道光]《贵阳府志》上册,贵阳:贵州人民出版社1985年版第1092页。
⑤ 范汇:《八番顺元宣慰司题名碑记》,[道光]《贵阳府志》下册,贵阳:贵州人民出版社1985年版第1741页。
⑥《录一·汉元文武功绩录第一》,[道光]《贵阳府志》上册,贵阳:贵州人民出版社1985年版第1092页。
⑦[嘉靖]《贵州通志·祠祀》,《中国地方志集成·贵州编》第1册,成都:巴蜀书社2006年版第384页。
⑧[乾隆]《贵州通志·人物志》,《中国地方志集成·贵州编》第5册,成都:巴蜀书社2006年版第3页。

政平讼理，夷人畏服怀德，立碑祀之"。① 江西名儒范汇，惠宗至正年间（1341—1368年）为八番顺元宣慰副使，于顺元路文明书院的创立多有贡献。"文学、政事闻于当时，而郡中记载多其手笔"。② 何成禄，仁宗皇庆年间（1312—1313年）为顺元路儒学教授，"训迪士人极诚恳，郡中人材因之渐盛"。廖志贤，惠宗至正年间（1341—1368年）为顺元路儒学教授，"启迪多方，远迩向风"。③

宋末元初长期战乱，一些江南及巴蜀士人避难进入今贵州。这些人多为汉族，他们在带来中原与巴蜀先进经济技术的同时，也带来了中原与巴蜀的先进文化。这成为元代贵州儒学的传播来源之一。他们与当地土著民族杂居，在传播儒家文化、改变陋俗、提升土著民族文化素质方面，起到了一定的作用。鲁郎山（又名书案山，今开阳县双流镇境内）高峰寺，"前元有隐士鲁姓者读书于此，今面此山居者，人多知《诗》《书》礼仪，岂鲁郎遗风耶"；④ "鲁郎，宋末人，避元乱，隐于寺中，读书自娱"。⑤

较之唐宋，元代今贵州地域学校教育有所进步，学校数量增加，分布地域由传统的乌江以北扩展到乌江以南即黔中、黔西南地域。培养了一批儒士，出现了杨汉英那样的学者及其儒学著作《明哲要览》。贵州由于历史的原因，儒学远较中原落后，元代以前，学有成就的儒者更是凤毛麟角。西汉舍人《尔雅注》，是贵州历史上有记载的第一部儒学著作，此后千余年，史籍再也没有儒学著作记载。直到元代，才有杨汉英的《明哲要览》，而且出自一位土司之手。包括蒙古族官员在内的一些官员也能在行政中践行儒学，推广儒学。儒学的传播推动了民族和解及社会的安宁。惠宗至正五年（1345 年），顺元路儒学教授廖志贤为镇守八番顺元等处万户府事那怀重修关羽庙作《关羽庙记》，称顺元"三边宁谧，军民安和，城市太平，宛如内郡"。⑥ 普定路为"夷"、仲、苗聚居之地。普定路总管府通判赵将仕设立儒学，推行教化，"政平讼理"，赢得了各民族的"畏服怀德"，促进了社会的安宁。⑦ 这些记载虽有溢美之嫌，但由于行政官员较为开明，奉行儒家治国理念，"仁勇兼著"，⑧ "奉宣德意，怀柔远人"，⑨ 因

---

① [咸丰]《安顺府志·赵将仕传》，《中国地方志集成·贵州编》第 1 册，成都：巴蜀书社 2006 年版第 397 页。

② 《录一·汉元文武功绩录第一》，《贵阳府志》上册，贵阳：贵州人民出版社 1985 年版第 1092 页。

③ 《录一·汉元文武功绩录第一》，《贵阳府志》上册，贵阳：贵州人民出版社 1985 年版第 1092 页。

④ [弘治]《贵州图经新志·贵州宣慰司》，《中国地方志集成·贵州编》第 1 册，成都：巴蜀书社 2006 年版第 11 页。

⑤ [民国]《开阳县志稿·名胜古迹》，《中国地方志集成·贵州编》第 38 册，成都：巴蜀书社 2006 年版第 351 页。

⑥ [嘉靖]《贵州通志·祠祀》，《中国地方志集成·贵州编》第 1 册，成都：巴蜀书社 2006 年版第 384 页。

⑦ [咸丰]《安顺府志·赵将仕传》，《中国地方志集成·贵州编》第 1 册，成都：巴蜀书社 2006 年版第 397 页。

⑧ 范汇：《八番顺元宣慰司题名碑记》，《贵阳府志》下册，贵阳：贵州人民出版社 1985 年版第 1741 页。

⑨ 《录一·汉元文武功绩录第一》，《贵阳府志》上册，贵阳：贵州人民出版社 1985 年版第 1092 页。

而所治理的地区相对较为安宁，当属不虚。儒学的推广传播，促进了蒙古、色目、汉民族与今贵州地域土著民族之间的文化交流、相互渗透及融合，促进了民族共同文化及心理的形成，推进了各民族之间的彼此认同。

元代，今贵州地域土司制全面推行，交通状况进一步改善，各地统一性、联系性增强；学校教育较前发展。凡此种种，使儒学传播较之前代有所发展。不过，较之唐宋，元代今贵州地域学校教育、儒学的传播及其成效又有不尽如人意之处。例如进士，宋代出了8名，元代仅1名，而且是照顾性的恩赐进士。究其原因，除了存在时间过短，不足百年以外，根本的还是在于元朝自身。

其一，蒙古贵族与儒学渊源过浅，体悟不深。13世纪初，蒙古社会尚处于由原始社会末期向奴隶社会、领主社会过渡的阶段，发展程度远低于中原地区。尽管在窝阔台汗（1229—1241年在位）时期，蒙古贵族便已接受儒学，封孔子后裔为衍圣公，修复孔庙，举行科举考试，但到1271年元朝建立时，也不过40来年的历史，与儒学渊源过浅，体悟不深。虽有窝阔台、忽必烈等较为开明的君主，但守旧势力依然强大。守旧者习惯于游牧民族的传统，"视学校为不急，谓《诗》《书》为无用"。①窝阔台汗十年（1238年）举行科举考试以后，由于内部的反对及争议，直至70多年后的仁宗皇庆二年（1313年），才重开科举；换句话说，1271年元朝建立后40余年、1279年元朝统一全国后30多年，元廷才重开科举，而其后仅50余年，元朝就终结了。科举选官制度过迟而又短暂推行，严重影响了学校教育的发展，人才的培养及选拔，儒学的教育、推广及传播。

其二，科举考试民族歧视严重。考试程式：蒙古、色目人仅考经问、策等两场，汉人、南人却须考明经经疑、古赋诏诰章表、策等三场。考题内容：蒙古、色目人简而浅，不考古赋诏诰章表；试策一道"以时务出题，限五百字以上"。汉人、南人繁而深，不仅要考古赋诏诰章表，而且"古赋诏诰用古体，章表四六，参用古体"；试策一道，"经史时务内出题……限一千字以上"；蒙古、色目人若"愿试汉人、南人科目，中选者加一等注授"。取录名额："蒙古、色目人作一榜，汉人、南人作一榜"，②名额各占一半。而蒙古、色目人在全国人口中所占比重远较汉人、南人为少，更毋论汉族士人文化素养总体上远较蒙古、色目士人为高。各地参加会试的名额也同样是二者各一半。任用：汉人、南人进士不能任尚书、御史、宪司官。这些举措虽有利于儒学在少数民族中的传播，但又严重挫伤、制约了汉族士子的积极性，不利于儒学的更快发展流播。

其三，一些儒学流于形式。掌握实权的蒙古贵族，不少人囿于游牧民族重武轻文的传统，不能真正理解以儒学治天下的真谛，对推行儒学抱抵触、抵制态度，致使不

---

① 柯劭忞等：《选举一·学校科举》，《新元史》第64卷，长春：吉林人民出版社2007年版第1506页。
② 《元史·选举志》，《二十五史》第9册，上海：上海古籍出版社、上海书店1986年版第233页。

少学校的设立有名无实，虚应故事。忽必烈汗至元六年（1269年）诏书对此有所披露："盖学校者风化之本，出治之源也。诸路虽设有学官，所在官司例皆视同泛常，不肯用心勉励，以致学校之设，有名无实。由是，吏民往往不循礼法，轻犯宪章，深不副朝廷肃清风俗、宣明教化之意"。① 至元二十九年（1292年），监察御史王龙泽奏折则有进一步的揭露："即目各道州、县，有见设学校去处，或微有隳废，失时修营；或旧曾敧倾，遂至覆压；或初制浅陋；或旧无规矩；或为过客之馆舍；或为军伍之聚庐，借为设局，往来游宴……先圣庙宇，粪土堆积，明伦堂后，税务指占，至于斋舍，税官铺军居止，上安下恬，官莫之禁。即此推之，非所目见如此类者必多，甚非所以钦崇先圣、兴起士风之意。"②

元朝统一盛况空前，在儒文化的流播及促进民族认同方面本可大有作为。可惜存在时间过短，特别是与儒文化渊源过浅，体悟不深，加之民族歧视严重，因而成效不大。

第五节 蜀汉至宋元贵州儒文化与民族认同特点

三国两晋南北朝时期，除西晋短期统一外，中国处于多个政权并立的分裂对峙状况，中原政权无暇顾及今贵州等边远民族地区；其间虽有西晋的短期统一，但内乱惨烈，同样无暇顾及今贵州等边远民族地区。唐代虽属大一统盛世，但由于中期以后国势跌落，加之南诏崛起，与中央王朝时和时战，包括今贵州在内的西南地区与唐王朝的联系大为削弱；两宋，北方边患严重，无暇顾及西南；元朝，统一盛况空前，在儒文化的流播及促进民族认同方面本可大有作为，可惜囿于游牧民族的重文轻武习俗，与儒文化渊源过浅，体悟不深，加之民族歧视严重，又仅存在90年，因而未能取得与其大一统局面相称的、如同汉代那样的成就。较之两汉时期，今贵州地区与中原地区、贵州少数民族与中原汉民族的联系、交往大为减弱，儒文化在今贵州地区的流播及民族认同进程大为减缓。

联系交往虽然大为削弱，但今贵州地区与中原地区的交流依然存在，民族之间的交流依然存在，制度儒学、物化儒学、文化儒学的流播及民族认同进程缓慢地延续着、发展着。

---

① 柯劭忞等：《选举一·学校科举》，《新元史》第64卷，长春：吉林人民出版社2007年版第1505-1506页。"深不副朝廷肃清风俗"，"深不副"，原文如此。
② 王颋 点校：《王御史言六事》，《庙学典礼》第4卷，杭州：浙江古籍出版社1992年版第70-71页。

一、制度儒学：从郡国并存到土司制度

（一）蜀汉时期今贵州郡国并治制度的承袭与变更发展

蜀汉两晋南北朝隋唐辽宋夏金元时期，儒文化在今贵州地区的传播依然主要表现为制度儒学。蜀汉时期，在包括今贵州在内的南中继续实行郡国并治制度，但有所变更发展。

蜀汉时期，同两汉一样，蜀汉政权在今贵州设置郡、县，派遣守、令及少量军队，在保证朝廷对地方控制的同时，郡县守令及军队仅直接管辖郡、县所在地少量区域，其余广大区域，则仍由当地土著民族首领自行治理，一不派官，二不驻军。其变更发展有三：其一，郡、县驻军更少，以解决由外地运送军粮不易的矛盾。其二，任用土著民族首领为治，但不封王封侯，唯一的例外是封慕胯（今大方）"夷人"首领妥阿哲（济火）为罗甸王。其三，任用土著民族大姓"夷帅"为朝廷官员，参与中枢决策，增进土著民族首领对蜀汉大政方略的了解与理解，增进其对于儒家文化的了解与吸纳。蜀汉政权在今贵州实行的郡国并治制度，有利于"夷"、汉民族之间矛盾的减少及缓和，有利于扩大蜀汉政权的民庶基础，有利于增进"夷"、汉民族之间的理解、互信及认同。

（二）唐代经制州、羁縻州及封国的并置并治

唐朝在继承汉魏以来郡国并治模式的基础之上，在今贵州实行经制州、羁縻州及封国并置并治的制度。相对于两汉、蜀汉在今贵州推行的郡、国并治政治制度，制度儒学在贵州的流播又有了新的发展。其一，经制州。汉魏虽然也在今贵州设置郡县，但那是与内地正州不同的边州，郡县能够直接管辖、治理的地方，实际上仅限于若干"点"，即郡、县治所所在地，治所以外的广大地区均处于少数民族方国及其君长、"夷帅"的控制、治理之下。唐代在今贵州设立的经制州，已经属于与内地州大致相同的州，对地方的直接管辖已不再局限于"点"，而是扩大到了"点"以外的大多数地域；同样要编户齐民，征粮纳税。由朝廷直接治理的经制州不仅置于贵州历来较为发达的乌江以北即黔北、黔东北地域，而且深入乌江以南的黔中大部、黔南大部、黔西南大部、黔西北部分、黔东南部分。其二，羁縻州。官员虽然由当地土著民族首领担任并世袭，但它已纳入了唐王朝的统一官制，体制与正州划一，官员必须由朝廷加封，必须遵守朝廷礼制，定期朝贡，守边卫土，服从调遣，出兵从征，其所受到的约束力较之方国君长、"夷帅"进了一步。其三，封国。仍然保留方国君长的地域，较之汉魏大为缩小。经制州、羁縻州及封国并置并治制度的实施，朝廷直接治理地域的扩大，对

地方土著官员约束力的增强，方国君长统辖地域的缩小，加强了朝廷对今贵州的管辖、治理，为贵州社会政治、经济的稳定及发展，为儒学在贵州的继续传播与缓慢发展，为民族之间的交往认同创造了条件。惜中期以后，国势衰退，唐王朝不断收缩在今贵州地域的治理力度，经制州大致退到乌江以北；对于羁縻州、封国，实际上采取了放任的态度。唐代，制度儒学在今贵州的流播及其对于民族认同的推动作用，未能取得与中国历史上大唐盛世相称的成就，未能取得与两汉媲美的成就。

（三）宋代制度儒学与土著民族的宋王朝认同

宋代，今贵州地域行政机构设置仍承袭唐代，实行经制州、羁縻州及封国并置并治制度。然而，严重而持续的北方边患，极大地制约了两宋王朝对于包括今贵州在内的西南边地的掌控。经制州萎缩，不仅局限于今乌江以北即今黔北、黔东北地域，而且数量极少，掌控地域很小，仅有播州、思州短暂地存在于北宋末期；羁縻州膨胀，不仅分布于今乌江以南的广大地域，而且分布于乌江以北的多数地域；封国范围扩大。宋代对今贵州的管理较之唐代更为松弛，制度儒学的影响较之唐代进一步减弱。

不过，伴随宋室南渡、经济重心南移，四川成为全国两大经济中心之一，毗邻四川的今乌江以北物化儒学的流播较之唐代更有成效；包括乌江以南地域在内的马市贸易则因马匹需求激增而日益活跃，规模大，延续时间长。社会经济的发展，维系并密切了贵州各民族之间、贵州各民族与周边民族及中原民族的联系、交往、了解，各土著民族频繁朝贡，认同宋王朝。乌江以北即黔北、黔东北，历来与中央王朝关系较为密切，宋代亦然。思州田氏始终保持着与朝廷的联系。播州杨氏与朝廷的联系虽不及思州田氏，但在跟随宋室抵抗蒙古方面却尽心竭力，在当时各土著民族中极为突出。乌江以南，黔中、黔南罗殿国暨顺化九部落、南宁州归化王暨西南八姓番也甚为活跃，次为黔西北罗氏鬼国、黔中水东宋氏。

今乌江以南土著民族的频繁朝贡、宋王朝认同，更多地出自赏赐企求，经济色彩浓烈。乌江以北土著民族的宋王朝认同，则政治色彩浓烈。播州杨氏与朝廷的联系不及乌江以南地域的土著民族，却在抵抗蒙古的大节上表现非凡。思州田氏与朝廷不仅联系密切，而且在南宋初年"储以万缗献助朝廷"①，出兵抗金；末年，"往播州共筑关隘"，防御蒙古军。② 这显然与地区经济的发达与否以及受中原文化影响的深浅关联。

（四）元代土司制的全面推行

"法《春秋》之正始，体大《易》之乾元。"③ "虽在征伐之间，每存仁爱之念，博

---

①［民国］《贵州通志·人物志》，贵阳：贵州人民出版社2001年版第12页。
②《宋史·理宗本纪》，《二十五史》第7册，上海：上海古籍出版社、上海书店1986年版第110页。
③《元史·世祖本纪》，《二十五史》第9册，上海：上海古籍出版社、上海书店1986年版第13页。

施济众，实可为天下主。"① 蒙古贵族在保留本民族文化的同时，接受了儒家大一统及仁民理念。

　　1279年，元朝建立，统一了全国；同年，统一了今贵州全境。与唐宋经制州、羁縻州、封国并治不同，元廷在今贵州不再设立类似于唐宋经制州那样的路、府、州、县，封国也不再存在，而是全面推行土司制度，即在行省之下，设立总管府及宣慰司两个特殊行政建制系统，任用土著民族首领为土官，世袭治理。土官虽由土著民族首领世袭担任，但必须由朝廷任命，职位、职数、职责均有定制。土司制度类似于唐宋羁縻州制度，但又较之后者进了一步。土司官员任用实行"蒙、夷参法"，各级土司政权大多设置专由蒙古人、色目人担任的达鲁花赤坐镇监察，以保证土司政权对朝廷的忠诚；土司官员的承袭制度更为规范，必须经朝廷依据封建宗法制度予以甄别、认定，并授予诰敕、印章、虎符一类信物；土司不仅须定期朝贡，且须如同内地路、府一样纳赋，以表示对中央王朝的臣服及对中央王朝版图的归属；绝不允许叛离，否则出兵平定，绝不放任姑息。土司制的普遍推行，使封国及番落不再存在，贵州社会总体进入领主制社会阶段，纳入统一的行省体制之中。它推进了贵州行政区域及行政体制的统一趋势，减少了地方分裂与动乱；加强了中央集权，增进了贵州与朝廷的联系；推进了贵州各民族的大一统中央王朝认同，推进了贵州各民族之间的接触、交往、交流与认同，推进了贵州各民族与中原民族的接触、交往、交流与认同。土司制度的全面实行，是儒家大一统理念的制度转换在古代贵州的发展，是古代贵州制度儒学的发展。

　　元朝的建立，更多的是依靠军事的强势压力，"以神武定四方"；② 蒙古、色目、汉人、南人四等划分的民族不平等政策，造成了民族之间的对抗情绪；搜刮摊派使各民族不堪重负。凡此种种，造成了今贵州地域民族矛盾的尖锐性，一定程度抵消了地方对中央的认同感及民族认同感。

二、物化儒学：缓慢发展，有所进步

（一）蜀汉两晋南北朝今贵州物化儒学的缓慢发展及封建领主制生产关系的产生

　　魏晋南北朝时期的动乱分裂局面，大一统制度儒学的衰微，中原王朝对边远地区的无力经营，以及原本基础的落后，较之两汉，今贵州物化儒学的成就大为逊色，社会经济的发展速度远不如中原地区及相邻的巴、蜀。不过，历经两汉数百年的开发，贵州与外界联系的大门业已打开，在动乱分裂的环境之中依然与周边政权保持着或隶

---

① 《元史·世祖本纪》，《二十五史》第9册，上海：上海古籍出版社、上海书店1986年版第13页。
② 《元史·世祖本纪》，《二十五史》第9册，上海：上海古籍出版社、上海书店1986年版第13页。

属、或遥尊的关系，保持着政治的、经济的、文化的交往、交流，因而得以在艰难的环境之中依然缓慢地发展着，依然有所进步。其一，铁器的生产、使用较汉代有所进步。日常生活中铁器的增多，表明铁器的生产、流通及使用已较过去为普遍。其二，历经两汉数百年社会政治、经济、文化发展的积累，以及东汉末年以后战乱、分裂环境中艰难而缓慢的发展，包括今贵州大部在内的南中地区土著民族社会出现了封建领主制生产关系，开始了由奴隶制社会向封建领主制社会转变的进程，这是历史上物化儒学、制度儒学及文化儒学传入贵州并促进贵州社会发展进步的重大成果，是古代贵州发展史上的重大事件，为古代贵州的民族认同奠定了初步的、物质的、经济基础的趋同元素。

（二）唐代今贵州物化儒学有所发展、进步

唐代，今贵州地域物化儒学较之魏晋南北朝有所发展、进步。在温暖湿润的牂牁坝子地带，稻、麦两熟，复种技术得以推广。"水田每年一熟。从八月获稻，至十一、十二月之交，便于稻田种大麦，三月、四月即熟。收大麦后，还种粳稻"。[①] 朱砂开采、提炼有所发展。德宗建中三年（782年），"蛮州刺史宋鼎贡朱砂五百两"。[②] 随着经济的发展、人口的增加，新的城镇形成。今贵州地域设有六七十个经制州、羁縻州，一般说来，州治所在当有相当人口及一定经济规模。不过，这种发展、进步未能达到与中国历史上大唐盛世相称的水平。中唐以后，随着国势的跌落及朝廷在乌江以南地域势力的收缩，唐朝对乌江以南地域的开发治理寂然无闻，考古遗址、墓葬出土甚少即是明证，与两汉在这一地域轰轰烈烈的开发局面形成鲜明的对照。

（三）宋代今贵州物化儒学较之唐代有成效

宋代对今贵州的治理、开发力度虽然不及唐代，但社会经济发展程度却较唐代为大，物化儒学的流播较之唐代有成效。原因有二：其一，唐宋，特别是宋，伴随宋室南渡，中国经济重心逐渐转移到长江流域及其以南，僻处西南的四川一跃成为全国两大经济中心之一，毗邻四川及荆湖的今乌江以北地域即黔北、黔东北的社会经济发展程度仍较唐代为大，物化儒学的流播较之唐代更有成效，墓葬考古资料对此提供了间接佐证。伴随着社会经济的发展，封建领主制经济开始盛行，地主制经济有所发展。这为制度儒学及文化儒学的发展提供了进一步的物化基础。宋代领主制的盛行，从编户统计中亦可看出。两汉时期，今贵州地域仅牂牁郡就有3万余户、26万多口。[③] 唐代大为减少，仅播州、思州有一些。至于宋代，《宋史·地理志》则完全没有相关统计资

[①] 樊绰 著，向达 撰：《蛮书校注》第7卷，北京：中华书局1962年版第171页。
[②] [民国]《开阳县志稿·矿产》，《中国地方志集成·贵州编》第38册，成都：巴蜀书社2006年版第403页。
[③] 参见《后汉书·郡国志》，《二十五史》第1册，上海：上海古籍出版社、上海书店1986年版第75页。

料。其二，今乌江以南地域社会经济的变化虽不及乌江以北地域，但是，受宋室南渡、马匹需求激增的影响，马市贸易空前活跃，进而深刻地影响了当地社会。两宋数百年间，作为游牧民族的辽、金、蒙古相继南下，马匹成为宋朝极为重要的军需物资。宋代特别是南宋丧失北方马市以后，包括四川、广西在内的南方马市成为朝廷马匹的重要供给地，贵州则是南方马市的重要参与者。黔西北罗氏鬼国的良马大量进入四川马市交易；黔中、黔西南罗殿国、自杞国则进入广西马市，大量转售大理马。马市贸易规模大，涉及地域广，参与土著民族多，延续时间长，成为宋代今贵州土著民族与宋王朝之间主要的、最重要的、大规模的经济活动，促进了土著民族地区社会经济的发展，推动了汉魏时期发端的封建领主制经济的发展，为元代今贵州社会整体进入领主制土司社会准备了必要的物质条件；维系并密切了土著民族与中原民族及周边民族的联系、交往、了解及认同，维系并密切了土著民族与宋王朝的联系、交往、了解及认同；为抗金、抗元战争及宋王朝的延续提供了一定的支撑。从一定意义上讲，马市贸易是宋代物化儒学、制度儒学在今贵州的延伸。两宋对今贵州的政治治理及经济开发尽管不及唐代，更逊于汉代，然而各土著民族与大中原的联系及对大一统王朝的认同却盛况空前，由此可以找到一些答案。

（四）元代重本、屯田、广置站赤，物化儒学有所发展

统一进程中，蒙古贵族逐渐接受了儒家的"重本"理念，意识到"农桑，王政之本也"。[①] 在今贵州地域，诏谕地方官员安抚百姓，使民"各从其俗，无失常业"。[②] 维持常业之外，又在隶属云南行省乌撒路（今黔西北之威宁、赫章）、普安路（约当今黔西南州）、普定路（约当今安顺市）、亦奚不薛宣慰司（以今大方为中心的毕节市东部）、隶属湖广行省的八番罗甸宣慰司（约当今黔南西部）、顺元路宣慰司（治顺元城，今贵阳）、播州、思州实行屯田，军屯为主，民屯次之。为保证"通达边情，布宣号令"，[③] 朝廷广置站赤，计有自东而西、横贯今贵州全境之湖广通往云南驿路、川黔驿路、经今黔西北之滇蜀驿路、经今黔西南之滇桂驿路4条省际线路，乌撒通乌蒙、乌撒通芒部、亦奚不薛通云南等支线驿路，以顺元城为中心，地域内贯通黔北、黔东北、黔中、黔西北、黔西南，地域外贯通周边的云南、四川、广西、湖广，贯通长江流域进而中原、京师大都。

较之唐宋，在倡导、发展农桑方面，元王朝在今贵州地域的作为不大。相反，屯田、站赤驿路之设因与军事密切相连，朝廷较为重视，成效较好，影响较大；特别是驿路，远胜两汉唐宋，物化儒学较之前代有所发展。经济的发展及驿路的发达，有助

[①]《元史·食货志》，《二十五史》第9册，上海：上海古籍出版社、上海书店1986年版第275页。
[②]《元史·世祖本纪》，《二十五史》第9册，上海：上海古籍出版社、上海书店1986年版第32页。
[③]《元史·兵志》，《二十五史》第9册，上海：上海古籍出版社、上海书店1986年版第302页。

于进一步弱化昔日经制州、羁縻州、封国等不同政权体制、不同经济文化发展水平、不同传统习俗之间的壁垒、差异；有助于增进政令统一，推进社会政治、经济、文化的全面发展，从而促进今贵州地域土司制亦即领主制经济和社会的完善、巩固及发展；促进地域内各地区、各民族之间的交往、联系及认同感，促进贵州各民族与元王朝的联系及大一统王朝认同；为明代大规模的屯田做了某些铺垫，为明代部分地区的改土归流、土流并治制度儒学的产生创造了一定的条件。

两汉时期，随着汉族移民的进入，今黔中安顺以西曾经出现过零星的地主制经济并设立郡县；唐宋时期，受巴蜀、荆楚邻近发达地区的影响，今黔北、黔东北产生地主制经济并设立经制州。但是，"夷"多汉少及大多数地域社会经济落后的环境，加之两汉以后中央王朝开发力度的削弱乃至无力，几度出现过的地主制经济及郡县、经制州，又几度后退，几近消亡。元代全面实行土司制，少量地域地主制经济及郡县、经制州后退为羁縻州，多数地域由奴隶制乃至原始制进至领主制经济及领主制社会，领主制经济成为贵州社会的主流。全面实行土司制，整体进入领主制社会，是古代贵州制度儒学及社会发展进程的一大进步。

三、文化儒学：传播甚微，影响很小

（一）蜀汉两晋南北朝官员的儒学垂范

这一时期，儒学的传播形式及途径主要是诸葛亮一类官员的垂范。诸葛亮及蜀汉派驻南中的郡县守令官员，"和""抚"夷越，安民养民，践行儒家忠孝仁义理念，在民族地区传达了儒家思想。诸葛亮还以图画的形式，向土著民族宣传儒家的忠君奉上观念。接纳到朝廷为官的土著民族上层，则直接受到了儒学的熏陶。儒学的影响主要达于上层社会中的少数人，在普通民庶中微乎其微。蜀汉两晋南北朝时期，包括治理较好的蜀汉时期，儒学的传播较之两汉时期大为落后。两汉时期，犍为舍人作《尔雅注》，开《尔雅》注释之先河；牂牁盛览从司马相如习辞赋，学成归里，兴学授教，传播儒学；牂牁尹珍赴京师学成归来，兴学授徒。关于儒学在今贵州兴起的情况，史籍尚多少有所记载。其后至南北朝，包括治理较好的蜀汉时期，有关今贵州地域儒学传播的情形，史籍则未有反映，更未出现舍人、尹珍一类"以经术发闻"中原之南域学者。[①] 国家的分裂及战乱，必然严重影响文化的发展。大一统政治格局的实现，中华民族的和睦共处，对于儒文化在边远民族地区的流播以及民族认同，对于儒文化在贵州地区的流播及民族与民族认同，有着重要的意义。

[①]《清史稿·郑珍传》，《清史稿》第43册第482卷，北京：中华书局1977年版第13288页。

（二）唐代官员、文人的儒学践行及垂范效应

唐代，儒学结束了魏晋南北朝数百年间的分裂与削弱，出现一统和繁荣的局面。以儒学作为重要考试内容的科举制度的进一步完善及其成为选官的主要途径，与科举选官制度密切关联的学校教育的发展，提升了儒学的地位及影响，推动了儒学的流播。今贵州出现了历史上明确见于载籍的第一所官学。不过，这也是唐代贵州明确见于载籍的唯一一所官学。考虑到贵州的落后状况，估计这方面的功效不大。其时，贵州儒学传播的主要途径，是履职或流放官员、文人治理、行政过程中的儒学践行及其产生的垂范效应。南承嗣、牛腾、段文昌等"多善政"，①仁民惠民；"清俭自守，德业过人……夷獠渐渍其化"。②龙标（今锦屏隆里）尉、诗人王昌龄"为政以宽"，"爱民如子"，创办龙标书院，传播儒学。诗人李白留下了不少与夜郎相关的诗篇，黔北地区广泛流传着李白的故事，存在很多与李白相关的"遗迹"，显现了以李白为象征的包括儒家文化在内的中原文化在古代贵州的传播，显现了古代贵州各民族对于包括儒家文化在内的中原文化的景仰与认同，促进了贵州各民族与中原汉民族共同文化心理的形成。诗人刘禹锡、柳宗元分别贬播州刺史、柳州刺史。播州较柳州荒蛮僻远，为使刘禹锡能伺奉80岁老母，柳宗元自请与刘禹锡对调。他们虽然最终都未到播州，但柳宗元的事迹却深深地感动着播州，流传在播州；其敬老笃友、大仁大义的德行，成为古代贵州传播儒学、教化民庶的楷模和历史资料。

唐代是中国古代社会的鼎盛时期，儒文化的发展同样盛况空前。然而，今贵州儒文化的传播及民族认同的进程却未能取得与盛唐相称的成就，未能取得与两汉媲美的成绩。有关儒学传播的记载几乎不见，更未产生如同尹珍、舍人、盛览那样的"发闻中原"的儒学学者、文化名人。中唐以后国势的跌落以及对于今贵州治理、开发力度的收缩、减弱，导致唐代今贵州儒文化流播进程的式微。

（三）两宋儒文化大有起色

宋代，隋唐以来的科举制度发生重要转变，由进士科、诸科（明经科）并重甚至偏重进士科转而侧重经义取士，引导社会更加重视儒学的研习，推动着儒学的进一步传播。两宋，因宋室南渡、文化重心南移，今贵州儒学的流播较之唐代大有起色。思州有銮塘书院、竹溪书院。世袭治理播州的杨氏，颇重文教。当北宋时，"上下州不相能，闽、罗……不暇修文"。南宋初始，"选始嗜读书，岁致四方贤士以十百计；轼盖留意艺文，由是荒蛮子弟多读书，攻文字，土俗大变；至粲，乃建学养上（士）；价乃

---

①[乾隆]《贵州通志·名宦总部》，《中国地方志集成·贵州编》第4册，成都：巴蜀书社2006年版第364页。

②以上见[道光]《遵义府志·宦绩》，《中国地方志集成·贵州编》第33册，成都：巴蜀书社2006年版第6页。

以取播士请于朝，而每岁贡三人"。① 其后至南宋后期，播州出了8名进士。

南宋，今贵州产生历史上首批进士。这是贵州古代儒学传播史上的一件大事。科举制度自隋朝创始，历唐、五代、北宋及南宋前期，600余年间，今贵州始终无人中进士。南宋后期，播州出了8名进士。进士的后面，是人数较多的贡士、人数更多的读书人。这表明，南宋后期，播州文化教育已小有规模，出现了一批读书人，其中少数学有所成。这是贵州历史上儒学进一步传播的大事及标志。两汉时期，今贵州有尹珍、盛览、傅宝、尹贡获荐辟，尹珍并"以经术发闻中原"。魏晋隋唐700余年，今贵州人才教育培养默默无闻。相较而言，宋代8名进士的产生，不能不说是汉代以后今贵州人才教育培养的一个起眼的成就。

宋代播州建学授教，使古代贵州儒文化在土著民族中的传播进入实质性阶段。汉代尹珍"教授南域"，儒学"流传于蛮云瘴雨中"，② 那是一种较为宏观、模糊的描述。蜀汉诸葛亮以图画形式对南中"夷帅"宣传儒家礼法君臣之道，是一种由汉臣进行的、较为原始的儒学传播方式。唐代在今黔北设立官学，同样是由流官进行的学校教育。宋代播州重视文教，留意艺文，修庙设学，奏请贡士，均属杨氏所为，而且已属狭义的文化教育传播行为，这是史籍首次明确记载的、古代贵州土著民族接受并大力传播儒学的事迹。它表明，古代贵州儒文化在土著民族中的认同、传播进入实质性阶段。

宋代今贵州儒学的传播，基本上局限于播州、思州，即今乌江以北，亦即黔北、黔东北。两地与历史上较为发达的川、湖邻近；播州更属夔州路，与今重庆属同一行政区域。就兴学授教且产生了首批进士而言，就播州杨氏接受并大力传播儒学而言，宋代今贵州儒学的传播是两汉以后的一次飞跃。但是，就总体而言，今乌江以南儒学的影响却寂然无闻，而这一地域恰恰在汉代是最活跃的，在蜀汉时期也小有成就。较之两汉，宋代显然退后了。

（四）元代儒学教育的进展

蒙古贵族仿行"汉法"，接受儒学，兴学校，开科举，以程朱理学为学校教育、科举考试的基本内容，以儒学治天下。"儒者之道，君仁臣忠，父慈子孝，从之则人伦咸得，国家咸治，违之则乱尔。"③ 播州安抚使杨汉英"急教化，大治泮宫"。④ 顺元路有文明书院，普定路、普安路有儒学。较之唐宋，元代今贵州学校教育有所进步，学校数量增加，分布地域由传统的乌江以北扩展到乌江以南即黔中、黔西南地域。培养了

---

① [道光]《遵义府志·选举》，《中国地方志集成·贵州编》第33册，成都：巴蜀书社2006年版第91页。
② [嘉庆]《正安州志·尹珍考》，《中国地方志集成·贵州编》第40册，成都：巴蜀书社2006年版第77页。
③ 孙承泽：《元朝典故编年考》，《四库全书》第645册，上海：上海古籍出版社1989年版第828页。
④ 宋濂：《杨氏家传》，《宋学士全集》，北京：中华书局1985年版第352页。

一批儒士，出现了杨汉英那样的学者及其儒学著作《明哲要览》，有恩赐进士1人。包括蒙古族官员在内的一些官员也能在行政中践行儒学，推广儒学。儒学的传播推动了民族和解，社会安宁。顺元路"三边宁谧，军民安和，城市太平，宛如内郡"。① 普定路"政平讼理，夷人畏服怀德"。②

社会发展程度的远低于中原，游牧民族的重文轻武传统，使蒙古贵族与儒学渊源过浅，体悟不深；虽有窝阔台、忽必烈等较为开明的君主，但守旧势力依然强大，"视学校为不急，谓《诗》《书》为无用"，不少儒学流于形式，"有名无实"。③ 科举考试民族歧视严重，严重挫伤、制约了汉族士子的积极性，妨碍了儒学的更快发展。较之唐宋，元代今贵州儒学的传播及成效不尽如人意。

四、坚持统一，仁民安民，推进民族认同

统一始有安定，始有各民族的交流，始有社会经济、文化的发展；仁民安民，始能获得各民族的拥戴，始能获得统一的合法性基础，始有社会的长治久安。坚持统一，仁民安民，始可推进民族认同。

（一）蜀汉治下的地域在以儒治国、统一稳定、推进民族认同方面成绩斐然

这一时期，包括今贵州在内的蜀汉治下的地域，在以儒治国、统一稳定、推进民族认同方面成绩斐然，成为三国两晋南北朝乃至隋唐宋元时期儒文化流播进而推进民族认同的典范。

蜀汉君臣不仅顺应民心，矢志统一，而且坚持儒家仁治理念，"以人为本"，"仁覆积德"，④ 实行"和""抚"夷越⑤民族政策，以儒家仁爱之道治理包括今贵州在内的南中地区，不仅实现了对南中的小一统，而且为自己的政权营造了合法性基础，赢得了各民族的无限尊崇、感怀、认同，出现了"纲纪粗定，夷、汉粗安"⑥ 的局面。蜀汉政权治下的、包括今贵州在内的地域，成为三国两晋南北朝乃至隋唐宋元时期儒文化流

---

① [嘉靖]《贵州通志·祠祀》，《中国地方志集成·贵州编》第1册，成都：巴蜀书社2006年版第384页。
② [咸丰]《安顺府志·赵将仕传》，《中国地方志集成·贵州编》第1册，成都：巴蜀书社2006年版第397页。
③ 柯劭忞等：《选举一·学校科举》，《新元史》第64卷，长春：吉林人民出版社2007年版第1506页。
④《三国志·蜀书·先主传》，《二十五史》第2册，上海：上海古籍出版社、上海书店1986年版第106、108页。
⑤ 参见《三国志·蜀书·诸葛亮传》，《二十五史》第2册，上海：上海古籍出版社、上海书店1986年版110页。
⑥《三国志·蜀书·诸葛亮传》注引《汉晋春秋》，《二十五史》第2册，上海：上海古籍出版社、上海书店1986年版第111页。

播进而推进民族认同的典范。

中国古代，由于种种错综复杂的原因，民族之间难免存在战争冲突，蜀汉时期也不例外。南中大姓"夷帅"反叛，诸葛亮同样出兵，使用武力，却在战后得到南中各民族的容忍、理解乃至认可，诸葛亮本人受到"夷"、越各民族不尽的尊崇、怀念，其根本的原因，就在于他坚持了儒家的大一统理念，坚持了以德治国方略，仁民抚民、保民安民。在大姓"夷帅"反叛、经劝谕乃至妥协退让依然无效的情况下，诸葛亮不得已兴兵动武。战争过程中，坚持"服其心"，对"夷帅"孟获累擒累纵，直至其诚服归降。他所兴的是仁义之师，而非穷兵黩武、滥杀无辜。战后，不留过多官员，不留驻大军，减轻民族地区负担；任用大姓"夷帅"自行为治，其优秀者进而任为朝官，参与中枢决策。他厉行礼法，约束官员，办事公道，赏罚分明；本人更是殚力国事，夙夜操劳，清正廉洁，家无余财。国家的统一、安定符合各民族的根本利益；以德治国、仁民安民为一统营造了合法性基础。正因为如此，诸葛亮的蜀汉治理得到了各族民庶的高度认同，"百姓之心欣戴之"。平定南中以后，民族地区基本稳定，包括今贵州大部在内的南中再未发生大的动乱。后主在位三四十年间，诸葛亮、姜维对魏国频繁用兵，百姓不堪重负，但依旧表现出极大的理解及容忍，"行法严而国人悦服，用民尽其力而下不怨"。[①] 其后一千多年，包括今贵州在内的西南地区，诸葛亮及有关蜀汉的传说在"夷"（今彝族）、苗、仲（今布依族）、侗、土、仡佬各民族中广为流播，绵延不绝，表达了各民族对诸葛亮的无限尊崇、感怀、认同。蜀汉政权及诸葛亮坚持统一、坚持仁治、"和""抚"夷越、推进民族相安共处的方略，成为中国古代社会处理民族关系的典范，为历代王朝推崇效法。

（二）"仁义诚信为治"与唐代土著民族的竞相归附、认同

唐朝初期，李氏君臣励精求治，仁义修德，恤民存民，政事清明，经济繁荣，国力雄厚，国家统一，疆域广大，遂有贞观之治、开元盛世。太宗李世民，"专以仁义诚信为治"，[②] 对于"四夷"，"爱之如一"。[③] 边地少数民族，无不仰慕诚服；今贵州土著民族，竞相认同唐王朝，纳土附籍。由朝廷直接治理的经制州不仅置于贵州历来较为发达的乌江以北即黔北、黔东北，而且深入乌江以南的黔中大部、黔南大部、黔西南大部、黔西北部分、黔东南部分。置于乌江以南的经制州、羁縻州，基本上都是以土著民族首领所纳地土设立的。中期以后，锐气渐失，仁德不修，荒于政事，骄奢淫逸，奸臣当道，藩镇割据，社会动荡，国势衰退。南诏兴起、势大并东扩，占有贵州大部，两度进入黔北，攻陷播州（今遵义）。唐王朝不断收缩在今贵州地域的治理力度，大致

[①] 以上见《三国志·蜀书·诸葛亮传》注引袁子，《二十五史》第2册，上海：上海古籍出版社、上海书店1986年版第113页。

[②] 吴竞 撰，杨宝玉编著：《贞观政要》，上海：上海古籍出版社1978年版第163页。

[③] 司马光：《资治通鉴》第13册，北京：中华书局1956年版第647页。

置于乌江以南的 8 个经制州全部被调整为羁縻州，直接治理的地域大致收缩到乌江以北；对于羁縻州、封国，来者欢迎，去者不留，实际上采取了放任的态度。当播州再度陷落的时候，再也无兵可派，依靠所招募的太原人杨端，播州才得以收复。"恶我则叛，好我则通。不可不德，使其瞻风。""但患己之不德，不患人之不来。何以验之？贞观、开元之盛，来朝者多也！"①

唐末五代大分裂、大战乱之中，辖有包括今贵州东部部分地域在内的叙州刺史杨再思，"奉唐正朔"②，坚持统一，反对分裂战乱；坚持保民安民，反对暴掠苛政，赢得了黔、湘、桂三省邻境地区广大侗、苗、瑶、土、仲（今布依族）、汉各民族的敬重、尊奉及怀念。两宋至清代，官方或民间为祭奠杨再思而修建的大大小小的"飞山庙""飞山宫"遍及黔、湘、桂三省邻境地区，或尊为祖先，或奉为神灵，隆重祭祀。在今贵州地域，从贵阳府到有侗、苗等民族分布的府、州、厅、县，都建有飞山庙或飞山宫；在一些侗族聚居区，几乎寨寨有飞山庙。杨再思忠贞保民事迹的广为流传以及飞山庙、飞山宫的隆重祭祀活动，成为唐末五代宋元明清黔东南、黔东地区杨姓各族民众彼此整合与认同的文化象征，成为古代贵州儒学流播进而促进侗、苗、瑶、土、仲（今布依族）、汉各民族彼此整合与认同的文化符号。

（三）大一统、"修文德"与宋代贵州土著民族的宋王朝认同

"要服者来贡，荒服者来享"；"远人不服，则修文德以来之"。③ 坚持大一统，修仁德以感化土著民族，成为两宋时期贵州土著民族宋王朝认同的重要原因。数百年间，今贵州几乎全境，土著民族一如既往，向往中原，向往统一，朝贡频频，归附纷纷，认同宋王朝。西南七姓番，龙番最大，世代为南宁州刺史、番落使，龙汉琥还被封为归化王。方、张、石、罗、程、韦各番追随龙番，频繁朝贡，接受封赐，认同宋王朝。南宋末年，各番"合力为国御难"。④ 顺化、武龙州、东山、罗波原、训州、鸡平、战洞、罗母殊、石人等九部落，或随南宁州知州、番落使龙彦瑶，或单独朝贡。水东宋氏出自中原，逐步融入土著民族之中并成为大姓首领。自北宋初年宋景阳起，世袭治理蛮州，接受朝廷封赐，"化导夷俗，卒致醇美"。⑤ 思州田氏仰慕中原文化，礼聘汉儒，习《诗》《书》、礼仪，追随朝廷抗金、抗蒙，忠诚有加。播州杨氏"尽臣节……保疆土"，⑥ 直至南宋末年生死存亡之际，300 年间，始终践行儒家纲常，忠心不贰，

---

①《旧唐书·牂牁蛮传》，《二十五史》第 5 册，上海：上海古籍出版社、上海书店 1986 年版第 636 页。
②[光绪]《黎平府志·地理志·古迹》，《中国地方志集成·贵州编》第 17 册，成都：巴蜀书社 2006 年版第 161 页。
③《传十五·土司传上》，[道光]《贵阳府志》下册，贵阳：贵州人民出版社 1985 年版第 1584 页。
④《宋史·理宗本纪》，《二十五史》第 7 册，上海：上海古籍出版社、上海书店 1986 年版第 110 页。
⑤《传十五·土司传上》，[道光]《贵阳府志》下册，贵阳：贵州人民出版社 1985 年版第 1587、1588 页。
⑥宋濂：《杨氏家传》，《宋学士全集》，北京：中华书局 1985 年版第 346、349 页。

成为宋代今贵州土著大姓认同宋王朝的楷模,宋代民族认同的楷模。

较之唐代,宋代在今贵州的治理力度进一步削弱。然而,今贵州境内土著民族一如既往,向往中原,向往统一,朝贡频频,归附纷纷,认同宋王朝。同北方剧烈的民族冲突不同,与周边不时的民族纷乱有异,贵州地域始终较为安定,始终未发生过大规模的战乱。重要原因之一,即在于两宋王朝坚持大一统,修仁德、行仁政以感化土著民族。纵观两宋 300 年间,宋王朝对今贵州土著民族极少用兵。这固然与北方边患严峻有关,但也不能谓与宋室的"修文德"、行仁政指导思想无关。南渡以后,北方马匹来源隔断,宋廷在南方马市交易中不仅避免了强征贱买的现象,还给予售马者种种优惠,不惜"多与马价……厚其缯、彩、盐货之本……待以恩礼"。① 这表明,宋王朝的"修文德"、行仁政并非完全系无奈之辞、作秀之语。

(四)"儒者之道"与"夷人"之"畏服怀德"

"法《春秋》之正始,体大《易》之乾元。炳焕皇猷,权舆治道。"② "虽在征伐之间,每存仁爱之念,博施济众,实可为天下主。"③ "儒者之道,君仁臣忠,父慈子孝,从之则人伦咸得,国家咸治,违之则乱尔。"④ 八番顺元宣慰司,宣慰使乞住"有惠政";宣慰使都元帅完泽"奉宣德意,怀柔远人,境内义安";八番宣抚司达鲁花赤别儿怯不花"宣布国家恩信,峒民感悦";顺元路儒学教授何成禄、廖志贤,"训迪士人极诚恳","启迪多方,远迩向风"。⑤ 故而顺元"三边宁谧,军民安和,城市太平,宛如内郡"。⑥ 普定路,总管府通判赵将仕"立学安边,政平讼理,夷人畏服怀德"。⑦ 播州,杨氏世代承袭治理,留意艺文,建学养士。入元,安抚使杨汉英专究理学,著《明哲要览》90 卷;"急教化,大治泮宫"。⑧ 思州田氏亦重文教。两地归附元朝后,直至元末,忠顺不贰;土司制度稳定,社会较为安宁。

---

① 《兵二二·买马上》,《宋会要辑稿》第 8 册,北京:中华书局 1957 年版第 7155 页。
② 《元史·世祖本纪》,《二十五史》第 9 册,上海:上海古籍出版社、上海书店 1986 年版第 13 页。
③ 《元史·世祖本纪》,《二十五史》第 9 册,上海:上海古籍出版社、上海书店 1986 年版第 13 页。
④ 孙承泽:《元朝典故编年考》,《四库全书》第 645 册,上海:上海古籍出版社 1989 年版第 828 页。
⑤ 《录一·汉元文武功绩录第一》,[道光]《贵阳府志》上册,贵阳:贵州人民出版社 1985 年版第 1092、1091 页。
⑥ [嘉靖]《贵州通志·祠祀》,《中国地方志集成·贵州编》第 1 册,成都:巴蜀书社 2006 年版第 384 页。
⑦ [咸丰]《安顺府志·赵将仕传》,《中国地方志集成·贵州编》第 1 册,成都:巴蜀书社 2006 年版第 397 页。
⑧ 宋濂:《杨氏家传》,《宋学士全集》,北京:中华书局 1985 年版第 352 页。

五、汉族融入土著民族

汉代"募豪民田南夷",① 相当一批汉人进入今贵州。魏晋南北朝隋唐宋元,类似汉代的大规模汉族移民贵州的现象再未发生,零星的移民则从未间断,稍多的是两宋,特别是南宋,但有关的记载极少,仅从考古发掘中宋墓明显多于魏晋南北朝隋唐元可以窥见一二。在"夷"多汉少、中央王朝在今贵州的影响微弱的背景下,汉代以及魏晋南北朝隋唐宋进入今贵州的汉人,大致上都融入了当地土著民族之中。

(一)魏晋南北朝时期,三蜀大姓融入土著民族,与南中"夷帅"结合而形成南中大姓。南中大姓是汉代移民至"西南夷"地区的三蜀大姓在东汉末年以后与南中"夷帅"结合而成的地方实力派。南中大姓中,既有与三蜀大姓结合并大量汲收汉文化、相当程度上融入了汉族的土著民族"夷帅",也有与地方土著民族"夷帅"结合甚而基本上融入土著民族的三蜀大姓。两者之中,三蜀大姓融入土著民族是主要趋势。在"夷"多汉少的大格局下,进入土著民族地域的汉人融入土著民族是经常发生的现象,两汉时期如此,三国两晋南北朝时期亦如此。不过,较之两汉时期,三国两晋南北朝时期汉人融入土著民族的现象更成为主要趋势。

(二)唐末五代以后,靖州杨氏融入湘黔侗、苗等民族之中。据杨芳《宫傅杨果勇侯自编年谱》,唐末叙州刺史杨再思,"出汉太尉伯起公震,世居关西",② 是为汉族。唐末五代大分裂、大战乱之中,杨再思保境安民,其后裔融入侗、苗、瑶、土家、布依各民族之中,广泛分布于黔、湘、桂三省邻境地区。

(三)唐末以后,播州杨氏融入土著,成为世代相袭的土司。播州杨氏,"其先太原人,仕越之会稽,遂为其郡望族。后寓家京兆"。唐末,"南诏叛,陷播州,久弗能平"。杨端应募收复播州,"子孙遂家于播",③ 世代领有播州,历五代、宋、元,直至明末改土归流,历29世、700余年。

(四)宋代南宁州龙德寿及其部将融入土著,成为西南七姓番。龙德寿,歙县人,五代时为楚王马殷大将,奉命"征南宁州,戍之。久之,遂授南宁州刺史……世袭职",④ 其后融入当地土著民族之中,成为西南七姓番第一大番主龙番;方、张、石、罗、程、韦各番,其始祖均系龙德寿部将。

(五)唐宋水东宋氏。水东宋氏,"其先镇州人"。⑤ 镇州,今河北正定。唐代,宋

---

① 《史记·平准书》,《二十五史》第1册,上海:上海古籍出版社、上海书店1986年版第178页。
② 杨芳:《宫傅杨果勇侯自编年谱》,《杨芳集》第1辑,2008年印本第4页。
③ 宋濂:《杨氏家传》,《宋学士全集》,北京:中华书局1985年版第346页。
④ 《传十五·土司传上》,[道光]《贵阳府志》下册,贵阳:贵州人民出版社1985年版第1589页。
⑤ 《传十五·土司传上》,[道光]《贵阳府志》下册,贵阳:贵州人民出版社1985年版第1587页。

鼎为蛮州刺史；后唐，宋朝化为清州刺史。北宋初年，宋景阳为宁远军节度使、蛮州都总管，世代相袭，领有水东，直至清初改土归流。

（六）唐宋思州田氏融入土著。"田氏起于春秋中期。陈国之乱，陈厉公之子陈完奔齐为大夫，改姓为田，是为田氏之祖"。秦朝以后，田氏族人"分迁各地，有的流入清江与蛮人混合，成为巴东鄂西大姓"，进而扩散到今黔东北。[①]

有关靖州杨氏、播州杨氏、思州田氏、水东宋氏祖上的族属问题，学界颇有争议。纵然其祖上不是汉族，仅就其附会汉族而言，同样反映出其对汉民族为代表的儒文化的向往，反映出其对汉文化为主体的中华文化的向往，反映出其对汉民族的民族认同。

魏晋南北朝隋唐宋时期，汉族融入土著民族成为民族认同的主要趋势。这种现象之所以发生，除了"夷"多汉少这一因素外，主要在于中央王朝在今贵州的影响式微。东汉末年，天下大乱，群雄并起，汉王朝名存实亡，分裂战乱导致大一统局面削弱乃至丧失，三蜀大姓失去了中央政权的强力支持。蜀汉时期，诸葛亮"和""抚"夷越，在南中少留官、少留兵，治理得当，"夷汉粗安"，尚能控制南中。蜀汉以后，南中乱象丛生，历代王朝所派守令多"遥领"而已，三蜀大姓在失去了大一统中央政权的强力支持之后，又进而失去了小一统政权的支持。三蜀大姓势力大跌，为了维系自身权势，遂转而寻求与地方土著民族"夷帅"结合，成为南中大姓。唐代虽属大一统盛世，但经营重点在西北，加之南诏崛起，朝廷穷于应付，对包括今贵州在内的西南地区的治理大为削弱；唐末五代，战乱分裂，形势恶化。宋朝，北方边患严重，无暇顾及西南，制度儒学在今贵州的影响更为弱化。唐末五代以后，靖州杨氏融入湘黔侗、苗等民族之中；唐末以后，播州杨氏、唐宋水东宋氏、思州田氏、宋代南宁州龙德寿及其部将等融入土著民族之中，原因即在于此。今天贵州的汉人追溯祖源，发现其先祖几乎都是明代以后进入贵州的。两汉时代编户齐民的数十万汉人，魏晋南北朝唐宋进入今贵州的汉人，几乎都消失了，其实就是融入当地土著民族了。汉族融入少数民族，同少数民族融入汉族一样，你中有我，我中有你，最后融合为中华民族。

魏晋至元，今黔中社会进步与倒退交织。魏晋南北朝，三蜀大姓融入土著大姓，形成领主经济，汉代出现的少量地主经济消失，这是倒退；然而，两汉时期中原经济的影响，土著大姓与三蜀大姓的结合，又使当地奴隶制经济开始向领主制经济及领主制社会形态过渡，这是进步。元代全面实行土司制，思州、播州在宋代出现的少量地主制经济及社会形态消失，这是退步；然而，全面实行土司制，包括乌江以南广大地域在内的今贵州地域总体上跨入封建领主制社会，这是进步。总的说来，缓慢进步是主流，奴隶制经济及社会形态向领主制经济及领主制社会形态过渡是主流。

在今贵州地域，汉族移民融入其他民族之中即所谓"夷化"的现象，在先秦就已发生。春秋时期被楚国流放到今贵州的宋国、蔡国战俘融入土著，史称宋家蛮、蔡家

[①] 参见何光岳：《宋思州田祐恭族属考索》，《贵州民族研究》1990年第3期。

苗或蔡家蛮。汉代，进入今贵州的大批汉族移民，由于通婚、逃亡种种原因，少量融入土著之中。魏晋至元朝，汉族"夷化"成为主要趋势。"夷"、汉融合，儒文化、土著民族文化彼此渗透。

汉人的"夷化"是古代贵州各民族文化融合以及民族认同的一种现象。这种认同主要表现为对土著民族文化、土著民族的认同，同时保留着儒文化的某些成分。在其后的历史进程中，这部分"夷化"了的汉民族，在古代贵州民族认同中发挥着某些特殊的作用。一方面，他们融入了土著民族之中，得到了土著民族的认同；另一方面，他们保留着汉民族的某些传统，保留着儒文化的某些成分，同中央王朝或者中原王朝保持着较多的联系，对中央王朝或者中原王朝有着较大程度的认同。在明代以后中央王朝开发力度加大、汉族人口逐渐成为多数的时候，相对而言，有可能率先或者较易认同汉民族。融入土著的汉人，在明清及其后追溯先祖时，纷纷表示出自中原，如靖州杨氏、播州杨氏、思州田氏、水东宋氏等，即是证明。不管这些家族祖上真是汉族还是附会汉族，仅就其声言汉族而论，同样反映出其对汉民族的认同。

第四章 明代贵州儒文化与民族认同的飞跃

1368年，明朝建立；太祖洪武十四年（1381年）至十五年（1382年），明廷派遣大军，取道今贵州，平定云南；旋即大力经营今贵州，安抚土司，置重兵戍守，整修驿路，移民百万屯垦。成祖永乐十一年（1413年），朝廷对思州、思南两宣慰司改土归流，设贵州等处承宣布政使司即贵州省。其后，迭经改土归流，至明末，形成1司、10府、9州、14县行政区划格局。明代贵州建省，实现了大一统王朝对贵州区域的直接治理，贵州与大一统王朝的联系大为增进；贵州由边缘区一跃成为独立而完整的省级行政区域，形成了自己的省级政治、军事、经济、文化中心，赢得了前所未有的发展机遇。贵州制度儒学及各民族的大一统王朝认同呈现出两汉隋唐宋元以来从未有过的飞跃发展局面。

整个明代，贵州土司与府州县并存，土司与流官并治。朝廷对土司行仁义，多宽容。终明一朝，贵州总体较为安定，小规模的动乱虽不时发生，但大规模的动乱仅末年的杨应龙之乱及奢、安之乱。贵州土司特别是四大土司，在明代初、中期200多年中，认同明王朝，频繁朝贡，与朝廷的联系大为增强，对大一统王朝的认同大为增强。

贵州建省，朝廷大力开发贵州；百万移民入黔屯垦，江南、中原的先进生产技术传入，牛耕、水利灌溉、精耕细作普遍推行，户口、田亩、赋税较之前代大幅增长；发达地区的地主制生产关系带入全省各府州县。移民群体百余年的垂范、引领，促使土著民族中开始改变落后的刀耕火种传统，使用牛耕、水利灌溉、精耕细作技术；伴随社会经济的进步，少数原土司地域居民经改土归流后编入官府户籍，交粮纳税，融入了新式的地主制生产关系之中。铁犁牛耕及地主制生产关系普遍发展并开始扩展至土著民族之中，封建地主制取代领主制并占据了统治地位，物化儒学较之前代飞跃发展，推动了包括土著民族在内的各民族社会经济的进步，缩小了汉民族与土著民族之间的经济差距，奠定了明代贵州大一统政治认同及各民族彼此认同的物化基础。

明代理论儒学复兴，产生了近40种儒学著作，数量远超前代；开始出现黔中王学这种地域性的儒学群体及儒学流派，有一定影响的儒学家不再局限于个别人，而形成为群；产生了一批高水平的儒学著作。王阳明良知本体心学的创立，孙应鳌仁本心学为代表的黔中王学的形成，成为明代贵州理论儒学兴起及飞跃提升的标志。理论儒学的新成果，为儒学的流播及民族认同奠定了理论基础。

百万江南及中原移民进入贵州，习染依旧，传承不改，尊孔崇文，耕读为本，率先兴学，率先习儒，将儒文化带入了贵州。省级区划及一批流官治理的府州县级区划设置，一批儒学素养较高的官员赴黔任职，身体力行，践行儒学，大力倡导，苦心谋划，兴学校，开科举。学校数量激增，官学、书院、社学达到240所；科举士子数量大增，其中进士130余人，举人1800余人，生员6万人左右，贡生2300余人。"制科取士，一以经义为先"。[1] 科举由官学而出，官学为科举而设，儒学从而成为官学教育的主要内容。借助学校教育和科举考试，儒学深入科举士子及数量更为庞大的读书人群体之中；借助科举士子及数量更为庞大的读书人群体，儒学传播、融入城乡广大下层民庶之中。土司儒学教育初具规模，各地土司踊跃兴学、入学。儒文化的传播层面、流播节奏较之前代飞跃发展。

旌表、祭祀文化盛行，儒学大师，科第士子，忠臣、节士、孝子、烈女，或建祀祠，或立牌坊，隆重祭奠，大肆表彰。祀祠、牌坊遍及全省，其中文庙有近40座，牌坊350余座，尊孔崇儒的基本理念普及于社会，渗透于民间。崇文敦礼、务本力耕风尚渐次兴起，"民与苗相习，夷与夏同风"。[2] 各民族共同文化心理初始形成，民族认同及大一统王朝认同程度较之前代飞跃提升。

土著民族文化与儒文化相互影响、相互渗透。龙场"夷人"尚存之"淳庞"本性，"夷人"之善行文化，成为王守仁良知本体心学的重要思想源泉、文化源泉之一；而王守仁宣导的儒家君臣之义、大一统之义，也为水西土司所接纳。王守仁与龙场"夷人"谱写了明代贵州民族文化交流融合及民族认同的灿烂一页。

明代，儒学流播飞跃与局限同在，民族关系认同与冲突并存。飞跃之中有局限，传播不断加速、层面不断扩大是主流；认同之中有冲突，认同程度不断提升、冲突规模不断缩减是主流。

---

[1]《明史·儒林传》，《二十五史》第10册，上海：上海古籍出版社、上海书店1986年版第787页。
[2][光绪]《天柱县志·艺文志》，《中国地方志集成·贵州编》第22册，成都：巴蜀书社2006年版第294页。

第一节　制度儒学与各民族的明王朝认同

一、"天下一统，华夷一家"

太祖洪武元年（1368年），25万明军北伐，攻克大都，"誓清四海"，①"定天下于一"，②建立大一统明王朝。

明王朝的大一统具有一个鲜明的特点，就是强调"华夷一家"，包容、善待"夷人"。太祖朱元璋谓："朕既为天下主，华夷无间；姓氏虽异，抚字如一"。③又谓："圣人之治天下，四海内外，皆为赤子，所以广一视同仁之心。朕君主华夷，抚御之道，远迩无间。"元朝旧属，"若审识天命，倾心来归，朕当换给印信，还其旧职，仍居所部之地；民复旧业，羊马孳畜，从便牧养"。④"蒙古、色目人有才能者，许擢用"。⑤克大都，获元帝之孙买的里八剌，"爵封焉，仆俾与母妃同居，赐以第宅，给以衣食，以奉元祀，超乎臣民之上"。⑥成祖朱棣谓："朕承天命，主宰生民，唯体天心以为治，海内海外，一视同仁。夫天下一统，华夷一家，何有彼此之间"。⑦思南（今贵州铜仁市、黔东南州北境）、乌撒（今贵州威宁、赫章）土著来归，朱元璋亦谓，其"皆朝廷赤子"，⑧定当"一视同仁"。⑨

明王朝强调"华夷一家"，在于它所面临的形势与唐、宋有所不同。李渊、李世民父子及赵匡胤起兵，面临的对手大致上是汉人政权，而朱元璋面临的则是由蒙古民族建立的元王朝。直至明中叶即英宗正统十四年（1449年），还发生了蒙古瓦剌部南下大败明军、俘虏英宗的"土木之变"。争取部分蒙古贵族的归附，缓和剧烈的民族矛盾，

---

①《明实录·太祖实录》第96卷，中国台北1962年影印本第1651页。
②《明史·孔克仁传》，《二十五史》第10册，上海：上海古籍出版社、上海书店1986年版407页。
③《明实录·太祖实录》第53卷，中国台北1962年影印本第1048页。
④《明实录·太祖实录》第53卷，中国台北1962年影印本第1047页。
⑤《明史·太祖本纪》，《二十五史》第10册，上海：上海古籍出版社、上海书店1986年版第15页。
⑥《明实录·太祖实录》第53卷，中国台北1962年影印本第1047页。
⑦《明实录·太宗实录》第30卷，中国台北1962年影印本第533-534页。
⑧《明实录·太祖实录》第108卷，中国台北1962年影印本第1801页。
⑨《明实录·太祖实录》第140卷，中国台北1962年影印本第2213页；第141卷，中国台北1962年影印本第2228页。

减轻民族对抗的压力,成为明代君王制定"华夷一家"国策的重要背景。

作为封建王朝,"自古帝王临御天下,中国居内,以制夷狄;夷狄居外,以奉中国。未闻以夷狄居中国治天下者也"。朱氏君臣的使命,是"驱除胡虏,恢复中华",以一个由汉人做皇帝的大一统王朝,取代由蒙古人做皇帝的大一统王朝。但同样也,朱氏君臣的华"夷"之辨也主要是文化之辨、礼义之辨。他们所以反元,主要的并不是因为元朝是一个由少数民族建立的政权,而在于这个政权废坏了儒家的纲常伦理。依据儒家进"夷狄"为华夏的观念,朱氏君臣声明:"如蒙古、色目,虽非华夏族类,然同生天地之间,有能知礼义,愿为臣民者,与中夏之人抚养无异。"① 对于元初的君明臣良,朱氏君臣一再予以肯定:"自宋祚倾移,元以北狄入主中国,四海内外,罔不臣服……彼时君明臣良,足以纲维天下。"② 后世"废坏纲常",始有败亡之祸。普定(今贵州安顺)土著来朝,朱元璋勉其子弟入学习儒,"使知君臣父子之道,礼乐教化之事……变其土俗,同于中国"。③

明王朝进"夷狄"为华夏的理念,天下一统、华"夷"一家、一视同仁、远迩无间的口号,有利于营造民族和解、民族认同的环境、氛围。

朱元璋坚持礼法治国,以为:"礼法,国之纪纲。礼法立则人志定,上下安"。④ 与此同时,他还强调施行仁政,以仁义治国。"仁义者,养民之膏梁也;刑罚者,惩恶之药石也。故为政者若舍仁义而专务刑罚,是以药石毒民,非善治之道也。"⑤ "以仁义定天下,虽迟而长久;以诈力取天下,虽易而速亡。"⑥ 他起自社会底层,历尽民间疾苦,虽贵为帝王,对于下层民众仍有深切的同情。"朕久不历农畎(亩),适见田者冒暑而耘,甚悯其劳……为之司牧者,亦尝悯念之乎?且均为人耳!身处富贵而不知贫贱之艰难,古人尝以为戒。夫衣帛当思织女之勤,食粟当念耕夫之苦,朕为此故,不觉恻然于心也。"⑦ 他反复强调行善政、恤民艰:"能行善政,其民乐生,故天祐之";若"荒淫昏懦,不思政理,不恤民艰",必然"奸凶并起,天下大乱"。⑧ 自天子至百官,均当以恤民、福民为天职:"为人君者,父天母地子民,皆职分之所当尽;祀天地,非祈福于己,实为天下苍生也。""天以子民之任付于君,为君者欲求事天,必先恤民。恤民者,事天之实也。即如国家命人任守令之事,若不能福民,则是弃君之命,不敬孰大焉。"⑨ 立国之初,他反复告诫与民休息,毋肆焚掠:"天下始定,民财力俱困,要

---

① 以上见《明实录·太祖实录》第26卷,中国台北1962年影印本第401、402、404页。
② 《明实录·太祖实录》第26卷,中国台北1962年影印本第401-402页。
③ 《明实录·太祖实录》第150卷,中国台北1962年影印本第2366页。
④ 《明实录·太祖实录》第14卷,中国台北1962年影印本第176页。
⑤ 《明实录·太祖宝训》第5卷,中国台北1962年影印本第358页。
⑥ 《明实录·太祖宝训》第4卷,中国台北1962年影印本第295页。
⑦ 《明实录·太祖宝训》第4卷,中国台北1962年影印本第315-316页。
⑧ 《明实录·太祖实录》第53卷,中国台北1962年影印本第1047页。
⑨ 《明史·太祖本纪》,《二十五史》第10册,上海:上海古籍出版社、上海书店1986年版第18页。

在休养安息"。"中原之民，久为群雄所苦，流离相望，故命将北征，拯民水火……诸将克城，毋肆焚掠妄杀人"。① 行善政，恤民艰，要在节用省役，行教化，禁贪暴："不节用则民财竭，不省役则民力困，不明教化则民不知礼义，不禁贪暴则民无以遂其生"。② "惟廉者能约己而利人"。③ 其在位30余年，治理官场，惩治腐败，态度之坚决，力度之大，为历代帝王少有。《明史》谓，明之亡也，"疆圉不蹙於曩时，形胜无亏於初盛，而强弱悬殊，兴亡异数者，天降丧乱，昏椓内讧，人事之乖，而非地利之失也"，故国之安危，"在德不在险"。④ 君主之德，就是行仁政，急民生；仁民爱民，乃立国之本，长治久安之本。

二、贵州建省

（一）"滇楚之锁钥"

攻占大都后10余年，元朝残余势力梁王所部尚盘踞云南。太祖洪武十四年（1381年），征南大将军傅友德率兵30万出征。征南大军兵分两路，"自永宁（今四川叙永）先遣骁将别率一军以向乌撒（今贵州威宁、赫章），大军继自辰（辰州，今湖南沅陵）、沅（沅州，治今湖南芷江）以入普定（今贵州安顺），分居要害，乃进兵曲靖"。⑤ 即偏师5万自今四川叙永入贵州毕节、威宁；主力25万由傅友德统领，溯沅江而上，经今湖南沅陵、新晃入贵州玉屏、安顺、盘县，自西而东，横贯整个贵州，进入云南。在曲靖消灭梁王主力，十五年（1382年），平定云南。

征南之役，今贵州地域的战略地位凸显。明朝建都应天（今江苏南京），平定云南，无论取道四川抑或湖广，贵州均系必经之道；尤其是经湖广入滇，更须自东而西，横贯整个贵州。贵州"固滇楚之锁钥"；⑥ 东"当沅、靖之冲"，西"临滇、粤之郊"，"蕞尔之地也，其然乎哉"。⑦ 平定之后，欲长期稳定云南边疆，亦须安定贵州，保证入滇通道安全畅通。贵州为少数民族聚居之区，土司林立。明军进兵云南途中，特别是回师途中，就曾遭遇"夷蛮"土司势力的阻抗。太祖洪武十四年（1381年），傅友德

---

① 《明史·太祖本纪》，《二十五史》第10册，上海：上海古籍出版社、上海书店1986年版第15页。
② 《明实录·太祖宝训》第4卷，中国台北1962年影印本第311页。
③ 《明史·太祖本纪》，《二十五史》第10册，上海：上海古籍出版社、上海书店1986年版第15页。
④ 《明史·地理志》，《二十五史》第10册，上海：上海古籍出版社、上海书店1986年版第105页。
⑤ 《明实录·太祖实录》第139卷，中国台北1962年影印本第2185页。
⑥ 顾炎武著，黄坤、顾宏义校点：《天下郡国利病书》，《顾炎武全集》第17册，上海：上海古籍出版社2011年版第3716页。
⑦ 顾祖禹：《贵州方舆纪要序》，《读史方舆纪要》第41册第4757页，《万有文库》第2集，上海：商务印书馆民国27年（1938年）版。

"自帅大军由辰、沅趋贵州。克普定、普安,降诸苗蛮"。元梁王走死,"友德城乌撒,群蛮来争,奋击破之,得七星关以通毕节。又克可渡河,降东川、乌蒙、芒部诸蛮。乌撒诸蛮复叛,讨之,斩首三万余级,获牛马十余万,水西诸部皆降"。① 普定,今贵州安顺;普安,今贵州盘县;乌撒,今贵州威宁、赫章;水西,今贵州大方为中心。朱元璋获悉平定云南捷报后,对于以水西霭翠为代表的贵州土司势力仍心存忧虑,"如霭翠辈不尽服,虽有云南,亦难守也"。② 有鉴于此,征南前后,明廷即着手经营今贵州。

(二)经营今贵州

1. 安抚土司

朱元璋开国之初,思州、思南、播州、贵州、普定土府及西南番等今贵州大多数土司,未追随元朝对抗,未待招谕即相继归附。对于归附土司,太祖一一嘉奖、勉励、封赏任用;一度对抗的土司,只要改过归附,亦封赏、任用。

其一,思南、思州。忽必烈汗至元十四年(1277年),思州土酋田景贤归附,得授思州军民安抚使,治水德江(今德江);后迁龙泉坪(今凤冈县),继迁清江(今岑巩县),乃称新治清江为思州。不久,"敕徙安抚司还旧治",③ 复迁回龙泉坪。元末,天下大乱,明玉珍据有四川,称帝于重庆,国号夏。思州所属镇远知州田茂安不甘居于堂侄、思州宣抚使田仁厚之下,遂以其地献于明玉珍,得授思南道宣慰使都元帅。朱元璋势盛,进兵湖南。元惠宗至正二十五年(1365年)六月,"思南宣慰使田仁智遣其都事杨琛来归款,欲并纳元所授宣慰使告身";朱元璋仍以其"为思南道宣慰使"。田仁智,田茂安次子,田茂安死,袭父职。同年七月,"元思州宣抚使兼湖广行省左丞田仁厚遣其都事林宪、万户张思温来献……其所守地"。朱元璋"命改宣抚司为思南镇西等处宣慰使司,以仁厚为宣慰使"。④ 思南镇西等处宣慰使司,稍后(朱元璋吴王元年,1367年)更名思州宣慰使司。思州自此分裂为思州、思南,并结下了仇怨。两宣慰司地域,今黔东北铜仁市,黔东南州北之岑巩、镇远、施秉及东境之三穗、锦屏、黎平、从江、榕江,黔北遵义市之东境务川、凤冈、湄潭、余庆。太祖洪武九年(1376年),"田仁智入觐,贡马及方物"。太祖"诏赐仁智及其下各有差。仁智入谢,更赐织金文绮三十匹,帛如之"。嘉奖谓:"汝在西南,远来朝贡,其意甚勤。"表示:"朕以天下守土之臣,皆朝廷命吏,人民皆朝廷赤子"。训诫:"礼莫大于敬上,德莫盛于爱下,能敬、能爱,人臣之道也"。勉励其"善抚"民庶,"使得各安其生";如此,"则汝亦

---

① 《明史·傅友德传》,《二十五史》第10册,上海:上海古籍出版社、上海书店1986年版第394页。
② 《明实录·太祖实录》第141卷,中国台北1962年影印本第2225页。
③ 《元史·地理志》,《二十五史》第9册,上海:上海古籍出版社、上海书店1986年版第182页。
④ 以上见《明实录·太祖实录》第17卷,中国台北1962年影印本第229、237页。

可以长享富贵矣"。① 自 1365 年（元惠宗至正二十五年）归附至成祖永乐十一年（1413年）改土归流止，48 年中，思南、思州两宣慰司频繁朝贡，洪武年间尤著。据《明实录贵州史料辑录》统计，思南宣慰司朝贡、朝觐、受赐 26 次，其中洪武年间 18 次；② 思州宣慰司朝贡、朝觐、受赐 19 次，其中洪武年间 16 次。

其二，播州。太祖洪武五年（1372 年），"播州宣慰使杨铿、同知罗琛、播州总管何婴、蛮夷总管郑瑚等来朝，贡方物，纳元所授金牌、银印、铜印、宣敕"。诏"仍置播州宣慰使司"，杨铿、罗琛等"仍旧职"。其地域，今遵义市大部。洪武九年（1376年），杨铿入朝，"贡马，赐赉甚厚"。太祖谕之曰："尔先世世笃忠贞，故使子孙代有爵土。然继世非难，保业为难。知保业为难，则志不可骄，欲不可纵。志骄则失众，欲纵则灭身。尔能益励忠勤，永坚臣节。则可保世禄于永久矣"。③ 自太祖洪武五年（1372 年）归附至神宗万历二十九年（1601 年）改土归流止，229 年中，播州宣慰司朝贡、朝觐、受赐 149 次，其中洪武年间 22 次，④ 成为明代贵州朝贡、朝觐、受赐次数最多的土司。

其三，水西、水东。太祖洪武五年（1372 年），"元故顺元宣抚使、八番顺元沿边宣慰使霭翠及同知宋蒙古歹来归，皆予以原官，但改顺元称贵州，赐蒙古歹名曰钦"。六年（1373 年），"升贵州宣抚司为宣慰司，以霭翠为宣慰使，宋钦为宣慰同知；令霭翠位居各宣慰之上。设治所于贵州城内"。⑤ 霭翠，水西土司后裔；宋钦，水东宋氏土司后裔；贵州城，今贵阳。其地域，今黔中贵阳市，黔西北毕节市之大方、黔西、纳雍、织金、水城。⑥ 自太祖洪武五年（1372 年）归附至明末，272 年中，贵州宣慰司安氏朝贡、朝觐、受赐 124 次，其中洪武年间 35 次；宋氏朝贡、受赐 30 次，其中洪武年间 7 次。⑦

其四，普定府及西南番。太祖洪武五年（1372 年），普定路"女总管适尔及其弟阿瓮等来朝，贡马"。置普定土府，诏"以适尔为知府，世袭其官"。西南"龙番安抚龙舜昌、龙世荣，方番安抚方德用，韦番安抚韦胜祖，金石番安抚石良玉、父保大，新添安抚宋亦怜真子仁贵来朝，贡马。赐舜昌、世荣、德用、胜祖文绮人二匹，保大、

---

① 《明实录·太祖实录》第 108 卷，中国台北 1962 年影印本第 1801 页。
② 《明实录·太祖实录》第 108 卷，中国台北 1962 年影印本第 1801 页。
③ 《明实录·太祖实录》第 108 卷，中国台北 1962 年影印本第 1798 页。
④ 参见贵州民族研究所：《明实录贵州资料辑录》，贵阳：贵州人民出版社 1983 年版第 1332、1336-1337 页。
⑤ [道光]《大定府志·水西安氏本末》，《中国地方志集成·贵州编》第 48 册，成都：巴蜀书社 2006 年版第 686 页。
⑥ 参见周春元等：《贵州古代史》，贵阳：贵州人民出版社 1982 年版第 200 页附图。
⑦ 参见贵州民族研究所：《明实录贵州资料辑录》，贵阳：贵州人民出版社 1983 年版第 1331-1332、1336-1337 页。

仁贵罗衣人一袭"。① 其地域，今黔中安顺市、黔南州惠水、长顺一带。② 洪武十五年（1382年），普定土知府者额朝贡，"诏赐米二十石及其从者衣服钞锭"。返回前，"复赐者额金带及织金文绮五匹，帛十匹，钞四百锭"。谕之曰："王者以天下为家，声教所暨，无间远迩，况普定诸郡，密迩中国，慕义来朝，深可嘉也。今尔既还，当谕诸酋长，凡有子弟，皆令入国学受业，使知君臣父子之道，礼乐教化之事。他日学成而归，可以变其土俗，同于中国，岂不美哉。"③

征南大军进入今贵州境，在今贵阳以东，由于思州、思南早已归附，故进展顺利。至贵阳以西，则遭遇土司势力抗拒。元代乌撒、普安、普定属云南行省，明初征伐云南时，这些地区尚处于蒙古梁王势力控制或影响之下，追随梁王对抗明军，乌撒尤著。太祖洪武十四年（1381年），傅友德克普定（今安顺）、普安（今盘县）；在曲靖击溃梁王主力后，于旧历年底（1382年初）挥师"捣乌撒诸蛮"，筑乌撒城。"蛮寇复大集……芒部土酋率众援之"，元云南右丞实卜"合势迎战"。明军奋击溃之。实卜"率余众遁。遂城乌撒"。十五年（1382年），置乌撒卫（治今威宁）。④ 同年稍晚，置乌撒府。⑤ 其间，朝廷曾两次晓喻乌撒等处酋长归附，"躬亲来朝"，"孝顺中国"；如此，则"一视同仁"。⑥ 十五年（1382年），"乌撒诸蛮复叛"；傅友德"进兵击……大败其众"。⑦ "诸蛮慑惧，相率来降，至是悉平。以其地近四川，故割隶之"。⑧ 乌撒局势至此始大致稳定下来。

对于归降土司，明廷亦予安抚、封赏任用。太祖洪武十六年（1383年），乌撒等诸部土酋"来朝，贡方物。诏各授以官，赐朝服、冠带、锦绮、钞锭有差，其女酋则加赐珠翠首饰"。实卜系乌撒土司女首领、原元朝云南行省右丞，是率军在乌撒、乌蒙即黔西北、滇东北一带与明军反复对抗的主要统领。归附后，明廷既往不咎，仍任为乌

---

①《明实录·太祖实录》第71卷，中国台北1962年影印本第1319页。普定路，《明实录·太祖实录》此处作普定府。当作普定路，参见［道光］《安顺府志·沿革》，《中国地方志集成·贵州编》第41册，成都：巴蜀书社2006年版第42页。"宋亦怜真"，《贵阳府志》作"亦怜真"。（参见《土司传上·水东宋氏传》，《贵阳府志》下册，贵阳：贵州人民出版社1985年版第1588页）

②参见周春元等：《贵州古代史》，贵阳：贵州人民出版社1982年版第200页附图。

③《明实录·太祖实录》第150卷，中国台北1962年影印本第2366页。"明太祖洪武五年……置普定土府……六年，设普定府流官二，后旋废。十四年，城普定。十五年三月，置普定土知府，属云南布政司。寻升为军民府，改属四川布政司。"（参见［道光］《安顺府志·沿革》，《中国地方志集成·贵州编》第41册，成都：巴蜀书社2006年版第42页）

④参见《明实录·太祖实录》第141卷，中国台北1962年影印本第2224页。

⑤参见《明实录·太祖实录》第143卷，中国台北1962年影印本第2250页。

⑥《明实录·太祖实录》第140卷，中国台北1962年影印本第2213页；第141卷，中国台北1962年影印本第2228页。

⑦《明实录·太祖实录》第146卷，中国台北1962年影印本第2213页。

⑧《明实录·太祖实录》第151卷，中国台北1962年影印本第2380页。

撒知府，诏赐实卜等"入朝服一通，并常服一袭"。① 这对于稳定黔西北、滇东北一带局势，保证黔滇结合部畅通起了很大的作用。至明末，乌撒土府朝贡、朝觐、受赐28次，其中洪武年间8次。②

对于土司，明廷实行宽容优厚的安抚政策，不仅保留原有地位，世袭承继，而且在赋税征收等方面优厚从宽。洪武七年（1374年），中书省上奏，拟定播州宣慰司"每岁纳粮二千五百石以为军需……兼其所有自实田赋，并请征之"。太祖诏谓："播州，西南夷之地也，自昔皆入版图，供贡赋，但当以静治之。苟或扰之，非其性矣。朕君临天下，彼率先来归，所有田税随其所入，不必复为定额以征其赋"。③ 二十一年，"户部奏：贵州宣慰使霭翠、金筑安抚使密定所属租税，累岁逋负，蛮人恃其顽险，不服输送，请遣使督之"。太祖诏谓："蛮夷僻远，其知畏朝廷、纳赋税，是能遵声教矣，其逋负岂故为耶！必其岁收有水旱之灾，故不能及时输纳耳。所逋租悉行蠲免。今宜定其常数，务从宽减。于是户部奏定其岁输之数以洪武十九年为始，霭翠岁输三万，石密定岁输三千石。从之。"④ 大批军队征战，马匹需求量极大。朝廷"定茶盐布匹易马之数，乌撒岁易马六千五百匹，乌蒙、东川、芒部皆四千匹。凡马一匹，给布三十匹或茶一百斤，盐如之"。⑤ 这与宋代的南方马市优惠政策类似，与元代"刮马"政策则不可同日而语。

贵州宣慰司、播州宣慰司、思州宣慰司、思南宣慰司为明代四大土司，其地域涵盖今贵州大部，即黔东北、黔东南东境、黔中贵阳、黔西北东部、黔南北部、黔北。四大土司的归附，实现了贵州的初步稳定，为明军平定云南开辟了由湖广进入贵州东、中部及西部部分地域的通道，大大减轻了进军的阻力。播州、贵州宣慰司还为征南大军提供兵力、军需支援，壮大了征南大军。洪武十四年（1381年），太祖"遣使赍敕符谕播州宣慰使杨铿曰：'……今大军南征，多用战骑，尔当以马三千，率酋兵二万为先锋，以表尔诚'。"⑥ 杨铿听命，奉献战骑，出动军队。同年，征南大军"至沅州，霭翠命总管陇约迎师至镇远，通道积粮以候……备马一万匹、米一万石、毡一万领、刀弩牛羊各一万，以助军资"。⑦

---

① 《明实录·太祖实录》第152卷，中国台北1962年影印本第2387页；第154卷，中国台北1962年影印本第2401页。
② 参见贵州民族研究所：《明实录贵州资料辑录》，贵阳：贵州人民出版社1983年版第1334、1336-1337页。
③ 《明实录·太祖实录》第88卷，中国台北1962年影印本第1558页。"兼其所有自实田赋"句，"兼"后疑脱"定额"2字。
④ 《明实录·太祖实录》第188卷，中国台北1962年影印本第2822-2823页。
⑤ 《明实录·太祖实录》第162卷，中国台北1962年影印本第2511-2512页。
⑥ 《明实录·太祖实录》第139卷，中国台北1962年影印本第2186页。
⑦ [嘉靖]《贵州通志·艺文》，《中国地方志集成·贵州编》第1册，成都：巴蜀书社2006年版第473页。

终明一朝，得益于朝廷的安抚政策及重兵戍守，贵州总体较为安定，小规模的动乱虽不时发生，但大规模的土司动乱仅万历年间的播州杨应龙之乱及熹宗天启、思宗崇祯初年的奢、安之乱，且均发生于明末。贵州土司特别是四大土司，在明代初、中期200多年中，认同明王朝，频繁朝贡。较之汉唐两宋，明代贵州土著民族首领朝贡的频率大为增加。这表明，随着明王朝开发力度的增加，特别是贵州建省，贵州土著民族与大一统王朝的联系大为增强，对大一统王朝的认同也大为增强。

2. 重兵戍守

太祖洪武初年，为谋划南征，朝廷"置永宁、贵州二卫"。① 贵州卫，治今贵州贵阳；永宁卫，治今四川叙永，均属四川都司。后设置贵州都司，划属。南征伊始，为保障驿路畅通，洪武十五年（1382年）初，"置贵州都指挥使司，命平凉侯费聚、汝南侯梅思祖署都司事"；在湖广通往云南古驿道关隘及产粮区广置卫所。今贵州段，置有普定（治今安顺市西秀区）、黄平（治今黄平旧州）、乌撒（治今威宁）、普安（治今盘县）、水西（治今大方）、尾洒（治今晴隆县境安庄）、平越（治今福泉）等7卫。② 尾洒卫于洪武二十三年（1390年）更为安南卫（治今晴隆）。黄平卫同年降为黄平直隶千户所。水西卫后废。洪武十五年（1382年）所置7卫，实存5卫1直隶千户所，陆续划属贵州都司。

其后至洪武末年，又置11卫1直隶千户所。其一，毕节卫（治今毕节市七星关区）。洪武十七年（1384年），"置毕节卫指挥使司"。③ 此前，洪武十五年（1382年）置乌蒙卫于乌蒙府（今云南昭通）境；十七年（1384年）改毕节卫，迁毕节。④ 其二，赤水卫（治今毕节市七星关区赤水河）。洪武二十一年（1388年），"置泸州、赤水、层台三卫指挥使司"。⑤ 层台卫（治今毕节市七星关区层台），二十七年（1394年）废。其三，兴隆卫（治今黄平）。洪武二十二年（1389年），"置兴隆卫，隶贵州都指挥使司"。⑥ 其四，新添卫（治今贵定）。洪武二十三年（1390年），"置新添卫指挥使司，属贵州都指挥使司。后改为军民指挥使司"。⑦ 其五，龙里卫（治今龙里）。洪武二十三年（1390年），"置龙里卫指挥使司……寻改为军民指挥使司"。其六，平坝卫（治今平

---

① 《明实录·太祖实录》第70卷，中国台北1962年影印本第1309页。
② 参见《明实录·太祖实录》第141卷，中国台北1962年影印本第2224、2244页。
③ 《明实录·太祖实录》第159卷，中国台北1962年影印本第2463页。
④ 参见《明实录·太祖实录》第141卷，中国台北1962年影印本第2224页；[弘治]《贵州图经新志·毕节卫》，《中国地方志集成·贵州编》第1册，成都：巴蜀书社2006年版第166页。乌蒙卫改毕节卫时间，[弘治]《贵州图经新志》作洪武十六年（1383年）。
⑤ 《明实录·太祖实录》第194卷，中国台北1962年影印本第2914页。
⑥ 《明实录·太祖实录》第196卷，中国台北1962年影印本第2914页。兴隆卫设置时间，[弘治]《贵州图经新志》作洪武二十五年（1392年）。（参见[弘治]《贵州图经新志·兴隆卫》，《中国地方志集成·贵州编》第1册，成都：巴蜀书社2006年版第138页）
⑦ 《明实录·太祖实录》第200卷，中国台北1962年影印本第2997页。

坝）。洪武二十三年（1390年），"置平坝卫指挥使司于贵州威清驿"。① 其七，安庄卫（治今镇宁安庄）。洪武二十三年（1390年），"筑……安庄城，置卫镇守"。② 其八、九，清平卫（治今凯里清平）、威清卫（治今清镇市）。洪武二十三年（1390年）给云南诸卫屯牛诏中提及："先是延安侯唐胜宗等往云南训练军士，置平溪、清浪、镇远、偏桥、兴龙（隆）、清平、新添、隆（龙）里、威清、平坝、安庄、安南、平夷十三卫屯守"。③ 由此推测，清平、威清两卫的设置最迟在洪武二十三年（1390年）。其十，都匀卫（治今都匀市）。洪武二十三年（1390年），"改都匀安抚司为都匀卫。时都匀所属苗蛮屡叛，都督何福讨平之，请置卫屯守，遂改为卫"。④ 其十一，贵州前卫（治今贵阳市）。洪武二十四年（1391年），"置贵州前卫都指挥使司"。⑤ 1直隶千户所，即普市直隶千户所（治今四川叙永普市）。洪武二十三年（1390年），"置普市守御千户所于永宁宣抚司境内"。⑥ 此11卫1直隶千户所，亦陆续划属贵州都司；洪武年间，贵州都司计领18卫2直隶千户所。除去不在今贵州境内的永宁卫及普市直隶千户所，洪武年间，今贵州境内共置17卫1直隶千户所。

神宗万历、思宗崇祯年间，设威远（治今遵义市红花岗区）、敷勇（治今修文）、镇西（治今清镇市卫城）等3卫。威远卫，神宗万历三十九年（1611年）平定播州后置。⑦ 敷勇卫，"本札佐长官司。洪武五年改元落邦札佐等处长官司置，属贵州宣慰司。崇祯三年改置，属贵州都司"。镇西卫，"崇祯三年以宣慰司水西地置"。⑧

此外，平溪（治今玉屏）、铜鼓（治今锦屏）、五开（治今黎平）、清浪（治今镇远清溪）、镇远（治今镇远）、偏桥（治今施秉）等6卫在今贵州境内，但隶属湖广都司

---

① 《明实录·太祖实录》第201卷，中国台北1962年影印本第3008、3018页。

② 《明实录·太祖实录》第202卷，中国台北1962年影印本第3027页。安庄卫设置时间，[弘治]《贵州图经新志》云洪武二十二年（1389年）。（参见[弘治]《贵州图经新志·安庄卫》，《中国地方志集成·贵州编》第1册，成都：巴蜀书社2006年版第157页）

③ 《明实录·太祖实录》第202卷，中国台北1962年影印本第3028页。清平卫设置时间，[弘治]《贵州图经新志》作洪武二十五年（1392年）。（参见[弘治]《贵州图经新志·清平卫》，《中国地方志集成·贵州编》第1册，成都：巴蜀书社2006年版第133页）

④ 《明实录·太祖实录》第205卷，中国台北1962年影印本第3062页。

⑤ 《明实录·太祖实录》第211卷，中国台北1962年影印本第3136页。贵州前卫设置时间，[弘治]《贵州图经新志》作洪武二十六年（1393年）；（参见[弘治]《贵州图经新志·贵州宣慰司》，《中国地方志集成·贵州编》第1册，成都：巴蜀书社2006年版第18页）《贵阳府志》作洪武二十八年（1395年）。（参见《大事记上》，《贵阳府志》上册，贵阳：贵州人民出版社1985年版第31页）

⑥ 《明实录·太祖实录》第200卷，中国台北1962年影印本第3005页。普市千户所设置时间，[弘治]《贵州图经新志》作洪武二十二年（1389年）。（参见[弘治]《贵州图经新志·普市守御千户所》，《中国地方志集成·贵州编》第1册，成都：巴蜀书社2006年版第188页）

⑦ 参见《明实录·神宗实录》第486卷，中国台北1962年影印本第9153页。

⑧ 《明史·地理志》，《二十五史》第10册，上海：上海古籍出版社、上海书店1986年版第131-132页。

而非贵州都司。① 五开卫：洪武十八年（1385年），"置五开卫指挥使司"。镇远卫：洪武二十二年（1389年），"置湖广镇远卫指挥使司"。平溪卫：洪武二十三年（1390年），"置平溪卫指挥使司于思州"。清浪卫、偏桥卫：洪武二十三年（1390年），"置清浪、偏桥二卫指挥使司于思南宣慰司之地"。铜鼓卫（今锦屏）：洪武三十年（1397年），太祖敕楚王桢、湘王柏，提及"以护卫军一万、铜鼓卫新军一万、靖州民夫三万余筑铜鼓城"，②推知铜鼓卫之设置，至迟在洪武三十年（1397年）。

综上所述，除去虽隶属贵州都司但不在今贵州境内的永宁卫、普市直隶千户所，今贵州地域共置26卫1直隶千户所。其中，洪武年间置23卫1直隶千户所，万历、崇祯年间置3卫。26卫中，20卫1所属贵州都司，6卫在今贵州境内，但隶属湖广都司而非贵州都司。③

26卫1所中，贵州卫、贵州前卫两卫居中，驻守省城贵阳；赤水、毕节、乌撒等3卫驻守四川至云南驿道贵州段，威远卫驻守四川入黔北驿道，都匀卫驻守贵州入广西驿道。主力则驻守湖广至云南驿道贵州段，自西而东，横贯整个贵州，达19卫1所之多，占总数的70%以上，计有平溪、铜鼓、五开、清浪、镇远、偏桥、兴隆、黄平直隶千户所、清平、平越、新添、龙里、敷勇、威清、镇西、平坝、普定、安庄、安南、普安。

明代兵制，每卫兵员"大率五千六百"，卫下设5千户所，"千一百二十人为千户所"。④ 贵州各卫所兵员，具体有多有少。据嘉靖年间《贵州通志》载，贵州都司所辖而又在今贵州地域的17卫1所各卫、所额定兵员：兴隆卫8661员，清平卫9803员，平越卫6975员，新添卫5978员，龙里卫7388员，黄平直隶千户所1129员，威清卫5960员，平坝卫5890员，普定卫8864员，安庄卫9976员，安南卫5779员，普安卫30093员，赤水卫10307员，毕节卫6641员，乌撒卫9338员，都匀卫7169员，贵州

---

① 参见《明史·兵志》，《二十五史》第10册，上海：上海古籍出版社、上海书店1986年版第245页；[弘治]《贵州图经新志·黎平府》，《中国地方志集成·贵州编》第1册，成都：巴蜀书社2006年版第78页。

② 以上见《明实录·太祖实录》第172卷，中国台北1962年影印本第2634页；第196卷，中国台北1962年影印本第2951页；第200卷，中国台北1962年影印本第3005页；第201卷，中国台北1962年影印本第3010页；第255卷，影印本第3678-3679页。五开卫，洪武十八年（1385年）置，旋废，二十五年（1392年）复置，参见[弘治]《贵州图经新志·黎平府》，《中国地方志集成·贵州编》第1册，成都：巴蜀书社2006年版第78页。

③ 关于明代贵州卫所数量，尚有多种统计法。其一，17卫1所。指隶属贵州都司且在今贵州境内者。其二，18卫2所。指隶属贵州都司者，包括在四川境内的永宁卫及普市所。其三，24卫17所。24卫，指隶属贵州都司的18卫、隶属湖广都司而治所在贵州境内的6卫。1卫通常领5千户所，驻扎卫城附近，称内所；另于险要地段置守御千户所，由卫兼领，计21所，包括"18卫2所"中的黄平、普市2所。通常的提法，仅单列黄平、普市2所，其余则不单列，分别列于相关卫。

④《明史·兵志》，《二十五史》第10册，上海：上海古籍出版社、上海书店1986年版第244页。

卫5704员，贵州前卫6886员。①以上17卫计有兵员151412，平均每卫8907员；1千户所1129员；卫、所合计152541员。加上隶属湖广都司的平溪、铜鼓、五开、清浪、镇远、偏桥等6卫，明末设立的威远、敷勇、镇西等3卫，计9卫，按每卫5600员计，当为50400员。26卫1所，总兵员当在202941以上。

贵州卫所数量之多，设置之密，兵员之富，居西南各省之首。四川地域远超贵州，不过17卫；云南系边疆省区，不过20卫。纵令地域辽阔的湖广，虽置27卫，却有6卫在今贵州地域。②卫所与土司杂处，若干卫所同时兼管土司，从而成为军民指挥使司，造成了对土司势力的强力威慑及控制局面。雄厚的镇守兵力，省级军事指挥机构贵州都指挥使司的设置，维护了朝廷对今贵州的大一统局面，为贵州建省奠定了军事基础。

大规模的军事行动、军队驻防及人员流动，推动了驿路交通的发展。平定云南的第二年，即洪武十五年（1382年），朝廷即"遣人置邮驿通云南"，诏令"水西、乌撒、乌蒙、东川、芒部、沾益诸酋长……率土人随其疆界远迩，开筑道路，其广十丈，准古法以六十里为一驿"。二十四年（1391年），"遣官修治湖广至云南道路"。③

同元代一样，明代贵州最重要的、最繁忙的驿路依然是湖广通往云南的湘黔滇路贵州段，其次是四川通往云南的川黔滇驿道贵州段。

较之元代，明代贵州驿路交通有了很大的发展。其一，驿路增加，如黔桂驿路，在元代经黔西南进入广西泗城（今广西凌云）的西线之外，增辟由平越（今福泉）、麻哈（今麻江）、独山进入广西南丹的东线。而贵州境内驿路的增加尤为显著。如思南宣慰司境内沿河经务川、思南至平越驿路。黔中贵州（今贵阳）至黔西北驿路因贵州宣慰使、水西土司奢香的努力而大为改观。奢香投入巨大人力、物力，"刊山通道，以给驿使往来"。④"开赤水、乌撒道以通乌蒙"；⑤"开偏桥、水东，以达乌蒙、乌撒及容山、草塘诸境，立龙场九驿"。⑥开辟、整修经龙场（今修文）、贵州（今贵阳）、平越（今福泉）达于偏桥（今施秉）的东驿路，经毕节赤水河、毕节、黑张（今赫章）达于乌撒（今威宁）的西驿路，经水东（今贵阳境）、草塘（今思南草塘）达于容山（今湄潭境）的北驿路。在水西至贵州（今贵阳）沿线密集设置毕节、归化（今大方双山）、阁雅（今大方响水）、奢香（又名西溪，今大方鸡场）、金鸡（今黔西、大方交界处）、水西（今黔西）、谷里（今黔西谷里）、六广（今修文六广）、龙场（今修文）等9驿，史

---

①参见［嘉靖］《贵州通志·兵防》，《中国地方志集成·贵州编》第1册，成都：巴蜀书社2006年版第305-306页。
②参见《明史·兵志》，《二十五史》第10册，上海：上海古籍出版社、上海书店1986年版第245页。
③《明实录·太祖实录》第142卷，中国台北1962年影印本第2232页；第209卷，中国台北1962年影印本第3123页。
④谷应泰：《开设贵州》，《明史纪事本末》第19卷，上海：上海古籍出版社1994年版第84页。
⑤田汝成：《奢香》，《炎徼纪闻》第3卷，北京：文物出版社1982年影印本。
⑥《明史·贵州土司》，《二十五史》第10册，上海：上海古籍出版社、上海书店1986年版第859页。

称龙场九驿。其二，在驿路沿线及其两侧宜耕地带遍置哨、驿、铺（堡）、站、屯。驿路与卫所密切关联。卫所一般设置于驿路沿线，如湖广至云南驿路贵州段；未设置于传统驿路沿线的，则带动了相应驿路的开辟，如赤水、毕节、乌撒等卫的设置，带动了由四川永宁（今四川叙永）经贵州赤水、毕节、黑张（今赫章）、乌撒（今威宁）入云南的驿路。卫所在驿路沿线及其两侧宜耕地带遍置哨、驿、铺（堡）、站、屯。哨置于驿路关隘险要处，守御防范。驿、铺（堡）、站置驿路沿线，驿主要提供官员往来所需交通工具及食宿；铺主要提供公文传送所需兵丁、交通工具；站主要用于粮饷、贡品运输，重要运输站则称递运所；屯置于驿路两侧宜耕地带，耕种田地，保障军队供给，一般以百户为单位。驿路哨、驿、铺（堡）、站、屯设置密集。以毕节卫治毕节往西与乌撒卫交界处110里驻防沿线所设哨、关、驿、铺（堡）、站为例，万历年间《贵州通志》载，即置有鸦关（卫西30里）、七星关（卫治西90里）、长冲哨（军兵50名）等关、哨3处；毕节驿1驿；毕节、周泥等2站；安乐、长冲、鸦关、云山、撒喇居、周泥、平山（今赫章平山，在此与乌撒卫分界）、野马（今赫章野马川，虽在平山铺以西，但属毕节卫）等8铺。[①] 哨、卡、驿、铺、站14处。又据乾隆年间《毕节县志》载，置有皇冠铺、安家井、孟官屯、大屯、丰乐铺（距卫城10里）、清水塘、王官屯、长冲铺（距丰乐铺10里）、丫关（距长冲铺10里）、白家哨（距丫关5里）、高山铺（距白家哨5里）、木瓜冲（距高山铺10里）、新屯、撒喇溪（距木瓜冲10里）、周泥站（距撒喇溪10里）、七星关（距周泥站10里）、对江屯、七里沟（距七星关10里）、平山铺（距七星关5里）、平山哨（距平山铺5里，在此与乌撒分界）、乌蒙铺（距平山哨10里，但此铺属毕节）等21处，平均约5里即有1处；[②] 其中，哨、关、塘5处，铺7处，站1处。驿则置于卫治所在地。此记载虽见于乾隆年间《毕节县志》，但清初哨、驿、铺（堡）、站、屯大致维持明代状况，故可作明代贵州哨、驿、铺（堡）、站、屯设置参考。所置屯田处，除上文提及者外，在驿路两侧宜耕地带，如今毕节市七星关区长春堡、撒喇溪、杨家湾等乡镇，尚有不少，至今还保留着屯一类的名称。

驿路交通的发展，哨、驿、铺（堡）、站、屯的密集设置，使文书传递、官员往来、军事调动、物资运输以至民间商旅往来较之前代便利，军事上加强了对交通要道及相邻土司地区的控制，政治上保证了朝廷的统一，经济上带动了生产的发展和城镇、村落的形成。[③] 驿路交通的发展，哨、驿、铺（堡）、站、屯的密集设置，对于各民族之间的交往、交流、认同，特别是明王朝大一统政治的认同，带来了积极的影响。据《明实录贵州史料辑录》统计，明代土司朝贡、朝觐、受赐次数远较前朝为高。思州、

---

① 参见《毕节卫》，[万历]《贵州通志》第10卷，北京：书目文献出版社1991年版第198-199页。
② 参见[乾隆]《毕节县志·疆舆》，《中国地方志集成·贵州编》第49册，成都：巴蜀书社2006年版第217-218、261页。
③ 参见木芹等：《儒学与云南政治经济的发展及文化转型》，昆明：云南大学出版社1999年版第135-137页。

思南两宣慰司，自 1365 年（元惠宗至正二十五年）归附朱元璋至明成祖永乐十一年（1413 年）改土归流止的 48 年中，分别为 19 次、26 次；自太祖洪武五年（1372 年）归附至神宗万历二十九年（1601 年）改土归流止的 229 年中，播州宣慰司朝贡、朝觐、受赐 149 次；自太祖洪武五年（1372 年）归附至明末的 272 年中，贵州宣慰司安氏、宋氏分别为 124 次、30 次；自洪武十六年（1383 年）归附，乌撒土府为 28 次。上述以外的土府、土州、土巡检、安抚司、长官司朝贡、朝觐、受赐 310 多（批）次。① 土司的密集朝贡、朝觐、受赐，是明代贵州民族交往认同特别是大一统制度认同的缩影。

（三）百万移民入黔

明初，百万移民进入贵州，对贵州社会产生了深刻影响。外来移民有军人及其家属、农民、商人。军人在驻防戍守的同时，与其家属一起，屯田自给；农民、商人则基本上为屯田而来。屯田的起因，在于保障军队供给。按屯田者身份区分，屯田分为军屯、民屯、商屯。"屯田之制，曰军屯，曰民屯"；"募盐商於各边开中，谓之商屯"。②

贵州崇山峻岭，地瘠民贫，交通险阻，输运艰难。汉代开发夜郎，官吏、军队供给靠巴蜀，"千里负担馈粮，率十馀钟致一石"。③ 千里运粮，至于终点，六七十石剩不到 1 石，消耗惊人；10 来人运输粮饷，始可勉强供给 1 人。其后千余年，出产、交通状况并无明显改善。明代伊始，20 万大军进驻，供给特别是粮食供给形势极为严峻。太祖洪武四年（1371 年），为谋划南征，朝廷置永宁、贵州二卫。永宁卫在四川，在贵州者仅贵州卫（治今贵阳），不过区区数千人。六年（1373 年），贵州卫谓，该卫"岁计军粮七万余石"，贵州（今贵阳）、普定（今安顺）、播州（今遵义）等处一岁征粮仅"一万二千石，军食不敷"，④ 远不足以供给；而贵州、普定、播州地域已占今贵州三分之一，且系贵州其时发达之区。集三分之一区域粮赋不足以供一卫之需，贵州财力之窘困，可见一斑；更何况全部驻军达 26 卫 1 所，20 来万。靠周边省份供输，亦极为艰难。同年，四川按察司佥事郑思先谓："贵州之粮令重庆人负运，尤为劳苦"。⑤ 二十七年（1394 年），广西镇安府知府岑添保上书，该府奉命"岁输米三千石"，供给时属云南省的普安卫（治今贵州盘县）。该府"僻处溪洞，南接交址，孤立一方，且无所属州县，人民寡少，舟车不通，陆行二十五日始至普安，道远而险，一夫负米仅可三斗，

---

① 参见贵州民族研究所：《明实录贵州资料辑录》，贵阳：贵州人民出版社 1983 年版第 1331-1337 页。
② 《明史·食货》，《二十五史》第 10 册，上海：上海古籍出版社、上海书店 1986 年版第 207 页。
③ 《史记·平准书》，《二十五史》第 1 册，上海：上海古籍出版社、上海书店 1986 年版第 178 页。汉制，1 钟合 6 石 4 斗。
④ 《明实录·太祖实录》第 79 卷，中国台北 1962 年影印本第 1442 页。
⑤ 《明实录·太祖实录》第 84 卷，中国台北 1962 年影印本第 1499 页。

给食之余，所存无几"。① 成祖永乐元年（1403年），镇守贵州镇远侯顾成谓，时属四川都指挥使司的普定卫康佐长官司（治今贵州紫云县境）秋粮输安南卫（治今贵州晴隆），两地350里，"往复半月。人负米三斗，正（止）足途中之食"。②

有鉴于此，各地官员纷纷建议借鉴历史经验，实行屯田。太祖洪武六年（1373年），贵州卫在陈述该卫粮饷供给严重不足状况时，即建议实行商屯，"募商人于本州纳米中盐以给军食"。上"从之"。③ 同年，四川按察司佥事郑思先言及重庆输粮贵州"尤为劳苦"时建议："若减盐价，则趋利者众，军饷自给。"④ 十五年（1382年），征南将军颍川侯傅友德等更奏请实行军屯、商屯："云南临安、楚雄、曲靖、普安、普定、乌撒等卫及沾益、盘江等千户所，见储粮数一十八万二千有奇，以给军食，恐有不足，宜以今年府州县所征并故官、寺院入官田及土官供输、盐商中纳、戍兵屯田之入以给之"。上"可其奏"。⑤

1. 军屯移民

太祖洪武二十年（1387年），"命陈桓等领兵屯田于毕节等卫"。⑥ 同年，又命陈桓等"率湖广都诸军驻普安分屯"。⑦ 二十三年（1390年），命凤翔侯张龙同延安侯唐胜宗"训练黄平、平越、兴隆、镇远、贵州等卫军士，经理屯田"。⑧ 同年，给平溪、清浪、镇远、偏桥、兴隆、清平、新添、龙里、威清、平坝、安庄、安南等卫"屯牛"。⑨ 今贵州境内各卫所屯田渐次施行。为稳定屯军，明代规定，屯军将士必须携带家眷同往，未婚配者一律婚配前往。因此，一名军士就是一个家庭，贵州26卫1所20万将士就是20万个家庭；按每个家庭4口算，军屯人口当在80来万。军屯将士及其家属，成为明代贵州最大的外来移民群体。

2. 民屯移民

为增加军队粮食供给来源，军屯之外，明廷又实行民屯。官府从中原、江南、湖广等地"或召募，或罪徙者"，移迁大批贫民、无业游民、罪犯赴贵州、云南屯田，"移民就宽乡"，⑩ 官府给予土地、种子及农具，免征数年赋税，其后纳粮于当地。

3. 商屯移民

为扩大军队供给渠道，官府鼓励商人参与屯田，由商人募人屯垦，以所收谷物向

---

① 《明实录·太祖实录》第232卷，中国台北1962年影印本第3391页。
② 《明实录·太宗实录》第18卷，中国台北1962年影印本第331-332页。
③ 《明实录·太祖实录》第79卷，中国台北1962年影印本第1442页。
④ 《明实录·太祖实录》第84卷，中国台北1962年影印本第1499页。
⑤ 《明实录·太祖实录》第143卷，中国台北1962年影印本第2258-2259页。
⑥ 《明实录·太祖实录》第187卷，中国台北1962年影印本第2798页。
⑦ 《明实录·太祖实录》第187卷，中国台北1962年影印本第2802页。
⑧ 《明实录·太祖实录》第202卷，中国台北1962年影印本第3028-3029页。
⑨ 《明实录·太祖实录》第202卷，中国台北1962年影印本第3028页。
⑩ 《明史·食货志》，《二十五史》第10册，上海：上海古籍出版社、上海书店1986年版第207页。

官府换取盐引用于经营，是为商屯。盐业历来官营，明代亦然。"太祖初起，即立盐法，置局设官，令商人贩鬻，二十取一，以资军饷。既而倍征之"。所贩之盐，有淮盐、浙盐等海盐，川盐、滇盐等井盐。①"召商输粮而与之盐，谓之开中"，②故商屯又称为"开中"，即招募商人输粮边地，而于内地给予盐引为报。这与汉代"募豪民田南夷"有类似之处，区别在于招募对象一为商人，一为地主、商人；回报方式，一为盐引，一为银钱。商屯输粮方式，可以为输运，可以为招募当地人屯种，就地缴纳。在交通险阻、路途遥远的贵州一类边地，显然后者最为经济合算。"明初，各边开中商人，招民垦种，筑台堡自相保聚"。③盐、粮比值，依"道里近远……视时缓急、米直高下、中纳者利否"，"先后增减，则例不一……道远地险，则减而轻之"。④商人趋利，又有经济实力，故商屯多为奏议者看重。太祖洪武十五年（1382年），定商人纳米给盐之例："凡云南纳米六斗者，给淮盐二百斤；米五斗者，给浙盐二百斤；米一石者，给川盐二百斤。普安纳米六斗者，给淮、浙盐二百斤；米二石五斗者，给川盐二百斤。普定纳米五斗者，给淮盐二百斤；米四斗者，给浙盐二百斤，川盐如普安之例。乌撒纳米二斗者，给淮、浙盐皆二百斤，川盐亦如普安之例。"⑤二十年（1387年），"命户部募□人于云南毕节卫纳米中盐，每米二斗给浙盐一引，三斗给川盐一引"。⑥商屯渐次开展，取得了很好的效果。洪武二十二年（1389年），普安军民指挥使周骥言："自中盐之法兴，虽边远在万里，商人图利运粮时至，于军储不为无补"。⑦一些商人募民屯田、经营食盐，在当地定居下来，家财万贯。毕节卫长冲铺（今毕节市七星关区长春堡镇）卯氏、撒刺溪铺（今毕节市七星关区撒拉溪镇）钱氏，其先祖于明代开中入黔，募民屯垦，贩卖食盐。卯氏"家资巨重，富甲一方，成为当时毕节一带名门望族"；钱氏广置田产，成为撒刺溪最大的地主，占有撒刺溪大部分坝子地，其房舍至今尚存。⑧

4. 其他移民

其一，具有建筑、制造、织造、医疗等专长的工匠、艺人。大批军队入黔征战、驻防、屯田，需要大批工匠、艺人修筑道路、建城造房、打造农具、制作衣物、诊疗治病。这些工匠、艺人或来自匠户，或来自民间。匠户为编入匠籍、世代承袭、不得脱籍者，调遣随军服役；民间工匠、艺人由招募而来。这类移民数量亦可观。毕节卫撒刺溪铺（今毕节市七星关区撒拉溪镇）路氏系从江西随军而来的匠户，与贵州都指

---

① 《明史·食货志》，《二十五史》第10册，上海：上海古籍出版社、上海书店1986年版第212页。
② 《明史·食货志》，《二十五史》第10册，上海：上海古籍出版社、上海书店1986年版第213页。
③ 《明史·食货志》，《二十五史》第10册，上海：上海古籍出版社、上海书店1986年版第213页。
④ 《明史·食货志》，《二十五史》第10册，上海：上海古籍出版社、上海书店1986年版第213页。
⑤ 《明实录·太祖实录》第142卷，中国台北1962年影印本第2240-2241页。
⑥ 《明实录·太祖实录》第187卷，中国台北1962年影印本第2800-2801页。
⑦ 《明实录·太祖实录》第197卷，中国台北1962年影印本第2957页。
⑧ 参见罗炯：《明清时期贵州移民情况之考察：以毕节市撒拉溪镇为中心》，豆丁网，2013年8月5日。

挥同知顾城有亲属关系，受到顾氏家族关照，故家族繁衍兴盛，明清两代人才辈出，仅进士就出了5个。① 黄平直隶千户所（治今黄平旧州）王倒犁系明初由江西应募而来的铁匠，精于铁犁铸造，后定居王家牌，开设作坊，制犁出售。其铸铁作坊及墓至今仍保存完好。② 毕节卫长冲铺（今毕节市七星关区长春堡镇）卯氏，系明代进入，其中一支以行医为生，后定居撒剌溪卯家地，医术精湛，在毕节一带很有名气。撒剌溪徐氏系从四川应募而来之民间工匠，后裔定居今撒拉溪街以南之永星村、以西之兴隆村及以北之柏山村。③ 其二，因战争、灾荒、避祸等流入贵州者。贵州特别是贵阳一带有很多关于建文帝流落黔省的传说、"遗迹"。靖难之役，大批追随或曾经拥戴过建文帝的官吏兵丁四出流亡。毋论有关的传说是否属实，但部分避难人员流落僻远山高的贵州，则是完全可能的。

世宗嘉靖年间（1522—1565年），民户56626户、249055口，略有出入，军户62273户、261869口，合计118899户、510924口。

民屯、商屯及其他入黔移民人数，史籍向无记载。[嘉靖]《贵州通志》载："贵州布政司官民屯田通共五十一万六千五百七十七亩"。④ 由此推断，民屯人数当有数万。再看户口统计。[嘉靖]《贵州通志》、《明史》、[万历]《贵州通志》载，孝宗弘治四年（1491年），贵州编户民籍43367户、258693口；⑤ 世宗嘉靖年间（1522—1565年），贵州布政司民籍56684户、250420口。其中，贵州宣慰司官民2145户、12924口，思州府757户、9101口，思南府2637户、23666口，镇远府官民杂役872户、8657口，石阡府817户、7411口，铜仁府939户、4153口，程番府5948户、30744口，都匀府9219户、24618口，黎平府3665户、24514口，永宁州2369户、10096口，镇宁州15201户、25578口，安顺州8270户、25227口，普安州3141户、39525口；⑥ 神宗万历六年（1578年），43405户、290972口；⑦ 二十五年（1597年），46566户、313374口。⑧ 大致在25万—31万之间。这些编户入籍的民户，多数应是移入贵州的民籍人员后裔，可作为民屯、商屯及其他入黔移民人数的参考。

上述移民数量，军屯最多，80万以上；次为民屯、商屯、匠户等，当不会少于20万。两者合计在百万以上。百万移民进贵州，这不仅在贵州古代历史上规模空前，而

---

① 参见罗炯：《明清时期贵州移民情况之考察：以毕节市撒拉溪镇为中心》，豆丁网，2013年8月5日；路长霖、路长联：《路氏长房族谱序》，2002年电脑排印本。
② 参见王启明：《贵州黄平王家牌王氏宗谱》，2006年印本。
③ 参见罗炯：《明清时期贵州移民情况之考察：以毕节市撒拉溪镇为中心》，豆丁网，2013年8月5日。
④ [嘉靖]《贵州通志·土田》，《中国地方志集成·贵州编》第1册，成都：巴蜀书社2006年版第277页。
⑤ 参见《明史·地理志》，《二十五史》第10册，上海：上海古籍出版社、上海书店1986年版第130页。
⑥ [嘉靖]《贵州通志·户口》，《中国地方志集成·贵州编》第1册，成都：巴蜀书社2006年版第281-282页。文中云贵州布政司户66684、丁口250420，而所列各府州合计仅户55935、丁口246214，有误。
⑦ 参见《明史·地理志》，《二十五史》第10册，上海：上海古籍出版社、上海书店1986年版第130页。
⑧ 参见《省会志·民赋》，[万历]《贵州通志》第1卷，北京：书目文献出版社1991年版第22页。

且远超明以前的历代王朝。今天的贵州人特别是汉人，在追溯明晰的先祖所来时，大多表示源自明代，或谓调北征南，或谓调北填南；而秦汉至元代进入的，几乎都融入土著民族之中了，极少有保持汉人族别的。百万移民进贵州，对贵州社会产生了深刻的影响。移民大多数为汉族，均来自儒文化发达之区，其中少量来自中原，大多来自直隶、湖广。直隶，明初设，辖应天、苏州、凤阳、扬州等14府州，范围大致相当于今天的江苏省、上海市和安徽省。应天（今南京），明初国都；[1] 湖广省始置于元代，明代续之，范围缩小，大致相当于今天的两湖，治所鄂州即今武昌。人群是儒文化最广泛、最稳定的载体。历经数百年、上千年的熏染、积累、沉淀，在中原，在江南、湖广，儒文化早已渗入社会下层民众之中；忠孝立身、仁义做人、耕稼为本、诗书传家，成为人群普遍的意识理念。百万移民虽然来到了僻远荒蛮的山区，却始终坚守儒家文化传统，在数百年的岁月里，延续、传承、光大着中原儒家文化，进而深刻地影响了贵州各民族社会的政治、经济、文化、风俗，带来了儒文化在贵州的大传播。制度儒学即明王朝大一统政治在贵州的践行者、支持者及社会民众基础，首先是移民；传播先进农耕文化，促进物化儒学传播的，领先是移民；读诗书、进科场、兴学校、授儒学，推动文化儒学、理论儒学传播的，率先是移民。人群又是儒文化最活跃的载体。以屯垦为基本职业的百万移民，伴随数百上千卫所、屯堡分布省城及各府、州、县，与土司、土著杂处，生产、生活，日复一日，数十年、数百年，有意无意、或多或少地传播着儒文化，增进着儒文化在各民族特别是下层民庶中的流播，促进着各民族共同文化心理及彼此认同心理的形成。

（四）贵州建省

战略地位凸显，贵州建省问题提上了日程；四大土司归附，20万大军驻防，都指挥使司建立，驿路发展，百万军民屯田，为贵州建省准备了政治的、军事的、经济的基础。成祖永乐十一年（1413年），朝廷对思州、思南两宣慰司改土归流，以其地为基础，设贵州等处存宣布政使司即贵州省。

思州、思南两宣慰司，系由原思州田氏内部分裂而成。田氏归附朱元璋后，思州宣慰使田琛与思南宣慰使田宗鼎继续争斗，"数相攻杀"，"屠戮善良"。朝廷累次调解、规诫无效，遂于成祖永乐十一年（1413年），"敕镇远侯顾成以兵五万压其境"，改土归流。"以思州二十二长官司，分说（设）思州、新化、黎平、石阡四府；思南十七长官司，分设思南、镇远、铜仁、乌罗四府。其镇远州、务川县，亦各随地分隶"。思州，治今岑巩；新化，治今锦屏新化；黎平，治今黎平；石阡，治今石阡；思南，治今思

---

[1] 迁都北京后，直隶于北京的地区称北直隶，简称北直，范围大致相当于今北京、天津两市及河北省大部和河南小部；直隶于南京的地区改称南直隶，简称南直。清顺治二年（1645年），更南直隶为江南省，省府江宁（今南京）。十八年（1661年），分江南为江苏、安徽两省，其范围大致相当于今天的江苏省、上海市和安徽省。

南；镇远，治今镇远；铜仁，治今铜仁市碧江区；乌罗，治今松桃乌罗。以8府为基础，"设贵州等处存宣布政司"。8府之外，划属者又有原属四川都司之贵州宣慰司，由贵州布政司"与贵州都司同管"；①安顺（治今安顺市西秀区旧州）、镇宁（治今镇宁境）、永宁（治今关岭境）等3州。三司机构，布政司"以行人蒋廷瓒、河南左参政孟骥俱为右布政使"，"官属俱用流官，府以下参用土官"。②都司早已于洪武十五年（1382年）设置，"调陕西都指挥使程暹为贵州都指挥使"。③按察使司置于成祖永乐十五年（1417年），是年，"升山西道监察御史成务为贵州按察使"。④三司互不统属，各自对朝廷负责；朝廷则派出巡抚大员，巡行各省。三司独立有利于防止地方坐大，加强中央集权，但政出多门亦不利于地方决策统一，故其后巡抚逐渐相对固定，成为一省最高官员。成化元年（1466年），"以贵州左布政使李浩为都察院右副都御使，巡抚贵州"。⑤三年（1467年），"升云南左布政司陈宜……为右副都御使……巡抚贵州"。⑥五年（1469年），秦敬为右副都御使，巡抚贵州。⑦九年（1467年），"升河南按察使宋钦为都察院右佥都御使，巡抚贵州"。⑧贵州建省之初，领1司、8府、3州。大致上，8府位今贵州东部之铜仁市、黔东南之北部及其东部边缘，1司、3州居今贵州中西部之贵阳、安顺及六盘水之六枝，东、中两部分之间即今黔东南州黄平、凯里、黔南州瓮安、福泉、贵定、龙里一带，靠黄平千户所、平越卫、新添卫、龙里卫等卫所及驿路沟通。

其后，迭经改土归流，行政区域不断扩大，府、州、县设置累有变更，至明末，形成1司、10府格局；有的府领有州、县，计有9州、14县。合计"领府十，州九，县十四，宣慰司一"，长官司70；"北至铜仁（与湖广、四川界），南至镇宁（与广西、云南界），东至黎平（与湖广、广西界），西至普安（与云南、四川界）"。⑨

1. 贵州宣慰司

太祖洪武初年（1372年），水西、水东归附，朝廷置贵州宣慰司，以水西霭翠为宣慰使，水东宋钦为宣慰同知，治贵州（今贵阳）。所领7长官司，位于今贵阳市城区、开阳境、息烽境。⑩其地域，约当今黔中贵阳市，黔西北毕节市之大方、黔西、纳雍、

---

① 以上见《明实录·太宗实录》第137卷，中国台北1962年影印本第1661、1663页。
② 《明实录·太宗实录》第137卷，中国台北1962年影印本第1663页。
③ 《明实录·太祖实录》第141卷，中国台北1962年影印本第2226页。
④ 《明实录·太宗实录》第189卷，中国台北1962年影印本第2009页。
⑤ 《明实录·宪宗实录》第24卷，中国台北1962年影印本第473页。
⑥ 《明实录·宪宗实录》第45卷，中国台北1962年影印本第931页。
⑦ 参见《明实录·宪宗实录》第67卷，中国台北1962年影印本第1342页。
⑧ 《明实录·宪宗实录》第112卷，中国台北1962年影印本第2172页。
⑨ 《明史·地理志》，《二十五史》第10册，上海：上海古籍出版社、上海书店1986年版第130页。
⑩ 参见《明史·地理志》，《二十五史》第10册，上海：上海古籍出版社、上海书店1986年版第130页；张廷玉编，罗康智等编著：《明史贵州地理志考释》，贵阳：贵州人民出版社2008年版第65-71页。

织金、水城。① 其后，水西、水东世代拥戴，频繁朝贡、朝觐。明朝末年即熹宗天启、思宗崇祯年间，永宁（今四川叙永）安抚使奢崇明起兵反明，贵州宣慰司同知安邦彦、水东土司宋万化及乌撒土司安效良等响应。事平，朝廷以宋氏直辖地洪边十二马头置开州（今开阳），水东改土归流；以水西所献"水外六目"（今息烽、修文、清镇、平坝）之地设敷勇（治今修文）、镇西（治今清镇市卫城）两卫，水西部分属地改土归流。原属贵州宣慰司之贵州（今贵阳），基本上改土归流而属贵阳府。境内卫所，除敷勇、镇西两卫外，尚有新添（治今贵定）、龙里（治今龙里）、敷勇（治今修文）、贵州（治今贵阳城）、贵州前（治今贵阳城）、威清（治今清镇）、镇西（治今清镇市卫城）、平坝（治今平坝）等8卫，合计10卫。

2. 10府

其一，思州府，治今岑巩。成祖永乐十一年（1413年）平定思州、思南内乱后，以思州宣慰司部分属地置。所领4长官司，位于今镇远境、岑巩境、碧江区境、万山区境。境内有属于湖广都司之平溪（治今玉屏）、清浪（治今镇远清溪）2卫。② 其地域，约当今黔东南州之岑巩、镇远一部、铜仁市之玉屏、碧江区一部、万山区一部。

其二，黎平府，治今黎平。成祖永乐十一年（1413年）平定思州、思南内乱后，以思州宣慰司部分属地置。领永从1县，治今黎平境；13长官司，位于今锦屏境、黎平境、从江境、榕江。其地域，约当今黔东南州之锦屏、黎平、榕江及从江部分。③ 境内有属于湖广都司之铜鼓卫（治今锦屏）、五开卫（治今黎平）。

其三，石阡府，治今石阡。成祖永乐十一年（1413年）平定思州、思南内乱后，以思州宣慰司部分属地置。领龙泉1县，今凤冈；3长官司，位于今铜仁市之石阡、遵义市之凤冈。④

其四，思南府，治今思南。成祖永乐十一年（1413年）平定思州、思南内乱后，以思南宣慰司部分属地置。"领县三，长官司三。"3县：务川，今务川；印江，今印江；安化，今德江（但治所在今思南县城）。3长官司，位于今思南境、沿河境、印江境。⑤ 其地域，约当今遵义市东缘之务川，铜仁市之沿河、德江、印江、思南、松桃部分。

---

① 参见周春元等：《贵州古代史》，贵阳：贵州人民出版社1982年版第201页、200页附图。
② 参见《明史·地理志》，《二十五史》第10册，上海：上海古籍出版社、上海书店1986年版第130页；贵州民族研究所：《明实录贵州资料辑录》，贵阳：贵州人民出版社1983年版第1367页。
③ 参见《明史·地理志》，《二十五史》第10册，上海：上海古籍出版社、上海书店1986年版第131页；贵州民族研究所：《明实录贵州资料辑录》，贵阳：贵州人民出版社1983年版第1368页。
④ 参见《明史·地理志》，《二十五史》第10册，上海：上海古籍出版社、上海书店1986年版第131页；张廷玉编，罗康智等编著：《明史贵州地理志考释》，贵阳：贵州人民出版社2008年版第280-282页。
⑤ 参见《明史·地理志》，《二十五史》第10册，上海：上海古籍出版社、上海书店1986年版第131页；贵州民族研究所：《明实录贵州资料辑录》，贵阳：贵州人民出版社1983年版第1362、1368页；张廷玉编，罗康智等编著：《明史贵州地理志考释》，贵阳：贵州人民出版社2008年版第208页。

其五，铜仁府，治今铜仁市碧江区。成祖永乐十一年（1413年）平定思州、思南内乱后，以思南宣慰司部分属地置。"领县一，长官司五。"1县即铜仁，今碧江区；5长官司，今江口境、万山区境、松桃境。① 其地域，约当今铜仁市松桃大部、江口、碧江区、万山区大部。

其六，镇远府，治今镇远。成祖永乐十一年（1413年）平定思州、思南内乱后，以思南宣慰司部分属地置。"领县二，长官司三。"2县：镇远，治今镇远；施秉，治今施秉境。3长官司，今镇远境、施秉境、三穗。② 其地域，当今黔东南州镇远、施秉、三穗。境内有属于湖广都司之镇远（治今镇远）、偏桥（治今施秉）2卫。

其七，平越府，治今福泉。神宗万历二十九年（1601年）平定播州宣慰使杨应龙叛乱之后，于平越卫置，并分播州宣慰司南部地。领1州、3县、2长官司。1州即黄平州，治今黄平境。湄潭县，今湄潭；余庆县，今余庆；瓮安县，今瓮安。2长官司，今凯里境、福泉境。③ 其地域，约当今遵义市湄潭、余庆，黔南州瓮安、福泉，黔东南州黄平全部、凯里大部。境内有黄平直隶千户所（治今黄平旧州）、兴隆卫（治今黄平）、清平卫（治今凯里境）、平越卫（治今福泉）等3卫1所。

其八，都匀府，治今都匀市。孝宗弘治五年（1494年）置。"领州二，县一，长官司八"。麻哈州，今麻江；独山州，今独山。清平县，治今凯里境。8长官司，今麻江境、都匀市境、平塘境、独山境、三都境。④ 境内有都匀卫（治今都匀）。其地域，约当今黔南州东部即都匀市、独山、平塘部分和三都一部，黔东南州部分即麻江、凯里一部。

其九，贵阳府，治今贵阳。宪宗成化十二年（1476年），以程番长官司地及贵州宣慰司部分地置程番府，治今惠水；穆宗隆庆二年（1568年），移治入贵州（今贵阳）；次年，"改府名贵阳"。自此，贵阳成为省城名称，贵州成为贵州省专名。"领州三，县二，长官司十六"。3州：开州，治今开阳；广顺州，治今长顺境；定番州，治今惠水。2县：新贵县，治今贵阳；贵定县，治今贵定境。16长官司，今惠水境。⑤ 随着明末省城贵阳地区改土归流的基本完成，原位于贵州宣慰司地域的新添（治今贵定）、龙里（治今龙里）、敷勇（治今修文）、贵州（治今贵阳城）、贵州前（治今贵阳城）、威清

---

① 以上见《明史·地理志》，《二十五史》第10册，上海：上海古籍出版社、上海书店1986年版第131页；张廷玉编，罗康智等编著：《明史贵州地理志考释》，贵阳：贵州人民出版社2008年版第269-272页。

② 参见《明史·地理志》，《二十五史》第10册，上海：上海古籍出版社、上海书店1986年版第131页；张廷玉编，罗康智等编著：《明史贵州地理志考释》，贵阳：贵州人民出版社2008年版第241-248页。

③ 《明史·地理志》，《二十五史》第10册，上海：上海古籍出版社、上海书店1986年版第131页；贵州民族研究所：《明实录贵州资料辑录》，贵阳：贵州人民出版社1983年版第1361、1367页。

④ 以上参见《明史·地理志》，《二十五史》第10册，上海：上海古籍出版社、上海书店1986年版第130页；贵州民族研究所：《明实录贵州资料辑录》，贵阳：贵州人民出版社1983年版第1361、1366-1367页。

⑤ 以上见《明史·地理志》，《二十五史》第10册，上海：上海古籍出版社、上海书店1986年版第130页；贵州民族研究所：《明实录贵州资料辑录》，贵阳：贵州人民出版社1983年版第1361、1365-1366页。

（治今清镇）、镇西（治今清镇市卫城）、平坝（治今平坝）等8卫，亦随之转入贵阳府境内。贵阳府地域，约当今贵阳、黔南州部分，即贵定、龙里、惠水、长顺部分和平塘部分。

其十，安顺府，治今安顺市西秀区。神宗万历三十年（1602年）置。"领州三，长官司六"。3州：镇宁，治今镇宁；永宁，治今关岭；普安，治今盘县。6长官司，今西秀区境、紫云境、镇宁境、关岭境。境内有普定（治今安顺）、安庄（治今镇宁境）、安南（治今晴隆）、普安（治今盘县）等4卫。[①] 其地域，约当今安顺市大部即西秀区、普定、镇宁、关岭、紫云部分，黔西南州部分即晴隆、普安、兴仁一部和安龙，六盘水市大部即六枝、盘县。

1司10府之外，尚有若干地域属于今贵州而明代尚分属四川、湖广、广西等周边省份。

1. 属四川之地域

其一，遵义府，治今红花岗区。神宗万历二十九年（1601年）平定播州宣慰使杨应龙叛乱之后，以播州宣慰司大部置。"领州一，县四"。1州即真安州，今正安、道真。4县：遵义，治今红花岗区；桐梓，治今绥阳境望草；绥阳，治今绥阳；仁怀，治今仁怀。[②] 境内有威远卫（治今遵义市红花岗区）。其地域，当今遵义市大部。

其二，乌撒府，治今威宁。太祖洪武十五年（1382年）置乌撒土府，"属云南布政司，十六年（1383年）正月改属四川布政司，十七年（1384年）五月升为军民府"。[③] 境内有属贵州都司之乌撒卫（治今威宁）。其地域，当今黔西北毕节市之威宁、赫章。

2. 属湖广之地域

计天柱（今天柱）1县。另有平溪（治今玉屏）、铜鼓（治今锦屏）、五开（治今黎平）、清浪（治今镇远清溪）、镇远（治今镇远）、偏桥（治今施秉）等6卫，治所在贵州境，但属湖广都司。[④]

3. 属广西之地域

荔波县，治今荔波，属庆远府；泗城州（治今凌云境）北部地，今罗甸、望谟、册亨、贞丰、安龙部分。[⑤]

此外，今黔西北毕节市七星关区置有属于贵州都司之赤水（治今七星关区赤水河）、毕节（治今毕节市七星关区）2卫。

---

① 以上见《明史·地理志》，《二十五史》第10册，上海：上海古籍出版社、上海书店1986年版第130页；贵州民族研究所：《明实录贵州资料辑录》，贵阳：贵州人民出版社1983年版第1361、1366页。
② 参见《明史·地理志》，《二十五史》第10册，上海：上海古籍出版社、上海书店1986年版第117页。
③ 《明史·地理志》，《二十五史》第10册，上海：上海古籍出版社、上海书店1986年版第117页。
④ 参见《明史·地理志》，《二十五史》第10册，上海：上海古籍出版社、上海书店1986年版第122页。
⑤ 参见《明史·地理志》，《二十五史》第10册，上海：上海古籍出版社、上海书店1986年版第127页；周春元等：《贵州古代史》，贵阳：贵州人民出版社1982年版第214页。

明代贵州建省，是古代贵州制度儒学及各民族大一统中央王朝认同的飞跃。其一，实现了大一统王朝对贵州区域的直接治理，贵州与大一统王朝的联系大为增强。两汉时期，朝廷对今贵州区域的直接治理止于今黔中及其以西地域；唐宋五六百年间，朝廷对今贵州区域的治理不仅依靠周边州县间接治理，而且甚为松散，来者欢迎，去者不究；元代今贵州分属湖广、云南、四川等周边行省，对今贵州区域实行的同样是间接治理。明代贵州建省，朝廷在地方一级行政区域的层面上实现了对贵州区域的直接治理；在黔西北、黔西南以外的贵州地域设立了府，在地方二级行政区域的层面上实现了对贵州大多数地域的流官治理；府之下设立了一批州县，在地方三级行政区域的层面上，实现了对贵州大部地域的流官治理。其二，由边缘区一跃成为独立而完整的省级行政区域，形成了自己的省级政治、军事、经济、文化中心。元代及其以前，今贵州分属周边各行政区，为周边各行政区之边缘地带，其政治、经济、文化的发展往往被漠视、被边缘化甚至真空化，发展长期滞后，不仅大为落后于中原地区，落后于邻近的四川、湖广等后发达地区，而且落后于一墙之隔的云南。建省以后，贵州历史上第一次成为独立而完整的地方一级行政区域亦即省级行政区域，成为朝廷直管的13个地方一级行政区域之一，形成了自己的省级政治、军事、经济、文化中心，在地方一级行政区域层面上，实现了由附庸他人、以他人为中心到自为中心的转变，为贵州的发展准备了条件。其三，赢得了前所未有的发展机遇。建省以后，贵州由边缘区一跃成为与中原、川湖、云南平行的地方一级行政区域，依地方一级行政区域一一建制：行政机构承宣布政使司，监察机构提刑按察使司，军事机构都指挥使司；隶属于提刑按察使司的教育机构提学道；始而临时继而相对固定的、统辖一省的巡抚亦得以设置。朝廷旨意直接下达贵州而不再经由他省中转，贵州奏请直接上达朝廷，亦不再经由他省中转；贵州直接受命于朝廷，奉行朝廷旨意，争取朝廷扶持，统一筹划贵州政治、经济、文化各项事务。贵州赢得了前所未有的发展机遇。例如，各府州县、宣慰司、安抚司、长官司依成例设立儒学；设置乡试名额，并在嘉靖十四年（1535年）开始自行乡试而不再附于他省，贵州儒学的教育及其传播较之前代得以飞跃发展，取得了进士百余人、举人千余人的，前所未有的骄人成就。贵州制度儒学及各民族的大一统中央王朝认同呈现出两汉隋唐宋元以来从未有过的飞跃发展局面。

贵州虽然建省，但省、府、州、县存在严重的空壳、遥领现象。开国之初，贵州全境均系土司领地，有的甚至是土司势力尚未达到的、多为苗族聚居的"生界"，卫所设置所需土地都是经与土司协商或收买而来的。经过40多年的经营，至成祖永乐年间，在平定思州、思南土司内乱并废除两土司的基础上，才设置了贵州省，领8府3州。作为省城的贵州（今贵阳），都是水西、水东土司的领地，布政司衙门也只能设在城外的驿站——皇华驿；布政司与东部8府、西部3州之间均为土司隔断，仅遥领而已；8府、3州之下仅思南府领有务川1县，其余均无，几乎都是土司的领地；县以下的基层里甲设置更无从谈起，省、府、州仅一架构而已，空壳而已，少有民户可辖可管；有的只是土司治下的土著，实际的管辖、治理依然在各地的土司手中，相关政务之实施靠土司代行。①又经过近两百年的经营，流官治理范围扩大，形成 10 府、9 州、14 县的行政区划格局。四大土司中的播州土司继思州、思南两土司之后革除，水西土司也势力大衰。省城贵阳的土司势力不复存在。府之下有了州县，州之下有了县，一些县也有了里甲。神宗万历初年，民户数量达到了 30 余万口——尽管这个数字大为偏低。②但是，州、县合计也不过 23 个，每府平均不到 3 个；有的府依旧没有州县，如思州；有的仅有一两个，如黎平、石阡、铜仁、镇远；稍好的如贵阳，亦不过 3 州 2 县。各府无一例外，均领有相当数量的长官司，府以下的相当地域依旧属于土司领地；有的府、州、县依旧任命土司家族成员世袭担任土官；水西故地仍然是土司领地，其时不属贵州而属四川的乌撒知府仍然是土官。改土归流依旧任重而道远，大一统王朝的认同还有漫长的道路要走。

三、改土归流，土流并治

（一）改土归流

贵州建省及其不断完善的过程，也是持续改土归流的过程，不断缩小土司领地、扩大流官治理区域的过程。

元代一统，今贵州地域全面实行土司制，整体进入领主制社会。这是古代贵州制度儒学在当时历史条件下的一大进步。然而，当历史进入明代以后，土司领主制社会的弊端逐渐显露。为了巩固云南边疆，朝廷全力稳定、开发贵州。可湘黔、黔滇大通道沿线却是土司林立，动乱不止，严重威胁着通道安全。建省之初，省下少府，府下少州，州下少县，县下少里甲，存在严重的空壳、遥领现象；纵令作为省城的贵州（今贵阳），也都是水西、水东土司的领地，布政司衙门只能设在城外的驿站——皇华驿，严重影响着朝廷政令的畅通、施行。土司领地内部自行为治；土司对土民的压榨、盘剥残酷，严重阻碍着社会经济的发展。改土归流势在必行。

明代，贵州大规模的改土归流有 3 次。其一，永乐年间思南、思州两宣慰司之改土归流。思州、思南两宣慰司自归附朱元璋始，其内部便争斗不断，兵连祸结。朝廷屡屡诫谕无效，遂于成祖永乐十一年（1413 年），以重兵压境，拘拿思州宣慰使田琛、思南宣慰使田宗鼎，革裁两宣慰司，以其地置思州（治今岑巩）、新化（治今锦屏新

---

① 参见张廷玉编，罗康智等编著：《明史贵州地理志考释》，贵阳：贵州人民出版社 2008 年版第 10-11、293、28 页。

② 参见 [万历]《贵州通志》第 1 卷，北京：书目文献出版社 1991 年版第 22 页。

化，后废）、黎平（治今黎平，领永从1县。永从，今黎平永从）、石阡（治今石阡，领龙泉1县。龙泉，治今凤冈龙泉坪）、思南（治今思南，领安化、务川、印江3县。安化，今思南境）、镇远（治今镇远，领镇远、施秉2县）、铜仁（治今铜仁市碧江区，领铜仁1县。铜仁县，今铜仁境）、乌罗（治今松桃乌罗，后废）等8府；以8府为基础，"设贵州等处承宣布政司"。① 设立8府并以此为基础建省，是此次改土归流最大的成果，也是古代贵州制度儒学最大的、飞跃性的成果。自此，古代贵州的历史翻开了崭新的一页。其二，神宗万历年间之播州改土归流。神宗万历二十四年（1596年），播州土司、宣慰使杨应龙举兵反。明廷调集贵州、四川、云南、湖广、陕西、甘肃、浙江数省兵力，历时5年，平息了叛乱。二十九年（1601年），革裁播州宣慰司及其下大大小小的土司，以其地分置平越、遵义2府。平越府（治今福泉）领黄平1州（治今黄平境），湄潭（今湄潭）、余庆（今余庆）、瓮安（今瓮安）3县，杨义（治今福泉境）、凯里（治今凯里市境）2长官司，隶贵州。② 遵义府（治今红花岗区）领真安（今正安、道真）1州，遵义（今红花岗区、汇川区、遵义县）、桐梓（今桐梓）、绥阳（今绥阳）、仁怀（治今仁怀市）4县仍隶属四川。设置平越府，将贵州东部诸府县与中部之贵阳府、贵州宣慰司及西部之安顺府连成一片，结束了贵州建省后长达200来年中东部与中、西部靠驿道、卫所联系的状况，是神宗万历年间播州改土归流最大的成就。其三，思宗崇祯初年贵州宣慰司之部分改土归流。熹宗天启元年（1621年），永宁（治今四川叙永）宣抚使奢崇明起兵反；次年，水西土司、贵州宣慰司同知安邦彦挟持宣慰使安位，与水东土司宋万化、宋嗣殷父子及乌撒土司、土知府安效良一起，举兵"以应之"。朝廷出动贵州、云南、四川、广西、湖广数省兵力，历时8年，于思宗崇祯元年（1628年）平息战乱。其后，革废水东宋氏土司，"以宋氏洪边十二马头地置开州，建城设官"。③ 削水西安氏"水外六目之地归朝廷"，④ 以其地（今息烽、修文、清镇、平坝）置敷勇（治今修文）、镇西（治今清镇市卫城）2卫；⑤ 水西安氏自此退回鸭池河以西，势力削弱。贵州宣慰司部分改土归流，作为省城的贵阳及其周边地域均改土归流，贵州布政司有了自己较为完整的亲辖地，结束了建省后长期遥领、空壳的局面。

---

① 《明实录·太宗实录》第137卷，中国台北1962年影印本第1663页。
② 《明史·地理志》，《二十五史》第10册，上海：上海古籍出版社、上海书店1986年版第131页；贵州民族研究所：《明实录贵州资料辑录》，贵阳：贵州人民出版社1983年版第1361、1367页。
③ 《明史·贵州土司传》，《二十五史》第10册，上海：上海古籍出版社、上海书店1986年版第895、896页。
④ 《平奢安》，《明史纪事本末附补遗、补编》第69卷，上海：上海古籍出版社1994年版第287页。
⑤ [乾隆]《贵州通志·土司》，《中国地方志集成·贵州编》第4册，成都：巴蜀书社2006年版第414页。

（二）流官治理范围的不断扩大

经过3次大规模的改土归流及布局，流官治理范围不断扩大，至明末，形成10府、23州县的行政区划格局；加上其时尚属于四川之乌撒府、遵义府及其所领1州4县，属湖广之天柱1县，在贵州境但属湖广都司之平溪、铜鼓、五开、清浪、镇远、偏桥等6卫，属广西之荔波1县，当是12府、30州县。至清中叶，明代属周边诸省之府州县拨隶贵州；降平越府为直隶州，增置大定、兴义2府，形成12府、4直隶厅及直隶州、58县及散厅散州行政区划格局。这表明，古代贵州的行政区划，在明代多已形成。明代各级行政机构官属，省级"官属俱用流官"，府以下流官为主，"参用土官"。① 朝廷在地方一级行政区域层面即省一级层面上实现了对贵州区域的直接治理，在地方二级行政区域层面即府一级层面上实现了对贵州大多数地域的流官治理，在地方三级行政区域层面即州县一级层面上实现了对贵州大部地域的流官治理。贵州多数地域实行了与内地接近的流官治理，与内地的制度差异大为缩小，制度儒学在贵州的流播及贵州各民族的大一统中央王朝认同呈现出两汉隋唐宋元以来从未有过的飞跃式发展局面。

（三）行仁义，多宽容，施教化

元代今贵州全面实行土司制，大小土司有300余处。② 明初加以归并整理，置4宣慰司、5安抚司、90余长官司。③ 经过3次大规模的改土归流及其他小规模的改土归流，明代今贵州地域4大土司中，思州、思南、播州3宣慰司革除，贵州宣慰司势力也遭到削弱，一批长官司也不复存在，数量减少到70来处。总体上看，土司势力走向衰落，领地缩小。

整个明代，土司与府州县并存，土司与流官并治。土司势力走向衰落，领地缩小，但其领地依旧很广，土司势力仍有相当规模。今黔西北即毕节市，除赤水、毕节、乌撒3卫治所外，尚属水西土司乌撒土司领地，四大土司之一的水西土司实力尚存；四大土司属下的90余长官司、蛮夷长官司，大多数尚存。所置10府，其下仅置有州、县23个，每府平均不到3个；思州府无一属县，黎平、石阡、铜仁3府仅各有1属县，思南、都匀、安顺分别有3州县；对照清代贵州州县的设置情况，明代贵州除贵阳、镇远2府外，其余各府均或多或少存在相当于州县一级的区域仍为土司领地的状况。至于已设州县的区域，均存在普遍的空壳、遥领现象，其下之基层里甲均很少，编户

---

① 《明实录·太宗实录》第137卷，中国台北1962年影印本第1663页。
② 参见《元史·世祖本纪》，《二十五史》第9册，上海：上海古籍出版社、上海书店1986年版第37、50页；《元史·成宗本纪》，《二十五史》第9册，上海：上海古籍出版社、上海书店1986年版第54页；《元史·地理志》，《二十五史》第9册，上海：上海古籍出版社、上海书店1986年版第174-176、182-183页。
③ 参见何仁仲：《贵州通史》第2卷，北京：当代中国出版社2002年版第54页。

均很少，大多数仍属长官司、土官、土目之领地。这种状况，直到清代进一步实施改土归流后才基本改变；而其残余，则直至民国年间乃至中华人民共和国成立之初才绝迹。

　　土司与明代相伴始终，妥善处理土司问题始终是明廷的重大议题之一。对于土司，明廷奉行儒家"华夷一家"①信条，行仁义，多宽容。"圣人之治天下，四海内外，皆为赤子，所以广一视同仁之心"。②"以仁义定天下，虽迟而长久；以诈力取天下，虽易而速亡。"③开国之初，各地土司纷纷归附，明廷实行宽容优厚的安抚政策，不仅保留原有地位，世袭承继，而且在赋税征收等方面优厚从宽。中书省奏请播州宣慰司岁纳粮二千五百石，太祖诏谓，其"所有田税随其所入，不必复为定额以征其赋"。④贵州宣慰使霭翠、金筑安抚使密定拖欠赋税，太祖诏谓，所欠赋税"悉行蠲免"，岁输之数"务从宽减"。⑤对于改土归流，朝廷固然望其早成，但也并非不顾主客观条件，不顾土司自身的意愿。思州、思南两土司的争战自明初即已开始，延续了40余年。其间，朝廷多次调解、谕诫、容忍，但两土司不但不听，反而愈演愈烈。直至永乐年间，朝廷始实施改土归流，革裁两宣慰司，以其地设置8府。然而，改土归流也并非将土司简单革裁，而是给予适当安排，委任为土同知、土县丞、土巡检、土千总、土把总等各级土官；原宣慰司下属长官司"悉仍旧"，均予保留，"加意抚绥"；⑥"分隶八府"。⑦思州、思南改土归流如此，其他土司改土归流亦如此；明初如此，终明一朝皆如此。播州杨氏自唐末据有播州始，至明初，经营播州长达400多年。由于接近川湖，为今贵州地域最为发达之区，改土归流按理最有条件。然而，朝廷并未贸然实施。直至200多年后的神宗万历中叶（二十四年至二十九年，即1596—1601年），宣慰使杨应龙举兵反，朝廷始于平叛之后改土归流。明末熹宗天启年间至思宗崇祯初年，贵州宣慰使、水西土司追随永宁土司奢崇明反。平定之后，朝廷仅令其献出水外六目之地，置敷勇、镇西2卫。其间，朝廷亦欲对水西腹地改土归流，激起土目剧烈反对，遂作罢。明廷对水西土司的处置，固然与自身的衰落及水西实力尚存有关，但也不乏一以贯之的考量。对于土司，明廷行仁义，多宽容，是否改土归流，其一视条件是否成熟，其二必做到仁至义尽，以期减少改革后遗症，促进民族和解与社会安定。

　　同元代一样，明廷大力加强对土司的管理，尽可能将土司纳入朝廷体制之中。承袭须经朝廷审查核准，颁给信符；承袭受职须亲到朝廷，每三年朝觐一次；定赋额。

---

①《明实录·太宗实录》第30卷，中国台北1962年影印本第533-534页。
②《明实录·太祖实录》第53卷，中国台北1962年影印本1047页。
③《明实录·太祖宝训》第4卷，中国台北1962年影印本第295页。
④《明实录·太祖实录》第88卷，中国台北1962年影印本第1558页。
⑤《明实录·太祖实录》第188卷，中国台北1962年影印本第2822-2823页。
⑥《明实录·太宗实录》第137卷，中国台北1962年影印本第1663页。
⑦《明实录·太宗实录》第149卷，中国台北1962年影印本第1735页。

最大的不同，则在于增进土司子弟的儒学教化。太祖洪武年间，谕令土司子弟"皆……入国学受业，使知君臣父子之道、礼乐教化之事。他日学成而归，可以变其土俗，同于中国"。① 孝宗弘治以后进而规定，土司子弟拟袭职而年 10 岁以上者"俱送宣慰司学，充增广生员，使之读书习礼；有愿习举业者，比军职子孙补廪充贡出身……其不由儒学读书习礼者，不听保袭"。② 以刚性的政治制度将儒学规定为袭职土司子弟的必修课。

增进土司子弟的儒学教化，是明代土司治策的最大特点、最大进步。读书习礼，即可知君臣父子之道，忠君孝父，稳定、维系现存社会秩序；促进土著民族与汉民族共同文化心理的形成，缩小民族分异，增进民族认同。

四、忠君死节：南明时期贵州明王朝认同

思宗崇祯十七年（1644 年），李自成农民军建立大顺政权，夺取北京，推翻明王朝；清军旋即入关，占领并定都北京。明朝灭亡以后，明朝旧臣马士英（贵阳人）在南京拥立福王朱由崧，是为弘光政权（1644—1645 年）；黄道周、郑芝龙等在福州拥立唐王朱聿键，是为隆武政权（1645—1646 年）；张维国、张煌言等在绍兴拥鲁王朱以海为监国，是为绍兴政权（1645—1653 年）；丁魁楚、瞿式耜等拥立桂王朱由榔，是为永历政权（1646—1661 年）。诸小王朝中，以永历政权存在时间最长，前后 16 年，影响最大。以上小王朝，史称南明政权。在抗清大旗下，李过、郝摇旗等率领的大顺军余部，孙可望、李定国等率领的大西军余部，暂时停止反明，与南明政权合作，"扶明抗清"，成为支撑南明政权的主要军事力量；在贵州境内活动的农民军，是孙可望、李定国等指挥的大西军余部。南明政权与农民军在今两广、云、贵、川、湘特别是云、贵等南方省份坚持抗清战争近 20 年。南明时期，贵州始终处于南明政权管辖之下。永历五年至十年（1651—1656 年），永历帝更"驻跸"安龙（今贵州安龙），贵州一度成为抗清战争中心，战场遍及黔中、黔东、黔西、黔南、黔北。在抗击共同敌人、保卫共同家园的生死关头，官绅兵民，各族民庶，追随南明政权，誓死抗清。他们之中，既有原明朝官员如何腾蛟、杨文骢、"十八先生"，也有转而联明抗清的原农民起义军将领如李定国；既有汉族官民如何腾蛟、杨文骢、"十八先生"、李定国，也有土著民族首领如龙吉兆、龙吉佐兄弟。

何腾蛟（明神宗万历二十年至南明永历三年，1592—1649 年。南明永历三年，清顺治六年），"字云从，贵州黎平卫人。天启元年举于乡"。黎平卫，应为五开卫。出生

---

①《明实录·太祖实录》第 150 卷，中国台北 1962 年影印本第 2366 页。
②《明实录·孝宗实录》第 150 卷，中国台北 1962 年影印本第 2676 页。

于官宦之家。历官明右佥都御史、湖广巡抚；南明弘光政权"兵部右侍郎，兼抚湖南……总督湖广、四川、云南、贵州、广西军务"。隆武政权"东阁大学士兼兵部尚书，封定兴伯"；永历政权武英殿大学士、太子太保、太师、定兴侯。① 思宗崇祯末年危急之时，应诏赴右佥都御史、湖广巡抚任。"或劝勿赴任，公曰：'国家养士设官，原以救倾危之急……偷生畏死，岂人臣之职乎？'慷慨赴任。"永历三年（清顺治六年，1649年），于湘潭兵败被俘。清方劝降，至黎平拘押其继母、妻妾等亲属40余口相要挟。他义无反顾："夫为忠臣，妻为命妇，死亦何恨。""老母耄矣，余无足惜，亦惟命！"再劝，他大义凛然："不幸被掳，荷大明三百年纲常之重，岂以一身事两主？""孔曰'成仁'，孟曰'取义'，衣带之遗，彼则行之，我则继之。"② "绝食七日"，③ 慷慨就义。临终赋诗一首，表达壮志未酬的悲愤心绪："天乎人事苦难留，眉锁湘江水不流。炼石有心嗟一木，凌云无计慰三洲。河山赤地风悲角，社稷怀人雨溢秋。尽瘁未能时已逝，年年鹃血染宗周。"④

杨文骢（明神宗万历二十四年至南明隆武二年，1596—1646年。隆武二年，清顺治三年），"字龙友，贵阳人……万历末举于乡，官江宁知县"。明亡后，追随福王朱由崧，任弘光政权"右佥都御史、巡抚"；弘光政权亡，继而追随唐王朱聿键，任隆武政权"兵部右侍郎兼右佥都御史，提督军务"。⑤ 于广西蒲城兵败被俘，"不屈，乃斩之……妻妾四、子女及子妇、仆从，一家同死者三十六人"。⑥

李定国（明熹宗天启元年至清康熙元年，1621—1662年），"字鸿远，陕西延安人"；张献忠遇难后，与孙可望、刘文秀同为大西军余部主要将领，名列孙可望之后。遵照张献忠联明抗清遗嘱，与南明永历政权合作，先后受封为西宁王、晋王。永历六年（1652年），挥师攻克岳州（今湖南岳阳），进取长沙，毙清军统帅、谨亲王尼湛。清廷震动，一度打算与南明政权划江而治。他始终顾全抗清大局，真诚拥戴永历政权，反对孙可望挟制永历帝甚而意图取而代之的做法。"定国兵渐强"，引起了孙可望之妒忌。"定国转战广西、湖广，下数十城，兵屡胜，可望益嫉之。次沅州，召定国计事，将以衡州败为定国罪而杀之。定国察其意，辞不赴。"孙可望复遣部将冯双礼领兵追杀。尽管如此，李定国仍以维护抗清大局为重，将其活捉后送还，尽力争取孙可望；虽屡遭打压甚而灭杀，初衷不改。"可望谋自帝甚急"，永历君臣密议"敕定国统兵入卫"。李定国"感泣，议奉迎……奉王自安南卫入云南"，脱离孙可望。经此内讧，永

---

① 以上见《明史·何腾蛟传》，《二十五史》第10册，上海：上海古籍出版社、上海书店1986年版第781、782页。
② 以上见陈文政：《何文烈公外传》，《贵州通志·人物志》，贵阳：贵州人民出版社2001年版第64页。
③《明史·何腾蛟传》，《二十五史》第10册，上海：上海古籍出版社、上海书店1986年版第782页。
④《忠诚何督相腾蛟》，《黔诗纪略》第22卷，贵阳：贵州人民出版社1993年版第919页。
⑤《明史·杨文骢传》，《二十五史》第10册，上海：上海古籍出版社、上海书店1986年版第773页。
⑥《杨侍郎文骢》，《黔诗纪略》第19卷，贵阳：贵州人民出版社1993年版第729-730页。

历政权风雨飘摇,李定国勉力支撑。永历十五年(清顺治十八年,1661年)底,永历帝落入吴三桂之手。清康熙元年(1662年),在获悉永历帝为吴三桂绞死的消息后,李定国"号恸"而逝,临终遗命其子:"任死荒徼,毋降。"①

"十八先生"。永历六年(1652年)初,坐镇贵阳的秦王、大西军将领孙可望派遣部将迎永历帝由广西进入贵州安顺军民府属下的安隆所,并改安隆为安龙府。不过,孙可望并未诚心拥戴永历帝,而是借助明朝残余势力的封建正统名号,挟天子以令诸侯,巩固和发展自己的势力。不久,孙可望即于贵阳"设内阁九卿科道官,改印文为八叠,尽易其旧,立太庙,定朝仪,拟改国号曰'后明',日夕谋篡位"。永历帝"忧惧",与太监张福禄、全为国密谋,进而由张福禄、全为国谋之于徐极、林青阳、张镌、蔡縯、胡士瑞及大学士吴贞毓等。贞毓曰:"主上忧危,正我辈报国之秋"。遂"密下一敕",令在广西的晋王李定国"统兵入卫"。"定国接敕感泣,许以迎王"。未及,事泄。孙可望遣其部将郑国至安龙,拘捕吴贞毓、蔡縯、张镌、周允吉、张福禄、许绍亮等20余人,"严刑拷掠,独贞毓以大臣免"。众皆置生死于度外,"大呼二祖列宗,且大骂"。蔡縯厉声曰:"今日縯等直承此狱,稍见臣子报国苦衷"。郑国迫索主谋,"众皆自承",②竞相担责,保护永历帝,无一吐露真情。吴贞毓谓:"我备员宰相,凡事自主之,上下无与者"。③张镌、周允吉、徐极谓:"此系我等所为……奈何箝口以贻主上忧乎!"拷问敕稿,张镌谓:"吾为之";周允吉谓:"改定者,我也";用玺,张福禄谓:"我为尚宝,宝由我盗用"。④许绍亮、裴廷谟获释,一度拒绝出狱:"今日同事为国,生死与共,安忍独生!"⑤

永历八年(1654年),孙可望威迫永历帝处死大学士吴贞毓,武安侯郑允元,太仆寺少卿赵赓禹,给事中徐极、御史周允吉、朱议昶、林钟、员外郎任斗墟、蒋乾昌、蔡縯,主事易士佳、朱东旦、张镌、胡士瑞,检讨李元开、李欣,司礼太监张福禄、全为国等18人。⑥"诸人就刑,神色不变,各赋诗大骂而死"。⑦"击奸未遂身先死,一片丹心不肯休";"十载千辛为报国,孤臣百折止忧时";"生前只为忠奸辨,死后何知仆立碑";"尽瘁鞠躬今已矣,忠臣千载气犹生";"精忠贯日吞河岳,劲气凌霜砥浪

---

① 以上见《清史稿·李定国传》,《二十五史》第12册,上海:上海古籍出版社、上海书店1986年版第1010页。
② 以上见《明史·吴贞毓传》,《二十五史》第10册,上海:上海古籍出版社、上海书店1986年版第780页。
③《孙可望》,《西南纪事》第12卷,北京:新华书局1990年影印本。
④ 屈大钧:《安龙逸史》,《明末清初史料选刊》,杭州:浙江古籍出版社1986年版第103页。
⑤ 江之春:《安龙纪事》,《西南稀见丛书文献》第14卷,兰州:兰州大学出版社2003年版第48页。
⑥ 参见张之洞:《十八先生祠堂记》,[咸丰]《兴义府志·祠祀志》,《中国地方志集成·贵州编》第28册,成都:巴蜀书社2006年版第334页。
⑦《明史·吴贞毓传》,《二十五史》第10册,上海:上海古籍出版社、上海书店1986年版第780页。

涛"。① 安龙人"哀之，后为祠祀，称十八先生焉"。②

汉族而外，贵州土著民族也追随南明王朝抗清复明。永历四年（1650年），大西军余部重占贵阳、控制贵州以后，土著民族纷纷投军。据载，仅李定国"所部汉、猓兵"即"逾五万"。③ 五年（1651年），永历帝由广西南宁节节败退，向北退却，沿途"诸蛮供粮饷并从官、夫役甚给"。④ 次年，由秦王、大西军首领孙可望接应进入安隆（今贵州安龙）。水西、乌蒙、芒部、东川4部土司"各献马于"永历政权。⑤ 尤为感慨的，是土著民族中也出现了如同汉族那样的谨守儒家礼义、忠君死节之士。《清史稿》载，马乃（今普安）土司龙吉兆、龙吉佐"称兵应定国"，吴三桂遣马宝、高启隆、赵良栋等"讨之，攻七十日，破其寨，斩吉兆"。⑥《小腆纪传》《小腆纪年》载，龙吉兆、龙吉佐，"皆麻哈土司也"。麻哈，当为马乃。永历十五年（1661年，清顺治十八年），"吴三桂遣马宝、高启隆、赵良栋攻之，吉兆等守七十余日不下。栅破，被执；三桂问何反，两人曰：'我受国恩三百年，仗义守死，何名为反！'又问：'独不畏死邪？'曰：'我两人尽忠而死，不贤于尔之不忠、不孝而生邪！'""同声极骂"，惨遭割舌，不屈而死。⑦ [道光]《贵阳府志》的记载较为详尽："吴三桂诘之曰：'尔何故反？'吉兆曰：'我受明朝三百年厚恩，欲为故主恢复社稷尔；汝父子世受国恩，不能为先帝报仇，背恩从清，又举兵逼天子，使播越蛮缅，若如汝者，乃真反耳。'三桂杀之。"⑧《小腆纪年》作者徐才矗赞曰，龙氏兄弟"不以蛮荒自鄙，论者美之……其言曰：'受国恩三百载，仗义守死。'吁！当南都覆日，不闻刘孔昭、柳祚昌辈作斯言也；亦可以风励卫世禄之臣矣"。⑨ 当年弘光政权覆灭之时，位至侯、伯之柳祚昌、刘孔昭等，不闻有此死节之语，反不及蛮荒之辈，实乃莫大之讽刺！

舍身成仁之外，南明政权灭亡以后，一些贵州或贵州籍官员，以消极态度对抗清廷，或隐居山林，死不臣清；或剃度为僧，遁入空门。吴中蕃，贵阳人，思宗崇祯十五年（1642年）举人。永历政权"遵义知县，擢重庆知府、吏部文选司郎中"。永历政权亡，"弃官逃入山中"。⑩ 潘骧，贵州前卫人，明末贡生。永历政权"云南罗次知县

---

① 江之春：《安龙纪事》，《西南稀见丛书文献》第14卷，兰州：兰州大学出版社2003年版第51—52页。
②《孙可望》，《西南纪事》第12卷，北京：新华书局1990年影印本。
③《李定国列传》，《永历实录》第14卷，上海：上海古籍出版社1987年版126页。
④ 徐才矗：《小腆纪传·永纪中》，《台湾文献史料丛刊》第5辑第138种，台北：台湾大通书局1957—1972年版第80页。
⑤ 罗英：《盖公传》，[民国]《贵州通志·人物志》，贵阳：贵州人民出版社2001年版第275页。
⑥《清史稿·吴三桂传》，《二十五史》第12册，上海：上海古籍出版社、上海书店1986年版第1462页。
⑦ 徐才矗：《小腆纪传·秦良玉龙吉兆等传》，《台湾文献史料丛刊》第5辑第138种，台北：台湾大通书局1957—1972年版第434页。
⑧《录九·总部政绩录》，[道光]《贵阳府志》下册，贵阳：贵州人民出版社2005年版第1166页。
⑨ 徐才矗：《小腆纪年》第20卷，《台湾文献史料丛刊》第5辑第82种，台北：台湾大通书局1957—1972年版第946页。
⑩《明耆旧传三·明文苑传》，[道光]《贵阳府志》下册，贵阳：贵州人民出版社2005年版第1339页。

……晋知四川崇庆州，并以廉惠著"。清廷"定川贵，遁免归，守义不复仕"。① 万年策，湖广平溪卫（治今贵州玉屏）人，熹宗天启四年（1624年）举人。历官"陆川教谕、南阳府同知、分守郧襄少参，晋太仆卿"；永历政权兵部侍郎、大司马。南明政权亡后，"幅巾归里，隐碧土塞别墅，足迹不履城市者几二十年"，"以寿终于家"。② 扶纲，"都匀卫人。崇祯六年举人，七年进士，历官吏部员外郎"。南明时"曾官大学士"。南明政权亡，"不仕"。③ 盖世禄，毕节卫人，卫学生员。永历政权毕乌通判、督饷佥事、马湖知府、曲靖兵备副使、屯田驿政副使。"使人诱说水、乌、芒、东四夷，使各献马于桂王"。永历政权亡，"居于家"。吴三桂"授以官……匿不出"。④ 郑逢元，平溪（今贵州玉屏）人，思宗崇祯六年（1633年）举人。历官教谕、知府、五省监军。永历政权"兵部侍郎右副都御史，总督滇、黔、楚、蜀军务。以保黔功，寻加尚书左都御史"；"永明居滇，特召授礼部尚书，仍兼兵部，参与机务"。永历帝"被执，遂祝发于滇之宝台山，自号天问和尚"。其"生平忠孝大节，实足壮山河之气，与日月争光"。⑤ 谈亮，四川富顺人。明亡，"避张献忠难来遵义，家平水里间，馆于永宁、贵筑间"。永历时"授义宁知县……调补贵州麻哈知州"。永历亡，"薙发为浮屠"。⑥

忠是儒学的基本范畴之一、核心学理之一。君为臣纲、父为子纲、夫为妻纲，仁、义、礼、智、信，三纲五常既是儒学的政治学理，也是儒学的伦理学理。三纲五常的核心内容之一即是忠。忠不仅指忠于君主、忠于个人，而且指忠于国家、忠于万民、忠于民族。在家国一体的古代社会，君主不仅是至高无上的个人，不仅代表君主一姓，而且代表国家、代表万民、代表民族。君主与国家、与万民、与民族之间固然有矛盾、有冲突、有对立，但也有一致、有合作、有协调，特别是在国家危亡、民族危难之际，更是如此。古往今来，凡能较好地兼顾君主与国家、万民、民族者，能较好地协调君主与国家、万民、民族利害者，则社会较为安宁，统治较为长久，反之则不然，暴虐不道甚而极端者，如秦王朝，如隋王朝，则一二十年、二三十年，短命而亡。

何谓忠？忠者，诚也；"诚者，不欺者也；不欺者也，心无私著也；无私著者，至虚者也"。⑦ 不欺者，不作假也，不作伪也，表里如一，言行一致，一心一意，从一而终，一朝认定，终身不悔；至虚者，全无一己之私、一己之念，纵然千难万阻、刀山火海，亦坚守信念，初衷不改。"富贵不能淫，贫贱不能移，威武不能屈"。⑧ 生死关

---

① 《潘崇庆骧》，《黔诗纪略》第24卷，贵阳：贵州人民出版社1993年版第1011页。
② 《万侍郎年策》，《黔诗纪略》第23卷，贵阳：贵州人民出版社1993年版第937、938、939页。
③ 《隐逸》，[民国]《贵州通志·人物志》，贵阳：贵州人民出版社2001年版第441页。
④ 罗英：《盖公传》，[民国]《贵州通志·人物志》，贵阳：贵州人民出版社2001年版第275页。
⑤ 《郑尚书逢元》，《黔诗纪略》第23卷，贵阳：贵州人民出版社1993年版第960、962页。
⑥ 《谈麻哈亮》，《黔诗纪略》第25卷，贵阳：贵州人民出版社1993年版第1067、1068页。
⑦ 曾国藩：《日记一》《曾国藩全集》第16册，长沙：岳麓书社1994年版第130页。
⑧ 《孟子·滕文公下》，《十三经注疏》下册，北京：中华书局1980年版第2752页。

头,宁为玉碎,不为瓦全,严守气节,"杀身以成仁",①"舍生而取义。"② 何腾蛟兵败被俘,合家40余口共赴国难;杨文骢正襟危坐,引颈就戮;十八先生竞相自承死罪,维系君王,凌迟就刑,神不稍变。他们至忠至诚,至虚至公,直至舍弃生命而不惜,惊天地,泣鬼神,将儒家的忠君大义弘扬到了极致,将儒家的节义操行彰显到了极致,以致编纂《明史》的清廷臣工们亦不禁连连赞叹:"明代二百七十余年养士之报,其在斯乎!其在斯乎!"③

南明政权灭亡以后,清王朝占领了贵州,并渐次稳定了统治,贵州各民族亦逐渐认可了清王朝。或谓,忠于明,于清则谓之叛;忠于清,于明则谓之叛;认同明,于清则谓之弃;认同清,于明则谓之弃,二者似乎对立。其实不然。认同明抑或认同清,认同的不仅仅是某个王朝,而是大一统,是反对分裂战乱;被认同的大一统,必须有其合法性基础,这个合法性基础,就是讲仁义、行仁政、仁民、爱民、保民、养民。历代大一统王朝,因行仁政而获认同,亦因暴民略民而被更替。认同明王朝也好,认同清王朝也罢,其本质是认同大一统,认同仁义之道,唯有如此,国家始能长治久安,百姓始能安居乐业。这就是儒学的精髓,儒学的真谛。这个道理,就是封建君臣也懂得。何腾蛟督师湘潭,兵败被俘,不屈而死,乾隆帝赐"忠诚"谥号,④褒扬其尽忠气节。清廷纂修明史,亦为南明人物立传,其《何腾蛟等传》赞谓:"何腾蛟、瞿式耜崎岖危难之中,介然以艰贞自守……夫节义必穷而后见,如二人之竭力致死,靡有二心,所谓百折不回者矣。明代二百七十余年养士之报,其在斯乎!其在斯乎!"⑤

南明政权一度威逼湖湘,清廷以至意欲与之划江而治。但南明政权终至灭亡,其根本原因,亦在于忠君、仁民信念的沦丧:小朝廷之间,互争正统,全不以收复失地为重;朝臣之间,互争权势,全不以抗清为重;农民领袖与明廷之间,猜疑难弭,难以合力;大西军内部,孙可望打压李定国、刘文秀,争斗不已,乃至兵戎相见。虽有少数顾全大局、尽忠死节之士力挽狂澜,终究无济于事,《明史》谓:"明自神宗而后,浸微浸灭,不可复振。揆厥所由,国是纷呶,朝端水火,宁坐视社稷之沦胥,而不能破除门户之角立。故至桂林播越,旦夕不支,而吴、楚之树党相倾,犹仍南都翻案之故态也。颠覆之端,有自来矣,于当时任事诸臣何责哉"。⑥而其忠义气节,当永垂不朽:"时势既去,不可为而为……以忠义郁结,深入于人心,陵谷可得更,精诚不可得沫"。⑦《明史》所论,可谓中的。

---

① 《论语·卫灵公》,《十三经注疏》下册,北京:中华书局1980年版第2517页。
② 《孟子·告子上》,《十三经注疏》下册,北京:中华书局1980年版第2752页。
③ 《明史·何腾蛟传》,《二十五史》第10册,上海:上海古籍出版社、上海书店1986年版第783页。
④ 参见《忠诚何督相腾蛟》,《黔诗纪略》第22卷,贵阳:贵州人民出版社1993年版第915页。
⑤ 《明史·何腾蛟等传》,《二十五史》第10册,上海:上海古籍出版社、上海书店1986年版第783页。
⑥ 《明史·吴贞毓传》,《二十五史》第10册,上海:上海古籍出版社、上海书店1986年版第781页。
⑦ 《清史稿·张煌言等传》,《二十五史》第12册,上海:上海古籍出版社、上海书店1986年版第1010页。

南明时期，贵州各族官绅兵民，追随南明政权，抗清保明，忠君死节，感天动地。他们的事迹及操守，在当时及后世引起了巨大的反响。其一，官修史志，私家著述，纷纷记载，频频颂扬；文人骚客，吟诗作文，记事咏节，称颂备至。其著者，国史类如《明史》《清史稿》《东华录》；方志类如［乾隆］《贵州通志》、［万历］《贵州通志》、［民国］《贵州通志》、［道光］《贵阳府志》、［光绪］《黎平府志》、［咸丰］《兴义府志》、［道光］《遵义府志》、［道光］《安顺府志》、［道光］《铜仁府志》、［康熙］《永昌府志》；私家著述如［明］江之春《安龙纪事》、［明］郑达《野史无文》、［明］蒙正发《三湘从事录》、［清］王夫之《永历实录》、［清］黄宗羲《永历纪年》、［清］徐才箫《小腆纪年》及《小腆纪传》、［清］曲大钧《安龙逸史》、［清］邵廷采《西南纪事》、［清］冯甦《见闻随笔》；诗文类如［明］吴中蕃《十八先生墓》、［清］张应诏《明何文烈公论》、［清］宋应举《何文烈墓志铭》、［清］张之洞《十八先生祠堂记》及《吊十八先生文》、［清］韦业祥《吊明十八先生文》、［清］马联镳《十八先生论》及《吊十八先生》、［清］萧韶《十八先生论》、［清］陶汝鼐《吊何文烈歌》、［清］王岱《吊何黎平》、［清］萧韶《吊十八先生》、［清］叶酉《吊十八先生》、［清］洪亮吉《十八先生》、［清］李琼英《吊十八先生》、［清］朱感石《吊十八先生》、［清］李荣莞《吊十八先生》、［清］冯庆《吊十八先生》、［清］唐树义等《黔诗纪略》。"忠魂浩然归碧落……死士芳声播万年"。① 其二，立庙祭祀。中国古代有着悠久而丰富的祭祀文化，祭天神、祭地神、祭鬼神，祭圣贤、祭忠臣、祭节孝。上至国家层面的巍峨殿堂，中至省府州县的祠宇碑坊，下至平民百姓家中供奉的天地君亲师牌位，从都城闹市到穷乡僻壤，自君王臣工至乡野村妇，祭祀文化以物化的、形象的、文化的综合形式，将儒家的忠孝礼义信条广泛地渗透于社会各群体直至底层人群之中。永历帝闻何腾蛟噩耗，"令三军缟素，望祭痛哭"。② "十八先生"就义之时，安龙百姓与遇难者亲属，收敛遗体，合成一大墓。永历帝由李定国护送移驻昆明后，"遣官谕祭"，于安龙马场烈士遇难处"建庙立碑，大书曰'十八先生成仁处'"。③ 入清，始迁珠泉书院故址，继于道光二十九年（1849年）"改建于试院之右、书院之左"。祠堂"宏敞肃穆"，由"敬义堂""流芳亭""怀清亭""享堂""正祠"构成。正祠"祀十八先生栗主，以同殉难之林君青阳、古君其品附祀"。祠内"绿竹萧森"，"假山层叠"。亭、堂有提学翁同书、知府张锳、张之洞等所题诸多额、联："节炳安龙"；"倚槛常怀忠亮节，隔墙遥领颂弦声"；"黄土同一杯，十八公就义成仁，马场旧碣标孤冢；丹心耿千古，二百载扬清激

---

① 马联镳：《吊十八先生》，《南明史料集》下册，贵阳：贵州人民出版社2010年版第973页。
② 董瑞生：《督师何公忠烈传》，［民国］《贵州通志·人物志》，贵阳：贵州人民出版社2001年版第62页。
③ 徐才箫：《小腆纪传·吴炳吴贞毓等传》，《台湾文献史料丛刊》第5辑第138种，台北：台湾大通书局1957—1972年版第391页。

浊，雉堞新祠奠两楹"。① 其三，追赠谥号，褒扬倡导。何腾蛟死节，永历帝"赠公为中湘王，谥文烈"。② "十八先生"：永历帝由李定国护送移驻昆明后，追赠吴贞毓"少师兼太子太师、吏部尚书、中极殿大学士，谥'文忠'，荫子锦衣卫佥事"；追赠"郑允元武安侯，谥'武简'；张镌、徐极兵部右侍郎，林钟、蔡縯、赵赓禹大理寺卿，蒋乾昌、李元开、陈麌瑞侍读学士，周允吉、朱议浘、胡士瑞、李颀副都御史，易士佳、任斗墟太常少卿，朱东旦、刘议新太仆少卿，各荫一子入监读书；张福禄、全为国弟侄一人锦衣卫指挥佥事"③。乃至清王朝稳定以后，也对何腾蛟、吴贞毓等大加褒扬。乾隆年间，清廷以何腾蛟"志切时危，情艰报主，艰难百战，始终一心……谥忠诚"④；赐吴贞毓谥号"忠节"，郑允元、张镌、徐极、林钟、蔡縯、赵赓禹、蒋乾昌、李元开、周允吉、朱议昶、胡士瑞、易士佳、任斗墟、朱东旦、林青阳等谥号"烈愍"。⑤

南明志士抗清保明，忠君死节，惊天地，泣鬼神，为后世景仰、弘扬。"忠魂浩然归碧落……死士芳声播万年"；⑥"丹心耿千古，二百载扬清激浊"。⑦ 不仅在官绅之中，而且在普通民众之中得到广泛认可、认同。何腾蛟湖南遇难，"僧人悯其忠，瘗之湘潭城外"；永历帝祭祀日，"三军皆哭，声闻数十里"；⑧"百姓争立神主以祀"。⑨ 康熙初年归葬黎平，"土人至今祀之不绝"。⑩"十八先生"就义之时，"安龙虽三尺童子，无不垂涕者"；⑪ 安龙文士江之春，含泪记下了"十八先生"事迹，名之《安龙纪事》，传之后世。⑫ 封建王朝的追谥、封赠，实质上已超越了对某姓君王、某姓王朝的忠诚、认同，而抽象为对儒家忠孝礼义信条、对大一统政治、对和平安宁社会的认同与向往。南明志士们以热血与生命，将大一统王朝认同推向了极致；儒家的忠君死节精魂，渗透了黔中大地，推动着各民族共同文化心理的形成。

---

① [咸丰]《兴义府志·祠祀志》，《中国地方志集成·贵州编》第 28 册，成都：巴蜀书社 2006 年版第 333 页。
② 董瑞生：《督师何公忠烈传》，[民国]《贵州通志·人物志》，贵阳：贵州人民出版社 2001 年版第 62 页。
③ 徐才萧：《小腆纪传·吴炳吴贞毓等传》，《台湾文献史料丛刊》第 5 辑第 138 种，台北：台湾大通书局 1957—1972 年版第 391 页。朱议浘，又作朱议昶。
④《忠诚何督相腾蛟》，《黔诗纪略》第 22 卷，贵阳：贵州人民出版社 1993 年版第 915 页。
⑤ 徐才萧：《小腆纪传·吴炳吴贞毓等传》，《台湾文献史料丛刊》第 5 辑第 138 种，台北：台湾大通书局 1957—1972 年版第 391 页。
⑥ 马联镳：《吊十八先生》，《南明史料集》下册，贵阳：贵州人民出版社 2010 年版第 973 页。
⑦ [咸丰]《兴义府志·祠祀志》，《中国地方志集成·贵州编》第 28 册，成都：巴蜀书社 2006 年版第 333 页。
⑧ 董瑞生：《督师何公忠烈传》，[民国]《贵州通志·人物志》，贵阳：贵州人民出版社 2001 年版第 62 页。
⑨《忠诚何督相腾蛟》，《黔诗纪略》第 22 卷，贵阳：贵州人民出版社 1993 年版第 914 页。
⑩ 董瑞生：《督师何公忠烈传》，[民国]《贵州通志·人物志》，贵阳：贵州人民出版社 2001 年版第 62 页。
⑪ 江之春：《安龙纪事》，《西南稀见丛书文献》第 14 卷，兰州：兰州大学出版社 2003 年版第 52 页。
⑫ 江之春：《安龙纪事》，《西南稀见丛书文献》第 14 卷，兰州：兰州大学出版社 2003 年版。

第二节 物化儒学的飞跃

一、祭祀稷神，"农为国本"

开国前夕，朱元璋即谓："今天下初定，所急者衣食，所重者教化。衣食给而民生遂，教化行而习俗美。足衣食者在于劝农桑，明教化者在于兴学校。学校兴则君子务德，农桑举则小人务本。如是，为治则不劳而政举矣"。[1] 将"劝农桑"与"明教化"同列为治国之本，且将劝农桑列为首："养民者必务其本，种树者必陪（培）其根"。"农为国本，百需皆其所出"。[2] 洪武二十六年（1393年），朱元璋诏令"天下府、州、县合祭……社稷"，[3] 在全社会营造重视农桑的意识、风尚。规定，社稷坛的建造及社稷神的祭祀，府、州、县均同。"坛制：东西二丈五尺，南北二丈五尺，高三尺。四出陛各三级。坛下前十二丈或九丈五尺，东西各五丈。缭墙以周墙，四门红油。北门入。石主长二尺五寸"。称谓："府称府社之神、府稷之神，州称州社之神、州稷之神，县称县社之神、县稷之神"。社神、稷神神牌各一，"以木为之，朱漆青字；身高二尺二寸，阔四寸五分，厚九分"。祭期，"每岁仲春、仲秋上戊日"。届时，布政司、府、州、县长官"壹员，行三献礼"；其余官员"止陪祭"。祭文："维洪武□年，岁次□月□朔□日，某官某等，敢昭告于某社之神、某稷之神曰：品物资生，烝民乃粒，养育之功，是赖维兹。仲春（仲秋）礼宜报（告）祀，谨以牲帛礼齐、粢盛庶品，式陈明荐。尚享！"[4] 乡里亦须设坛："凡各处乡村人民，每里一百户内，立坛一所，祀五土五谷之神"。[5] 二十八年（1395年），监察御史裴承祖进而建言，时属四川之贵州宣慰司、播州宣慰司，时属湖广之思州宣慰司、思南宣慰司及其所属安抚司，贵州都指挥使司所属平越、龙里、新添、都匀等卫，平浪等长官司，当令"立山川、社稷诸坛场，岁时祭祀，使知报本之道"。上"从之"。[6] 其后，贵州各地纷纷设立社稷坛。［万历］《黔

---

[1]《明实录·太祖实录》第26卷，中国台北1962年影印本第1048页。
[2]《明实录·太祖宝训》第4卷，中国台北1962年影印本第311、315页。
[3]［万历］《黔记·群祀志》，《中国地方志集成·贵州编》第2册，成都：巴蜀书社2006年版第280页。
[4]［万历］《黔记·群祀志》，《中国地方志集成·贵州编》第2册，成都：巴蜀书社2006年版第281页。
[5]［万历］《黔记·群祀志》，《中国地方志集成·贵州编》第2册，成都：巴蜀书社2006年版第283页。
[6]《明实录·太祖实录》第241卷，中国台北1962年影印本第3502页。

记》载，明代贵州，凡流官治理的府、州、县及卫所治地，大多设立社稷坛。见下表：

明代贵州社稷坛一览表[①]

今行政区划	明代行政区划		社　稷	备　注
	区划名	治所今名		
贵阳市	布政司	贵阳	"在城西一里"	"贵阳府、宣慰司共祀"
	贵阳府	贵阳		
安顺市	安顺府	西秀区	"在府北"	
	普定卫	西秀区	"在西北二里"	
	平坝卫	平坝	"在内一里"	
	镇宁州	镇宁	"在州南"	
	安庄卫	镇宁	"在城西"	
	永宁州	关岭	"在州南"	
今黔南州	都匀府	都匀市	"在城西一里"	
	都匀卫	都匀市		
	新添卫	贵定	"在西二里"	
	龙里卫	龙里	"在城北一里"	
	定番州	惠水	"在州东"	
	瓮安县	瓮安	"在城□□"	
	平越府	福泉	"在城西一里"	
	平越卫	福泉		
	荔波县	荔波		时属广西
今黔东南州	思州府	岑巩	"在北五里"	
	天柱县	天柱		时属湖广
	黎平府	黎平	"在治西"	
	五开卫	黎平		时属湖广
	铜鼓卫	锦屏		时属湖广
	镇远府	镇远	"在城西三里"	
	镇远卫	镇远		时属湖广
	清浪卫	镇远境		时属湖广

[①] 参见［万历］《黔记·群祀志》，《中国地方志集成·贵州编》第 2 册，成都：巴蜀书社 2006 年版第 286-299 页。

续表

今行政区划	明代行政区划 区划名	明代行政区划 治所今名	社　稷	备　注
	偏桥卫	施秉		时属湖广
	黄平州	黄平	"在城北"	
	兴隆卫	黄平	"在卫南"	
	清平卫	凯里境	"在城北"	
今黔西南州	安南卫	晴隆	"在城南"	
今六盘水市	普安州	盘县	"在西南一里"	
	普安卫	盘县	"在卫治卧牛山"	
今毕节市	乌撒府	威宁		时属四川
	乌撒卫	威宁	"在城北"	
	赤水卫	七星关赤水河	"在卫治南一里许"	
	毕节卫	七星关区	"在城西一里"	
	永宁卫	四川叙永	"在城南一里"	
今铜仁市	铜仁府	碧江区	"在治北"	
	平溪卫	玉屏		时属湖广
	石阡府	石阡	"在治北"	
	思南府	思南	"在城北五里"	安化县，今德江，但治今思南
	安化县	思南		
	印江县	印江	"在东二里"	
今遵义市	遵义府	红花岗区		时属四川
	遵义县	红花岗区		时属四川
	威远卫	红花岗区	"在城东"	
	真安州	正安		时属四川
	桐梓县	桐梓		时属四川
	绥阳县	绥阳		时属四川
	仁怀县	仁怀		时属四川
	龙泉县	凤冈	"在□□"	
	务川县	务川	"在北五里"	
	湄潭县	湄潭	"在城□□"	
	余庆县	余庆	"在城□□"	

由上表见，今贵州地方二级行政建制治所均已设立社稷坛，三级行政建制治所则只有少量设立。土司治所未设立，亦未祭祀，仅有贵州宣慰司因与贵阳府同城，故与贵阳府"共祀"。①

儒家首重农耕，将国家称为社稷。社神是土地神，稷神是谷神。将国家称为社稷，足见农耕在古代举足轻重的地位。土地、稷谷给予了人类生存必需，人们因而崇拜它们、信仰它们，进而将它们视为神灵，隆重地祭祀它们。从周王朝开始，稷神成为周人认同的始祖，进而成为中华民族农耕文明的象征；稷神祭祀成为中华民族崇拜农耕文明，渴求风调雨顺、五谷丰登、仓廪富实、国家太平的心理寄托，构成物化儒学的精神基质。而"中国"一词"即源于中华民族祭祀社稷神的五色土祭坛黄土居中之意"。② 土地是稷谷生长的源泉，土神因而同稷神并立并祭。

在中原地区，设立社稷坛并隆重祭祀，早已存在。贵州虽在两汉唐宋即已有郡县的设置，但时续时断，多数时期湮没无闻，是否设立社稷坛，史籍缺载，不得而知。明代贵州建省，朝廷政令直达贵州，经济开发力度加大，物化儒学流播有新气象，史籍始有社稷坛设立并隆重祭祀的记载，就是例证。

二、先进生产技术的普遍使用及推广

贵州建省，朝廷大力开发贵州，整修驿路，移民百万屯垦。自西而东横贯全省的湘黔滇通道，自东北而西北穿越黔西北的川黔滇通道，自北而南的川黔通道、黔桂通道，沿线宜耕、关隘地带，屯军密布，商屯、民屯兴旺。移民屯垦种植，传播江南、中原先进生产技术，牛耕、水利灌溉、精耕细作普遍推行，手工业、矿业、商业发展，一批城镇兴起，社会经济繁荣兴旺，物化儒学较之前代飞跃发展。

明代贵州物化儒学之所以飞跃发展，移民百万屯垦是关键因素之一。百万移民带给贵州的不仅是劳动力的增加及垦殖面积的扩大，还包括拥有江南、中原等地先进生产技术的、高素质的劳动者。江南、中原先进生产技术的传播，成为明代及其以后贵州社会经济较之前代飞跃发展的原动力。

（一）牛耕的普遍使用及推广

牛耕及铁犁，是古代农业经济中除人力、土地以外最重要、最具代表性的生产要素，亦即通常所说的生产工具要素。使用铁犁不一定使用耕牛，使用耕牛则一定使用铁犁，牛耕技术涵盖了耕牛及铁犁的使用。在中原及江南地区，牛耕技术早已在农业

---

① [万历]《黔记·群祀志》，《中国地方志集成·贵州编》第2册，成都：巴蜀书社2006年版第286页。
② 刘昆：《曹书杰解读稷神、稷祀文化》，《贵州师范大学报》2011年6月27日。

生产中普遍使用，在贵州却是新鲜事。贵州土著民族很早就开始养牛，却不用于农耕，而是作为财富的象征，用作婚姻的聘礼、祭祀的牺牲及节日斗牛。[明]田汝成《炎徼纪闻》记，土著"斗牛于野，刲其负者，祭而食之"。① 耕作大抵仍沿袭落后的模式，"芟林布种，刀耕火种"。② 江盈科《黔中杂诗》所云"蛮语兼传红仡佬，土风渐入紫江苗。耕山到处皆凭火，出户无人不佩刀"，③ 反映的正是这种情景。稍好一点的，也仅使用铁锄松土而已，诚如《炎徼纪闻》所云："耕不挽犁，以铁锸发土，耰而不耘"。④ 再进一步，使用木犁，却以人力拖拉，不用牛力。唐代"夷人"文献中虽然出现了使用牛耕的记载，⑤ 但刀耕火种仍是普遍的现象。明代百万移民进入贵州屯垦，牛耕技术在汉民中普遍使用，在土著民族中使用范围扩大。

率先使用牛耕的是军屯群体。明初太祖洪武年间（1368—1399年），朝廷在今贵州地域设立了23卫1直隶千户所，额定兵员18.6万以上，连同家属，人口在74.4万以上。军户亦兵亦农，一边戍守，一边屯田。太祖洪武二十年（1387年），"命陈桓等领兵屯田于毕节等卫"。⑥ 同年，又命陈桓等"率湖广都司诸军驻普安分屯"。⑦ 二十三年（1390年），命凤翔侯张龙同延安侯唐胜宗"训练黄平、平越、兴隆、镇远、贵州等卫军士，经理屯田"。⑧ 来自江南、中原的军户，耕作自然使用铁犁牛耕，并由朝廷"给耕牛、农具"。⑨ 二十年（1387年），"湖广都指挥使司言：'前奉诏以靖州、五开及辰、沅等卫亲军选精锐四万五千人于云南听征，今又令市牛二万往彼屯种。请令诸军分领以往。庶免劳民送发。'从之"。⑩ 奏折中提及的五开卫，治所为今贵州黎平。一次"市牛二万"，耕牛使用量之大，可见一斑。《明实录》载："延安侯唐胜宗等……训练军士，置平溪、清浪、镇远、偏桥、兴龙、清平、新添、隆里、威清、平坝、安庄、安南、平夷十三卫屯守，而耕牛不给。胜宗请以沅州及思州宣慰司、镇远、平越等卫官牛六千八百七十余头，分给屯田诸军……诏给与之"。⑪ 文中提及的13卫，除平夷卫（治今云南富源）外，平溪（治今玉屏平溪）、清浪（治今镇远清溪）、镇远（治今镇远）、偏桥（治施秉）、兴龙（兴隆，治今黄平）、清平（治今凯里清平）、新添（治

---

① 田汝成：《蛮夷》，《炎徼纪闻》第4卷第12页，北京：文物出版社1982年影印本。刲，刺杀，割取。
② [弘治]《贵州图经新志·思南府》，《中国地方志集成·贵州编》第1册，成都：巴蜀书社2006年版第53页。
③ [同治]《毕节县志稿·艺文志》，《中国地方志集成·贵州编》第49册，成都：巴蜀书社2006年版第593页。
④ 田汝成：《蛮夷》，《炎徼纪闻》第4卷第13页，北京：文物出版社1982年影印本。
⑤ 参见王继超：《苏巨黎咪》，贵阳：贵州民族出版社1998年版第73、196、255、286-287、68页。
⑥《明实录·太祖实录》第187卷，中国台北1962年影印本第2798页。
⑦《明实录·太祖实录》第187卷，中国台北1962年影印本第2802页。
⑧《明实录·太祖实录》第202卷，中国台北1962年影印本第3028-3029页。
⑨《明史·食货志》，《二十五史》第10册，上海：上海古籍出版社、上海书店1986年版第207页。
⑩《明实录·太祖实录》第185卷，中国台北1962年影印本第2783页。
⑪《明实录·太祖实录》第202卷，中国台北1962年影印本第3028页。

今贵定)、隆里（龙里，治今龙里）、威清（治今清镇）、平坝（治今平坝）、安庄（治今镇宁安庄）、安南（治今晴隆）12卫治所均位于今贵州境；拨付"官牛"的思州宣慰司、镇远卫、平越卫，均位于今贵州境；能援助他处耕牛，说明其早已使用耕牛。一次即拨付"官牛六千八百七十余头"，同样说明耕牛的使用量已很大。

民屯、商屯民户是使用牛耕的又一重要群体。明代应募进入贵州屯田的民户人口，数量在20万以上，商屯亦有可观数量。商屯输粮方式，可以为长途输运，可以为招募当地人屯种，就近缴纳。在交通险阻、路途遥远的贵州一类边地，显然后者最为经济合算，故"明初，各边开中，商人招民垦种，筑台堡自相保聚"。①屯田民户，官府给予土地、种子及农具，免征数年赋税，其后纳粮于当地。民屯、商屯群体来自湖广、江南乃至中原，自然也是使用牛耕的重要群体。

军户不仅率先使用牛耕，而且在牛耕技术的推广方面发挥着首要作用。其一，军户是使用牛耕技术的最大移民群体，达18.6万户、74.4万口以上，规模大，示范作用显著。其二，实行军事化管理，组织严密，成员集中、稳定。"屯兵百名委百户，三百名委千户，五百名以上指挥提督之"；②所、卫、都司亦有专司屯田事宜的军官。长期、稳定地使用新式耕作技术，示范效应明显。其三，分布广。今贵州各地级市均有屯田卫所，位于湘黔滇、川黔滇交通要道的今黔东南北部、黔南北部、贵阳市、安顺市、六盘水市、毕节市等尤为密集。屯军在广泛的地域发挥着示范作用。其四，与土司地域杂处。卫所均地处土司地区，新添卫军民指挥使司、龙里卫军民指挥使司、平越卫军民指挥使司更直接辖有土司，将新式耕作技术的示范、推广扩大到了土司地域。军户的这种示范作用，不仅在于牛耕方面，在精耕细作、水利兴修等经济生活的方方面面亦然。

屯田民户、商户一般聚集于卫所附近，较之军户，其分布更为分散，与土著村落杂处，交错更多。[万历]《黔记》载，嘉靖年间贵州户口统计，各府州县民户大部甚至全部分布于土司地域；③民户中，当有相当部分属于外来移民后裔。屯田民户、商户在新技术的使用、示范、推广方面同样发挥着重要的作用。

耕作中以畜力取代人力，是中世纪生产力的重大突破，极大地提高了农业生产力，提升了粮食产量，解决了人类生存的第一需要。军屯、民屯、商屯群体广泛使用牛耕，规模大，分布地域广，且多与土司杂处，必然对土司地区土著民族起到垂范、影响、带动作用。经过一百多年的引领，土著民族的牛耕使用范围有所扩大。天柱（今黔东

---

① 《明史·食货志》，《二十五史》第10册，上海：上海古籍出版社、上海书店1986年版第213页。
② 《明史·食货志》，《二十五史》第10册，上海：上海古籍出版社、上海书店1986年版第207页。
③ 参见[万历]《黔记·贡赋志》，《中国地方志集成·贵州编》第2册，成都：巴蜀书社2006年版第414-428页。

南州天柱，时属湖广）苗民，"自有明建县以来……易刀剑而牛犊，易左衽为冠裳"，[①]仿效汉人，改刀耕火种为养牛耕稼。程番府（治今惠水），成化年间（1466—1487年）知府邓廷瓒有诗云："归报严亲八番好，村村卖剑买牛耕"，[②] 反映的就是八番当地民族告别传统刀耕火种方式，进入牛耕时代的情景。诗句所云八番，地当今黔南州惠水为中心而延及长顺、平塘之地域。独山州一带，明末《徐霞客游记》谓，该地"已用牛耕"，地势平坦处均已"犁而为田"。[③] 八番、独山属于偏离驿路主干道的区域，且系土著民族（今布依族）聚居地域，尚且有"村村卖剑买耕牛"的新气象，则主干道沿线区域当更不待言。《贵州黄平王家牌王氏宗谱》载，其先祖为明初由江西应募入黔的铁匠王倒犁，后定居黄平直隶千户所（治今黄平旧州）王家牌。王倒犁精于铁犁铸造，开设作坊，制犁出售。娶苗女为妻，融入苗族，世代繁衍，成为黄平颇有影响的苗族王姓家族。其铸铁作坊及墓至今仍保存完好。[④]

伴随牛耕而来的，是土地的精耕细作。旧式的刀耕火种，砍倒草木，放火焚毁，荒土为地，草灰为肥，播下种子，秋后收粮，既不修整土地，也不除草施肥，粗放经营，产量极低；数年后，地力耗尽，弃走他方，开始新一轮的刀耕火种。大批移民进入，带来了江南及中原的精耕细作技术，平整土块，犁耙松土，播种施肥，定时除草，地力得以培植，土地得以长期使用，产量得以不断提高。

水稻品种的改良，提高了粮食产量。水稻种植在贵州有着悠久的历史，而移民的进入、牛耕的使用及耕作技术的改进，使得田亩数量大为增加，产量大为提高。官府甚为注意水稻品种的改良，在一些屯田卫所专置种子田，征收种子粮。如龙里卫税粮在屯粮、科粮之外，有种子谷3797石，平越卫有360石，兴隆卫有3229石，黄平所有1797石，普市所有246石，[⑤] 合计9129石，数量可观。水稻种子基地的设立及种子的专业生产、调拨，有利于品种的改良及推广。

包谷、马铃薯等山地作物的传入，大大缓解了贵州的口粮供给状况。贵州大部耕地为山地，传统的山地作物为荞、麦一类杂粮，产量很低。包谷原产于美洲，耐贫瘠、耐干旱，且相对高产，明末清初传入贵州。马铃薯原产于东南亚，产量高而同样耐贫瘠、耐干旱，生长环境适应性强，传入贵州时间稍晚于包谷。两种作物特别是包谷传入贵州后，很快成为主要的山地杂粮品种，大大提高了山区粮食产量，缓解了贵州特别是山区居民口食匮乏的矛盾。清代贵州人口猛增，与此关系很大。

[①] [乾隆]《镇远府志·风俗》，《中国地方志集成·贵州编》第16册，成都：巴蜀书社2006年版第93页。
[②] [弘治]《贵州图经新志·程番府》，《中国地方志集成·贵州编》第1册，成都：巴蜀书社2006年版第92页。
[③]《黔游日记一》，《徐霞客游记》第4卷下，上海：上海古籍出版社1987年版第629页。
[④] 参见王启明：《贵州黄平王家牌王氏宗谱》，2006年印本。
[⑤] 参见[嘉靖]《贵州通志·财赋》，《中国地方志集成·贵州编》第1册，成都：巴蜀书社2006年版第288-290页。

（二）灌溉技术的使用及推广

田土特别是水田的开辟耕作，增加了水利灌溉的需求，带动了先进灌溉技术的输入。明代灌溉技术，除通常的开渠凿道、引水灌溉的方法外，又有修筑池塘、蓄水灌溉的开塘法，筑坝截流、抬高水位、引水灌溉的作堰法，架设（木制）水槽、跨越沟壑、引水灌溉的枧槽法，利用水车、提水灌溉的水车法等。稻田也随灌溉方式的不同而相应区分为塘田、堰田、车田等。此外，不属引水灌溉之列的，有水源丰富、常年浸泡的泡水田，无法引水、全赖雨水的望天田。属引水灌溉之列的，除水车灌溉较为简易、容易外，修筑池塘、架设水槽、开渠凿道特别是筑坝截流，工程大，投入劳动力多，技术复杂，非一家一户甚至少数人户所能为。军事化的屯田大军，省府州县级官府，恰恰能为水利工程提供组织协调、劳动力大军及技术保障。正因为如此，明代水利工程较之前代显著增加。以堰坝而言，平越府余庆县有雷公、赤土、正官3堰，贵州宣慰司有长丰堰，平坝卫有土坝、下坝，都匀府有胡公堰。清康熙年间知县蒋深《三堰考》谓，余庆3堰之筑，缘起贵州巡抚郭子章。明末，郭子章平定播州，分其地置平越府，领黄平、余庆、湄潭、瓮安1州3县。郭子章"因见余庆沿河山下七八里内田数百顷，并无沟渠蓄水灌溉，倘雨旸不时，必至干旱。于是相水势之高下，筑河为堰，深沟高坎。于康寨之上截河筑堤，名雷公堰，其水灌康寨上里麦园等处田若干顷；又于赤水之上分河筑堤，名赤土堰，其水即灌赤水田若干顷；复于上里截河筑堤，名正官堰，其水灌龙家沟以下至白马庙一带田若干顷……夫截河流以为堰，引水以入沟，放沟水以灌田……近城之民，获免旱魃之灾"。3堰之中，雷公、正官两堰"沟高河下，非横河断水则堰水不能入沟，其用力较难；且一遇水涨，即遭崩塌"。此类工程，"若听民自修，鲜克有济者"。因"人之勤惰不垒，田之远近不一，户之强弱不同"，须由官府出面，统筹谋划。"其修之法，雷公堰田分一十八班，正官堰田分八班。先丈量河面，照亩均分尺寸，刻期完工。水既入沟，先将沟量明丈尺，仍照亩分修。其沟身务挖宽深，沟坎必培高厚，使水易流通……每年入夏后，倘遇天略愆旸"，县令"即委捕厅差督堰长，严催各户上堰修筑"，县令"仍不时亲往稽查，劝奖勤惰"。用水管理之法："其放水入田，仍照原分之班，每班照旧册原定先后时刻灌注，而后受水均匀，田可普济……尤严惩豪强不遵旧例，与夫细人偷挖之禁。"[1]［民国］《都匀县志稿》载，都匀胡公堰，"在城北一里"。明初都匀卫胡纲主持修筑，"城西之田赖以灌溉"，[2] 因而得名。余庆3堰及都匀胡公堰之筑，印证了官府、屯军在水利工程特别是大工程中不可或缺的作用。

---

[1] 蒋深：《三堰考》，［光绪］《余庆县志·艺文志》，《中国地方志集成·贵州编》第33册，成都：巴蜀书社2006年版第542页。

[2]［民国］《都匀县志稿·水利》，《中国地方志集成·贵州编》第23册，成都：巴蜀书社2006年版第51页。

灌溉技术不仅在屯户中使用，而且在土著民族中也有使用。[弘治]《贵州图经新志》载，思南府，"蛮有佯僙、仡佬、木瑶、苗、质数种……处平隰者则驾车引水，以蓻粳秋"。① 顾祖禹《读史方舆纪要》记，思州府之养苗溪，有"巨石障流，土人架木槽引以灌田"。②

伴随农业的发展，手工业、矿业、商业也飞跃发展，出现了一批城市。

明朝近 300 年间，贵州先后设置了 26 卫、100 多千户所，军户丁口百万以上。卫有卫城，少数所有所城，城堡成为军户丁口聚集之区，也成为屯田民户、商户及匠户、零星移民附庸之域。新设置的布政司、10 府、9 州、14 县官府，也需要自己的行政中心及护卫城池。官府或新筑城池，或与卫所合城，后者如布政司、贵阳府、新贵县与贵州卫、贵州前卫（治今贵阳城），安顺府与普定卫（治今安顺西秀区），平越府与平越卫（治今福泉），普安州与普安卫（治今盘县），镇宁州与安庄卫（治今镇宁），黄平州与黄平所（治今黄平），都匀府与都匀卫（治今都匀），清平县与清平卫（治今凯里清平），黎平府与五开卫（治今黎平）。③ 城堡的修筑，人口的聚集，带动了手工业、商业的兴起、兴旺，40 余座城市兴起，④ 其中除省城贵阳始形成于元代外，其余均属新建。城市逐步成为全省及各地的政治、军事、经济、文化中心，贵阳、安顺、镇远是其著者。

三、户口、田亩、赋税的大幅增长

明代，贵州户口、田亩、赋税较之前代大幅增长，成为社会经济繁荣兴旺、物化儒学较之前代飞跃发展的标识。

（一）户口大幅增长

贵州户口记载始于汉代。朝廷"募豪民田南夷"，一批主要来自巴蜀的农民移徙今贵州并定居下来，编户入籍的人口在二三十万以上。⑤ 魏晋南北朝大动乱，外来移民极少，原有的编户也因融入土著民族之中而消失；唐宋今贵州建立过一些郡县，但不稳

---

① [弘治]《贵州图经新志·思南府》，《中国地方志集成·贵州编》第 1 册，成都：巴蜀书社 2006 年版第 53 页。
② 顾祖禹：《贵州》，《读史方舆纪要》第 6 册，北京：中华书局 1955 年版第 4836 页。
③ 参见 [万历]《黔记·公署志》，《中国地方志集成·贵州编》第 2 册，成都：巴蜀书社 2006 年版第 509-538 页。
④ 参见 [万历]《黔记·城廓》，《中国地方志集成·贵州编》第 2 册，成都：巴蜀书社 2006 年版第 25 页。
⑤ 参见《后汉书·郡国志》，《二十五史》第 1 册，上海：上海古籍出版社、上海书店 1986 年版第 75、74 页。

定，编户很少；元代全面实行土司制，史籍无编户记载。明代大规模移民屯田，今贵州地域洪武年间移民数量就达到了约百万之众。不过，见于官方的统计，明中后期，户口反呈下降之势。世宗嘉靖年间（1522—1565 年），民户 56684 户、250420 口，军户 62273 户、261869 口，合计 118957 户、512289 口。[1] 神宗万历二十五年（1597 年），民户 46566 户、313374 口，军户 59340 户、184601 口，合计 105906 户、497975 口。[2] 三十年（1602 年），民户 48746 户、324889 口；加上平播后划拨时属四川之播州部分地所置平越府"并九股降苗"户口，总共 51212 户 344180 口。[3] 以上户口，基本上为移民后裔。明末户口消失最多的是军户。洪武年间所建、隶属贵州都司而其治所又在今贵州地域的 17 卫 1 所屯军，据［嘉靖］《贵州通志》载，其额定兵员为 151612 名，[4] 即 152541 户、约 61 余万口。神宗万历二十五年（1597 年）统计，军户却只剩下 59340 户、18.4 万口。[5] 户口减少的原因，在于政治渐次败坏，屯户不堪重负，大量逃籍隐匿，"投倚於豪门，或冒匠窜两京，或冒引贾四方，举家舟居，莫可踪迹"。[6]

纵令如此，以神宗万历二十五年（1597 年）军户数 59340 户、184601 口与三十年（1602 年）民户数 51212 户、344180 口相加，仍有 11 万多户、52 万多口，远远超过了汉代，更毋论其他王朝。外来人口不仅给贵州带来了劳动力，更带来了中原及江南的先进生产技术，从而推动了贵州经济前所未有的发展。

（二）田亩大幅增加

［嘉靖］《贵州通志》载，世宗嘉靖年间（1522—1565 年），贵州民田 945237 亩，军田 938720 亩，[7] 合计 1883957 亩。《黔记》载，神宗万历十年（1582 年），奉旨清查田亩：旧额军、民田土 1659807 亩，其中民田 1043509 亩，军田 616298 亩。查出"隐占等项" 159494 亩，其中民田 142314 亩，军田 17180 亩；贵州前卫、龙里卫等新垦科

---

[1]［嘉靖］《贵州通志·户口》，《中国地方志集成·贵州编》第 1 册，成都：巴蜀书社 2006 年版第 281 页。
[2]［万历］《贵州通志》第 1 卷，北京：书目文献出版社 1991 年版第 22 页。
[3]［万历］《黔记·贡赋志》，《中国地方志集成·贵州编》第 2 册，成都：巴蜀书社 2006 年版第 406 页。
[4] 参见［嘉靖］《贵州通志·兵防》，《中国地方志集成·贵州编》第 1 册，成都：巴蜀书社 2006 年版第 305-306 页。
[5] 参见［万历］《贵州通志》第 1 卷，北京：书目文献出版社 1991 年版第 22 页。
[6]《明史·地理志》，《二十五史》第 10 册，上海：上海古籍出版社、上海书店 1986 年版第 130 页。
[7] 参见［嘉靖］《贵州通志·土田》，《中国地方志集成·贵州编》第 1 册，成都：巴蜀书社 2006 年版，第 277-279 页。军田，隶属贵州都司而其治所又在今贵州地域的 17 卫 1 所，计 872609 亩。其中，贵州卫 44689 亩 9 分，贵州前卫 37056 亩 8 分、贵州卫、贵州前卫样田 138 亩 5 分；赤水卫 57288 亩 1 分，毕节卫 64008 亩 8 分，乌撒卫 84938 亩，都匀卫 33524 亩，兴隆卫 49097 亩 1 分，黄平直隶千户所 15100 亩，清平卫 19708 亩，平越卫 37532 亩 9 分，新添卫 26885 亩，龙里卫 63147 亩，威清卫 41350 亩 1 分，平坝卫 36112 亩 4 分，普定卫 76724 亩，安庄卫 72193 亩，安南卫 34670 亩 9 分，普安卫 78444 亩 7 分。习惯上，属于贵州都司而治所不在今贵州的永宁卫（今四川叙永，60183 亩）及普市直隶千户所（今四川叙永普市，5747 亩 7 分）亦计入，则为 938539.9 亩。

田 1915 亩。① 合计 1821216 亩。[万历]《贵州通志》载，神宗万历二十五年（1597年），民田、军田计 1714879 亩。② 其时，遵义府、乌撒府属四川；平溪、铜鼓、五开、清浪、镇远、偏桥等 6 卫属湖广都司而治所在贵州；威远、敷勇、镇西等 3 卫置于明末。如计入上述府、卫田土，数量当更大。

贵州田亩数，元代以前未有记载。汉代"募豪民田南夷"，进入今贵州的巴蜀移民，应当开垦了一批田土。不过，移民享有免除租赋的优惠，故其田土也许未登记入册。魏晋南北朝隋唐两宋，移民数量很少，垦田数量当不多，故亦未见记载。元代全面实行土司制，史籍无编户记载，自然也无垦田记载。明代，贵州开始有了田亩数量记载，上述[嘉靖]《贵州通志》、[万历]《黔记》、[万历]《贵州通志》所载，军、民田土在一百七八十万亩上下。垦田规模与人口规模相连，明代贵州户口数量远超过此前历代王朝，因而垦田数亦必然远远超过此前历代王朝——尽管没有相关的统计数字进行比较。垦田数量的大幅增加，是明代贵州社会经济特别是农业经济较之前代飞跃发展的又一重要指标。

（三）赋税大幅增长

[嘉靖]《贵州通志》载，世宗嘉靖年间（1522—1565 年），贵州民田夏粮 266 石；民田秋粮及军田屯、科粮 146882 石，合计 147148 石；课税钞 136046 贯，银 329 两。③ 一条鞭法，民户、军户银 84506 两。④ [万历]《贵州通志》载，神宗万历二十五年（1597 年），有司军卫夏粮 492 石，秋粮 145569 石，合计 146061 石。一条鞭法，民户、军户银 75877 两。⑤ 全省粮税在 146000 石上下，课税钞 13.6 万贯，银 300 来两；一条鞭法，银七八万两。

赋税与人口、垦田规模相连，伴随户口、垦田数量的大幅增长，明代贵州赋税历史上首次有了明确记载并必定远超此前历代王朝。赋税的大幅增长，是明代贵州社会经济特别是农业经济较之前代飞跃发展的再一重要指标。

---

①[万历]《黔记·贡赋志》，《中国地方志集成·贵州编》第 2 册，成都：巴蜀书社 2006 年版第 402、403 页。
②[万历]《贵州通志》第 1 卷，北京：书目文献出版社 1991 年版第 22 页。
③参见[嘉靖]《贵州通志·财赋》，《中国地方志集成·贵州编》第 1 册，成都：巴蜀书社 2006 年版第 285 页。
④参见[万历]《黔记·贡赋志》，《中国地方志集成·贵州编》第 2 册，成都：巴蜀书社 2006 年版第 407 页。
⑤参见[万历]《贵州通志》第 1 卷，北京：书目文献出版社 1991 年版第 22 页。

明代贵州户口、田亩、赋税一览表①

今区划	明代区划 区划	明代区划 治所今名	户口 户	户口 口	田 亩	粮 税（石）	课 税（贯、两）
贵阳市	宣慰司	贵阳	2145	12924		8579.5	41941 贯
贵阳市	贵州卫	贵阳	2316	5397	44869.9	5193.8	
贵阳市	贵州前卫	贵阳	2964	6237	37056.8	5414.6	
贵阳市	贵州卫 贵州前卫				样田 138.5		
贵阳市	威清卫	清镇	6035	13758	41350.1	5346.1	16 两
安顺市	安顺州	西秀区	8270	25227		5336.8	21993.82 贯
安顺市	普定卫	西秀区	6565	24470	76724	7609.1	51.7 两
安顺市	平坝卫	平坝	1617	6066	36112.4	5125.7	12 两
安顺市	镇宁州	镇宁	15201	25578		2505.9	8.1 两
安顺市	安庄卫	镇宁	7873	48857	72193	6686.2	30 两
安顺市	永宁州	关岭	2369	10096		2292.6	467.13 贯
黔南州	程番府	惠水	5948	30744		6520.4	821.236 贯
黔南州	都匀府	都匀市	9219	24618		4925.7	85.3 两
黔南州	都匀卫	都匀市	1312	21113	33524	3219.7	
黔南州	新添卫	贵定	2357	21977	26885.3	2647.1	
黔南州	龙里卫	龙里	1116	5245	63147	6857.6	
黔南州	平越卫	福泉	3105	21979	37532.9	2983.9	16296 贯

① 参见 [嘉靖]《贵州通志·兵防》，《中国地方志集成·贵州编》第 1 册，成都：巴蜀书社 2006 年版第 305-306 页；[嘉靖]《贵州通志·户口》，《中国地方志集成·贵州编》第 1 册，成都：巴蜀书社 2006 年版第 281-284 页；[嘉靖]《贵州通志·土田》，《中国地方志集成·贵州编》第 1 册，成都：巴蜀书社 2006 年版第 277-279 页；[嘉靖]《贵州通志·财赋》，《中国地方志集成·贵州编》第 1 册，成都：巴蜀书社 2006 年版第 285-290 页。户口：民户总数，载为 56684 户、250420 口；而据其所载宣慰司、宣抚司、府州数字相加则为 56626 户、249055 口，略有出入。军户，载为 62273 户、261869 口，据其所载各卫所数字相加，户仍为 62273，丁口仍为 261869。军、民户总数，载为 148957 户、512289 口；而据其所载民户、军户数字相加，户为 118899，少 30058 户，总述数字明显有误；丁口为 510924，少 1365 口。田亩，民户仅有总数，宣慰司、府州均无统计数字；军户田亩，载为 938581.8 亩，另有贵州卫、贵州前卫样田 138.5 亩未计入。财赋，民户夏秋税粮及卫所屯科粮 147149 石，而据其所载各分部数字相加，却仅为 146839.6 石，少 309.4 石；另有凯里宣抚司 50.1 石，贵州卫、贵州前卫样田粮 249.3 石，龙里卫、平越卫、兴隆卫、黄平所、普市所种子谷 9430.8 石未计入。课税钱 136046 贯，分部之和为 136872 贯，多 826 贯；银 329.9 两，分部之和为 326.9 两，少 3 两。

续表

今区划	明代区划		户口		田亩	粮税（石）	课税（贯、两）
	区划	治所今名	户	口			
黔东南州	思州府	岑巩	757	9101		839	3251贯
	黎平府	黎平	3665	24514		2675.4	
	镇远府	镇远	872	8657		807.6	14691.4贯
	兴隆卫	黄平	1094	3915	49097.1	3275.3	
	黄平所		547	1467	15100	2508.5	
	清平卫	凯里境	897	2184	19708.1	2615.5	
	凯里宣抚司	凯里境	646	2841			
黔西南州	安南卫	晴隆	2486	6892	34670.9	5848.8	43.2两
六盘水市	普安州	盘县	3141	39525		3400.5	21993.82贯
	普安卫	盘县	2656 小计5797	6998 46523	78444.7	11482.2	72两
毕节市	乌撒卫	威宁	3551	8355	84938	6849.2	
	赤水卫	赤水河	5615	33682	57288.1	5703.9	
	毕节卫	七星关	2885	6641	64008.8	5082.3	
四川叙永	永宁卫	四川叙永	6789	15247	60183	7095.9	
	普市所	四川普市	493	1389	5747.7	859.9	
铜仁市	铜仁府	碧江区	939	4153		1173.6	8.6两
	石阡府	石阡	817	7411		851.3	1475.6贯
	思南府	思南	2637	23666		1829	13941贯
8府4州18卫2所 合计			118899	510924	1883957.4	146839.6	136872贯 326.9两

由上表看出，明代贵州经济的发展有以下特点：其一，直接受官府管理、拥有田土并向官府交粮纳税的编户已分布于今贵州各地级市行政区域。其二，编户绝大多数为汉族居民，但也有少量为土著居民。土司地区少量编户的出现，表明封建地主制生产关系已经进入土司地区。其三，时属四川的播州宣慰司，财赋收入除供给自身外，每岁尚须协济贵州10600石，折银3614两，表明其仍属今贵州最为发达的区域。其

四，屯军、驿路也带动了原本甚为落后的黔西北地区的发展。治今威宁的乌撒卫额定兵员9338人，远超每卫5600员的定制；按每户4口计，约有3.7万丁口。至嘉靖年间，尚有3551户、8355口，屯田84938亩，岁纳粮6849石。时属四川，领有今威宁、赫章的乌撒府，财赋收入除供给自身外，每岁尚须协济贵州粮9400石。① 相当于今威宁、赫章的威宁府、乌撒卫，每岁屯科粮、协粮高达16249石。表明其经济已有相当水平。其五，除历史上较为发达的播州（后改遵义）外，其余地区，卫所密布、屯堡云集的驿路沿线，如今黔东南州北部和东部、黔南州北部、贵阳市、安顺市、六盘水市、毕节市，编户、田亩、赋税均较高，经济较为发达；反之，今铜仁市、黔西南州远离干线交通，编户、田亩、赋税均较低，经济滞后；今黔东南州苗疆腹地、黔南州南部、黔西南州大部依旧默默无闻。

纵向比较，明代贵州赋税较之前代大幅增长；横向比较，由于建省晚，开发迟缓，地理条件差，"财赋所出，不能当中原一大郡，诸所应用，大半仰给于川湖"，② 依靠周边省份协济。计湖广30720两；四川37474两，四川之播州宣慰司（后改遵义府）3614两，四川之乌撒、乌蒙、镇雄、东川4土府，夭坝、甘寨等协粮14324石，银3100两。③ 合计银74908两，粮14324石。财政的艰难反之严重制约了贵州的经济、文化、政治发展。

明代贵州社会经济的飞跃发展，编户、田亩及赋税的大幅增长，编户分布地域的扩大，土著居民中编户的出现，表明物化儒学较之前代飞跃发展，为地主制生产关系的产生及发展准备了条件。

四、地主制取代领主制：生产关系的深刻变革

明代，百万移民进入贵州，将发达地区的地主制生产关系带入了黔地；改土归流，建省并设置10府、9州、14县，在省级即地方一级行政区域的层面上实现了对贵州区域的直接治理，在府级即地方二级行政区域的层面上实现了对贵州多数地域的流官治理，在州县即地方三级行政区域的层面上实现了对贵州少量地域的流官治理。封建地主制取代领主制并占据了统治地位，生产关系发生深刻变革。

其一，军屯：特殊形式的地主制生产关系。屯军"每军受田五十亩为一分，给耕

---

① 参见《黔记·贡赋志》，《中国地方志集成·贵州编》第2册，成都：巴蜀书社2006年版第410-411页。

② [嘉靖]《贵州通志·财赋》，《中国地方志集成·贵州编》第1册，成都：巴蜀书社2006年版第285页。

③ 参见[万历]《黔记·贡赋志》，《中国地方志集成·贵州编》第2册，成都：巴蜀书社2006年版第410-411页。

牛、农具"，以百户所为单位耕作。"初，亩税一斗"。建文帝四年（1402年），"定科则，军田一分，正粮十二石，贮屯仓，听本军自支，余粮为本卫所官军俸粮"。余粮即上交官仓的田租，称屯粮。屯田兵丁同一般民户一样交纳赋税；作为军人，自然要服兵役；同样服徭役，如修筑城墙之类。所不同的是其田土系朝廷授予，不属私人；不仅终身，且须世代服兵役，没有职业选择自由。军户屯田兵丁与朝廷之间，属于一种特殊形式的地主制生产关系。明代中后期，屯政松弛，"屯田多为内监、军官占夺，法尽坏"，军官大量侵占屯田，盘剥、役使屯丁，无以复加，屯丁不堪重负，"多逃死"。①洪武年间所建、隶属贵州都司而其治所又在今贵州地域的17卫屯军，据[嘉靖]《贵州通志》载，其额定兵员为151612名，②神宗万历二十五年（1597年）统计，却只剩下59340名，③减员惊人，达60%以上。逃亡屯丁匿入土司地区，就近谋生，其中必有部分成为佃户或自耕农。屯丁大量逃亡，导致屯田荒芜，只好招人耕种，收取租粮。贵州卫田地44869亩9分，"多荒"，而屯粮交纳"仍旧"。"有司议以军舍、余会计认种之。后各卫所屯田同此"。④ 明制，军户中1人服兵役，称正军；1人辅佐正军，称军余；其余子弟称舍人。贵州、龙里、新添、威清、平坝、安南、毕节等卫亦有田土荒芜情形，亦招佃耕种。⑤ 军屯制衰微，地主制生产关系兴起、发展并延伸至土著民族之中。

部分军屯田亩荒芜及招佃一览表⑥

名　称	治所今名	抛荒数	招佃概况
贵州卫	贵阳	7698亩7分	舍、余379名，民人334名
贵州前卫	贵阳	8417亩9分	舍、余672名，民人399名
龙里卫	龙里	798亩	"仲苗72户"
新添卫	贵定	屯田450亩 义民田254亩4分	民人80名 民人35名
威清卫	清镇	65亩	
平坝卫	平坝	62份（军田份额）	民人62名
安南卫	晴隆	1082亩	军舍、客民56户

---

①以上见《明史·食货志》，《二十五史》第10册，上海：上海古籍出版社、上海书店1986年版第207页。

②参见[嘉靖]《贵州通志·兵防》，《中国地方志集成·贵州编》第1册，成都：巴蜀书社2006年版第305-306页。

③参见[万历]《贵州通志》第1卷，北京：书目文献出版社1991年版第22页。

④参见[嘉靖]《贵州通志·兵防》，《中国地方志集成·贵州编》第1册，成都：巴蜀书社2006年版第305-306页。

⑤参见[嘉靖]《贵州通志·土田》，《中国地方志集成·贵州编》第1册，成都：巴蜀书社2006年版第280-281页。

⑥参见[嘉靖]《贵州通志·土田》，《中国地方志集成·贵州编》第1册，成都：巴蜀书社2006年版第280页。

续表

名　称	治所今名	抛荒数	招佃概况
毕节卫	毕节	290 亩	民人 29 名

其二，军余、舍人之垦殖：完全的地主制生产关系。作为军户家庭成员的军余、舍人，可以自行垦殖，3 年后交纳税粮，称科粮；其田土私有，可以自由买卖。军余、舍人之垦殖，系完全的地主制生产关系。

其三，民户之垦殖：完全的地主制生产关系。这些民户多为移民后裔，亦有改土归流而来的土著。他们或为自耕农，或为招佃耕种的大地主，向官府纳粮、服役，属于完全的地主制生产关系。

屯田正军、垦田军余及舍人、民户，是一个庞大的农耕群体。明代，今贵州境内置 26 卫 1 所，额定兵员在 20 万以上。按"边地三分守城，七分屯种"定制，常年屯田兵丁应在 14 万以上。20 万正军就是 20 万个家庭，按一个家庭 4 口算，在 80 万以上；除去正军，军余、舍人在 60 万以上。民户数量，以［万历］《黔记》所载万历三十年（1602 年）51212 户、344180 口为最多。① 以移民为主体的百万农耕群体，将江南、中原地主制生产关系引入了贵州。百万农耕群体分布于全省所有府州县及卫所地域，扩大着地主制生产关系的影响。意义尤为重大的，是移民农耕群体在输入地主制生产关系的同时，推动着这种生产关系向土司地区扩展，将土著民族也吸引进入新式的地主制生产关系之中。

百万移民农耕群体，不仅分布于全省所有府州县及卫所地区，而且与土司交错杂处，扩大着地主制生产关系的影响。移民群体中，80 万以上为卫所军人及其家属，分属于 26 卫 1 千户所。这些卫所特别是洪武年间所设 23 卫 1 所，都分布于土司地区，有的卫还兼管土司。万历二十五年（1597 年）数据，龙里卫（治今龙里）兼管大平伐长官司，有民户 79 户、1839 口；新添卫（治今贵定）兼管新添、丹行、丹平、把平、小平伐 5 长官司，有民户 1122 户、5657 口；平越卫（治今福泉）兼管杨仪长官司，9129 口，约 1378 户。上述卫计兼管 7 长官司，约 2579 户、16625 口。民户中，贵州宣慰司 1 司，贵阳、安顺、都匀、镇远、思州、思南、石阡、铜仁、黎平等 9 府，镇宁、永宁等 2 州，29435 户、195037 口，广泛分布于 63 个长官司。以上卫所兼管之民户、司、府、州民户合计 30557 户、200694 口，分布于 70 个长官司。万历二十五年（1597 年），全省民户计 46566 户、325374 口，② 分布于土司地区的达到 61.68%，即 20 来万；今贵州地域，除去尚未设府的今毕节市、黔西南州及尚属四川的遵义市，其余地区都有民户分布于土司地区，贵州宣慰司、思州府、石阡府民户更是完全分布于土司

---

①［万历］《黔记·贡赋志》，《中国地方志集成·贵州编》第 2 册，成都：巴蜀书社 2006 年版第 406 页。
②以上参见［万历］《黔记·贡赋志》，《中国地方志集成·贵州编》第 2 册，成都：巴蜀书社 2006 年版第 414-457、406 页。

地区；明代贵州70来个长官司均有民户分布。民户与土司大面积交错杂处，扩大了地主制生产关系在土司地区的影响。民户分布于土司地区之状况，详见下表。

[万历]《黔记》：明代土司地区民户分布一览表①

府名	治所今名	户	口	土司地区户口 土司	户	口	备注
贵阳府	贵阳	6699	38746	金筑司	1119	7682	
	小计	6699	38746	1	1119	7682	
宣慰司	贵阳	3294	31033	本司	1663	17090	
				水东司	776	5055	
				龙里司	192	2384	
				底寨司	106	1079	
				乖西司	118	1182	
				养龙司	87	1028	
				青山司	54	889	
				扎佐司	56	789	
				百纳司	139	807	
				中曹司	103	730	
	小计	3294	31033	10	3294	31033	
安顺府	都匀	2898	11890	宁谷司	572	6976	
				西堡司	1709	3728	
	小计	2898	11890	2	2281	10704	
镇宁州	镇宁	1594	14088	十二营司	418	3103	州户数反小于土司地域户数，原文有误
				康佐司	1576	7939	
	小计	1594	14088	2	1994	11042	
永宁州	关岭	3019	12580	顶营司	1137	3496	
				慕役司	995	4897	
	小计	3019	12580	2	2132	8393	
龙里卫军民司				大平伐司	79	1836	
	小计			1	79	1836	

---

①参见[万历]《黔记·贡赋志》，《中国地方志集成·贵州编》第2册，成都：巴蜀书社2006年版第414-457页。平越卫兼管之杨仪司，原文无户数资料。依全省府州分布于土司地区户口计算，每户平均6.626口；以此估算，杨仪司约为1378户。

续表

府 名	治所今名	户	口	土司地区户口			备 注
					土 司	户	口	
新添卫军民司	贵定			新添司	730	2668	
				丹行司	66	595	
				丹平司	47	443	
				把平司	94	956	
				小平伐司	185	995	
	小计			5	1122	5657	
平越卫军民司	福泉			杨仪司	1378	9129	
	小计			1	1378	9129	
都匀府	都匀市	13774	40041	都匀司	838	1741	
				邦水司	582	754	
				平浪司	1478	2214	
				平州司	1151	2424	
				乐平司	838	1198	
				平定司	571	1159	
				丰宁司	680	1251	
				烂土司	662	1261	
				乏漂禾坝	4111	21589	
	小计	13774	40041	9	10911	33591	
镇远府	镇远	874	8526	邛水司	248	2976	
				偏桥司	145	1546	
	小计	874	8526	2	393	4522	
思州府	岑巩	803	8010	都坪司	282	2860	
				黄道司	340	2231	
				都素司	104	1673	
				施溪司	77	1246	
	小计	803	8010	4	803	8010	
思南府	思南	2042	28352	水德司	600	6310	
				蛮夷司	511	6301	
				沿河司	242	5878	
				郎溪司	136	2127	
	小计	2042	28352	4	1489	20616	

续表

府 名	治所今名	户	口	土司地区户口			备 注
				土 司	户	口	
石阡府	石阡	824	16792	石阡司	386	5085	原文分部数字与总数略有出入
				龙泉司	224	3741	
				苗民司	97	3832	
				葛彰司	116	4134	
	小计	824	16792	4	823	16792	
铜仁府	碧江区	941	10683	提溪司	72	627	
				省溪司	260	2600	
				平头司	184	1557	
				乌罗司	103	1692	
				万山司	21	375	
	小计	941	10683	5	640	6851	
黎平军民府	黎平	3773	42293	古州司	648	4213	
				曹滴司	662	7282	
				潭溪司	370	3375	
				八舟司	222	1777	
				洪州司	441	3570	
				新化司	151	2357	
				湖耳司	170	1689	
				亮寨司	125	2174	
				欧阳司	120	2644	
				中林司	144	1985	
				龙里司	144	2164	
				赤溪司	135	956	
				西山司	221	1603	
	小计	3773	42293	13	3553	35789	
合计				65司，另有贵州宣慰司本司及乏漂天坝	32011	211647	

分布于土司地区的民户,大多数是移民后裔,少数应是改土归流后编入官府户籍的原土司居民。[嘉靖]《贵州通志》载,龙里卫有"蛮民"66户、1465口;① 龙里卫抛荒田招佃,"招集仲苗72户"。② [万历]《黔记》载,神宗万历年间平定播州杨氏后,分其地置平越府,属贵州,领1州3县,口9678。③ 另有九股苗"扶老携幼,稽首欢呼,争相纳土,愿听设流,将户口粮马造册呈递";计72寨,"贰千肆百陆拾陆户,苗民男妇玖千伍百壹拾叁名口……认纳秋粮贰百柒拾捌石"。④ 土司地区少量编户的出现,表明封建地主制生产关系已经进入土司地区。

明代贵州建省,尽管府州县地域内大多数基层社会仍属土司势力范围,仍为土司控制,存在严重的"空壳"现象,但官府编户已遍布全省各府州县,全省各长官司均已出现官府编户。从这一角度看,明代贵州地主制生产关系不仅已经产生,而且获得了普遍的发展。

古代贵州地主制生产关系发端于汉代。西汉中叶之初,朝廷开发夜郎,"募豪民田南夷",一批主要来自巴蜀的农民移徙今贵州并定居下来。至东汉,编户达到数万户、二三十万口。⑤ 编户与官府之间,属于封建地主制生产关系。魏晋南北朝大动乱,外来移民极少,原有的编户融入土著民族之中,地主制生产关系消失。不过,巴蜀大姓与土著大姓结合并带动原处于奴隶制生产关系的土著大姓,形成封建领主制生产关系。退步之中有进步,总趋势是进步。唐宋建立过一些郡县,地主制生产关系重新出现,但不稳定,编户很少。元代全面实行土司制,地主制生产关系淹没;但今贵州由奴隶制时代甚至部落时代全面进入封建领主制时代,退步之中有进步,总体上是进步。

元代全面实行土司制,在当时历史条件下是巨大的进步。但是,当历史进程迈入明代以后,土司制的落后性、对社会进步的阻碍性便日益暴露。土司制下,人口及土地均属于领主,农奴没有土地,没有人身自由。农奴租种领主土地,不仅租税沉重,而且承受种种额外摊派、徭役,承受超经济剥削,严重阻碍了社会经济的发展。农奴不堪重负,相率逃匿乃至反抗,社会动乱。土司世袭为职,自行为治,朝廷政令实施有限;土司自有土地、人民、武装,一旦私欲膨胀,极易坐大,割据一方甚而反叛。凡此种种,严重影响乃至威胁着地方的安宁、朝廷的集权、国家的统一。地主制生产

---

① 参见[嘉靖]《贵州通志·户口》,《中国地方志集成·贵州编》第1册,成都:巴蜀书社2006年版第283页。
② 参见[嘉靖]《贵州通志·土田》,《中国地方志集成·贵州编》第1册,成都:巴蜀书社2006年版第280-281页。
③ 参见[万历]《黔记·贡赋志》,《中国地方志集成·贵州编》第2册,成都:巴蜀书社2006年版第406页。
④ [万历]《黔记·贡赋志》,《中国地方志集成·贵州编》第2册,成都:巴蜀书社2006年版第407页。
⑤ 参见《后汉书·郡国志》,《二十五史》第1册,上海:上海古籍出版社、上海书店1986年版第75、74页。

关系的优越性日益显现。农民或自有土地，自行耕种，向朝廷纳税，负担较轻；或为地主佃户，租有定额，主佃矛盾稍缓。流官职有定数，任有限期，迁黜赏罚，一任朝廷。地主制基础之上，经济较为发展，社会较为稳定，国家较为统一。明代封建地主制取代领主制并占据了统治地位，是社会的巨大进步。

铁犁牛耕及地主制生产关系，构成明代贵州大一统政治认同的经济基础。实现大一统，亦即实现封建王朝对地方的中央集权，其前提是编户齐民，亦即对户口、田地进行登记，确定租税额度；编户直接向国家交粮纳税，国家直接管理编户。编户齐民、交粮纳税的前提是封建地主经济的发展，农民获得相对独立的人身权，拥有属于自己的土地，自行耕种，交租纳粮。地主经济发展的前提是社会生产力的提高，其标志就是铁犁的制造，牛耕的使用。社会生产力提高，一家一户为单位的小农耕作方式得以成立，从而突破农奴制下的耕作及超经济剥削形态。

第三节　儒学的兴盛与民族认同

一、尊孔崇儒、开科举、兴学校与儒学的社会流播

（一）尊孔崇儒

明代尊孔崇儒，以儒学为治天下之道。"仲尼之道，广大悠久，与天地并，有天下者莫不虔修祀事。朕为天下主，期大明教化以行先圣之道。"即位之初，朱元璋即"诏令天下通祀孔子"，并亲赴太学祭孔。[①] 宪宗成化初年，诏令重修曲阜孔庙。功成，御制重修孔子庙碑："孔子之道，天下一日不可无焉"。有孔子之道，"则纲常正而伦理明，万物各得其所矣。不然，则异端横起，邪说纷作，纲常何自而正，伦理何自而明，天下万物又岂能各得其所哉？是以生民之休戚系焉，国家之治乱关焉。有天下者，诚不可一日无孔子之道也"。孔子之道"在天下，如布帛菽粟，民生日用不可暂缺。其深仁厚泽，所以流被于天下后世者，信无穷也。为生民之主者，将何以报之哉？故新其

[①]《明史·礼志》，《二十五史》第 10 册，上海：上海古籍出版社、上海书店 1986 年版第 140 页。

庙貌，而尊崇之"。①

明初继承宋元传统，"一宗朱氏之学，令学者非《五经》、孔、孟之书不读，非濂、洛、关、闽之学不讲"，②以程朱理学为官学；以程朱特别是朱熹注为主，编定《四书大全》《五经大全》及《性理大全》，颁行天下，作为官员行政的指导、学校教育及科举考试的统一读本，儒学的统治地位进一步巩固。明代中叶，王阳明继承、发展南宋陆九渊的心学，构建了一个庞大而完整的心学体系，集心学之大成。其后，作为宋明理学两大流派之一的王学，风靡天下，统治学术界达百年之久。而王学的发源地即贵州龙场（今修文）。

明代贵州建省，布政司"官属俱用流官，府以下参用土官"，③大批官员赴黔任职。据统计，终明一朝，知县以上流官数千，巡按、参政、参议、按察副使及学政以上省级督、抚、司文职官员1130余人，其中总督、巡抚、布政使、按察使即省级文职主官300来人。④这些官员大多数为进士、举人出身，儒学素养高。到贵州后，身体力行，践行儒学；尊孔崇儒，大力倡导，苦心谋划，多方筹措，兴学校，开科举，国家权力介入，贵州儒学出现了汉唐宋元从未有过的飞跃发展新气象。

百万军屯将士及其家属、民屯及商屯百姓进入贵州，成为明代贵州学校教育的主力军。据统计，明代贵州42所官学中，屯军卫所学校15所，始置卫学、后改为府学者3所，两者合计18所，占官学总数的42.86%，将近一半；明代贵州境内所设27卫（含其时属贵州都司的永宁卫）中，18卫设置了学校，7卫附于司学、府学、州学，可能附于他学者2。⑤80来万屯军将士及其家属，来自江南及中原，儒学传统深厚而悠久。他们虽然来到僻远他乡，但习染依旧，传承不改，尊孔崇文，耕读为本，率先兴学，率先习儒，将儒文化带入了贵州。数十万民屯、商屯百姓，也与屯军类似。明代贵州进士百余人，绝大多数为屯田军户及民户后裔，即是明证。

修建孔庙亦即文庙，祭祀孔子，是尊崇儒学的重要标志。明制，文庙"中大成殿，左右两庑，前大成门，门左右列戟二十四。门外东为牺牲厨，西为祭器库，又前为棂星门……其祭，各以正官行之，有布政司则以布政司官，分献则以本学儒职及老成儒士充之。每岁春、秋仲月上丁日行事……大成殿门各六楹，为棂星门三，东西庑七十六楹，神厨库皆八楹，宰牲所六楹"。⑥明代称孔子为"至圣先师，始制木主。定制，

---

①转引自刘淑强：《曲阜孔庙成化碑缘何有名》，《儒家文化面面观》，济南：齐鲁书社2000年版第262、263页。
②《高攀龙传》，《东林列传》第2卷，扬州：江苏广陵古籍刻印社1983年影印本。
③《明实录·太宗实录》第137卷，中国台北1962年影印本第1663页。
④参见古永继：《元明清时贵州地区的外来移民》，《贵州民族研究》2003年第1期。
⑤参见本节第一目所载《今贵州区域官学书院社学一览表》。
⑥《明史·礼志》，《二十五史》第10册，上海：上海古籍出版社、上海书店1986年版第140页。

先师木主高二尺三寸，阔四寸，厚七分；座高四寸，长七寸，厚三寸四分。朱地金书"。① 供奉于先师庙大殿。配祀4配、10哲："复圣颜子、宗圣曾子、述圣子思子、亚圣孟子"，"闵子损、冉子雍、端木子赐、仲子由、卜子商、冉子耕、宰子予、冉子求、言子偃、颛孙子师"。两庑从祀历代先贤大儒。② 明代以前的贵州，有关修建孔庙的记载，仅见于南宋播州一处。唐末以后世袭治理播州的杨氏，颇重文教，至杨文，"乃始建孔子庙"。③ 明代，文庙数量剧增，省城及各府、多数卫城及多数州，均建有恢宏的文庙。[万历]《黔记》、[嘉靖]《贵州通志》、[嘉靖]《思南府志》载，全省文庙数量达33处，加上其时尚属于四川的遵义府、真安州、桐梓、绥阳文庙，计37处；今贵州各地级市，均建有文庙。省城贵阳文庙2座，分别在宣慰司学、贵阳府学处。司学处文庙，在宣慰司学右侧，洪武二十六年（1393年）建。"中为大成殿，旁设两庑，前为戟门。成化二十三年，巡抚都御使孔镛伐石为棂星门……规制宏伟"。④ 殿内供奉孔子像，"群贤陪位，以次序列，春、秋严祀"。⑤ 文庙的大量出现，是明代贵州儒学飞跃发展的见证。

遍布全省的文庙，以形象的物化形态、隆重的祭祀仪式，将尊孔崇儒的基本理念普及于社会，渗透于民间，在全社会营造尊孔崇儒、尊孔崇文的氛围、习尚。明代贵州文庙分布情况，见下表。

---

① 佚名：《松下杂钞》下卷，孙毓修：《涵芬楼秘笈》第3集，上海：商务印书馆民国8年（1919年）本第12页。

②《明史·礼志》，《二十五史》第10册，上海：上海古籍出版社、上海书店1986年版第140页。

③[道光]《遵义府志·学校》，《中国地方志集成·贵州编》第32册，成都：巴蜀书社2006年版第434页。

④[嘉靖]《贵州通志·学校》，《中国地方志集成·贵州编》第1册，成都：巴蜀书社2006年版第338页。

⑤[万历]《黔记·学校志》，《中国地方志集成·贵州编》第2册，成都：巴蜀书社2006年版第356页。

明代贵州文庙（孔庙）一览表[①]

今行政区划	明代行政区划		文庙（孔庙）	备注
	区划名	治所今名		
贵阳市	宣慰司	贵阳	在宣慰司儒学"明伦堂后"	
	贵州卫	贵阳	附于司学	
	贵州前卫	贵阳	附于司学	
	贵阳府	贵阳	初"与宣慰司共之"，后另建于北门外	隆庆二年（1568年），程番府更名贵阳府，移入贵阳
	威清卫	清镇	在儒学处	
	敷勇卫	修文	在儒学处[②]	
安顺市	安顺府	西秀区	在儒学处	
	普定卫			
	平坝卫	平坝	在儒学前	
	安庄卫	镇宁	"在明伦堂前"	
	程番府	惠水	在儒学处，后改定番州文庙	隆庆初更名贵阳府，治迁省城
	定番州	惠水	改程番府文庙而来	
	都匀府	都匀市	"在明伦堂前"	
	都匀卫			
	新添卫	贵定	"在明伦堂前"	
	龙里卫	龙里	"在明伦堂左"	
	平越府	福泉	在儒学处	
	平越卫			

---

①参见［万历］《黔记·学校志》，《中国地方志集成·贵州编》第2册，成都：巴蜀书社2006年版第348-388页；［嘉靖］《贵州通志·学校》，《中国地方志集成·贵州编》第1册，成都：巴蜀书社2006年版第338-352页；［民国］《贵州通志·学校志选举志》，贵阳：贵州人民出版社2008年版第14页；［康熙］《天柱县志·学校》，《中国地方志集成·贵州编》第22册，成都：巴蜀书社2006年版第64页；［嘉靖］《普安州志·舆地志》，《中国地方志集成·贵州编》第15册，成都：巴蜀书社2006年版第25页；［道光］《遵义府志·学校》，《中国地方志集成·贵州编》第32册，成都：巴蜀书社2006年版第434、504、505、507页。

②《略三·学校略》，［道光］《贵阳府志》上册，贵阳：贵州人民出版社2005年版第853页。

续表

今行政区划	明代行政区划		文庙（孔庙）	备注
	区划名	治所今名		
黔东南州	思州府	岑巩	在儒学前	
	黎平府	黎平	在儒学右	
	铜鼓卫	锦屏	在儒学处	
	镇远府	镇远	在府儒学处	
	镇远卫			
	天柱县	天柱	在城东门内	
	偏桥卫	施秉	"在明伦堂前"	
	黄平州	黄平	在儒学处	
	黄平所	黄平境	初在城外，嘉靖间迁入城内①	
	兴隆卫	黄平	"在明伦堂前"	
	清平卫	凯里境	"在明伦堂前"	
黔西南州	安南卫	晴隆	"在明伦堂前"	
六盘水市	普安州	盘县	在儒学处	
	普安卫			
毕节市	乌撒卫	威宁	在儒学处	
	赤水卫	赤水河	在儒学前	
	毕节卫	七星关	"在明伦堂前"	
四川叙永	永宁卫	叙永	在宣抚司儒学"明伦堂左"	时属贵州
	永宁宣抚司			
铜仁市	铜仁府	碧江区	"在明伦堂前"	
	平溪卫	玉屏	"在学左"	
	石阡府	石阡	"在学右"	
	思南府	思南	"在学前"	
遵义市	务川县	务川	"弘治十年知县刘镗建"②	
	遵义府	红花岗区	在遵义"县治左"	时属四川
	真安州	正安	"州署右"	
	桐梓县	桐梓	在"县治左"	
	绥阳县	绥阳	"平播后五年……置学、立先师庙"	

①[万历]《贵州通志》第13卷，北京：书目文献出版社1991年版第293页。
②[嘉靖]《思南府志·学校》，《中国地方志集成·贵州编》第43册，成都：巴蜀书社2006年版第508页。

(二) 大兴学校

"治国之要，教化为先；教化之道，学校为本……宜令郡县皆立学，礼延师儒，教授生徒，以讲论圣道，使人日渐月化，以复先王之旧"。① 开国前后，太祖朱元璋即谕令尊孔崇儒，大兴学校，以为"教化行而习俗美……学校兴则君子务德"，如是，"为治则不劳而政举矣"。②

贵州地处僻远，明代以前又不是一个独立的地方一级行政单位，因而学校仅有零星设置。东汉尹珍"还乡里教授"，③ 在今正安所设务本堂，是贵州历史上最早设立的私学。其后至隋，学校教育寂然无闻。唐代在珍州唐都坝（今道真旧城）所"建学"，④ 成为贵州历史上有史可稽的第一所也是唯一一所官学。南宋，思南府有銮塘书院、竹溪书院，播州有孔庙。⑤ 元代，在传统的乌江以北之外的乌江以南，即黔中、黔西南，设立了文明书院、金竹府儒学、普定路儒学、普安路儒学。⑥ 明代建省，依制设置府、州、县官学；任职贵州的省、府、州、县官员，谋划倡导，不遗余力。府、州、县官学，卫所官学，土司官学；官学，书院，社学，各级各类学校，纷纷设立。初步统计，达到240所。其中，官学42所、书院35座、社学163所。官学中，府学9所（含时属四川之遵义府学、乌撒府学），州学4所（含时属四川之真安州学），县学9所（含时属广西之荔波县学，时属湖广之天柱县学，时属四川之桐梓县学、绥阳县学），司学2所（含永宁宣抚司学），卫学15所，卫、府合学3所。卫未置学而附于他学者7，可能附于他学者2。未置官学者，州6，县11（含时属四川之遵义县、仁怀县），小计17。贵州学校教育较之前代呈现出前所未有的飞跃发展气象。今贵州区域明代官学、书院、社学置建概况，见下表。

---

① 《明实录·太祖实录》第46卷，中国台北1962年影印本第924页。
② 《明实录·太祖实录》第26卷，中国台北1962年影印本第1048页。
③ 《后汉书·西南夷传》，《二十五史》第2册，上海：上海古籍出版社、上海书店1986年版第290页。
④ [嘉庆]《正安州志·学校》，《中国地方志集成·贵州编》第40册，成都：巴蜀书社2006年版第39页。
⑤ [乾隆]《贵州通志·书院》，《中国地方志集成·贵州编》第4册，成都：巴蜀书社2006年版第158页；宋濂：《杨氏家传》，《宋学士全集》卷10，北京：中华书局1985年版第351页。
⑥ 参见 [嘉靖]《贵州通志·学校》，《中国地方志集成·贵州编》第1册，成都：巴蜀书社2006年版第339页；何先龙：《千年水东》，北京：中国文史出版社2013年版第60-61页；周春元等：《贵州古代史》，贵阳：贵州人民出版社1982年版第192页。

今贵州区域明代官学书院社学一览表[①]

今行政区划	行政区划卫所		官 学	书 院	社 学	备 注
^	区划名	治所今名	^	^	^	^
贵阳市	宣慰司	贵阳	元初为顺元路儒学，洪武间迁于城东	文明书院，城内忠烈桥西，弘治十七年（1504年）建；正学书院，提学道右，嘉靖二十一年（1542年）建；阳明书院，治城东，嘉靖十四年（1535年）建；渔矶书院，南明河畔，嘉靖三十五年（1556年）建	4所。城内忠烈庙右、顾府坡下、柔远门外、大方各1	隆庆二年（1374年）改程番府为贵阳府，移治贵阳
^	贵阳府	贵阳	初位于宣慰司学右，万历二十一年（1593年）另建于北门外	^	^	^
^	贵州卫	贵阳	附宣慰司学	^	^	^
^	贵州前卫	贵阳	附宣慰司学	^	^	^
^	新贵县	贵阳	"宣慰司学右，即故府学地"，万历二十八年（1600年）置	^	^	^

[①] 参见［万历］《黔记·学校志》，《中国地方志集成·贵州编》第2册，成都：巴蜀书社2006年版第348-388页；［嘉靖］《贵州通志·学校》，《中国地方志集成·贵州编》第1册，成都：巴蜀书社2006年版第337-352页；［万历］《贵州通志》，北京：书目文献出版社1991年版第66-404页；［民国］《贵州通志·学校志选举志》，贵阳：贵州人民出版社2008年版第1-18页。不见上述4书者则加注。明代贵州书院，或有多至40所之说，但尚需考证。如湄潭县狮山书院，或谓明万历年间建。［光绪］《湄潭县志》谓，狮山书院，"向在学官右……道光十九年……移建城外西门坝，更名湄水"，并未明指建于明代，似不应列为明代书院。（参见［光绪］《湄潭县志·书院》，《中国地方志集成·贵州编》第39册，成都：巴蜀书社2006年版第464页）瓮安花竹书院，或谓明万历年间建。［光绪］《平越州志》谓，花竹书院，"旧名玉华，在县城南门外"，光绪间重建，更名花竹，并未明建于明代，似不应列为明代书院。（参见［光绪］《平越州志·书院》，《中国地方志集成·贵州编》第26册，成都：巴蜀书社2006年版第209页）又：［民国］《贵州通志》谓，瓮安玉华书院，道光十四年（1834年）建，光绪二十五年（1899年）重建，改花竹书院。（参见［民国］《贵州通志·学校志选举志》，贵阳：贵州人民出版社2008年版第86-87页）绥阳县儒溪书院，系祭祀唐柳宗元之祠，并非书院。唐柳宗元、刘禹锡分别贬柳州、播州，刘禹锡80余岁老母尚在，而播州较柳州荒蛮僻远。柳宗元与刘禹锡友善，遂奏请与刘禹锡对调；御史中丞裴度等亦为之求情。刘禹锡乃改连州，柳宗元仍去柳州。柳宗元虽未到播州，但其敬老笃友、大仁大义的德行却流传在播州。播州为今遵义，所属绥阳有柳公祠、儒溪书院。［乾隆］《绥阳志》载，儒溪书院"在大溪源，祀唐柳子厚"。（［乾隆］《绥阳志·胜迹》，《中国地方志集成·贵州编》第36册，成都：巴蜀书社2006年版第205页）［民国］《绥阳县志》载，儒溪书院，明万历年间绥阳知县詹淑建，"以为祠，以祀子厚"。（［民国］《绥阳县志·营建下·书院》，《中国地方志集成·贵州编》第36册，成都：巴蜀书社2006年版第299页）

续表

今行政区划	行政区划卫所		官 学	书 院	社 学	备 注
	区划名	治所今名				
	威清卫	清镇	宣德八年（1433年）置		5所，"五千户所各一"	
	镇西卫	清镇卫城	可能附威清卫			
	敷勇卫	修文	崇祯二年（1629年）置	龙冈书院，在龙场驿，正德年间王守仁建	5所，5千户所各1	
	开州	开阳	未置			
安顺市	安顺府	西秀区	万历三十一年（1603年）改卫学而来		3所。旧州、二庙、马官屯各1	万历三十年（1602年）升安顺州为安顺府
	普定卫	西秀区	宣德八年（1433年）置，后改府学	棂星门前左	5所。城东大街、关王庙、南门外、北门内、东关各1	
	安顺州	西秀区	不明			
	平坝卫	平坝	宣德八年（1433年）置		6所。城内4所，东街、南街、西街、北街各1；关外2所	
	镇宁州	镇宁	未置			
	安庄卫	镇宁	正统八年（1443年）置	安庄书院，在列峰寺内	4所	
	永宁州	关岭	未置			

续表

今行政区划	行政区划卫所区划名	治所今名	官 学	书 院	社 学	备 注
黔南州	程番府	惠水	成化十一年（1475年）置	中峰书院，府治内北，弘治年间建；凤山书院，学宫前①		隆庆二年（1374年）改贵阳府，移治贵阳
	定番州	惠水	隆庆初年改程番府学而来			改程番府而来
	广顺州	长顺境	未置			
	都匀府	都匀市	弘治六年（1493年）改卫学而来	读书堂，嘉靖四十二年（1563年）建；②鹤楼书院，城东，嘉靖间建；南皋书院，府学右，万历二十二年（1594年）建	1所，在府治北	
	都匀卫	都匀市	宣德八年（1433年）置，后改府学			
	新添卫	贵定	宣德八年（1433年）置		2所。仓左、卫左街各1	
	贵定县	贵定境	未置	魁山书院，南明时期建		
	龙里卫	龙里	宣德八年（1433年）置		1所，分司右	
	瓮安县	瓮安	未置			

---

①［康熙］《定番州志·学校》，《中国地方志集成·贵州编》第27册，成都：巴蜀书社2006年版第112页。

②［民国］《都匀县志稿·学校》，《中国地方志集成·贵州编》第23册，成都：巴蜀书社2006年版第101页。

续表

今行政区划	行政区划卫所区划名	治所今名	官 学	书 院	社 学	备 注
	平越府	福泉	万历三十一年（1603年）改卫学而来	石壁书院，敬一亭后，嘉靖七年（1528年）建；中峰书院，卫治内，嘉靖十三年（1534年）建	1所，察院西	
	平越卫	福泉	宣德八年（1433年）置，后改府学			
	独山州	独山	未置			
	荔波县	荔波	洪武十七年（1384年）置，后裁①			时属广西
黔东南州	思州宣慰司	岑巩	永乐五年（1407年）置，后改思州府学②			
	思州府	岑巩	永乐十一年（1413年）改思州宣慰司学而来	起文楼，文庙左，万历十年（1582年）建	3所。府前、黄道司、都素司各1	
	黎平府	黎平	永乐十一年（1413年）置	天香书院，正德、嘉靖年间建；③书舍，万历十二年（1584年）建	1所，在儒学前左	

---

①《明实录·太祖实录》第224卷，中国台北1962年影印本第3277页。
②《明实录·太宗实录》第67卷，中国台北1962年影印本第935页。
③[光绪]《黎平府志·学校》，《中国地方志集成·贵州编》第17册，成都：巴蜀书社2006年版第361页。

续表

今行政区划	行政区划卫所		官　学	书　院	社　学	备　注
	区划名	治所今名				
	永从县	黎平境	隆庆间置，万历六年（1578年）因设施过简，革裁			
	五开卫	黎平	附黎平府学			
	铜鼓卫	锦屏	天顺元年（1457年）置			
	镇远府	镇远	永乐十五年（1417年）置①	紫阳书院，在治东，万历五年（1577年）建	1所，在府南	
	镇远县	镇远	未置		1所	
	镇远卫	镇远	寄镇远府学			
	清浪卫	镇远境	寄思州府学			
	天柱县	天柱	万历二十五年（1597年）置②	开化书院，官学前，首任知县朱梓建③	4所。兴文社学，在县东10里；宝带桥社学，县东五里桥；钟鼓洞社学，县西3里；聚溪社学，县北70里④	时属湖广

---

① 《明实录·太宗实录》第191卷，中国台北1962年影印本第2017页。
② ［康熙］《天柱县志·学校》，《中国地方志集成·贵州编》第22册，成都：巴蜀书社2006年版第64页。
③ ［康熙］《天柱县志·学校》，《中国地方志集成·贵州编》第22册，成都：巴蜀书社2006年版第65页。
④ ［康熙］《天柱县志·学校》，《中国地方志集成·贵州编》第22册，成都：巴蜀书社2006年版第65页。

续表

今行政区划	行政区划卫所区划名	治所今名	官 学	书 院	社 学	备 注
	偏桥卫	施秉	成化十八年（1482年）置	南山书院，卫治南，嘉靖十五年（1536年）建		
	施秉县	施秉境	未置	兴文书院，万历二十四年（1596年）建		
	黄平州	黄平	万历三十一年（1603年）置		1所，在城西	
	黄平所	黄平旧州	初在城外，嘉靖间迁入城内		1所，在城西南	
	兴隆卫	黄平	宣德九年（1434年）置	月潭书院，"在东坡寺"；草庭书院，在城北①		
	清平卫	凯里炉山	正统八年（1443年）置	学孔书院，在伟拔山麓，隆庆年间建；山甫书院，隆庆六年（1572年）建；学孔精舍，在城西万历初年建②		
	清平县	凯里炉山	未置			
	麻哈州	麻江	未置		1所	

① [嘉庆]《黄平州志·古迹》，《中国地方志集成·贵州编》第20册，成都：巴蜀书社2006年版第60页。

② 学孔书院，胡直《衡庐精舍藏稿·学孔书院记》有语："予友淮海孙公解大中丞归，而远近问学者履盈户，公乃选伟拔山之麓……辟为书院，以居学徒。"转见李独清：《孙应鳌年谱》，《贵州师范大学学报》编辑部1990年印本第118页。山甫书院，吴国伦有《道山甫书院因赠》诗。（参见《黔诗纪略》第7卷，贵阳：贵州人民出版社1993年版第265页）学孔精舍，莫友芝有诗句"孙公学孔开精舍，手辟山荒衍儒术"。（《黔诗纪略》第8卷，贵阳：贵州人民出版社1993年版第341页）

续表

今行政区划	行政区划卫所区划名	行政区划卫所治所今名	官 学	书 院	社 学	备 注
黔西南州	安南卫	晴隆	宣德八年（1433年）置		3所。卫治前、城东门外、南门外各1	
六盘水市	普安州	盘县	永乐十五（1417年）年改普安安抚司儒学而来①		10所。崇山营1所，善德等营8所，州治大门外1所	普安州，永乐十三年（1415年）改普安安抚司而来
六盘水市	普安安抚司	盘县	安抚司学，后改普安州学			永乐十三年（1415年）革安抚司，置普安州
六盘水市	普安卫		先后附司学、州学			
毕节市	乌撒府	威宁	永乐十五年（1417年）置②			
毕节市	乌撒卫	威宁	正统八年（1443年）置			
毕节市	赤水卫	赤水河	正统五年（1440年）置			
毕节市	毕节卫	七星关	正德三年（1508年）置	青螺书院，万历十八年（1590年）建		
四川叙永	永宁卫	叙永	附永宁宣抚司学		2所。仓右、东门各1	时属贵州
四川叙永	永宁宣抚司	叙永	"元已有之"，重修于洪武四年（1371年）		2所。仓外、东门外各1	时属贵州
四川叙永	普市所					时属贵州

---

① 《明实录·太宗实录》第190卷，中国台北1962年影印本第2014页。
② 《明实录·太宗实录》第191卷，中国台北1962年影印本第2017页。

续表

今行政区划	行政区划卫所区划名	治所今名	官 学	书 院	社 学	备 注
铜仁市	铜仁府	碧江区	永乐十三年（1415年）置	铜江书院，"府治东，嘉靖年间提学副使毛科建"	2所。书院左、南岸街口各1	
	铜仁县	碧江区	未置			
	平溪卫	玉屏	嘉靖元年（1522年）奏准设学			
	石阡府	石阡	永乐十三年（1415年）置	明德书院，在城南，隆庆六年（1572年）建	2所。城北、城南各1	
	思南宣慰司	凤冈	永乐五年（1407年）置，①永乐十一年（1413年）改土归流后改思南府学			
	思南府	思南	永乐十三年（1415年）改思南宣慰司学而来	中和书院，万历三十九年（1611年）建；为仁书院，在城北；文明会馆，在城北；斗坤书院，隆庆年间建，在河东②	3所。朗溪蛮夷、水德、沿河长官司各1	

①《明实录·太宗实录》第67卷，中国台北1962年影印本第935页。
②[道光]《思南府续志·书院》，《中国地方志集成·贵州编》第43册，成都：巴蜀书社2006年版第176页。

续表

今行政区划	行政区划卫所		官　学	书　院	社　学	备　注
	区划名	治所今名				
	安化县	今德江，但治今思南	未置			县治不在安化，在府治思南
	印江县	印江	万历二十七年（1599年）置		1所，"县治北"①	
遵义市	播州宣慰司		洪武十三年（1380年）置播州长官司学，永乐四年（1406年）升宣慰司学，后改遵义府学			
	遵义府	红花岗区	万历二十八年（1600年）改宣慰司学而来			
	遵义县	红花岗区	未置		14所，万历三十六年（1608年）设②	
	威远卫	红花岗区	可能附于遵义府学			
	真安州	正安	万历三十一年（1603年）置		2所，万历三十六年（1608年）设③	

---

①［嘉靖］《思南府志·学校》，《中国地方志集成·贵州编》第43册，成都：巴蜀书社2006年版第509页。
②［道光］《遵义府志·学校》，《中国地方志集成·贵州编》第32册，成都：巴蜀书社2006年版第513页。
③［道光］《遵义府志·学校》，《中国地方志集成·贵州编》第32册，成都：巴蜀书社2006年版第513页。

续表

今行政区划	行政区划名	卫所治所今名	官 学	书 院	社 学	备 注
	桐梓县	桐梓	万历二十九年（1601年）置		22所，万历三十六年（1608年）设①	
	绥阳县	绥阳	万历二十九年（1601年）置	儒溪书院，万历年间知县詹淑建②	27所，万历三十六年（1608年）设③	儒溪书院，同时为祠，祀唐柳宗元
	仁怀县	仁怀	未置		22所，万历三十六年（1608年）设④	
	龙泉县	凤冈	未置			
	务川县	务川	嘉靖十九年（1540年）置		1所⑤	
	湄潭县	湄潭	万历四十八年（1620年）置⑥			
	余庆县	余庆	未置			
合计			42所⑦	35所	163所	合计：240所

---

①［道光］《遵义府志·学校》，《中国地方志集成·贵州编》第32册，成都：巴蜀书社2006年版第513页。

②［民国］《绥阳县志·书院》，《中国地方志集成·贵州编》第36册，成都：巴蜀书社2006年版第299页。

③［道光］《遵义府志·学校》，《中国地方志集成·贵州编》第32册，成都：巴蜀书社2006年版第513页。

④［道光］《遵义府志·学校》，《中国地方志集成·贵州编》第32册，成都：巴蜀书社2006年版第513页。

⑤参见［嘉靖］《思南府志·学校》，《中国地方志集成·贵州编》第43册，成都：巴蜀书社2006年版第508页。

⑥参见［光绪］《湄潭县志·学校》，《中国地方志集成·贵州编》第39册，成都：巴蜀书社2006年版第448页。

⑦重复者不计，如程番府学改定番州学，普定卫学改安顺府学，思州宣慰司学改思州府学。故为42所。

明代"科举必由学校……学校有二：曰国学，曰府、州、县学"。科举"为盛，卿相皆由此出，学校则储才以应科目者也"。① 官学为科举而设，科举由官学而出，官学与科举密切结合；"制科取士，一以经义为先"，② 科举考试较之前代更注重儒学，儒学成为官学教育的根本内容，以至于直接称官学为"儒学"。洪武二年（1369年），谕令颁行《四书大全》《五经大全》《性理大全》3部官修理学典籍，《通鉴纲目》《历代名臣奏议》《文章正宗》以及历代诏律典制等书，"课令生徒诵习讲解"。③ "学者专治一经，以礼、乐、射、御、书、数设科分教"。④ 官学之外的书院、社学虽为民间学校，但受科举制度的导引，同样以儒学为主要的学习内容。学校为科举而设，教育以儒学为根本，国家政治、文化制度层面的全面介入，大大推动了儒学的传播，扩大了儒学的影响。

（三）开科举

自隋唐创立的科举制度，历经六七百年的发展演变，至明代更加成熟、完善。其一，考选常态化。洪武四年（1371年），"诏设科取士，连举三年，嗣后三年一举"。⑤ 其后，除少数年代外，均按制开科。乃至明亡后，南明朝廷在其势力范围内仍然组织了几次考试。其二，选拔生员的地方童生试、举人的省级乡试、进士的京师会试，规范的三级考试成为定制，并一直延续到清末。其三，在选官制度中的地位更加突出。"选举之法，大略有四：曰学校，曰科目，曰荐举，曰铨选。学校以教育之，科目以登进之，荐举以旁招之，铨选以布列之"。经由科举而入仕，是为选举，是为正途，为时人看重："明制，科目为盛，卿相皆由此出"；经由学校贡举，"亦科目之亚也"，不失为次途；外此"则杂流矣"。荐举"盛于国初，后因专用科目而罢"；铨选"则入官之始，舍此蔑由焉"；明初以后，"进士日益重，荐举遂废，而举贡日益轻"。⑥ 其四，儒学在考试内容中的地位更加突出。"制科取士，一以经义为先"。⑦ "诸生应试之文，通谓之举业。《四书》义一道，二百字以上。经义一道，三百字以上"。⑧ 试题，"专取四子书及《易》《书》《诗》《春秋》《礼记》五经，命题试士"。⑨ 三场考试，初场"试《四书》义三道，经义四道"。《四书》以朱熹《四书章句集注》为主，《易经》以程颐

---

① 《明史·选举志》，《二十五史》第10册，上海：上海古籍出版社、上海书店1986年版第183页。
② 《明史·儒林传》，《二十五史》第10册，上海：上海古籍出版社、上海书店1986年版第787页。
③ 佚名：《松下杂钞》卷下，《涵芬楼秘笈》第3集，上海：商务印书馆民国8年（1919年）本第15页。
④ 《明实录·太祖实录》第46卷，中国台北1962年影印本第925页。
⑤ 《明史·太祖本纪》，《二十五史》第10册，上海：上海古籍出版社、上海书店1986年版第16页。
⑥ 以上见《明史·选举志》，《二十五史》第10册，上海：上海古籍出版社、上海书店1986年版第183页。
⑦ 《明史·儒林传》，《二十五史》第10册，上海：上海古籍出版社、上海书店1986年版第787页。
⑧ 以上见《明史·选举志》，《二十五史》第10册，上海：上海古籍出版社、上海书店1986年版第185页。
⑨ 《明史·选举志》，《二十五史》第10册，上海：上海古籍出版社、上海书店1986年版第185页。

《易传》及朱熹《周易本义》为主，《书经》以朱熹门人蔡沈《尚书集传》及古注疏为主，《诗经》以朱熹《诗集传》为主，《春秋》以《左传》《公羊传》《谷梁传》三传及程颐门人胡安国《春秋传》、张洽《春秋集传》为主，《礼记》以古注疏为主。永乐间颁布《四书大全》《五经大全》，除《礼记》用陈澔《礼记集说》外，其余不再用。二场"试论一道，判五道，诏、诰、表、内科一道"。三场"试经史时务策五道"。①

既是选官基本路径，又以儒学为根本的科举考试制度，以国家意志、国家权力的形态，全力推动着儒学的流播。

明代贵州建省，依制设置了府州县学；建省前后设置了卫学及宣慰司学、宣抚司学。以上官学合计40余所，选录、培养了一批生员，为乡试、会试选录贵州学子奠定了基础。贵州乡试初未单独设贡院，相继附四川、湖广、云南就试，名额初仅数名，后陆续增至10名、21名。② 士子远赴他省，"山岭险阻，道里遐岐，贼盗出没无常，秋夏岚瘴甚发，以致每科应试生员，跋涉冲冒，多所损伤"。③ 弘治七年（1494年）、十三年（1500年）、正德九年（1514年）、嘉靖元年（1522年）、六年（1527年）、九年（1530年），贵州历任巡抚邓廷瓒、钱钺、陈天祥、汤沐、陈邦敷等，一再陈述贵州生员远赴乡试之艰难，奏请自行开科，均未获准。④ 嘉靖九年（1530年），贵州思南籍京官、户科给事中田秋上《请开贤科以宏文教疏》，乞请"再加详议"。⑤ 十三年（1534年），贵州巡按王杏上疏，"伏望采择奏闻，一体开科"。⑥ 其间，贵州监察御史张淳、总兵焦俊、贵州宣慰使、贵州卫及贵州前卫指挥使等，乃至一般士人，亦一再吁请开科。十四年（1535年），嘉靖帝始下旨，准贵州设乡试科场，取额由21名增至25名。十六年（1537年），贵州首次自行乡试。二十五年（1546年）取额增至30名，明末至40名。⑦ 贵州第一个文举人出自永乐九年（1411年），第一个文进士在正统四年。⑧ 明初至嘉靖十五年（1536年）的168年间，贵州中式文举人530多人、文进士30人；十六年（1537年）单独开科后至明末108年间，两者分别达到了1250多人、70余人。⑨ 终明一朝，贵州计中文进士102人、文举人1795人；不完全统计，武进士32人、武举人21人。合计文武进士134人、文武举人1816人。⑩ 此外，布政司所属府、州、县学及贵州都司所属卫学有择生员入国子学之制，入国子学者被称为贡生。贡生之数，洪

---

① 《明史·选举志》，《二十五史》第10册，上海：上海古籍出版社、上海书店1986年版第185页。
② 参见［民国］《贵州通志·学校志选举志》，贵阳：贵州人民出版社2008年版第245、247、256页。
③ ［民国］《贵州通志·学校志选举志》，贵阳：贵州人民出版社2008年版第242页。
④ 参见［民国］《贵州通志·学校志选举志》，贵阳：贵州人民出版社2008年版第242页。
⑤ ［民国］《贵州通志·学校志选举志》，贵阳：贵州人民出版社2008年版第243页。
⑥ ［民国］《贵州通志·学校志选举志》，贵阳：贵州人民出版社2008年版第242页。
⑦ 以上参见［民国］《贵州通志·学校志选举志》，贵阳：贵州人民出版社2008年版第242-244、295页。
⑧ ［民国］《贵州通志·学校志选举志》，贵阳：贵州人民出版社2008年版第244、245页。
⑨ 参见［民国］《贵州通志·学校志选举志》，贵阳：贵州人民出版社2008年版第239-486页；《贵州七百进士录》，贵州地方志网站，http://www.gzgov.gov.cn/gov_dfz。
⑩ 参见本目《今贵州区域明代科举一览表》。

武"二十五年，定府学岁二人，州学二岁三人，县学岁一人……正统六年，更定府学岁一人，州学三岁二人，县学间岁一人。弘治、嘉靖间，仍定府学岁二人，州学二岁三人，县学岁一人，遂为永制"。① 至于生员人数，无较为准确的统计数字。《明史·选举志》谓："生儒应试，每举人一名，以科举三十名为率"。② [嘉靖]《贵州通志》载礼部《复议贵州开科取士疏》有贵州"每科应试之士，数逾七百……于应试七百之中，取原定解额二十一人"之语；嘉靖二十五年（1546年）《巡抚王学益请增解额疏》更有"每科入试生儒千有余名"之语，③ 则乡试中式比例为30∶1，甚至更低至33.3∶1。如此，明代贵州生员当在6万左右。万历二十年（1594年），贵州巡抚林乔相《请广额疏》谓："分科之始，贵州生员通省止一千余人，今至七千有余"。④ 生员之下，是数量更为庞大的童生，即读书人。今贵州区域明代举人中式、进士及第概况，见下表。

今贵州区域明代科举一览表⑤

区划卫所及治所				进士举人数					
二级区划及治所		三级区划卫所及治所		进 士			举 人		
		名称	治所今名	总数	文	武	总数	文	武
今贵阳市	贵州宣慰司治今贵阳	宣慰司	贵阳		14			240	
		贵州卫	贵阳	1		18	5		
		贵州前卫	贵阳			7		6	
		敷勇卫	修文	1				2	
		威清卫	清镇					13	
		镇西卫	清镇卫城						
	贵阳府治今贵阳	程番府	贵阳	1					
		贵阳府	贵阳	9			166		
		新贵县	贵阳	1			10		
	小计			52	27	25	442	442	

---

① 《明史·选举志》，《二十五史》第10册，上海：上海古籍出版社、上海书店1986年版第184页。
② 《明史·选举志》，《二十五史》第10册，上海：上海古籍出版社、上海书店1986年版第185页。
③ 转见 [民国]《贵州通志·学校志选举志》，贵阳：贵州人民出版社2008年版第242、243页。
④ [民国]《贵州通志·学校志选举志》，贵阳：贵州人民出版社2008年版第244页。
⑤ 参见 [民国]《贵州通志·学校志选举志》，贵阳：贵州人民出版社2008年版第239-486页；《贵州七百进士录》，贵州地方志网站，http://www.gzgov.gov.cn/gov_dfz；《贵阳府志》上册，贵阳：贵州人民出版社1985年版第405-518页；贵州省毕节市文体广电局：《毕节历史名人荟萃》，2012年内部印本第113-175页。赤水卫列入今毕节市区划；水城厅列入今六盘水市区划。

续表

区划卫所及治所			进士举人数					
二级区划及治所	三级区划卫所及治所		进 士			举 人		
^	名称	治所今名	总数	文	武	总数	文	武
今安顺市	贵州宣慰司治今贵阳	平坝卫	平坝					
^	安顺府治今西秀区	安顺府	西秀区	1			16	
^	^	普定卫	西秀区	4			129	
^	^	镇宁州	镇宁					
^	^	安庄卫	镇宁境	1			53	
^	^	永宁州	关岭				127	
^	^	平坝卫	平坝				26	
^	小计		9	5	1	351	351	
今黔南州	贵州宣慰司治今贵阳	新添卫	贵定	3		5	60	5
^	^	龙里卫	龙里				15	1
^	都匀府治今都匀	都匀府	都匀市	3		1	5	
^	^	都匀卫	都匀市				46	
^	^	独山州	独山					
^	贵阳府治今贵阳	广顺州	长顺境					
^	^	程番府	惠水				19	
^	^	定番州	惠水				11	
^	平越府治今福泉	平越府	福泉				23	
^	^	平越卫	福泉	2				
^	^	瓮安县	瓮安				1	
^	小计		14	8	6	186	180	6

续表

区划卫所及治所			进士举人数			
二级区划及治所	三级区划卫所及治所		进士		举 人	
^	名称	治所今名	总数	文	武	总数	文	武

二级区划及治所	三级名称	治所今名	进士总数	文	武	举人总数	文	武
今黔东南州	思州府治今岑巩	思州府	岑巩				43	
		清浪卫	镇远清溪				1	
	黎平府治今黎平	黎平府	黎平	3			61	1
		永从县	黎平境				5	
		五开卫	黎平				2	1
		铜鼓卫	锦屏				1	2
		镇远府	镇远	5			57	
		镇远县	镇远					
		镇远卫	镇远					
	镇远府治今镇远	施秉县	施秉				1	
		偏桥卫	施秉				12	
	都匀府治今都匀	麻哈州	麻江	1			1	
		清平县	凯里清平	6				
	平越府治今福泉	黄平州	黄平				10	2
		兴隆卫	黄平	1			29	
		清平卫	凯里境				71	
	小计			16	16		299	294	6
今黔西南州	南笼府	安龙					1	
		安南卫	晴隆				21	
	小计						22	22	
今六盘水市		普安州	盘县	11	11			
	安顺府治今西秀区	普安卫	盘县				117	
	小计			11	11		117	117	

续表

二级区划及治所	三级区划卫所及治所 名称	治所今名	进士 总数	进士 文	进士 武	举人 总数	举人 文	举人 武
今毕节市	乌撒府	威宁					2	
	乌撒卫	威宁	2	2		37	37	
	赤水卫	七星关区 赤水河	4	4		44	44	
	毕节卫	七星关区				29	29	
	小计		6	6		110	112	
今铜仁市	铜仁府治今碧江区 — 铜仁府	碧江区		7			12	
	铜仁县	碧江区					68	
	平溪卫	玉屏		4			36	
	石阡府治今石阡 — 石阡府	石阡		3			27	
	思南府治今思南 — 思南府	思南		12			89	1
	印江县	印江					11	
	安化县	今德江 治思南					5	
	小计		26	26		249	248	1
今遵义市	遵义府治今红花岗区 — 遵义府	红花岗区					4	5
	遵义县	红花岗区						
	威远卫	红花岗区						
	真安州	正安						
	桐梓县	绥阳境					1	1
	绥阳县	绥阳					2	1
	仁怀县	仁怀						
	石阡府治今石阡 — 龙泉县	凤冈					1	
	思南府治今思南 — 务川县	务川					18	

续表

区划卫所及治所			进士举人数					
二级区划及治所	三级区划卫所及治所		进士			举人		
	名称	治所今名	总数	文	武	总数	文	武
平越府治今福泉	务川县	务川				18		
	湄潭县	湄潭				4		
	小计	余庆县	余庆					
总计	籍贯不明					37	30	7
			134	99	32	1813	1796	21

隋唐创立的科举制度，至明初已有 700 多年的历史。700 多年中，贵州进士仅宋代播州有 8 名，元代恩赐 1 名。明代 270 余年中，贵州士子猛增至进士 102 人、举人 1816 人、生员 6 万左右。科举士子的分布由播州即今遵义市扩大到今所有地级市。今贵阳市，宋代还是莽莽森林，人称黑羊箐。明代建省，成为省会，迅速发展，有进士 52 人，占全省之近一半；举人 442 人，占全省近 1/4，一跃而居全省之冠。地处驿路主干道的地域，进士、举人数，今铜仁市为 26 人、249 人，黔东南州为 16 人、299 人，安顺市为 9 人、351 人，六盘水市为 11 人、117 人，毕节市为 6 人、112 人。遵义市、黔西南州虽远离驿路干道，亦分别有举人 37 人、22 人。明代进士、举人、生员的数量，儒学人才的数量及其分布之广泛，远非前代可比，明代贵州儒学较之前代的飞跃发展，由此可见一斑。

(四) 士子与儒学的社会流播

明代贵州兴学校、开科举，学校科举化、科举学校化，科举与学校密切结合。儒学成为学校教育、科举考试的主要内容，借助学校教育和科举考试，深入士子之中，进而借助 6 万科举士子及数量更为庞大的读书人群体，传播、融入城乡广大下层民庶之中。

士子泛指读书人，包括儒士、士大夫两个阶层。士大夫阶层指通过科举考试取得功名并入仕为官的士子，明代一般须举人以上始可入仕，生员很少有机会。儒士阶层包括两类，一类为通过科举考试取得功名而未能入仕的士子，一般系生员；一类为未能取得功名的士子。古代读书人虽十年寒窗，然而能科举中式、取得功名者终究是极少数，能取得举人以上功名者更属凤毛麟角。明代，一县之地仅有一所县学，学额仅 20 名；一州之地仅有一所州学，学额仅 30 名；一府之地仅有一所府学，学额仅 40 名。明代近 300 年中，贵州生员虽有 6 万之数，但与整个读书人群体比较起来，还是很小的。三年一次的乡试，贵州取额初仅数名，后陆续增至 10 名、21 名，至明末也仅 40

名。故 6 万生员中，中举的不到两千人。取得功名而又能进入官场的，一般说来，仅为不到两千之数的举人以上功名者，6 万生员中的绝大多数是没有机会的，更毋论连生员功名都未能取得的、数量更为庞大的读书人群体。

中国古代士子有一个好的传统，重视教育，重视传道、授业、解惑；纵然入仕为官、为高官，依旧初衷不改。王守仁贬谪龙场，身处逆境，却兴办龙冈书院，教授生徒；应邀主讲贵阳文明书院。重获起用后，官至南京兵部尚书，公事之余，依旧讲学不辍，弟子遍天下，学问传天下。黔中王学的主要传人、清平卫孙应鳌进士及第，官至国子监祭酒，两度辞官归里后，筑学孔书院、山甫书院、学孔精舍，养育人才；思南李渭乡试中举，官至云南左参政，晚年回归乡里，讲学 20 余年；都匀卫陈尚象中进士，官至吏科右给事中，削职归里后，建都匀南皋书院，讲学 20 余年；贵州宣慰司马廷锡乡试中举，官知县，不久弃官归里，主讲贵阳正学、文明、阳明书院长达 30 余年；吴铤乡试中举，毅然以师道自任，教授家族子弟。

儒生阶层即包括生员在内的绝大多数读书人，不能入仕为官，依旧只能继续生活在民间、乡间。这批人的出路，一般都在教育，书院、社学、私塾都活跃着他们的身影。不少取得生员身份甚至生员功名都没有的儒生，在儒学方面仍然有相当的功底，从而成为书院、社学的先生。纵然是稍通文墨者，在文化极不发达的古代社会，也是难能可贵的、受人尊敬的文化人才，同样受到民间特别是乡间社学、私塾的青睐。古代教育，府、州、县学数量少、学额少，入学者其实是已取得生员资格的学子，生员以前的教育，包括儿童的启蒙教育，应童生试的教育，都是由书院、社学、私塾承担的；乃至部分学子取得生员资格以后准备乡试、会试的中高级教育，也是在私塾、书院完成的。教育之外，儒生们还活跃在地方及民间的各种事务中。绝大部分生活在民间、乡间的儒生，尽管不能进入官场，但他们是那个时代少有的文人，受到人们的尊敬、欢迎；他们中的生员有着令人敬慕的身份和地位，可以享受官府的种种优遇，如领取廪膳、见到县官不必下跪等。他们参与地方学务、公产、征税、赈济、纠纷调解等公共事务，出席重要的庆典活动。通过教育及参与地方活动，儒生将儒学传播到民间，将儒家的纲常伦理普及于民庶；身居民间的儒生群体，更以自身的道德楷模、行为表率，将儒家的理念浸透到了社会下层，由此推动着民族共同文化心理的形成及民族认同进程。对此，本书将在下一章《清代前期贵州儒文化与民族认同的高峰》做进一步的阐述。

二、理论儒学的发展

东汉时期，毋敛（今贵州独山、荔波）尹珍"以经术发闻"中原；① 西汉时期，鳖县（今贵州黔西、大方）舍人为《尔雅》作注，是为贵州最早的理论儒学成就。其后一千数百年中，贵州儒学长期衰微不振，仅元代有播州土司杨汉英《明哲要览》一书。明代建省，督抚司监大员全力倡导，悉心谋划，兴学校，开科举，成百进士、千八举人、6万生员，贵州儒学呈现出前所未有的兴盛局面，其重要标志之一，就是理论儒学的再度兴起及发展。王守仁贬谪贵州，创建良知本体心学，又称王学；王学在贵州广泛流传，出现孙应鳌、马廷锡、李渭、陈尚象等一批王学学者，形成黔中王学；孙应鳌创立仁本心学，成为黔中王学的领军人物。王守仁良知本体心学的创立，孙应鳌仁本心学为代表的黔中王学的形成，标志着贵州古代理论儒学的再度兴起及发展。

（一）王学的形成及其良知本体心学

王守仁（宪宗成化八年至世宗嘉靖七年，1472—1528年），浙江余姚人，人称阳明先生。进士及第后，相继为刑部、兵部主事。武宗正德三年（1508年），因为冒犯了当权宦官刘瑾，被贬谪到贵州龙场驿（今修文）为驿丞。身处逆境的王守仁，苦心探悟理欲心性之学，"忽中夜大悟格物致知之旨……始知圣人之道，吾性自足，向之求理于事物者误也"。② 圣人之道，亦即天道，原本就在自己心中，不必外求。龙场悟道成为王守仁心学的起点。其后，他不断完善自己的思想，继承、发展南宋陆九渊心学，集历史上心学之大成，建立起"心即理""致良知""知行合一"三大理论为支柱的、完整而庞大的心学体系。王守仁的心学，后世称为王学或阳明学，或与陆九渊心学合称为陆王心学，成为宋明理学两大流派之一。

1."心即理"

理即精神、意识。理源自何处？程朱理学家及陆王心学家都认定，理在天地万物之先即已存在，理是至高无上的，因而均将理称为天理。"未有天地之先，毕竟也只是理。有此理，便有此天地；若无此理，便亦无天地，无人无物"。③ 至于理与人的关系及如何识理，则二者大有分歧。朱熹以为，理是一个独立于人的、在人之外的客观本体；认识理的途径，是读书、交友、即物，亦即即物穷理。即物穷理又称格物致知，源自《礼记·大学》："致知在格物，物格而后知致"。④ 王守仁则以为，理不在人之外，

---

① 《郑珍传》，《清史稿》第43册，北京：中华书局1977年版第13288页。
② 《年谱一》，《王阳明全集》第4册，杭州：浙江古籍出版社2010年版第1234页。
③ 《朱子语类》第1册，北京：中华书局1986年版第11页。
④ 《礼记·大学》，《十三经注疏》下册，北京：中华书局1980年版第1673页。

理在人心，理即人心："心即理也。天下又有心外之事、心外之理乎……心即理也。"①"天下之事虽千变万化，而皆不出于此心之一理"。②"心无外物，心外无事，心外无理，心外无义，心外无善"，③"心外无学"，④ 六经学说亦不过是"吾心之常道""吾心之记籍也"。⑤ 理无需外求，只需心上求。

2."致良知"

"心即理"，心的内涵为良知。"吾心之良知，即所谓天理也。"⑥"良知是天理之昭明灵觉处，故良知即是天理。"⑦

良知说起源于孟子。《孟子·尽心》："人之所不学而能者，其良能也；所不虑而知者，其良知也。"⑧ 王守仁接过孟子的良知概念，赋予它以心本体的地位。"良知者，心之本体"。⑨ 天地万物、日用见闻，都不过是良知的显现或派生。"天地万物，俱在我良知的发用流行中，何尝又有一物超于良知之外，能作得障碍。"⑩"盖日用之间，见闻酬酢，虽千头万绪，莫非良知之发用流行。"⑪

理学家说理论心，其终极目的，在于道德伦理教化。朱熹如此，王守仁更是如此。其良知本体论着力阐述的，即在于此。"良知者，孟子所谓'是非之心，人皆有之'者也。是非之心，不待虑而知，不待学而能，是故谓之良知"。⑫ 其一，良知"当下具足，更无去求，不须假借"，⑬ 是人生而具有的、尽善尽美的、不假外求的道德伦理意识。上至圣贤，下至村夫愚妇，毫无区异，人人相同："不但圣贤，虽常人亦无不如此"；⑭"愚夫愚妇与圣人同"。⑮ 其二，良知是人天生具有的、不需外求的、辨别善恶是非的能力："良知者，孟子所谓'是非之心，人皆有之'者也"。⑯ 其三，良知是人天生具有的、不需外求的、从善去恶的自觉性。

良知既然人人生而完备，不假外求，世间为何有贤与不肖的区别？王守仁以为，这是因为人生活在社会之中，会受到物质利益的诱惑，产生过度的欲望，即"人欲"

---

①《传习录上》，《王阳明全集》第1册，杭州：浙江古籍出版社2010年版第2-3页。
②《博约说》，《王阳明全集》第1册，杭州：浙江古籍出版社2010年版第284页。
③《与王纯甫二》，《王阳明全集》第1册，杭州：浙江古籍出版社2010年版第168页。
④《紫阳书院集序》，《王阳明全集》第1册，杭州：浙江古籍出版社2010年版第255页。
⑤《稽山书院尊经阁记》，《王阳明全集》第1册，杭州：浙江古籍出版社2010年版第271页。
⑥《传习录中》，《王阳明全集》第1册，杭州：浙江古籍出版社2010年版第49页。
⑦《传习录中》，《王阳明全集》第1册，杭州：浙江古籍出版社2010年版第78页。
⑧《孟子·尽心上》，《十三经注疏》下册，北京：中华书局1980年版第2765页。
⑨《传习录中》，《王阳明全集》第1册，杭州：浙江古籍出版社2010年版第67页。
⑩《传习录下》，《王阳明全集》第1册，杭州：浙江古籍出版社2010年版第117页。
⑪《传习录中》，《王阳明全集》第1册，杭州：浙江古籍出版社2010年版第78页。
⑫《大学问》，《王阳明全集》第3册，杭州：浙江古籍出版社2010年版第1019页。
⑬《传习录中》，《王阳明全集》第1册，杭州：浙江古籍出版社2010年版第92页。
⑭《传习录中》，《王阳明全集》第1册，杭州：浙江古籍出版社2010年版第75页。
⑮《传习录中》，《王阳明全集》第1册，杭州：浙江古籍出版社2010年版第54页。
⑯《大学问》，《王阳明全集》第3册，杭州：浙江古籍出版社2010年版第1019页。

抑或"物欲"。人如果抵御不住外物的诱惑，生而具有的良知就可能"为物欲牵蔽，不能循得"。① 如果"动于欲，蔽于私，而利害相攻，忿怒相激，则将戕物圮类，无所不为，其甚至有骨肉相残者"。② 如此，则成为小人、恶人、不肖之徒。故人须"致良知"，反省修身，祛除人欲，回复自己固有之良知："性无不善，故知无不良……但不能不昏蔽于物欲，故须学以去其昏蔽。"③ "致良知"的过程，亦即去人欲、存天理的过程。"学者学圣人，不过是去人欲而存天理耳。""减得一分人欲，便是复得一分天理"。修炼到全无一丝人欲，就成了圣人。"圣人之所以为圣，只是其心纯乎天理，而无人欲之杂……故虽凡人而肯为学，使此心纯乎天理，则亦可为圣人；犹一两之金比之万镒，分两虽悬绝，而其到足色处可以无愧，故曰'人皆可以为尧舜'者以此。"④

天理良知的道德伦理内容，核心为儒家的忠孝仁信。"以此纯乎天理之心，发之事父便是孝，发之事君便是忠，发之交友治民便是信与仁。"⑤ 臣忠君，子孝父，朋友信，为政治民以仁，如此，则社会有序，人际和谐，民族认同顺理成章。

天理也好，良知也好，自然不是生而具有的。王守仁提出理即心，良知自有，其深远用心，在于强调道德修养的极其重要性，在于激励人们修身养性的信心。既然良知自有，人性本善，则人当为善而不当为恶，为善是常理、常态，为恶是另类、个案；既然良知自有，人性本善，则为善、成圣并非高不可攀、遥不可及，由是信心大增，只需克己去欲，恢复吾心固有之良知，做到全无一丝人欲，"纯乎天理"，则"人皆可以为尧舜"。⑥

去人欲、存天理，修身养性，既是对普通人的要求，更是对上层社会的要求。官场清，则社会清，从这个意义上说，官员的"致良知"对于社会的治理尤为重要。"圣人之学日远日晦，而功利之习愈趣愈下……盖至于今，功利之毒沦浃于人之心髓，而习以成性也几千年矣。相矜以知，相轧以势，相争以利，相高以技能，相取以声誉。其出而仕也，理钱谷者则欲兼夫兵刑，典礼乐者又欲与于铨轴，处郡县则思藩臬之高，居台谏则望宰执之要"。⑦ 如此，社会何来和谐，国家何来安定！

3."知行合一"

在王守仁那里，知指人生而具有之良知，行指去恶正心，回复人固有之良知。王守仁强调，去欲存理，修身养性，要即知即行，"知行合一"，而不是知行脱节、知而不行。"知行合一之说，专为近世学者分知行为两事，必欲先用知之之功而后行，遂致

----

① 《传习录中》，《王阳明全集》第1册，杭州：浙江古籍出版社2010年版第75页。
② 《大学问》，《王阳明全集》第3册，杭州：浙江古籍出版社2010年版第1015页。
③ 《传习录中》，《王阳明全集》第1册，杭州：浙江古籍出版社2010年版第68页。
④ 以上见《传习录上》，《王阳明全集》第1册，杭州：浙江古籍出版社2010年版第30、31页。
⑤ 《传习录上》，《王阳明全集》第1册，杭州：浙江古籍出版社2010年版第3页。
⑥ 《传习录上》，《王阳明全集》第1册，杭州：浙江古籍出版社2010年版第30页。
⑦ 《传习录中》，《王阳明全集》第1册，杭州：浙江古籍出版社2010年版第61页。

终身不行，故不得已而为此补偏救弊之言。学者不能著体履，而又牵制缠绕于言语之间，愈失而愈远矣。"①

武宗正德五年（1510年），即王守仁到贵州的第三年，刘瑾被诛，王守仁重获起用，官至南京兵部尚书，逝后封新建侯，谥号文成，从祀孔庙。他不仅构建了完整的心学体系，而且讲学不辍，加上身居高位，事功显赫，从而使自己的学说得到了广泛的传播。"在浙江，有以徐爱、王畿、钱德洪为代表的浙中王学；在江西，有以邹守益、聂豹、罗洪先为代表的江右王学；在江苏，有以王艮、罗汝芳、耿定向、何心隐为代表的泰州学派，以黄省曾、周冲、薛应旂为代表的南中王学；在湖南，有以蒋信为代表的楚中王学；在北方，有以穆孔晖、张后觉为代表的北方王学；在广东、福建，有以薛侃、周坦为代表的粤闽王学；在贵州，有以孙应鳌为代表的黔中王学。黄宗羲著《明儒学案》，收录王学知名于世者达130余人。"② "门徒遍天下，流传逾百年"，③明中叶以后，王学盛极一时，统治思想学术界百余年，影响巨大。其学术，集中反映在《传习录》《大学问》等著述中，其他作品中也有反映。后世有多种王阳明全集存世，最完备者为吴光等编校、浙江古籍出版社2010年版6卷本《王阳明全集》。

（二）黔中王学的形成及孙应鳌的仁本心学

1. 黔中王学的形成

王守仁贬谪贵州龙场，在创立心学的同时，建龙冈书院，招徒授讲。远近学子及土著子弟，纷纷前往，不数月，名声远播。次年，贵州提学副使席书慕名前往，聘请主讲贵阳文明书院。"诸生环而观听者数百。自是，贵人士始知有心性之学"。④ 席书与之辩学，"往复数回，豁然大悟，谓之圣人之学复睹于今日"；⑤ 乃率书院士子执弟子礼。王守仁身后，一些王门学者或出仕，或流寓贵州，继续在贵州传播王学。

王杏，奉化（今浙江奉化）人，王守仁私淑。嘉靖十三年（1534年），为贵州按察使。主持建阳明书院及阳明祠，传播、弘扬王学；奏请贵州设乡试贡院，"免诸士跋涉"。⑥

蒋信，常德（今湖南常德）人，楚中王门学者。嘉靖二十年（1541年），为贵州提学副使，"尝以默坐澄心、体认天理训士"。主持建正学书院，修复文明书院，为龙场阳明祠"置祠田"。⑦

---

①《王阳明答周冲书五通》，《中国哲学》1979年第1辑，北京：三联书店1983版第320页。
②陈奇 等：《中国经学史纲要》，北京：中国言实出版社2011年版第81页。
③《明史·儒林传》，《二十五史》第10册，上海：上海古籍出版社、上海书店1986年版第787页。
④《录三·明总部政绩录》，[道光]《贵阳府志》下册，贵阳：贵州人民出版社1985年版第1108页。
⑤《年谱一》，《王阳明全集》第4册，杭州：浙江古籍出版社2010年版第1235页。
⑥《录四·明总部政绩录》，[道光]《贵阳府志》下册，贵阳：贵州人民出版社1985年版第1115页。
⑦《录四·明总部政绩录》，[道光]《贵阳府志》下册，贵阳：贵州人民出版社1985年版第1115页。

徐樾，贵溪（今江西贵溪）人，"少师王守仁，谓圣可必为，故信道最笃"。世宗嘉靖二十三年（1544年），为贵州提学副使，"讲明心学，陶熔士类"。①

邹元标，吉水（今江西吉水）人，江右王门学者。因冒犯张居正，"廷杖谪戍都匀"。主讲都匀鹤楼书院，"一意讲王先生学"。②

从武宗正德初年王守仁创立心学、授徒传教到明末，王门学士讲学贵州，络绎不绝，培养了一批学者，形成黔中王学，扩大了王学的影响。其中，孙应鳌、马廷锡、李渭为贵州王学三大传人。孙应鳌更是名满天下，"以儒术经世，为贵州开省以来人物冠"。③

汤冔，贵州宣慰司人，武宗正德十六年（1521年）进士，官至潮州知府。王守仁于贵阳文明书院"为诸生讲知行合一之学……得其传者首推"汤冔与陈文学。二人"承良知之派以开黔学"。著有《逸老闲录》《续录》，早佚。④

陈文学，贵州宣慰司人，"以诸生事王守仁于龙场，潜心理学"。武宗正德十一年（1516年）中举，官至耀州知州。"告归旋里，杜门不预世事，终日静坐，精究学业，证以师说。"著有《耀归存稿》《余生续稿》等，门人集为《陈耀州诗集》。⑤

陈尚象，都匀卫人，字心易，号见羲。神宗万历八年（1580年）进士，官至吏科右给事中。二十年（1592年），两次上疏言立太子事，获罪，"廷杖，斥为民"。邹元标"谪戍都匀，一见许为伟器，即以仔肩正学相期勉。既经……指授，知行交进，骎骎不能自休……学益进，守益坚，毅然思以见诸行事。视去就、生死，泊如也。故在言路，知无不言，言无不尽，直声震朝野。"削职归里后，"惟以兴起学术为事"。⑥ 建都匀南皋书院，讲学20余年。

吴铤，字金廷，都匀人。万历十年（1582年）举人。邹元标谪戍都匀，"与讲正学，默领不违而警悟健蹈"。都匀士子"多有从金廷游"，其亦"毅然以师道自任，教从弟镛、铎、甥朱振祚"。⑦

李渭，字湜之，号同野，思南人。世宗嘉靖十三年（1534年）举人，官至云南左参政。为学"专求本心"；与楚中王门蒋信及泰州学派耿定理、罗汝芳相互"切磨劘……学益进"。以为"千思万索"，仍不过是"孔子'毋意'，孟子'不学、不虑'，

---

① 《录四·明总部政绩录》，[道光]《贵阳府志》下册，贵阳：贵州人民出版社1985年版第1115页。
② [万历]《黔记·迁客列传》，《中国地方志集成·贵州编》第2册，成都：巴蜀书社2006年版第259-260页。
③ 《文恭孙淮海先生应鳌》，《黔诗纪略》第5卷，贵阳：贵州人民出版社1993年版第184页。
④ 《太守汤伯元先生冔》，《黔诗纪略》第3卷，贵阳：贵州人民出版社1993年版第116、117页。
⑤ 《耆旧传一·陈文学传》，[道光]《贵阳府志》下册，贵阳：贵州人民出版社2005年版第1295页。
⑥ 《给谏陈见羲先生尚象》，《黔诗纪略》第11卷，贵阳：贵州人民出版社1993年版第408、409、410页。
⑦ 《解元吴金廷铤》，《黔诗纪略》第11卷，贵阳：贵州人民出版社1993年版第421页。

程子'不着纤毫人力'脉络"。① "生平无日不以讲学为事,自乡举后,学者即景附之"。晚年回归乡里,讲学 20 余年,培养了萧重望、冉宗空、胡学礼、田惟安等一批学子,开创了思南王学的局面。② "贵筑之学倡自龙场,思南之学倡自先生"。③ 与孙应鳌、马廷锡同为贵州王学三大传人。著有《先行录问答》3 卷,《大儒治规》3 卷,《毋意篇》1 卷,诗文杂著若干卷。④

马廷锡,号心庵,贵州宣慰司人,世宗嘉靖十九年(1540 年)举人,官四川内江知县。不久,"弃官归,讲学不复出"。楚中王门学者蒋信以副使提学贵州,文明、正学两书院"择士秀者养之于中……教以默坐存心,体认天理。一时学者翕然宗之,而心庵为之冠"。蒋信返乡,于武陵(今湖南常德市武陵区)建桃冈精舍,"聚徒讲学"。马廷锡"即投籍走桃冈",继续问学于蒋信。数年后返乡,建栖云亭于渔矶湾(位于今贵阳南明河左岸),"静坐其中",潜心学术。以为为学当"极静极清,以至于极定",静心、定虑、勤思,"始长觉长明,以至于长存",悟道、存道。提学副使万士和、巡抚阮文中、布政司蔡文及按察使冯成能,相继延聘其主讲正学、文明、阳明 3 书院,长达 30 余年。"讲诲不倦,兴起成就者甚众……听者常达数百人"。著有《渔矶集》《警愚录》,"惜不传"。其与祖、父、子、孙五世"皆举于乡":祖马和举弘治五年(1492 年),父马实举正德十四年(1519 年),子马文标举嘉靖三十四年(1555 年),孙马彦鳌举万历二十五年。⑤ "没祀乡贤"。⑥

2. 孙应鳌的仁本心学⑦

孙应鳌(世宗嘉靖六年至神宗万历十二年,1527—1584 年),字山甫,号淮海,贵州清平(今凯里清平)人。世宗嘉靖三十二年(1553 年)进士,历官庶吉士、提学副使、大理寺卿、户部右侍郎、国子监祭酒,身后赠太子太保,谥文恭。为官敢于任事进言,不依违苟且。初问学于王学门人徐樾,其后与贵州王门学者李渭、马廷锡,楚中王门学者蒋信,江右王门学者罗洪先、胡直,泰州学派学者罗汝芳、耿定向、耿定理、赵贞吉等均有往来,相互切磋,"发挥良知,张皇眇悟",⑧ 成为黔中王学的代表人物。"黔中人物……明之以理学文章气节著者……文恭为之最。"江右王门学者胡直把

---

① 《参政李同野先生渭》,《黔诗纪略》第 3 卷,贵阳:贵州人民出版社 1993 年版第 127-129 页。
② 《参政李同野先生渭》,《黔诗纪略》第 3 卷,贵阳:贵州人民出版社 1993 年版第 131 页。
③ 《萧金宪重望》,《黔诗纪略》第 11 卷,贵阳:贵州人民出版社 1993 年版第 430 页。
④ [民国]《贵州通志·人物志》,贵阳:贵州人民出版社 2001 年版第 36 页。
⑤ 《内江马心庵廷锡》,《黔诗纪略》第 3 卷,贵阳:贵州人民出版社 1993 年版第 160、161 页。
⑥ [康熙]《贵州通志·乡贤》,《中国地方志集成·贵州编》第 4 册,成都:巴蜀书社 2006 年版第 546 页。
⑦ 本目参见陈奇 等:《中国经学史纲要》,北京:中国言实出版社 2011 年版第 101-106 页。
⑧ 莫友芝:《孙文恭公遗书序录》,《孙文恭公遗书》第 1 册,清光绪六年(1880 年)莫祥芝刻本。

他与耿定理、赵贞吉、罗汝芳并列,以为此4人,皆为"宇内讲明正学者"。①

孙应鳌继承了王守仁的心本理学。他借谈《易经》发挥说:"《易》者何也?以著天地万物之理也。天地万物之理妙于人心,故《易》著天地万物之理以明心也。"他强调,此《易》之理,"非得自外,得自我也",是我心生而具有的。这个理,是天地万物的本原:"天地得《易》以清、以宁,万物得《易》以生、以成,吾人得《易》,上下四方,往古来今,罔不毕臻。"②

王守仁以良知为心之本体,孙应鳌则以仁为心之本体,以为心即仁,仁即心,仁、心无二:"即心是仁,即仁是心,心外无仁,仁外无心"。③仁至大至精,完美无缺,是宇宙中无所不包的精神本体:"与天地同量,与民物同则,与万古同息;流行宇宙,至久而大;于穆不已,至精而深;昭旷旁达,至灵而明;粹然无杂,无有间隙,至纯而真"。④一部《论语》,"圣人惟教人以求仁"。⑤学者求道,"须先识仁,识得此体,以诚敬存之……识仁则大,不识仁则小"。⑥孙应鳌的心学,又可以称为仁本心学。

心学家们谈心论性,虽然也涉及宇宙万物,但他们的落脚点,归根到底是一个道德修养问题。"学道以伦理为准"。⑦孙应鳌的仁本心学,较之王守仁的良知心学,更具道德哲学色彩,更具修身哲学特色。这反映出他强烈的忧患意识。明代后期,上层社会人心颓废、道德沦丧,种种社会、经济问题更加严重。孙应鳌提出以仁为本的心学,将作为道德范畴之一的仁推到至高无上的地位,扩充到宇宙万物本原的境地,目的就是希望强化道德的感化功能,改变腐化、堕落、颓丧的社会风气,解决社会存在的种种问题。他认为,改变社会风气的关键在于修身正心。仁是一切美德的基础,是最大的美德。识仁,求仁,达于仁,美德就有了基础。有仁爱之心,则有同情之心、好恶之心、义勇之心。"故合礼者,合此仁也;知义者,知此仁也;干事者,干此仁也。"⑧达于仁,则心正,达到了修身的目的。心正身修,齐家治国平天下也就有了基础。他力主去苛法,行仁政:"道千乘之国,总是见以仁心,而行仁政,实千古王道之本也。敬事则此心不敢忽,诚信则此心不敢欺,节用则此心不敢侈肆,爱人则此心不敢残忍,使时则此心不敢劳伤乎人。"治国当以德礼为首,以为"法制禁令,无非德之运用"。"以刑政治民,则民相率而逃于刑政之外;以德礼化民,则民相率而归于德礼之中。以

---

① [康熙]《黔书·人物名宦》,《中国地方志集成·贵州编》第3册,成都:巴蜀书社2006年版第506、507页。
② 《淮海易谭自序》,《孙文恭公遗书》第1册,清光绪六年(1880年)莫祥芝刻本。
③ 《四书近语》第2卷,《孙文恭公遗书》第3册,清光绪六年(1880年)莫祥芝刻本。
④ 《教秦绪言·博理》,《孙文恭公遗书》第4册,清光绪六年(1880年)莫祥芝刻本。
⑤ 《四书近语》第3卷,《孙文恭公遗书》第3册,清光绪六年(1880年)莫祥芝刻本。
⑥ 《四书近语》第1卷,《孙文恭公遗书》第3册,清光绪六年(1880年)莫祥芝刻本。
⑦ 《寄学孔书院诸会友琐言》,《孙文恭公遗书》第4册,清光绪六年(1880年)莫祥芝刻本。
⑧ 《淮海易谭》第1卷,《孙文恭公遗书》第1册,清光绪六年(1880年)莫祥芝刻本。

德与礼,皆人心之同然也。"①

穆宗隆庆三年(1569年),孙应鳌一度辞官归里;万历五年(1577年),再度辞官归里,直至十二年(1584年)辞世。他在家乡清平筑学孔书院、山甫书院、学孔精舍,传播王学,养育人才。②

其儒学著作有《淮海易谭》4卷,《四书近语》6卷,《春秋节要》(已佚),《左粹题评》12卷(已佚);《教秦绪言》1卷,诗文集若干卷;著述收入清末光绪刻本《孙文恭公遗书》8种,宣统刻本《孙文恭公遗书》4册。

(三) 儒学著作

明代,产生了一批儒学著作,据[民国]《贵州通志》所录,有近40种,数量远超前代。此外有一批史学著作,据[民国]《贵州通志》所录,有90余种,其中方志40多种,数量同样远超前代。③史学著作中有不少反映儒文化流播与民族认同的资料。明代儒学著作目录,见下表。

明代儒学著作一览表④

著作名称	作者	籍贯	著作名称	作者	籍贯
《易经直指》15卷	易贵	贵阳	《四书说明》	吴中蕃	贵阳
《淮海易谭》4卷	孙应鳌	清平	《律吕分解发明》4卷	孙应鳌	清平
《易问》	李渭	思南	《传习录》3卷	王守仁	余姚
《读易应蒙》	阴旭	安化	《文录》5卷	王守仁	余姚
《壁经一苇》	吴淮	贵阳	《别录》10卷	王守仁	余姚
《诗经直指》15卷	易贵	贵阳	《外集》7卷	王守仁	余姚
《四礼勺言》	高继恺	黎平	《教条示龙场诸生》	王守仁	余姚

---

①以上见《四书近语》第3卷,《孙文恭公遗书》第1册,清光绪六年(1880年)莫祥芝刻本。
②学孔书院,胡直《衡庐精舍藏稿·学孔书院记》有语:"予友淮海孙公解大中丞归,而远近问学者履盈户,公乃选伟拔山之麓……辟为书院,以居学徒。"(转引自李独清:《孙应鳌年谱》,《贵州师范大学学报》编辑部1990年印本第118页)山甫书院,吴国伦有《道山甫书院因赠》诗。(参见《黔诗纪略》第7卷,贵阳:贵州人民出版社1993年版第265页)学孔精舍,莫友芝有诗句"孙公学孔开精舍,手辟山荒衍儒术"。(《黔诗纪略》第8卷,贵阳:贵州人民出版社1993年版第341页)
③参见[民国]《贵州通志·艺文志》,贵阳:贵州人民出版社1989年版第113-204、209-231页;何仁仲:《贵州通史》第2卷,北京:当代中国出版社2002年版第423-425页。
④参见[民国]《贵州通志·艺文志》,贵阳:贵州人民出版社1989年版第1-58、455-458页;《王阳明全集总目录》,《王阳明全集》第1册,杭州:浙江古籍出版社2010年版。

续表

著作名称	作者	籍贯	著作名称	作者	籍贯
《春秋节要》	孙应鳌	清平	《先行录》10卷	李 渭	思南
《左粹题评》12卷	孙应鳌	清平	《毋意篇》1卷	李 渭	思南
《麟经独断》	吴 淮	贵阳	《大儒治规》3卷	李 渭	思南
春秋讲义	傅尔讷	施秉	《论学会篇》8卷	孙应鳌	清平
《五经臆说》46卷①	王守仁	余姚	《教秦语录》	孙应鳌	清平
《群经直指》	易 贵	贵阳	《教秦总录》4卷	孙应鳌	清平
《经筵进讲录》	邱禾实	新添卫	《教秦绪言》1卷	孙应鳌	清平
《九经钞》	蒋 杰	兴义	《雍谕》	孙应鳌	清平
《大学问》	王守仁	余姚	《幽心瑶草》1卷	孙应鳌	清平
《大学古本傍释》	王守仁	余姚	《道林习俗粹言》2卷	孙应鳌	清平
《四书近语》6卷	孙应鳌	清平	《警愚录》	马廷锡	都匀
《四书讲义》4卷	卢腾凤	黎平	《贤关启钥》	唐 瑞	务川
合 计			38种		

较之前代，明代贵州理论儒学飞跃发展。其一，产生了近40种儒学著作，数量远超前代。其二，产生了一批高水平的儒学著作。王守仁的《传习录》《大学问》等，创立了良知本体心学；孙应鳌的《淮海易谭》《四书近语》等，创立了仁本心学。王守仁的心学风靡天下；孙应鳌与湖北耿定理、四川赵贞吉、江西罗汝芳一起，被当时人称为四大理学家，其《淮海易谭》被列为明清贵州三大《易》学著作之一。其三，开始出现地域性的儒学群体及儒学流派。其标志，就是以孙应鳌为代表，包括马廷锡、李渭、陈尚象、吴铤、汤冔、陈文学一批学者在内的黔中王学的形成。有一定影响的儒学家不再局限于个别人，而形成群体；其学术不限于陈述，而有创新。其四，外来移民成为儒学传播的先驱及主体。所谓外来移民，包括长期移民及短期居黔者。短期居黔者如巡抚邓廷瓒、钱钺、陈天祥、汤沐、陈邦敷、郭子章，巡按王杏，提学副使席书、蒋信、徐樾等履职官员，以及王守仁、邹元标等贬谪、谪戍官员；长期移民如百

---

① 参见[万历]《黔记·艺文志》，《中国地方志集成·贵州编》第2册，成都：巴蜀书社2006年版第308页。

万军屯、民屯群体。履职官员兴学校、开科举，为儒学的传播及理论创造提供了文化制度条件。有的履职官员及贬谪、谪戍官员凭借自身的儒学素养优势，著书立说，甚而面命耳提，教授生徒，创新儒学、传播儒学。百万移民后裔，秉承江南及中原耕读为本、诗书传家的传统，尊孔崇文，读书应试，成为明代贵州进士、举人、生员乃至数量更为庞大的读书人的先驱及主体。明代贵州100余名进士、1800余名举人、6万生员，大多数为移民后裔；黔中王学的主要学者中，孙应鳌先祖系洪武年间龙里卫总旗，陈尚象先祖系洪武年间都匀卫指挥，李渭先祖为元代入黔军人，即是明证。

三、祭祀、旌表文化与儒学的社会渗透

建省、兴学校、开科举，推动了贵州儒学的社会传播及普及，而祭祀、旌表文化的风行则进一步推动着儒学的社会渗透。

明代，祭祀、旌表文化风行。上至朝廷，下至省、府、州、县，无论是官方还是民间，纷纷树立、旌表儒学楷模。儒学楷模有两类，一类是在儒学研究、创新、传播方面成就卓著的儒家，一类是在践行儒家思想方面表现卓著的官绅士民。这些楷模，或由官方封赠名号，予以认可；或由民间自发认可。旌表的方式，或设立祠庙，供奉祭祀；或竖立牌坊，彰显世人。贵州省城及府、州、县，按制一般均建有文庙（孔庙）、名宦祠、先贤祠（或乡贤祠）、关王庙、社稷坛；此外有若干具有地域特色的祠庙，如阳明祠、孙文恭公祠、李先生祠，如夏国公祠、忠烈庙、飞山庙、武侯祠等。牌坊旌表者同样为名宦、贤士，更多的则为科举名士、孝子、节妇等。

（一）文庙祭祀

孔子是儒学的创始人，是万世师表，是儒学的第一楷模。汉代儒学独尊之后，历代王朝不断授予孔子种种崇高尊贵的封号。汉代奉之为"素王"，东汉至唐代奉之为"先圣""先师""文宣王"，宋代谥之为"至圣文宣王"，元代谥之为"大成至圣文宣王"，明代谥之为"至圣先师"；孔子的后人被封为"衍圣公"，世代承袭。从京师到地方，普遍建有祭祀孔子的庙宇——文庙。明代贵州文庙数量剧增，省城、各府、多数卫城、少数州县，均建有恢宏的文庙。[万历]《黔记》、[嘉靖]《贵州通志》、[嘉靖]《思南府志》载，全省文庙数量达33处，加上其时尚属于四川的遵义府、真安州、桐梓、绥阳文庙，计37处；今贵州各地级市，均建有文庙。省城贵阳文庙2座，分别在宣慰司学、贵阳府学处。祭孔是国家和地方的重要庆典活动。每年孔子诞辰，上至君王，下至民间，都要到文庙举行隆重的祭孔大典；读书人，从接受启蒙教育的孩童，到府州县学的生员，更要到文庙行礼，叩拜先师。历代杰出的儒学家，则入文庙配祀，享受体面的祭祀待遇。所有文庙都必须祭祀的，是全国性的大儒，如先秦的颜渊、子

思、曾参、孟子、公羊高、谷梁赤、高堂生，汉代的董仲舒、郑众、服虔、刘向、贾逵、马融、何休，魏晋的诸葛亮、王通、王肃、王弼、杜预，唐代的韩愈，宋代的周敦颐、张载、程颢、程颐、邵雍、朱熹、范仲淹、欧阳修、吕祖谦、胡瑗、司马光、陆九渊、黄干、蔡沈，元代的赵复、吴澄、金履祥、许衡，明代的胡居仁、陈献章、罗钦顺。明代贬谪贵州、"龙场悟道"、集心学大成的王守仁，也体面地进入了大儒之列，从祀文庙。明朝一代，从祀文庙者仅王守仁、薛瑄、陈献章、胡居仁等4人。[1]

（二）其他祠庙祭祀

文庙之外，又有各种祠庙。

名宦祠、乡贤祠。按制，各府州县均须建名宦祠、乡贤祠，与文庙在一起。名宦祠祀政绩卓著之官员。乡贤祠祀本省或本府、本州、本县名人，其或在本乡、本县、本州、本府、本省，或在外乡、外县、外州、外府、外省；名人或政绩卓著，或学识卓越，或德行高尚。如贵州宣慰司人马廷锡，思宗嘉靖十九年（1540年）举人，为明代贵州王学三大传人之一，"笃信好学，妙契圣贤之宗旨"，故"没祀乡贤"。[2]

阳明祠，祀王守仁。王守仁入祀文庙，又有专祠祭祀。王杏《记》："嘉靖甲午，余奉圣天子命，出按贵州。每行部闻歌声，蔼蔼如越音。予问之士民，对曰：'龙场王夫子遗化也。'且谓夫子教化深入人心。今虽往矣，岁时思慕，有亲到龙场奉祀者，有遥拜而祀者"。阳明弟子门人汤冔、陈文学、叶梧数十辈，"乞为先生立祠，以便追崇"。未果，"再请，再辞，及后请益力"。布政司、按察司、都司会议："此舆论也。先生功在天下，遗泽在贵州，公论在万世。祀典有弗舍焉者乎，请许之以激劝边人……遂许之。为赎白云庵旧基，给助之以工料之费，供事踊跃，庶民子来，逾月祠成"。[3] 后多次迁建。清嘉庆年间，在贵阳城东扶风山麓建专祠，保存至今。

孙文恭公祠，祀孙应鳌。孙应鳌为明代贵州"以理学文章气节著者……之最"，[4] 故其家乡清平卫（治今凯里炉山）有孙文恭公专祠祭祀。

李先生祠，祀李渭。李渭与孙应鳌、马廷锡同为贵州王学三大传人，故其家乡思南有李先生专祠祭祀。

夏国公祠，祀顾成。顾成，太祖洪武八年（1375年）"调守贵州"，十四年（1381年）从征云南，其后镇守贵州，官至贵州都指挥使司同知，封镇远侯。镇守贵州40

---

[1] 参见《明史·王守仁传》，《二十五史》第10册，上海：上海古籍出版社、上海书店1986年版第547页。

[2] [康熙]《贵州通志·乡贤》，《中国地方志集成·贵州编》第4册，成都：巴蜀书社2006年版第546页。

[3] 王杏：《记》，[民国]《贵州通志·学校志选举志》，贵阳：贵州人民出版社2008年版第67页。嘉靖甲午，1534年。

[4] [康熙]《黔书·人物名宦》，《中国地方志集成·贵州编》第3册，成都：巴蜀书社2006年版第506页。

年，战功卓著，"威镇南中，土人立生祠焉"。成祖永乐十二年（1414年）卒，朝廷"赠夏国公，谥武毅"。① 贵州建有夏国公祠，"在城内南"。②

忠勋祠，"在城内东街，万历三十年建，祀监军、按察使杨公寅秋及讨播阵亡诸将士"。③

武侯祠，祀蜀汉丞相诸葛亮。诸葛亮在包括今贵州大部在内的南中实行和抚民族政策，赢得了今贵州各民族的景仰、尊崇及感怀，广建祠堂，岁岁祭祀。

关王庙，或称寿亭侯祠，祀蜀汉大将关羽。"桃园三结义"之一的关羽，因其义气、忠勇而备受后世尊重、怀念，甚而虚化为关神，建庙祭祀。

飞山庙，祀唐杨再思。唐末五代，辖有包括今贵州东部部分地域在内的叙州刺史杨再思，尊奉唐王朝，坚持统一，反对分裂，保境安民，赢得了湘、黔、桂三省邻境地区各族民庶的敬重、尊奉及怀念，纷纷建飞山庙祭祀。

忠烈庙，又称黑神庙，祀唐南齐云。南齐云，安史之乱时忠贞不贰，不屈而死。其子南承嗣为婺川（今贵州务川）别驾，巡行夜郎、牂牁，体恤百姓，广施恩惠。百姓感怀不忘，进而感怀其父南齐云，乃建忠烈祠祀之。

诸葛亮、关羽、杨再思、南齐云忠义坚贞，其故事广为流传，故其祀庙的设建也甚为普遍，全省各府、州、县及卫所几乎都有。

（三）生祠祭祀

有的官员政绩卓著，风清气正，关怀民生，尤得民庶拥戴感怀，乃至生前就建祠庙祭祀，谓之"生祠"，如郭子章、朱梓。

郭子章，号青螺，泰和（今江西泰和）人，穆宗隆庆五年（1571年）进士。神宗万历二十七年（1599年）至三十五年（1607年）巡抚贵州，军事上平定播州之乱；文教方面"奖拔士类"，兴办社学，"著《黔记》六十卷，贵州掌故赖之以存"。④ 清代贵州巡抚田雯著《黔书》，谓明代"黔之名宦……青螺为之冠"。⑤ 去职后，"贵州人为建生祠七所"；水西安氏"建怀德祠，祀诸葛武侯、关壮缪侯，而子章与焉"。⑥

朱梓，淮安（今江苏淮安）人。神宗万历十九年（1593年）为湖广行省靖州卫天柱千户所吏目，"条议建县，抚绥苗蛮"。二十五年（1597年）为天柱首任知县。"建学

---

①《明史·顾成传》，《二十五史》第10册，上海：上海古籍出版社、上海书店1986年版第424页。
②[万历]《黔记·群祀志》，《中国地方志集成·贵州编》第2册，成都：巴蜀书社2006年版第290页。
③[万历]《黔记·群祀志》，《中国地方志集成·贵州编》第2册，成都：巴蜀书社2006年版第290页。
④[民国]《贵州通志·人物志》，贵阳：贵州人民出版社2001年版第38页。
⑤田雯：[康熙]《黔书·人物名宦》，《中国地方志集成·贵州编》第3册，成都：巴蜀书社2006年版第506页。
⑥[民国]《贵州通志·人物志》，贵阳：贵州人民出版社2001年版第38页。

校，扩城垣，清田赋，编里甲，立社学，安哨堡，创市镇，百务俱举。"① 去职时，士民乃"相与建祠，绘像以存去思"。② 为天柱设县以来"贤令之冠。立祠祀之者，各乡寨皆是"③。所建生祠，竟达13处之多。④

明代贵州祠庙，见下表。

明代贵州祠庙一览表⑤

今行政区划	行政区划卫所		祠祀
	区划名	治所今名	
贵阳市	宣慰司 贵阳府 贵州卫 贵州前卫 新贵县	贵阳	司学文庙；府学文庙；启圣祠；名宦祠；先贤祠；社稷坛；忠烈庙；关王庙；寿亭侯祠；武侯祠；夏国公祠；忠勋祠；表贤祠；阳明祠
	威清卫	清镇	文庙；启圣祠；社稷坛；关王庙
	镇西卫	清镇卫城	镇西卫儒学、文庙，可能附威清卫
	敷勇卫	修文	有儒学，文庙是否建，待考
安顺市	安顺府	西秀区	文庙；启圣祠；名宦祠；乡贤祠；社稷坛
	普定卫	西秀区	社稷坛；寿亭侯祠；焦公祠；关王庙；岳王庙；文昌祠
	安顺州	西秀区	社稷坛
	平坝卫	平坝	文庙；启圣祠；名宦祠；乡贤祠；社稷坛；关羽庙
	镇宁州	镇宁	社稷坛
	安庄卫	镇宁	文庙；启圣祠；名宦祠；乡贤祠；社稷坛；关王庙；关索庙
	永宁州	关岭	社稷坛

---

① [乾隆]《镇远府志·名宦》，《中国地方志集成·贵州编》第16册，成都：巴蜀书社2006年版第226页。

② [光绪]《天柱县志·天柱士民建朱侯生祠记》，《中国地方志集成·贵州编》第22册，成都：巴蜀书社2006年版第294页。

③ [乾隆]《镇远府志·名宦》，《中国地方志集成·贵州编》第16册，成都：巴蜀书社2006年版第226页。

④ 参见《朱梓》，赣榆史志网，2012年12月17日。

⑤ 参见[嘉靖]《贵州通志·学校》，《中国地方志集成·贵州编》第1册，成都：巴蜀书社2006年版第338-352页；[嘉靖]《贵州通志·祠祀》，《中国地方志集成·贵州编》第1册，成都：巴蜀书社2006年版第381-389页；[万历]《黔记·群祀志》，《中国地方志集成·贵州编》第2册，成都：巴蜀书社2006年版第286-300页；[万历]《黔记·学校志》，《中国地方志集成·贵州编》第2册，成都：巴蜀书社2006年版第348-388页。

续表

今行政区划	行政区划卫所 区划名	行政区划卫所 治所今名	祠　祀
黔南州	程番府	惠水	后改贵阳府，府治移贵阳，原程番府治所改设定番州
黔南州	定番州	惠水	文庙；启圣祠；名宦祠；乡贤祠；社稷坛；关王庙
黔南州	都匀府	都匀市	文庙；启圣祠；名宦祠；乡贤祠；社稷坛；寿亭侯祠；张公祠
黔南州	都匀卫	都匀市	
黔南州	新添卫	贵定	文庙；启圣祠；名宦祠；乡贤祠；社稷坛；寿亭侯庙
黔南州	龙里卫	龙里	
黔南州	瓮安县	瓮安	文庙；名宦祠；乡贤祠；社稷坛
黔南州	平越府	福泉	社稷坛
黔南州	平越卫	福泉	文庙；启圣祠；社稷坛；忠烈庙；关王庙；文昌祠
黔南州	荔波县	荔波	文庙
黔东南州	思州府	岑巩	文庙；名宦祠；乡贤祠；社稷坛；飞山庙；李公祠；遗爱祠
黔东南州	黎平府	黎平	文庙在学右；启圣祠；社稷坛；二侯（武侯、寿亭侯）祠
黔东南州	镇远府	镇远	文庙；启圣祠；社稷坛；寿亭侯祠；飞山庙；诸葛武侯祠
黔东南州	镇远县	镇远	
黔东南州	镇远卫	镇远	
黔东南州	天柱县	天柱	文庙；名宦祠；乡贤祠；社稷坛；飞山庙；[1] 朱梓祠[2]
黔东南州	偏桥卫	施秉	文庙；启圣祠
黔东南州	黄平州	黄平	文庙；启圣祠；社稷坛；名宦祠；乡贤祠；社稷坛；寿亭侯祠；文昌祠
黔东南州	黄平所	黄平境	有儒学，文庙无记载
黔东南州	兴隆卫	黄平	有儒学，文庙无记载
黔东南州	清平卫	凯里炉山	文庙；启圣祠；名宦祠；乡贤祠；社稷坛；关王庙；武侯祠；蔡公祠；孙文恭公祠

---

[1] [康熙]《天柱县志·学校》，《中国地方志集成·贵州编》第 22 册，成都：巴蜀书社 2006 年版第 64 页；[康熙]《天柱县志·坛庙》，《中国地方志集成·贵州编》第 22 册，成都：巴蜀书社 2006 年版第 72 页。

[2] [光绪]《天柱县志·天柱士民建朱侯生祠记》，《中国地方志集成·贵州编》第 22 册，成都：巴蜀书社 2006 年版第 294 页。

续表

今行政区划	行政区划卫所		祠　　祀
	区划名	治所今名	
黔西南州	安南卫	晴隆	文庙；启圣祠；名宦祠；乡贤祠；社稷坛；寿亭侯祠；关王庙
六盘水市	普安州	盘县	文庙；社稷坛；傅公（傅天锡，傅友德子）祠
	普安卫		
毕节市	乌撒府	威宁	文庙；启圣祠；名宦祠；乡贤祠；社稷坛；关王庙；寿亭侯祠
	乌撒卫		
	赤水卫	赤水河	文庙；社稷坛；关王庙；文昌祠；忠义庙
	毕节卫	七星关	文庙；启圣祠；名宦祠；乡贤祠；社稷坛；英济庙（祀寿亭侯）；武侯祠；文昌祠
四川叙永	永宁卫	叙永	社稷坛；王公祠；文庙
	永宁宣抚司		
铜仁市	铜仁府	碧江区	文庙；社稷坛；武侯祠；石总兵祠；飞山祠
	铜仁县		
	平溪卫	玉屏	文庙
	石阡府	石阡	文庙；启圣祠；名宦祠；乡贤祠；社稷坛；遗爱祠
	思南府	思南	文庙；启圣祠；名宦祠；乡贤祠；文昌祠；社稷坛；寿亭侯祠；李先生祠
	印江县	印江	有儒学，文庙无记载
遵义市	播州宣慰司	红花岗区	文庙；名宦祠；乡贤祠[1]
	遵义府		
	真安州	正安	文庙；崇圣祠；名宦祠；乡贤祠[2]
	桐梓县	桐梓	文庙；名宦祠；乡贤祠[3]

---

[1]［道光］《遵义府志·学校》，《中国地方志集成·贵州编》第32册，成都：巴蜀书社2006年版第434页。

[2]［道光］《遵义府志·学校》，《中国地方志集成·贵州编》第32册，成都：巴蜀书社2006年版第504-505页。

[3]［道光］《遵义府志·学校》，《中国地方志集成·贵州编》第32册，成都：巴蜀书社2006年版第505页。

续表

今行政区划	行政区划卫所		祠　祀
	区划名	治所今名	
	绥阳县	绥阳	文庙；名宦祠；乡贤祠；① 儒溪书院，同时为祠，祀柳宗元②
	务川县	务川	文庙；申祐祠③
	湄潭县	湄潭	文庙④

（四）牌坊旌表

牌坊旌表的对象，名宦、贤士之外，更多为科举名士、节妇、义士等。较之祠庙旌表，牌坊碑石旌表者层次低一些，而竖立牌坊的费用，较之立祠建庙也少一些；相对于祠庙旌表，牌坊旌表数量更大，范围更广，更深入社会层面，社会影响更大，对于儒家忠孝节义思想向下层社会的流播、渗透作用更为明显。下面仅就［嘉靖］《贵州通志·坊市》所载嘉靖年间贵州1司7府18卫牌坊作一介绍。

1. 贵州宣慰司（附贵州卫、贵州前卫）

有牌坊85座，为全省之首。其一，倡扬文教、旌表科举士子者39座，几近一半：弼教坊；弘文教坊；育英才坊；泮宫坊；学宪坊；世恩坊，为博士范冠题；迎恩坊；贡院坊；天开文运坊；腾蛟坊；起凤坊；龙飞第一科坊，为壬午科举人建；龙门第一步坊，为乙酉科举人建；斗宿腾辉坊，为丙子科举人建；瀛洲联步坊，为戊子科举人建；汇征才杰坊，为辛卯科举人建；文明嘉会坊，为丁酉科举人建；庚子举人坊；群□翔宵坊，为癸卯科举人建；登崇俊良坊，为丙午科举人建；曲江春色坊，为己酉科举人建；父子经魁坊，为举人汪懋、汪度题；武青英华坊，为举人卢洲建；接武坊，为举人尤善建；三桂坊，为举人王敏、郑华、周鸾建；文英武秀坊，为举人陆纪建；擢秀坊，为举人叶茂建建；亚元坊，为举人杨樊建；辕门彩凤坊，为举人郑□建；蜚

---

①［道光］《遵义府志·学校》，《中国地方志集成·贵州编》第32册，成都：巴蜀书社2006年版第507-508页。

②［民国］《绥阳县志》载，儒溪书院，明万历年间绥阳知县詹淑建，"以为祠，以祀子厚"。（［民国］《绥阳县志·营建下·书院》，《中国地方志集成·贵州编》第36册，成都：巴蜀书社2006年版第299页）唐柳宗元、刘禹锡分别贬柳州、播州。刘禹锡80余岁老母尚在，而播州较柳州荒蛮僻远，柳宗元与刘禹锡友善，遂奏请与刘禹锡对调；御史中丞裴度等亦为之求情。刘禹锡乃改连州，柳宗元仍去柳州。柳宗元虽未到播州，但其敬老笃友、大仁大义的德行却流传在播州。播州为今遵义，所属绥阳有柳公祠、儒溪书院。［乾隆］《绥阳志》载，儒溪书院"在大溪源，祀唐柳子厚"。（［乾隆］《绥阳志·胜迹》，《中国地方志集成·贵州编》第36册，成都：巴蜀书社2006年版205页）

③参见《忠节申侍御祐》，《黔诗纪略》第1卷，贵阳：贵州人民出版社1993年版第22页。

④参见［光绪］《湄潭县志·学校》，《中国地方志集成·贵州编》第39册，成都：巴蜀书社2006年版第448页。

英坊,为举人李陞建;进士坊,为进士俞玑题;进士坊,为进士黎逊题;进士坊,为布政秦□题;进士坊,为进士汤昪题;进士坊,为进士朱璧题;进士坊,为刘秉仁建;翰林坊,为翰林赵维垣、孙哀题;科第传芳坊,为大理寺寺副詹恩建;进士坊,为都御使徐节建。其二,倡扬政清、旌表廉吏者13座:肃政坊;总司风纪坊;风纪坊;贞肃坊;风宪坊;激扬坊;节制坊;贵筑清风坊,为同知范府建;柱史坊,为御史王惟孝题;绣衣坊,为御史徐节题;骢马绣衣坊,为御史顾坚题;绣衣坊,为御史钟程题;与国休咸坊,为夏国公顾成题。其三,表达国泰民安愿景者8座:振武坊;掇科振扬威武坊;万里干城坊;抚安坊;治安坊;和宁坊;安阜坊;通和坊。其四,旌表节妇者3座:贞洁坊,为举人胡骥妻陈氏建;贞洁坊,为舍人龚景妻□氏建;贞洁坊,为民人刘冕妻氏建。① 其五,旌表忠义者1座:旌义坊。以上合计64座。其他21座。

2. 思州府

5座。倡扬文教、旌表科举士子者3座,倡扬政清、旌表廉吏者2座。

3. 思南府

25座,居全省第三。其一,倡扬文教、旌表科举士子者18座:承流宣化坊;宣化坊;儒林坊;泮宫坊;迎恩坊;腾蛟坊;起凤坊;鲲化坊,为举人安康建;登科坊,为举人王纪建;登云坊,为举人石泉建;登俊坊,为举人吴溥建;飞黄坊,为举人周邦建;彩凤鸣阳坊,为举人安孝忠建;青云得路坊,为举人田□建;继芳坊,为举人□□建;蜚英坊,为举人□宗建;双桂坊,为举人申祐建;进士坊,为田秋建。其二,倡扬政清、旌表廉吏者1座:都谏坊,为田秋建。其三,表达国泰民安愿景者1座:镇宁坊。其四,旌表忠义者2座:圣旨坊,旌表义士安濂;绣衣坊,为御史申祐建。其他3座。

4. 镇远府

23座。其一,倡扬文教、旌表科举士子者7座:泮宫坊;风化本原坊;鲲鹏继化坊,为举人□□建;拔秀坊,为举人□□建;世科坊,为举人何天衢、何铤、何驯、何矼等建;世牧坊,为举人熊祥、熊宗吕父子建;进士坊,为进士雄祥建。其二,倡扬政清、旌表廉吏者1座。振扬风纪坊。其三,表达国泰民安愿景者3座。其他12座。

5. 石阡府

3座。其一,倡扬文教、旌表科举士子者1座。其二,倡扬政清、旌表廉吏者1座。其三,倡扬忠义者1座。

6. 铜仁府

9座。其一,倡扬文教、旌表科举士子者3座:承流宣化坊、儒林坊、经元坊。其二,倡扬政清、旌表廉吏者1座:振肃坊。其他5座。

---

① "为民人刘冕妻氏建",原文如此。

7. 程番府

20座。其一，倡扬文教、旌表科举士子者3座。其二，倡扬政清、旌表廉吏者1座。其三，表达国泰民安愿景者9座。其四，倡扬忠义者1座。其他6座。

8. 都匀府（附都匀卫）

8座。其一，倡扬文教、旌表科举士子者6座。其二，表达国泰民安愿景者1座。其三，旌表节妇者1座。

9. 龙里卫

5座。其一，倡扬文教、旌表科举士子者3座。其二，表达国泰民安愿景者2座。

10. 新添卫

5座，均为倡扬文教、旌表科举士子坊：双凤坊，为举人吴鲸、吴鲲建；经魁坊，为举人姚世熙建；鱼化天池坊；腾龙起凤坊；腾蛟坊。

11. 平越卫

10座。其一，倡扬文教、旌表科举士子者2座。其二，倡扬政清、旌表廉吏者4座：肃清坊；都宪坊；郧国公坊；尚书坊，为黄绂建。其三，表达国泰民安愿景者1座。其四，旌表节妇者1座：圣旨坊，为节妇、军人李庸妻徐氏建。其他2座。

12. 清平卫

8座。其一，倡扬文教、旌表科举士子者4座：解元坊，为孙应鳌建；龙门一跃坊，为莫清建；桥门擢秀坊；青云接武坊。其二，倡扬政清、旌表廉吏者4座，如澄清坊、御史坊。

13. 兴隆卫

11座：倡扬文教、旌表科举士子者10座，其他1座。10座旌表科举士子坊中，5座为周瑛家族建：魁科坊，为周瑛建；进士坊，为周瑛建；麟魁坊，为举人周希默①建；魁元坊，为举人周希谦建；世科坊，为举人周竽建。

14. 威清卫

2座，1座为倡扬政清之淳化坊，1座为表达国泰民安愿景之太和坊。

15. 平坝卫

4座，均为旌表科举士子坊。其中，经魁坊1座，为举人卫兰建；文魁坊1座，为金荣建。

16. 普定卫

44座，居全省第二。其一，倡扬文教、旌表科举士子者21座。21座中，进士坊2座，分别为赵侃、汪大章建；丛桂坊，为举人娄绣等建。其二，倡扬政清、旌表廉吏者2座。其三，表达国泰民安愿景者12座，如咸熙坊。其四，旌表节妇者3座：贞洁坊1座，贞烈坊2座。以上计38座。其他6座。

---

① "默"，原文字迹模糊，疑似。

17. 安庄卫

13座：倡扬文教、旌表科举士子者9座，倡扬政清、旌表廉吏者1座，其他3座。

18. 安南卫

8座：倡扬文教、旌表科举士子者2座，倡扬政清、旌表廉吏者1座，表达国泰民安愿景者3座，其他2座。

19. 普安卫

14座。其一，倡扬文教、旌表科举士子者8座：宣化坊、教民坊、崇礼坊、云程步武坊、科甲联芳坊、腾蛟分、起凤坊、进士坊。其二，倡扬政清、旌表廉吏者1座：振肃坊。其三，表达国泰民安愿景者3座：中和坊、清泰分、武安坊。其他2座。

20. 毕节卫

18座。其一，倡扬文教、旌表科举士子者9座：义路礼门坊；掇科坊，为举人吴珍建；经魁坊，为举人汪琮建；宣瑞麟坊，为李藻建；化文武英秀坊，为陈益建；青云接武坊，为王麒建；光裕坊，为举人马运立；登云坊，为熊世英建；丛桂坊，为历科举人建。其二，倡扬政清、旌表廉吏者5座：崇明坊、振肃坊、观风振纪坊、贞度肃僚坊、广惠坊。其三，表达国泰民安愿景者2座。其他2座。

21. 乌撒卫

10座。其一，倡扬文教、旌表科举士子者6座：甲科岁荐坊；麟经魁运坊，为举人姚□建；鸣世登科坊，为举人姚大濩、大英建；桥梓联芳坊，为举人张翀、张劼建；鸣凤登科坊，为举人张劾、张勱建；解元坊，为浦仲良建。其二，倡扬政清、旌表廉吏者4座：风厉坊、观风肃纪坊；御史坊，为缪文龙建；敕封御史坊，为知县缪良玉建。

22. 赤水卫

7座，均为倡扬文教、旌表科举士子坊：兴贤坊；昇天衢坊，为举人王恕建；凌云坊，为举人周鼎建；文英坊，为举人徐谏建；翀宵坊，为举人陈表建；鸣世清音坊，为举人冯褆建；飞腾坊，为举人沈琮建。

23. 永宁卫

15座。其一，倡扬文教、旌表科举士子者8座：育芳坊；文英武秀坊，为举人朱溥立；林丹桂芳坊，为举人陶辅、陶金、陶心、陶泉、陶璞、陶登立；青云飞步坊，为举人谢礼立；进士坊，为周昺立；进士坊，为赵维垣立；翰林坊，为赵维垣立；折桂坊。其二，倡扬政清、旌表廉吏者3座：夏官坊，为兵部郎中陶心立；秋官坊，为刑部郎中周昺立；振肃坊。其三，表达国泰民安愿景者2座：扬武坊、威远坊。其四，旌表忠义者1座：忠贞坊，在永宁宣抚司，为宣抚奢爵立。其他1座。①

[嘉靖]《贵州通志·坊市》载明代贵州嘉靖年间1司7府18卫牌坊数量见下表。

---

① 以上参见［嘉靖］《贵州通志·坊市》，《中国地方志集成·贵州编》第1册第403-407页。

明代贵州嘉靖年间 1 司 7 府 18 卫牌坊数量一览表

区划或卫所	合 计	旌表士子	倡扬政清	国泰民安愿景	旌表节妇	旌表忠义	其 他
贵州宣慰司 附贵州卫贵州前卫	85	38	13	8	3	1	22
思州府	5	3	2	0	0	0	0
思南府	25	18	1	1	0	2	3
镇远府	23	7	1	3	0	0	12
石阡府	3	1	1	0	0	1	0
铜仁府	9	3	1	0	0	0	5
程番府	20	3	1	9	0	1	6
都匀府 附都匀卫	8	6	0	1	1	0	0
龙里卫	5	3	0	2	0	0	0
新添卫	5	5	0	0	0	0	0
平越卫	10	2	4	1	1	0	2
清平卫	8	4	4	0	0	0	0
兴隆卫	11	10	0	0	0	0	1
威清卫	2	0	1	1	0	0	0
平坝卫	4	4	0	0	0	0	0
普定卫	44	21	2	12	3	0	6
安庄卫	13	9	1	0	0	0	3
安南卫	8	2	1	3	0	0	2
普安卫	14	8	1	3	0	0	2
毕节卫	18	9	5	2	0	0	2
乌撒卫	10	6	4	0	0	0	0
赤水卫	7	7	0	0	0	0	0
永宁卫	15	8	3	2	0	1	1
总 计	352	177	46	48	8	6	67

其一，350余座牌坊中，倡扬文教、旌表科举士子者最多，占到一半以上，达177座。弘文教坊、弼教坊、学宪坊、育英才坊、泮宫坊、宣化坊、风化本原坊，文教之心、风化之意，一览无遗。贡院坊、儒林坊、天开文运坊、育芳坊、兴贤坊、文英坊、登科坊、登俊坊、登云坊、飞黄坊、飞腾坊、青云得路坊、凌云坊、青云飞步坊、蜚英坊、科第传芳坊、继芳坊、拔秀坊、擢秀坊、腾蛟坊、龙门一跃坊、起凤坊、鸣凤登科坊、辕门彩凤坊、双凤坊、腾龙起凤坊、鲲化坊、鲲鹏继化坊、翀霄坊、鸣世清音坊、鱼化天池坊、折桂坊、双桂坊、丛桂坊、林丹桂芳坊、世科坊、接武坊、武胄英华坊、文英武秀坊、亚元坊、经元坊、解元坊、魁元坊、文魁坊、麟魁坊、经魁坊、进士坊、翰林坊，穷尽人间的祝词、世间的寓语，道不尽举子的荣耀、进士的光环。经魁坊为宣慰司举人汪懋、汪度而立；世牧坊、进士坊为镇远熊氏父子而建；三桂坊为举人王敏、郑华、周鸾而造；世科坊为镇远举人何天衢、何铤、何驯、何矿一门而竖；兴隆卫周瑛一门，进士坊、魁科坊、麟魁坊、魁元坊、世科坊5坊并华；永宁卫陶氏一门，林丹桂芳（坊），连举6士。龙飞第一科坊、龙门第一步坊、斗宿腾辉坊、瀛洲联步坊、汇征才杰坊、文明嘉会坊、群□翔宵坊、登崇俊良坊、曲江春色坊，壬午科、乙酉科、丙子科、戊子科、辛卯科、丁酉科、庚子科、丙午科、己酉科9科举人坊，林立省城贵阳闹市。

其二，表达国泰民安愿景牌坊居次，48座，占总数的13.6%。太和坊、中和坊、和宁坊、安阜坊、通和坊、咸熙坊、清泰坊、治安坊、抚安坊、镇宁坊、武安坊、振武坊，企求国泰民安之心，历历在目。

其三，倡扬政清、旌表廉吏牌坊，46座，占总数13.1%。都宪坊、肃政坊、肃清坊、贞肃坊、振肃坊、澄清坊、风纪坊、风宪坊、振扬风纪坊、观风振纪坊，企盼官清风正之念，悉然在坊。那些直言极谏、廉洁奉公的官员，更为人们景仰铭记，如贵筑清风坊，为同知范府建；贵阳柱史坊，为御史王惟孝题；贵阳绣衣坊，为御史徐节题；贵阳骢马绣衣坊，为御史顾坚题；贵阳绣衣坊，为御史钟程题；思南都谏坊，为田秋建。黔西北乌撒卫10座牌坊中，有4座为倡扬政清、旌表廉吏者：风厉坊；观风肃纪坊；御史坊，为缪文龙建；敕封御史坊，为知县缪良玉建。

其四，旌表节妇8座。有的贞洁坊系为平民建，如宣慰司贞洁坊，为民人刘冕妻氏建；[①] 平越卫圣旨坊，为军人李庸妻徐氏建。

其五，旌表忠义6座。如思南绣衣坊，为御史、代英宗赴难之申祐建。

一个人能获一座牌坊的旌表已属不易，获两座牌坊的旌表更属难得。申祐（仁宗洪熙元年至英宗正统十四年，1425—1449年），字天锡，仡佬族，思州府务川（今遵义市务川）人。正统三年（1438年）举人，十年（1445年）进士，官至四川道御史。曾舍身救父，"事亲之难"；舍身救师，"事师之难"；十四年"土木之变"，代英宗赴死，

---

① "为民人刘冕妻氏建"，原文如此。

"事君之难"。谥"忠节申公";"奉圣旨,忠臣申祐,代驾死节,忠孝名臣,实绩有据……速令入祠享祀"。①既系科举名士,又系大忠大义之臣,故"入祠享祀"之外,在思南府又建有双桂、绣衣两坊。田秋,思南人,号西麓,武宗正德五年(1510年)举人,九年(1514年)进士,历官户科给事中、广东布政司。奏劾官腐,"在谏垣最有声";疏请"开闱贵州……又买田供试卷费"。②故思南府为之建有进士坊、都谏坊。周瑛,兴隆卫人,有魁科坊、进士坊。永宁卫赵维垣,更有牌坊两座半:在永宁有进士坊、翰林坊,在省城与孙袠有翰林坊。

以上仅［嘉靖］《贵州通志·坊市》所载嘉靖年间1司7府18卫牌坊数量。嘉靖后至明末,尚有一百来年的时间;这一百来年又正是贵州开始自行开科、科举中式人数较上一时期大增的阶段,故牌坊的数量当更多。再加上其时尚属于四川、湖广、广西的遵义府、乌撒府、天柱县、荔波县,今贵州地域明代所立牌坊数量当大大超过上述统计数字。

明代,旌表、祭祀文化较之前代大为盛行。那些践行儒家思想的楷模,如功勋、政绩、科第、德行卓著者,如忠臣、节士、孝子、烈女等,或建庙宇,或立牌坊,或赐匾额,或竖石碑,予以表彰。以文庙、祭孔为代表的儒学旌表、祭祀文化的风行,强化了儒学的神圣性、独尊性,提高了孔子及儒学在社会群体特别是普通群体心目中的地位,增强了社会群体特别是普通群体研习儒学、践行儒学的荣耀感,推动了儒家理念向社会层面特别是社会下层的渗透。

文庙、牌坊,形象直观,意味简洁。牌坊或竖于闹市,或立于大道,与世共存,与民相伴,朝夕相处,俯仰皆见。相对于学校教育、典籍阅读,在文化极不发达的古代社会,这种儒文化载体对于儒学的普及,对于儒家理念向社会层面尤其是社会底层的熏染、渗透,尤具意义。

地方性的祠祀、牌坊文化,树立了习儒、行儒的榜样和典范,这种榜样的垂范意义尤为显著。孔孟是圣人,程朱是巨人,对于普通人来说,也许过于崇高,过于遥远,高不可及,遥不可望。可是,马廷锡、李谓、孙应鳌、田秋、申祐,那些举人们、进士们,却是本府、本州、本县、本乡的鲜活人物,甚而是孩提时代就曾朝夕相伴的人物,同样牙牙学语,同样顽皮嬉戏,他们能做到,我为什么不能!自信之心油然而起,奋进之志幡然而生。一个士子的出现,往往带动一个家族乃至一方文化的发展,就是这种榜样的垂范效应。石阡府胡允恭,万历四十四年(1616年)进士;弟胡允敬,崇祯十年(1637年)进士。普定卫梅月,嘉靖五年(1526年)进士;子惟和,三十八年(1559年)进士。普安卫蒋宗鲁,嘉靖十七年(1538年)进士;子思孝,四十四年(1565年)进士。清平卫李佑,嘉靖二十六年(1547年)进士;子大晋,隆庆五年

---

①《忠节申侍御祐》,《黔诗纪略》第1卷,贵阳:贵州人民出版社1993年版第20、21、22页。
②《田布政秋》,《黔诗纪略》第3卷,贵阳:贵州人民出版社1993年版第101、102页。

(1571年)进士。① 孙衣,举人;② 弟衮,嘉靖二十六年(1547年)进士;子应鳌,三十二年(1553年)进士。③ 铜仁府陈珊,世宗嘉靖三十二年(1553年)进士;子扬产等8人,扬产万历二年(1574年)进士,余皆举人。贵州宣慰司马和,弘治五年(1492年)举人;子马实,正德十四年(1519年)举人;孙马廷锡,世宗嘉靖十九年(1540年)举人;重孙马文标,嘉靖三十四年(1555年)举人;曾孙马彦鳌,举万历二十五年(1597年)。五世"皆举于乡"。④ 兴隆卫周瑛家族,周瑛,进士;子周希默,⑤ 周希谦,举人;孙周笭、周筊,举人;曾孙良卿,举人。⑥ 永宁卫陶辅、陶金、陶心、陶泉、陶璞、陶登,一门6举人。⑦ 思南府田谷,孝宗弘治五年(1492年)举人;子时雍,嘉靖十三年(1534年)举人;田谷弟(兄?)田秋,武宗正德五年(1510年)举人,九年(1514年)进士;田秋子时中,思宗嘉靖十三年(1534年)举人;时龙,十九年(1540年)乡试第一。⑧ 敖宗庆,嘉靖十七年(1538年)进士;子荣继,天启二年(1622年)进士。田景新,万历四十四年(1616年)进士;兄田景猷,天启二年(1622年)进士。⑨ 明代及其后直到今天,思南仍是贵州文化发达之区,与此不无关系。

遍布全省的祠庙、牌坊,以形象的物化形态、隆重的祭祀仪式,将尊孔崇儒的基本理念普及于社会,渗透于民间,在全社会营造了尊孔崇儒、尊孔崇文的氛围、习尚,推动了各民族共同文化心理的形成,促进了民族之间的认同。时属湖广靖州卫的天柱守御千户所治所凤城,是一个土著聚居的地区,自洪武二十五年(1392年)置守御千户所,历经200来年,汉族与土著民族关系依然紧张,朝委官吏"常为土人所杀";⑩ "豪右为奸,雉阖昼闭……含冤而上诉者,积案盈几,百无一结"。⑪ 神宗万历二十一年(1593年),淮安(今江苏淮安)朱梓为千户所吏目,"开狱释囚,革除大秤、小斗,废中间盘剥之仓场揽头,除差银附加、屯粮常例,军民悦服"。⑫ 对土著民族"多方抚

---

① 参见《贵州七百进士录》,贵州地方志网站,http://www.gzgov.gov.cn/gov_dfz。
② [民国]《贵州通志·人物志》,贵阳:贵州人民出版社2001年版第357页。
③ 参见[民国]《贵州通志·人物志》,贵阳:贵州人民出版社2001年版第357页;[嘉靖]《贵州通志·坊市》,《中国地方志集成·贵州编》第1册,成都:巴蜀书社2006年版第405页。
④《内江马心庵廷锡》,《黔诗纪略》第3卷,贵阳:贵州人民出版社1993年版第160、161页。
⑤ "默",原文字迹模糊,疑似。
⑥ 参见[嘉靖]《贵州通志·坊市》,《中国地方志集成·贵州编》第1册,成都:巴蜀书社2006年版第406页;[民国]《贵州通志·人物志》,贵阳:贵州人民出版社2001年版第363页。
⑦ 参见[嘉靖]《贵州通志·坊市》,《中国地方志集成·贵州编》第1册,成都:巴蜀书社2006年版第406-407页。
⑧《田布政秋》,《黔诗纪略》第3卷,贵阳:贵州人民出版社1993年版第101、102页。
⑨ 参见《贵州七百进士录》,贵州地方志网站,http://www.gzgov.gov.cn/gov_dfz。
⑩《朱梓》,赣榆史志网,2012年12月17日。
⑪ [光绪]《天柱县志·艺文志》,《中国地方志集成·贵州编》第22册,成都:巴蜀书社2006年版第287页。
⑫《朱梓》,赣榆史志网,2012年12月17日。

化……宣朝廷之威令，播当道之仁恩"。两三年间，"诸苗靡不回心向化，稽首秉束，愿为编民，租税乐输，力役争来"。[1] 二十五年（1597年），朱梓奏请设县，获准，名天柱，并为首任知县。他励精图治，勤政恤民。"建学校……立社学"，大兴教化；[2] 丈田亩，"清田赋"，[3] 以公税赋；兴水利，筑堤坝，[4] "创义仓……置官庄，节轮蹄"，[5] 以济民生；"扩城垣……安哨堡"，保境安民。[6] "治邑如治家，爱民犹爱子"。[7] 不数年，"百务俱举"，[8] "人和政通"。[9] 朱梓得到了土著民族的衷心拥戴，"诸苗输诚纳款，爱之如父母，畏之如神君"。[10] 县署之建，"不假征会期约，而子来趋赴，甫币月而工遂落成"。[11] 三十年（1602年），赴朝廷考绩，士民以其不再归来，乃"相与建祠，绘像以存去思"。[12] 所建生祠"各乡寨皆是"，[13] 竟达13处之多。[14] 后仍为知县。三十六年（1608年）以丁忧去官，前后15年。"朝命建坊，苗民自天柱运石至赣榆县，并恳漕运总督李三才题额，三才叹道：'格苗之化有是哉！'为题'旷代奇勋'4字。"四十四年（1616年），"朱梓病殁，葬于朱屯庄祖茔，苗民百余人前来奔丧，哭数月始去，其中2

---

[1]［光绪］《天柱县志·艺文志》，《中国地方志集成·贵州编》第22册，成都：巴蜀书社2006年版第287页。

[2]［乾隆］《镇远府志·名宦》，《中国地方志集成·贵州编》第16册，成都：巴蜀书社2006年版第226页。

[3]［光绪］《天柱县志·艺文志》，《中国地方志集成·贵州编》第22册，成都：巴蜀书社2006年版第286页。

[4]参见［光绪］《天柱县志·艺文志》，《中国地方志集成·贵州编》第22册，成都：巴蜀书社2006年版第290页。

[5]［光绪］《天柱县志·艺文志》，《中国地方志集成·贵州编》第22册，成都：巴蜀书社2006年版第286页。

[6]［乾隆］《镇远府志·名宦》，《中国地方志集成·贵州编》第16册，成都：巴蜀书社2006年版第226页。

[7]［光绪］《天柱县志·艺文志》，《中国地方志集成·贵州编》第22册，成都：巴蜀书社2006年版第294页。

[8]［乾隆］《镇远府志·名宦》，《中国地方志集成·贵州编》第16册，成都：巴蜀书社2006年版第226页。

[9]［光绪］《天柱县志·艺文志》，《中国地方志集成·贵州编》第22册，成都：巴蜀书社2006年版第290页。

[10]［光绪］《天柱县志·艺文志》，《中国地方志集成·贵州编》第22册，成都：巴蜀书社2006年版第285页。

[11]［光绪］《天柱县志·艺文志》，《中国地方志集成·贵州编》第22册，成都：巴蜀书社2006年版第287页。

[12]［光绪］《天柱县志·艺文志》，《中国地方志集成·贵州编》第22册，成都：巴蜀书社2006年版第294页。

[13]［乾隆］《镇远府志·名宦》，《中国地方志集成·贵州编》第16册，成都：巴蜀书社2006年版第226页。

[14]参见《朱梓》，赣榆史志网，2012年12月17日。

人不走，终身守墓，葬于朱梓墓侧"。① 朱梓治理下的天柱，"民与苗相习，夷与夏同风"。② 成为明代儒文化流播从而推动民族共同文化心理形成进而促进民族认同的典范。

四、民族文化的交流融合与民族认同

（一）土著民族中的儒学传播与民族认同

1. 土司子弟，"使知忠孝礼义"

社会要安宁，国家要稳定，林林总总、形形色色的个人及群体，必须遵守社会公认的共处准则、律法制度，古往今来，无不如此。在中国古代社会，儒家的臣忠君仁、子孝父慈、妻顺夫和、弟悌兄惠、朋友守信，一系列纲常伦理、礼法制度，就是那个时代认可的、最为完善的、最为合理的、个人及群体共处的道德准则、礼法制度。在贵州一类多民族聚居地区，推行儒学教化，使之知晓、循行道德准则、礼法制度，更是和谐民族关系、维护朝廷大一统、维护社会安宁稳定的大事。太祖洪武十五年（1382年），普定土知府者额朝贡，谕之曰："今尔既还，当谕诸酋长，凡有子弟，皆令入国学受业，使知君臣父子之道，礼乐教化之事。他日学成而归，可以变其土俗，同于中国，岂不美哉"。③ 二十八年（1395年），谕礼部曰："边夷土官皆世袭其职，鲜知礼义，治之则激，纵之则玩，不预教之，何由能化……边夷土官皆设儒学，选其子孙弟侄之俊秀者以教之，使之知君臣、父子之义，而无悖礼争斗之事，亦安边之道也。"④ 宪宗成化十七年（1481年），强调土官承袭子弟应"遣……于附近府学读书，使知忠孝礼义，庶夷俗可变而争袭之弊可息"。⑤ 其后，进一步明确，接受儒学教育是土官子弟承袭的必备条件，否则不许袭职。孝宗弘治十二年（1499年），贵州巡抚钱钺奏："请令土官宣慰、安抚等官应袭子弟，年十六以上者，俱送宣慰司学充增广生员，使之读书习礼；有愿习举业者，比军职子孙补廪充贡出身。至袭职之时，免委官保勘，止取亲管并学官结状。其不有儒学读书习礼者，不听保袭。庶可以变夷俗之陋，杜争夺之源。"经兵部、礼部复议，奏准；将"年十六以上者，俱送宣慰司学"更为年"十岁以上者，俱送附近宣慰司学或府、州、县学"。⑥ 考虑到土司地区文化、经济落后的现实，

---

① 《朱梓》，赣榆史志网，2012年12月17日。
② ［光绪］《天柱县志·艺文志》，《中国地方志集成·贵州编》第22册，成都：巴蜀书社2006年版第294页。
③ 《明实录·太祖实录》第150卷，中国台北1962年影印本第2366页。
④ 《明实录·太祖实录》第239卷，中国台北1962年影印本第3475-3476页。
⑤ 《明实录·宪宗宝训》第2卷，中国台北1962年影印本第97页。
⑥ 《明实录·孝宗实录》第151卷，中国台北1962年影印本第2676页。

对土官子弟入学采取了种种特殊优惠措施。其一，土官子弟不必如同汉族子弟那样须通过县试、府试、院试取得生员资格以后始可入学，可以直接保送入学并获得生员身份。如上所引年"十岁以上者，俱送附近宣慰司学或府、州、县学"。其二，土官子弟只要愿意，即可通过贡生身份进入国子监，亦即太学。太祖洪武十七年（1384年），"普定军民府知府者额遣其子吉隆及其营长之子阿黑子等十六人入太学，命赐袭衣、靴袜"。其后虽有变化，但仍有优惠。宪宗成化七年（1471年），程番府知府邓廷瓒奏："本府新立学校，土官土人子弟在学者，乞岁贡一人，如选贡例"；宪宗曰，边地置学，"科举之业未可猝成，宜岁贡生员一人，俾观我国光，相劝于学"。①其三，入太学后，每年夏、冬两季赐予衣物。国家政治制度层面的规定，推动了儒学在土著民族中的传播。

2. 兴办司学、社学

第一，为扩大土著子弟就学规模，朝廷在兴办府州县学及卫学的同时，又在土司地区积极兴办儒学，即司学。

太祖洪武十三年（1380年），建"播州长官司学"；成祖永乐四年（1406年），"升宣慰司学"；神宗万历二十八年（1600年）平播后，"改流置府"，改遵义府学。②就今贵州区域而言，播州长官司学是明代贵州最早设立的土司儒学。

太祖洪武二十八年（1395年），监察御史裴承祖奏请于时属湖广之思南宣慰使司、思州宣慰使司等处"设儒学，使知诗书之教"；上"从之"。③成祖永乐五年（1407年），"设湖广思南、思州二宣慰司儒学"，④两宣慰司儒学建成。

太祖洪武二十五年（1392年），"置贵州宣慰司学，设教授一员，训导四员"。⑤就明代贵州区域而言，贵州宣慰司学是明代贵州最早设立的土司儒学；同处一城的贵州卫、贵州前卫未另立卫学，其军生附读于司学。

明代贵州四大土司，即播州宣慰司、思州宣慰司、思南宣慰司、贵州宣慰司，于太祖洪武、成祖永乐年间设置了儒学。次于宣慰司的土司设立儒学的，有永宁宣抚司、乌撒军民府、普安安抚司。

成祖永乐十二年（1414年），乌撒军民府经历钟存礼言，乌撒"久沾圣化，语言渐通，请设学校、置教官，教民子弟，变其夷俗"；"从之"。⑥十五年（1417年），"设四川乌撒军民府……儒学"，⑦儒学建成。

---

① 《明实录·宪宗实录》第221卷，中国台北1962年影印本第3815页。
② [道光]《遵义府志·学校》，《中国地方志集成·贵州编》第32册，成都：巴蜀书社2006年版第434页。
③ 《明实录·太祖实录》第241卷，中国台北1962年影印本第3502页。
④ 《明实录·太宗实录》第67卷，中国台北1962年影印本第935页。
⑤ 《明实录·太祖实录》第222卷，中国台北1962年影印本第3284页。
⑥ 《明实录·太宗实录》第147卷，中国台北1962年影印本第1729页。
⑦ 《明实录·太宗实录》第191卷，中国台北1962年影印本第2017页。

成祖永乐十五年（1417年），"改贵州前普安安抚司儒学为普安州儒学"，①知此前已有普安安抚司儒学之设。

永宁宣抚司儒学，"元已有之"，洪武四年（1371年）重修。②

长官司一级的土司儒学无完整资料，仅有零星记载。

太祖洪武二十八年（1395年）监察御史裴承祖上奏中有贵州都指挥使司所属都匀卫所辖平浪等长官司"宜设儒学"之语；③其时，都匀卫兼管长官司有6：平浪、都匀、邦水、平洲六洞、合江州陈蒙烂土、九名九姓独山州。

宣宗洪熙元年（1426年），镇远府知府颜泽上奏中言及永乐十三年（1415年）"偏桥等处四长官司"开设儒学，并有"夷人之中选取生员入学读书，期有成效，宜给廪膳以养之"等语。④

太祖洪武三十年（1397年），"立四川永宁宣抚司九姓长官司儒学"。⑤

应当补充的是，建省之初所设8府，思州（治今岑巩）、新化（治今锦屏新化，后撤裁）、乌罗（治今松桃乌罗，后撤裁）3府所领无一州县，全为长官司；石阡（治今石阡，万历二十九年即1601年始领龙泉1县。龙泉，今凤冈）、铜仁（治今铜仁市碧江区，万历二十六年即1598年始领铜仁1县）两府迟至明晚期万历年间（1573—1619年）始各自领有1县，余皆长官司；思南（治今思南，设府之时领有务川1县，正统三年即1438年增领印江1县，万历三十三年即1605年再增安化1县。安化，今德江）、镇远（治今镇远，正统九年即1444年始领有施秉1县，弘治十一年即1498年再领镇远1县）、黎平（治今黎平，正统六年即1441年始领永从1县。永从，今黎平永从）3府虽好一点，但亦仅领有1—3县，同时领有数量不等的长官司。8府儒学，思州、思南由原宣慰司儒学而来，其余6府置于永乐十二年（1414年）。⑥8所儒学虽系府学，不是司学，但其中多数府学就读生员基本上为土司子弟，实际上与司学差不多。宣宗宣德二年（1427年），新化府所领新化蛮夷等6长官司的上奏就反映了这种状况。上奏称："贵州各府学校新立，诸生皆自童蒙入学，蛮性未除，学业难就，若比内地府学每岁选贡，实无其人，请比县学三年一贡。"上曰："边郡立学，欲其从化耳，岂可遽责成材。宜令所司随宜选贡"。⑦

第二，兴办社学。

社学之设，其一在弥补官学数量之不足，其二即在于土著民族教育。"若州县未设

---

①《明实录·太宗实录》第190卷，中国台北1962年影印本第2014页。
②[万历]《黔记·学校志》，《中国地方志集成·贵州编》第2册，成都：巴蜀书社2006年版第381页。
③《明实录·太祖实录》第241卷，中国台北1962年影印本第3502页。
④《明实录·宣宗实录》第11卷，中国台北1962年影印本第314页。
⑤《明实录·太祖实录》第250卷，中国台北1962年影印本第3627页。
⑥"设贵州镇远、石阡、乌罗、铜仁、新化、黎平六府儒学。"见《明实录·太宗实录》第157卷，中国台北1962年影印本第1797页。
⑦《明实录·宣宗实录》第32卷，中国台北1962年影印本第823-824页。

学宫者，其民绝不知学；非不欲学也，学焉而无从进也……为今日计，学固难顿增，宜令各有司悉心经理社学……设两师，一师蒙，一师讲。凡子弟年六七岁以上，即令就蒙师为之句读；少长，则就讲师教之文义典故"。"其土司武职应袭者，并令自幼在社习学，年长学进，方请衣巾，乃便稽查，不致冒滥。其苗寨向风者，即或彼置社，遣师为教，或听赴城社就学。"①

明代土司地区所设社学，亦仅有零星记载。思南府朗溪蛮夷、水德江、沿河祐溪3长官司各设有1所；② 万历二十四年（1596年），思州府黄道溪长官司、都素蛮夷长官司各设1所；③ 二十六年（1598年），天柱兴文、宝带桥、钟鼓洞、聚溪各设1所；④ 十九年（1591年），水西土司设1所。⑤

明代贵州土著民族入学的成分，主要是袭职子弟。此外，土司家族子弟亦可享受同样的优遇，入学就读。世宗嘉靖元年（1522年），贵州巡抚汤沐上奏，"其族属子弟愿入学者，听补廪科举，与军民武生一体"；上"从之"。⑥ 普通土著子弟即通常所谓农奴，尚无受教育资格。

3. 土著民族的热烈回应

明廷在贵州土著民族地区大力推广儒学，发展儒学教育，建立了相对完善的儒学教育体系。在四大宣慰司及部分长官司设置儒学，各府、州、县学也接纳土司子弟就读。土著民族热烈回应，各地土司或积极参与修建儒学，或踊跃输送子弟入学。

贵州宣慰司学始设于太祖洪武年间。正统八九年间（1443—1444年），文庙"棂星门日就颓仆，庙廷殿址亦有塌然圮壤者"。提学副使李睿等官员发起修治，纷纷"捐俸"。宣慰使安陇富、同知宋昂亦"各以赀力来助"，"伐木命工，重造棂星门，地之圮壤悉以方石砌之"。万历二十七年（1599年），宣慰使安疆臣"修尊经阁"。此前之万历十九年（1591年），宣慰使安国亨在其水西土司故地大方建社学1所。隆庆元年（1567年），土官安处善在石阡府城北、南各建社学1所。⑦ 成祖永乐初年，播州宣慰使杨昇"请开学校，荐士典教"。正统间，杨辉"修学校，延名师，育人才"；世宗嘉靖元年

---

① [万历]《黔记·学校志》，《中国地方志集成·贵州编》第2册，成都：巴蜀书社2006年版第347页。
② 参见 [嘉靖]《贵州通志·学校》，《中国地方志集成·贵州编》第1册，成都：巴蜀书社2006年版第343页。
③ 参见 [万历]《黔记·学校志》，《中国地方志集成·贵州编》第2册，成都：巴蜀书社2006年版第361页。
④ [康熙]《天柱县志·学校》，《中国地方志集成·贵州编》第22册，成都：巴蜀书社2006年版第65页。
⑤ 参见 [万历]《黔记·学校志》，《中国地方志集成·贵州编》第2册，成都：巴蜀书社2006年版第360页。
⑥《明实录·世宗实录》第20卷，中国台北1962年影印本第584页。
⑦ 以上见 [万历]《黔记·学校志》，《中国地方志集成·贵州编》第2册，成都：巴蜀书社2006年版第356、357、360、375页。

(1522年），应宣慰使杨相奏请，得"赐播州儒学《四书集注》"。①

尚在朝廷未硬性规定各地土司不入儒学"不听保袭"②之时，各地土司即已踊跃输送子弟入学。太祖洪武十七年（1384年），"普定军民府知府者额遣其子吉隆及其营长之子阿黑子等十六人入太学，命赐袭衣靴袜"。③二十三年（1390年），"播州、贵州宣慰使司并所属宣抚司官各遣其子来朝，请入太学。上敕国子监官曰：'移风善俗，礼为之本；敷训导民，教为之先，故礼教明于朝廷而后风化达于四海。今"西南夷"土官各遣子弟来朝求入太学，因其慕义，特允其请。尔等善为训教，俾有成就，庶不负远人慕学之心'"。④[道光]《大定府志》则明载，太祖洪武二十三年（1390年），贵州宣慰使奢香遣其子安的"朝京师，因请入太学。上谕国子监官善为训教，俾有成就"。二十五年（1392年），安的学成返乡，"上赐之三品服并锡衣、金带，白金三百两，钞五十锭"。⑤同年，"云南乌撒军民府土官知府何能遣其弟忽山及罗罗生二人请入国子监读书。各赐钞锭"。⑥同年，"诏赐国子监读书贵州土官子弟程延等夏布、袭衣、靴袜"。⑦武宗正德二年（1507年），宣慰使杨斌"为其子相请入学，并得赐冠带"。⑧

一些记载也透露出土司踊跃输送子弟入学的信息。太祖洪武二十六年（1393年），时属广西的荔波县学，"生员皆苗蛮、瑶、僮鴃舌之徒"。⑨不仅明指"苗蛮、瑶、僮"，且曰"皆"。宣宗宣德二年（1427年），"贵州布政司言：普安州儒学生员皆是罗罗、僰人"。⑩同样不仅明言"罗罗、僰人"，而且强调"皆是"。同年，新化府所领新化蛮夷等6长官司上奏，贵州新设思州、新化、乌罗、石阡、铜仁、思南、镇远、黎平等8府儒学，"诸生皆自童蒙入学"。⑪其时距离设置府学仅10余年，故曰"新设"。能以蒙童身份进入儒学的，只能是土司子弟。8府儒学生员皆系土司子弟，也许有夸张成分，但至少为大多数，当属不虚。上述记载表明，并非司学的府、州、县学，其儒学生员大部甚至绝大部分为土著民族子弟，其数量是很可观的。据《贵州通史》，至万历中，各土司所贡生员不下四五百人。⑫

---

①以上见[道光]《遵义府志·土官》，《中国地方志集成·贵州编》第33册，成都：巴蜀书社2006年版第71、72、74页。
②《明实录·孝宗实录》第150卷，中国台北1962年影印本第2676页。
③《明实录·太祖实录》第162卷，中国台北1962年影印本第2517页。
④《明实录·太祖实录》第202卷，中国台北1962年影印本第3025页。
⑤[道光]《大定府志·水西安氏本末》，《中国地方志集成·贵州编》第48册，成都：巴蜀书社2006年版第687页。
⑥《明实录·太祖实录》第203卷，中国台北1962年影印本第3040页。
⑦《明实录·太祖实录》第202卷，中国台北1962年影印本第3031页。
⑧[道光]《遵义府志·土官》，《中国地方志集成·贵州编》第33册，成都：巴蜀书社2006年版第74页。
⑨《明实录·太祖实录》第224卷，中国台北1962年影印本第3277页。
⑩《明实录·宣宗实录》第28卷，中国台北1962年影印本第741页。
⑪《明实录·宣宗实录》第32卷，中国台北1962年影印本第823页。
⑫参见何仁仲：《贵州通史》第2卷，北京：当代中国出版社2002年版第356页。

土司子弟文化起点低，直接保送入学，取得生员或贡生身份。但也有少量子弟立志于科举，通过正常的考试取得举人乃至进士功名。万历年间，镇远府邛水长官司"有土舍杨再清者，应袭推官，尝中贵州乡试，命于本卫加俸级优异之"。麻哈州土官子弟宋儒，字大中，世宗嘉靖元年（1522年）袭职，"为麻哈州世袭土同知"。其后放弃土官，于世宗嘉靖二十八年（1549年）中举，穆宗隆庆五年（1571年）进士及第，选庶吉士，改礼部主事。"仕不得志"。①

上述土司踊跃输送子弟入学事例，大多数发生在孝宗弘治十二年（1499年）即朝廷关于土司应袭子弟"不有儒学读书习礼者，不听保袭"②的规定颁行以前。这表明，土司输送子弟入学很大程度还是出于自愿，并非强迫；是出自对儒学的景仰认同，出自对中原文明的仰慕认同。至于土舍、应袭推官杨再清应乡试而中举，世袭土同知宋儒弃官而应乡试、会试，而中举、进士，而为京官，更是对儒学、对中原文化的自觉认同与追求。对于儒学的初始认同，为民族之间的认同、为各民族的大一统中央王朝认同奠定了初始的共同文化心理。

（二）王学对土著民族文化的汲取与认同

王守仁谪贬贵州龙场驿期间，创立了良知本体心学。他提出，良知是人生而具有的道德伦理意识及自觉践行的意识，不假外求，人人相同，尽善尽美，无一例外。"良知者，孟子所谓'是非之心，人皆有之'者也。是非之心，不待虑而知，不待学而能，是故谓之良知"。③ 不过，人生活在社会之中，会受到物质利益的诱惑，产生过度的欲望，即"人欲"，抑或"物欲"，障蔽人人生而具有的良知。人只要反省修身，祛除人欲，就能回复自己固有之良知；修炼到全无一丝人欲，则"人皆可以为尧舜"。④

王守仁的良知本体心学，既受到孟子性善论的影响及启示，又受到贵州土著民族文化的影响及启示；良知本体心学的创立，既是对传统儒学的继承和发展，也是对土著民族文化的汲取与认同。

武宗正德元年（1506年），皇上"初政"，宦官刘瑾"窃柄"。王守仁因冒犯了刘瑾，被廷杖下狱，继而贬谪贵州龙场驿为驿丞。赴黔途中，刘瑾一路派人追杀；钱塘江畔，王守仁"托言投江以脱之"。龙场驿位于今修文境，置于明初，处"万山丛棘中，蛇虺魍魉，虫毒瘴疠，与居夷人鴃舌难语"。⑤ 其时属贵州宣慰使、水西土司安贵荣辖地，居住着今彝、苗、布依、仡佬、土家等民族。名为驿站，年久失修，早已荡然无存，既无房舍，亦无差役，王守仁只得寄居阴暗潮湿的洞穴，自己动手种粮种菜。

---

① 沈德符：《土官之异》，《万历野获编》下册，北京：中华书局1959年版第763页。
② 《明实录·孝宗实录》第151卷，中国台北1962年影印本第2676页。
③ 《大学问》，《王阳明全集》第3册，杭州：浙江古籍出版社2010年版第1019页。
④ 《传习录上》，《王阳明全集》第1册，杭州：浙江古籍出版社2010年版第30页。
⑤ 以上见《年谱一》，《王阳明全集》第4册，杭州：浙江古籍出版社2010年版第1232、1234页。

抵达贬所后，官府复"差人至龙场凌辱"。①"横逆之加，无月无有。"②

然而，水西的土著民族，龙场的土著民族，不仅没有把王守仁当作罪臣，而且在王守仁最艰难的时候，给予了他很多帮助。官府"差人至龙场凌辱……龙场诸夷与之争斗，愤恨不平"。③他们为王守仁打抱不平，为之主持公道，为之维护尊严。他们或前往探视，环坐问询；或邀请至家，举杯酌饮。"龙场之民，老稚日来视"。④"群僚环聚讯，语庞意颇质"；"村翁或招饮，洞客偕探幽"；"起来步闲谣，晚酌檐下设"。他们为之建构茅庐新居，告别阴暗潮湿的洞穴："欣然趋事，不月而成"；"初心待风雨，落成还美观"。指点耕稼之道："下田既宜稌，高田亦宜稷。种蔬须土疏，种蓣须土湿……去草不厌频，耘禾不厌密。"⑤贵州宣慰使、水西土司安贵荣"使禀人馈粟，庖人馈肉，园人代薪水之劳"，⑥送来粮食、肉食，派人为之伐薪、担水。甚至"重之以金帛，副之以鞍马"，待之以"卿士大夫"之礼。⑦还请他为水西故地之象祠作《记》。象乃舜之弟，"不仁""不孝"。舜以德化之，终归于善。"虽若象之不仁，而犹可以化之也"，"天下无不可化之人也"；祀象，"为舜，非为象也"。⑧

身处艰难境地的王守仁，深切地感受到了土著民族的善良、淳朴。"群僚环聚讯，语庞意颇质"；"夷居虽异俗，野朴意所眷"；"讲司有真乐，谈笑无俗流"。⑨他以为，诸夏虽有"典章礼乐"，但"于后蔑道德而专法令……狡匿谲诈，无所不为，浑朴尽矣"；"夷"之民虽"无轩裳宫室之观，文仪揖让之褥"，然"淳庞质素"犹存；他们"若未琢之璞，未绳之木，虽粗粝顽梗……然此无损于其质也"。⑩

土著民族淳朴、善良本性对阳明心学的影响，其门徒、楚中王学学者、贵州提学副使蒋信《新建正学书院落成记》做了诠释。他说，阳明心学者，"正学"也，"尧、舜、禹、汤、文、武、周公、孔子之所谓学也"。自心学不讲，"士惟旁蹊曲径之趋，甚者蹈荆棘赴坑堑，莫有极也"。而"贵之士朴野尚仅存焉，可无望于此乎？是'正学'之所以名也"。⑪阳明贬谪龙场，深切感受到贵州荒僻之地"夷人"尚存之"朴野"本性，领悟到真善之性原本即存在于人自身，"忽中夜大悟格物致知之旨……始知圣人

---

①《外集三》，《王阳明全集》第3册，杭州：浙江古籍出版社2010年版第838页。
②《文录一》，《王阳明全集》第1册，杭州：浙江古籍出版社2010年版第172页。
③《外集三》，《王阳明全集》第3册，杭州：浙江古籍出版社2010年版第838页。
④《外集五》，《王阳明全集》第3册，杭州：浙江古籍出版社2010年版第933页。
⑤以上见《外集一》，《王阳明全集》第3册，杭州：浙江古籍出版社2010年版第732、737、736、735、733、734页。
⑥《年谱一》，《王阳明全集》第4册，杭州：浙江古籍出版社2010年版第1234页。
⑦以上见《外集三》，《王阳明全集》第3册，杭州：浙江古籍出版社2010年版第839页。
⑧《外集五·象祠记》，《王阳明全集》第3册，杭州：浙江古籍出版社2010年版第936页。
⑨以上见《外集一》，《王阳明全集》第3册，杭州：浙江古籍出版社2010年版第732、736、737页。
⑩《外集五》，《王阳明全集》第3册，杭州：浙江古籍出版社2010年版第933、934页。
⑪[嘉靖]《贵州通志·学校》，《中国地方志集成·贵州编》第1册，成都：巴蜀书社2006年版第340页。

之道，吾性自足，向之求理于事物者误矣"，① 于是有良知本体心学之创立，有心学之复兴、心学之兴盛。"夷人"尚存之"淳庞"本性，"夷人"之善行文化，成为王守仁心学的重要思想源泉、文化源泉之一。

贬谪"夷乡"的苦难经历，于"夷人"淳朴良善本性的深切感受，使王守仁开始改变中原士大夫对于边地土著民族的偏见，尊重"夷人"，善待"夷人"。他开始用"夷之民"甚而"龙场之民"②称呼龙场"夷人"。民者，编户之民也，有教化之民也，区别于土著之称谓也。龙场"夷人"其时虽依然是"夷人"，但诚如王守仁《何陋轩记》《象祠记》所云，是"淳庞"犹存③之民、"可以化之"之民，④而非如偏见者所谓"顽愚不化"者也。

他与"夷人"友好相处，与"夷人"对饮、游乐，醉卧草铺。"村翁或招饮，洞客偕探幽。""尽醉即草铺，忘与邻翁别。"居久，乃至"夷人亦日来亲狎"，融洽无间。他克服了贬谪之初的孤独、惶恐，增强了生活的信心。"蛮乡虽瘴毒，逐客犹安居。""交游若问居夷事，为说山泉颇自堪。""地无医药凭书卷，身处蛮夷亦故山。"⑤

在汲取"夷人"精神文化的同时，王守仁以传统士大夫的责任感及担当意识，向"夷人"传播儒家文化，诱导"夷人"践行儒学。其一，为贵州宣慰使、水西土司安贵荣所作的《象祠记》中，他阐述了儒家以德教化的思想，并劝导"夷人"接受文明教化。他写道，象祠之祀，"为舜，非为象也"。象乃舜之弟，为子"不孝"，为弟且"傲"，为人"不仁"。舜以德化之，终归于善。"虽若象之不仁，而犹可以化之也"，"天下无不可化之人也"。⑥ 其二，对安贵荣晓以大一统之义。武宗正德三年（1508年），安贵荣以从征香炉山（今贵州凯里境）有功，"加贵州布政司参政"；但嫌赏赐不够，"犹怏怏不乐"，⑦ 欲上书请加赏。此外，明初在水西设龙场九驿，安贵荣"恶据其腹心"，欲上书朝廷"去之"。⑧ 为此，安贵荣致信王守仁求教。在《与安宣慰书》中，王守仁晓之以君臣之义、大一统之义，并为之分析了利弊得失。"凡朝廷制度，定自祖宗，后世守之，不可擅改……使君之先，自汉、唐以来千几百年，土地人民未之或改，所以长久若此者，以能世守天子礼法，竭忠尽力，不敢分寸有所违。是故天子亦不得逾礼法，无故而加诸忠良之臣。不然，使君之土地富且盛矣，朝廷悉取而郡县之，其谁以为不可？夫驿，可减矣，亦可增矣；驿可改矣，宣慰司亦可革矣。由此言之，殆

---

① 《年谱一》，《王阳明全集》第4册，杭州：浙江古籍出版社2010年版1234页。
② 《外集五》，《王阳明全集》第3册，杭州：浙江古籍出版社2010年版第933页。
③ 《外集五》，《王阳明全集》第3册，杭州：浙江古籍出版社2010年版第933页。
④ 《外集五·象祠记》，《王阳明全集》第3册，杭州：浙江古籍出版社2010年版第936页。
⑤ 以上见《外集一》，《王阳明全集》第3册，杭州：浙江古籍出版社2010年版第740、749、741页。
⑥ 《外集五·象祠记》，《王阳明全集》第3册，杭州：浙江古籍出版社2010年版第936页。
⑦ [道光]《大定府志·水西安氏本末》，《中国地方志集成·贵州编》第48册，成都：巴蜀书社2006年版第689页。
⑧ 《年谱一》，《王阳明全集》第4册，杭州：浙江古籍出版社2010年版第1234页。

甚有害，使君其未之思耶？"欲上书请加赏事，"意亦如此。夫剿除寇盗以抚绥平良，亦守土之常职，今缕举以要赏，则朝廷之恩宠禄位，顾将欲以为何"。宣慰使之官，"守土之官，故得以世有其土地人民"；布政司参政之官，"则流官也，东南西北，惟天子所使……千百年之土地人民非复使君有矣。由此言之，虽今日之参政，使君将恐辞去之不速，其又可再乎"。王守仁"雅为贵荣所敬"，深为安贵荣敬重、信赖。王守仁的劝导又在理在节，安贵荣心悦诚服，"事遂寝"，①放弃了奏功之举及减驿之请。贵州土司史上，因某事之不满而酿成动乱，屡屡有之。王守仁之劝导，避免了一场可能的动乱，增进了民族之间的了解、互信，维护了边远民族地区的稳定和明王朝的大一统政治局面。其三，劝导安贵荣尽力平乱。武宗正德三年（1508 年），贵州宣慰同知宋然所辖水东故地发生动乱，安贵荣"文移三致"始出兵，继而"称疾归卧，诸军以次潜回"。王守仁致书安贵荣，劝说其作为宣慰司第一长官，理应尽力平乱。"使君与宋氏同守土，而使君为之长。地方变乱，皆守土者之罪，使君能独委之宋氏乎？"更何况，民间已有传闻，谓水东之乱乃"使君使之"。如仍"久卧不出，安氏之祸必自斯言始矣"。②安贵荣"悚然，率所部平其难，民赖以宁"。③

王守仁贬谪龙场，在传播儒文化的同时，积极汲取土著民族文化，与"夷人"和睦相处，谱写了明代贵州民族文化交流融合及民族认同的辉煌一页。

五、"民与苗相习，夷与夏同风"："务学力耕" 风尚的兴起

百万移民进入，省府州县流官治理制度的建立，中原牛耕技术的推广，儒学的流播，历经一两百年的熏染，明代中后期，贵州各地风俗习尚开始变化，崇文敦礼、务本力耕风尚逐渐兴起。嘉靖十三年（1534 年），贵州巡按王杏等题，贵州自成祖永乐十一年（1413 年）建省以后，"三司衙门渐次全设，而所属府、卫、州、司遍立学校，作养人才，迄今百五十余年，文风十倍，礼义之化，已骎骎与中原等"。礼部复议谓，贵州"文教渐洽，遐方绝域人才日盛，科不乏人，近年被翰林、台谏之选者，往往文章气节与中原、江南才俊齐驱"。④ [弘治]《贵州图经新志》、[嘉靖]《贵州通志》、[万历]《贵州通志》、[嘉靖]《思南府志》、[嘉靖]《普安州志》等孝宗弘治以后所修地方

---

① [道光]《大定府志·水西安氏本末》，《中国地方志集成·贵州编》第 48 册，成都：巴蜀书社 2006 年版第 689 页。
② 以上见《外集三》，《王阳明全集》第 3 册，杭州：浙江古籍出版社 2010 年版第 840、841、842 页。
③《年谱一》，《王阳明全集》第 4 册，杭州：浙江古籍出版社 2010 年版第 1234 页。
④ [嘉靖]《贵州通志·贡院》，《中国地方志集成·贵州编》第 1 册，成都：巴蜀书社 2006 年版第 318、319 页。

志,都专设风俗篇,记载各地习尚;而各地习尚变化的共同之处,都在于崇文敦礼、务本力耕之风渐次显现。

地处省会的贵阳府,首得风气之先,"俗尚朴实,敦礼教,士秀而文,民勤而务本,人多气节,渐渍文明之化";① 贵州宣慰司,"悃朴少华,至道尤易,文教丕振,风气和平,不喜争讼,乐于恬退"。② 贵州宣慰使、水西土司"惟能思先人忠孝之誓,守而不失则体"。③ 安陇富"晓字义,事母孝,持家以俭,爱民如子。尝恶其土鄙陋,欲变之。又纂司志,修家谱"。子安观"继父志,述父事。凡居室、器物、衣服、饮食、婚姻、丧葬、取众、待宾、攘灾、捍患之事,颇依华夏之礼"。孙安贵荣"好读书史,通大义,设庠序以明礼义。旧染陋俗,寖变华风,用夏变夷之功,日见其盛"。④ 宣慰司同知、水东土司宋昂"好学攻文,守庑持俭,爱民礼士……又多收致经史,以崇文教,时人称其循良如文翁焉"。其弟宋煜,"恬静多学,诗格清丽"。弟兄二人并著《联芳文集》问世,成为明代贵州土司诗作第一人。⑤ 威清卫,"务本、逐末者相半"。⑥

铜仁府,"种类不同,习俗各尚……渐被华风,□然变异";"力本右文,文士多向学"。⑦ 思南府,"……杂居,言语各异,渐被华风,汉民尚朴……务本力稼……士尚文学"。⑧ 务川县,"朴实犹存,华风渐被"。印江县,"风景渐开,民多务本"。⑨ 石阡府,"土著夷民,其俗各异,湮濡日久,渐拟中州"。⑩

思州府,"夷风丕变"。⑪ 天柱县"民与苗相习,夷与夏同风,荡涤边氛而登之文物"。⑫ 黎平府,"衣冠习尚,一同华风"。镇远府"风气渐开,人文丕显,尚信知礼,游宦者安之"。施秉县"衣冠礼仪,悉效中土,男事耕读,女务织纺"。⑬ 兴隆卫,"务

---

① [万历]《贵州通志》第3卷,北京:书目文献出版社1991年版第62页。
② [万历]《贵州通志》第4卷,北京:书目文献出版社1991年版第94页。
③ [嘉靖]《贵州通志·续安氏家传序》,《中国地方志集成·贵州编》第1册,成都:巴蜀书社2006年版第475页。
④ [嘉靖]《贵州通志·安氏家传序》,《中国地方志集成·贵州编》第1册,成都:巴蜀书社2006年版第474页。
⑤ [万历]《贵州通志》第4卷,北京:书目文献出版社1991年版第108页。"好学攻文,守庑持俭",[嘉靖]《贵州通志》为"好学攻文,守廉持俭"。([嘉靖]《贵州通志·人物》,《中国地方志集成·贵州编》第1册,成都:巴蜀书社2006年版第421页)
⑥ [万历]《贵州通志》第5卷,北京:书目文献出版社1991年版第115页。
⑦ [万历]《贵州通志》第17卷,北京:书目文献出版社1991年版第393页。
⑧ [嘉靖]《思南府志·风俗》,《中国地方志集成·贵州编》第43册,成都:巴蜀书社2006年版第491页。
⑨ [万历]《贵州通志》第16卷,北京:书目文献出版社1991年版第362页。
⑩ [万历]《贵州通志》第16卷,北京:书目文献出版社1991年版第380页。
⑪ [弘治]《贵州图经新志·思州府》,《中国地方志集成·贵州编》第1册,成都:巴蜀书社2006年版第49页。
⑫ [光绪]《天柱县志·艺文志》,《中国地方志集成·贵州编》第22册,成都:巴蜀书社2006年版第294页。
⑬ 以上见[万历]《贵州通志》第15卷,北京:书目文献出版社1991年版第334、318、319页。

本力农，礼义渐兴"。黄平所，"力于耕稼，颇多争讼"。①

都匀府，"人重廉耻，勇于战斗"。② 清平卫，"语平讼寡，力田务本"。③ 平越卫，"俗尚威武，渐知礼义"。④ 金筑安抚司安抚使接受汉文化，改用汉姓金，按汉族习惯排字辈。⑤

安顺州，"犷狉之风渐革"。⑥ 新添卫，"俗尚俭朴，讼寡盗息"；"多读书尚礼"。⑦ 平坝卫，"渐被王化，风俗渐移"。⑧ 龙里卫，"习俗淳古，不事浮靡"。⑨ 普定卫，"尚义重文，诗书礼乐不减中州"。⑩ 镇宁州，"务学力耕，颇循汉礼"。安庄卫，"人性淳朴……尚儒重信"。⑪ 永宁州，"兴行力田"。⑫

毕节卫，"人多勤俭，文风武略可观"。乌撒卫，"人性强悍。衣冠礼乐，不殊中土"。⑬ 赤水卫，"讼简盗稀，生计萧条，中州礼俗，环境皆夷"。⑭

永宁卫，"习俗鄙陋，性格野朴，不事商贾，惟务农桑……崇尚礼义，向慕儒雅"。⑮

普安州，"士业诗书，农勤耕稼，尚文重信，甲第云仍"。⑯

安南卫，"浸有华风。简陋质朴，勤于耕稼"。⑰

明王朝十分重视社会风气的培育。在朱元璋看来，为治之要有二，其一在"劝农桑"。农桑举则民"务本"，百姓衣食无忧。其二在"兴学校"。兴学校则"教化行而习俗美……君子务德"。衣食无忧，习俗美善，"为治则不劳而政举矣"。⑱ 兴学校、行教化，其核心内容，就是广为传播儒家思想，在全社会养成崇文敦礼、务本力耕之风尚。贵州是一个汉族与众多土著民族群居杂处的省份，"种类不同，习俗各尚"，"土著夷

---

① 以上见［万历］《贵州通志》第13卷，北京：书目文献出版社1991年版第284、292页。
② ［万历］《贵州通志》第14卷，北京：书目文献出版社1991年版第298页。
③ ［万历］《贵州通志》第13卷，北京：书目文献出版社1991年版第271页。
④ ［万历］《贵州通志》第12卷，北京：书目文献出版社1991年版第261页。
⑤ 参见赵尔巽等撰，马国君编著：《清史稿地理志贵州研究》，贵阳：贵州人民出版社2011年版第85页。
⑥ ［万历］《贵州通志》第6卷，北京：书目文献出版社1991年版第131页。
⑦ ［万历］《贵州通志》第6卷，北京：书目文献出版社1991年版第249页。
⑧ ［弘治］《贵州图经新志》，《中国地方志集成·贵州编》第1册，成都：巴蜀书社2006年版第147页。
⑨ ［万历］《贵州通志》第12卷，北京：书目文献出版社1991年版第241页。
⑩ ［万历］《贵州通志》第6卷，北京：书目文献出版社1991年版第136页。
⑪ 以上见［万历］《贵州通志》第12卷，北京：书目文献出版社1991年版第150、155页。
⑫ ［万历］《贵州通志》第8卷，北京：书目文献出版社1991年版第165页。
⑬ 以上见［万历］《贵州通志》第10卷，北京：书目文献出版社1991年版第197、207页。
⑭ ［万历］《贵州通志》第11卷，北京：书目文献出版社1991年版第207页。
⑮ ［万历］《贵州通志》第11卷，北京：书目文献出版社1991年版第225页。
⑯ ［万历］《贵州通志》第9卷，北京：书目文献出版社1991年版第180页。
⑰ ［万历］《贵州通志》第8卷，北京：书目文献出版社1991年版第170页。
⑱ 《明实录·太祖实录》第26卷，中国台北1962年影印本第1048页。

民，其俗各异"，① 省志府志，一再提及。然而，"好学攻文"，② "务本力农"，③ "渐知礼义"，④ "渐被华风"，⑤ "民与苗相习，夷与夏同风"，⑥ 也是不争的事实。伴随着省府州县流官治理制度的建立，百万移民的进入，中原牛耕技术的推广，儒学的流播，各民族之间历经两百多年的交往、交流、融合，"涵濡日久，渐拟中州"。⑦

"风，风也，教也。风以动之，教以化之……先王以是经夫妇，成孝敬，美教化，移风俗"。⑧ 风俗将社会的价值观、伦理意识融入人们日常的理念、行为习惯之中，转变成人们内化的、自觉的理念。明代贵州乡风民俗的变化，"务学力耕"⑨ 习尚的兴起，成为明代贵州各民族共同文化心理初始形成、各民族之间彼此认同及大一统王朝认同的重要标志。

第四节　明代贵州儒文化与民族认同特点

一、制度认同跨越式提升

南宋末年，蒙古军绕道云南，进占川、贵，对南宋形成南北夹击之势，云南边疆的战略地位始为政治家注目。今贵州系湖广入滇必经之路，"固滇楚之锁钥"，⑩ 平定云南之后，欲稳定云南，亦须安定贵州、开发贵州。贵州的战略地位，因云南而连带凸显。正是在这样的背景下，明廷开始大力经营今贵州。其一，宽容、优遇、安抚土司。终明一朝，贵州总体较为安定，贵州土司特别是四大土司，在明代初、中期的200多年中，频繁朝贡，超越前朝，与大一统王朝的联系、对大一统王朝的认同大为增强。

---

①以上见［万历］《贵州通志》第17卷，北京：书目文献出版社1991年版，第393、380页。
②［万历］《贵州通志》第4卷，北京：书目文献出版社1991年版第108页。
③［万历］《贵州通志》第13卷，北京：书目文献出版社1991年版第284页。
④［万历］《贵州通志》第12卷，北京：书目文献出版社1991年版第261页。
⑤［万历］《贵州通志》第17卷，北京：书目文献出版社1991年版第393页。
⑥［光绪］《天柱县志·艺文志》，《中国地方志集成·贵州编》第22册，成都：巴蜀书社2006年版第294页。
⑦以上见［万历］《贵州通志》第17卷，北京：书目文献出版社1991年版第380页。
⑧《毛诗·序》，《十三经注疏》上册，北京：中华书局1980年版第269-270页。
⑨以上见［万历］《贵州通志》第7卷，北京：书目文献出版社1991年版第150页。
⑩顾炎武著，黄坤 等校点：《天下郡国利病书》，《顾炎武全集》第17册，上海：上海古籍出版社2011年版第3716页。

相对稳定的民族关系，为建省提供了民族基础。其二，重兵戍守。终明一朝，朝廷在今贵州设置26卫1直隶千户所，总兵力在20万以上，卫所数量之多、设置之密、兵员之富，胜过云南、四川及地域辽阔的湖广。雄厚的镇守兵力，省级军事指挥机构贵州都指挥使司的设置，维护了朝廷对今贵州的大一统局面，为贵州建省奠定了军事基础。其三，整修驿路，在驿路沿线及其两侧宜耕地带，遍设哨、驿、铺（堡）、站、屯，军事上加强了对交通要道及相邻土司地区的控制，政治上保证了朝廷的统一，经济上带动了经济的发展和城镇、村落的形成，民族关系方面增进了各民族之间的交往、交流、认同特别是明王朝大一统政治认同。其四，移民百万屯垦。外来移民有军人及其家属、农民、商人。军屯人数当在80来万，民屯、商屯及其他入黔移民人数当不会少于20万，两者合计在百万以上。移民数量规模空前，大多数为汉族，均来自儒文化发达的中原及江南，给今贵州带来了经济的大发展及儒文化的大传播，为贵州建省准备了物质的、文化的基础。成祖永乐十一年（1413年），朝廷对思州、思南两宣慰司改土归流，以其地为基础，设贵州等处存宣布政使司，即贵州省，领1司、8府、3州。其后，迭经改土归流，行政区域不断扩大，府、州、县设置累有变更，至明末，形成1司、10府、9州、14县格局。此外，尚有属于今贵州而明代尚分属四川、湖广、广西等周边省份的2府、1州、6县，合计1司、12府、10州、20县。

明代贵州建省，是古代贵州制度儒学及各民族大一统中央王朝认同的跨越式提升。其一，实现了大一统王朝对贵州区域的直接治理，贵州与大一统王朝的联系大为增加。两汉时期，朝廷对今贵州区域的直接治理止于今黔中及其以西地域；唐宋五六百年间，朝廷对今贵州区域的治理不仅依靠周边州县间接治理，而且甚为松散，来归欢迎，去者不究；元代今贵州分属湖广、云南、四川等周边行省，对今贵州区域实行的同样是间接治理。明代贵州建省，朝廷在地方一级行政区域的层面上实现了对贵州区域的直接治理；在黔西北、黔西南以外的贵州地域设立了府，在地方二级行政区域的层面上实现了对贵州大多数地域的流官治理；府之下设立了一批州县，在地方三级行政区域的层面上实现了对贵州大部地域的流官治理。其二，由边缘区一跃成为独立而完整的省级行政区域，形成了自己的省级政治、军事、经济、文化中心。元代及其以前，今贵州分属周边各行政区，为周边各行政区之边缘地带，其政治、经济、文化的发展往往被漠视、被边缘化甚至真空化，发展长期滞后，不仅大为落后于中原地区，落后于邻近的四川、湖广等后发达地区，而且落后于一墙之隔的云南。建省以后，贵州历史上第一次成为独立而完整的地方一级行政区域，亦即省级行政区域，成为朝廷直管的13个地方一级行政区域之一，形成了自己的省级政治、军事、经济、文化中心，在地方一级行政区域层面上实现了由附庸他人、以他人为中心到自为中心的转变，为贵州的发展准备了条件。其三，赢得了前所未有的发展机遇。建省以后，贵州由边缘区一跃成为与中原、川湖、云南平行的地方一级行政区域，依地方一级行政区域——建制：行政机构承宣布政使司，监察机构提刑按察使司，军事机构都指挥使司；隶属于提刑按察使司的教育机构提学道；始而临时继而相对固定的、统辖一省的巡抚亦得以设置。朝廷旨意直接下达贵州而不再经由他省中转，贵州奏请直接上达朝廷亦不再经由他省中转；贵州直接受命于朝廷，奉行朝廷旨意，争取朝廷扶持，统一筹划贵州政治、经济、文化各项事务。贵州赢得了前所未有的发展机遇。贵州制度儒学及各民族的大一统中央王朝认同呈现出两汉隋唐宋元以来从未有过的飞跃发展局面，制度认同得到了跨越式的提升。

贵州虽然建省，但省、府、州、县存在严重的空壳、遥领现象。开国之初，贵州全境均系土司领地，有的甚至是土司势力也尚未达到的、多为"苗夷"聚居的"生界"。经过40多年的经营，至成祖永乐年间，在平定思州、思南土司内乱并废除两土司的基础上，才设置了贵州省，领8府3州。布政司与东部8府、西部3州之间均为土司隔断，仅遥领而已；8府、3州之下仅思南府领有务川1县，其余均无，几乎都是土司的领地；县以下的基层里甲设置更无从谈起。省、府、州仅一架构而已，空壳而已，少有民户可辖可管；有的只是土司治下的土著，实际的管辖、治理，依然在各地的土司手中，相关政务之实施靠土司代行。① 又经过近两百年的经营，流官治理范围扩大，形成10府、9州、14县的行政区划格局。所置10府，其下仅置有州、县23个，每府平均不到3个；除贵阳、镇远2府外，其余各府均或多或少存在相当于州县一级的区域仍为土司领地的状况。至于已设州县的区域，均存在普遍的空壳、遥领现象，其下之基层里甲均很少，编户均很少，大多数仍属长官司、土官之领地。有的府、州、县依旧任命土司家族成员世袭担任土官；水西故地仍然是土司领地，其时不属贵州而属四川的乌撒知府仍然是土官；四大土司属下的100来处安抚司、长官司，大多数尚存。改土归流的任务依旧任重而道远，大一统王朝的认同还有漫长的道路要走。

二、"华夷一家"，优遇土司，促进民族和解

元代今贵州有大小土司300余处。明初加以归并整理，置宣慰司、安抚司、长官司100余处。贵州建省及其不断完善的过程，是持续改土归流的过程。大规模的改土归流有3次，永乐年间思南、思州两宣慰司之改土归流，神宗万历年间播州宣慰司之改土归流，思宗崇祯初年贵州宣慰司之部分改土归流。经过3次大规模的改土归流及布局，流官治理范围不断扩大，至明末，形成10府、9州、14县的行政区划格局；加上属于今贵州而明代尚分属四川、湖广、广西等周边省份的2府、1州、6县，合计1司、12府、10州、20县。古代贵州的行政区划，在明代多已形成。朝廷在地方一级行

---

① 参见张廷玉编，罗康智等编著：《明史贵州地理志考释》，贵阳：贵州人民出版社2008年版第10-11、293、28页。

政区域层面即省一级层面上实现了对贵州区域的直接治理，在地方二级行政区域层面即府一级层面上实现了对贵州大多数地域的流官治理，在地方三级行政区域层面即州县一级层面上实现了对贵州大部地域的流官治理。贵州多数地域实行了与内地接近的流官治理，与内地的制度差异大为缩小，制度儒学在贵州的流播及贵州各民族的大一统中央王朝认同呈现出两汉隋唐宋元以来从未有过的飞跃发展局面。

经过3次大规模的改土归流及其他小规模的改土归流，明代今贵州地域4大土司中，思州、思南、播州3宣慰司革除，贵州宣慰司势力也遭到削弱，一批安抚司、长官司亦不复存在，数量由明初的100来处减少到70来处。总体上看，土司势力走向衰落，领地缩小。但其领地依旧很广，势力仍有相当规模。整个明代，土司与府州县并存，土司与流官并治。妥善处理土司问题，始终是明廷的重大议题之一。对于土司，明廷奉行儒家"天下一统，华夷一家"① 信条，行仁义，多宽容。开国之初，各地土司纷纷归附，不仅保留原有地位，世袭承继，而且在赋税征收等方面优厚从宽。对于改土归流，朝廷固然望其早成，但也并非不顾主客观条件，不顾土司自身的意愿。思州、思南两土司的争战自明初即已开始，延续了40余年。其间，朝廷多次调解、谕诫、容忍，但两土司不但不听，反而愈演愈烈。直至永乐年间，朝廷始实施改土归流，革裁两宣慰司，以其地设置8府。纵令如此，对于革裁土司仍给予适当安排，委任为各级土官；原宣慰司下属长官司均予保留。是否改土归流，其一视条件是否成熟，其二必做到仁至义尽，以期减少改革后遗症，促进民族和解与社会安定。对思州、思南两土司的改土归流如此，对播州、水西土司及其他中小土司的改土归流亦如此。

同元代一样，明廷大力加强对土司的管理，尽可能将土司纳入朝廷体制之中。承袭须经朝廷审查核准，颁给信符；承袭受职须亲到朝廷，每三年朝觐一次；定赋额。最大的不同，则在于增进土司子弟的儒学教化，谕令土司子弟"皆……入国学受业，使知君臣父子之道，礼乐教化之事"；② 规定土司子弟"其不由儒学读书习礼者，不听保袭"。③ 以刚性的政治制度将儒学规定为袭职土司子弟的必修课。增进土司子弟的儒学教化，是明代土司治策的最大特点、最大进步。读书习礼，即可知君臣父子之道，忠君孝父，稳定、维系现存社会秩序；促进土著民族与汉民族共同文化心理的形成，缩小民族分异，增进民族认同。

明朝是中国历史上少有的长寿王朝之一，延续了近300年。开国前夕，贵州各大土司即纷纷归附朱元璋。终明一朝，得益于强有力的大一统中央集权及仁爱宽容的民族政策，贵州总体较为安定，小规模的动乱虽不时发生，但大规模的土司动乱仅万历年间的播州杨应龙之乱及天启、崇祯年间的奢、安之乱，且均发生于明末。贵州土司

---

① 《明实录·太宗实录》第30卷，中国台北1962年影印本第533-534页。
② 《明实录·太祖实录》第150卷，中国台北1962年影印本第2366页。
③ 《明实录·孝宗实录》第150卷，中国台北1962年影印本第2676页。

特别是四大土司，频繁朝贡，与明王朝的联系大为增强，对明王朝的认同大为增强。

南明时期，贵州始终处于南明政权管辖之下。永历五年至十年（1651—1656年），永历帝更"驻跸"安龙（今贵州安龙），贵州一度成为抗清战争中心，战场遍及黔中、黔东、黔西、黔南、黔北。在抗击共同敌人、保卫共同家园的生死关头，官绅兵民，各族民庶，追随南明政权，誓死抗清，反对分裂，演绎出一曲忠君爱国、坚贞不屈的慷慨悲歌。他们之中，既有原明朝官员如何腾蛟、杨文骢、"十八先生"，也有转而联明抗清的原农民起义军将领如李定国；既有汉族官民如何腾蛟、杨文骢、"十八先生"、李定国，也有土族民族首领如龙吉兆、龙吉佐兄弟。

三、铁犁牛耕及地主制生产关系普遍发展

朝廷"劝农桑"、①"务其本"，②诏令"天下府、州、县合祭……社稷"，③在全社会营造重视农桑的意识、风尚。贵州始立社稷坛，凡流官治理的府、州、县及卫所治地，大多建置，物化儒学流播有了新气象。

贵州建省，朝廷大力开发贵州，整修驿路，移民百万屯垦，将江南、中原的先进生产技术传入贵州，牛耕、水利灌溉、精耕细作普遍推行。经过移民群体百余年的垂范、影响、引领，土著民族中开始改变落后的刀耕火种传统，使用牛耕、水利灌溉、精耕细作技术。手工业、矿业、商业发展，一批城镇兴起，社会经济繁荣兴旺。户口、田亩、赋税较之前代大幅增长，高峰时，户口达到11万余户、51万余口，田土188万余亩，税粮14.7万余石。

百万移民进入贵州，不仅将发达地区的地主制生产关系带入了全省各府州县，而且推动着这种生产关系向土司地区扩展。万历二十五年（1597年）数据，全省近62%的民户分布于土司地区，贵州宣慰司、思州府、石阡府民户更是完全分布于土司地区；明代贵州70来个长官司，均有民户分布。民户与土司交错杂处，扩大了地主制生产关系在土司地区的影响；伴随社会经济的进步，少数原土司居民经改土归流后编入官府户籍，交粮纳税，融入了新式的地主制生产关系之中。其著者如平播后，分其地置平越府（治今福泉），九股苗"争相纳土，愿听设流，将户口粮马造册呈递"；计72寨、2466户、9513口，"认纳秋粮"276石。④

明代贵州建省，尽管府州县地域内大多数基层社会仍属土司势力范围，仍为土司控制，存在严重的"空壳"现象，但从官府编户已遍布全省各府州县、各长官司的角

---

① 《明实录·太祖实录》第26卷，中国台北1962年影印本第1048页。
② 《明实录·太祖宝训》第4卷，中国台北1962年影印本第311页。
③ ［万历］《黔记·群祀志》，《中国地方志集成·贵州编》第2册，成都：巴蜀书社2006年版第280页。
④ ［万历］《黔记·贡赋志》，《中国地方志集成·贵州编》第2册，成都：巴蜀书社2006年版第407页。

度看，明代贵州地主制生产关系不仅已经产生，而且获得了普遍的发展。

明代封建地主制取代领主制并占据统治地位，是社会的巨大进步。土司制下，农奴政治上没有人身自由，经济上承受超经济剥削，社会发展严重滞后。土司世袭为职，自有土地，自有人民，自行为治，独霸一方甚而举兵反叛，严重影响地方的安宁、朝廷的集权、国家的统一。地主制下，农民或自有土地，自行耕种，向朝廷纳税，负担较轻；或为地主佃户，租有定额，主佃矛盾稍缓。流官职有定数，任有限期，迁黜赏罚，一任朝廷。地主制基础之上，经济较为发展，社会较为稳定，国家较为统一。

铁犁与牛耕，是封建社会生产力的标志，是封建社会与奴隶社会的分水岭，是封建社会战胜并最终完全取代奴隶社会的武器，是封建地主制经济战胜并最终完全取代领主制经济的武器；而封建地主制经济的产生、发展并成为主导经济形态，则是古代社会大一统中央集权政治制度得以实现的物化根基。

明代贵州铁犁牛耕及地主制生产关系的普遍发展并开始扩展至土著民族之中，物化儒学较之前代飞跃发展，推动了包括土著民族在内的各民族社会经济的进步，缩小了汉民族与土著民族之间的经济差距，奠定了明代贵州大一统政治认同及各民族彼此认同的经济基础。

纵向比较，明代贵州户口、田亩、赋税较之前代大幅增长；横向比较，由于建省晚，开发迟缓，地理条件差，经济甚为落后，"财赋所出，不能当中原一大郡，诸所应用，大半仰给于川湖"。[①] 这反过来严重制约了贵州经济、文化、政治的发展。铁犁牛耕及地主制生产关系虽已开始扩展至土著民族之中，但进程极为有限，县一级建置以下大多数地域仍处于土司势力范围，物化儒学的流播任重而道远。

四、理论儒学较之前代飞跃提升

明代继承宋元传统，以程朱理学为官学；以程朱特别是朱熹注为主，编定《四书大全》《五经大全》及《性理大全》，颁行天下，作为官员行政的指导、学校教育及科举考试的统一读本，儒学的统治地位进一步巩固。明代中叶，王守仁继承、发展南宋陆九渊的心学，构建了一个庞大而完整的心学体系，集心学之大成。其后，作为宋明理学两大流派之一的王学，风靡天下，统治学术界达百年之久。而王学的发源地即贵州龙场（今修文）。

东汉时期，毋敛（今贵州独山、荔波）尹珍"以经术发闻"中原；[②] 西汉时期，鳖

[①]［嘉靖］《贵州通志·财赋》，《中国地方志集成·贵州编》第 1 册，成都：巴蜀书社 2006 年版第 285 页。

[②]《郑珍传》，《清史稿》第 43 册，北京：中华书局 1977 年版第 13288 页。

县（今贵州黔西、大方）舍人为《尔雅》作注，是为贵州最早的理论儒学成就。其后一千数百年中，贵州儒学长期衰微不振，仅有元代杨汉英《明哲要览》一书。明代建省，督抚司监大员全力倡导，悉心谋划，兴学校，开科举，成百进士、千八举人、6万生员，理论儒学复兴，较之前代飞跃提升。其一，产生了近40种儒学著作，数量远超前代。其二，开始出现黔中王学这种地域性的儒学群体及儒学流派，有一定影响的儒学家不再局限于个别人，而形成群体。其三，产生了一批高水平的儒学著作，学术成就不限于陈述，而有创新。

王守仁贬谪贵州，创建良知本体心学，又称王学；王学在贵州广泛传播，出现孙应鳌、马廷锡、李渭、陈尚象等一批王学学者，形成黔中王学。孙应鳌创立仁本心学，成为黔中王学的领军人物。王守仁良知本体心学的创立，孙应鳌仁本心学为代表的黔中王学的形成，成为明代贵州理论儒学的兴起及飞跃提升的标志。

明代贵州理论儒学的兴起及飞跃提升，为儒学的流播及民族认同奠定了理论基础。

五、儒学流播及民族认同较之前代飞跃发展

百万江南及中原移民进入贵州，习染依旧，传承不改，尊孔崇文，耕读为本，率先兴学，率先习儒，将儒文化带入了贵州。贵州建省，大批官员赴黔任职。这些官员大多数为进士、举人出身，儒学素养高。到贵州后，身体力行，践行儒学；尊孔崇儒，大力倡导，苦心谋划，多方筹措，兴学校，开科举，国家权力介入，贵州儒学出现了汉唐宋元从未有过的飞跃发展新气象。

明代以前，今贵州学校仅有零星设置。明代建省，学校教育较之前代呈现出前所未有的飞跃发展气象。初步统计，计官学42所、书院35所、社学163，合计240所，分布于各府学及部分州、县、卫所。科举制度更加成熟、完善。考选常态化；规范的三级考试成为定制；在选官制度中的地位更加重要；儒学在考试内容中的地位更加突出。隋唐宋元七百多年中，贵州进士仅宋代播州8名，元代1名。贵州明代建省，世宗嘉靖十六年（1537年）开始自行乡试。据不完全统计，270余年中，贵州士子猛增至文武进士130余人，文武举人1800余人，生员6万左右。此外有贡生2300余人。科举士子分布到今所有地级市。儒学是科举考试的主要内容。科举由官学而出，官学为科举而设，儒学从而成为官学教育的主要内容。书院、社学、私塾虽为民间学校，但受科举制度的导引，同样以儒学为主要的学习内容。借助学校教育和科举考试，儒学深入科举士子及数量更为庞大的读书人群体之中。国家政治、文化制度层面的全面介入，大大推动了儒学的传播，扩大了儒学的影响。借助科举士子及数量更为庞大的读书人群体，儒学传播、融入城乡广大下层民庶之中。明代读书人能取得举人以上功名从而进入官场的是极少数，绝大多数只能继续生活在民间、乡间，成为书院、社学、

私塾的先生，活跃在地方及民间的各种事务之中。他们将儒学传播到民间，将儒家的纲常伦理普及于民庶；身居民间的儒生群体，更以自身的道德楷模、行为表率，将儒家的理念浸透到社会下层，由此推动着民族共同文化心理的形成及民族认同进程。

明代贵州祭祀、旌表文化较之前代大为盛行。那些在儒学研究、创新、传播方面成就卓著的儒家，那些践行儒家思想的楷模，如功勋、政绩、科第、德行卓著者，如忠臣、节士、孝子、烈女等，或建庙宇，或立牌坊，予以表彰。全省府州县，按制一般均建有文庙（孔庙）、名宦祠、先贤祠（或乡贤祠）、关王庙、社稷坛；此外有若干具有地域特色的祠庙，如阳明祠、孙文恭公祠、李先生祠，如夏国公祠、忠烈庙、飞山庙、武侯祠等。牌坊旌表者多为科举名士、孝子、节妇等。祭祀孔子的文庙，乃天下第一庙。今贵州地域，明代文庙数量达到 37 处。全省 350 余座旌表牌坊中，倡扬文教、旌表科举士子者最多，占到一半以上，达 179 座。文庙、牌坊，形象直观，意味简洁。牌坊或竖于闹市，或立于大道，与世共存，与民相伴，朝夕相处，俯仰皆见。相对于学校教育、典籍阅读，在文化极不发达的古代社会，这种儒文化载体对于儒学的普及，对于儒家理念向社会层面尤其是社会底层熏染、渗透，尤具意义。以文庙、祭孔为代表的儒学祭祀、旌表文化的风行，遍布全省的祠庙、牌坊，以形象的物化形态、隆重的祭祀仪式，强化了儒学的神圣性、独尊性，提高了孔子及儒学在社会群体特别是普通群体心目中的地位，增强了社会群体特别是普通群体研习儒学、践行儒学的荣耀感；将尊孔崇儒的基本理念普及于社会，渗透于民间，在全社会营造了尊孔崇儒、尊孔崇文的氛围、习尚，推动了各民族共同文化心理的形成，促进了民族之间的认同。

明朝重视土著民族儒学教育，劝谕土司子弟入学受业，"使之知君臣、父子之义，而无悖礼争斗之事"。[①] 孝宗弘治十二年（1499 年），进一步明确规定土司应袭子弟"不有儒学读书习礼者，不听保袭"，[②] 并对土司子弟采取了直接保送、赐予衣物等优惠措施。朝廷在土司地区积极兴办儒学，播州、思州、思南、贵州等 4 大宣慰司，永宁宣抚司、乌撒军民府、普安安抚司，平浪（都匀卫兼管）、偏桥（属镇远府辖）、九姓（属四川永宁宣抚司）等长官司，均设立了儒学；儒学之外，设立了若干社学。各府、州、县学也接纳土司子弟就读。土著民族热烈回应，各地土司或积极参与修建儒学，或踊跃输送子弟入学。个别土司甚而放弃袭职，应乡试、会试。土司子弟踊跃入学，反映了其对儒学、对中原文化的自觉认同与追求。这为民族之间的认同、为各民族的大一统中央王朝认同奠定了初始的共同文化心理。

王守仁谪贬贵州龙场驿期间，得到了"夷人"的很多帮助，深切感受到"夷人"的善良、淳朴美德，以为"夷人""若未琢之璞，未绳之木，虽粗粝顽梗……然此无损

[①]《明实录·太祖实录》第 239 卷，中国台北 1962 年影印本第 3475-3476 页。
[②]《明实录·孝宗实录》第 151 卷，中国台北 1962 年影印本第 2676 页。

于其质"。① 其良知本体心学,就是在继承传统儒学的基础上,汲取土著民族文化而创立的。"夷人"尚存之"淳庞"本性,"夷人"之善行文化,成为王守仁心学的重要思想源泉、文化源泉之一。贬谪夷乡的苦难经历,于"夷人"淳朴良善本性的深切感受,王守仁开始改变中原士大夫对于边地土著民族的偏见,尊重"夷人",善待"夷人",与"夷人"友好相处。在汲取"夷人"精神文化的同时,以传统士大夫的责任感及担当意识,向"夷人"传播儒家文化,晓以君臣之义、大一统之义,引导"夷人"践行儒学,谱写了明代贵州民族文化交流融合及民族认同的辉煌一页。

百万移民进入,省府州县流官治理制度的建立,中原牛耕技术的推广,儒学的流播,历经一两百年的熏染,明代中后期,贵州各地风俗习尚开始变化,崇文敦礼、务本力耕风尚逐渐兴起。"渐知礼义",②"渐被华风";③"湮濡日久,渐拟中州";④"民与苗相习,夷与夏同风"。⑤"务学力耕"⑥ 习尚的兴起,成为明代贵州各民族共同文化心理初始形成、各民族之间彼此认同及大一统王朝认同的重要标志。

六、汉族继续融入土著民族

明代贵州虽然设置了省,进入贵州的汉族移民达百万之众,但汉人融入当地土著的数量还是相当可观。今贵州境先后设置26卫1千户所,兵员在20万以上。但到孝宗弘治(1488—1505年)、世宗嘉靖(1522—1565年)年间,各卫所编制却长期不足额,少有达到5600人满员编制者。以其时属于贵州都司而治所又在今贵州地域的17卫1所论,其额定兵员为15万余,嘉靖年间仅余7万余或8万余,⑦ 流失惊人。流失的原因,在于明朝中后期,卫所管理日益松弛,军官侵占屯田、奴役军士的现象日益严重;明朝统治走下坡路,势力衰落。在这种情况下,生计艰难的军士大批逃亡。逃亡的去向,"一般不会逃往原籍,这是因为明代执法苛严,逃回原籍后一旦被抓获,不仅本人要受到重处,连亲戚也得连坐,因而大部分逃军都是逃到了各土司的领地内,甚至逃到了

---

① 《外集五》,《王阳明全集》第3册,杭州:浙江古籍出版社2010年版第933、934页。
② [万历]《贵州通志》第12卷,北京:书目文献出版社1991年版第261页。
③ [万历]《贵州通志》第17卷,北京:书目文献出版社1991年版第393页。
④ [万历]《贵州通志》第17卷,北京:书目文献出版社1991年版第380页。
⑤ [光绪]《天柱县志·艺文志》,《中国地方志集成·贵州编》第22册,成都:巴蜀书社2006年版第294页。
⑥ [万历]《贵州通志》第12卷,北京:书目文献出版社1991年版第150页。
⑦ 参见[嘉靖]《贵州通志·兵防》,《中国地方志集成·贵州编》第1册,成都:巴蜀书社2006年版第305-306页;[嘉靖]《贵州通志·户口》,《中国地方志集成·贵州编》第1册第281-284页。[嘉靖]《贵州通志》记载嘉靖年间属于贵州都司而治所又在今贵州地域的17卫1所兵员,总数为72273,而据其所载各卫所数字相加,却为82273。

'生界'内，接受各民族土司的荫庇才能生活下来……贵州境内的'穿青人'即因此而来"。①此外，也有其他原因的逃亡。明初贵州都指挥同知、镇远侯顾成，原籍江南华亭县（今上海市境）。其六世孙顾良相，官千户指挥，驻守今凯里香炉山。"明孝宗七年……因军事失误，畏上究罪，避居开怀，改用苗名傍迪，另安家立业，娶文氏太生……雄傍、松傍、优傍、佼傍，遂传凯索、开怀、排阳、八寨四支顾氏苗族。"②军户而外，民户也会因谋生、通婚、逃亡等种种缘由而进入土司领地并融入土著之中。今铜仁市印江县合水镇兴旺村 200 余户蔡姓村民，祖上相传为太祖洪武年间，精通造纸术的蔡伦后人因躲避战乱而从江西流入今贵州，落户印江合水蔡家坳（今兴旺村一村民组），后融入当地土家族。村民至今仍保留着古法造纸作坊。③今黔东南黄平王家牌苗寨，其先祖王倒犁，原籍江西，明初随父来到今黄平，精于铁犁铸造，在王家牌开设作坊，制犁出售。娶戡雄寨苗族姑娘阿扁为妻，融入了苗族。④贵州"南京人"自称为建文帝支持者后裔。靖难之役，建文帝及其支持者逃出南京，其中不少人流落到贵州，隐匿民间，处境十分艰难。迫于无奈，他们遂于永乐五年（1407 年）正月，在今息烽县鹿窝乡西望山，与土著龙姓合姓联盟，将他们中的 36 姓与龙姓合为赵、谢两大姓，"尊赵、谢为盟主，对外以赵、谢为明姓，其余为暗姓，各家铭记，世代相传。同时将龙家各部、姓聚居之地称之为龙氏大屋"。龙氏大屋因靖难之役入黔者，内部自称"南京人"，直至现在。龙氏大屋中的一支，东进今黔东，与苗族中的红苗支系融合为红苗，至今仍自称源自龙氏大屋，成为今黔东苗族第一大姓。⑤

汉族融入土著民族，同土著民族融入汉族一样，你中有我，我中有你，最后融合为中华民族。

七、飞跃之中有局限，认同之中有冲突

明代是贵州古代儒文化与民族认同的拐点。较之汉唐宋元，明代贵州儒文化的传播层面及流播节奏飞跃发展，民族认同程度飞跃提升。

省级区划及一批流官治理的府州县级区划的设置，26 卫 1 所的屯守，百万江南及中原移民的进入，一批儒学素养较高的官员的大力倡导、苦心谋划、多方筹措、兴学校、开科举，贵州儒文化的传播层面及流播节奏较之前代得以飞跃发展。官学、书院、

---

① 张廷玉编，罗康智等编著：《明史贵州地理志考释》，贵阳：贵州人民出版社 2008 年版第 287 页。
② 凯里凯棠顾氏后人近年所立碑记，转引自杨昌儒等：《贵州民族关系的构建》，贵阳：贵州人民出版社 2010 年版第 48 页。
③ 参见简冰冰等：《蔡伦纸"最后的"制造者》，《贵阳晚报》2014 年 3 月 10 日。
④ 参见王启明：《贵州黄平王家牌王氏宗谱》，2006 年印本。
⑤ 申敏：《从龙氏大屋走出的民族》，《贵阳文史》2011 年第 6 期。

社学几近 240 所；进士 130 余人，举人 1800 余人，生员 6 万左右，贡生 2300 余人；旌表、祭祀文化盛行，庙宇、牌坊遍及全省，有文庙近 40 座，牌坊 350 余座；土司教育初具规模，各地土司踊跃兴学、入学；崇文敦礼、务本力耕风尚渐次兴起，"民与苗相习，夷与夏同风"。[①] 各民族共同文化心理初始形成，各民族之间彼此认同及大一统中央王朝认同程度较之前代飞跃提升。较之前代，土司与朝廷联系大为加强，朝贡频繁，民族关系较为稳定和谐。天柱苗民为知县朱梓建生祠，龙场"夷人"厚待王守仁，成为明代贵州民族文化交流融合及民族认同的典范。

然而，飞跃中有局限，认同中有冲突。儒学的传播及影响主要在都市，乡村甚为薄弱；主要在汉民族中，土著民族中甚为薄弱；基本上在土司之中，土民中甚为薄弱。明朝两百多年中，小规模的民族冲突延绵不断，末年的播州杨应龙之乱、奢安之乱，其延续时间之长、波及地域之广、祸害之惨烈，实属少有。

儒学流播飞跃与局限同在，民族关系认同与冲突并存。飞跃之中有局限，传播不断加速、层面不断扩大是主流；认同之中有冲突，认同程度不断提升、冲突规模不断缩减是主流。

---

① [光绪]《天柱县志·艺文志》，《中国地方志集成·贵州编》第 22 册，成都：巴蜀书社 2006 年版第 294 页。

第五章　清代前期贵州古代儒文化与民族认同的高峰

清代前期，朝廷宣示"崇儒重道"，①"修德安民"；②"我国家受天眷命，统一万邦"；③ 以仁治天下，以为"道统在是，治统亦在是"。④

清廷统一贵州后，对水西土司、乌撒土府及若干长官司改土归流，大、中土司不再存在，小土司势力进一步削弱；开辟苗疆、腊尔山区苗疆，编户齐民，设立10厅，结束了苗疆"化外"局面。全省府、州、县、厅建制由明代33个增至74个，基本覆盖今贵州县级以上行政区域，府、州、厅、县流官治理格局形成，结束了汉唐宋元明郡国并治、土流并存甚至如同元代那样土司一统的局面，贵州的统一局面、全国的统一局面提升，古代贵州大一统制度认同达于高峰。

清廷接受儒家重农思想，以为"养民之本，莫要于务农"。⑤ 自清代始，贵州绝大多数府、州、厅、县均设立先农坛，祭祀神农炎帝。汉族移民继续大量进入贵州，至道光前期，仅进入少数民族地区的客民即达7万余户。移民大量进入，为贵州社会经济的发展注入了宝贵的人力、技术及文化资源。农业经济较明代大有进步。官府奖励开垦，推行水利兴修、铁犁牛耕、精耕细作。较之明代，田亩、赋税增长，户口猛增。铁犁牛耕、引水灌溉等先进农耕技术在包括新辟苗疆在内的少数民族地区进一步推广应用。商品经济大发展，商户数量剧增，会馆、场市分别达到170余座、650多处，一批商品交易中心及商品集散地形成。会馆、场市分布延伸至乡间及新辟苗疆。社会经济的大发展，为大一统王朝的存在赢得了合法性基础，为儒文化的推广流播奠定了更为厚实的物质基础，扩大、深化了"夷"汉民族之间的交往认同。卫所军户转为民户；府、州、厅、县编户人口由明代51万余口猛增至534万余口；汉族聚居地区土地买卖、租佃盛行，包括新辟苗疆在内的少数民族地区也出现了大量土地买卖、租佃现象。封建地主制生产关系取得绝对优势地位，大一统政治认同基础更为巩固。

---

①《高宗纯皇帝实录》第129卷，《清实录》第10册，北京：中华书局1985年版第887页。
②《圣祖仁皇帝实录》第151卷，《清实录》第5册，北京：中华书局1985年版第678页。
③《世祖章皇帝实录》第2卷，《清实录》第3册，北京：中华书局1985年版第17页。
④《圣祖仁皇帝实录》第70卷，《清实录》第4册，北京：中华书局1985年版第899页。
⑤《高宗纯皇帝实录》第195卷，《清实录》第11册，北京：中华书局1985年版第503页。

较之明代，官学、书院、义学、社学数量大有增长，覆盖面大幅扩大。义学之下，是数量更多、分布更为广泛的私塾。更多的学校，特别是书院，又特别是义学，进入乡村及少数民族地区。府州厅县及少数民族儒学教育格局基本形成。学校、书院、义学、私塾教育成为儒学传播的主要途径，儒学的传播特别是在乡村及少数民族中的传播力度大为增强。

科举兴隆。较之明代，取录人数大幅增加；生员之下，是数量更为庞大的读书人群体。覆盖地域更为广泛。官府在大兴学校以推广儒学的同时，在少数民族聚居州县采取种种优惠措施，录取苗生。清代前期，贵州录取苗生生员估计在800来人，其中不乏举人乃至进士。较之明代，儒学在少数民族中的传播又向前迈进了一大步。土司、土官子弟以外，普通苗童也可以应试儒学，接受儒学教育的层面扩大了，人数增加了；苗生总体儒学水平提高；取得科举功名的人数更多了；读书应试的苗生更多了，各府州县各民族中均有分布。习诗读书、循礼遵义开始在少数民族中成为习尚。学校教育的大发展及科举的兴隆，造成了一个远较明代庞大的士子群体。这个群体倡儒学、兴学校，致力于书院、义学特别是私塾教育，将儒学传播到民间，将儒家的纲常伦理普及于民庶，由此推动着民族共同文化心理的形成及民族认同进程。

清代前期，贵州儒学著作数量猛增，学术水平更高。清代前期及稍后，贵州理论儒学实现了本土化、群体化、创新化转型。明代黔中王学带有明显的输入性特征；清代前期及稍后，贵州儒学群体，无论是安平陈法家族还是沙滩郑、莫、黎家族，均为贵州人，其学术成就主要形成于贵州本土。明代的黔中王学，群体人数较少，彼此间的关系也较为松散。清代前期及稍后，安平陈法家族子弟世代或乡试中举，或会试及第。在这个家族的影响下，平坝一县之地，包括陈法家族在内，仅进士即达11名之多，形成一个颇具规模的县级地域儒学群体。沙滩儒学群体郑、莫、黎3个家族，明清两代生员、监生、贡生、举人、进士40多人，其中绝大多数在清代；3个家族或为师生，或为姻亲，彼此提携，相与切磋，形成一个人数众多、联系密切的儒学群体。清代前期及稍后，贵州理论儒学有了较之明代为多的创新性成果，郑珍、莫友芝、黎庶昌、陈法的成果在国内有一定地位及影响。理论儒学的本土化、群体化、创新化转型，是清代前期及稍后贵州理论儒学发展的标志。理论儒学的发展为儒文化与民族认同提供了理论支撑。

清代前期，贵州祠庙祭祀文化继续发展，祠庙数量更多，祭祀内容更加丰富，祠庙祭祀进一步向乡里及少数民族地区延伸，少数民族人物也有了祀祠。以尊孔崇文为核心的祠庙祭祀文化向乡里特别是少数民族地域延伸、渗透，儒学更多地得到社会底层及少数民族的认可，推进了各民族共同文化心理及民族认同的进程。

周边汉民继续大批进入，贵州"夷"多汉少格局转变为汉多"夷"少；各府、州、厅、县，无论汉多"夷"少地域还是"夷"多汉少地域，都处于汉、"夷"错处杂居状态。进入少数民族聚居地域的汉民更多，错处杂居状况更为普遍、贴近。这部分汉民被称为客民,约在7.1万来户。"夷"汉错处固然有易于引发矛盾冲突的一面,但更有利于少数民族地区社会经济、文化的发展,有利于不同民族之间的交往、交流、沟通认同、和平共处,总体上看、长远看,是利大于弊的。明清两代大规模进入贵州的汉民,历经数百年的交往、磨合,逐渐融入了贵州社会,成为"黔人"。[1] 外来移民特别是明代及其之前的移民,被称为"土著",[2] 表示这些移民已在很大程度上吸收了当地少数民族文化,融入了当地社会,已有别于新到移民;但又继承、保留了中原文化,有别于当地少数民族。有的汉民更融入了当地少数民族,但尚部分地保留着汉文化,如供奉"天地君亲师神位"。[3] "土著"等在儒文化向少数民族传播的进程中,起到了特殊的示范效应及纽带作用。儒学在贵州、在少数民族中进一步传播,各民族"耕凿诵读"[4] 俗尚及文化心理初步形成,"士习诗书,农安耕凿",[5] 认同感增强;"民苗相安,晏然无事";[6] "彼此无猜","交好往来"。[7] 清初至道光年间,民族纷争、动乱事件总的说来呈弱化之势,贵阳府、大定府尤为明显。前者在乾隆初年以后,后者在康熙中叶以后,动乱事件基本未再发生。不过,黔东南苗疆腹地及黔东北松桃直隶厅,社会却长期动乱,苗民起事不断。清廷以武力强行将尚有相当苗、侗民族处于原始社会末期的苗疆腹地推入封建社会,给苗疆社会留下了后患。

第一节 府州县流官治理格局的形成与制度认同的升华

一、"崇儒重道","统一万邦"

清朝是一个由关外的少数民族即满族建立的王朝。作为一个社会发展程度远低于

---

[1] 陈法:《犹存集·黔论》,《黔南丛书》第2辑,贵阳:贵州人民出版社2009年版第134页。
[2] 爱必达:《黔南识略》,《黔南识略·黔南职方纪略》,贵阳:贵州人民出版社1992年版第276页;罗绕典:《黔南职方纪略》,《黔南识略·黔南职方纪略》,贵阳:贵州人民出版社1992年版第282、322页。
[3] 《同治苗疆闻见录》,《中国地方志集成·贵州编》第19册,成都:巴蜀书社2006年版第602-603页。
[4] 爱必达:《黔南识略》,《黔南识略·黔南职方纪略》,贵阳:贵州人民出版社1992年版第178页。
[5] 爱必达:《黔南识略》,《黔南识略·黔南职方纪略》,贵阳:贵州人民出版社1992年版第266页。
[6] [民国]《贵州通志·前事志》第3册,贵阳:贵州人民出版社1985年版第466页。
[7] 罗绕典:《黔南职方纪略》,《黔南识略·黔南职方纪略》,贵阳:贵州人民出版社1992年版第282、322页。

中原汉民族的民族，为着夺取及维系政权的需要，满族贵族在保留本民族文化的同时，接受了古代中国的主流文化——儒文化。入关之前，皇太极君臣就修孔庙，崇孔子，以为孔子"德配天地，道贯古今，删述六经，垂宪万世，昭宣文治，历代尊崇"；①宣示"信守三纲五常"，②以儒家的纲常伦理治国；设学校，"令诸贝勒大臣子弟，所以使之习于学问，讲明义理，忠君亲上"；③开科举，令"诸贝勒府以下及满、汉、蒙古家，所有生员，俱令考试"。④1636年，更进一步仿行汉唐宋元制度儒学，建国家、定年号、即皇帝位，"受……皇帝尊号，建国号曰大清，改元为崇德元年"。⑤入关后，顺治二年（1645年），在明代"至圣先师"基础上，加封孔子为"大成至圣文宣先师"；十年（1653年），谕令"国家崇儒重道，各地方设立学宫"，将儒学确立为治国之道。⑥康、乾时期，清廷大力倡扬儒学，儒学盛极一时。康熙八年（1669年），敕谕国子祭酒、司业等官："圣人之道，高明广大，昭垂万世，所以兴道致治，敦伦善俗，莫能外也。"⑦乾隆五年（1740年）上谕："国家以经义取士"；"四书五经皆圣贤之精蕴"，以其"养育人才，将用以致君泽民，治国平天下"。⑧

同汉唐宋元王朝一样，清廷也接过儒家大一统学理，作为维系其政权的重要理论。"我国家受天眷命，统一万邦"；⑨"圣兼述作，大一统而首出"。⑩1644年，清兵入关，福临即位，是为顺治元年。其后近半个世纪，平息南明政权，平定三藩之乱，建立了疆域空前广大的大一统王朝。

建立清朝的满族，曾经长期被汉民族视为"夷狄"。建立了大一统王朝、转化为统治民族之后，为着替自己正名，为了争取其他民族特别是汉民族的支持、认同，清朝君主对华"夷"、中外做出诠释，以为"夷狄"之称，不过"方域之名，自古圣贤不以为讳也"。孟子即谓："舜，东夷之人也；文王，西夷之人也"。舜，"古之圣帝"；文王，"周室受命之祖"，孟子尚且称之为"夷"，足见"夷"夏之别，不过地域之别。中外之别，亦"地所划之境也"。⑪反复强调，今日四海归一，自应"满汉官民，俱为一

---

①《太宗文皇帝实录》第30卷，《清实录》第2册，北京：中华书局1985年版第387页。
②《内阁藏本满文老档·太宗朝·汉文译文》第14函第20册，沈阳：辽宁民族出版社2009年版第731页。
③《太宗文皇帝实录》第10卷，《清实录》第2册，北京：中华书局1985年版第146页。
④《太宗文皇帝实录》第5卷，《清实录》第2册，北京：中华书局1985年版第73页。
⑤《太宗文皇帝实录》第28卷，《清实录》第2册，北京：中华书局1985年版第361页。
⑥《世祖章皇帝实录》第74卷，《清实录》第3册，北京：中华书局1985年版第585页。
⑦《圣祖仁皇帝实录》第28卷，《清实录》第4册，北京：中华书局1985年版第393页。
⑧《高宗纯皇帝实录》第129卷，《清实录》第10册，北京：中华书局1985年版第887、888页。
⑨《世祖章皇帝实录》第2卷，《清实录》第3册，北京：中华书局1985年版第17页。
⑩《世祖章皇帝实录》第2卷，《清实录》第3册，北京：中华书局1985年版第12页。
⑪以上见《清世宗实录》第130卷，《清实录》第8册，北京：中华书局1985年版第696页。

家";①"天下一统，满汉无别";②"中外一家，上下一体";③"满汉一家，同享升平，岂有歧视之理"。④

儒家"夷"夏之辨，着眼点在文化，在于文化的先进与落后。又以为"夷"与夏不是一成不变的，"夷"接受了夏文化，即变为夏；夏失去了自身文化，即成为"夷"。清朝君主的"夷"夏之辨，似乎与儒家有异。其实不然。雍正帝谓："我朝肇基东海之滨，统一诸国，君临天下。所承之统，尧舜以来中外一家之统也；所用之人，大小文武、中外一家之人也；所行之政，礼乐征伐，中外一家之政也。内而直隶各省臣民，外而蒙古极边诸部落，以及海澨山陬，梯航纳贡，异域遐方，莫不尊亲，奉以为主。乃复追溯开创帝业之地，目为外夷……不且背缪已极哉！"⑤ 碍于满族贵族的尊严，清朝君主不愿公开承认曾经的文化落后性，却强调自己乃尧舜大统的继承者，所行者乃中、外合璧的"礼乐征伐"之政。这实际上认可了儒家的理念，以为自己已由"夷"进为夏，不当再被视为"夷"。

在中国历史上，清朝是一个民族压迫色彩较为浓烈的王朝，直至其末年，民族压迫依然存在。但是，从初期开始，它也确实在不断调整政策，不断减少民族等差的程度，不断有所进步。其能维系近280年的政权，重要原因之一即在于此。它所提出的"满汉一家""中外一家"的主张，对于调整民族关系、促进民族认同起到了积极的作用。

清朝君主同样意识到，大一统王朝的合法性或者说王朝的长治久安关键在于得民心，得民心的要点在于爱民仁民、养民保民。入关之前，皇太极君臣即谓，要行"仁心仁政之道"，⑥"以仁心爱万民，以仁政治宇内"。⑦ 康熙帝总结了明朝灭亡的教训，将行仁义提到了"道统""治统"的高度："帝王治天下，自有本原，不专恃险阻。秦筑长城以来，汉、唐、宋亦常修理。其时岂无边患？明末，我太祖统大兵长驱直入，诸路瓦解，皆莫敢当。可见守国之道，惟在修德安民。民心悦，则邦本得而边境自固，所谓众志成城者是也。"⑧ "性善仁义之旨，著名于天下……道统在是，治统亦在是矣。"⑨ 顺治元年（1644年），顺治帝即位当日，即昭告天下，申明自己之登大位，乃因"生灵涂炭"，为"救民水火"、顺应"民情"而为；祈求"天地佑助"，早日安定天

---

① 《世祖章皇帝实录》第15卷，《清实录》第3册，北京：中华书局1985年版第140页。
② 《清史稿·冯铨传》，《二十五史》第12册，上海：上海古籍出版社、上海书店1986年版第1067页。
③ 《世宗宪皇帝实录》第130卷，《清实录》第8册，北京：中华书局1985年版第696页。
④ 《世祖章皇帝实录》第31卷，《清实录》第3册，北京：中华书局1985年版第260页。
⑤ 《世宗宪皇帝实录》第130卷，《清实录》第8册，北京：中华书局1985年版第696页。
⑥ 罗振玉：《天聪朝臣工奏议·请重彝伦以重国本奏》，《清入关前史料选辑》，北京：中国人民大学出版社1991年版第65页。
⑦ 都察院参政祖可法等上书，转引自程奎《多尔衮这一辈子》，《东方养生》2007年第7期。
⑧ 《圣祖仁皇帝实录》第151卷，《清实录》第4册，北京：中华书局1985年版第678页。
⑨ 《圣祖仁皇帝实录》第70卷，《清实录》第4册，北京：中华书局1985年版第899页。

下，以使"九州悉平，登进人寿"。①建立了清王朝的满族贵族，尽管是依靠军事征服取得天下的，尽管在建国之初因为大肆屠戮、暴力剃发、圈占土地等民族压迫政策而导致了尖锐的满汉矛盾，但是，依然再三声明其为民爱民的宗旨。这表明，儒家为民爱民、保民安民的理念已深入人心，汉族皇帝也好，满族皇帝也好，概莫能外；圣君明主也好，昏君庸主也好，皆如此谓；真心也好，假意也好，均不得不如此说。得民心者昌，失民心者亡；得民则国泰民安，江山久长。正因为如此，顺治十五年（1658年），清军进军贵州之际，朝廷即下旨整肃军纪，"严行约束官兵"，不得侵扰苗民，"凡良民苗蛮财物及一草一木，勿得擅取……不遵纪律，仍行抢掠者，即加处治，以示惩戒"。②贵州、云南平定，即下旨拨付银15万两，"赈济两省真正穷民"，③以示其体恤民庶之意。

顺治十五年（1658年），清军击败南明永历政权在贵州的军事势力，贵州纳入了清王朝的大一统体制之内。

二、改土归流，开辟苗疆

清代改土归流，包括清初的改土归流及雍正年间的苗疆开辟。苗疆既不受流官管辖，也不受土司管辖，既无流官，也无土官，各寨寨头自行为治，无汉人进入，社会发展程度低。苗疆开辟只能称为广义的改土归流。

（一）土司制度的落后性

元代在今贵州全面推行土司制；明代改土归流，仍有贵州宣慰司及70来个长官司存在，管理着个别府、部分州县级别的地域及广大的乡村，尚有不小势力。经过明代近300年的开发，贵州地主制经济较之前代有了巨大的发展，生产关系发生了深刻的变革，土司制的落后性及不适应性日益显露，与大一统中央集权制的矛盾日益尖锐。

1. 土民"生杀任情……任其鱼肉"

土司制下，土民政治上没有人身自由，依附于土司，甚至生杀予夺一任土司；经济上承受超经济剥削；极少受教育，无权科举应试。清代史学家赵翼《黔中偶俗》记："凡土官之于土民……其虐使土民非常法所有。土民虽读书，不许应试，恐其出仕而脱籍也……生女有姿色，本官辄唤入，不听嫁，不敢字人也。有事控于本官，本官或判不公，负冤者惟私向老土官墓上痛哭，虽有流官辖土司，不敢上诉也。贵州之水西倮

---

① 《世祖章皇帝实录》第9卷，《清实录》第3册，北京：中华书局1985年版第91、92页。
② 《世祖章皇帝实录》第115卷，《清实录》第3册，北京：中华书局1985年版第900页。
③ 《世祖章皇帝实录》第126卷，《清实录》第3册，北京：中华书局1985年版第977页。

人更甚，本朝初年已改流矣，而其四十八支子孙为头目如故。凡有征徭，必使头目签派，辄顷刻集事。流官号令，不如头目之传呼也。倮人见头目，答语必跪，进食必跪，甚至捧盥水亦跪。头目或有事，但杀一鸡，沥血于酒，使各饮之，则生死惟命。余在贵西，尝讯安氏头目争田事。左证皆其所属倮人，群奉头目所约，虽加以三木，无改语。至刑讯头目已吐实，诸倮犹目相视不敢言"。① 清代学者、广州知府蓝鼎元《论边省苗蛮事宜疏》谓："黔省土司，一年四小派，三年一大派，小派计钱，大派计银。土民岁输土徭，较汉民丁粮加多十倍。土司一日为子娶妇，则土民三载不敢婚。土民一人犯罪，土司缚而杀之，其被杀者之族，尚当敛银以奉土司，六十两、四十两不等，最下亦二十四两，名曰玷刀银。种种朘削，无可告诉。"② 顺治年间，云贵总督鄂尔泰上疏谓："土司肆虐，并无官法。"以云南镇沅土府为例，揭露土官对土民的横征暴敛。该府"每岁额征米一百石"，实征1212石；"额征银三十六"，实征2368两。"是其征之私橐者，不啻百倍数十倍，而输之仓库者，十不及一二，百不及二三。由此类推，又何可胜计？"③ 雍正帝谕旨亦称："向来云、贵、川、广以及楚省各土司，僻在边隅，肆为不法……于所辖苗蛮，尤复任意残害，草菅人命，罪恶多端，不可悉数"。④ "各处土司，鲜知法纪，每于所属土民，多端科派，较之有司收正供，不啻倍蓰，甚至取其牛马，夺其子女，生杀任情，土民任其鱼肉，敢怒而不敢言"。⑤ 土司制严重制约了土司地区社会经济、政治、文化的发展，激化了社会矛盾。

2. 纷争动乱

土司世代承袭，拥有土民、土兵、治权、财力，延续数百年，易于坐大，不时纷争起兵，或内部讧争，或彼此为争夺土地、人口而争斗，甚而起兵对抗官府，动乱地方，祸害民庶，危害地方统一，影响清廷一统。

顺治末年，贵州巡抚赵廷臣上疏谓："贵州古称鬼方……虽种类不同，要皆专事斗杀"。⑥ 康熙初年，贵州总督杨茂勋上疏谓，贵州"苗蛮穴处……以睚眦为喜怒，以仇杀为寻常"。⑦ 雍正年间，云贵总督鄂尔泰奏折言及黔东南黎平府苗民"从不见官，性好仇杀"。⑧ 雍正五年（1727年）上谕："向来云、贵、川、广以及楚省各土司，僻在

---

① 赵翼：《檐曝杂记·黔中倮俗》，《檐曝杂记 竹叶亭杂记》，北京：中华书局1982年版第68-69页。

② 蓝鼎元：《论边省苗蛮事宜疏》，《皇朝经世文编》第86卷，《近代中国史料丛刊》第74辑第731册，台北：台湾文海出版社1966年版第3095页。

③ 鄂尔泰：《改土归流疏》，《皇朝经世文编》第86卷，《近代中国史料丛刊》第74辑第731册，台北：台湾文海出版社1966年版第3097页。

④《世宗宪皇帝实录》第64卷，《清实录》第7册，北京：中华书局1985年版第986页。

⑤《世宗宪皇帝实录》第20卷，《清实录》第7册，北京：中华书局1985年版第326页。

⑥《世祖章皇帝实录》第126卷，《清实录》第3册，北京：中华书局1985年版第978页。

⑦《圣祖仁皇帝实录》第16卷，《清实录》第4册，北京：中华书局1985年版第235页。

⑧《鄂尔泰奏八万古州一带苗民情形折》，《清前期苗民起义档案史料》上册，北京：光明日报出版社1987年版第7页。

边隅，肆为不法，扰害地方，剽掠行旅，且彼此互相仇杀，争夺不休"。① 彼此仇杀而外，因争夺继承权的讧斗也是土司地区动乱的一大因素。顺治末年，赵廷臣上疏谓，土司承袭，"私相传接，支系不明，争夺易起，遂致酿成变乱"。奏请仿皇家王位继承制，定土司承袭制度，"豫杜""衅端"。②

顺治、康熙年间，土司数次起兵对抗官府。顺治十七年（1660 年）六月，黎平府曹滴洞蛮夷长官司土官杨华如起兵反清。③ 康熙二年（1663 年），新添卫丹平长官司土官莫之廉"与官兵接战二次。又窝藏叛逆刘鼎，聚众弄兵，为谋叵测"。④ 四年（1665 年），"郎岱土司陇安藩反"，次年"伏诛"。⑤

3. 苗疆苗人"蟠踞，梗隔三省"

所谓苗疆，主要指古州为中心的地域，为今黔东南州中、南部及相邻的黔南州东南境。清代镇远知府方显《平苗事宜疏》谓："自黎平府以西，都匀府以东，镇远府以南皆'生苗'地……广袤二三千里，户口十余万，不隶版图，不奉约束。"⑥ 云贵总督鄂尔泰谓："苗疆四周几三千余里，千有三百余寨，古州居其中，群砦环其外。"⑦ 对照今贵州地域，北界清水江流域，南界都柳江流域，东界黎平，西界黔南州东部的都匀、独山、荔波，约当黔东南州的雷山、丹寨、从江、榕江、剑河、台江、凯里部分、麻江，黔南州的三都。居民主要为苗族、侗族、水族、布依族。其次指贵阳、安顺、南笼三府交界地域，为今黔南州西部惠水、长顺、罗甸，安顺市南部镇宁、关岭、紫云，黔西南州之贞丰、望谟、册亨等，居民主要为布依族、苗族。"广顺、定番、镇宁'生苗'六百八十寨，永宁、永丰、安顺'苗'千三百九十八寨，地方千余里，直抵粤界。"⑧ 再次指湘、黔、川三省交界的腊尔山区，贵州境内为今黔东北铜仁市之松桃，居民主要为苗族。

苗疆不受土司约束，更不受流官约束，也无汉人进入，社会发展程度低，极少受汉文化影响，与外界很少交流，被官府称为"生苗""生界""化外之地"。云贵总督鄂尔泰以为，如不开辟苗疆，其弊端有三。其一，危害黔、粤。"黔粤之交，有八万、古州里外一带生苗地方，千有余里，虽居边界之外，实介两省之中。黔之黎平、都匀、镇远、永从诸郡县，粤之柳州、怀远、荔波诸郡县，四面环绕，而以此种生苗，伏处其内。分两省而观，各在疆外，合两省而观，适居中央，任其劫掠四境，一无管辖，

---

① 《世宗宪皇帝实录》第 64 卷，《清实录》第 7 册，北京：中华书局 1985 年版第 986 页。
② 《世祖章皇帝实录》第 126 卷，《清实录》第 3 册，北京：中华书局 1985 年版第 978-979 页。
③ 《圣祖仁祖皇帝实录》第 6 卷，《清实录》第 4 册，北京：中华书局 1985 年版第 106 页。
④ 《圣祖仁祖皇帝实录》第 8 卷，《清实录》第 4 册，北京：中华书局 1985 年版第 140 页。
⑤ 《清史稿·土司传》，《二十五史》第 12 册，上海：上海古籍出版社、上海书店 1986 年版第 1635 页。
⑥ 方显 著，马国君等编著：《平苗纪略研究》，贵阳：贵州人民出版社 2008 年版第 109-110 页。
⑦ 《清史稿·鄂尔泰传》，《二十五史》第 12 册，上海：上海古籍出版社、上海书店 1986 年版第 1141 页。
⑧ 魏源：《圣武记》，《魏源全集》第 3 册，长沙：岳麓书社 2004 年版第 284 页。

故两省潜受其害，皆莫可如何。"① 其二，阻断了两省水上交通，不利商贾流通。苗疆地处湖广与广西之间，境内水利资源丰富，"左有清江可北达楚，右有都江可南通粤"，而苗疆苗人"蟠踞，梗隔三省"，② 阻断了湖广、贵州、广西三省水路商道。"云贵远居天外，必须商贾流通，庶地方渐有起色。今水路不通，陆路艰险，往来贸易者，非肩负即马驼，费本既多，获息甚微，以致裹足不前，诸物艰贵"。③ 如开通两江，"上下舟楫无阻，财货流通，不特汉民食德，即苗民亦并受其福。此黔省大利也。诚能开辟，则利可兴"。④ 其三，不利于缓解贵州财政紧张状况。贵州地瘠民贫，财赋收入极为紧张，明代，"诸所应用，大半仰给于川湖"；⑤ 清初大致未变。苗疆"约有一千二三百里，其寨约有数千，其户口约有十数万，可设两三州县，并可建一府统率之"。⑥ 古州、八万"形势宽敞，田土膏腴……总计约有四五千户……约有二万余丁"。⑦ 开辟过程中，鄂尔泰不断奏报编户齐民、认纳钱粮消息。"安顺各寨生苗，编户输粮者，已四百余寨"。⑧ 平丹江，"九股地方及清水江各苗，现在归附者已四千八百九十余户，计不下二万口"；"编立保甲……造册……认纳钱粮"。⑨ 七年（1729年）正月奏，又招抚得高婆、寨稿、龙早、董敖等97寨、4732户。⑩ 故鄂尔泰初上《改土归流疏》时即有改土归流以"蒭除夷官，清查田土，以增租赋"之语。⑪

（二）清初贵州改土归流、开辟苗疆

1. 水西土司、乌撒土府改土归流

水西安氏自蜀汉受封罗甸王，其后世代领有水西，延续1400年。明代，其势力越

---

① 《鄂尔泰奏八万古州一带苗民情形折》，《清代前期苗民起义档案史料》上册，北京：光明日报出版社1987年版第6页。
② 《清史稿·土司传》，《二十五史》第12册，上海：上海古籍出版社、上海书店1986年版1628页。
③ 鄂尔泰：《云贵事宜疏》，《皇朝经世文编》第86卷，《近代中国史料丛刊》第74辑第731册，台北：台湾文海出版社1966年版第3099页。
④ 方显 著，马国君等编著：《平苗纪略研究》，贵阳：贵州人民出版社2008年版第117页。
⑤ [嘉靖]《贵州通志·财赋》，《中国地方志集成·贵州编》第1册，成都：巴蜀书社2006年版第285页。
⑥ 《鄂尔泰奏八万古州一带苗民情形折》，《清前期苗民起义档案史料》上册，北京：光明日报出版社1987年版第8页。
⑦ 《鄂尔泰奏八万古州一带苗民情形折》，《清前期苗民起义档案史料》上册，北京：光明日报出版社1987年版第7-8页。
⑧ 《鄂尔泰奏八万古州一带苗民情形折》，《清前期苗民起义档案史料》上册，北京：光明日报出版社1987年版第7页。
⑨ 《鄂尔泰奏剿平丹江苗寨折》，《清前期苗民起义档案史料》上册，北京：光明日报出版社1987年版第16页。
⑩ 参见《鄂尔泰奏剿抚丹江一带苗寨就绪折》，《清前期苗民起义档案史料》上册，北京：光明日报出版社1987年版第36页。
⑪ 鄂尔泰：《改土归流疏》，《皇朝经世文编》第86卷，《近代中国史料丛刊》第74辑第731册，台北：台湾文海出版社1966年版第3097页。

过鸭池河，达于贵阳，被朝廷任命为贵州宣慰使，权势位于明代四大土司之首。四大土司中，思州、思南、播州相继改土归流，唯水西土司继续存在。熹宗天启、思宗崇祯初年奢、安之乱平息后，明廷一度意欲改土归流，终因后金内逼、国力衰落，仅令其退回鸭池河以西而作罢。顺治十五年十二月（1659年1月），清军占领贵州，宣慰使安坤归附，任职如旧。十六年（1659年），乌撒土知府安重圣归附。①

顺治十六年（1659年）平西王吴三桂奉旨"驻镇云南"，②康熙二年（1663年）获准"节制"云贵。③顺治十七年（1660年），吴三桂上奏：水西土司安坤"久蓄异谋，近闻刑牲祭鬼，将为不轨"；乌撒土司安重圣"亦反侧叵测"。请"为先发制人之策，乘其未动，早为剿平"。④议政王贝勒大臣会议："应如所请，悉心筹划，相机歼剿"；上谕"从之"。⑤

康熙三年（1664年），吴三桂率兵攻水西。四年（1665年），"擒安坤"，⑥"平定水西"；⑦"进克乌撒，土酋安重圣、安重乾就擒"。⑧五年（1666年），安重圣妹婿、郎岱土司陇安藩起兵为安重圣复仇，兵败身亡。⑨

平定水西后，清廷以其地置大定、平越、黔西3府，⑩改乌撒土府为威宁府，由四川转"隶贵州省统辖"；⑪以郎岱土司地置郎岱厅，隶属安顺府。其后几经调整，最终形成1府、3州、1县、1厅行政区划格局。1府即大定府，亲领今大方、纳雍，治大方；领3州、1县、1厅。3州：平远州，今织金；黔西州，今黔西、金沙，治黔西；威宁州，今威宁、赫章，治威宁。1厅，水城，今六盘水市钟山区、水城县。1县，毕节，今七星关区；康熙二十六年（1687年），革裁毕节、赤水2卫，以其屯防地域置。⑫其地域，约当今毕节市全境，即织金、黔西、金沙、大方、纳雍、赫章、威宁，六盘水市之钟山区、水城县。

康熙十二年冬月底（1673年初），吴三桂反，占有贵州。安坤之子安圣主助清平叛。二十年（1681年），贵州收复。清廷以安圣主有功，"著有勤劳"，⑬始授乌撒土知

---

①参见《世祖章皇帝实录》第123卷，《清实录》第3册，北京：中华书局1985年版第948页；《世祖章皇帝实录》第126卷，《清实录》第3册，北京：中华书局1985年版第980页。
②《世祖章皇帝实录》第124卷，《清实录》第3册，北京：中华书局1985年版第962页。
③《圣祖仁皇帝实录》第8卷，《清实录》第4册，北京：中华书局1985年版第137页。
④《世祖章皇帝实录》第140卷，《清实录》第3册，北京：中华书局1985年版第1078页。
⑤《世祖章皇帝实录》第141卷，《清实录》第3册，北京：中华书局1985年版第1085页。
⑥《圣祖仁皇帝实录》第14卷，《清实录》第4册，北京：中华书局1985年版第212页。
⑦《圣祖仁皇帝实录》第15卷，《清实录》第4册，北京：中华书局1985年版第230页。
⑧《圣祖仁皇帝实录》第14卷，《清实录》第4册，北京：中华书局1985年版第212页。
⑨参见《圣祖仁皇帝实录》第19卷，《清实录》第4册，北京：中华书局1985年版第276页。
⑩参见《圣祖仁皇帝实录》第18卷，《清实录》第4册，北京：中华书局1985年版第260页。
⑪参见《圣祖仁皇帝实录》第20卷，《清实录》第4册，北京：中华书局1985年版第280页。
⑫参见《清史稿·地理志》，《二十五史》第11册，上海：上海古籍出版社、上海书店1986年版第325页；赵尔巽等撰，马国君编著：《清史稿地理志贵州研究》，贵阳：贵州人民出版社2011年版第260页。
⑬《圣祖仁皇帝实录》第106卷，《清实录》第5册，北京：中华书局1985年版第80页。

府，后"去乌撒土知府衔"，"承袭"贵州宣慰使；但"不得擅预军民事"。"上允之"。①不仅"不得擅预军民事"，而且仅辖部分地域，大定、平越、黔西三府仍存。三十七年（1698年），安圣主病故，"承袭无人"。兵部议复云南贵州总督王继文疏言，"请将宣慰使停袭。其水西土司所属地方，改归大定、平越、黔西三州流官管辖。应如所请"。上谕："从之。"② 至此，延续了1400年的、贵州最后的大土司终于寿终正寝，退出了历史舞台，清代贵州改土归流取得了决定性胜利。

2. 其他土司、土目的改土归流

顺治十七年（1660年），黎平府曹滴洞蛮夷长官司（今从江境）长官杨华如与南明政权余部共谋起兵抗清。平定后，"改土为流……黎平府经历管理"。③

顺治十七年（1660年），普安州所属马乃营土目龙吉兆兄弟效忠南明永历政权，抗拒吴三桂。次年（1661年），清兵平马乃营，"擒获龙吉兆"。④ 以其地置普安县，隶安顺府；雍正五年（1727年），改隶南笼府即后来之兴义府。

康熙二年（1663年），新添军民指挥使司丹平长官司（今平塘境）长官莫之廉"窝藏叛逆刘鼎，聚众弄兵，为谋叵测"。清兵平丹平，"生擒莫之廉"。⑤ 降为外委土舍，不许承袭，改土归流，其地隶新添新军民指挥使司。

康熙四年（1665年），吴三桂讨平水西宣慰司安坤、乌撒土知府安重圣。五年（1666年），安重圣妹婿、郎岱土司陇安藩起兵为安重圣复仇，兵败身亡。⑥ 以郎岱土司地置郎岱厅（今六枝郎岱），隶安顺府。

其他改土归流的土司、土官有：

思州府裁都素长官司（今岑巩都素司）、黄道溪副长官司（今万山黄道乡）。⑦

黎平府裁西山阳洞长官司（今从江西山）、⑧ 三郎长官司（今榕江境）、赤溪湳洞蛮夷长官司（今锦屏县城）。⑨

石阡府，苗民长官司（今石阡尧民乡）、葛彰葛商长官司（今石阡葛彰司），"康熙

---

①[道光]《大定府志·水西安氏本末》，《中国地方志集成·贵州编》第48册，成都：巴蜀书社2006年版第710页。

②《圣祖仁皇帝实录》第190卷，《清实录》第5册，北京：中华书局1985年版第1018页。

③《圣祖仁皇帝实录》第6卷，《清实录》第4册，北京：中华书局1985年版第106页。

④《圣祖仁皇帝实录》第2卷，《清实录》第4册，北京：中华书局1985年版第54页。

⑤《圣祖仁皇帝实录》第8卷，《清实录》第4册，北京：中华书局1985年版第140页。

⑥参见《圣祖仁皇帝实录》第19卷，《清实录》第4册，北京：中华书局1985年版第276页。

⑦参见《清史稿·地理志》，《二十五史》第11册，上海：上海古籍出版社、上海书店1986年版第324页。

⑧参见《清史稿·地理志》，《二十五史》第11册，上海：上海古籍出版社、上海书店1986年版第324页。西山阳洞长官司，明代称西山阳洞蛮夷长官司，《明史·地理志》归属黎平府，《清史稿》归属思南府。从《明史·地理志》。

⑨参见《清史稿·地理志》，《二十五史》第11册，上海：上海古籍出版社、上海书店1986年版第325页。

中，省"；石阡副长官司，与府同治，雍正年间"省"；龙泉县（今凤冈县龙泉坪），"土县丞、土主簿一，均裁"。①

都匀府裁平洲长官司（今平塘六硐）、丹行长官司（今平塘境）、夭坝土千总（今丹寨）；都匀县所领平浪长官司，"雍正五年裁"。②

贵阳府龙里县裁龙里长官司；新添军民指挥使司（治今贵定）裁把平长官司；开州（今开阳）裁乖西正、副长官司各一；贵筑县所领中曹司长官司，"雍正七年裁"；中曹副长官司，"雍正七年裁"；喇平长官司（今贵阳市乌当区下坝乡），康熙二十三年裁。定番州（今惠水）所领方番、卢山、洪番、卧龙番、大华、上马桥、小程番等7个长官司"裁"。③

安顺府裁西堡副长官司（今普定白岩）、宁谷长官司（今安顺市西秀区宁谷镇）、西堡长官司（治今安顺市西秀区境，或以为治今普定白石岩乡）。镇宁州"康佐、北十二营二司，裁"。④

3. 开辟苗疆

(1) 贵阳、安顺、南笼3府交界地带苗疆

贵阳、安顺、南笼3府交界地带，为今黔南州西部惠水、长顺、罗甸，安顺市南部镇宁、关岭、紫云，黔西南州之贞丰、望谟、册亨等处。雍正年间，贵州改土归流，"始于广顺州之长寨"。雍正四年（1726年），鄂尔泰出兵贵阳府广顺州之长寨（今黔南州长顺县），"勒缴弓弩四千三百余，毒矢三万余，皮盔、皮甲、刀标各数百，建参将营，分扼险要，易服薙发，立保甲，稽田户"。贵州按察使张广泗"乘威招服"广顺州（治今长顺境）、定番州（今惠水）、镇宁州（治今镇宁）"'生苗'六百八十寨"；永宁州（治今关岭）、永丰州（治今贞丰）、安顺"'苗'千三百九十八寨，地方千余里，直抵粤界"。⑤五年（1727年），升南笼厅为南笼府（治今安龙），领永丰州（今贞丰、册亨、安龙、望谟，治贞丰）、普安州（治今盘县）、安南县（今晴隆）、普安县（今普安）。

(2) 古州苗疆

古州苗疆，北界今清水江流域，南界都柳江流域，东界黎平，西界黔南州东部之都匀、独山、荔波，是雍正年间开辟苗疆的主要地域。雍正六年（1728年），贵州按察使张广泗前往西北境之凯里丹江招抚，未果，乃于年底用兵。"于是清水江、丹江皆奏设重营，以控江路"。八年（1730年），进兵古州，几经反复，至乾隆元年（1736年）

---

① 《清史稿·地理志》，《二十五史》第11册，上海：上海古籍出版社、上海书店1986年版第325页。
② 《清史稿·地理志》，《二十五史》第11册，上海：上海古籍出版社、上海书店1986年版第324页。
③ 《清史稿·地理志》，《二十五史》第11册，上海：上海古籍出版社、上海书店1986年版第323、324页。
④ 《清史稿·地理志》，《二十五史》第11册，上海：上海古籍出版社、上海书店1986年版第324页。
⑤ 以上见魏源：《圣武记》，《魏源全集》第3册，长沙：岳麓书社2004年版第284页。

始定。"诏尽豁新疆钱粮，永不征收，以杜官胥之扰……自是南夷遂不反"。① 置古州（今榕江）、清江（今剑河）、台拱（今台江）、丹江（今雷山）、八寨（今丹寨）、都江（今三都）等新疆六厅，改土归流。

（3）腊尔山区苗疆

早在康熙四十二年至四十三年（1703—1704 年），清军即已进兵腊尔山区苗疆，"设正大营，置同知，隶铜仁府"；雍正八年（1730 年），再次用兵，"平松桃，置厅，移同知驻"。②

贵州苗疆开辟起于雍正四年（1726 年）长寨（今长顺）用兵，终于乾隆元年（1736 年）定古州（今榕江），前后 10 年。"辟地二三千里，几当贵州全省之半"。③

三、清代前期今贵州行政区划的基本形成

清代前期，经过大规模的改土归流及区域调整，今贵州地域及行政区划基本形成。在明代 10 府基础上，降平越府为直隶州，增遵义、大定、兴义 3 府，计"领府十二，直隶厅三，直隶州一，厅十一，州十三，县三十四"，土司 56；"东至湖南（晃州，五百四十里），西至云南（霑益，五百五十里），南至广西（南丹，二百二十里），北至四川（綦江，五百五十里）"。④

其一，思州府，治今岑巩。"因明制，领长官司四"；4 长官司，今镇远境、岑巩境、碧江区境、万山区境。雍正五年（1727 年），"割湖广平溪、清浪二卫来属；寻改玉屏、青溪二县"。⑤ 玉屏，治今玉屏；青溪，治今镇远清溪。其地域，约当今黔东南州之岑巩、镇远一部及铜仁市之玉屏、碧江区一部、万山区一部。

其二，黎平府，治今黎平。领 2 县、2 厅、11 长官司。2 县：永从县，治今黎平境；开泰县，革裁原湖广都司五开、铜鼓 2 卫，以其屯防地域设，治今黎平县城，辖区约当今黎平、锦屏。2 厅：古州厅，今榕江及下江厅，治今从江境。11 长官司，位于今锦屏境、黎平境、榕江。⑥ 其地域，约当今黔东南州之锦屏、黎平、榕江及从江部分。

其三，石阡府，治今石阡。"沿明制"，仍领龙泉 1 县，今凤冈；明代所领 3 长官

---

① 以上见魏源：《圣武记》，《魏源全集》第 3 册，长沙：岳麓书社 2004 年版第 285、291 页。
② 《清史稿·地理志》，《二十五史》第 11 册，上海：上海古籍出版社、上海书店 1986 年版第 325 页。
③ 魏源：《圣武记》，《魏源全集》第 3 册，长沙：岳麓书社 2004 年版第 288 页。
④ 《清史稿·地理志》，《二十五史》第 11 册，上海：上海古籍出版社、上海书店 1986 年版第 323 页。
⑤ 《清史稿·地理志》，《二十五史》第 11 册，上海：上海古籍出版社、上海书店 1986 年版第 324 页。
⑥ 参见《清史稿·地理志》，《二十五史》第 11 册，上海：上海古籍出版社、上海书店 1986 年版第 325 页。

司,则于康熙、雍正年间相继革裁。① 其地域,约当今铜仁市之石阡、遵义市之凤冈。

其四,思南府,治今思南。领3县、2长官司。3县:务川,即今务川;印江,即今印江;安化,即今德江。2长官司,今沿河境、松桃境。② 其地域,约当今遵义市东缘之沿河、务川,铜仁市之德江、印江、思南、松桃部分。

其五,铜仁府,治今铜仁市碧江区。领1县、3长官司。1县即铜仁县,今碧江区。3长官司,今江口境、碧江区境。③ 其地域,约当今铜仁市江口、碧江区、万山区大部。

其六,松桃直隶厅,今松桃。"康熙四十三年,讨平红苗,设正大营,置同知,隶铜仁府。雍正八年,平松桃,置厅,移同知驻。嘉庆二年,升直隶厅,益以铜仁府属平头、乌罗二土司地"。④ 领长官司2,今松桃境。

其七,镇远府,治今镇远。"领厅二,州一,县三。"1州,即黄平州,今黄平;原属平越府(治今福泉),嘉靖三年(1798年)改平越府为直隶州,乃改黄平州属镇远府;康熙二十六年(1867年)革裁兴隆卫(治今黄平),其屯防地域并入黄平州。2厅:台拱厅,今台江。"九股生苗地。雍正十一年,平苗疆置"。清江厅,今剑河。"清水江苗地。雍正八年,平苗疆置"。3县:镇远,今镇远;康熙二十二年(1683年),革裁属于湖广省之镇远卫,其屯防地域并入镇远县。施秉,今施秉;康熙年间,革裁属于湖广省之偏桥卫,其屯防地域并入施秉县。天柱,今天柱;原属湖广,雍正五年(1727年)改属贵州黎平府,十一年(1733年)改属镇远府。府、州、县领长官司4,今施秉境、黄平境、三穗。⑤ 镇远府地域,约当今黔东南州镇远、施秉、黄平、台江、剑河、三穗、天柱。

其八,平越直隶州,治今福泉。明代为平越府,清初沿袭,嘉庆三年(1798年)改直隶州。"领三县":湄潭,今湄潭;余庆,今余庆;瓮安,今瓮安。平越卫革裁,其屯防地域并入州。又领长官司1,今福泉境。⑥ 其地域,约当今遵义市湄潭、余庆,黔南州瓮安、福泉。

其九,都匀府,治今都匀市。"领厅三,州二,县三",长官司13。2州:麻哈,

---

① 参见《清史稿·地理志》,《二十五史》第11册,上海:上海古籍出版社、上海书店1986年版第325页。

② 参见《清史稿·地理志》,《二十五史》第11册,上海:上海古籍出版社、上海书店1986年版第324页。

③ 参见《清史稿·地理志》,《二十五史》第11册,上海:上海古籍出版社、上海书店1986年版第324页;赵尔巽等撰,马国君编著:《清史稿地理志贵州研究》,贵阳:贵州人民出版社2011年版第203-204、207页。

④《清史稿·地理志》,《二十五史》第11册,上海:上海古籍出版社、上海书店1986年版第325页。

⑤《清史稿·地理志》,《二十五史》第11册,上海:上海古籍出版社、上海书店1986年版第324页;赵尔巽等撰,马国君编著:《清史稿地理志贵州研究》,贵阳:贵州人民出版社2011年版第172页。

⑥ 参见《清史稿·地理志》,《二十五史》第11册,上海:上海古籍出版社、上海书店1986年版第325页。

今麻江；独山，今独山。3厅：八寨，今丹寨；丹江，今雷山；都江，今三都境。"雍正中，辟"。3县：清平，治今凯里市境；康熙十一年（1672年）革裁清平卫（治今凯里市境），其屯防地域"入之"。都匀，今都匀市；康熙十一年（1672年）革裁都匀卫，以其屯防地置。荔波，今荔波；原属广西，雍正十一年（1733年）"割隶"。13长官司，今黔南州之都匀市境、三都境、独山境、平塘境，黔东南州之麻江境、丹寨境。① 其地域，约当今黔南州东部即都匀市、三都、荔波、独山、平塘部分，黔东南州部分即凯里、麻江、雷山、丹寨。

其十，贵阳府，治今贵阳。领3州、1厅、4县、16长官司。3州：开州，今开阳；广顺州，治今长顺境；定番州，今惠水。1厅，即长寨厅，治今长顺。原属广西永丰州，乾隆十四年（1774年）改隶贵阳府定番州；后置厅，直隶贵阳府。4县：贵筑，治今贵阳；康熙二十六年（1687年）革裁贵州卫、贵州前卫，其屯防地域并入；三十四年（1695年），裁新贵县并入。修文，今修文；康熙二十六年（1687年）革裁敷勇卫，以其屯防地域置。龙里，今龙里；康熙十一年（1672年）革裁龙里卫，以其屯防地域置。贵定，今贵定。《明史》载，贵阳府领2县：新贵、贵定。《清史稿》称仅1县，即新贵县，后裁，并入新置之贵筑县；贵定县则属平越，康熙二十六年（1687年）改隶贵阳府。《清史稿》误。康熙二十六年（1687年），革裁新添卫，其屯防地域并入贵定县。16长官司，今贵阳市境、惠水境、贵定境。② 其地域，约当今贵阳市，黔南州之贵定、龙里、惠水、长顺、罗甸、平塘大部。

其十一，安顺府，治今安顺市西秀区。"领厅二，州二，县三"，长官司2。2州：镇宁，治今镇宁；康熙年间革裁安庄卫（治今镇宁），其屯防地域并入。永宁，治今关岭。2厅：郎岱，治今六枝郎岱镇；"明，土司陇氏地"，康熙五年（1666年）"平之"；雍正九年（1731年）"置"。归化，治今紫云；雍正八年（1730年）置。3县：普定，治今西秀区；康熙十一年（1672年）革裁普定卫（治今西秀区），以其屯防地域置。清镇，今清镇；康熙二十六年（1687年）革裁威清卫（治今清镇）、镇西卫（治今清镇卫城），以其屯防地域置。安平，今平坝；康熙二十六年革裁平坝卫，以其屯防地域置。2长官司，今关岭境。③ 其地域，约当今贵阳市清镇，安顺市大部即平坝、西秀区、普定、镇宁、关岭、紫云，六盘水市六枝，黔西南州望谟一部，黔南州广顺一部。

其十二，遵义府，治今红花岗区。清初，"因明制，为军民府，隶四川。康熙二十

---

① 参见《清史稿·地理志》，《二十五史》第11册，上海：上海古籍出版社、上海书店1986年版第324页；赵尔巽等撰，马国君编著：《清史稿地理志贵州研究》，贵阳：贵州人民出版社2011年版第124-154页。

② 以上参见《清史稿·地理志》，《二十五史》第11册，上海：上海古籍出版社、上海书店1986年版第323-324页；《明史·地理志》，《二十五史》第10册，上海：上海古籍出版社、上海书店1986年版第130页。

③ 以上参见《清史稿·地理志》，《二十五史》第11册，上海：上海古籍出版社、上海书店1986年版第324页；何仁仲：《贵州通史》第3册，北京：当代中国出版社2002年版第870-871页。

六年，裁'军民'字"。雍正五年（1727年），"改隶"贵州。领1州、4县。1州，正安州，今正安、道真。原为明代真安州，"雍正二年改正安"。4县：遵义，今红花岗区、汇川区、遵义县；桐梓，今桐梓；绥阳，今绥阳；仁怀，今仁怀市。①当今遵义市仁怀、道真、正安、桐梓、绥阳、汇川区、红花岗区、遵义县。

其十三，仁怀直隶厅，治今赤水市。雍正八年（1730年）置，为散厅，隶遵义府；乾隆四十一年（1776年）升直隶厅。光绪三十四年（1908年）复降为散厅，更名赤水厅，仍隶遵义府。②其地域，约当今赤水、习水。

其十四，大定府，治今大方，直辖今大方、纳雍。康熙四年（1665年），"平水西、乌撒，以大方城置"；二十六年（1687年），"降州，隶威宁府"；雍正七年（1729年），"复升府"。"领厅一，州三，县一"。3州：平远，今织金；黔西，今黔西、金沙；威宁，今威宁、赫章，康熙四年（1665年）以乌撒军民府辖地置，二十六年（1687年）革裁乌撒卫，其屯防地域并入。1厅，水城，今六盘水市钟山区、水城县；雍正十年（1732年）置。1县，毕节，今七星关区；康熙二十六年（1687年）革裁毕节、赤水2卫，以其屯防地域置。③其地域，约当今毕节市全境即织金、黔西、金沙、大方、纳雍、赫章、威宁及六盘水市之钟山区、水城县。

其十五，兴义府，治今兴义市。雍正五年（1727年）置南笼府，治今安龙；嘉庆二年（1797年）更名兴义府，治今兴义市。领1州、3县。1州，贞丰，治今贞丰；雍正五年（1727年）"析广西西隆州红水江以北地设永丰州，隶南笼府"；嘉庆二年（1797年）"改贞丰"；领册亨1县。其地域，约当今贞丰、册亨、安龙、望谟。3县：普安，今普安；顺治十八年（1661年）置，隶安顺府；雍正五年（1727年）改隶南笼府即后来之兴义府。安南，今晴隆；康熙二十六年（1687年）革裁安南卫（治今晴隆），以其屯防地域置，隶安顺府；雍正五年（1727年）改隶南笼府即后来之兴义府。兴义，今兴义、兴仁；嘉庆三年（1798年）置；十四年（1809年）普安州升直隶州，兴义县属之；十六年（1811年）普安直隶州改直隶厅，兴义县复归兴义府。④其地域，约当今兴义市即兴义、兴仁、普安、晴隆、贞丰、册亨、安龙、望谟。

其十六，普安直隶厅，今盘县。清初，沿袭明制，置普安州，隶安顺府；康熙二十六年（1687年）革裁普安卫（治今盘县），其屯防地域并入；雍正五年（1727年）

---

①参见《清史稿·地理志》，《二十五史》第11册，上海：上海古籍出版社、上海书店1986年版第324-325页。

②参见《清史稿·地理志》，《二十五史》第11册，上海：上海古籍出版社、上海书店1986年版第325页；周春元等：《贵州古代史》，贵阳：贵州人民出版社1982年版第280页。

③参见《清史稿·地理志》，《二十五史》第11册，上海：上海古籍出版社、上海书店1986年版第325页；赵尔巽等撰，马国君编著：《清史稿地理志贵州研究》，贵阳：贵州人民出版社2011年版第260页。

④参见《清史稿·地理志》，《二十五史》第11册，上海：上海古籍出版社、上海书店1986年版第325页；赵尔巽等撰，马国君编著：《清史稿地理志贵州研究》，贵阳：贵州人民出版社2011年版第278、286、294-296页。

改隶南笼府；嘉庆十四年（1809年）"升直隶州"；十六年（1811年）改直隶厅。光绪三十四年（1908年）更名盘州，降为散厅，隶兴义府。[①]

四、制度认同的升华与血火硝烟的交织

（一）制度认同的升华

清代前期，贵州进行了大规模的改土归流及苗疆开辟，大一统制度认同升华，较之明代前进了一大步。

1. 主动态势

明代改土归流，除思州、思南两宣慰司外，无论是播州改土归流还是水西部分改土归流，都是在土司发动大规模反叛之后才被动进行的。清代则不同，无论是康熙年间的水西改土归流还是雍正年间的开辟苗疆，都是由清廷主动展开的。这反映了中央王朝势力的提升及大一统进程的加速。

2. 完成了对水西土司、乌撒土府及若干长官司的改土归流

土司势力不再对贵州政局构成威胁，更毋论影响全国政局。水西改土归流，贵州不再存在大土司；乌撒土府改土归流，贵州不再存在中等土司；一批长官司改土归流，小土司的势力进一步削弱。至于为数众多的土目，没有品级，不属于朝廷命官，无权干预地方政务民事，仅有经济特权而已。整个清代，如同明代那样土司左右贵州政局乃至影响全国政局的局面再未重演，贵州的统一局面、全国的统一局面进一步提升。

3. 完成苗疆开辟

开辟古州苗疆、贵阳、安顺、南笼3府交界地带苗疆、腊尔山区苗疆，"辟地二三千里，几当贵州全省之半"；[②] 编户齐民，仅古州苗疆即达"十数万"。[③] 结束了苗疆既无流官、亦无土官的"化外"局面。

4. 沿袭明代制度，加强土司管理

朝廷仿皇家王位继承制，定土司承袭制度。"命贵州土官，每遇岁终，各将其世系履历及有无嗣子，开报布政司注册。三年入觐时报部，以凭稽核"。[④] 袭替时，由各级

[①] 参见《清史稿·地理志》，《二十五史》第11册，上海：上海古籍出版社、上海书店1986年版第325页。

[②] 魏源：《圣武记》，《魏源全集》第3册，长沙：岳麓书社2004年版第288页。

[③] 《鄂尔泰奏八万古州一带苗民情形折》，《清前期苗民起义档案史料》上册，北京：光明日报出版社1987年版第8页。

[④] 《世祖章皇帝实录》第127卷，《清实录》第3册，北京：中华书局1985年版第985页。

官府逐级审核上报，朝廷按档案批复。"有争论奏扰者，按籍立辨"，"豫杜""衅端"。①向土司派出流官，以司监督。雍正五年（1727年），云贵总督鄂尔泰上疏："铜仁府属平头司、省溪司，思南府属沿河司、朗溪司，黎平府属潭溪司、八舟司、龙里司、欧阳司、新化司、洪州司原设吏目各一员，稽察土司，今请并加州同职衔，重其职守，以便就近强压。"吏部议复："应如所请"；上谕："从之。"② 向土司派出流官，以司监督，明代即已有之。清代制度，在于提高流官职级，以便形成有效监督，如上文所云"加州同职衔"。强化土司考核，功奖过罚，直至问罪、裁撤归流。

5. 府州县流官治理格局形成

经过改土归流及苗疆开辟，新设置了一批府、州、厅、县。水西故地置大定府；乌撒土府改置威宁府，划归贵州；新置兴义府；加上遵义府划属贵州，府级建制由明代10个增至16个，③ 地方二级行政建制即府一级建制覆盖全省。改土归流、裁卫置县、苗疆置厅，地方三级行政建制即州、厅、县级建制由明代23个增至58个，覆盖全省。府、州、厅、县流官治理格局形成，今贵州县级以上行政区划基本形成，结束了汉唐宋元郡国并治、土流并存甚至如同元代那样土司一统的局面，古代贵州大一统制度认同达于高峰。

大一统制度认同是一个双向选择的过程，其间既有大一统王朝或者说中原王朝对贵州的认同，又有贵州对大一统王朝的认同，二者缺一不可。一般说来，大一统王朝在认同中居于主动的、强势的地位。大一统王朝或者说中原王朝总是力图将贵州一类边远的少数民族地区纳入自己的统辖之下，往往使用武力以实现这一企图。统一后，大一统王朝一般总是会采取种种措施，发展民族地区的政治、经济、文化，登记户口，设立保甲；丈量田亩，修路治河，推广农耕，促进商贸；设立学校，开科取士，宣讲儒学，推行教化。大一统的实现，增进了贵州各民族与周边民族、中原民族交流的机会，促进了中原先进政治制度、生产技术、文化教育在贵州的流播。随着交流的增加及社会的发展进步，贵州少数民族对周边及中原民族的认同程度不断提升，逐渐升华。

（二）血火硝烟与制度认同升华的交织

1. 制度认同、国计民生的考量

制度认同、国计民生的考量既是改土归流、开辟苗疆的起因，也是改土归流、开辟苗疆的目的。"云贵大患，无如苗、蛮，欲安民必制夷，欲制夷必改土归流。"④ 就制度认同及国计而言，改土归流、开辟苗疆，消除了土司割据势力，改变了苗疆游离于

---

① 《世祖章皇帝实录》第126卷，《清实录》第3册，北京：中华书局1985年版第979页。
② 《世宗宪皇帝实录》第54卷，《清实录》第7册，北京：中华书局1985年版第824页。
③ 其中包括松桃、仁怀、普安3直隶厅、平越直隶州。
④ 《清史稿·鄂尔泰传》，《二十五史》第12册，上海：上海古籍出版社、上海书店1986年版第1040页。

体制之外的状况，有利于地方稳定、安宁，有利于国家统一；编户齐民，征收粮赋，有利于缓解贵州财政的困窘。就民生而言，无论是官员的奏疏还是君主的谕旨，都一再提及土司制下土民的凄惨处境，"种种朘削，无可告诉"；①"生杀任情……任其鱼肉"；雍正帝进而有"方令天下共享乐利，而土民独使向隅，朕心深为不忍"之语。②这些话语，不应完全视为虚伪、作秀之言。土司肆意压榨、盘剥土民，势必激化社会矛盾，影响甚至危及地方稳定、国家统一。失民心者失天下，是任何开明君主都懂得的道理；施行仁政，关注民生，始可争取民心，长治久安。苗疆平定，"诏尽豁新疆钱粮，永不征收"。③地方官员积极开辟两江商贸通道，以改善民生。"云贵远居天外，必须商贾流通，庶地方渐有起色。今水路不通，陆路艰险……诸物艰贵"。④鄂尔泰调动官兵，疏通清水江、都柳江航道，开通航运，"上通云贵，下达广西，使客商往来"；"务使商贾辐辏，汉夷乐利黔粤交通"；让苗民"长享利益"。⑤既考量国计，也考量民生，而非仅着眼国计，置民生于不顾。

2. 抚为中心、先抚后"剿"、"剿"而后抚的改土归流方针

改土归流过程中，清廷并非一味"剿"杀，而是抚为中心、先抚后"剿"、"剿"而后抚。镇远知府方显谓鄂尔泰，抚与"剿""二者不宜偏废，但须先抚后剿，剿平之后，仍归于抚"。⑥改土归流进程中，鄂尔泰也大致遵循这一方略，"计擒为上，兵剿次之；令其自首为上，勒献次之"。⑦

今黔东南及黔南东境苗疆改土归流，用兵主要在西北境之凯里丹江。雍正六年（1728年），贵州按察使张广泗前往招抚，然各寨苗人"不服化诲"，乃于年底用兵。初定后，镇远知府方显"分遣各土官、土舍以及效用人等，分道前往招抚"。⑧雍正六年（1728年）十月《鄂尔泰奏剿平丹江苗寨折》谓，得"九股地方及清水江各苗……四千八百九十余户，计不下二万口"，"编立保甲……造册……认纳钱粮"。⑨十一月《鄂尔

---

① 蓝鼎元：《论边省苗蛮事宜疏》，《皇朝经世文编》第86卷，《近代中国史料丛刊》第74辑第731册，台北：台湾文海出版社1966年版3095页。

② 《世宗宪皇帝实录》第20卷，《清实录》第7册，北京：中华书局1985年版第326页。

③ 魏源：《圣武记》，《魏源全集》第3册，长沙：岳麓书社2004年版第291页。

④ 鄂尔泰：《云贵事宜疏》，《皇朝经世文编》第86卷，《近代中国史料丛刊》第74辑第731册，台北：台湾文海出版社1966年版第3099页。

⑤ 《鄂尔泰奏剿抚苗寨开通河道折》，《清前期苗民起义档案史料》上册，北京：光明日报出版社1987年版第53、50页。

⑥ 方显：《平苗事宜疏》，马国君等：《平苗纪略研究》，贵阳：贵州人民出版社2008年版第1126页。

⑦ 魏源：《圣武记》，《魏源全集》第3册，长沙：岳麓书社2004年版第281页。

⑧ 《鄂尔泰奏剿平丹江苗寨折》，《清前期苗民起义档案史料》上册，北京：光明日报出版社1987年版第14页。

⑨ 《鄂尔泰奏剿平丹江苗寨折》，《清前期苗民起义档案史料》上册，北京：光明日报出版社1987年版第16页。

泰奏克取丹江情形折》称："复招抚得一千零二十一户"，合计"五千数百余户"。① 七年（1729年）正月《鄂尔泰奏剿抚丹江一带苗寨就绪折》上闻，又"招抚得高婆等大小六十五寨，生苗计二千七百九十三户，人丁五千二百四十四丁"；寨稿"等六寨苗民，共五百十一户，人丁四百七十四定"；龙早"等六寨，计共五百三户，七百一十九丁"；清水江"反号等生苗共七寨，计四百一十三户，男妇一千四百五十二名口"；清水江"董敖寨，并九股之陶赖等生苗共十三寨，计五百一十三户，男妇二千一百八十名口"。② 合计4732户。以上历次奏报招抚数计10743户。七年（1729年）正月贵州提督扬天纵《奏清水江等处苗寨归诚折》则为"八千九百十余户"。③ 综合两个数字，招抚数当在1万户上下；当然其中也许有夸大邀功的成分。

湘黔交界处五开卫之谬冲，清军先"剿"后抚，"各寨远迩向风……归欧、鬼垒、九厥、交椅、几马等寨……举踵归诚……愿求内附"。④ 黎平知府张广泗"借势亲往八万、古州之地"招抚，苗人"远来叩接……不独毫无抗违，且皆扶老携幼，莫不鼓舞欢欣"。⑤ 其后形势反复，遂复用兵、招抚。安顺府、都匀府、安笼府苗疆，雍正二年至四年（1724—1726年）清军在对定番州（今惠水）、广顺州（治今长顺广顺镇）用兵后，雍正六年（1728年），贵州按察使张广泗前往招抚，"都匀、八寨地方生苗，悉行归诚"。⑥

"从雍正四年至九年，经过对长寨、八寨、丹江、九股、清水江、古州等地的用兵，在击败为首的苗砦后，共招抚苗民近四万户"。⑦

至于顺、康年间的土司改流，清廷同样采取极为谨慎的态度，除非有重大过失，或继嗣无人，不会贸然革裁土司。黎平府曹滴洞蛮夷长官司、普安州马乃营土目、新添卫丹平长官司、郎岱土司的裁撤，皆因其起兵对抗官府。安顺府镇宁州康佐长官司裁撤归入州，在于其"土官薛世乾以罪革职，伊子幼稚无知，不能承袭"。⑧ 对于康熙初年的水西改土归流，在吴三桂反叛后，曾有吴三桂"因需索水西，不遂贪欲，捏奏

---

① 《鄂尔泰奏克取丹江情形折》，《清前期苗民起义档案史料》上册，北京：光明日报出版社1987年版第28页。
② 《鄂尔泰奏剿抚丹江一带苗寨就绪折》，《清前期苗民起义档案史料》上册，北京：光明日报出版社1987年版第36页。
③ 《扬天纵奏清水江等处苗寨归诚折》，《清前期苗民起义档案史料》上册，北京：光明日报出版社1987年版第32页。
④ 《鄂尔泰奏谬冲既靖各寨归诚折》，《清前期苗民起义档案史料》上册，北京：光明日报出版社1987年版第6页。
⑤ 《鄂尔泰奏八万古州一带苗民情形折》，《清前期苗民起义档案史料》上册，北京：光明日报出版社1987年版第7页。
⑥ 《鄂尔泰奏剿平丹江苗寨折》，《清前期苗民起义档案史料》上册，北京：光明日报出版社1987年版第14页。
⑦ 张捷夫：《关于雍正西南改土归流的几个问题》，《清史论丛》第5辑，北京：中华书局1982年版。
⑧ 《世宗宪皇帝实录》第54卷，《清实录》第7册，北京：中华书局1985年版第822页。

水西反叛，竟自发兵剿灭"① 之论。其说不无道理；但水西的改土归流动因，早在明末即已萌发。明熹宗天启初年（1621年），水西土司与永宁（治今四川叙永）土司、水东土司、乌撒土司举兵反，朝廷出动贵州、云南、四川、广西、湖广数省兵力，历时8年，至思宗崇祯元年（1628年）始将叛军平息。战乱规模之大、延续时间之长、祸害之惨烈，触目惊心。战乱平息后，明廷意欲改土归流，终因后金内逼、国力衰落，仅令其退回鸭池河以西而作罢。前事不忘，后事之师，水西的改土归流不过是早晚之事；水西的改土归流，根本原因在于其曾经造成的巨大祸害。

对于改土归流的土司，清廷仍给予妥善安置。雍正十一年（1733年），雍正帝谕内阁："从前云贵、广西等处不法土司，除首恶惩治外，其余人等，则令安插内地，给以房屋地亩，俾得存养，不致失所。闻该省督抚等，不即留心经理，迟至一二年后始拨给房地，以为养赡；而地亩又相隔遥远，土司不能亲自耕作，惟赖该县知县代徵粮谷，卖银移交，每年非被佃户侵收，即被胥吏中饱，有名无实，以致各土司饥饿困顿，竟有私自逃匿者，重负朕体恤生全之至意。著通行晓谕：有安插土司之地方，令该督抚悉心稽查，若有从前办理不善之处，即行更改；并饬有司等不时体察，务令安全，以受国家豢养之泽。傥仍疏忽从事，必严加议处。"②

"守国之道，惟在修德安民。民心悦，则邦本得而边境自固"。③ 抚为中心、先抚后"剿"、"剿"而后抚的苗疆开辟方针及其实施，土司归流的审慎、革裁土司的妥善安置，同样蕴含了民生国计的考量，蕴含了争取民心、长治久安的考量。

3. 血火硝烟与制度认同升华的交织

改土归流、开辟苗疆提升了贵州各民族的大一统制度认同程度，促进了贵州社会政治经济、文化教育的发展，但是，贵州少数民族也为此付出了惨痛的代价。雍正六年至十年（1728—1732年），苗疆初定；十三年至乾隆元年（1735—1736年），形势反复，烽烟再起。清兵"先后扫荡，共毁除千有二百二十四寨……阵斩万有七千六百有奇，俘二万五千有奇"；"饥饿颠陨死崖谷间者，不可计数"。④ 国计民生的考量，在血火硝烟的交织中升华；贵州社会的进步，在昂贵的成本中运行。

改土归流及开辟苗疆以后，少数民族摆脱了领主制下的非人处境，却又陷入了封建官府的压榨及贪官污吏的无尽索求之中。仅康熙二十五年（1686年）初，康熙帝即连下三道谕旨，指斥贵州等地官员的"苛求剥削""诛求无已"。是年正月，就云贵总督"苗王腾龙等聚众劫掠，应行征剿"奏谕大学士等："苗蛮秉性朴实，不敢生事。只以地方该管官，不克平情抚恤，反需索马匹金银，诛求无已，不能供应，遂生衅端而

---

① 《圣祖仁皇帝实录》第124卷，《清实录》第5册，北京：中华书局1985年版第313页。
② 《世宗宪皇帝实录》第132卷，《清实录》第8册，北京：中华书局1985年版第710页。
③ 《圣祖仁皇帝实录》第151卷，《清实录》第5册，北京：中华书局1985年版第678页。
④ 魏源：《圣武记》，《魏源全集》第3册，长沙：岳麓书社2004年版第290、291页。

已。"① 二月庚子（1686年3月9日）谕大学士等："近云贵督抚及四川、广西巡抚俱疏请征剿土司。朕思从来控制苗蛮，惟在绥以恩德，不宜生事骚扰。今览蔡毓荣奏疏，已稔悉其情由。盖因土司地方所产金帛异物颇多，不肖之人，苛求剥削，苟不遂所欲，辄以为抗拒反叛，请兵征剿。在地方官则杀少报多，希冒军功；在土官则动生疑惧，携志寒心，此适足启衅耳。"② 同月丁未（3月16日），谕吏部、兵部："我国家扫除逆孽，平定遐荒，即负山阻箐之苗民，咸输诚供赋。封疆大吏，自宜宣布德意，动其畏怀，俾习俗渐驯，无相侵害，庶治化孚于远迩。近见云南、贵州、广西、四川、湖广等处督抚提镇各官，不惟不善加抚绥，更尔恣行苛虐，利其土产珍奇，赀藏饶裕，辄图入己。悉索未遂，因之起衅，职为厉阶，蠢尔有苗，激成抗拒……务令该地方督抚提镇等官，洗心易虑，痛改前辙，推示诚信，化导安辑，各循土俗，乐业遂生"。③ 无良官吏，不仅不爱民恤民、养民保民，反而索求无尽，欺压杀戮，与儒家仁政背道而驰，激化了官民矛盾。康、雍、乾、嘉各朝，贵州各少数民族中的小规模的反抗事件绵延不绝，影响了大一统制度认同及民族认同。近代之初的19世纪五六十年代，更爆发了张秀眉领导的大规模的苗民起义。黔东南苗疆腹地，成为清代社会动乱的主要区域。清廷以武力强行将相当部分尚处于原始社会末期的苗疆推入封建社会，留下了后患。康熙帝"四方底定，期于无事"④ 的愿望，始终难以实现。

　　认同与离异并存，和解与猜忌共生，民族认同在艰难曲折中缓慢前行。

　　清初改土归流虽取得关键性进展，但仍然很不彻底。占有相当于一县、一府乃至数府的大中土司没有了，却仍存在大量的小土司、土目及土官。据龚荫《中国土司制度史》统计，元明清贵州存在过的土司、土官、土弁、土目计有259个，其中土司71，土官22，土弁75；土目、土舍、里目、马目、总目、苗总及职衔不明者91。去除仅存在于元、明两代者及清前期裁撤归流者，清前期尚存土司、土官、土弁、土目两百余个。不过，这个统计数字尚待完善。以大定府论，该书统计为77个，其中亦奚不薛宣慰司存在于元代，贵州宣慰司、阿武长官司于清代康熙年间相继改土归流。⑤ 而何仁仲总编《贵州通史》则谓，大定府有土目150余个。⑥ 为数众多的土司、土官、土弁、土目广泛分布于城乡特别是乡村，依然有着广泛的影响。在广大的乡村，土司、土目占有众多的土地、人口，阻碍着官府政令的畅通，阻碍着乡村社会经济、文化的发展，制约了贵州各民族大一统制度认同的进程。清代晚期、民国时期，土司改革继续进行着；少数残留土目，直至中华人民共和国成立初期才最终被革除。

---

①《圣祖仁皇帝实录》第124卷，《清实录》第5册，北京：中华书局1985年版第313页。
②《圣祖仁皇帝实录》第124卷，《清实录》第5册，北京：中华书局1985年版第319页。
③《圣祖仁皇帝实录》第124卷，《清实录》第5册，北京：中华书局1985年版第320-321页。
④《圣祖仁皇帝实录》第124卷，《清实录》第5册，北京：中华书局1985年版第319页。
⑤参见龚荫：《中国土司制度史》下编一，成都：四川人民出版社2012年版第609、656页。
⑥参见何仁仲：《贵州通史》第3卷，北京：当代中国出版社2002年版第12页。

第二节 重本务农、兼济工商与民族认同的进步

一、"养民之本，莫要于务农"

满族是一个以游猎为主的骑射民族。入主中原之初，屠城、圈地，给中原农耕经济及城市经济造成了极大的损害。随着占领区域的扩大及政权的趋于稳定，清廷逐渐认识到农耕及城市经济的重要性，逐渐接受了儒家的重农思想。雍正四年（1726年），礼部遵旨议复："皇上躬亲胼胝之劳，岁行耕猎之典……今复行令地方守土之官俱行耕猎之礼，仰见皇上敬天勤民、重农务本之意"。上谕："各府州县卫所……设立先农坛……每岁仲春亥日，率所属恭祭先农之神"。①乾隆五年（1740年）上谕："从来为治之道，不外教、养两端。然必衣食足而后礼义充。故论治者往往先养后教。朕御极以来，日为斯民等筹衣食之源、水旱之备，所期薄海烝黎，盖藏充裕，俯仰有资，以为施教之地"。②八年（1743年）上谕："养民之本，莫要于务农；州县考成，固应用是为殿最"。③

先农坛祭祀神农炎帝。传说神农最早教民耕种，故又被称为先农；神农教民耕种，使人群生存首位之需的食物来源发生了里程碑式的变化，故获隆重祭祀。设先农坛并由皇帝亲行耕田之礼，是朝廷重视、倡导农耕的标志，意在率先垂范，劝导农耕。

最迟在周代，就已经有天子亲行耕田之礼。干宝《周礼注》："古之王者贵为天子，富有四海，而必私置藉田，盖其义有三焉：一曰以奉宗庙，亲致其孝也；二曰以训于百姓在勤，勤则不匮也；三曰闻之子孙躬知稼穑之艰难，无逸也"。④藉田，天子躬耕之田。《礼记》："昔者天子为藉千亩，冕而朱纮，躬秉耒"。⑤西汉文帝二年（前178年），文帝下诏："夫农，天下之本也。其开藉田，朕亲率耕"。⑥这是最早有明确纪年

---

① 《世宗宪皇帝实录》第48卷，《清实录》第7册，北京：中华书局1985年版第719-720页。
② 《高宗纯皇帝实录》第130卷，《清实录》第10册，北京：中华书局1985年版第895页。
③ 《高宗纯皇帝实录》第195卷，《清实录》第11册，北京：中华书局1985年版第503页。
④ 《后汉书·礼仪志》，《二十五史》第2册，上海：上海古籍出版社、上海书店1986年版第48页。
⑤ 《礼记·祭义》，《十三经注疏》下册，北京：中华书局1980年版第1597页。
⑥ 《汉书·文帝本纪》，《二十五史》第1册，上海：上海古籍出版社、上海书店1986年版第15页。

的天子亲耕记载。明朝伊始，太祖朱元璋即于南京建先农坛，行耕田礼。清代不仅皇帝亲行耕田礼，而且令各府、州、县设先农坛，每岁仲春亥日，由地方官率所属前往祭祀。

自清代始，贵州地方文献开始有设先农坛并进行祭祀的记载。清前期贵州12府、3直隶厅、1直隶州、11散厅、13散州、34县共计74个行政区域中，未建先农坛者计都匀府独山州，贵阳府贵筑县、贵定县，安顺府普定县，镇远府天柱县，思州府清溪县，兴义府册亨县，铜仁府铜仁县，思南府安化县，石阡府龙泉县，黎平府下江厅，都匀府长寨厅、都江厅，镇远府台拱厅、清江厅等1州、9县、5厅等15个行政区域；其中，贵阳府贵筑县、安顺府普定县、铜仁府铜仁县、思南府安化县等5地所以未建先农坛，在于县、府治所同城。综上所述，清代前期，贵州绝大多数府、州、厅县均设立了先农坛。

先农祭祀属国家祭祀，祭坛大小有定制，祭祀隆重肃穆。清代前期，"先农为中祀"；康熙二年（1663年），"定郊祀躬亲行礼，无故不摄"。[①] 各省先农坛"高二尺一寸，宽二丈五尺"。神牌"高二尺四寸，宽六寸；座高五寸，宽九寸五分；红牌金字填写"。坛后"建正房三间，配房各亦建"。正房"中间供奉先农神牌"。每岁仲春亥日前期，"致斋二日"。祭日，"主祭官及各官俱穿朝服，齐集先农坛行礼……举行耕耤"。[②] 继明代设立社稷坛并隆重祭祀之后，清代前期，贵州又进一步设立了先农坛并隆重祭祀，儒家农耕思想得以进一步传播。

[①]《清史稿·礼志》，《二十五史》第11册，上海：上海古籍出版社、上海书店1986年版第337、340页。
[②][道光]《仁怀直隶厅志·祠祀志》，《中国地方志集成·贵州编》第39册，成都：巴蜀书社2006年版第142页。

清代前期贵州府州县先农坛，见下表。①

清代前期贵州府州厅县先农坛一览表

今行政区划	行政区划 区划名	行政区划 治所今名	先 农 坛
贵阳市	贵阳府	贵阳	"府城东山下"
	贵筑县	贵阳	
	清镇县	清镇	"城东门外"
	修文县	修文	"县城南门外"
	开州	开阳	"州城东门外"
安顺市	安顺府	西秀区	"府城东门外"
	普定县	西秀区	
	安平县	平坝	"在城北一里"
	镇宁州	镇宁	"在城北门外"
	永宁州	关岭	"城外东水关上"
	归化厅	紫云	先农坛

---

① 表中引文见《略二·祠祀略》，[道光]《贵阳府志》上册，贵阳：贵州人民出版社 2005 年版第 835、834 页；[咸丰]《安顺府志·坛庙》，《中国地方志集成·贵州编》第 41 册，成都：巴蜀书社 2006 年版第 283、221、276、267、270、265、264 页；[民国]《贵州通志·祠祀》，《中国地方志集成·贵州编》第 8 册第 265、263 页；[乾隆]《贵州通志·坛庙》，《中国地方志集成·贵州编》第 4 册第 163、162、164、166、164、167 页；[民国]《都匀县志稿·祠庙》，《中国地方志集成·贵州编》第 23 册第 110 页；[民国]《瓮安县志·坛庙》，《中国地方志集成·贵州编》第 25 册第 104 页；[咸丰]《荔波县志稿·坛庙》，《中国地方志集成·贵州编》第 24 册第 343 页；[康熙]《思州府志·祠祀》，《中国地方志集成·贵州编》第 15 册第 510 页；[光绪]《黎平府志·坛庙》，《中国地方志集成·贵州编》第 17 册第 120、146、140、141 页；[乾隆]《开泰县志·祠祀》，《中国地方志集成·贵州编》第 19 册第 22 页；[乾隆]《镇远府志·祠祀》，《中国地方志集成·贵州编》第 16 册第 159、157、162、159 页；[嘉庆]《黄平州志·坛庙》，《中国地方志集成·贵州编》第 20 册第 77 页；[民国]《麻江县志·祠庙》，《中国地方志集成·贵州编》第 18 册第 392 页；[咸丰]《兴义府志·坛庙》，《中国地方志集成·贵州编》第 28 册第 322、329、331、328、337 页；[光绪]《普安直隶厅志·坛庙》，《中国地方志集成·贵州编》第 14 册第 381 页；[光绪]《水城厅采访册·坛庙》，《中国地方志集成·贵州编》第 15 册第 267 页；[民国]《郎岱厅访稿·学校志》，《中国地方志集成·贵州编》第 15 册第 427 页；[道光]《大定府志·坛庙诸祠》，《中国地方志集成·贵州编》第 48 册第 307、308、306、307 页；[道光]《铜仁府志·坛庙祠宇》，《中国地方志集成·贵州编》第 45 册第 330 页；[乾隆]《玉屏县志·祠祀》，《中国地方志集成·贵州编》第 47 册第 46 页；[道光]《思南府续志·坛庙》，《中国地方志集成·贵州编》第 46 册第 69、70 页；[道光]《松桃厅志·坛庙》，《中国地方志集成·贵州编》第 46 册第 539、540 页；[道光]《遵义府志·坛庙》，《中国地方志集成·贵州编》第 32 册第 167、182、183、188 页；[道光]《仁怀直隶厅志·祠祀》，《中国地方志集成·贵州编》第 39 册第 142 页；[光绪]《湄潭县志·坛庙》，《中国地方志集成·贵州编》第 39 册第 471 页；《平越直隶州志·坛庙》，《中国地方志集成·贵州编》第 26 册第 150 页。因《中国地方志集成·贵州编》出版信息一致，故做部分省略。

续表

今行政区划	行政区划 区划名	行政区划 治所今名	先 农 坛
黔南州	定番州	惠水	"城东三里"
	都匀府	都匀市	"府城东门外"
	都匀县	都匀市	"县城东门外"
	贵定县	贵定境	"县城东一里"
	龙里县	龙里	先农坛
	平越直隶州	福泉	"城东门外"
	瓮安县	瓮安	"在城南"
	独山州	独山	
	荔波县	荔波	"在城北二里"
	广顺州	长顺境	"州城东"
	长寨厅	长顺	
	都江厅	三都	
黔东南州	思州府	岑巩	"府城东"
	黎平府	黎平	"在城东门外"
	永从县	黎平境	"在龙庙冲"
	开泰县	黎平境	"在城东门外"
	锦屏乡	黎平境	"在城东门外"
	古州厅	榕江	"在厅城北门外"
	下江厅	从江境	
	镇远府	镇远	"府城东门外"
	镇远县	镇远	先农坛，附镇远府
	天柱县	天柱	
	清溪县	镇远清溪	
	施秉县	施秉境	"在南门内"
	黄平州	黄平	"在城东门外"
	清平县	凯里境	先农坛，都匀府"各州县如制"
	麻哈州	麻江	"县城北一里旧龙场"
	台拱厅	台江	
	清江厅	剑河	
	丹江厅	雷山	
	八寨厅	丹寨	

续表

今行政区划	行政区划 区划名	行政区划 治所今名	先 农 坛
黔西南州	兴义府	兴义市	"在东门外黄土坡"
	安南县	晴隆	"在城东土地坡"
	贞丰州	贞丰	"在南门外"
	册亨县	册亨	
	普安县	普安	"在城外"
	兴义县	兴义	"东门外"
六盘水市	普安直隶厅	盘县	"在治西琉璃厂"
	郎岱厅	六枝郎岱	先农坛，建于清后期
	水城厅	钟山区	"治所东郊"
毕节市	大定府	大方	"府城南郊外"
	威宁州	威宁	先农坛
	毕节县	七星关	"城东二里"
	平远州	织金	"城西北"
	黔西州	黔西	城"东郊"
铜仁市	铜仁府	碧江区	"府城东五里"
	铜仁县	碧江区	
	玉屏县	玉屏	"在东郊外东五里"
	石阡府	石阡	"府城南门外"
	思南府	思南	"府城东门外"
	安化县	思南	
	印江县	印江	"在县东门桥外"
	松桃直隶厅	松桃	"在城北对岸"
遵义市	遵义府	红花岗区	"府城东门"
	遵义县	红花岗区	先农坛，附府
	正安州	正安	"在治东门外"
	桐梓县	桐梓	"在治东门外"
	绥阳县	绥阳	"在东门外"
	仁怀县	仁怀	"在城外东北"
	仁怀直隶厅	赤水	"府城东门"

续表

今行政区划	行政区划		先 农 坛
	区划名	治所今名	
	龙泉县	凤冈	
	务川县	务川	"在县东门外"
	湄潭县	湄潭	"城南象山下"
	余庆县	余庆	先农坛

二、"客户"大量进入少数民族地区

明末清初，贵州长期战乱，先后发生播州杨应龙之乱、永宁及水西奢安之乱、南明政权的抗清战争、吴三桂之乱，死亡累累，地广人稀。四川、湖广等周边省份乃至江西、广东等省因灾荒、谋生及经商等原因而离开故土的农民、商人、手艺人，纷纷进入贵州。清初贵州的改土归流、苗疆开发，为移民提供了更多的开放地域及选择空间。继明代之后，清代前期，移民继续大量进入贵州。这些移民，史籍称之为"客户"，基本上为汉族。

（一）垦种移民

面对大量田土荒芜的状况，官府以种种优惠政策，"招民垦种"，[①] 周边无地农民纷纷前往。

乾隆年间，清廷在黔东南苗疆设9屯卫，屯兵8899员。其中，古州（今榕江）左卫1681员，古州右卫838员，清江（今剑河）左卫941员，清江右卫977员，台拱（今台江）、黄平（后改黄施卫）两卫1786员，凯里卫1036员，丹江（今雷山）卫830员，八寨（今丹寨）卫810员。[②] 嘉庆年间，在黔东北松桃增设石砚卫，屯兵800员。[③] 以上共10卫，9699员。屯兵须携带家口，未成家者须行婚配，以期固心。9699名屯兵即9699户，按每户4口计，当有38796口。屯军以户为单位，"每10户如营兵之什长，设一小旗。每五十户如营兵之营队，设一总旗。每百户如营兵之百总，设一百旗"。每卫设千总1—2员。屯兵平时耕作，闲时训练，"无事则尽力南亩，有警则就近抵御"。不过，不同于明代卫所屯军，清代苗疆屯军虽有守御之责，但不属军事系统，

[①]《圣祖仁皇帝实录》第1卷，《清实录》第4册，北京：中华书局1985年版第49页。

[②] 参见爱必达：《黔南识略》，《黔南识略·黔南职方纪略》，贵阳：贵州人民出版社1992年版第181-182、121、117、106、94、90页。

[③] 参见《仁宗睿皇帝实录》第85卷，《清实录》第29册，北京：中华书局1985年版第114页。

而是按军队编制、管理、隶属地方行政系统的耕垦组织。上述10卫近万名屯兵，有的即来自招募："如有人才壮健、能种田亩，并情愿前往苗疆承领叛产充为屯军者，每户上田给与六亩、中田八亩、下田十亩，其附田山土，尽令垦种杂粮。"①

（二）逃荒移民

道光十四年（1834年）上谕："有人奏，'贵州兴义等府一带苗疆，俱有流民混迹。此种流民系湖广土著，因近岁水患，觅食维艰，始不过数十人散入苗疆，租种山田，自成熟后获利颇丰。遂结盖草房，搬运妻孥前往。上年秋冬，由湖南至贵州一路，扶老携幼，肩挑背负者不绝于道，均往兴义等处'。"② 同年，云贵总督阮元、贵州巡抚裕泰奏："据各道府先后查明，兴义及普安、大定、安顺、镇远、铜仁、黎平等府州，上年及本年外来流民均系湖广、江南等省被水外来求食之人"。③ 逃荒移民散布全省大部地域，居于乡间。

灾民涌入少数民族地区，清廷担忧引发民族冲突，影响苗疆安定，"若如所奏，贵州苗疆一带，外来流民租种山田络绎不绝……将来日聚日众，难保无狡黠之徒，始以租种为名，继且据为己有……甚或占据开垦"，令贵州官员"确切查明，现在贵州地方，外来游民有无租种苗田之事，是否均系湖广土著民人。一经查出，即行设法妥为遣归原籍，交地方官管束，毋许一名逗留，致滋弊窦"。④

云贵总督阮元、贵州巡抚裕泰奉旨清查进入少数民族地区的客户，"统计通省各属附居苗地买、当田土客户三万一千四百余户，种苗田客户一万三千一百余户，贸易手艺客户二万四百余户；住居城市买、当苗产客户并所招佃户共六千四百余户"。⑤ 合计71300多户、285200多口，其中农户50900；经商及手艺客户20400余户，占到了移民总数的28.6%。移民中，虽买、当苗产而居于城堡者6400余户、25600多口；"附居苗地"即居于村寨，与少数民族杂处的64900多户，占91%强。对于上述客户，阮元、裕泰奏请免予驱逐："寄居苗寨之年深客户，租种苗田及典卖田土，相沿已久，势难概行禁逐，转至骚动……均因寄籍相安，奏明免其驱逐。"新近流入者，"均已逐起资送出境"。⑥ 从奏折所使用"驱逐"话语，可知进入少数民族地区的71300多户、285200多口系外省移民。又据成于道光二十七年（1847年）的罗绕典《黔南职方纪略》一书载，清代前期，贵阳、安顺、兴义、普安、大定、都匀、平越（州亲辖地）、黎平、镇远、松桃等10府、州、厅境内少数民族聚居区域，汉户达71924户、287696口（按每

---

① 以上见［民国］《贵州通志·前事志》第3册，贵阳：贵州人民出版社1985年版第303、302、314页。
② 《宣宗成皇帝实录》第253卷，《清实录》第36册，北京：中华书局1985年版第841页。
③ ［民国］《贵州通志·前事志》第3册，贵阳：贵州人民出版社1985年版第467页。
④ 《宣宗成皇帝实录》第253卷，《清实录》第36册，北京：中华书局1985年版第841页。
⑤ ［民国］《贵州通志·前事志》第3册，贵阳：贵州人民出版社1985年版第466页。
⑥ ［民国］《贵州通志·前事志》第3册，贵阳：贵州人民出版社1985年版第466、467页。

户 4 口计),① 两处数据出入仅为 600 余口、2400 余口,大致相符。仅进入少数民族地区的移民即达 7 万多户、28 万多口,清代前期进入整个贵州的移民当是一个更为庞大的数字。

汉族移民大量进入贵州,为贵州社会经济的发展注入了宝贵的人力、技术及文化资源。

三、农业经济的发展与民族认同的进步

清代前期,贵州改土归流、开发苗疆,府州县流官治理格局形成,为社会经济的发展提供了有力的制度保障。官府大力倡导、切实谋划,奖励开垦,兴修水利,推行铁犁牛耕,精耕细作,农业经济较明代大有进步。

(一) 奖励开垦

历经长期战乱,明末清初,贵州大量田土荒芜,官府出台优惠措施,奖励开垦。顺治十八年(1661 年),"户部议复:云南、贵州总督赵廷臣条奏:'滇黔田土荒芜,当亟开垦,将有主荒田,令本主开垦;无主荒田,招民垦种,俱三年起科,该州县给以印票,永为己业……'应如所请。"上谕:"从之。"② 在苗疆设立 10 卫屯田,招募屯兵近万。康熙、雍正、乾隆一百多年间,大量新田得以开垦。康熙三年(1664 年),"垦田一万二千九百余亩";③ 雍正三年(1725 年),仅大定、贵筑等 8 州县即"开垦……田地一百二顷有奇",④ 合 10200 亩;乾隆三十年(1765 年),仅安笼、都匀、思州、铜仁等 4 府及安南、瓮安、湄潭、天柱、铜仁、毕节、绥阳等 7 县即"开垦额内、额外田地五百六十七顷有奇",⑤ 合 56700 亩。全省耕地面积不断增加。顺治十八年(1661 年)1074344 亩,雍正二年(1724 年)增至 1229043 亩,乾隆三十一年(1766 年)增至 2673062 亩,嘉庆二十五年(1820 年)增至 2767041 亩,⑥ 较之明嘉靖年间贵州田亩峰

---

① 参见罗绕典:《黔南职方纪略》,《黔南识略·黔南职方纪略》,贵阳:贵州人民出版社 1992 年版第 281、285、294、296、302、317、319、325、329、332 页。普安直隶厅,原文为 1326 户,但小项数字之和仅为 824。(参见罗绕典:《黔南职方纪略》,《黔南识略·黔南职方纪略》,贵阳:贵州人民出版社 1992 年版第 296 页)
② 《圣祖仁皇帝实录》第 1 卷,《清实录》第 4 册,北京:中华书局 1985 年版第 49-50 页。
③ 《圣祖仁皇帝实录》第 15 卷,《清实录》第 4 册,北京:中华书局 1985 年版第 235 页。
④ 《世宗宪皇帝实录》第 48 卷,《清实录》第 7 册,北京:中华书局 1985 年版第 730 页。
⑤ 《高宗纯皇帝实录》第 768 卷,《清实录》第 18 册,北京:中华书局 1985 年版第 432 页。
⑥ 参见梁方仲:《中国历代户口田亩田赋统计》,上海:上海人民出版社 1980 年版第 391、393、396、410 页。

值 1883957 亩①高出 88 万多亩。

(二) 兴修水利

其一，堰渠灌溉。堰为筑坝截流，抬高水位，引水灌溉；渠即开凿沟渠，引水灌溉。乾隆五年（1740年），贵州总督张广泗、将署贵州布政使陈德荣奏："黔地多山"，水田灌溉皆须引水；唯有大兴水利，田土始"不至坐弃"，保证收成。贵州地方或民间合作，或官府助力，"劝修渠堰……凡贫民不能修渠筑堰及有渠堰而久废者，令各业主通力合作，计灌田之多寡分别奖赏；如渠堰甚大，准借司库银修筑；其水源稍远，必由邻人及邻邑地内开渠者，官为断价置买，无许掯勒"。②官府的倡导、协调及财力扶持，推动了水利的兴修。黎平府开泰县西门堰，"宽五十余丈，灌五百余亩"；高堰，"宽四十余丈，灌田三百余亩"。③

其二，筑塘灌溉。挖筑水塘，蓄水灌溉，简易便行，分布广泛。石阡府，"虽其地苦瘠，鲜盖藏，然自郡守罗文思教民筑堰塘，兴水利，至今峰岰匡隙之间，层级树艺，泉源四出，脉注而绮交之，有歉岁无殚民也"。④定番州（治今惠水）城南清水塘，"灌田数百亩"。⑤

其三，推广水车提灌技术。水车有筒车、龙骨车等。筒车提灌技术，明代早已普遍使用。龙骨车提灌技术则晚一些。乾隆五年（1740年），张广泗、陈德荣上奏，"请仿江楚龙骨车灌田，并雇匠教造"。大学士九卿会议：龙骨车制造后，各府州县分1架，劝民"照式成造"。⑥

其四，疏通河道，改造海子。乌撒土府（今威宁）地处贵州西部，地势高寒，"不种水稻，即杂粮亦少"。城南大片泡水地带，当地俗称"海子"，因河道堵塞年久，积水无法排除而成。雍正四年（1726年），云贵总督鄂尔泰履职，途经威宁，考察后以为："若疏浚河道，可开田数万亩，计费不过三千两"。于是捐银二千两，开工修浚，并以石灰暖土，种植水稻。⑦

引水灌溉技术在少数民族地区包括新辟苗疆也有应用。"苗民于山谷中有泥深不可耕植者，注水为塘"。严如熤《苗防备览》载："苗工所需农具有……筒车"。⑧

---

①参见［嘉靖］《贵州通志·土田》，《中国地方志集成·贵州编》第1册，成都：巴蜀书社2006年版第277-279页。
②《高宗纯皇帝实录》第130卷，《清实录》第10册，北京：中华书局1985年版第900页。
③爱必达：《黔南识略》，《黔南识略·黔南职方纪略》，贵阳：贵州人民出版社1992年版第190页。
④爱必达：《黔南识略》，《黔南识略·黔南职方纪略》，贵阳：贵州人民出版社1992年版第147页。
⑤爱必达：《黔南识略》，《黔南识略·黔南职方纪略》，贵阳：贵州人民出版社1992年版第45页。
⑥《高宗纯皇帝实录》第130卷，《清实录》第10册，北京：中华书局1985年版第900、901页。
⑦杨昌儒等：《贵州民族关系的构建》，贵阳：贵州人民出版社2010年版第131页。
⑧严如熤著，罗康隆等编著：《苗防备览·风俗篇研究》，贵阳：贵州人民出版社2011年版第170、97页。

(三) 精耕细作

更多移民的进入，"夷"汉民族交往的增加，使精耕细作技术在更大地域推广。[光绪]《黎平府志》详细记载精耕细作技术。其一，辨地之肥瘦，变瘠为肥。上等地，"大壮泥、油沙土、崖粪泥，性暖，耐旱，结实大而均"；中地，"杂崖土、细石土、大沽泥、鸭屎泥，性平，不耐旱，粪力既尽，耕耨以时，结实亦大而均"；下地，"黄瘦泥、白膏泥、俄沙泥、灰浆泥，粪耕如法，岁止薄收"。"坟壤之性不一，转变全在人功。良农能使瘠者肥，惰农则使美者恶"。其二，因地施种。"水田皆宜稻，冷水田独宜稬（俗作稬），干田宜胡豆；山地肥者宜诸豆，高山宜包谷，山地之新垦宜小谷（俗作粟）；冷泾地宜稗子，干松土宜诸荞、香麦、小麦、老麦；包谷、高粱，虽瘠地亦获微。收种不一，须各相其土之所宜树之"。其三，因地施肥。"粪必合土性之寒暖。大粪凉，黄土、红沙地之高燥者宜，豕粪同之；马粪热，冷水、冷沙地之卑湿者宜；菜油巴惟灰浆土、大眼土宜；牛粪不择地；柴草灰和以溺，百无不宜，尤宜种高粱、诸豆；石灰、桐油巴能肥瘠田，亦治田瘠"。其四，不误农时。"三月始犁，四月播种，五月插禾苗，九、十月纳稼"。其五，积肥。"凡农，以储粪为至计。来年之粪，隔年必先积之……治田莫若积粪，田多无粪，枉费人工"。其六，耕田之法。"春宜迟，秋宜早。迟者，冻渐解，地气始通，虽坚硬，亦可耕。宜早者，乘天气未寒，将阳和之气淹在地中，来春宜苗也"。其七，治秧。"秧田先融以水、壮以粪、醒以犁、揉以耙，如是者三，然后以大粪沃之。俟水澄清，乃下种，秧必善。"浸种："浸三日，滤之，覆以草，日喷水者三，待芽生即亮之，曰屋芽，又曰明芽"。育秧："种落泥后，天暖则浅其水，寒则深。芽喜晴，寒则入泥深，则不生。撒之水，养二日芽即老时，晴急放水干，细理其荡，使芽得土气，即根定，不浮上。晒一日，微微灌水，使露秧尖，则易长。撒三四日不得晒，则芽入泥，必多坏；撒四五日，若雹打，必坏，尽可以再撒。必微粪，乃可再晒。"插秧："秧适栽时，不得迟一二日，迟则谷不丰。将栽，必先浪田，不浪则田冷而气不融……沃田行宜稀，瘠田宜密。栽忌屈头，屈必死；忌立身，立必浮起；忌日烈水浅"。其八，锄草。"栽后三旬即耘，又三旬再耘，务绝其草；渐以蔗，三耘之"。其九，收藏当"通风泄湿"，防鼠耗。[①]

类似的记载，或多或少，或详或略，广泛见于清代贵州各类方志，如黔北之［道光］《遵义府志·农桑》、黔西北之［道光］《大定府志·农桑》、黔中之［道光］《贵阳府志》所载《敕黔督教民纺织疏》《请种椓入蚕状》《劝种椓养蚕示》诸篇及黔东南之［光绪］《黎平府志·农桑》等。

[①] 以上见［光绪］《黎平府志·农桑》，《中国地方志集成·贵州编》第17册，成都：巴蜀书社2006年版第237、239、240页。

(四) 作物种类增多

明末清初，包谷、红薯传入贵州。这些品种耐贫瘠、耐干旱，相对高产，适应了贵州山地多、土瘠、灌溉艰难的自然环境，在清代得以迅速推广并成为主要的种植品种，大大提高了山区粮食产量，缓解了贵州特别是山区居民口食匮乏的矛盾。乾隆后期，贵州人口猛增至520多万，与此关系很大。

此外，作为衣物之本的桑蚕养植及棉花种植，在清代也得到了极大的重视。其一，桑蚕养植。乾隆五年（1740年），贵州总督张广泗、将署贵州布政使陈德荣奏："黔地多桑，惟清镇、务川二邑能习蚕织"。当劝导全省，大兴蚕桑。凡"素未饲蚕者，令雇人于城市设局饲养；民人有率先尊奉者酌赏；或织成丝绢，准令赴局收买"。[①] 稍早，乾隆三年（1738年），山东人陈玉壂出任遵义知府，"见此地有青枫树，即山东之槲栎树，其叶可饲山蚕，惜民间徒供薪樵之用，乃捐俸至山东买取蚕种，雇觅蚕师，广为教导"。[②] 遵义丝绸因此"盛行于世，利甚溥也"。贵州多为山区，均适宜栽种青枫树，"若将不宜五谷之山地一律种橡养蚕，则民间男妇皆有恒产，其中获利，不独遵义一府"。贵州布政司为此推广种养，不遗余力。"筹办经费，委员前往遵义、定番一带采买橡子，收贮在省，各府、厅、州、县酌量多寡，赴省领回，散之民间，劝谕居民，无论山头地角，广为种植，二三年后，即可成树。俟至可以养蚕之日，由地方官查明申报，仍由省收买蚕茧，散之民间，令其蓄养于树。凡收买橡子、蚕茧，无需民间资本，不过自食其力而已。至种橡养蚕之法，现在刊刻条款，先发放各府、厅、州、县，随同橡子分给居民"。成茧之日，"缫丝售卖，盖售丝之利倍于售茧也"。[③] 其二，棉花种植。张广泗、陈德荣奏谓："棉性喜暖。黔省除威宁、大定等处山高气寒，其余可种棉者甚多"，当"劝民种棉织布……其苗寨素知种棉者，劝令广种；有率先遵旨者酌赏"。[④]

(五) 铁犁牛耕

伴随流官治理区域的扩大及汉族移民继续大量进入并分布于更广阔的地域，铁犁牛耕全面普及。清代贵州各类方志对于铁犁牛耕技术均或多或少、或详或略有所记载，即是证明。

[光绪]《黎平府志》详细记载耕牛的重要性及饲养："士之本在冠裳，官之本在账房，农之本在牛强，故养牛，其要也不可不讲。"牛之性各异。"黄牛畏寒，水牛畏热，牯牛喜触斗，母牛喜眠息，饲之当谨其时，审其方"。牛栏"必冬温而夏凉。牛粪热，

[①]《高宗纯皇帝实录》第130卷，《清实录》第10册，北京：中华书局1985年版第900页。
[②] 宋如林：《请种橡入蚕状》，[道光]《贵阳府志》下册，贵阳：贵州人民出版社2005年版第1633页。
[③] 宋如林：《劝种橡养蚕示》，[道光]《贵阳府志》下册，贵阳：贵州人民出版社2005年版第1631页。
[④]《高宗纯皇帝实录》第130卷，《清实录》第10册，北京：中华书局1985年版第900页。

夏常清其寝，冬不可常。冬寒冻肉，夏寒冻骨。牛之死多春，僵必温以暖水，补以米汤"。若出现"耳燥鼻干，水草倦尝"症状，"是必病也，急召牛医"。铁犁："犁辕、铧庇也，长三尺三寸，入犁底五寸五分，犁底之长亦如之，入铧舌者三寸捷。"耙："耙山田，齿以铁；水田，以木。齿长三寸五分，两齿距五寸。前九齿，后七齿。"[1]

少数民族地区也有使用铁器、铁犁牛耕的记载。清代李椅《南征日记》雍正十三年（1735年）十一月初四记，汉人向先林，湖广辰州府黔阳县人。其哥"是个铁匠，自幼进苗地里来，在东敖娶了苗亲，生得侄儿三个，名叫向老包、老金、老宁。大侄、二侄……都娶了亲，现在台革住，也会铁匠"。同年同月初十日记，汉人龙贵友在苗寨上做过十来年"铁匠生理，买了田地，娶了苗亲"。[2] 李汉林《文化变迁的个例分析》谓，改土归流后，黔中苗族劳动工具"改为以耕牛、犁、锄和镰刀为主"，"牛耕、镰收技术全面普及"。[3] 清代严如熤《苗防备览·风俗篇》载："苗工所需农具有犁、耙、锄、镰、长柄刀、斧"。[4] 李椅《南征日记》："一路搜箐，共获铁盔二顶、铁甲五身、弩弓八张、刀一口、镰刀一把"。[5] 不过，少数民族中，耕牛、铁农具的使用较之汉族地区尚有很大差距。如黔中苗族，"不像农耕民族那样珍视耕牛，他们喂养的水牛、黄牛，一部分用于耕作，另一部分则用作祭祀。对祭祀用牛的喂养极为精心，精粮喂养，不用于役使，整年放闲。相反，耕作用牛喂以粗料"。[6] 苗疆在使用镰刀收割的同时，也保留着旧式收割工具铁刀。这种铁刀长约3寸，宽仅寸余，套于右手；左手扶稻，右手割茎，一穗一穗地摘，而不是一把一把地割，故称摘刀而不称镰刀，称摘谷而不称割谷。李椅《南征日记》就有若干记载："乡勇数十在后摘谷"；"有乡兵在垩州田坝摘谷"。[7]

（六）人口、耕地、赋税的大幅增加

清代前期，贵州改土归流、开发苗疆，府州县流官治理格局形成，为社会经济的发展提供了有力的制度保障。地方官员大力倡导、切实谋划，奖励开垦，兴修水利，

---

[1] 以上见［光绪］《黎平府志·农桑》，《中国地方志集成·贵州编》第17册，成都：巴蜀书社2006年版第241页。
[2] 全国公共图书馆古籍文献编委会：《中国公共图书馆古籍文献珍本汇刻·南征日记》上册，中华全国图书馆文献缩微复制中心1994年版第297、311页。
[3] 李汉林：《文化变迁的个例分析——清代"改土归流"对黔中苗族文化的影响》，《民族研究》2001年第3期。
[4] 严如熤著，罗康隆等编著：《苗防备览·风俗篇研究》，贵阳：贵州人民出版社2011年版第97页。
[5] 全国公共图书馆古籍文献编委会：《中国公共图书馆古籍文献珍本汇刻·南征日记》上册，中华全国图书馆文献缩微复制中心1994年版第381页。
[6] 李汉林：《文化变迁的个例分析——清代"改土归流"对黔中苗族文化的影响》，《民族研究》2001年第3期。
[7] 以上见全国公共图书馆古籍文献编委会：《中国公共图书馆古籍文献珍本汇刻·南征日记》上册，中华全国图书馆文献缩微复制中心1994年版第236、303页。

推行铁犁牛耕，精耕细作，户口、田亩、赋税大幅增长。

1. 人口

明嘉靖年间，贵州人口为118957户、512289口。① 这个数字不包括大量未编户入籍的土著民族人口。明末清初，历经奢安之乱、杨应龙之乱、南明抗清战争、吴三桂之乱，兵连祸结，人口锐减。康熙二十四年（1685年），全省16—60岁男丁仅为13697口。其后开始上升，乾隆十八年（1753年）猛增至1418848口，乾隆三十一年（1766年）达到3441656口，嘉庆二十五年（1820年）达到1118884户、5348667口。② 大量少数民族地区编户列入统计范围，原属四川之遵义府、乌撒府，湖广之平溪卫、清浪卫、天柱县及广西之荔波县划归贵州，成为贵州人口剧增的重要因素，而粮食产量的大幅增长也是重要因素。

2. 耕地

如上所述，因大量移民的进入及奖励开垦，嘉庆二十五年（1820年），全省耕地面积由顺治十八年（1661年）的1074344亩增至2767041亩，③ 较之明嘉靖年间贵州田亩峰值1883957亩④高出88万多亩。

3. 赋税

明嘉靖年间，贵州税粮147148石。⑤ 康熙二十四年（1685年），田赋粮59482石，银53512两；乾隆十八年（1753年），增至粮154590石，银100156两；乾隆三十一年（1766年），粮减至135250石，银增至121282两；嘉庆二十五年（1820年），粮增至162490.17石，银93821.45两。⑥

铁犁牛耕、精耕细作、兴修水利等生产技术的传入及推广，使少数民族接受并认可了汉民族农耕文化，各民族之间有了更多的可认之"同"，促进了共同文化心理的形成。农桑乃养民之本，养民乃君王仁政的核心内容。耕地面积的扩大及生产技术的改进，使粮食产量得以增加。衣食足，民心稳，大一统王朝的存在赢得了合法性基础。仓廪足而知礼义，儒文化的推广流播有了更为厚实的物质基础；儒文化的进一步推广反之加速了民族认同的进程。

---

①参见［嘉靖］《贵州通志·户口》，《中国地方志集成·贵州编》第1册，成都：巴蜀书社2006年版第281页。

②参见梁方仲：《中国历代户口田亩田赋统计》，上海：上海人民出版社1980年版第392、394、396、410页。

③参见梁方仲：《中国历代户口田亩田赋统计》，上海：上海人民出版社1980年版第391、410页。

④参见［嘉靖］《贵州通志·土田》，《中国地方志集成·贵州编》第1册，成都：巴蜀书社2006年版第277-279页。

⑤参见［嘉靖］《贵州通志·财赋》，《中国地方志集成·贵州编》第1册，成都：巴蜀书社2006年版第285页。

⑥参见梁方仲：《中国历代户口田亩田赋统计》，上海：上海人民出版社1980年版第392、394、396、410页。

四、商品经济的大发展与民族认同的进步

（一）手工业的发展

清代，周边手工艺人继续大量进入，商业长足发展，推动着建筑、烧造、纺织、制革、武器制造、农具制造、酿造、制茶、制糖、造纸等手工业继续发展。门类增多，生产规模扩大，作坊普遍出现。有的产品蜚声天下，如"仁怀城西茅台村制酒，黔省称第一"；如贵定云雾山所产茶"最有名"，石阡茶、湄潭眉尖茶"昔皆为贡品"；[1] 再如"石阡纸光厚可临帖"；兴义纸"质韧而色白，实远胜之"。[2]

衣食者，民之本也，手工业中，纺织业最为重要。贵州古代少数民族中，苗、侗、布依、仡佬等民族都有种植苎麻、纺织葛布的悠久历史；黔西北彝族则长于擀制毛毡。清代，丝织业兴起，棉织业在明代基础上大发展，二者在纺织业中的地位日益重要。

丝织业。乾隆初年，遵义引进山东桑蚕养殖技术，丝织业旋即兴盛。"纺织之声相闻，榭林之阴迷道路。邻叟村媪相遇，惟絮话春丝几何，秋丝几何，子弟养蚕之善否……遵绸之名，竟与吴绫、蜀锦争价于中州、远徼、界绝不邻之区"。府属正安州，居民"遍张机杼，渐成花样，售丝售绸，远通商贾"；[3] 务川县，"种橡育蚕，俱有成效"。[4] 此后，桑蚕养殖及丝织业很快推广到全省。安顺府安平县，"在城乡设机房三所，以教民织"；[5] 贵阳府修文县，"青枫尤多，民藉之以养蚕收茧"；[6] 镇远府地产橡树，"皆放蚕收茧"；[7] 兴义"近则种橡养蚕，更有成效矣"。[8]［道光］《贵阳府志》载桑树种植之法："其树有二：一名青枫，叶薄；一名槲栎，叶厚。其子俱房生，实如小枣。植法：于秋末冬初收子，不令近火，冬月将子窖于土内，常浇水滋润，逢春发芽。无论地之肥瘠，均可种植，三年即可养蚕。春季，叶经蚕食，次年仍养春蚕，或养秋蚕亦可，须隔一季。四五年后，可伐其木，新芽丛发，又可养蚕。其春秋二季养蚕及

---

[1]［民国］《贵州通志·方物》，《中国地方志集成·贵州编》第 9 册，成都：巴蜀书社 2006 年版第 179 页。
[2]［咸丰］《兴义府志·货属》，《中国地方志集成·贵州编》第 28 册，成都：巴蜀书社 2006 年版第 419 页。
[3]［道光］《遵义府志·农桑》，《中国地方志集成·贵州编》第 32 册，成都：巴蜀书社 2006 年版第 348、356 页。
[4] 爱必达：《黔南识略》，《黔南识略·黔南职方纪略》，贵阳：贵州人民出版社 1992 年版第 141 页。
[5]［道光］《安平县志·土产》，《中国地方志集成·贵州编》第 44 册，成都：巴蜀书社 2006 年版第 96 页。
[6] 爱必达：《黔南识略》，《黔南识略·黔南职方纪略》，贵阳：贵州人民出版社 1992 年版第 40 页。
[7] 爱必达：《黔南识略》，《黔南识略·黔南职方纪略》，贵阳：贵州人民出版社 1992 年版第 114 页。
[8] 爱必达：《黔南识略》，《黔南识略·黔南职方纪略》，贵阳：贵州人民出版社 1992 年版第 223 页。

取丝之法，各有不同。"春蚕养法："于隔年小阳月旬后拣其丝之重实有蛹者，以篾篓盛之。迨次年立春后，纸糊密室，将茧篓置于中央，以柴火微烘，昼夜无间，渐略增火；至春分前后，觉蛹稍动，用线穿茧成串，搭于四围竿上，仍以火烘。量其地之寒燠，寒则微火，缓为出蛾；燠则甚火，急为出蛾。随拾入筐，雌雄配合。眉粗者雄，眉细者雌。次日，摘取雄蛾另贮，数日自僵，止提雌蛾，微以手捏去溺，否则不卵。置筐中，微火暖之，始能生子。在筐犹不断火，或借阳光。旬余蚕出，大如针，以青㧖嫩叶置筐内外，其蚕自上枝叶；即将枝上蚕置树上，先食嫩叶。五六日初眠，不食叶，二三日脱去黑壳，色分青黄；又五六日二眠，继三眠、四眠后食叶，旬日噤口退膘，吐丝成茧。阅三日，浆固，连叶摘下，去叶缫丝。"秋蚕养法："于端午节前后收入春茧时，将茧穿串晾于竿上，不使罨坏。旬余成蛹出蛾，拾入篾篓，雌雄配对。次日午后，只将母蛾去溺，以四寸长线，两头各系一蛾，搭于青桐树上，叶尽剪易。秋蚕宜少，撒树巅，由嫩食老。"取丝之法："以大锅盛冷水，每次二三千茧，煮半时，翻转，又煮三四刻再翻。俟茧将软，用荍草灰所淋之汁，量茧多寡酌倾入锅，再煮一二刻，视为生熟。试如不熟，再加灰汁略煮。以短小竹棍搅其浮丝成绺，分作数提，仍在锅内，不可断火。若丝不顺，稍加以火，水热则丝易抽。丝之粗细，视提丝缕之多寡。由丝笼上车，旁以大车桄之……水中所抽名曰水丝，织绵软，再合成线，织为合线，为合线绸，尤为结实。"①

棉织业。明代以前，贵州纺织业主要为少数民族的苎麻纺织即麻织，棉织极少。明代棉织兴起，播州杨氏设有机院，有"一百余户充任机院织匠"。②清乾隆年间，贵州地方官员在全省"劝民种棉织布"，特别提及"苗寨素知种棉者，劝令广种"；率先种棉者"酌赏"。③黔中贵阳府属定番州罗斛，"广种木棉……苗民善于图利"。④黔东北思南府"四处皆种，居民纺织为布"；石阡府出棉花。黔东南思州府治岑巩"近亦植……棉花"；⑤青溪县出棉花；⑥天柱县亦产棉花。⑦黔南都匀府"八寨、高坡间遍植"；⑧荔波县"各里皆产棉花"。⑨黔北遵义城廓居民"不论绅士军民，家制纺车一架，

---

①宋如林：《劝种橡养蚕示》，《贵阳府志》下册，贵阳：贵州人民出版社2005年版第1631、1632页。"燠"，热；"僵"，死而不腐；"罨"，蚕茧叠压不通风而沤坏；"荍草"，荞麦草；"桄"，将蚕丝绾在缫车上以成丝束。(参见《注释》，《贵阳府志》下册，贵阳：贵州人民出版社2005年版第1637页)

②何乔新：《勘处播州事情疏》，北京：中华书局1985年版第73页。

③《高宗纯皇帝实录》第130卷，《清实录》第10册，北京：中华书局1985年版第900页。

④罗绕典：《黔南职方纪略》，《黔南识略·黔南职方纪略》，贵阳：贵州人民出版社1992年版第278页。

⑤爱必达：《黔南识略》，《黔南识略·黔南职方纪略》，贵阳：贵州人民出版社1992年版第152页。

⑥参见［乾隆］《贵州通志·物产》，《中国地方志集成·贵州编》第4册，成都：巴蜀书社2006年版第286页。

⑦爱必达：《黔南识略》，《黔南识略·黔南职方纪略》，贵阳：贵州人民出版社1992年版第130页。

⑧［乾隆］《贵州通志·物产》，《中国地方志集成·贵州编》第4册，成都：巴蜀书社2006年版第286页。

⑨爱必达：《黔南识略》，《黔南识略·黔南职方纪略》，贵阳：贵州人民出版社1992年版第109页。

人多二架，一月之内，计出棉纱若干"。① 黔东南黎平"山土种木棉，苗妇勤于织纺"。②黔中安顺府郎岱厅，"自道光乙未年郎岱城中绅士……爱约出资本……以制机床纺织之费。又设一大机房，特往平远各处访觅善织纺之工匠居焉，命城中男妇往学"。此后，"城中纺织之声，已达通衢矣"。黔西南兴义，"汉、苗多种棉花"。③ 棉织业因而更盛。"开车吱吱转，开车转吱吱。开车像是开太阳，摇车像是摇月亮。千条棉线长悠悠，阳光月光比不上。今年趁早开纺车，纺纱织布数我强。"④ 又购入滇棉，"滇民之以花易布者源源而来，今则机杼遍野"；⑤"妇女勤工作，纺车之声，络绎于午夜明月时"；⑥ 贞丰州"产木棉，足供兴义县民苗织衽之用"；⑦ 普安县"四达之冲，辐辏，交易有无，以棉易布"。居民"尽力织纺……获利颇多"。⑧

（二）矿业的发展

清代前期，贵州铁、铜、水银、铅等矿产的开采冶炼发达，尤以铅矿为著。

铁。早在明代，播州杨氏即已开"尚翁家等处铁冶二十四处……烧炼熟铁，专造兵器"。⑨ 清代继之。遵义府，贵阳府之开州、贵筑、修文，⑩ 兴义府之普安、册亨，⑪ 思南府之安化，石阡府，思州府，铜仁府之大万山等处，黎平府之各土司地方，⑫ 均有分布。

铜。产于大定府之威宁州。陈家沟、铜川河、哈喇河各有1座铜厂。陈家沟厂，"年额供铜七万斤"，后减为2万斤。⑬

朱砂、水银。分布于铜仁府之铜仁、万山、大万山，思州府之施溪，思南府之务

---

① [道光]《遵义府志·农桑》，《中国地方志集成·贵州编》第32册，成都：巴蜀书社2006年版第347页。
② 罗绕典：《黔南职方纪略》，《黔南识略·黔南职方纪略》，贵阳：贵州人民出版社1992年版第322页。
③ [咸丰]《兴义府志·货属》，《中国地方志集成·贵州编》第28册，成都：巴蜀书社2006年版第416页。
④《开纺车》，《布依族摩经文学》，贵阳：贵州人民出版社1997年版第219页。
⑤ 罗绕典：《黔南职方纪略》，《黔南识略·黔南职方纪略》，贵阳：贵州人民出版社1992年版第290页。
⑥ [咸丰]《兴义府志·货属》，《中国地方志集成·贵州编》第28册，成都：巴蜀书社2006年版第416页。
⑦ 罗绕典：《黔南职方纪略》，《黔南识略·黔南职方纪略》，贵阳：贵州人民出版社1992年版第291页。
⑧ 罗绕典：《黔南职方纪略》，《黔南识略·黔南职方纪略》，贵阳：贵州人民出版社1992年版第293页。
⑨ 何乔新：《勘处播州事情疏》，北京：中华书局1985年版第73页。
⑩ 参见[乾隆]《贵州通志·物产》，《中国地方志集成·贵州编》第4册，成都：巴蜀书社2006年版第285页。
⑪ 参见[咸丰]《兴义府志·土产》，《中国地方志集成·贵州编》第28册，成都：巴蜀书社2006年版第419页。
⑫ 参见[乾隆]《贵州通志·物产》，《中国地方志集成·贵州编》第4册，成都：巴蜀书社2006年版第286-287页。
⑬ [道光]《大定府志·土物》，《中国地方志集成·贵州编》第48册，成都：巴蜀书社2006年版第620页。

川、石阡府之各土司地，贵阳府之开州、修文，大定府之威宁，①兴义府之普安、贞丰等地。兴义府之普安、贞丰，水银"解课税银一千五百两有奇"。②

铅，分布于兴义府之普安，③遵义府之小红关，大定府之威宁、毕节等处，④而以大定府为著，厂多，产量大。据道光二十九年（1849年）刻本《大定府志》载，大定府亲领地有兴发厂、水洞坡厂；兴发厂"岁供宝、黔二局之用，又运五十万斤至永宁，以供四川采买"；水洞坡厂岁产铅8万余斤。水城有福集厂、万福厂，其中福集厂"每年运京铅一百五十万斤"，楚铅酌量。威宁铅厂更盛，分布于妈姑、羊角、新发、白崖、马街、裸纳、黑泥、三家湾、柞子、硃矿、裸布戛等10余处。其中，妈姑厂产量最大，"每岁额购铅二千万斤"。所产铅除供本省铸钱所需外，主要输送京师及湖广、四川。各厂所产铅，大致上"每采铅百斤官抽课二十斤……每百斤予值银一两五钱"。⑤照此计算，则妈姑厂年产量即在2500斤；加上兴发厂50万斤、福集厂150万斤，达2700万斤；再加上其他厂的产量，数量当更大。约成于乾隆十三年至十五年间（1748—1750年）的贵州巡抚爱必达《黔南识略》一书则以为，威宁州年产铅在480万斤左右。威宁"物产，惟铅最多，妈姑、羊角、新发、白崖、马街、裸纳、黑泥、三家湾等厂，额抽课及采办黑铅共四百二十八万斤有奇；柞子硃矿、裸布戛等厂，额抽课及采办黑铅共五六十万斤不等"。⑥乾隆十四年（1749年），爱必达奏，贵州"现各厂岁出铅一千四百余万斤"；每年"运供京局及川、黔两省鼓铸并运汉销售，共铅九百万斤"。⑦贵州年产铅数量，爱必达所云似较为可信。

（三）商业的大发展

农业经济的发展，经济作物的增多，手工业、矿业的发展，增加了商品流通的需求；改土归流、苗疆开发，进一步打破了昔日土司及苗疆地区的封闭、壁垒状态，为商品流通提供了更多的开放地域及选择空间；驿路的进一步扩展整治及水路特别是清水江及其支流、赤水河的疏通，为商品流通提供了交通便利；周边发达地区大批商人

---

①参见［乾隆］《贵州通志·物产》，《中国地方志集成·贵州编》第4册，成都：巴蜀书社2006年版第287、286、285页。

②［咸丰］《兴义府志·土产》，《中国地方志集成·贵州编》第28册，成都：巴蜀书社2006年版第418页。

③参见［咸丰］《兴义府志·土产》，《中国地方志集成·贵州编》第28册，成都：巴蜀书社2006年版第419页。

④参见［乾隆］《贵州通志·物产》，《中国地方志集成·贵州编》第4册，成都：巴蜀书社2006年版第287页。

⑤以上见［道光］《大定府志·土物》，《中国地方志集成·贵州编》第48册，成都：巴蜀书社2006年版第620、621页。

⑥爱必达：《黔南识略》，《黔南识略·黔南职方纪略》，贵阳：贵州人民出版社1992年版第215页。"柞子硃矿"，当为柞子、硃矿。

⑦《高宗纯皇帝实录》第342卷，《清实录》第13册，北京：中华书局1985年版第735页。

的进入，为商品流通提供了人才、技术及资金支撑。较之明代，清代前期，贵州商业大为发展。

1. 商户数量剧增

清前期进入贵州的商户数量，向无统计数字。道光十四年（1834年），云贵总督阮元、贵州巡抚裕泰奉旨清查进入少数民族地区的客户，得 71300 多户，其中"贸易、手艺客户二万四百余户"。[①] 如贸易、手艺客户各按一半计，则进入少数民族地区的商户即达 10200 余，占到了移民总数的 14.3%；按每户 4 口计，为 40800 余；而手艺客户中相当部分从事的也是商品生产。成于道光二十七年（1847年）的罗绕典《黔南职方纪略》也印证了这一统计数字。其书载，清代前期，贵阳、安顺、兴义、普安、大定、都匀、平越（州亲辖地）、黎平、镇远、松桃等 10 府、州、厅境内少数民族聚居区域，汉户为 72118 户，[②] 与阮元、裕泰奏报 71300 余户数据仅出入 800 余户，大致相符；由此推断其中"贸易、手艺客户"数据也当大致相符。

少数民族地区开发较晚，相对封闭，商品经济发展落后，尚且有万余外来商户，在更为广阔的地域，在汉族聚居地区，在省、府、州、县治所所在城市，原有的、周边省份进入的商户，当是一个更为庞大得多的数字。商户数量的剧增，从一个侧面反映了商品经济的发展。

2. 商品交易繁盛

清代前期，食盐、木材、铅等大宗商品交易空前繁盛。

食盐是生活必需品，用量极大，而贵州不产盐，须由四川、云南、两广、安徽、浙江等省输入销售。其中，川盐占有大部销量。川盐经位于长江支流的永宁河、赤水河、綦江、乌江之口岸，进入毕节县、仁怀厅（今赤水）茅台、桐梓松坎、沿河、思南等地转销黔西北、黔中、黔北、黔东北；滇盐经陆路进入普安厅（今盘县）；粤盐经陆路进入古州、独山，转销黔南、黔东南；淮盐、浙盐则经潕阳河、清水江进入铜仁、镇远、天柱等地，转销黔东北、黔东南。明代实行以盐换粮"开中"政策，大批盐商入黔经营食盐。清代大规模疏通整治赤水河、潕阳河、清水江、都柳江等航道，川盐、淮盐、浙盐的输入、转销更为便利、廉价，贵州食盐销售量大幅增长。黎平府属古州厅，为粤盐总埠之一，下设丙妹、永从、三角坻 3 分埠。乾隆十年（1745年），额引 6 封 2 分，每封 1488 包又 50 斤，每包 150 斤，计 138 万余斤。[③] 古州粤盐主要供应黔东南、黔南，黔东南年销售额即达 138 万余斤，全省销量当远为巨大。乾隆十八年（1753年），贵州人口为 141 万余，古州粤盐年销售额即达 138 万余斤；嘉庆二十五年

---

① [民国]《贵州通志·前事志》第 3 册，贵阳：贵州人民出版社 1985 年版第 466 页。

② 罗绕典：《黔南职方纪略》，《黔南识略·黔南职方纪略》，贵阳：贵州人民出版社 1992 年版第 281、285、294、296、302、317、319、329、335 页。

③ 参见[光绪]《黎平府志·食货志》，《中国地方志集成·贵州编》第 17 册，成都：巴蜀书社 2006 年版第 203 页。

（1820年），贵州人口猛增至534万余，[1] 增长了2.78倍，以此计算，仅黔东南年销售额即应在524万斤以上。仁怀厅（今赤水）茅台、桐梓松坎、毕节、沿河、思南、普安厅（今盘县）、古州、独山、铜仁、松桃、天柱、镇远特别是仁怀厅（今赤水）茅台、桐梓松坎、毕节、镇远等地，因此而形成兴盛的食盐集散中心及交易中心。

铅与铜为铸造铜钱的主要原料，二者比例，一般为铜六铅四，用量很大。贵州为全国主要产铅区，所产铅除供本省外，多数供京师及四川、湖广所需。乾隆初年，全省"岁出铅一千四百余万斤"，[2] 按官价"每百斤予值银一两五钱"[3] 计，年交易额即在银21万两。大定府乃贵州铅的主要产地，"在最兴旺时的年产量应达一千万斤以上"。[4] 产品汇集于毕节县，转运至川黔交界之赤水河，经水路至永宁（今叙永）外销，毕节因而成为兴盛的铅产品集转中心。

黎平府盛产优质木材，"排山塞谷，价值巨万"，又有清水江水运之便利，木材之外运销售成为贵州大宗商品交易之一。早在明代，黎平木材交易就已呈现兴旺之势。清代，随着苗疆开发及清水江航道之整治，交易更趋旺盛。锦屏乡"茅坪、卦治、王寨，三皆黎平所属，各有木市……每年黔楚五乡及临江徽州三帮客贷贩于江汉吴豫间，无处不到"，[5] "商旅几数十万"，[6] "每岁可卖二三百万金"。[7] 黎平一地年交易额即达"二三百万金"，加上其他地区，交易数额更大。地处清水江流域的黎平府锦屏乡（今锦屏县）、镇远府天柱县等地，成为兴盛的木材集散及交易中心。

大宗商品交易带动了相关的商业活动，如船运、驮运等运输业，如饮食、住宿等服务业；促进了传统衣食住行日用百货的交易，如生产工具、建筑材料、食粮瓜蔬等。商品及商业活动种类增多，数量及范围扩大。

3. 更多的商品交易中心及商品集散地形成

清代前期，贵州府州厅县由明代34个扩大到74个，基本上覆盖了今贵州县级以上行政区域，治所城镇成为商品交易中心及商品集散地；处于湘黔滇、川黔滇、黔桂等陆路主驿道及潕阳河、清水江、都柳江、赤水河等水路要道的城镇乃至某些屯堡村寨，更在明代基础上发展成为繁荣的商品交易中心及商品集散地，如镇远府城、安顺府城、贵阳府城、毕节县城，如古州厅。

---

[1] 参见梁方仲：《中国历代户口田亩田赋统计》，上海：上海人民出版社1980年版第396、410页。
[2] 《高宗纯皇帝实录》第342卷，《清实录》第13册，北京：中华书局1985年版第735页。
[3] 以上见［道光］《大定府志·土物》，《中国地方志集成·贵州编》第48册，成都：巴蜀书社2006年版第620、621页。
[4] 温春来：《清前期贵州大定府铅的产量与运销》，《清史研究》2007年第2期。
[5] 以上见［光绪］《黎平府志·物产》，《中国地方志集成·贵州编》第17册，成都：巴蜀书社2006年版第277页。
[6] 爱必达：《黔南识略》，《黔南识略·黔南职方纪略》，贵阳：贵州人民出版社1992年版第178页。
[7] 杨伟兵：《清代黔东南地区农林经济开发及其生态—生产结构分析》，《中国历史地理论丛》2004年第1期。

镇远府城地处湘黔滇驿路与潕阳河交汇之处，明初即为镇远卫治所，稍后成为贵州最早所置府之治所所在。悠久的建城历史特别是水路运输的便利，使其成为淮盐、浙盐、木材及滇铜等大宗商品集散、交易中心之一，明朝时期，已是贵州商业最为发达之城市之一，清代更盛，有来自江西、福建、湖广、陕西的商户、富户所建会馆5座，其中江西会馆2座，福建、湖广、陕西各1座；①"场市所在皆有之"。②

安顺府城地处黔中，为湘黔滇驿路大通道枢纽，也是明初所置普定卫、贵州建省最早所置安顺州治所（均为今安顺市西秀区）所在。悠久的建城历史特别是湘黔滇驿路大通道枢纽地位，使其成为川盐、滇铜等大宗商品的集散、交易中心之一。同样地，明代即已是贵州商业最为发达之城市之一；清代更盛，有来自江西、四川、福建、湖广的商户、富户所建会馆8座。其中，江西会馆4座，四川会馆2座，福建会馆、湖广会馆各1座。③城内外形成棉花市、布市、米市、牛场、马场5个场市，④尤以棉、绸交易为兴盛。

贵阳城自明代起即系布政司、贵阳府及贵州卫、贵州前卫治所所在地，周边密布新添（治今贵定）、敷勇（治今修文）、威清（治今清镇）、镇西（治今清镇市卫城）等卫，地处黔中，又处于湘黔滇、川黔、黔桂驿路交会点，城内官衙密集，官吏、兵士云集，商品交易繁盛。有来自江西、四川、福建、湖广、广东、浙江、陕西的商户、富户所建会馆12座，其中江西会馆3座，湖广会馆3座，四川会馆2座，福建会馆、广东会馆、浙江会馆、陕西会馆各1座。⑤会馆数量居全省之冠，建馆移民来自省份最广。城内"百工骈集……皆来自他省……北市蜀，西市滇，东市楚，南市粤"。⑥内城分4保，有街巷75条，其中东南保19条、西南保17条、西北保11条、东北保21条，各保界街7条；外城亦4保，有街巷35条，其中东南保10条、西南保7条、西北保7条、东北保6条，各保界街5条；近城街巷8条。内外城、近城街巷合计118条。各条街巷形成了各具特色的商品交易市场，如铁匠街、铜匠街、皮匠湾、绣衣坊、轿夫巷、马棚街、鲜鱼巷、粑粑巷等，百业兴旺。⑦

大定府属毕节，虽迟至清康熙年间始设县，但属于明初最早设置卫所地点之一，境内有毕节、赤水2卫，又地处川黔滇驿路及川盐入黔西北口岸，且有与四川接壤处

---

①参见［乾隆］《镇远府志·祠祀》，《中国地方志集成·贵州编》第16册，成都：巴蜀书社2006年版第159页。

②爱必达：《黔南识略》，《黔南识略·黔南职方纪略》，贵阳：贵州人民出版社1992年版第114页。

③参见［咸丰］《安顺府志·坛庙》，《中国地方志集成·贵州编》第41册，成都：巴蜀书社2006年版第220页；［民国］《续修安顺府志·名胜古迹志》，《中国地方志集成·贵州编》第42册，成都：巴蜀书社2006年版第471-472页。

④参见［咸丰］《安顺府志·场市》，《中国地方志集成·贵州编》第41册，成都：巴蜀书社2006年版第71页。

⑤参见《略二·祠祀略》，［道光］《贵阳府志》上册，贵阳：贵州人民出版社2005年版第844-845页。

⑥《记六·疆里图记》，［道光］《贵阳府志》上册，贵阳：贵州人民出版社2005年版第661页。

⑦参见《记十一·城郭图记》，［道光］《贵阳府志》上册，贵阳：贵州人民出版社2005年版第727-732页。

赤水河航运之便，因而在清前期发展成为铅、川盐及滇铜等大宗商品集散地及兴盛的商品交易中心之一。有来自湖广、江西、四川、福建、陕西的商户、富户所建会馆12座。其中，湖广会馆2座，江西会馆、福建会馆、四川会馆、陕西会馆、梅葛庙各1座。与古州厅并立，为全省散州、散厅、县会馆数量之最。①

古州厅系清雍正年间开辟苗疆以后新建。由于地处都江（今都柳江）畔，又有榕江（今寨蒿河）接清江（今清水江），得水运之利，发展成为粤盐集散总埠之一，乾隆初年年销售额即达138万余斤。② 有来自江西、福建、四川、湖广、广东的商户、富户所建会馆7座，其中江西会馆2座、福建会馆2座、四川会馆1座、湖广会馆1座、广东会馆1座，与毕节县并立为全省散州、散厅、县会馆数量之最。

4. 会馆数量大量增加

会馆的建立及分布，是清前期贵州商业发展的又一标志。明清两代，江西、福建、四川、湖广乃至广东、陕西等外省移民大量进入贵州，其中包括相当数量的商人。经过长期经营，随着人数的增加、经济实力的增强，乃相约设立会馆，聚会宴饮，增进乡谊，患难与助，共谋发展；会馆修建之倡议、出资，商人多发挥了主导作用。大定府所属毕节县有会馆7座，均为商民所建。晏公庙1座，"雍正年间江西客商建，遇公事群集于此，以为会馆"。③ 天后宫1座，"福建客商建，遇公事群集于此，以为会馆"。川主庙1座，"四川客商建，遇公事群集于此，以为会馆"。④ 湖广会馆2座，一名寿佛寺，"雍正年间湖广客商建，遇公事群集于此，以为会馆"；一名护国寺，"湖广黄州商人建，遇公事群集于此，以为会馆"。⑤ 秋祠1座，"在大横街，陕西客商建，遇公事群集于此，以为会馆"。梅葛庙1座，"染行贩靛客商建，遇公事群集于此，以为会馆"。⑥ 会馆往往称为宫或庙、寺，供奉一位神主。江西会馆多称万寿宫，祀许真君（晋代南昌道士许逊。南昌，今属江西）；福建会馆名天后宫，祀天后娘娘（妈祖）；四川会馆或称川主庙，祀秦国李冰；湖广会馆或称禹王宫，供奉大禹；广东会馆或称南华宫，尊六祖慧能；陕西会馆或称报国寺，祀关帝。会馆一般均有相当规模，有正殿、后殿、

---

① 参见［乾隆］《毕节县志·坛庙》，《毕节县志》卷1，《中国地方志集成·贵州编》第49册，成都：巴蜀书社2006年版第214页；［同治］《毕节县志稿·秩祀志》，《中国地方志集成·贵州编》第49册，成都：巴蜀书社2006年版第465页；［光绪］《黎平府志·坛庙》，《中国地方志集成·贵州编》第17册，成都：巴蜀书社2006年版第145、146页。

② 参见［光绪］《黎平府志·食货志》，《中国地方志集成·贵州编》第17册，成都：巴蜀书社2006年版第203页。

③ ［乾隆］《毕节县志·坛庙》，《中国地方志集成·贵州编》第49册，成都：巴蜀书社2006年版第214页。

④ ［同治］《毕节县志稿·秩祀志》，《中国地方志集成·贵州编》第49册，成都：巴蜀书社2006年版第465页。

⑤ ［乾隆］《毕节县志·坛庙》，《中国地方志集成·贵州编》第49册，成都：巴蜀书社2006年版第214页。

⑥ ［同治］《毕节县志稿·秩祀志》，《中国地方志集成·贵州编》第49册，成都：巴蜀书社2006年版第465页。

戏楼三部分，如大定府所属平远州（今织金）所建万寿宫、寿佛寺（湖广会馆），均有"戏楼三间，正殿五间，后殿三间"。① 石阡府万寿宫更为恢宏。是宫始建于明神宗万历十六年（1588年），清代多次重修。修建过程中，商人起了关键作用。乾隆年间，商人左成宪"贩南川笋往江南，数年致大富。归，筹巨款生息，谅可大加振兴，复往江南绘图，以曾见江南会馆之壮丽也。后依图改修"。修成，"规模宏大……人皆称羡"。② 宫为二进封火山墙四合院式院落，由东、西两部分组成。西部包括大门、戏楼及长廊，东部包括紫云宫、过厅、正殿、圣帝宫，两部之间有间墙、小院、钟楼、鼓楼。大门"为三门六柱大牌楼式青色砖室结构圆拱门，门体高达三十米"。西部正中的戏楼，"宝顶鳌角、飞檐垂脊，六棱三叠斗拱彩绘"。戏台四周上下刻有三国故事、花鸟人物。正面立柱对联："束带整装俨然君臣父子，停锣息鼓准是儿女夫妻。"整个建筑占地3380平方米，"布局严谨，工程宏伟，构思奇特，设计精巧"，③ 从一个侧面反映了石阡江西籍商人及其他移民的规模及经济实力。

明代贵州地方志很少有会馆记载，清代剧增。以《中国地方志集成·贵州编》清代方志记载做一统计，清前期贵州有会馆170余座，详见下表④。

---

① [乾隆]《平远州志·祠祀》，《中国地方志集成·贵州编》第48册，成都：巴蜀书社2006年版第697页。

② [民国]《石阡县志·秩祀志》，《中国地方志集成·贵州编》第47册，成都：巴蜀书社2006年版第422页。

③ 以上见《百度百科·石阡万寿宫》；陈政：《石阡万寿宫小记》，《贵州政协报》2014年2月11日。

④ 参见《略二·祠祀略》，[道光]《贵阳府志》上册，贵阳：贵州人民出版社2005年版第844-845页；[咸丰]《安顺府志·营建志》，《中国地方志集成·贵州编》第41册，成都：巴蜀书社2006年版第220、221、223、266、364页；[民国]《续修安顺府志·名胜古迹志》，《中国地方志集成·贵州编》第42册第471-472页；[民国]《都匀县志稿·祠庙寺观》，《中国地方志集成·贵州编》第23册第110、113页；[光绪]《平越直隶州志·坛庙寺观坊表》，《中国地方志集成·贵州编》第26册第153、148、151、150页；[民国]《瓮安县志·坛庙》，《中国地方志集成·贵州编》第25册第118页；[咸丰]《荔波县志稿·坛庙》，《中国地方志集成·贵州编》第24册第345页；[康熙]《思州府志·祠祀》，《中国地方志集成·贵州编》第15册第510页；[光绪]《黎平府志·坛庙》，《中国地方志集成·贵州编》第17册第126-127、147、145-146页；[乾隆]《镇远府志·祠祀》，《中国地方志集成·贵州编》第16册第159、162、160页；[民国]《麻江县志·祠庙志》，《中国地方志集成·贵州编》第18册392-393页；[咸丰]《兴义府志·祠庙志》，《中国地方志集成·贵州编》第28册第339、326、337、343、345、340、328页；[光绪]《普安直隶厅志·坛庙》，《中国地方志集成·贵州编》第14册392、390页；[道光]《大定府志·坛庙诸祠》，《中国地方志集成·贵州编》第48册第308-309页；[乾隆]《毕节县志·坛庙》，《中国地方志集成·贵州编》第49册214页；[同治]《毕节县志稿·秩祀志》，《中国地方志集成·贵州编》第49册第465页；[乾隆]《平远州志·祠祀》，《中国地方志集成·贵州编》第48册第697页；[道光]《铜仁府志·坛庙寺观祠宇》，《中国地方志集成·贵州编》第45册第332页；[乾隆]《玉屏县志·祠祀》，《中国地方志集成·贵州编》第47册第52页；[民国]《石阡县志·秩祀志》，《中国地方志集成·贵州编》第47册第422-423页；[道光]《思南府续志·坛庙寺观》，《中国地方志集成·贵州编》第46册第67-68页；[道光]《松桃厅志·学校坛庙寺观》，《中国地方志集成·贵州编》第46册第540页；[道光]《遵义府志·坛庙》，《中国地方志集成·贵州编》第32册第177、174、173、182-183、186、189页；[道光]《仁怀直隶厅志·祠祀志》，《中国地方志集成·贵州编》第39册第148页。因《中国地方志集成·贵州编》出版信息一致，故做部分省略。

清代前期贵州府州县会馆一览表

今区划	清前期区划 区划名	清前期区划 今治所	会　馆
贵阳市	贵阳府	贵阳	万寿宫（江西会馆）3座，城北隅、青岩城、南下里孟官堡各1座 天后宫（福建会馆）1座，城内六硐桥侧 川主庙（四川会馆）2座，新城内、青岩各1座 两湖会馆3座，2座名寿佛寺，城内西南大街、青岩各1座；1座名紫林庵，城西门外，"湖南衡州会馆" 南华宫（广东会馆）1座，城内东南隅 浙江会馆1座，城内东南隅 陕西会馆1座，新城内东南隅
贵阳市	贵筑县	贵阳	
贵阳市	清镇县	清镇	
贵阳市	修文县	修文	万寿宫3座，城内、城北80里白岩厂、扎佐城中各1座 川主庙2座，1座在城内西隅飞凤山 寿佛寺（湖广会馆）1座，九庄城南
贵阳市	开州	开阳	万寿宫1座，城东
小计	清前期今贵阳市有会馆19；江西会馆7；福建会馆1；四川会馆4；湖广会馆4；广东会馆1；浙江会馆1；陕西会馆1		
安顺市	安顺府	西秀区	万寿宫4座，城内西门大街1座；城内东大街1座，名肖公庙；城内温家巷1座，名晏公庙；旧州1座 天后宫1座，城内北大街 二郎庙（四川会馆）2座，夏官屯、旧州各1座 寿佛寺1座，城内东街
安顺市	普定县	西秀区	
安顺市	安平县	平坝	
安顺市	镇宁州	镇宁	
安顺市	永宁州	关岭	
安顺市	归化厅	紫云	万寿宫1座
小计	清前期今安顺市有会馆9；江西会馆5；福建会馆1；四川会馆2；湖广会馆1		

续表

今区划	清前期区划		会　馆
	区划名	今治所	
黔南州	定番州	惠水	四川会馆1座，城东门外
	都匀府	都匀市	万寿宫4座，3座分别在壬司街、平浪、凯口，建立时间不详 川主庙2座，一在平浪 寿佛寺3座，城内南街、平浪、凯口各1座 三省会馆1座，平浪司西街
	都匀县	都匀市	
	贵定县	贵定境	万寿宫2座，沿山龙场、平伐场各1座 四川会馆2座，铁厂、平伐营各1座 寿佛寺1座，平伐场
	龙里县	龙里	寿佛寺1座，西门
	平越直隶州	福泉	江西会馆2座，一名万寿宫，在下地松；一名水府庙，在杨老驿 二郎庙6座，城内东南、东乡、南乡、高枧、西乡、北乡各1座 寿佛寺1座，城内
	瓮安县	瓮安	万寿宫3座，乾里梭罗堡、草里杨正街、甕里岩坑场各1座
	独山州	独山	
	荔波县	荔波	万寿宫1座 天后宫1座
	广顺州	长顺境	万寿宫3座，城内、鸡场枝威远、首善里各1座 四川会馆1座，在鸡场枝威远
	长寨厅	长顺	万寿宫1座，城北门内 寿佛寺1座，东门内
	都江厅	三都	
	小计		清前期今黔南州有会馆36；江西会馆16；福建会馆1；四川会馆11；两湖会馆7；三省会馆1

续表

今区划	清前期区划 区划名	清前期区划 今治所	会馆
黔东南州	思州府	岑巩	江西会馆1座
黔东南州	黎平府	黎平	万寿宫1座 天后宫1座 二郎庙、四川会馆，学宫右、城南隅各1座 禹王宫1座，"城东胡家坪，即湖广会馆"
黔东南州	永从县	黎平境	万寿宫1座，南门内 天后宫1座，十字街 北帝宫1座，"广东会馆，道光三年建"
黔东南州	丙妹分县	从江丙妹镇	万寿宫1座，城东门外 天后宫1座，城东门外 四省会馆1座
黔东南州	开泰县	黎平境	
黔东南州	古州厅	榕江	万寿宫2座，大东门外、南街各1座 天后宫2座，城内卧龙岗、南街各1座 二郎庙1座，城北 寿佛宫1座，"城南门外下河街，系湖广会馆，乾隆年建" 玉虚宫1座，"大东门外中河街，系广东会馆，乾隆年建"
黔东南州	下江厅	从江境	天后宫1座
黔东南州	镇远府	镇远	万寿宫2座 天后宫1座 寿佛寺1座 陕西会馆1座
黔东南州	镇远县	镇远	
黔东南州	天柱县	天柱	万寿宫2座，邦洞、远口司各1座 天后宫1座 晏公庙（四川会馆）1座
黔东南州	清溪县	镇远清溪	
黔东南州	施秉县	施秉境	水府祠（江西会馆）2座
黔东南州	黄平州	黄平	

续表

今区划	清前期区划		会　馆
	区划名	今治所	
	清平县	凯里境	
	麻哈州	麻江	万寿宫4处，县城、宣威司、乐平司、平定下司各1座 天后宫1座，平定下司
	台拱厅	台江	
	清江厅	剑河	
	丹江厅	雷山	
	八寨厅	丹寨	
小计	清前期今黔东南州有会馆35；江西会馆15；福建会馆9；四川会馆5；湖广会馆3；广东会馆2；陕西会馆1		
今黔西南州	兴义府	兴义市	万寿宫1座 天后宫1座 川主庙1座 寿佛寺1座，北门外
	安南县	晴隆	寿佛寺1座，南门外
	贞丰州	贞丰	
	册亨县	册亨	万寿宫1座 三楚宫1座，南门外
	普安县	普安	
	兴义县	兴义	江西会馆2座，一名万寿宫，在城东；一名"铁树宫，在城南" 天后宫1座 禹王宫1座，"楚民建……名曰两湖会馆"
小计	清前期今黔西南州有会馆11；江西会馆4；福建会馆2；四川会馆1；湖广会馆4		
今六盘水市	普安直隶厅	盘县	万寿宫2座，城内、乐民里各1座 寿佛寺1座，北门城外
	郎岱厅	六枝郎岱	万寿宫1座
	水城厅	钟山区	

续表

今区划	清前期区划		会馆
	区划名	今治所	
小计	清前期今六盘水市有会馆4：江西会馆3；湖广会馆1		
毕节市	大定府	大方	川主庙1座，城北门内
	威宁州	威宁	
	毕节县	七星关	晏公庙1座，"在东关，雍正年间江西客商建，遇公事群集于此，以为会馆" 天后宫1座，"在南关，福建客商建，遇公事群集于此，以为会馆" 川主庙1座，"在寿佛寺右，四川客商建，遇公事群集于此，以为会馆" 湖广会馆2座，一名寿佛寺，"在南关大定街，雍正年间湖广客商建，遇公事群集于此，以为会馆"；一名护国寺，"在寿佛寺左，湖广黄州商人建，遇公事群集于此，以为会馆" 春秋祠，"在大横街，陕西客商建，遇公事群集于此，以为会馆" 梅葛庙1座，"在东关外，染行贩靛客商建，遇公事群集于此，以为会馆"
	平远州	织金	万寿宫1座 寿佛寺1座
	黔西州	黔西	川主庙1座，城内中街
小计	清前期今毕节市有会馆11：江西会馆2；福建会馆1；四川会馆3；湖广会馆3；陕西会馆1；梅葛庙1		
铜仁市	铜仁府	碧江区	万寿阁（江西会馆）1座，府城东 天后宫1座，在中南门 川主庙1座，城南岸
	铜仁县	碧江区	
	玉屏县	玉屏	万寿宫1座 寿佛寺1座，"在朱家场，乾隆十一年湖广客民公建"

续表

今区划	清前期区划		会　馆
	区划名	今治所	
	石阡府	石阡	江西会馆3座，一名万寿宫，城北门外；一名水府阁，城外西北；一名人寿宫，在城西隔河 川主庙1座，北门外
	思南府	思南	万寿宫1座 天后宫1座 禹王宫1座，"在城内南街，道光六年两湖商民重建" 紫云宫1座，"盐商船户公建"
	安化县今德江	治今思南	
	印江县	印江	
	松桃直隶厅	松桃	万寿宫1座 天后宫1座 禹王宫1座，"在城东麻阳街，嘉庆十四年湖南北商民公建"
小计	清前期今铜仁市有会馆16：江西会馆7；福建会馆3；四川会馆2；湖广会馆3；紫云宫1		
遵义市	遵义府	红花岗区	万寿宫1座 天后庙1座 四川会馆2座，一名穆家庙，"川主行祠"；一名高崖祖庙，"用祀川主" 禹王庙1座，城东门外
	遵义县	红花岗区	
	正安州	正安	万寿宫1座 万天宫（四川会馆）1座，"在城内西街，即四川会馆" 禹王宫1座，"在城内南街，即湖广会馆"
	桐梓县	桐梓	万寿宫1座 万天宫4座，水坝塘、松坎、南溪、庙树坝各1座 禹王宫1座，"北门内，乾隆中建"

续表

今区划	清前期区划		会馆
	区划名	今治所	
	绥阳县	绥阳	万寿宫 1 座 川主庙 1 座 禹王庙 1 座，"湖广人建"
	仁怀县	仁怀	万寿宫 1 座 禹王庙 1 座，城内
	仁怀直隶厅	赤水	万寿宫 6 座，城内、大洞场、旧仁怀、猴场镇、土城、旺隆场各 1 座 天后宫 2 座
	龙泉县	凤冈	
	务川县	务川	
	湄潭县	湄潭	万寿宫 1 座 二郎庙 1 座，在天成塘 禹王宫 1 座，城内
	余庆县	余庆	万寿宫 1 座
小计	清前期今遵义市有会馆 31；江西会馆 13；福建会馆 3；四川会馆 9；湖广会馆 6		
合计	清前期贵州共有会馆 172 座；江西会馆 72；福建会馆 22；四川会馆 36；两湖会馆 32；广东会馆 3；浙江会馆 1；陕西会馆 3；三省会馆 1；梅葛庙 1；紫云宫 1		

按地域统计，清前期贵州 172 座会馆中，今黔南州 36 座，居第一。其中，江西会馆 16 座，四川会馆 11 座，湖广会馆 7 座，福建会馆 1 座，三省会馆 1 座。第二为黔东南州 35 座。其中，江西会馆 15 座，福建会馆 9 座，四川会馆 5 座，湖广会馆 3 座，广东会馆 2 座，陕西会馆 1 座。第三为今遵义市 31 座。其中，江西会馆 13 座，四川会馆 9 座，湖广会馆 6 座，福建会馆 3 座。第四为今贵阳市 19 座。其中，江西会馆 7 座，四川会馆 4 座，湖广会馆 4 座，福建会馆、广东会馆、浙江会馆、陕西会馆各 1 座。第五为今铜仁市 16 座。其中，江西会馆 7 座，福建会馆、湖广会馆各 3 座，四川会馆 2 座，紫云宫 1 座。第六为今黔西南州 11 座。其中，江西会馆、湖广会馆各 4 座，福建会馆 2 座，四川会馆 1 座。第七为今毕节市 11 座。其中，四川会馆、湖广会馆各 3 座，江西会馆 2 座，福建会馆 1 座，陕西会馆 1 座，梅葛庙 1 座。第八为今安顺市 9 座。其

中,江西会馆5座,四川会馆2座,福建会馆、湖广会馆各1座。第九为今六盘水市4座。其中,江西会馆3座,湖广会馆1座。

按会馆数量统计,江西会馆最多,为72座;第二为四川会馆36座;第三为湖广会馆32座;再下依次为福建会馆22座,广东会馆、陕西会馆各3座,浙江会馆1座、三省会馆、梅葛庙、紫云宫各1座。

清代前期会馆数量增多,覆盖全省16个府、直隶州、直隶厅亦即地方二级行政地域;其中以贵阳府治贵阳最多,计江西会馆3座、福建会馆1座、四川会馆2座、湖广会馆3座、广东会馆1座、浙江会馆1座、陕西会馆1座,共12座;次为都匀府治都匀,计江西会馆4座、四川会馆2座、湖广会馆3座、三省会馆1座,共10座;再次为安顺府治普定,计江西会馆4座、福建会馆1座、四川会馆2座、湖广会馆1座,共8座,与仁怀直隶厅并立。会馆分布于全省58个散州、散厅、县中的35个,亦即覆盖了地方三级行政地域的大部分(包括府、县同治的地域)。

会馆不仅分布于府州县治所,而且分布于乡间。贵阳府江西会馆3座,两座分别在青岩及南下里孟官堡;广顺州4座,两座在鸡场枝威远、首善里;四川会馆2座,1座在青岩;两湖会馆3座,1座在青岩;①安顺府四川会馆2座,1座在夏官屯;②平越直隶州江西会馆2座,分别在下地松、杨老驿;四川会馆6座,5座分别在东乡、南乡、高枧、西乡、北乡;③州属瓮安县江西会馆3座,分别在乾里梭罗堡、草里杨正街、甕里岩坑场;④都匀府麻哈州江西会馆4座,3座分布在宣威司、乐平司、平定下司;⑤仁怀直隶厅万寿宫6座,5座分别在大洞场、旧仁怀、猴场镇、土城、旺隆场。⑥

尤为值得注意的是,在四大土司中最后改土归流的黔西北地域及新辟苗疆,也有会馆的设立。大定府及其所属平远、黔西、威宁、毕节3州1县,计有江西会馆2座、福建会馆1座、四川会馆3座、湖广会馆3座、陕西会馆1座、梅葛庙(染行贩靛客商会馆)1座,共11座;其中,毕节县有江西会馆1座、福建会馆1座、四川会馆1座、湖广会馆2座、陕西会馆1座、梅葛庙1座,共7座,与古州厅并立,为全省散州、散厅、县会馆数量之最。在新辟苗疆所置古州、台拱、清江、八寨、丹江、都江、下江、长寨等8厅中,长寨、下江、古州等3厅均有会馆。长寨厅有江西会馆、湖广会馆各1

---

①《略二·祠祀略》,[道光]《贵阳府志》上册,贵阳:贵州人民出版社2005年版第844、845页。

②[民国]《续修安顺府志·名胜古迹志》,《中国地方志集成·贵州编》第42册,成都:巴蜀书社2006年版第471页。

③[光绪]《平越直隶州志·坛庙寺观坊表》,《中国地方志集成·贵州编》第26册,成都:巴蜀书社2006年版第153、149、148页。

④[民国]《瓮安县志·坛庙》,《中国地方志集成·贵州编》第25册,成都:巴蜀书社2006年版第118页。

⑤[民国]《麻江县志·祠庙志》,《中国地方志集成·贵州编》第18册,成都:巴蜀书社2006年版第392-393页。

⑥[道光]《仁怀直隶厅志·祠祀志》,《中国地方志集成·贵州编》第39册,成都:巴蜀书社2006年版第151页。

座；下江厅有福建会馆1座；而古州厅更有江西会馆2座、福建会馆2座、四川会馆1座、湖广会馆1座、广东会馆1座，共7座，与毕节县并立，同为全省散州、散厅、县会馆数量之最。

5. 场市遍布城乡

清代前期，随着商品经济的大发展，场市数量大为增加。据爱必达乾隆初年《黔南识略》一书记载，全省城乡场市达到650多处。详见下表。

《黔南识略·黔南职方纪略》载清前期场市一览表[①]

府州厅别	区划名	治所今名	场市	府州厅别	区划名	治所今名	场市
贵阳府	亲辖地	贵阳	8	镇远府	亲辖地	镇远	"场市所在皆有之"
	贵筑县	贵阳	8		镇远县	镇远	"场市所在皆有之"
	龙里县	龙里	5		黄平州	黄平	城乡俱有
	贵定县	贵阳	4		天柱县	天柱	11
	修文县	修文	17		施秉县	施秉境	"场市所在皆有之"
	开州	开阳	17		台拱厅	台江	1
	定番州	惠水	19		清江厅	剑河	4
	大塘州判	平塘	6		小计		16
	罗斛州判	罗甸	1	思州府	亲辖地		14
	广顺州	长顺境	10		玉屏县		3
	长寨厅	长顺	4		清溪县		4
	小计		99		小计		21

[①] 参见爱必达：《黔南识略》，《黔南识略·黔南职方纪略》，贵阳：贵州人民出版社1992年版第25-267页；[咸丰]《安顺府志·郎岱厅》，《中国地方志集成·贵州编》第41册，成都：巴蜀书社2006年版第75页。

续表

府州厅别	区划名	治所今名	场市	府州厅别	区划名	治所今名	场市
安顺府	亲辖地	西秀区	5	兴义府	亲辖地	兴义市	无记载
	普定县	西秀区	13		兴义县	兴义市	无记载
	镇宁州	镇宁	22		贞丰州		21
	永宁州	关岭	11		册亨州	册亨	8
	清镇县	清镇	7		安南县	晴隆	14
	安平县	平坝	7		普安县	普安	12
	郎岱厅	六枝郎岱	11		小计		55
	归化厅	紫云	16	普安直隶厅		盘县	38
	小计		92	大定府	亲辖地	大方	16
都匀府	亲辖地	都匀市	11		威宁州	威宁	12
	都匀县	都匀市	7		平远州	织金	15
	麻哈州	麻江	4		黔西州	黔西	15
	独山州	独山	9		毕节县	七星关	9
	三脚坉州	独山境	8		水城厅	水城	7
	清平县	凯里境	5		小计		74
	凯里县	凯里境	5	铜仁府	亲辖地	碧江区	无记载
	荔波县	荔波	29		铜仁县	碧江区	无记载
	八寨厅	丹寨	3		小计		均无载
	丹江厅	雷山	3	石阡府	亲辖地	石阡	4
	都江厅	三都	2		龙泉县	凤冈	19
	小计		86		小计		23
平越直隶州	亲辖地	福泉	6	思南府	亲辖地	思南	8
	瓮安	瓮安	15		安化县	思南	18
	余庆	余庆	7		印江县	印江	6
	湄潭县	湄潭	10		务川县	务川	22
	小计		38		小计		54

续表

府州厅别	区划名	治所今名	场市	府州厅别	区划名	治所今名	场市
黎平府	亲辖地	黎平	无记载	松桃直隶厅		松桃	2
	开泰县	黎平境	无记载	遵义府	遵义府	红花岗区	无记载
	锦屏乡	锦屏	无记载		遵义县	红花岗区	无记载
	永从县	黎平境	无记载		正安州	正安	4
	古州厅	榕江	3		桐梓县	桐梓	8
	下江厅	从江境	无记载		绥阳县	绥阳	7
	小计		3		仁怀县	仁怀	21
					小计		40
				仁怀直隶厅		赤水	13
合计				654			

较之明代，清代前期，场市经济大为发展。其一，场市数量大为增加。明代场市，见于〔嘉靖〕《贵州通志》的不过数十处，清代前期则剧增至650多处。其中，龙里由3处增至5处，平越直隶州亲辖地由2处增至6处，清镇县、安平县各由1处增至7处，毕节县由4处增至9处，安南县由2处增至14处，安顺府治由6处增至18处，定番州由2处增至19处，镇宁州由7处增至22处，普安直隶厅由5处增至38处，黄平州由2处增至"城乡俱有"，镇远府由9处增至"所在皆有之"。其二，场市分布从城市向广大乡村延伸。黄平州明代2处均在城内，清代前期增至"城乡俱有"。广顺州10处，城内2处，党武、青岩、大坝等乡村8处。普安直隶厅38处，"城内一，余分布四乡"。平越直隶州亲辖地6处，城内1处，5处在乡间。其三，场市分布向新置之兴义府、新改土归流所置大定府、新辟苗疆大幅延伸。兴义府由明代数处增至50多处，其中亲辖地及兴义县无记载，贞丰州及其所属册亨县29处，安南县14处，普安县12处。大定府由明代数处增至50余处，所辖各州县均有分布，其中亲辖地大方16处，威宁州12处，平远州15处，黔西州15处，毕节县9处，水城厅7处。苗疆所置9厅，除下江厅无记载外，其余各厅均有，计长寨厅4处，八寨厅3处，丹江厅3处，都江厅2处，古州厅3处，台拱厅1处，清江厅4处，松桃直隶厅2处。[①]"苗民入市与民交易，

[①] 以上参见〔嘉靖〕《贵州通志·坊市》，《中国地方志集成·贵州编》第1册，成都：巴蜀书社2006年版第403-407页；爱必达：《黔南识略》，《黔南识略·黔南职方纪略》，贵阳：贵州人民出版社1992年版第25-267页。

驱牛马，负土物，如杂粮、布绢诸类，以驱集场……易盐、易蚕种、易器具，以通有无"。① 其四，大批贸易、手工客民活跃于场市特别是乡场，增进了汉"夷"民族交流。

清代前期，贵州商业大发展。贵州商人大多为汉人，来自川湖闽赣及中原发达之区，深受儒文化熏染。商人是个高度流动的群体，常年奔走四方；不仅流连于通都大邑、城市集镇，而且行走于广阔的少数民族地区、苗疆腹地，因为民族地区商品经济几乎一片空白，存在商机；道光前期，进入少数民族地区的"贸易、手艺客户"达到"二万四百余户"，② 即是明证。他们与各民族、各阶层人群广泛接触、交流，在进行经济活动的同时，也把儒文化带到了民族地区。商业的大发展，商人的奔走四方，成为推动儒文化流播及民族认同的重要因素。

五、地主制生产关系取得绝对优势与大一统政治认同的巩固

（一）革裁卫所，军户转民户

康、雍年间，贵州境内明代所置26卫全部革裁，16卫为改设为县，10卫并入已设之县。思州府，雍正年间裁湖广都司平溪、清浪2卫，置贵州玉屏、青溪（治今镇远清溪）2县。③ 黎平府，雍正年间裁湖广都司五开、铜鼓2卫，置贵州开泰县（今黎平、锦屏）。④ 镇远府，康熙年间裁兴隆卫，并入黄平州（治今黄平）；裁湖广都司镇远、偏桥2卫，分别并入贵州镇远县、施秉县。⑤ 平越直隶州，康熙年间裁平越卫，置平越县，后为州亲领地。⑥ 都匀府，康熙年间裁清平卫，并入清平县（治今凯里市境）；裁都匀卫，置都匀县。⑦ 贵阳府，康熙年间裁贵州卫、贵州前卫，并入贵筑县（治今贵

---

① 严如熤著，罗康隆等编著：《苗防备览风俗篇研究》，贵阳：贵州人民出版社2011年版第101页。
②[民国]《贵州通志·前事志》第3册，贵阳：贵州人民出版社1985年版第466页。
③参见《清史稿·地理志》，《二十五史》第11册，上海：上海古籍出版社、上海书店1986年版第324页。
④参见《清史稿·地理志》，《二十五史》第11册，上海：上海古籍出版社、上海书店1986年版第325页。
⑤参见《清史稿·地理志》，《二十五史》第11册，上海：上海古籍出版社、上海书店1986年版第324页。
⑥参见《清史稿·地理志》，《二十五史》第11册，上海：上海古籍出版社、上海书店1986年版第325页。
⑦参见《清史稿·地理志》，《二十五史》第11册，上海：上海古籍出版社、上海书店1986年版第324页。

阳）；裁敷勇卫，置修文县；裁龙里卫，置龙里县；裁新添卫，并入贵定县。① 安顺府，康熙年间裁普定卫，置普定县；裁威清卫、镇西卫，置清镇县；裁平坝卫，置安平县（今平坝）；裁安庄卫，并入镇宁州（治今镇宁）。② 大定府，康熙年间裁乌撒卫，并入威宁州（今威宁、赫章）；裁毕节、赤水 2 卫，置毕节县（今七星关区）。③ 兴义府，康熙年间裁安南卫（治今晴隆），置安南县（今晴隆）。④ 普安直隶厅，康熙年间裁普安卫，置普安州（治今盘县，后改直隶厅）。⑤ 遵义府，康熙年间裁威远卫，并入遵义县。

卫所制下，屯田兵丁同一般民户一样交粮纳税；作为军人，自然要服兵役；同样服徭役，如修筑城墙之类。不同的是，其田土系朝廷授予，不属私人；不仅终身且须世代服兵役，没有职业选择自由。军户屯田兵丁与朝廷之间，属于一种特殊形式的地主制生产关系。卫所革裁后，军户转为民户，编入民籍，交粮纳税，土地私有，有了相对的人身自由。昔日军户屯田兵丁与朝廷之间特殊形式的地主制生产关系，转变成为民户与官府之间完整意义上的地主制生产关系。

军户转民户、改土归流、开发苗疆，流官治理府、州、厅、县由明代 10 府、9 州、14 县计 33 个县级以上行政区域扩大到 12 府、3 直隶厅、1 直隶州、11 散厅、13 散州、34 县计 74 个县级以上行政区域，基本上覆盖了今贵州县级以上行政区域，编户人口由明嘉靖年间的 51 万余口猛增至嘉庆年间的 534 余万口。地主制生产关系取得了绝对优势。

（二）土地买卖、租佃盛行

清代前期，汉族聚居地域土地买卖、租佃盛行，少数民族地域包括新辟苗疆在内也出现了大量土地买卖、租佃现象。道光十四年（1834 年），云贵总督阮元、贵州巡抚裕泰上奏，"统计通省各属附居苗地买、当田土客户三万一千四百余户，种苗田客户一万三千一百余户，贸易手艺客户二万四百余户；住居城市买、当苗产客户并所招佃户共六千四百余户"。⑥ "附居苗地买、当田土客户"，"住居城市买、当苗产客户"，说明少数民族与外来客民之间存在土地买卖、典当关系；这类客民前者 31400 余户，后者

---

① 以上参见《清史稿·地理志》，《二十五史》第 11 册，上海：上海古籍出版社、上海书店 1986 年版第 323、324 页；《明史·地理志》，《二十五史》第 10 册，上海：上海古籍出版社、上海书店 1986 年版第 130 页。《明史》载，贵定县属贵阳府；《清史稿》称贵定县属平越，误。

② 参见《清史稿·地理志》，《二十五史》第 11 册，上海：上海古籍出版社、上海书店 1986 年版第 324 页。

③ 参见《清史稿·地理志》，《二十五史》第 11 册，上海：上海古籍出版社、上海书店 1986 年版第 325 页。

④ 参见《清史稿·地理志》，《二十五史》第 11 册，上海：上海古籍出版社、上海书店 1986 年版第 325 页。

⑤ 参见《清史稿·地理志》，《二十五史》第 11 册，上海：上海古籍出版社、上海书店 1986 年版第 325 页。

⑥ [民国]《贵州通志·前事志》第 3 册，贵阳：贵州人民出版社 1985 年版第 466 页。

6400余户，合计37800余户，如按每户4口计，当有15万余口。"种苗田客户"，说明少数民族与外来客民之间存在土地租佃关系，这类客民计13100余户，当有5万余口。两者合计50900余户，当有20万余口，已是一个不小的数字。

以汉人为主体的客民中有"买、当"少数民族田土并"招佃户"的地主，也有租种汉族地主及"种苗田"的佃户。至于少数民族，能将田土出卖、典当，说明其土地已属私人所有，其中存在少量富户、地主；贫穷无靠的少数民族人群，则沦为地主的佃户。

按阮元、裕泰奏折，"买、当田土"及"种苗田客户"50900余之外，另有贸易手艺客户20400余户，合计71300多户。这个数字与成于道光二十七年（1847年）的罗绕典《黔南职方纪略》一书所载72118户大致相符，仅出入800余户。①《黔南职方纪略》一书数字来自清代前期贵阳、安顺、兴义、普安、大定、都匀、平越（今福泉）、黎平、镇远、松桃等10府、州、厅境内少数民族聚居区域的汉户统计资料，这说明土地买卖、租佃现象已普遍出现在包括新辟苗疆在内的少数民族地域。

较之明代，清代前期，封建地主制生产关系大发展，在全省范围内取得了绝对优势地位。大多数居民不再依附于领主，转变为朝廷编户，自有土地，自行耕种，直接向官府交粮纳税，朝廷的治理进一步延伸到社会下层。

地主制生产关系及铁犁牛耕，构成清代前期贵州大一统政治认同的经济基础。社会经济及封建地主制生产关系的大发展，使古代贵州各民族大一统政治认同更为巩固。

关于"地主"的概念，严格地说，指的是土地的主人。自有土地，自行耕种，向官府纳粮、服役，是封建地主制生产关系的标准形态；从经济形态角度讲，即自给自足小农经济形态。拥有大量土地的地主，应当称为大地主；大地主招佃耕种并交纳税粮，称大地主土地制生产关系；耕种大地主土地的佃农，使用的依然是一家一户的小农耕作模式，区别在于他们不是自耕农，土地不属于他们自己。当然，小农经济是不稳定的经济，它必定要分化演变为大地主经济。封建时代，大地主经济是常态经济，小农经济是非常态经济；但常态经济不等于标准经济形态，标准经济形态是小农经济。正因为如此，历代王朝总是在不断调整土地形态，力图恢复小农经济形态，从汉唐的种种均田法到宋明的王安石变法、张居正改革，无不如此。

---

① 参见罗绕典：《黔南职方纪略》，《黔南识略·黔南职方纪略》，贵阳：贵州人民出版社1992年版第281、285、294、296、302、317、319、329、335页。

第三节　清代前期贵州古代儒文化与民族认同的高峰

一、府州厅县及少数民族儒学教育格局的基本形成

(一) 崇儒学，重教化

中国古代，在全国范围内建立了政权的少数民族，一为蒙古族，一为满族。蒙古族建立的元朝存在仅90来年，满族建立的清朝则延续近270年，成为少有的长命王朝之一。其重要原因，在于清王朝更为"崇儒重道"，[①] 以儒治国。乾隆、嘉庆时期，儒学达于极盛，历史上出现过的今文经学、古文经学、理学等主要儒学流派，或延续，或复兴，异彩纷呈。今文经学盛行于西汉，长于引申发挥，以经议政，东汉以后湮没无闻。乾、嘉时期，盛世的背后隐藏着日益积累的社会矛盾，今文经学悄然复兴，清末一度兴盛。古文经学盛行于东汉，注重论据，学风朴实，宋代以后衰亡。明末清初，理学的空疏清谈激起了士人的愤激，古文经学复兴，演变为汉学，强调考据，"言必有征"，乾、嘉时期风靡天下，在实际上统治了学术界。理学盛行于宋明，长于哲理，尤重修身教化，明末走向衰落，但清代仍系官方"正学"，为官员行政的指导、学校教育及科举考试的统一读本。

清代前期，府州厅县流官治理格局基本涵盖了今贵州县级以上行政区域，更多的流官来到贵州。仅以总督、巡抚、布政使、按察使即省级文职主官而论，据古永继《元明清时贵州地区的外来移民》统计，明代为300来人，清代达到560多人。[②] 清代前期府州厅县数量由明代的34个增至74个，为明代两倍多；县级以上流官数量当远较明代为多。这些官员大多数为进士、举人出身，儒学素养高，崇儒学，重教化，兴办教育不遗余力，各地官学、书院、义学、试院兴建、运行过程中的倡导、经费筹措、训导等，都有他们的身影。

贵阳为省会及府所在地，学校教育尤得益于官员的扶持。贵阳府学，顺治十八年

[①]《世祖章皇帝实录》第74卷，《清实录》第3册，北京：中华书局1985年版第585页。
[②] 古永继：《元明清时贵州地区的外来移民》，《贵州民族研究》2003年第1期。

(1661年），总督赵廷臣、巡抚卞三元重修孔庙，唯棂星门仍旧；康熙元年（1662年），提学副使魏少芳捐资修之；二十七年（1688年），巡抚田雯向府学捐书数百种；三十年（1691年），贵溪道参议张奇抱、提学佥事华章志捐资建名宦祠及乡贤祠；三十一年（1692年），巡抚卫既齐、布政使董安国、按察使丹达礼、粮驿兼分守道参议陆祚蕃、提学佥事华章志、贵阳知府何腾蛟等捐资重修孔庙先师殿，改建名宦祠及乡贤祠；三十五年（1696年），巡抚闫兴邦建尊经阁；道光十九年（1839年），巡抚贺长龄捐廉重建大成殿。贵山书院，康熙十二年（1673年），巡抚曹申吉捐资重建；三十一年（1693年），巡抚卫既齐"恭为训课，捐资以备馆谷"；四十五年（1701年），巡抚陈诜"亲课士"；嘉庆二十五年（1820年），粮储道倭臣布"捐资重葺"。贵山、正本、正习3书院常年经费1600余两，除院田租税及官府拨款外，另设本银11351两生息。生息本银中，乾隆五十三年（1788年），贡生苏湛捐银551两；道光八年（1828年），四川盐茶道、贵筑人花杰捐银1000两；十四年（1834年），巡抚裕泰、布政使额腾伊、按察使杨殿邦、护粮道刘绍琯等捐银800两；十八年（1838年），巡抚贺长龄、布政司使庆禄、署按察使任树森、贵阳知府马祐龙、贵筑县曾鸿焘等捐银1000两。贵阳府义学，官义学7所，道光十七年（1837年）巡抚贺长龄建，而每所岁束脩280两则"皆本官捐廉"；蒙养、敏来义学，康熙三十年（1691年）巡抚卫既齐、布政使董安国建；成童义学，道光十八年（1838年）巡抚贺长龄建建；尚义堂义学4所，道光十九年（1839年）贺长龄建，"以教嫠妇之子"。① 兴义试院，道光二十二年（1842年）移建于城内，一应经费均系知府张瑛倡议捐献，计银30887两2钱。其中，张瑛1000两，署贞丰知州吴师之、李克勋各100两，署州同傅裕、陶琮分别40两、100两，代理兴义知县150两，代理普安知县乔维春100两，署安南县娄镕100两，普安直隶州同知200两。②

贵州少数民族众多，清廷及贵州地方官府极为重视少数民族儒学教育及教化。顺治十六年（1659年），即清廷统一贵州不久，贵州巡抚赵廷臣上疏谓，贵州"古称鬼方"，民族众多，"绝无先王礼义之教其由来久矣"。为治之道，在"首明教化，以端本始"。盖"以教化无不可施之地，而风俗无不可移之乡也"。今后"土官应袭年十三以上者，令入学习礼，由儒学起送承袭；其族属子弟愿入学者听补廪科贡，与汉民一体仕进。使明知礼义之为利，则儒教日兴，而悍俗渐变矣"。③ 康熙中叶，贵州巡抚田雯上《请建学疏》，请在贵州增设学校："我皇上道隆德盛，典学崇儒……臣忝任抚黔，以敦崇学校为先，盖学校之关系，以风俗人心之根本"。黔省"边徼遐陬，民苗杂居"，"必崇文治而后可以正人心，变风俗"。永宁、独山、麻哈、贵筑、普定、平越、都匀、

---

① 以上见《略三·学校略》，[道光]《贵阳府志》上册，贵阳：贵州人民出版社2005年版第850-869页。嫠妇，寡妇。
② 参见[民国]《贵州通志·学校志选举志》，贵阳：贵州人民出版社2008年版第52-53页。
③ 《世祖章皇帝实录》第126卷，《清实录》第3册，北京：中华书局1985年版第978页。

镇远、安化、龙泉、铜仁、永从等 3 州 9 县"尚俱未设学",请予增设。① 康熙三十八年（1699 年），巡抚王燕上《请添设学校以宏教化疏》："振兴文教，乐育人才，乃致治之盛事。我皇上亲幸阙里，鼎兴圣殿，重道崇儒诸钜典，度越百王，光照千古"。黔地"民苗杂处"，唯"弦颂诗书"，始可"柔其犷悍之心"。未设学之永宁、独山、麻哈 3 州，普定、平越、都匀、镇远、铜仁、龙泉、永从 7 县，请予设学；虽有学而"附试他庠"之开州、广顺州、余庆、安化，请独立设学。② 正是地方官员孜孜不倦的努力，清代前期，贵州绝大部分府州厅县的官学均得以设立。

官学的教育对象是已有一定儒学基础并经过童生试取录的生员。由于历史的原因，少数民族地区文化较为落后。为帮助土司子弟、苗民子弟初习汉文化及儒学，官府大力兴办义学、社学。"土苗之有义学、社学也，起于顺治十五年。其时令天下土司子弟有向化愿学者，令立学一所"。③ 康熙四十四年（1705 年），礼部议准："贵州各府、州、县设立义学。将土司承袭子弟送学肄业，以俟袭替。其族属人等并苗民子弟愿入学者，亦令送学。该府、州、县复设训导躬亲教谕"。雍正元年（1723 年）议准："黔省苗人皆有秀良子弟……情愿读书者，许各赴该管府、州、县报名，送入义学，令教官严加督查。"④ 乾隆初年，贵州总督兼管巡抚张广泗上《设立苗疆义学疏》谓："设立义学，课诲新附苗人子弟，实为振励苗疆之要务"，请于黎平府之古州，清平县之大、小丹江，都匀府之八寨，镇远之清江、旧施秉、安顺、镇宁等府、州之摆顶、威远汛、永丰州之册亨、罗斛等处设立义学，训诲苗人，"开其知识，使渐晓礼法……俟数年之间，有稍识文义者，即由该管官申送学政衙门考试"。⑤ 乾隆五年（1740 年）礼部议准，"贵阳府属之长寨、定番州属之大塘、大定府属之水城、都匀府属之都江、独山州属之三脚坨、自粤改隶黔省之荔波县、清平县属之凯里、铜仁府属之松桃、永从县属之丙妹、开泰县属之郎洞、镇远府属之台拱、镇远县属之邛水、天柱县属之柳齐等，准各设社学一所"；永从县"在城、在乡，准设社学二所"。于"附近生员内，择文行兼优者，令其教导"。⑥ 上述提及各处，均属少数民族聚居之地。清代前期，全省各府州厅县，包括苗疆九厅在内，除个别州县外，其余都设立了义学。

（二）府州厅县及乡村儒学教育格局基本形成

清代前期，贵州府州厅县及乡村儒学教育格局基本形成，学校教育较之明代大为发展。详见下表。

---

① [康熙]《黔书·设科》，《中国地方志集成·贵州编》第 3 册，成都：巴蜀书社 2006 年版第 472 页。
② [咸丰]《安顺府志·艺文志》，《中国地方志集成·贵州编》第 41 册，成都：巴蜀书社 2006 年版第 646、647 页。
③《略四·学校略》，[道光]《贵阳府志》上册，贵阳：贵州人民出版社 2005 年版第 872 页。
④ [民国]《贵州通志·学校志选举志》，贵阳：贵州人民出版社 2008 年版第 116 页。
⑤ [乾隆]《贵州通志·疏》，《中国地方志集成·贵州编》第 4 册，成都：巴蜀书社 2006 年版第 111、112 页。
⑥《高宗纯皇帝实录》第 110 卷，《清实录》第 10 册，北京：中华书局 1985 年版第 637 页。

清前期与明代贵州官学书院义学社学比较一览表①

今行政区划	明代清前期行政区划卫所		明代官学书院社学			清前期官学书院义学社学		
	区划名	治所今名	官学	书院	社学	官学	书　　院	义学社学
贵阳市	宣慰司	贵阳	司学	4所	4所		3所：贵山书院；正习书院；正本书院	18所
	贵阳府	贵阳	府学			府学		
	贵州卫	贵阳						
	贵州前卫	贵阳						
	新贵县	贵阳	县学					
	贵筑县	贵阳				县学		12所
	威清卫	清镇	卫学		5所			
	清镇县	清镇				县学	1所：凤梧书院	1所
	敷勇卫	修文	卫学	1所	5所			

---

① 明代官学书院社学，参见〔万历〕《黔记·学校志》，《中国地方志集成·贵州编》第 2 册，成都：巴蜀书社 2006 年版 348-388 页；〔民国〕《贵州通志·学校志选举志》，贵阳：贵州人民出版社 2008 年版第 1-18 页；〔康熙〕《定番州志·学校》，《中国地方志集成·贵州编》第 27 册第 112 页；〔民国〕《都匀县志稿·学校》，《中国地方志集成·贵州编》第 23 册第 101 页；《明实录·太祖实录》第 224、190、67、191 卷，中国台北 1962 年影印本，第 3277、2014、935、2017 页；〔光绪〕《黎平府志·学校》，《中国地方志集成·贵州编》第 17 册第 361 页；〔康熙〕《天柱县志·学校》，《中国地方志集成·贵州编》第 22 册第 64-65 页；〔嘉庆〕《黄平州志·古迹》，《中国地方志集成·贵州编》第 20 册第 60 页；《道山甫书院因赠》，《黔诗纪略》第 7 卷，贵阳：贵州人民出版社 1993 年版第 265 页；〔道光〕《思南府续志·书院》，《中国地方志集成·贵州编》第 46 册第 176 页；〔嘉靖〕《思南府志·学校》，《中国地方志集成·贵州编》第 43 册第 509、508 页；〔道光〕《遵义府志·学校》，《中国地方志集成·贵州编》第 32 册第 513 页；〔民国〕《绥阳县志·书院》，《中国地方志集成·贵州编》第 36 册第 299 页。清代官学书院社学，参见《略三·学校略第四上》，〔道光〕《贵阳府志》上册第 849-853 页；《略四·学校略第四下》，〔道光〕《贵阳府志》上册第 865-870 页；〔咸丰〕《安顺府志·学校》，《中国地方志集成·贵州编》第 41 册第 225-283 页；〔民国〕《都匀县志稿·学校》，《中国地方志集成·贵州编》第 23 册第 100-103 页；〔光绪〕《平越直隶州志·学校上中下》，《中国地方志集成·贵州编》第 26 册第 157-210 页；〔光绪〕《黎平府志·学校》，《中国地方志集成·贵州编》第 17 册第 318-367 页；〔乾隆〕《开泰县志·学校》《中国地方志集成·贵州编》第 19 册第 48 页；〔乾隆〕《镇远府志·学校》，《中国地方志集成·贵州编》第 16 册第 78-83 页；〔嘉庆〕《黄平州志·学校志》，《中国地方志集成·贵州编》第 20 册第 170-171 页；〔咸丰〕《兴义府志·学校志》，《中国地方志集成·贵州编》第 28 册第 237-265 页；〔光绪〕《普安直隶厅志·营建志》，《中国地方志集成·贵州编》第 14 册第 359、378-380 页；〔道光〕《大定府志·学校》，《中国地方志集成·贵州编》第 48 册第 312-329 页；〔道光〕《铜仁府志·公所》，《中国地方志集成·贵州编》第 45 册第 329-330 页；〔乾隆〕《玉屏县志·学校志》，《中国地方志集成·贵州编》第 47 册第 53-54 页；〔民国〕《石阡县志·学校志》，《中国地方志集成·贵州编》第 47 册第 471-474 页；〔道光〕《思南府续志·学校书院义学》，《中国地方志集成·贵州编》第 46 册第 170-184 页；〔道光〕《遵义府志·学校》，《中国地方志集成·贵州编》第 32 册第 434-525 页；〔乾隆〕《贵州通志·学校》，《中国地方志集成·贵州编》第 4 册第 151-160 页；〔民国〕《贵州通志·学校志选举志》，贵阳：贵州人民出版社 2008 年版第 19-143 页。因《中国地方志集成·贵州编》出版信息一致，故做部分省略。

续表

今行政区划	明代清前期行政区划卫所		明代官学书院社学			清前期官学书院义学社学		
	区划名	治所今名	官学	书院	社学	官学	书　院	义学社学
	修文县	修文				县学	1所：龙冈书院	4所
	开州	开阳				州学	1所：东皋书院	1所
	小计		5所	5所	14所	5所	6所	36所
安顺市	普定卫	西秀区		1所	5所			
	安顺府	西秀区	府学		3所	府学	2所：习安书院；源泉书院	6所
	普定县	西秀区				县学		
	平坝卫	平坝	卫学		6所			
	安平县	平坝				县学	1所：治平书院	22所
	镇宁州	镇宁				州学	1所：双明书院	1所
	安庄卫	镇宁	卫学	1所	4所			
	永宁州	关岭				州学	1所：维风书院	4所
	归化厅	紫云					1所：梅花书院	4所
	小计		3所	2所	18所	5所	6所	37所
黔南州	程番府	惠水			2所		2所：中峰书院；凤山书院	1所
	定番州	惠水	州学			州学		
	罗斛	罗甸					1所：仰山书院	1所
	大塘	平塘						1所
	都匀府	都匀市	府学	3所	1所	府学	2所：鹤楼书院；南皋书院	3所
	都匀县	都匀市				县学	1所：星川书院	1所
	都匀卫	都匀市						
	新添卫	贵定	卫学		2所			
	贵定县	贵定境		1所		县学	2所：兰皋书院；魁山书院	6所
	龙里卫	龙里	卫学		1所			
	龙里县	龙里				县学	2所：蓬峰书院；龙山书院	3所
	平越卫	福泉						
	平越府	福泉	府学	2所	1所			

续表

今行政区划	明代清前期行政区划卫所		明代官学书院社学			清前期官学书院义学社学		
	区划名	治所今名	官学	书院	社学	官学	书　院	义学社学
	平越直隶州	福泉				州学	4所：墨香书院；溥仁书院；石壁书院；中峰书院	3所
	瓮安县	瓮安				县学	2所：旗山书院；花竹书院	4所
	独山州	独山				州学	1所：紫泉书院	2所
	荔波县	荔波	县学			县学	1所：荔泉书院	
	广顺州	长顺境				州学	1所：广阳书院	
	长寨厅	长顺						1所
	都江厅	三都						1所
	小计		6所	8所	5所	10所	19所	27所
黔东南州	思州府	岑巩	府学	1所	3所	府学	1所：思旸书院	1所
	黎平府	黎平	府学	2所	1所	府学	15所：黎阳书院；龙标书院；天香书院；西岩精舍；太平书舍；小段书岩；小蓬莱馆；南屏大舍；龙溪书院；双江书院；双樟书院；上林书院；清泉书院；秦山书院；印台书院	4所
	永从县	黎平境	县学			县学	1所：福江书院	1所
	锦屏乡	锦屏				官学	1所：兴文书院	1所
	五开卫	黎平						
	铜鼓卫	锦屏	卫学					
	开泰县	黎平境				县学		1所
	古州厅	榕江				厅学	3所：榕城书院；龙冈书院；文峰书院	11所
	下江厅	从江境						3所

续表

今行政区划	明代清前期行政区划卫所区划名	明代清前期行政区划卫所治所今名	明代官学书院社学 官学	明代官学书院社学 书院	明代官学书院社学 社学	清前期官学书院义学社学 官学	清前期官学书院义学社学 书院	清前期官学书院义学社学 义学社学
	镇远府	镇远	府学	1所	1所	府学	1所：㵲阳书院	1所
	镇远卫	镇远						
	镇远县	镇远			1所	县学	1所：崇德书院	1所
	清浪卫	镇远清溪						
	清溪县	镇远清溪				县学	1所：瑞云书院	2所
	天柱县	天柱	县学	1所	4所	县学	1所：蔚文书院	2所
	偏桥卫	施秉	卫学	1所				
	施秉县	施秉境			1所	县学	2所：岑麓书院；凤山书院	2所
	黄平州	黄平	州学		1所	州学	2所：龙渊书院；星山书院	3所
	兴隆卫	黄平	卫学	2所				
	黄平所	黄平旧州	官学		1所			
	清平卫	凯里境	卫学	3所①				
	清平县	凯里境				县学	2所：炉山书院；龙江书院	2所
	麻哈州	麻江			1所	州学	1所：三台书院	1所
	台拱厅	台江					2所：三台书院；拱辰书院	1所
	清江厅	剑河					1所：柳川书院	1所
	丹江厅	雷山					2所：鸡窗书院；丹阳书院	2所
	八寨厅	丹寨				厅学	1所：龙泉书院	1所
	小计		11所	13所	13所	15所	38所	41所

①学孔书院，胡直《衡庐精舍藏稿·学孔书院记》有语："予友淮海孙公解大中丞归，而远近问学者履盈户，公乃选伟拔山之麓……辟为书院，以居学徒。"（转见李独清：《孙应鳌年谱》，《贵州师范大学学报》编辑部1990年印本第118页）山甫书院，吴国伦有《道山甫书院因赠》诗。（参见《黔诗纪略》第7卷，贵阳：贵州人民出版社1993年版第265页）学孔精舍，莫友芝有诗句"孙公学孔开精舍，手辟山荒衍儒术"。（《黔诗纪略》第8卷，贵阳：贵州人民出版社1993年版第341页）

续表

今行政区划	明代清前期行政区划卫所		明代官学书院社学			清前期官学书院义学社学		
	区划名	治所今名	官学	书院	社学	官学	书 院	义学社学
黔西南州	安南卫	晴隆	卫学		3所			
	安南县	晴隆				县学	1所：莲城书院	义学7社学3
	兴义府	兴义市				府学	4所：九峰书院；桅峰书院；珠泉书院；文峰书院	义学6社学1
	兴义县	兴义市				县学	1所：笔山书院	4所
	贞丰州					州学	1所：珉球书院	义学4社学2
	册亨县	册亨					1所：册亨书院	2所
	普安县	普安				县学	2所：盘水书院；培凤书院	1所
	小计		1所	0所	3所	5所	10所	27所
六盘水市	普安州	盘县	州学		10所			
	普安卫	盘县						
	普安直隶厅	盘县				厅学	1所：凤山书院	4所
	水城厅	水城					1所：凤池书院	1所
	郎岱厅	六枝郎岱				厅学	3所：岱山书院；爱莲书院；岩脚书院	1所
	小计		1所	0所	10所	2所	5所	6所
毕节市	大定府	大方				府学	2所：文龙书院；万松书院	11所
	乌撒卫	威宁	卫学					
	乌撒府	威宁	府学[①]					

[①]《明实录·太宗实录》第191卷，中国台北1962年影印本第2017页。或谓乌撒府学即改卫学而来，后又改州学。（参见［民国］《贵州通志·学校志选举志》，贵阳：贵州人民出版社2008年版第29页）

续表

今行政区划	明代清前期行政区划卫所 区划名	治所今名	明代官学书院社学 官学	书院	社学	清前期官学书院义学社学 官学	书院	义学社学
	威宁州	威宁				州学	1所：凤山书院	1所
	平远州	织金				州学	1所：平阳书院	6所
	黔西州	黔西				州学	2所：文峰书院；狮山书院	9所
	赤水卫	赤水河	卫学					
	毕节卫	七星关	卫学	1所				
	毕节县	七星关				县学	7所：青螺书院；鹤山书院；松山书院；曹伍书院；文峰书院黎社书院；毕阳书院	1所
	永宁卫	叙永			2所			
	永宁宣抚司	叙永	司学		2所			
	小计		4所	1所	4所	5所	13所	28所
铜仁市	铜仁府	碧江区	府学	1所	2所	府学	2所：铜江书院；新城书院	3所
	铜仁县	碧江区				县学		2所
	平溪卫	玉屏	卫学					
	玉屏县	玉屏				县学	1所	1所
	石阡府	石阡	府学	1所	2所	府学	2所：明德书院；镇东书院	2所
	思南府	思南	府学	4所	3所	府学	6所：斗坤书院；为仁书院；中和书院；銮塘书院；竹溪书院；凤冈书院	8所
	安化县	思南				县学	2所：文思书院；凤鸣书院	3所
	印江县	印江	县学		1所	县学	1所：龙津书院	1所
	松桃直隶厅	松桃				州学	1所：崧高书院	2所
	小计		5所	6所	8所	8所	15所	22所

续表

今行政区划	明代清前期行政区划卫所		明代官学书院社学			清前期官学书院义学社学		
	区划名	治所今名	官学	书院	社学	官学	书 院	义学社学
遵义市	遵义府	红花岗区	府学			府学	3所：湘川书院；启秀书院；培英书院	3所
	遵义县	红花岗区			14所	县学		
	威远卫	红花岗区						
	真安州	正安	州学		2所			
	正安州	正安				州学	1所：古凤书院	1所
	桐梓县	桐梓	县学		22所	县学	2所：鼎盛书院；松江书院	3所
	绥阳县	绥阳	县学	1所	27所	县学	2所：洋川书院；新添书院	1所
	仁怀县	仁怀			22所	县学	2所：怀阳书院；培基书院	1所
	龙泉县	凤冈				县学	1所：龙泉书院	
	务川县	务川	县学		1所	县学	1所：敷文书院	2所
	湄潭县	湄潭	县学			县学	1所：湄水书院	4所
	余庆县	余庆				县学	2所：他山书院；柳湖书院	1所
	仁怀直隶厅	仁怀				厅学	2所：双城书院；养成书院	4所
	小计		6所	1所	88所	11所	17所	20所
合计			42所	35所	163所	66所	129所	244所

清代前期，贵州学校数量较之明代大有增长，覆盖面大幅扩张。官学由明代42所增至66所。除新置之贵阳府长寨厅，安顺府归化厅，都匀府都江厅、丹江厅，黎平府下江厅，镇远府台拱厅、清江厅，兴义府册亨县，大定府水城厅等9厅县外，其余府州厅县均设立了官学，覆盖了全省74个县级以上行政区划的近88%。改土归流、苗疆开发、兴义设府等，成为官学数量增加的主要因素；原未置官学的开州、镇宁、永宁、独山、广顺、麻哈等州，瓮安、遵义、仁怀等县，新设官学，则是官学数量增加的另一因素。在官学数量增加及覆盖地域扩大的同时，书院、义学社学数量的增加更为显著。书院由35所增至129所，增长近2.7倍；除开泰县、长寨厅、都江厅、下江厅外，其余府州厅县均有书院，覆盖了全省74个县级以上行政区划的近95%。义学、社学由163所增至244所，为原来的1.5倍；全省各府州厅县，包括松桃直隶厅、贵阳府之长

寨厅，安顺府之归化厅，都匀府之都江厅、八寨厅、丹江厅，黎平府之古州厅、下江厅，镇远府之台拱厅、清江厅等苗疆10厅在内，除贵阳府之广顺州、都匀府之荔波县、石阡府之龙泉县不见记载外，其余均设立了义学。贵州府州厅县及乡村儒学教育格局基本形成，学校教育较之明代大为发展。除个别州县外，其余都设立了义学。

清代前期，更多的学校进入乡村。进入乡村的学校，指书院、义学，又特别是义学。官学均在府州厅县城，不在乡村，仅黎平府锦屏乡学例外。该地原为铜鼓卫治所，设有卫学。清代裁卫，卫学得以保留，是为锦屏乡学。书院置于乡间的很少，仅有10多所，如大定府毕节县北果屯曹伍书院，遵义府桐梓松坎场松江书院，① 黎平府隆里所龙标书院、南泉山天香书院、城西半里西岩精舍、太平山太平书舍、平茶所小段书岩及小蓬莱馆、龙里司龙溪书院、潘老寨双江书院、亮司双樟书院、中林司上林书院、湖耳司清泉书院、秦溪秦山书院、官舟地印台书院，② 思南府安化县煎茶溪市煎茶溪书院。③ 大量分布于乡村的是启蒙性质的义学。贵阳府，亲辖地有青岩义学1所。贵筑县义学12所，11所在乡间：朱昌堡义学；十五屯李氏义学；北衙寨高氏义学；平堡育英义学；汪家堡养正义学；云天寺义学3所，后分建于5堡；高堡蒙泉义学；谷上里干沟场正蒙义学。广顺州义学1所，在摆酉场。贵定县义学6所，5所在乡间，即沿山龙场秀山义学、仰鹅义学；平伐营雪山义学；平伐司谷新义学；文教乡文教义学。龙里县义学3所，2所在乡间，即城东端蒙义塾、龙从塘平阳义学。修文县义学3所，2所在乡间：一在南门外，一在新旧场。④

清代前期，更多的学校进入少数民族地区。水西腹地大定设立府学，有书院2所，义学11所。苗疆古州、八寨2厅设立了官学；八寨、归化、都江、台拱、清江、丹江等6厅有龙泉、梅花、榕城、龙冈、文峰、三台、拱辰、柳川、鸡窗、丹阳等书院10所；古州、八寨、归化、长寨、都江、下江、台拱、清江、丹江等9厅有义学、社学25所。榕城书院，"诸生夷、汉各半"。⑤ 台拱、清江义学，"雍正八年奉旨建设，各所以教苗民子弟"；⑥ 长寨社学，乾隆五年（1740年）设，"训化苗民"。⑦

清代前期贵州少数民族地区儒学教育的又一重要进步，是普通苗民也开始享有教育权利。康熙四十四年（1705年），礼部议准贵州各府、州、县设立义学，入学者除土司承袭子弟、族属人等外，"苗民子弟愿入学者，亦令送学"。雍正元年（1723年）议

---

① 参见［民国］《贵州通志·学校志选举志》，贵阳：贵州人民出版社2008年版第102、103页。
② 参见［光绪］《黎平府志·学校》，《中国地方志集成·贵州编》第17册，贵阳：贵州人民出版社2008年版第361页。
③ 参见［民国］《贵州通志·学校志选举志》，贵阳：贵州人民出版社2008年版第111页。
④ 参见《略四·学校略》，［道光］《贵阳府志》上册，贵阳：贵州人民出版社2005年版第869-870页。
⑤ 郑知同：《行述》《巢经巢全集》卷首，《巢经巢全集》，贵阳：贵州省政府民国29年（1940年）印本。
⑥ ［乾隆］《镇远府志·学校》，《中国地方志集成·贵州编》第16册，成都：巴蜀书社2006年版第81页。
⑦ 爱必达：《黔南识略》，《黔南识略·黔南职方纪略》，贵阳：贵州人民出版社1992年版第30页。

准："黔省苗人皆有秀良子弟……情愿读书者，许各赴该管府、州、县报名，送入义学"。① 而在明代，仅有土司子弟有权入学。清代前期，随着土司制度的进一步瓦解、社会经济的发展及地主制生产关系绝对优势地位的建立，普通苗民中出现富户，具备了求学的意识及经济条件。"苗民子弟愿入学者，亦令送学"的规定，为普通苗民子弟入学接受教育开启了通道，推动了儒学向少数民族下层的传播。

义学之下，是数量更多、分布更为广泛的私塾。未能科举中式、人数众多的读书人，绝大多数未能乡试中举的秀才乃至少量举人、一些还乡官员，成为私塾的授读先生。学童的启蒙教育，参加科举考试前的儒学教育，差不多都是在私塾完成的。个别著名的私塾，甚至培养出了举人、进士。遵义黎氏私塾始设于明万历中叶，至清前期已有 250 多年的历史。乾隆、嘉庆年间，举人黎安理执教 30 余年，生徒王青莲成为生员，乡试中举后继续就读于塾，会试及第，点翰林；子黎恂进士及第，官同知；子黎恺，举人，官训导。黎恂还乡后继为塾师，弟子郑珍、莫友芝成为举人、清代贵州经学代表人物。②

科举考试的主要内容是儒学。受此影响，官学、书院、义学、私塾教育的主要内容也是儒学。学校、私塾教育成为儒学传播的主要途径。较之明代，清代前期，贵州府州厅县及少数民族儒学教育格局基本形成，学校、私塾教育大为发展，儒学的传播特别是在乡村及少数民族中的传播大为进步。

二、科举的兴隆与儒学在各民族中的广泛传播

（一）科举的兴隆

清代前期继承明制，以科举为基本选官制度；实行童生试、乡试、会试三级考试，乡试、会试 3 年 1 试。儒学为考试主要内容。文举，乾隆二十一（1756 年）、二十二（1757 年）、二十三年（1758 年）定，乡会试头场四书文 3 篇，性理论 1 篇；二场经文 4 篇，五言八韵唐律 1 首；三场策 5 道。③ 武举，康熙四十八年（1709 年）定，乡会试第三场，"作论二篇，时务策一篇。其论，第一篇以《论语》《孟子》出题，第二篇以《孙子》《吴子》《司马法》出题。至考试生童亦照此出论题，止令作论二篇"。④

清代前期，贵州科举较之明代更为正常。自顺治十七年（1660 年）举行首次乡试

---

① 以上见［民国］《贵州通志·学校志选举志》，贵阳：贵州人民出版社 2008 年版第 116 页。
② 参见黎庶昌：《遵义沙滩黎氏家谱》，清光绪十五年（1889 年）刻本。
③ 参见［民国］《贵州通志·学校志选举志》，贵阳：贵州人民出版社 2008 年版第 301 页。
④ ［民国］《贵州通志·学校志选举志》，贵阳：贵州人民出版社 2008 年版第 485 页。

起，至道光二十年（1840年）庚子科，180年间，除康熙十五年（1676年）、十八年（1679年）两科因三藩之乱停科外，其余均如期举行，连同恩科在内，共举行了75科。① 乡试取额，文举，顺治十七年（1660年）为20名，② 其后不断增加，乾隆二十六年（1761年）为40名，"后定为例"，③ 与明代相等。武举，康熙二十三年（1684年）甲子科定为20名，其后增加，嘉庆二十三年（1818年）戊寅科达41名。④

清代前期，贵州科举兴隆，较之明代，取录人数大幅增加，覆盖地域更为广泛。详见下表。

贵州明代与清前期科举比较一览表⑤

今区划	明代					清前期							
	区划治所			文武科举		区划治所		文武科举					
	二级区划治所	区划名称	治所今名	进士数	举人数	二级区划治所	区划名称	治所今名	进士			举人		
									合计	文	武	合计	文	武
贵阳市	贵州宣慰司治今贵阳	宣慰司	贵阳	14	240		宣慰司	贵阳						
		贵州卫	贵阳	19	5		贵州卫	贵阳						
		贵州前卫	贵阳	7	6		贵州前卫	贵阳						
		敷勇卫	修文	1	2		敷勇卫	修文	1		1	14	11	3
		威清卫	清镇		13		威清卫	清镇						
		镇西卫	清镇卫城				镇西卫	清镇卫城						

---

① 参见［民国］《贵州通志·学校志选举志》，贵阳：贵州人民出版社2008年版第310-394页。
② 参见［民国］《贵州通志·学校志选举志》，贵阳：贵州人民出版社2008年版第310页。
③ ［民国］《贵州通志·学校志选举志》，贵阳：贵州人民出版社2008年版第374页。
④ 参见［民国］《贵州通志·学校志选举志》，贵阳：贵州人民出版社2008年版第436、459-460页。
⑤ 参见［民国］《贵州通志·学校志选举志》，贵阳：贵州人民出版社2008年版第239-486页；《贵州七百进士录》，贵州地方志网站，http://www.gzgov.cn/gov.dfz；［道光］《贵阳府志》上册，贵阳：贵州人民出版社1985年版405-518页；贵州省毕节市文体广电局编：《毕历史名人荟萃》，2012年内部印本第113-175页。赤水卫列入今毕节市区划；水城厅列入今六盘水市区划。武科举，明代仅有零星资料，武举更少；清代统计资料亦不全。

续表

今区划	明代					清前期						
^	区划治所			文武科举		区划治所		文武科举					
^	二级区划治所	区划名称	治所今名	进士数	举人数	二级区划治所	区划名称	治所今名	进士		举人		
^	^	^	^	^	^	^	^	^	合计	文	武	合计	文	武
贵阳府治今贵阳	贵阳府治今贵阳	程番府	贵阳	1		贵阳府治今贵阳	程番府	贵阳						
^	^	贵阳府	贵阳	9	166	^	贵阳府	贵阳	26	18	8	388	287	101
^	^	新贵县	贵阳	1	10	^	新贵县	贵阳	2	1	1	21	21	
^	^					^	贵筑县	贵阳	45	39	6	316	250	66
^	^					^	开州	开阳	7	6	1	63	47	16
^	^					^	修文县	修文	10	9	1	91	63	28
^	安顺府治今西秀区					安顺府治今西秀区	清镇县	清镇	10	10		66	66	
^	籍贯不明					籍贯不明			15	15				
^	小计			52	442	小计			116	98	18	959	745	214
安顺市	贵州宣慰司治今贵阳	平坝卫	平坝			^	平坝卫	平坝				1	1	
^	安顺府治今西秀区	安顺府	西秀区	1	16	安顺府治今西秀区	安顺府	西秀区	14	10	4	88	61	27
^	^	镇宁州				^	镇宁州	镇宁	4	3	1	40	24	16
^	^	安庄卫	镇宁境	1	53	^	安庄卫	镇宁境				11	1	10
^	^	永宁州	关岭		127	^	永宁州	关岭	3	3		24	11	13
^	^					^	归化厅	紫云						
^	^	普定卫	西秀区	4	129	^	普定县	西秀区	1		1	69	33	36
^	^	平坝卫	平坝		26	^	安平县	平坝	10	8	2	87	61	26
^	籍贯不明				3	籍贯不明								
^	小计			9	351	小计			32	24	8	320	192	128

续表

今区划	明代				清前期						
	区划治所		文武科举		区划治所		文武科举				
	二级区划治所	区划名称	治所今名	进士数	举人数	二级区划治所	区划名称	治所今名	进士 ||| 举人		
									合计	文	武	合计	文	武
黔南州	贵州宣慰司治今贵阳	新添卫	贵定	8	65		新添卫	贵定				5	2	3
		龙里卫	龙里		16		龙里卫	龙里						
	都匀府治今都匀	都匀府	都匀市	4	5	都匀府治今都匀	都匀府	都匀市	17	17		115	115	
		都匀卫	都匀市		46		都匀县	都匀市				2		2
		独山州	独山				独山州	独山	5	5		20	17	3
							贵定县	贵定	8	7	1	64	39	25
							龙里县	龙里	1	1	1	35	29	6
							荔波县	荔波				1	1	
							都江厅	三都境						
	贵阳府治今贵阳	广顺州	长顺境			贵阳府治今贵阳	广顺州	长顺境	9	9		63	56	7
							长寨厅	长顺						
		程番府			19									
		定番州	惠水		11		定番州	惠水	4	3	1	52	51	1
	平越府治今福泉	平越府	福泉		23	平越直隶州治今福泉	平越直隶州	福泉	15	14	1	74	74	
		平越卫	福泉	2			平越卫	福泉	1		1	3	3	
		瓮安县	瓮安		1		瓮安县	瓮安	5	5		57	55	2
		小计		14	186		小计		65	61	4	491	442	49

续表

今区划	明代				清前期						
	区划治所		文武科举		区划治所		文武科举					
	二级区划治所	区划名称	治所今名	进士数	举人数	二级区划治所	区划名称	治所今名	进士 ||| 举人		
									合计	文	武	合计	文	武
黔东南州	思州府治今岑巩	思州府	岑巩		43	思州府治今岑巩	思州府	岑巩				7	7	
		清浪卫	镇远清溪		1		清浪卫	镇远清溪				1	1	
							清浪县	镇远清溪				3	3	
	黎平府治今黎平	黎平府	黎平	3	62	黎平府治今黎平	黎平府	黎平	19	16	3	87	54	33
		永从县	黎平境		5		永从县	黎平境	1		1	5	3	2
		五开卫	黎平		3		铜鼓卫	锦屏						
		铜鼓卫	锦屏		3		五开卫	黎平				2	1	1
							开泰县	黎平境				42	40	2
							古州厅	榕江	1		1	1		1
							下江厅	从江境						
	镇远府治今镇远	镇远府	镇远	5	57	镇远府治今镇远	镇远府	镇远	4	4		24	14	10
		镇远县	镇远				镇远县	镇远	2		2	34	30	4
		镇远卫	镇远				镇远卫	镇远						
		施秉县	施秉		1		施秉县	施秉	3	3		20	16	4
		偏桥卫	施秉		12		偏桥卫	施秉				17	14	3
							天柱县	天柱	3	3		22	18	4
							台拱厅	台江						
							清江厅	剑河						
	都匀府治今都匀	麻哈州	麻江	1	1	都匀府治今都匀	麻哈州	麻江	2	1	1	14	12	2
							八寨厅	丹寨				1	1	
							丹江厅	雷山						
		清平县	凯里清平	6			清平县	凯里清平	9	6	3	36	26	10
	平越府治今福泉	清平卫	凯里清平		71	平越州治今福泉	清平卫	凯里清平						
		黄平州	黄平		12		黄平州	黄平	21	18	3	108	74	34
		兴隆卫	黄平	1	29		兴隆卫	黄平				11	11	
	小计				16	299	小计			65	51	14	435	325	110

续表

今区划	明代				清前期							
	区划治所		文武科举		区划治所		文武科举						
	二级区划治所	区划名称	治所今名	进士数	举人数	二级区划治所	区划名称	治所今名	进士			举人		
									合计	文	武	合计	文	武
黔西南州	南笼府治今安龙	南笼府	安龙		1	兴义府治今兴义	南笼府	安龙	1	1		7	3	4
							兴义府	兴义市	1		1	38	17	21
	广西泗城州治今凌云境		罗甸望谟册亨贞丰及安龙部分				贞丰州	贞丰				3		3
							册亨县	册亨						
							普安县	普安	3		3	22	19	3
		安南卫	晴隆		21		安南县	晴隆	3	2	1	18	12	6
							兴义县	兴义				8		8
	小计				22	小计			8	3	5	96	51	45
六盘水市	安顺府治今西秀区	普安州	盘县	11	117	普安直隶厅	普安州	盘县				1		1
								盘县	7	5	2	27	18	9
		普安卫	盘县			安顺府治今西秀区	普安卫	盘县						
							郎岱厅	六枝郎岱	2	1	1	12	4	8
						大定府治今大方	水城厅	钟山区				1	1	
	小计				11	117	小计			9	6	3	41	23	18

续表

今区划	明代					清前期						
^	二级区划治所	区划治所		文武科举		二级区划治所	区划治所		文武科举			
^	^	区划名称	治所今名	进士数	举人数	^	区划名称	治所今名	进士			举人		
^	^	^	^	^	^	^	^	^	合计	文	武	合计	文	武
毕节市	乌撒府治今威宁					大定府治今大方	大定府	大方	15	9	6	183	87	96
^	^	乌撒府	威宁		2	^	威宁州	威宁	10	5	5	75	27	48
^	^	乌撒卫	威宁	2	37	^	乌撒卫	威宁				1	1	
^	^					^	毕节县	七星关区	28	23	5	199	151	48
^	^	赤水卫	七星关区境	4	44	^	赤水卫	七星关区境						
^	^	毕节卫	七星关区		29	^	毕节卫	七星关区						
^	^					^	平远州	织金	9	7	2	117	59	58
^	^					^	黔西州	黔西	9	6	3	131	58	73
^	小计			6	112	小计			71	50	21	706	383	323
铜仁市	铜仁府治今碧江区	铜仁府	碧江区	7	12	铜仁府治今碧江区	铜仁府	碧江区	15	10	5	51	46	5
^	^	铜仁县	碧江区		68	^	铜仁县	碧江区				18		18
^	^	平溪卫	玉屏	4	36	^	平溪卫	玉屏				7	7	
^	^					^	玉屏县	玉屏	6	6		12	12	
^	石阡府治今石阡	石阡府	石阡	3	27	石阡府治今石阡	石阡府	石阡	6	6		51	51	
^	思南府治今思南	思南府	思南	12	90	思南府治今思南	思南府	思南	7	6	1	84	72	12
^	^	印江县	印江		11	^	印江县	印江	1	1		19	19	
^	^	安化县今德江	治今思南		5	^	安化县今德江	治今思南	3	3		30	28	2
^						松桃直隶厅治今松桃						9	5	4
^	小计			26	249	小计			38	32	6	281	240	41

续表

今区划	明代 区划治所 二级区划治所	明代 区划治所 区划名称	明代 区划治所 治所今名	明代 文武科举 进士数	明代 文武科举 举人数	清前期 区划治所 二级区划治所	清前期 区划治所 区划名称	清前期 区划治所 治所今名	清前期 文武科举 进士 合计	清前期 文武科举 进士 文	清前期 文武科举 进士 武	清前期 文武科举 举人 合计	清前期 文武科举 举人 文	清前期 文武科举 举人 武
遵义市	遵义府治今红花岗区	遵义府	红花岗区		9	遵义府治今红花岗区	遵义府	红花岗区	28	28		72	68	4
		遵义县	红花岗区				遵义县	红花岗区	7		7	245	159	86
		威远卫	红花岗区				威远卫	红花岗区						
		真安州	正安				正安州	正安				19	16	3
		桐梓县	绥阳境		2		桐梓县	桐梓				43	40	3
		绥阳县	绥阳		3		绥阳县	绥阳	4	4		58	43	15
		仁怀县	仁怀				仁怀县	仁怀				34	25	9
						仁怀直隶厅治今赤水	辖今赤水习水	赤水	3	3		3	3	
	石阡府治今石阡	龙泉县	凤冈		1		龙泉县	凤冈	1	1				
	思南府治今思南	务川县	务川		18		务川县	务川				13	13	
	平越府治今福泉	湄潭县	湄潭		4	平越直隶州治今福泉	湄潭县	湄潭	4	4		50	46	4
		余庆县	余庆				余庆县	余庆				14	14	
	小计				37	小计			47	40	7	551	427	124
	明代合计			134	1815	清前期合计			451	365	86	3880	2828	1052

较之明代，清代前期，贵州科举大为发展。

1. 中式人数大为增加，读书人群体人数庞大

文武进士由134人增至451人，增长237%。其中，文进士由102人增至365人，增长258%。文武举人由1815人增至3880人，增长114%。其中，文举人由1795人增至2828人，增长58%。明末改土归流、清初划属贵州的今遵义市地域增长最为显著，进士人数实现了零的大突破，为47人；举人由37人增至551人，增长1389%。清初改土归流设置府州县的今毕节市地域也很突出，进士人数由6人增至71人，增长1083%；举人由112人增至706人，增长530%。由于苗疆开发，今黔东南州地域进士人数由16人增至65人，增长306%；举人由299人增至435人，增长45%。黔南州地域进士人数由14人增至65人，增长364%；举人由186人增至491人，增长164%。新置府的今黔西南州地域，进士实现了零的突破，为8人；举人由22人增至96人，增长336%。作为省会的今贵阳市地域，进士人数由52人增至116人，增长123%；举人由442人增至959人，增长117%。详见下表统计。

明代与清前期今贵州地级市科举中式人数比较一览表

今地级市州	明代 文武进士数	明代 文武举人数	清前期 文武进士数	清前期 文武举人数
贵阳市	52	442	116	959
安顺市	9	351	32	320
黔南州	14	186	65	491
黔东南州	16	299	65	435
黔西南州	0	22	8	96
六盘水市	11	117	9	41
毕节市	6	112	71	706
铜仁市	26	249	38	281
遵义市	0	37	47	551
合计	134	1815	451	3880

清代前期科举中式人数，文进士365人，文举人2828人，数字大致如实。武举统计数字则出入较大，仅得进士86人、举人1052人。以武举论，即使仅按70科、每科最低取额20名计，亦有1400名。至于生员数量，则向无统计数字。嘉庆十二年

(1807年)，贵州贡院号舍2090间，① 同年中式37名，次年恩科中式32人，十五年（1810年）中式38名，② 则中式比例为56∶1、65∶1、55∶1。按常额40计，则中式比例为52∶1。以此测算，贵州生员数量当在20万以上，远超明代6万之数。

生员之下，是数量更为庞大的读书人群体。道光七年（1827年），礼部等部"遵旨议奏"提及，安顺府郎岱厅学额8名，考生500余人；永宁州学额8名，应试文童近200人，③ 则两地中式比例分别为62.5∶1、25∶1。[咸丰]《兴义府志》谓："郡属学额，都计四十名……各属文童，千人有奇"，④ 则中式比例为25∶1。以25∶1计，清代前期贵州读书人当在500万人以上。

2. 科举士子分布地域大为扩展

清代前期，贵州官学由明代42所增至66所，相应地，取录、就读生员分布于全省74个县级以上行政区划的近88%，覆盖面大为扩展。举人分布地域在明代基础上增加了贵阳府开州（今开阳）、广顺州（今长顺境），安顺府镇宁州（今镇宁）、郎岱厅（今六枝郎岱）、都匀府独山州（今独山）、荔波县、八寨厅（今丹寨），黎平府开泰县（今黎平境）、古州厅（今榕江），镇远府镇远县、天柱县，兴义府及其所属贞丰州（今贞丰）、兴义县、普安县，大定府（今大定）及其所属平远州（今织金）、黔西州（今黔西）、水城厅（今水城）、松桃直隶厅（今松桃）、平越直隶州余庆县、仁怀直隶厅（今赤水），遵义府正安州（今正安）、遵义县、仁怀县、绥阳县等26府州厅县。进士分布地域在明代基础上增加了贵阳府开州（今开阳）、定番州（今惠水）、广顺州（今长顺境），安顺府镇宁州（今镇宁）、永宁州（今关岭）、安平县（今平坝）、郎岱厅（今六枝郎岱）、平越直隶州瓮安县，都匀府龙里县、独山州（今独山），黎平府永从县（今黎平境）、古州厅（今榕江），镇远府镇远县、施秉县、天柱县，兴义府及其所属普安县、安南县（今晴隆），大定府（今大定）及其所属平远州（今织金）、黔西州（今黔西），思南府印江县（今印江县）、安化县（今德江），石阡府龙泉县（今凤冈）、仁怀直隶厅（今赤水），遵义府（今红花岗区）及其所属遵义县、绥阳县、湄潭县等29府州厅县。

清代前期贵州进士、举人、生员及读书人的数量，儒学人才的数量及其分布之广泛，远非明代可比。清代前期贵州科举的兴隆、儒学较之明代的飞跃发展，由此可见一斑。

---

① 参见《略四·学校略》，[道光]《贵阳府志》上册，贵阳：贵州人民出版社2005年版第870页。
② 参见[民国]《贵州通志·学校志选举志》，贵阳：贵州人民出版社2008年版第371-374页。
③ 参见[咸丰]《安顺府志·疏》，《中国地方志集成·贵州编》第41册，成都：巴蜀书社2006年版第651、653页。
④ [咸丰]《兴义府志·学校志》，《中国地方志集成·贵州编》第28册，成都：巴蜀书社2006年版第234页。

(二) 士子群体与儒学的社会传播

清代前期学校教育的大发展及科举的兴隆,造就了 451 名进士、3880 名举人、20 万名生员、500 万名读书人,造成了一个远较明代庞大的士子群体。这个群体中,只有进士及少数举人亦即极少数人能够入仕为官,多数的举人、绝大多数的生员及数量更为庞大的普通读书人群体,依旧只能继续生活在民间、乡间。身居官场者,倡儒学,兴学校;致仕还乡后,有的主讲书院,有的设塾授徒,为传播儒学贡献余力。绝大多数未能入仕者,致力于教育,书院、义学特别是私塾,都活跃着他们的身影。儿童的启蒙教育、应童生试的教育亦即那个时代的初等教育,都是由他们承担的;个别高水平的私塾,还培养出了举人、进士。教育之外,他们还活跃在地方及民间的各种事务中。通过教育及参与地方活动,士子群体将儒学传播到民间,将儒家的纲常伦理普及于民庶;身居民间的儒生群体,更以自身的道德楷模、行为表率,将儒家的理念浸透于社会下层,由此推动着民族共同文化心理的形成及民族认同进程。

随着儒学的广泛传播,"耕读为本、诗书传家"成为大众家庭普遍的训条。官宦人家、有钱人家,自然重视子弟的教育;普通人家、贫寒人家,尽管无力培养子弟,亦无不向往识文断字、科场及第。明清两代,特别是清代,各地都出现了一些科举世家,家族中人才辈出,其中不少人或出任学官,或设塾授徒。

1. 黔北遵义府黎氏家族

1 世祖黎朝邦,明后期由江西"迁遵义",是黎氏"入黔之始祖";生员,教督子弟。2 世祖黎怀仁,神宗万历二十九年(1601 年)"徙卜遵义治东八十里乐安水上之沙滩居焉";"试冠童子军",教督子弟。"其教子孙则曰:在家不可一日不以礼法帅子弟,在朝不可一日不以忠贞告同僚,在乡党不可一日不以正直化愚俗,在官不可一日不守清、慎、勤三字。凡百所为,敬、恕而已。"黎怀义,明末生员。黎怀礼,"好读书,不慕荣利"。3 世祖黎民忻、黎继离、黎民新、黎民醇,生员。5 世祖黎天明,清初人。"少读书,不得志,因苦教督"子孙。6 世祖黎国士,"教读以资衣食……训诲生徒";"以耕读、勤俭、孝友垂训后人"。黎国柄,"幼读书"。7 世祖黎正训,贡生,"课徒为养",先后设塾于九龙场、黄池、白泡塘、双车陂,"前后凡八年,弟子从游者岁五六十人"。其后设塾于四川灌县。谓曰:"有孝心者其后必昌,有孝行者其后必大据"。8 世祖黎安理,举人,黎平府永从县训导、山东长山知县。出仕前"家居授徒逾三十年",子孙多有成就。9 世祖黎恂,进士,云南巧家厅同知。黎恺,举人,大定府教授、印江教谕、开州训导。10 世祖黎兆勋、黎兆熙、黎兆祺、黎兆铨,生员;黎兆普,翰林院待诏衔;黎庶焘、黎庶蕃,举人;黎庶昌,贡生。黎兆勋,石阡府教授。"被以弦歌,泽以文藻,士习为之一变"。补开州训导,"课士一如石阡"。黎氏一门,明代生员 7 人,均未入仕,居家教督子弟。清代前期,进士 1 人,举人 4 人,贡生 2 人,生员 4 人,合计 11 人。其中,8 世祖、举人黎安理和 9 世祖、举人黎恺出任多处学官,5 世祖黎天明、6世祖黎国士及7世祖、贡生黎正训设塾授徒。而9世祖、进士黎恂卸任还乡后，亦为塾师课读子弟、乡人。①

2. 安顺府安平县（今平坝）陈氏家族

入黔1世祖陈旺，明初直隶扬州府江都县（今江苏扬州江都市）人，太祖洪武十四年（1381年）随军出征云南，平定后屯田戍守，为平坝卫（清初裁卫置安平县）左所百户。2—8世祖，依制世袭百户。至9世祖陈懿，攻读四书五经，科场虽未中式，却开启了安平陈氏家族文教之风。"诗书之泽，垂裕后昆。"② 12世祖陈祥士，明末拔贡，员外郎。13世祖陈恭锡，清康熙三十四年（1695年）举人，知县。14世祖陈法，进士，翰林院庶吉士、检讨、北京大名道。陈澄，进士，知县。15世祖陈庆升，进士，翰林院庶吉士、检讨、大理寺少卿。16世祖陈若畴，进士，知县，直隶任邱、三合、东光、滦州等县教谕。清代前期，安平陈氏"一门四进士，父子两翰林"，传誉科场。陈氏家族科场中式、入仕为官之后，不忘故土，重视教育，致力于家乡儒学的教育与儒文化的传播。陈法晚年主讲贵阳贵山书院10年，"所得修脯，一无所取，为置书院膏火，数遣人往京师，购内版书，贮院中"。③ 陈法、陈庆升、陈若畴祖孙三代，节衣缩食，筹集银两，购置瓦房20余间，以为京师贵州会馆，供贵州举子赴京食宿之需。④

3. 黔西北大定府毕节县路氏家族

明太祖洪武初年，路氏先祖自江南宜兴迁毕节县撒喇溪野马川（今毕节市赫章县野马川镇）。传至清初路瀛州，自撒喇溪迁德沟王家寨（今毕节市七星关区境）。1世祖路瀛洲，贡生。2世祖路元升，进士。"任福建知县，甫入阅月，弃官归里，主讲松山书院，成就后学甚众。"路方升，生员。3世祖路邵，举人，知县。路琨，生员。4世祖路斯京，附贡，知县。路斯亮，举人，知县。路斯云，举人，湄潭县训导。5世祖路孟逵，进士，知府。路康逵，岁贡。路骧逵，举人，贵筑县教谕、遵义府教授。6世祖路璋，进士，户部主事。路璜，进士，知府。路琴，附贡，候补知县。路瑗，生员。清代前期，路氏一门进士4人、举人4人、贡生4人、生员3人，合计15人。其中，2世祖、进士路元升主讲毕节松山书院，4世祖、附贡路斯京及5世祖、举人路骧逵任多处学官。清后期光绪年间，7世祖路朝霖中进士，历官翰林院庶吉士、四川知县、候补道。整个清代，路氏一门竟有5人中进士。一门5进士，职官遍天下，但路氏一门始终没有离开德沟（今毕节市七星关区境）故地，7世祖路朝霖遂出生于德沟，⑤ 卸职后

---

① 以上见黎庶昌：《遵义沙滩黎氏家谱》，清光绪十五年（1889年）刻本第1-85页。
② 陈法：《祠堂戒约》，《犹存集》第8卷，《黔南丛书》第2辑，贵阳：贵州人民出版社2009年版第203页。
③ [道光]《安平县志·乡贤》，《中国地方志集成·贵州编》第44册，成都：巴蜀书社2006年版第185页。
④ 参见陈德远：《一门四进士父子两翰林：一个屯军后裔家庭文化的变迁与发展》，《贵州文史丛刊》2002年第4期。
⑤ 以上参见路朝霖等：《路氏长房族谱》，2002年电子排印本第1-17页。

依旧回到故乡，编家谱，授生徒，传承历史，光大儒学。

4. 黔西北吴良弼家族

入黔始祖、吴姓第 90 世祖吴良弼，湖广黄州府麻城县孝感乡（今湖北孝感市）人，明初武科生员。太祖洪武十四年（1381 年）随征南大军平云南，后屯守二郎关（今贵州毕节市七星关区与云南镇雄交界处），为毕节卫七星关守卫千户所百户。清康熙八年（1669 年），鸿胪寺卿吴国相《吴氏谱系总序》谓，吴氏家族世代"忠孝传家，积德累行"。乾隆十二年（1747 年），《白杨林吴氏祠堂纪念碑记》谓："为臣必忠，为子必孝，为弟必躬，为友必信；为士勤于学，为农勤于耕"。①

吴良弼后裔，明代科举中式 16 人，其中举人 6 人：吴琛，四川宜宾训导；吴山仲；吴联斗，知县；吴联升，武举，将军；吴天培；吴会，知县。贡生 5 人：吴国相、吴国炳、吴国佐、吴国泰、吴联珍。吴国相，历官鸿胪寺少卿、南明永历政权鸿胪寺卿，"伺亲以孝闻"。明亡，追随永历帝抗清，后隐居不出。吴国泰，"贯通经史子集"，任云南沾益州学正 13 年。乌撒（今威宁）土司陇彦慕其才学，高薪聘至陇氏学馆，执教 5 年，声名远扬。回乡后仍以授读为业，一生执教 30 余年。此外有生员 5 人。②

清代中式 694 人，其中：进士 6 人，举人 79 人，贡生 77 人，生员 532 人。进士：吴文彬、吴应鸿、吴大勋、吴大煊、吴德清、吴兰芳（芬）。举人 79 人，其中：文举 53 人，武举 26 人。吴氏家族科场兴旺，有父子同进士：100 世祖吴文彬，乾隆十七年（1753）进士；子吴大勋，乾隆五十五年（1789）进士。有"三凤齐鸣"：100 世祖吴应微，乾隆岁贡；其长子吴桐、次子吴櫃、三子吴榛，乾隆年间相继中举，贵州巡抚题赠"三凤齐鸣"。有同科 3 举人：嘉庆三年（1798 年）戊午科，101 世祖吴大宣、吴宁一、吴敬一同时中举。有祖孙三代 5 举人：99 世祖吴淳龄，乾隆举人；二子吴文凤，乾隆举人；孙吴宁一、吴敬一、吴体一，嘉庆举人。吴淳龄对联谓："经史作良田，子种孙耕无欠岁；文章传旧业，笔花墨雨有丰年。"上述举子中，入仕者 86 人，其中：文职 66 人，武职 20 人。文职中，任教职者 11 人：教授 2 人，训导 2 人，教谕 7 人。吴瑞征，教授。吴征，教授。吴应微，乾隆岁贡，修文县训导。"潜心经史之学，颇有心得。设学馆于乡里，勤于讲学，其门人登科者甚众。"子吴桐、吴櫃、吴榛，"三子连捷乾隆举人……一时荣于乡里"。吴巨，生员，训导。吴桐，乾隆举人，教谕。"教授于乡，从学者三四百人……人文之出其门者，甲全黔焉。"吴德员，安南县教谕；吴文德，昭通县教谕；吴中禧，清镇县教谕；吴钟勋，修文县教谕；吴钟霖、吴绅联，教谕。未入仕者，或有自行设塾授徒者。吴仕锦，聪颖好学，文采彪炳，受聘为土司安氏塾师。恩贡吴文昭，"教授于乡，弟子成就者数十人"。举人吴树绩，"授徒以体认心源、自强不息为宗"。吴明芳，"设学馆于家，延师课读村童，不论亲疏概予接纳，

---

① 以上见吴学良：《黔滇川吴良弼家族及联支谱志》，毕节 2009 年印本第 124、29、745 页。
② 以上见吴学良：《黔滇川吴良弼家族及联支谱志》，毕节 2009 年印本第 626、662、661 页。

为乡里培植人才"。①

5. 黔西缘普安直隶厅张氏家族

入黔1世祖张春宇，明末清初，以社会动乱，"家计奇窘"，自江南省江宁府（今江苏南京）迁普安州（后改普安直隶厅，治今盘县）贸易为生。传至6世祖张士伟，千总。7世祖张崇高，岁贡，"笃于孝友"。其后即清代后期，8世至10世祖，举人2人，贡生5人，生员9人；其中，8世祖、恩贡张继志署清平训导，9世祖、副榜张友卜历官玉屏、荔波、独山训导，岁贡张友闵官安顺府训导，岁贡张友孟署余庆教谕；岁贡张友闵官安顺府训导；拔贡张友棠官印江教谕。"士崇孝友、家道克昌、正心明德、永绍书香"，②张氏家族的16字世序，表达了其诗书传家、德教兴族的理念。

6. 黔南都匀解氏家族

明太祖洪武二十二年（1389年），自浙江黄岩至都匀。1世祖解奉椿，生员。"博学能文……佐理戎政，旋助卫官兴学，训诲官民子弟，使习礼义道"。古代贵州文化"自汉尹珍外，则有阳明、南皋、鹤楼诸贤"，解奉椿"之化及匀人，当可并驾而驱矣"。6世祖解应元，进士，知府。10世祖解学诗，清乾隆举人，知县。解学宽，拔贡，平远州学正。解学逊，生员。解学超、解学瀚，贡生。11世祖解芳镇，举人，"隐居不仕，教学以终"。解芳颖、解芳筠，生员。解芳铭，举人，知州。解芳仪，拔贡，贵州瓮安教谕。12世祖解朝英，生员，"晚岁教读孙曾"。13世祖解庆荣，生员。解增嶽，生员，"以教读课耕为乐"。14世祖解离馨，贡生，"平生讲学论道……以仁让孝友化其乡群"。解澜观，生员。解锦观，贡生。解美观，贡生，"以课农种树教子为乐"。解桂观，生员。解氏一门，明代生员1人，进士1人，合计2人。其中，1世祖、生员解奉椿，主讲卫学，训诲官民子弟。清代前期，生员7人，贡生6人，举人3人，合计16人。其中，10世祖、拔贡解学宽为平远州学正，11世祖、贡生解芳仪为瓮安教谕。11世祖、举人解芳镇"隐居不仕，教学以终"；12世祖、生员解朝英"教读孙曾"；13世祖、生员解增嶽"以教读课耕为乐"；14世祖、贡生解离馨"平生讲学论道……以仁让孝友化其乡群"；贡生解美观"以课农种树教子为乐"。③

7. 黔南独山莫氏家族

独山莫氏家族祖籍南直隶南京府上元县（今江苏江宁境）。④入黔1世祖莫先于明弘治年间（1488—1505年）随军到贵州，留驻都匀卫屯田戍边。2世祖、3世祖承袭军

---

①以上见吴学良：《黔滇川吴良弼家族及联支谱志》，毕节2009年印本第628-930页。
②以上见张崇高：《序》，《盘县张氏宗谱》卷首，盘县1998年印本；《盘县张氏宗谱》第11-26页。
③以上见解江、解炘：《都匀解氏家谱》，贵阳文通书局民国18年（1929年）印本第1-17页；解江：《序》第2页，《都匀解氏家谱》卷首，贵阳文通书局民国18年（1929年）印本。
④明朝初建，以应天即今天的南京为国都，设直隶，辖应天、苏州、凤阳、扬州等14府州，范围大致相当于今天的江苏省、上海市和安徽省；永乐十九年（1421年）迁都北平后，设北直隶，范围大致相当于今北京、天津两市，以及河北省大部和河南小部地区；应天改称南京，直隶于南京的地区改称南直隶。清初更南直隶为江南省，省府江宁即今南京。康熙初年，始分江南省为江苏、安徽二省。

职。4世祖莫如爵，清初游击。6世祖莫嘉能，治产有方，颇有财力；重金延师，课读子弟；迁独山。7世祖莫刚、莫灿、莫元、莫强，生员。8世祖莫与俦，进士，遵义府学教授，尊奉汉学，成为贵州汉学传授第一人。曾设馆授徒14年。继设馆于八寨厅王姓。"八寨旧尚武，自是争知读书"。一年后"主讲紫泉书院"。9世祖莫友芝，举人，主讲遵义湘川书院。莫庭芝，贡生，设塾授徒，后出仕思南府学教授。莫方芝、莫秀芝、莫生芝，生员。莫瑶芝，"业儒"。莫祥芝，"业儒"，以军功官知县、知府；热心文事，修纂史志，资助学术事宜。10世祖莫彝孙，贡生，候补训导。莫棠，贡生。① 有清一朝，独山莫氏家族，生员7人，贡生3人，举人1人，进士1人，合计12人。其中，8世祖、进士莫与俦为学官，曾长期设馆授徒，主讲书院；9世祖、举人莫友芝主讲书院，贡生莫庭芝设塾授徒、出仕学官；10世祖、贡生莫彝孙候补训导。

8. 黔东南麻哈州夏氏家族

入黔1世祖夏永昌，明初直隶应天（今江苏南京）人，太祖洪武二十二年（1389年）"从征来都匀"，由于战功，"授卫指挥，世袭，遂居麻哈长官司之高枧堡"。其后子孙世袭武职，直至明末。10世祖夏朝正，清雍正十年（1732年）举人，知县。夏朝鼎，贡生。11世祖夏护，贡生。12世祖夏鸿时，举人，印江教谕、知县。"年十四，即授徒以养……尝主讲本州三台书院"。13世祖夏之雨、夏之蕖，生员。14世祖夏长春、夏如春、夏乘春，生员。夏诹春、夏际春、夏阳春，"俱业儒"。② 其后即清代后期，15世祖夏廷燮，贡生，知府；夏源，国子监生，补用知府。16世祖夏同煴，拔贡，知县。夏献芬，国子监生，知州。17世祖夏同彝，拔贡，候补道。夏同龢，光绪二十四年（1898年）进士及第，钦点状元，翰林院修撰。③ 有清一朝，麻哈夏氏一门生员5人，贡生7人，举人2人，进士1人，合计15人。其中，12世祖、举人夏鸿时出任学官、主讲书院。

（三）苗生科举与儒学在少数民族中的传播

顺治十七年（1660年），"礼部议复：贵州巡抚卞三元疏言：'贵州苗民中有文理稍通者，准送学道考试。择其优者取入附近府、州、县、卫学肄业，仍酌量补廪、出贡。'从之"。④ 康熙四十四年（1705年），"题准：贵州仲家、苗民子弟一体入学肄业，考试仕进"。⑤ 鉴于贵州少数民族地区文化较为落后的状况，清廷在大兴官学、书院特

---

① 参见莫友芝：《清故授文林郎翰林院庶吉士四川盐源知县贵州遵义府教授显考莫公行状》，《莫友芝诗文集》下册，北京：人民文学出版社2009年版第763-771页；黄万机：《沙滩文化志》，贵阳：贵州人民出版社1992年版第93-110页。
② 以上见莫友芝：《外舅夏辅堂先生墓志铭》，《莫友芝诗文集》下册，北京：人民文学出版社2009年版第666、667页。
③ 参见赵青：《贵州麻江高枧夏家史考》，《贵州文史丛刊》2009年第1期。
④ 《世祖章皇帝实录》第135卷，《清实录》第3册，北京：中华书局1985年版第1044页。
⑤ [民国]《贵州通志·学校志选举志》，贵阳：贵州人民出版社2008年版第116页。

别是义学、社学以推广儒学的同时，采取种种特殊举措，推动贵州苗生科举。

其一，专设义学训导，训诲苗生。康熙四十四年（1705年），贵州巡抚于准上疏谓："各学训导有教习苗民之责，而永宁等十一州县止学官一员，请添永宁、麻哈、独山三州训导各一员，普定、平越、都匀、安化、龙泉、铜仁、永从、镇远各设教谕一员"。①礼部议准："添设贵州永宁、麻哈、独山三州学正各一员，普定、平越、都匀、镇远、安化、龙泉、铜仁、永从八县教谕各一员"。训导原本设于官学，属于学官，其儒学修养、训学水平自然非一般义学学师可比。清廷特于府州县学"复设训导"，对义学苗生"躬亲教诲"，加强苗生督查教育，提高苗生文化及儒学水准，以期培养出"文理通顺"之苗生，送入科场，"考试仕进"。②

其二，给予专门学额，录取苗生。专门学额有两种情形，一为原额内划定苗生名额，一为原额外增加苗生学额。顺治十六年（1659年），"令贵州大学取苗生五名、中三名、小二名，均附各学肄业"。③雍正三年（1725年），"礼部议复：贵州学政王奕仁疏称：黔省苗人子弟情愿读书者，准其送入义学，一体训诲。每遇岁科两试，于该学定额外，取进一名，以示鼓励。应如所请。从之"。④无论何种名额，录取苗生俱另立一册，不与府、州、县、卫学混杂。雍正十二年（1734年），在南笼府（后改兴义府）属永丰州（后改贞丰州）及新辟苗疆之黎平府属古州，清廷设苗童学额："礼部议复：提督贵州学政晏斯盛疏言：'南笼府属永丰州，久经建制设学，请将土籍文童生，岁科各取进四名……黎平府之古州虽未设学，而苗民繁庶，颇知向学。请择其文理明顺者，量取一二名，附入府学苗童之后，以示鼓励。'均应如所请。从之"。⑤乾隆四年（1739年），礼部议复贵州仍加额取进苗生："凡贵州归化未久之苗，有能读书附考者，准照加额取进；其归化虽经百年，近始知读书者，亦准与归化未久之苗童报名应试，于加额内取进"。⑥这一专额取录优惠举措在贵州施行了近百年，直至乾隆十六年（1751年）始停。是年，以苗民"归化已久"，俗尚文风"与汉无二"，苗生"学额皆停"。⑦

清廷在贵州少数民族地区采取特殊举措，兴学校，隆科举，培养了一批少数民族儒学人才。清代前期贵州苗生科举入仕人数，仅有零星记载。康熙二十二年（1683年），"礼部议：云贵二省，应各录取土生二十五名"，上谕"从之"。⑧四十四年（1705年），贵州巡抚于准疏谓："请圣恩将贵州各府土官土目弟男子侄及吴应诏等七十一名

---

① 《录十·总部政绩录》，[道光]《贵阳府志》下册，贵阳：贵州人民出版社2005年版第1183页。
② [民国]《贵州通志·学校志选举志》，贵阳：贵州人民出版社2008年版第116页。
③ 《略四·学校略》，[道光]《贵阳府志》上册，贵阳：贵州人民出版社2005年版第872页。
④ 《世宗宪皇帝实录》第35卷，《清实录》第7册，北京：中华书局1985年版第534-535页。
⑤ 《世宗宪皇帝实录》第141卷，《清实录》第8册，北京：中华书局1985年版第780-781页。
⑥ [民国]《贵州通志·学校志选举志》，贵阳：贵州人民出版社2008年版第46页。
⑦ 《略四·学校略》，[道光]《贵阳府志》上册，贵阳：贵州人民出版社2005年版第872页。
⑧ 《圣祖仁皇帝实录》第113卷，《清实录》第5册，北京：中华书局1985年版第162-163页。

文武生员一并准照粤西之例，与汉人一体考试科举，庶仕进有阶"。① 如以康熙二十二年（1683年）所定每科25名计，至乾隆十六年（1751年）停苗生学额止近百年间，计32科，则录取苗生生员为800人；加上乾隆十六年至道光前期（1821—1839年）近90年间中式者，清代前期苗生中式者是一个可观的数字。如以顺治十六年（1659年）"大学取苗生五名、中三名、小二名"② 计，清初贵州有司学1所、府学10所、州学3所、县学5所，司学、府学5名，州学3名，县学2名，当为80名；平均按3名计，为57名；按最低2名计，为38名。如此，则数字更为可观，其中不乏举人乃至进士。宋仁溥，天柱苗生。"家贫甚，祖慈李氏守节抚孤，鍼指课读，遂以成名。"乾隆三十年（1765年）乙酉科乡试第一名，次年丙戌科进士及第，选翰林院庶吉士，"旋改河南淇县知县"。③

清廷在贵州少数民族地区大兴学校、大兴科举，较之明代儒学在少数民族中的传播又向前迈进了一大步。其一，苗生的总体儒学水平提高。明代土司土官子弟可以直接保送入府、州、县学，不必如同汉族子弟那样须通过县试、府试、院试取得生员资格后始可进入学校；只要愿意，还可以通过贡生的身份进入国子监。清代虽然对苗童有优惠举措，给予专门取录名额，但毕竟须参加考试，须通过县试、府试、院试后始可取得生员资格。这表明，清代前期，苗生的总体儒学水平提高了。其二，明代，仅有土司土官子弟可以入学。清代前期，土司、土官子弟以外，普通苗童也可以应试儒学。接受儒学教育的层面扩大了，人数增加了。其三，取得科举功名的人数更多了。文献中出现了每科录取25人甚至"大学取苗生五名、中三名、小二名"的记载。其四，读书应试的苗生更多了，各府州县各民族中均有分布，习读诗书、循礼遵义开始成为习尚。苗、"夷"、仲家、仡佬"涵濡礼教，渐习华风"；④ 侗家"男子耕凿诵读，与汉民无异"。⑤ 黎平府，"读书识字之苗民，各寨俱有"。⑥ 民族共同文化心理及认同感增强，"交好往来"，⑦ "彼此无猜"。⑧

---

① [道光]《大定府志·文征》，《中国地方志集成·贵州编》第49册，成都：巴蜀书社2006年版第26页。
② 《略四·学校略》，[道光]《贵阳府志》上册，贵阳：贵州人民出版社2005年版第872页。
③ [光绪]《天柱县志·人物志》，《中国地方志集成·贵州编》第22册，成都：巴蜀书社2006年版第261页。
④ 爱必达：《黔南识略》，《黔南识略·黔南职方纪略》，贵阳：贵州人民出版社1992年版第61页。
⑤ 爱必达：《黔南识略》，《黔南识略·黔南职方纪略》，贵阳：贵州人民出版社1992年版第178页。
⑥ 罗绕典：《黔南职方纪略》，《黔南识略·黔南职方纪略》，贵阳：贵州人民出版社1992年版第322页。
⑦ 罗绕典：《黔南职方纪略》，《黔南识略·黔南职方纪略》，贵阳：贵州人民出版社1992年版第322页。
⑧ 罗绕典：《黔南职方纪略》，《黔南识略·黔南职方纪略》，贵阳：贵州人民出版社1992年版第282页。

三、理论儒学的本土化、群体化、创新化转型

(一) 儒学著作

学校教育、科举取士的兴隆，人才的勃兴，带来了清代前期贵州理论儒学的新气象，据［民国］《贵州通志·艺文志》所载统计，儒学著作数量达到近160种。详见下表。

清前期贵州儒学著作一览表[①]

著作名称	作者	籍贯	著作名称	作者	籍贯
《易经辩义》35卷	杨应麟	正安	《五经提要》	冯云祥	毕节
《易笺》8卷	陈法	安平	《五经析疑》	周培泽	平坝
《周易图说》	徐遑	贵定	《巢经巢经说》1卷	郑珍	遵义
《大易图说》4卷	胡定之	黎平	《邵亭经说》	莫友芝	独山
《学易确然录》4卷	胡汧	黎平	《古刻钞》	莫友芝	独山
《周易述义》12卷	蔡暄	独山	《论语口义》	黎安理	遵义
《周易集说》6卷	王璋	贵筑	《论语偶笔》4卷	傅昶	贵筑
《易经人道集义》	艾茂	麻哈	《学庸讲义》	李孟生	遵义
《易通》	洪其绅	玉屏	《学庸讲义》	许之麟	玉屏
《易经管见》10卷	傅龙光	瓮安	《学庸讲义》	王以中	遵义
《易经浅说》12卷	傅龙光	瓮安	《增订中庸指掌》	周继华	贵阳
《象数蠡测》4卷	傅玉书	瓮安	《中庸讲义》	李为	遵义
《卦爻蠡测》2卷	傅玉书	瓮安	《中庸注》1卷	戴世翰	铜仁
《易经义》	商家鲲	瓮安	《四书管见》	王枟	黄平
《周易常解》	梅克芳	普定	《四书讲义》	傅之奕	桐梓

[①] 参见［民国］《贵州通志·艺文志》，贵阳：贵州人民出版社1989年版第4-104、458-467页。

续表

著作名称	作者	籍贯	著作名称	作者	籍贯
《周易集解》	曹文昭	广顺	《四书六六记》	张应诏	黎平
《易源约编》2卷	张国华	兴义	《四书一贯录》6卷	胡沂	黎平
《古易殊文记》1卷	傅昶	贵筑	《四书讲义》	蒋允薰	贵筑
《易源》2卷	傅昶	贵筑	《贵山四书集讲》	艾茂	麻哈
《易图说》	戴世翰	铜仁	《四书捷讲》	严嗣勋	黎平
《易通经》	戴世翰	铜仁	《四书经义》	王伟士	黄平
《易通史》	戴世翰	铜仁	《四子集义》	王配乾	黎平
《易艺》4卷	戴世翰	铜仁	《四书日记续》	龙澄波	黎平
《周易引蒙》	冯云祥	毕节	《四书讲义》	龙月	黎平
《易理三种》1卷	孙濂	贵阳	《四子集说》20卷	刘锡禄	锦屏
《周易杂卦图解》	许元任	遵义	《四书纂义》	黎恂	遵义
《太极图论》	严宗六	正安	《四书汇析》	秦克勋	毕节
《周易理揆》	徐元禧	遵义	《四书述问》	冯云祥	毕节
《尚书约指》6卷	陈仔	绥阳	《四书识注》	严宗六	正安
《书义》	宋承典	瓮安	《四书旁训》	戴仁育	印江
《今文质疑》	邱煌	毕节	《辑论语三十七家注》	郑珍	遵义
《尚书讲义》	王配乾	黎平	《五音六律》	柴荣芳	瓮安
《书经略商》	傅昶	贵筑	《辑犍为文学尔雅注》1卷	赵旭	桐梓
《书经正旨》	秦克勋	毕节	《亲属记》1卷	郑珍	遵义
《书经提要》	冯云祥	毕节	《说文遗字》2卷,附录1卷	郑珍	遵义
《毛诗正韵》	唐廉	遵义	《说文新附考》6卷	郑珍	遵义
《毛诗浅说》	傅龙光	瓮安	《汉简笺正》8卷	郑珍	遵义
《二南近说》2卷	莫与俦	独山	《说文转注本义》	郑珍	遵义

续表

著作名称	作者	籍贯	著作名称	作者	籍贯
《毛诗辑论》	张晋洋	遵义	《唐写本说文木部笺异》1卷	莫友芝	独山
《诗义长编》25卷	傅潢	贵筑	《段氏说文假借释例》	严嗣勋	黎平
《诵诗多识录》1卷	张国华	兴义	《六书启蒙》	李凤翙	遵义
《诗经正本》	冯云祥	毕节	《六书要义》2卷	吴文昭	大定
《周官序略》	傅龙光	瓮安	《昌明字学论》	简通材	大定
《周官源流考》	傅昶	贵筑	《校刊马氏等韵》	梅建	普定
《周官辑论》	张晋洋	遵义	《等音归韵》	李兰台	都匀
《考工轮舆私笺》2卷,附图1卷	郑珍	遵义	《古音类表》	傅寿彤	贵筑
《凫氏为钟图说》1卷	郑珍	遵义	《摘韵辨讹》	严宗六	正安
《仪礼韵言》	张日晸	清镇	《韵学源流》1卷	莫友芝	独山
《庙制》	柴荣芳	瓮安	《声韵考略》4卷	莫友芝	独山
《聘仪》	柴荣芳	瓮安	《心学图集说》	张应诏	黎平
《乡饮酒仪》	柴荣芳	瓮安	《问生篇》	张应诏	黎平
《射仪》	柴荣芳	瓮安	《孝弟说》	闻符得	黎平
《仪礼私笺》8卷	郑珍	遵义	《正学论》	闻符得	黎平
《深衣考》1卷	郑珍	遵义	《明辨录》	陈法	安平
《礼记拟解》10卷	胡奉鼎	黎平	《性理述》	王世俊	平越
《礼记拟解》6卷	严嗣勋	黎平	《圣学阶梯》1卷	丁允煜	贵定
《夏小正集解》1卷	黄国瑾	贵筑	《问学寻源录》	庭绍瑚	贵定
《麟经汇稿》	陈宪度	施秉	《圣学阶梯注》	庭绍瑚	贵定
《春秋或辨》	许之獬	玉屏	《乐圣录》	张霍	定番
《麟经全旨》	傅之奕	桐梓	《日知杂录》	张霍	定番
《春秋提纲》8卷	严嗣勋	黎平	《自有录》	张霍	定番

续表

著作名称	作者	籍贯	著作名称	作者	籍贯
《春秋捷讲》	陈子芳	黄平	《性理集成录》	艾茂	麻哈
《分类春秋》	徐庭魁	威宁	《性理解》1卷	何泌	贵阳
《春秋拟解》6卷	胡涌	开泰	《平平录》10卷	杨芳	松桃
《左氏传评》30卷	陈焜	兴义	《续录》1卷	杨芳	松桃
《春秋辑论》	张晋洋	遵义	《惕厉要言》	杨芳	松桃
《春秋志在》	冯云祥	毕节	《导善录》	杨芳	松桃
《读左□言》	邱煌	毕节	《学隰》2卷	傅龙光	瓮安
《春秋义》	傅藜英	瓮安	《读书偶得》	傅龙光	瓮安
《左传类编》	严宗六	正安	《读书拾遗》6卷	傅玉书	瓮安
《春秋左传校字》	简通材	大定	《省心录》1卷	周际华	贵阳
《孝经述》2卷	傅寿彤	贵筑	《存心录》	严嗣勋	黎平
《孝经浅注》2卷	陈秉厚	大定	《勖孝篇》	戴琪	黄平
《五经文集》	陈珣	施秉	《格致篇》	李宝堂	遵义
《五经类纂》	艾茂	麻哈	《读书管见》	管志正	平坝
《五经经解》	任璇	普安厅	《忠恕一贯图》	喻文杰	绥阳
《经说》	宋承典	瓮安	《理学实践录》	李锦心	安顺
《石经异文考》7卷	傅昶	贵筑	《大学薪传》	吴隆辉	贵筑
《玉书经解》20卷	孔继麟	普安			
小计	79			78	
合计			157		

清代前期，贵州儒学著作数量远超明代。据［民国］《贵州通志》所录，明代儒学著作近40种，清代前期达到近160种。史学著作，据［民国］《贵州通志》所录，明

代 90 余种,其中方志 40 多种;① 清代前期 188 种,其中方志 118 种,② 同样远超明代。史学著作中有不少反映儒文化流播与民族认同的资料。著作种类覆盖了四书、五经、小学。其中,《易经》类 28 种,《尚书》类 7 种,《诗经》类 7 种,《春秋》类 14 种,《礼》类 15 种,《乐经》类 1 种,《孝经》类 2 种,《四书》类 26 种,小学类 17 种,群经类 40 种。儒学著作数量的剧增,成为贵州理论儒学成就大大超越明代的重要标志之一。详见下表。

明代、清前期贵州儒学著作数量比较表③

朝代	易类	诗类	书类	三礼类	春秋类	乐类	孝经类	四书类	群经类	儒家类	小学类	合计
明	4	1	1	1	4	1		5	4	17		38
清前期	28	7	7	15	14	1	2	26	11	29	17	157

清代前期,贵州理论儒学不仅著作数量多,而且学术水平高。遵义沙滩儒学群体中的郑珍、莫友芝、黎庶昌,安平(今平坝)儒学群体中的陈法,是这一时期贵州理论儒学的佼佼者。

(二)遵义沙滩郑、莫、黎儒学群体

清代,遵义县东乡沙滩(今遵义县新舟镇沙滩村),出现了郑、莫、黎 3 个儒生家族,生员、举人、进士成群。3 个家族或为师生,或为姻亲,彼此提携,相与切磋,形成一个享誉海内的儒学群体。其儒学成就最大者为郑珍,其次为莫友芝,再次为黎庶昌。

沙滩儒学群体主要尊奉汉学。清代"汉学继承并发展了东汉古文经学的朴实学风,反对理学的空疏、空谈,'言必有征','无征不信',重视实证,重视考据,主张从训诂文字、考证名物典章制度入手,解释经文,阐释经义"。汉学家"由考释经义而扩大到与研究经学密切关联的语言文字、历史、地理、天文历法、音律、典章制度等领域,进而到经籍的搜辑、目录的编纂、版本的考辨;由经籍的研究扩大到对史籍、诸子学

---

① 参见[民国]《贵州通志·艺文志》,贵阳:贵州人民出版社 1989 年版第 113-204、209-231 页。《贵州通史》的统计,方志则为 70 余种。(参见何仁仲:《贵州通史》第 2 卷,北京:当代中国出版社 2002 年版第 423-425 页)

② 参见[民国]《贵州通志·艺文志》,贵阳:贵州人民出版社 1989 年版第 109-208、232-327、351-364 页。

③ 参见[民国]《贵州通志·艺文志》,贵阳:贵州人民出版社 1989 年版第 4-104、458-467 页。

的研究，开辟了很多新的学科领域，对中国古代文化进行了全面的整理，人才辈出，硕果累累，盛极一时，影响深远"。①

1. 郑珍

郑珍（嘉庆十一年至同治三年，1806—1864 年），贵州遵义人，祖籍江西吉水。入黔始祖郑益显，明万历二十八年（1600 年）随军入播州（今遵义）平定杨应龙叛乱，留驻遵义。祖父郑仲侨，清乾隆年间生员；父郑文清，儒生，精通医术。郑珍道光元年（1821 年）为生员，道光十七年（1837 年）乡试中举。历官古州厅（今榕江县）训导、威宁州学正、镇远县训导、荔波县训导。为古州厅训导时，兼掌榕城书院。"诸生夷、汉各半……以文赋开其塞，继以性道化其顽。不数月，远近肄业至百余人，邻县数百里有负笈来者，坐则侍立一堂，行则从游塞路。"晚年征为知县，未赴任即病逝。②子侄中，郑知同、郑知劼、郑知勤，生员。③ 有清一代，这个家族 4 代人中，计出举人 1 人，生员 4 人，共 5 人。

郑氏家族中，郑珍的学术成就最大，其著述主要有《巢经巢经说》1 卷，《仪礼私笺》8 卷，《考工轮舆私笺》2 卷，《凫氏图说》1 卷，《说文逸字》2 卷、附录 1 卷，《说文新附考》6 卷，《汗简笺正》8 卷。著述集为《巢经巢全集》73 卷。④

（1）服膺汉学，以许、郑为宗

郑珍服膺汉学，以东汉古文经学大师许慎、郑玄为宗。他以郑玄后人自居，自称"生平服膺家学"，⑤"墨守康成"。⑥

同一般汉学家一样，郑珍对理学末流大加批判，指斥他们"专德性而不道问学……高谈性理，坐入空疏之弊"；⑦ 大讲佛学，与佛学合流，"亡儒以培佛"。⑧ 不过，郑珍对理学的批判与他的前辈汉学家们有所不同。他对程朱有批判，但也有肯定及尊崇。其谓，程朱"祖周实郊郑"，是周公、孔子儒学的继承人，其学与郑学也相距不远；对于孔孟儒学，程朱"力能剖其孕"，深得先儒要领。⑨ 又谓，"亡儒以培佛"的，

---

① 陈奇：《自序》第 2 页，《儒学与中国社会》，哈尔滨：哈尔滨工程大学出版社 2008 年版。
② 以上见郑知同：《卷首序目·敕授文林郎征君显考子尹府君行述》，《巢经巢全集》第 1 函，贵阳：贵州省政府民国 29 年（1940 年）印本。
③ 参见黄万机：《沙滩文化志》，贵阳：贵州人民出版社 1992 年版第 83-85 页。
④ 参见陈奇 等：《中国经学史纲要》，北京：中国言实出版社 2011 年版第 153 页。
⑤ 陈夔龙，《卷首序目·遵义郑征君遗著序》，《巢经巢全集》第 1 函，贵阳：贵州省政府民国 29 年（1940 年）印本。
⑥ 转引自郑知同：《仪礼私笺后序》，《仪礼私笺》第 8 卷，《巢经巢全集》第 4 函，贵阳：贵州省政府民国 29 年（1940 年）印本。郑玄，字康成。
⑦ 转引自郑知同：《卷首序目·敕授文林郎征君显考子尹府君行述》，《巢经巢全集》第 1 函，贵阳：贵州省政府民国 29 年（1940 年）印本。
⑧ 郑珍：《巢经巢文集·甘秩斋黜邪集序》，《巢经巢全集》第 3 函，贵阳：贵州省政府民国 29 年（1940 年）印本。
⑨ 郑珍：《诗钞·招张子佩瑢》，《巢经巢全集》第 3 函，贵阳：贵州省政府民国 29 年（1940 年）印本。

不是程朱,而是元明以来的理学末流;程朱不是为佛学张目的罪人,而是讨伐佛学的功臣,"厥功钜哉"。①

郑珍尊崇汉学,但对于汉学的繁琐、避世弊端并不忌讳。他说:"乾嘉以还,积渐生弊……说愈繁而事愈芜。"②他以通俗易懂的《千家诗》为例,批评搞繁琐考证的人:"若各《大家诗》无一字无来历,字句苟一说即了,必繁曲引证,反胶泥其聪明。至本事本旨不称载前说,又无以引其灵悟而鼓舞其幼志,使知世间书之当读者多"。③

(2)"以字读经,又即以经读字"

汉学阐释儒经,强调忠于经义,反对臆断繁衍。要求得经典的真解,首先必须读懂文本,必须具备文字音韵训诂的功底。东汉许慎所著《说文解字》,是当时最具权威性的古文工具书,因而成为清代汉学家研究古文字的必读书。郑珍从汉学家陈恩泽、莫与俦问学,接受了汉学家的治学路径;研读《说文解字》,穷究文字音韵训诂之学,深感这种"以字读经,又即以经读字"的方法,"路平实直捷,履之甚安","遂所恪守,尺寸不肯"。④儒经著述之外,在文字学领域内也取得了很大的成就,著有《说文新附考》《说文逸字》《汗简笺正》。

《说文新附考》就徐铉新附于《说文解字》的 402 文所谓汉以后新出现的"俗字"一一进行考证,阐明其演变原委,解释字义,较之钮树玉《说文新附考原》更为详尽而准确。如举出例证 7 条,论证售的本字是雔,售是雔的后出俗字。⑤ 7 条例证从时间上说,包括了先秦、两汉至唐代人的见解;从所引古籍来看,既有经典,又有诸子著作、史家著作,既见于古籍本文,又见于各家注说。其著作广征博引,结论确洽,由此可见一斑。⑥

《说文逸字》增补《说文解字》原有而后遗漏之字 165 文,并详证其所以为遗字,较之徐铉所补 19 文、段玉裁所补 36 文远为完备。如举出例证 3 条,论证叵字为遗字。⑦《说文逸字》不仅增补了逸字,而且一一考证,剔出了后世窜入《说文解字》的 110 文;不仅做了存真的工作,而且做了去伪的工作。这对于《说文解字》校勘整理,

---

①郑珍:《巢经巢文集·甘秩斋黜邪集序》,《巢经巢全集》第 1 函,贵阳:贵州省政府民国 29 年(1940 年)印本。

②转引自《清史稿·郑珍传》,《二十五史》第 12 册,上海:上海古籍出版社、上海书店 1986 年版第 1519 页。

③郑珍:《巢经巢文集·千家诗注序》,《巢经巢全集》第 3 函,贵阳:贵州省政府民国 29 年(1940 年)印本。《大家诗》,即《千家诗》。

④郑珍:《巢经巢文集·上程春海书》,《巢经巢全集》第 3 函,贵阳:贵州省政府民国 29 年(1940 年)印本。

⑤参见郑珍:《说文新附考》第 1 卷,《巢经巢全集》第 1 函,贵阳:贵州省政府民国 29 年(1940 年)印本。

⑥参见陈奇 等:《中国经学史纲要》,北京:中国言实出版社 2011 年版第 153-154 页。

⑦参见郑珍:《说文逸字》上卷,《巢经巢全集》第 4 函,贵阳:贵州省政府民国 29 年(1940 年)印本;陈奇 等:《中国经学史纲要》,北京:中国言实出版社 2011 年版第 154 页。

对于恢复古籍原貌,功莫大焉。

《汗简笺正》就郭忠恕《汗简》一书搜录所谓先秦"古文"3508文逐字考证,辨明其真伪正误,"用力颇勤,持议亦通辩"。① 清代文字学发达兴旺,名家辈出,虽有人看出了《汗简》的问题,"然未有追穷根株,精加研核,显揭其真赝所由来者"。郑珍鉴于此,乃"致力精深,确求所以,推本详证,各得所当",② 率先对《汗简》进行了全面笺正。《汗简笺正》填补了清代文字研究的空白,至今仍是文字学研究的重要参考书。③

(3) 儒经注疏

注疏儒经,求得对经典的真解,是汉学的主要研究内容。郑珍注疏儒经的著作,主要有《仪礼私笺》8卷,《考工轮舆私笺》2卷,《凫氏图说》1卷。《仪礼私笺》是解说《仪礼》的,《考工轮舆私笺》和《凫氏图说》是解说《周礼·冬官考工记》中造车、造钟技术的。《仪礼》《周礼》都是儒家经典中的重要著作,东汉郑玄的注本是今天所能见到的最早的注本,解说比较可靠。郑玄以后,历代经学家对这两部经典及郑注有不少注疏。清代,注家蜂起,对《仪礼》《周礼》的研究达到了高潮。但是,历代注疏浩如烟海,各家注说又多有歧义,有的解说背离经典和郑注。郑珍针对历代注疏中有争议的内容,"穷源导窾,见为凿不可易而后已",④ 对唐代贾公彦、宋代朱熹、元人敖继公及清代张尔歧、徐乾学、万斯大、惠士奇、江永、戴震、程瑶田、张惠言、沈彤、胡培翚、阮元等人的解说,表示了很多不同的见解,其中不少解说是十分恰当中肯的。⑤

(4) 爱民思想

郑珍的思想中,充满了儒家的仁爱思想、爱民思想。他生活在清王朝由盛转衰的时代,对社会的不平满怀愤懑,对百姓的苦难深表同情。在《晨出乐蒙冒雪至郡次东坡〈江上值雪〉诗韵寄唐生》诗中,他写道,风雪弥漫,犹有逃荒难民:"最有移民可怜愍,十十五五相携持。涕垂入口不得拭,齿牙嚛痒风战肌。壮男忍负头上女,少妇就乳担中儿。老翁病妪呻且走,欲至他国何时休?"此时此刻,达官贵人却"羊羔酒香紫驼熟,房中美人争献姿。盐絮尖义自矜饰,亲叟幕赞纷淋漓"。⑥

2. 莫友芝

莫友芝(嘉庆十六年至同治十年,1811—1871年),都匀府独山州人,后移居遵义

---

① 李慈铭:《越缦堂读书记》上册,北京:中华书局1963年版第527页。
② 郑知同:《汗简笺正·序》,《巢经巢全集》第2函,贵阳:贵州省政府民国29年(1940年)印本。
③ 参见陈奇 等:《中国经学史纲要》,北京:中国言实出版社2011年版第154页。
④ 郑知同:《仪礼私笺·后序》,《巢经巢全集》第4函,贵阳:贵州省政府民国29年(1940年)印本。
⑤ 参见陈奇:《郑珍与汉学》,《贵阳师范学院学报》1985年第1期。
⑥ 郑珍:《诗钞·晨出乐蒙冒雪至郡次江京坡上值雪诗韵容唐生》,《巢经巢全集》第3函,贵阳:贵州省政府民国29年(1940年)印本。

沙滩。祖籍南直隶南京府上元县（今江苏江宁境）。入黔第 1 世莫先，明弘治年间（1488—1505 年）随军到贵州，留驻都匀卫屯田戍边。第 6 世莫嘉能，迁独山州。传至莫友芝，是第 9 世。莫友芝祖父辈莫刚、莫灿、莫元、莫强，生员。父莫与俦，进士，遵义府学教授。① 莫友芝，道光七年（1827 年）为生员，道光十一年（1831 年）乡试中举主讲遵义湘川书院 15 年。晚年绝意仕进，入曾国藩幕，专事古籍搜求校雠，为曾门 4 大弟子之一。长于版本目录学、小学，兼及经学、史学、地理、历算。著述主要有《宋元旧本书经眼录》3 卷、《邵亭知见传本书目》16 卷、《唐写本说文木部笺异》1 卷及《韵学源流》。《宋元旧本书经眼录》著录宋元明善本古籍 130 种；《邵亭知见传本书目》收录《四库全书简明目录》未录古籍近 700 种，对《四库全书简明目录》做了大幅度的补充，较之同时人邵懿辰所著《四库简明目录标注》所补书目为多。书目注语或解题，或介绍内容及注疏情况，或考订版本时代、版本优劣，或录其序、跋及收藏情况。这些著作填补了目录学的空白，在目录学史上享有很高的地位。《唐写本说文木部笺异》补正大、小徐本数十处。《韵学源流》以不到两万字的篇幅，勾画了中国音韵学史演变的历史。注重证据，有自己的独到见解，是继清代万斯同《声韵源流考》、潘成《音韵源流》之后的又一部有价值的音韵学史专著。②

3. 黎氏家族

遵义沙滩黎氏家族祖籍江西。黎朝邦，生员，教督子弟；明后期由江西徙遵义，是黎氏入黔 1 世。2 世黎怀仁，徙居东乡沙滩（今新舟镇沙滩村）；生员，教督子弟。3 世黎民忻、黎继离、黎民新、黎民醇，生员。5 世黎天明，清初人，少读书，教督子孙。6 世黎国士，训诲生徒；黎国柄，幼读书。7 世黎正训，贡生，设塾课徒。8 世黎安理，举人，黎平府训导、知县，曾家居授徒 30 余年。9 世黎恂，进士，同知；黎恺，举人，历官教授、教谕、训导。10 世黎庶昌，贡生；黎兆勋、黎兆熙、黎兆祺、黎兆铨，生员；黎兆普，翰林院待诏衔；黎庶焘，举人，书院讲习；黎庶蕃，举人。11 世黎汝华、黎汝林，生员；黎汝琦、黎汝贞，监生；黎汝谦，举人；黎汝弼，举人，开州训导；黎汝怀，举人，知县；黎尹融，进士，知州。12 世黎树，生员，团馆授徒；黎楷，生员，塾师；黎迈，生员，塾师。③ 沙滩黎氏家族，诗书立家，世有传人，科举中式，不绝于史。明代生员 6 人；清代生员 9 人，监生 2 人，贡生 2 人，举人 7 人，进士 2 人，小计 22 人。

黎安理、黎恂、黎恺、黎兆勋、黎庶昌等均有著述传世。黎庶昌出任驻日公使期间，斥巨资收买国内已失传而日本尚存的中国古籍 26 种、200 多卷，集为《古逸丛

---

① 参见莫友芝：《清故授文林郎翰林院庶吉士四川盐源知县贵州遵义府教授显考莫公行状》，《莫友芝诗文集》下册，北京：人民文学出版社 2009 年版第 763-767 页。
② 参见陈奇 等：《中国经学史纲要》，北京：中国言实出版社 2011 年版第 156-157 页。
③ 参见黎庶昌：《遵义沙滩黎氏家谱》，清光绪十五年（1889 年）刻本第 1-85 页；黄万机：《沙滩文化志》，贵阳：贵州人民出版社 1992 年版第 1-40 页。

书》，刊刻问世，有功于古籍收集整理。

(三) 安平儒学群体

这个群体的核心是陈法家族。陈法（清康熙三十一年[①]至乾隆三十一年，1692—1766年），安顺府安平县（今平坝）人，祖籍直隶扬州府（今江苏扬州）。入黔始祖陈旺，明初从军南征，后屯守平坝卫（清初裁卫置安平县），为百户。陈法为入黔第14世。祖辈陈祥士，明末拔贡，员外郎。父辈陈恭锡，康熙三十四年（1695年）举人，知县。康熙五十二年（1713年）癸巳恩科，陈法乡试中举，同年进士及第，钦点翰林院庶吉士，授检讨，历官刑部郎中、顺德知府、登州知府、山东运河道、江南庐凤道、淮扬道、北京大名道。乾隆二年（1737年），胞弟陈澄中进士，官知县。十三年（1748年），次子陈庆升中进士，钦点翰林院庶吉士，授检讨。嘉庆四年（1799年），嫡孙、陈庆升之子陈若畴中进士，历官知县及直隶任邱、三合、东光、滦州等县教谕。安平陈氏"一门四进士，父子两翰林"，[②]享誉科场。陈氏家族科场中式、入仕为官之后，不忘故土，重视教育，致力于家乡儒学的教育与儒文化的传播。陈法晚年主讲贵阳贵山书院10年，"所得修脯，一无所取，为置书院膏火，数遣人往京师，购内版书，贮院中"。[③]陈法、陈庆升、陈若畴祖孙三代，节衣缩食，筹集银两，购置瓦房20余间，以为京师贵州会馆，供贵州举子赴京食宿之需。[④]在陈法家族的影响下，平坝一县之地，清代竟又有左书、黄燮、黄恩培、何燮、刘芳云、张亮采、张燮霖等7人进士及第，加上陈法家族4人，达11名之多，[⑤]更毋论生员、举人，形成一个颇具规模的县级地域儒学群体。这个群体中，陈法的儒学成就最高。其著述主要有《易笺》8卷、《明辩录》、《犹承集》、《黔论》、《醒心录》。代表作《易笺》，后收入《四库全书》，系贵州唯一入选《四库全书》的学术著作。

1. 恪守"正学"，以程朱理学为宗

陈法的儒学，恪守"正学"，以程朱理学为宗，以为"朱子之说，揭日月而行中天，卒不可易"，[⑥]故"服膺朱子之学"。[⑦]晚年主讲贵山书院，书写"正学"二字，刻碑立于书院。又亲定《贵山书院学规》，将《近思录》《性理精义》等程朱理学的精本

[①]其出生年又一说为1691年，即清康熙三十年。
[②]陈德远：《一门四进士父子两翰林：一个屯军后裔家庭文化的变迁与发展》，《贵州文史丛刊》2002年第4期。
[③][道光]《安平县志·乡贤》，《中国地方志集成·贵州编》第44册，成都：巴蜀书社2006年版第185页。
[④]参见陈德远：《一门四进士父子两翰林：一个屯军后裔家庭文化的变迁与发展》，《贵州文史丛刊》2002年第4期。
[⑤]参见[民国]《贵州通志·学校志选举志》，贵阳：贵州人民出版社2008年版第352-418页。
[⑥]陈法：《犹存集·复河东王制军》，《黔南丛书》第2辑，贵阳：贵州人民出版社2009年版第158页。
[⑦]《国史儒林传·陈法传》，《黔南丛书》第2辑，贵阳：贵州人民出版社2009年版第256-257页。

列为学生必读书目,"零星皆须熟看,紧要者亦须记取,反复玩味,令通透了彻"。①

理学的特点是阐释义理,而不为语言文字考据之学。对于其时盛行的汉学,亦即考据学,陈法持批判态度,以为其"穿凿傅会""支离破碎""逐末忘本",②"非失之穿凿,则失之琐碎新巧"。③

乾隆时期,考据学盛极一时,斷斷于字字有据、事事有考,"一字之证,博及万卷",其繁琐破碎弊端开始显现。陈法的批判,颇具前瞻性。不过,在明末清初理学步入空疏、清谈并走向衰落之际,考据学的兴起,正是对理学的批判与矫正,其功不可没;它强调文字名物典章制度训诂,具有重视经典基础研究的意义。陈法的评论,只知其一,不知其二,只见其短,不及其长,不免有门户之偏见。

2."《易》为专明人事"

8卷、10万字的《易笺》,是陈法解说《易经》、阐释哲理的代表作,也是其儒学代表作。在《易笺》中,他承继程朱"有理而后有象,有象而后有数……因象以明理,由象而知数"④的说解,提出"象由理生,而理寓于象,理明则象愈确,象明则理愈显而辞愈合"⑤之论断。他以为,"河图"之黑、白二色圆点多层交错环列,"洛书"之黑、白二色圆点多层交错方列,象征着阴阳、黑白、奇偶的对立、交错、变化,体现着宇宙之间万事万物"对待""流行"⑥"循环不息"⑦的矛盾运动现象与规律。

陈法解说《易经》,以朱熹为宗,却不迷信朱熹,其解说经典,颇多自我之得。《易经》为儒家典籍之首,深奥难懂,历代治者如云,著述浩如烟海,众说纷纭。包括朱熹在内的一种论断,视《易经》为卜筮之作,颇有影响。"《易》最难看。其为书也,广大悉备,包涵万理,无所不有。其实是古者卜筮书。"⑧陈法则明确指出,《易经》是一部言人事之书,而非卜筮之书。"《易》何为而作也?曰:圣人本天道以垂教万世之书也。"⑨自文王、周公始,《易》"所言者,人事耳。人伦日用之间,一言一动之际,有能外于《易》者乎"。⑩《易》所言之人事,"大之天下国家兴废存亡之理,小之饮食男女向背离合之端"。⑪"远之,在乎天下、国家;近之,及于旅、讼、家人;大之,关

---

① 陈法:《犹存集·贵山书院学规》,《黔南丛书》第2辑,贵阳:贵州人民出版社2009年版第203、204页。
② 陈法:《易笺·易论》,《黔南丛书》第1辑,贵阳:贵州人民出版社2009年版第43页。
③ 陈法:《易笺·易论》,《黔南丛书》第1辑,贵阳:贵州人民出版社2009年版第62页。
④《河南程氏文集·答张闳中书》,《二程集》第2集,北京:中华书局1981年版第615页。
⑤ 陈法:《易笺》,《黔南丛书》第1辑,贵阳:贵州人民出版社2009年版第56页。
⑥ 陈法:《易笺·图说》,《黔南丛书》第1辑,贵阳:贵州人民出版社2009年版第15页。
⑦ 陈法:《易笺·图说》,《黔南丛书》第1辑,贵阳:贵州人民出版社2009年版第12页。
⑧ 朱熹:《易三·纲领下》,《朱子语类》第5册,北京:中华书局1986年版第1661页。
⑨ 陈法:《易笺·易论》,《黔南丛书》第1辑,贵阳:贵州人民出版社2009年版第36页。
⑩ 转引自陈宏谋:《易笺·序》,《黔南丛书》第1辑,贵阳:贵州人民出版社2009年版第1页。
⑪ 陈法:《易笺·易论》,《黔南丛书》第1辑,贵阳:贵州人民出版社2009年版第37页。

乎穷通得丧；而小之，不外日用饮食。"① 《四库全书总目提要》于此深为赞赏，谓，《易笺》"以《易》为专明人事……最为明晰"。②

3. 力辟王学之虚无旷渺

明末清初，理学走向衰落，流入空疏、清谈，束书不观，坐而论道。较之程朱理学，陆王心学流弊更甚，远离尘世，闭门养心，天崩地裂，落落无与吾事。理学，特别是心学，遭到了包括理学在内的整个学术界的群起批判。陈法作《明辨录》，以为王学之"教人静坐体究"，不过是教人"求之虚无旷渺之中"。③ 心性修养，重在践行。"义理即日用事物当行之理"。"所谓义理者，非元妙也，只日用事物当行之理耳。"④ 不求之经典，不讲践行，以为只需静坐体究，即可见性成佛，最终必然是"弥近理而大乱真"。⑤

不过，陈法的心学批判，也有失之偏颇之处。陆王心学以心为理，心即理，良知自有，不假外求；致良知只需心上求，心上下功夫，静坐默识，去除私欲，即可复得固有之良知；人若如此，则可以成为圣人，人皆如此，则人皆可以为圣人。陆王心学之学理，的确汲收、借鉴了佛性自有、顿悟成佛的佛教成分，表面上似乎"合乎禅宗"，似乎"猖狂妄行"。但是，心学家的真实用心，在于激励人们心性修养的信心和勇气，在于强调个人的自我觉悟、自我约束、道德内化在营造社会良好道德氛围中的重要性。此外，就王阳明而论，他在提出自省自悟、静坐默识的同时，也主张"事上磨练"，⑥ 在"本心日用事为间，体究践履，实地用功"。⑦ 他自己更是身体力行，事功显赫。一味静坐，空谈心性，是王学末流亦即明末心学研究中的现象。陈法的心学批判，只见其一，不见其二，有失偏颇，反映出专宗程朱的门户之见。

4. 讲求穷经致用

陈法治学，不为空谈，力辟虚无，穷经致用。"读书期于用世，必明体达用，乃号通儒。"读书人于《四书》《五经》而外，还当研读《通典》《资治通鉴》《文献通考》《律》《例》一类致用之书。既习《通典》《资治通鉴》《文献通考》等书，"则古今之治乱、得失、法度之沿革异同，俱深迁委"；又精于《律》《例》，"则国家之典章法度，人之情伪，又翟阅历，庶几明体达用"。⑧ 在为贵山书院手定的《学约》中，他指出，所谓致用者，"家之孝子悌弟，国之良臣，平日严一介之取与，异日必为廉吏；平日知内外轻重之辨，异日必重廉耻而轻爵禄；平居知吾不忍人之心所当体验扩充，异日必

---

① 转引自陈宏谋：《易笺·序》，《黔南丛书》第1辑，贵阳：贵州人民出版社2009年版第2页。
② 《四库全书提要》，《黔南丛书》第1辑，贵阳：贵州人民出版社2009年版第3页。
③ 陈法：《明辨录》，《黔南丛书》第1辑，贵阳：贵州人民出版社2009年版第4页。
④ 陈法：《犹存集·贵山书院学约》，《黔南丛书》第2辑，贵阳：贵州人民出版社2009年版第206页。
⑤ 陈法：《明辨录》，《黔南丛书》第1辑，贵阳：贵州人民出版社2009年版第4页。
⑥ 《传习录》下，《王阳明先生全集》第1册，杭州：浙江古籍出版社2010年版第101页。
⑦ 《传习录》中，《王阳明先生全集》第1册，杭州：浙江古籍出版社2010年版第45页。
⑧ 陈法：《犹存集·代某给谏条议》，《黔南丛书》第2辑，贵阳：贵州人民出版社2009年版第11页。

能爱民如子。"至于"古今利害得失之故，何一不关民生利弊？博考而深究之，皆致用之资也"。[①] 他强调，明义理之学，重在践行。从大处讲，是要经天纬地，经世济世；从小处讲，是要从日用常行、点点滴滴做起，躬行践履。所谓义理者，"非元妙也，只日用事物当行之理耳"。[②]

5."为政，以爱民为先"

陈法以为，"学不干禄"，[③] 为圣贤义理之学，最要紧的是去除利禄之心，去除读书唯在博取功名、入仕为官、锦衣美食之念，否则，一旦读书中第，便"将天理良心消融殆尽……得一官一职，惟饱私囊"。[④] "朝廷设官，以为民也"。[⑤] 为官者当爱民悯民，教民化民，安民养民。"为政，以爱民为先。若碌碌簿书，于斯民毫无所益，何以称'为民父母'之义乎？"[⑥]

6. 重教化，重教育

陈法谓："善乎，董生之言曰：'民非刑罚之所能胜，要在以教化堤防之而已。'"[⑦] 儒家治国，主张行王道、重教化，而不是行霸道，不是简单地行法治，"不教而诛"。行教化的主要途径之一，是大兴学校教育。教育帮助人们获取谋生的知识和技能，温饱而后知廉耻；让人懂得善恶是非，懂得从善去恶；使人懂得谨守尊卑贵贱亲疏长幼角色名分，不至越位；使人懂得彼此关爱、宽容，行仁义之道。教育通过教化的手段，以温柔、和平的方式、手段解决、化解社会矛盾，保持社会的正常运行秩序，避免社会的剧烈对抗、冲突乃至分裂、动乱，降低社会运行、发展的成本，促进社会文明进步。教育主要以教化的而不是暴力的方式、手段治理国家，也就是行德治，行王道。教育中，陈法特别重视教育的道德教化功能，以为通过教育，乃可"敦行谊以为风俗之本"。[⑧] 教育的再一功能是"育人才以备国家之用"。在陈法看来，所育之人才首先也必须是有德之人。晚年主讲贵山书院，亲定书院学规、学约，规定初入学院者必先读集程朱理学体系和精要的《近思录》《性理精义》，潜心义理，而义理之学，最要紧的是去除利禄之心，去除读书唯在博取功名、入仕为官、锦衣美食之念，审富贵，安贫贱，不耻恶衣恶食。"义理人心所固有，只为昏昧丧失。圣人千言万语，无非欲人明善复初；今只视为语言文字，为博取浮名之具。仁义礼智，竟若吾胸中未曾有此；日读

---

① 陈法：《河工书牍·代都御使奏安山湖情形》，《黔南丛书》第2辑，贵阳：贵州人民出版社2009年版第263页。
② 陈法：《犹存集·贵山书院学约》，《黔南丛书》第2辑，贵阳：贵州人民出版社2009年版第206页。
③ 陈法：《犹存集·贵山书院学约》，《黔南丛书》第2辑，贵阳：贵州人民出版社2009年版第205页。
④ 陈法：《犹存集·贵山书院学约》，《黔南丛书》第2辑，贵阳：贵州人民出版社2009年版第208页。
⑤ 陈法：《犹存集·论吏治之弊》，《黔南丛书》第2辑，贵阳：贵州人民出版社2009年版第135页。
⑥ 陈法：《犹存集·与各县令议设普济堂》，《黔南丛书》第2辑，贵阳：贵州人民出版社2009年版第98页。
⑦ 陈法：《犹存集·论吏治之弊》，《黔南丛书》第2辑，贵阳：贵州人民出版社2009年版第136页。
⑧ 陈法：《犹存集·重修安平县学记》，《黔南丛书》第2辑，贵阳：贵州人民出版社2009年版第120页。

圣贤之书，竟若生平未曾闻此语。圣人教人审富贵，安贫贱，不耻恶衣恶食，学不干禄，是要先去利禄之见，然后可以为学。"①

（四）理论儒学的本土化、群体化、创新化转型

1. 本土化转型

明代，贵州形成了以孙应鳌为代表的黔中王学，开始了理论儒学的本土化转型。不过，黔中王学的输入性特征是很明显的。因为有王守仁的贬谪贵州，始有"龙场悟道"、阳明心学的产生；因为有王守仁的兴书院、讲心学，始有王学的传播；因为有王守仁身后王杏、蒋信、徐樾、邹元标等外省籍王门学者或出仕，或流寓贵州，始有王学在贵州的继续传播。黔中王学的主要成员孙应鳌、马廷锡、李渭、汤冔、陈文学、陈尚象、吴铤等，无不受业于王守仁及其门人。文化的落后，儒学基础的薄弱，贵州理论儒学的本土化转型，不得不特别倚重外来文化资源的助力、推动。

清代前期及稍后的情况则大不一样。贵州儒学群体，无论是安平陈法家族还是沙滩郑、莫、黎家族，均世代业儒，父辈、兄辈都是他们的儒学启蒙先生，有的童生试、乡试乃至会试前的教育，也是在父辈、兄辈的私塾、书院完成的。陈法家族，郑、莫、黎家族，均系外来移民，其先祖均在明代进入贵州。历经数百年的交往磨合，他们都融入了贵州社会，成了贵州人。移民后裔们不再以荒蛮之地的征服者自居，而视自己为荒蛮之地的一员；不再以中原文明人自居，而视自己为僻远居民之一员；不再梦想返回故地，而视黔省为自己的故乡。在清代文人的文字中，他们被冠以"土著"汉民②的称谓——有别于新来移民及当地少数民族的贵州人；他们自己也以"黔人"③自称。儒学教育的兴盛，科举的兴隆，带来了贵州儒学的大发展，为贵州理论儒学的本土化转型准备了条件。清代前期及稍后，贵州理论儒学的本土化转型基本完成。这成为清代前期及稍后贵州理论儒学发展的重要标志之一。

2. 群体化转型

明代的黔中王学是贵州历史上第一个理论儒学群体。不过，这个群体人数还较少，彼此间的关系也较为松散，为数不多的群体成员分布在今贵阳、黔东北、黔东南、黔南等地域。

清代前期及稍后的情形则大不一样。安平儒学群体中的陈法家族，自陈法祖辈陈祥士明末成拔贡始，至其孙辈陈若畴中进士，子弟世代或乡试中举，或会试及第；陈法祖孙三代，更是"一门四进士，父子两翰林"，④形成一个家族的性儒学群体。在这

---

① 陈法：《犹存集·贵山书院学约》，《黔南丛书》第2辑，贵阳：贵州人民出版社2009年版第205页。
② 罗绕典：《黔南职方纪略》，《黔南识略·黔南职方纪略》，贵阳：贵州人民出版社1993年版第282页。
③ 陈法：《黔论》，《黔南丛书》第2辑，贵阳：贵州人民出版社2009年版第134页。
④ 陈德远：《一门四进士父子两翰林：一个屯军后裔家庭文化的变迁与发展》，《贵州文史丛刊》2002年第4期。

个家族的影响下，平坝一县之地，包括陈法家族在内，进士竟达 11 名之多，① 更毋论生员、举人，形成一个颇具规模的县级地域儒学群体。沙滩儒学群体更为辉煌。这个群体由郑、莫、黎 3 个家族的儒学群体组成。郑氏家族自郑珍祖父郑仲侨成生员始，至其子郑知同成生员，世代业儒，有 5 人科场中式，② 虽不及莫、黎两家辉煌，学术成就却雄冠 3 家。莫氏家族自入黔第 7 世莫刚、莫灿、莫元、莫强成生员始，至第 10 世莫彝孙、莫棠成贡生，③ 有清一朝，这个家族有生员 7 人、贡生 3 人、举人 1 人、进士 1 人，合计 12 人。黎氏家族在 3 个家族中最为辉煌。这个家族的入黔始祖黎朝邦即为生员，至第 12 世，诗书立家，代有传人，科举中式，不绝于书。明代生员 6 人；清代生员 9 人，监生 2 人，贡生 2 人，举人 7 人，进士 2 人，小计 22 人。3 个家族，明清两代科场中式者 40 多人，其中绝大多数在清代。正是这样一个历史悠久、人数众多的儒生群体，铺就了沙滩理论儒学的厚实基础。

郑、莫、黎 3 个家族，或为师生，或为姻亲。黎安理是郑珍的外祖父，黎恂既是郑珍的舅父，也是其岳丈；郑珍还就读于黎氏私塾，从黎恂问学。莫友芝亦曾问学黎恂门下。莫与俦为遵义府学教授，郑珍与莫友芝俱就读门下。郑珍学成后，黎兆熙、黎兆祺、黎兆铨、黎兆普、黎庶焘、黎庶蕃、黎庶昌、莫庭芝、莫名芝、莫祥芝相继师事之。3 个家族彼此提携，相与切磋，形成一个享誉海内的儒学群体，郑珍、莫友芝、黎庶昌成为其中的佼佼者。

清代前期及稍后，贵州理论儒学的群体化转型大致完成，这成为清代前期及稍后贵州理论儒学发展的又一重要标志。

3. 创新化转型

清代前期及稍后，贵州理论儒学有了较之明代为多的创新性成果，有的成果还在国内有一定地位及影响。黎庶昌搜集、整理、刊刻《古逸丛书》，20 多种古籍失而复得。莫友芝《宋元旧本书经眼录》《邵亭知见传本书目》填补了目录学的空白，在中国目录学史上享有很高的地位；《唐写本说文木部笺异》有功于《说文解字》的勘正；《韵学源流》是清代有价值的音韵学史专著之一。陈法《易笺》收入《四库全书》，系贵州唯一入选《四库全书》的学术著作。郑珍《说文新附考》《说文遗字》同样有功于《说文解字》的勘正、研究；《汗简笺正》直至今日仍然是研究《汗简》的主要参考书；《仪礼私笺》《考工轮舆私笺》《巢经巢经说》收入《清经解续编》。清阮元编《清经解》，收入清代乾嘉以前经学家 74 人 180 余种著作，1400 余卷；王先谦编《清经解续编》，收入乾嘉以后经学家 110 人近 210 种著作，1430 卷；二者合计 184 人、390 余种

---

① 参见 [民国]《贵州通志·学校志选举志》，贵阳：贵州人民出版社 2008 年版第 352-418 页。
② 参见黄万机：《沙滩文化志》，贵阳：贵州人民出版社 1992 年版第 57-85 页。
③ 参见莫友芝：《清故授文林郎翰林院庶吉士四川盐源知县贵州遵义府教授显考莫公行状》，《莫友芝诗文集》下册，北京：人民文学出版社 2009 年版第 763-771 页；黄万机：《沙滩文化志》，贵阳：贵州人民出版社 1992 年版第 93-110 页。

著作，2800余卷，汇集了清代经学研究的主要成果，成为清代经学研究成果最有影响的汇编本。在这套规模宏大的汇编本中，西南地区入选者仅郑珍一人。儒学、文字学研究的杰出成就及影响，使郑珍赢得了"西南巨儒"的盛誉。①

理论儒学的创新化转型，是清代前期及稍后贵州理论儒学发展的最重要的标志。

理论儒学的发展为儒文化与民族认同提供了理论支撑。以郑珍《仪礼私笺》而论，其所注疏《仪礼》系儒家经典之一，反映的是儒家的礼治思想。一个稳定和谐的社会，要求社会成员扮演好各自的社会角色，儒家的礼治思想反映的正是那个时代的社会角色意识。"知书达礼"，研习诗书，循行礼仪，君君臣臣、父父子子，社会就有序而少动乱，民族就和谐认同而少纷争。

四、祠庙祭祀文化的发展与儒学的社会渗透

清代前期，祭祀文化继续盛行，大祀、中祀、群祀，名目繁多。"太庙、社稷为大祀……先师、先农为中祀……贤良、昭忠等祠为群祀"；咸丰时，"改关圣、文昌为中祀"；光绪末，"改先师孔子为大祀"。中祀，皇帝"或亲祭，或遣官"；群祀，"则皆遣官"。康熙二年（1663年），定先农祀"躬亲行礼，无故不摄"；春季仲月，"祭先农"；春秋仲月，"祭历代帝王、关圣、文昌"；祭"贤良、昭忠、双忠、奖忠、褒忠、显忠、表忠、旌勇"。各省所祀，"如社稷、先农……先师、关帝、文昌、名宦、贤良等祠，名臣、忠节专祠，以及为民御灾、捍患者，悉颁于有司，春秋岁荐"。②

清代前期，贵州与儒学流播关联的祠庙祭祀文化继续发展。较之明代，祠庙分布地域更广；祠庙数量更多，祭祀内容更加丰富；祠庙祭祀进一步向乡里、里甲及少数

---

①黎庶昌：《郑珍君墓表》，《巢经巢全集》第1函，贵阳：贵州省政府民国29年（1940年）印本。
②以上见《清史稿·礼志》，《二十五史》第11册，上海：上海古籍出版社、上海书店1986年版第337、340、338页。

民族地区延伸。贵州清代前期与明代祠庙之比较见下表①。

---

① 明代坛庙祠宇，参见［嘉靖］《贵州通志·学校》，《中国地方志集成·贵州编》第 1 册，成都：巴蜀书社 2006 年版第 338-352 页；［嘉靖］《贵州通志·祠祀》，《中国地方志集成·贵州编》第 1 册第 381-389 页；［万历］《黔记·群祀志》，《中国地方志集成·贵州编》第 2 册 286-300 页；［万历］《黔记·学校志》，《中国地方志集成·贵州编》第 2 册第 348-388 页；［乾隆］《贵州通志·坛庙》，《中国地方志集成·贵州编》第 4 册第 164 页；［民国］《贵州通志·祠祀志》，《中国地方志集成·贵州编》第 8 册第 244-311 页；［康熙］《天柱县志·学校》，《中国地方志集成·贵州编》第 22 册第 64 页；［康熙］《天柱县志·坛庙》，《中国地方志集成·贵州编》第 22 册第 72 页；［光绪］《天柱县志·天柱士民建朱侯生祠记》，《中国地方志集成·贵州编》第 22 册第 294 页；［嘉庆］《黄平州志·学校志》，《中国地方志集成·贵州编》第 20 册第 157 页；［道光］《遵义府志·学校》，《中国地方志集成·贵州编》第 32 册第 434-508 页；［道光］《遵义府志·坛庙》，《中国地方志集成·贵州编》第 32 册第 187 页；《黔诗纪略》第 1 卷，贵阳：贵州人民出版社 1993 年版第 22 页；［光绪］《湄潭县志·学校》，《中国地方志集成·贵州编》第 39 册第 448 页。清前期坛庙祠宇，参见［乾隆］《贵州通志·坛庙》，《中国地方志集成·贵州编》第 4 册第 161-168 页；《略二·祠祀略》，［道光］《贵阳府志》上册，贵阳：贵州人民出版社 2005 年版第 833-845 页；《记十二·祠宇图记》，［道光］《贵阳府志》上册第 735-751 页；《记十三·祠宇副记》，［道光］《贵阳府志》上册第 752-762 页；《略三·学校略》，［道光］《贵阳府志》上册第 851 页；［咸丰］《安顺府志·坛庙学校》，《中国地方志集成·贵州编》第 41 册第 220-283 页；［民国］《都匀县志稿·祠庙寺观》，《中国地方志集成·贵州编》第 23 册第 105-113 页；［光绪］《平越直隶州志·学校》，《中国地方志集成·贵州编》第 26 册第 158 页；［光绪］《平越直隶州志·坛庙寺观》，《中国地方志集成·贵州编》第 26 册第 147-150 页；［民国］《瓮安县志·坛庙》，《中国地方志集成·贵州编》第 25 册第 104-116 页；［乾隆］《独山州志·学校》，《中国地方志集成·贵州编》第 24 册第 100 页；［光绪］《独山州志·坛庙》，《中国地方志集成·贵州编》第 24 册第 343-345 页；［咸丰］《荔波县志稿·学校》，《中国地方志集成·贵州编》第 24 册第 294 页；［咸丰］《荔波县志稿·坛庙》，《中国地方志集成·贵州编》第 24 册第 342-345 页；［康熙］《思州府志·学校祠祀》，《中国地方志集成·贵州编》第 15 册第 499、510 页；［光绪］《黎平府志·坛庙》，《中国地方志集成·贵州编》第 17 册第 120-149 页；［光绪］《黎平府志·学校》，《中国地方志集成·贵州编》第 17 册第 319-324 页；［乾隆］《开泰县志·祠祀》，《中国地方志集成·贵州编》第 19 册第 22 页；［乾隆］《开泰县志·学校》，《中国地方志集成·贵州编》第 19 册第 44-45 页；［乾隆］《镇远府志·学校》，《中国地方志集成·贵州编》第 16 册第 81-84 页；［乾隆］《镇远府志·祠祀》，《中国地方志集成·贵州编》第 16 册第 157-167 页；［嘉庆］《黄平州志·坛庙》，《中国地方志集成·贵州编》第 20 册第 77-78 页；［嘉庆］《黄平州志·学校志》，《中国地方志集成·贵州编》第 20 册第 150-158 页；［民国］《麻江县志·学校志》，《中国地方志集成·贵州编》第 18 册第 377-388 页；［民国］《麻江县志·祠庙志》，《中国地方志集成·贵州编》第 18 册第 382-393 页；［民国］《剑河县志·寺庙》，《中国地方志集成·贵州编》第 22 册第 529-530 页；［乾隆］《清江县志·典礼》，《中国地方志集成·贵州编》第 22 册第 412 页；［民国］《八寨县志稿·学校志》，《中国地方志集成·贵州编》第 19 册第 132 页；［民国］《八寨县志稿·祠庙寺观志》，《中国地方志集成·贵州编》第 19 册第 164 页；［咸丰］《兴义府志·学官》，《中国地方志集成·贵州编》第 28 册第 234-238 页；［咸丰］《兴义府志·坛庙》，《中国地方志集成·贵州编》第 28 册第 322-332 页；［咸丰］《兴义府志·祠宇》，《中国地方志集成·贵州编》第 28 册第 332-337 页；［咸丰］《兴义府志·寺观》，《中国地方志集成·贵州编》第 28 册第 337-345 页；［光绪］《普安直隶厅志·学校》，《中国地方志集成·贵州编》第 14 册第 359-361 页；［光绪］《普安直隶厅志·坛庙祠庙》，《中国地方志集成·贵州编》第 14 册第 380-389 页；［光绪］《普安直隶厅志·寺观》，《中国地方志集成·贵州编》第 14 册第 392-393 页；［光绪］《水城厅采访册·学校门》，《中国地方志集成·贵州编》第 15 册第 319-321 页；［光绪］《水城厅采访册·坛庙》，《中国地方志集成·贵州编》第 15 册第 267-270 页；［民国］《郎岱厅访稿·学校志》，《中国地方志集成·贵州编》第 15 册 427 页；［道光］《大定府志·坛庙》，《中国地方志集成·贵州编》第 48 册第 305-311 页；［道光］《铜仁府志·坛庙寺观祠宇》，《中国地方志集成·贵州编》第 45 册第 330-331 页；［乾隆］《玉屏县志·学校》，《中国地方志集成·贵州编》第 47 册第 53 页；［乾隆］《玉屏县志·祠祀》，《中国地方志集成·贵州编》第 47 册第 46-47 页；［乾隆］《玉屏县志·寺观》，《中国地方志集成·贵州编》第 47 册第 52 页；［民国］《石阡县志·秩祀志》，《中国地方志集成·贵州编》第 47 册第 420-423 页；［道光］《思南府续志·坛庙寺观》，《中国地方志集成·贵州编》第 46 册第 66-78、78-82 页；［道光］《松桃厅志·学校坛庙寺观》，《中国地方志集成·贵州编》第 46 册第 520-560 页；［道光］《遵义府志·学校》，《中国地方志集成·贵州编》第 32 册第 466-512 页；［道光］《遵义府志·坛庙》，《中国地方志集成·贵州编》第 32 册第 167-189 页；［道光］《仁怀直隶厅志·学校志》，《中国地方志集成·贵州编》第 39 册第 108 页；［道光］《仁怀直隶厅志·祠祀志》，《中国地方志集成·贵州编》第 39 册第 141-151 页；［光绪］《湄潭县志·坛庙》，《中国地方志集成·贵州编》第 39 册第 471-472；［民国］《贵州通志·祠祀志》，《中国地方志集成·贵州编》第 8 册第 241-319 页。此处书目出版信息一致者，重复出现时省略。

贵州清代前期与明代祠庙比较一览表

今行政区划	清前期行政区划 区划名	治所今名	坛庙	明代行政区划 区划名	治所今名	坛庙
贵阳市	贵阳府	贵阳	文庙；崇圣祠；名宦祠；先贤祠；社稷坛；忠烈祠；关帝庙3座；武侯祠；夏国公祠；忠勋祠；贤良祠；阳明祠；飞山庙；**先农坛**；**贤良祠**；**忠义孝悌祠**；**节孝祠**；**文昌阁**；**三义庙**；**四先生祠**；**甘公祠**；**王公祠**；**田公祠**；**武庙**；**昭忠祠**；**鄂公祠**；**表贤祠**；**郭公祠**；**忠勋祠**；**阎公祠**；**刘公祠**；**陈公祠**；**糜公祠**；**糜苏二公祠**；**尹公祠**；**奎光阁2座**；**轩辕宫**①	宣慰司	贵阳	司学文庙；府学文庙；启圣祠；名宦祠；先贤祠；社稷坛；忠烈庙；关王庙；寿亭侯祠；武侯祠；夏国公祠；忠勋祠；表贤祠；阳明祠
				贵阳府	贵阳	
				贵州卫	贵阳	
				贵州前卫	贵阳	
				新贵县	贵阳	
	贵筑县	贵阳	文庙；崇圣祠；名宦祠；乡贤祠；忠义孝节祠；王公祠	贵筑县	贵阳	文庙
	清镇县	清镇	文庙；**先农坛**；**武庙**；**文昌阁**；**忠义孝悌祠**；**朱公祠**	镇西卫	清镇卫城	
				威清卫	清镇	文庙；启圣祠；社稷坛；关王庙
	修文县	修文	**先农坛**；文庙；崇圣祠；名宦祠；乡贤祠；武庙；文昌宫；社稷坛；忠义孝悌祠；孝节贞烈祠；阳明祠；关帝庙3座	敷勇卫	修文	
	开州	开阳	**先农坛**；文庙；崇圣祠；名宦祠；先贤祠；武庙；文昌宫；社稷坛；忠义孝悌祠；孝节贞烈祠；黄公祠；关帝庙3座；奎阁	开州	开阳	

① 黑体为较之明代清代前期新增之祠庙。下同。

续表

今行政区划	清前期行政区划 区划名	清前期行政区划 治所今名	坛 庙	明代行政区划 区划名	明代行政区划 治所今名	坛 庙
安顺市	安顺府	西秀区	文庙；崇圣祠；名宦祠；乡贤祠；社稷坛；先农坛；忠义祠；节孝祠；武庙；文昌宫3座；黑神庙2座；萧公庙；晏公庙；汪公庙；昭忠祠；迎恩祠；关帝庙	安顺府	西秀区	文庙；启圣祠；名宦祠；乡贤祠；社稷坛
安顺市	普定县	西秀区	忠义祠；节孝祠；文庙；崇圣祠；名宦祠；乡贤祠	普定卫	西秀区	社稷坛；寿亭侯祠；焦公祠；关王庙；岳王庙；文昌祠
安顺市	安平县	平坝	文庙；启圣祠；名宦祠；乡贤祠；社稷坛；先农坛；节孝祠；武庙；忠烈庙（黑神庙）；文昌阁2座；谢公祠	平坝卫	平坝	文庙；启圣祠；名宦祠；乡贤祠；社稷坛；关羽庙
安顺市	镇宁州	镇宁	社稷坛；文庙；崇圣祠；名宦祠；乡贤祠；节孝祠；先农坛；武庙；黑神庙；文昌宫；文昌阁2座；魁星楼；奎文阁	镇宁州	镇宁	社稷坛
安顺市				安庄卫	镇宁	文庙；启圣祠；名宦祠；乡贤祠；社稷坛；关王庙；关索庙
安顺市	永宁州	关岭	社稷坛；节孝祠；忠孝祠；节孝祠；忠孝祠；崇报祠；先农坛；文昌宫2座；武庙；文庙；崇圣祠；名宦祠；乡贤祠；关将军庙	永宁州	关岭	社稷坛
安顺市	归化厅	紫云	文庙；武庙；文昌宫；文昌阁3座；先农坛			

续表

今行政区划	清前期行政区划 区划名	清前期行政区划 治所今名	坛庙	明代行政区划 区划名	明代行政区划 治所今名	坛庙
今黔南州				程番府	惠水	文庙；启圣祠；名宦祠；乡贤祠；社稷坛；关王庙
	定番州	惠水	文庙；启圣祠；名宦祠；乡贤祠；社稷坛；关王庙7座；**先农坛；武庙；文昌宫；孝节贞烈祠；昭忠祠；武侯祠；魁星楼**	定番州	惠水	文庙；启圣祠；名宦祠；乡贤祠；社稷坛；关王庙
	都匀府	都匀市	文庙；崇圣祠；社稷坛；名宦祠；乡贤祠；关帝庙；**先农坛；忠义孝悌祠；节孝祠；文昌阁；张邹二公祠；蔡公祠**	都匀府	都匀市	文庙；启圣祠；名宦祠；乡贤祠；社稷坛；寿亭侯祠；张公祠
				都匀卫	都匀市	
	都匀县	都匀市	孔庙；崇圣祠；名宦祠；乡贤祠；社稷坛；关帝庙；**先农坛；节孝祠；文昌阁4座；黑神庙4座；奎阁4座**			
	新添卫	贵定		新添卫	贵定	文庙；启圣祠；名宦祠；乡贤祠；社稷坛；寿亭侯庙
	贵定县	贵定境	文庙；崇圣祠；名宦祠；乡贤祠；社稷坛；关帝庙4座；**先农坛；康太保祠；武庙；文昌宫10座；忠义孝悌祠；孝节贞烈祠；王镇抚祠；阳明祠；郭公祠；二公祠；白公祠；李公祠；鲁公祠**	贵定县	贵定境	
	龙里县	龙里	文庙；名宦祠；乡贤祠；社稷坛；**先农坛；崇圣祠；武庙；文昌宫3座；孝节贞烈祠；奎光阁**	龙里卫	龙里	文庙；名宦祠；乡贤祠；社稷坛
				平越府	福泉	文庙；启圣祠；社稷坛；忠烈庙；关王庙；文昌祠
				平越卫	福泉	

续表

今行政区划	清前期行政区划 区划名	清前期行政区划 治所今名	坛 庙	明代行政区划 区划名	明代行政区划 治所今名	坛 庙
	平越直隶州	福泉	文庙；崇圣祠；社稷坛；文昌阁；黑神庙；关圣庙；先农坛；名宦祠；乡贤祠；忠义孝悌祠；节孝祠；文昌阁；三郎庙；胡公祠；陈太守祠；萧曹庙；昭忠祠；魁星阁；忠烈庙			
	瓮安县	瓮安	社稷坛；先农坛；文庙；崇圣祠；名宦祠；乡贤祠；节孝祠；武庙；文昌庙；魁星阁；武侯祠；昭忠祠	瓮安县	瓮安	社稷坛
	独山州	独山	文庙；名宦祠；乡贤祠	独山州	独山	
	荔波县	荔波	文庙；崇圣祠；文昌宫；魁星阁；先农坛；文昌宫；魁星阁；社稷坛；武庙；名宦祠；乡贤祠；昭忠祠；节烈祠；蒋公祠；忠烈宫；土地祠	荔波县	荔波	文庙
	广顺州	长顺境	先农坛；文庙；崇圣祠；武庙；文昌宫4座；社稷坛；忠义孝悌祠；孝节贞烈祠；关帝庙8座	广顺州	长顺境	建有先师殿，无两庑、大成门
	长寨厅	长顺				
	都江厅	三都				
黔东南州				思州宣慰司	岑巩	文庙；名宦祠；乡贤祠；社稷坛；飞山庙；李公祠；遗爱祠
黔东南州	思州府	岑巩	文庙；崇圣祠；名宦祠；乡贤祠；社稷坛；李公祠；先农坛；忠义孝悌祠；节孝祠；文昌祠；关帝庙；飞山庙	思州府	岑巩	

续表

今行政区划	清前期行政区划		坛庙	明代行政区划		坛庙
	区划名	治所今名		区划名	治所今名	
黎平府	黎平		文庙；崇圣祠；社稷坛；武侯庙；关帝庙3处；先农坛；徐公祠；昭忠祠；魁星阁；马伏波祠；王龙标祠；南将军祠；杨公祠；杨英惠侯祠；徐公祠；窦公祠；刘公祠；董公祠；朱公祠；何公祠；名宦祠；乡贤祠；二贤祠；忠义孝悌祠；节孝祠；文昌阁	黎平府	黎平	文庙；启圣祠；社稷坛；二侯（武侯、寿亭侯）祠
永从县	黎平境		先农坛；社稷坛；关帝庙；文昌庙2座；武庙；奎文阁；培文阁；文庙；崇圣祠；名宦祠；乡贤祠；忠义节孝祠；节孝祠	永从县	黎平境	
				五开卫	黎平	
开泰县	黎平境		社稷坛；窦公祠；二候祠二贤祠；王龙标祠；于公祠；赵公祠；徐知府祠；先农坛；文庙、崇圣祠、文昌阁；名宦祠、乡贤祠、忠义孝悌祠、节孝祠均附黎平府			
锦屏乡	黎平境		文庙；崇圣祠；先农坛；社稷坛；关帝庙；名宦祠；乡贤祠；忠义节孝祠；文昌阁	铜鼓卫	锦屏	文庙；启圣祠
古州厅	榕江		先农坛；社稷坛；关帝庙；文昌庙2座；武侯庙；贤良祠；五人祠；于太恭人祠；杨五将军祠；白马将军祠；飞山庙2处；朗洞关帝庙；文庙；崇圣祠；名宦祠；乡贤祠；忠义节孝祠；节孝祠			
下江厅	从江境		关帝庙；文昌庙；忠烈庙；苗老丢祠			

续表

今行政区划	清前期行政区划 区划名	清前期行政区划 治所今名	坛 庙	明代行政区划 区划名	明代行政区划 治所今名	坛 庙
	镇远府	镇远	文庙；崇圣祠；名宦祠；乡贤祠；社稷坛；武侯祠；朱文公祠；先农坛；忠义孝悌祠；节孝祠；忠烈祠2座；东山祠；张公祠；忠勇祠，祀清甘文焜；忠孝节义祠；忠烈祠；东山；张公祠；忠果祠；文昌阁	镇远府	镇远	文庙；启圣祠；社稷坛；寿亭侯祠；飞山庙；诸葛武侯祠；朱文公祠，明知府黄希英建，"曰紫阳书院"。
				镇远卫	镇远	
	镇远县	镇远	崇圣祠、名宦祠、乡贤祠、社稷坛，均附镇远府；先农坛；文庙；忠义祠；文昌阁	镇远县	镇远	
	天柱县	天柱	文庙；名宦祠；乡贤祠；社稷坛；朱公祠；崇圣祠；关圣殿；飞山庙；晏公庙；文昌阁2座；遗爱祠；朱文公祠	天柱县	天柱	文庙；名宦祠；乡贤祠；社稷坛；飞山庙；朱梓祠
	清溪县	镇远清溪	文庙	清浪卫	镇远清溪	
				偏桥卫	施秉	文庙；启圣祠
	施秉县	施秉境	先农坛；崇圣祠；名宦祠；乡贤祠；文庙；社稷坛；武庙；文昌阁；飞仙庙；分山苗；蔡公祠；昭德祠；武侯祠；忠孝节义祠；魁星阁	施秉县	施秉境	
	黄平州	黄平	文庙；名宦祠；乡贤祠；社稷坛；文昌阁；关帝庙；先农坛；节孝祠；郭公祠；郑公祠；义烈祠；黑神庙；崇圣祠；	黄平州	黄平	文庙；启圣祠；社稷坛；名宦祠；乡贤祠；社稷坛；寿亭侯祠；文昌祠
	黄平州旧州	旧州	名宦祠；乡贤祠；节孝祠；文昌宫；魁星阁；阳明祠	黄平所	黄平旧州	名宦祠

续表

今行政区划	清前期行政区划		坛　庙	明代行政区划		坛　庙
	区划名	治所今名		区划名	治所今名	
				兴隆卫	黄平	
				清平卫	凯里境	文庙；启圣祠；名宦祠；乡贤祠；社稷坛；关王庙；武侯祠；蔡公祠；孙文恭公祠
	清平县	凯里境	文庙；社稷坛；文昌庙，明代即有；孙文恭公祠；先农坛；武庙；晏公庙；李王庙；蔡公祠	清平县	凯里境	文庙；文昌庙；孙文恭公祠
	麻哈州	麻江	孔庙；崇圣祠；名宦祠；乡贤祠；关岳庙2处；社稷坛；先农坛；昭忠祠	麻哈州	麻江	
	台拱厅	台江				
	清江厅	剑河	文庙；武庙；文昌学宫；昭忠庙			
	丹江厅	雷山	文庙，清代未建			
	八寨厅	丹寨	孔庙、崇圣祠、关帝庙、文昌庙、昭忠祠魁星阁等均建于同治后			
黔西南州	兴义府	兴义市	文庙；先农坛；社稷坛；文昌阁；梓潼阁；文昌宫；关帝庙；魁星阁；忠烈宫（黑神庙）；晏公庙；崇圣祠；名宦祠；武侯祠；乡贤祠；十八先生祠；忠义孝悌祠；昭忠祠；节孝祠			
	安南县	晴隆	文庙；崇圣祠；名宦祠；乡贤祠；忠孝祠；节义祠；社稷坛；关帝庙；先农坛；文昌宫；三圣庙；何公庙	安南卫	晴隆	文庙；启圣祠；名宦祠；乡贤祠；社稷坛；寿亭侯祠；关王庙

续表

今行政区划	清前期行政区划 区划名	清前期行政区划 治所今名	坛　庙	明代行政区划 区划名	明代行政区划 治所今名	坛　庙
	贞丰州	贞丰	文庙；崇圣祠；名宦祠；乡贤祠；昭忠祠；节孝祠；先农坛；文昌宫；关帝庙；忠烈宫（黑神庙）			
	册亨县	册亨	文昌阁；关帝庙；忠烈庙；曹公祠			
	普安县	普安	文庙；崇圣祠；名宦祠；乡贤祠；节孝祠；先农坛；社稷坛；文昌宫；关帝庙			
	兴义县	兴义	文庙；崇圣祠；乡贤祠；昭忠祠；节孝祠；先农坛；社稷坛；文昌宫；文昌阁；关帝庙；忠烈宫（黑神庙）			
六盘水市				普安州	盘县	文庙；社稷坛；傅公祠
				普安卫	盘县	
	普安直隶厅	盘县	文庙；社稷坛；傅公祠；先农祠；崇圣祠；武庙；文昌庙；忠义孝悌祠；节孝祠；节烈祠；昭忠祠；名宦乡贤祠；魁星阁；文昌阁；文昌宫；关圣宫；关圣宫；关帝庙；关圣庙；文昌宫；文阁；忠烈宫			
	郎岱厅	六枝郎岱	先农坛，建于清后期；文庙；崇圣祠；名宦祠；乡贤祠；武庙；文昌宫2处；社稷坛；黑神庙；文昌阁2座；魁星楼；昭忠祠			
	水城厅	钟山区	文庙；崇圣祠；崇报祠；节孝祠；乡贤祠；名宦祠；忠义孝悌祠；文昌宫；节孝祠；先农坛；社稷坛；关圣帝君庙；崇圣祠；忠烈宫；桓侯庙；萧公生祠；昭忠庙；川主宫			

续表

今行政区划	清前期行政区划		坛 庙	明代行政区划		坛 庙
	区划名	治所今名		区划名	治所今名	
毕节市	大定府	大方	先农坛；社稷坛；文庙；崇圣祠；名宦祠；乡贤祠；忠义孝悌祠；节孝祠；关帝庙；川主庙；郭公祠；文昌阁；忠烈祠；黑神庙；武侯祠；武庙；文明祠；象祠			
				乌撒土府	威宁	文庙；启圣祠；名宦祠；乡贤祠；社稷坛；关王庙；寿亭侯祠
				乌撒卫	威宁	
	威宁州	威宁	文庙；崇圣祠；名宦祠；乡贤祠；忠义孝悌祠；节孝祠；社稷坛；文昌阁；关帝庙；先农坛；黑神庙；忠烈祠			
	毕节县	七星关	文庙；崇圣祠；名宦祠；乡贤祠；武庙（英济祠）；武庙；文昌阁；社稷坛；武侯祠；先农坛；魁星阁；杨泗将军庙；晏公庙；关帝庙；忠烈祠；君子祠	赤水卫	赤水河	文庙；社稷坛；关王庙；文昌祠；忠义庙
				毕节卫	七星关	文庙；启圣祠；名宦祠；乡贤祠；社稷坛；英济庙（祀寿亭侯）；武侯祠；文昌祠
	平远州	织金	先农坛；文庙；崇圣祠；名宦祠；乡贤祠；节孝祠；忠孝祠；武庙；文昌阁；昭忠祠；社稷坛；关圣庙8座；报功祠			
	黔西州	黔西	先农坛；文庙；崇圣祠；名宦祠；乡贤祠；节孝祠；武庙；文昌宫；社稷坛；奎星阁；黑神庙；阳明祠			

续表

今行政区划	清前期行政区划 区划名	清前期行政区划 治所今名	坛 庙	明代行政区划 区划名	明代行政区划 治所今名	坛 庙
				永宁卫	叙永	社稷坛；王公祠；文庙
				永宁宣抚司	叙永	
铜仁市	铜仁府	碧江区	文庙；社稷坛；武侯祠；关帝庙5处；飞山庙2处；先农坛；崇圣祠；名宦祠；乡贤祠；忠义孝悌祠；节孝祠；文昌宫	铜仁府	碧江区	文庙；社稷坛；武侯祠；石总兵祠；飞山祠
	铜仁县	碧江区	文庙；关帝庙	铜仁县	碧江区	
	玉屏县	玉屏	文庙；崇圣祠；名宦祠；乡贤祠；忠孝祠；节义祠；文昌阁；先农坛；社稷坛；关帝庙；飞山庙	平溪卫	玉屏	文庙
	石阡府	石阡	文庙；崇圣祠；名宦祠；乡贤祠；社稷坛；遗爱祠；先农坛；忠义孝悌祠；节孝祠；关帝庙；诸葛祠；太白祠；郭公庙；武庙；文昌阁；魁星阁；忠烈宫；杨泗庙；川主庙；双烈祠	石阡府	石阡	文庙；启圣祠；名宦祠；乡贤祠；社稷坛；遗爱祠
				思南宣慰司	凤冈	
	思南府	思南	文庙；崇圣祠；名宦祠；乡贤祠；文昌祠；社稷坛；关帝庙；李先生祠；先农坛；忠义孝悌祠；节孝祠；川主庙；扶波庙；英祐侯祠；申公祠；昭忠祠；忠烈宫；川神庙；文昌阁；梓潼阁；飞山庙	思南府	思南	文庙；启圣祠；名宦祠；乡贤祠；文昌祠；社稷坛；寿亭侯祠；李先生祠
	安化县今德江	治今思南	文庙；崇圣王祠；名宦祠；乡贤祠；忠义孝悌祠，附于府；节孝祠附于府；关帝庙；文昌宫	安化县今德江	治今思南	
	印江县	印江	文庙；先农坛；社稷坛；崇圣王祠；名宦祠；乡贤祠；节孝祠；关帝庙；文昌宫；忠烈宫；尹公祠；忠烈祠	印江县	印江	文庙

续表

今行政区划	清前期行政区划 区划名	清前期行政区划 治所今名	坛 庙	明代行政区划 区划名	明代行政区划 治所今名	坛 庙
	松桃直隶厅	松桃	文庙；崇圣祠；先农坛；社稷坛；关帝庙；文昌宫；名宦祠；乡贤祠；节孝祠；昭忠祠；飞山庙；关圣宫；文昌阁			
遵义市				播州宣慰司	红花岗区	
遵义市	遵义府	红花岗区	文庙；崇圣祠；名宦祠；乡贤祠；先农坛；忠义孝悌祠；节孝祠；文昌阁；关帝庙；普泽庙；萧公庙；二公祠；王公祠；蔡公祠；社稷坛；汉三贤祠；昭忠祠；崇德祠；普泽庙；忠烈庙；忠显庙；穆家庙；李忠宣祠；五公庙；黑神庙；张桓侯庙；刘将军祠；王公祠；宣峰□王公祠；蔡公祠；常公祠；白石口五公祠；东门楼刘将军祠	遵义府	红花岗区	文庙；名宦祠；乡贤祠
遵义市	遵义县	红花岗区	文庙；崇圣祠；名宦祠；乡贤祠；节孝祠；先农坛	遵义县	红花岗区	
遵义市				威远卫	红花岗区	
遵义市	正安州	正安	文庙；崇圣祠；名宦祠；乡贤祠；先农坛；社稷坛；关圣庙；文昌庙	真安州	正安	文庙；崇圣祠；名宦祠；乡贤祠
遵义市	桐梓县	桐梓	文庙；名宦祠；乡贤祠；崇圣祠；先农坛；社稷坛；关圣庙；文昌宫；崇德祠；普泽庙；忠义祠；节孝祠	桐梓县	桐梓	文庙；名宦祠；乡贤祠

续表

今行政区划	清前期行政区划 区划名	清前期行政区划 治所今名	坛 庙	明代行政区划 区划名	明代行政区划 治所今名	坛 庙
绥阳县	绥阳	绥阳	文庙；名宦祠；乡贤祠；柳公祠；詹公祠；崇圣祠；先农坛；社稷坛；关帝庙；文昌庙2处；川主庙；陈子昂庙；黑神庙；武侯祠；二冉祠；母公祠；萧公祠；三府祠；李神童庙；白氏庙，祀白居易	绥阳县	绥阳	文庙；名宦祠；乡贤祠；儒溪书院，同时为祠，祀柳宗元；[1]詹公祠
仁怀县	仁怀	仁怀	文庙；名宦祠；乡贤祠；崇圣祠；先农坛社稷坛；文昌阁；关帝庙；忠勇祠	仁怀县	仁怀	
仁怀直隶厅	赤水		文庙；名宦祠；乡贤祠；崇圣祠；先农坛；社稷坛；关帝庙2座；文昌庙；文昌阁2座；昭忠祠；武庙；节孝祠；忠烈庙；奎光阁			
龙泉县	凤冈		文庙；先农坛；郭公祠向公祠	龙泉县	凤冈	
务川县	务川		文庙；申祐祠；昭华祠；先农坛；社稷坛；崇圣王祠；名宦祠；乡贤祠；孝弟祠；节孝祠2处；关帝庙；文昌宫；魁星阁；忠孝祠；忠烈宫	务川县	务川	文庙；申祐祠

---

[1] [民国]《绥阳县志》载，儒溪书院，明万历年间绥阳知县詹淑建，"以为祠，以祀子厚"。（[民国]《绥阳县志·营建下·书院》，《中国地方志集成·贵州编》第36册，成都：巴蜀书社2006年版第299页）唐柳宗元、刘禹锡分别贬柳州、播州。刘禹锡80余岁老母尚在，而播州较柳州荒蛮僻远。柳宗元与刘禹锡友善，遂奏请与刘禹锡对调；御史中丞裴度等亦为之求情。刘禹锡改为连州，柳宗元仍去柳州。柳宗元虽未到播州，但其敬老笃友、大仁大义的德行却流传在播州。播州为今遵义，所属绥阳有柳公祠、儒溪书院。[乾隆]《绥阳志》载，儒溪书院"在大溪源，祀唐柳子厚"。（[乾隆]《绥阳志·胜迹》，《中国地方志集成·贵州编》第36册，成都：巴蜀书社2006年版第205页）

续表

今行政区划	清前期行政区划 区划名	清前期行政区划 治所今名	坛　庙	明代行政区划 区划名	明代行政区划 治所今名	坛　庙
	湄潭县	湄潭	文庙；崇圣祠；名宦祠；乡贤祠；文昌宫4处；文昌阁17处；社稷坛；魁星阁；关帝庙2处；萧曹庙；先农坛；义勇宫；黑神庙；忠烈庙	湄潭县	湄潭	文庙；启圣祠
	余庆县	余庆	文庙；社稷坛；先农坛；关帝庙；名宦祠；乡贤祠；忠义孝悌祠；节孝祠；白马庙	余庆县	余庆	

较之明代，清前期贵州与儒学流播关联的祠庙祭祀文化具有3个特点。

（一）祠庙分布地域更广

清前期贵州12府、3直隶厅、1直隶州、11散厅、13散州、34县共计74个行政区域中，原有建置而无祠庙者，均增建了祠庙，如独山州、麻哈州，如镇远、清溪、施秉、安化、遵义、仁怀、龙泉、余庆等县。其中，除镇远县附于同城之镇远府外，其余各州、县还建立了文庙。新设置之府、州、厅、县，绝大多数建立了祠庙，如松桃直隶厅、仁怀直隶厅，如兴义府、大定府，如贞丰州、平远州、黔西州，如清镇、修文、普定县、安平县、都匀县、龙里、开泰、锦屏（后改乡）、安南、普安、兴义、册亨、毕节、铜仁、玉屏等县，如古州、清江、八寨、归化、郎岱、水城、下江等厅。其中，除册亨县、下江厅外，其余均建立了文庙。整个清代前期始终没有祠庙的，仅改土归流后新置之长寨、都江、台拱、丹江等厅。一言以蔽之，除少数新置厅外，都有了祠庙，基本上覆盖了今贵州县级以上行政区域。

（二）祠庙数量更多，祭祀内容更加丰富

以贵阳府城为例，明代有文庙2座，启圣祠、阳明祠、名宦祠、先贤祠、忠烈庙、忠勋祠、表贤祠、关王庙、寿亭侯祠、武侯祠、夏国公祠、社稷坛各1座，计14座。清前期在此基础上增加了武庙、崇圣祠（贵筑县）、文昌阁、奎光阁、忠义孝悌祠、忠义孝节祠（贵筑县）、节孝祠、名宦祠（贵筑县）、乡贤祠（贵筑县）、贤良祠、忠勋祠、昭忠祠、表贤祠、三义庙、四先生祠、甘公祠、王公祠、田公祠、鄂公祠、郭公祠、阎公祠、刘公祠、陈公祠、糜公祠、糜苏二公祠、尹公祠、轩辕宫、先农坛等近30座。新置兴义府，府治有文庙、崇圣祠、文昌阁、梓潼阁、文昌宫、魁星阁、名宦

祠、乡贤祠、忠义孝悌祠、昭忠祠、节孝祠、武侯祠、关帝庙、忠烈宫（黑神庙）、晏公庙、十八先生祠、社稷坛、先农坛等近 20 座。新置苗疆古州厅有文庙、崇圣祠、文昌庙（2 座）、名宦祠、乡贤祠、贤良祠、忠义孝悌祠、节孝祠、飞山庙（2 座）、关帝庙（2 座）、武侯庙、五人祠、于太恭人祠、杨五将军祠、白马将军祠、社稷坛、先农坛等 20 来座。

尊孔崇儒、倡扬文教的祠庙在明代文庙、启圣祠、阳明祠基础上，增加武庙、文昌阁、文昌宫、奎光阁、魁星阁、梓潼阁等；表彰忠烈、节孝的祠庙在明代忠烈庙、忠勋祠、表贤祠之外增加忠义孝悌祠、昭忠祠、节孝祠等；专祠数量大有增加。

供奉的人物数量增多。忠烈祠，祀明末巡抚王三善、总理总兵官鲁钦、副使岳具仰，从祀汤师炎、田景猷、李绍忠等百余人。名宦祠，祀明代傅友德、顾成、蒋廷瓒、邓廷瓒、王杏、江东之、郭子章等 22 人，清代洪承畴、赵廷臣、王瑛、甘文焜、王之鼎、杨雍建、田雯、卫既齐等 17 人。乡贤祠，祀明代河南教谕詹英、辰州知府易贵、耀州知州陈文学、内江知县马廷锡等 27 人，清代蒙自知县潘驯、顺天府丞王承祐、詹事府詹事周起谓等 3 人。[①] 武侯祠附祀明李化龙、江东之、郭子章，清杨名时、张广泗、刘荫枢、甘文焜、杨雍建、卫既齐等，"皆官贵州而有善政者"。阳明祠附祀东汉尹珍、清田雯、卫既齐及历任贵山书院山长陈法、张甄陶、艾茂、翟翔时、何泌、徐如澍、王国元、翟锦观等。王公祠祀平定吴三桂之役殉难将领王之鼎及从征将士 13 人。劲节祠（甘公祠）祀平定吴三桂之役殉难云贵总督甘文焜。鄂公祠祀鄂尔泰。糜公祠祀布政使糜奇瑜。糜苏二公祠祀巡抚苏明阿、布政使糜奇瑜。[②]

（三）祠庙祭祀进一步向乡里、里甲及少数民族地区延伸

"今时列在典祀，颁之府县，而乡村坊聚相仿而行，日增月益……关帝、文昌、雷神、风伯、忠烈是也"。[③] 清代前期，与儒学相关的祠庙祭祀不仅深入了乡间，而且深入了少数民族地区。

文昌宫，贵阳府及其所属州县 20 座。其中，府城 1 座，在城东门；广顺州 4 座，鸡场枝威远、归德里、久安里、长寨城东门外各 1 座；开州 1 座，在东门外，今废；贵定县 10 座，旧县文庙左、旧县东阁外、新安、沿山龙场天龙山左、平伐司新占寨、小场外、王寨、大平伐司卡蒋、平伐营、平伐场各 1 座；龙里县 3 座，龙里城西门外、城南十里、城西三十里谷脚各 1 座；修文县 1 座，城内北隅。平越直隶州瓮安县 2 座，或称文昌宫、文华阁，附里老鸦岩、乾里梭罗堡各 1 座。奎光阁，或称奎星阁、魁星

[①] 参见《略二·祠祀略》，[道光]《贵阳府志》上册，贵阳：贵州人民出版社 2005 年版第 841、838、839 页。

[②] 参见《略二·祠祀略》，[道光]《贵阳府志》上册，贵阳：贵州人民出版社 2005 年版第 836、837、838、841 页。

[③] 《略二·祠祀略》，[道光]《贵阳府志》上册，贵阳：贵州人民出版社 2005 年版第 842-843 页。

楼，贵阳府及其所属州县10座。其中，定番州1座；开州1座；贵定5座，东门内文昌宫前、旧县东门城楼、小场鳌鱼山、汛塘堡、仙山堡各1座。① 作为崇文重教象征的文昌宫，不仅深入了诸如广顺州归德里、久安里、瓮安附里老鸦岩、乾里梭罗堡一类乡里，而且深入了贵定县平伐司新占寨、大平伐司卡蒋一类少数民族村寨。

关帝庙，贵阳府及其所属州县"凡二十六"。其中，府城3座，府城东南隅、府城威清门外头桥侧、养龙新场后各1座；定番州7座，上马司、小程番司、孔引、三都、木瓜司、大龙司、州罗斛城南各1座；广顺州8座，城外保和山、来远里、太平里麻线河、鸡场枝威远、长治里、猛昌里、归德里、从仁里各1座；开州3座，孝里、义里、乖西司各1座；贵定县4座，南十里牟珠洞、瓮城桥、平伐营、旧县城内各1座；修文县3座，六广城东、息烽城中、九庄城南各1座。② 平越直隶州瓮安县5座，或称关圣祠、关帝祠，附里割木穴杉树坳、牛里第一山、附里银盏、草里下司、荆里大寨各1座。③ 作为表彰、倡扬忠、勇的关帝庙，不仅深入了诸如广顺州来远里、长治里、猛昌里、归德里、从仁里，开州孝里、义里，瓮安附里割木穴杉树坳、牛里第一山、附里银盏、荆里大寨一类乡里，而且深入了定番州上马司、小程番司、木瓜司、大龙司，开州乖西司，瓮安县草里下司一类少数民族村寨。

忠烈庙，贵阳府及其所属州县12座。其中，府城2座，新城内西北隅、城南七十里高坡场各1座；定番州3座，城东门外、卢山司、木瓜司各1座；广顺州3座，城内、长治里改窑、长寨城内各1座；开州1座，在城内北隅；贵定县2座，北乡新添司、旧县城内西街各1座；修文县1座，在扎佐城北。④ 平越直隶州瓮安县4座，或称忠烈宫、忠义宫、黑神庙，乾里梭罗堡、甕里岩坑场、牛里北门街、荆里大寨各1座。⑤ 以表彰忠君死节为主题的忠烈庙，不仅深入了诸如广顺州长治里改窑、瓮安乾里梭罗堡、甕里岩坑场、牛里北门街、荆里一类乡里，而且深入了定番州卢山司、木瓜司一类少数民族村寨。

少数民族聚居的天柱县，有文昌阁9座。其中，居仁里定寨四甲、军三排汶溪各1座；三图里八甲、四图里、四图里三图各1座；兴文里一甲、二甲、七甲、八甲均各有1座。飞山庙，循礼里执营一甲、由义里五甲、图里裸寨各1座；兴文里一甲、二甲、七甲各1座。阳明庵，兴文里七甲、十甲、新兴里七甲、新增里一甲、坊厢七甲

---

① 参见《略二·祠祀略》，[道光]《贵阳府志》上册，贵阳：贵州人民出版社2005年版第843、117、844页。
② 参见《略二·祠祀略》，[道光]《贵阳府志》上册，贵阳：贵州人民出版社2005年版第843页。贵阳府关帝庙座数，[道光]《贵阳府志》总述为26，分述累计却为28。总述有误。
③ 参见[民国]《瓮安县志·坛庙》，《中国地方志集成·贵州编》第25册，成都：巴蜀书社2006年版第117-119页。
④ 参见《略二·祠祀略》，[道光]《贵阳府志》上册，贵阳：贵州人民出版社2005年版第843-844页。
⑤ 参见[民国]《瓮安县志·坛庙》，《中国地方志集成·贵州编》第25册，成都：巴蜀书社2006年版第118-119页。

里一甲各1座。①

少数民族人物也有了祀祠。下江厅（今从江境）苗老丢祠，"在南关外对门河岸，祀苗民老丢"。苗民香要谋乱，"老丢赴报，全家被害"。巡道龚学海给以"'能知大义'匾额……建祠，地方官春秋致祭"。②

以尊孔崇文为核心的祠庙祭祀文化向乡里、里甲特别是少数民族地域的延伸、渗透，表明儒学正更多地得到社会底层及少数民族的认可，从而推进了各民族共同文化心理及民族认同的进程。

五、"耕凿诵读"，"民苗相安"

（一）汉多"夷"少格局的形成及汉"夷"错处

继明代之后，清代前期，江南、湖广、四川等周边汉民继续大批进入贵州。历经明清数百年的移民，至清代前期，贵州民族结构发生了重大变化，"夷"多汉少的格局转变为汉多"夷"少。据乾隆年间贵州巡抚爱必达《黔南识略》及道光年间贵州布政使罗绕典《黔南职方纪略》载，思南府、石阡府、遵义府、仁怀直隶厅、贵阳府之贵筑县（今贵阳）、龙里县、贵定县、修文县、开州（今开阳），平越直隶州之亲辖地（今福泉）、瓮安县、余庆县、湄潭县，安顺府（今西秀区）、镇宁州、安平县（今平坝）、清镇县，都匀府之都匀县，大定府之黔西州、毕节县（今七星关区），兴义府之兴义县、安南县（今晴隆）、普安县，黎平府之锦屏乡（今锦屏县），镇远府之施秉县，思州府（今岑巩），约当今松桃县、碧江区以外之黔东北铜仁市，黔北遵义市，黔中贵阳市，黔中之安顺市北部，黔南州北部，黔西北毕节市之黔西县、七星关区，黔西南州之兴义市、晴隆县、普安县，黔东南州之锦屏县、施秉县、岑巩县，均已处于汉多"夷"少之格局。尚处于"夷"多汉少格局的，则有松桃直隶厅，铜仁府之铜仁县（今碧江区），安顺府之永宁州（今关岭）、归化厅（今紫云），贵阳府之定番州（今惠水）、大塘州判（今平塘）、罗斛州判（今罗甸）、广顺州（今长顺境）、长寨厅（今长顺），都匀府之清平县（今凯里境）、凯里县丞（今凯里境）、麻哈州（今麻江）、独山州、八寨厅（今丹寨）、丹江厅（今雷山）、都江厅（今三都）、荔波县，大定府（治今大方）之亲辖地（今大方、纳雍）、平远州（今织金）、威宁州、水城厅，兴义府之贞丰州、

---

①参见［乾隆］《镇远府志·祠祀》，《中国地方志集成·贵州编》第16册，成都：巴蜀书社2006年版第162-167页。

②［光绪］《黎平府志·坛庙》，《中国地方志集成·贵州编》第17册，成都：巴蜀书社2006年版第146页。

册亨州、普安直隶厅（今盘县），黎平府之亲辖地（今黎平）、开泰县（今黎平境）、永从县（今黎平境）、古州厅（今榕江）、下江厅（今从江境），镇远府之天柱县、台拱厅（今台江）、清江厅（今剑河），① 约当今黔东北铜仁市之松桃县、碧江区，黔中之安顺市南部，黔南州中、南部，黔西北毕节市之大方县、织金县、威宁县，贵州西缘六盘水市之钟山区、水城县、盘县，黔西南州之贞丰县、册亨县，黔东南州之绝大部分地域。

汉多"夷"少地域，汉民虽多，亦存在很多种类的少数民族，呈分散聚居状态。"夷"多汉少地域，少数民族成片聚居，汉民呈分散聚居状态。全省各府、州、厅、县，无论汉多"夷"少地域还是"夷"多汉少地域，都处于汉、"夷"错处杂居状态。一般说来，府、州、厅、县治所所在地是汉民聚居之地，而少数民族聚居之村寨亦有相当数量的汉民进入。《黔南识略》《黔南职方纪略》将进入少数民族聚居地之汉民称为"客民"。据《黔南职方纪略》统计，道光年间，贵阳、安顺、都匀、平越州亲辖地（今福泉）、黎平、镇远、兴义、普安、大定、松桃等10府、州、厅所属少数民族聚居地域，计有71924户客民。具体数字为：贵阳府9251、安顺府3684、兴义府25632、普安直隶厅824、大定府10048、都匀府11032、平越直隶州亲辖地994、黎平府7502、镇远府2062户、松桃直隶厅857户。② 上述客民总数，又据道光年间云贵总督阮元、贵州巡抚裕泰奉旨清查，计71300余户，与罗绕典《黔南职方纪略》71900余户仅出入600余户，大致相符。客民具体居住状况，据阮元、裕泰统计，71300余户中，仅有6400余户"住居城市"，占9%弱；"附居苗地"③ 即居于村寨者达64900余户，占91%强。换句话说，进入少数民族聚居地域的客民绝大多数与苗民杂处于村寨。清代前期，较之明代，进入少数民族聚居地域的汉民更多，错处杂居状况更为普遍、贴近。

进入少数民族聚居地域的客民，其从业情况，据阮元、裕泰的统计，"买、当苗产"者37800余户，"种苗田"者13100余户，"贸易手艺"者20400余户。④ 即从事农耕者50900余户，占客民总户的71.4%；从事手艺及贸易者20400余户，占28.6%。从事手艺及贸易的如各按一半计，则分别为10200余户，各占14.3%。从事农耕的客民，一般说来，自然是使用牛耕技术。进入少数民族聚居地域的客民，带入了先进的农耕技术及商品经营理念，推动了民族地区经济的发展。

客民来自文化发达之区，深受儒家文化的熏染。进入少数民族聚居地域以后，自

---

① 以上参见爱必达：《黔南识略》，《黔南识略·黔南职方纪略》，贵阳：贵州人民出版社1992年版第25-231页；罗绕典：《黔南职方纪略》，《黔南识略·黔南职方纪略》，贵阳：贵州人民出版社1992年版第276-333页。

② 参见罗绕典：《黔南职方纪略》，《黔南识略·黔南职方纪略》，贵阳：贵州人民出版社1992年版第281、285、294、296、302、317、319、325、329、332页。普安直隶厅，原文为1326户，但小项数字之和仅为824。参见《黔南职方纪略》，《黔南识略·黔南职方纪略》，贵阳：贵州人民出版社1992年版第296页。

③ [民国]《贵州通志·前事志》第3册，贵阳：贵州人民出版社1985年版第466页。

④ [民国]《贵州通志·前事志》第3册，贵阳：贵州人民出版社1985年版第466页。

觉不自觉地践行儒学，传播儒学。有的客民还具有相当的经济实力，具备倡导、推动地方文化活动的条件。从阮元、裕泰的统计看，从事农耕的客户中，37800 余户即占总数 53% 的农户为具有一定财力从而"买、当苗产"者，亦即买有苗民田产或有苗民抵押的田产。罗绕典《黔南职方纪略》载，有的客民购买苗产后转而招佃耕种。兴义府亲辖地（今兴义市）购买苗民田产后招佃耕种之客民有 1228 户；普安县典买土司田产后转典转租之客民有 186 户；平越直隶州瓮安县仡佬、苗人"为汉客户佣工"；余庆县仡佬"依傍汉户而居，佣佃营生"。① 从事手艺特别是贸易的客户，其中不乏具有相当财力者。具有一定甚而相当财力的客民，成为督率子弟入学读书、进试科场的群体，成为倡导、推动地方文教的群体。进入少数民族聚居地域的客民，或以其垂范效应，或以其文教活动，推动了民族地区文化的发展。

"夷"汉杂处固然有易于引发矛盾冲突的一面，但更有利于少数民族地区社会经济、文化的发展，有利于不同民族之间的交往、交流、沟通认同、和平共处，总体上看、长远看，是利大于弊的。

（二）交融认同，"彼此无猜"

明清两代大规模进入贵州的汉民，世代生活在贵州，至清代道光年间，早的已有 400 来年历史，传承 10 多代，晚的也有一二百年历史。历经数百年的交往、磨合，逐渐融入了贵州社会，成为"黔人"。② 清代文献中将贵州外来移民特别是明代及其之前的移民称为"土著"，③ 表示这些移民已在很大程度上吸收了当地少数民族文化，融入了当地社会，已有别于新到移民；但又继承、保留了中原文化，有别于当地少数民族。如宋家、蔡家，系春秋时期被楚国流放到今黔中的宋国、蔡国战俘，系贵州历史上最早的外来移民，历经数千年，早已演化为土著，但依旧"通汉语，知文字，勤耕织，守礼法"。④ 安顺府亲辖地（今西秀区）是明初最早驻扎屯军的地方之一。历经 400 来年，屯军后裔演变为土著汉民，称为屯田子、里民子、凤头鸡，均系"洪武间自凤阳拨来安插之户"。黎平府，"明初军籍十居其三，外来客民十居其七，今日皆成土著"；⑤ 土著汉民"士习读书，民勤稼穑"。⑥

演变为土著之外，有的汉民更融入了当地少数民族，文献中将这类汉民称为"熟

---

① 罗绕典：《黔南职方纪略》，《黔南识略·黔南职方纪略》，贵阳：贵州人民出版社 1992 年版第 289、294、319 页。
② 陈法：《犹存集·黔论》，《黔南丛书》第 2 辑，贵阳：贵州人民出版社 2009 年版第 134 页。
③ 爱必达：《黔南识略》，《黔南识略·黔南职方纪略》，贵阳：贵州人民出版社 1992 年版第 276 页；罗绕典：《黔南职方纪略》，《黔南识略·黔南职方纪略》，贵阳：贵州人民出版社 1992 年版第 282、322 页。
④ 爱必达：《黔南识略》，《黔南识略·黔南职方纪略》，贵阳：贵州人民出版社 1992 年版第 27 页。
⑤ 罗绕典：《黔南职方纪略》，《黔南识略·黔南职方纪略》，贵阳：贵州人民出版社 1992 年版第 182、322 页。
⑥ 爱必达：《黔南识略》，《黔南识略·黔南职方纪略》，贵阳：贵州人民出版社 1992 年版第 192 页。

苗",意为虽融入了当地少数民族但尚保留着汉文化的苗民。(当然,"熟苗"还指邻近汉民地域居住而较多地接受了汉文化的苗民)地处苗疆腹地的清江(今清水江)一带,"有汉民变苗者,大约多江楚之人,懋迁熟悉,渐结亲串,日久相沿,浸成异俗。清江南北岸皆有之,所称熟苗,半多此类"。"其有天地君亲师神位者,皆汉民变苗之属"。① 在融入少数民族的同时,又保留了传统的儒文化。家家户户,正门堂屋供奉着天地君亲师神位。平日烧香作揖,三月清明、八月十五、除夕之夜,则燃烛焚香,供奉牺牲,跪拜神位,隆重祭祀。尊君就要忠,奉亲就要孝,敬师就要崇文。天地君亲师神位,传达的是儒家最核心、最基本、最普遍的观念——忠孝,而崇文兴教,则是通过教化,培养人们的忠孝观念。忠孝是最基本的道德规范、最基本的人际交往准则、最基本的社会秩序规则。"父慈、子孝、兄良、弟悌、夫义、妇听、长惠、幼顺、君仁、臣忠",② 臣要忠,君要仁,子要孝,父要慈;由此推广开来,妇要听,夫要义,弟要顺,兄要惠,朋友言信。人与人之间、民族与民族之间,相仁相爱,彼此相扶,和衷共济。如此,即可人际协调,民族和谐,社会有序,天下太平。上至达官贵人,下至乡里草民,家家户户供奉天地君亲师神位,是中原民族、汉民族儒学普及、儒学浸透最直观、最通俗的仪式。如今,这一仪式又被带到了少数民族之中,推广到了少数民族之中。

"土著"等汲取了少数民族文化,甚而融入了少数民族,同时又保留了儒文化传统,在儒文化向少数民族传播的进程中,起到了特殊的示范效应及纽带作用。

大批汉民进入贵州,进入少数民族聚居地区,官府大兴学校、大兴科举,儒学在贵州、在少数民族中进一步传播,各民族"耕凿诵读""务学力田"俗尚及文化心理初步形成,认同感增强,苗汉"彼此无猜","交好往来","相习相安"。③

遵义府,"政教不大异于中国";④ "男女多朴质,人士悦诗书";⑤ 仁怀直隶厅(今赤水),"士习诗书,农安耕凿"。⑥

铜仁府,"力本右文,士多向学";⑦ 洞民"拾紫膺朱,文教蒸蒸";⑧ 松桃直隶厅,苗民有"读书者","婚姻丧葬与汉人渐同";⑨ 思州府(今岑巩),"夷风丕变,弦诵

---

① 《同治苗疆闻见录》,《中国地方志集成·贵州编》第19册,成都:巴蜀书社2006年版第602-603页。
② 《礼记·礼运》,《十三经注疏》下册,北京:中华书局1980年版第1422页。
③ 罗绕典:《黔南职方纪略》,《黔南识略·黔南职方纪略》,贵阳:贵州人民出版社1992年版第282、322、328页。
④ 罗绕典:《黔南职方纪略》,《黔南识略·黔南职方纪略》,贵阳:贵州人民出版社1992年版第305页。
⑤ [乾隆]《贵州通志·风俗》,《中国地方志集成·贵州编》第4册,成都:巴蜀书社2006年版第117页。
⑥ 爱必达:《黔南识略》,《黔南识略·黔南职方纪略》,贵阳:贵州人民出版社1992年版第266页。
⑦ [乾隆]《贵州通志·风俗》,《中国地方志集成·贵州编》第4册,成都:巴蜀书社2006年版第116页。
⑧ 罗绕典:《黔南职方纪略》,《黔南识略·黔南职方纪略》,贵阳:贵州人民出版社1992年版第332页。
⑨ 爱必达:《黔南识略》,《黔南识略·黔南职方纪略》,贵阳:贵州人民出版社1992年版第171页。

□□","声教渐讫，向慕儒雅";① 石阡府，"土著夷民，其俗各异，涵濡日久，可拟中州"。②

贵阳府，"士秀而文，民知务本";③ 宋家、蔡家"勤耕织，守礼法"；仲家"久被声教，渐习华风"；苗民"艳羡科第";④ 大塘州判（今平塘）、罗斛州判（今罗甸）、长寨厅（今长顺）"声明文物日盛月新"。⑤

平越直隶州（今福泉），"附郭旧人，迁自中州，多读书尚礼"。⑥ 都匀府，"声教所披，士知读书";⑦ 木佬"祀行跪拜，渐染华风"；苗民"间有读书应试者"；麻哈（今麻江）仲家、苗民、木佬"耕凿自安，渐知礼法"；荔波水苗"有读书入泮者"。⑧

安顺府，"涵濡礼教，渐习华风";⑨ "务学力田，颇循汉礼"；侬家"有读书入学者，礼节与汉人稍同";⑩ 汉民与苗民"彼此无猜"。⑪

大定府，"声教渐讫，向慕儒雅";⑫ 毕节县"崇诗书";⑬ 黔西州"风俗人情渐同华夏",⑭ 罗夷、仲家、蔡家、侬家、花苗、仡佬各种"冠婚丧祭渐遵礼制";⑮ 汉苗"彼此耦居，并无猜忌"。⑯

兴义府，"士安弦诵，农乐耰锄"。⑰

---

①［乾隆］《贵州通志·风俗》，《中国地方志集成·贵州编》第 4 册，成都：巴蜀书社 2006 年版第 117 页。
②［乾隆］《贵州通志·风俗》，《中国地方志集成·贵州编》第 4 册，成都：巴蜀书社 2006 年版第 117 页。
③［乾隆］《贵州通志·风俗》，《中国地方志集成·贵州编》第 4 册，成都：巴蜀书社 2006 年版第 115 页。
④爱必达：《黔南识略》，《黔南识略·黔南职方纪略》，贵阳：贵州人民出版社 1992 年版第 27、28、29 页。
⑤罗绕典：《黔南职方纪略》，《黔南识略·黔南职方纪略》，贵阳：贵州人民出版社 1992 年版第 276 页。
⑥［乾隆］《贵州通志·风俗》，《中国地方志集成·贵州编》第 4 册，成都：巴蜀书社 2006 年版第 115 页。
⑦［乾隆］《贵州通志·风俗》，《中国地方志集成·贵州编》第 4 册，成都：巴蜀书社 2006 年版第 116 页。
⑧爱必达：《黔南识略》，《黔南识略·黔南职方纪略》，贵阳：贵州人民出版社 1992 年版第 88、87、99、109 页。
⑨爱必达：《黔南识略》，《黔南识略·黔南职方纪略》，贵阳：贵州人民出版社 1992 年版第 61 页。
⑩爱必达：《黔南识略》，《黔南识略·黔南职方纪略》，贵阳：贵州人民出版社 1992 年版第 56 页。
⑪罗绕典：《黔南职方纪略》，《黔南识略·黔南职方纪略》，贵阳：贵州人民出版社 1992 年版第 282 页。
⑫［乾隆］《贵州通志·风俗》，《中国地方志集成·贵州编》第 4 册，成都：巴蜀书社 2006 年版第 116 页。
⑬爱必达：《黔南识略》，《黔南识略·黔南职方纪略》，贵阳：贵州人民出版社 1992 年版第 218 页。
⑭罗绕典：《黔南职方纪略》，《黔南识略·黔南职方纪略》，贵阳：贵州人民出版社 1992 年版第 301 页。
⑮爱必达：《黔南识略》，《黔南识略·黔南职方纪略》，贵阳：贵州人民出版社 1992 年版第 209 页。
⑯罗绕典：《黔南职方纪略》，《黔南识略·黔南职方纪略》，贵阳：贵州人民出版社 1992 年版第 302 页。
⑰［乾隆］《贵州通志·风俗》，《中国地方志集成·贵州编》第 4 册，成都：巴蜀书社 2006 年版第 116 页。

镇远府，"风气渐开，人文丕振"；① 客民与苗民"相习相安"；② 黎平府，"五方杂处……尚义重信"，"惟以礼乐诗书为事"；③ 土著"士习读书，民勤稼穑"；苗民"悉以耕凿诵读为事"，④ "读书识字……各寨俱有"；⑤ 洞苗"耕凿诵读，与汉民无异"。⑥

清代前期贵州汉苗错处交融、"耕凿诵读"俗尚初始形成、"彼此无猜"情形，详见下表。

清代前期贵州民族错处、俗尚一览表⑦

府州厅别	区划名	治所今名	民族结构	少数民族地区客民（户）	风俗
全省			"夷"少汉多	道光年间，贵阳、安顺、兴义、普安、大定、都匀、平越（州亲辖地）、黎平、镇远、松桃等10府、州、厅客民71924户	"乾隆四年学政邹一桂言，黔省汉苗杂处……苗已经归化百年，俗尚文风与汉无二"
贵阳府	贵阳府	贵阳	属今贵阳者，汉多苗少；属今黔南者，苗多汉少	9251	"俗尚朴实，敦礼教。士秀而文，民知务本"

---

①［乾隆］《贵州通志·风俗》，《中国地方志集成·贵州编》第4册，成都：巴蜀书社2006年版第116页。
②罗绕典：《黔南职方纪略》，《黔南识略·黔南职方纪略》，贵阳：贵州人民出版社1992年版第328页。
③［乾隆］《贵州通志·风俗》，《中国地方志集成·贵州编》第4册，成都：巴蜀书社2006年版第116页。
④爱必达：《黔南识略》，《黔南识略·黔南职方纪略》，贵阳：贵州人民出版社1992年版第192页。
⑤罗绕典：《黔南职方纪略》，《黔南识略·黔南职方纪略》，贵阳：贵州人民出版社1992年版第322页。
⑥爱必达：《黔南识略》，《黔南识略·黔南职方纪略》，贵阳：贵州人民出版社1992年版第178页。
⑦参见《略四·学校略》，［道光］《贵阳府志》上册，贵阳：贵州人民出版社2005年版第872页；［乾隆］《贵州通志·风俗》，《中国地方志集成·贵州编》第4册，成都：巴蜀书社2006年版第115-117页；爱必达：《黔南识略》，《黔南识略·黔南职方纪略》，贵阳：贵州人民出版社1992年版第11-267页；罗绕典：《黔南职方纪略》，《黔南识略·黔南职方纪略》，贵阳：贵州人民出版社1992年版第271-335页；［咸丰］《安顺府志·疆里》，《中国地方志集成·贵州编》第41册，成都：巴蜀书社2006年版第75页。

续表

府州厅别	区划名	治所今名	民族结构	少数民族地区客民（户）	风　俗
	亲辖地	贵阳	汉多"夷"少。乾隆初，"府属汉苗错处之庄一百七十有奇，苗寨一百一十有奇"自元以来，"江广楚蜀贸易客民，毂击肩摩，籴贱贩贵，相因垄集，置产成家者今日皆成土著"	道光前期1343其中，有苗产者1031；贸易、手艺、佣工、无苗产者312	"会城五方杂处……世家巨族率敦名节，世习彬雅"宋家、蔡家"通汉语，知文字，勤耕织，守礼法"仲家"男子俱汉装，近更有读书应试者……久被声教，渐习华风""苗人力役输将，艳羡科第……农而食之，虞而出之，工而成之，商而通之"
	贵筑县	贵阳	汉多"夷"少	1128其中，有苗产者630；贸易、手艺、佣工、无苗产者498	
	龙里县	龙里	汉多"夷"少	578其中，买当苗产者540；置买苗产而居城内外及场市者26；在寨佣工并无苗产者12	苗仲"力田输赋，间有入学者"
	贵定县	贵阳	"归流日久，汉多于苗"	1137其中，买当苗产者828；买当苗产而居场市者28；贸易、手艺、佣工、无苗产者281	"木佬有金、黎、王等姓，衣服言语与汉人略同，知同姓不婚，遇亲丧，长子居守七七日，期满乃敢出"
	修文县	修文	四里八甲"悉为汉寨……零星散处苗民，今日皆为汉民佃户，久已编入汉民户口"		四里八甲"悉为汉寨"。以儒家基本术语至孝、仁和、信顺、崇义命名四里

续表

府州厅别	区划名	治所今名	民族结构	少数民族地区客民（户）	风俗
	开州	开阳	汉多于苗	境内无苗产，"间有苗民，俱系客民佃产"	括10里，其中8里以儒家基本术语耻、孝、忠、信、廉、弟、义、思、亲命名；"仲苗婚丧渐习汉仪"
	定番州	惠水	"夷"多汉少。汉庄1110余，苗寨2190余	1318 其中，买当苗产者757；置买苗产而居城内外及场市者170；贸易、手艺、佣工、无苗产者391	苗民"皆薙发改装，与汉俗同"
	大塘州判	平塘	南境"苗蛮丛集"	865 其中，买当租种苗产者665；买当苗产而居城内者29；贸易、手艺、佣工、无苗产者171	南境"实苗蛮丛集之区"，"今则声明文物日盛月薪
	罗斛州判	罗甸	东境"苗蛮丛集"	542 其中，买当租种苗产者258；买当苗产而居城内者43；贸易、手艺、佣工、无苗产者241	东境"实苗蛮丛集之区"，"今则声明文物日盛月薪"，苗民"男服汉装，女仍苗制"
	广顺州	长顺境		2000 其中，买当租种苗产者1683；买当苗产而居城内者46；贸易、手艺、佣工、无苗产者271	"皆服田力穑，各安本分。客籍颇多，读书应试之人，科第文明，甲于各属，是以苗风日易，治化蒸蒸"
	长寨厅	长顺	仲苗为主	340 其中，买当租种苗产者234；买当苗产而居城内者22；贸易、手艺、佣工、无苗产者84	居民主要为仲苗。"今则声明文物日盛月新"

续表

府州厅别	区划名	治所今名	民族结构	少数民族地区客民（户）	风　俗
安顺府	安顺府	西秀区		3684 其中典买苗产者1758；租种田土未典买苗产者448；未典买亦未租种者1232；居城市及乡场者246	"茹毛饮血，日久渐更，务学力田，颇循汉礼"；"其俗勤俭，尚儒重信"；"诗书礼乐，不减中华"
	府亲辖地	西秀区	苗汉杂处	599 其中，买当苗产客民48；租种田土而未典买苗产者365；未典买苗产亦未租种田土者186	仲家"男子服饰与汉人同"；侬家"近时有读书入学者，礼节与汉人稍同"；土著汉民"与苗民彼此无猜"
	普定县	西秀区		302 其中，买当苗产客民102；租种田土未典买苗产者83；未典买亦未租种者117	"习俭尚儒" "苗有仲家、青苗、花苗、仡佬四种，涵濡礼教，渐习华风"
	镇宁州	镇宁	汉多苗少。共27支，其中18支系改安庄卫屯军而来之屯民；9支为苗地	380 其中，9支苗地有客民380，"内典买全庄客民4户，典买零产客民180户，未典买苗产客民196户"	"仲家、罗鬼……青苗、蔡家、花苗、仡佬共六种，输粮供役，渐知礼义"
	永宁州	关岭	苗多汉少	491 其中，典买苗产客民258；未典买苗产者233	
	清镇县	清镇	原卫所屯兵		
	安平县	平坝	原平坝卫"安插屯军之地，本无成寨苗民"	133 "苗寨内，典买苗产客民"133户	原平坝卫"安插屯军之地，本无成寨苗民；间有苗民，亦在分授屯田之列，与汉民耦居无猜"

续表

府州厅别	区划名	治所今名	民族结构	少数民族地区客民（户）	风俗
	郎岱厅	六枝郎岱	苗汉杂处	1558 其中，买当苗产客民978；未典买苗产者448；居城市乡场者132	
	归化厅	紫云	苗多汉少。苗民178寨，土著汉民53寨，苗汉杂处38寨	221 其中，有苗产客民、山民169；无苗产客民、山民52	
都匀府	都匀府		苗多汉少。"苗民固多，汉民亦复不少"	11032 其中，有苗产客民8398；种山篷户等及未典买苗产客户2634	"人重廉耻，勇于战斗"；"声教所披，士知读书"
	亲辖地	都匀市	苗多汉少	2672 其中，典买苗产者2396户；未典买苗产者234；居城市者42	"苗人服色，男效汉装……木佬男妇衣服悉类汉人……祀行跪拜，渐染华风" "汉人勤于耕读，苗民于务农纺织之外，亦间有读书应试者"
	都匀县	都匀市	均为汉民，"间有苗人"		
	麻哈州	麻江	苗民"甚多，客民之错处其间亦复不少"	971 其中，典买苗产者679户；未典买苗产者254；未置苗产者38	"苗有仲家、东苗、黑苗、木佬、紫姜各种，耕凿自安，渐知礼法"
	独山州	独山		753 其中，典买苗产者690户；未典买苗产者63	
	三脚坉州同	独山境	"通属系苗寨，无汉庄"		

续表

府州厅别	区划名	治所今名	民族结构	少数民族地区客民（户）	风俗
	清平县	凯里境	苗汉杂处，苗多汉少	1862 其中，典买苗产者652户；未典买苗产者999；未填丁口者211	
	凯里县丞	凯里境			
	荔波县	荔波	苗多汉少。苗户18105，汉户2268户	2267 其中，典买苗产者1884户；未典买苗产者341；篷户42	水苗"男子薙发习汉语……近有读书入泮者" 侗苗"婚嫁丧葬与汉民同"
	八寨厅	丹寨		780 其中，典买苗产者724；未典买苗产者56	
	丹江厅	雷山		1261 其中，典买苗产者37户；有产客户575；无业客户649。"种山客民须向寨头承租"	苗唯黑苗一种，"略通汉语"
	都江厅	三都		466 其中，典买苗产者435户；厅城客户31	"婚丧渐易夷风"
平越直隶州	直隶州	福泉	基本为汉民		"俗尚威武，渐知礼义"；"附郭旧人，迁自中州，多读书尚礼"
	亲辖地	福泉	汉多苗少	994 其中，有苗产客民173；无苗产客户821	
	瓮安	瓮安	"悉系汉民，仅有仡佬、苗人数百户"	"仅有仡佬、苗人数百户，散居各寨，为汉客户佣工"	
	余庆县	余庆	基本为汉户。仅有仡佬1种	仡佬"户口无多，不成寨落，依傍汉户而居，佣佃营生"	

续表

府州厅别	区划名	治所今名	民族结构	少数民族地区客民（户）	风　俗
	湄潭县	湄潭	"通属俱汉庄，无苗寨"		
	黎平府		苗多汉少	7502	"五方杂处，人性朴茂，尚义重信，不乐纷嚣"；"惟以礼乐诗书为事"
黎平府	亲辖地	黎平	苗多汉少		黎平府亲辖地，自明代始，苗寨与五开、铜鼓卫所"相互错综……明初军籍十居其三，外来客民十居其七，今日皆成土著，与苗寨毗邻，已各交好往来，睦邻之道，例所不禁"。"岁科考试，府学额入二十五名内，例取苗生十三名，是以读书识字之苗民各寨俱有"
	开泰县	黎平境	苗多汉少。城内及城外300屯庄皆汉户；苗户49300余	2493 其中，典买苗产客民494户；贸易、手艺营生未典买苗产客民1716户；篷户242；又有开泰县属典买、未典买及篷户41	亲辖地、开泰、锦屏"地利肥美，物产丰享"，且地当湘黔滇驿路要冲，故"苗民家道既裕，又晓文义" "苗有六种：洞苗……男子耕凿诵读，与汉民无异，其妇女汉装弓足者与汉人通姻。花衣苗、白衣苗近亦多薙发，读书应试"
	锦屏乡	锦屏	"通属千余户，均汉民"		开泰县，土著（屯军后裔）"士习读书，民勤稼穑"。"花衣苗近习汉俗，悉以耕凿诵读为事"

续表

府州厅别	区划名	治所今名	民族结构	少数民族地区客民（户）	风俗
	永从县	黎平境	苗多汉少	722 其中，典买苗产客民297户；贸易、手艺营生未典买苗产客民408户；篷户17	苗民"与汉民不甚悬殊"
	古州厅	榕江	苗多汉少	3748 其中，典买苗产客民1267户；典买苗产而居屯堡者221户；贸易、手艺营生未典买苗产客民1080户；篷户1180	"苗有洞苗、山苗、水西苗、瑶苗、僮苗……男子近皆薙发习汉俗"自雍正间开发后，"百余年来，苗民食德服畴，与编氓无以异"
	下江厅	从江境	94寨	当买苗产、承佃苗土客民539户	"苗三种：洞苗……俱薙发"
镇远府	镇远府	镇远		"苗寨内外"客民2062户	"风气渐开，人文丕振"；"耕读织纺，多从朴素"
	亲辖地	镇远		"府县两属苗寨内外有产无产客民561户"；典买苗产客民约269	"水伢佬性淳朴，男子薙发，婚姻通媒妁"
	镇远县	镇远			
	黄平州	黄平		668 其中，典买苗产客民446户；无苗业客民222户 "苗民……承佃客民田土耕种"	
	天柱县	天柱	基本为"峒苗"，间有客民		"苗寨所辖，悉系薙发峒苗，言语、服饰与汉无异……康熙间，县内童生入学，额取之外，尚有苗生三名"。"贸易客民置买田产，落业居住，彼此联为婚媾，相习相安"

续表

府州厅别	区划名	治所今名	民族结构	少数民族地区客民（户）	风俗
	施秉县	施秉境	悉皆汉户"悉皆汉户，间有成寨苗户"	26 其中，典买苗产客民11户；无苗业客民15户	
	台拱厅	台江			九股苗"俗渐更。今男子多有汉装者"
	清江厅	剑河			"洞苗习华风，编姓氏，妇女有改汉装者，多与军联姻"
思州府	思州府	岑巩	多系汉民		"夷风丕变，弦诵□□"；"声教渐讫，向慕儒雅"
	亲辖地	岑巩	"多系汉民……惟府南有洞人"		"洞人……语言衣服略与汉同"
	玉屏县	玉屏	汉多苗少。洞苗"不及汉户之多"		
	清溪县	镇远清溪	"无苗民，惟土著与客户"		
兴义府	兴义府	兴义市	苗多汉少	25632	"夷俗渐革……风气日开"；"士安弦诵，农乐耰锄"
	亲辖地	兴义市	苗多汉少。"仲苗居十之八九，㑩夷居十之一二"	7902 其中，典买苗产客民、蓬民4641户；未典买苗产客民、蓬民803户；典买全庄客民131户；招汉佃1228户；居场市者45；无产者1054	仲苗"男苗薙发已久，头缠青花布巾，衣则汉装，通汉语"。丧葬"今知用棺矣"。"㑩男薙发以白花布巾缠头，衣同仲苗"

续表

府州厅别	区划名	治所今名	民族结构	少数民族地区客民（户）	风俗
	兴义县	兴义市	汉多苗少。汉寨232，苗寨54；汉苗计10575户、40562口，"客民十居七八"	7346 其中，典买苗产客民2760户；租种客民2095户；未典买未租种及居城市场市者2491	
	贞丰州		"苗民侬、仲二种……上江黄姓，下江王姓"	5432 其中，典买苗产客民1367户；未典买未租种或贸易手艺营生客户4065	
	册亨州	册亨		526 均系当买苗产客民	
	安南县	晴隆	"汉少夷多"	155 其中，典买苗产客民72；未典买苗产仅租种客民47；未典买未租种贸易手艺客户36	
	普安县	普安	汉多苗少。汉民202寨，苗民62寨，苗汉杂处122寨	4271 除3汉里外，其中"住居苗寨典买苗产及租种土司田土客民"1168；典买土里全庄客民186；招汉佃2906；无产客民11户	老巴子（仡佬）"服饰与汉民同，语音稍异"
普安直隶厅	普安直隶厅	盘县	汉苗杂处	824 其中，典买田土及场市贸易、手艺客民32；租种田土客民624；住居苗寨未典买苗产客民168	夔人（民家子）、仡佬（老巴子）"服色土俗与汉同"

续表

府州厅别	区划名	治所今名	民族结构	少数民族地区客民（户）	风俗
大定府	大定府	大方		10048	"声教渐讫，向慕儒雅；人多勤俭，文风武略渐有可观"
	亲辖地	大方	"夷汉错杂"	2885 其中，有田土客民 2243；无田土及贸易、手艺、佣工客民 212 户；住居城市及场市有产客民 430	"夷人""服色与汉人无异"
	威宁州	威宁	"夷"多汉少	4502 其中，有产客民 3605 户；未典买租佃苗产客民 887；住居城市 10	
	平远州	织金	"夷"汉杂处	422 其中，有产客民 150 户；无产客民 238；住居城市 34	全州 6 里，以向化、慕恩、怀忠、兴文、敦仁、太平命名 "苗有罗鬼、仲家、蔡家、侬家、花苗、仡佬各种……冠婚丧祭渐遵礼制，非复往时习尚矣"
	黔西州	黔西	汉多苗少。汉庄 246，计 28669 户、124325 口；苗寨 209，计 11223 户、45263 口；附居苗寨客民 1019 户、5260 口	1019 其中，有苗产客民 516 户；无苗产客民 503	"归流已久，风俗人情渐同华夏" 汉苗"彼此耦居，并无猜忌"

续表

府州厅别	区划名	治所今名	民族结构	少数民族地区客民（户）	风俗
	毕节县	七星关区	"汉多于夷"。全县6里，其中5里均为汉户，仅平定里"系夷苗寨落……亦有汉民错处"	468 "夷苗田土虽为客民所有，仅系承当、承佃，并无一置买之户"	毕节县"为郡属中声明文物之区" "邑属多俭朴，崇诗书"
	水城厅	水城	"夷"多汉少	752 其中，有产客民439户；无产客民284户；住居城市及场市客民29户	苗"男皆薙发通汉语，颇知耕织"
铜仁府	铜仁府	碧江区			"苗、僚种类不一，习俗各殊，声教渐敷，为之丕变"；"力本右文，士多向学"
	亲辖地	碧江区	侗、苗为主		铜仁府"所管洞蛮，自前明地入版图，称为洞民。数百年来，输租纳税，不特读书识字，抑且拾紫膺朱，文教蒸蒸……黔省各郡洞民大都类是，不特铜仁一郡为然也"
	铜仁县	碧江区	侗、苗为主	买当苗产客民86户	
石阡府	石阡府	石阡	汉人，间有苗民散处		"土著夷民，其俗各异，涵濡日久，可拟中州"
	亲辖地	石阡	基本为汉人，"间有散处苗人"	"间有散处苗人，俱系汉民佃户"	"苗为侗人、仡兜、木佬、杨保诸种，言语衣服与汉民同"
	龙泉县	凤冈	"无苗民散处"		

续表

府州厅别	区划名	治所今名	民族结构	少数民族地区客民（户）	风　俗
思南府	思南府亲辖地	思南	思南府"归流最早，是以境内悉系汉民，既无客户，亦无苗种，惟安化县……有苗民十余寨"		"汉夷杂居，言语各异；渐披华风"
	安化县	思南		18 其中，典买苗产客民10户；无苗产而自有生理客民8户	黑苗10寨、400余户，"皆薙发，衣冠言语与汉民略同"
	印江县	印江			
	务川县	务川			
松桃直隶厅		松桃	苗多汉少	857 皆典买苗产客民	"男苗皆薙发，衣帽悉仿汉人……近城女苗间学汉人妆饰……通汉语者亦众……读书者少，务农者多，惟不习商贾者多……婚姻丧葬与汉人渐同"
遵义府	遵义府	红花岗区			"男女多朴质，人士悦诗书"
	遵义县	红花岗区	"皆汉户"；唯有少量苗、革僚	仅有之少量苗民，"或为佣田，或垦山土。其有产业者，悉照汉民一例，纳秋折粮银"	"男务耕织，女勤纺织""政教不大异于中国"
	正安州	正安	"民人与遵义略同"，仅有苗、革300余户		
	桐梓县	桐梓	"民人皆汉户……零星苗户一百十七户而已"		"苗有仡佬、鸦雀、红苗三种……均系薙发……皆编入保甲，通汉语，风俗亦与汉民类"
	绥阳县	绥阳	"居民多属汉户，苗类惟花苗、鸭雀、红头三种而已"		"红头、鸦雀居处服食与汉人同"

续表

府州厅别	区划名	治所今名	民族结构	少数民族地区客民（户）	风俗
	仁怀县	仁怀	"通属汉户十之六七，苗户十之三四"		苗民中之青夷、白夷、仲家"能通汉语，渐染华风" "通属汉户十之六七，苗户十之三四，然苗汉无猜，土田皆一律编入里甲"
仁怀直隶厅		赤水	"通属皆汉庄，苗民零星散处，仅七八十户而已"		"士习诗书，农安耕凿"

乾隆四年（1739年），贵州提督学政上疏，其中有言："黔省汉苗杂处……苗已经归化百年，俗尚文风与汉无二"。[①] 其说有夸张成分，但反映了俗尚的变化趋势。道光十四年（1834年），云贵总督阮元、贵州巡抚裕泰奏："各府、厅、州、县寄居苗寨客户甚多"，计71200余户。奏折特别言明，上述客民"均……寄籍相安"；"民苗相安，晏然无事"。[②] 清初至道光年间，民族纷争、动乱事件总的说来呈弱化之势，贵阳府、大定府尤为明显。

贵阳府，雍正二年（1724年），"定、广仲苗"动乱，[③] "抢夺集市"。[④] 四年（1726年），广顺州长寨"仲苗……焚毁劫掳"；[⑤] 同年，"长寨等仲苗不遵化诲，阻建营房"。[⑥] 乾隆三年（1739年），定番州姑卢寨苗民以苗女遭"拐卖"，与汉民冲突。[⑦] 其后，随着改土归流的完成、儒文化传播、民族交往融合，动乱事件基本未发生。大定府故地，顺治末年，水西土司"久蓄异谋……将为不轨"，乌撒土司"亦反侧叵测"。[⑧] 康熙初年，清廷平定水西、乌撒，置大定府，改乌撒土府为威宁府。康熙中叶，水西安氏停袭贵州宣慰使职，水西土司改土归流最后完成。其后至道光年间，查《清实录》，水西

[①]《略四·学校略》，[道光]《贵阳府志》上册，贵阳：贵州人民出版社2005年版第872页。
[②][民国]《贵州通志·前事志》第3册，贵阳：贵州人民出版社1985年版第466页。
[③]《世宗宪皇帝实录》第26卷，《清实录》第7册，北京：中华书局1985年版第407页。
[④]《世宗宪皇帝实录》第30卷，《清实录》第7册，北京：中华书局1985年版第464页。
[⑤]《世宗宪皇帝实录》第51卷，《清实录》第7册，北京：中华书局1985年版第770页。
[⑥]《世宗宪皇帝实录》第54卷，《清实录》第7册，北京：中华书局1985年版第827页。
[⑦]《高宗纯皇帝实录》第68卷，《清实录》第10册，北京：中华书局1985年版第99页。
[⑧]《世祖章皇帝实录》第140卷，《清实录》第3册，北京：中华书局1985年版第1078页。

故地"倮夷"①再未见动乱记载。甚至在近代咸同各族大起事之时，水西"倮夷"亦基本未介入。

不过，黔东南苗疆腹地及黔东北松桃直隶厅，社会却长期动乱。雍正四年（1726年）至八年（1730年），清廷使用武力，将上述地区纳入流官治理之下，设置台拱、清江、八寨、丹江、都江、古州、下江7厅。仅过4年，即雍正十二年（1734年），便爆发了包利、红银领导的苗民大起事。清廷调动云南、四川、湖广、两粤数省兵力，历时3年，至乾隆元年（1736年）始将局势平定。五年（1740年），又爆发了石金元、戴老四领导的苗民起事。在松桃，乾隆五十九年（1794年）至嘉庆十二年（1807年），石柳邓领导苗民大起事，历时1年之久。至近代之初咸同年间，更有张秀眉领导的、以台拱厅为中心的、前后18年的苗民大起事。究其原因，固然在于开发之初的须"编立保甲……造册……认纳钱粮"；②在于"兵役之扰累，出入苗寨，擅动苗夫，需索供应"；③在于少量客民买当苗民田产，导致"苗产尽为汉有，苗民无土可依，悉皆围绕汉户而居，承佃客民田土耕种"。④更深层次的原因，也许应从社会背景剖析。苗疆腹地社会，直至1949年中华人民共和国成立之时，尚有一些苗、侗民族处于原始社会末期，民族内部由寨老依据民间古理古规自行为治。清廷以武力强行将尚有相当部分处于原始社会末期的苗疆推入封建社会，架构流官治理体系，造成苗疆民族的诸多不适应。因与汉民族、汉文化长期隔绝，苗疆民族难以与外界交流。口头语言尚且不通，书面语言的交流、儒学教化的推行更显困难。苗疆各厅基本上创始于雍正年间，至清末100多年，尚有镇远府之台拱厅、清江厅，都匀府之都江厅、丹江厅，黎平府之下江厅，贵阳府之长寨厅，安顺府归化厅等7厅未能设置官学；清代县以上行政区域始终未设置官学的，基本上都是新置之厅。书院则有长寨、都江、下江等厅未设置。义学、社学虽曾设立，但在乾隆十六年（1751年）以后停办。历经苗民起事之后，清廷以"无知愚苗，开其智巧，将必奸诈百出"为由，裁社师，停社学，⑤采取了因噎废食的欠妥做法。清代进士、举人，苗疆腹地台拱、清江、八寨、丹江、都江、古州、下江7厅中，仅古州厅有进士、举人各1人，八寨厅有举人1人，其余5厅均无。包利起事后，雍正帝罢免鄂尔泰，在上谕中表示了对于当年开发苗疆决策过于仓促的反思之意："古州苗疆一案，从前石礼哈等数人，皆曾奏请用兵征剿，朕悉未允行。及鄂尔泰为滇黔总督，以为此事必应举行，剀切陈奏。朕以鄂尔泰居心诚直，识见明达，况亲在地方，悉心筹划，必有成算，始允所请……是从前经理之时，本无定见，布置未协

---

①《世宗宪皇帝实录》第31卷，《清实录》第7册，北京：中华书局1985年版第482页。
②《鄂尔泰奏剿平丹江苗寨折》，《清前期苗民起义档案史料》上册，北京：光明日报出版社1987年版第16页。
③《世宗宪皇帝实录》第31卷，《清实录》第7册，北京：中华书局1985年版第482页。
④罗绕典：《黔南职方纪略》，《黔南识略·黔南职方纪略》，贵阳：贵州人民出版社1992年版第328页。
⑤《高宗纯皇帝实录》第385卷，《清实录》第14册，北京：中华书局1985年版第194页。

所致，则朕一时之轻率误信，亦无以自解。"① 尽管乾隆元年（1736年）"诏尽豁新疆钱粮，永不征收"，② 但局势仍无根本转折。推进大一统、推动苗疆社会发展、造福苗民的良好初衷与苗疆社会现状的过大差异，上层建筑与经济基础的脱节，给苗疆社会留下了无尽的后患，康熙帝"四方底定，期于无事"③ 的愿望始终难以实现。

第四节　清代前期贵州儒文化与民族认同特点

一、大一统制度认同达于高峰

　　清朝是一个由关外的少数民族即满族建立的王朝。作为一个社会发展程度远低于中原汉民族的民族，为着夺取及维系政权的需要，满族贵族在保留本民族文化的同时，接受了古代中国的主流文化——儒文化，宣示"崇儒重道"，以儒学"致君泽民，治国平天下"。④ 同汉唐宋元王朝一样，清廷也接过儒家大一统学理，"受天眷命，统一万邦"，⑤ 将其作为维系政权的重要理论。作为少数民族建立的政权，为了替自己正名，为了争取其他民族特别是汉民族的支持、认同，清朝君主反复强调，"满汉一家"，⑥ "中外一家"。⑦ 这对于调整民族关系、促进民族认同起到了积极的作用。清朝君主同样意识到，大一统王朝的合法性或者说王朝的长治久安关键在于得民心，得民心的要点在于爱民仁民，养民保民。"守国之道，惟在修德安民。民心悦，则邦本得而边境自固"；⑧ "道统在是，治统亦在是矣"。⑨

　　清代前期，清廷在统一贵州之后，进行了大规模的改土归流及苗疆开辟。其一，完成了对水西土司、乌撒土府及若干长官司的改土归流，贵州不再存在大、中等土司；一批长官司改土归流，小土司的势力进一步削弱；至于为数众多的土目，没有品级，

---

① 《世宗宪皇帝实录》第158卷，《清实录》第8册，北京：中华书局1985年版第938-939页。
② 魏源：《圣武记·雍正西南夷改流记下》，《魏源全集》第3册，长沙：岳麓书社2004年版第291页。
③ 《圣祖仁皇帝实录》第124卷，《清实录》第5册，北京：中华书局1985年版第319页。
④ 《高宗纯皇帝实录》第129卷，《清实录》第10册，北京：中华书局1985年版第887-888页。
⑤ 《世祖章皇帝实录》首卷2，《清实录》第3册，北京：中华书局1985年版第17页。
⑥ 《世祖章皇帝实录》第31卷，《清实录》第3册，北京：中华书局1985年版第260页。
⑦ 《世宗宪皇帝实录》第130卷，《清实录》第8册，北京：中华书局1985年版第696页。
⑧ 《圣祖仁皇帝实录》第151卷，《清实录》第4册，北京：中华书局1985年版第678页。
⑨ 《圣祖仁皇帝实录》第70卷，《清实录》第4册，北京：中华书局1985年版第899页。

不属于朝廷命官，无权干预地方政务民事，仅有经济特权而已。土司势力不再对贵州政局构成威胁，更毋论影响全国政局。整个清代，如同明代那样土司左右贵州政局乃至影响全国政局的局面再未重演。其二，开辟古州苗疆，贵阳、安顺、南笼 3 府交界地带苗疆，腊尔山区苗疆，"辟地二三千里，几当贵州全省之半"；① 编户齐民，仅古州苗疆即达"十数万"。② 结束了苗疆既无流官、亦无土官的"化外"局面。

经过改土归流及苗疆开辟，新设置了一批府、州、厅、县。府级建制由明代 10 个增至 16 个，③ 地方二级行政建制即府一级建制覆盖全省；地方三级行政建制即州、厅、县级建制由明代 23 个增至 58 个，覆盖全省。府、州、厅、县流官治理格局形成，今贵州县级以上行政区划基本形成，结束了汉唐宋元郡国并治、土流并存甚至如同元代那样土司一统的局面，贵州的统一局面、全国的统一局面进一步形成，古代贵州大一统制度认同达于高峰。

改土归流过程中，清廷并非一味剿杀，而是抚为中心、先抚后剿、剿而后抚。"从雍正四年至九年，经过对长寨、八寨、丹江、九股、清水江、古州等地的用兵，在击败为首的苗砦后，共招抚苗民近四万户"。④ 顺、康年间的土司改流，清廷同样采取极为谨慎的态度，除非有重大过失，或继嗣无人，否则不会贸然革裁土司。对于改土归流的土司，仍给予妥善安置。"给以房屋地亩，俾得存养，不致失所。"⑤ 改土归流、开辟苗疆过程中，清廷既考量地方稳定、国家统一，也考量改善苗疆民族处境。苗疆平定，"诏尽蠲新疆钱粮，永不征收"。⑥ 地方官员积极开辟两江商贸通道，以改善民生。"上通云贵，下达广西，使客商往来"；"商贾辐辏，汉夷乐利黔粤交通"，让苗民"长享利益"。⑦

改土归流、开辟苗疆提升了贵州各民族的大一统制度认同度，促进了贵州社会政治经济、文化教育的发展，但是，贵州少数民族也为此付出了惨痛的代价。仅雍正六年至十年（1728—1732 年），清兵"先后扫荡，共毁除千有二百二十四寨……阵斩万有七千六百有奇，俘二万五千有奇"；"饥饿颠陨死崖谷间者，不可计数"。⑧ 国计民生的考量，在血火硝烟的交织中升华；贵州社会的进步，在昂贵的成本中运行。

改土归流及开辟苗疆以后，少数民族摆脱了领主制下的非人处境，却又陷入了封

---

① 魏源：《圣武记》，《魏源全集》第 3 册，长沙：岳麓书社 2004 年版第 288 页。
② 《鄂尔泰奏八万古州一带苗民情形折》，《清前期苗民起义档案史料》上册，北京：光明日报出版社 1987 年版第 8 页。
③ 其中包括松桃、仁怀、普安 3 直隶厅及平越直隶州。
④ 张捷夫：《关于雍正西南改土归流的几个问题》，《清史论丛》第 5 辑，北京：中华书局 1982 年版。
⑤ 《世宗宪皇帝实录》第 132 卷，《清实录》第 8 册，北京：中华书局 1985 年版第 710 页。
⑥ 魏源：《圣武记》，《魏源全集》第 3 册，长沙：岳麓书社 2004 年版第 291 页。
⑦ 《鄂尔泰奏剿抚苗寨开通河道折》，《清前期苗民起义档案史料》上册，北京：光明日报出版社 1987 年版第 53、50 页。
⑧ 魏源：《圣武记》，《魏源全集》第 3 册，长沙：岳麓书社 2004 年版第 290、291 页。

建官府的压榨及贪官污吏的无尽索求之中。无良官吏,不仅不爱民恤民、养民保民,反而索求无尽、欺压杀戮,与儒家仁政之道背道而驰,激化了官民矛盾。康、雍、乾、嘉各朝,贵州中、小规模的少数民族反抗事件绵延不绝,影响了大一统制度认同及民族认同。认同与离异并存,和解与猜忌共生,民族认同在艰难曲折中缓慢前行。

清初改土归流虽取得关键性进展,但仍然很不彻底。占有相当于一县、一府乃至数府的大中土司没有了,却仍存在300来个小土司、土目及土官。① 为数众多的土司、土官、土弁、土目广泛分布于城乡特别是乡村,占有众多的土地、人口,阻碍着官府政令的畅通,阻碍着乡村社会经济、文化的发展,制约了贵州各民族大一统制度认同的进程。

二、社会经济大发展,民族交往扩大深化

清廷接受儒家重农思想,以为"养民之本,莫要于务农"。② 自清代始,贵州绝大多数府、州、厅县均设立先农坛,祭祀神农炎帝。

移民继续大量进入贵州。他们或因贵州"招民垦种"而进入,或因逃荒而进入,或因经商、手艺谋生而进入。这些移民被称为客民,基本为汉族。乾隆、嘉庆年间,清廷在黔东南、黔东北苗疆7厅设10卫,募兵屯垦,近万屯户成为重要的移民群体。据贵州地方官府清查统计,至道光前期,仅进入少数民族地区的客民即达7万余户。由此观之,进入整个贵州的移民当是一个更为庞大的数字。汉族移民大量进入,为贵州社会经济的发展注入了宝贵的人力、技术及文化资源。

农业经济大发展。改土归流、开发苗疆,府州县流官治理格局形成,为社会经济的发展提供了有力的制度保障。官府大力倡导、切实谋划,奖励开垦,兴修水利,推行铁犁牛耕、精耕细作,农业经济较明代大有进步,田亩、户口、赋税大幅增长。明嘉靖年间,全省田亩188.39万多亩,③ 清嘉庆二十五年(1820年)增至276.7万余亩。④ 人口,明嘉靖年间为11.8万余户、51万余口,⑤ 清嘉庆二十五年(1820年)猛

---

① 参见龚荫:《中国土司制度史》下编一,成都:四川人民出版社2012年版第609、656页;何仁仲总编:《贵州通史》第3卷,北京:当代中国出版社2002年版第12页。
② 《高宗纯皇帝实录》第195卷,《清实录》第11册,北京:中华书局1985年版第503页。
③ 参见[嘉靖]《贵州通志·土田》,《中国地方志集成·贵州编》第1册,成都:巴蜀书社2006年版第277-279页。
④ 参见梁方仲:《中国历代户口田亩田赋统计》,上海:上海人民出版社1980年版第391、410页。
⑤ 参见[嘉靖]《贵州通志·户口》,《中国地方志集成·贵州编》第1册,成都:巴蜀书社2006年版第281页。

增至111.8万多户、534.8万多口。① 税粮，明嘉靖年间为14.7万余石，② 清嘉庆二十五年（1820年）增至粮16.2万多石、银9.3万多两。《苗防备览》谓："苗工所需农具有犁、耙、锄、镰、长柄刀、斧……桔槔、筒车"；"苗民于山谷中有泥深不可耕植者，注水为塘"。③ 铁犁牛耕、引水灌溉等先进农耕技术在包括新辟苗疆在内的少数民族地区进一步推广应用，推动了民族地区农业经济的发展。

商品经济大发展。手工业门类增多，生产规模扩大，作坊普遍出现。丝织业兴起，棉织业在明代基础上大发展。遵义引进山东桑蚕养植技术，桑蚕养植及丝织业很快推广到全省，"纺织之声相闻，槲林之阴迷道"。④ 地方官员在全省"劝民种棉织布"，思南、石阡、思州、都匀、兴义等府"汉、苗多种棉花"，⑤ "纺车之声，络绎于午夜明月时"。⑥ 铁、铜、水银、铅等矿产的开采冶炼发达，铅矿尤著，"岁出铅一千四百余万斤"。⑦ 商户数量剧增。道光前期，仅进入少数民族地区的"贸易、手艺客户"即达"二万四百余户"。⑧ 大宗商品交易空前繁盛。食盐，黎平府属古州厅年销售额即达138万余斤⑨；铅，全省"岁出铅一千四百余万斤"⑩，年交易额在银21万两；⑪ 木材，黎平府属锦屏乡茅坪、卦治、王寨年交易额即达"二三百万金"。⑫ 传统衣食住行日用百货交易种类增多，数量及范围扩大。镇远府城、安顺府城、贵阳府城、毕节县城、古州厅城、锦屏乡等处于陆路主驿道及水路要道的城镇更在明代基础上发展成为旺盛的商品交易中心及商品集散地。赣、闽、川、湖、粤、陕等外省移民修建的会馆数量剧增，达到170余座。会馆不仅分布于全省16个府、直隶州、直隶厅及58个散州、散

---

① 参见梁方仲：《中国历代户口田亩田赋统计》，上海：上海人民出版社1980年版第392、394、396、410页。

② 参见［嘉靖］《贵州通志·财赋》，《中国地方志集成·贵州编》第1册，成都：巴蜀书社2006年版第285页。

③ 严如熤著，罗康隆等编著：《苗防备览·风俗篇研究》，贵阳：贵州人民出版社2011年版第97、170页。

④［道光］《遵义府志·农桑》，《中国地方志集成·贵州编》第32册，成都：巴蜀书社2006年版第348、356页。

⑤［咸丰］《兴义府志·货属》，《中国地方志集成·贵州编》第28册，成都：巴蜀书社2006年版第416页。

⑥［咸丰］《兴义府志·货属》，《中国地方志集成·贵州编》第28册，成都：巴蜀书社2006年版第416页。

⑦《高宗纯皇帝实录》第342卷，《清实录》第13册，北京：中华书局1985年版第735页。

⑧［民国］《贵州通志·前事志》第3册，贵阳：贵州人民出版社1985年版第466页。

⑨ 参见［光绪］《黎平府志·食货志》，《中国地方志集成·贵州编》第17册，成都：巴蜀书社2006年版第203页。

⑩《高宗纯皇帝实录》第342卷，《清实录》第13册，北京：中华书局1985年版第735页。

⑪ 参见［道光］《大定府志·土物》，《中国地方志集成·贵州编》第48册，成都：巴蜀书社2006年版第621页。

⑫ 杨伟兵：《清代黔东南地区农林经济开发及其生态—生产结构分析》，《中国历史地理论丛》2004年第1期。

厅、县中的35个，而且分布于乡间；不仅分布于汉族地区，而且分布于长寨厅、下江厅、古州厅等新辟苗疆。会馆修建过程中，商人多发挥了主导作用。会馆的大量修建及广泛分布，成为清前期贵州商业大发展的重要标志。场市数量由明代见之于记载的数十处剧增至650多处，分布从城市向广大乡村及新置之兴义府、新改土归流所置大定府、新辟苗疆大幅延伸。场市数量的剧增及其广泛分布，成为清前期贵州商业大发展的又一重要标志。

铁犁牛耕、精耕细作、兴修水利等生产技术的传入及推广，使少数民族接受并认可了汉民族农耕文化，各民族之间有了更多的可认之"同"，促进了共同文化心理的形成。耕地面积的扩大及生产技术的改进，促使粮食产量增加。衣食足，民心稳，大一统王朝的存在赢得了合法性基础。仓廪足而知礼义，儒文化的推广流播有了更为厚实的物质基础；儒文化的进一步推广反之加速了民族认同的进程。商业大发展。道光前期，仅进入少数民族地区的"贸易、手艺客户"即达到"二万四百余户"。[①] 商人大多为汉人，来自川湖闽赣及中原发达之区，深受儒文化熏染。商人是一个高度流动的群体，常年奔走四方；不仅流连于通都大邑、城市集镇，而且奔忙于广阔的少数民族地区、苗疆腹地。他们与各民族、各阶层人群广泛接触、交往、交流，在进行经济活动的同时，也把儒文化带到了民族地区。商业的大发展，商人的奔走四方，成为推动儒文化流播及民族认同的重要因素。社会经济的大发展，扩大、深化了"夷"、汉民族之间的交往认同。

地主制生产关系取得绝对优势。康、雍年间，贵州境内明代所置26卫全部革裁，军户转为民户，编入民籍，交粮纳税，土地私有，有了相对的人身自由。昔日军户屯田兵丁与朝廷之间特殊形式的地主制生产关系，转变为民户与官府之间完整意义上的地主制生产关系。清代前期，全省府、州、厅、县由明代10府、9州、14县计33个县级以上行政区域扩大到12府、3直隶厅、1直隶州、11散厅、13散州、34县计74个县级以上行政区域，基本上覆盖了今贵州县级以上行政区域；编户人口由明嘉靖年间的51万余口猛增至嘉庆年间的534余万口。清代前期，汉族聚居地区土地买卖、租佃盛行；包括新辟苗疆在内的少数民族地区也出现了大量土地买卖、租佃现象，买、当、租种苗田客民达到5万余户。[②] 土地买卖、租佃现象已普遍存在。较之明代，清代前期，封建地主制生产关系大发展，在全省范围内取得了绝对优势地位。大多数居民不再依附于领主，转变成为朝廷编户，自有土地，自行耕种，直接向官府交粮纳税，朝廷的治理进一步延伸到社会下层。地主制生产关系及铁犁牛耕，构成清代前期贵州大一统政治认同的经济基础。社会经济及封建地主制生产关系的大发展，继续推动着古代贵州各民族大一统政治认同的进步。

---

① [民国]《贵州通志·前事志》第3册，贵阳：贵州人民出版社1985年版第466页。
② [民国]《贵州通志·前事志》第3册，贵阳：贵州人民出版社1985年版第466页。

三、府州厅县及少数民族儒学教育格局基本形成

清代前期，府州厅县流官治理格局基本涵盖了今贵州县级以上行政区域，官府崇儒学，重教化，兴办教育不遗余力，又尤为重视少数民族儒学教育及教化。学校数量较之明代大有增长，覆盖面大幅扩张。官学由明代42所增至66所；除新置9厅县外，其余府州厅县均设立了官学，覆盖了全省74个县级以上行政区划的近88%。书院由35所增至129所；除个别厅、县外，均有书院，覆盖了全省74个县级以上行政区划的近95%。义学、社学由163所增至244所，除个别县不见记载外，包括苗疆10厅在内均设立了义学。义学之下，是数量更多、分布更为广泛的私塾。更多的学校特别是书院又特别是义学进入乡村及少数民族地区。

科举考试的主要内容是儒学。受此影响，官学、书院、义学、私塾教育的主要内容也是儒学。学校、书院、义学、私塾教育成为儒学传播的主要途径。较之明代，清代前期，贵州府州厅县及少数民族儒学教育格局基本形成，儒学的传播力度特别是在乡村及少数民族中的传播力度大为增强。

四、科举兴隆，儒学在各民族中广泛传播

清代前期继承明制，以科举为基本选官制度，儒学为考试主要内容。较之明代，科举士子取录人数大幅增加，覆盖地域更为广泛。文武进士由134人增至451人，增长237%；文武举人由1815人增至3880人，增长114%。生员数量，按52∶1中式比例测算，当在20万以上，远超明代6万之数。生员之下，是数量更为庞大的读书人群体；以25∶1中式比例计，读书人群体当在500万人以上。取录、就读生员分布于全省74个县级以上行政区划的近88%，举人分布地域在明代基础上增加了26府州厅县，进士分布地域在明代基础上增加了29府州厅县。清代前期贵州科举的兴隆、儒学教育较之明代的飞跃发展，由此可见一斑。

学校教育的大发展及科举的兴隆，造成了一个远较明代庞大的士子群体。这个群体中，身居官场者，倡儒学，兴学校；致仕还乡后，有的主讲书院，有的设塾授徒，为传播儒学贡献余力。绝大多数未能入仕者，致力于书院、义学特别是私塾教育。通过教育及参与地方活动，士子群体将儒学传播到民间，将儒家的纲常伦理普及于民庶，由此推动着民族共同文化心理的形成及民族认同进程。随着儒学的广泛传播，"耕读为本、诗书传家"成为大众家庭普遍的训条。明清两代，特别是清代，各地都出现了一些科举世家，家族中人才辈出，其中不少人或出任学官，或设塾授徒。如黔北遵义府

黎氏家族、安顺府安平县（今平坝）陈氏家族、黔西北大定府毕节县路氏家族、黔西北吴良弼家族、黔西缘普安直隶厅张氏家族、黔南都匀解氏家族、黔南独山莫氏家族、黔东南麻哈州夏氏家族。

鉴于贵州少数民族地区文化较为落后的状况，清廷在大兴学校以推广儒学的同时，采取种种特殊举措，推动贵州苗生科举。其一，在少数民族聚居州县官学专设义学训导，训诲苗生，加强义学苗生督查教育，提高苗生文化及儒学水准，送入科场。其二，在府州厅县学，或原额内划定苗生名额，或原额外增加苗生学额，给予专门学额，录取苗生。大致测算，清初至乾隆初年近百年间，录取苗生生员当在800来人，其中不乏举人乃至进士。较之明代，儒学在少数民族中的传播又向前迈进了一大步。土司、土官子弟以外，普通苗童也可以应试儒学，接受儒学教育的层面扩大了，人数增加了；苗生总体儒学水平提高；取得科举功名的人数更多了；读书应试的苗生更多了，各府州县各民族中均有分布。习读诗书、循礼遵义开始成为习尚。

五、理论儒学实现本土化、群体化、创新化转型

学校教育、科举取士的兴隆，人才的勃兴，带来了清代前期贵州理论儒学的新气象。儒学著作数量由明代近40种猛增至近160种，远超明代。不仅数量多，而且学术水平高。遵义沙滩（今遵义县新舟镇沙滩村）儒学群体中的郑珍、莫友芝、黎庶昌，安平（今平坝）儒学群体中的陈法，是这一时期贵州理论儒学的佼佼者。

明代黔中王学的形成，开启了贵州理论儒学的本土化转型。不过，黔中王学带有明显的输入性特征。王守仁贬谪贵州，始有阳明心学的产生；黔中王学的主要成员无不受业于王守仁及其门人。清代前期及稍后，贵州儒学群体，无论是安平陈法家族还是沙滩郑、莫、黎家族，其先祖均在明代进入贵州，历经数百年的交往磨合，融入了贵州社会，成为贵州人；均世代业儒，父辈、兄辈都是他们的儒学启蒙先生，有的童生试、乡试乃至会试前的教育，也是在父辈、兄辈的私塾、书院完成的；其学术成就主要形成于贵州本土。明代的黔中王学，群体人数还较少，彼此间的关系也较为松散。清代前期及稍后，安平陈法家族自明末始，子弟世代或乡试中举，或会试及第，形成一个家族性儒学群体。在这个家族的影响下，平坝一县之地，包括陈法家族在内，进士竟达11名之多，更毋论生员、举人，形成一个颇具规模的县级地域儒学群体。沙滩儒学群体中的郑氏家族4代人中，5人科场中式；莫氏家族4代人中，生员、贡生、举人、进士12人；黎氏家族12代人中，明代生员6人，清代生员、监生、贡生、举人、进士22人。3个家族，明清两代科场中式者40多人，其中绝大多数在清代。3个家族或为师生，或为姻亲，彼此提携，相与切磋，形成一个人数众多、联系密切的儒学群体。清代前期及稍后，贵州理论儒学有了较之明代为多的创新性成果，有的成果还在

国内有一定地位及影响。黎庶昌搜集、刊刻《古逸丛书》，20多种古籍失而复得。莫友芝《宋元旧本书经眼录》《邵亭知见传本书目》填补了目录学的空白，《韵学源流》成为清代有价值的音韵学史专著之一。陈法《易笺》收入《四库全书》，系贵州唯一入选者。郑珍《仪礼私笺》《考工轮舆私笺》《巢经巢经说》收入《清经解续编》，系西南地区唯一入选者，时称"西南巨儒"。理论儒学实现本土化、群体化、创新化转型，是清代前期及稍后贵州理论儒学发展的标志。理论儒学的发展为儒文化与民族认同提供了理论支撑。

六、祠庙祭祀文化继续发展，儒学进一步向乡里及少数民族地区延伸

清代前期，贵州与儒学流播关联的祠庙祭祀文化继续发展。其一，祠庙分布地域更广。74个府、州、厅、县行政区域中，明代已有建制而无祠庙者，均增建了祠庙；清代前期新设置之府、州、厅、县，除少数厅外，都有了祠庙。其二，祠庙数量更多，祭祀内容更加丰富。贵阳府城祠庙，明代4座，清前期增加了近30座；新置兴义府有近20座；新置苗疆古州厅有20来座。尊孔崇儒、倡扬文教的祠庙在明代文庙、启圣祠、阳明祠基础上，增加武庙、文昌阁、文昌宫、奎光阁、魁星阁、梓潼阁等；表彰忠烈、节孝的祠庙在明代忠烈庙、忠勋祠、表贤祠之外，增加忠义孝悌祠、昭忠祠、节孝祠等。其三，祠庙祭祀进一步向乡里及少数民族地区延伸。作为崇文重教象征的文昌宫，不仅深入了诸如广顺州归德里、久安里、瓮安附里老鸦岩、乾里梭罗堡一类乡里，而且深入了贵定县平伐司新占寨、大平伐司卡蒋一类少数民族村寨。少数民族聚居的天柱县，有文昌阁9座，均分布于里甲。少数民族人物也有了祀祠。以尊孔崇文为核心的祠庙祭祀文化向乡里特别是少数民族地域的延伸、渗透，表明儒学正更多地得到社会底层及少数民族的认可，从而推进了各民族共同文化心理及民族认同的进程。

七、汉"夷"错处交融，"务学力田"，"交好往来"，"相习相安"

继明代之后，清代前期，江南、湖广、四川等周边汉民继续大批进入贵州。历经明清数百年的移民，至清代前期，贵州民族结构发生了重大变化，"夷"多汉少的格局转变为汉多"夷"少。今黔东北铜仁市中、西部，黔北遵义市，黔中贵阳市，黔中安顺市北部，黔南州北缘，黔西北毕节市之黔西县、七星关区，黔西南州之西缘，黔东

南州之北缘、东缘，均已处于汉多"夷"少之格局。尚处于"夷"多汉少格局的，则有今黔东北铜仁市之东缘，黔中安顺市南部，黔南州中、南部，黔西北毕节市之大方县及西部，贵州西缘六盘水市中、东部，黔西南州中、东部，黔东南州绝大部分。各府、州、厅、县，无论汉多"夷"少地域还是"夷"多汉少地域，都处于汉、"夷"错处杂居状态。汉民一般聚居于城市；而少数民族聚居之村寨，亦有相当数量的汉民进入，这部分汉民被称为客民，据统计约在7万1千户上下。清代前期，较之明代，进入少数民族聚居地域的汉民更多，错处杂居状况更为普遍、贴近。

进入少数民族聚居地域的客民，从事农业者5万余户，从事手艺及贸易者2万余户。客民带入了先进的农耕技术及商品经营理念，推动了民族地区经济的发展。

进入少数民族聚居地域的客民，有的还具有相当的经济实力。从事农业的5万余客户中，一半以上买有苗民田产或有苗民抵押的田产，有的购买苗产后进而招佃耕种；从事手艺特别是贸易的客户，其中同样不乏具有相当财力者。客民来自文化发达之区，深受儒家文化的熏染，自觉不自觉地践行儒学、传播儒学。具有一定甚而相当财力的客民，督率子弟入学读书、进试科场，倡导、推动地方文教。进入少数民族聚居地域的客民，推动了民族地区儒学的发展、传播。

"夷"汉杂处固然有易于引发矛盾冲突的一面，但更有利于少数民族地区社会经济、文化的发展，有利于不同民族之间的交往、交流、沟通认同、和平共处，总体上看、长远看，是利大于弊的。

明清两代大规模进入贵州的汉民，历经数百年的交往、磨合，逐渐融入了贵州社会，成为"黔人"。[①]清代文献中将贵州外来移民特别是明代及其之前的移民称为"土著"，[②]表示这些移民已在很大程度上吸收了当地少数民族文化，融入了当地社会，已有别于新到移民；但又继承、保留了中原文化，有别于当地少数民族。演变为土著之外，有的汉民更融入了当地少数民族，虽融入了当地少数民族但尚保留着汉文化。地处苗疆腹地的清江（今清水江）一带的熟苗，家家户户供奉"天地君亲师神位"。[③]"土著"等汲取了少数民族文化，甚而融入了少数民族，同时又保留了儒文化传统，在儒文化向少数民族传播的进程中，起到了特殊的示范效应及纽带作用。

大批汉民进入贵州，进入少数民族聚居地区，官府大兴学校、大兴科举，儒学在贵州、在少数民族中进一步传播，各民族"耕凿诵读"[④]"务学力田"俗尚及文化心理

[①]陈法：《犹存集·黔论》，《黔南丛书》第2辑，贵阳：贵州人民出版社2009年版第134页。
[②]爱必达：《黔南识略》，《黔南识略·黔南职方纪略》，贵阳：贵州人民出版社1992年版第276页；罗绕典：《黔南职方纪略》，《黔南识略·黔南职方纪略》，贵阳：贵州人民出版社1992年版第282、322页。
[③]《同治苗疆闻见录》，《中国地方志集成·贵州编》第19册，成都：巴蜀书社2006年版第602-603页。
[④]爱必达：《黔南识略》，《黔南识略·黔南职方纪略》，贵阳：贵州人民出版社1992年版第178页。

初步形成,"士习诗书,农安耕凿",① 认同感增强;"民苗相安,晏然无事";②"彼此无猜","交好往来","相习相安"。③ 清初至道光年间,民族纷争、动乱事件总的说来呈弱化之势,贵阳府、大定府尤为明显。随着改土归流的完成、儒文化传播、民族交往融合,贵阳府在乾隆初年以后,大定府在康熙中叶以后,动乱事件基本未再发生。不过,黔东南苗疆腹地及黔东北松桃直隶厅,社会却长期动乱,苗民起事不断。究其原因,固然在于开发之初的需索钱粮、兵丁扰累、少量客民买当苗民田产导致苗民反成佃户。更深层次的原因,则在于苗疆腹地社会尚有相当苗、侗民族处于原始社会末期,清廷以武力强行将其推入封建社会,造成苗疆民族的诸多不适应;而语言的障碍则导致儒学教化推行举步维艰。推进大一统、推动苗疆社会发展、造福苗民的良好初衷与苗疆社会现状的过大差异,上层建筑与经济基础的脱节,给苗疆社会留下了后患。

---

① 爱必达:《黔南识略》,《黔南识略·黔南职方纪略》,贵阳:贵州人民出版社1992年版第266页。
② [民国]《贵州通志·前事志》第3册,贵阳:贵州人民出版社1985年版第466页。
③ 罗绕典:《黔南职方纪略》,《黔南识略·黔南职方纪略》,贵阳:贵州人民出版社1992年版第282、322、328页。

第六章　儒文化在贵州古代少数民族中的流播与民族认同

　　贵州古代17个少数民族中，黔北仡佬是唯一的原住民族；黔东北土人、黔东南苗人及侗人、黔西南仲家、黔西北"夷人"5个民族，人数较多，分布地域较广。本章论述儒文化在贵州古代少数民族中的流播与民族认同，即以这6个少数民族为代表。

　　贵州古代少数民族主要聚居地域，从秦汉开始，两千来年中，历经两汉郡国并存及唐宋经制州、羁縻州、封国并治，到元代土司一统天下，再到明代土流并治，至清代前期，府、州、厅、县设置基本覆盖今县级以上行政区划。其间，既有大一统郡县制的逐步推进，亦有对土著民族王国制、番落制、领主世袭制的接纳与封国制、番落制、土司制改造；郡县制区域不断扩大，封国制、土司制领域不断缩小，最终形成了总体上的流官治理格局，实现了郡县制基础上的大一统制度认同。

　　大一统认同的基础是民心，是仁民、爱民、惠民。《明史纪事本末》："有德易以王，无德易以亡。盖古者贤明之主，在德不在险也。"[①] 清康熙帝："守国之道，惟在修德安民。民心悦，则邦本得而边境自固"。[②] 四大土司之改土归流，缘于思州、思南之长期内战，缘起播州杨应龙之乱、水西安氏之乱；在新辟苗疆，豁免钱粮奖励开垦，推行牛耕，兴修水利，疏通河道，改善民生。至大之德，仁也；至大之政，仁政也。仁民爱民，养民安民，王朝即有其长治久安之根本，大一统即有其合法性之基础。

　　古代贵州少数民族主要聚居地域，汉民不断大量进入。汉代开发夜郎，三蜀大姓属下的数十万汉民进入今贵州西部、中部；五代十国时期，楚国将士进入今黔南惠水一带；明代大规模屯田戍边，少数民族主要聚居地域置15卫1直隶千户所，将士132496户、近53万，此外尚有大批民屯、商屯汉民。清代前期，川、湖等周边乃至赣、粤等省汉民，继续大批进入，仅进入少数民族聚居村寨的汉民即有58759户、23.5万余口。大批汉民进入贵州，由最初的"少数民族"变成了多数民族。汉民进入少数民族聚居地域并与之交错杂处，传播了儒家文化及先进的农耕技术、商品经营理念，带动了儒学在少数民族中的传播及少数民族地区经济的发展。

[①] 谷应泰：《明史纪事本末》第11卷，北京：中华书局1977年版第161页。
[②] 《圣祖仁皇帝实录》第151卷，《清实录》第4册，北京：中华书局1985年版第678页。

移民虽然来到异乡，却依旧保留、传承着儒文化，"敦礼教、崇信义"；"农勤耕种"，"士知读书"；坚守春节、清明、端午、七月半、八月中秋、除夕习俗。[①] 移民在将儒文化传播到少数民族之中的同时，也不断接纳少数民族文化，其中相当部分进而融入了少数民族，成为"熟苗""土著""蛮民"，有的还成为土官、土司。接纳少数民族文化甚而融入少数民族的移民，同时又保留了某些儒文化传统，有的甚至始终坚守儒文化传统，供奉"天地君亲师"牌位；读诗书，习儒学；纂家谱，承家训；拥戴大一统，忠君事国，爱民仁民，孝父悌长。这些来自中原抑或江南而又融入了少数民族的群体，在儒文化向少数民族传播的进程中，在增进民族认同方面，起到了纽带及示范效应，发挥着特殊的作用。

夜郎时期的贵州，大致处于奴隶制阶段，部分地域尚处于原始时代。汉代数十万三蜀移民进入该地垦殖，将铁犁传入了土著民族之中，将地主制生产关系直接输入了夜郎地域。魏晋南北朝时期，地方土著大姓受三蜀移民先进生产方式的影响，由奴隶制生产方式转向了部曲制即领主制生产方式；在大一统制度儒学衰微背景下处于势孤境况的原三蜀大姓，转而寻求与地方土著大姓的结合，由地主制生产方式退化为领主制生产方式。唐代"夷人"文献中出现使用牛耕的记载。两宋特别是南宋，受近邻四川、荆湖区域发达经济带动，今黔北、黔东北地域封建领主制经济开始盛行，地主制经济有所发展。元代实行军屯，整治驿路，物化儒学较之前代有所发展；全面实行土司制，今贵州地域总体进入领主制时代。明代建省，府、州、县、卫多设社稷坛，祭祀土神、谷神。朝廷大修驿路，移民百万屯垦，将江南、中原先进生产技术引入贵州，土著民族进一步改变刀耕火种传统，使用水利灌溉、精耕细作特别是铁犁牛耕技术。手工业、矿业、商业发展，一批城镇兴起。户口、田土、税粮较之前代大幅增长。屯垦移民铁犁牛耕，成为朝廷编户，地主制生产关系盛行于府州县及汉民之中；伴随着改土归流，少量土司居民编入了官府民籍，地主制生产关系进入土著民族之中。清代前期，祭祀土神、谷神之外，始设先农坛祭祀神农炎帝；推行铁犁牛耕，奖励开垦，兴修水利，精耕细作，农业经济较明代大有进步，田亩、赋税较之明代大幅增长，人口更猛增至534.8万。铁犁牛耕、引水灌溉等农耕技术在少数民族地区进一步推广应用。丝织业、棉织业、盐业、铅矿、木材等手工业及商品交易大发展，形成了一批旺盛的商品交易中心及商品集散地。伴随大规模的改土归流、苗疆开发及社会经济的发展，大多数居民不再依附于领主，转而成为朝廷编户。汉族聚居地区土地买卖、租佃盛行；包括新辟苗疆在内的少数民族地区也出现了大量土地买卖、租佃现象，地主制生产关系在少数民族中进一步成长。就全省范围而言，铁犁牛耕及地主制生产关系最终取得了主导地位。物化儒学亦即儒家农耕文明理念的传播及农耕文明的推广，为古

---

① 以上见［乾隆］《独山州志·地理志》，《独山州志》，《中国地方志集成·贵州编》第24册，成都：巴蜀书社2006年版第82、83页。

代贵州民族认同奠定了趋同物质基础。

贵州古代少数民族主要聚居地域，学校设置及科举中式人数，宋元以前寥若晨星。明代建省，学校教育、科举取士较之前代呈现出前所未有的飞跃发展气象，计有官学、书院、社学 109 所（座），举人、进士 1475 名。清代前期进而大幅增长，计有官学、书院、义学社学 288 所（座）；举人、进士 2160 名。明清两朝极为重视少数民族特别是其上层土司、土官的儒学教育。明廷令土司子弟入学并将其作为土司承袭的必要条件，土司子弟无需考试即可保送入学取得生员资格；朝廷在土司地区积极兴办司学、兴办启蒙性质的社学。至万历中，各土司所贡生员不下四五百人。[①] 清代虽然取消了保送入学的优待，但专门划定少数民族生员录取名额；土司子弟之外，一般少数民族子弟亦可"考试仕进"，[②] 扩大了教育面。令各地特别是少数民族聚居地域大力兴办义学、社学；官学内专设义学训导，训诲苗生。少数民族中崛起一批儒学人才，其中不乏举人、进士。以儒学为主要内容的学校教育及科举考试，使儒学得以通过文本的形式较为完整、系统地传入少数民族特别是其上层土司、土官之中，扩大了儒学在少数民族特别是其上层土司、土官之中的影响。

古代贵州，儒文化以宗教、文字典籍、族谱家训等形式，在土司、土官、祭司、族老、款首、榔首、寨老等上层群体之中流播，更以祠庙祭祀、款规、榔规、乡规民约、歌谣谚语、故事传说、戏剧小曲、婚丧习俗、节日祀典等形式流播于下层群体之中。儒家尧、舜、商汤、周文王、周武王、孔子、孟子等圣人，《易经》起源于河图、洛书的传说，太极、阴阳、气化、五行、八卦等关于天地万物本原及其形成的学说，崇文重教、大一统、忠君爱国、孝亲悌长、保贞守节、礼义仁信、爱民惠民、团圆和谐、重视农桑、勤劳节俭、升平太平等思想、观念，得到了少数民族的认同。

汉族与少数民族错处杂居、交往交流，儒文化在少数民族中较为广泛的流播，推动着少数民族与汉民族共同习尚、文化心理的形成，"士习读书，民勤稼穑"；[③]"冠婚丧祭渐遵礼制"。[④] 历经数千年的交往接触，汉民族逐渐认可了少数民族，少数民族逐渐接纳了汉族。《调北征南歌》："我们的祖先啊，永远在贵州，与夷家一道，和睦共相处……开辟新山区，建造新竹楼，繁衍众子孙，扎根在贵州……大事小事同相帮，亲密如手足。"[⑤] 侗人民歌："侗汉苗瑶本是同源共根长，好比秧苗共田分几行……侗汉苗瑶一家亲，共个苍天星星亮。"[⑥]《西南彝志》："彝汉交错同住，如天仙样和蔼发展"。[⑦]

[①] 参见何仁仲：《贵州通史》第 2 卷，北京：当代中国出版社 2002 年版第 356 页。
[②] [民国]《贵州通志·学校志选举志》，贵阳：贵州人民出版社 2008 年版第 116 页。
[③] 爱必达：《黔南识略》，《黔南识略·黔南职方纪略》，贵阳：贵州人民出版社 1992 年版第 178 页。
[④] 爱必达：《黔南识略》，《黔南识略·黔南职方纪略》，贵阳：贵州人民出版社 1992 年版第 209 页。
[⑤]《调北征南歌》，《民间文学资料：布依族古歌叙事诗情歌》第 45 集，1980 年印本第 99 页。
[⑥]《侗汉苗瑶本是同源共根长》，《侗族民歌选》，上海：上海文艺出版社 1980 年版第 47-48 页。
[⑦]《西南彝志》。转引自王鸿儒：《夜郎文化史》，贵阳：贵州人民出版社 2009 年版第 433 页。

清代前期，贵州各民族认同达到了古代高峰。不过，总的说来，这种认同度还是初步的、有限的。封建王朝的民族压迫及歧视政策，地方吏役兵丁的敲索，土司、土官自身传统利权的考量，使得民族冲突时有发生。民族认同任重而路途尚远。

第一节　贵州古代仲家儒文化与民族认同

一、仲家源流及其大一统认同

仲家今为布依族，① 绝大部分分布于贵州。2010年全国第六次人口普查显示，贵州布依族251万人，系省内第二大少数民族，仅次于苗族。贵州布依族主要分布于黔南中南部、黔西南及安顺市南部，贵阳市、黔西北、六盘水市、黔东南、黔北亦有零星分布。本节论述贵州古代仲家儒文化与民族认同，以黔南中南部、黔西南及安顺市南部等地域为主。

仲家之称见于史籍最早在元代，《元史》有新添葛蛮安抚司（今黔中、黔南、黔东南自西而东一狭长地带）领有"栖求等处仲家蛮"之语。② 明清沿袭。《明史·张鹤鸣传》有"仲……自贵阳抵滇"之语；③ 清康熙四十五年（1706年），朝廷有"题准贵州仲家、苗民子弟一体入学肄业"之语。④ 又有仲苗、侬家之称。仲家先民为古百越族系。百越族系为中国古代南方主要族系之一，遍布今粤、桂、闽、江、浙、赣辽阔的东南之地。春秋战国时期，越人在今江浙一带建立了强大的越国，后为楚国所灭。秦灭楚、齐等六国，统一天下，继而出动数十万兵卒，大举挺进江南百越地区，平定今浙江一带越族，置会稽郡；平定今浙江南部温州一带的东瓯及福建境内的闽越，置闽中郡；平定今两广地区的南越和西瓯，"置桂林、南海、象"三郡。南方百越开始受到压力。秦亡，南海尉赵佗"即击并桂林、象郡，自立为南越武王"，⑤ 占有今广东大部、江西南部、福建西南，以今广州为中心；东瓯（今浙江南部、福建东北，温州为中心）、闽越（今福建大部，福州为中心）、西瓯（今广西东部、广东西部，贵港市为中

---

① 1953年起统一称布依族。
② 《元史·地理志》，《二十五史》第9册，上海：上海古籍出版社、上海书店1986年版第183页。
③ 《明史·张鹤鸣传》，《二十五史》第10册，上海：上海古籍出版社、上海书店1986年版第716页。
④ [民国]《贵州通志·学校志选举志》，贵阳：贵州人民出版社2008年版第116页。
⑤ 《史记·南越尉佗传》，《二十五史》第1册，上海：上海古籍出版社、上海书店1986年版第327页。

心）等亦纷纷脱离中央王朝，自立为王。汉初，这些王国对汉朝时附时离。武帝时，着手边疆统一大业。建元元年（前140年）、六年（前135年），两次用兵，收服、控制东瓯、闽越，随即遣鄱阳（今江西鄱阳）令唐蒙出使南越，欲趁势控制南越国，未果。元鼎五年至六年（前112—前111年），南越反，汉军10万"定越地，以为南海、苍梧、郁林、合浦、交趾、九真、日南、珠厓、儋耳郡"① 等9郡，统一了南越。秦、汉王朝的挤压，使部分西瓯越人越过红水河，向北徙入今贵州，直至乌江南岸。② 西瓯越人即仲家二代先民。仲家先民成为秦汉时期夜郎国居民之一，汉代所建犍为郡、牂牁郡居民之一。汉代，仲家先民纳入了大一统中央王朝治理之下。

西汉开发夜郎，"募豪民田南夷"，③ 招募主要来自三蜀的富家大姓，④ 移民牂牁，就地垦殖。移民达数十万，成为汉代进入牂牁的最大汉民群体。其分布地域，就包括了仲家先民居住的今黔南、黔西南及黔中，汉代著名经学家尹珍即三蜀大姓尹氏后裔，出生在毋敛即今黔南独山、荔波一带。汉族移民将中原、三蜀先进的农具及生产技术、儒文化传播到了边地；仲家先民很早就与汉民族有了接触、交往。东汉末年，朝廷的控制力量衰落，魏晋南北朝时期，中国处于大分裂状态，无力顾及西南，汉族移民政治上、人数上均处于弱势，纷纷"夷化"；大姓则与土著首领结合，形成新的上层集团——南中龙、尹、董、傅、谢等牂牁大姓。龙氏、尹氏、董氏、傅氏系与地方土著民族"夷帅"结合甚而基本上融入土著民族的三蜀大姓；谢氏系与三蜀大姓结合并大量汲收汉文化，相当程度上融入了汉族的土著民族"夷帅"。汉人"夷化"，"夷"、汉融合，儒文化、土著民族文化彼此渗透。

汉代起，牂牁大姓谢氏开始成为仲家先民中有影响的大姓。西汉晚期，谢氏先祖谢暹在公孙述割据巴蜀时，联合同郡大姓龙、傅、尹、董氏"保郡"奉汉；东汉初年，"乃远使使由番禺江出，奉贡汉朝。世祖嘉之，号为义郎"。⑤ 谢氏势力在牂牁渐次发展。

三国时期，包括今黔西南在内的贵州大部地域属于蜀汉统辖区域。诸葛亮南征，今黔西南是主战场之一。征南大军兵分三路，东路李恢"出击，大破之，追奔逐北，南至槃江，东接牂牁"；⑥ 东路马忠平定牂牁。黔西南、黔南、黔中安顺市布依族中，至今还流传着许多蜀汉军队南征的遗迹、遗物、传说。

---

①《汉书·武帝纪》，《二十五史》第1册，上海：上海古籍出版社、上海书店1986年版第20页。
②也有学者认为，春秋乃至春秋之前，仲家先民就已经是牂牁国的居民之一，其后自然成为夜郎国的居民。（参见周国茂：《布依族文化大观》，贵阳：贵州人民出版社2012年版第6页）
③《史记·平准书》，《二十五史》第1册，上海：上海古籍出版社、上海书店1986年版第178页。
④指蜀郡、广汉郡及犍为郡，即今川西、川南一带。广汉郡为西汉初年分蜀郡所置；犍为郡为武帝时所置，包括鄨郡、巴郡部分地域。
⑤常璩 撰，任乃强校注：《华阳国志校补图注》，上海：上海古籍出版社1987年版第260页。
⑥《三国志·蜀书·李恢传》，《二十五史》第2册，上海：上海古籍出版社、上海书店1986年版第127页。

两晋南北朝大分裂、大动荡时期,牂牁地区状况稍好。控制牂牁的仲家谢氏大姓,心系中土,艰难地维系着脆弱的一统局面。东晋,"牂牁谢恕……保境为晋";① 南朝,谢氏奉宋、齐、梁、陈各朝为正统。②

唐代一统,在今贵州实行经制州、羁縻州及封国并置并治制度。仲家先民分布地域,一度设置过经制州的有今黔西南兴义、普安一带之盘州,安顺市关岭、镇宁、紫云等地之琰州,今黔南部分、黔东南部分、黔北余庆之牂州。③ 3 州后均改羁縻州。设置羁縻州的除上述 3 州外,可考者有今黔西南望谟之明州,安龙之训州;黔南罗甸及惠水部分之庄州,长顺县广顺镇之今州,平塘之南平州;安顺市关岭之琰州,安顺市紫云及黔南长顺、罗甸间之勋州。④ 封国或番落有位于今兴义、普安及盘县一带的于矢部,⑤ 安顺市之罗殿国。⑥ 两个封国均为今彝族先民所建,居民主要为彝族先民,境内当有部分仲家之先民。

隋唐时期,牂牁谢氏成为今贵州地域影响最大的土著大姓,并演变为牂牁蛮(今黔南部分、黔东南部分、黔北之余庆)、东谢蛮(今黔南三都)、西谢蛮(今安顺市镇宁)、南谢蛮(今贵阳青岩)多部,一如既往,尊奉中央王朝,尽力维系牂牁的安宁局面。隋朝末年,天下大乱,"土宇分崩,谢氏保境自固"。⑦ 唐朝代隋,牂牁蛮首领谢龙羽即于高祖武德三年(620 年)"遣使朝贡",唐廷以其地置牂州,"授龙羽牂州刺史,封夜郎郡公"。⑧ 终唐一朝,牂牁蛮朝贡不断,有确切年份记载的朝贡达 20 多次。⑨ 东谢蛮首领谢元深于贞观三年(620 年)"入朝",唐廷"以其地为应州,仍拜元深为刺史,领黔州都督府";仿《周书·王会篇》,"图写……撰为《王会图》"。南谢蛮首领谢强于贞观三年(620 年)"共元深俱来朝见,为南寿州刺史。后改为庄州"。⑩ 据有今贵阳的谢氏一支,于高祖武德四年(621 年)归附,唐廷以其地置炬州。⑪ 谢氏之外,

---

① 常璩 撰,任乃强校注:《华阳国志校补图注》,上海:上海古籍出版社 1987 年版第 257 页。
② 参见〔咸丰〕《安顺府志·地理志》,《中国地方志集成·贵州编》第 41 册,成都:巴蜀书社 2006 年版第 36 页。
③ 《旧唐书·地理志》,《二十五史》第 5 册,上海:上海古籍出版社、上海书店 1986 年版第 201 页。
④ 参见谭其骧:《中国历史地图集》第 5 册,北京:中国地图出版社 1982 年版 59-60 页;樊开印:《中国历史疆域古今对照图说》,〔台北〕徐氏基金会 1979 年版第 65、67 页附图;何仁仲:《贵州通史》第 1 卷,北京:当代中国出版社 2002 年版第 297 页。
⑤ 参见《元史·地理志》,《二十五史》第 6 册,上海:上海古籍出版社、上海书店 1986 年版第 174 页。
⑥ 《新唐书·南蛮传》,《二十五史》第 6 册,上海:上海古籍出版社、上海书店 1986 年版第 682 页。
⑦ 〔民国〕《贵州通志·前事志》第 1 册,贵阳:贵州人民出版社 1985 年版第 228 页。
⑧ 《旧唐书·牂牁蛮传》,《二十五史》第 5 册,上海:上海古籍出版社、上海书店 1986 年版第 634 页。
⑨ 参见《旧唐书·牂牁蛮传》,《二十五史》第 5 册,上海:上海古籍出版社、上海书店 1986 年版第 634-635 页;《新唐书·南蛮传》,《二十五史》第 6 册,上海:上海古籍出版社、上海书店 1986 年版第 682 页。
⑩ 《旧唐书·牂牁蛮传》,《二十五史》第 5 册,上海:上海古籍出版社、上海书店 1986 年版第 634 页。
⑪ 参见《新唐书·地理志》,《二十五史》第 6 册,上海:上海古籍出版社、上海书店 1986 年版第 126 页。

仲家先民中有影响的大户尚有西赵蛮（今贞丰、罗甸）。贞观三年（629年），赵氏"遣使入朝"；二十一年（647年），"以其地置明州，以首领赵磨为刺史"。①

五代十国时期楚国（926—951年）南征宁州（今惠水），对仲家社会产生了重大影响。率兵南征的将领为歙县（今安徽歙县）人龙德寿；平定后，龙德寿留守南宁，"久之，遂授南宁州刺史……世袭职"；逐步融入仲家先民之中，宋代起成为西南大番主；其部将亦成为大小番主。"宋初，惟龙氏、方氏、张氏、石氏、罗氏为著，号五姓番。其后，程氏、韦氏又盛，比附五姓，号西南七番。其后递有分更，张氏且绝。至宋元之际，别以大龙、小龙、卧龙、程番、洪番、方番、石番、卢番为八番云"。② 五姓番、七姓番、八姓番，又作五姓蕃、七姓蕃、八姓蕃。龙德寿南征及其后众多番落的形成，是仲家历史上继两汉之后的又一次汉族大移民，是汉、仲民族的一次大融合。在中原文化的影响下，南宁州成为仲家社会发达之区。明代首置贵阳府，其前身名程番府，治所即今惠水。

宋代起，五姓番、七姓番成为仲家先民称谓之一，此外又沿袭东谢蛮、南谢蛮、西赵蛮之称。

宋代承袭唐代，实行经制州、羁縻州及封国并置制度。较之唐代，两宋势弱，在今贵州，经制州萎缩，仲家先民主要活动地域未再设置经制州，仅有羁縻州及封国。羁縻州可考者，今黔南有南宁州（今惠水）、乡州（今罗甸县边阳镇）、勋州（今罗甸蓬亭）、劳州（今荔波南）、抚水州（今荔波东南）、峨州（今荔波东北）、南平州（今平塘）、庄州（今龙里、长顺之间）、今州（今长顺县广顺镇）、邦州（今都匀西北），今黔西南有训州（今安龙）、和武州（今紫云）。③ 封国有南宁州归化王。北宋太宗至道元年（995年），南宁州大番主龙汉珫"遣其使龙光进率西南诸蛮来贡方物"，诏授龙汉珫"宁远大将军，封归化王"。④ 封国之外自行为治的番国有自杞国，今彝族所建。其地域，大致包括今黔西南全境、六盘水之盘县、黔南罗甸之一部。⑤

南宁州归化王暨八姓番频繁朝贡，与两宋王朝关系密切。太祖乾德五年（967年），即北宋开国伊始，龙番首领龙彦瑫等即前往朝贡，"诏授彦瑫归德将军、南宁州刺史、蕃落使"。归化王龙汉珫于太祖至道元年（995年）遣使节龙光进"率西南诸蛮……贡方物"；真宗咸平元年（998年）遣使节龙光腆"率牂牁诸蛮千余人"进贡；五年（1002年），"又遣牙校率部蛮千六百人、马四百六十匹并药物布帛等"进贡，"赐冠带

---

① 《旧唐书·牂牁蛮传》，《二十五史》第5册，上海：上海古籍出版社、上海书店1986年版第634页。
② 以上见《传十五·土司传上》，[道光]《贵阳府志》下册，贵阳：贵州人民出版社1985年版第1589页。
③ 以上参见谭其骧：《中国历史地图集》第6册第29-30、69-70页，第5册第59-60页，北京：中国地图出版社1982年版。
④ 《宋史·蛮夷》，《二十五史》第8册，上海：上海古籍出版社、上海书店1986年版第1611页。
⑤ 参见《贵州古代民族关系史》，贵阳：贵州民族出版社1991年版第191页；何仁仲：《贵州通史》第1卷，北京：当代中国出版社2003年版第418页。

于崇德殿，厚赉遣还"。① 据《宋史》载，北宋 160 多年间，龙番朝贡达 27 次之多。西南各番追随龙番，屡屡朝贡。南宋末年元军大举进攻贵州之际，各番依旧追随宋室抵抗，"合力为国御难"。②

元代在今贵州全面实行土司制度，任用土著民族首领为土官，世袭治理，贵州社会总体进入封建领主制时代。今黔西南之普安、兴义、兴仁、安龙等县及六盘水市之盘县，有隶属于云南行省曲靖等路宣慰司之普安路；③ 同隶属于曲靖等路宣慰司者尚有今黔西南晴隆一部及黔中安顺市之普定路。④ 今黔南西部之惠水、平塘西部、长顺东部、罗甸北部有隶属于湖广行省八番顺元等处宣慰司都元帅府之罗番遏蛮军、程番武盛军、金石番太平军、卧龙番南宁州、小龙番静蛮军、大龙番应天府、洪番永盛军、方番河中府、卢番静海军等 9 安抚司及韦番蛮夷长官司、卢番、木瓜仡佬等 3 蛮夷长官司；⑤ 同隶属于八番顺元等处宣慰司都元帅府者尚有今黔南境内及贵阳市郊之管番民总管府；⑥ 分布于今黔中、黔南、黔东南一狭长地带之新添葛蛮安抚司。⑦ 土司制度在包括仲家地区在内的今贵州地域全面实行，推进了贵州行政区域及行政体制的统一趋势，增进了贵州各民族的大一统中央王朝认同，增进了仲家与其他民族的接触、交往、交流与认同。

元代，仲家之称首次见于史籍。《元史》载，新添葛蛮安抚司领地有"栖求等处仲家蛮"。⑧

明代，贵州建省，大规模改土归流。至明末，置 1 司、10 府、9 州、14 县。仲家地域，今黔南中南部属贵阳府，东缘属都匀府，有广顺州（治今长顺境）、定番州（治今惠水）、贵定县、独山州等 3 州 1 县；有长官司 22 个，其分布，今惠水 16 个，都匀市、平塘、独山 6 个。⑨ 今黔西南州尚未设府，仅有时属广西行省之泗城州（治今凌云境）北部（今望谟、册亨、贞丰、安龙部分）。⑩ 今安顺市南部有隶属于安顺府之镇宁

---

① 《宋史·蛮夷》，《二十五史》第 8 册，上海：上海古籍出版社、上海书店 1986 年版第 1613 页。
② 《宋史·理宗本纪》，《二十五史》第 7 册，上海：上海古籍出版社、上海书店 1986 年版第 110 页。
③ 参见《元史·地理志》，《二十五史》第 9 册，上海：上海古籍出版社、上海书店 1986 年版第 174 页；谭其骧：《中国历史地图集》第 7 册，北京：中国地图出版社 1982 年版第 23-24 页。
④ 参见《元史·地理志》，《二十五史》第 9 册，上海：上海古籍出版社、上海书店 1986 年版第 174-175 页；谭其骧：《中国历史地图集》第 7 册，北京：中国地图出版社 1982 年版第 23-24 页。
⑤ 参见《元史·地理志》，《二十五史》第 9 册，上海：上海古籍出版社、上海书店 1986 年版第 182 页；杨昌儒等：《贵州民族关系的构建》，贵阳：贵州人民出版社 2010 年版第 109 页。
⑥ 参见《元史·地理志》，《二十五史》第 9 册，上海：上海古籍出版社、上海书店 1986 年版第 182 页；何仁仲：《贵州通史》第 1 卷，北京：当代中国出版社 2003 年版第 458 页。
⑦ 参见《元史·地理志》，《二十五史》第 9 册，上海：上海古籍出版社、上海书店 1986 年版第 183 页。
⑧ 参见《元史·地理志》，《二十五史》第 9 册，上海：上海古籍出版社、上海书店 1986 年版第 183 页。
⑨ 参见《明史·地理志》，《二十五史》第 10 册，上海：上海古籍出版社、上海书店 1986 年版第 130 页；贵州民族研究所：《明实录贵州资料辑录》，贵阳：贵州人民出版社 1983 年版第 1361、1365-1367 页。
⑩ 参见《明史·地理志》，《二十五史》第 10 册，上海：上海古籍出版社、上海书店 1986 年版第 127 页；周春元等：《贵州古代史》，贵阳：贵州人民出版社 1982 年版第 214 页。

（治今镇宁）、永宁（治今关岭）2 州；有长官司 4 个，分布于今紫云、镇宁、关岭境内。①

明代的仲家地区，属典型的土流并治区域。由元代土司一统天下到设置府州县、土流并治，是仲家地区制度儒学及大一统认同的巨大进步。不过，今黔南中南部、黔西南、安顺市南部等 3 地均远离湘黔滇大通道，故这些地域社会进步远不及通道沿线地域。

清代前期，贵州仲家地域开辟苗疆、改土归流、裁卫置县，今黔南中南部置都匀 1 府（治今都匀市），广顺（治今长顺境）、定番（治今惠水）、独山、罗斛（今罗甸）、大塘（今平塘）等 5 州，长寨（治今长顺）、都江（治今三都境）2 厅，荔波、都匀 2 县；长官司 18。② 今黔西南州置兴义府（治今兴义市），领贞丰（治今贞丰）1 州，册亨（今贞丰、册亨、安龙、望谟）、普安、安南（今晴隆）、兴义（今兴义、兴仁）4 县。③ 今安顺市南部，置镇宁、永宁（治今关岭）2 州，归化（治今紫云）1 厅。④

贵州仲家主要聚居地域，从秦汉开始，历经两千来年，从郡国并存并治到元代土司一统天下，再到明代土流并治，至清代前期，府、州、厅、县设置覆盖了今县级以上行政区划，最终实现了总体上的流官治理格局，制度儒学的发展及大一统制度认同达于高峰。其间，既有大一统郡县制的逐步推进，亦有对土著民族王国制、番落制、领主世袭制的接纳及改造，将王国制改造为封国制，番落制、领主世袭制改造为土司制；郡县制区域不断扩大，封国制、土司制领域不断缩小，最终形成了总体上的流官治理格局，实现了郡县制认同，实现了郡县制基础上的大一统制度认同。这种认同带来了仲家地域社会的巨大进步，并为仲家地域社会政治、经济、文化水准的进一步提升创造了必不可少的制度前提。尽管在流官治理格局形成过程中存在种种负面效应，但正面效应是主要的。

---

① 以上见《明史·地理志》，《二十五史》第 10 册，上海：上海古籍出版社、上海书店 1986 年版第 130 页；贵州民族研究所：《明实录贵州资料辑录》，贵阳：贵州人民出版社 1983 年版第 1361、1366 页。

② 参见《清史稿·地理志》，《二十五史》第 11 册，上海：上海古籍出版社、上海书店 1986 年版第 323-324 页；《明史·地理志》，《二十五史》第 10 册，上海：上海古籍出版社、上海书店 1986 年版第 130 页；赵尔巽等撰，马国君编著：《清史稿地理志贵州研究》，贵阳：贵州人民出版社 2011 年版第 124-154 页；罗绕典：《黔南职方纪略》，《黔南识略·黔南职方纪略》，贵阳：贵州人民出版社 1992 年版第 276 页。

③ 参见《清史稿·地理志》，《二十五史》第 11 册，上海：上海古籍出版社、上海书店 1986 年版第 325 页；赵尔巽等撰，马国君编著：《清史稿地理志贵州研究》，贵阳：贵州人民出版社 2011 年版第 278、286、294-296 页。

④ 以上参见《清史稿·地理志》，《二十五史》第 11 册，上海：上海古籍出版社、上海书店 1986 年版第 324 页。

二、汉民大量进入与民族交融认同

继两汉、五代十国两次汉民规模进入仲家地域，明代，汉民以更大的规模进入。明代在今贵州地域大规模屯田，军屯、民屯、商屯，百万汉族移民进入贵州。在仲家地域，仅军屯就有都匀、安南、安庄3卫。其兵员，都匀卫（治今都匀市）7169人，安南卫（治今晴隆）5779人，安庄卫（治今镇宁境）9976人，[①] 合计22924人，亦即22924户。按每户4口计，当有92696口。加上民屯、商屯，移民数量当在10万以上。

清代前期，移民继续大量进入贵州，被称为"客户"，基本为汉族。道光十四年（1834年），朝廷令贵州地方清查进入少数民族地区的客民，首先提及的就是兴义府。[②] 云贵总督阮元、贵州巡抚裕泰奉旨清查奏报，全省计有客民71300多户、285200多口。[③] 据道光年间贵州布政使罗绕典《黔南职方纪略》一书载，清代前期，仲家主要地域，今黔南中南部少数民族聚居地有客户10205，今黔西南有25633户，今安顺市南部有1092户。[④] 合计30930户，占全省少数民族聚居区域客民总户数的51.8%。少数民族聚居区域客民尚有3万余户，加上汉民聚居地及城堡汉民，仲家主要地域汉民人口更为庞大。

秦汉以来，特别是明代及清代前期大批汉民进入，仲家地域民族结构发生了重大变化，汉民大量增加，在总人口中的比例大幅上升，少数民族人口比例下降。从总体看，仲家主要地域仍然是"夷"多汉少，如贵阳府之定番州、大塘州、罗斛州、广顺州（今长顺境）、长寨厅，都匀府之亲辖地、都江厅（今三都）、荔波县，兴义府之亲辖地、贞丰州，安顺府之永宁州（今关岭）、归化厅（今紫云）。不过，亦有一些地域已处于汉多"夷"少状况，如都匀府之都匀县（今都匀市），兴义府之兴义县（今兴义市）、安南县（今晴隆）、普安县，安顺府之镇宁州。[⑤] 大量汉民的进入，为仲家地域输入了发达地区的生产技术及儒文化。而进入少数民族聚居地域的客民或买当少数民族田产，或租种少数民族田土，或在少数民族地区从事贸易、手艺活动，与少数接触更为密切，更有利于发达地区的生产技术、商品经营理念及儒文化的推广，有利于增进

[①] 参见［嘉靖］《贵州通志·兵防》，《中国地方志集成·贵州编》第1册，成都：巴蜀书社2006年版第305-306页。
[②] 参见《宣宗成皇帝实录》第253卷，《清实录》第36册，北京：中华书局1985年版第841页。
[③] 参见［民国］《贵州通志·前事志》第3册，贵阳：贵州人民出版社1985年版第466页。
[④] 参见罗绕典：《黔南职方纪略》，《黔南识略·黔南职方纪略》，贵阳：贵州人民出版社1992年版第280、277-279、313、315、285、291-294、284-285页。
[⑤] 参见爱必达：《黔南识略》，《黔南识略·黔南职方纪略》，贵阳：贵州人民出版社1992年版第46-231页；罗绕典：《黔南职方纪略》，《黔南识略·黔南职方纪略》，贵阳：贵州人民出版社1992年版第276-313页。

民族之间的交流与认同。

汉代以后的两千来年中，中原、江南及湖广、两粤以汉民为主的移民不断进入贵州仲家地域。移民在推动制度儒学、物化儒学及文化儒学流播的同时，也不断接纳少数民族文化，其中相当一部分进而融入了少数民族。汉代"募豪民田南夷"[①] 进入的巴蜀移民，至魏晋完全融入了土著民族之中。五代十国时期进入的楚国将士，成为大小番落的首领乃至番王。明代进入的大批屯民，相当部分也融入了当地民族之中。仅以都匀、安南、安庄 3 卫屯军而言，明初兵员分别为 7169、5779、9976，[②] 合计 22924 员。到万历二十五年（1597 年）年间统计时，却分别仅有 1312、2486、7873，[③] 合计 11671 员，仅存原额之 50.9%；都匀卫尤甚，仅存原额之 18.3%。明代军户制度甚严，世代相袭，不得逃籍；如有逃亡，原籍拿回。大量消失的屯军人员，基本上应是进入了少数民族地域并融入了少数民族之中。仲家《调北征南歌》唱道："为了镇压苗和夷，洪武强迫我们的前辈人，远从江西那地方，来到贵州卖性命。""开辟新山区，建造新竹楼，繁衍众子孙，扎根在贵州。以后变成了夷家，变成了水户。"[④] 清代前期，汉民融入少数民族的现象依然存在。"土著"等接纳少数民族文化，甚而融入少数民族，同时又保留了儒文化传统，在儒文化向少数民族传播的进程中，起到了特殊的示范效应及纽带作用；汉民接纳少数民族文化甚至融入少数民族，各民族之间我中有你，你中有我，融合认同，共同组成了中华民族大家庭。

三、"仲家……一体入学肄业，考试仕进"

贵州仲家地域的儒学教育，最早可以追溯到汉代。东汉桓帝时，毋敛（今独山、荔波）人尹珍前往中都洛阳，师从经学大师许慎习五经，"以经术发闻"中原。[⑤] 尹珍系西汉武帝时应征至夜郎田耕之三蜀大姓尹氏后裔。尹氏来自儒学发达之乡，虽至荒蛮之地，仍坚持子弟儒学教育。西汉武帝至东汉桓帝，时达两百多年，延续 10 代以上，尚有子弟习儒，足见尹氏及其他三蜀大姓对子弟习儒之坚守。汉代牂牁郡是否设学，无从考证，很有可能的教育方式是家传私授。其后至宋代，仲家先民地域均无学校设置之记载，子弟入学习儒更无从谈起。秦汉至两宋的一千多年中，仲家先民地域儒学的传播方式，是受到儒学熏陶的汉族移民的儒学践行、潜移默化。

---

① 《史记·平准书》，《二十五史》第 1 册，上海：上海古籍出版社、上海书店 1986 年版第 178 页。
② 参见 [嘉靖]《贵州通志·兵防》，《中国地方志集成·贵州编》第 1 册，成都：巴蜀书社 2006 年版第 305-306 页。
③ 参见 [万历]《贵州通志》第 14、8、7 卷，北京：书目文献出版社 1991 年版第 311、170、155 页。
④ 贵州省民委等：《贵州民间文学资料：布依族古歌叙事诗情歌》第 45 集，1980 年印本第 91、99 页。
⑤ 《郑珍传》，《清史稿》第 43 册第 482 卷，北京：中华书局 1977 年版第 13288 页。

元代，仲家居住地域历史上首次设立儒学。今黔西南普安、兴义、兴仁、安龙及六盘水市盘县之普安路（治今盘县）、黔西南晴隆一部及黔中安顺市之普定路、治所位于今黔南长顺县广顺镇之金竹府分别设立了儒学。① 元朝虽然是由蒙古族建立的大一统王朝，但在入主中原前后，即接受儒学，以儒学治天下，大力推行儒学教育、儒学教化。普安路、普定路及金竹府儒学的设立，开启了仲家居住地域学校儒学教育的先河。不过，为数极少的数所学校，有资格入读者为蒙古和色目人子弟、汉官及富户子弟，少数民族尚未有入读的记载。

明代贵州建省，学校教育、科举取士较之前代呈现出前所未有的飞跃发展气象。仲家地域学校，今黔南州中南部有都匀府学（改都匀卫学而来），定番（治今惠水）州学（改程番府学而来），荔波县学（时属广西行省）；鹤楼、南皋、读书堂、中峰、凤山等5座书院；社学1所。今黔西南，有安南（治今晴隆）卫学；社学3所。今安顺市南部，有安庄（治今镇宁）1卫学；安庄书院；社学4所。② 小计官学5，包括府学1、州学1、县学1、卫学2；书院6；社学8。合计官学、书院、社学19。上述地区历史上第一次有士子科举中式，其中进士5人、举人283人，合计288人。明代今贵州区域仲家地域科举，详见下表。

明代今贵州区域仲家地域科举一览表③

今 地 域	区划卫所	治所今名	进 士	举 人
黔南州（北端福泉、瓮安除外）	都匀府	都匀市	4	5
	都匀卫	都匀市		46
	程番府	惠水		19
	定番州	惠水		11
	荔波县	荔波	缺	缺
黔西南州	南笼府	安龙		1
	安南卫	晴隆		21

---

① 参见陈邦瞻：《科举学校之制》，《元史纪事本末》第8卷，北京：中华书局1979年版第62页；何先龙：《千年水东》，北京：中国文史出版社2013年版第60-61页。
② 参见［万历］《黔记·学校志》，《中国地方志集成·贵州编》第2册，成都：巴蜀书社2006年版第348-388页；［嘉靖］《贵州通志·学校》，《中国地方志集成·贵州编》第1册，成都：巴蜀书社2006年版第337-352页；［万历］《贵州通志》，北京：书目文献出版社1991年版第66-404页；［民国］《贵州通志·学校志选举志》，贵阳：贵州人民出版社2008年版第1-18页；［民国］《都匀县志稿·学校》，《中国地方志集成·贵州编》第23册，成都：巴蜀书社2006年版第101页；［康熙］《定番州志·学校》，《中国地方志集成·贵州编》第27册，成都：巴蜀书社2006年版第112页。
③ 参见［民国］《贵州通志·学校志选举志》，贵阳：贵州人民出版社2008年版第245-464页；《贵州七百进士录》，贵州地方志网站，http://www.gzgov.gov.cn/gov_dfz。都匀卫学，后改都匀府学；程番府学，后改定番州学；南笼府，存在于南明时期，实为安龙府，清初更名。

续表

今 地 域	区划卫所	治所今名	进 士	举 人
安顺市南部	安庄卫	镇宁境	1	53
	永宁州	关岭		127
合 计			5	283

明代重视土司子弟儒学教育，令"边夷土官皆设儒学，选其子孙弟侄之俊秀者以教之，使之知君臣、父子之义"。① 孝宗弘治十二年（1499 年），进而将进入官学学习儒学作为土司承袭的必要条件，规定土司承袭子弟年"十岁以上者，俱送附近宣慰司学或府、州、县学……其不有儒学读书习礼者，不听保袭"。② 朝廷对土司子弟入学采取了种种特殊优惠措施，不必考试而直接保送入学并获得生员身份；可以通过贡生的身份进入国子监亦即太学；入太学后，每年夏、冬两季赐予衣物。明代仲家土司数十，其部分子弟开始学习儒学；中叶以后的 100 多年间，其承袭子弟更须入学习儒。儒学开始直接传入仲家上层社会。《明实录·太祖实录》洪武二十六年（1393 年）条载，时属广西的荔波县学，"生员皆……鴃舌之徒"，亦即土著民族子弟。③ 宪宗成化七年（1471 年），程番府（治今惠水；后改贵阳府而移治贵阳；程番府则改定番州，隶属都匀府）知府邓廷瓒奏："本府新立学校，土官土人子弟在学者，乞岁贡一人"；朝廷准之，以为如此利于使其子弟"观我国光，相劝于学"。④ 受儒学及汉文化的影响，有的土司开始编写家谱，训诲忠孝仁义之道，如《王氏宗谱》《韦氏宗谱》《班氏宗谱》《黄氏宗谱》等。⑤

清代前期，贵州仲家主要地域学校数量大幅增加。今黔南中南部有官学、书院、社学、义学 23。其中，官学 6 所：都匀 1 府学，定番、独山、广顺 3 州学，都匀、荔波 2 县；书院 9 座：鹤楼、南皋、星川、中峰、凤山、仰山、紫泉、广阳、荔泉；义学、社学 8 所。⑥ 今黔西南州官学、书院、社学、义学 42。其中，官学 5 所：兴义 1 府学，贞丰 1 州学，兴义、安南（今晴隆）、普安 3 县学；书院 10 座：九峰、桅峰、珠

---

① 《明实录·太祖实录》第 239 卷，中国台北 1962 年影印本第 3475-3476 页。
② 《明实录·孝宗实录》第 151 卷，中国台北 1962 年影印本第 2676 页。
③ 《明实录·太祖实录》第 224 卷，中国台北 1962 年影印本第 3277 页。
④ 《明实录·宪宗实录》第 221 卷，中国台北 1962 年影印本第 3815 页。
⑤ 参见贵州省民族研究所：《民族研究参考资料》第 19 集，贵阳：贵州省民族研究所 1983 年印本第 11 页。
⑥ 参见［民国］《都匀县志稿·学校》，《中国地方志集成·贵州编》第 23 册，成都：巴蜀书社 2006 年版第 101-102 页；《略四·学校略》，［道光］《贵阳府志》上册，贵阳：贵州人民出版社 2005 年版第 852、865 页；［民国］《贵州通志·学校志选举志》，贵阳：贵州人民出版社 2008 年版第 94、107-108、138 页；爱必达：《黔南识略》，《黔南识略·黔南职方纪略》，贵阳：贵州人民出版社 1992 年版第 30 页。

泉、文峰、珉球、笔山、莲城、册亨、盘水、培凤；义学、社学 27 所。① 今安顺市南部有官学、书院、社学、义学 14。其中，官学 2 所，即镇宁、永宁 2 州学；书院 3 座：双明、维风、梅花；社学 9 所。② 以上合计 79，包括官学 13、书院 22 及义学、社学 44。明朝存在 270 余年，贵州仲家主要地域学校为 19；清朝前期为近 200 年，而学校数量增至 79，为明朝的 4.16 倍，增幅甚大。详见下表。

清代前期与明代贵州仲家主要地域学校数量比较表

今地域	明代				清代前期			
	官学	书院	社学	小计	官学	书院	义学社学	小计
黔南中南部	3	5	1	9	6	9	8	23
黔西南州	1		3	4	5	10	27	42
安顺市南部	1	1	4	6	2	3	9	14
合计	5	6	8	19	13	22	44	79

学校数量的大幅增长，促使仲家地域科举中式数量的大幅提升。进士由明代 5 人增至 50 人，为明代的 10 倍；举人由 283 人增至 424 人，为明代的 1.5 倍；总数由 288 人增至 474 人，为明代的近 1.65 倍。详见下表。

清代前期与明代贵州仲家地域科举比较一览表③

今地域	明代				清代前期			
	区划卫所	治所今名	进士	举人	区划卫所	治所今名	进士	举人
黔南中南部	都匀府	都匀市	4	5	都匀府	都匀市	17	115
	都匀卫	都匀市		46	都匀县	都匀市		2
	程番府	惠水		19	程番府	惠水		
	定番州	惠水		11	定番州	惠水	4	52
	荔波县	荔波	缺	缺	荔波县	荔波		1
					独山州	独山	5	20
					广顺州	长顺境	9	63

---

① 参见 [咸丰]《兴义府志·学校志》，《中国地方志集成·贵州编》第 28 册，成都：巴蜀书社 2006 年版第 237-238、246、264、263 页；[民国]《贵州通志·学校志选举志》，贵阳：贵州人民出版社 2008 年版第 129 页。

② [咸丰]《安顺府志·学校》，《中国地方志集成·贵州编》第 41 册，成都：巴蜀书社 2006 年版第 268、272、266、273 页；[民国]《贵州通志·学校志选举志》，贵阳：贵州人民出版社 2008 年版第 127 页。

③ 参见 [民国]《贵州通志·学校志选举志》，贵阳：贵州人民出版社 2008 年版第 245-464 页；《贵州七百进士录》，贵州地方志网站，http://www.gzgov.gov.cn/gov.dfz。

续表

今地域	明代				清代前期			
	区划卫所	治所今名	进士	举人	区划卫所	治所今名	进士	举人
黔西南	南笼府	安龙		1	南笼府	安龙	1	7
					兴义府	兴义市	1	38
	安南卫	晴隆		21	安南县	晴隆	3	18
					贞丰州	贞丰		3
					普安县	普安	3	22
					兴义县	兴义		8
安顺市南部	安庄卫	镇宁境	1	53	安庄卫	镇宁境		11
					镇宁州	镇宁	4	40
	永宁州	关岭		127	永宁州	关岭	3	24
合计			13	364			59	528

清代同样重视土司子弟儒学教育及科举，并将这种教育及科举推向一般少数民族子弟。统一贵州伊始，清廷即准"贵州苗民中有文理稍通者……送学道考试。择其优者取入附近府、州、县、卫学肄业，仍酌量补廪、出贡"。[①] 康熙四十四年（1705年），清廷议准，"贵州仲家、苗民子弟一体入学肄业，考试仕进"，[②] 特别提及仲家。清廷采取种种特殊举措，推动贵州少数民族教育、科举。其一，令尚未设立官学的州县设学，如安顺府永宁州（治今安顺市关岭县）、都匀府独山州；虽有学而尚附属邻近官学的州县独立设学，如贵阳府广顺州（治今黔南州长顺境）。[③] 根据少数民族地区汉文化相对落后的状况，清廷一再令贵州设立义学。顺治十五年（1658年），"令天下土司子弟有向化愿学者，令立学一所"。[④] 康熙四十四年（1705年），准"贵州各府、州、县设立义学"。[⑤] 乾隆五年（1740年），准贵州少数民族聚居地区"各设社学一所"，其中有"贵阳府属之长寨、定番州属之大塘……都匀府属之都江、独山州属之三脚坉、自粤改隶黔省之荔波县"。[⑥] 清代前期，仲家主要地域各府州厅县，除贵阳府广顺州、都匀府荔波县不见记载外，包括新辟苗疆所设之贵阳府长寨厅（今长顺）、都匀府都江厅（今三都）在内，都设立了义学。其二，采取种种特殊举措，推动少数民族科举。在官学

[①] 《世祖章皇帝实录》第135卷，《清实录》第3册，北京：中华书局1985年版第1044页。
[②] [民国]《贵州通志·学校志选举志》，贵阳：贵州人民出版社2008年版第116页。
[③] 参见[咸丰]《安顺府志·艺文志》，《中国地方志集成·贵州编》第41册，成都：巴蜀书社2006年版第646-647页。
[④] 《略四·学校略》，[道光]《贵阳府志》上册，贵阳：贵州人民出版社2005年版第872页。
[⑤] [民国]《贵州通志·学校志选举志》，贵阳：贵州人民出版社2008年版第116页。
[⑥] 《高宗纯皇帝实录》第110卷，《清实录》第10册，北京：中华书局1985年版第637页。

内专设义学训导，训诲苗生，如永宁州学、独山州学义学训导，如都匀县学义学教谕；① 给予专门学额，或在原额内划定少数民族生员名额，或在原额外增加少数民族生员名额，予以录取。顺治十六年（1659年），朝廷"令贵州大学取苗生五名、中三名、小二名，均附各学肄业"。② 雍正三年（1725年），准"黔省苗人子弟……每遇岁科两试，于该学定额外，取进一名"。③ 雍正十二年（1734年），朝廷准南笼府（后改兴义府）属永丰州（后改贞丰州）"土籍文童生，岁科各取进四名"。④

明代及清前期，仲家科举举人、进士似不见记载；但土司、土官子弟按规定必须入学读书，清代一般子弟亦可读书仕进，仅就土司、土官子弟而言，仲家地域土司、土官密集，其子弟入学读书从而取得生员名分者当属不少。

明代土司子弟免试直接保送进入官学，取得生员身份。清代则不同，虽有专额录取一类照顾，但须参加童生试始可入学。这反映出清代前期贵州少数民族儒学教育水平的提高。教育与科举，培养了一批仲家儒学人才，带动了儒文化在仲家的流播。

四、儒文化在贵州古代仲家的流播与民族认同

儒文化在仲家主要聚居地域的流播，从汉代三蜀移民进入时期就开始了，但直到隋朝，均无文献记载可考。明清时期以仲家文字写定的仲家摩经，其中已有儒学的内容；而世代口传的经文中，出现了始置于唐代的"罗甸国""炬州"等地名，则其形成"至迟在唐宋时"。⑤ 由此推断，至迟在唐宋时期，儒学即已传入仲家。明清特别是清代前期仲家地域学校教育、科举取士制度的大发展，进一步推动了儒文化在仲家的较为广泛的流播。

（一）儒文化在贵州古代仲家较为广泛的流播

1. 摩经中的儒家思想

摩经是仲家传统宗教摩教的经典，由仲家神职人员摩师掌管。最初口耳相传，明清时期始有仲家文本。摩经虽然掌管在仲家极少数摩师手上，但摩师会在主持祭祀、庆典活动及为人禳灾、祈福或丧葬等仪式时吟诵，⑥ 从而得以传布至普通仲家中。

第一，孝敬父母。《父母养育恩》唱叙母亲十月怀胎的艰辛、抚养的不易："十月

---

① 参见［民国］《贵州通志·学校志选举志》，贵阳：贵州人民出版社2008年版第116页。
② 《略四·学校略》，［道光］《贵阳府志》上册，贵阳：贵州人民出版社2005年版第872页。
③ 《世宗宪皇帝实录》第35卷，《清实录》第7册，北京：中华书局1985年版第534页。
④ 《世宗宪皇帝实录》第141卷，《清实录》第8册，北京：中华书局1985年版第780页。
⑤ 何积全等：《布依族文学史》，贵阳：贵州民族出版社1992年版第250页。
⑥ 参见何积全等：《布依族文学史》，贵阳：贵州民族出版社1992年版第15页。

怀胎在娘身，肚内好似箭穿心。儿奔生来娘奔死，命隔阴间纸一层。""一日吃娘三次奶，三日吃娘九度浆。口口吸娘身上血，年老才是面皮黄。"为儿女者须知报父母之恩，孝敬父母："上等之人孝父母，虔心斋戒拜世尊。中等之人孝父母，替母吃斋洗血盆。下等之人孝父母，枉费爹娘一片心。""父母恩深实难报，杀身难报娘恩情。父母在时应孝道，人发孝心鬼神钦。""在生之时不孝敬，何必灵前假悲伤。"①

第二，读书习文。《父母养育恩》唱叙母亲养育之恩，就提及父母送儿读书习文之恩："五报父母教训恩，送儿学堂攻书文。见儿读书有长进，纵费心机也欢心。"②

2. 文字中的儒家思想

仲家文字是一种借鉴汉字创造的方块字，或以汉字记音，或以汉字为基础创造新汉字，或直接借用汉字汉词；3者之中，第一类最为广泛。借用词语中就有反映儒家道德礼教的孝、礼、跪、拜等词语。③借鉴汉字造字，说明仲家接受了汉文化的影响；能够借鉴汉字造字的，必定是一批精通汉字、汉文化的仲家学者。这说明，明代开始，汉文化在仲家已有相当的影响。

3. 家谱中的儒家思想

家谱又名族谱、宗谱、谱牒。中国家谱的编纂有着悠久的历史，周代《世本》是其开山之作，汉代继之，魏晋南北朝盛行，此后绵延不绝。国有史，方有志，家则有谱，家谱与国史、方志一起，构成中国古代史籍的主体。家谱记载历代先祖简历，表彰先祖功业德行，为子孙后代树立立身处世之楷模，忠君爱国，孝敬父母，勤劳节俭，和睦乡邻，读书识文，荣耀门庭。儒家思想是家谱的灵魂，德行教化是家谱的宗旨。受汉文化影响，仲家土司土官也编纂家谱，制定家训、家规，以儒家伦理训诲子孙。如贵阳府罗斛州（今罗甸）土官及其后裔《黄氏宗谱》，王氏土官《王氏宗谱》，安顺府镇宁州土司《韦氏谱序》，康佐副长官司（今安顺市紫云县火花乡）《于氏族谱》。《黄氏宗谱》载，其祖籍为江夏（今武汉市江夏区），3世祖于北宋仁宗皇佑年间（1049－1055年）随枢密院副使狄青出征广西，留驻桂北；后越过红水（今红水河）北上进入龙平。"始辟红水之南……继辟红水之北，遂分甲于龙平"④，成为亭目土官。龙平，雍正初年改罗斛（今黔南州罗甸县）。历经数百年，融入了仲家，故在谱书中自称"蛮民"。谱书《江夏家谱道光十有八年续编》首载明宪宗成化二年（1466年）"耳孙蛮民望氏……续编序"，⑤说明谱书系江夏老谱之续编，至迟在明宪宗成化二年（1466年）即进入贵州以后已续编过一次，且系自编。《王氏宗谱》载，其祖籍为太原，39世祖于

---

①《父母养育恩》，《布依族摩经文学》，贵阳：贵州人民出版社1997年版第196、197页。
②《父母养育恩》，《布依族摩经文学》，贵阳：贵州人民出版社1997年版第197页。
③参见周国茂：《布依族文化大观》，贵阳：贵州人民出版社2012年版第28页。
④《黄氏宗谱》，《民族研究参考资料》第19集，贵阳：贵州省民族研究所1983年印本第19页。
⑤《黄氏宗谱》，《民族研究参考资料》第19集，贵阳：贵州省民族研究所1983年印本第11页。

北宋随狄青出征，后北上进入今贵州，成为亭目土官，"管罗斛四甲、罗宜二甲，镇守黔界"。①《韦氏谱序》称，其祖籍江西吉安，洪武间随沐英、顾成南征，"功赏火烘司等处地方"，②世袭镇守。这些土官、土司虽然融入了土著，但始终坚守儒家文化传统，读书习文，研习儒学；编纂家谱，传承家训，拥戴大一统，忠君事国，爱民仁民，孝父悌长。其家谱行文用语，无论是《黄氏宗谱》成化谱序、道光谱序，抑或《王氏宗谱》《韦氏谱序》《于氏族谱》，俨然中原士子。这些来自中原而又融入了仲家的群体，在仲家儒文化的传播及增进民族认同方面，发挥着特殊的作用。

第一，教育、教化思想。《黄氏宗谱》谓："尝闻子弟虽愚，经书不可不读。故周有制：国有学，州有序，党有庠，所以训子弟也。其有不及于是者，家有塾。"倘使"有子弟而不设塾，而只为之置田畴、美宫室，子弟不知礼义而昧节用之道"，则易"生骄侈之心……能保其无丧乎"。族人在"勤农桑，以足衣食"的同时，应"立家塾以训子弟"。盖"饱食暖衣，逸居而无教，则近于禽兽。故衣食足而礼义可兴矣"。故"子孙宜遵往训，设家塾，延明师，务使子弟贤者、智者、愚不肖者周旋呕文，北面而受业"。如此，则能"明人伦，知礼让，喻法律，耻非为，入则能孝以事亲，出则能弟以事长"。如能"孜孜苦读，业精于勤，或入个学，补个廪，出个贡"，自然是上者；即使不能科举中式，"学诗自然能言，学礼自然能立。纵家徒壁立，而笔舌伐耕，亦可为家人终岁"。③

第二，大一统。《黄氏宗谱·江夏家谱道光十有八年续编·凡例》谓，谱书效法《春秋》，"编年必书君，首月必书帝者，何也？盖明大法大一统也，戴天王也。夫征伐之权自天子出，而天下奉行之"。"未读《春秋经》，不足与议此。""某朝某国号几年，某春是帝几月，乃出大法，戴天王，正人伦，大一统。""行军不曰兵而曰师，可见自天子出，而统归权于天子，非在穷荒绝域，擅自行权。钺马金戈，载天声而生色，其尊王之心，勤王之意，跳跃满纸。"④镇宁州土司《韦氏谱序》载圣旨谓："天下臣民，立君而统领；四方富有，四海率土莫非王臣。"⑤

第三，忠君。《黄氏宗谱》谓："高曾祖守粤西十有一世，沐雨栉风，鞠躬尽粹，无非以忠君爱国传家之意。故祖训八条，首以忠爱开其端……孔子曰：'臣事君以忠'，是知为臣之道，无他，惟在于忠而已矣。益忠始能敬。尔在公，忠始能慎乃有位，忠始能惨惨畏咎，忠始能蹇蹇匪躬，忠始能致其身而不顾其身，忠始能敬其事而鲜败其事。《诗》曰：'夙夜匪懈以事一人'，益言忠也。夫'普天之下莫非王土，率土之滨莫非王臣。'有官守者，食其土当报其恩，为其臣当敬其事。受恩不报，非忠也；执事不

---

① 《王氏宗谱》，《民族研究参考资料》第19集，贵阳：贵州省民族研究所1983年印本第33页。
② 《韦氏谱序》，《民族研究参考资料》第19集，贵阳：贵州省民族研究所1983年印本第41页。
③ 以上见《黄氏宗谱》，《民族研究参考资料》第19集，贵阳：贵州省民族研究所1983年印本第18页。
④ 《黄氏宗谱》，《民族研究参考资料》第19集，贵阳：贵州省民族研究所1983年印本第12、14、13页。
⑤ 《韦氏谱序》，《民族研究参考资料》第19集，贵阳：贵州省民族研究所1983年印本第42页。

敬，非忠也。我事君不忠于君，民事我不忠于我，上行下效，若是，其甚可不惧欤！夫为臣不忠，独不思君之所赐我以斯土者何为，而我之所守斯土者又何为。"忠"不惟有功于朝廷，抑且不失其疆土。祖宗赖之以常亨，子孙赖之以常保，有司表为忠臣，乡党为孝子，光前裕后，且不美哉"。① 安顺府镇宁州土司《韦氏谱序》谓，韦氏族谱之编，"俾识不忘祖宗赤心报国之微勋……凡我后世子孙，各慎厥职，兢兢铭心，一体念我祖宗功德、矢心勤王之意"。②

第四，爱民。《黄氏宗谱》谓，忠君，就要爱民、惠民。"致君与泽民并重。民者君之子，以爱子之心爱民；君者民之天，即敬天之诚敬君。""抚有斯民，谁非赤子……尔子孙皆当爱恤也"。于民当"使之以时，取之以道。教而后用令、而后行。讼狱务得其平，赋税必循其例……稼穑桑麻，事不可缓；鳏寡孤独，施所必先。不为残贼之一夫，可作黔黎之众母"。若使"自暴自弃，民坠涂炭……谓之殃民。殃民者不容于尧舜之世"。民乃无价之宝。"盖天下有有价之宝，有无价之宝。使以有价之宝以为宝，则宝失其宝，虽有宝不能宝。惟以无价之宝以为宝，则宝其宝始能宝之以为宝。珠玉金璧，有价之宝也；人民土地，无价之宝也。"人民、土地二宝，人民又更为宝，唯有"宝人民"，始可"固土地"。③

第五，孝悌。《黄氏宗谱》谓："孔子曰：'弟子入则孝，出则弟。'有子曰：'其为人也，孝悌是也者'"。孝悌乃"天之经、地之义、民之行也。人不知孝父母，独不思父母爱子之心乎……尔子孙宜体其意，务使出于心至诚，竭其力之既尽，一念孝弟，积而至于念念皆然……身体力行"。孝乃忠、勇之起点。"能为孝子，然后能为悌弟。然后在野则为醇良之民，在朝则为忠义之臣，在行间则为忠勇之士"。故曰："尧舜之道，孝弟而已。孟子曰：'人人亲其亲，长其长，而天下平。'"④

第六，重农。《黄氏宗谱》谓："勤农桑以足衣食……衣食足而礼义可兴矣。""养生之本在于农桑，此乃衣食之所由出也。一夫不耕或受之饥，一女不织或受之寒。古者天子亲耕后亲桑，躬为重尊犹且不惮勤劳，况为至卑男女者乎。夫衣食之道生于天、长于时、聚于为，本务所在，稍不自力，坐受其困。故勤则男有余粟，女有余布；不勤，仰不足以事父母，俯不足畜妻子，其理然也……愿我子孙尽力农桑，勿好逸恶劳，勿始勤而终惰"。⑤

第七，正男女之道。《黄氏宗谱》谓："《易》曰：'乾道成男，坤道成女。'是知男正位乎外，女正位乎内，天地之大义也。为男女者，不可为不正；有男女者，不可为不正。盖不正之害，必至于沃伦。沃之害，蒸为大，淫次之。下淫上者谓之蒸，上淫

---

① 《黄氏宗谱》，《民族研究参考资料》第19集，贵阳：贵州省民族研究所1983年印本第15页。
② 《韦氏谱序》，《民族研究参考资料》第19集，贵阳：贵州省民族研究所1983年印本第41页。
③ 以上见《黄氏宗谱》，《民族研究参考资料》第19集，贵阳：贵州省民族研究所1983年印本第15、19页。
④ 《黄氏宗谱》，《民族研究参考资料》第19集，贵阳：贵州省民族研究所1983年印本第16页。
⑤ 以上见《黄氏宗谱》，《民族研究参考资料》第19集，贵阳：贵州省民族研究所1983年印本第18、17页。

下者谓之淫,二者皆由不正而已矣。故家之有严君者,于男女稍长之时,凡五尺以上,务以正道教之,不通寝席,不通乞假,不共巾栉,不亲授受……有别而礼作"。如此,即可"杜逆乱于将来"。①

4. 乡规民约中的儒家思想

第一,大一统。册亨坝江乡规碑谓,坝江"虽属壤地偏小,亦皆莫非皇土"。②

第二,纲常伦理。册亨者冲乡规碑:"君臣、父子、夫妇、朋友、昆弟,各守五伦,各尽人道";"君尽道,臣尽忠,子尽孝,妇敬夫,弟敬兄,各尽其诚";"人有家规,敬老慈幼,勿忘宾礼"。③

第三,男女循规。册亨坝江乡规碑:"男无觊觎,女思贞节。"④ 册亨者冲乡规碑:"有年壮女姿者,苟合私奸……父母族内伙同治之"。⑤ 如此,可除奸情,减少命案,安定乡里。册亨乃言、坝江议榔规约碑:"尝闻:'强盗出于赌博,命案出于奸情。'故绝盗源,须除赌博;欲憖民命,须除奸情。除赌博而乡中之男良善,除奸情而邑内之女贞节。"⑥ 儒家要求女子守贞节,并非完全处于男尊女卑观念,亦有维护社会正常秩序之合理愿望。

第四,和谐乡里。册亨者冲乡规碑:"处邻里而和乡党"。"众人而和一心"。"邻里相帮,一境和悦"。"求宽怀以待人"。⑦ 册亨马赫乡规碑:"出入相友,守望相助"。⑧

第五,重农桑。册亨马赫乡规碑:"少男当以耕种女绩纺……庶乎家家盈宁,殷室□(安)□(居),乐享光天化日。"⑨ 册亨秧佑寨乡规碑:"劝兄弟妻子之邻,共安耕纺织"。⑩

第六,崇尚节俭。儒家推崇节俭。《左传》:"俭,德之共也;侈,恶之大也。"⑪ 册亨者冲乡规碑:"谨戒奢华"。⑫ 册亨八达乡规碑:"吾乡之老辈,勤俭各为家风,朝出耕以资仰侍父母,暮入息聚议场圃桑麻"。⑬

第七,升平、大同思想。儒家将人类社会演变划分为三个阶段:据乱世、升平世、太平世。升平世即小康社会,太平世即大同社会。太平世是古人的最高理想社会,"谋

---

① 《黄氏宗谱》,《民族研究参考资料》第 19 集,贵阳:贵州省民族研究所 1983 年印本第 17 页。
② 《册亨坝江乡规碑》,《黔西南布依族清代乡规民约碑文选》,1986 年印本第 71-72 页。
③ 《册亨者冲总路口石碑》,《黔西南布依族清代乡规民约碑文选》,1986 年印本第 32 页。
④ 《册亨坝江乡规碑》,《黔西南布依族清代乡规民约碑文选》,1986 年印本第 72 页。
⑤ 《册亨者冲总路口石碑》,《黔西南布依族清代乡规民约碑文选》,1986 年印本第 34 页。
⑥ 《册亨坝江乡规碑》,《黔西南布依族清代乡规民约碑文选》,1986 年印本第 71 页。"故绝盗源"句,"故"后疑缺"欲"字。
⑦ 以上见《册亨者冲总路口石碑》,《黔西南布依族清代乡规民约碑文选》,1986 年印本第 32、33 页。
⑧ 《册亨马赫乡规碑》,《黔西南布依族清代乡规民约碑文选》,1986 年印本第 48 页。
⑨ 《册亨马赫乡规碑》,《黔西南布依族清代乡规民约碑文选》,1986 年印本第 48 页。
⑩ 《秧佑乡规碑》,《黔西南布依族清代乡规民约碑文选》,1986 年印本第 76 页。
⑪ 《春秋左传·庄公二十四年》,《十三经注疏》下册,北京:古籍出版社 1980 年版第 1779 页。
⑫ 《册亨者冲总路口石碑》,《黔西南布依族清代乡规民约碑文选》,1986 年印本第 33 页。
⑬ 《册亨八达乡规碑》,《黔西南布依族清代乡规民约碑文选》,1986 年印本第 81 页。

闭而不兴……外户而不闭"，① 社会和平安宁，是大同社会的标志之一。册亨者骂、者六等寨齐团合同："协力同心，安分守直，毫无妄为，各宜冰心。父戒其子，兄勉其弟，老幼全安……共享升平。"② 册亨坝江乡规碑："凡于寨中……出入相友，守望相助，男无觊觎，女思贞节，革旧重新，使其路不拾遗，狗不吠盗之风，不亦宜乎！"③

各地乡规民约不仅订立，而且在大众场合广为宣讲。如《龙渣、板街合同》："每年正月十六日的开灯节，要全村寨聚集于神社……由寨头宣讲一年来的规约执行情况，对犯者惩罚示众。并大伙排立于碑前再听读和讲解规约条文。"④

5. 戏曲中的儒家思想

仲家戏剧不少是由汉族戏剧移植而来的，著名的如《薛仁贵》《说岳传》《杨门女将》等，都是表彰历史上忠君报国、忠君死节之士的。以《薛仁贵》为例，薛仁贵（隋炀帝大业十年至唐高宗永淳二年，614—683 年），绛州龙门（今山西河津）人。唐初重臣，著有《周易本注新义》14 卷。⑤ 治理地方时，"抚恤孤老"，表彰"忠孝节义"。⑥ 一生征战边地，为稳定边疆、维护唐王朝一统立下了汗马功劳，是践行儒家忠孝人伦的楷模。两宋始，其功勋品节不仅广载史籍，而且见于《薛仁贵征西》一类戏曲，广泛流传于社会，流传于民间。不仅流播于汉民族之中，而且流播于各少数民族之中。在贵州古代，不仅流播于仲家之中，而且流播于屯堡人、侗人、苗人、土人、仡佬、"夷人"之中；不仅流播于黔南、黔西南、黔中，而且流播于黔北、黔东、黔东南、黔西北。其戏曲表现形式，有各民族的地戏、傩戏、花灯剧、评书、弹词等；仲家戏剧《薛仁贵》就是其中一种，其所表现的，主要是薛仁贵的征战事迹。

6. 歌谣中的儒家思想

第一，重文教，读诗书，中科举，懂礼仪。《赞歌》："你的父母扶你进学堂，你的父母扶你进学校，你的兄弟扶你去读书……备绒巾去考，背大被去读，不得哪个升为官家，不得哪个成皇帝的崽，不得哪个穿得官家的鞋。"⑦《夜宴酒歌》："正月说起进书房，打开四书读文章，堂前辞父母，收拾进书房。孟子见梁惠王，你在寒窗读文章。""三月读书春意浓，后园桃花一片红。要学知识不怕苦，当了秀才称英雄。四月读书麦刺尖，不中头名心不甘，四书礼仪学得好，赛过凡间活神仙。五月读书昼夜长，书房童生书声朗，为有读书知礼仪，考试文章更高强。""八月读书好逍遥，五谷收进满仓粮，文章容易学，礼义实难淘。'季康子公伯僚'，慢慢操心把笔调。""主家有道花朝门，财门层楼高入云，座得好来座得真，座在龙头脑天心。座在龙头得官做，座在龙

---

① 《礼记正义·礼运》，《十三经注疏》下册，北京：古籍出版社 1980 年版第 1414 页。
② 《者骂者六等寨齐团合同》，《黔西南布依族清代乡规民约碑文选》，1986 年印本第 71 页。
③ 《册亨坝江乡规碑》，《黔西南布依族清代乡规民约碑文选》，1986 年印本第 72 页。
④ 卢行：《简介》，《黔西南布依族清代乡规民约碑文选》，1986 年印本第 17-18 页。
⑤ 参见《旧唐书·经籍志》，《二十五史》第 5 册，上海：上海古籍出版社、上海书店 1986 年版第 238 页。
⑥ 《旧唐书·薛仁贵传》，《二十五史》第 5 册，上海：上海古籍出版社、上海书店 1986 年版第 334 页。
⑦ 《赞歌》，《民间文学资料》第 20 集，1959 年印本第 207 页。

腰出贵人。大哥云南做知县，二哥北京做官人，只有三哥年纪小，留在家中读书文，读得诗书通礼仪，身在朝中管万民。""一把调羹两头圆，福禄寿喜在中间，八位神仙拱手坐，恭喜主家出状元。"①《问答歌》："什么地方的人出秀才多些……北京人出秀才多些"；"贞丰城里有几个秀才先生……贞丰城里有三个秀才先生"。②

第二，孝敬老人。《孃荷斑》："尊老爱幼是本分，和睦亲邻记心上"。③《洗脚歌》："他知道敬老人先洗……你们是懂礼的人家"。④《孝歌》："母亲死在酉日那天……十个十块孝龙，百人百张孝帕，整个院坝白茫茫"。⑤

7. 谚语中的儒家思想

第一，孝亲。"天上雷公大，天下父母大"；"当家才知油盐贵，养儿方知父母恩"；"山大生柴草，人大赡养父母"；"饮酒先敬父，吃肉先敬兄"。⑥

第二，国正官清。"国正民心顺，官清民自安。"⑦

第三，诚信。"人要忠心，树要实心。""交朋结友，礼义相待。""正大光明是好汉，瞒心昧己是小人。"⑧

8. 习俗中的儒家思想

仲家除本民族的节日外，也过汉族的主要节日。端午节，纪念爱国诗人屈原；清明节、七月半，祭祀先祖；重阳节，敬老；春节，合家团圆。"正月排花是新年，二人双双去拜年，一拜家神敬土地，二拜姐妹去团圆……三月排花是清明，家家加纸挂新坟，有儿坟上挂白纸，无儿坟上草生青……五月排花是端阳，煮缸米酒泡雄黄……九月排花是重阳，重阳造酒满缸香。"⑨ 这些节日，无不渗透着儒家忠君爱国、敬祖孝亲、团圆和谐的精髓。仲家也同汉族一样，在堂屋正中设神龛，供奉"天地君亲师之位"。仲家的婚礼中，就有媒人将聘礼放在女方家神龛上，表明虔诚之意的习俗。仲家同样在丧葬仪式中唱孝歌，追思亲人的恩情，哀悼亲人的离世："父母恩深实难报，杀身难报娘恩情。父母在时应孝道，人发孝心鬼神钦。"⑩

（二）民族认同的提升

儒文化在仲家较为广泛地流播。它以文字、摩经、家谱等形式，在土司、土官、

---

① 转引自王星虎：《布依族夜宴酒歌礼仪解析》，《贵州文史丛刊》2013年第4期。
② 《问答歌》，《民间文学资料》第20集，1959年印本第207页。
③ 《孃荷斑》，《贵州民间文学资料》第45集，1980年印本第63页。
④ 《洗脚歌》，《民间文学资料》第65集上，1984年印本第133、134页
⑤ 《孝歌》，《民间文学资料》第65集上，1984年印本第93、96页。
⑥ 刘华明等：《贵州省少数民族传统伦理道德研究》，贵阳：贵州教育出版社1991年版第183页。
⑦ 韦启光：《儒学与贵州少数民族文化的融合》，《贵州民族研究》2004年第24卷第2期。
⑧ 刘华明等：《贵州省少数民族传统伦理道德研究》，贵阳：贵州教育出版社1991年版第223-224页。
⑨ 《排花歌》，《民间文学资料》第28集，1961年印本第103-104页。
⑩ 《父母养育恩》，《布依族摩经文学》，贵阳：贵州人民出版社1997年版第196-197页。

摩师等上层群体之中流播，更以乡规民约、歌谣谚语、婚丧习俗、节日祀典等形式流播于下层群体之中。儒家尊师崇文、忠君爱国、孝亲悌长、仁义礼信、爱民惠民、团圆和谐、和谐乡里、重视农桑、勤劳节俭、升平太平等核心思想，得到了仲家的认同。尤为可贵的是，作为儒家基本政治理念的大一统，在仲家那里也得到了明晰的表述与认同。共同的文化心理推动、提升了民族之间的认同度。

1. 汉族的仲家认同

贵州仲家地区历史上存在过的大一统王朝，大多数是由汉族建立的，少数民族建立的有元、清。以清朝而论，它是由满族建立的，但到贵州的官员多数是汉族；进入贵州的军人，基本上是汉族；大批进入贵州的移民，基本上也是汉族。一般说来，大一统政权统一贵州，就意味着其对贵州民族的认同。不过，这种认同是大一统王朝上层的认同，不等于一般汉人的认同。随着时间的推移，民族交往的增多，儒文化的流播，共同文化心理的逐步形成，一般汉人对少数民族的认同也渐次提升，仲家地区汉人对仲家的认同亦然。仲家《调北征南歌》生动地反映了这种认同过程。《调北征南歌》世代传唱于明代屯军将士，并融入了仲家后裔之中。古歌唱道：祖先原籍江西，"江西山坡高，江西水流长，江西土地肥，江西是个好地方"。奉命南征，历经千辛万苦到了贵州，但盼望着有朝一日返回故乡："离别那时候，爹娘对儿讲：'儿呀你记着，把仗打完快回乡。'分别那时候，妻子忙嘱咐：'丈夫你记住，打完仗火快回屋。'""等着吧故乡，我们会回转，等着吧亲人，我们会团圆。"战事结束，却被命令就地屯田戍边；已婚的妻儿合家迁来；未婚的予以婚配迁往，世代承袭，不得脱籍。返乡无望，屯军将士们被迫留在了贵州。渐渐地，他们也爱上了贵州，爱上了贵州民族。"贵州大山多，贵州江河多，贵州五谷多，贵州牛羊多，贵州鲜果多，贵州林木多，贵州宝兽多，贵州珍禽多，贵州资源多，贵州矿产多"。"见到苗和夷，个个很憨厚，人人真和气"。他们与贵州民族和睦相处，垦殖开发；有的还融入了仲家，后裔中有的娶了仲家女。"贵州人民真淳朴，我们和苗夷相处最融洽。""采下山区花，和夷家结亲，留下后代子孙真发达；和夷家一道，拓田种庄稼。""我们的祖先啊，永远在贵州，与夷家一道，和睦共相处……开辟新山区，建造新竹楼，繁衍众子孙，扎根在贵州。以后变成了夷家，变成了水户。大事小事同相帮，亲密如手足。"① 明万历年间，江西吉安府籍将军李仁宇奉命入黔，屯兵安顺。夫人李氏去世，遂娶镇山（今贵阳市花溪区镇山村）仲家女班氏为妻，入住镇山，袭土司职。生了两个儿子，长子随父姓李，次子随母姓班，融入了仲家；镇山班、李二姓皆为同宗，有"班李不能成亲"的祖训。② 今贵阳市乌当区新堡布依族乡陇脚村香子沟及羊昌镇黄连村村民，都是屯军后裔与当地

---

①《调北征南歌》，《民间文学资料：布依族古歌叙事诗情歌》第 45 集，1980 年印本第 89、94、92、90、93、98、99 页。

② 参见喻栋柱：《江西移民与贵州》，《贵州政协报》2010 年 8 月 19 日。

仲家、苗人融合而来的，同时又保留着自己的文化特色。黄连村至今仍然盛行汉字毛笔书法，盛行穿斗抬梁混合结构的汉民族四合院。① 今黔南州惠水县好花红乡好花红布依族村，最早的村是由 300 年前即清顺治年间从江西迁徙而来的王、谢两家建立的，其后繁衍生息并逐步融入了当地布依族中。②

2. 仲家对汉族等民族的认同

历经数千年的交往接触，仲家逐渐接受了中原文化，接纳了汉族，有的甚至接受了汉族的穿着服饰。兴义府，仲家等民族"服饰言动多学汉人，几不可辨"；女子"多学汉装，婚嫁多学汉礼"。重文教，"颇知延师教读，应试入庠有之"。仲家"通汉语，知汉书"。兴义县，"士多秀文，农勤稼穑"。普安县，"俗尚耕读"。③ 安南（今晴隆），"浸有华风。简陋质朴，勤于耕稼"。④ 贞丰、册亨等处，"勤耕力作，薙发，服饰俱如汉人"；⑤"德教所披，风气日开……文风日起，士习醇良"。⑥ 贵阳府定番州（今惠水），仲家等民族"皆薙发改装，与汉俗同"。大塘州（今平塘）、罗斛州（今罗甸）"声明文物日盛月新"，仲家等民族"男服汉装"。广顺州（今长顺境）"皆服田力穑"；风俗"日易，治化蒸蒸"。长寨厅（今长顺）仲家，"声明文物日盛月薪"。⑦ 龙里县仲家等民族"力田输赋，间有入学者"。⑧ 都匀府，"人重廉耻，勇于战斗"；"声教所披，士知读书"。⑨ 汉人"勤于耕读"；仲家等民族"于务农纺织之外，亦间有读书应试者"；其服色，"男效汉装……祀行跪拜，渐染华风"。都江厅（今三都），"婚丧渐易夷风"。⑩ 独山州，"中土寄籍者濡染成习"，故"皆内地风俗。虽处僻壤，亦化为声名文物之区而敦礼教、崇信义"；"农勤耕种"；"妇勤女工，士知读书"。正月春节，"拜祝天地祖宗"；三月清明节，"拜扫先茔，标挂纸旛"；四月八浴佛节，"各户皆盛乌米饭，祭祀先祖"；五月端午，"折艾插户"；七月十五中元节，"设供考妣，虔备冥钱，包封焚化奠祭"；中秋节，"以西瓜、月饼供月"；除夕，"换门神……爆花烛"。⑪ 安顺府南部，

---

① 参见万泰华：《在泉城五韵品千百年石头滋味》，《贵阳文史》2012 年第 3 期。

② 参见黄震：《惠水好花红村：一曲好花红从古唱到今》，《贵阳晚报》2011 年 11 月 30 日。

③ 以上见［咸丰］《兴义府志·风土志》，《中国地方志集成·贵州编》第 28 册，成都：巴蜀书社 2006 年版第 380、386、381 页。

④ ［万历］《贵州通志》第 8 卷，北京：书目文献出版社 1991 年版第 170 页。

⑤ ［嘉庆］《黔记》，《中国地方志集成·贵州编》第 5 册，成都：巴蜀书社 2006 年版第 571 页。

⑥ 张瑛 纂修，贵州省安龙县史志办公室校注：［咸丰］《兴义府志·风土志》，贵阳：贵州人民出版社 2009 年版第 585 页。《中国地方志集成·贵州编》所录［咸丰］《兴义府志》无此内容。

⑦ 以上见罗绕典：《黔南职方纪略》，《黔南识略·黔南职方纪略》，贵阳：贵州人民出版社 1992 年版第 277、276、278、279 页。

⑧ 爱必达：《黔南识略》，《黔南识略·黔南职方纪略》，贵阳：贵州人民出版社 1992 年版第 34 页。

⑨ ［乾隆］《贵州通志·地理志》，《中国地方志集成·贵州编》第 4 册，成都：巴蜀书社 2006 年版第 116 页。

⑩ 以上见爱必达：《黔南识略》，《黔南识略·黔南职方纪略》，贵阳：贵州人民出版社 1992 年版第 87、88、95 页。

⑪ 以上见［乾隆］《独山州志·地理志》，《独山州志》，《中国地方志集成·贵州编》第 24 册，成都：巴蜀书社 2006 年版第 83、82 页。

仲家等民族"输粮供役，渐知礼义"。① 镇宁州，"务学力耕，颇循汉礼"。② 永宁州（今关岭），"士夫敦诗书而重名节，工贾勤织事而贱游食。冠婚丧礼皆古礼"。仲家等民族"男妇力勤耕织，子弟多习诗书，百年来，亦渐知礼教"。归化厅（今紫云），"虽属僻壤……雅重信义，而礼乐日兴"。③

仲家与汉族、"夷人"、苗人等民族友好相处，彼此帮扶，互为唇齿，视若同胞。《布依族摩经文学·造房子》记仲家向汉人、侬人、"夷人"、苗人学建房："到了汉人住的地方，有家在热闹地起房子。王就直接进去，埋头朝那里走。他拿尺子去量，用手去拍，量短的，量长的，量高的，量矮的，把屋架都量好，所有的地方都量好……走到另一处汉人住的地方，他们赠给野猫皮做的风箱。""走到侬人的地方，侬人赠给钳子和铁锤。""走到罗人的地方，罗人赠三筐木炭。""走到苗人的地方，苗人送给一个砧子。"安上火炉，打出锯片、铁锤、铁刀，砍来树木，请来师傅，仲家人造出了木屋。④《过场》记仲家与各民族同甘苦、共谋生："我们老祖宗，喜欢交朋友，对朋友心诚，同汉人交友，汉人敬我们，送来亮槁多，走路当点灯。同苗家交友，苗家敬我们，送来了麝香，拿来当钱用，麝香拿换蜡，蜡可染衣裙……大家同甘苦，大家共谋生。"⑤《丫他八窝齐团合同》声明，各民族"虽实异性，犹如同胞"。⑥ 团烘、打言、板集等34寨齐团会盟："一人不能有济，众志始可以成城"；各民族当"互为唇齿相顾，共作屏藩之永坚"。⑦ 册亨者六乡规民约碑更明言："我寨中众姓，内外不分夷、汉人等"。⑧

清代前期，贵州仲家地域，仲、汉民族认同达到了古代高峰；在贵州主要民族中，仲、汉民族认同度也是比较高的。不过，总的说来，这种认同度还是有限的。封建王朝的民族压迫及歧视政策，地方吏役兵丁的敲索，土司、土官自身传统利权的考量，使得民族矛盾依然存在，民族冲突时有发生。康熙四十六年（1707年），三江（时属普安州，后属兴义县）侬起事；⑨ 雍正二年（1724年），贵阳府定番州及广顺州阿近率众起事；⑩ 四年（1726年），广顺州长寨阿革率众起事；⑪ 嘉庆二年（1707年），南笼府（同年改名兴义府）王囊仙大规模起事，延及定番州，"逼近省城"，清廷调动云南、广

---

① 爱必达：《黔南识略》，《黔南识略·黔南职方纪略》，贵阳：贵州人民出版社1992年版第63页。
② 以上见［万历］《贵州通志》第12卷，北京：书目文献出版社1991年版第150页。
③ 以上见［咸丰］《安顺府志·地理志》，《中国地方志集成·贵州编》第41册，成都：巴蜀书社2006年版第193页。
④《造房子》，《布依族摩经文学》，贵阳：贵州人民出版社1997年版第77-82页。
⑤《过场》，《布依族摩经文学》第214-215页。
⑥《丫他八窝齐团合同》，《黔西南布依族清代乡规民约碑文选》，1986年印本第95页。
⑦《团烘、打言、板集等寨齐团合同》，《黔西南布依族清代乡规民约碑文选》，1986年印本第91、92页。
⑧《册亨者六众寨合气协防合同》，《黔西南布依族清代乡规民约碑文选》第105页。
⑨ 参见［咸丰］《兴义府志·大事志》，《中国地方志集成·贵州编》第28册，成都：巴蜀书社2006年版第517页。
⑩ 参见《世宗宪皇帝实录》第26卷，《清实录》第7册，北京：中华书局1985年版第407页。
⑪《世宗宪皇帝实录》第46卷，《清实录》第7册，北京：中华书局1985年版第697页。

西兵力，始得以平息。①而三江（时属普安州，后属兴义县）依起事缘起依家仇杀，遭官府捕杀；②广顺州阿革起事，与"武员好大喜功，贪图议叙……不能有所招抚"有关；③王囊仙起事，起因则在土司"横征科敛"，胥吏"扰累"，客民"欺压盘剥"，终至"酿成事端"。④清廷事后总结教训，谕令严禁土司暴敛、胥吏恣索、汉人盘剥，免征动乱地区钱粮一年。⑤近代之初的贵州各族大起事，仲家或独立行动，或参与其他民族行动。本目上文述及仲家各寨之"齐团合同"，实际上是仲、汉各族协力同心应对动乱、维护本地安宁的盟约。尽管如此，它毕竟是仲、汉等民族的一种认同意识，毕竟表达了各民族企求和平安宁的愿望。民族认同的道路，尚须继续前行。

第二节　贵州古代侗人、苗人儒文化与民族认同

一、侗人、苗人社会演进及其大一统认同

（一）侗人、苗人源流

侗人，今侗族。侗族大部分布于贵州，其次为湖南、广西。2010年全国第六次人口普查显示，贵州侗族人口143万，系省内第四大少数民族，次于苗族、布依族、土家族，主要聚居于黔东南苗族侗族自治州，特别是该州东部即三穗、天柱、锦屏、黎平及南端榕江等县；次为黔东北铜仁市东南之玉屏、万山、碧江等区县。

苗人，今苗族。苗族分布于贵州、湖南、云南、四川、广西、湖北等省。2010年全国第六次人口普查显示，贵州苗族人口397万，占全国苗族人口近一半，为贵州人口最多的少数民族，主要聚居于黔东南苗族侗族自治州，特别是该州西部即丹寨、雷山、麻江、凯里、黄平、施秉、镇远、岑巩、剑河、台江及南缘之从江等市县；其次为黔南布依族苗族自治州、黔西南布依族苗族自治州、铜仁市松桃苗族自治县；省内

---

①参见《仁宗睿皇帝实录》第14-22卷，《清实录》第28册，北京：中华书局1985年版第197-276页。
②参见［咸丰］《兴义府志·大事志》，《中国地方志集成·贵州编》第28册，成都：巴蜀书社2006年版第517页。
③《世宗宪皇帝实录》第46卷，《清实录》第7册，北京：中华书局1985年版697页。
④《仁宗睿皇帝实录》第48、41、19卷，《清实录》第28册，北京：中华书局1985年版第588、486、252页。
⑤参见《仁宗睿皇帝实录》第19卷，《清实录》第28册，北京：中华书局1985年版第247页。

其余地区亦均有分布。

本节论述贵州古代侗人、苗人儒文化与民族认同，即以今黔东南及黔东北铜仁市东南侗人、苗人主要聚居地域为主。

侗人先民，与仲家同为古百越族系。秦及两汉对南方百越大规模用兵，受到挤压的百越族系，部分北上进入今贵州、湖南。活动于今广西西北、西南及其以南地区的百越族人，称为骆越。《后汉书·马援传》："援……得骆越铜鼓，乃铸为马式"。① 秦汉及其后，骆越的一支向北迁徙，进入今广西、贵州毗邻地区，成为今贵州水族的先民；一支进入今广西、贵州、湖南毗邻地区，成为侗人的先民。魏晋南北朝时期，侗人先民称乌浒。唐李吉甫《元和郡县图志》引南朝刘宋盛弘之《荆州记》："无阳乌浒万家，皆咬地鼠之肉，能鼻饮"。② 唐代称峒蛮；宋代称仡伶，"辰、沅、靖州蛮有仡伶"；③ 明清称侗人。清爱必达《黔南识略》："侗人……言语衣服与汉民同"。④ 又有峒人、⑤ 洞人、洞苗、峒苗、洞蛮⑥之称。

苗人先民为活动于长江中下游及黄河下游的九黎部落，其首领为蚩尤。在打败了南方炎帝部落之后，长江流域的部分九黎部民追逐炎帝部落，达于黄河中游，与来自黄河上游的黄帝部落发生冲突。黄帝联合炎帝，"与蚩尤战于涿鹿之野"，⑦ 击败了蚩尤。九黎部民部分融入炎帝、黄帝部落，部分退回南方，继续南徙，"左洞庭，右彭蠡"，⑧ 即今湘、鄂、赣一带，并成为后来崛起的楚国主要居民之一。商周时期被称为南蛮。周、秦、两汉，中央王朝相继向南方推进，部分南蛮部民被迫离开江湖平原，自西而东迁徙，进入五溪、武陵地区，即今湘西及黔、川、鄂三省边地，被称为武陵蛮、五溪蛮。《后汉书·南蛮传》："光武中兴，武陵蛮夷特盛。"⑨《后汉书·马援传》：马援"将……四万余人征五溪"。⑩《南史·诸蛮传》："居武陵者有雄溪、樠溪、辰溪、酉溪、武溪，谓之五溪蛮。"⑪ 流行于今黔东南地区的苗族古歌《跋山涉水》所反映的就是这一时期的迁徙状况："从前六支祖，居住在东方，挨近海边边，天水紧相连。"

---

① 《后汉书·马援传》，《二十五史》第2册，上海：上海古籍出版社、上海书店1986年版第219页。
② 《江南道六·叙州》，《元和郡县图志》第30卷，清光绪六年（1880年）金陵书局刻本。无阳县，今天柱、三穗、玉屏、万山等地。
③ 陆游 撰，李剑雄等点校：《老学庵笔记》第4卷，北京：中华书局1979版第44页。
④ 爱必达：《黔南识略》，《黔南识略·黔南职方纪略》，贵阳：贵州人民出版社1992年版147页。
⑤ 参见[万历]《黔记·诸夷》，《中国地方志集成·贵州编》第3册，成都：巴蜀书社2006年版第410页。
⑥ 以上参见爱必达：《黔南识略》，《黔南识略·黔南职方纪略》，贵阳：贵州人民出版社1992年版第330、122、328、332页。
⑦ 《史记·五帝纪》，《二十五史》第1册，上海：上海古籍出版社、上海书店1986年版第6页。
⑧ 《史记·孙子吴起传》，《二十五史》第1册，上海：上海古籍出版社、上海书店1986年版第249页。
⑨ 《后汉书·南蛮传》，《二十五史》第2册，上海：上海古籍出版社、上海书店1986年版第289页。
⑩ 《后汉书·马援传》，《二十五史》第2册，上海：上海古籍出版社、上海书店1986年版第120页。
⑪ 《南史·诸蛮传》，《二十五史》第4册，上海：上海古籍出版社、上海书店1986年版第216页。

"扶老又携幼,跋山又涉水,迁徙来西方,寻找好生活"。① 此后至唐、宋时期,南蛮部民再次从五溪、武陵地区向西、向南迁徙。西迁者进入今贵州大部地区,有的进入川南,继而入滇;南迁者进入湘西、桂,有的从桂北进入黔南、黔东南。唐宋时期,贵州南蛮族系演化为苗、瑶、畲等单一民族,其中苗人主要分布于今黔东南。[万历]《黔记·诸夷》:"苗人,古三苗之裔也。自长沙沅、辰以南,尽夜郎之境往往有之,与民、夷混杂,通曰南蛮,其种甚伙,散处山间,聚而成村者曰寨。"②

(二) 大一统制度认同

1. 战国秦汉至唐宋

侗人、苗人主要聚居地域今黔东南,战国时期就与中原发生了关系。其时,楚国在今湘黔边境地区置黔中郡,辖地主要在今湖南西部,今黔东南之东部属其境。秦统一中国,仍设黔中郡。这一时期,当有少量楚人、秦人进入侗人、苗人先民地域。汉兴,高祖五年(前202年),改黔中郡为武陵郡,辖镡成、舞阳、辰阳等13县,今黔东南南缘之从江、东部之黎平、锦屏等属镡成县(中心在今广西),北缘之岑巩、镇远属潕阳县(中心在今湖南)。③东汉继之。随着两汉王朝对南方的大规模开发,数百年间,当有一定数量的汉人进入侗人、苗人先民地域。

三国时期,今黔东南东部之从江、黎平以上,至黔东北东部之石阡、松桃,属于吴国荆州之武陵郡;④其西部名义上属蜀国益州之牂牁郡,实际上处于自行为治状态。蜀汉诸葛丞相和抚南中,施行仁义,流风所播,侗人、苗人亦深为感佩、认同,显示了儒家文化的巨大魅力。

两晋南北朝,今贵州侗人、苗人主要地域郡县设置大致如旧。

隋朝一统,今黔东南东部从江、黎平等地属始安郡之义熙县。⑤唐取代隋,在侗人、苗人主要地域今黔东南及黔东北之东南置经制州、羁縻州,经制州实行流官治理,羁縻州任用土著首领世袭治理。其一,经制州。今玉屏、岑巩部分、镇远部分属奖州之峨山、渭溪、梓姜3县,松桃、万山、碧江区属锦州之常丰、渭阳、洛浦3县,清水江两岸地带属叙州之郎溪县,岑巩部分、镇远部分、施秉属充州,台江、雷山、榕江属应州。充州、应州后改羁縻州。⑥其二,羁縻州。今麻江境有犍州,凯里境有姜

---

①贵州省民间文学组:《苗族古歌》第16集,贵州人民出版社1979年版第281、292页。
②[万历]《黔记·诸夷》,《中国地方志集成·贵州编》第3册,成都:巴蜀书社2006年版第404-405页。
③参见周春元等:《贵州古代史》,贵阳:贵州人民出版社1982年版第34页及图。
④参见周春元等:《贵州古代史》,贵阳:贵州人民出版社1982年版第74页及附图。
⑤参见《贵州通史》编辑部:《贵州通史简编》,北京:当代中国出版社2005年版第27页。
⑥参见谭其骧:《中国历史地图集》第5册,北京:中国地图出版社1982年版第59-60页;樊开印:《中国历史疆域古今对照图说》,[台北]徐氏基金会1979年版第65及67页附图;何仁仲:《贵州通史》第1卷,北京:当代中国出版社2002年版第290-293页。

州、黄平、凯里部分、麻江部分属祥州。① 唐末五代，辖地包括今贵州从江、榕江、黎平、锦屏、天柱、玉屏等县之叙州刺史杨再思，尊奉唐王朝，保境安民，赢得了侗人、苗人的敬重、尊奉及怀念，显示了儒文化对于增进民族认同的巨大魅力。

两宋承袭唐制，在侗人、苗人主要地域置经制州、羁縻州。经制州仅有思州，且仅短暂地存在于北宋末年，其余时期均为羁縻州；今黔东南之岑巩、镇远、三穗及黔东北之东南属其境。羁縻州：今麻江为犍州，锦屏南为亮州，玉屏南为晃州。②

2. 元代

元代在今贵州全面实行土司制，侗人、苗人主要地域，分属湖广行省之思州军民安抚司及播州军民安抚司。其一，今黔东南南端之从江、榕江，东境之黎平、锦屏、三穗，北境之施秉、镇远、岑巩，黔东北之万山、碧江、松桃，属思州军民安抚司。思州军民安抚司侗人、苗人主要地域，设有数十府、州、县、长官司，其可考者有，府为镇远，长官司有曹滴等洞（今从江境）、西山大洞等处（今从江境）、古州八万洞（今榕江境）、中古州乐墩洞（今榕江境）、洪州泊李等洞（今黎平境）、亮寨（今锦屏境）、乌罗龙干等处（今三穗境）、德明洞（今三穗境）、晓隘泸洞赤溪等处（今三穗境）、秃罗（今三穗境）、卑带洞大小田首（今三穗境）、金容金达等处（今镇远境）、杨溪公俄等处（今镇远境）、台蓬若洞住溪等处（今镇远境）、偏桥中寨（今施秉境）、德胜偏桥四甲等处（今施秉境）、野鸡坪（今万山区境）、黄道溪（今万山区境）、大万山苏葛办等处（今万山区）、铜人大小江等处（今碧江区）、平头著可通达等处（今松桃境），计20余处。其二，黔东南西境之黄平、凯里、雷山属播州军民安抚司。播州军民安抚司侗人、苗人主要地域所设府、长官司，可考者为黄平府（今黄平）。③

战国秦汉，贵州侗人、苗人主要地域就已纳入中原诸侯大国、中央王朝区划。但是，由于地处区划边缘，直至宋代，这些地域多数仍处于"入版图者存虚名，充府库者亡实利"④之状况，官府治权未能进入，侗人、苗人依旧自行为治。元朝一统，占有西南，甚为重视由湖广横贯今贵州而达于云南之驿路，整治驿道，设立驿站。贵州境内，侗人、苗人主要地域置有平溪（今玉屏平溪）、镇远、偏桥（今施秉）、黄平、麻

---

① 参见谭其骧：《中国历史地图集》第5册，北京：中国地图出版社1982年版第59-60页；樊开印：《中国历史疆域古今对照图说》，［台北］徐氏基金会1979年版第65及67页附图；何仁仲：《贵州通史》第1卷，北京：当代中国出版社2002年版第297-298页。

② 参见谭其骧：《中国历史地图集》第6册69-70、29-30页，第5册第59-60页，北京：中国地图出版社1982年版。

③ 以上参见《元史·地理志》，《二十五史》第9册，上海：上海古籍出版社、上海书店1986年版第182页；贵州民族研究所：《明实录贵州资料辑录》，贵阳：贵州人民出版社1983年版第1367-1369页；谭其骧：《中国历史地图集》第7册，北京：中国地图出版社1982年版第25-26页。

④ 《宋史·蛮夷》，《二十五史》第8册，上海：上海古籍出版社、上海书店1986年版第1606页。

峡（今麻江）①等站；驿路沿线的行政治理也因而得以加强，在今黔东南及黔东北南境设置数十土司，官府治权通过土司进入了侗人、苗人主要地域之多数区域，侗人、苗人主要地域之多数区域进入了封建领主制时代，大一统制度认同取得了实质性进展。

3. 明代

明初调北征南，平定云南，更为重视湘黔滇大通道经营，重视今贵州之经营并于永乐年间建省，地处通道东入口之侗人、苗人社会，获得了前所未有的发展机遇。黔东南及黔东北之东缘地域，设置黎平、镇远、思州、铜仁等4府，与之相关的有平越、都匀2府；下辖2州、5县、27长官司。其一，今从江、榕江、黎平、锦屏为黎平府（治今黎平），领永从（治今黎平境）1县及西山阳洞（今从江境）、曹滴洞（今从江境）、古州（今榕江境）、潭溪（今黎平境）、八舟（今黎平境）、洪州泊里（今黎平境）、新化（今锦屏境）、湖耳（今锦屏境）、亮寨（今锦屏境）、欧阳（今锦屏境）、中林验洞（今锦屏境）、赤溪湳洞（今锦屏境）、龙里（今锦屏境）等13长官司。②其二，今三穗、镇远、施秉为镇远府（治今镇远），领镇远（治今镇远）、施秉（治今施秉境）2县，邛水十五洞（今三穗县城）、臻剖六洞横坡等处（今镇远境）、偏桥（今施秉境）3长官司。③其三，今黄平全部、凯里大部属平越府（治今福泉），有黄平州（治今黄平境），凯里长官司（治今凯里市境）。④其四，今麻江、凯里一部属都匀府（治今都匀市），有清平县（治今凯里境），麻哈州（今麻江），乐平（今麻江境）、平定（今麻江境）2长官司。⑤其五，今岑巩、镇远一部、玉屏、碧江区一部、万山区一部为思州府（治今岑巩），领都坪鹅异溪（治今岑巩境）、都素（治今岑巩境）、施溪（治今碧江区境）、黄道溪（治今万山区境）等4长官司。⑥其六，今万山区大部、碧江区、松桃大部属铜仁府（治今碧江区）。领铜仁1县（治今碧江区），大万山长官司（治今万山区境）、乌罗长官司（治今松桃境）、平头著可（治今松桃境）等3长官司。⑦此外尚有时属湖广靖州之天柱县。

①以上参见《析津志·驿站》，《永乐大典》第19426卷，北京：中华书局1960年版第7页；《经世大典·站赤》，《永乐大典》第19418卷，北京：中华书局1960年版第14页。
②参见《明史·地理志》，《二十五史》第10册，上海：上海古籍出版社、上海书店1986年版第131页；贵州民族研究所：《明实录贵州资料辑录》，贵阳：贵州人民出版社1983年版第1368页。
③参见《明史·地理志》，《二十五史》第10册，上海：上海古籍出版社、上海书店1986年版第131页；张廷玉编，罗康智等编著：《明史贵州地理志考释》，贵阳：贵州人民出版社2008年版第241-248页。
④《明史·地理志》，《二十五史》第10册，上海：上海古籍出版社、上海书店1986年版第131页；贵州民族研究所：《明实录贵州资料辑录》，贵阳：贵州人民出版社1983年版第1361、1367页。
⑤参见《明史·地理志》，《二十五史》第10册，上海：上海古籍出版社、上海书店1986年版第130页；贵州民族研究所：《明实录贵州资料辑录》，贵阳：贵州人民出版社1983年版第1361、1366页。
⑥参见《明史·地理志》，《二十五史》第10册，上海：上海古籍出版社、上海书店1986年版第130页；贵州民族研究所：《明实录贵州资料辑录》，贵阳：贵州人民出版社1983年版第1367页；赵尔巽等撰，马国君编著：《清史稿地理志贵州研究》，贵阳：贵州人民出版社2011年版第190页。
⑦参见《明史·地理志》，《二十五史》第10册，上海：上海古籍出版社、上海书店1986年版第131页；张廷玉编，罗康智等编著：《明史贵州地理志考释》，贵阳：贵州人民出版社2008年版第269-272页。

较之元代，明代贵州侗人、苗人主要地域不仅设置了 26 长官司，而且设置了 4 府（另有平越、都匀 2 府与之相关）、2 州、5 县；官府政令不仅通过土司达于侗人、苗人，而且通过流官直接达于侗人、苗人，土、流并存，土、流并治，大一统制度认同度较前提升。

4. 清代前期

清朝初年，伴随贵州宣慰司的大规模改土归流，侗人、苗人主要地域少数土司也被裁汰，计有：黎平府曹滴洞长官司（今从江境）[①]、西山阳洞长官司（今从江境）[②]、赤溪湳洞长官司（今锦屏县城）、三郎长官司（今榕江境）、思州府都素司（今岑巩境）、黄道溪司副长官（今万山境）、都匀府凯里安抚司（今凯里市境）。[③]

清朝初年，朝廷扩充贵州区划，将湖广布政司之天柱县及湖广都司之平溪、清浪、五开、铜鼓、镇远、偏桥等 6 卫划归贵州。此 6 卫及贵州都司兴隆、清平 2 卫后裁撤，平溪卫改玉屏县（治今玉屏），清浪卫改清溪县（治今镇远清溪），五开卫改开泰县（治今黎平县城），铜鼓卫改锦屏县（后改锦屏乡），镇远卫屯防地并入镇远县，偏桥卫屯防地并入施秉县，兴隆卫屯防地并入黄平州（治今黄平），清平卫屯防地并入清平县（治今凯里市境）。[④]

清代前期，贵州侗人、苗人主要地域最重要的事件，当属开发苗疆。贵州侗人、苗人主要地域虽然自战国秦汉开始就纳入了大一统郡县或土司管辖之下，但历代王朝包括明朝治理的重心，均在黔东南东境、北境一带，而今黎平、锦屏、天柱以西，岑巩、镇远、施秉、黄平以南区域，亦即清水江、都柳江之间的所谓"苗疆腹地"，包括雷山、丹寨、榕江、从江、剑河、台江，长期处于封闭状况，与外界很少交流，极少汉人进入，社会多处于原始社会末期，自行为治，没有王国，也无土司，更无流官，不受土司约束，更不受流官约束，"梗隔三省"，[⑤] 阻断了湖广、贵州、广西三省水路商道。雍正年间，清廷抚、剿兼施，开辟苗疆，设置清江（今剑河）、台拱（今台江）、丹江（今雷山）、八寨（今丹寨）、都江（今三都）、古州（今榕江）、下江（今从江）等 7 厅。7 厅中除都江（今三都）厅外，其余 6 厅均在黔东南境。黔东北之松桃也类似于此，长期与外界很少交流，既无土司，亦无流官。康熙、雍正年间两次用兵，置松

[①] 参见《圣祖仁皇帝实录》第 6 卷，《清实录》第 4 册，北京：中华书局 1985 年版第 106 页。

[②] 参见《清史稿·地理志》，《二十五史》第 11 册，上海：上海古籍出版社、上海书店 1986 年版第 324 页。西山阳洞长官司，明代称西山阳洞蛮夷长官司，《明史·地理志》归属黎平府，《清史稿》归属思南府。从《明史·地理志》。

[③] 参见《清史稿·地理志》，《二十五史》第 11 册，上海：上海古籍出版社、上海书店 1986 年版第 324 页。

[④] 以上参见《清史稿·地理志》，《二十五史》第 11 册，上海：上海古籍出版社、上海书店 1986 年版第 324-325 页。

[⑤] 《清史稿·土司传》，《二十五史》第 12 册，上海：上海古籍出版社、上海书店 1986 年版第 1628 页。

桃厅（后改直隶厅）。①

清代前期，贵州侗人、苗人主要地域府一级设置基本沿袭明代，仅增加松桃厅（后改直隶厅）；州、厅、县设置大为增加，基本上形成今行政区划格局。其一，今从江、榕江、黎平、锦屏仍为黎平府（治今黎平），领永从（治今黎平境）、开泰（治今黎平县城）2县，古州（治今榕江）、下江（治今从江境）2厅，古州（今榕江境）、潭溪（今黎平境）、八舟（今黎平境）、洪州泊里（今黎平境）、新化（今锦屏境）、湖耳（今锦屏境）、亮寨（今锦屏境）、欧阳（今锦屏境）、中林验洞（今锦屏境）、龙里（今锦屏境）等10长官司。②其二，今天柱、三穗、镇远、施秉、黄平、剑河、台江为镇远府（治今镇远），领黄平1州，台拱（治今台江）、清江（治今剑河）2厅，镇远、施秉、天柱等3县，邛水（今三穗县城）、偏桥（今施秉境）、岩门（今黄平境）、重安（今黄平境）等4长官司。③其三，今凯里、麻江、雷山、丹寨等属都匀府（治今都匀市），领麻哈（今麻江）1州，八寨（今丹寨）、丹江（今雷山）2厅，清平（治今凯里市境）1县，乐平（今麻江境）、平定（今麻江境）、杨武（八寨厅境）、永安（八寨厅境）4长官司。④其四，今黔东南州之岑巩、镇远一部、黔东北之玉屏、碧江区一部、万山区一部仍为思州府（治今岑巩），领玉屏（治今玉屏）、青溪（治今镇远境）2县，都坪鹅异溪（治今岑巩境）、都素（治今岑巩境）、施溪（治今碧江区境）、黄道溪（治今万山区境）等4长官司。⑤其五，今黔东北之碧江区、万山区大部属铜仁府（治今碧江区），领铜仁县（治今碧江区）及大万山长官司（治今万山区境）。⑥其六，今黔东北之松桃为直隶厅（治今松桃），领乌罗（治今松桃境）、平头著可（治今松桃境）2长官司。⑦

经过改土归流、区域调整、裁卫建县特别是苗疆开发，贵州侗人、苗人主要地域土司治理范围缩小，流官治理范围大幅扩张，州、厅、县设置大为增加，基本上形成今行政区划格局，大一统制度认同达于古代高峰。

---

①《清史稿·地理志》，《二十五史》第11册，上海：上海古籍出版社、上海书店1986年版第325页。
②参见《清史稿·地理志》，《二十五史》第11册，上海：上海古籍出版社、上海书店1986年版第325页。
③《清史稿·地理志》，《二十五史》第11册，上海：上海古籍出版社、上海书店1986年版第324页；赵尔巽等撰，马国君编著：《清史稿地理志贵州研究》，贵阳：贵州人民出版社2011年版第172页。
④参见《清史稿·地理志》，《二十五史》第11册，上海：上海古籍出版社、上海书店1986年版第324页；赵尔巽等撰，马国君编著：《清史稿地理志贵州研究》，贵阳：贵州人民出版社2011年版第132、147页。
⑤《清史稿·地理志》，《二十五史》第11册，上海：上海古籍出版社、上海书店1986年版第324页；赵尔巽等撰，马国君编著：《清史稿地理志贵州研究》，贵阳：贵州人民出版社2011年版第190页。
⑥参见《清史稿·地理志》，《二十五史》第11册，上海：上海古籍出版社、上海书店1986年版第324页。
⑦参见《清史稿·地理志》，《二十五史》第11册，上海：上海古籍出版社、上海书店1986年版第325页；赵尔巽等撰，马国君编著：《清史稿地理志贵州研究》，贵阳：贵州人民出版社2011年版第302页。

二、汉民进入与民族交融认同

（一）明代

明代，大批汉族移民进入贵州侗人、苗人主要地域。为经营湘黔滇大通道，明廷广置卫所，屯田戍守。在贵州侗人、苗人主要地域，设置了五开（治今黎平）、铜鼓（治今锦屏境）、镇远（治今镇远）、偏桥（治今施秉）、兴隆（治今黄平）、清平（治今凯里境）、黄平直隶千户所（治今黄平境）、清浪（治今镇远境）、平溪（治今玉屏）等8卫1直隶千户所，成为湘黔滇大通道贵州段卫所布局最为密集的地段。8卫1所中，兴隆、清平2卫及黄平直隶千户所属贵州都司，五开、铜鼓、镇远、偏桥、清浪、平溪等6卫治所在贵州境但隶属湖广都司。卫所兵员，兴隆卫8661员，清平卫9803员，黄平直隶千户所1129员，小计19593员；[①] 其余6卫，按每卫定额5600员计，当为33600员。以上合计53193员。53193员，亦即53193户，按每户4口计，军户屯田人口当在21万以上。加上民屯、商屯人口，明代贵州侗人、苗人主要地域，移民当是一个更大的数字。

以汉人为主体的移民大批进入贵州，将中原、江南牛耕、水利等先进生产技术带入了侗人、苗人地域。《明实录》载屯军使用牛耕："平溪、清浪、镇远、偏桥、兴龙、清平、新添、隆里、威清、平坝、安庄、安南、平夷十三卫屯守，而耕牛不给……诏给与之。"[②] 文中提及的13卫，平溪、清浪、镇远、偏桥、兴龙（即兴隆）、清平等6卫即位于侗人、苗人主要地域。军屯、民屯、商屯群体广泛使用牛耕，规模大，分布地域广，且与土司交错杂处，必然对侗人、苗人起到垂范、影响、带动作用。[乾隆]《镇远府志》载，天柱苗人"自有明建县以来……易刀剑而牛犊"，[③] 改刀耕火种为养牛耕稼。顾祖禹《读史方舆纪要》记，思州府之养苗溪，有"巨石障流，土人架木槽引以灌田"。[④]

移民群体分布于府州县及卫所地区，与土司交错杂处，有的更直接居于土司地域。据[万历]《黔记·贡赋志》载，明代贵州侗人、苗人主要地域27长官司中，除镇远府臻剖六洞横坡等处长官司（今镇远境）、平越府（治今福泉）凯里长官司（治今凯里市境）外，其余均分布有编户，总数达6400多户、54000余口。详见下表。

---

①参见[嘉靖]《贵州通志·兵防》，《中国地方志集成·贵州编》第1册，成都：巴蜀书社2006年版第305页。
②《明实录·太祖实录》第202卷，中国台北1962年影印本第3028页。
③[乾隆]《镇远府志·风俗》，《中国地方志集成·贵州编》第16册，成都：巴蜀书社2006年版第93页。
④顾祖禹：《贵州》，《读史方舆纪要》第6册，北京：中华书局1955年版第4836页。

明代贵州侗人、苗人主要地域长官司编户分布一览表[1]

府名	治所今名	长官司	户	口	府名	治所今名	长官司	户	口
黎平府	黎平	古州司	648	4213	镇远府	镇远	邛水司	248	2976
		曹滴洞司	662	7282			偏桥司	145	1546
		潭溪司	370	3375	都匀府	都匀市	乐平司	838	1198
		八舟司	222	1777			平定司	571	1159
		洪州泊里司	441	3570	思州府	岑巩	都坪鹅异溪司	282	2860
		新化司	151	2357			黄道司	340	2231
		湖耳司	170	1689			都素司	104	1673
		亮寨司	125	2174			施溪司	77	1246
		欧阳司	120	2644	铜仁府	碧江区	大万山司	21	375
		中林司	144	1985			乌罗司	103	1692
		龙里司	144	2164			平头著可司	184	1557
		赤溪司	135	956					
		西山司	221	1603					
合计 24 司，6466 户，54305 口									

一般说来，这些编户当为移民后裔，其与官府之间当为地主制生产关系。这表明，地主制生产关系已经延伸至侗人、苗人土司地域。伴随着土司地域社会经济的发展，它必然将土著民族也吸引进入这种新式的生产关系之中。到了清代前期，文献中就有了相关的记载。侗人、苗人地域社会经济的发展及新式地主制生产关系的出现，为大一统制度认同奠定了初始经济基础。

进入侗人、苗人地域的移民，与侗人、苗人交往、交流，在传播中原、江南先进生产技术及儒家文化的同时，也接纳侗人、苗人文化。由于通婚、避祸及不堪卫所军官压榨，包括相当数量的屯军士兵在内的移民后裔，进而融入了侗人、苗人之中。清徐家干《同治苗疆闻见录》谓，黔东南腹地"有汉民变苗者，大约多江楚之人……清江南北岸皆有之"。[2]《中国·贵州·黄平·飞云洞潘氏家谱》载，其入黔始祖潘志远，明太祖洪武十五年（1382年）与胞兄潘志高由江西随军入黔平乱。事毕，定居飞云洞。娶苗族妇女吴氏（巫额）为妻，后代绝大多数与苗族声息相处，联姻相聚，从生活习

---

[1] 参见［万历］《黔记·贡赋志》，《中国地方志集成·贵州编》第2册，成都：巴蜀书社2006年版第457、450、445、456页。
[2] 《同治苗疆闻见录》，《中国地方志集成·贵州编》第19册，成都：巴蜀书社2006年版第602-603页。

惯到语言服饰俱融入了当地苗族。①《贵州黄平王家牌王氏宗谱》载,黄平王家牌苗寨,其先祖王倒犁,原籍江西,随父来到今黄平,精于铁犁铸造,在王家牌开设作坊,制犁出售。娶戥雄寨苗族姑娘阿扁为妻,融入了苗族。②今凯里凯棠顾氏碑记载,贵州都指挥同知、镇远侯顾成六世孙、千户指挥顾良相,明孝宗七年(1494年)"因军事失误,畏上究罪,避居开怀,改用苗名傍迪,另安家立业,娶文氏太生……雄傍、松傍、优傍、佼傍,遂传凯索、开怀、排阳、八寨四支顾氏苗族"。③这些融入了苗人、侗人的移民后裔,在接纳侗人、苗人文化的同时,仍然保留着传统的儒家文化。清江(今清水江)流域"其有天地君亲师神位者,皆汉民变苗之属"。④换句话说,那些融入了苗人的移民后裔,仍然供奉"天地君亲师神位"。飞云洞潘氏所藏清顺治年间家谱谓,为子孙者观谱牒,"则孝弟之心必然生"。⑤其习俗,仍以农历十二月三十日为节,祭祀祖宗,供奉灶神、土神;除夕守夜;初一开财门,敬年神。丧事用棺,土葬;礼仪:临终、沐浴、整容着装、停尸、报丧、守灵、开路、出殡、下塘、入殓、退魂、杀牲、招魂、烧绳、复山、服丧、祭祀等。⑥融入了苗人、侗人的移民后裔,在儒文化向苗人、侗人传播及民族认同过程中起着特殊的作用。

(二)清代前期

清代前期,以汉民为主体的移民继续大量进入侗人、苗人主要地域。

1. 屯卫兵丁

乾隆、嘉庆年间,清廷在黔东南苗疆及黔东北松桃厅设古州(今榕江)左卫、古州右卫、清江(今剑河)左卫、清江右卫、台拱卫(今台江)、黄平卫(后改黄施卫)、凯里卫、丹江(今雷山)卫、八寨(今丹寨)卫、⑦石砚卫(今松桃)⑧等10屯卫,兵丁9699员。屯兵须携带家口,9699名屯兵即9699户,按每户4口计,当有38796口。屯卫兵丁来自招募,基本为汉民。

2. 客民

清代前期,相当数量的汉民进入侗人、苗人聚居村寨,被称为客民,而明代及其以前进入的则被称为土著。道光十四年(1834年),云贵总督阮元、贵州巡抚裕泰奏:

---

① 参见潘义昌:《中国·贵州·黄平·飞云洞潘氏家谱》,2011年印本第3、55页。
② 参见王启明:《贵州黄平王家牌王氏宗谱》,2006年印本。
③ 凯里凯棠顾氏后人近年所立碑记,转引自杨昌儒等:《贵州民族关系的构建》,贵阳:贵州人民出版社2010年版第48页。
④《同治苗疆闻见录》,《中国地方志集成·贵州编》第19册,成都:巴蜀书社2006年版第603页。
⑤ [顺治]《潘氏家乘序》,潘义昌:《中国·贵州·黄平·飞云洞潘氏家谱》,2011年印本第28页。
⑥ 潘义昌:《中国·贵州·黄平·飞云洞潘氏家谱》,2011年印本第184页。
⑦ 参见爱必达:《黔南识略》,《黔南识略·黔南职方纪略》,贵阳:贵州人民出版社1992年版第181-182、121、117、106、94、90页。
⑧ 参见《仁宗睿皇帝实录》第85卷,《清实录》第29册,北京:中华书局1985年版第114页。

"各府、厅、州、县寄居苗寨客户甚多"。① 据道光年间贵州布政使罗绕典《黔南职方纪略》一书载，进入侗人、苗人聚居村寨的客民数量达到 15381 户，如按每户 4 口计，当为 61524 口。其中，黎平府最多，为 7502 户、30008 口；属于都匀府者次之，为 4874 户、19496 口；镇远府 2062 户、8248 口；松桃直隶厅 857 户、3428 口；属于铜仁府者最少，仅 86 户、344 口。② 进入侗人、苗人聚居村寨的客民即达到 15000 余户，加上居于城市者、明代及其以前进入者，汉族移民当是一个更为庞大的数字。

有客民进入的侗人、苗人聚居村寨，不仅包括开发较早的地域，如黎平府之亲辖地（今黎平）、永从县（今黎平境）、开泰县（今黎平境）、锦屏乡（今锦屏），镇远府之亲辖地（今镇远）、黄平州（今黄平）、施秉县，都匀府之麻哈州（今麻江）、清平县（今凯里境），铜仁府之铜仁县（今碧江区），而且包括开发较晚的苗疆地域，如黎平府之下江厅（今从江境）、古州厅（今榕江），镇远府之台拱厅（今台江），都匀府之八寨厅（今丹寨）、丹江厅（今雷山），松桃直隶厅（今松桃）。进入开发较晚之苗疆地域之客民，以古州厅（今榕江）最多，为 3748 户；丹江厅（今雷山）次之，为 1261 户；再次为松桃直隶厅（今松桃），857 户；最少的也有四五百户，如下江厅（今从江境）的 539 户，台拱厅（今台江）的 437 户。③

进入侗人、苗人聚居村寨的客民，或典当买入侗人、苗人田产从事耕作，或租种侗人、苗人田土，或以手艺谋生，或经商贸易。

进入侗人、苗人聚居村寨的客民数量及其从业情况，详见下表。

清代前期进入贵州主要地域侗人、苗人聚居村寨客民一览表④

府直隶厅	州厅县	治所今名	客民数量及从业情况
黎平府	下江厅	从江境	当买苗产、承佃苗土客民 539 户
	古州厅	榕江	3748 户。其中，典买苗产客民 1267 户，典买苗产而居屯堡者 221 户，贸易、手艺营生未典买苗产客民 1080 户，篷户 1180 户
	永从县	黎平境	722 户。其中，典买苗产客民 297 户，贸易、手艺营生未典买苗产客民 408 户，篷户 17 户

---

① [民国]《贵州通志·前事志》第 3 册，贵阳：贵州人民出版社 1985 年版第 466 页。
② 参见罗绕典：《黔南职方纪略》，《黔南识略·黔南职方纪略》，贵阳：贵州人民出版社 1992 年版第 313-332 页。
③ 以上参见罗绕典：《黔南职方纪略》，《黔南识略·黔南职方纪略》，贵阳：贵州人民出版社 1992 年版第 313-332 页。
④ 参见罗绕典：《黔南职方纪略》，《黔南识略·黔南职方纪略》，贵阳：贵州人民出版社 1992 年版第 313-332 页。

续表

府直隶厅	州厅县	治所今名	客民数量及从业情况
	亲辖地	黎平	2493户。其中，典买苗产客民494户，贸易、手艺营生未典买苗产客民1716户，篷户242户，又有开泰县属典买、未典买及篷户41户
	开泰县	黎平境	
	锦屏乡	锦屏	
	天柱县	天柱	间有客民
镇远府	亲辖地	镇远	830户。其中，"府县两属苗寨内外有产无产客民561户"，典买苗产客民269户
	镇远县	镇远	
	施秉县	施秉	26户。典买苗产客民11户，无苗业客民15户
	黄平州	黄平	668户。其中，典买苗产客民446户，无苗业客民222户
	台拱厅	台江	437户。从业情况不明
都匀府	麻哈州	麻江	971户。其中，典买苗产者679户，未典买苗产者254户，未置苗产者38户
	清平县	凯里清平	1862户。其中，典买苗产者652户，未典买苗产者999户，未填丁口者211户
	丹江厅	雷山	1261户。其中，典买苗产者37户，有产客户575户，无业客户649户
	八寨厅	丹寨	780户。其中，典买苗产者724户，未典买苗产者56户
铜仁府	铜仁县	碧江区	买当苗产客民86户
松桃直隶厅		松桃	857户。皆典买苗产客民
合计			15381户

大批汉民继续进入，使贵州侗人、苗人主要地域的民族结构继续发生变化，汉民增加，在总人口中的比例上升，侗人、苗人等民族人口比例下降。据乾隆年间《黔南识略》及道光年间《黔南职方纪略》两书载，从总体看，侗人、苗人主要地域仍然是"夷"多汉少，如黎平府之亲辖地（今黎平）、下江厅（今从江境）、古州厅（今榕江）、永从县（今黎平境）、开泰县（今黎平境），镇远府之天柱县、清江厅（今剑河）、台拱厅（今台江），都匀府之清平县（今凯里境）、凯里县丞（今凯里境）、麻哈州（今麻江）、八寨厅（今丹寨）、丹江厅（今雷山），铜仁府之铜仁县，松桃直隶厅，约当今黔东南州绝大部分及黔东北铜仁市之松桃县、铜仁县，但也有少量地域已处于汉多"夷"少之格局，如黎平府之锦屏乡（今锦屏县），镇远府之施秉县，思州府之亲辖地（今岑

巩）、玉屏县、清溪县（今镇远境）。①

　　大量进入侗人、苗人地域的客民，将发达地区打铁锻造、兴修水利等生产技术及商品经营理念带入侗人、苗人主要地域，推动了侗人、苗人地域社会经济的进步。清代李椅《南征日记》雍正十三年（1735年）十一月初四日记，湖广辰州府黔阳县汉民向先林，其哥"是个铁匠，自幼进苗地里来"；侄子老包、老金"也会铁匠"。同年同月初十日记，汉人龙贵友在苗寨上做过十来年"铁匠生理"。②黎平府开泰县西门堰，"宽五十余丈，灌五百余亩"；高堰，"宽四十余丈，灌田三百余亩"。③清代，"牛耕在广大侗族地区已得到进一步推广，各种灌溉工具：水兜、桔槔、水车（龙骨车）、水筒已广泛使用"。④驿路的进一步扩展整治，潕水（今潕阳河）、清江（今清水江）、都江（今都柳江）等航道的大规模疏通，带动了木材、食盐等大宗商品贸易。地处清水江流域的黎平府锦屏乡（今锦屏县）、镇远府天柱县成为兴盛的木材集散及交易中心；地处都江（今都柳江）与清江（今清水江）之间的古州厅，成为兴盛的粤盐集散及交易中心，乾隆初年年销售额即达138万余斤，⑤有来自江西、福建、四川、湖广、广东的商户、富户所建会馆7座；地处湘黔大通道与潕阳河交汇之处的镇远更是省内最大的淮盐、浙盐、木材及滇铜等大宗商品集散及交易中心之一，有来自江西、福建、湖广、陕西的商户、富户所建会馆5座。⑥

　　客民在将发达地区的生产技术及商品经营理念带入侗人、苗人主要地域的同时，也将地主制生产关系引入了侗人、苗人主要地域。进入侗人、苗人聚居地域的客民，或买当侗人、苗人田产，或租种侗人、苗人田土。侗人、苗人中出现了或出卖、或当出、或出租田土的富户，出现了租种田土的贫户。黎平府古州厅出卖、当出田土侗人、苗人达1488户之数。其中，221户居于屯堡，1267户仍居村寨。⑦镇远县苗寨头人将公土"租与天柱、邛水一带客民挖种杂粮……每丁认锄一把，每锄每年租钱数百文不等"。黄平州"苗产尽为汉有，苗民无土可依，悉皆围绕汉户而居，承佃客民田土耕

---

①参见罗绕典：《黔南职方纪略》，《黔南识略·黔南职方纪略》，贵阳：贵州人民出版社1992年版第313-332页。
②全国公共图书馆古籍文献编委会：《中国公共图书馆古籍文献珍本汇刻·南征日记》上册，中华全国图书馆文献缩微复制中心1994年版第297、311页。
③爱必达：《黔南识略》，《黔南识略·黔南职方纪略》，贵阳：贵州人民出版社1992年版第190页。
④冯祖贻等：《侗族文化研究》，贵阳：贵州人民出版社1999年版第22页。
⑤参见［光绪］《黎平府志·食货志》，《中国地方志集成·贵州编》第17册，成都：巴蜀书社2006年版第203页。
⑥参见［乾隆］《镇远府志·祠祀》，《中国地方志集成·贵州编》第16册，成都：巴蜀书社2006年版第159页。
⑦参见罗绕典：《黔南职方纪略》，《黔南识略·黔南职方纪略》，贵阳：贵州人民出版社1992年版第324页。

种"。黎平府开泰县（今黎平境）"苗买客产，客买苗产，转辗售卖"。① 侗人、苗人地域社会经济及地主制生产关系的发展，为大一统制度认同奠定了经济基础。

大量进入侗人、苗人聚居地域的客民，与侗人、苗人接触更为密切，增进了民族之间的交往、交融、认同，彼此"相习相安"，②"晏然无事"。③ 有的进而融入侗人、苗人之中。天柱《龙氏六公宗谱》载，其始祖龙腾汉，"江西吉安府太和县东关人氏。明洪武年间，因商入黔抵清水江头……遂定居于清水江头柳富寨（今剑河境）。由于久居'夷地'，习俗所染，'变汉语而侏离，易冠裳而左衽'，其子孙遂化为苗族或侗族。腾汉公生九子，散居于天柱、锦屏、三穗等县。其中第八子再谊公字君道，徙居天柱富虫寨，为天柱高酿镇上花村等处龙姓一世祖，至今已繁衍约 5000 人"。④ 清代李椅《南征日记》载，湖广汉民向先林，其哥"自幼进苗地里来，在东敖娶了苗亲，生得侄儿三个，名叫向老包、老金、老宁"。汉人龙贵友在苗寨"买了田地，娶了苗亲，生了一个女"。⑤ 通婚、生子，取苗人或侗人名，融入苗人或侗人之中。

三、"苗民子弟一体入学肄业，考试仕进"

（一）明代

贵州侗人、苗人主要地域历史上首次设立学校，包括官学、书院、义学。官学计有黎平、思州（治今岑巩）、镇远、铜仁（治今碧江区）4 府学，黄平州学，永从（治今黎平境）、天柱 2 县学，五开（治今黎平，附黎平府学）、铜鼓（治今锦屏）、清浪（治今镇远境，寄思州府学）、镇远（寄镇远府学）、偏桥（治今施秉）、兴隆（治今黄平）、清平（治今凯里境）、平溪（治今玉屏）8 卫学，黄平直隶千户所（治今黄平旧州）官学，小计 16 所。书院计有黎平府天香书院、书舍，镇远府紫阳书院，思州府起文楼，铜仁府铜江书院，天柱县开化书院，施秉县兴文书院，偏桥卫南山书院，兴隆卫月潭书院、草庭书院，清平卫学孔书院、山甫书院、学孔精舍，小计 13 座。社学，计黎平府 1 所，思州府 3 所，镇远府 1 所，铜仁府（治今碧江区）2 所，黄平州 1 所，

---

① 以上参见罗绕典：《黔南职方纪略》，《黔南识略·黔南职方纪略》，贵阳：贵州人民出版社 1992 年版第 326、328、323 页。
② 罗绕典：《黔南职方纪略》，《黔南识略·黔南职方纪略》，贵阳：贵州人民出版社 1992 年版第 328 页。
③ [民国]《贵州通志·前事志》第 3 册，贵阳：贵州人民出版社 1985 年版第 466 页。
④ 《龙氏六公宗谱》，转引自李斌等：《民间记忆与历史传承——贵州天柱宗祠文化述论》，成都：四川大学出版社 2014 年版第 68-69 页。
⑤ 全国公共图书馆古籍文献编委会：《中国公共图书馆古籍文献珍本汇刻·南征日记》上册，中华全国图书馆文献缩微复制中心 1994 年版第 297、311 页。

麻哈州（治今麻江）1所，天柱县4所，镇远县1所，黄平直隶千户所1所，① 小计15所。合计官学、书院、义学44所（座）。明代，贵州侗人、苗人主要地域学校设置不仅实现了零的突破，而且达到了40余所（座）的规模。

伴随学校特别是官学的设立，明代贵州侗人、苗人主要地域产生了历史上第一批科举士子。生员而外，也有了举人、进士。举人：黎平府62人，思州府43人，镇远府57人，铜仁府12人，黄平州12人，麻哈州1人，永从县5人，施秉县1人，铜仁县68人，五开卫3人，铜鼓卫3人，清浪卫1人，兴隆卫29人，清平卫71人，平溪卫36人，小计404人；进士：黎平府3人，镇远府5人，铜仁府7人，麻哈州1人，清平县6人，兴隆卫1人，平溪卫4人，小计27人。举人、进士合计431人。

设学校，开科举，贵州侗人、苗人之中产生了一批儒学士子，文本儒学传入侗人、苗人之中。宣宗宣德元年（1426年），镇远府知府颜泽奏折中有"夷人之中选取生员入学读书"之语。② 二年（1427年），新化府（治今锦屏境，后并入黎平府）所领新化蛮夷等6长官司上奏谓："贵州各府学校新立，诸生皆自童蒙入学"。③ 明代能进入地方官学的，一般应为通过童生试取得生员名分的士子；能以"童蒙"身份免试进入官学的，只能是土司子弟，这说明该府就读生员基本上为土司子弟。孝宗弘治十二年（1499年），朝廷明确规定，土官承袭子弟年"十岁以上者，俱送附近宣慰司学或府、州、县学"；有愿习举业者，"比军职子孙补廪充贡出身"；"其不有儒学读书习礼者，不听保袭"。④ 针对土著民族地区文化落后的现状，朝廷对土司子弟采取了直接保送入学并获得生员身份，可以通过贡生的身份进入国子监亦即太学等优惠措施。据《贵州通史》载，至万历中，各土司仅贡生即不下四五百人，⑤ 则生员数量当更为可观。这些贡生、生员中，自然包括了侗人、苗人地域土司子弟。取得生员身份以后，亦有土司子弟立志于科举，通过正常的考试取得举人乃至进士功名。神宗万历年间，镇远府邛水长官司"有土舍杨再清者，应袭推官，尝中贵州乡试，命于本卫加俸级优异之"。⑥ 世宗嘉靖元年（1522年），麻哈州土官子弟宋儒袭职，"为麻哈州世袭土同知"。其后，放弃土

---

①以上参见[万历]《黔记·学校志》，《中国地方志集成·贵州编》第2册，成都：巴蜀书社2006年版第361-388页；[嘉靖]《贵州通志·学校》，《中国地方志集成·贵州编》第1册，成都：巴蜀书社2006年版第344、348页；[万历]《贵州通志》，北京：书目文献出版社1991年版第293、336、351页；[康熙]《天柱县志·学校》，《中国地方志集成·贵州编》第22册，成都：巴蜀书社2006年版64-65页；[嘉庆]《黄平州志·古迹》，《中国地方志集成·贵州编》第20册，成都：巴蜀书社2006年版第60页；《黔诗纪略》第7、8卷，贵阳：贵州人民出版社1993年版第265、341页；[民国]《贵州通志·学校志选举志》，贵阳：贵州人民出版社2008年版第14页；李独清：《孙应鳌年谱》，《贵州师范大学学报》编辑部1990年印本第118页。

②《明实录·宣宗实录》第11卷，中国台北1962年影印本第314页。

③《明实录·宣宗实录》第32卷，中国台北1962年影印本第823页。

④《明实录·孝宗实录》第151卷，中国台北1962年影印本第2676页。

⑤参见何仁仲：《贵州通史》第2卷，贵阳：贵州人民出版社2002年版第356页。

⑥《明史·贵州土司传》，《二十五史》第10册，上海：上海古籍出版社、上海书店1986年版第896页。

官，于嘉靖二十八年（1549年）中举，穆宗隆庆五年（1571年）进士及第，选庶吉士，改礼部主事。①

文本儒学传入侗人、苗人之中，标志着儒学在贵州侗人、苗人之中的传播较之前代速度加快，程度加深，覆盖面扩大。

（二）清代前期

1. 学校教育

清代前期，贵州侗人、苗人地域学校教育较之明代大为发展。

（1）学校数量大幅增长

学校数量由明代44所增至111所（座）。其一，官学由16所增至18所。其中，府学仍为黎平、思州（治今岑巩）、镇远、铜仁（治今碧江区）等4府学；州学由黄平1学增至黄平、麻哈2学；新增古州厅（治今榕江）、镇远府台拱厅（今台江，附镇远府学）、清江厅（今剑河，附镇远府学）、丹江厅（今雷山，附都匀府学）、八寨厅（今丹寨）、松桃直隶厅学6厅学；县学、乡学由永从（治今黎平境）、天柱2学增至永从（治今黎平境）、开泰（治今黎平境）、锦屏乡（治今锦屏）、清溪（治今镇远境）、天柱、镇远、清平、铜仁、玉屏9学。由于五开（治今黎平，附黎平府学）、铜鼓（治今锦屏）、清浪（治今镇远境，寄思州府学）、镇远（寄镇远府学）、偏桥（治今施秉）、兴隆（治今黄平）、清平（治今凯里境）、平溪（治今玉屏）8卫及黄平直隶千户所（治今黄平旧州）裁撤置县或并入相近州县，新置部分县学、乡学系由原设卫学及黄平所官学转置而来，故官学数量仅略有增加。其二，书院由13座剧增至43座。其中，黎平府由天香书院、书舍等2座增至21座：府治黎阳书院、龙标书院、天香书院、西岩精舍、太平书舍、小段书岩、小蓬莱馆、南屏大舍、龙溪书院、双江书院、双樟书院、上林书院、清泉书院、秦山书院、印台书院等15座，古州厅榕城书院、龙冈书院、文峰书院等3座，永从县福江书院1座，开泰县1座，锦屏乡兴文书院1座。思州府由起文楼1座增至3座：府治思旸书院1座，清溪县瑞云书院1座，玉屏县屏山书院1座。镇远府由府治紫阳书院、天柱县开化书院、施秉县兴文书院、偏桥卫南山书院、兴隆卫月潭书院、草庭书院等6座增至10座：府治潕阳书院1座，镇远县崇德书院1座，天柱县蔚文书院1座，施秉县岑麓书院、凤山书院2座，黄平州龙渊书院、星山书院2座，清江厅柳川书院1座，台拱厅三台书院、拱辰书院2座。属都匀府之书院由清平卫学孔书院、山甫书院、学孔精舍等3座增至6座：清平县炉山书院、龙江书院2座，麻哈州三台书院1座，丹江厅鸡窗书院、丹阳书院2座，八寨厅（今丹寨）龙泉书院1座。铜仁府由铜江书院1座增至铜江书院、新城书院2座。松桃直隶厅崧高书院1座。其三，义学（社学）由15所剧增至47所。其中，黎平府由1所增至20所：府治4所，

---

① 参见沈德符：《土官之异》，《万历野获编》下册，北京：中华书局1959年版第763页。

下江厅（今从江）3 所，古州厅 11 所，永从 1 所，锦屏乡 1 所。思州府由 3 所增至 4 所：府治 1 所，清溪县 2 所，玉屏县 1 所。镇远府由 8 所增至 11 所：府治 1 所，镇远县 1 所，天柱县 2 所，施秉县 2 所，黄平州 3 所，清江厅 1 所，台拱厅 1 所。属于都匀府之义学（社学）由麻哈州 1 所增至 5 所：新增清平县 1 所，丹江厅 2 所，八寨厅 1 所。铜仁府由 2 所增至 5 所：府治 3 所，铜仁县 2 所。松桃直隶厅 2 所。①

（2）侗人、苗人子弟入学机会更多

贵州古代侗人、苗人主要地域，明代开始设立学校，而苗疆尚属空白。清初开发苗疆，清廷甚为重视在新置各厅设学校，以使"苗民子弟一体入学肄业，考试仕进"。② 其一，官学。新置各厅中，除下江厅外，古州、台拱、清江、丹江、八寨、松桃等 6 厅均设立了官学；其中，台拱、清江、丹江 3 厅虽未置学宫，但都有学额，分别附于镇远府学、都匀府学。入学对象，与明代仅为土司子弟不同，清代前期，除上层人家子弟外，普通侗人、苗人"子弟愿入学者，亦令送学"。③ 随着社会经济的发展，普通侗人、苗人中出现富户，具备了求学的意识及经济条件。"苗民子弟愿入学者，亦令送学"的规定，为普通苗民子弟入学接受教育开启了通道，推动了儒学向少数民族下层的传播。其二，书院。新置各厅中，除下江厅外，其余各厅均有书院，计古州厅 3 座，清江厅 1 座，台拱厅 2 座，丹江厅 2 座，八寨厅 1 座，松桃直隶厅 1 座，合计 10 座。书院生徒，不少系侗人、苗人子弟，如榕城书院，"诸生夷、汉各半"。④ 其三，义学（社学）。鉴于侗人、苗人子弟汉文化基础薄弱的状况，清廷尤为重视启蒙教育性质的义学之设置，在苗疆各厅均设立了义学，计下江厅 3 所，古州厅 11 所，清江厅 1 所，台拱厅 1 所，丹江厅 2 所，八寨厅 1 所，松桃直隶厅 2 所，共 21 所。台拱、清江义学

---

① 明代部分参见［万历］《黔记·学校志》，《中国地方志集成·贵州编》第 2 册，成都：巴蜀书社 2006 年版第 361-388 页；［嘉靖］《贵州通志·学校》，《中国地方志集成·贵州编》第 1 册，成都：巴蜀书社 2006 年版第 344、348 页；［万历］《贵州通志》，北京：书目文献出版社 1991 年版第 293、336、351 页；［康熙］《天柱县志·学校》，《中国地方志集成·贵州编》第 22 册，成都：巴蜀书社 2006 年版第 64-65 页；［嘉庆］《黄平州志·古迹》，《中国地方志集成·贵州编》第 20 册，成都：巴蜀书社 2006 年版第 60 页；《黔诗纪略》第 7、8 卷，贵州人民出版社 1993 年版第 265、341 页；［民国］《贵州通志·学校志选举志》，贵阳：贵州人民出版社 2008 年版第 14 页；李独清：《孙应鳌年谱》，《贵州师范大学学报》编辑部 1990 年印本第 118 页。清代前期部分参见［光绪］《黎平府志·学校》，《中国地方志集成·贵州编》第 17 册，成都：巴蜀书社 2006 年版第 318-367 页；［康熙］《思州府志·学校》，《中国地方志集成·贵州编》第 15 册，成都：巴蜀书社 2006 年版第 499 页；［乾隆］《镇远府志·学校》，《中国地方志集成·贵州编》第 16 册，成都：巴蜀书社 2006 年版第 78-83 页；［道光］《铜仁府志·公所》，《中国地方志集成·贵州编》第 45 册，成都：巴蜀书社 2006 年版第 329-330 页；［民国］《贵州通志·学校志选举志》，贵阳：贵州人民出版社 2008 年版第 61-143 页；［民国］《都匀县志稿·学校》，《中国地方志集成·贵州编》第 23 册，成都：巴蜀书社 2006 年版第 100 页；［乾隆］《开泰县·学校》，《中国地方志集成·贵州编》第 19 册，成都：巴蜀书社 2006 年版第 48 页；［嘉庆］《黄平州志·学校志》，《中国地方志集成·贵州编》第 20 册，成都：巴蜀书社 2006 年版第 170-171 页。

② ［民国］《贵州通志·学校志选举志》，贵阳：贵州人民出版社 2008 年版第 116 页。

③ ［民国］《贵州通志·学校志选举志》，贵阳：贵州人民出版社 2008 年版第 116 页。

④ 郑知同：《行述》《巢经巢全集》卷首，《巢经巢全集》，贵阳：贵州省政府民国 29 年（1940 年）印本。

明言"所以教苗民子弟"。① 苗疆以外州县所设义学，也有专为少数民族所设者，如施秉县2所义学中，1所明确为苗民义学。② 土司承袭子弟"送学肄业，以俟袭替"；其族属人等并苗民子弟愿入学者"亦令送学"；所属府、州、县"复设训导躬亲教谕"。③ 清严如熤《苗防备览》载，苗童"日负担杂粮数升，就师傅授句读，默记而归。其中亦甚有聪俊者，因所晓而逐为解说，久则渐通晓文义"。④

明代与清代前期今贵州侗人、苗人主要区域学校设置比较，详见下表。

明代、清代前期今贵州侗人、苗人主要区域学校比较一览表

今地域	明、清代前期		明 代			清 代 前 期		
	区划卫所	治所今名	官学	书院	社学	官学	书院	义学社学
黔东南	下江厅	从江境						3
	古州厅	榕江				厅学	3	11
	黎平府	黎平	府学	2	1	府学	15	4
	永从县	黎平境	县学			县学	1	1
	五开卫	黎平	附府学					
	开泰县	黎平境				县学		1
	锦屏乡	锦屏				官学	1	1
	铜鼓卫	锦屏	卫学					
	思州府	岑巩	府学	1	3	府学	1	1
	清溪县	镇远清溪				县学	1	2
	镇远府	镇远	府学	1	1	府学	1	1
	镇远县	镇远			1	县学	1	1
	镇远卫	镇远	附府学					
	清浪卫	镇远境	附府学					
	天柱县	天柱	县学	1	4	县学	1	2
	偏桥卫	施秉	卫学	1				

---

① [乾隆]《镇远府志·学校》，《中国地方志集成·贵州编》第16册，成都：巴蜀书社2006年版第81页。
② 参见[乾隆]《镇远府志·学校》，《中国地方志集成·贵州编》第16册，成都：巴蜀书社2006年版第83页。
③ [民国]《贵州通志·学校志选举志》，贵阳：贵州人民出版社2008年版第116页。
④ 严如熤著，罗康隆等编著：《苗防备览风俗篇研究》，贵阳：贵州人民出版社2011年版第83页。

续表

今地域	明、清代前期		明代			清代前期		
	区划卫所	治所今名	官学	书院	社学	官学	书院	义学社学
	施秉县	施秉境		1		县学	2	2
	黄平州	黄平	州学		1	州学	2	3
	黄平所	黄平旧州	官学		1			
	兴隆卫	黄平	卫学	2				
	清平卫	凯里炉山	卫学	3				
	清平县	凯里境				县学	2	2
	麻哈州	麻江			1	州学	1	1
	台拱厅	台江				附府学	2	1
	清江厅	剑河				附府学	1	1
	丹江厅	雷山				附府学	2	2
	八寨厅	丹寨				厅学	1	1
黔东北之东南	铜仁府	碧江区	府学	1	2	府学	2	3
	铜仁县	碧江区				县学		2
	平溪卫	玉屏	卫学					
	玉屏县	玉屏				县学	1	1
	松桃直隶厅	松桃				州学	1	2
合计			小计官学 16，书院 13，义学 15；合计 44			小计官学 21，书院 43，社学 47；合计 111		

除带官办性质的书院、义学以外，还有一些由少数民族自办的民间书院、义学，如天柱苗人"廷陵书院""凤鸣馆"（书院），锦屏苗人"养正书院""振武义馆"，天柱苗人三门塘义学、地岔义学、地岔武术学馆"青云斋"。地岔义学规模宏大，三门塘义学延续了 200 余年，"凤鸣馆"延续了 140 多年，在传播儒学、培养人才方面起到了重要作用，恩贡王光昌、名举人杨秀泽和杨秀琪等均出其处。[①]

2. 科举

清代前期贵州侗人、苗人主要地域学校教育的大发展，使科举中式人数大幅增加。详见下表。

---

① 参见龙国辉：《苗族文化大观》，贵阳：贵州民族出版社 2009 年版第 315-316 页。

清代前期、明代贵州侗人、苗人地域科举比较一览表①

今地域	明代 区划卫所	明代 治所今名	明代 进士	明代 举人	清前期 区划卫所	清前期 治所今名	清前期 进士	清前期 举人
黔东南	黎平府	黎平	3	62	黎平府	黎平	19	87
	永从县	黎平境		5	永从县	黎平境	1	5
	五开卫	黎平		3	五开卫	黎平		2
					开泰县	黎平境		42
	铜鼓卫	锦屏		3	铜鼓卫	锦屏		
					古州厅	榕江	1	1
	思州府	岑巩		43	思州府	岑巩		7
	清浪卫	镇远清溪		1	清浪卫	镇远清溪		1
					清浪县	镇远清溪		3
黔东南	镇远府	镇远	5	57	镇远府	镇远	4	24
	天柱县	天柱			天柱县	天柱	3	22
	镇远县	镇远			镇远县	镇远	2	34
	偏桥卫	施秉			偏桥卫	施秉		17
	施秉县	施秉		1	施秉县	施秉	3	20
	黄平州	黄平		12	黄平州	黄平	21	108
	兴隆卫	黄平	1	29	兴隆卫	黄平		11
	清平卫	凯里境		71	清平卫	凯里境		
	麻哈州	麻江	1	1	麻哈州	麻江	2	14
	清平县	凯里清平	6		清平县	凯里清平	9	36
					八寨厅	丹寨		1
黔东北之东南	铜仁府	碧江区	7	12	铜仁府	碧江区	15	51
	铜仁县	碧江区		68	铜仁县	碧江区		18
	平溪卫	玉屏	4	36	平溪卫	玉屏		7
					玉屏县	玉屏	6	12
合计			27	404			86	523

清代前期,贵州侗人、苗人主要地域科举中式人数,举人由明代 404 人增至 523 人,增长 34.4%;进士尤为显著,由 27 人增至 86 人,增长 218.5%。明代举人中进士比例为 14.96∶1,清代前期上升至 6.08∶1,上升了近 2.5 倍。这反映出贵州侗人、苗

---

① 参见[民国]《贵州通志·学校志选举志》,贵阳:贵州人民出版社 2008 年版第 245-464 页;《贵州七百进士录》,贵州地方志网站,http://www.gzgov.gov.cn/gov_dfz。

人主要地域士子儒学水平的大幅提升。

清代前期，朝廷对贵州少数民族科举仍实行优惠政策。与明代土司子弟免试进入官学并获生员身份不同，清代少数民族须参加考试，始可入学并获生员身份，但少数民族取录名额专列，或在官学原额内划定少数民族名额，或在原额外增加学额。雍正三年（1725年），准贵州"每遇岁科两试，于该学定额外，取进一名"。[1] 十二年（1734年），定黎平府古州厅"量取一二名，附入府学苗童之后"。[2] 乾隆四年（1739年），准贵州"加额取进"。[3] 一批侗人、苗人子弟在进入义学就读后通过考试，取得生员身份。如黎平府"岁科考试，府学额入二十五名内，例取苗生十三名"。[4] 继明代麻哈州土官子弟宋儒乡试中举、进士及第之后，清代前期，又有天柱苗人宋仁溥，天柱侗人欧阳士椿、杨沛泽，古州侗人吴洪仁，锦屏苗人龙绍纳等相继成举人；宋仁溥、欧阳士椿继而成进士。宋仁溥，乾隆三十年（1765年）乡试中举，次年进士及第，选翰林院庶吉士，"旋改河南淇县知县"。[5] 欧阳士椿，乾隆三十六年（1771年）举人，四十年（1775年）成进士。"才情卓荦，文思敏捷……于平定金川后，进《太平颂》，奉硃批进览"。[6] 吴洪仁，乾隆五十四年（1789年）中举。[7] 杨沛泽（1800—1873年），清道光十五年（1835年）举人。[8] 龙绍纳，锦屏亮寨司人，道光十七年（1837年）举人。"幼颖异，读书若成诵者……晚年益肆于学，著述宏富，有《亮川前集》二卷、《续集》二卷、《试帖》二卷、《杂著》四卷"。[9]

学校教育及科举的大发展，进一步扩大了文本儒学在贵州侗人、苗人之中的传播。

四、儒文化在贵州古代侗人、苗人中的流播与民族认同

（一）儒文化的流播

1. 诸葛孔明传说与儒家思想

蜀汉时期，诸葛亮在包括今贵州大部在内的南中地区实行和抚政策，对"夷人"

---

[1]《世宗宪皇帝实录》第35卷，《清实录》第7册，北京：中华书局1985年版第534页。
[2]《世宗宪皇帝实录》第141卷，《清实录》第8册，北京：中华书局1985年版第781页。
[3][民国]《贵州通志·学校志选举志》，贵阳：贵州人民出版社2008年版第46页。
[4] 罗绕典：《黔南职方纪略》，《黔南识略·黔南职方纪略》，贵阳：贵州人民出版社1992年版第322页。
[5][光绪]《天柱县志·人物志》，《中国地方志集成·贵州编》第22册，成都：巴蜀书社2006年版第261页。
[6][民国]《贵州通志·人物志》，贵阳：贵州人民出版社2001年版第1124页。
[7] 参见[民国]《贵州通志·学校志选举志》，贵阳：贵州人民出版社2008年版第362页。
[8] 参见[民国]《贵州通志·学校志选举志》，贵阳：贵州人民出版社2008年版第389页。
[9][民国]《贵州通志·人物志》，贵阳：贵州人民出版社2001年版第1100-1101页。

首领孟获数擒数纵以"服其心"并进而引入朝廷为官；在南中不派官、不驻军，任用土著民族首领。尽管诸葛亮南征只到过今黔西北，南征军亦未进入今黔东南及黔东北，但是，在黔东南各地及黔东北侗人、苗人之中，却广泛流传着诸葛亮及蜀汉军队的种种传说、"遗迹"。侗人、苗人自古有斗牛习俗，《斗牛古词》将斗牛习俗的起源附会到诸葛孔明的身上："孔明天相号召娱乐，苗、侗祖宗凑银买牛。吹笙斗牛，乐而忘返"。①侗人村寨几乎都有鼓楼，民间将鼓楼之起源归于诸葛亮筑高亭、置铜鼓以传令。②今榕江县有孔明山，传说是诸葛亮南征驻兵之地，也是擒获孟获的地方。当地苗人称自己是孟获的后裔，诸葛亮收服孟获是"八擒八纵"而非"七擒七纵"。孟获为报孔明不杀之恩，便将大本营务振改名为"孔明山"，将自己的出生地直接叫"孔明"（今贵州榕江孔明乡），将山上的饮水塘称为"孔明塘"，将饮水塘附近的喷泉改名为"孔明泉"，在本族发源地嘎良（即今榕江县城）筑诸葛城（遗址中心在今榕江街心花园处）。孔明死后，又建诸葛台、诸葛亭、武侯庙、祭星坛、观星坛等，以示纪念。③侗人女子善织锦，相传系诸葛亮所教："牂牁郡自汉时留，侗锦矜夸产古州，苗女刺成经岁力，遗教传是武乡侯。"并将其称为诸葛洞锦。锦屏县有诸葛寨、诸葛洞、武侯观星台、马刨泉。黎平县有诸葛武侯庙、马台石、马跑井。④镇远县有诸侯洞。⑤施秉县有诸葛洞、诸葛滩、诸葛峡。⑥中原儒家忠义仁礼之道，儒家的民本、爱民思想，通过蜀汉传入今贵州侗族、苗族主要地域，并得到了侗族、苗族的认同，增进着侗、苗、汉各民族的认同。

2. 飞山庙杨再思祭祀与儒家思想

杨再思（唐懿宗咸通十年至五代后周世宗显德四年，869—957年），先祖"系出汉太尉伯起公震，世居关西"。⑦唐末为叙州刺史；今从江、榕江、黎平、锦屏、天柱、玉屏等贵州侗族、苗族地域，其时属叙州潭阳县。唐末五代大分裂、大战乱之时，杨再思坚持尊奉唐王朝，保境安民，逐渐形成以飞山（今湖南靖州境）为中心的民族集团，赢得了古代贵州侗、苗及仲家、土人各民族的敬重、认同。他们纷纷采用杨姓，以杨再思所定"再正通光昌胜秀"7字排行轮转使用；⑧修建"飞山庙""飞山宫"，拜

---

① 彭亮：《牛王争霸：贵州斗牛文化的"传"与"承"》，《贵阳晚报》2013年12月16日。
② 参见《溪水侗乡：黔东南肇兴侗寨》，黔途网，http://www.chiyou.name/page/mzfq/xsdx.htm；陈问苦：《肇兴古寨：大歌绕梁鼓楼间》，《贵阳晚报》2012年4月16日。
③ 参见《诸葛亮八擒孟获》，榕江县人民政府网，http://www.rongjiang.gov.cn，2004年2月12日。
④ 以上见［光绪］《黎平府志·地理志》，《中国地方志集成·贵州编》第17册，成都：巴蜀书社2006年版第175、305-306、158、159页。
⑤ 参见《故事·遗迹篇》，《诸葛亮集》，北京：中华书局2012年版第250页。
⑥ 参见李金顺：《贵州风景名胜故事》，贵阳：贵州人民出版社2007年版第249-251页。
⑦ 杨芳：《官博杨果勇侯自编年谱》，《杨芳集》第1辑，2008年印本第4页。
⑧ 参见《统一字派》，《杨再思氏族通志》，2002年印本。

跪祭奠，经久不衰。黎平府治、榕江厅①、锦屏乡、思州府治（今岑巩）②、镇远府治、天柱县、施秉县③、铜仁府治④，均有飞山庙；一些侗族聚居村寨也有飞山庙，如天柱县，县城而外，由义里、兴文里一甲、二甲、七甲及新兴里七甲、新增里八甲、坊厢里七甲等里甲亦有飞山庙。⑤杨再思及其后裔则与侗、苗等民族婚姻相通，生活相习，语言相合，鱼水相依，"汉夷一家"，融为一体。

飞山庙祭祀活动反映了贵州古代侗人、苗人对儒家大一统及爱民思想的认同，是唐末五代宋元明清黔东南、黔东杨姓汉、侗、苗等民众彼此整合与认同的文化象征，是贵州古代侗人、苗人地域儒学流播进而促进侗、苗、汉各民族彼此整合与认同的文化符号。

3. 朱梓抚化侗、苗与儒家思想

明神宗万历年间，天柱首任知县朱梓励精图治，勤政恤民；抚化侗、苗，保境安民；建立社学，大兴教化；清田赋，公税赋，兴水利，筑堤坝，创义仓，济民生，"治邑如治家，爱民犹爱子"，⑥赢得了侗、苗各民族的衷心爱戴，各乡寨竞相为之建生祠竟达13处之多。朝廷在其原籍江苏淮安府赣榆县（今江苏连云港市赣榆区）为之立牌坊，"苗民自天柱运石至赣榆县"。病故，"苗民百余人前来奔丧，哭数月始去，其中2人不走，终身守墓，葬于朱梓墓侧"。⑦朱梓及其治理下的天柱，"民与苗相习，夷与夏同风"，⑧成为明代儒文化流播从而推动民族共同文化心理形成进而促进民族认同的典范。

4. 古文献中的儒学影响

侗人历史上没有文字。一些侗人研习汉文化，遂以汉字记侗音，或直接使用汉字，记录侗人款约（习惯规约）、历史、宗教、传说、故事、歌谣，形成侗人文献。这些文献在记录、保存侗文化的同时，也引入、接受了儒家的学说、思想，如尊奉孔孟、重视文教、忠孝礼义思想等。现存最早的侗人文献形成于明代，如黔东南从江发现的

---

① 参见［光绪］《黎平府志·坛庙》，《中国地方志集成·贵州编》第17册，成都：巴蜀书社2006年版第125、145页。

② 参见吴正光：《凤凰勾良苗寨的建筑文化》，苗疆风情网，2011年8月1日。

③ 参见［乾隆］《镇远府志·坛庙》，《中国地方志集成·贵州编》第16册，成都：巴蜀书社2006年版第158、161、160页。

④ ［道光］《铜仁府志·坛庙》，《中国地方志集成·贵州编》第45册，成都：巴蜀书社2006年版第331页。

⑤ 参见［乾隆］《镇远府志·坛庙》，《中国地方志集成·贵州编》第16册，成都：巴蜀书社2006年版第163-164、166-167页。

⑥ ［光绪］《天柱县志·艺文志》，《中国地方志集成·贵州编》第22册，成都：巴蜀书社2006年版第294页。

⑦ 以上见《朱梓》，赣榆史志网，2012年12月17日。

⑧ ［光绪］《天柱县志·艺文志》，《中国地方志集成·贵州编》第22册，成都：巴蜀书社2006年版第294页。

《东书少鬼》（汉文意《卜鬼通书》）抄本，[1] 湖南城步发现的《侗款》抄本。[2]

5. 款词、榔规、告示中的儒家思想

第一，儒家圣人尧、舜、汤、文、武。款词：古时人死，或水葬，或天葬。"后到尧、舜下界，又到文、武、成、汤，觉得目不忍睹，觉得眼不忍看"，始有土葬。[3]

第二，《易经》卦图起源于河图的传说、周公制《易经》的传说。"伏羲为王，从海边走过，看见龙马布图，背上背有九宫八卦。他一看见，马上抓笔，簿上刻画。后到贤天皇帝，又有常工造得罗盘八卦。造了六十甲子，配上方位八卦。后到周公传渡，摆布上罗盘，甲子在中间，八卦四周连……拿去安子午穴，拿去定山水方位"，始有土葬中的风水学。[4]

第三，理学关于太极为宇宙本原之观点。款词："张古造天，马王造地。还没生下谁人，早生下盘古先王。还没造天地，早造下太极两仪。"[5]

第四，科举入仕。

侗人葬仪，下葬时，在墓穴中点燃树枝、纸钱；捉来一只活公鸡，砍头丢入墓穴，让其在火中跳来跳去，谓之"乐穴"："此鸡此鸡，不是非凡鸡……跳到龙头出官人，跳到龙尾出状元。""中央龙神要你鸡，儿孙万代功名齐。"[6]

第五，家庭伦理思想。

父母、夫妇、兄弟等角色区分。苗人榔规："上节是谷子，下节是稻秆，上面是龙鳞，下面是鱼鳞。公公是公公，婆婆是婆婆，父亲是父亲，母亲是母亲，丈夫是丈夫，妻子是妻子……各人是各人，伦理不能乱。要有区分才成体统，要有区分才亲切和睦。"[7]

孝顺父母。苗人乡规："父母之恩诚如天地，子息（媳）之职，理宜顺从。"[8] 款词："三岁记得爹言语，四岁记得娘文章。孝顺爹娘天样大，父母恩情海洋深。"[9]

讲求夫妇之伦。苗人乡规："人伦之道，夫妇为先，自古嫁女婚男，须当凭媒正娶……严禁抢亲。"[10] 端正婚嫁伦纪，革除婚俗陋习。告示："为严禁陋俗以端风化事：照得男女婚嫁伦纪攸关，礼有常经，不容紊乱。"陋俗："姑之女必须还嫁舅家"，"谓

---

[1] 参见向零：《一本珍贵的侗族古籍——〈东书少鬼〉》，《贵州民族研究》1990年第2期。
[2]《古侗款抄本》，《侗款》卷首插图，长沙：岳麓书社1988年版。
[3]《安葬唱词》，《侗族款词》下册，南宁：广西民族出版社2009年版第948页。"成、汤"，当为成汤，即商汤，而非成、汤二人。
[4]《安葬唱词》，《侗族款词》下册，南宁：广西民族出版社2009年版第949-950页。
[5]《安葬唱词》，《侗族款词》下册，南宁：广西民族出版社2009年版第948页。
[6]《乐穴唱词》，《侗族款词》下册，南宁：广西民族出版社2009年版第995、992页。
[7] 贵州民间文艺研究会等：《民间文学资料》第14集，1979年印本。转引自韦启光：《儒学与贵州少数民族文化的融合》，《贵州民族研究》2004年第24卷第2期。
[8] 陈国钧：《苗寨中的乡规》，《民族研究参考资料》第20集，1983年印本第329页。
[9]《款条款》，《侗款》，长沙：岳麓书社1988年版第95页。
[10] 陈国钧：《苗寨中的乡规》，《民族研究参考资料》第20集，1983年印本第329页。

之骨血还家……如舅家无子，或有子年齿不相当，即勒索银两，名曰背带财礼，不满所欲，不许他字，竟有误其婚期，酿出别故者。"更有"始合终离、舍贫就富、因奸逃拐、構讼牵连以致不可究诘者"。告示之后，"舅家不得强娶甥女、勒索财礼。凡有婚嫁，须凭媒妁，男女有别……男不准无故弃妇，女不容有约背夫"。①

第六，官府认同思想。

款词："不要抢官兵，掳官担。""'顺官千日好，逆官一时难。'年有春夏秋冬四季，日有初一、十一、二十一，天时顺转莫倒逆。"②

第七，借鉴儒家礼治思想，制定乡规民约。

苗人称古理古规为佳，侗人则称之为款。《苗族理辞》："汉家离不开书，苗族离不开佳。"③ 侗款："汉家有朝廷，侗家有岜规"。④ 侗人款词："孔子著书，孟合写耶，周富作枷，六郎定约法……定下六面阴约法，六面阳约法，六面厚约法，六面薄约法，六面明约法，六面暗约法，重罪重惩，轻罪轻罚，秉公正直讲理，不准徇私枉法。"⑤ 六面罪的内容借鉴了"唐六典"中的"六赃罪"；六面指各种罪，阴、阳、厚、薄、明、暗指罪行轻重。黎平肇兴纪堂等村《永世芳规碑》："人有善恶之悬殊，例有轻重之各异。故效朝廷制律，以平四海而安九洲；草野立条，以和宗族而睦乡里。因此始得公议，即将此冠婚丧祭之礼、吉凶资嘉之义，以定其规而无移……制事以义，制心以礼。以务非心而再臻于盛世，则世食旧德，农服先畴，工而后肆，商也贸易，俾我等人人各安于本分，户户讲仁义而型仁。"⑥ 款，又称合款、团款，原始社会末期侗人先民处理氏族及村寨内外事务的社会组织，由公众推选的长者或寨老为款首，协商议定款规款约，称为款词，即民间的不成文法（习惯法）。其后进而发展到历史、文学、艺术、民俗、宗教等领域，成为侗族文学史上独有的一种文学样式。⑦ 苗人榔规："种田要符合九十九公才熟谷，处世要符合九十九公才成理。为了十五寨的道理，为了十六寨的规矩，勾久才来议榔，务记才来议榔。"⑧

6. 族谱、家训中的儒家思想

（1）读书、科举

《吴氏族谱》："教子以义方，从此家有塾。皇天终福善，流庆及仲叔。一举即成

---

① [光绪]《黎平府志·风俗》，《中国地方志集成·贵州编》第17册，成都：巴蜀书社2006年版第183、184页。
② 《款条款》，《侗款》，长沙：岳麓书社1988年版第110、95页。
③ 《启佳》，《苗族理辞》，贵阳：贵州民族出版社2002年版第2页。
④ 转引自吴大华：《民族法律文化散论》，北京：民族出版社2004年版第128页。
⑤ 《开款立法》，《侗款》，长沙：岳麓书社1988年版第47页。
⑥ 《永世芳规碑》，《侗族款词》下册，南宁：广西民族出版社2009年版第1440页。
⑦ 参见《前言》，《侗款》，长沙：岳麓书社1988年版第1-2页。
⑧ 贵州民间文艺研究会等：《民间文学资料》第14集，1979年印本。转引自韦启光：《儒学与贵州少数民族文化的融合》，《贵州民族研究》2004年第24卷第2期。

名，记在登科录。"① 《杨氏家训》："重耕读，尚勤俭。""有子必须教读，有女谨慎闺门。"②

(2) 忠孝观念

《杨氏家训》："父慈子孝尊重，兄友弟恭和平。""孝父母，敦人伦。睦宗族，明尊卑。敬长上，亲手足。和夫妇，爱子女。"③

(3) 勤俭思想

《杨氏家训》："人生勤俭为本，懒惰难了终身。有子必须教读，有女谨慎闺门……幼儿从小教训，惯养娇生不成。年轻学习正业，嫖赌二字害人。"④《吴氏族谱》："古者分四民，各使司其局。为士论仁义，为农事耕剧斸，为工备器械，为商专贷鬻，人生舍此外，皆为惰游俗……戮力划生计，饥餐不盈腹……己若勤农桑，丰衣足禾谷。加之以恭俭，粒粒胜珠玉。"⑤

7. 垒词中的儒家思想

(1) 以尧、舜、孔子等"圣贤"为期

《侗垒·玩龙灯贺词》："长大成人，定是英豪，文登阁老，武略滔滔；才智高超，可比舜、尧。"⑥《侗垒·喜庆词》："外孙生来稀奇，聪明伶俐；口读文章，拿笔写诗，将来金榜题名时，帏子门口立一对。帏子高万丈，名声超过孔先师。"⑦

(2) 五德观念

《尚书·洪范》记载了对人类生活影响最大的五种物质：金、木、水、火、土。先秦阴阳家将五种物质抽象为五种具有巨大威力的神秘力量——五德：金德、木德、水德、火德、土德。圣人的出现、王朝的兴替，都是因为具有了某德的结果：尧为水德；舜为土德，土克水；夏为木德，木克土；商为金德，金克木；周为火德，火克金。代周而起的王朝必然为木德，故秦为木德。西汉儒家承继五德观念，将其改造为三统：木为青色，故夏为黑统，尚青；金为白色，故商为白统，尚白；火为赤色，故周为赤统。王朝的更替依此黑、白、赤三统，周而复始。故代周而起的秦王朝为黑统。《玩龙灯贺词》："木德星君请听清，龙王给你安了位，把守东方镇乾坤……火德星君请听清，龙王给你安了位，把守南方镇乾坤……金德星君请听清，龙王给你安了位，把守西方镇乾坤……水德星君请听清，龙王给你安了位，把守北方镇乾坤……土德星君请听清，龙王给你安了位，把守中央镇乾坤。"⑧

---

① 《吴氏族谱》，《侗垒》，长沙：岳麓书社1989年版第91页。
② 《杨氏家训》，《侗垒》，长沙：岳麓书社1989年版第88、87页。
③ 《杨氏家训》，《侗垒》，长沙：岳麓书社1989年版第87-88页。
④ 《杨氏家训》，《侗垒》，长沙：岳麓书社1989年版第87页。
⑤ 《吴氏族谱》，《侗垒》，长沙：岳麓书社1989年版第90-92页。
⑥ 《玩龙灯贺词》，《侗垒》，长沙：岳麓书社1989年版第144页。
⑦ 《喜庆词》，《侗垒》，长沙：岳麓书社1989年版第219页。
⑧ 《玩龙灯贺词》，《侗垒》，长沙：岳麓书社1989年版第132-133页。

（3）读书、科举、入仕，齐家治国安天下

《侗垒·丧葬念词》："愿贵者，赐你文房四宝，做当代文豪；愿富者，赐你利市红包，吃穿用住都不少。"①《侗垒·玩龙灯贺词》："黄龙翩翩，来自九天；站在门前，恭贺吉言：耕种有田，读书有卷；神安人乐，子肖孙贤，荣华无边，富贵双全。""文出状元子，武出大将军，东壁读书府，西壁翰墨林。""龙穿财门五步五，五子登科穿朝服；连升三级登金榜，状元榜眼三大夫。"②《侗垒·喜庆词》："夫妇荣谐伉俪后，齐眉偕老百年春；兰孙贵子登科甲，家道蕃昌宅舍盈。"③"背带长又长，挂在象牙床；背个读书崽，好个状元郎。背带，背带，崽女来得快，是个秀才，十人见了九人爱。"④"将来金榜题名时，帏子门口立一对"。⑤《侗垒·修造垒》："脚踏云梯七步七星照，七纬顺度天象好，七步奇才定然出，儿孙应试中科考。""红包，红包，内装元宝，主东好福分，富贵随你要……富贵双愿都齐全。愿富者，赐你福有四海宽又广；愿贵者，赐你金榜题名中状元。"⑥《侗垒·玩龙灯贺词》："长大成人，定是英豪，文登阁老，武略滔滔"。⑦"龙穿财门七步七，主东饱读圣贤书；齐家治国安天下，人人欢乐庆安居……龙穿财门十步十，十方访贤拜名师；十年寒窗无人问，一举成名天下知。"⑧

（4）忠孝信义观念

《侗垒·民族迁徙叙词》："流传千代吾宗支，述根道源古人迹……太宗封称令公爷，忠君报国安社稷。"⑨《侗垒·祝寿垒》："竹子生笋，瓜长靠藤；有老才有小，端杯敬寿星……家中有老是颗宝，好比天上北斗星，指点，开导，晚辈沾恩。"⑩《侗垒·喜庆词》："五合六合，夫妇两孝孝合合；七和八和，孝敬公婆。"⑪《侗垒·玩龙灯贺词》："遵孝制，守孝廉，堂前服，不等闲。亲恩唯难报，廉制仅三年。慎终今追远，怎不泪涟涟。""善于交易讲信义，老少不欺最公平"；"守义经营堆金玉，公平交易财源兴"。⑫

（5）勤俭思想

《侗垒·喜庆词》："大田大坝是个名，沟头沟脑出黄金。劈山——梯田层层，引水——绿浪滚滚……贫瘠可以改变，富足只在于勤。"⑬《侗垒·喜庆词》："衣禄酒，喷

---

① 《丧葬念词》，《侗垒》，长沙：岳麓书社1989年版第274页。
② 《玩龙灯贺词》，《侗垒》，长沙：岳麓书社1989年版第127、142、130页。
③ 《喜庆词》，《侗垒》，长沙：岳麓书社1989年版第158-159页。
④ 《喜庆词》，《侗垒》，长沙：岳麓书社1989年版第174页。
⑤ 《喜庆词》，《侗垒》，长沙：岳麓书社1989年版第219页。
⑥ 以上见《修造垒》，《侗垒》，长沙：岳麓书社1989年版第109、111-112页。
⑦ 《玩龙灯贺词》，《侗垒》，长沙：岳麓书社1989年版第144页。
⑧ 《玩龙灯贺词》，《侗垒》，长沙：岳麓书社1989年版第131页。
⑨ 《民族迁徙叙词》，《侗垒》，长沙：岳麓书社1989年版第18页。
⑩ 《祝寿垒》，《侗垒》，长沙：岳麓书社1989年版第221页。
⑪ 《喜庆词》，《侗垒》，长沙：岳麓书社1989年版第178页。
⑫ 以上见《玩龙灯贺词》，《侗垒》，长沙：岳麓书社1989年版第148、141页。
⑬ 《喜庆词》，《侗垒》，长沙：岳麓书社1989年版第161页。

喷香，一家团圆暖心房；男是挣钱手，女是聚宝箱；金满斗，谷满仓，万代兴隆百世昌。"①

（6）"共有""平均""大同"思想

《侗垒·英雄颂词》："说来奇又古兮，混沌乾坤初。鸟兽有言语兮，树木还会走。人间寨连寨兮，都是莎作主。地上田塘多兮，大家都共有；收得粮食平均分兮，打得野肉一锅煮。准吃不准占兮，归公无私物。人人出力气兮，个个不怕苦。同山共水兮，和睦相处兮乐悠悠。"②

8. 歌谣、谚语、戏剧中的儒家思想

（1）颂孔子

《侗族大歌》颂扬孔子："大家静听，我来唱首孔子的歌给你们听……当初孔子，住在天保府恩县。是孔子写出文章，是孔子算到后代天光地亮。孔子之名，天下传扬。鲁班和孔子，教大家讲礼义。是孔子算到后代开天辟地。孔子之名，天下传扬。鲁班和孔子，教大家讲礼义。地上分界，天上分野，一一都写上经书（传后代）。因为孔子，我们才初初晓得读'增广'。因为孔子，我们才初初晓得唱苗歌。因为孔子，我们才初初晓得唱客歌。因为孔子，我们才初初晓得讲侗话交谈，唱时衣爱编的歌，心里真是高兴，特意来问你们罗汉：'今天你去哪里来？'因为孔子，我们才初初晓得说壮话。因为孔子，我们才初初晓得说苗话……因为孔子，我们才初初晓得客家唱戏；提枪带剑的，弹的弹琵琶，拉的拉琴，吹的吹笛、箫、芦笙，还有那打锣吹唢呐的，又有那打半边鼓的，还有那吹'利那立那'的，那就要过起冬年来了。"大歌对孔子的颂扬，竭尽夸张之能事。不仅如此，"歌词使用了侗、汉、苗、壮四个民族的语言"。③

（2）忠孝思想

忠君爱民，忠君报国。《二度梅》《梅良玉》《花木兰歌》《薛仁贵征西》等都是依据汉族题材改编而来的侗人戏曲。《二度梅》《梅良玉》叙述唐肃宗年间忠臣梅魁遭奸臣卢杞迫害致死，梅魁之子梅良玉历经艰辛，铲除奸臣、除暴安良的故事；《花木兰歌》反映的是南北朝时期花木兰替父从军、戍边报国的故事；《薛仁贵征西》表现唐初重臣薛仁贵一生征战边地，为稳定边疆、维护唐王朝一统的事迹。这些戏曲不仅是侗汉文化交流的结晶，而且是侗人接受儒家思想理念的见证。戏曲流传于社会，流传于民间，产生了广泛的影响。"《二度梅》传入侗乡，既有侗戏，又有琵琶长歌，受到侗族人民的欢迎。"约当道光十年（1830年），黎平府侗人戏师歌师吴文彩"编侗戏《梅良玉》，率领后生们演出，当戏中奸臣卢杞出台时，有莽汉持刀冲上台要砍汉奸"。④

---

① 《喜庆词》，《侗垒》，长沙：岳麓书社1989年版第164-165页。
② 《英雄颂词》，《侗垒》，长沙：岳麓书社1989年版第29-30页。
③ 以上见《嘎孔岁》，《侗族大歌·嘎老》，贵阳：贵州人民出版社1958年版第236、235页。
④ 《二度梅》，《侗族琵琶歌》下卷第9辑，南宁：广西民族出版社2012年版第1306页。

为官清正。谚语:"治水要清源,治政要清廉。""官清廉,民安康。""官清正,万民顺。"①

孝敬老人。苗人谚语:"有山才有水,有老才有少。圈有牛才好,家有老才重。"②《侗族大歌》:"劝告人们莫忘本,要讲老道敬双亲。天地虽大难比母恩大,海洋虽深怎比父恩深?父母养儿不容易,九月怀胎才出生。背的背来抱的抱,父母衣服破成烂筋筋……长大成人需要讲孝顺,切莫忘掉父母恩。"③"母亲生儿育女,恩情重如山";"似那流水下滩,实在难还父母情。""从今往后,赡养老人尽孝心;日后老人话多,切莫答应,心肠放宽;似那冷水烧热,做那二月阳光,温暖父母心"。④ 谚语:"天上雷婆大,水中龙王大,人间父母大。""不要敬菩萨,只要敬爹妈。""屋檐滴水落原处,千万莫忘父母恩";"病好莫忘治病人,长大莫忘父母恩。""你孝父母崽敬你,代代如此不偏离。"⑤

(3) 读书习文

谚语:"山要树绿,人要读书。""若要心亮,勤读文章。""地不种植地荒芜,人不读书人糊涂。""侗家唱不完歌曲,客家读不完诗书。"⑥

(4) 诚信思想

谚语:"成树要有心,为人要真诚。""蔬菜可以吃,良心不能吃。""行善有善报,作恶有恶报。"⑦

(5) 勤俭思想

苗人谚语:"寒冬不冻勤织女,荒年不饿苦耕郎。"母勤三柜衣,父勤三仓粮。""一人省下一口粮,三年建栋大瓦房。"⑧ 侗人谚语:"篱笆靠桩拉,人靠勤俭发。""勤者穷不久,懒汉富不长。""春夏不去苦耕种,哪来秋冬果实丰。""勤如井水冒,吃穿用不了。""靠勤得温饱,靠俭成富豪。"⑨

9. 建筑中的儒家思想

(1) 五常思想

黔东南黎平肇兴侗寨全为陆姓侗族,分为五大房族,分居五个自然片区,称之为团或寨,以儒家仁、义、礼、智、信五常名词分别命名,为仁团、义团、礼团、智团、

---

① 以上见张盛:《侗族谚语》,贵阳:贵州民族出版社1996年版第221、133页。
② 吴德杰等:《苗族谚语格言选》,转引自石朝江:《苗学通论》,贵阳:贵州民族出版社2008年版第654页。
③ 龙跃宏:《侗族大歌·琵琶歌》,贵阳:贵州人民出版社1997年版第291页。
④ 以上见《嘎父母》,《侗族大歌》,贵阳:贵州民族出版社2002年版第523、540、545-546页。
⑤ 以上见张盛:《侗族谚语》,贵阳:贵州民族出版社1996年版第139、105、97-98页。
⑥ 以上见张盛:《侗族谚语》,贵阳:贵州民族出版社1996年版第33、173、171、182页。
⑦ 以上见吴德杰等:《苗族谚语格言选》,贵阳:贵州民族出版社1989年版第3、19、44页。
⑧ 以上见吴德杰等:《苗族谚语格言选》,贵阳:贵州民族出版社1989年版第82、77、90页。
⑨ 以上见张盛:《侗族谚语》,贵阳:贵州民族出版社1996年版第162、50、145、149、156页。

信团或仁寨、义寨、礼寨、智寨、信寨。①

(2) 读书科举思想

黔湘交界一带苗族村寨建新房上大梁，习俗多受汉族影响。木匠师傅上梁时要说吉祥语，诵语中充满祝福房主子弟读书中式的内容："脚踏金梯二不忙，两朵金花状元郎"；"脚踏金梯五不忙，五子登科状元郎"；"我坐在二龙抢宝上，坐在龙头出天子，坐在龙尾出状元"；"十一二对送完全，送个儿孙考状元"；"春耕时人谷满仓，读书郎君早成林"。②

(二) 侗、苗、汉共同习尚、文化心理之形成与民族认同

贵州古代侗人、苗人主要聚居地域，儒文化以文献、款规、榔规、族谱家训等形式，在土司、土官、款首、寨老等上层群体中流播，更以垒词、歌谣、谚语、戏剧等艺术形式流播于下层群体之中。而侗款、榔规在制定之后，也于大众场合广为宣讲："就这样约定，就这样讲成；立约威力比地大，合款威力大如天。"听宣众人齐声应答："是呀！"③ 儒家尧、舜、商汤、周文王、周武王、孔子等圣人，《易经》起源于河图的传说、太极为宇宙本原的学说，崇文重教、礼义法治、忠君爱民、孝悌贞节、勤劳节俭等思想、观念，得到了侗人、苗人的认同。共同的文化心理推动、提升了民族之间的认同度。

1. 侗、苗、汉共同习尚、文化心理之形成

黎平府治（今黎平），"五方杂处，人性朴茂，尚义重信，不乐纷扰……惟以礼乐诗书为事"。④ "屯寨杂处，女织男耕。"⑤ 土著（屯军后裔），"士习读书，民勤稼穑"；侗人、苗人，"男子耕凿诵读，与汉民无异"。⑥ 山村乡寨，"读书识字……各寨俱有"。⑦ 开泰县（治今黎平境），苗人"习汉俗，悉以耕凿诵读为事"。⑧ 锦屏乡（今锦屏）侗人、苗人，"男子衣与汉人同……颇精通汉语"。⑨ 古州厅（今榕江）侗人、苗人，"男子……习汉俗"；自雍正间开发后，"百余年来，苗民食德服畴，与编氓无以异"。⑩ 镇

---

① 参见《溪水侗乡：黔东南肇兴侗寨》，黔途网，http://www.chiyou.name/page/mzfq/xsdx.htm。
② 参见吴正光：《凤凰勾良苗寨的建筑文化》，苗疆风情网，2011年8月11日。
③《开款坪》，《侗款》，长沙：岳麓书社1988年版第13页。
④ [光绪]《黎平府志·地理志》，《中国地方志集成·贵州编》第17册，成都：巴蜀书社2006年版第171页。
⑤《黎平十洞款禁碑》，《侗族款词》下册，南宁：广西民族出版社2009年版第1443页。
⑥ 爱必达：《黔南识略》，《黔南识略·黔南职方纪略》，贵阳：贵州人民出版社1992年版第178页。
⑦ 罗绕典：《黔南职方纪略》，《黔南识略·黔南职方纪略》，贵阳：贵州人民出版社1992年版第322页。
⑧ 爱必达：《黔南识略》，《黔南识略·黔南职方纪略》，贵阳：贵州人民出版社1992年版第192页。
⑨ [嘉庆]《黔记》，《中国地方志集成·贵州编》第5册，成都：巴蜀书社2006年版第577页。
⑩ 爱必达：《黔南识略》，《黔南识略·黔南职方纪略》，贵阳：贵州人民出版社1992年版第184、185页。

远府,"风气渐开,人文丕振"。① 天柱县,洞人"男子衣与汉人同……颇精通汉语"。② 黄平州(今黄平),苗人"读书应试,见之多不识为苗"。③ 台拱厅(今台江),苗人习俗"渐更……男子多有汉装者"。清江厅(今剑河),洞人"习华风,编姓氏,妇女有改汉装者"。④ 都匀府清平县,苗人"读书应试,见之多不识为苗"。⑤ 麻哈州(今麻江),苗人"耕凿自安,渐知礼法"。丹江厅(今雷山),苗人"略通汉语"。⑥ 铜仁府治所(今碧江区)侗人,"数百年来,输租纳税,不特读书识字,抑且拾紫膺朱,文教蒸蒸"。⑦ 松桃直隶厅(今松桃),苗人男子"衣帽悉仿汉人",城郊女子"间学汉人妆饰";"通汉语者亦众",亦有读书者;"婚姻丧葬与汉人渐同"。⑧

2. 侗、苗、汉民族认同

汉、侗、苗各民族的错处杂居,儒文化在侗、苗民族中的流播,各民族共同习尚、文化心理之形成,促进了民族之间的交往认同。

(1)侗、苗"兄弟情谊万代传"

侗人、苗人来到今贵州,历史上都经历了艰辛的迁徙过程。跋涉路上,他们相互帮助,相互扶持。歌谣《祖公上河》:"苗、侗祖先相邀往外逃,逃往何处去,还是上游好。""侗族祖先上山砍楠木做船,苗族祖先上山砍枫禾做船,楠木船轻上得快,枫木船重上得慢。侗族祖先前面等,苗族祖先后面赶,两家祖先结伴走,兄弟情谊万代传。路长日久会分散,苗族祖先把话谈:'你们走得快,我们走得慢,遇到岔路口,立标在河滩,有标做记号,我们会团圆。'"⑨《侗族祖先哪里来》:"侗家苗家沿河走,结伴同行沿河上"。⑩ 途中岔了道,苗人上了山,侗人靠了岸。历经艰辛,侗人终于与苗人团圆。《岩侗祖宗迁徙歌》:"苗家心肠好,把侗家都留下。分了韭菜园中栽,又送鹅仔,后来也喂大。苗家搬到高山把棚搭,让出平地给侗家,分开的韭菜种得遍山野,岩洞因此得名传佳话。"⑪《走在祖先走过的路上》:"苗族兄弟待人真客气,杀了牛羊又杀鸡;牛角斟的是甜米酒,桌上还有新鲜鱼。共叙当年两家祖先手足情,真是叫人难

---

① [乾隆]《贵州通志·风俗》,《中国地方志集成·贵州编》第 4 册,成都:巴蜀书社 2006 年版第 116 页。
② [嘉庆]《黔记》,《中国地方志集成·贵州编》第 5 册,成都:巴蜀书社 2006 年版第 577 页。
③ [嘉庆]《黔记》,《中国地方志集成·贵州编》第 5 册,成都:巴蜀书社 2006 年版第 573 页。
④ 爱必达:《黔南识略》,《黔南识略·黔南职方纪略》,贵阳:贵州人民出版社 1992 年版第 119、122 页。
⑤ [嘉庆]《黔记》,《中国地方志集成·贵州编》第 5 册,成都:巴蜀书社 2006 年版第 573 页。
⑥ 爱必达:《黔南识略》,《黔南识略·黔南职方纪略》,贵阳:贵州人民出版社 1992 年版第 99、94 页。
⑦ 罗绕典:《黔南职方纪略》,《黔南识略·黔南职方纪略》,贵阳:贵州人民出版社 1992 年版第 332 页。
⑧ 爱必达:《黔南识略》,《黔南识略·黔南职方纪略》,贵阳:贵州人民出版社 1992 年版第 171 页。
⑨ 以上见《祖公上河》,《侗族祖先哪里来》,贵阳:贵州人民出版社 1981 年版第 67、68-69 页。
⑩ 《序歌》,杨国仁等整理:《侗族祖先哪里来》,贵阳:贵州人民出版社 1981 年版第 2 页。
⑪ 《岩侗祖宗迁徙歌》,《侗族祖先哪里来》,贵阳:贵州人民出版社 1981 年版第 96-97 页。

舍又难离。"①

(2)"侗客两家无相斗，共山共水无猜疑"

侗汉文化交流："汉人圣朝皇帝，叫人扎个龙花灯，用金钱来缠龙脖子，舞龙灯来庆贺新春。我们侗家得到做龙灯的启示，也做新年佳节舞龙灯……侗人看了侗家喜，汉人来看汉人爱。"② 侗汉友好共处："安居乐业才九载，又有客家搬上来。李、郭、田、蒋四个姓，落住岭俄、平级、高掌、弄别四个寨。侗客两家无相斗，共山共水无疑猜。"③

(3)"侗汉苗瑶本是同源共根长"

《苗族理辞》以为，苗人、侗人、仲家与汉人一样，都是聪明的民族："世上的九种人，聪明要数汉族布依族，聪明要数苗族和侗族。他们手上握着笔，他们头上戴银角，打开箱子翻书本，掐着指头算日辰。"④ 侗人民歌："侗汉苗瑶本是同源共根长，好比秧苗共田分几行……侗汉苗瑶一家亲，共个苍天星星亮。"⑤ 侗汉苗瑶壮虽属不同民族，但同根同源。既然同根同源，就应当相亲相爱，相帮相扶，友好相处，患难与共。《款词》："侗汉苗壮瑶五族连天地，世代共存亡。"⑥

历经数千年的交往接触，古代贵州，汉民族接纳了侗人、苗人，有的甚至融入了侗人、苗人之中；侗人、苗人逐渐接受了中原文化，接受了儒文化，接纳了汉民族，有的甚至接受了汉民族的语言服饰。侗、苗、汉各民族"相互错综……交好往来"，"相习相安"。⑦ 清代前期，贵州侗人、苗人地域，侗、苗、汉民族认同达到了古代高峰；在贵州主要民族中，侗、汉民族认同度也是比较高的。不过，总的说来，这种认同度还是有限的。清代前期及近代之初，苗疆地域，以苗人为主的少数民族起事不断，成为这一时期贵州民族冲突最多的地域。认同之中有离异，交好之中有冲突，民族认同的道路，尚须继续前行。

---

① 《走在祖先走过的路上》，《侗族祖先哪里来》，贵阳：贵州人民出版社1981年版第133页。
② 《创世歌》，《侗款》，长沙：岳麓书社1988年版第381-382页。
③ 《祖宗落寨歌》，《侗族祖先哪里来》，贵阳：贵州人民出版社1981年版第162-163页。
④ 《启佳》，《苗族理辞》，贵阳：贵州民族出版社2002年版第5页。
⑤ 《侗汉苗瑶本是同源共根长》，《侗族民歌选》，上海：上海文艺出版社1980年版第47-48页。
⑥ 《款词·金银款》，转引自肖万源主编：《儒学与中国少数民族思想文化》，北京：当代中国出版社1996年版第179页。
⑦ 罗绕典：《黔南职方纪略》，《黔南识略·黔南职方纪略》，贵阳：贵州人民出版社1992年版第322、328页。

第三节 贵州古代土人、仡佬儒文化与民族认同

一、土人、仡佬源流及其大一统认同

(一) 土人、仡佬源流

土人,今土家族,分布于贵州、湖南、湖北、重庆、四川等省市。2010年全国第六次人口普查显示,贵州土家族144万,系省内第三大少数民族,位于苗族、布依族之后。主要聚居于黔东北铜仁市之沿河、印江、德江、思南、江口、碧江、石阡等区县,即铜仁市东南玉屏、万山、松桃之外的区县;其次为黔北遵义市东缘之道真、务川、凤冈等县。仡佬,今仡佬族,2010年全国第六次人口普查时约为55万,绝大部分分布于贵州,少量分布于广西、云南。贵州仡佬族主要聚居于黔北遵义市东北缘之务川、道真两县,少量散居于铜仁市之石阡。本节论述贵州古代土人、仡佬儒文化与民族认同,即以今黔东北铜仁市(东南除外)及黔北遵义市东缘土人、仡佬主要聚居地域为主。

土人先民为氐羌族系。商周时期,氐羌族系主要分布于今西北甘、陕等地。至战国,该族系之一支"畏秦之威",南下向西南迁徙,演变为"夷人"即今彝族。南移入今黔、湘、鄂、渝边地的部分,成为巴人,部分继而成为廪君蛮、板楯蛮。廪君蛮:"巴氏子……因共立之,是为廪君"。[1] 板楯蛮,其先为秦国"巴郡阆中夷人";[2] "以木板为盾,故名"。[3] 唐、宋时期,置思州于今黔东北;土人先民大姓田氏兴起,雄视思州数百年。宋代,文献中出现了土人族称中的土字。《宋史·赵遹传》载,北宋徽宗政

---

[1]《后汉书·南蛮西南夷传》,《二十五史》第2册,上海:上海古籍出版社、上海书店1986年版第290页。

[2]《后汉书·南蛮西南夷传》,《二十五史》第2册,上海:上海古籍出版社、上海书店1986年版第290页。《土家族文化大观》一书则以为,土人先民为古代巴人集团,其下有濮人、"东夷"、西戎等支系;西戎支系又包括賨人、巴国王族两个支系。"东夷"支系即"廪君蛮",賨人支系即"板楯蛮"。(参见贵州省民委:《土家族文化大观》,贵阳:贵州民族出版社2014年版第21页)

[3] 胡三省:《通鉴释文辨误》第2卷,《四库全书》第312册,上海:上海古籍出版社1989年版第242页。

和五年（1115年），泸南招讨使赵遹征晏州夷。"其山崛起数百仞，林箐深密"，"夷人"据险守之，"遹军不能进"。思州巡检种友直、田祐恭"军其下"。种友直所部"多思、黔土丁，习山险"。赵遹"遣土丁负绳梯登崖颠，乃缒梯引下……晏州平，诸夷落皆降"。① 文中所云"土丁"，即土人宋代先民中之兵卒。明、清称土人。[嘉靖]《贵州通志》载，务川产朱砂，"土人倚为生计"。铜仁司，"土人……服饰近汉人，语言莫晓，务农为本，出则以牛载行李"。② [万历]《黔记》："土人……在施秉县者，多思、播流裔"。③ 清初贵州巡抚赵廷臣上疏谓："贵州古称鬼方，自城市外，四顾皆苗。其贵阳以东，苗为夥"，其中之一即"曰土人"。④

仡佬先民为濮人。濮人是今贵州最古老的民族，也是贵州唯一的原住民族。仡佬习俗，出殡不丢买路钱，认为自己就是这块土地的主人。旧石器时代晚期，濮人即已居住在今贵州境内，尧帝时开始被称为濮人，商周时期形成强大的部落联盟。周武王伐纣，牧野誓师，到会的有"庸、蜀、羌、髳、微、卢、彭、濮人"。⑤ 这表明，早在周代，濮人就与中原地区发生了联系。先秦时代，今贵州的主体居民为濮人，主要分布在贵州西部；此外，今云南、四川西南、广西北部、湖北西部亦有濮人。濮人建立了夜郎、且兰、鳖、句町、漏卧、进桑等数以十计的君长国。夜郎的形成，据《后汉书》有关楚顷襄王时遣将"伐夜郎"⑥ 的记载，可以推知夜郎国至迟在战国晚期即已存在。⑦ 其社会大致已进入奴隶制时代。其地域，东至今惠水涟江，南至黔桂边境之南盘江，西至今滇黔边境之黄泥河、块泽河，北至今贵州黔西、大方（一说为今贵州遵义），亦即今黔西北、安顺市、黔南中南部、黔西南、六盘水一带，亦即今贵州西部。且兰似为今贵州安顺一带。鳖位于今贵州黔西、大方一带。句町位于今云南广南、富宁至广西凌云、白色一带。漏卧位于今滇东南。进桑位于今中越边境之屏边、河口一带。⑧ 诸部落国中，夜郎最大，势盛时，且兰、鳖、句町、漏卧、进桑等均受其控制，势力达于今滇东、川南、桂北。濮人四周，北为中原民族，西为氐羌族系，南为百越

---

① 《宋史·赵遹传》，《二十五史》第8册，上海：上海古籍出版社、上海书店1986年版第1246、1247页。
② [嘉靖]《贵州通志·风俗》，《中国地方志集成·贵州编》第1册，成都：巴蜀书社2006年版第269页。
③ [万历]《黔记·诸夷》，《中国地方志集成·贵州编》第3册，成都：巴蜀书社2006年版第409页。
④ 《世祖章皇帝实录》第126卷，《清实录》第3册，北京：中华书局1985年版第978页。
⑤ 《尚书·牧誓》，《十三经注疏》上册，北京：中华书局1980年版第183页。
⑥ 《后汉书·南蛮西南夷传》，《二十五史》第2册，上海：上海古籍出版社、上海书店1986年版第290页。
⑦ 《贵州通史简编》以为，"其形成可能在战国初期或更早"。（《贵州通史》编委会：《贵州通史简编》，贵阳：当代中国出版社2005年版第11页）
⑧ 以上参见侯绍庄等：《贵州古代民族关系史》，贵阳：贵州民族出版社1991年版第52-55页。且兰，或为今贵州福泉一带；鳖，或为今贵州遵义一带。（参见周春元等：《贵州古代史》，贵阳：贵州人民出版社1982年版第31页）

族系，东为南蛮族系。

西汉唐蒙通夜郎，设立郡县。西汉一朝，朝廷与夜郎数次发生大规模军事冲突，汉军先后灭且兰、夜郎，濮人势力严重受挫，被迫流亡迁徙；东汉末年，王莽对句町国大规模用兵，前后六七年，战场虽然主要在滇境，但也波及夜郎地区，濮人势力再次受到打击。两汉时期，汉军将士、郡县官吏及汉族移民随着中央王朝势力自北而南进入南方，进入西南，进入今贵州；受到挤压的氐羌、南蛮、百越等周边民族，自西而东、自东而西、自南而北，纷纷向今贵州迁徙，进入贵州；作为土著居民的濮人，受到挤压，衰落下去。不少濮人受其他民族的影响而被同化，或向今黔北迁徙，余者零星散居于各地。

东汉以后，濮人被称为濮、僚，或濮僚兼称；魏晋南北朝时期，逐渐统称僚。隋唐时期，称为仡僚、葛僚；南宋以后称仡佬或革佬；明代以后称仡佬、革佬、红仡佬、花仡佬等。

（二）大一统认同

1. 战国秦汉三国时期

战国时期，今黔东北属楚国之黔中郡，继为秦国攻取，仍置黔中郡；黔北东缘属秦国巴郡。作为大一统政治重要标志之一的地方郡县制的普遍推行虽说是秦王朝建立以后的事，但在战国时期已局部实行；贵州古代土人、仡佬主要聚居地域，战国时期即已处于中原郡县治理之下，成为古代贵州最早实行郡县治理的地域。

秦朝统一中国，仍设黔中郡、巴郡。汉代，巴郡如旧；改黔中郡为武陵郡，今黔东北碧江、印江属之。三国时期，今黔北之道真、务川及黔东北之沿河、德江、印江、思南等隶蜀汉益州之涪陵郡；黔东北石阡、江口、碧江等隶吴国荆州之武陵郡。①

三国时期，今黔东北虽不完全属蜀汉，依然建有武侯祠，有着诸葛洞、武侯锦一类传说。武侯祠，在铜仁"府城内"。② 诸葛洞："黔中郡南，石崖屹立，旁有石洞数丈，相传诸葛亮征九溪蛮尝过此，留宿洞中，县（悬）粟一握以秣马，后遂化为石。石床石粟，至今犹存"。③ 历史上，黔东北属黔中郡，位于郡南。武侯锦，又名诸葛锦："用木棉线染成五色织之，质粗有文采"。相传为诸葛亮所教："俗传武侯征铜仁蛮不下，时蛮儿女患痘，多有殇者，求之武侯，教织此锦为卧具，立活，故至今名曰武侯锦。"④ 践行儒家仁义之道的诸葛亮，得到了边地土著民族的认同。

---

① 参见周春元等：《贵州古代史》，贵阳：贵阳人民出版社1982年版第34页及附图、74页及附图。
② [乾隆]《贵州通志·坛庙》，《中国地方志集成·贵州编》第4册，成都：巴蜀书社2006年版第166页。
③《故事·遗迹篇》，《诸葛亮集》，北京：中华书局2012年版第250页。
④ [康熙]《黔书·武侯锦》，《中国地方志集成·贵州编》第2册，成都：巴蜀书社2006年版第534页。

2. 隋唐两宋

隋朝，今黔东北之碧江、江口、石阡等属沅陵郡，德江、思南及沿河部分属黔安郡，务川、沿河部分、德江部分属巴东郡；黔北东缘属明阳郡。① 唐朝在今贵州实行的虽是经制州、羁縻州及封国并置并治制度，然而，在土人、仡佬先民主要聚居地域实行的则始终是经制州制度。今道真大部属珍州，西部属南州，沿河部分、务川部分属黔州，凤冈大部属夷州，思南、德江部分及凤冈部分属费州，沿河北部、德江、印江属思州，碧江属锦州。②

两宋承袭唐代，实行经制州、羁縻州及封国并置制度。土人、仡佬先民主要聚居地域虽为经制州，但掌控地域很小，存在时间短暂。唐初所置思州，于唐末五代分裂战乱之际，为土著大姓田氏占有。直至北宋末年，田氏后裔田祐恭内附入朝，始以其地重置思州，今务川属其境。仅数年，即废改，"废州为城……务川县以务川城为名"。③ 南宋初年复置思州，但变更为羁縻州，田氏世袭治理，今黔北之务川及黔东北（石阡除外）属其境。④ 始置于唐初之珍州，于唐末战乱之际为地方土著割据。北宋末年复置，不久亦更为羁縻州。今黔北之道真属其境。⑤

与川、湖相邻的优越地理条件，郡县制最早且长时期的实行，使今黔北、黔东北成为古代贵州历史上最早开发、发展的地域。唐宋特别是南宋，伴随宋室南渡，中原人口大批南迁，中原生产技术南传，南方开发力度加大，全国经济重心逐渐转移到长江流域及其以南；僻处西南的四川一跃成为全国两大经济中心之一，荆湖地带也成为较为发达的区域。受邻近区域带动，宋代今黔北、黔东北地域社会经济有较大发展，封建领主制经济开始盛行，地主制经济有所发展。物化儒学的流播为大一统制度认同奠定了较好的基础。

古代贵州，汉魏唐宋实行的大致为郡县制与地方土著民族首领自行世袭治理相结合的制度。土人、仡佬先民主要聚居地域则有所不同，战国时期开始直至唐代，实行的始终是郡县制（或经制州）制度；宋代亦曾短时期地实行过经制州制度。古代贵州土人、仡佬先民主要聚居地域，是古代贵州历史上实行郡县制治理最早且最长的地域。与中原民族及中原王朝较多的接触交流，使古代贵州土人、仡佬先民的大一统制度认同达到了较高程度，尤以思州田氏为著。

田氏源自中原。春秋中期，田氏夺取姜姓齐康公之国，遂有齐国。秦国灭齐，田

---

① 参见《贵州通史》编辑部：《贵州通史简编》，北京：当代中国出版社2005年版第27页。
② 参见谭其骧：《中国历史地图集》第5册，北京：中国地图出版社1982年版第59-60页；樊开印：《中国历史疆域古今对照图说》，[台北]徐氏基金会1979年版第65、67页附图；何仁仲：《贵州通史》第1卷，北京：当代中国出版社2002年版第291-292页。
③ 《宋史·地理志》，《二十五史》第7册，上海：上海古籍出版社、上海书店1986年版第312页。
④ 参见谭其骧：《中国历史地图集》第6册，北京：中国地图出版社1982年版第69-70页。
⑤ 参见《宋史·地理志》，《二十五史》第7册，上海：上海古籍出版社、上海书店1986年版第312页。

氏"族人分迁各地，有的流入清江与蛮人混合，成为巴东鄂西大姓"；进而扩散到今黔东北，①与土著民族融合，成为今土家族先民之一。②隋唐及其后，田氏兴起，广泛分布于今贵州东北、湖南西北、重庆南端地域。唐代所置经制州思州、奖州、珍州、锦州4州中，田氏均为当地大姓。其中，思州、奖州、珍州等3州治所均在今贵州境内，而思州、珍州、锦州3州领有古代贵州土人、仡佬先民主要聚居地域。

锦州田氏。锦州（治卢阳，今湖南境内）始设于唐代，今黔东北碧江属其境。北宋太宗太平兴国八年（983年），刺史田汉希内附，"言愿比内郡输租税"；淳化三年（992年），刺史田保全"遣使来贡"。③

珍州田氏。珍州始置于唐初，今黔北道真属其境。唐末战乱，地方土著割据一方，自命为刺史。北宋太祖乾德三年（965年），珍州刺史"田景迁内附"；八年（976年），"景迁卒，其子衙内都指挥使彦伊来请命，即以为刺史"；太宗至道元年（995年），刺史田彦伊"来贡"；三年（997年），"刺史田彦伊遣子贡方物及输兵器"；真宗咸平五年（1002年），"田彦伊子承宝等百二十二人来朝"；六年（1003年），田氏助朝廷平益州军乱；景德元年（1004年），"义军指挥使田文鄨来贡"；四年（1007年），以"刺史田彦伊子承宝为宁武郎将……主军都指挥使田思钦为安化郎将"。④北宋末年一度复建经制州，旋即废，直至南宋末年。

思州田氏。隋开皇二年（582年），"田宗显为黔中太守"。思州田氏兴起。唐初，田宗显四世孙田克昌"卜筑思州，唐授为义军兵马使"。⑤思州，唐初置，经制州，治务川（今沿河），领有今沿河、德江、印江。唐末五代废。北宋末年，"蕃部长田佑恭愿为王民"⑥，朝廷复置经制州思州，旋废；南宋初年再次设置，但变更为羁縻州，田氏世袭治理。再次设置并由田氏世代领有之思州较唐及北宋为大，约当今黔北遵义市之务川，除石阡外之黔东北铜仁市，黔东南之岑巩、镇远、三穗；重庆市之酉阳、秀山。⑦故论及思州、珍州、奖州、锦州田氏，常以思州田氏代之。

田佑恭，思州土著首领。北宋末年纳土归附，朝廷以其地复置思州。徽宗政和二年（1112年），参与平乱，"授成忠郎，充思州边西巡检"。其后屡立战功，相继授忠训郎、武翼郎、武节郎、武翼大夫、武节大夫、武德大夫、武功大夫、泸州兵马钤辖、成都府路兵马都监、右武大夫、中允大夫、侍中大夫、华州观察使。绍兴三年（1133

---

① 参见何光岳：《宋思州田祐恭族属考索》，《贵州民族研究》1990年第3期。
② 参见田敏：《论思州田氏与元明思州宣慰司》，《民族研究》2001年第5期。
③ 《宋史·蛮夷》，《二十五史》第8册，上海：上海古籍出版社、上海书店1986年版第1605页。
④ 以上见《宋史·蛮夷》，《二十五史》第8册，上海：上海古籍出版社、上海书店1986年版第1605页。
⑤ [道光]《思南府续志·土司》，《中国地方志集成·贵州编》第46册，成都：巴蜀社2006年版第166页。
⑥ [嘉靖]《思南府志·地理志》，《中国地方志集成·贵州编》第43册，成都：巴蜀社2006年版第488页。
⑦ 参见谭其骧：《中国历史地图集》第6册，北京：中国地图出版社1982年版69-70页。

年）出兵抗金，"迁通侍大夫，知思州军事"。十一年（1141年），"以累大功加边郡承宣使，又迁奉宁军承宣使"。①

田佑恭仰慕中原文化，礼聘汉儒，习《诗》、《书》、礼仪。"被召赴京师……拜伏进退不类远人"。② 居家惟孝，国事惟忠。二十四年（1154年）病逝。临终前，告诫子孙效法先祖，勤勉供职："吾自入仕，仅五十年，历事三朝，治郡九域，建功立业，始终如一。今爵高禄厚，无愧无怍，尔等子孙当效祖考，勤修乃职，谨守边方，安集居民，匪懈匪怠"。③ 死后，"赠正任保康军承宣使，赠七子恩泽，乃命子汝瑞袭守，后以两郊大礼恩赠开府仪同三司、少师思国公"。④

田佑恭之后，理宗宝祐六年（1258年），田应己应诏"往播州共筑关隘"，防御蒙古军。⑤ 南宋一朝，思州田氏追随朝廷抗金、抗蒙，忠诚有加。

自隋唐始，直至明成祖永乐年间改土归流止，田氏雄视思州长达800年之久。

3. 元代

今黔东北及黔北之务川、凤冈属湖广行省之思州军民安抚司，黔北之道真属湖广行省之播州军民安抚司。⑥ 元廷在今贵州全面实行土司制度，今贵州土人、仡佬先民主要聚居地域全面进入封建领主制时代。思州、播州归附元朝后，直至元末，忠顺不贰。元朝在这一地区建立了较为典型的土司制度，治理较为成功。

4. 明代

元朝末年，思州田氏内部争斗，分裂为思州、思南两宣慰司；明初，两宣慰司相继归附。成祖永乐十一年（1413年），朝廷因两宣慰司相互攻杀，规诫无效，遂以重兵威慑，改土归流，以其地置思南（治今思南）、乌罗（治今松桃乌罗）、铜仁（治今碧江）、石阡（治今石阡）、思州（治今岑巩）、镇远（治今镇远）、新化（治今锦屏新化）、黎平（治今黎平）8府，并以此为基础，设贵州省；⑦ 后裁并乌罗、新化2府，变更为思南、石阡、铜仁、思州、镇远、黎平6府。明代贵州土人、仡佬主要聚居地域，今黔东北之碧江、江口属铜仁府（治今碧江），黔东北之石阡、黔北之凤冈属石阡府（治今石阡），黔东北之思南、印江、德江、沿河、黔北之务川属思南府（治今思南）。

---

①以上见［道光］《思南府续志·传志》，《中国地方志集成·贵州编》第46册，成都：巴蜀书社2006年版第317页。
②王象之：《舆地纪胜》中册，扬州：江苏广陵古籍刻印社1991年版第1220页。
③以上见［道光］《思南府续志·传志》，《中国地方志集成·贵州编》第46册，成都：巴蜀书社2006年版第317-318页。
④［道光］《思南府续志·传志》，《中国地方志集成·贵州编》第46册，成都：巴蜀书社2006年版第317页。
⑤《宋史·理宗本纪》，《二十五史》第7册，上海：上海古籍出版社、上海书店1986年版第110页。
⑥参见谭其骧：《中国历史地图集》第7册，北京：中国地图出版社1982年版第23-24页。
⑦参见《明实录·太宗实录》第137卷，中国台北1962年影印本第1661、1663页。

今黔北之道真属遵义府。遵义府，明末播州宣慰司改土归流后置，时属四川省。①

明代贵州建省，土人、仡佬主要聚居地域计设置石阡、思南2府（另有铜仁、遵义2府与之相关），铜仁（今碧江）、龙泉（今凤冈）、印江、务川、安化（今德江）等5县，省溪（今江口境）、提溪（今江口境）、石阡（今石阡境）、苗民（治今石阡境）、葛彰葛商（今石阡境）、蛮夷（今思南境）、郎溪蛮夷（今印江境）、沿河祐溪（今沿河）②等8长官司。较之其他土著民族主要聚居地域，土人、仡佬主要聚居地域所设府、县较多而土司较少，反映出这一区域社会发展及大一统政治认同程度较高的现实。

5. 清代前期

贵州土人、仡佬主要聚居地域行政建置大致沿袭明代。今黔东北之碧江、江口两区县仍属铜仁府（治今碧江），黔东北之石阡、黔北之凤冈两县仍属石阡府（治今石阡），黔北之务川及黔东北之印江、德江3县仍属思南府，黔北之道真仍属遵义府。遵义府，雍正五年（1727年）改隶贵州。土人、仡佬主要聚居地域，府、县数量依旧，仍为石阡、思南2府（另有铜仁、遵义2府与之相关），铜仁（今碧江区）、龙泉（今凤冈）、印江、务川、安化（今德江）等5县。但土司数量减少，明代石阡府所领石阡（今石阡境）、苗民（治今石阡境）、葛彰葛商（今石阡境）3长官司于清康熙、雍正年间相继革裁；尚存者仅省溪（今江口境）、提溪（今江口境）、郎溪（今印江境）、沿河（今沿河）4长官司。明代思南府所领3长官司，除郎溪蛮夷、沿河祐溪外，尚有蛮夷长官司。《清史稿》无蛮夷长官司，另有西山阳洞长官司，谓：后"裁"。③西山阳洞长官司，《明史》称西山阳洞蛮夷长官司，属黎平府，今从江境。④此处从《明史》说。较之明代，清代前期，贵州土人、仡佬地域土司领域大幅缩小，流官治理范围扩大，大一统制度认同达于古代高峰。

明、清代前期，江南、湖广、四川等周边汉民大批进入黔东北、黔北土人、仡佬主要聚居地域，"夷"多汉少的格局转变为汉多"夷"少。据乾隆年间贵州巡抚爱必达《黔南识略》及道光年间贵州布政使罗绕典《黔南职方纪略》载，土人、仡佬主要聚居地域黔东北、黔北所置石阡、思南2府（另有铜仁、遵义2府与之相关）均已处于汉

---

① 参见《明史·地理志》，《二十五史》第10册，上海：上海古籍出版社、上海书店1986年版第130-131、117页；贵州民族研究所：《明实录贵州资料辑录》，贵阳：贵州人民出版社1983年版第1367页。

② 参见《明史·地理志》，《二十五史》第10册，上海：上海古籍出版社、上海书店1986年版第131页；张廷玉编，罗康智等编著：《明史贵州地理志考释》，贵阳：贵州人民出版社2008年版第269-272、280-282、208页。

③ 以上参见《清史稿·地理志》，《二十五史》第11册，上海：上海古籍出版社、上海书店1986年版第324-325页。

④ 参见《明史·地理志》，《二十五史》第10册，上海：上海古籍出版社、上海书店1986年版第131页；贵州民族研究所：《明实录贵州资料辑录》，贵阳：贵州人民出版社1983年版第1368页。

多"夷"少格局。① 大批汉民进入土人、仡佬主要聚居地域，带入了先进的农耕技术及商品经营理念，推动了民族地区经济的发展；自觉不自觉地践行儒学，传播儒学。特别是官府大兴学校、大兴科举，儒学在土人、仡佬中进一步传播。各民族"读书识字……文教蒸蒸"，共同俗尚及文化心理初始形成，彼此"无猜"，② 认同感增强。

古代贵州土人、仡佬先民主要聚居地域黔东北、黔北，大一统制度认同有两个特点。其一，自战国起至唐代，基本上实行郡县制，是古代贵州历史上实行郡县制治理最早且最长的地域。其二，唐末宋元，分别处于田氏、杨氏土著大姓的掌控之下。唐末宋元，黔东北、黔北始而基本为羁縻州，继而为土司制。然而，与仲家、侗人、苗人地域羁縻州或土司林立状况有所不同，上述两个地域分别处于田氏、杨氏土著大姓的掌控之下；思州田氏、播州杨氏对儒文化接纳较多，与历代中央王朝关系较为密切而友好。上述两个特点使黔东北、黔北地域成为古代贵州社会政治、经济、文化发达之区，在明代成为最早改土归流的区域，为明初贵州建省准备了最初的行政区域基础。当然，长期处于某个土著大姓的统一掌控之下也有其负面影响，若大姓与朝廷反目，造成的祸害则甚为惨烈，明末播州之乱即是。

二、学校与科举

贵州古代土人、仡佬地域的儒学教育，最早可以追溯到汉代。东汉桓帝时，毋敛（今独山、荔波）人尹珍前往中都洛阳，师从经学大师许慎习古文经学，赴武陵郡（辖今湘西北、黔东地区）从太守应奉习今文经学，"以经术发闻"中原。③ 后回到今黔北正安境内创办民间性质的学堂"务本堂"，这是贵州历史上见于载籍的第一所私学；邻近的道真县，即是民国年间为纪念尹珍（字道真）而从正安县划拨地域设置的。"道真教授南域，许、应之学，久餍饫于文人学士、獠妇苗童之口"。④ 唐代于珍州唐都坝（今黔北道真县境）设学，"今遗址尚存"。⑤ 这是贵州历史上见于载籍的第一所官学。

---

① 罗绕典：《黔南职方纪略》，《黔南识略·黔南职方纪略》，贵阳：贵州人民出版社1992年版第332、331、307页。
② 罗绕典：《黔南职方纪略》，《黔南识略·黔南职方纪略》，贵阳：贵州人民出版社1992年版第332、309页。
③ 《郑珍传》，《清史稿》第43册第482卷，北京：中华书局1977年版第13288页。
④ [嘉庆]《正安州志·尹珍考》，《中国地方志集成·贵州编》第40册，成都：巴蜀书社2006年版第77页。
⑤ [嘉庆]《正安州志·学校》，《中国地方志集成·贵州编》第40册，成都：巴蜀书社2006年版第39页。

南宋，今黔东北沿河境有銮塘书院、竹溪书院，[①] 成为贵州有史可稽的、最早的书院；今黔东北印江县甲山寨出现私塾，成为贵州历史上有史可考的、最早的私塾；[②] 播州杨氏留意艺文、建学养士，有8人中进士，成为贵州历史上首批进士。[③]

宋代以前，文献记载的今贵州学校教育及科举均在黔北、黔东北。正是因受川、湖发达文化的影响，土人、仡佬主要聚居地域成为古代贵州儒文化最为发达的区域。

元代，播州第16世主、安抚使杨汉英"急教化，大治泮宫"，整顿学校。[④] 这是元代今贵州土人、仡佬主要聚居地域设学的唯一记录。元朝今贵州地域唯一的进士杨朝禄，就出自播州。[⑤]

明代贵州建省，土人、仡佬主要聚居地域学校设置、科举取士较之前代呈现出前所未有的飞跃发展气象。计有石阡、思南2府学，真安1州学，印江、务川2县学，小计官学5所；石阡府明德，思南府中和、为仁、文明、斗坤，真安州古凤等6书院；社学9所。合计官学、书院、社学20。[⑥] 科举取士，举人，石阡府27，铜仁县68，思南府90，印江县11，安化（今德江）县5，龙泉县（今凤冈）1，务川县18，小计220；进士，石阡府3，思南府12，小计15。[⑦] 举人、进士合计235人。

清代前期，学校设置较之明代大幅增长。官学有石阡、思南2府学，正安1州学，铜仁、安化、印江、龙泉、务川等5县学；以上官学小计8所，较之明代增加3所。书院有石阡府明德、镇东，思南府斗坤、为仁、中和、銮塘、竹溪、凤冈，安化县文思、凤鸣，印江县龙津，正安州古凤，龙泉县龙泉，务川县敷文等14座，较之明代增加8

[①] 参见［乾隆］《贵州通志·书院》，《中国地方志集成·贵州编》第4册，成都：巴蜀书社2006年版第158页。

[②] 参见黔心体道：《明清时期贵州土家族地区私塾发展述略》，http：//blog.sina.com.cn/woyuchengxian，2010年3月10日。

[③] 参见［道光］《遵义府志·选举》，《中国地方志集成·贵州编》第33册，成都：巴蜀书社2006年版第91-92页。

[④] 宋濂：《杨氏家传》，《宋学士全集》第10卷，北京：中华书局1985年版第352页。

[⑤] 参见［道光］《遵义府志·选举》，《中国地方志集成·贵州编》第33册，成都：巴蜀书社2006年版第92页。

[⑥] 参见［万历］《黔记·学校志》，《中国地方志集成·贵州编》第2册，成都：巴蜀书社2006年版第371、369、371、375页；［道光］《遵义府志·学校》，《中国地方志集成·贵州编》第32册，成都：巴蜀书社2006年版第504、524、513页；［嘉靖］《思南府志·学校》，《中国地方志集成·贵州编》第43册，成都：巴蜀书社2006年版第508-509页；［道光］《思南府续志·书院》，《中国地方志集成·贵州编》第43册，成都：巴蜀书社2006年版第176页；［嘉靖］《贵州通志·学校》，《中国地方志集成·贵州编》第1册，成都：巴蜀书社2006年版第343页。

[⑦] 参见［民国］《贵州通志·学校志选举志》，贵阳：贵州人民出版社2008年版第239-486页；《贵州七百进士录》，贵州地方志网站，http：//www.gzgov.gov.cn\\gov_dfz。

座。义学、社学 19 所,[1]较之明代增加 10 所。官学、书院、义学社学合计 41,较之明代增加 21。科举取士较之明代略有增长,举人,石阡府 51,铜仁县 18,思南府 84,印江县 19,安化(今德江)县 30,务川县 13,正安 19,小计 234;进士,石阡府 6,思南府 7,印江县 1,安化县 3,龙泉县 1,小计 18。[2] 举人、进士合计 252 人。

明代、清前期贵州土人、仡佬主要聚居地域学校设置、科举取士比较一览表

今地域	府州县	治所今名	明代 学校设置 官学	书院	社学	小计	科举取士 进士	举人	合计	清前期 学校设置 官学	书院	义学	小计	科举取士 进士	举人	合计
黔东北	石阡府	石阡	府学	1	2	4	3	27	30	府学	2	1	4	6	51	61
	铜仁县	碧江						68	68	县学		2	3		18	18
	思南府	思南	府学	4	3	8	12	90	102	府学	6	8	15	7	84	91
	印江县	印江	县学		1	2		11	11	县学	1	1	3	1	19	20
	安化县	思南						5	5	县学	2	3	6	3	30	33
黔北	龙泉县	凤冈						1	1	县学	1	1	3	1		1
	务川县	务川	县学		1	2		18	18	县学		1	2		13	13
	真安州	正安	州学	1	2	4				州学	1	1	3		19	19
合计			5	6	9	20	15	220	235	8	14	19	41	18	234	252

---

[1] 参见 [民国]《石阡县志·学校志》,《中国地方志集成·贵州编》第 47 册,成都:巴蜀书社 2006 年版第 471、473 页;[道光]《思南府续志·学校》,《中国地方志集成·贵州编》第 46 册,成都:巴蜀书社 2006 年版第 170、176、178-179、180、184 页;[道光]《遵义府志·学校》,《中国地方志集成·贵州编》第 32 册,成都:巴蜀书社 2006 年版第 504、524 页;[道光]《铜仁府志·建置志》,《中国地方志集成·贵州编》第 45 册,成都:巴蜀书社 2006 年版第 329-330 页;[民国]《贵州通志·学校志选举志》,贵阳:贵州人民出版社 2008 年版第 61、108、139、141-142 页。

[2] 参见 [民国]《贵州通志·学校志选举志》,贵阳:贵州人民出版社 2008 年版第 239-486 页;《贵州七百进士录》,贵州地方志网站,http: //www.gzgov.gov.cn \ gov_dfz。

明清学校教育及科举的发展，为土人、仡佬子弟特别是土司、土官子弟提供了更多的读书机会。明代建省之初所设石阡、思南、铜仁等府学，"诸生皆自童蒙入学"，①即就读生员大多为免试入学的土司、土官子弟。清代前期在府州县学学额内专列苗生名额，顺治年间甚而规定贵州官学按规模大小分别取录苗生2—5名。②各府县录取童生，"以'土三客一'、多取土民少取客民书童的原则，照顾土童入学人士"。③土人、仡佬子弟或入义学、社学，接受儒学启蒙教育；或科考岁考入府州县学，取得生员名分；少数进而入科场获得举人、进士出身。申祐，明代思南府务川县人，英宗正统三年（1438年）举人，十年（1445年）进士，官至四川道监察御史。苦读诗书，笃行儒学，尊师孝父，忠君死节。"父为虎啮……持梃奋击之，得免。举于乡，入国学，帅诸生救祭酒李时勉。"④十四年（1449年），英宗出征瓦剌，被困土木堡。申祐假扮英宗，"以身代帝殉难"，⑤年仅24岁。身后谥忠节申公，于思南府、务川两地立祠祭祀。"断头续山河一寸丹心可酬三宗二祖，危身安社稷两间正气不愧百行五行"；"土目吊忠魂千古英灵如在，春秋隆祀典万年俎豆攸光"。⑥田秋，思南府水德江长官司人，武宗正德五年（1510年）举人，九年（1514年）进士，官至广东布政使。清正直言，"在谏垣最有声"；热心乡梓。世宗嘉靖九年（1530年），时为户科给事中的田秋上疏，请准贵州设乡试科场，以解贵州士子远赴他省附试之苦。十四年（1535年），贵州终获准设科取士；喜悦至极的田秋，"又买田供试卷费"。⑦敖宗庆，水德江长官司人，世宗嘉靖十三年（1534年）举人，十七年（1538年）进士，官至云南巡抚。致力民生，"经济宏多"。田景新，思南府郎溪长官司人，神宗万历四十三年（1615年）举人，四十七年（1619年）进士，官至河南道监察御史。田景猷，郎溪长官司人，熹宗天启元年（1621年）举人，二年（1622年）进士，官兵部主事。"奉命抚水西，殉难。"冉中函，清代前期思南府人，嘉庆三年（1798年）举人，七年（1802年）进士。"主郡书院，揭'求仁'二字于斋，与诸生相勉……品行醇正，后进仰之。"安康，思南府蛮夷长官司人，明代代宗景泰四年（1453年）举人，官云南澄江知府。田宗显，思南府水德江长官司人，宪宗成化七年（1471年）举人，官四川彭水知县。安孝忠，思南府蛮夷长官司人，孝宗弘治十四年（1501年）举人，官通判。"操守清介，遇事迎刃而解。"⑧田

---

① 《明实录·宣宗实录》第32卷，中国台北1962年影印本第823页。
② 《略四·学校略》，[道光]《贵阳府志》上册，贵阳：贵州人民出版社2005年版第872页。
③ 贵州省民委：《土家族文化大观》，贵阳：贵州民族出版社2014年版第13页。
④ 《明史·申祐传》，《二十五史》第10册，上海：上海古籍出版社、上海书店1986年版第471页。
⑤ [道光]《思南府续志·人物门》，《中国地方志集成·贵州编》第46册，成都：巴蜀书社2006年版第237页。
⑥ 翁家烈：《务川仡佬族苗族自治县仡佬族社会历史》，《贵州六山六水民族调查资料选编·仡佬族屯堡人卷》，贵阳：贵州民族出版社2008年版第95页。"间"似当为"肩"。
⑦ 《田布政秋》，《黔诗纪略》第3卷，贵阳：贵州人民出版社1993年版第101、102页。
⑧ 以上见[道光]《思南府续志·人物门》，《中国地方志集成·贵州编》第46册，成都：巴蜀书社2006年版第238、191、192、237页。

茂颖，清代前期思南府务川县人，顺治十七年（1660年）举人。①

学校教育及科举的大发展，扩大了文本儒学在贵州土人、仡佬之中的传播。

汉代至明清，黔东北、黔北土人、仡佬主要聚居地域始终是古代贵州文化发达之区；明清两代，大批土人、仡佬学习汉文化、儒文化，科举中式，著书立说，其人数之多、成果之富，远非古代贵州其他少数民族所能比。

三、儒文化在贵州古代土人、仡佬中的流播与民族认同

（一）儒文化的流播

1. 土人宗教典籍《梯玛歌》中的儒家思想

土人崇拜鬼神、祖先、自然及图腾，有专业从事宗教活动的巫师，称梯玛，又称土老师；有记录梯玛唱词的典籍《梯玛歌》。今本《梯玛歌》虽出自湖南，但其所记唱词乃系梯玛千百年来相沿传承并在包括黔东北、黔北在内的土人主要聚居地域传唱的。

第一，读书入仕。"要尽心费神攻书文，书中出官衣，书中有官帽。"② 求子："一杯上啊，传上天，天地公公是紫灵官，求你屋里大男朝中做灵官；求你屋里二男么，领兵千千万；求你屋里三男啊，题名金榜中状元。"③

第二，尊奉天地君亲师。"什么东西四四方，什么东西在中央……神龛四四方，天地君亲在中央。"④

第三，报父母恩。"大肚皮怀胎时，酸甜苦辣都尝尽。大肚皮怀胎啊，七个八个九个月啊。小肚皮怀胎啊，九个月。养儿不知娘辛苦，养女才知父母恩。"⑤

2. 家谱中的儒文化

土人、仡佬家族特别是其土司家族仿效汉族修家谱，教导子孙思宗敬祖，传承家风，读书崇文，奉行儒家纲常伦理，如土人安氏《昌后图书》《田氏宗谱》《杨氏家谱》《张氏族谱》《戴氏族谱》等；又如仡佬《宋氏族谱》《邹氏家训》等。安氏《昌后图书》载，安氏乃炎黄之后。北宋末年，安崇诚率兵进入今贵州平乱，获封"八蛮都统大元帅威信英烈侯"，其后"子孙遂家于思南、石阡等处"。元朝代宋，安氏"讳名遁迹……隐于巴渝"。明兴，安氏辅太祖"南征北讨，以取天下。太祖登位，论功赐爵，

---

① 参见［民国］《贵州通志·学校志选举志》，贵阳：贵州人民出版社2008年版第310页。
②《颂神》，《梯玛歌》，长沙：岳麓书社1989年版第26页。
③《奠酒》，《梯玛歌》，长沙：岳麓书社1989年版第330页。
④《搭十二板桥》，《梯玛歌》，长沙：岳麓书社1989年版第351页。
⑤《求子问卦》，《梯玛歌》，长沙：岳麓书社1989年版第335页。

封……以石阡、龙泉、偏桥、葛彰、蛮夷五土司正长官之职,世袭世爵"。①《田氏宗谱》载,田氏"祖于西安京兆路",汉晋间"以《易学》称儒"。隋朝初年,田宗显为黔中太守,"统领张、杨、安、邵、李、何、冉、谢、朱、覃十大姓军兵"入黔中,后"卜居黔地",是为入黔始祖;子孙世守思州。至明永乐年间改土归流止,"任历九朝,辅弼六十二主,世袭二十七世宣慰,历年八百二十余载"。②《杨氏家谱》载,"吾祖迁黔始于再思公……维时中原多故,公处黔、楚、川、粤之间,唯以恩德结民,民爱戴之,其殁也,相传为飞山之神";子孙"各受分地,散处黔、楚、川、粤之间"。铜仁杨氏,皆杨再思长子、次子之后。③《张氏族谱》载,其先系"陕西西安府咸宁县人氏"。南宋绍兴年间,张恢自四川领兵进入今黔东北,是为入黔始祖。子孙得授思印江长官司长官、提溪长官司副长官、沿河祐溪长官司长官等。④《戴氏族谱》载,其祖籍江西吉安。南宋年间,"天祐公以文武才,偕二三子离故土入黔南,辟土开疆,官少傅,为黔鼻祖"。二世祖戴子美以战功"授封万户忠义侯,世袭土爵于铜仁省溪司";⑤明、清世袭省溪长官司副长官。《宋氏族谱》载,北宋开宝年间,宋发晟(字景阳)自南京领兵平黑羊阱(即黑羊箐,今贵阳)宋隆济之乱,封大万谷落(即蛮州,今开阳)总管。宋发晟次子宋存悌后裔"袭草塘司";正安仡佬族宋氏"自认系明草塘安抚使宋然之后"。⑥

第一,崇儒重道。《昌后图书》:"志儒体道,胚纯敦崇。"⑦"持身务守周公礼,立志当为孔圣徒";⑧《田氏宗谱》谓,田氏所以世代忠良,"无非说礼敦诗,麟阁誉隆,请缨仗剑,振古如兹"。⑨《宋氏族谱》载,北宋大万谷落(即蛮州,今开阳)总管宋发晟子女以孝、悌、忠、信、礼、义、廉、耻取名,分别为存孝、存悌、存忠、存信、存礼、存义、存廉、存耻。存悌后裔"袭草塘司"。⑩

第二,忠君报国,尽忠尽孝。《昌后图书》:"委身事君,尽忠报国"。"人处天地中,求所以特立于天地者,忠孝而已矣。身列行伍,劳于王事,尽忠也。王事稍暇,

---

① 陈国安等:《昌后图书》,《民族志资料汇编》第9集,1989年印本第331、338页。
② 以上见陈国安:《黔南〈田氏宗谱〉摘抄》,《民族志资料汇编》第9集,1989年印本第347、348、349页。
③ 邹立发等:《杨氏家谱摘抄》,《民族志资料汇编》第9集,1989年印本第362页。
④ 邹立发等:《张氏家谱摘抄》,《民族志资料汇编》第9集,1989年印本第381、382页。
⑤ 邹立发:《省溪司土司官戴氏家谱摘抄》,《民族志资料汇编》第9集,1989年印本第391页。
⑥ 翁家烈:《正安县仡佬族社会历史》,《贵州六山六水民族调查资料选编·仡佬族屯堡人卷》,贵阳:贵州民族出版社2008年版第88页。
⑦ 陈国安等:《昌后图书》,《民族志资料汇编》第9集,1989年印本第331页。
⑧《昌后图书》,转引自《贵州六山六水民族调查资料选编·土家族卷》,贵阳:贵州民族出版社2008年版第407页。
⑨ 陈国安:《黔南〈田氏宗谱〉摘抄》,《民族志资料汇编》第9集,1989年印本第345页。
⑩ 参见翁家烈:《正安县仡佬族社会历史》,《贵州六山六水民族调查资料选编·仡佬族屯堡人卷》,贵阳:贵州民族出版社2008年版第88页。

切于省父，尽孝也。"①《田氏宗谱》谓，田氏自隋唐迄两宋，"孝子顺孙，忠臣良将，炳蔚万朝青史者，夫皆斑斑可考也。溯厥由传，要皆矢忠贞之血性，成节义之显名……世守思州，益敦忠孝。先年策沪定播，不遗君父之忧；继且靖蜀守黔，恪尽子臣之节"。子孙后世，务当"昭忠义于百代，跻名位于三公，声誉扬于四海，经纶著于九重"。"为臣则思忠，为子则尽孝，人伦无愧，天禄是崇……家庭无乖侮儿孙，国家多慷慨节义。"②

第三，爱民养民。《杨氏家谱》："仰遵成宪，俯察民情，推至公之心，广仁厚之化。"③《昌后图书》："凡为国家牧民者，当尽牧民之任也。民失其养，为民牧者不得辞其咎也。民失其养，为民牧者不思所以养民之方，国家又何贵乎有牧民者？"④

第四，耕、读、勤、俭。《昌后图书》："耕读家风传万世，处处子孙列庙堂"；"昌后图书万里传，裔孙世代好寻研"；"地界田边有空处，勤勤栽植莫荒唐"；"耕要勤来读要苦，谨戒奢华日浪浮"。⑤《邹氏家训》告诫子弟勤于耕读："粮为民之要用，凡有志于耕务，必朝夕任勤，斯秋有望而仓廪不虚也"；"士为四民之首，凡子孙有志于学，父兄当亲聘明师严加训育"。⑥

第五，普遍使用汉姓汉名，仿效汉族制定辈序。如土人中一些杨姓家族以"再政通光昌正秀"七字为辈序。⑦ 又如务川仡佬申氏以"奕允文章尚，懋修学友恒，可知昌必久，世续广贤能"20字为序；道真、正安仡佬郑氏以"昌望衍子遇，从永旭廷绍，泰仕文光先，永德垂后世，泽留乾坤长，大振学远延"30字为序。⑧ 制定辈序，是为了区别长幼，思宗敬老；辈序的用字及其排列，则贯穿着崇文重教、尊贤尚能、修身立德、忠孝仁义的儒学精髓。

3. 歌谣中的儒文化

第一，歌颂尧舜孔孟圣人。仡佬歌谣《盘根问古》："斟酒一行又一行，有段古事问根生……当初造字是哪个？当初识字是何人？哪个造墨成一锭？哪个先生写书文？""饮酒一行又一行，再解古事谢主人……当初造字是仓颉，当初认字孔圣人。田遵造墨成一锭，孔子孟子写书文。""说唱玩来就唱玩，古人古事问一番。哪个炼石把天补？

---

① 陈国安等：《昌后图书》，《民族志资料汇编》第9集，1989年印本第331、333页。

② 以上见陈国安：《黔南〈田氏宗谱〉摘抄》，《民族志资料汇编》第9集，1989年印本第345、346页。

③ 邹立发等：《杨氏家谱摘抄》，《民族志资料汇编》第9集，1989年印本第369页。

④ 陈国安等：《昌后图书》，《民族志资料汇编》第9集，1989年印本第333页。

⑤ 《昌后图书》，转引自《贵州六山六水民族调查资料选编·土家族卷》，贵阳：贵州民族出版社2008年版第408页。

⑥ 翁家烈：《务川仡佬族苗族自治县仡佬族社会历史》，《贵州六山六水民族调查资料选编·仡佬族屯堡人卷》，贵阳：贵州民族出版社2008年版第95页。

⑦ 参见韦启光：《儒学对贵州少数民族文化的影响》，《儒学与中国少数民族思想文化》，北京：当代中国出版社1996年版第46页。

⑧ 参见陈天俊等：《仡佬族文化研究》，贵阳：贵州人民出版社1999年版第135页。

哪个制下这衣衫？五谷八卦哪个制？哪性才能配缘姻？哪个定的这礼信？哪个造书来相传？哪个造字世间在？还有哪个是大贤？""说你讲来说你听，开天辟地我知情。女娲炼石把天补，轩辕黄帝制衣襟。炎帝神农制五谷，男婚女嫁配缘姻。周公来把礼信定，孔子造书传世间。仓颉造字在人间，唐尧虞舜是大贤。"①土人闹丧歌："歌是前朝哪个作？哪个置下到如今？哪个仙人挑书卖？挑书扁担几尺长……歌是前朝当郎作，孔子置下到如今。董仲仙人挑书卖，挑书扁担七尺长。"②

第二，读书崇文。仡佬《接亲歌》："喜事美酒吃了后，又发子来又发孙。家有乖女会剪裁，又有乖儿读诗书。""四杯喜酒慢慢来，缘法命好送亲来。今年送个新娘子，明年送个状元来。""九月里来是重阳，主家中榜四方扬。祖宗有心出贵子，立对桅杆把名扬。"③土人建房《点梁歌》："科甲巍巍今日起，财源滚滚乐无疆。万年万载多富贵，发科发甲声名扬。雕梁玉柱齐竖起，子孙万代伴君王。"④上梁歌："一上一步，一品当朝为丞相；二上二步，二六十字并吉祥；三上三步，三元及发登科子；四上四步，四季发财进家祥；五上五步，五子登科人丁旺。""上一步，儿子儿孙得官做；上二步，二员（文武官员）早中；上三步，桃园三结义；上四步，四季大发财；上五步，五子早登科"。⑤

第三，勤耕苦读，孝义仁礼。土人丧葬《盘歌》："叫儿勤耕与苦读，孝义忠言记肺腑，仁义礼智信不可无。"⑥

第四，孝顺老人。土人丧葬《孝义歌》："劝世人，要尽孝，父母的功劳恩难报。想人身，从何来，全靠娘身将你怀。十个月，在娘身，全靠娘血养你命。一日吃娘三口血，三日吃娘九肚浆，口口吃的是娘血，敢不竭力孝爹娘。儿出世，娘命悬，抱在手中血淋淋。在福中，如罪人，不戴耳环不穿裙。白日里，怕儿啼，没得一时把儿离。到晚来，娘最苦，屙尿换片娘为主。"⑦哭嫁歌："爹的恩情说不完，我爹为儿受苦情。一怕儿女挨饥饿，二怕儿女生毛病。三怕儿女没衣穿，四怕我们比人贫……儿今离别父母时，心内难过泪淋淋。为女不得孝双亲，难报父母养育恩。女儿若是男子命，孝敬父母到终身。""开声哭娘刁断肠，女儿难舍我的娘。千言万语说不尽，娘的恩情哪个忘。一尺五寸把女盘，只差拿来口中含。背上背来怀忠抱，挨冻受饿费辛劳。少吃少用精打算，口不吃来舌不吞。缝补浆洗心操尽，梳头洗脸穿罗裙。"⑧仡佬歌谣《盘

---

①以上见熊大宽：《仡佬族歌谣选》，贵阳：贵州民族出版社2004年版第8-9、10页。
②秦朝智：《思南土家族"闹丧歌"》，《民族志资料汇编》第9集，1989年印本第263-264页。
③以上见熊大宽：《仡佬族歌谣选》，贵阳：贵州民族出版社2004年版第74、73、51页。
④沿河县民委等：《沿河土家族歌谣选》，1987年印本第98页。
⑤颜勇：《江口县省溪司土家族生活习俗》，《民族志资料汇编》第9集，1989年印本第117页。
⑥陈国安：《沿河、印江、思南三县土家族传统精神文明建设调查报告》，《贵州六山六水民族调查资料选编·土家族卷》，贵阳：贵州民族出版社2008年版第407页。
⑦秦朝智：《思南土家族"闹丧歌"》，《民族志资料汇编》第9集，1989年印本第259-260页。
⑧以上见沿河县民委等：《沿河土家族歌谣选》，1987年印本第71、72页。

根问古》:"世间父母为最大……忠臣教子人世间"。① 仡佬《丧葬歌》:"父母对儿女们说,你们要孝敬父母。对父母,不要骂,不要吼;父母有病,要找药送吃;要在堂屋神前,烧香化纸求祖先保佑……父母想吃哪样,你们要做给吃;父母无穿的,你们要制给穿;你们虽然穷,也要奉养父母,让父母活一百年。"② 土人《二十四孝歌》依据"开宗义"、孟姜女、赵真女、赵五娘、刘艾香、舜儿生、"目连"、颜渊、梁山伯、郭巨、王祥、孟忠、董永、曹安、丁楠、黄香、王逸生、闵子骞、张玉英、"鹦哥"、邓百道、火大、王化、张孝等古代或传说人物"行大孝"的故事,编写歌词,劝导世人践行孝道。③

4. 谚语中的儒文化

第一,勤读。土人谚语:"养儿不读书,只当养头猪";"有书不读子孙愚,有田不种仓中虚";"一日读书一日功,一日不读十日空"。④

第二,行仁政。仡佬谚语:"美政得民财,善教得民心"。⑤

第三,勤俭。仡佬谚语:"山高石头多,勤快变金窝"。⑥ 土人谚语:"人勤地出宝,人懒地长草";"勤是摇钱树,俭是聚宝盆"。⑦

5. 戏剧中的儒文化

傩戏是土人地域广泛流行的戏剧。它起源于远古时代的请神驱鬼仪式(傩),其后逐步发展成为兼具娱乐性质的戏剧(傩堂戏)。剧目很多,其中不少以儒家崇文重教、忠孝仁义为主题,如《秦童》(《甘生赶考》)、《三国》、《关云长斩蔡阳》、《杨家将》、《穆桂英挂帅》、《安安送米》(《三孝记》)、《目连寻母》、《赵五娘剪发行孝》等。

第一,读书科举。《秦童》(《甘生赶考》):"天子中英豪,文章教尔曹。万般皆下品,惟有读书高。""童子年年长,龙门日日开。家无读书子,官从何处来。""小小马二郎,骑马进学堂。先生嫌他小,肚内有文章。""年少初登第,皇都得意回。与人三级浪,平地一声雷。"⑧《吕望下书》:"家有金银用斗量,养子须当送学堂。黄金有价书无价,书比黄金更高强。"⑨

第二,忠义。《关云长斩蔡阳》:"桃园三结义,生死共患难。刘备与关张,古城斩蔡阳。""桃园盟誓三结义,看吾忠诚不忠诚。若要忠诚不怕死,保护皇嫂赶路程。"⑩

---

① 熊大宽:《仡佬族歌谣选》,贵阳:贵州民族出版社2004年版第10页。
② 贵州省安顺地区民委:《仡佬族古歌》,贵阳:贵州民族出版社1991年版第141-142页。
③ 参见秦朝智:《思南土家族"闹丧歌"》,《民族志资料汇编》第9集,1989年印本第265-277页。
④ 以上见贵州省民委:《土家族文化大观》,贵阳:贵州民族出版社2014年版第208页。
⑤ 韦启光:《儒学与贵州少数民族文化的融合》,《贵州民族研究》2004年第24卷第2期。
⑥ 韦启光:《儒学与贵州少数民族文化的融合》,《贵州民族研究》2004年第24卷第2期。
⑦ 贵州省民委:《土家族文化大观》,贵阳:贵州民族出版社2014年版208页。
⑧《秦童》,《德江县土家族文艺资料》,1986年印本第295页。
⑨《吕望下书》,《德江县土家族文艺资料》,1986年印本第371页。
⑩《关云长斩蔡阳》,《德江县土家族文艺资料》,1986年印本第317、318页。

第三，孝顺。《安安送米》(《三孝记》)："十七十八嫁姜门，二十七八家道兴。三十四五生一子，取名姜诗读书文。娶的媳妇庞氏女……顺夫敬婆有孝心。""我儿行孝天知道，皇天不昧孝心人。奉劝少年妇女们，孝顺公婆敬夫君。"①

6. 习俗中的儒文化

第一，供奉"天地君亲师"神位。土人普遍仿效汉族，供奉"天地君亲师"神位。新房建成后，首先举行安置家仙仪式。在堂屋正中靠壁处安放类似神龛的祖石商案，祖石商案上方正中贴上"天地君亲师位"条幅。"每逢过年过节或家有红白喜事时……摆上贡品，烧香化纸祭祀、供奉家仙"。②

第二，仡佬除自己的节日外，亦过清明节、端午节、七月半、重阳节、小年（除夕）、春节、大年（正月十四）等节日。③土人除摆手节、"过赶年"、六月六等自己的节日外，亦过除夕、春节、元宵、清明、端午、七月半、中秋、重阳等节日。④

第三，丧葬。土人葬俗，老人死后要设灵堂，亦称孝堂。孝子所用孝棍亦按《仪礼》之制，男用竹杖，女用桐木杖。绕棺，唱孝歌，要子女不忘老人养育之恩，孝敬老人。亦按《仪礼》之制，守丧3年；守丧期间，不能娱乐，不能办喜事，不能做点红灯、贴红对联等见红之事。⑤

第四，婚俗。土人婚俗，亦遵循"父母之命，媒妁之言"，有提亲、取八字、插茅香（定亲）、择期、亲迎、哭嫁等礼仪。⑥

（二）土人、仡佬、汉共同习尚、文化心理之形成与民族认同

古代黔东北、黔北土人、仡佬主要聚居地域，紧邻四川、湘楚，甚而曾经隶属四川、湘楚，与汉民族、汉文化交流密切，受汉文化、儒文化影响甚深。自战国起至清代前期，其间除宋、元外，基本上实行郡县制，是古代贵州历史上实行郡县制治理最早且最长的地域；少数民族分别处于田氏、杨氏大姓掌控之下，而田氏、杨氏对儒文化接纳较多，与历代中央王朝关系较为密切而友好。汉代至明清，始终是古代贵州文化发达之区；明清两代，大批土人、仡佬学习汉文化、儒文化，科举中式，著书立说，其人数之多、成果之富，远非古代贵州其他少数民族所能比。较之古代贵州其他少数民族，儒文化在土人、仡佬中的流播最为广泛。它以文字、《梯玛歌》、家谱等形式在土司、土官、梯玛等上层群体之中流播，更以歌谣谚语、戏剧、婚丧习俗、节庆祀典等形式流播于下层群体之中。儒家尧、舜、周公、孔、孟等圣人，儒学崇儒重道、读

---

① 《安安送米》，《德江傩堂戏》，贵阳：贵州民族出版社1993年版第480、504页。
② 参见颜勇：《江口县省溪司土家族生活习俗》，《民族志资料汇编》第9集，1989年印本第118页。
③ 参见陈天俊等：《仡佬族文化研究》，贵阳：贵州人民出版社1999年版第116-117页。
④ 参见萧洪恩：《土家族仪典文化哲学研究》，北京：中央民族大学出版社2002年版第40-118页。
⑤ 参见贵州省民委：《土家族文化大观》，贵阳：贵州民族出版社2014年版第181、183、188页。
⑥ 参见杨昌鑫：《土家族风俗志》，北京：中央民族学院出版社1989年版第73-95页。

书崇文、科举入仕、爱民仁民、忠君报国、孝顺父母、勤耕俭朴等核心理念,得到了广泛认同。共同的文化心理推动、提升了民族之间的认同度。

古代贵州少数民族中,土人、仡佬与汉民族之间的认同程度极高,甚而语言、服饰等习尚亦大面积同于汉民。清人《黔南职方纪略》《黔南识略》两书载,石阡府基本为汉人;仅"间有散处苗人","言语衣服与汉民同"。思南府"境内悉系汉民,既无客户,亦无苗种,惟安化县⋯⋯有苗民十余寨",400余户;少数民族"衣冠言语与汉民略同"。正安州基本为汉户,仅有苗、仡佬300余户。① 乾隆《贵州通志》谓,石阡府"土著夷民,其俗⋯⋯可拟中州"。② 有关社会历史调查报告谓,务川"仡佬族人的传统语音、服饰日渐演变,与汉民趋于一致,到清代中叶已无'夷汉'之别"。③ 正安"仡佬族语言、服饰于清代中叶已趋消失"。④ 曾经雄踞古夜郎的濮人,至清代前期,其后裔仡佬仅在今黔北道真、务川两县尚有成片分布;中华人民共和国成立初期的人口普查,少数民族中已无土人一项,20世纪80年代始恢复登记并定名土家族。这从一个侧面映射出贵州古代仡佬、土人接受汉文化及认同汉民族程度之深。历史上,仡佬、土人及其他少数民族中存在为避民族歧视而附会汉族祖籍、中原祖籍的现象。不过,这只是少数,并不是仡佬、土人人口大幅减少乃至土人一度消失的主要原因。

第四节 贵州古代"夷人"儒文化与民族认同

一、"夷人"源流及其大一统认同

(一)"夷人"源流

"夷人",1956年后改称彝族,分布于黔、滇、川3省毗邻地域。贵州彝族主要分

---

① 以上见罗绕典:《黔南职方纪略》,《黔南识略·黔南职方纪略》,贵阳:贵州人民出版社1992年版第331、332、305页。

②[乾隆]《贵州通志·风俗》,《中国地方志集成·贵州编》第4册,成都:巴蜀书社2006年版第117页。

③ 翁家烈:《务川仡佬族苗族自治县仡佬族社会历史》,《贵州六山六水民族调查资料选编·仡佬族屯堡人卷》,贵阳:贵州民族出版社2008年版第94页。

④ 翁家烈:《正安县仡佬族社会历史》,《贵州六山六水民族调查资料选编·仡佬族屯堡人卷》,贵阳:贵州民族出版社2008年版第86页。

布于黔西北毕节市，次为贵州西缘六盘水市，黔西南、黔中安顺市和贵阳市亦有零星分布。2010年全国第六次人口普查显示，贵州彝族人口83万，居省内少数民族第五。本节论述贵州古代"夷人"儒文化与民族认同，主要以贵州西北毕节市、西缘六盘水市地域为主。

"夷人"之"夷"字，广义为少数民族的泛称，狭义专指今彝族。《史记·西南夷志》中的"夷"字，泛指西汉时期西南的少数民族。东晋《华阳国志》载，"诸葛亮乃为夷作图谱……以赐夷"；① 明万历《贵州通志·艺文志》有《夷字演》一目。② 这里的"夷"字均指今彝族。"夷人"之称，可见于清爱必达《黔南识略·威宁州》："其民夷多汉少……夷人则有头目"。③ [道光]《大定府志·水西安氏本末》亦有"夷人"之称："国亨必不叛，不过夷人向仇杀耳。"④ 丁文江《爨文丛刻·自序》谓，罗罗"说汉话的时候自称为夷家"。⑤ 罗罗为古代彝族另一称谓。

"夷人"先民为古氐羌族系。商周时期，氐羌族系主要分布于今西北甘、陕等地。至战国时期，该族系之一支"畏秦之威"，南下迁徙，进入成都平原。"与众羌绝远，不复交通，其后子孙分别各自为种，任随所之"。⑥ 至武洛撮，建立蜀国。武洛撮之孙为笃慕俄，笃慕俄生六子：幕雅且、幕雅苦、幕雅热、幕雅卧、幕克克、慕齐齐。六子分封，繁衍形成武、乍、糯、恒、布、默六部。⑦ 此六子被尊为"六祖"，六子分封被称为"六祖分封"。六部中的恒、布、默三部向川、滇、黔毗连地带发展，形成昆明部。据"夷"文《水西地理城池考》，昆明部各支系中，分布于今贵州的有默部阿者家（慕俄格，又称慕胯白扎果、慕胯，后为大定府，治今大方）、布部乌撒家（纪俄格，又称那勒，后为威宁州，治今威宁）、默部阿旺仁家（皮嫩博纪，后为普安州，治今盘县）、布部播勒家（姑糯禄炬，后为安顺府，治今安顺市西秀区），分布于今云南的主要有布部阿佐赤家（沾沾俄格，后为沾益，今沾益）、默部阿于歺家（禄祖禄卧，后为东川府，治今会泽）、布部古苦格家（直达谷姆，又称笃摩，后为宣威，今宣威）、恒部乌蒙家（德歺濮卧，后为昭通府，治今昭通）、默部芒部家（芒部尼块，后为镇雄州，治今镇雄），分布于今四川的主要有恒部扯勒家（希块，后为永宁，今叙永）。⑧

---

① 常璩 撰，任乃强校注：《华阳国志校补图注》，上海：上海古籍出版社1987年版第247-248页。
② [万历]《贵州通志》第24卷，北京：书目文献出版社1991年版647页。
③ 爱必达：《黔南识略》，《黔南识略·黔南职方纪略》，贵阳：贵州人民出版社1992年版第215页。
④ [道光]《大定府志·水西安氏本末》，《中国地方志集成·贵州编》第48册，成都：巴蜀书社2006年版第691页。
⑤ 丁文江：《自序》第1页，丁文江：《爨文丛刻》，贵阳：贵州大学出版社2011年版。
⑥ 《后汉书·西羌传》，《二十五史》第2册，上海：上海古籍出版社、上海书店1986年版第293页。
⑦ 参见毕节地区彝文翻译组等：《西南彝志》第7-8卷，贵阳：贵州民族出版社1994年版第261-264页。
⑧ 参见贵州省毕节专署民委会老彝文翻译组：《水西地理城池考》，1966年印本，不分页。慕胯，此处作"慕垮"。

（二）大一统认同

1. 秦朝

秦统一天下，在西南"通五尺道……颇置吏"。① 五尺道起于今川南宜宾，止于滇东北曲靖，中经黔西北。沿线所置县有汉阳，地当今赫章、威宁。② 贵州古代"夷人"主要聚居地域，部分纳入了秦朝治理之下，成为古代贵州最早纳入中原大一统的地域之一。

2. 两汉

西汉中叶，武帝开发夜郎，置犍为郡，鳖县（今黔西、大方）为郡治，汉阳（今赫章、威宁）为都尉治；今毕节市、六盘水市属其境。后以犍为大部置牂牁郡，犍为郡西移。今黔西、大方属犍为之鳖县，赫章属犍为之汉阳县，威宁南境属犍为之郁邬县。牂牁郡治且兰（似为今安顺一带），夜郎（今普安、盘县、兴仁）为都尉治；今盘县属其夜郎县，水城、六枝属其平夷县。③

两汉时期，汉民族大规模进入。汉军将士或短暂留驻，或长期戍守；巴蜀兵卒劈山凿石，以"通西南夷道"；④ 三蜀豪民应募"田南夷"。⑤ 数十万汉族移民的进入，带来了中原及巴蜀先进生产技术。据考古资料载，赫章可乐古墓群出土战国至两汉特别是两汉大量铁制铧、锄、镢、铲、锸、铚、锤、斧、斤、短刀、刮刀、小刀、削刀、锥、凿、钎、钻、剪、夹、钉、锯片、铁片等农业、手工业生产工具；这些工具不仅出现在汉式墓，而且出现于南夷墓；南夷墓中不仅有刮刀、小刀、削刀、钎、钉等手工业生产工具，而且有铧、锄、镢、锸等农业生产工具。⑥ 此外，还出土象征中原农田水利灌溉技术的陶制水田水塘模型，"一半为水塘，一半为水田"，水塘蓄水，与水田洞涵相通。这表明，伴随汉族移民的批量进入，以铁犁为代表的中原及巴蜀先进生产

---

① 《史记·西南夷传》，《二十五史》第 1 册，上海：上海古籍出版社、上海书店 1986 年版第 330 页。

② 据近人向达《蛮书校注》考订，五尺道"始于今川南之宜宾，经高县、筠连，入云南境过盐津、大关、彝良、昭通，又入贵州境过威宁，再入云南境走宣威到达曲靖"。（转引自侯绍庄等：《贵州古代民族关系史》，贵阳：贵州民族出版社 1991 年版第 58 页）周春元等则谓，秦所开五尺道，系由今遵义南行。五尺道开通后，在原战国大夜郎境设置鳖（今遵义）、镡成（今黎平）、毋敛（今独山）、且兰（今福泉）、夜郎（今石阡西部）、汉阳（今赫章、威宁）6 县；鳖属巴郡，镡成、毋敛、且兰、夜郎、汉阳属象郡。（参见周春元等：《贵州古代史》，贵阳：贵州人民出版社 1982 年版第 33、37 页）侯绍庄等则不同意秦设五县从而几乎尽有乌江南北各地的观点，以为仅有今川黔交接的北面一线基本纳入秦统治范围，"其他地区尚处于独立发展的状态"，否认秦置鳖、镡成、毋敛、且兰、夜郎、汉阳 6 县之说。（参见侯绍庄等：《贵州古代民族关系史》，贵阳：贵州民族出版社 1991 年版第 61 页）

③ 参见《汉书·地理志》，《二十五史》第 1 册，上海：上海古籍出版社、上海书店 1986 年版第 154 页。

④ 《史记·平准书》，《二十五史》第 1 册，上海：上海古籍出版社、上海书店 1986 年版第 178 页。

⑤ 《史记·平准书》，《二十五史》第 1 册，上海：上海古籍出版社、上海书店 1986 年版第 178 页。

⑥ 参见贵州省博物馆考古研究所等：《赫章可乐发掘报告》，《贵州田野考古四十年：1953—1993》，贵阳：贵州民族出版社 1993 年版第 124-134 页；李嘉琪：《赫章可乐 2000 年发掘报告》，北京：文物出版社 2008 年版第 374-387 页。

技术不仅传入了今毕节市、六盘水市地域，而且传入了"南夷"之中。汉廷开发夜郎，地处中原进入夜郎入口的"夷人"主要聚居地域，成为汉代夜郎最发达的地域，大一统制度认同有了初始物化基础。

东汉以后，中国陷入长期分裂、战乱境地。失去了中央政权支持的三蜀大姓，势力大跌，为了维系自身权势，遂转而寻求与地方土著民族"夷帅"结合，融入土著民族，成为南中大姓。南中大姓中的原三蜀大姓，较多地保留了传统儒文化，同时大量吸纳土著文化；土著民族"夷帅"历经汉魏数百年熏染，在保留民族文化的同时，大量吸纳汉文化、儒文化。前者如牂牁郡的龙氏、尹氏、董氏、傅氏，后者如牂牁郡的谢氏。两晋南北朝大分裂、大动荡时期，控制牂牁地区的主要土著大姓谢氏，心系中土，联合本郡大姓龙氏、尹氏、董氏、傅氏，"保郡"奉汉、"保郡"奉晋，奉宋齐梁陈为正统。唐、宋时期，谢氏一如既往，归附中央王朝。

3. 蜀汉

三国时期，大一统不复存在，仅有魏、蜀、吴小一统；作为小一统的蜀、魏、吴，都在为重建大一统而争战；蜀汉政权更是以汉室正统自居，梦寐以求"北定中原……兴复汉室"。[①] 古代贵州"夷人"先民主要聚居地域均属蜀汉之益州。具体说，赫章、威宁属朱提郡（治今云南昭通）之汉阳县，黔西、大方属牂牁郡之鳖县，盘县属牂牁郡之夜郎县，水城、六枝属牂牁郡之平夷县。牂牁、朱提属蜀汉南中地区，另置庲降都督统率；庲降都督由朱提太守加封，驻节建宁郡之味县（今云南曲靖）。[②]

蜀汉后主建兴元年（223年），南中越巂郡（今四川西昌市）"夷帅"高定、益州郡（今云南）大姓雍闿、牂牁郡（今贵州西部）太守朱褒相继反叛。三年（225年）春，丞相诸葛亮发兵平叛。征南大军兵分三路，西路诸葛亮讨越巂，中路李恢击益州，东路马忠平牂牁。"夷人"先民、慕胯（今贵州大方）君长妥阿哲（济火、济济火）"协助皇帝去征讨"，为蜀军"征运兵粮，络绎不绝"。年底，南中平定，诸葛亮由滇池经味县、汉阳、僰道，返回成都。在汉阳（今赫章、威宁）附近楚敖山（今毕节市七星关区境内），妥阿哲与诸葛亮结盟："若与皇帝背道而驰，存有叛逆之心者，当无善

[①]《三国志·蜀书·诸葛亮传》，《二十五史》第2册，上海：上海古籍出版社、上海书店1986年版第110、111页。

[②] 参见周春元等：《贵州古代史》，贵阳：贵州人民出版社1982年版第74页及附图、75页；侯绍庄等：《贵州古代民族关系史》，贵阳：贵州民族出版社1991年版第53页；何仁仲：《贵州通史》第1卷，北京：当代中国出版社2002年版第153页；《贵州通史》编辑部：《贵州通史简编》，北京：当代中国出版社2005年版第24页。鳖县，或定为今遵义。（参见周春元等：《贵州古代史》，贵阳：贵州人民出版社1982年版第74页附图、75页）夜郎县，或定为今贵州安顺、平坝。（参见周春元等：《贵州古代史》，贵阳：贵州人民出版社1982年版第36页）平夷县，或定为今贵州晴隆、六枝；（参见何仁仲：《贵州通史》第1卷，北京：当代中国出版社2002年版第153页）或定为今普安、六枝；（参见侯绍庄等：《贵州古代民族关系史》，贵阳：贵州民族出版社1991年版第63页）或定为今毕节、大方。（参见周春元等：《贵州古代史》，贵阳：贵州人民出版社第36页）

果。"四年（226年），蜀汉封妥阿哲为罗甸国王，"以表酬谢，治理慕俄的疆土"。① 妥阿哲子孙世代承袭，治理慕俄，与历代中央王朝保持着较好的关系，直至清初改土归流。诸葛亮在南中行仁义之兵、仁义之政，赢得了包括古代贵州"夷人"先民在内的南中各民族的景仰、尊崇及感怀，各地留下了许多传说、遗迹、以其名字命名的地名和物名、祭祀祠堂。

4. 唐代

唐宋时期，"夷人"先民被称为乌蛮。

唐朝一统，在今贵州实行经制州、羁縻州及封国并置并治制度。其一，经制州。今六枝属琰州，今盘县属盘州。两州后均改羁縻州。其二，羁縻州可考者。今黔西为羲州，大方为宝州，织金部分为晖州。② 其三，封国。牂牁国（今大方为中心的毕节市），乌蛮阿者部建。宪宗元和八年（813年），"上表请尽归牂牁故地"；文宗开成元年（836年），"鬼主阿珮内属"。罗殿国（今安顺市），乌蛮播勒部建。武宗会昌年间（841—846年），其君长受封"为罗殿王，世袭爵"。③ 于矢部（今盘县、普安、兴义），原为东爨乌蛮七部落居地。代宗大历二年（767年），东爨乌蛮阿宋"逐诸蛮据其地，号于矢部，世为酋长"；④ 德宗建中元年（780年）"来朝"。⑤

中唐以后，南诏崛起、强大，向东扩张，唐王朝由盛转衰，无力应对，贵州西部、中部在相当长的时期内处于南诏的控制或影响之下，与唐王朝的联系大为削弱甚至中断，大一统制度认同严重受挫。"夷人"先民主要聚居地域，仅有的琰州、盘州两经制州后改羁縻州；盘州再改封国，南诏叛唐时期更一度依附于南诏，即是证明。

唐代，"夷人"先民中出现了使用牛耕的记载。在今威宁收集到的、成于唐代的"夷"文典籍《苏巨黎咪》⑥一书中已有若干与牛耕有关的记载。"阿默尼部，如冬季备耕，尚有一月时，牛还闲着时，就部署耕种。""水牛耕田，要全部犁遍。""骑恶马要跌在山上，犁恶牛要跌在坎下。""骑恶马，翻越不得山，犁恶牛坠坎。"⑦

5. 宋代

两宋承袭唐代，经制州、羁縻州、封国并置并治。不过，长期存在的北方边患，极大地制约了其对西南边地的掌控。贵州乌蛮主要聚居地域，经制州不复存在，羁縻州膨胀，封国范围扩大。其一，羁縻州可考者有义州（今黔西）、晖州（今织金）、宝

---

① 以上见《妥阿哲纪功碑》，《彝文金石图录》第1辑，成都：四川民族出版社1989年版第7页。
② 参见谭其骧：《中国历史地图集》第5册，北京：中国地图出版社1982年版第59-60页；樊开印：《中国历史疆域古今对照图说》，[台北] 徐氏基金会1979年版第65、67页附图。
③ 《新唐书·南蛮传》，《二十五史》第6册，上海：上海古籍出版社、上海书店1986年版第682页。
④ 《元史·地理志》，《二十五史》第6册，上海：上海古籍出版社、上海书店1986年版第174页。
⑤ [民国]《贵州通志·前事志》第1册，贵阳：贵州人民出版社1985年版第267页。
⑥ 参见《说明》第3-4页，《苏巨黎咪》，贵阳：贵州民族出版社1998年版。
⑦ 以上见王继超：《苏巨黎咪》，贵阳：贵州民族出版社1998年版第73、196、255、286-287页。

州（今大方境内）、郝州（今大方西南部）。① 其二，封国。罗氏鬼国（今大方为中心之毕节市，一度扩张至今贵阳市大部），乌蛮普贵建。乌蛮君长主色东扩，占炬州（今贵阳市大部），驻扎石人山，号石人部落。主色退回黔西北后，其子若藏继为石人部落王子。北宋太祖开宝七年（974年）②，石人部落王子普贵"纳土归顺，赐王爵以镇一方"。③ 其封国，史籍称罗氏鬼国。旋即为水东宋氏逐出炬州，退回故地。南宋末年，罗氏鬼国追随宋廷抗击蒙古，直到宋亡。罗殿国，乌蛮播勒部始建于唐代；五代末，改罗殿王为顺化王；"宋初仍之"，④ 地当今安顺市西秀区、平坝、普定部分。北宋一朝，多次朝贡、受封。南宋，《桂海虞衡志》《岭外代答》《宋会要辑稿》等典籍仍称之为罗殿国。其三，自行为治的番国。自杞国，乌蛮建，在唐代为于矢部，今盘县属其境。⑤ 南宋，罗殿国、自杞国购马于大理，转赴广西马市售于宋廷，缓解了宋廷马荒。

6. 元代

"夷人"先民称罗罗。元代李京《云南志略》："罗罗，即乌蛮也"；"自顺元、曲靖、乌撒、乌蒙、越嶲，皆此类也"。⑥ 明清沿袭。[万历]《黔记》："罗罗……有二种"。一为"黑罗罗，亦曰乌蛮"；一为"白罗罗，亦曰白蛮"。二者"风俗略同，而黑者为大姓"。⑦ 清初贵州巡抚赵廷臣上疏谓："贵州古称鬼方，自城市外，四顾皆苗。其贵阳以东，苗为夥……自贵阳以西，罗罗为夥"。⑧

元代在今贵州全面实行土司制，"夷人"主要聚居地域分别设置宣慰司、路等行政建制，任用"夷人"君长为土官，世袭治理。今黔西北之大方、纳雍、织金、水城、黔西一部、金沙一部属云南行省之亦奚不薛宣慰司，⑨ 威宁、赫章属云南行省之乌撒乌蒙宣慰司之乌撒路，盘县属云南行省之曲靖等路宣慰司之普安路。此外，黔西一部属湖广行省八番顺元等处宣慰司都元帅府（治今贵阳）之顺元等路军民安抚司，⑩ 毕节、金沙一部属四川行省之永宁路。⑪

---

① 参见谭其骧：《中国历史地图集》第5册第59-60页，第6册第29-30、69-70页，北京：中国地图出版社1982年版。

② 普贵内附时间，[咸丰]《贵阳府志》为太祖乾德七年。[民国]《贵州通志》辨，太祖乾德无七年，疑为开宝七年（974年）。（参见[民国]《贵州通志·前事志》第1册，贵阳：贵州人民出版社1985年版第310页）

③ 李贤 等：《大明一统志》下册，西安：三秦出版社1990年版第1350页。

④ 《传十五·土司传上》，[道光]《贵阳府志》下册，贵阳：贵州人民出版社1985年版1583页。

⑤ 参见侯绍庄等：《贵州古代民族关系史》，贵阳：贵州民族出版社1991年版191页。

⑥ 李京 撰，王叔武校注：《云南志略》，《大理行记校注 云南志略辑校》，昆明：云南民族出版社1986年版第89、90页。

⑦ [万历]《黔记·诸夷》，《中国地方志集成·贵州编》第3册，成都：巴蜀书社2006年版第407页。

⑧ 《世祖章皇帝实录》第126卷，《清实录》第3册，北京：中华书局1985年版第978页。

⑨ 《元史·世祖本纪》，《二十五史》第9册，上海：上海古籍出版社、上海书店1986年版第37页。

⑩ 参见《元史·地理志》，《二十五史》第9册，上海：上海古籍出版社、上海书店1986年版第174-175、182页。

⑪ 参见杨昌儒等：《贵州民族关系的构建》，贵阳：贵州人民出版社2010年版第109-110页。

土司制的普遍推行及行政体制的统一，减少了地方分裂与动乱，推进了朝廷政令的施行及地方社会政治、经济、文化的全面发展；增进了民族之间的接触、交往、交流与认同。

元代"寓兵于农……立屯田，以资军饷"；在边疆地区亦"置屯田为守边之计"。[①]乌撒路"立……军屯，以爨僰军一百一十四户屯田"；[②] 普定路"屯田，分乌撒乌蒙路屯田卒二千赴之"。[③] 又广建站赤驿传。起于湖北江陵（今湖北荆州市荆州区）、终于中庆（今云南昆明）、自东而西、横贯今贵州全境之湖广通往云南驿路，其间经过"夷人"聚居地域罗殿（今安顺市）、普安（今盘县）；[④] 起于云南曲靖北境之交水（今云南沾益），终于四川纳溪（今泸州市纳溪区）之滇蜀驿路，经过今威宁、赫章、毕节等整个黔西北地域。[⑤] 重本屯田、广设驿站为土司制的全面推行奠定了物化基础。

7. 明代

明代贵州建省，"夷人"主要聚居地域行政治理，土官为主，流官次之，土流并存。其一，贵州宣慰司。太祖洪武初年，水西"夷人"君长霭翠归附，朝廷置贵州宣慰司，以霭翠为宣慰使，治贵州（今贵阳），领7长官司（今贵阳市城区、开阳境、息烽境）。[⑥] 势盛时，越过鸭池河，据有"水外六目"之地，达于省城。其地域，约当今黔中贵阳市息烽、修文、清镇，黔西北毕节市之大方、黔西、纳雍、织金、水城，安顺市之平坝。[⑦] 其后，水西世袭土司绝大多数拥戴朝廷，终明一朝，朝贡、朝觐、受赐120余次。[⑧] 水西土司成为贵州"夷人"中影响最大的支系。其二，今威宁、赫章属四川行省之乌撒土府（治今威宁）。[⑨] 其三，今盘县、六枝属安顺府（治今安顺市西秀区）。[⑩]

明朝开国，水西君长霭翠归附，受封为贵州宣慰使；霭翠死后，其夫人奢香袭职

[①]《元史·兵志》，《二十五史》第9册，上海：上海古籍出版社、上海书店1986年版第299页。

[②]《元史·兵志》，《二十五史》第9册，上海：上海古籍出版社、上海书店1986年版第302页。

[③]《元史·英宗本纪》，《二十五史》第9册，上海：上海古籍出版社、上海书店1986年版第80页。

[④] 参见《经世大典·站赤》，《永乐大典》第19418卷，北京：中华书局1960年版第14页；《析津志·驿站》，《永乐大典》第19426卷，北京：中华书局1960年版第7页。

[⑤] 参见刘文征撰，古永继校点：《旅途志第二·乌撒入蜀旧路》，《滇志》第4卷，昆明：云南教育出版社1991年版第165-166页。

[⑥] 参见[道光]《大定府志·水西安氏本末》，《中国地方志集成·贵州编》第48册，成都：巴蜀书社2006年版第686页；《明史·地理志》，《二十五史》第10册，上海：上海古籍出版社、上海书店1986年版第130页。

[⑦] 参见《平奢安》，《明史纪事本末》第69卷，上海：上海古籍出版社1994年版第287页；[乾隆]《贵州通志·土司》，《中国地方志集成·贵州编》第4册，成都：巴蜀书社2006年版第414页；周春元等：《贵州古代史》，贵阳：贵州人民出版社1982年版第201、200页附图。

[⑧] 参见贵州民族研究所：《明实录贵州资料辑录》，贵阳：贵州人民出版社1983年版第1331-1332、1336-1337页。

[⑨] 参见《明史·地理志》，《二十五史》第10册，上海：上海古籍出版社、上海书店1986年版第117页。

[⑩] 参见《明史·地理志》，《二十五史》第10册，上海：上海古籍出版社、上海书店1986年版第130页；贵州民族研究所：《明实录贵州资料辑录》，贵阳：贵州人民出版社1983年版第1361、1366页。

摄政。明军征南，奢香让道、供粮、献马；利用水西影响力及族戚、姻亲关系，劝说乌撒（今威宁、赫章）、芒部（今镇雄）归附明廷。贵州都指挥使马煜好大喜功，"思尽灭诸罗，代以流官，苦无间"。适逢奢香"为他罗所讦"，马煜乃"叱壮士裸香而笞其背"，"欲辱香激诸罗怒，候其反而加后之兵"。奢香以明王朝统一大局为重，制止部属48则溪起兵，赴京伸冤，"具言煜激变诸罗欲反状"。① 马煜问罪后，奢香投入巨大人力物力，"刊山通道，以给驿使往来"，② 开辟、整修水西经龙场（今修文）至贵州（今贵阳）的驿路，史称龙场九驿；水西经贵州（今贵阳）达于偏桥（今施秉）的东驿路；经毕节达于乌撒（今威宁）的西驿路；经水东（今贵阳境）达于容山（今湄潭境）的北驿路。③ 明末奢安之乱前，水西安氏均与明廷保持着良好关系。"世代顺天命……封爵掌了权，勃勃地发展。享有大威荣，子孙相继传"。④

较之元代，明朝驿路建设力度更大，成效也更为显著。贵州"夷人"主要聚居地域，龙场九驿连接水西至省城贵州（今贵阳）；普安州（治今盘县）处于湘黔滇大通道西端出黔入滇处；起自四川永宁（今四川叙永）的川黔滇驿路，更是穿越黔西北全境，由赤水河入贵州，经毕节、黑张（今赫章）、乌撒（今威宁）入云南，沿线置赤水、毕节、乌撒3卫，兵员达56379之众。驿路沿线及其两侧宜耕地带遍置哨、驿、铺（堡）、站、屯。哨置于关隘险要处，守御防范；50里一驿，供官员往来车马食宿；10里一铺，供公文传递车马兵丁；站供粮饷、贡品运输；屯专司耕种，保障军队供给。龙场九驿为水西土司、摄贵州宣慰使奢香主持修建，密集设置毕节、归化（今大方双山）、阁雅（今大方响水）、奢香（又名西溪，今大方鸡场）、金鸡（今黔西、大方交界处）、水西（今黔西）、谷里（今黔西谷里）、六广（今修文六广）、龙场（今修文）等9驿。毕节卫治毕节往西与乌撒卫交界处110里沿线，置有鸦关、七星关、长冲哨等关、哨3处；毕节驿1驿；毕节、周泥2站；安乐、长冲、鸦关、云山、撒喇居、周泥、平山、野马等8铺。⑤ 哨、卡、驿、铺、站共14处。沿线屯所密布，至清代中叶，仍有安家井、孟官屯、大屯、王官屯、新屯、对江屯、七里沟等屯所地名。⑥ 大规模的驿路治理及屯垦，带动了社会经济的空前发展，尤以驿路沿线为著。屯田移民使用牛耕、灌溉技术，并以自身示范效应，推动土著民族使用新式技术。万历年间，水西君长、

---

① 以上见[道光]《大定府志·水西安氏本末》，《中国地方志集成·贵州编》第48册，成都：巴蜀书社2006年版第686、687页；《贵阳府志·录八·明守将武功录第六·马煜条》，《贵阳府志》下册，贵阳：贵州人民出版社2005年版第1152页。
② 《开设贵州》，《明史纪事本末》第19卷，上海：上海古籍出版社1994年版第84页。
③ 《明史·贵州土司》，《二十五史》第10册，上海：上海古籍出版社、上海书店1986年版859页。
④ 贵州省民族研究所等：《西南彝志选》，贵阳：贵州人民出版社1982年版第312页。
⑤ 参见[万历]《贵州通志》第10卷，北京：书目文献出版社1991年版198-199页。
⑥ 参见[乾隆]《毕节县志·疆舆》，《中国地方志集成·贵州编》第49册，成都：巴蜀书社2006年版第217页。

贵州宣慰使安国亨大力推广先进耕作技术；在肥沃的水外地区，犁耕已占据了主导地位。①卫所的设置，驿路的整治，带动了驿道沿线商品经济的发展，府、州、卫治所及一些屯堡成为城镇。

继两汉之后，明代，汉族移民又一次大规模进入贵州"夷人"主要聚居地域。军屯官兵是最大的移民群体。贵州"夷人"主要聚居地域，计有赤水、毕节、乌撒、普安4卫，各卫兵员，赤水卫10307员，毕节卫6641员，乌撒卫9338员，普安卫30093员，合计56379员，亦即56379户、225516口。②加上民屯、商屯匠人等移民，当更为庞大。

相当数量的移民融入土著民族之中。以军屯移民论，"夷人"主要聚居地域赤水、毕节、乌撒、普安4卫屯田户口，明初为56379户、225000余口，至嘉靖年间不增反减，仅余14707户、55676口，③仅为原有户数之26%、口数之24.7%，流失惊人。流失的主要原因，在于为谋生而脱籍逃亡，间或为避罪逃亡；逃亡的去向为土司领地，从而逐步融入土著之中。通婚也是移民融入土著的原因之一。陈万殿，祖籍今安徽，平定云南后屯守今威宁。入清，8世孙陈倭，通诗书，设塾于今赫章县古达乡，就地娶"夷"女苏氏为妻，生子元夷，后徙今七星关区长春堡镇，继续设塾执教。子孙融入"夷人"，达百户，散居于今赫章、水城、纳雍等地。④吴良弼，祖籍今湖北，平定云南后为毕节卫后所百户，屯守二郎关（今贵州毕节、云南镇雄交界处）。入清，其后裔吴应庭娶安氏义妹李氏为妻，生4子，以长子吴尚元承继"夷人"族系，至今未改。⑤

8. 清前期

明末熹宗天启、思宗崇祯初年平定奢、安之乱后，明廷一度意欲改土归流，终因后金内逼、国力衰落而作罢，仅令其退回鸭池河以西，对其"水外六目"改土归流，置敷勇（治今修文）、镇西（治今清镇市卫城）2卫。清康熙年间，清廷以武力对水西、乌撒、郎岱土司改土归流，置1府、1直隶厅、3州、2厅、1县。1府，大定，治今大方，亲领今大方、纳雍。1直隶厅，普安，今盘县；革裁普安卫（治今盘县），其屯防地域并入。3州：平远州，今织金；黔西州，今黔西、金沙，治黔西；威宁州，今威宁、赫章，治威宁。均属大定府。2厅：大定府之水城，今六盘水市钟山区、水城县；安顺府之郎岱，今六枝郎岱。1县，毕节，今七星关区；革裁毕节、赤水2卫，以其屯

---

①参见杨昌儒等：《贵州民族关系的构建》，贵阳：贵州人民出版社2010年版第150页。
②参见［嘉靖］《贵州通志·兵防》，《中国地方志集成·贵州编》第1册，成都：巴蜀书社2006年版第306页。
③［嘉靖］《贵州通志·户口》，《中国地方志集成·贵州编》第1册，成都：巴蜀书社2006年版第283页。
④参见陈大章：《水塘山·陈氏族谱》（颍川郡），2005年水塘山印本第142、375页。
⑤参见吴学良：《黔滇川吴良弼家族及联支谱志》，毕节2009年印本第663-664页。

防地域置。① 贵州"夷人"主要聚居地域不再存在大、中土司；小土司势力进一步削弱。流官治理格局形成，结束了汉唐宋明郡国并存、土流并治的局面，大一统制度认同达于高峰。

清代前期，贵州"夷人"主要聚居地域田亩增加，铁犁牛耕全面普及；耐贫瘠、耐干旱、相对高产的包谷、马铃薯、红薯等作物传入土瘠、灌溉艰难的黔西北山区，大大提高了山区粮食产量，缓解了居民口食匮乏的矛盾。作为衣物之本的纺织业得到极大重视。大定府"丝织者几千人"；② 郎岱厅"城中纺织之声，已达通衢"。③ 铅业兴盛。贵州"岁出铅一千四百余万斤"；运销省外九百万斤。④ 其主要产地即大定府属之威宁州妈姑（今赫章妈姑镇）。地处黔铅出省、川盐入黔口岸的毕节，成为省内著名的商品集散中心之一，有来自湖广、江西、四川、福建、陕西的商户、富户所建会馆 12 座，与古州厅并立，为全省散州、散厅、县会馆数量之最。⑤

清代前期，周边汉族移民继续大批进入贵州"夷人"主要聚居地域，进而深入少数民族村寨，错处杂居。据乾隆年间贵州巡抚爱必达《黔南识略》及道光年间贵州布政使罗绕典《黔南职方纪略》载，进入少数民族村寨户数，大定府亲辖地 2885 户，威宁州 4502 户，平远州 422 户，黔西州 1019 户，毕节县 468 户，水城厅 752 户，安顺府郎岱厅 1558 户，普安直隶厅 824 户。合计 12430 户；以每户 4 口计，近 5 万口。大批汉民进入贵州"夷人"主要聚居地域，使民族人口结构发生了重大变化，汉族人口比例上升，少数民族人口比例下降。至清代前期，就整个"夷人"主要聚居地域而言，依然是土著民族多而汉族少，但大定府之黔西州、毕节县（今七星关区）等少量地域已处于汉多"夷"少之格局。⑥

三国时期，"夷人"先民君长妥阿哲被蜀汉封为罗甸王，此后世代承袭治理今大方为中心的黔西北地域；至于明清，演变为水西安氏，势力越过鸭池河，据有"水东六目"之地，达于省城，成为贵州"夷人"中影响最大的支系、贵州四大土司中势力最大的土司；贵州"夷人"主要聚居地域，基本处于其影响、掌控之下。历代"夷人"

---

① 以上参见《清史稿·地理志》，《二十五史》第 11 册，上海：上海古籍出版社、上海书店 1986 年版第 325、324 页。

② 转引自《贵州六百年经济史》编委会：《贵州六百年经济史》，贵阳：贵州人民出版社 1998 年版第 151 页。

③ [咸丰]《安顺府志·风俗》，《中国地方志集成·贵州编》第 41 册，成都：巴蜀书社 2006 年版第 196-197 页。

④《高宗纯皇帝实录》第 342 卷，《清实录》第 13 册，北京：中华书局 1985 年版第 735 页。

⑤ 参见[乾隆]《毕节县志·坛庙》，《中国地方志集成·贵州编》第 49 册，成都：巴蜀书社 2006 年版第 214 页；[同治]《毕节县志稿·秩祀志》，《中国地方志集成·贵州编》第 49 册，成都：巴蜀书社 2006 年版第 465 页；[光绪]《黎平府志·坛庙》，《中国地方志集成·贵州编》第 17 册，成都：巴蜀书社 2006 年版第 145-146 页。

⑥ 参见罗绕典：《黔南职方纪略》，《黔南识略·黔南职方纪略》，贵阳：贵州人民出版社 1992 年版第 294、301、302、300、283、296 页。

君长，大多与中央王朝保持着良好的关系，不对立、不分裂。三国时期，妥阿哲助蜀汉平定南中，认同蜀汉，尊崇、缅怀诸葛武侯。南宋末年，罗氏鬼国追随宋廷抗击蒙古，直到宋亡。明朝开国，水西君长霭翠归附；奢香袭职摄政，让道、供粮、献马，助明军平定云南。清初水西改土归流后，查《清实录》，贵州"夷人"主要聚居地域再未见动乱记载；甚至近代之初咸同各族大起事之时，贵州"夷人"亦基本未介入。

当然，长期处于某个大土司影响、掌控之下也有其负面影响，若大姓与朝廷反目，造成的祸害则甚为惨烈，明末播州之乱便是如此，奢安之乱亦然。明熹宗天启元年（1621年）至思宗崇祯元年（1628年），永宁（治今四川叙永）宣抚使奢崇明起兵反，水西土司安邦彦举兵响应。受其影响，乌撒土司安效良、水东土司宋万化亦跟进。战火蔓延全省，省城被困年余，粮尽，"乃生食人"。① 朝廷调动贵州、云南、四川、广西、湖广数省兵力，历时8年，始将战乱平息。

二、学校与科举

学校教育及科举考试，是儒学最重要的传播途径。贵州古代"夷人"主要聚居地域，西汉时期就兴起了理论儒学。其时，犍为郡鳖县（今黔西、大方一带）舍人作《尔雅注》，开儒家经典《尔雅》注释之先河。② 墓葬考古出土器物有不少汉字铭文。赫章可乐南夷墓出土印章有"敬事"二字。③ 敬者，勤也，谨也，为官行政勤勉而不懈息，修身处世谨慎而不放肆。敬是儒家的重要理念之一。不过，其后的一千多年，儒学寂然无闻。直至元代，始有普安路（治今盘县）儒学之设。

明代贵州建省，面貌为之一新。"夷人"主要聚居地域，计有贵州宣慰司1司学，乌撒1府学（时属四川），普安（治今盘县）1州学，毕节、赤水、乌撒、普安（附州学）等4卫学，小计官学7所；贵州宣慰司文明、正学、阳明、渔矶4书院，毕节卫青螺1书院，小计书院5座；社学14所。④ 合计官学、书院、社学26。科举取士，举人，贵州宣慰司240人，乌撒府2人，普安州及普安卫117人，毕节卫29人，赤水卫44人，乌撒卫37人，小计469人；进士，贵州宣慰司14人，普安州及普安卫11人，赤

---

① 《明史·李枟传》，《二十五史》第10册，上海：上海古籍出版社、上海书店1986年版第697页。
② 参见陆德明：《经典释文》，北京：中华书局1983年版第17页。
③ 参见李嘉琪：《赫章可乐2000年发掘报告》，北京：文物出版社2008年版第290页。
④ 参见［万历］《黔记·学校志》，《中国地方志集成·贵州编》第2册，成都：巴蜀书社2006年版第356、382、381、353、349、360、379页；《明实录·太宗实录》第191卷，中国台北1962年影印本第2014、2017页；［民国］《贵州通志·学校志选举志》，贵阳：贵州人民出版社2008年版第65页。

水卫4人，乌撒卫2人，小计31人。① 举人、进士合计500人。

　　清代前期，学校数量、科举中式人数大幅提升。学校计有大定1府学，普安1直隶厅学，威宁、平远、黔西3州学，水城、郎岱2厅学，毕节1县学，小计官学8所；大定府文龙、万松，普安直隶厅凤山、平远州平阳、黔西州文峰、狮山、威宁州凤山、水城厅凤池、郎岱厅岱山、爱莲、岩脚、毕节县青螺、鹤山、松山、曹伍、文峰、黎社、毕阳等书院18座；义学、社学34所。② 合计官学、书院、社学60，为明代之230.8%。科举中式人数，举人，大定府183人，普安直隶厅27人，威宁州75人，平远州117人，黔西州131人，水城厅1人，郎岱厅12人，毕节县199人，小计745人；进士，大定府15人，普安直隶厅7人，威宁州10人，平远州9人，黔西州9人，郎岱厅2人，毕节县28人，小计80人。③ 举人、进士合计825人，为明代之165%。

明代、清前期贵州"夷人"主要聚居地域学校设置、科举取士比较一览表

今地域	司府州县	治所今名	明代							清前期						
			学校设置				科举取士			学校设置				科举取士		
			官学	书院	社学	小计	进士	举人	合计	官学	书院	义学	小计	进士	举人	合计
毕节市及贵阳市部分	贵州宣慰司	贵阳	1	4	4	9	14	240	254							
	大定府	大方								1	2	11	14	15	183	198
	平远州	织金								1	1	6	8	9	117	126
	黔西州	黔西								1	2	9	12	9	131	140
	赤水卫	赤水河	1			1	4	44	48							
	毕节卫	七星关	1	1		2		29	29							

---

① 参见［民国］《贵州通志·学校志选举志》，贵阳：贵州人民出版社2008年版第239-486页；《贵州七百进士录》，贵州地方志网站，http://www.gzgov.gov.cn/gov_dfz；［道光］《贵阳府志》上册，贵阳：贵州人民出版社1985年版第405-518页；贵州省毕节市文体广电局编：《毕节历史名人荟萃》，2012年印本第113-175页。

② 参见［道光］《大定府志·学校》，《中国地方志集成·贵州编》第48册，成都：巴蜀书社2006年版第312、320、324、326-327、325、328-329页；［光绪］《普安直隶厅志·学校》，《中国地方志集成·贵州编》第14册，成都：巴蜀书社2006年版359、378-380页；［民国］《贵州通志·学校志选举志》，贵阳：贵州人民出版社2008年版第59页；［咸丰］《安顺府志·学校》，《中国地方志集成·贵州编》第41册，成都：巴蜀书社2006年版第264-265页。

③ 参见［民国］《贵州通志·学校志选举志》，贵阳：贵州人民出版社2008年版第239-486页；《贵州七百进士录》，贵州地方志网站，http://www.gzgov.gov.cn/gov.dfz；［道光］《贵阳府志》上册，贵阳：贵州人民出版社1985年版第405-518页；贵州省毕节市文体广电局编：《毕节历史名人荟萃》，2012年印本第113-175页。

续表

今地域	司府州县	治所今名	明代						清前期					
			学校设置				科举取士			学校设置				科举取士		
			官学	书院	社学	小计	进士	举人	合计	官学	书院	义学	小计	进士	举人	合计
	毕节县	七星关								1	7	1	9	28	199	227
	乌撒府	威宁	1		1	2			2							
	乌撒卫	威宁	1		1	2	37		39							
	威宁州	威宁								1	1	1	3	10	75	85
六盘水市	普安州	盘县	1		10	11	11	117	128							
	普安卫	盘县	1			1										
	普安直隶厅	盘县								1	1	4	6	7	27	34
	水城厅	钟山								1	1	1	3		1	1
	郎岱厅	六枝境								1	3	1	5	2	12	14
合计			7	5	14	26	31	469	500	8	18	34	60	80	745	825

明、清两朝，无不重视针对土著民族特别是土司子弟的儒学教育。受此熏染，贵州"夷人"土司、土目大多仰慕儒文化，重视子弟儒学教育，尤以水西土司为著；历代水西土司、贵州宣慰使不仅仰慕儒文化，而且具有一定的儒学修养。太祖洪武年间，奢香摄宣慰使职，聘用汉儒办理奏章文书。二十三年（1390年），遣子安的"朝京师，因请入太学。上谕国子监官善为训教，俾有成就"。二十五年（1392年），学成返乡，"上赐之三品服并锡衣、金带，白金三百两，钞五十锭"。[1] 英宗正统、代宗景泰、英宗天顺年间袭职的安陇富，"晓字义，事母孝，持家以俭，爱民如子。尝恶其土鄙陋，欲变之。又纂司志，修家谱"。[2] 贵州宣慰司学文庙"欞星门日就颓仆，庙廷殿址亦有塌然圮壤者"，安陇富"以赀力来助"，[3] 参与修复。安陇富子安观"继父志，述父事。凡居室、器物、衣服、饮食、婚姻、丧葬、取众、待宾、攘灾、捍患之事，颇依华夏之礼"。孙安贵荣"好读书史，通大义，设庠序以明礼义。旧染陋俗，寖变华风，用夏变

---

[1]［道光］《大定府志·水西安氏本末》，《中国地方志集成·贵州编》第48册，成都：巴蜀书社2006年版第687页。

[2]［嘉靖］《贵州通志·安氏家传序》，《中国地方志集成·贵州编》第1册，成都：巴蜀书社2006年版第474页。

[3]［万历］《黔记·学校志》，《中国地方志集成·贵州编》第2册，成都：巴蜀书社2006年版第356、357页。

夷之功，日见其盛"。① 武宗正德初年，王守仁贬谪龙场，安贵荣送去粮食、肉食，派人为之伐薪、担水，待之以"卿士大夫"之礼；② 请王守仁为其水西故地之象祠作《记》。③ 安贵荣从征香炉山（今贵州凯里境）有功，怨赏赐不够；④ 又欲上书朝廷，请废据其腹心之龙场九驿。⑤ 王守仁晓之以君臣大义，为之分析利弊得失。安贵荣信服，"事遂寝"⑥。明末万历年间，安疆臣承袭，修贵州宣慰司学尊经阁。⑦

明、清两代，贵州"夷人"主要聚居地域学校教育及科举较之前代大为发展。明太祖洪武二十五年（1392年），"置贵州宣慰司学，设教授一员，训导四员"。⑧ 就明代贵州区域而言，贵州宣慰司学是最早设立的土司儒学。宣慰司学而外，又有乌撒土府府学，而普安州学的前身为普安安抚司学；万历十九年（1591年），宣慰使安国亨在其水西故地建社学1所。⑨ 明廷规定，土司承袭子弟必须入官学习儒学，其余子弟亦可入学；愿入太学者还可保送入读。地方司学及府州县学均接受土著民族生员，"夷人"特别是其土司子弟受教育并取得功名之机会增多。宣宗宣德二年（1427年），"贵州布政司言：普安州儒学生员皆是罗罗、僰人"。⑩ 太祖洪武二十三年（1390年），摄贵州宣慰使奢香遣子安的"朝京师，因请入太学"。⑪ 同年，"云南乌撒军民府土官知府何能遣其弟忽山及罗罗生二人请入国子监读书。各赐钞锭"。⑫

入清，"夷人"不仅有本民族的生员、贡生，而且有了举人。陇树勋，黔西州人，"太学生，契默土目、宣抚司之裔也"。⑬ 余家驹，扯勒部后裔，毕节大屯土千总，贡生，著有《时园诗草》；父杨人端，儒林郎，能诗；子余珍，土千总，著有《四余诗草》；侄余昭，著有《叙永厅志考》《土司源流考》《大山诗草》；侄媳安履贞，女诗人，著有《园灵阁诗草》；孙余象议，生员；曾孙余若瑔，生员，著述宏富，有《邃悯雅堂

---

①［嘉靖］《贵州通志·安氏家传序》，《中国地方志集成·贵州编》第1册，成都：巴蜀书社2006年版第474页。
②《外集三》，《王阳明全集》第3册，杭州：浙江古籍出版社2010年版第839页。
③参见《外集五·象祠记》，《王阳明全集》第3册，杭州：浙江古籍出版社2010年版第936页。
④参见［道光］《大定府志·水西安氏本末》，《中国地方志集成·贵州编》第48册，成都：巴蜀书社2006年版第689页。
⑤参见《年谱一》，《王阳明全集》第4册，杭州：浙江古籍出版社2010年版第1234页。
⑥［道光］《大定府志·水西安氏本末》，《中国地方志集成·贵州编》第48册，成都：巴蜀书社2006年版第689页。
⑦［万历］《黔记·学校志》，《中国地方志集成·贵州编》第2册，成都：巴蜀书社2006年版第356、357页。
⑧参见《明实录·太祖实录》第222卷，中国台北1962年影印本第3284页。
⑨［万历］《黔记·学校志》，《中国地方志集成·贵州编》第2册，成都：巴蜀书社2006年版第360页。
⑩《明实录·宣宗实录》第28卷，中国台北1962年影印本第741页。
⑪［道光］《大定府志·水西安氏本末》，《中国地方志集成·贵州编》第48册，成都：巴蜀书社2006年版第687页。
⑫《明实录·太祖实录》第203卷，中国台北1962年影印本第3040页。
⑬［民国］《贵州通志·人物志》，贵阳：贵州人民出版社2001年版第519页。

诗集》。①大屯余氏家族成为清代贵州有影响的"夷人"文化家族。黄开元，大定府普康底（今大方县普底乡）人，播勒家后裔。原名开元，曾任水西宣慰司最高武官裀色。他仿汉姓而取黄姓，名黄开元；改普康底为黄家坝。康熙年间改土归流后，黄氏"偃武修文……规定'子弟当豫七岁便入乡塾学字学书，随其资质渐长有知识，便择端正师友将正经史严加训迪'"。黄恩永、黄道中"分别中嘉庆、道光举人，至于秀才、儒生更是代不乏人"。两位举人仿习汉俗，改革宗族内习俗、制度、族规，说汉话，习汉文；禁火化，行土葬；编《黄氏族谱》，建黄氏宗祠。②考：黄恩永，字慎修，道光五年（1825年）举人，《大方县普底乡红丰村调查》所云嘉庆年间有误。历官福建永春直隶州州同、署德化知县。"在任严辞贿赂，峻拒殡缘，平息争讼，爱士恤民"。黄道中，字元臣，咸丰七年（1857年）生员，九年（1859年）食廪，同治六年（1867年）举人，《大方县普底乡红丰村调查》所云道光年间中举有误。乡荐后，"从学者日益众。循循善诱，以宋学为经，汉学为纬，不规规以时艺擅长"。官麻哈州学正，主讲南皋书院，"课士勤慎……日与诸生向切劘，一时受裁者率多知名之士"。③安天爵，威宁州土目，雍正元年（1723年）武举。④开设家塾，教授乡童。子安中豫、安中咸均有文才；孙安履泰有诗集传世，孙女安履贞更是难得的女诗人。威宁州安氏家族成为清代贵州又一"夷人"文化家族。禄星，黔西州人，"奢氏之属也"，道光十一年（1831年）武举。"性恭谨和厚，家饶于财，以施济为务，族之贫乏者，罔不赈焉"。⑤

官学、书院、义学（社学）之下，是更多的私塾。对于汉文化程度相对较低的"夷人"子弟来说，更多的是进入私塾，学习基本的汉文化及儒学基础。明末，乌撒府土司陇彦设陇氏学馆，高薪礼聘吴国泰为塾师，授读子弟。吴国泰，明初毕节卫后所百户吴良弼6世孙，万历二十六年（1598年）贡生，"贯通经史子集"。陇氏学馆授徒5年，声名远扬。入清，毕节安氏土目礼聘吴良弼8世孙吴仕锦为塾师。吴仕锦虽无功名，然聪颖好学，文采彪炳。⑥威宁州妈姑天桥构飞土目之子就读汉儒陈註私塾，学业超群。为表谢意，土目特将一块荒坡地赠予陈註为坟山。陈註，明初乌撒卫军官陈万殿9世孙。⑦

---

① 参见母进炎：《黔西北文学史》上卷，贵阳：贵州大学出版社2011年版第312页。
② 翁家烈：《大方县普底乡红丰村调查》，《贵州六山六水民族调查资料选编·仡佬族屯堡人卷》，贵阳：贵州民族出版社2008年版第2页。
③ 以上见［民国］《贵州通志·人物志》，贵阳：贵州人民出版社2001年版第913、1059页。
④ 参见［民国］《贵州通志·学校志选举志》，贵阳：贵州人民出版社2008年版第441页。
⑤［民国］《贵州通志·人物志》，贵阳：贵州人民出版社2001年版第709页。
⑥ 参见吴学良：《黔滇川吴良弼家族及联支谱志》，毕节2009年印本第661、663页。
⑦ 参见陈大章：《水塘山·陈氏族谱》（颍川郡），2005年水塘山印本第376页。

三、儒文化在贵州古代"夷人"中的流播与民族认同

(一) 儒文化的流播

贵州古代,儒文化以宗教、典籍、文学作品、习俗等形式,在"夷人"土司土官、毕摩等上层社会流播,并进而向下层社会延伸。

古代贵州诸多民族中,除汉族外,"夷人"是少数民族中少有的、拥有本民族独立文字的民族。"夷人"文字有着悠久的历史;不仅有文字,而且有着丰富的、以本民族文字撰写的古籍。仅据贵州民族出版社 2010 年版陈乐基主编《中国少数民族古籍总目提要·贵州彝族卷》(毕节地区)所载,即达近 3000 种。作为古代贵州"夷人"主要聚居地域之一的今毕节市,在古代"夷人"的典籍编撰、保存中地位尤高。被誉引"夷"为彝族古代社会百科全书的《西南彝志》,成于清初水西摩史之手;代表性典籍如《彝族源流》抄本出自赫章毕摩之家,《六组源流》《彝族创世志》《彝族诗文论》等系乌撒古籍,《宇宙人文论》抄本出自大方。"夷人"典籍产生的时间,据《华阳国志》,东晋时南中汉人"虽学者亦半引夷经",[①] 则不会晚于东晋。贵州西部历史上建立过罗甸、罗殿、罗氏鬼国、自杞、乌撒等地方政权,这些政权延续长达一千多年。"由于政治上的相对稳定,推动了文化的发展。"[②] 悠久而丰富的古代典籍在记载本民族宗教、天文历法、历史、军事、文化、文学艺术、习俗的同时,也大量吸收儒文化、汉文化,反映出儒文化、汉文化的影响。相对发达的文化,使"夷人"对儒文化的吸收更具理论深度,更具系统性。

"夷人"宗教称毕摩教,神职人员称毕摩。毕摩地位很高,"第一位为君,第二位为臣,第三位为师",[③] 师即毕摩,排于君、臣之后。毕摩不仅是掌握经典、主持祭祀的祭师,而且是掌握文字及编写、讲授经、史的学者。"夷人"典籍中反映出的儒文化、汉文化影响,包含着毕摩教中儒文化、汉文化的影响。

毕摩经书及其他典籍,语言表现形式基本为诗句,其中又主要为五言句。以此而论,罗夷人古籍亦可称之为文学作品。

1. 重文化,重知识

《苏巨黎咪》:"有知识是第一,富有属第二。""修养有三等:书卷与功名,在大山顶上,属于有修养的人,属于有知识的人。盔甲武器,在大山中间,属于能征善战者。

[①] 常璩 撰,任乃强校注:《华阳国志校补图注》,上海:上海古籍出版社 1987 年版第 247 页。
[②] 参见《前言》第 3 页,《黔彝古籍举要》,贵阳:贵州民族出版社 2004 年版。
[③] 王子尧等:《夜郎史传》,成都:四川人民出版社 1998 年版第 47 页。

农活用具，在大山下面，属于农耕畜牧者。""外族的精明，注重取功名。彝人的精明，注重自在与希望。""天地之间，各种本领中，有知识为大……知识造就人，如苍天辽阔，如青松伟岸。"①《彝族创世史诗》："生存有四条：一条是读书，读书求知识，蠢人变明智。一条是种田，栽种做农活，饥饿有粮吃。一条做工匠……一条做生意"。②

2. 对儒家天地万物本原及其形成学说的吸收与借鉴

在《宇宙人文论》《西南彝志》《吐鲁窦吉》等典籍中，"夷人"思想家吸收、借鉴儒家太极、阴阳、理气、五行、八卦等学说，解释天地万物之本原及其形成。

第一，河图、洛书说。儒家关于天地万物本原及其形成的学说主要见于《易经》。关于《易经》的来源，《易经·系辞上》："河出图，洛出书，圣人则之。"③ 传说伏羲时，有龙马浮出黄河，背负河图；有神龟浮出洛水，背负洛书。伏羲依据河图、洛书，画出八卦；文王拘而"演《周易》"，④ 作卦辞、爻辞，《易经》由此而成。五代时，道士陈抟据"河出图，洛出书"之语造河图、洛书之图；北宋周敦颐著《太极图说》，录入河图、洛书之图；南宋朱熹著《易本义》，首列河图、洛书之图。⑤ 河图由黑、白二色圆点多层交错环列而成，洛书由黑、白二色圆点多层交错方列而成；白点代表阳，黑点代表阴；白点为奇数：1、3、5、7、9，黑点为偶数：2、4、6、8、10。阴阳、黑白、奇偶对立、交错、变化，演生天地万物，体现着宇宙之间万事万物矛盾运动的现象与规律。"夷人"典籍以音译法，将汉文河图、洛书译为"付拖""鲁素"。⑥ 其《宇宙人文论》的《总论两门的根生》《五生十成》《十生五成》等篇，记载了河图、洛书之图及有关河图、洛书象、数的解说；《吐鲁窦吉》的《十生五成》《五生十成》等篇，《西南彝志·天文志》的《论十二地支》《论天地的头尾》等篇亦有类似内容。⑦ 上述典籍解说河图、洛书为"五生十成""十生五成"："当那天气与地气喷喷熏熏地潮着的时候，天地之间出现着一个图形，这个图形，标志着金、木、水、火、土各自的主管方位。天数一变而生水，地数六就成水；水有源有流，向四方充溢浪漫。地数二化而生火，天数七相应成火；火种亮晶晶，火花遍大地，宛如天上明星。天数三变而生木，地数八相应成木；绿树枝叶茂盛，长遍山山岭岭。地数四化而生金，天数九相应成金；土内生金银，遍布中原各地。天数五变而生土，地数十相应成土；积土成山，到处是山。五行产生，人有根本，有生命力，会活动了……这'五生十成'，是天地间事物产

---

① 以上见王继超：《苏巨黎咪》，贵阳：贵州民族出版社1998年版第262、32、55、21页。
② 李八一等：《彝族创世史诗》，昆明：云南民族出版社1985年版第118页。
③《易经·系辞上》，《十三经注疏》上册，北京：中华书局1980年版第82页。
④《史记·太史公自序》，《二十五史》第1册，上海：上海古籍出版社、上海书店1986年版第359页。
⑤ 参见胡渭：《易图明辨》，《清经解续编》第1册，上海：上海书店1988年版第228页。
⑥ 参见王子国：《前言》第1、2页，《吐鲁窦吉》，贵阳：贵州民族出版社1998年版。
⑦ 参见罗国义等：《宇宙人文论》，北京：民族出版社1984年版第47-66页；王子国：《吐鲁窦吉》，贵阳：贵州民族出版社1998年版第69-76、229-235页；贵州民族研究所等：《西南彝志选》，贵阳：贵州民族出版社1982年版第428-433页。

生和发展的图形。二十五个白圈表示天，三十个黑点标明地。天数、地数共为五十五，以五十五个圆点来表示。天数、地数巩固、发展之后，各门各行的事物都按图形中标明的规律去发展变化，像河流那样运行不止"。洛书"也有个图形，表示天、地、人的形成和发展变化"；清、浊二气"充溢弥漫于天地之间，从宇宙八角归到中央，分列出九个方位，天气与地气一并产生，同时运转，日、月、星云都出现了，但还没有人类。于是通过'十生五成'的变化，人类出现了"。①

第二，五行说。《尚书》五行论："五行一曰水，二曰火，三曰土，四曰金，五曰木。"② 五行相生相克，火生土、土生金、金生水、水生木、木生火，水克火、火克金、金克木、木克土、土克水。《国语》："先王以土与金木水火杂，以成百物"。③ 五行代表构成世界万物的五种基本物质，相生相克反映五行彼此依存而又相互矛盾的关系。"夷人"思想家吸取五行学说，阐述宇宙万物的生成。《宇宙人文论》："随着清、浊二气起变动，从四方漫到中央，金、木、水、火、土门门产生，它们各有本源，各主一方；五行中的木，主管东方，是东方的司令；五行中的金，主管西方，是西方的司令；五行中的火，主管南方，是南方的司令；五行中的水，主管北方，是北方的司令；五行中的土，产生了宇宙，主管中央，是中央的司令。从此以后，五行主管的东西南北中不停地运转，亿万种会动的生命不断出现，逐渐繁衍，像春天的花朵，琳琅满目，这些就是五行运转的结果啊！"五行"金克木、木克土、土克水、水克火、火克金、金生水、水生木、木生火、火生土、土生金……相生相克，互相促进，互相制约，平衡发展，源远流长，就这样不断发展变化着呢"。人的生命同样来自五行："'五行'中的水，就是人的血。金就是人的骨，火是人的心，木是人的筋，土是人的肉。"④

第三，八卦说。《易经》有阳爻一、阴爻--两个最基本的符号；阳爻、阴爻或分别，或交错三重叠，组成乾、坤、震、巽、坎、离、艮、兑八卦，象征天、地、雷、风、水、火、山、泽八种自然现象或者物质。八卦中，乾、震、坎、艮四卦为阳卦，坤、巽、离、兑四卦为阴卦。八卦分为乾坤、震巽、坎离、艮兑等相对的四组，每组一阳一阴；奇数为阳，偶数为阴。八卦或分别，或交错相叠，组成六十四卦，如乾卦重叠仍称乾卦，坤卦、乾卦相叠称泰卦。阴阳八卦反映出儒家对于事物矛盾运动化生万物的认识。"夷人"思想家吸收、借鉴八卦学说，阐述宇宙万物的生成。《宇宙人文论》："清、浊二气游离于太空，清升浊降而形成天地。天生地成，日月运行，哎、哺产生又继续繁衍。这时宇宙的四方又起了变化，八方又随着形成"。此八方为"哎、哺、且、舍、亨、哈、鲁、朵"，即《易经》乾、坤、离、坎、兑、艮、震、巽八卦。八卦或象征八种人，或象征八方，或象征若干种物质。"哎为父，主管南方；哺为母，主管北

---

① 以上见罗国义等：《宇宙人文论》，北京：民族出版社1984年版第59-60、65-66页。
② 《尚书·洪范》，《十三经注疏》上册，北京：中华书局1980年版第188页。
③ 《郑语》，《国语》第16卷，济南：山东画报出版社2014年版第382页。
④ 以上见罗国义等：《宇宙人文论》，北京：民族出版社1984年版第33、84-85、95-96页。

第六章　儒文化在贵州古代少数民族中的流播与民族认同　◆　583

方；且为子，管东方；舍为女，管西方。宇宙四角起变化，变到东北方，由鲁子来管；变到西南方，由朵女来管；变到东南方，由亨子来管；变到西北方，由哈女来管。""乾、坤的子女……鲁是长男，朵是长女，且是中男，舍是中女，亨是少男，哈是少女。"① 所象征之物质，《宇宙人文论》为天、水、木、金、山、原，《西南彝志》为天、水、木、金、山、土、禾、石。②

第四，清、浊二气化生天地万物说。《春秋繁露》："天地之气，合而为一，分为阴阳，判为四时，列为五行。"③ 气或分阴、阳，或分清、浊。《二程集》："才禀于气，气有清、浊。禀其清者为贤，禀其浊者为愚。"④ 阴阳清浊二气变化流行，生成天地万物。"夷人"思想家借鉴清、浊二气说，阐述宇宙万物之生成。《西南彝志》谓，上古天地未形成之时，"只有啥和呃"，即清气和浊气。"啥清与呃浊，出现哎与哺"；"清气青幽幽，浊气红殷殷，清翻黑压压，浊变晴朗朗……哎哺影形成"。清、浊二气运动变化，产生天地之影与形。哎哺影形继续运动变化，产生天地万物及人："哎现出银天，哺现出金霞，它俩又相配，显出十五彩色，天空雏形成。天空形成了，又在变化呢。金影从而现，日月形象成。彩色十五种，照映于大地。接着又变化，三面显白影，日月眼目分，努娄哲来临。他心有智慧，他口讲天文"。⑤ 又谓："清气上升，浊气下降，形成了天地。天生于子，天反复变化，形成苍天；地生于丑，地反复变化，形成大地；人生于寅，哎与哺相交，哎与哺结合，人自然形成，有气有血，会动有命，会说会穿衣"。⑥

第五，太极、无极本原说。《易经》："《易》有太极，是生两仪。两仪生四象，四象生八卦。"⑦《太极图说》："无极而太极。太极动而生阳；动极而静，静而生阴。静极复动……二气交感，化生万物"。⑧ 太极为宇宙之总根源。太极无始无终、无边无际、无声无形、无大无小，故又称无极。太极动而生阴阳，阴阳相会，或成四时，或成五行，或成八卦；阴阳、五行、八卦化生万物，阴阳与五行凝合而成男女。"夷人"思想家吸取太极、无极说，阐述宇宙万物的生成。《宇宙人文论》："在天地产生之前，是大大的、空空虚虚的'无极'景象。先是一门起了变化，熏熏的清气、沉沉的浊气产生了。清浊二气相互接触……变成天线、地线，织天又织地，天地同时出现了。"天、地

---

① 以上见罗国义等：《宇宙人文论》，北京：民族出版社1984年第38、41页。
② 参见罗国义等：《宇宙人文论》，北京：民族出版社1984年第42页注3表一。
③ 董仲舒：《五行相生》，《春秋繁露》下册，北京：中华书局1975年版第457页。
④《河南程氏遗书》，《二程集》第1册，北京：中华书局1981年版第204页。
⑤ 以上见贵州省民族研究所等：《西南彝志选》，贵阳：贵州人民出版社1982年版第1、2页，第4页注3、注2。努娄哲，聪明睿智、学识渊博的先知。（参见贵州省民族研究所等：《西南彝志选》，贵阳：贵州人民出版社1982年版第4页注8）
⑥ 陈长友：《西南彝志》第5-6卷，贵阳：贵州民族出版社1992年版第6-8页。
⑦《易经·系辞上》，《十三经注疏》上册，北京：中华书局1980年版第82页。
⑧ 周敦颐：《太极图说》，《宋元学案》第1册，北京：中华书局1986年版第497-498页。

产生,"两者又相结合,'哎'和'哺'同时产生。哎就是乾,哺就是坤,它们主管天地间的一切。随着,银白色的乾和金黄色的坤又互相结合,产生了扎发髻的'哎'子和戴金勒的'哺'女,一切白生生、黄珍珍的事物产生了。天地间出现了四季的变化:冬天凝结着冰雪,春天吹拂着薰风,夏天普降着喜雨,秋天笼罩着雾雰"。①

3. 对儒家纲常伦理思想的吸收与借鉴

第一,忠君思想。《西南彝志》:"天地间君是君,臣是臣,布摩是布摩"。②《夜郎史传》:"凡是将帅卒,都要效忠君";"君令要遵守,对君无二心"。"所有男和女,都属君的民……凡是国中人,都得按令行。"③《苏巨黎咪》:"要顺从长者,君长和重臣,布摩三者是人杰,要忠于他们"。"布摩待君长,要尽职尽责。如腹中挂鼓,像待天地父母,如媳待公婆。"④

第二,"修德""施仁","君民一体"。《增订爨文丛刻·训书·治国论》记东汉光武帝年间水西先民、罗甸君长阿纪(勿阿纳)与其臣下伊佩徒忠义、什益咪阿佐一起议论治国安邦的故事。"君长要万世握权,(要遵循)从前密阿迭的《治国安邦经》去办。经文里讲道:后世的君臣,谁要掌好权令呢,(要坚守)君民一体的原则。没有仁圣之君,不能理好民事;没有贤良之民,不能守好君基。君主能施春露之恩,民奴就蒙受嘉禾之运。君主譬如人身的元首,民奴则是手足四肢,身首四肢不可分离;若是分离呢,人体就变成残废啦……用善政能治理好国土,施恩义可奠定基业。有贤明的人居官治理,恶人也会远避(而不敢触犯科律)。君权不巩固,修德就巩固了;君民不相悦,修德就相悦了。只有修德,才能使上天感应,远民归依。要诚心奉事耿纪,耿纪会降给你的福禄,各个方国都会归顺你……(当民奴们)苦难深重的时候,如溺于水中,如焚在火里,如何不施仁政呢……君长的国土,得靠民奴才治理得好;君长的权令,得靠民奴才执行得通。"⑤《苏巨黎咪》谓,布摩要忠于君长,君长则要善待布摩:"君长待布摩,首先给自由自在,其次给功名利禄,然后给发展机会。"对待黎民百姓,"要好言好语";"待民如待客,犹如母待子"。如此,"百姓就服服帖帖,(君长)就受众人拥护"。⑥

第三,孝敬思想。《彝族创世史诗》:"父母养儿女,操心又费力。婴儿出世前,母怀九个月。婴儿一落地,父亲忙端水,母把儿身洗。父亲用布包,母亲怀里抱。婴儿床上睡,母亲睡湿处,让儿睡干处。父母受饥饿,让儿女吃饱。父母受寒冷,让儿女

---

① 以上见罗国义等:《宇宙人文论》,北京:民族出版社1984年版第15-16、23页。
② 王运权等:《西南彝志》第1-2卷,贵阳:贵州民族出版社2004年版第186页。
③ 以上见王子尧等:《夜郎史传》第1卷,成都:四川人民出版社1998年版第69、62、55-56页。
④ 以上见王继超:《苏巨黎咪》,贵阳:贵州民族出版社1998年版第41-42页。
⑤ 马学良:《增订爨文丛刻》上册,成都:四川民族出版社1986年版第33页。
⑥ 以上见王继超:《苏巨黎咪》,贵阳:贵州民族出版社1998年版第47、249、203、76页。

穿暖。父母的恩情，儿女要牢记。父母到晚年，要好好孝敬。"①《益那悲歌》："常言说得好，'没有老人的教诲，青年就迷失方向，青年不把老人敬，自己老时无人敬'。"②《教育经典》："我壮莫嫌老，我活也要老"。③《彝族创世史诗》："道德有十种：能尊老爱幼，这是第一种；能孝敬父母，这是第二种"。④《西南彝志》："六祖的子孙，这样说得好，给祖先祭祀，不忘掉根本。"⑤《益那悲歌》："常言说的是：人母如我母，出门到外乡，见到别人的阿妈，思念自己的阿妈，发痒的嗓子，伸手挠不着，孝敬天边的阿妈，想到办不到，孝敬眼前的阿妈，动手能办到。"⑥《苏巨黎咪》："诚心顶敬祖宗，并作为信念；认真孝敬父母，并作为追求。赤子敬父母，面面俱到是第一，惟命是从是第二，通情达理是第三。"⑦《夜郎史传》："凡人须敬老。如有不孝子，对父若不孝，对母若不顺，绝不轻饶他，轻者则重罚，重者则剥皮。"⑧《苏巨黎咪》谓，不仅要孝敬父母，还要供奉、祭祀祖宗："布置列祖列宗神位，顶敬自家的祖宗，供奉自家的祖宗。理顺的宗谱，在祖祠之中，清洁的祖祠，为祖宗修建。"⑨《安布宜夫妇墓碑》：为人子者，"知祖谱第一，识仕宦第二，敬供祖宗、孝敬父母是第三"；"既敬供祖宗，又孝敬父母"。"真心敬祖宗，敬祖宗者发；诚意孝父母，有孝道者昌。""敬祖者长命，崇祖者高寿"。⑩《苏巨黎咪》言，供奉、祭祀祖宗，就要重视谱牒编撰："宗谱和政权，鄂莫氏先创……重视宗谱者，得到殊荣；重视谋略者，可发展壮大。""人生占三个条件，第一占宗谱，第二占权势，第三占婚姻。""布摩的重要使命，理顺宗谱为上。"世间最值得担心的3件事，"第一是祸患，第二是宗谱，第三是政令。"⑪

第四，仁义思想。《苏巨黎咪》："不仁者非人，堪与兽为伍；无义者非人，奸佞乱仁义。""恩惠得人心，位高威望大，社稷也巩固。"⑫

第五，诚信思想。《苏巨黎咪》："要讲忠诚，要重信义。""诚实的君长发号令，一人讲话，调动千人；诚实的臣子做决断，能拨乱反正；诚实的布摩祭祖，细竹可作钥匙……诚实者永存，如坚固的大岩不垮"。⑬

第六，和睦寨邻。《苏巨黎咪》："家庭和睦寨邻亲，寨邻和睦是第一，寨邻和睦地

---

① 李八一等：《彝族创世史诗》，昆明：云南民族出版社1985年版第121页。
② 阿洛兴德等：《益那悲歌》，贵阳：贵州民族出版社1997年版第102页。
③ 《教育经典》，转引自张建华：《彝族文化大观》，昆明：云南民族出版社1999年版第487页。
④ 李八一等：《彝族创世史诗》，昆明：云南民族出版社1985年版第123页。
⑤ 贵州省民族研究所等：《西南彝志选》，贵阳：贵州人民出版社1982年版第93页。
⑥ 阿洛兴德等：《益那悲歌》，贵阳：贵州民族出版社1997年版第109-110页。
⑦ 王继超：《苏巨黎咪》，贵阳：贵州民族出版社1998年版第17页。
⑧ 王子尧等：《夜郎史传》第1卷，成都：四川人民出版社1998年版第59页。
⑨ 王继超：《苏巨黎咪》，贵阳：贵州民族出版社1998年版第219-220页。
⑩ 以上见王继超等：《彝文金石图录》第3辑，成都：四川民族出版社2005年版第285页。
⑪ 以上见王继超：《苏巨黎咪》，贵阳：贵州民族出版社1998年版第5、50、24、216页。
⑫ 以上见王继超：《苏巨黎咪》，贵阳：贵州民族出版社1998年版第58、292页。
⑬ 以上见王继超：《苏巨黎咪》，贵阳：贵州民族出版社1998年版第12-13、104-105页。

方安宁，地方安宁是第一，地方安宁风气好，风气好似第一。"①

4. 社会有序思想

《苏巨黎咪》：君长的形象，"必须保持"；臣子的职责，"必须尽到"；布摩的职责，"必须尽到"；工匠的职责，"必须尽到"。"贤君发号令……贤臣做决断……贤布摩祭祖"。"子不听从父，弟不听从兄，妻不听从夫，主替奴说话，主信奴的话，斤斤计较，见利忘义……则众叛亲离"。政权要稳固，社会必须"有秩序"，有序运行。君长要有君长的形象，臣子、布摩、工匠必须各尽其职，父子、兄弟、夫妇必须各守名分，否则就会"众叛亲离"，社会失序，政权离析。"家有好传统，而子孙不贤，门风日下者，好比一条船，在河中沉没……一日混乱，千日理不顺。"②

5. 勤俭思想

《彝族民间文学资料》："富贵由命是假，勤劳致富是真"；"行动有三分，坐吃如山崩"。③《彝族创世史诗》："种田的农夫，耕作要劳苦。晚睡要早起，干活要出力。穷富由天定，饥饱随自己。人穷志不穷，勤奋来耕种。人不哄地皮，地不哄肚皮。闲时不偷懒，忙时多流汗。精耕又细作，不愁仓无粮。五谷大丰收，吃穿不用愁。"④《苏巨黎咪》："勤俭持家有方，样样财富都是自己的。""吃粮要节约，穿衣要俭省，若非好坏掺着吃，难度过一年。若非新旧换着穿，难度过一生。"⑤

6. 习俗中的儒家思想

第一，婚姻须有媒妁之言。《增订爨文丛刻·训书·婚姻歌》："一朵一朵花，太阳一朵花；二朵二朵花，月亮二朵花……没有星星作媒证，太阳月亮配不成。""一朵一朵花，男儿一朵花；二朵二朵花，女子二朵花……没有媒人来作证，青年男女怎成双？"⑥"夷"文典籍《水西地理城池考》："德布氏和德施氏联姻，须以诺亨作媒。德布氏允口，德施氏就娶亲……德布、德施、诺亨，这三性人，大的是德布氏，其次是德施氏，小的是诺亨氏。"⑦

第二，变火葬为土葬。儒家以为："身体发肤，受之父母，不敢毁伤。孝之始也。"⑧因而视土葬为孝道，对"夷人"的传统火葬甚不以为然。明代禁止火葬、水葬，规定："将尸烧化及弃置水中者，杖一百"。⑨清代更甚。道光年间，大定府告示严禁火

---

①王继超：《苏巨黎咪》，贵阳：贵州民族出版社1998年版第87页。
②以上见王继超：《苏巨黎咪》，贵阳：贵州民族出版社1998年版第1、5、9-10、2、7页。
③《彝族民间文学资料》第1辑，赫章县民委1988年汇编本第204页。
④李八一等：《彝族创世史诗》，昆明：云南民族出版社1985年版第118页。
⑤以上见王继超：《苏巨黎咪》，贵阳：贵州民族出版社1998年版第32、205页。
⑥马学良：《增订爨文丛刻》上册，成都：四川民族出版社1986年版第41页。
⑦贵州省毕节专署民委会老彝文翻译组：《水西地理城池考》，1966年印本，不分页。
⑧《孝经·开宗明义章》，《十三经注疏》下册，北京：中华书局1980年版第2545页。
⑨怀效锋点校：《大明律》，北京：法律出版社1999年版第96页。

葬："夷民恶俗，有焚骸火葬之事，屡经前府出示严禁，如敢再犯，从重治罪"。① 受汉族习俗影响及官府之倡导乃至强制推行，"夷人"葬俗从明代开始改变，清代最终废止，土葬广泛推行。

（二）共同文化心理之初始形成与民族认同

贵州古代诸多少数民族中，"夷人"对儒文化的吸纳、借鉴最为深刻、全面。从婚娶丧葬、节庆祀典习俗中的忠君爱国、孝亲敬祖、团圆和谐理念，到崇尚文化、忠君孝父、仁义诚信、重农勤耕等基本信条，乃至太极无极、五行八卦、清浊二气等关于天地万物本原及其形成的学说，均有吸纳、借鉴。

儒文化在"夷人"中的流播，促进了"夷"、汉共同文化心理的初步形成。《后汉书》载，东汉明帝永平年间（58—75年），益州刺史朱辅"宣示汉德，威怀远夷"。白狼王唐菆等"慕化归义，作诗三章"，颂扬大汉之圣德与富足，表达"慕义向化"之意。刺史"译其辞语……上其乐诗"。诗文汉意："大汉是治，与天意合。吏译平端，不从我来。闻风向化，所见奇异。多赐缯布，甘美酒食……蛮夷贫薄，无所报嗣，愿主长寿，子孙昌炽……蛮夷所处，日入之部，慕义向化，归日出主。圣德深恩，与人富贵……涉历危险，不远万里。去俗归德，心归慈母……吏译传风，大汉安乐。携负归仁，触冒险陕……父子同赐，怀抱匹帛。传告种人，长愿臣仆。"② 据丁文江考证推测，白狼王等所献之诗，其文字即"是罗罗文的前身"。③ 换言之，诗的作者当为"夷人"先民。这说明，早在汉代，"夷"、汉之间的书面文化交流、儒文化交流及认同就开始了。《华阳国志》载，东晋时，南中汉人"虽学者亦半引夷经"。④ 不仅"夷人"先民认同汉文化、儒文化，汉族也认同"夷人"文化。明万历年间，贵州巡抚江东之、云南按察副使许一德、刑部刑科给事中陈尚象等修纂《贵州通志》，于《艺文志》专列《夷字演》，收录"夷"字及对应之汉字："圣训：孝顺父母，尊敬长上，和睦乡里，教训子孙，各安生理，毋作非为。歌章：天地君亲，为大兄弟；手足之亲，孝乃人之；百行忠在，人之本心。士农工商，各居其业；礼义廉耻，切著胸襟。子能孝父，变冬为春；臣若忠君，瑞气盈门；忠孝两尽，万古留名。夫妻和睦，家事必成；弟兄友爱，万事和平。龙逢比干，忠烈直臣；管仲鲍子，不愿分金。田氏睦族，树发紫荆；鉴古来往，是道长存。纲常以正，日月洞明。乾坤清泰，宇宙光亨。乃作霖雨，又可调羹。君臣庆会，龙虎相迎。万世永赖，忠孝是存。"⑤ 透过这篇充溢着儒学及儒家思想精髓

---

① 《大定府志·文征》，《中国地方志集成·贵州编》第49册，成都：巴蜀书社2006年版第37页。
② 以上见《后汉书·西南夷传》，《二十五史》第2册，上海：上海古籍出版社、上海书店1986年版第291、292页。
③ 丁文江：《自序》第7页，《爨文丛刻》，贵阳：贵州大学出版社2011年版。
④ 常璩 撰，任乃强校注：《华阳国志校补图注》，上海：上海古籍出版社1987年版第247页。
⑤ [万历]《贵州通志》第24卷，北京：书目文献出版社1991年版第647页。

的短文，人们不难发现，其一，汉族认可了"夷人"文字、"夷人"文化，将"夷人"文字收入了官修志书。至清代，这种趋势更为明显，官修方志多有少数民族文字、语言词汇专篇。其二，"夷人"认可、吸纳了儒文化，儒学中表述忠、孝、敬、和、礼、义、廉、耻等基本理念的字词，在"夷人"文字中都有对应的字词。《夷字演》成为明代"夷"、汉文化交流、认同的典范。

明清两代，"夷人"铸钟、刻碑立石，铭文、碑文同时用"夷"、汉两种文字，成为习尚。如明英宗正统年间《通贵州至乌撒驿道记功碑》（今赫章境），宪宗成化年间《成化钟铭文》（存今大方），世宗嘉靖年间《新修千岁衢碑记》（今大方境），《卷洞门岩刻》（今织金境），《宣慰岩石刻》（今织金境），神宗万历年间《水西大渡河建桥碑》（今大方、黔西交界处）；如清乾隆年间《长寿桥碑》（今大方境），《何家桥碑》（今大方境），《扯壋箐碑记》（今纳雍境），《李氏墓碑》（今七星关区境），《龙氏墓碑》（今七星关区境），《李氏墓碑》（今黔西境），《安定国墓碑》（今纳雍境），《安氏墓碑》（今七星关区境），《安四斤墓碑》（今纳雍境），《李妮脚夫妇墓碑》（今纳雍境），《杨婆足墓碑》（今七星关区境），《杨飞禄墓碑》（今七星关区境），《杨崇圣夫妇墓碑》（今七星关区境），《范门龙氏墓碑》（今七星关区境），《陈母娄濮帕墓碑》（今七星关区境），《陈仕明墓碑》（今七星关区境），《安思贤墓碑》（今赫章境），《安国佐墓碑》（今赫章境），《安部搓墓碑》（今赫章境），《杨者杂墓碑》（今赫章境），《孤耳岩碑》（今赫章境），《安氏笃斗鲁墓碑》（今赫章境），《古达安氏夫妇墓碑》（今赫章境），《安母苏藏墓碑》（今赫章境），《安母苏博墓碑》（今赫章境），嘉庆年间《杨廷栋墓碑》（今七星关区境），《杨溪达夫妇墓碑》（今七星关区境），《米亥墓碑》（今织金境），《苏万荣夫妇修路碑》（今纳雍姑开至赫章古达古道旁），《李氏建墓碑记》（今七星关区境），《杨维才墓碑》（今七星关区境），《杨成章墓碑》（今七星关区境），《李诺备墓碑》（今七星关区境），《爵布墓碑》（今纳雍境），《安捕局墓碑》（今赫章境），《安母硕土墓碑》（今赫章境），《安沙普墓碑》（今赫章境），《安肥着墓碑》（今赫章境），《安阿娘墓碑》（今赫章境），《安仕元墓碑》（今赫章境），道光年间《总机氏墓碑》（今大方境），《柯毓秀碑》（今赫章境），《柯母菊约碑》（今赫章境）。① 上述近50处"夷"文、汉文并存的碑文、铭文中，数量最多的是墓碑碑文，达39处。大量存在的墓碑及其碑文，反映出明清特别是清代前期"夷人"对汉文化、儒文化的认同。其一，土葬流行，取代了火葬。其二，两种文字并存，汉文获得普遍认同。其三，孝道观念、为善德行得到普遍认同。《安母硕土墓碑》（今赫章境）："所有的情，不如父母的情"。② 《安四斤墓碑》（今纳雍境），碑文："教育人……行善积德"，"孝敬父母"。③ 《安母苏博墓碑》（今赫章境）：

---

① 以上参见罗正仁等：《彝文金石图录》第1、2辑，成都：四川民族出版社1989、1994年版；《彝文金石图录》第3辑，成都：四川民族出版社2005年版。
② 王继超等：《彝文金石图录》第3辑，成都：四川民族出版社2005年版第162页。
③ 罗正仁等：《彝文金石图录》第2辑，成都：四川民族出版社1994年版第52页。

"孝子的义务,是孝敬祖宗,孝敬父母。无论是在外,还是在家中,要留好名声,积上千功德,无一日废止。把父母侍奉,到寿足善终,逝世升天去……生死都要有居所,生前死后孝敬同。"①

共同文化心理的初始形成增进推动了民族之间的认同。"夷人"以为,"夷人"与汉族虽有民族的区异,但都同根同源,本属一家。"夷"文《水西地理城池考》:"彝是彝,汉是汉,仡是仡,僚是僚,还有濮古和白汉人,都是同源的。后来如柑分枝,一户分十户,十户分百户,百户分千户,千户分万户,就这样分开了。"② "彝也不攻汉,汉也不克彝";③ "彝汉交错同住,如天仙样和蔼发展"。④

明清两代,随着儒文化传播速度的加快及民族交往的增多,"夷人"特别是其上层汉文化、儒文化修养大幅提升,民族认同度也显著提升。明代乌撒土司子弟禄旧,太祖洪武年间入太学研习汉文,精通彝、汉两种文字。宣宗宣德、英宗正统年间袭职土知府时期,忠于朝廷,效法汉人,重视文教,兴修驿道。正统三年(1438年),今七星关市七星关至赫章后河段驿道竣工,禄旧赴现场巡视,撰写记功文(《通贵州至乌撒驿道记功碑》),以"夷"、汉两种文字刻于摩崖。其文谓:"帮助皇帝治理边疆,彝家向来以贤德为根本,心向着皇城,为皇帝的事着想。" "汉族中的大丈夫,以通达宇宙天地为志向,长期积善行德也就聪慧,灵巧有如太阳的光线,有心把天际探索,成为掌握天文的智者。彝族中的能人,要求彝人讲道理,修筑永久性的驿道,拉近与史溢的距离而长见识……在不停运转的天地间,把书来读,为追求人生功名,增添生命的乐趣。大地的生存是艰难的,光阴的流逝很快,借鉴汉族的人生观念,像高山屹立于大地。"乌撒"土地贫瘠,为之忧虑……地方偏僻边远,崇山峻岭阻碍交通";"开通长途驿道,也就踏上繁荣之路"。⑤ 乌撒而外,世袭任职贵州宣慰使的历代水西土司尤为著。明初,蔼翠归附,太祖朱元璋赞其"真是忠臣……封官坐贵州城"。⑥ 奢香摄政,聘用汉儒,送子安的入太学。⑦ 贵州都指挥使马煜欲激变水西,为太祖朱元璋惩治。奢香"向洪武奏道:阿哲地方,我能作主,纳土归附皇帝,我来开驿道,军粮租赋,交给皇帝。洪武皇帝说:这君长真是忠臣,仍赐宣慰之职"。⑧ 安的太学学成返乡,后袭宣慰使职,多次遣使入贡。英宗正统、代宗景泰、英宗天顺年间,安陇富袭职,"晓字义,

---

① 王继超等:《彝文金石图录》第3辑,成都:四川民族出版社2005年版第132页。
② 贵州省毕节专署民委会老彝文翻译组:《水西地理城池考》,1966年印本,不分页。
③ 贵州省毕节专署民委会老彝文翻译组:《水西地理城池考》,1966年印本,不分页。
④《西南彝志》,转引自王鸿儒:《夜郎文化史》,贵阳:贵州人民出版社2009年版第433页。
⑤ 以上见王继超等:《彝文金石图录》第3辑,成都:四川民族出版社2005年版第17、32、31-32页。
⑥ 陈长友:《西南彝志》第7-8卷,贵阳:贵州民族出版社1994年版第316页。
⑦ 参见[道光]《大定府志·水西安氏本末》,《中国地方志集成·贵州编》第48册,成都:巴蜀书社2006年版第687页。
⑧ 陈长友:《西南彝志》第7-8卷,贵阳:贵州民族出版社1994年版第319页。

事母孝，持家以俭，爱民如子……又纂司志，修家谱"；① 参与修复宣慰司学文庙。安陇富子安观"继父志，述父事……颇依华夏之礼"。孙安贵荣"好读书史，通大义，设庠序以明礼义"。② 嘉靖年间，安万诠袭职，"敬贤乐善，节用爱民，百废俱兴。忠孝仁让之美，闻于朝廷，显于制诰。"③ 捐资开山辟岭，削岩凿石，修境内衢道。万历年间袭职的安国亨，汉文修养很高，还是有名的书法家。水西土目安邦及其母阿格（芒部禄氏。芒部，今镇雄）捐资建大渡河石桥。桥成，立碑为记。碑文一面为"夷"文，一面为汉文。汉文碑记即为安国亨所撰。碑文谓："是举也，上以弼于不逮，可以观忠；下以济仁病涉，可以观仁；远以扬祖烈而□以照来世，可以观孝与慈，一举而众美具焉。邦与其母，真贤孝者也。"④ 稍晚，安疆臣承袭，修贵州宣慰司学尊经阁。⑤ 水西安氏一门，"世代顺天命，极其兴盛的，人烟也稠密，封爵掌了权，勃勃地发展，享有大威荣，子孙相继传"。⑥

贵州古代"夷人"儒文化与民族认同有着诸多特点。其一，贵州古代"夷人"是贵州少数民族中少有的、拥有本民族成熟文字的民族。不仅文字成熟、历史悠久，而且有着丰富的民族古籍。悠久而成熟的文本文化，使其对儒文化的接纳、借鉴最具理论深度，最具系统性。其二，文字的出现是民族进入文明社会的重要标识，"夷人"社会的成熟程度也因此而一度居于古代贵州其他少数民族之上。相较于"夷人"，侗人、苗人主要聚居地域直至近代仍有相当部分处于原始社会末期。仡佬先民濮人虽然至迟在战国晚期即已建立了夜郎国，但在西汉末年便已衰落；而按照"夷人"文典的观点，夜郎国的建立者也是"夷人"。"夷人"社会不仅成熟，而且比较稳定。早在三国时期，水西先祖妥阿哲就建立了自己的民族国家——罗甸国，其后世代世袭治理；至于两宋，演变为罗氏鬼国；元代成为中央政权下的土司政权，仍由妥阿哲后裔世袭治理；明代继之，势力达于省城，成为明代贵州四大土司中势力最大的土司、古代贵州"夷人"各家支中影响最大的土司政权；清初继之，直至康熙年间改土归流。前后延续1400余年。水西妥阿哲部而外，播勒部罗殿国、布部乌撒家，亦世代世袭，长期延续。政权的长期延续性及稳定性，增强了"夷人"民族的凝聚力、向心力，为"夷人"民族文化的发展及"夷"、汉文化交流创造了良好的环境。其三，"夷人"社会不仅具有长期延续性及稳定性，而且有着与汉族友好相处的悠久历史。早在三国时期，水西先民妥阿哲即追随蜀汉王朝，稳定南中局势，与蜀汉小一统王朝保持良好关系，对诸葛武侯

---

① [嘉靖]《贵州通志·安氏家传序》，《中国地方志集成·贵州编》第1册，成都：巴蜀书社2006年版第474页。
② [嘉靖]《贵州通志·安氏家传序》，《中国地方志集成·贵州编》第1册，成都：巴蜀书社2006年版第474页。
③ 《大定县志·道路条》，转引自陈世鹏：《黔彝古籍举要》，贵阳：贵州民族出版社2004年版137页。
④ 马学良：《增订爨文丛刻》上册，成都：四川民族出版社1986年版第197-199页。
⑤ [万历]《黔记·学校志》，《中国地方志集成·贵州编》第2册，成都：巴蜀书社2006年版第356页。
⑥ 贵州省民族研究所等：《西南彝志选》，贵阳：贵州人民出版社1982年版第312页。

充满崇敬、缅怀之情；这一传统得以世代延续，与历代中原王朝关系友好，积极吸纳、借鉴汉文化、儒文化。明清两代，这一趋势进一步加强，"夷人"民族特别是其上层，进学校，入科场，不少人具有很好的汉文化修养，作文吟诗，全然一派儒者气象。其四，政权的长期延续性及稳定性、巨大的民族凝聚力及向心力，使得"夷人"在积极吸纳儒文化、高度认同汉民族的同时，又较好地保持着本民族的特色。与仲家社会不同，仲家社会上层多系"夷化"了的外来汉族富户、官兵；"夷人"上层则始终系本民族人物，且系本民族中某一家支，世代相袭，自行为治。与黔东北、黔北土人、仡佬也不同，黔东北、黔北土人、仡佬在深度吸纳、认同儒文化之后，自身也高度汉化了；"夷人"则在深度吸纳儒文化、高度认同汉民族的同时，又始终保持着民族自身特色。其五，"夷人"社会的长期延续性及稳定性，使其在历史上的绝大多数时期与中央王朝友好相处，高度认同汉民族。然而，一旦关系破裂，造成的祸害却又极其惨烈，明末奢安之乱即是。社会的长期延续性及稳定性，却又成为"夷人"社会发展的某种羁绊，成为推动民族认同的某种羁绊。贵州宣慰司是古代贵州四大土司中最后一个改土归流的宣慰司；宣慰司废弃了，其下的土目依旧，"夷人"乡村社会长期停留在封建领主制水平。一言以蔽之，贵州古代"夷人"社会长期延续，较为稳定，对儒文化的吸纳、借鉴最具理论深度，最具系统性，与汉民族的交往历史悠久，认同度较高；同时又较为完整地保留着本民族的文化特色。

第五节 贵州古代少数民族儒文化流播与民族认同特点

一、流官治理格局最终形成，大一统制度认同达于高峰

贵州古代仲家、侗人、苗人、土人、仡佬、"夷人"等少数民族主要聚居地域，从秦汉开始，历经两千来年，从两汉郡国并存并治，唐宋经制州、羁縻州、封国并存并治到元代土司一统天下，再到明代土流并治，至清代前期，府、州、厅、县设置基本覆盖今县级以上行政区划，最终实现了总体上的流官治理格局，制度儒学的发展及大一统制度认同达于高峰。其间，既有大一统郡县制的逐步推进，亦有对土著民族王国制、番落制、领主世袭制的接纳与封国制、番落制、土司制改造；郡县制区域不断扩大，封国制、土司制领域不断缩小，最终形成了总体上的流官治理格局，实现了郡县

制认同，实现了郡县制基础上的大一统制度认同。定番州（今惠水）土官后裔《黄氏宗谱》谓，谱书"编年必书君，首月必书帝者，何也？盖明大法大一统也"；"某朝某国号几年，某春是帝几月，乃出大法，戴天王，正人伦，大一统"。① 镇宁州土司《韦氏谱序》："四海率土莫非王臣。"② 仲家乡规碑（今册亨坝江乡境）："虽属壤地偏小，亦皆莫非皇土。"③ 大一统认同带来了少数民族聚居地域社会的巨大进步，并为少数民族地域社会政治、经济、文化水准的进一步提升创造了必不可少的制度前提。尽管在流官治理格局形成过程中存在种种负面效应，但正面效应是主要的。

二、"创道德之涂，垂仁义之统"：构建大一统之合法性基础

大一统认同的基础是民心，是仁民爱民惠民。历代王朝，包括元、清在内，无不明白这个道理。汉代开发夜郎，"创道德之涂，垂仁义之统"；"存抚天下，辑安中国"。④ 坚持和平用兵；不得已而用兵，亦坚持仁至义尽，争取诸多君长、民庶之拥护。蜀汉君臣"仁覆积德"，⑤ "和""抚"夷越；⑥ 屡擒屡纵，行仁义之兵；任用"夷帅"，自行为治，赢得了各民族的久远感怀、认同，"行法严而国人悦服，用民尽其力而下不怨"。⑦ 唐太宗李世民"专以仁义诚信为治"，⑧ 对于"四夷"，"爱之如一"。⑨ 边地土著，无不仰慕诚服；今贵州土著民族，竞相认同唐王朝，纳土附籍。宋廷以为，"远人不服，则修文德以来之"。⑩ 数百年间，今贵州几乎全境，土著民族一如既往，向往中原，向往统一，朝贡频频，归附纷纷，认同宋王朝。元朝虽系蒙古族所建，但亦认识到："虽在征伐之间，每存仁爱之念，博施济众，实可为天下主"；⑪ "儒者之道，君仁

---

① 《黄氏宗谱》，《民族研究参考资料》第19集，贵阳：贵州省民族研究所1983年印本第12、14页。
② 《韦氏谱序》，《民族研究参考资料》第19集，贵阳：贵州省民族研究所1983年印本第42页。
③ 《册亨坝江乡规碑》，《黔西南布依族清代乡规民约碑文选》，1986年印本第71-72页。
④ 《史记·司马相如传》，《二十五史》第1册，上海：上海古籍出版社、上海书店1986年版第333、334页。
⑤ 《三国志·蜀书·先主传》，《二十五史》第2册，上海：上海古籍出版社、上海书店1986年版第106、108页。
⑥ 参见《三国志·蜀书·诸葛亮传》，《二十五史》第2册，上海：上海古籍出版社、上海书店1986年版第110页。
⑦ 《三国志·蜀书·诸葛亮传》注引袁子，《二十五史》第2册，上海：上海古籍出版社、上海书店1986年版第113页。
⑧ 吴兢 撰，杨宝玉编著：《贞观政要》，上海：上海古籍出版社1978年版第163页。
⑨ 司马光：《资治通鉴》第13册，北京：中华书局1956年版第647页。
⑩ 《传十五·土司传上》，[道光]《贵阳府志》下册，贵阳：贵州人民出版社1985年版第1584页。
⑪ 《元史·世祖本纪》，《二十五史》第9册，上海：上海古籍出版社、上海书店1986年版第13页。

臣忠，父慈子孝，从之则人伦咸得，国家咸治，违之则乱尔"。①《明史纪事本末》："有德易以王，无德易以亡。盖古者贤明之主，在德不在险也。夫中国之得地险者，宜无过巴蜀……而自古及今，败亡相继，俘絷人臣，罕有全者，则蜀之地险，固不足恃也。"②康熙帝谓："帝王治天下，自有本原，不专恃险阻……守国之道，惟在修德安民。民心悦，则邦本得而边境自固"；③"性善仁义之旨，著名于天下……道统在是，治统亦在是矣"。④只因长期内战、屡屡劝谕无效，明廷始对思州、思南改土归流；宣慰司取消了，下属长官司仍悉数保留，时机成熟后始渐次革除。明末播州改土归流，缘起杨应龙之乱。稍晚奢安之乱，祸害空前，只是由于明王朝的衰落，水西改土归流始延至清初；宣慰司取消了，其下土目仍悉数保留，时机成熟后始渐次革除。苗疆平定后，"诏尽豁新疆钱粮，永不征收"；⑤奖励开垦，推行牛耕，兴修水利，精耕细作，疏通河道，改善民生。至大之德，仁也；至大之政，仁政也。仁民爱民，养民安民，大一统即有其合法性之基础，王朝即有其长治久安之根本。

生存资源和空间的争夺，民族上层或公或私的考量，文化、习俗的差异，都使得民族之间的矛盾、纷争乃至战争成为一种必然。要化解这种纠结，必须有高度的智慧和襟怀。贵州古代民族认同的历史经验证明，贵州各民族和平相处，贵州各民族与中原民族和平相处，大一统政治得以在贵州实现，其根本因素在于践行儒家的仁义爱民政策。儒家的仁义爱民理念，是化解民族纷争的智慧和襟怀，即使在不得不使用武力的时候，也依然如此。

三、汉民大量进入，"夷"汉交错杂处，交往交流，认同感增强

古代贵州少数民族主要聚居地域，汉民不断大量进入。其一，汉代，朝廷开发夜郎，招募三蜀大姓"田南夷"，数十万汉民进入仡佬及"夷人"先民聚居的今黔西北，仲家先民聚居的今六盘水、黔西南、黔中安顺市南部、黔南南部。其二，五代十国时期楚国将士平定南宁（今惠水）并留守，成为黔西南历史上的一次汉族大移民。其三，明廷在今贵州地域设置26卫2直隶千户所，屯田戍边，将士及其家属达80万之众。其中，侗人、苗人主要聚居的今黔东南、黔东北之东南有五开（治今黎平）、铜鼓（治今锦屏境）、镇远（治今镇远）、偏桥（治今施秉）、兴隆（治今黄平）、清平（治今凯里

---

① 孙承泽：《元朝典故编年考》，《四库全书》第645册，上海：上海古籍出版社1989年版第828页。
② 谷应泰：《明史纪事本末》第11卷，北京：中华书局1977年版第161页。
③《圣祖仁皇帝实录》第151卷，《清实录》第4册，北京：中华书局1985年版第678页。
④《圣祖仁皇帝实录》第70卷，《清实录》第4册，北京：中华书局1985年版第899页。
⑤ 魏源：《圣武记》，《魏源全集》第3册，长沙：岳麓书社2004年版第291页。

境)、清浪（治今镇远境)、平溪（治今玉屏）等8卫，黄平1直隶千户所（治今黄平境)，仲家主要聚居的今黔西南、黔中安顺市南部、黔南南部有安南（治今晴隆)、安庄（治今镇宁)、都匀等3卫，"夷人"主要聚居的今毕节市、六盘水市有赤水（治今七星关区境)、毕节（治今七星关区)、乌撒（治今威宁)、普安（治今盘县）等4卫。以上计15卫1直隶千户所，将士132496人亦即132496户，如按每户4口计，当为近53万。加上民屯、商屯汉民，移民当是一个更大的数字。其四，清代前期，川、湖等周边乃至赣、粤等省汉民，因逃荒、避祸等，继续大批进入贵州。据道光年间贵州布政使罗绕典《黔南职方纪略》一书载，清代前期，仅进入贵州少数民族聚居村寨的汉民，仲家主要聚居地域的今黔西南、安顺市南部、黔南南部即有30930户，侗人、苗人主要聚居地域的今黔东南、黔东北之东南有15381户，土人、仡佬主要聚居地域的今黔东北、黔北之东缘有18户，"夷人"主要聚居地域的今黔西北、六盘水有12430户。以上合计58759户；如按每户4口计，当为23.5万余口。进入少数民族聚居村寨的汉民尚有5.8万余户，加上汉民聚居地及城堡汉民，少数民族主要聚居地域汉民人口更为庞大。

大批汉民进入少数民族聚居地域，使古代贵州民族人口结构发生了重大变化，汉族人口比例上升，少数民族人口比例下降。至清代前期，就全省而言，昔日"夷"多汉少的局面转变为汉多"夷"少。就少数民族主要聚居地域而言，黔东北、黔北土人、仡佬主要聚居地域，汉多"夷"少；仲家、侗人、苗人、"夷人"主要聚居地域，总体人口结构虽然依旧"夷"多汉少，但兴义府之兴义县（今兴义市)、安南县（今晴隆)、普安县，安顺府之镇宁州，都匀府之都匀县（今都匀市)，贵阳府之龙里县，贵定县，[①] 黎平府之锦屏乡（今锦屏县)，镇远府之施秉县，思州府之亲辖地（今岑巩)、玉屏县、清溪县（今镇远境)，[②] 大定府之黔西州、毕节县（今七星关区)[③] 等少量地域已处于汉多"夷"少之格局。

大批汉民进入少数民族聚居地域并与之交错杂处，传播了先进的农耕技术及商品经营理念，推动了少数民族地区经济的发展；自觉不自觉地践行儒学、传播儒学，特别是官府大兴学校、大兴科举，使儒学在少数民族中进一步传播。各民族交往交流，共同俗尚及文化心理初始形成，认同感增强。

[①] 参见爱必达：《黔南识略》,《黔南识略·黔南职方纪略》，贵阳：贵州人民出版社1992年版第46-231页；罗绕典：《黔南职方纪略》,《黔南识略·黔南职方纪略》，贵阳：贵州人民出版社1992年版第276-313页。

[②] 参见罗绕典：《黔南职方纪略》,《黔南识略·黔南职方纪略》，贵阳：贵州人民出版社1992年版第313-332页。

[③] 参见爱必达：《黔南识略》,《黔南识略·黔南职方纪略》，贵阳：贵州人民出版社1992年版第211页；罗绕典：《黔南职方纪略》,《黔南识略·黔南职方纪略》，贵阳：贵州人民出版社1992年版第302页。

四、汉民融入少数民族，带动儒文化流播及民族认同

汉代以后的两千多年中，中原、江南及湖广、两粤以汉民为主的移民不断进入贵州，由最初的"少数民族"变成了多数民族。移民虽然来到异乡，依旧保留、传承着儒文化。兴义府"全境之民，多明初平黔将士之后，来自江南，尚有江左遗风"；"士安弦诵，农乐耕锄"。① 都匀府独山州"中土寄籍者""皆内地风俗"，"敦礼教、崇信义"；"农勤耕种"；"妇勤女工，士知读书"；坚守春节、清明、端午、七月半、八月中秋、除夕习俗。② 黎平府屯军后裔"士习读书，民勤稼穑"。③ 普安州"士业诗书，农勤耕稼，尚文重信，甲第云仍"。④

移民在将制度儒学、物化儒学及文化儒学传播到少数民族之中的同时，也不断接纳少数民族文化，其中相当一部分进而融入了少数民族。春秋时期被楚国流放到今黔中的宋国、蔡国战俘，演化为土著宋家、蔡家。汉代"募豪民田南夷"⑤ 进入的巴蜀移民，至魏晋完全融入了土著民族之中。今黔北道真、务川仡佬族大姓韩氏、郑氏、骆氏，系唐代奉命前来"为官主政"的汉族官吏。"经几代人之后，出于生存和生活的需要，逐渐与当地仡佬族相融合而成为仡佬族众多家族中显著的大姓家族"。⑥ 五代十国时期进入南宁州（今惠水）的楚国将士，成为大小番落的首领乃至番王。北宋出征广西继而进入今黔南南部的官兵成为大小亭目土官，融入了仲家，自称"蛮民"。⑦ 明代进入的百万军屯、民屯、商屯移民，相当部分也融入了当地民族之中。仲家主要地域所置都匀、安南、安庄3卫屯军，明初兵员分别为7169员、5779员、9976员，⑧ 合计22924员。到万历二十五年（1597年）统计时，却分别仅有1312员、2486员、7873员，⑨ 合计11671员，仅存原额之50.9%；都匀卫尤甚，仅存原额之18.3%。"夷人"主要聚居地域所置赤水、毕节、乌撒、普安4卫，明初兵员分别为10307员、6641员、

---

① [咸丰]《兴义府志·风土志》，《中国地方志集成·贵州编》第28册，成都：巴蜀书社2006年版第379页。
② 以上见 [乾隆]《独山州志·地理志》，《中国地方志集成·贵州编》第24册2006年版第83、82页。
③ 爱必达：《黔南识略》，《黔南识略·黔南职方纪略》，贵阳：贵州人民出版社1992年版178页。
④ [万历]《贵州通志》第9卷，北京：书目文献出版社1991年版第180页。
⑤《史记·平准书》，《二十五史》第1册，上海：上海古籍出版社、上海书店1986年版第178页。
⑥ 陈天俊等：《仡佬族文化研究》，贵阳：贵州人民出版社1999年版132页。
⑦《黄氏宗谱》，《民族研究参考资料》第19集，贵阳：贵州省民族研究所1983年印本第11页。
⑧ 参见 [嘉靖]《贵州通志·兵防》，《中国地方志集成·贵州编》第1册，成都：巴蜀书社2006年版第305-306页。
⑨ 参见 [万历]《贵州通志》第14、8、7卷，北京：书目文献出版社1991年版第311、170、155页。

9338 员、30093 员，① 合计 56379 员。至嘉靖年间，仅分别有 5615 员、2885 员、3551 员、2656 员，② 合计 14707 员，仅存原额之 26％。明代军户制度甚严，世代相袭，不得逃籍；如有逃亡，原籍拿回。大量消失的屯军人员，基本上应是进入了少数民族地域并融入了少数民族之中。在屯军将士及融入了仲家的屯军后裔中广为流行的《调北征南歌》唱道，屯军将士从江西来到贵州，"开辟新山区，建造新竹楼，繁衍众子孙，扎根在贵州。以后变成了夷家，变成了水户"。③ 清代前期，汉民融入少数民族的现象依然存在。清代文献中又有"土著"④ 之称，指贵州外来移民特别是明代及其之前的移民，表示这些移民已在很大程度上吸收了当地少数民族文化，融入了当地社会，已有别于新到移民；但又继承、保留了中原文化，继承、保留了儒家文化，有别于当地少数民族。清水江流域"熟苗"家家户户供奉"天地君亲师"牌位；⑤ 黔南、黔西南、黔中融入仲家的汉族后裔续家谱，训诫子孙习诗书、勤耕织、知礼义。思州（后分裂为思州、思南）土司田氏源自中原，自隋唐至明初改土归流止，雄视思州 800 年之久。田氏与唐、宋、元、明历代中央王朝保持着良好关系；仰慕中原文化，礼聘汉儒，习《诗》《书》、礼仪。播州土司杨氏亦源自中原，自唐末至明末改土归流止，掌控播州长达 700 余年。末代土司杨应龙之外，杨氏历代土官、土司与唐、宋、元、明各代中央王朝均保持着良好关系；兴学校，行科举，传播儒学。

部分汉族移民接纳少数民族文化甚而融入少数民族，成为土官、土司、"熟苗"、"土著"、"蛮民"，同时又保留了某些儒文化传统，有的甚而始终坚守儒文化传统。黔中宋家、蔡家虽历数千年，依旧"通汉语，知文字，勤耕织，守礼法"；⑥ 黔南仲家黄氏、王氏，黔中仲家韦氏、于氏，湘黔接壤处侗人吴氏、杨氏，黔东北土人安氏、田氏、杨氏、张氏、戴氏，黔北仡佬宋氏，水西安氏，读书习文，研习儒学；编纂家谱，传承家训，拥戴大一统，忠君事国，爱民仁民，孝父悌长。其家谱行文用语，无论是仲家《黄氏宗谱》《王氏宗谱》《韦氏谱序》《于氏族谱》，还是侗人《吴氏族谱》《杨氏家训》，土人安氏《昌后图书》《田氏宗谱》《杨氏家谱》《张氏族谱》《戴氏族谱》，仡佬《宋氏族谱》，抑或是水西《安氏家传》，俨然中原士子。这些来自中原抑或江南而又融入了少数民族的群体，在儒文化向少数民族传播的进程中，在增进民族认同方面，起到了纽带及示范效应，发挥着特殊的作用。

---

① 参见［嘉靖］《贵州通志·兵防》，《中国地方志集成·贵州编》第 1 册，成都：巴蜀书社 2006 年版第 306 页。
② ［嘉靖］《贵州通志·户口》，《中国地方志集成·贵州编》第 1 册，成都：巴蜀书社 2006 年版第 283 页。
③ 贵州省民委等：《贵州民间文学资料：布依族古歌叙事诗情歌》第 45 集，1980 年印本第 91、99 页。
④ 爱必达：《黔南识略》，《黔南识略·黔南职方纪略》，贵阳：贵州人民出版社 1992 年版第 276 页；罗绕典：《黔南职方纪略》，《黔南识略·黔南职方纪略》，贵阳：贵州人民出版社 1992 年版第 282、322 页。
⑤ 参见《同治苗疆闻见录》，《中国地方志集成·贵州编》第 19 册，成都：巴蜀书社 2006 年版第 603 页。
⑥ 爱必达：《黔南识略》，《黔南识略·黔南职方纪略》，贵阳：贵州人民出版社 1992 年版第 27 页。

五、铁犁牛耕及地主制生产关系最终占据主导地位

古代贵州,仡佬有着铸造铁器的悠久历史,素有"打铁仡佬"之称。生活在坝子的仲家、侗人、苗人,则有稻作的传统。不过,对于绝大多数生活在山区的少数民族来说,他们长期停留在刀耕火种时代。汉代及其以后,随着大批汉民进入少数民族聚居地域并与之交错杂处,中原、江南的先进农耕技术及商品经营理念渐次传入,推动了少数民族地区经济的发展,铁犁牛耕及地主制生产关系最终占据了主导地位。

(一)汉代

汉代是古代贵州少数民族地区社会经济发展的第一个重要阶段。汉代开发夜郎,设牂为郡,后改牂牁郡。西汉武帝"募豪民田南夷",① 三蜀大姓属下的数十万农民进入夜郎,广泛分布于今贵州西部即黔西南、六盘水、黔西北、黔中安顺市及黔南中、南部,亦即"夷人"、仲家先民、仡佬先民主要聚居地域,带入了先进的农耕技术。考古资料中,黔西北赫章可乐汉墓群、黔西南普安铜鼓山遗址、黔中清镇及平坝汉墓群出土了铁质锄、镬、铲、锸、铚等农耕工具。作为中世纪生产力最具代表性的铁犁,在可乐汉墓群、清镇及平坝汉墓群均有出土。铁质犁、锄、镬、锸等农耕工具不仅见于汉墓,而且见于可乐土著民族墓。这标志着作为中世纪生产力标志的铁制工具传入了夜郎,传入了土著民族之中。此外,黔西南兴仁交乐汉墓、兴义万屯汉墓、赫章可乐汉墓均有陶制水田池塘模型出土,中原水利灌溉技术传入夜郎。各地还出土了大量铜钱,出土刻为"樊千万""赵千万"的铜印章,商品经济也伴随着移民的到来而兴起于夜郎地域。

夜郎时期的贵州,大致处于奴隶制阶段,有的甚至尚处于原始时期。数十万移民的到来,铁犁耕作,编户入籍,使中原地主制生产关系直接输入夜郎地域,开启了古代贵州封建化的进程。

(二)魏晋南北朝

今贵州地域封建领主制生产关系产生。一方面,受三蜀移民先进生产方式的影响,出现了由奴隶制生产方式向部曲制亦即领主制生产方式转变的地方土著大姓,如牂牁郡的谢氏、朱提郡的孟氏;另一方面,受长期分裂战乱、大一统制度儒学衰微的影响而处于势孤境况的三蜀大姓移民,转而寻求与地方土著大姓结合,由地主制生产方式向领主制生产方式转化,如牂牁郡的龙氏、尹氏、董氏。地主制生产方式向领主制生

---

① 《史记·平准书》,《二十五史》第1册,上海:上海古籍出版社、上海书店1986年版第178页。

产方式转化固然是历史的倒退，但土著大姓的领主制生产方式转化则是历史的进步，是更有意义、有价值的事物，为古代贵州的民族认同创造了初步的、物化的、基础的趋同元素。

（三）唐宋

唐代，"夷人"先民中出现了使用牛耕的记载。成于唐代的"夷"文典籍《苏巨黎咪》有若干今贵州西部、中部与牛耕有关的记载。"阿默尼部，如冬季备耕，尚有一月时，牛还闲着时，就部署耕种"；"水牛耕田，要全部犁遍"；"骑恶马要跌在山上，犁恶牛要跌在坎下"。①

唐宋特别是南宋，伴随宋室南渡，中原人口大批南迁，中原生产技术南传，南方开发力度加大，全国经济重心逐渐转移到长江流域及其以南；僻处西南的四川一跃成为全国两大经济中心之一，荆湖地带也是较为发达的区域。受邻近区域带动，宋代今黔北、黔东北地域的社会经济有较大发展，封建领主制经济开始盛行，地主制经济有所发展。

两宋特别是南宋丧失北方马市以后，包括四川、广西在内的南方马市成为朝廷马匹的重要供给地，今贵州则是南方马市的重要参与者，既在四川马市经营罗氏鬼国（今黔西北）良马，亦在广西马市转手经营大理马。马市交易规模大、时间长，参与者主要为今黔西北罗氏鬼国、黔中罗殿国、黔西南自杞国土著民族。马市交易促进了宋代贵州特别是乌江以南土著民族地域商品经济的发展，密切了土著民族与中原民族、中原王朝的联系。

（四）元代

元代在今贵州实行屯田，整治驿道，物化儒学较之前代有所发展。乌撒路"立……军屯"；② 普定路"屯田，分乌撒乌蒙路屯田卒二千赴之"。③ 由湖广达于云南之大驿路自西而东横贯今贵州，途经侗人、苗人主要聚居之黔东南、仲家及"夷人"聚居地之黔中、"夷人"聚居地之今贵州西缘普安（今盘县）；由云南达于四川纳溪（今泸州市纳溪区）之滇蜀驿路，经过"夷人"聚居地之整个黔西北地域。

元代全面实行土司制，今贵州地域总体进入领主制时代。尽管唐宋时期今黔北、黔东北出现的地主制经济消失了，但就贵州社会全面实行土司制及整体进入领主制社会而言，进步大于后退，进步是主流。

（五）明代

明代贵州建省，府、州、县、卫多设社稷坛，祭祀土神、谷神。朝廷大力开发贵

---

① 以上见王继超：《苏巨黎咪》，贵阳：贵州民族出版社1998年版第73、196、255页。
② 《元史·兵志》，《二十五史》第9册，上海：上海古籍出版社、上海书店1986年版第302页。
③ 《元史·英宗本纪》，《二十五史》第9册，上海：上海古籍出版社、上海书店1986年版第80页。

州,整修驿路,移民百万屯垦,将江南、中原的先进生产技术引入贵州。经过移民群体百余年的垂范、影响、引领,土著民族进一步改变落后的刀耕火种传统,使用水利灌溉、精耕细作特别是铁犁牛耕技术。八番(今黔南惠水为中心而延及长顺、平塘之地域)仲家"村村卖剑买牛耕";①天柱苗人"易刀剑而牛犊";②水西君长、贵州宣慰使安国亨大力推广先进耕作技术,在肥沃的水外地区,犁耕已占据了主导地位。③手工业、矿业、商业发展,一批城镇兴起,社会经济繁荣兴旺。户口、田亩、赋税较之前代大幅增长,户口达到11万余户、51万余口,田土188万余亩,税粮14.7万余石。

百万屯垦移民铁犁牛耕,成为朝廷编户,交税纳粮,封建地主制生产关系盛行于府州县及汉民之中。伴随着改土归流,龙里卫、播州少量土司居民编入了官府民籍,封建地主制生产关系开始进入土著民族之中。

(六)清前期

清前期,贵州府、州、厅、县祭祀土神、谷神,始设先农坛祭祀神农炎帝;奖励开垦,兴修水利,推行铁犁牛耕、精耕细作,农业经济较明代大有进步,田亩由188.39万多亩大幅增至276.7万余亩,赋税由粮14.7万余石大幅增至粮16.2万多石、银9.3万多两,户口更由14.89万余户、51.2万余口猛增至111.8万多户、534.8万多口。铁犁牛耕、引水灌溉等农耕技术在少数民族地区进一步推广应用。"苗工所需农具有犁、耙、锄、镰、长柄刀、斧……桔槔、筒车";"苗民于山谷中有泥深不可耕植者,注水为塘"。④丝织业、棉织业、盐业、铅矿、木材等手工业及商品交易大发展,镇远府城、安顺府城、贵阳府城、毕节县城、古州厅城、锦屏乡等城镇发展成为繁荣的商品交易中心及商品集散地。

伴随大规模的改土归流、苗疆开发及社会经济的发展,嘉庆年间,人口猛增至534余万口。大多数居民不再依附于领主,转而成为朝廷编户。周边汉民继续大量进入贵州并深入少数民族聚居村寨。汉族聚居地区土地买卖、租佃盛行;包括新辟苗疆在内的少数民族地区也出现了大量土地买卖、租佃现象。道光年间,在少数民族村寨买、当、租种少数民族田土的汉民达到5万余户,亦即少数民族中出现了一批出卖、出当、出租田土的富户,⑤地主制生产关系在少数民族中进一步成长。就全省范围而言,封建地主制生产关系取得了绝对优势地位。

---

①[弘治]《贵州图经新志·程番府》,《中国地方志集成·贵州编》第1册,成都:巴蜀书社2006年版第92页。
②[乾隆]《镇远府志·风俗》,《中国地方志集成·贵州编》第16册,成都:巴蜀书社2006年版第93页。
③参见杨昌儒等:《贵州民族关系的构建》,贵阳:贵州人民出版社2010年版第150页。
④严如熤著,罗康隆等编著:《苗防备览·风俗篇研究》,贵阳:贵州人民出版社2011年版第97、170页。
⑤参见[民国]《贵州通志·前事志》第3册,贵阳:贵州人民出版社1985年版第466页。

物化儒学亦即儒家农耕文明理念在古代贵州少数民族中的传播以及农耕文明的推广，推动了古代贵州少数民族社会经济的发展进步，缩小了各民族之间经济、社会发展的差距；给各族民庶带来了实实在在的物质利益，展示了农耕文明的优越性。共同的经济利益或者说利益前景增进了民族之间的互信与感情，促进了少数民族与汉民族彼此间的心理沟通，促进了各民族共同生活方式的形成。物化儒学在古代贵州各民族中的推广传播，为古代贵州民族认同奠定了趋同物质基础。

六、学校教育及科举大发展，推动儒学在少数民族中的传播

贵州古代少数民族主要聚居地域的学校教育，据文献记载，最早可以追溯到东汉。其时，毋敛（今黔南布依族苗族自治州独山、荔波一带）人尹珍前往中都洛阳师从许慎习五经，赴武陵郡（辖今湘西北、黔东地区）从太守应奉习经学。后回到今黔北正安境内创办民间性质的学堂"务本堂"，这是贵州历史上见于载籍的第一所私学；邻近的道真县，即是民国年间为纪念尹珍（字道真）而从正安县划拨地域设置的。"道真教授南域，许、应之学，久餍饫于文人学士、獠妇苗童之口"。① 唐代于珍州唐都坝（今黔北道真县境）设学，"今遗址尚存"。② 这是贵州历史上见于载籍的第一所官学。南宋，今黔东北沿河境有銮塘书院、竹溪书院，③ 成为贵州有史可稽的、最早的书院；今黔东北印江县甲山寨出现私塾，成为贵州历史上有史可考的、最早的私塾；④ 播州有8人中进士，成为贵州历史上首批进士。⑤ 宋代以前，有文献记载的古代贵州学校教育及科举均在今黔东北、黔北、土人、仡佬主要聚居地域成为贵州宋代以前有儒学教育存在的区域。

元代，普安路（治今盘县）、金竹府（治今长顺境）分别设立了儒学（官学），学校教育有所发展。

明代建省，学校教育、科举取士较之前代呈现出前所未有的飞跃发展气象；清代

---

① [嘉庆]《正安州志·尹珍考》，《中国地方志集成·贵州编》第40册，成都：巴蜀书社2006年版第77页。

② [嘉庆]《正安州志·学校》，《中国地方志集成·贵州编》第40册，成都：巴蜀书社2006年版第39页。

③ 参见[乾隆]《贵州通志·书院》，《中国地方志集成·贵州编》第4册，成都：巴蜀书社2006年版第158页。

④ 参见黔心体道：《明清时期贵州土家族地区私塾发展述略》，http://blog.sina.com.cn/woyuchengxian，2010年3月10日。

⑤ 参见[道光]《遵义府志·选举》，《中国地方志集成·贵州编》第33册，成都：巴蜀书社2006年版第91-92页。

前期进而大幅增长。见下表。

明、清代前期贵州学校教育、科举中式一览表

民族	主要聚居地域今名	明代学校 官学	明代学校 书院	明代学校 社学	明代学校 合计	明代科举 举人	明代科举 进士	明代科举 合计	清前期学校 官学	清前期学校 书院	清前期学校 社学	清前期学校 合计	清前期科举 举人	清前期科举 进士	清前期科举 合计
仲家	黔西南 安顺市南部 黔南中南部	5	6	8	19	283	5	288	13	22	44	79	424	50	474
侗人 苗人	黔东南 黔东北之东南	16	13	15	44	404	27	431	18	43	47	108	523	86	609
土人 仡佬	黔东北（东南除外）黔北东缘	5	6	9	20	220	15	235	8	14	19	41	234	18	252
夷人	毕节市 贵阳市部分 六盘水	7	5	14	26	469	31	500	8	18	34	60	745	80	825

　　明清两朝极为重视少数民族特别是其上层土司、土官的儒学教育，以为边"夷"土官"鲜知礼义，治之则激，纵之则玩"。施行儒学教育，"使之知君臣、父子之义，而无悖礼争斗之事，亦安边之道也"。① 黔省"边徼遐陬，民苗杂居"，"必崇文治而后可以正人心，变风俗"。② 明廷令土司子弟入学并将其作为土司承袭的必要条件；土司子弟无需考试即可保送入学取得生员资格，愿入太学者即可通过贡生身份就读。为方便土司子弟就学，朝廷在兴办府州县学及卫学的同时，在土司地区积极兴办司学，兴办启蒙性质的社学。土司子弟踊跃入学。时属广西的荔波县学，"生员皆苗蛮、瑶、僮鴃舌之徒"；③ 普安州（治今盘县）学，"生员皆是罗罗、僰人"；④ 建省之初所设思州（治今岑巩）、新化（治今锦屏新化）、乌罗（治今松桃乌罗）、石阡（治今石阡）、铜仁（治今碧江）、思南（治今思南）、镇远（治今镇远）、黎平（治今黎平）8府学，生员大多为土司子弟。⑤ 据《贵州通史》，至万历中，各土司所贡生员不下四五百人。⑥

---

①《明实录·太祖实录》第239卷，中国台北1962年影印本第3475-3476页。
②[康熙]《黔书·设科》，《中国地方志集成·贵州编》第3册，成都：巴蜀书社2006年版第472页。
③《明实录·太祖实录》第224卷，中国台北1962年影印本第3277页。
④《明实录·宣宗实录》第28卷，中国台北1962年影印本第741页。
⑤参见《明实录·宣宗实录》第32卷，中国台北1962年影印本第823页。
⑥参见何仁仲：《贵州通史》第2卷，北京：当代中国出版社2002年版第356页。

清代虽然取消了保送入学的优待，但专门划定少数民族生员录取名额；土司子弟之外，一般少数民族子弟亦可"考试仕进"，①扩大了教育面。令各地特别是少数民族聚居地域大力兴办义学、社学；松桃、长寨、归化、都江、八寨、丹江、古州、下江、台拱、清江等苗疆10厅义学、社学达到27所；官学内专设义学训导，训诲苗生。少数民族中崛起一批儒学人才。顺治十六年（1659年），定贵州"大学取苗生五名、中三名、小二名"；②康熙二十二年（1683年），定"云、贵二省……各录取土生二十五名"。③清初至乾隆十六年（1751年）停苗生学额止近百年，计开32科，如以康熙二十二年（1683年）所定每科25名计，则录取苗生生员为800人；如以顺治十六年（1659年）"大学取苗生五名、中三名、小二名"计，则数字更为可观。生员之上，不乏举人乃至进士，如明代麻哈州土官子弟宋儒、思南府务川县仡佬子弟申祐、水德江长官司土人子弟田秋、郎溪长官司土人子弟田景新和田景猷、清代前期天柱苗人子弟宋仁溥、侗人子弟欧阳士椿、思南府土人子弟冉中函进士及第；明代镇远府邛水长官司土舍杨再清、思南府蛮夷长官司土人子弟安康和安孝忠、思南府水德江长官司土人子弟田宗显、清代前期古州侗人吴洪仁、思南府务川县土人子弟田茂颖、大定府治（今大方）"夷人"子弟黄恩永、黄道中成文举人，④威宁州"夷人"土目安天爵，⑤黔西州"夷人"子弟禄星⑥成武举人。

以儒学为主要内容的学校教育及科举考试，使儒学得以通过文本的形式较为完整、系统地传入少数民族特别是其上层土司、土官之中，扩大了儒学在少数民族特别是其上层土司、土官之中的影响。

七、儒文化较为广泛地流播，民族认同达于古代高峰

（一）儒文化在贵州古代少数民族中较为广泛地流播

古代贵州，儒文化以文字、宗教经典、族谱家训等形式，在土司、土官、祭司、族老、款首、榔首、寨老等上层群体之中流播，更以祠庙祭祀、款规、榔规、乡规民约、歌谣谚语、故事传说、戏剧小曲、婚丧习俗、节日祀典等形式流播于下层群体之中。儒家尧、舜、商汤、周文王、周武王、孔子、孟子等圣人，《易经》起源于河图、

---

① [民国]《贵州通志·学校志选举志》，贵阳：贵州人民出版社2008年版第116页。
② 《略四·学校略》，[道光]《贵阳府志》上册，贵阳：贵州人民出版社2005年版第872页。
③ 《圣祖仁皇帝实录》第113卷，《清实录》第5册，北京：中华书局1985年版第162-163页。
④ 以上见[民国]《贵州通志·人物志》，贵阳：贵州人民出版社2001年版913、1059页。
⑤ 参见[民国]《贵州通志·学校志选举志》，贵阳：贵州人民出版社2008年版第441页。
⑥ [民国]《贵州通志·人物志》，贵阳：贵州人民出版社2001年版第709页。

洛书的传说，太极、阴阳、气化、五行、八卦等关于天地万物本原及其形成的学说，崇文重教、大一统、忠君爱国、孝亲悌长、保贞守节、礼义仁信、爱民惠民、团圆和谐、重视农桑、勤劳节俭、升平太平等思想、观念，得到了少数民族的认同。

1. 崇文重教，科举入仕

"夷人"《苏巨黎咪》："有知识是第一，富有属第二。""修养有三等：书卷与功名，在大山顶上，属于有修养的人，属于有知识的人。盔甲武器，在大山中间，属于能征善战者。农活用具，在大山下面，属于农耕畜牧者。"① 土人傩戏《吕望下书》："家有金银用斗量，养子须当送学堂。黄金有价书无价，书比黄金更高强。"② 仲家《黄氏宗谱》："立家塾以训子弟"，使之"明人伦，知礼让，喻法律，耻非为，入则能孝以事亲，出则能弟以事长"。③ 仡佬《接亲歌》："今年送个新娘子，明年送个状元来。"④《侗垒》："龙穿财门五步五，五子登科穿朝服；连升三级登金榜，状元榜眼三大夫。"⑤

2. 文字中的儒家思想

贵州古代6个主要少数民族，除"夷人"外，均无自己的文字，但多借用汉字记录本民族宗教、历史、规约、传说、故事、歌谣，形成本民族文献。仲家或以汉字记仲音，或以汉字为基础创造新汉字，或直接借用汉字汉词。侗人或以汉字记侗音，或直接应用汉字。仡佬亦借用汉字记仡佬语音。土人由于邻近湘、川，与汉民交往早而密切，因而通用汉文；明清时期更出现了一批精通汉文、具有相当儒学造诣的士子。少数民族借用的汉字、汉词、汉文以及形成的典籍中，即有儒家忠孝仁义等字词、内容，如仲家借用词语中就有反映儒家道德礼教的孝、礼、跪、拜等词语。⑥ 至于"夷人"，在其丰富的历史文献中，更大量吸收或反映儒家的学说、思想。

3. 颂扬尧、舜、商汤、周文王、周武王、孔子、孟子等圣人；以尧、舜、孔子等圣贤为期

仡佬歌谣《盘根问古》："女娲炼石把天补，轩辕黄帝制衣襟。炎帝神农制五谷，男婚女嫁配缘姻。周公来把礼信定，孔子造书传世间。仓颉造字在人间，唐尧虞舜是大贤。""田遵造墨成一锭，孔子孟子写书文。"⑦《侗族大歌》："孔子之名，天下传扬。鲁班和孔子，教大家讲礼义。地上分界，天上分野，一一都写上经书（传后代）。因为孔子，我们才初初晓得读《增广》。""歌词使用了侗、汉、苗、壮四个民族的语言"。⑧

---

① 王继超：《苏巨黎咪》，贵阳：贵州民族出版社1998年版第262、32页。
②《吕望下书》，《德江县土家族文艺资料》，1986年印本第371页。
③《黄氏宗谱》，《民族研究参考资料》第19集，贵阳：贵州省民族研究所1983年印本第18页。
④ 熊大宽：《仡佬族歌谣选》，贵阳：贵州民族出版社2004年版第73页。
⑤《玩龙灯贺词》，《侗垒》，长沙：岳麓书社1989年版第130页。
⑥ 参见贵州省民委等：《布依族文化大观》，贵阳：贵州人民出版社2012年版第28页。
⑦ 熊大宽：《仡佬族歌谣选》，贵阳：贵州民族出版社2004年版第10、9页。
⑧《嘎孔岁》，《侗族大歌·嘎老》，贵阳：贵州人民出版社1958年版第235-236页。

土人闹丧歌："歌是前朝当郎作，孔子置下到如今。董仲仙人挑书卖，挑书扁担七尺长。"① 《侗族款词》：古时人死，或水葬，或天葬。"后到尧、舜下界，又到文、武、成汤，觉得目不忍睹，觉得眼不忍看"，始有土葬。② 土人安氏家谱《昌后图书》："持身务守周公礼，立志当为孔圣徒。"③《侗垒》："长大成人，定是英豪……才智高超，可比舜、尧。"④"金榜题名时……帏子高万丈，名声超过孔先师。"⑤

4. 对儒家天地万物本原及其形成学说的吸收与借鉴

第一，河图、洛书说。《侗族款词》："伏羲为王，从海边走过，看见龙马布图，背上背有九宫八卦。他一看见，马上抓笔，簿上刻画。后到贤天皇帝，又有常工造得罗盘八卦。造了六十甲子，配上方位八卦。后到周公传渡，摆布上罗盘，甲子在中间，八卦四周连"。⑥ "夷人"典籍《吐鲁窦吉》《宇宙人文论》等以音译法，将汉文河图、洛书译为"付拖""鲁素"；⑦ 以为"各门各行的事物都按"河图"图形中标明的规律去发展变化"；洛书"也有个图形，表示天、地、人的形成和发展变化"。⑧

第二，五行说。"夷人"《宇宙人文论》："随着清、浊二气起变动，从四方漫到中央，金、木、水、火、土门门产生，它们各有本源，各主一方……五行主管的东西南北中不停地运转，亿万种会动的生命不断出现，逐渐繁衍"。五行"金克木、木克土、土克水、水克火、火克金，金生水、水生木、木生火、火生土、土生金……相生相克，互相促进，互相制约，平衡发展，源远流长，就这样不断发展变化着呢"。人的生命同样来自五行："'五行'中的水，就是人的血。金就是人的骨，火是人的心，木是人的筋，土是人的肉。"⑨

第三，八卦说。"夷人"《宇宙人文论》："清、浊二气游离于太空，清升浊降而形成天地。天生地成，日月运行，哎、哺产生又继续繁衍。这时宇宙的四方又起了变化，八方又随着形成"。⑩ 此八方即《易经》八卦。八卦或象征父、母、长男、长女、中男、中女、少男、少女等8种人："乾坤为父母，离为中男，坎为中女，震为长男，巽为长女，兑为少男，艮为少女"；⑪ 或象征南、北、东、西、东北、西南、东南、西北等8

---

① 秦朝智：《思南土家族"闹丧歌"》，《民族志资料汇编》第9集，1989年印本第264页。
② 安葬唱词，《侗族款词》下册，南宁：广西民族出版社2009年版第948页。
③ 《昌后图书》，转引自《贵州六山六水民族调查资料选编》，贵阳：贵州民族出版社2008年版第407页。
④ 《玩龙灯贺词》，《侗垒》，长沙：岳麓书社1989年版第144页。
⑤ 《喜庆词》，《侗垒》，长沙：岳麓书社1989年版第219页。
⑥ 《安葬唱词》，《侗族款词》下册，南宁：广西民族出版社2009年版第949-950页。
⑦ 参见王子国：《前言》第1、2页，《吐鲁窦吉》，贵阳：贵州民族出版社1998年版。
⑧ 罗国义等：《宇宙人文论》，北京：民族出版社1984年版第60页。
⑨ 以上见罗国义等：《宇宙人文论》，北京：民族出版社1984年版第33、84-85、95-96页。
⑩ 罗国义等：《宇宙人文论》，北京：民族出版社1984年版第38页。
⑪ 陈长友：《西南彝志》第3-4卷，贵阳：贵州民族出版社1991年版第359页。

方;① 或象征天、水、木、金、山、土、禾、石8种物质。②

第四，清、浊二气化生天地万物说。"夷人"《西南彝志》:"清气上升，浊气下降，形成了天地。天生于子，天反复变化，形成苍天；地生于丑，地反复变化，形成大地；人生于寅，哎与哺相交，哎与哺结合，人自然形成，有气有血，会动有命，会说会穿衣"。③

第五，太极、无极本原说。《侗族款词》:"张古造天，马王造地……还没造天地，早造下太极两仪"。④ "夷人"《宇宙人文论》:"在天地产生之前，是大大的、空空虚虚的'无极'景象。先是一门起了变化，熏熏的清气、沉沉的浊气产生了。清浊二气相互接触……变成天线、地线，织天又织地，天地同时出现了。"天、地产生，"两者又相结合，'哎'和'哺'同时产生。哎就是乾，哺就是坤，它们主管天地间的一切。随着，银白色的乾和金黄色的坤又互相结合，产生了扎发髻的'哎'子和戴金勒的'哺'女"。⑤

5. 大一统

仲家《黄氏宗谱》援引《诗经》:"普天之下莫非王土，率土之滨莫非王臣。"又谓，《春秋》"编年必书君，首月必书帝者，何也？盖明大法大一统也"。⑥ 仲家乡规碑:"壤地偏小，亦皆莫非皇土。"⑦

6. 借鉴儒家礼治思想，制定侗款、榔规等乡规民约

第一，礼治与乡规民约。《侗款》:"孔子著书，孟合写耶，周富作枷，六郎定约法"。⑧ "汉家有朝廷，侗家有岜规"。⑨ 《苗族理辞》:"汉家离不开书，苗族离不开佳。"⑩ 苗人榔规:"为了十五寨的道理，为了十六寨的规矩，勾久才来议榔，务记才来议榔。"⑪

第二，和谐乡里寨邻。仲家乡规碑:"处邻里而和乡党。"⑫ "夷人"《苏巨黎咪》:"家庭和睦寨邻亲，寨邻和睦是第一，寨邻和睦地方安宁，地方安宁是第一，地方安宁

---

① 参见罗国义等:《宇宙人文论》，北京：民族出版社1984年版第38页。
② 参见罗国义等:《宇宙人文论》，北京：民族出版社1984年版第42页注3表一。
③ 陈长友:《西南彝志》第5-6卷，贵阳：贵州民族出版社1992年版第6-8页。
④ 《安葬唱词》，《侗族款词》下册，南宁：广西民族出版社2009年版第948页。
⑤ 以上见罗国义等:《宇宙人文论》，北京：民族出版社1984年版第15-16、23页。
⑥ 《黄氏宗谱》，《民族研究参考资料》第19集，贵阳：贵州省民族研究所1983年印本第15、12页。
⑦ 《册亨坝江乡规碑》，《黔西南布依族清代乡规民约碑文选》，1986年印本第71-72页。
⑧ 《开款立法》，《侗款》，长沙：岳麓书社1988年版第47页。
⑨ 转引自吴大华:《民族法律文化散论》，北京：民族出版社2004年版第128页。
⑩ 《启佳》，《苗族理辞》，贵阳：贵州民族出版社2002年版第2页。
⑪ 贵州民间文艺研究会等:《民间文学资料》第14集，1979年印本。转引自韦启光:《儒学与贵州少数民族文化的融合》，《贵州民族研究》2004年第24卷第2期。
⑫ 《册亨者冲总路口石碑》，《黔西南布依族清代乡规民约碑文选》，1986年印本第32页。

风气好，风气好是第一。"①

第三，社会有序。"夷人"《苏巨黎咪》：政权要稳固，社会必须"有秩序"，有序运行。君长要有君长的形象，臣子、布摩、工匠必须各尽其职，父子、兄弟、夫妇必须各守名分，否则就会"众叛亲离"，社会失序，政权离析。"家有好传统，而子孙不贤，门风日下者，好比一条船，在河中沉没……一日混乱，千日理不顺。"②

7. 纲常伦理

第一，忠君。仲家《黄氏宗谱》："孔子曰：'臣事君以忠'，是知为臣之道，无他，惟在于忠而已矣……受恩不报，非忠也；执事不敬，非忠也。"③ 土人安氏家谱《昌后图书》："人处天地中，求所以特立于天地者，忠孝而已矣。"④ "夷人"《夜郎史传》："凡是将帅卒，都要效忠君"；"君令要遵守，对君无二心"。⑤ 以表彰忠君报国、忠君死节、忠君爱民为主题的《薛仁贵》《说岳传》《杨门女将》《二度梅》《梅良玉》《花木兰歌》、等戏曲，广泛流传于仲家、侗人、苗人、土人、仡佬、罗罗聚居地域，流传于社会，流传于民间。约当道光十年（1830年），黎平府演出侗剧《梅良玉》，"当戏中奸臣卢杞出台时，有莽汉持刀冲上台要砍汉奸"。⑥

第二，"修德""施仁"，爱民养民，清正廉洁。仲家《黄氏宗谱》：民乃无价之宝，唯有"宝人民"，始可"固土地"。"民者君之子，以爱子之心爱民"。⑦ "夷人"《苏巨黎咪》："待民如待客，犹如母待子。"⑧ 土人《杨氏家谱》："仰遵成宪，俯察民情，推至公之心，广仁厚之化。"⑨ 仡佬谚语："美政得民财，善教得民心。"⑩ "夷人"《增订爨文丛刻·训书·治国论》："没有仁圣之君，不能理好民事；没有贤良之民，不能守好君基……君权不巩固，修德就巩固了；君民不相悦，修德就相悦了……（当民奴们）苦难深重的时候，如溺于水中，如焚在火里，如何不施仁政呢"。⑪ "夷人"《苏巨黎咪》："恩惠得人心，位高威望大，社稷也巩固。"⑫ 侗人谚语："治水要清源，治政要清廉"；"官清廉，民安康"；"官清正，万民顺"。⑬

第三，孝顺父母。仲家《黄氏宗谱》："尧舜之道，孝弟而已。"能孝，则能忠、

---

① 王继超：《苏巨黎咪》，贵阳：贵州民族出版社1998年版第87页。
② 以上见王继超：《苏巨黎咪》，贵阳：贵州民族出版社1998年版第2、7页。
③ 《黄氏宗谱》，《民族研究参考资料》第19集，贵阳：贵州省民族研究所1983年印本第15页。
④ 陈国安等：《昌后图书》，《民族志资料汇编》第9集，1989年印本第333页。
⑤ 以上见王子尧等：《夜郎史传》，成都：四川人民出版社1998年版第69、62页。
⑥ 《二度梅》，《侗族琵琶歌》下卷第9辑，南宁：广西民族出版社2012年版第1306页。
⑦ 《黄氏宗谱》，《民族研究参考资料》第19集，贵阳：贵州民族研究所1983年印本第19、15页。
⑧ 王继超：《苏巨黎咪》，贵阳：贵州民族出版社1998年版第203页。
⑨ 邹立发等：《杨氏家谱摘抄》，《民族志资料汇编》第9集，1989年印本第369页。
⑩ 韦启光：《儒学与贵州少数民族文化的融合》，《贵州民族研究》2004年第24卷第2期。
⑪ 马学良：《增订爨文丛刻》上册，成都：四川民族出版社1986年版第33页。
⑫ 王继超：《苏巨黎咪》，贵阳：贵州民族出版社1998年版第292页。
⑬ 以上见张盛：《侗族谚语》，贵阳：贵州民族出版社1996年版第221、133页。

勇:"能为孝子,然后能为悌弟。然后在野则为醇良之民,在朝则为忠义之臣,在行间则为忠勇之士"。① 土人丧葬歌:"劝世人,要尽孝,父母的功劳恩难报。"② 《侗族大歌》:"天地虽大难比母恩大,海洋虽深怎比父恩深?父母养儿不容易,九月怀胎才出生。背的背来抱的抱,父母衣服破成烂筋筋……长大成人需要讲孝顺,切莫忘掉父母恩。"③ "夷人"《教育经典》:"我壮莫嫌老,我活也要老。"④ 苗人乡规:"父母之恩诚如天地,子媳之职理宜顺从。"⑤ 仡佬《丧葬歌》:"父母对儿女们说,你们要孝敬父母……你们虽然穷,也要奉养父母,让父母活一百年。"⑥ 仲家摩经:"父母在时应孝道,人发孝心鬼神钦。"⑦ "夷人"《苏巨黎咪》:"赤子敬父母,面面俱到是第一,惟命是从是第二,通情达理是第三。"《安布宜夫妇墓碑》:"真心敬祖宗,敬祖宗者发;诚意孝父母,有孝道者昌";"敬祖者长命,崇祖者高寿"。⑧

第四,正男女之道。苗人乡规:"人伦之道,夫妇为先,自古嫁女婚男,须当凭媒正娶……严禁抢亲。"⑨ 仲家《黄氏宗谱》:"《易》曰:'乾道成男,坤道成女'……为男女者,不可为不正;有男女者,不可为不正。"⑩ 仲家榔规碑:"命案出于奸情……欲愍民命,须除奸情。"⑪ 苗乡告示:革除婚俗陋习:"舅家不得强娶甥女、勒索财礼"。⑫

第五,纲常伦理。土人《梯玛歌》:"什么东西四四方,什么东西在中央……神龛四四方,天地君亲在中央。"⑬ 仲家乡规碑:"君臣、父子、夫妇、朋友、昆弟,各守五伦,各尽人道";"君尽道,臣尽忠,子尽孝,妇敬夫,弟敬兄,各尽其诚"。⑭ 侗人《杨氏家训》:"孝父母,敦人伦。睦宗族,明尊卑。敬长上,亲手足。和夫妇,爱子女。"⑮ 苗人榔规:"公公是公公,婆婆是婆婆,父亲是父亲,母亲是母亲,丈夫是丈夫,妻子是妻子……各人是各人,伦理不能乱。要有区分才成体统,要有区分才亲切

---

① 《黄氏宗谱》,《民族研究参考资料》第19集,贵阳:贵州省民族研究所1983年印本第16页。
② 秦朝智:《思南土家族"闹丧歌"》,《民族志资料汇编》第9集,1989年印本第259-260页。
③ 龙跃宏:《侗族大歌·琵琶歌》,贵阳:贵州人民出版社1997年版第291页。
④ 《教育经典》,转引自张建华:《彝族文化大观》,昆明:云南民族出版社1999年版第487页。
⑤ 陈国钧:《苗寨中的乡规》,《民族研究参考资料》第20集,1983年印本第329页。
⑥ 贵州省安顺地区民委:《仡佬族古歌》,贵阳:贵州民族出版社1991年版第141-142页。
⑦ 《父母养育恩》,《布依族摩经文学》,贵阳:贵州人民出版社1997年版第197页。
⑧ 以上见王继超等:《彝文金石图录》第3辑,成都:四川民族出版社2005年版第285页。
⑨ 陈国钧:《苗寨中的乡规》,《民族研究参考资料》第20集,1983年印本第329页。
⑩ 《黄氏宗谱》,贵州省民族研究所:《民族研究参考资料》第19集,贵阳:贵州省民族研究所1983年印本第17页。
⑪ 《册亨坝江乡规碑》,《黔西南布依族清代乡规民约碑文选》,1986年印本第71页。
⑫ [光绪]《黎平府志·风俗》,《中国地方志集成·贵州编》第17册,成都:巴蜀书社2006年版第183、184页。
⑬ 《搭十二板桥》,《梯玛歌》,长沙:岳麓书社1989年版第351页。
⑭ 《册亨者冲总路口石碑》,《黔西南布依族清代乡规民约碑文选》,1986年印本第32页。
⑮ 《杨氏家训》,《侗垒》,长沙:岳麓书社1989年版第87-88页。

和睦。"① 土人丧葬《盘歌》："叫儿勤耕与苦读,孝义忠言记肺腑,仁义礼智信不可无。"②

8. 重农勤耕

仲家《黄氏宗谱》："勤农桑以足衣食……衣食足而礼义可兴矣。"③ 侗人《杨氏家训》："重耕读"。④ "夷人"《苏巨黎咪》：君长"建立政权治理地方,重视稼穑是第一"。⑤ 土人家谱《昌后图书》："耕读家风传万世,处处子孙列庙堂。"⑥ 仡佬族《邹氏家训》："粮为民之要用,凡有志于耕务,必朝夕任勤,斯秋有望而仓廪不虚也。"⑦

9. 升平、大同思想

仲家合约："父戒其子,兄勉其弟,老幼全安……共享升平。"⑧ 仲家乡规碑："出入相友,守望相助,男无觊觎,女思贞节,革旧重新,使其路不拾遗,狗不吠盗之风,不亦宜乎！"⑨

10. 习俗中的儒家思想

第一,供奉"天地君亲师"神位。土人在新房建成后,首先举行安置家仙仪式。在堂屋正中靠壁处安放类似神龛的祖石商案,祖石商案上方正中贴上"天地君亲师位"条幅。⑩ 仲家亦然,在堂屋正中设神龛,供奉"天地君亲师之位"。

第二,丧葬。土人葬俗,老人死后要设灵堂,用孝棍,亦按《仪礼》之制,守丧3年。⑪ 仲家在丧葬仪式中唱孝歌。⑫ "夷人"习俗,死后火葬。受汉族习俗影响及官府之倡导乃至强制推行,"夷人"葬俗从明代开始改变,清代最终废止火葬,土葬广泛推行。⑬

第三,婚俗。土人婚俗亦遵循"父母之命,媒妁之言",有提亲、取八字、插茅香

---

① 贵州民间文艺研究会等：《民间文学资料》第14集,1979年印本。转引自韦启光：《儒学与贵州少数民族文化的融合》,《贵州民族研究》2004年第24卷第2期。
② 陈国安：《沿河、印江、思南三县土家族传统精神文明建设调查报告》,《贵州六山六水民族调查资料选编》,贵阳：贵州民族出版社2008年版第407页。
③ 《黄氏宗谱》,《民族研究参考资料》第19集,贵阳：贵州省民族研究所1983年印本第18页。
④ 《杨氏家训》,《侗垒》,长沙：岳麓书社1989年版第88页。
⑤ 王继超：《苏巨黎咪》,贵阳：贵州民族出版社1998年版第68页。
⑥ 《昌后图书》,转引自《贵州六山六水民族调查资料选编》,贵阳：贵州民族出版社2008年版第408页。
⑦ 翁家烈：《务川仡佬族苗族自治县仡佬族社会历史》,《贵州六山六水民族调查资料选编》,贵阳：贵州民族出版社2008年版第95页。
⑧ 《者骂者六等寨齐团合同》,《黔西南布依族清代乡规民约碑文选》,1986年印本第71页。
⑨ 《册亨坝江乡规碑》,《黔西南布依族清代乡规民约碑文选》,1986年印本第72页。
⑩ 参见颜勇：《江口县省溪司土家族生活习俗》,《民族志资料汇编》第9集,1989年印本第118页。
⑪ 参见贵州省民委：《土家族文化大观》,贵阳：贵州民族出版社2014年版第181、183、188页。
⑫ 参见《父母养育恩》,《布依族摩经文学》,贵阳：贵州人民出版社1997年版第196-197页。
⑬ 参见《大定府志·文征》,《中国地方志集成·贵州编》第49册,成都：巴蜀书社2006年版第37页。

（定亲）、择期、亲迎、哭嫁等礼仪。①"夷人"《增订爨文丛刻·训书·婚姻歌》："一朵一朵花，男儿一朵花；二朵二朵花，女子二朵花……没有媒人来作证，青年男女怎成双？"②

第四，节庆。除自己的节日外，仡佬亦过清明、端午、七月半、重阳、小年（除夕）、春节、大年（正月十四）等节日，③仲家过端午、清明、七月半、春节等节日，④"夷人"过春节、元宵、清明、端午、七月半、中秋、除夕等节日，⑤土人过除夕、春节、元宵、清明、端午、七月半、中秋、重阳等节日。⑥这些习俗，无不渗透着儒家忠君爱国、孝亲敬祖、团圆和谐的精髓。

贵州古代诸多民族的传统文化中，都有一些共通的内容，如国家统一兴盛、社会稳定安宁的企望，君臣、父子、夫妇、弟兄、朋友家庭社会伦理准则，仁义礼智信道德规范，勤劳节俭美德。汉族有着悠久而丰富的文本文化，同时又注重设学校、兴科举，面向世俗，文而化之，因而学理深邃、系统而完整，对社会政治、经济、文化进步的推动作用显著。"夷人"的文本文化也较为悠久而丰富，学理也较为深刻而系统。不过，"夷人"文本文化是一种祭祀文化、贵族文化，而非世俗文化。"凡文字书契、经典与书籍，祭经和医书，各支史书等，全归呗耄管。平民和百姓，不得乱收藏。这样一来后，百姓没有书，无法识文字。"⑦呗耄即彝族祭师毕摩，是掌握、传授知识的人，其职业"只限于父传子和舅传甥"；即使"少数毕摩招徒，人数亦是有限的，而且主要是传授原始宗教经典、宗教活动以及巫术咒语。彝文和有关科学知识的典籍，人民群众并不认识"。⑧这种局限性，大大降低了"夷人"文本文化对于社会发展的推动作用。这也是"夷人"与汉族同样拥有悠久且丰富的书面文化而两者社会发展差异甚大的原因。本书论定推动贵州古代民族认同的主体文化元素在于儒文化的流播，在于儒文化为主体的共同文化心理的初步形成，其理由之一，正在于此。

（二）民族认同度的提升

汉族与少数民族错处杂居、交往交流，儒文化在少数民族中较为广泛的流播，推动着少数民族与汉民族共同习尚、文化心理的形成，提升了民族之间的认同度。兴义

---

①参见杨昌鑫：《土家族风俗志》，北京：中央民族学院出版社1989年版第73-95页。
②马学良：《增订爨文丛刻》上册，成都：四川民族出版社1986年版第41页。
③参见陈天俊等：《仡佬族文化研究》，贵阳：贵州人民出版社1999年版第116-117页。
④参见《排花歌》，《民间文学资料》第28集，1961年印本第103-104页。
⑤参见张建华：《彝族文化大观》，昆明：云南民族出版社1999年版第238-239页。
⑥参见萧洪恩：《土家族仪典文化哲学研究》，北京：中央民族大学出版社2002年版第40-118页。
⑦王子尧等：《夜郎史传》第1卷，成都：四川人民出版社1998年版第68-69页。
⑧张建华：《彝族文化大观》，昆明：云南民族出版社1999年版第477页。

府仲家"通汉语,知汉书";① 都匀府仲家等民族"于务农纺织之外,亦间有读书应试者";麻哈州(今麻江)苗人"耕凿自安,渐知礼法";黎平府(治今黎平),"士习读书,民勤稼穑";侗、苗"男子耕凿诵读,与汉民无异";② 铜仁府治所(今碧江区)侗人"不特读书识字,抑且拾紫膺朱,文教蒸蒸"。③ 松桃直隶厅苗人"婚姻丧葬与汉人渐同"。④ 石阡府仡佬、土人等"言语衣服与汉民同";思南府土人、仡佬等"衣冠言语与汉民略同";⑤ 务川"仡佬族人的传统语音、服饰日渐演变,与汉民趋于一致,到清代中叶已无'夷汉'之别";⑥ 正安"仡佬族语言、服饰于清代中叶已趋消失"。⑦ "夷人"君长早在汉代即以本民族文字颂扬大汉之圣德与富足,表达"慕义向化"之意;⑧ 从三国时期妥阿哲至明清水西安氏,历代"夷人"君长,大多倾慕儒学,对儒家的哲学、政治学、伦理学均有接纳,对儒文化的吸纳最为悠久、全面而深刻。大定府"声教渐讫,向慕儒雅";⑨ 府治(今大方)"夷人""服色与汉人无异";平远州(今织金)"夷人""冠婚丧祭渐遵礼制"。⑩ 黔西州汉、"夷""彼此耦居,并无猜忌"。⑪

贵州古代民族认同,主要是少数民族与汉民族之间的认同,又主要是少数民族对汉民族的认同。统一过古代贵州的大一统王朝,大多数是由汉族建立的,少数民族建立的仅有元、清。以清朝而论,它是由满族建立的,但到贵州的官员多数是汉族;进入贵州的军人,基本上是汉族;大批进入贵州的移民,基本上也是汉族。一般说来,大一统政权统一贵州,就意味着其对贵州民族的认同。当然,这种认同是大一统王朝上层的认同,不等于一般汉人的认同。随着时间的推移,民族交往的增多,儒文化的流播,共同文化心理的逐步形成,一般汉人对少数民族的认同也渐次提升,仲家地区汉人对仲家的认同即是一例。仲家《调北征南歌》唱道:祖先原籍江西,奉命南征到

---

① [咸丰]《兴义府志·风土志》,《中国地方志集成·贵州编》第 28 册,成都:巴蜀书社 2006 年版第 386 页。
② 以上见爱必达:《黔南识略》,《黔南识略·黔南职方纪略》,贵阳:贵州人民出版社 1992 年版第 87、99、178 页。
③ 罗绕典:《黔南职方纪略》,《黔南识略·黔南职方纪略》,贵阳:贵州人民出版社 1992 年版第 332 页。
④ 爱必达:《黔南识略》,《黔南识略·黔南职方纪略》,贵阳:贵州人民出版社 1992 年版第 171 页。
⑤ 罗绕典:《黔南职方纪略》,《黔南识略·黔南职方纪略》,贵阳:贵州人民出版社 1992 年版第 331、332 页。
⑥ 翁家烈:《务川仡佬族苗族自治县仡佬族社会历史》,《贵州六山六水民族调查资料选编·仡佬族屯堡人卷》,贵阳:贵州民族出版社 2008 年版第 94 页。
⑦ 翁家烈:《正安县仡佬族社会历史》,《贵州六山六水民族调查资料选编·仡佬族屯堡人卷》,贵阳:贵州民族出版社 2008 年版第 86 页。
⑧《后汉书·西南夷传》,《二十五史》第 2 册,上海:上海古籍出版社、上海书店 1986 年版第 292 页。
⑨ [乾隆]《贵州通志·风俗》,《中国地方志集成·贵州编》第 4 册,成都:巴蜀书社 2006 年版第 116 页。
⑩ 爱必达:《黔南识略》,《黔南识略·黔南职方纪略》,贵阳:贵州人民出版社 1992 年版第 201、209 页。
⑪ 罗绕典:《黔南职方纪略》,《黔南识略·黔南职方纪略》,贵阳:贵州人民出版社 1992 年版第 302 页。

了贵州，盼望着有朝一日返回故乡。屯田戍边，被迫留在了贵州以后，逐渐与贵州民族和睦相处，垦殖开发；有的还融入了仲家。"我们的祖先啊，永远在贵州，与夷家一道，和睦共相处……开辟新山区，建造新竹楼，繁衍众子孙，扎根在贵州。以后变成了夷家，变成了水户。大事小事同相帮，亲密如手足。"①

历经数千年的交往接触，土人、仡佬、侗人、仲家、"夷"、苗人，贵州各少数民族逐渐接纳了汉族。他们认识到，各民族虽有族别的差异，但同根同源。侗人民歌："侗汉苗瑶本是同源共根长，好比秧苗共田分几行……侗汉苗瑶一家亲，共个苍天星星亮。"②"夷人"《水西地理城池考》："彝是彝，汉是汉，仡是仡，僚是僚，还有濮古和白汉人，都是同源的。"③《苗族理辞》："世上的九种人，聪明要数汉族布依族，聪明要数苗族和侗族。"④ 苗人、侗人、仲家与汉人一样，都是聪明的民族。

既然同根同源，都是聪明的民族，理应友好相处，去除争斗，患难与共，彼此帮扶。侗人《款词》："侗汉苗壮瑶五族连天地，世代共存亡"。⑤ "侗、客两家无相斗，共山共水无疑猜。"⑥ "夷人"典籍："彝也不攻汉，汉也不克彝"；⑦ "彝汉交错同住，如天仙样和蔼发展"。⑧ 仲家摩经："我们老祖宗，喜欢交朋友，对朋友心诚，同汉人交友……大家同甘苦，大家共谋生。"⑨ 黔东北、黔北土人、仡佬主要聚居地域，紧邻四川、湘楚，甚而曾经隶属四川、湘楚，与汉民族、汉文化交流密切，受汉文化、儒文化影响甚深，进而语言、服饰等习尚亦大面积同于汉民，与汉民族之间的认同程度甚高。

清代前期，贵州各民族认同达到了古代高峰。不过，总的说来，这种认同度还是初步的、有限的。朝廷"武员好大喜功，贪图议叙"，⑩ 胥吏"扰累"；⑪ 土司"横征科敛"；⑫ 客民"欺压盘剥"，⑬ "苗产尽为汉有，苗民无土可依，悉皆围绕汉户而居，承佃客民田土耕种"。⑭ 封建王朝的民族压迫及歧视政策，地方吏役兵丁的敲索，土司、土官自身传统利权的考量，使得民族冲突时有发生。民族认同，任重而路途尚远。

---

① 《调北征南歌》，《民间文学资料：布依族古歌叙事诗情歌》第45集，1980年印本第99页。
② 《侗汉苗瑶本是同源共根长》，《侗族民歌选》，上海：上海文艺出版社1980年版第47-48页。
③ 贵州省毕节专署民委会老彝文翻译组：《水西地理城池考》，1966年印本，不分页。
④ 《启佳》，《苗族理辞》，贵阳：贵州民族出版社2002年版第5页。
⑤ 《款词·金银款》，转引自肖万源主编：《儒学与中国少数民族思想文化》，北京：当代中国出版社1996年版第179页。
⑥ 《祖宗落寨歌》，《侗族祖先哪里来》，贵阳：贵州人民出版社1981年版第162-163页。
⑦ 贵州省毕节专署民委会老彝文翻译组：《水西地理城池考》，1966年印本，不分页。
⑧ 《西南彝志》，转引自王鸿儒：《夜郎文化史》，贵阳：贵州人民出版社2009年版第433页。
⑨ 《过场》，《布依族摩经文学》，贵阳：贵州人民出版社1997年版第214-215页。
⑩ 《世宗宪皇帝实录》第46卷，《清实录》第7册，北京：中华书局1985年版第697页。
⑪ 《仁宗睿皇帝实录》第41卷，《清实录》第28册，北京：中华书局1985年版第486页。
⑫ 《仁宗睿皇帝实录》第48卷，《清实录》第28册，北京：中华书局1985年版第588页。
⑬ 《仁宗睿皇帝实录》第19卷，《清实录》第28册，北京：中华书局1985年版第252页。
⑭ 罗绕典：《黔南职方纪略》，《黔南识略·黔南职方纪略》，贵阳：贵州人民出版社1992年版第328页。

结　语

一、儒文化是贵州古代民族认同的主体文化元素

形成于春秋末期的儒学，西汉中叶之初被独尊为经学。两千年的中国古代社会，儒学、儒家思想、儒家文化始终是时代的主流学术、主流意识形态、主流文化，全面而深刻地影响并渗透于社会文化、政治、经济之中，成为儒学的理论形态、狭义文化形态、制度形态及物化形态，即理论儒学、文化儒学、制度儒学、物化儒学，亦即大文化意义上的儒文化。

理论儒学主要包括大一统理论，礼治思想，仁爱思想，教化及修身思想，至善人格、以天下为己任的价值观与价值取向，太平大同蓝图，"夷"夏之辨，"和而不同"等，核心是纲常伦理。文化儒学指围绕儒学的教育、传播、普及而形成的狭义文化形态，主要包括儒学的教育、科举制度、儒学楷模的祭祀旌表、浸染着儒家思想的学术研究及文学艺术创作等，其中最重要的是教育与科举。制度儒学指儒家思想影响下形成的中央集权政治制度，主要包括大一统制度、至上君权制度、中央集权制度、地方郡县制度、仁政制度、监察谏议制度等，核心是大一统制度。物化儒学指古代社会在儒家重农思想影响下结成的物质文明成果，它首先是高度繁荣的农耕经济和封建生产关系，其次为繁荣的手工业生产和商品流通贸易。

儒文化是中国古代社会的先进文化，为贵州古代民族认同提供了完整而系统的理论体系及意识形态、儒学教化内容及路径、制度保障、物化基础。儒文化在包括汉族、各少数民族在内的贵州古代各民族中的发端、张大，促进了各民族社会政治、经济、文化的发展进步及各民族共同文化心理的初步形成；儒文化渐次为贵州古代各民族接受、认可，成为贵州古代各民族特别是少数民族与汉民族之间的相互认同得以初步实现、各民族的大一统王朝认同得以基本实现的主体文化元素。

二、理论儒学本土化、群体化、创新化

两汉时期，毋敛（今独山、荔波）尹珍"以经术发闻"中原，① 鳖县（今黔西、大方）舍人成《尔雅》注3卷，② 是贵州最早的理论儒学成就。其后一千数百年中，贵州儒学长期衰微不振，仅元代有播州土司杨汉英《明哲要览》一书。明代建省，督抚司监大员全力倡导、悉心谋划，兴学校、开科举，成百进士、千八举人、6万生员，③ 理论儒学复兴，较之前代飞跃提升。其一，出现黔中王学这种地域性的儒学群体及儒学流派，有一定影响的儒学家不再局限于个别人，而形成群体。其二，产生了近40种儒学著作，④ 数量远超前代；产生了一批高水平的儒学著作，学术成就不限于陈述，而有创新，如王阳明良知本体心学、孙应鳌仁本心学。儒学成为学术主流。其三，阳明心学形成过程中，既有儒文化在"夷人"中的传播，亦有对"夷人""淳庞"、善行文化的吸纳。不过，黔中王学带有明显的输入性特征；群体人数较少，彼此间的关系也较为松散。清代前期，贵州理论儒学著作猛增至近160种，⑤ 不仅数量多，而且创新性成果更多，有的成果还在国内有一定地位及影响；无论是安平陈法家族儒学群体还是沙滩郑、莫、黎家族儒学群体，其成员都是本土成长起来的学者，其学术成就主要形成于贵州本土；群体人数众多、联系密切。贵州理论儒学本土化、群体化、创新化，标志着儒学在贵州的流播达于古代极盛，它为贵州古代民族认同提供了理论及意识形态支撑。大一统理论从国家层面提供了避免分裂战乱、建立稳定社会的理念，提供了民族认同的指向；礼治思想从社会层面提供了建立有秩社会的理念；仁爱思想从社会个体层面提供了调适利益冲突、缓解社会矛盾、建立和平社会的理念；教化、修身思想提供了提升个体伦理素质，养成社会成员懂仁、知礼的理念和路径；至善人格、以天下为己任，提供了儒家的价值观与价值取向，是儒学的深层次内涵；太平大同理想蓝图，成为推动社会进步的重要的文化原动力，提供了民族、国家认同的激励标的；"夷"夏之辨固然包含着对少数民族歧视的内容，但还包含着维护、推广先进文化，促进少数民族社会进步的合理内涵；"和而不同"提供了各民族特别是汉民族与少数民族和平共处、彼此汲取文化精华、一体多元、共同发展的理论依据。

---

① 《郑珍传》，《清史稿》第43册，北京：中华书局1977年版第13288页。
② 参见陆德明：《叙录》，《经典释文》第1卷，北京：中华书局1983年版第17页。
③ 详见本书第四章第三节第一目。
④ 参见［民国］《贵州通志·艺文志》，贵阳：贵州人民出版社1989年版第1-58、455-458页；《王阳明全集总目录》，《王阳明全集》第1册，杭州：浙江古籍出版社2010年版。
⑤ 参见［民国］《贵州通志·艺文志》，贵阳：贵州人民出版社1989年版第4-104、458-467页。

三、制度儒学：大一统王朝认同基本实现

古代贵州，众多民族错处杂居。秦汉开始，历经两千来年，从两汉郡国并存，唐宋经制州、羁縻州、封国并治，到元代土司一统天下，再到明代土流并治，至清代前期，府、州、厅、县设置基本覆盖今县级以上行政区划，最终实现了总体上的流官治理格局，制度儒学的发展达于古代高峰，大一统王朝认同得以基本实现。其间，既有大一统郡县制的逐步推进，亦有对土著民族王国制、番落制、领主世袭制的接纳与封国制、番落制、土司制改造；郡县制区域不断扩大，封国制、土司制领域不断缩小，最终形成了总体上的流官治理格局，基本实现了郡县制认同及郡县制基础上的大一统王朝认同。定番州（今惠水）土官后裔《黄氏宗谱》谓，谱书"编年必书君，首月必书帝者，何也？盖明大法大一统也"；"某朝某国号几年，某春是帝几月，乃出大法，戴天王，正人伦，大一统"。[1] 镇宁州土司《韦氏谱序》："四海率土莫非王臣。"[2] 仲家乡规碑（今册亨坝江乡境）："虽属壤地偏小，亦皆莫非皇土"。[3] 大一统认同带来了古代贵州特别是少数民族聚居地域社会的巨大进步，为贵州古代民族认同提供了制度保障。尽管在流官治理格局形成过程中存在种种负面效应，但正面效应是主要的。

四、修德行仁，构建大一统认同的合法性基础

大一统认同的基础是民心，是修德行仁，仁民爱民惠民，历代王朝，包括元、清在内，无不明白这个道理。汉代开发夜郎，"创道德之涂，垂仁义之统"；"存抚天下，辑安中国"。[4] 坚持和平用兵；不得已而用兵，亦坚持仁至义尽，争取诸多君长、民庶之拥护。从西汉中叶之初唐蒙通夜郎至东汉末年，两汉对夜郎的有效治理长达350来年。蜀汉君臣"仁覆积德"，[5] "和""抚"夷越；[6] 屡擒屡纵，行仁义之兵；任用"夷帅"，自行为治，赢得了各民族的久远感怀、认同，"行法严而国人悦服，用民尽其力

---

[1]《黄氏宗谱》，《民族研究参考资料》第19集，贵阳：贵州省民族研究所1983年印本第12、14页。
[2]《韦氏谱序》，《民族研究参考资料》第19集，贵阳：贵州省民族研究所1983年印本第42页。
[3]《册亨坝江乡规碑》，《黔西南布依族清代乡规民约碑文选》，1986年印本第71-72页。
[4]《史记·司马相如传》，《二十五史》第1册，上海：上海古籍出版社、上海书店1986年版333、334页。
[5]《三国志·蜀书·先主传》，《二十五史》第2册，上海：上海古籍出版社、上海书店1986年版第106、108页。
[6] 参见《三国志·蜀书·诸葛亮传》，《二十五史》第2册，上海：上海古籍出版社、上海书店1986年版110页。

而下不怨"。① 唐太宗李世民"专以仁义诚信为治",② 对于"四夷","爱之如一"。③ 边地土著,无不仰慕诚服;今贵州土著民族,竞相认同唐王朝,纳土附籍。宋廷以为,"远人不服,则修文德以来之"。④ 数百年间,今贵州几乎全境,土著民族一如既往,向往中原,向往统一,朝贡频频,归附纷纷,认同宋王朝。元朝虽系蒙古族所建,但亦认识到:"虽在征伐之间,每存仁爱之念,博施济众,实可为天下主。"⑤《明史纪事本末》:"有德易以王,无德易以亡。盖古者贤明之主,在德不在险也。"⑥ 康熙帝谓:"守国之道,惟在修德安民。民心悦,则邦本得而边境自固"。⑦ "性善仁义之旨,著名于天下……道统在是,治统亦在是矣。"⑧ 只因长期内战、屡屡劝谕无效,明廷始对思州、思南改土归流;宣慰司取消了,下属长官司仍悉数保留,时机成熟后始渐次革除。明末播州改土归流,缘起杨应龙之乱。稍晚奢安之乱,祸害空前,只是由于明王朝的衰落,水西改土归流始延至清初;宣慰司取消了,其下土目仍悉数保留,时机成熟后始渐次革除。苗疆平定后,"诏尽豁新疆钱粮,永不征收";⑨ 奖励开垦,推行牛耕,兴修水利,精耕细作,疏通河道,改善民生。至大之德,仁也;至大之政,仁政也。仁民爱民,养民安民,大一统认同即有其合法性之基础,王朝即有其长治久安之根本。

五、文化儒学直接促进了贵州古代各民族共同文化心理的形成

东汉尹珍在今黔北正安境内创办私学"务本堂",开启了贵州古代学校教育的先河。唐代于珍州唐都坝(今道真县境)设官学;南宋,今黔东北沿河境有銮塘书院、竹溪书院;元代于普安路(治今盘县)、金竹府(治今长顺境)分别设立官学。南宋播州产生8名进士,是为古代贵州最早的科举士子;元代播州有恩赐进士1人。宋元以前,贵州学校教育及科举甚为落后,学校设置及科举中式人数屈指可数。明代建省,学校教育、科举取士较之前代呈现出前所未有的飞跃发展气象,计有官学、书院、社学109所(座),举人、进士1475名;清代前期进而大幅增长,计有官学、书院、义

---

① 《三国志·蜀书·诸葛亮传》注引袁子,《二十五史》第2册,上海:上海古籍出版社、上海书店1986年版第113页。
② 吴兢 撰,杨宝玉编著:《贞观政要》,上海:上海古籍出版社1978年版第163页。
③ 司马光:《资治通鉴》第13册,北京:中华书局1956年版第647页。
④ 《传十五·土司传上》,[道光]《贵阳府志》下册,贵阳:贵州人民出版社1985年版第1584页。
⑤ 《元史·世祖本纪》,《二十五史》第9册,上海:上海古籍出版社、上海书店1986年版第13页。
⑥ 谷应泰:《明史纪事本末》第11卷,北京:中华书局1977年版第161页。
⑦ 《圣祖仁皇帝实录》第151卷,《清实录》第4册,北京:中华书局1985年版第678页。
⑧ 《圣祖仁皇帝实录》第70卷,《清实录》第4册,北京:中华书局1985年版第899页。
⑨ 魏源:《圣武记》,《魏源全集》第3册,长沙:岳麓书社2004年版第291页。

学社学 288 所（座），举人、进士 2160 名。① 官学、书院、社学义学之下，是为数更多的私塾；举人之下，是数量远为庞大的生员、落第乃至从未上过科场的读书人队伍。

明清两朝极为重视少数民族特别是其上层土司、土官的儒学教育，以为施行儒学教育，"崇文治而后可以正人心，变风俗"；②"使之知君臣、父子之义，而无悖礼争斗之事，亦安边之道也"。③ 明廷令土司子弟入学并将其作为土司承袭的必要条件；土司子弟无需考试即可保送入学取得生员资格，愿入太学者即可通过贡生身份就读。为方便土司子弟就学，朝廷在兴办府州县学及卫学的同时，在土司地区积极兴办司学，兴办启蒙性质的社学。土司子弟踊跃入学。普安州（治今盘县）学"生员皆是罗罗、僰人"；④ 建省之初所设 8 府学，生员大多为土司子弟。⑤ 据《贵州通史》，至万历中，各土司所贡生员不下四五百人。⑥ 清代虽然取消了保送入学的优待，但专门划定少数民族生员录取名额；土司子弟之外，一般少数民族子弟亦可"考试仕进"，⑦ 扩大了教育面。少数民族中崛起一批儒学人才。清初至乾隆十六年（1751 年）的近百年间，贵州录取少数民族生员达 800 人。生员之上，不乏举人乃至进士，如明代麻哈州土官子弟宋儒、思南府仡佬申祐及土人田秋、田景新、田景猷，清代前期天柱苗人宋仁溥、侗人欧阳士椿及思南府土人冉中函，进士及第；明代镇远府土舍杨再清、思南府土人安康和安孝忠及土人田宗显、田谷、田时雍、田时中、田时龙，清代前期古州侗人吴洪仁、思南府土人田茂颖、大定府治（今大方）"夷人"黄恩永及黄道中成文举人，⑧ 威宁州"夷人"土目安天爵、⑨ 黔西州"夷人"禄星⑩成武举人。

古代社会，读书人取得功名从而进入官场的是极少数，绝大多数生员以下读书人乃至相当数量的举人，只能继续生活在民间、乡间，成为书院、社学、私塾的先生，活跃在地方及民间的各种事务之中。他们将儒学传播到民间，将儒家的纲常伦理普及于民庶；身居民间的儒生群体，更以自身的道德楷模、行为表率，将儒家的理念浸透到社会下层，由此推动着民族共同文化心理的形成及民族认同进程。

以儒学为主要内容的学校教育及科举考试，使儒学得以通过文本的形式较为完整、系统地流播；不仅广泛地流播于汉族之中，而且流播于少数民族特别是其上层土司、土官之中。

---

① 详见本书第四章第三节第一目，第五章第三节第一目、第二目。
② [康熙]《黔书·设科》，《中国地方志集成·贵州编》第 3 册，成都：巴蜀书社 2006 年版第 472 页。
③《明实录·太祖实录》第 239 卷，中国台北 1962 年影印本第 3475-3476 页。
④《明实录·宣宗实录》第 28 卷，中国台北 1962 年影印本第 741 页。
⑤ 参见《明实录·宣宗实录》第 32 卷，中国台北 1962 年影印本第 823 页。
⑥ 参见何仁仲：《贵州通史》第 2 卷，北京：当代中国出版社 2002 年版第 356 页。
⑦ [民国]《贵州通志·学校志选举志》，贵阳：贵州人民出版社 2008 年版第 116 页。
⑧ 以上见 [民国]《贵州通志·人物志》，贵阳：贵州人民出版社 2001 年版第 913、1059 页。
⑨ 参见 [民国]《贵州通志·学校志选举志》，贵阳：贵州人民出版社 2008 年版第 441 页。
⑩ [民国]《贵州通志·人物志》，贵阳：贵州人民出版社 2001 年版第 709 页。

明代以前，贵州儒学祭祀、旌表文化鲜有记载。唐代思州治所婺川（今务川）有祀南齐云之忠烈祠，①是最早见于记载的祠宇。明代建省，儒学祭祀、旌表文化较之前代大为盛行。那些在儒学研究、创新、传播方面成就卓著的儒家，那些践行儒家思想的楷模，如功勋、政绩、科第、德行卓著者，如忠臣、节士、孝子、烈女等，或建庙宇，或立牌坊，予以表彰。今贵州地域，明代仅祭祀孔子的文庙即多达 37 处。全省 350 余座旌表牌坊中，倡扬文教、旌表科举士子者最多，占到一半以上。清代前期，儒学祠庙祭祀文化继续发展。其一，祠庙分布地域更广，各府、州、厅、县基本都有祠庙，祠庙数量更多，祭祀内容更加丰富；祠庙祭祀进一步向乡里及少数民族地区延伸，如少数民族聚居的天柱县，有文昌阁 9 座，均分布于里甲。②

庙宇、牌坊形象直观，意味简洁。牌坊或竖于闹市，或立于大道，与世共存，与民相伴，朝夕相处，俯仰皆见。相对于学校教育、典籍阅读，在文化极不发达的古代社会，这种儒文化载体对于儒学的普及，对于儒家理念向社会层面尤其是社会底层的熏染、渗透，尤具意义。儒学旌表、祭祀文化的风行，强化了儒学的神圣性、独尊性，提高了孔子及儒学在社会群体特别是普通群体心目中的地位，增强了社会群体特别是普通群体研习儒学、践行儒学的荣耀感；将尊孔崇儒的基本理念普及于社会，渗透于民间，在全社会营造了尊孔崇儒、尊孔崇文的氛围、习尚。

文化儒学为理论儒学在贵州古代各民族中的传播、普及、传承及深化，为社会的王道治理、人的精神道德教化及社会习俗的改良、渗透、养成提供了有效的内容与路径，直接促进了贵州古代各民族共同文化心理的形成。

六、物化儒学：奠定民族认同的趋同物化基础

西汉时期，中原地区封建地主经济已较为成熟，而夜郎及其周边地区尚处于奴隶制时代，部分地域甚至处于原始时代。汉代数十万三蜀移民进入该地垦殖，将铁犁传入土著民族之中，将地主制生产关系直接输入夜郎地域。魏晋南北朝时期，地方土著大姓受三蜀移民先进生产方式的影响，由奴隶制生产方式转向了部曲制即领主制生产方式。唐代"夷人"文献中出现使用牛耕的记载。两宋特别是南宋，受近邻四川、荆湖区域发达经济带动，今黔北、黔东北地域封建领主制经济开始盛行，地主制经济有所发展。元代实行军屯，整治驿路，物化儒学较之前代有所发展；全面实行土司制，今贵州地域总体进入领主制时代。明代建省，府、州、县、卫多设社稷坛，祭祀土神、

---

① [乾隆]《贵州通志·名宦总部》，《中国地方志集成·贵州编》第 4 册，成都：巴蜀书社 2006 年版第 364 页。
② 详见本书第四章第三节第三目、第五章第三节第四目。

谷神。百万移民进入屯垦，将江南、中原先进的生产技术引入贵州；土著民族进一步改变刀耕火种传统，使用水利灌溉、精耕细作特别是铁犁牛耕技术。地主制生产关系盛行于府州县及汉民之中；伴随着改土归流，少量土司居民编入官府民籍，地主制生产关系进入土著民族之中。清代前期，祭祀土神、谷神之外，始设先农坛祭祀神农炎帝；推行铁犁牛耕，奖励开垦，兴修水利，精耕细作。汉族聚居地区土地买卖、租佃盛行；包括新辟苗疆在内的少数民族地区也出现了大量土地买卖、租佃现象，地主制生产关系在少数民族中进一步成长。就全省范围而言，铁犁牛耕及地主制生产关系最终取得了主导地位。

物化儒学即儒家农耕文明理念的传播及农耕技术、手工业生产技术、商业流通在古代贵州特别是少数民族地区的推广，推动着古代贵州民族经济由原始经济、奴隶制经济向封建制领主经济、地主经济过渡，推动着民族地区经济发展与社会进步，缩小了各民族之间经济、社会发展程度的差距，促进了各民族共同生活方式的形成。共同的经济利益或利益前景增进了民族之间的互信与感情，为贵州古代民族认同奠定了趋同物化基础。

七、移民带入儒学及先进农耕技术、商品经营理念，与少数民族交往交流乃至融合

汉代以后的两千多年中，中原、江南及湖广、两粤以汉民为主的移民不断进入贵州。汉代，三蜀大姓属下的数十万汉民进入垦殖；五代十国时期，楚国将士进入今黔南惠水一带；明代大规模屯田戍边，军屯、民屯、商屯人数达百万之众；清代前期，川、湖乃至赣、粤等省移民继续大批进入，仅进入少数民族聚居村寨的汉民即有7.1万余户、28.5万余口。①

大批汉民进入贵州，由最初的"少数民族"变成了多数民族。移民虽然来到异乡，却依旧保留、传承着儒文化。兴义府"全境之民，多明初平黔将士之后，来自江南，尚有江左遗风"；"士安弦诵，农乐耕锄"。② 都匀府独山州"中土寄籍者""皆内地风俗"，"敦礼教、崇信义"；"农勤耕种"；"妇勤女工，士知读书"；坚守春节、清明、端午、七月半、八月中秋、除夕习俗。③ 黎平府屯军后裔"士习读书，民勤稼穑"。④ 普安

---

① [民国]《贵州通志·前事志》第3册，贵阳：贵州人民出版社1985年版第466页。
② [咸丰]《兴义府志·风土志》，《中国地方志集成·贵州编》第28册，成都：巴蜀书社2006年版第379页。
③ 以上见[乾隆]《独山州志·地理志》，《中国地方志集成·贵州编》第24册，成都：巴蜀书社2006年版第83、82页。
④ 爱必达：《黔南识略》，《黔南识略·黔南职方纪略》，贵阳：贵州人民出版社1992年版第178页。

州"士业诗书,农勤耕稼,尚文重信,甲第云仍"。① 移民将儒学及先进的农耕技术、商品经营理念带入贵州,进而推广至少数民族之中;与少数民族交错杂处,交往交流乃至融合。

八、部分移民"夷化",在接纳少数民族文化的同时,又部分保留甚而坚守儒文化

移民在将儒文化传播到少数民族之中的同时,也不断接纳少数民族文化,其中相当一部分进而融入了少数民族。春秋时期被楚国流放到今黔中的宋国、蔡国战俘,演化为土著宋家、蔡家。汉代"募豪民田南夷"② 进入的巴蜀移民,至魏晋完全融入了土著民族之中。今黔北道真、务川仡佬族大姓韩氏、郑氏、骆氏,系唐代奉命前来"为官主政"的汉族官吏。"经几代人之后,出于生存和生活的需要,逐渐与当地仡佬族相融合而成为仡佬族众多家族中显著的大姓家族"。③ 五代十国时期进入南宁州(今惠水)的楚国将士,成为大小番落的首领乃至番王。北宋出征广西继而进入今黔南南部的官兵成为大小亭目土官,融入了仲家,自称"蛮民"。④ 明代进入的百万军屯、民屯、商屯移民,相当部分也融入了当地民族之中。以其时属于贵州都司而治所又在今贵州地域的17卫1所论,其额定兵员为15万余,嘉靖年间仅余7万余或8万余,⑤ 流失惊人。明代军户制度甚严,世代相袭,不得逃籍;如有逃亡,原籍拿回。大量消失的屯军人员,基本上应是进入了少数民族地域并融入了少数民族之中。在屯军将士及融入了仲家的屯军后裔中广为流行的《调北征南歌》唱道:屯军将士从江西来到贵州,"开辟新山区,建造新竹楼,繁衍众子孙,扎根在贵州。以后变成了夷家,变成了水户"。⑥ 清代前期,汉民融入少数民族的现象依然存在。清代文献中又有"土著"⑦ 之称,指贵州外来移民特别是明代及其之前的移民,表示这些移民已在很大程度上吸收了当地少数民族文化,融入了当地社会,已有别于新到移民;但又继承、保留了中原文化,继

---

① [万历]《贵州通志》第9卷,北京:书目文献出版社1991年版第180页。
② 《史记·平准书》,《二十五史》第1册,上海:上海古籍出版社、上海书店1986年版第178页。
③ 陈天俊等:《仡佬族文化研究》,贵阳:贵州人民出版社1999年版第132页。
④ 《黄氏宗谱》,《民族研究参考资料》第19集,贵阳:贵州省民族研究所1983年印本第11页。
⑤ 参见[嘉靖]《贵州通志·兵防》,《中国地方志集成·贵州编》第1册,成都:巴蜀书社2006年版第305-306页;[嘉靖]《贵州通志·户口》,《中国地方志集成·贵州编》第1册,成都:巴蜀书社2006年版第281-284页。[嘉靖]《贵州通志》记载嘉靖年间属于贵州都司而治所又在今贵州地域的17卫1所兵员,总数为72273,而据其所载各卫所数字相加,却为82273。
⑥ 贵州省民委等:《贵州民间文学资料:布依族古歌叙事诗情歌》第45集,1980年印本第91、99页。
⑦ 爱必达:《黔南识略》,《黔南识略·黔南职方纪略》,贵阳:贵州人民出版社1992年版第276页;罗绕典:《黔南职方纪略》,《黔南识略·黔南职方纪略》,贵阳:贵州人民出版社1992年版第282、322页。

承、保留了儒家文化，有别于当地少数民族。

部分汉族移民接纳少数民族文化甚而融入少数民族，成为土官、土司、"熟苗"、"土著"、"蛮民"，同时又保留了某些儒文化传统，有的甚而始终坚守儒文化传统。黔中宋家、蔡家虽历数千年，依旧"通汉语，知文字，勤耕织，守礼法"。① 清水江流域"熟苗"家家户户供奉"天地君亲师"牌位；② 思州（后分裂为思州、思南）土司田氏源自中原，自隋唐至明初改土归流止，雄视思州 800 年之久。田氏与唐、宋、元、明历代中央王朝保持着良好关系；仰慕中原文化，礼聘汉儒，习《诗》、《书》、礼仪。播州土司杨氏亦源自中原，自唐末至明末改土归流止，掌控播州长达 700 余年。末代土司杨应龙之外，杨氏历代土官、土司与唐、宋、元、明各代中央王朝均保持着良好关系；兴学校，行科举，传播儒学。黔南仲家黄氏、王氏，黔中仲家韦氏，黔东北土人安氏、田氏、杨氏、张氏、戴氏，黔北仡佬宋氏，读书习文，研习儒学；编纂家谱，传承习诗书、勤耕织、知礼义家训，拥戴大一统，忠君事国，爱民仁民，孝父悌长。其家谱行文用语，无论是仲家《黄氏宗谱》《王氏宗谱》《韦氏谱序》，还是土人安氏《昌后图书》《田氏宗谱》《杨氏家谱》《张氏族谱》《戴氏族谱》，抑或是仡佬《宋氏族谱》，俨然中原士子。这些来自中原抑或江南而又融入了少数民族的群体，在儒文化向少数民族传播的进程中，在增进民族认同方面，起到了纽带及示范效应，发挥着特殊的作用。

九、儒文化在少数民族中流播，推动着各民族共同习尚、文化心理的形成及民族认同

古代贵州，儒文化通过学校教育、科举考试路径，并以宗教、文字典籍、族谱家训等形式，在土司、土官、祭司、族老、款首、椰首、寨老等上层群体之中流播，更以祠庙祭祀、款规椰规、乡规民约、歌谣谚语、故事传说、戏剧小曲、婚丧习俗、节日祀典等形式流播于下层群体之中。儒家尧、舜、商汤、周文王、周武王、孔子、孟子等圣人，《易经》起源于河图、洛书的传说，太极、阴阳、气化、五行、八卦等关于天地万物本原及其形成的学说，崇文重教、大一统、忠君爱国、孝亲悌长、保贞守节、礼义仁信、爱民惠民、团圆和谐、重视农桑、勤劳节俭、升平太平等思想、观念，得到了少数民族的认同。

汉族与少数民族错处杂居、交往交流，儒文化在少数民族中较为广泛地流播，推

---

① 爱必达：《黔南识略》，《黔南识略·黔南职方纪略》，贵阳：贵州人民出版社 1992 年版第 27 页。
② 参见《同治苗疆闻见录》，《中国地方志集成·贵州编》第 19 册，成都：巴蜀书社 2006 年版第 603 页。

动着少数民族与汉民族共同习尚、文化心理的形成,"士习读书,民勤稼穑";①"冠婚丧祭渐遵礼制"。②历经数千年的交往接触,汉民族逐渐认可了少数民族,少数民族逐渐接纳了汉族。《调北征南歌》:"我们的祖先啊,永远在贵州,与夷家一道,和睦共相处……开辟新山区,建造新竹楼,繁衍众子孙,扎根在贵州……大事小事同相帮,亲密如手足。"③侗人民歌:"侗汉苗瑶本是同源共根长,好比秧苗共田分几行……侗汉苗瑶一家亲,共个苍天星星亮。"④《西南彝志》:"彝汉交错同住,如天仙样和蔼发展"。⑤《黔南职方纪略》:各民族"彼此无猜","交好往来","相习相安"。⑥

清代前期,贵州各民族认同达到了古代高峰。不过,总的说来,这种认同度还是初步的、有限的。封建王朝的民族压迫及歧视政策,地方吏役兵丁的敲索,土司、土官自身传统利权的考量,使得民族冲突时有发生。民族认同,任尚重,道尚远。

儒文化是贵州古代各民族特别是少数民族与汉民族之间的相互认同得以初步实现、各民族的大一统王朝认同得以基本实现的主体文化元素。

---

①爱必达:《黔南识略》,《黔南识略·黔南职方纪略》,贵阳:贵州人民出版社1992年版第178页。
②爱必达:《黔南识略》,《黔南识略·黔南职方纪略》,贵阳:贵州人民出版社1992年版第209页。
③《调北征南歌》,《民间文学资料:布依族古歌叙事诗情歌》第45集,1980年印本第99页。
④《侗汉苗瑶本是同源共根长》,《侗族民歌选》,上海:上海文艺出版社1980年版第47-48页。
⑤《西南彝志》,转引自王鸿儒:《夜郎文化史》,贵阳:贵州人民出版社2009年版第433页。
⑥罗绕典:《黔南职方纪略》,《黔南识略·黔南职方纪略》,贵阳:贵州人民出版社1992年版第282、322、328页。

附录　主要参考文献

一、历史文献及资料汇编

(一) 一般历史文献及资料汇编

李吉甫：《元和郡县图志》，清光绪六年（1880 年）金陵书局刻本

王锡祺：《小方壶斋·地舆丛钞》，清光绪上海著易堂本

刘师培：《刘申叔遗书》，宁武南氏民国 25 年（1936 年）印本

徐世昌：《清儒学案》，北京文楷斋民国 27 年（1938 年）印本

顾祖禹：《读史方舆纪要》，北京：中华书局 1955 年版

司马光：《资治通鉴》，北京：中华书局 1956 年版

徐松：《宋会要辑稿》，北京：中华书局 1957 年版

《史记》，北京：中华书局 1959 年版

沈德符：《万历野获编》，北京：中华书局 1959 年版

王钦若等：《册府元龟》，北京：中华书局 1960 年版

《永乐大典》，北京：中华书局 1960 年版

《后汉书》，北京：中华书局 1962 年版

樊绰 著，向达 校注：《蛮书校注》，北京：中华书局 1962 年版

《明实录》，中国台北 1962 年影印本

李慈铭：《越缦堂读书记》，北京：中华书局 1963 年版

《汉书》，北京：中华书局 1965 年版

永瑢 等：《四库全书总目》，北京：中华书局 1965 年版

贺长龄：《皇朝经世文编》，《近代中国史料丛刊》第 74 辑，台北：台湾文海出版社 1966 年版

马克思、恩格斯：《马克思恩格斯选集》，北京：人民出版社 1972 年版

王充：《论衡》，上海：上海人民出版社 1974 年版

《明史》，北京：中华书局1974年版

《元史》，北京：中华书局1976年版

《宋史》，北京：中华书局1977年版

《清史稿》，北京：中华书局1977年版

吴兢 撰，杨宝玉编著：《贞观政要》，上海：上海古籍出版社1978年版

陈邦瞻：《元史纪事本末》，北京：中华书局1979年版

陆游 撰，李剑雄等点校：《老学庵笔记》，北京：中华书局1979版

王先谦：《荀子集解》，北京：中华书局1980年版

阮元：《十三经注疏》，北京：中华书局1980年版

陆九渊：《陆九渊集》，北京：中华书局1980年版

李心传：《建炎以来朝野杂记》，扬州：江苏广陵古籍刻印社1981年版

《二程集》，北京：中华书局1981年版

田汝成：《炎徼纪闻》，北京：文物出版社1982年影印本

赵翼：《檐曝杂记》，《檐曝杂记 竹叶亭杂记》，北京：中华书局1982年版

《清史论丛》第5辑，北京：中华书局1982年版

陆德明：《经典释文》，北京：中华书局1983年版

张栻：《汉丞相诸葛武侯传》，《四部丛刊续编》第14册，上海：上海书店1984年版

郭璞 注：《尔雅》，北京：中华书局1985年版

习凿齿撰，汤球 辑：《汉晋春秋辑本》，北京：中华书局1985年版

《清实录》，北京：中华书局1985年影印本

马端临：《文献通考》，北京：中华书局1985年版

周去非：《岭外代答》，北京：中华书局1985年版

黄宗羲：《明儒学案》，北京：中华书局1986年版

黎靖德编：《朱子语类》，北京：中华书局1986年版

《二十五史》全12册，上海：上海古籍出版社、上海书店1986年版

  第1册：《史记》《汉书》

  第2册：《后汉书》《三国志》《晋书》

  第3册：《宋书》《南齐书》《梁书》《陈书》《魏书》《北齐书》《周书》

  第4册：《南史》《北史》

  第5册：《隋书》《旧唐书》

  第6册：《新唐书》《旧五代史》《新五代史》

  第7、8册：《宋史》

  第9册：《辽史》《金史》《元史》

  第10册：《明史》

第 11、12 册：《清史稿》

郭松年撰，王叔武校注：《大理行纪校注》，昆明：云南出版社 1986 年版

范成大撰，严沛 校注：《桂海虞衡志校注》，南宁：广西人民出版社 1986 年版

李京 撰，王叔武校注：《云南志略》，《大理行记校注 云南志略辑校》，昆明：云南民族出版社 1986 年版

常璩 撰，任乃强校注：《华阳国志校补图注》，上海：上海古籍出版社 1987 年版

毕沅：《续资治通鉴》，上海：上海古籍出版社 1987 年版

徐弘祖著，褚绍唐等整理：《徐霞客游记》，上海：上海古籍出版社 1987 年版

中国第一历史档案馆等：《清代前期苗民起义档案史料汇编》，北京：光明日报出版社 1987 年版

阮元：《清经解》，上海：上海书店 1988 年版

王先谦：《清经解续编》，上海：上海书店 1988 年版

《四库全书》，上海：上海古籍出版社 1989 年版

郝经：《陵川集》，《四库全书》，上海：上海古籍出版社 1989 年版

孙承泽：《元朝典故编年考》，《四库全书》，上海：上海古籍出版社 1989 年版

宋濂：《宋学士文集》，《四部丛刊》初编，上海：上海书店 1989 年版

刘大鹏：《退想斋日记》，太原：山西人民出版社 1990 年版

列宁：《列宁全集》，北京：人民出版社 1990 年版

李贤 等：《大明一统志》，西安：三秦出版社 1990 年版

韩愈：《韩昌黎全集》，北京：中国书店 1991 年版

太祖 等：《明太祖文集》，《四库明人文集集刊》，上海：上海古籍出版社 1991 年版

王象之：《舆地纪胜》，扬州：江苏广陵古籍刻印社 1991 年版

潘哲 等：《清入关前史料选辑》，北京：中国人民大学出版社 1991 年版

刘文征撰，古永继校点：《滇志》，昆明：云南教育出版社 1991 年版

谷应泰：《明史纪事本末附补遗、补编》，上海：上海古籍出版社 1994 年版

谷应泰：《白话精评明史纪事本末》，沈阳：辽宁古籍出版社 1994 年版

王先谦：《汉书补注》，北京：书目文献出版社 1995 年版

蓝鼎元撰，蒋冰钊等点校：《鹿洲全集》，厦门：厦门大学出版社 1995 年版

雍正帝编纂，张万钧等编译：《大义觉迷录》，北京：中国城市出版社 1999 年版

周去非著，杨武泉校注：《岭外代答校注》，北京：中华书局 1999 年版

怀效锋点校：《大明律》，北京：法律出版社 1999 年版

贾谊 著，阎振益等校注：《新书校注》，北京：中华书局 2000 年版

范仲淹：《范仲淹全集》，成都：四川大学出版社 2002 年版

《十三经》，西安：三秦出版社 2004 年版

《魏源全集》编委会编校：《魏源全集》，长沙：岳麓书社 2004 年版

王薄：《唐会要》，上海：上海古籍出版社 2006 年版

范成大：《范石湖集》，上海：上海古籍出版社 2006 年版

田汝成撰，欧薇薇校注：《炎徼纪闻校注》，南宁：广西人民出版社 2007 年版

张连科等校注：《诸葛亮集校注》，天津：天津古籍出版社 2008 年版

中国第一历史档案馆：《内阁藏本满文老档·太宗朝·汉文译文》，沈阳：辽宁民族出版社 2009 年版

《沈刻元典章》，北京：中国书店 2010 年版

王守仁著，吴光 等编校：《王阳明全集》，杭州：浙江古籍出版社 2010 年版

诸葛亮著，罗志霖译注：《诸葛亮文集译注》，成都：巴蜀出版社 2011 年版

王夫之：《船山全书》，长沙：岳麓书社 2011 年版

顾炎武著，黄坤 等校点：《天下郡国利病书》，《顾炎武全集》第 17 册，上海：上海古籍出版社 2011 年版

《诸葛亮集》，北京：中华书局 2012 年版

张华清译注：《国语》，济南：山东画报出版社 2014 年版

(二) 贵州历史文献及资料汇编

孙应鳌：《孙文恭公遗书》，清光绪六年（1880 年）莫祥芝刻本

黎庶昌：《遵义沙滩黎氏家谱》，清光绪十五年（1889 年）江宁本

吴道安：《郑子尹先生年谱》，民国本

解江 等：《都匀解氏家谱》，贵阳文通书局民国 18 年（1929 年）印本

《巢经巢全集》，贵阳：贵州省政府民国 29 年（1940 年）印本

贵州省文联：《民间文学资料》第 1 集，贵州省文联 1957 年印本

徐才鼒：《小腆纪年》，《台湾文献史料丛刊》第 5 辑第 82 种，台北：台湾大通书局 1957-1972 年版

徐才鼒：《小腆纪传》，《台湾文献史料丛刊》第 5 辑第 138 种，台北：台湾大通书局 1957-1972 年版

贵州省文联：《侗族大歌·嘎老》，贵阳：贵州人民出版社 1958 年版

中国作家协会贵阳分会筹委会等：《民间文学资料》第 2 集，1958 年印本

中国作家协会贵阳分会筹委会等：《民间文学资料》第 3 集，1958 年印本

中国作家协会贵阳分会筹委会等：《民间文学资料》第 4 集，1958 年印本

中国作家协会贵阳分会筹委会等：《民间文学资料》第 5 集，1959 年印本

中国作家协会贵阳分会筹委会等：《民间文学资料》第 6 集，1959 年印本

中国作家协会贵阳分会筹委会等：《民间文学资料》第 7 集，1959 年印本

中国作家协会贵阳分会筹委会等：《民间文学资料》第 18 集，1959 年印本

中国作家协会贵阳分会筹委会等：《民间文学资料》第 19 集，1959 年印本

贵州省民委等：《民间文学资料》第20集，1959年印本

中国作家协会贵阳分会筹委会等：《民间文学资料》第21集，1959年印本

中国作家协会贵阳分会筹委会等：《民间文学资料》第22集，1959年印本

中国作家协会贵阳分会筹委会等：《民间文学资料》第23集，1959年印本

中国作家协会贵阳分会筹委会等：《民间文学资料》第24集，1959年印本

贵州省民间文学工作组：《民间文学资料》第28集，1959年印本

郭影秋：《李定国纪年》，北京：中华书局1960年版

贵州省民间文学工作组编：《民间文学资料》第30集，1961年印本

贵州省民间文学工作组编：《民间文学资料》第31集，1962年印本

贵州省民间文学工作组编：《民间文学资料》第32集，1962年印本

贵州省民间文学工作组编：《民间文学资料》第33集，1962年印本

贵州省民间文学工作组编：《民间文学资料》第42集，1963年印本

贵州省民间文学工作组编：《民间文学资料》第43集，1963年印本

中国科学院民族研究所等：《清实录贵州资料辑录》，贵阳：贵州人民出版社1964年版

贵州省毕节专署民委会老彝文翻译组：《水西地理城池考》，1966年印本

贵州省民间文学组：《苗族古歌》第16集，贵阳：贵州人民出版社1979年版

贵州省民委等：《民间文学资料》第44集，1980年印本

贵州省民委：《民间文学资料》第45集，1980年印本

杨通山等：《侗族民歌选》，上海：上海文艺出版社1980年版

贵州民族研究所编：《民族研究参考资料》第5集，1980年印本

杨国仁等：《侗族祖先哪里来》，贵阳：贵州人民出版社1981年版

贵州民族研究所等：《西南彝志选》，贵阳：贵州民族出版社1982年版

贵州省社会科学院文学研究所：《布依族古歌》，贵阳：贵州人民出版社1982年版

贵州省民族研究所：《民族研究参考资料》第10集，1982年印本

贵州省民族研究所：《民族研究参考资料》第11集，1982年印本

贵州省民族研究所：《明实录贵州史料辑录》，贵阳：贵州人民出版社1983年版

贵州省民族研究所：《民族研究参考资料》第19集，1983年印本

贵州省民族研究所：《民族研究参考资料》第20集，1983年印本

中国民间文艺研究会贵州分会等：《民间文学资料》第53集，1983年印本

贵州省民委等：《民间文学资料》第60集，1983年印本

贵州省民委等：《民间文学资料》第65集上，1984年印本

黔东南州民间事务委员会等：《苗族民间文学资料》第1集，贵州省文联1984年印本

罗国义等：《宇宙人文论》，北京：民族出版社1984年版

贵州省文史馆点校：[民国]《贵州通志·前事志》，贵阳：贵州人民出版社 1985、1987、1988、1991 年版

杨慎：《滇载记》，北京：中华书局 1985 年版

宋濂：《杨氏家传》，《宋学士全集》，北京：中华书局 1985 年版

贵州省社会科学院历史研究所：《贵州风物志》，贵阳：贵州人民出版社 1985 年版

贵州民族研究所：《民族研究参考资料》第 21 集，1985 年印本

贵州民族研究所：《民族研究参考资料》第 23 集，1985 年印本

李八一等：《彝族创世史诗》，昆明：云南民族出版社 1985 年版

马学良：《增订爨文丛刻》，成都：四川民族出版社 1986 年版

贵州省博物馆：《贵州省墓志选集》，1986 年印本

屈大钧：《安龙逸史》，《明末清初史料选刊》，杭州：浙江古籍出版社 1986 年版

贵州省黔西南布依族苗族自治州史志办公室：《黔西南布依族清代乡规民约碑文选》，1986 年印本

德江县民委等：《德江县土家族文艺资料》，1986 年印本

沿河县民委等：《沿河土家族歌谣选》，1987 年印本

向零：《三宝侗族古典琵琶歌》，《民族志资料汇编》，1987 年印本

邓正良：《贵州傩戏剧本选》，贵州省艺术研究室 1988 年印本

杨锡光等：《侗款》，长沙：岳麓书社 1988 年版

《彝族民间文学资料》第 1 辑，赫章县民委 1988 年汇编本

昂智灵等：《彝族创世史诗·尼迷诗》，昆明：云南民族出版社 1989 年版

罗正仁等：《彝文金石图录》第 1 辑，成都：四川民族出版社 1989 年版

袁桷：《公谥忠宣杨公神道碑铭》，《清容居士集》第 26 卷，《四库全书》，上海：上海古籍出版社 1989 年版

黄永堂点校：[民国]《贵州通志·艺文志》，贵阳：贵州人民出版社 1989 年版

吴德杰等：《苗族谚语格言选》，贵阳：贵州民族出版社 1989 年版

向零 等：《民族志资料汇编》第 9 集，贵州省志民族志编委会 1989 年印本

杨锡光等：《侗垒》，长沙：岳麓书社 1989 年版

彭荣德等：《梯玛歌》，长沙：岳麓书社 1989 年版

邵廷采：《西南纪事》，北京：新华书局 1990 年影印本

《郑珍集·经学》，贵阳：贵州人民出版社 1991 年版

[万历]《贵州通志》，北京：书目文献出版社 1991 年版

贵州省安顺地区民委：《仡佬族古歌》，贵阳：贵州民族出版社 1991 年版

陈长友：《西南彝志》第 3-4 卷，贵阳：贵州民族出版社 1991 年版

陈长友：《西南彝志》第 5-6 卷，贵阳：贵州民族出版社 1992 年版

杨元桢：《郑珍巢经巢诗集校注》，贵阳：贵州人民出版社 1992 年版

杜文铎等点校：《黔南识略·黔南职方纪略》，贵阳：贵州人民出版社 1992 年版

贵州省博物馆考古研究所：《贵州田野考古四十年：1953—1993》，贵阳：贵州民族出版社 1993 年版

唐树义等编，关贤柱点校：《黔诗纪略》，贵阳：贵州人民出版社 1993 年版

李华林：《德江傩堂戏》，贵阳：贵州民族出版社 1993 年版

卢朝栋：《思南傩堂戏》，贵阳：贵州民族出版社 1993 年版

全国公共图书馆古籍文献编委会：《中国公共图书馆古籍文献珍本汇刻·南征日记》，中华全国图书馆文献缩微复制中心 1994 年版

毕节地区彝文翻译组等：《西南彝志》第 7-8 卷，贵阳：贵州民族出版社 1994 年版

罗正仁等：《彝文金石图录》第 2 辑，成都：四川民族出版社 1994 年版

陈长友：《西南彝志》第 7-8 卷，贵阳：贵州民族出版社 1994 年版

杨浩青：《贵州少数民族谚语选》，北京：中国民间文艺出版社 1995 年版

苗勃然等编纂，威宁县志办点校：［民国］《威宁县志》，1996 年印本

张盛：《侗族谚语》，贵阳：贵州民族出版社 1996 年版

冯苏：《见闻随笔》，济南：齐鲁书社 1996 年版

孙应鳌：《孙应鳌文集》，贵阳：贵州教育出版社 1996 年版

韦兴儒等：《布依族摩经文学》，贵阳：贵州人民出版社 1997 年版

龙跃宏等：《侗族大歌·琵琶歌》，贵阳：贵州人民出版社 1997 年版

毕节地区彝文翻译组：《益那悲歌》，贵阳：贵州民族出版社 1997 年版

阿洛兴德 等：《益那悲歌》，贵阳：贵州民族出版社 1997 年版

陈长友：《西南彝志》第 9-10 卷，贵阳：贵州民族出版社 1998 年版

陈长友：《西南彝志》第 11-12 卷，贵阳：贵州民族出版社 1998 年版

王子尧等：《夜郎史传》第 1 卷，成都：四川民族出版社 1998 年版

王子国：《吐鲁窦吉》，贵阳：贵州民族出版社 1998 年版

王继超：《苏巨黎咪》，贵阳：贵州民族出版社 1998 年版

《盘县张氏宗谱》，盘县 1998 年印本

贵州省民委等：《布依族古歌》，贵阳：贵州民族出版社 1998 年版

田雯 等撰，罗书勤等点校：《黔书 续黔书 黔记 黔语》，贵阳：贵州人民出版社 1999 年版

贵州省文史研究馆点校：［民国］《贵州通志·人物志》，贵阳：贵州人民出版社 2001 年版

贵州历史文献研究会：《二十四史贵州史料辑录》，贵阳：贵州民族出版社 2001 年版

路朝霖等：《路氏长房族谱》，清刻本，2002 年电子排印本

吴德坤等：《苗族理辞》，贵阳：贵州民族出版社 2002 年版

陈乐基：《侗族大歌》，贵阳：贵州民族出版社 2002 年版

江之春：《安龙纪事》，《西南稀见丛书文献》第 14 卷，兰州：兰州大学出版社 2003 年版

贵州省文史研究馆点校：［民国］《贵州通志·宦蹟志》，贵阳：贵州人民出版社 2004 年版

张晓辉等：《仡佬族——贵州大方县红丰村调查》，昆明：云南大学出版社 2004 年版

熊大宽：《仡佬族歌谣选》，贵阳：贵州民族出版社 2004 年版

王运权等：《西南彝志》第 1-2 卷，贵阳：贵州民族出版社 2004 年版

王继超等：《彝文金石图录》第 3 辑，成都：四川民族出版社 2005 年版

王子国等：《载苏》，贵阳：贵州民族出版社 2005 年版

周作楫辑，贵阳市地方志办公室校注：［道光］《贵阳府志》，贵阳：贵州人民出版社 2005 年版

王继超等：《彝文金石图录》第 3 辑，成都：四川民族出版社 2005 年版

陈大章：《水塘山·陈氏族谱（颍川郡）》，2005 年水塘山印本

王启明：《贵州黄平王家牌王氏宗谱》，2006 年印本

黄加服等：《中国地方志集成·贵州府县志辑》全 50 种，成都：巴蜀书社 2006 年版

01

沈庠 修，赵瓒 纂：［弘治］《贵州图经新志》

谢东山修，张道 纂：［嘉靖］《贵州通志》

佚名撰：［宣统］《贵州地理志》

犹法贤撰：［嘉庆］《黔史》

02—03

郭子章撰：［万历］《黔记》

田雯 撰：［康熙］《黔书》

张澍 撰：［嘉庆］《续黔书》

04—05

鄂尔泰等修，靖道谟、杜诠 纂：［乾隆］《贵州通志》

爱必达，张凤孙等修撰：［乾隆］《黔南识略》

李宗昉撰：［嘉庆］《黔记》

06—11

刘显世等修，任可澄等纂：［民国］《贵州通志》

京滇公路周览会贵州分会宣传部编：［民国］《今日之贵州》

12—14

周作楫修，萧琯 等纂：[道光]《贵阳府志》
曹昌祺修，覃梦榕等纂：[光绪]《普安直隶厅志》
赵端远纂：[民国]《水城县志草稿》

15

高廷愉纂修：[嘉靖]《普安州志》
王粤麟修，曹维祺等纂：[乾隆]《普安州志》
陈昌言纂修：[光绪]《水城厅采访册》
黄华清采辑：[民国]《羊场分县访册》
葛咏谷等采访：[民国]《郎岱县访稿》
蒋深 纂：[康熙]《思州府志》

16

蔡宗建修，龚传坤等纂：[乾隆]《镇远府志》
蔡仁辉纂修：[民国]《岑巩县志》
杨焜 修，涂芳藩纂：[民国]《思县志稿》
毋伯平纂：[民国]《炉山物产志稿》

17—18

俞渭 修，陈瑜 纂：[光绪]《黎平府志》
拓泽忠、周恭寿修，熊继飞等纂：[民国]《麻江县志》
林溥 撰：[嘉庆]《古州杂记》
李绍良纂：[民国]《榕江县乡土教材》

19

郝大成修，王师泰等纂：[乾隆]《开泰县志》
郭辅相修，王世鑫等纂：[民国]《八寨县志稿》
余泽春修，余嵩庆等纂：[光绪]《古州厅志》
朱嗣元修，钱光国等纂：[民国]《施秉县志》
徐家幹撰：[同治]《苗疆闻见录》

20

李台 修，王孚镛纂：[嘉庆]《黄平州志》
胡嚞 修纂：[民国]《三合县志略》
丁尚固修，刘增礼纂：[民国]《台拱县文献纪要》

21—22

陈绍令等修，李承栋纂：[民国]《黄平县志》
王复宗纂修：[康熙]《天柱县志》
林佩纶等修，杨树琪等纂：[光绪]《续修天柱县志》
刘中燠等修，张德培等编辑：[民国]《天柱县五区团防志》

胡章 纂修：[乾隆]《清江志》
阮略 纂修：[民国]《剑河县志》
朱黼 纂修：[康熙]《清浪卫志略》
佚名纂辑：[民国]《都匀府亲辖道里册》

23

窦全曾修，陈矩 纂：[民国]《都匀县志稿》
王华裔修，何幹群等续修：[民国]《独山县志》
佚名辑：[民国]《独山县志文徵志》

24

刘岱 修，艾茂 等纂：[乾隆]《独山州志》
郑珍 撰：[咸丰]《荔波县志稿》
苏忠廷修，李肇同等纂：[光绪]《荔波县志》
傅玉书撰：[嘉庆]《桑梓述》

25

李退谷修，朱勋 纂：[民国]《瓮安县志》
佚名纂辑：[民国]《荔波县志资料稿》
张少微等撰：[民国]《惠水县乡土教材调查报告》

26

瞿鸿锡修，贺绪蕃纂：[光绪]《平越直隶州志》

27

贵定县采访处纂：[民国]《贵定县志稿》
年法尧修，夏文炳纂：[康熙]《定番州志》
吴泽霖撰：[民国]《定番县乡土教材调查报告》
金台 修，但明伦纂：[道光]《广顺州志》
李其昌纂修：[乾隆]《南龙府志》
罗骏超纂修：[民国]《册亨县乡土志略》

28—29

张锳 修，邹汉勋等纂：[咸丰]《兴义府志》
余厚墉辑：[光绪]《兴义府志续编》
杨传溥修，田昌文纂：[民国]《普安县志》

30

卢杰创修，蒋芷泽等纂：[民国]《兴义县志》
何天衢修，郭士信等纂：[雍正]《安南县志》
易辅上编辑：[光绪]《安南县乡土志》

31

冉晟修，张俊颖纂：［民国］《兴仁县志》
葛天乙修，霍录勤等纂：［民国］《兴仁县补志》
王敬彝纂修：［民国］《兴仁县采访录》
耿修业修，钱开先等纂：［民国］《晴隆县志》

32—33

平翰 等修，郑珍 等纂：［道光］《遵义府志》
汤鉴盘增补：［光绪］《余庆县志》
杨宗瀛纂辑：［光绪］《都濡备乘》
杨玉柱纂修：［康熙］《湄潭县志》

34—35

周恭寿修，赵恺 等纂：［民国］《续遵义府志》

36

张其昀主编：［民国］《遵义新志》
陈世盛修，傅维澍等撰：［乾隆］《绥阳县志》
胡仁 修，李培枝纂：［民国］《绥阳县志》
方中 等修，龙在深等纂：［民国］《清镇县志稿》
陈钟华纂辑：［民国］《关岭县志访册》

37

李世祚修，犹海龙等纂：［民国］《桐梓县志》
孔福民编修：［民国］《桐梓县概况》
刘国璋等编：［民国］《紫云县社会调查》

38

禹坡 纂辑：［嘉庆］《仁怀县草志》
崇俊 修，王椿 纂，王培森校补：［光绪］《增修仁怀厅志》
解幼莹修，锺景贤撰：［民国］《开阳县志稿》
陈嘉言修，陈矩 等纂：［民国］《修文县志稿》
张其文纂修：［康熙］《龙泉县志草》

39

陈熙晋纂修：［道光］《仁怀直隶厅志》
吴宗周修，欧阳曙纂：［光绪］《湄潭县志》
婺川县修志局图书馆汇辑：［民国］《婺川县备志》

40

赵宜彬修，游玉堂纂：［嘉庆］《正安州志》
朱百谷等纂修：［咸丰］《正安新志》
彭焯 修，杨德明等纂：［光绪］《续修正安州志》

黄培杰纂修：［道光］《永宁州志》
修武谟补辑：［咸丰］《永宁州志补遗》

41—42

常恩 修，邹汉勋等纂：［咸丰］《安顺府志》
黄元操等纂辑：［民国］《续修安顺府志》

43

王佐 等修，顾枞 纂：［民国］《息烽县志》
洪价 修，钟添 纂，田秋 删补：［嘉靖］《思南府志》
马震昆修，陈文主纂：［民国］《思南县志稿》

44

刘祖宪修，何思贵等纂：［道光］《安平县志》
李昶元等修纂：［光绪］《镇宁州志》
胡翯 修，饶燮乾等纂：［民国］《镇宁县志》

45

江钟岷修，陈延棻等纂：［民国］《平坝县志》
敬文 等修，徐如澍纂：［道光］《铜仁府志》
杨化育修，覃梦松纂：［民国］《沿河县志》

46

夏修恕等修，萧琯 等纂：［道光］《思南府续志》
徐鋐 修，萧琯 纂：［道光］《松桃厅志》

47

赵沁 修，田榕 纂：［乾隆］《玉屏县志》
夏如宾等撰：［民国］《玉屏县概况》
李世家纂修：［民国］《玉屏县志资料》
郑逢元纂：［康熙］《平溪卫志书》
张礼纲修，黎民怡等纂：［民国］《德江县志》
周国华等修，冯翰先等纂：［民国］《石阡县志》
佚名纂修：［民国］《江口县志略》

48—49

黄宅中修，邹汉勋纂：［道光］《大定府志》
董朱英修，路元升等纂：［乾隆］《毕节县志》
王正玺等修，周范 纂：［同治］《毕节县志稿》
李云龙修，刘再向等纂：［乾隆］《平远州志》

50

冯光宿纂修：[乾隆]《黔西州志》

刘永安修，徐文璧等纂：[嘉庆]《黔西州志》

白建鋆修，谌焕模等纂：[光绪]《黔西州续志》

徐丰玉等修，谌厚光撰：[道光]《平远州志》

苗勃然等纂：[民国]《威宁县志》

黎庶昌：《拙尊园丛稿》，北京：中国文史出版社2007年版

龙正清等译注：《夜郎史籍译稿》，贵阳：贵州民族出版社2007年版

松桃县政协：《杨芳集》第1辑，2008年印本

谢圣纶辑，古永继点校：《滇黔志略点校》，贵阳：贵州人民出版社2008年版

贵州省文史研究馆点校：[民国]《贵州通志·土司志土民志》，贵阳：贵州人民出版社2008年版

贵州省文史研究馆点校：[民国]《贵州通志·学校志选举志》，贵阳：贵州人民出版社2008年版

张廷玉编，翟玉前等编著：《明史·土司列传考证》，贵阳：贵州人民出版社2008年版

李嘉琪：《赫章可乐2000年发掘报告》，北京：文物出版社2008年版

方显 著，马国君等编著：《平苗纪略研究》，贵阳：贵州人民出版社2008年版

梁永枢：《贵州六山六水民族调查资料选编·布依族卷》，贵阳：贵州民族出版社2008年版

吴嵘 等：《贵州六山六水民族调查资料选编·侗族卷》，贵阳：贵州民族出版社2008年版

覃东平：《贵州六山六水民族调查资料选编·苗族卷》，贵阳：贵州民族出版社2008年版

翁家烈：《贵州六山六水民族调查资料选编·仡佬族屯堡人卷》，贵阳：贵州民族出版社2008年版

陈国安：《贵州六山六水民族调查资料选编·土家族卷》，贵阳：贵州民族出版社2008年版

李平凡等：《贵州六山六水民族调查资料选编·彝族卷》，贵阳：贵州民族出版社2008年版

毕节地区彝文翻译组等：《西南彝志》第13-14卷，贵阳：贵州民族出版社2008年版

《中国少数民族社会历史调查资料丛刊》修订编辑委员会：《土家族社会历史调查》，北京：民族出版社2009年版

吴学良：《黔滇川吴良弼家族及联支谱志》，毕节2009年印本

莫友芝著，张剑 等编辑校点：《莫友芝诗文集》，北京：人民文学出版社 2009 年版

陈法 著，顾久 点校：《黔南丛书》第 1-4 辑，贵阳：贵州人民出版社 2009 年版

张瑛 纂修，贵州省安龙县史志办校注：［咸丰］《兴义府志·风土志》，贵阳：贵州人民出版社 2009 年版

吴洁 等：《侗族款词》，南宁：广西民族出版社 2009 年版

陈发 著，顾久 点校：《黔南丛书》第 6 辑，贵阳：贵州人民出版社 2010 年版

贵州文史馆古籍整理委员会：《清实录贵州资料辑录》，汕头：汕头大学出版社 2010 年版

龙尚学：《南明史料集》，贵阳：贵州人民出版社 2010 年版

王阳明著，吴光 等编校：《王阳明全集》，杭州：浙江古籍出版社 2010 年版

毕节地区彝文翻译组等：《西南彝志》第 15-16 卷，贵阳：贵州民族出版社 2010 年版

王运权等：《西南彝志》第 17-18 卷，贵阳：贵州民族出版社 2011 年版

丁文江：《爨文丛刻》，贵阳：贵州大学出版社 2011 年版

贵州群众艺术馆编：《贵州彝族民歌选》，贵阳：贵州民族出版社 2011 年版

潘义昌：《中国·贵州·黄平·飞云洞潘氏家谱》，2011 年印本

吴浩 等：《侗族琵琶歌》，南宁：广西民族出版社 2012 年版

贵州省毕节市文体广电局：《毕节历史名人荟萃》，2012 年内部印本

何先龙：《千年水东》，北京：中国文史出版社 2013 年版

二、现代文献

（一）一般文献

1. 中国封建社会

樊开印：《中国历史疆域古今对照图说》，［台北］徐氏基金会 1979 年版

朱保炯等：《明清进士题名碑录索引》，上海：上海古籍出版社 1980 年版

梁方仲：《中国历代户口田亩田赋统计》，上海：上海人民出版社 1980 年版

谭其骧：《中国历史地图集》，北京：中国地图出版社 1982 年版

王德昭：《清代科举制度研究》，北京：中华书局 1984 年版

孔令纪等：《中国历代官制》，济南：齐鲁书社 1993 年版

谢青 等：《中国考试制度史》，合肥：黄山书社 1995 年版

郭齐家：《中国古代考试制度》，北京：商务印书馆 1997 年版

曹树基：《中国移民史》，福州：福建人民出版社 1997 年版

刘海峰等:《中国考试发展史》,武汉:华中师范大学 2002 年版

王炳照等:《中国科举制度研究》,石家庄:河北人民出版社 2002 年版

田建荣:《中国考试思想史》,北京:商务印书馆 2004 年版

白寿彝:《中国通史》第 13 册,上海:上海人民出版社 2004 年版

戴均良:《中国古今地名大辞典》,上海:上海辞书出版社 2005 年版

刘海鸥:《中国传统家庭伦理的近代嬗变》,北京:中国社会科学出版社 2005 年版

郦道元著,史念林等注释:《水经注》,北京:华夏出版社 2006 年版

周振鹤主编,李昌宪著:《中国行政区划通史·宋西夏卷》,上海:复旦大学出版 2007 年版

周振鹤主编,郭红、靳润成著:《中国行政区划通史·明代卷》,上海:复旦大学出版社 2007 年版

周振鹤主编,周振鹤、李晓杰著:《中国行政区划通史·总论 先秦卷》,上海:复旦大学出版社 2009 年版

周振鹤主编,李治安、薛磊著:《中国行政区划通史·元代卷》,上海:复旦大学出版社 2009 年版

李兵 著:《千年科举》,长沙:岳麓书社 2010 年版

龚荫:《中国土司制度史》,成都:四川人民出版社 2012 年版

周振鹤主编,郭声波著:《中国行政区划通史·唐代卷》,上海:复旦大学出版社 2012 年版

周振鹤主编,余蔚著:《中国行政区划通史·辽金卷》,上海:复旦大学出版社 2012 年版

2. 民族与国家

[法]卢梭 著,何兆武译:《社会契约论》,北京:商务印书馆 1980 年版

翁独健:《中国民族关系史纲要》,北京:中国社会科学出版社 1990 年版

李路路等:《当代中国现代化进程中的社会结构及其变革》,杭州:浙江人民出版社 1992 年版

王惠岩:《政治学原理》,长春:吉林大学出版社 1996 年版

徐迅:《民族主义》,北京:中国社会科学出版社 1998 年版

张小劲等:《比较政治学导论》,北京:中国人民大学出版社 2001 年版

吴大华:《民族法律文化散论》,北京:民族出版社 2004 年版

金炳镐:《民族理论与民族政策概论》,北京:中央民族大学出版社 2006 年版

景跃进等:《政治学原理》,北京:中国人民大学出版社 2006 年版

《王惠岩文集·政治学理论·政治学原理》,北京:中国大百科全书出版社、党建读物出版社 2007 年版

梁丽萍:《政治社会学》,北京:中央编译出版社 2009 年版

3. 民族认同

费孝通等：《中华民族多元一体格局》，北京：中央民族学院出版社 1989 年版

葛兆光：《文化多元主义与国家整合：兼论中国认同的形成与挑战》，台北：正中书局 1991 年版

郑晓云：《文化认同与文化变迁》，北京：中国社会科学出版社 1992 年版

郑晓云：《文化认同论》，北京：中国社会科学出版社 1992 年版

王家英：《香港人的族群认同与民族认同：一个自由主义的解释》，香港：香港中文大学出版社 1996 年版

王明珂：《华夏边缘：历史记忆与族群认同》，台北：允晨文化实业股份有限公司 1997 年版

王希恩：《民族过程与国家》，兰州：甘肃人民出版社 1998 年版

费孝通：《中华民族多元一体格局》（修订本），北京：中央民族学院出版社 1999 年版

马戎 等：《中华民族凝聚力形成与发展》，北京：北京大学出版社 1999 年版

［美］乔伊斯·阿普尔比 等著，刘北成等译：《历史的真相》，北京：中央编译出版社 1999 年版

［美］斯蒂文·郝瑞著，巴莫阿依 等译：《田野中的族群关系与民族认同：中国西南彝族社区考察研究》，南宁：广西人民出版社 2000 年版

杨筱：《认同与国际关系：一种文化理论》，中国社会科学院研究生院博士论文，2000 年

纳日碧力戈：《现代背景下的族群建构》，昆明：云南教育出版社 2000 年版

巴莫阿依：《国外学者彝学研究文集》，昆明：云南教育出版社 2000 年版

李宝臣：《文化冲撞中的制度惯性》，北京：中国城市出版社 2002 年版

［德］弗里德里希·克拉托赫维尔主编，金烨 译：《文化和认同：国际关系回归理论》，杭州：浙江人民出版社 2003 年版

邓楠：《全球化语境下的民族文化身份认同》，浙江大学博士论文，2004 年

莫蓉：《互动中的磨合与认同：广西民族团结模式研究》，哈尔滨：黑龙江人民出版社 2004 年版

［日］吉野耕作：《文化民族主义的社会学：现代日本自我认同意识的走向》，北京：商务印书馆 2004 年版

郭艳：《全球化语境下的国家认同》，中共中央党校博士论文，2005 年

沈红：《石门坎文化百年兴衰：中国西南一个山村的现代性经历》，沈阳：万卷出版公司 2005 年版

张海洋：《中国的多元文化与中国人的认同》，北京：民族出版社 2006 年版

万明钢：《多元文化视野：价值观与民族认同研究》，北京：民族出版社 2006 年版

林精华：《民族认同和语言表达：全球化时代的语言、文学和文化认同》，北京：人民文学出版社 2006 年版

施正锋：《国家认同之文化论述》，台北：台湾国际研究学会 2006 年版

陈志明等：《跨国网络与华南侨乡：文化、认同和社会变迁》，香港：香港中文大学、香港亚太研究所 2006 年版

谢政谕：《文化、国家与认同：打造两岸民族新肚脐》，台北：幼狮文化 2007 年版

胡云生：《传承与认同：河南回族历史变迁研究》，银川：宁夏人民出版社 2007 年版

史惠颖：《中国西南民族地区少数民族认同心理与行为适应研究》，西南大学博士论文，2007 年

范勇鹏：《欧洲认同的形成：功利选择与制度建构》，中国社会科学院研究生院博士论文，2008 年

徐杰舜：《从多元走向一体：中华民族论》，桂林：广西师范大学出版社 2008 年版

巫达：《社会变迁与文化认同——凉山彝族的个案研究》，上海：学林出版社 2008 年版

[德] 扬—维尔纳·米勒著，马俊 等译：《另一个国度：德国知识分子、两德统一及民族认同》，北京：新星出版社 2008 年版

[德] 施耐德著，关山 等译：《真理与历史：傅斯年、陈寅恪的司学思想与民族认同》，北京：社会科学出版社 2008 年版

[加] 卜正民 等：《民族的构建：亚洲精英及其民族身份认同》，长春：吉林出版集团有限责任公司 2008 年版

[英] 休·希顿—沃森著，吴洪英等译：《民族与国家——对民族起源与民族主义政治的探讨》，北京：中央民族大学出版社 2009 年版

宏英：《历史记忆与民族认同研究：以云南蒙古人的历史记忆为中心》，内蒙古大学博士论文，2009 年

郑师渠：《中华民族精神研究》，北京：北京师范大学出版社 2009 年版

吴晓萍，徐杰舜：《中华民族认同与认同中华民族》，哈尔滨：黑龙江人民出版社 2009 年版

翟学伟：《全球化与民族认同》，南京：南京大学出版社 2009 年版

刘国强：《媒介身份重构：全球传播与国家认同建构研究》，成都：四川大学出版社 2009 年版

于婧：《苗族》，长春：吉林文史出版社 2010 年版

白振声等：《民族、国家与边界："跨国民族文化发展研究"研讨会论文集》，北京：中央民族大学出版社 2010 年版

陈建樾等：《族际政治在多民族国家的理论与实践》，北京：社会科学文献出版社

2010年版

马珂:《后民族主义的认同建构及其启示 争论中的哈贝马斯国际政治理念》,上海:上海人民出版社2010年版

洪霞:《欧洲的灵魂:欧洲认同与民族国家的重新整合》,北京:中国大百科全书出版社2010年版

曹淑瑶:《国家建构与民族认同 马来西亚华文大专院校之探讨1965—2005》,厦门:厦门大学出版社2010年版

蒋肖云:《汉族》,长春:吉林文史出版社2010年版

王茂美:《村落社区视野下的少数民族政治认同研究:以云南少数民族为例》,复旦大学博士论文,2010年

[美]塞缪尔·亨廷顿著,程克雄译:《谁是美国人? 美国国民特性面临的挑战》,北京:新华出版社2010年版。

[美]塞缪尔·亨廷顿著,周棋 等译:《文明的冲突与世界秩序的重建》(修订本),北京:新华出版社2010年版

[美]里亚·格林菲尔德著,王春华等译:《民族主义:走向现代的五条道路》,上海:上海三联书店2010年版。

[英]爱德华·莫迪默等著,刘泓 等译:《人民·民族·国家——族性与民族主义的含义》,北京:中央民族大学出版社2010年版

黄岩:《国家认同:民族发展政治的目标建构》,北京:民族出版社2011年版

白明政:《适应·认同·发展:多维视野中的民族与民族研究》,贵阳:贵州民族出版社2011年版

任崇岳主持:《中原地区历史上的民族融合与同化》(国家社会科学基金项目,99BMZ012),全国社科规划办网站,2011年5月15日

刘凤云等:《清代政治与国家认同》,北京,社会科学文献出版社2012年版

4. 儒文化·一般

周予同:《经学历史注释本》,上海:商务印书馆民国17年(1928年)版

周予同:《经今古文学》,上海:商务印书馆年民国18年(1929年)版

周予同:《经学概论》,上海:商务印书馆民国20年(1931年)版

本田成之:《中国经学史》,上海:中华书局民国24年(1935年)版

马宗霍:《中国经学史》,上海:商务印书馆民国25年(1936年)版

龙川熊之助:《中国经学史概说》,长沙:商务印书馆民国30年(1941年)版

范文澜:《中国经学史的演变》,《范文澜历史论文选集》,北京:中国社会科学出版社1979年版

周予同:《周予同经学史论著选集》,上海:上海人民出版社1983年版、1996年增订版

梁启超著，朱维铮校注：《梁启超论清学史二种》，上海：复旦大学出版社 1985 年版

肖万源：《中国少数民族哲学史》，合肥：安徽人民出版社 1992 年版

［德］马克斯·韦伯著，洪天富译：《儒教与道教》，南京：江苏人民出版社 1993 年版

肖万源：《中国少数民族哲学宗教儒学》，北京：当代中国出版社 1995 年版

姜林祥：《中国儒学史》，广州：广东教育出版社 1998 年版

李书有：《儒学源流》，北京：中国青年出版社 2000 年版

吴雁南：《中国经学史》，福州：福建人民出版社 2001 年版

朱维铮：《中国经学史十讲》，上海：复旦大学出版社 2002 年版

傅永聚等：《二十世纪儒学研究大系》，北京：中华书局 2003 年版

皮锡瑞著，周予同注释：《经学历史》，北京：中华书局 2004 年版

蒙文通：《经学抉原》，上海：上海人民出版社 2006 年版

徐洪兴：《鉴往瞻来：儒学文化研究的回顾与展望》，上海：复旦大学出版社 2006 年版

徐洪兴等：《中国经学史》，上海：上海人民出版社 2006 年版

陈奇：《儒学与中国社会》，哈尔滨：哈尔滨工程大学出版社 2008 年版

钱穆：《朱子新学案》，北京：九州出版社 2011 年版

陈奇：《中国经学史纲要》，北京：中国言实出版社 2011 年版

顾廷龙等：《国学经典导读·尔雅》，北京：中国国际广播出版社 2011 年版

5. 儒文化与社会

吴雁南：《儒学与维新》，郑州：河南大学出版社 1991 年版

［美］杜维明著，岳华 编：《儒家传统的现代转化：杜维明新儒学论著辑要》，北京：中国广播电视出版社 1992 年版

方东美：《生命理想与文化类型：方东美新儒学论著辑要》，北京：中国广播电视出版社 1992 年版

许凌云：《儒学与中国史学》，济南：山东大学出版社 1992 年版

徐远和：《儒学与东方文化》，北京：人民出版社 1993 年版

龚右德：《儒学与云南少数民族文化》，昆明：云南人民出版社 1993 年版

中华孔子学会：《儒学与现代化：儒学及其现代意义国际学术研讨会论文集》，北京：人民教育出版社 1994 年版

吴雁南：《心学与中国社会》，北京：中央民族学院出版社 1994 年版

［美］甘维明著，曹幼华等译：《儒学思想新论：创造性转换的自我》，南京：江苏人民出版社 1995 年版

李书有：《儒学与社会人民》，南京：江苏教育出版社 1995 年版

张云飞：《天人合一：儒学与生态环境》，成都：四川人民出版社 1995 年版

肖万源：《儒学与中国少数民族思想文化》，北京：当代中国出版社 1996 年版

杨念群：《儒学地域化的近代形态：三大知识群体互动的比较研究》，北京：三联书店 1997 年版

庞朴：《中国儒学》，上海：东方出版中心 1997 年版

中国孔子基金会：《中国儒学百科全书》，北京：中国大百科全书出版社 1997 年版

陈明：《儒学的历史文化功能——士族：特殊形态的知识分子研究》，上海：学林出版社 1997 年版

[美] 杜维明：《现代精神与儒家传统》，北京：三联书店 1997 年版

沈持衡：《儒学新议》，厦门：厦门大学出版社 1998 年版

李宗桂：《儒家文化与中华民族的凝聚力》，广州：广东人民出版社 1998 年版

胡发贵：《儒家文化与爱国传统》，上海：上海社会科学院出版社 1998 年版

田广清：《和谐论：儒家文明与当代社会》，北京：中国华侨出版社 1998 年版

林安梧：《儒学与云南政治》，北京：学林出版社 1998 年版

木芹 等：《儒学与云南政治经济的发展及文化转型》，昆明：云南大学出版社 1999 年版

[澳] 李瑞智著，范道丰译：《儒学的复兴》，北京：商务印书馆，1999 年版

国际儒学联合会学术委员会：《儒学与工商文明》，北京：首都师范大学出版社 1999 年版

汤志钧：《近代经学与政治》，北京：中华书局 1999 年版

[美] 杜维明著，段德智译：《儒学的宗教性：对＜中庸＞的现代诠释》，武汉：武汉大学出版社 1999 年版

马涛：《儒家传统与现代市场经济》，上海：复旦大学出版社 2000 年版

祝瑞开：《儒学与 21 世纪中国：构建、发展"当代新儒学"》，上海：学林出版社 2000 年版

杨朝明等：《儒家文化面面观》，济南：齐鲁书社 2000 年版

汤一介等：《中国儒学文化大观》，北京：北京大学出版社 2001 年版

张涛：《经学与汉代社会》，石家庄：河北人民出版社 2001 年版

牟钟鉴：《儒学价值的新探索》，济南：齐鲁书社 2001 年版

何信全：《儒学与现代民主：当代新儒家政治哲学研究》，北京：中国社会科学出版社 2001 年版

黄俊杰：《儒学与现代台湾》，北京：中国社会科学出版社 2001 年版

[美] 杜维明、东方朔：《杜维明学术专题访谈录：宗周哲学之精神与儒家文化之未来》，上海：复旦大学出版社 2001 年版

[美] 杜维明：《文明的冲突与对话》，长沙：湖南大学出版社 2001 年版

郭齐勇等：《杜维明文集》，武汉：武汉出版社2002年版
姜林祥：《儒学价值传统与现代化》，济南：齐鲁书社2002年版
刘厚琴：《儒学与汉代社会》，济南：齐鲁书社2002年版
干春松：《制度化儒家及其解体》，北京：中国人民大学出版社2003年版
彭立荣：《儒文化社会学》，北京：人民出版社2003年版
林存光：《儒教中国的形成——早期儒学与中国政治文化的演进》，济南：齐鲁书社2003年版
赵吉惠：《21世纪儒学研究的新拓展》，北京：社会科学文献出版社2004年版
张昭军：《传统的张力：儒学思想与近代文化变革》，长春：吉林人民出版社2004年版
吕明灼等：《儒学与近代以来中国政治》，济南：齐鲁书社2004年版
姜林祥：《儒学在国外的传播与影响》，济南：齐鲁书社2004年版
魏彩霞：《全球化时代中的儒学创新：杜维明的现代新儒学思想》，北京：中国社会科学出版社2004年版
陈明：《儒学的历史文化功能：以中古士族现象为个案》，北京：中国社会科学出版社2005年版
牟宗三：《生命的学问》，桂林：广西师范大学出版社2005年版
陈宝良：《明代儒学生员与地方社会》，北京：中国社会科学出版社2005年版
叶坦：《叶坦文集：儒学与经济》，南宁：广西人民出版社2005年版
朱贻庭：《儒家文化与和谐社会》，上海：学林出版社2005年版
何成轩：《儒学南传史》，北京：北京大学出版社2006年版
干春松：《制度儒学》，上海：上海人民出版社2006年版
朱义禄：《儒家理想人格与中国文化》，上海：复旦大学出版社2006年版
聂振斌：《儒学与艺术教育》，南京：南京出版社2006年版
贾顺先：《儒学与世界》，成都：四川大学出版社2006年版
洪涛 等：《经学、政治与现代中国》，上海：上海人民出版社2007年版
［日］池田大作、［美］杜维明著，卞立强等译：《对话的文明：谈和平的希望哲学》，成都：四川人民出版社2007年版
张树骅等：《儒学与实学及其现代价值》，济南：齐鲁书社2007年版
陈劲松：《儒学社会通论》，北京：中国人民大学出版社2007年版
陆自荣：《儒学和谐合理性：兼与工具合理性、交往合理性比较》，北京：中国社会科学出版社2007年版
刘小枫：《儒教与民族国家》，北京：华夏出版社2007年版
李克：《儒家民族观的形成与发展》，西南民族大学博士论文，2008年
周桂钿：《中国儒学讲稿》，北京：中华书局2008年版

高明士：《东亚文化圈的形成与发展·儒家思想篇》，上海：华东师范大学出版社 2008 年版

张岂之等：《中国传统文化经典语录·诚实守信》，西安：西安出版社 2008 年版

张岂之等：《中国传统文化经典语录·天人之际》，西安：西安出版社 2008 年版

孔庆榕等主编：《中华民族凝聚力学》，北京：中国社会科学出版社 2008 年版

陈奇：《儒学与中国社会》，哈尔滨：哈尔滨工程大学出版社 2008 年版

张鸿翼：《儒家经济伦理及其时代命运》，北京：北京大学出版社 2010 年版

宋长琨：《儒商文化概论》，北京：高等教育出版社 2010 年版

周新国：《儒学与儒商新论》，北京：社会科学文献出版社 2010 年版

王瑞平：《明清时期云南的人口迁移与儒学在云南的传播》，郑州：大象出版社 2011 年版

（二）贵州现代文献

1. 一般研究

周春元等：《贵州古代史》，贵阳：贵州人民出版社 1982 年版

贵州省遵义地区文管会等：《遵义地区文物志》，遵义地区文管会、文化局 1984 年印本

潘礼化：《铜仁地区文物志》第 1 辑，铜仁地区文管会、文化局 1985 年印本

黔西南布依族苗族自治州概况编写组：《黔西南布依族苗族自治州志·文物志》，贵阳：贵州民族出版社 1987 年版

朱俊明：《夜郎史稿》，贵阳：贵州人民出版社 1990 年版

任吉麟：《贵州省志·教育志》，贵阳：贵州人民出版社 1990 年版

《贵阳市志》编纂委员会：《贵阳市志·文物志》，贵阳：贵州人民出版社 1993 年版

周鼎：《贵州古旧文献提要目录》，贵州历史文献研究会 1996 年印行

史继忠：《诱人的伊甸园：贵州史前文化》，贵阳：贵州教育出版社 1998 年版

《贵州六百年经济史》编委会：《贵州六百年经济史》，贵阳：贵州人民出版社 1998 年版

中国历史文献研究会等：《学者笔下的贵州文化》，贵阳：贵州人民出版社 1998 年版

宋世坤：《贵州考古论文集》，贵阳：贵州人民出版社 2000 年版

翁家烈：《夜郎故地上的古汉族群落》，贵阳：贵州教育出版社 2001 年版

刘学洙：《贵州开发史话》，贵阳：贵州人民出版社 2001 年版

何仁仲：《贵州通史》，北京：当代中国出版社 2002 年版

唐文元等：《夜郎文化寻踪》，成都：四川人民出版社 2002 年版

贵州省地方志编纂委员会：《贵州省志·文物志》，贵阳：贵州人民出版社 2003 年版

侯绍庄等：《夜郎研究述评》，贵阳：贵州人民出版社 2003 年版

毕节地区社科联：《可乐考古与夜郎文化》，贵阳：贵州民族出版社 2003 年版

张羽琼：《贵州古代教育史》，贵阳：贵州教育出版社 2003 年版

贵州通志编委会：《贵州通史简编》，北京：当代中国出版社 2005 年版

孔令中：《贵州教育史》，贵阳：贵州教育出版社 2005 年版

庞思纯：《明清贵州七百进士》，贵阳：贵州人民出版社 2005 年版

庞思纯：《明清贵州六千举人》，贵阳：贵州人民出版社 2006 年版

陈琳：《贵州省古籍联合目录》，贵阳：贵州人民出版社 2007 年版

李金顺：《贵州风景名胜故事》，贵阳：贵州人民出版社 2007 年版

范同寿：《贵州历史笔记》，贵阳：贵州人民出版社 2008 年版

潘炯辉：《夜郎古王国文字》，香港：中国文化出版社 2008 年版

张廷玉编，罗康智等编著：《明史贵州地理志考释》，贵阳：贵州人民出版社 2008 年版

王鸿儒：《夜郎史引——时空见证》，贵阳：贵州人民出版社 2009 年版

胡大宇等：《谁说李白没到过夜郎》，北京：中国文史出版社 2009 年版

席克定：《贵州民族考古论丛》，贵阳：贵州人民出版社 2009 年版

王鸿儒：《夜郎文化史》，贵阳：贵州人民出版社 2009 年版

赵尔巽等撰，马国君编著：《清史稿地理志贵州研究》，贵阳：贵州人民出版社 2011 年版

贵州社会科学院历史所：《夜郎史探》，贵阳：贵州人民出版社

99 夜郎学术研讨会论文集编辑组：《夜郎研究》，贵阳：贵州人民出版社 2000 年版

2. 民族研究

《布依族简史》编写组：《布依族简史》，贵阳：贵州人民出版社 1984 年版

方国瑜：《彝族史稿》，成都：四川民族出版社 1984 年版

《侗族简史》编写组：《侗族简史》，贵阳：贵州民族出版社 1985 年版

《苗族简史》编写组：《苗族简史》，贵阳：贵州民族出版社 1985 年版

杨昌鑫：《土家族风俗志》，北京：中央民族学院出版社 1989 年版

刘华明等：《贵州省少数民族传统伦理道德研究》，贵阳：贵州教育出版社 1991 年版

侯绍庄等：《贵州古代民族关系史》，贵阳：贵州民族出版社 1991 年版

何积全等：《布依族文学史》，贵阳：贵州民族出版社 1992 年版

翁家烈：《仡佬族》，北京：民族出版社 1992 年版

伍新福等：《苗族史》，成都：四川民族出版社 1992 年版

伍新福：《苗族历史探考著》，贵阳：贵州民族出版社1992年版

张济民：《仡佬语研究》，贵阳：贵州民族出版社1993年版

李廷贵等：《苗族历史与文化》，北京：中央民族大学出版社1996年版

游建西：《近代贵州苗族社会的文化变迁（1895—1945）》，贵阳：贵州民族出版社1997年版

陈天俊等：《仡佬族文化研究》，贵阳：贵州人民出版社1999年版

黄义仁：《布依族史》，贵阳：贵州民族出版社1999年版

韦启光等：《布依族文化研究》，贵阳：贵州人民出版社1999年版

冯祖贻等：《侗族文化研究》，贵阳：贵州人民出版社1999年版

张建华：《彝族文化大观》，昆明：云南民族出版社1999年版

蓝东兴：《我们都是贵州人：贵州移民心态剖析》，贵阳：贵州民族出版社2000年版

吴一文等：《苗族古歌与苗族历史文化研究》，贵阳：贵州民族出版社2000年版

段超：《土家族文化史》，北京：民族出版社2000年版

田敏：《土家族土司兴亡史》，北京：民族出版社2000年版

李汉林：《百苗图校释》，贵阳：贵州民族出版社2001年版

黄义仁：《布依族宗教信仰与文化》，北京：中央民族大学出版社2002年版

曹毅：《土家族民间文化散论，北京：中央民族大学出版社2002年版

萧洪恩：《土家族仪典文化哲学研究》，北京：中央民族大学出版社2002年版

李虹：《可乐考古与夜郎文化》，贵阳：贵州民族出版社2003年版

陈世鹏：《黔彝古籍举要》，贵阳：贵州民族出版社2004年版

姚丽娟，石开忠：《侗族地区的社会变迁》，北京：中央民族大学出版社2005年版

王继超：《彝文文献翻译与彝族文化研究》，贵阳：贵州民族出版社2005年版

杨筑慧：《侗族风俗志》，北京：中央民族大学出版社2006年版

田玉隆等：《贵州土司史》，贵阳：贵州人民出版社2006年版

易谋远：《彝族史要》，北京：社会科学文献出版社2006年版

龙正清等：《夜郎史籍译稿》，贵阳：贵州民族出版社2007年版

郑继强：《仡佬族与夜郎文化研究》，贵阳：贵州民族出版社2007年版

孙秋云：《核心与边缘：18世纪汉苗文明的传播与碰撞》，北京：人民出版社2007年版

吴荣臻：《苗族通史》，北京：民族出版社2007年版

石朝江：《苗学通论》，贵阳：贵州民族出版社2008年版

李德龙：《黔南苗蛮图说研究》，北京：中央民族大学出版社2008年版

《仡佬族简史》编写组：《仡佬族简史》，北京：民族出版社2008年版

张廷玉编，翟玉前等编著：《明史·土司列传考证》，贵阳：贵州人民出版社2008

年版

《布依族简史》编写组：《布依族简史》（修订本），贵阳：贵州人民出版社2008年版

铜仁地区地方志编纂委员会：《铜仁地区志·民族志》，贵阳：贵州人民出版社2008年版

《侗族简史》（修订本）编写组：《侗族简史》（修订本），北京：民族出版社2008年版

温春来：《从"异域"到"旧疆"——宋至清贵州西北部地区的制度、开发与认同》，北京：三联书店2008年版

李平凡等：《彝族传统诗歌研究》，贵阳：贵州民族出版社2008年版

席克定：《贵州民族考古论丛》，贵阳：贵州民族出版社2009年版

王芳恒：《共性传承与个性张扬（中华民族精神与贵州民族文化传统关系研究）》，北京：民族出版社2009年版

张慧真：《教育与族群认同：贵州石门坎苗族的个案研究（1900—1949）》，北京：民族出版社2009年版

贵州省土家学研究会：《土家族研究》，贵阳：贵州民族出版社2009年版

龙国辉：《苗族文化大观》，贵阳：贵州民族出版社2009年版

杨昌儒等：《贵州民族关系的构建》，贵阳：贵州人民出版社2010年版

伍小涛：《建构与认同：新中国民族工作研究——以贵州省为例（1949—1956年）》，北京：民族出版社2010年版

贵州省民族古籍整理办公室：《中国少数民族古籍总目提要·贵州彝族卷（毕节地区）》，贵阳：贵州民族出版社2010年版

母进炎：《黔西北文学史》，贵阳：贵州大学出版社2011年版

周国茂：《布依族文化大观》，贵阳：贵州人民出版社2012年版

贵州省民委：《土家族文化大观》，贵阳：贵州民族出版社2014年版

李斌 等：《民间记忆与历史传承——贵州天柱宗祠文化述论》，成都：四川大学出版社2014年版

3. 儒学研究

黄万机：《郑珍评传》，成都：巴蜀书社1989年版

黄万机：《黎庶昌评传》，贵阳：贵州人民出版社1989年版

李独清编撰，周斌 审稿：《孙文恭公年谱》，《贵州师范大学学报》编辑部1990年印本

刘明华等：《贵州省少数民族传统理论道德研究》，贵阳：贵州教育出版社1991年版

黄万机：《莫友芝评传》，贵阳：贵州人民出版社1992年版

余怀彦：《王阳明与贵州文化》，贵阳：贵州人民出版社 1996 年版

吴雁南：《阳明学与近世中国》，贵阳：贵州教育出版社 1996 年版

《王阳明学国际学术讨论会论文集》，贵阳：贵州教育出版社 1997 年版

《王学之思》编委会：《王学之思》，贵阳：贵州民族出版社 1999 年版

《王学之路》编委会：《王学之路》，贵阳：贵州民族出版社 2000 年版

王晓昕等：《王学之魂》，贵阳：贵州民族出版社 2005 年版

钱明：《阳明学的形成与发展》，南京：江苏古籍出版社 2002 年版

吕妙芬：《阳明学士人社群：历史、思想与实践》，北京：新星出版社 2006 年版

黄万机：《沙滩文化志》（增订本），北京：中国文史出版社 2006 年版

王路平：《明代黔中王门大师孙应鳌思想研究》，北京：群言出版社 2007 年版

张新民：2007 年度国家社科基金立项课题《明清时期贵州阳明学地域学派研究》（2015 年结题）

王芳恒：2007 年度国家社科基金立项课题《儒学在贵州民族地区的传播与发展研究》

黎铎 等：《遵义沙滩文化论集》，北京：中国社会科学出版社 2008 年版

王芳恒：《共性传承与个性张扬：中华民族精神与贵州民族文化传统关系研究》，北京：民族出版社 2009 年版

谭德兴著：《近代贵州的儒学与文化》，贵阳：贵州大学出版社 2009 年版

王晓昕：2010 年度国家社科基金立项课题《明代黔中王门及其思想研究》（2015 年结题）